新编常用合同范本全书

7版

第一章至第十一章

王怀禄 ◎ 主编

中国法制出版社
CHINA LEGAL PUBLISHING HOUSE

前　　言

在现代经济社会生活中，合同无处不在，企业经营需要合同，个人之间的交易也需要合同。合同是保障当事人权利的有力手段，全面渗透到我们的日常生活当中。看得见、摸得着的有书面合同，看不见、摸不着的有口头合同，甚至一句话、一个行为，就在无形中缔结了某种合同关系，使当事人享有了某种权利、承担了某种义务。

为了使企业和个人能够更方便、更准确地使用合同，在日常生活和经济交往中迅捷、高效地建立受法律保护的权利义务关系，我们编纂了《新编常用合同范本全书》一书。本书主要收集了国家有关部委和地方政府部门颁布的官方合同范本，在没有相应的官方合同范本的情况下，以具有代表性的非官方合同范本拾遗补阙，保证内容尽量全面，尽可能地覆盖经济社会生活的各个领域，便于读者查找自己需要的合同，拿来即用。

书中收录了《民法典》规定的19类有名合同：买卖合同，供用电、水、气、热力合同，赠与合同，借款合同，保证合同，租赁合同，融资租赁合同，保理合同，承揽合同，建设工程合同，运输合同，技术合同，保管合同，仓储合同，委托合同，物业服务合同，行纪合同，中介合同，合伙合同。此外，还收录了劳动合同、保险合同、旅游合同、综合服务合同、广告合同、地权合同、演出合同等常见合同。

为了让读者对签订合同的法律依据和可能遭遇的合同陷阱有更多的了解，我们设置了相关法条、典型案例、陷阱防范、特别提醒等栏目。相关法条摘录与某一类合同密切相关的核心、关键法条，对该类合同关系，这些法条有着特殊的意义；典型案例是依据现实生活中的真实案例精简、加工而成，通过这些案例，读者可以对围绕合同关系的法律纠纷有直观、形象的认识；陷阱防范和特别提醒是针对某类合同或某个特定的合同而设置的,将现实生活中常见的合同陷阱和欺诈行为以及合同中最容易引起纠纷的环节加以提炼和概括,提醒读者给予特别关注并事先防范。

需要说明的是,社会经济生活纷繁复杂、变动不居,本书收录的合同范本虽然数量多,但也可能与读者面临的情况并不完全吻合,因此,读者可根据需要和实际情况,增删、调整相应的合同条款,以便更好地维护自己的利益。

我们衷心地祝愿广大读者,使用好本书,让本书做您的合同帮手,帮您把好合同关!让您与合同相对方达成信赖,互利共赢!

增订说明

《新编常用合同范本全书》自 2011 年 1 月出版后,深受读者的喜爱和支持,迅速售罄。应读者需求,先后于 2011 年 10 月、2012 年 11 月、2014 年 6 月、2016 年 7 月、2020 年 1 月进行了五次增补修订,出版共六版,2023 年再作增订,推出至第七版。

针对读者不一定了解合同法律的情况,书中涵盖"《民法典》合同编快速入门"这一章,主要介绍了什么是合同、《民法典》合同编的基本原则、《民法典》合同编的适用范围、合同的成立和生效、合同履行的规则、合同的无效与撤销、违约责任如何承担、如何制定和使用合同范本等内容。

根据《民法典》的规定,本版新增了保证合同、保理合同、物业服务合同、合伙合同等,并根据现实中的合同使用情况,更新和补充了一批合同范本。

感谢读者朋友的支持,相信本书会给大家查阅和使用相关合同带来一定的帮助!

特别提醒: 书中一些合同范本中涉及已废止的原《合同法》《物权法》等,为保持范本原样未作修改。实际使用中,注意修改替换为《民法典》等。

目　　录

第一章　《民法典》合同编快速入门　/　1

一、什么是合同？　/　1
二、《民法典》合同编的基本原则有哪些？　/　2
　　案例1：签约谈判过程中泄露商业秘密，应否承担赔偿责任？　/　3
三、《民法典》合同编的适用范围包括哪些？　/　4
　　案例2：姓名权纠纷是否适用《民法典》合同编的规定？　/　5
四、关于合同成立和生效有哪些规定？　/　5
　　案例3：未采用法定形式但已履行完毕的合同，是否成立？　/　6
五、合同的履行需要遵循哪些规则？　/　7
六、关于合同的无效和撤销有哪些规定？　/　8
　　案例4：为掩盖冒名顶替购房的事实虚构的租赁协议，是否有效？　/　8
　　案例5：为赌博签订的借款合同是否有效？　/　9
七、违约责任如何承担？　/　10
八、如何制定和使用合同范本？　/　11

第二章　买卖合同　/　13

> 买卖合同，是出卖人转移标的物的所有权于买受人，买受人支付价款的合同。

一、《民法典》相关法条　/　13
二、典型案例　/　18
　　案例1：卖方标高价格然后又降价销售，顾客是否有权要求赔偿？　/　18
　　案例2：没有牌照的车辆能否买卖？　/　19
　　案例3：未办理过户手续的房屋买卖合同是否有效？　/　20
　　案例4：经营者否认假冒商品为自己出售，应否承担举证责任？　/　21
　　案例5：多重买卖合同的效力如何认定？　/　21

三、买卖合同陷阱防范 / 22
四、买卖合同范本 / 23
  （一）商品房买卖合同（现售） / 23
  （二）商品房买卖合同（预售） / 38
  （三）货物买卖合同 / 54
  （四）农副产品买卖合同 / 57
  （五）粮食买卖合同 / 59
  （六）棉花买卖合同 / 60
  （七）茶叶买卖合同 / 62
  （八）农药买卖合同 / 64
  （九）化肥买卖合同 / 66
  （十）工业产品买卖合同 / 67
  （十一）汽车买卖合同 / 70
  （十二）二手车买卖合同* / 74
  （十三）民用爆破器材买卖合同 / 74
  （十四）煤炭买卖合同 / 77
  （十五）木材买卖合同 / 78
  （十六）家具买卖合同 / 80
  （十七）北京市商品购销合同（商超进货类）* / 81
  （十八）国际货物贸易合同 / 81
  （十九）生鲜乳购销合同 / 83
  （二十）建材买卖合同 / 86
  （二十一）水泥买卖合同 / 87
  （二十二）钢材买卖（订货）合同 / 87
  （二十三）地质机械仪器产品买卖合同 / 90
  （二十四）煤矿机电产品买卖合同 / 92
  （二十五）烟花爆竹安全买卖合同 / 93

第三章　供用电、水、气、热力合同 / 95

> 供用电、水、气、热力合同，是根据当事人的约定，供方在一定期限内向需方供给一定种类、品质和数量的电、水、气、热力，需方给付价款的合同。

*　目录中标星号的合同，内容在纸书中略，本书后勒口处扫码可获取该合同的电子文件。

一、《民法典》相关法条 / 95
二、典型案例 / 96
　　案例1：供暖温度不符合约定的，能否拒付全部费用？ / 96
　　案例2：供电合同中未约定违约责任的，能否要求支付违约金？ / 96
　　案例3：供暖不达标引起纠纷的，举证责任如何承担？ / 97
　　案例4：因提前恢复供水导致用户财产损失的，应否赔偿？ / 98
三、供用电、水、气、热力合同范本 / 99
　　（一）城市供用水合同 / 99
　　（二）城市供用热力合同 / 102
　　（三）城市供用气合同 / 105
　　（四）居民供热采暖合同（按面积计费版） / 108
　　（五）购售电合同* / 114
　　（六）光伏电站购售电合同 / 114

第四章　赠与合同 / 127

> 赠与合同，是赠与人将自己所有的财产无偿地送给受赠人，受赠人同意接受的合同。

一、《民法典》相关法条 / 127
二、典型案例 / 128
　　案例1：承诺为顾客免费办理保险但未办理的，责任如何承担？ / 128
　　案例2：有质量缺陷的赠品造成顾客人身损害的，经营者应否赔偿？ / 129
　　案例3：救灾捐献能否反悔？ / 129
三、赠与合同陷阱防范 / 130
四、赠与合同范本 / 130
　　（一）赠与合同 / 130
　　（二）动产赠与合同 / 131
　　（三）不动产赠与合同 / 135
　　（四）社会捐赠合同 / 139
　　（五）房屋赠与合同 / 139
　　（六）遗赠协议 / 141

第五章　借款合同 / 142

> 借款合同，是借款人向贷款人借款，到期返还借款并支付利息的合同。

一、《民法典》相关法条 / 142
二、典型案例 / 143
　　案例1：银行强制贷款人购买保险并指定自己为受益人的，是否合法？ / 143
　　案例2：借款人不按约定用途使用贷款，贷款人能否解除合同？ / 144
　　案例3：借款人借离婚转移财产的，贷款人能否申请撤销财产分割协议？ / 145
　　案例4：债务人不承认欠条是自己所写，应否承担举证责任？ / 145
　　案例5：手机短信能否证明借款事实？ / 146
三、借款合同陷阱防范 / 146
四、借款合同范本 / 147
　　（一）小额信用消费贷款借款合同 / 147
　　（二）项目借款合同 / 150
　　（三）民间借款合同 / 151
　　（四）私人借款合同 / 152
　　（五）借款抵押合同 / 155
　　（六）房产抵押借款合同 / 157

第六章　保证合同 / 168

> 根据《民法典》的规定，保证合同是为保障债权的实现，保证人和债权人约定，当债务人不履行到期债务或者发生当事人约定的情形时，保证人履行债务或者承担责任的合同。

一、《民法典》相关法条 / 168
二、典型案例 / 170
　　案例1：借贷双方未经保证人同意变更借款协议，保证责任能否免除？ / 170
　　案例2：保证人之间未约定保证份额的，如何承担保证责任？ / 171
　　案例3：保证担保承诺书是否具有法律效力？ / 171
　　案例4：主合同变更后，原担保人是否继续承担担保责任？ / 172
　　案例5：连带责任保证的保证人是否享有抗辩权？ / 173
三、保证合同陷阱防范 / 173
四、保证合同范本 / 173
　　（一）保证借款合同 / 173
　　（二）最高额保证合同 / 177
　　（三）业主支付保函（试行） / 178
　　（四）业主支付委托保证合同（试行） / 180
　　（五）投标保函 / 182

（六）投标委托保证合同 / 184
（七）承包商履约保函 / 186
（八）总承包商付款（供货）保函 / 188
（九）总承包商付款（分包）委托保证合同 / 189
（十）总承包商付款（供货）委托保证合同 / 192
（十一）反担保合同 / 194

第七章 租赁合同 / 196

> 租赁合同，是出租人将租赁物交付给承租人使用、收益，承租人支付租金的合同。

一、《民法典》相关法条 / 196
二、典型案例 / 199
  案例1：未约定房屋租赁期限的，出租人能否随时解除合同？ / 199
  案例2：隐瞒房屋已出租的事实给租房人造成损失的，应否承担赔偿责任？ / 199
  案例3：出租房屋内甲醛含量超标的，能否解除合同？ / 200
  案例4：因第三方原因导致承租人违约的，应否支付租金？ / 201
三、租赁合同陷阱防范 / 202
四、租赁合同范本 / 202
  （一）租赁合同 / 202
  （二）房屋租赁合同 / 204
  （三）北京市住房租赁合同* / 206
  （四）北京市房屋出租经纪服务合同 / 206
  （五）北京市房屋承租经纪服务合同 / 212
  （六）柜台租赁经营合同 / 217
  （七）门面房租赁合同 / 221
  （八）市场场地租赁合同 / 224
  （九）展览场地租赁合同 / 228
  （十）建筑施工物资租赁合同 / 236
  （十一）汽车租赁合同 / 238
  （十二）设备租赁合同 / 241
  （十三）航次租船合同 / 243
  （十四）人民防空工程租赁使用合同 / 244

第八章 融资租赁合同 / 247

> 根据《民法典》的规定,融资租赁合同是出租人根据承租人对出卖人、租赁物的选择,向出卖人购买租赁物,提供给承租人使用,承租人支付租金的合同。

一、《民法典》相关法条 / 247
二、典型案例 / 249
  案例1:租赁物意外毁损,出租人能否要求承租人赔偿? / 249
  案例2:租赁物无法使用,承租人能否拒绝支付租金? / 250
三、融资租赁合同陷阱防范 / 250
四、融资租赁合同范本 / 250
  (一)融资租赁合同 / 250
  (二)上海市航空器融资租赁合同 / 255

第九章 保理合同 / 260

> 根据《民法典》的规定,保理合同是应收账款债权人将现有的或者将有的应收账款转让给保理人,保理人提供资金融通、应收账款管理或者催收、应收账款债务人付款担保等服务的合同。

一、《民法典》相关法条 / 260
二、典型案例 / 261
  案例1:同时订立两份保理合同的,债权归谁所有? / 261
  案例2:债权人与债务人协商抵销债务,能否解除与保理公司的合同? / 261
三、保理合同陷阱防范 / 262
四、保理合同范本 / 262
  (一)国内双保理业务合作协议范本 / 262
  (二)国内商业保理合同(有追索权) / 282
  (三)国内商业保理合同(无追索权) / 306

第十章 承揽合同 / 332

> 承揽合同,是承揽人按照定作人提出的要求完成工作,并交付工作成果,定作人支付报酬的合同。

一、《民法典》相关法条 / 332

二、典型案例 / 334
 案例1：室内装修造成污染的，承揽人应否赔偿？ / 334
 案例2：由于承揽人过错导致分包人的帮工伤残，赔偿责任由谁承担？ / 334
 案例3：提供家庭装修劳务并按天领取报酬的，是否为承揽关系？ / 335
 案例4：承揽人擅自将工作交他人代为完成的，定作人能否解除合同？ / 335
三、承揽合同陷阱防范 / 336
四、承揽合同范本 / 337
 （一）承揽合同 / 337
 （二）加工合同 / 339
 （三）定作合同 / 341
 （四）汽车维修合同 / 343
 （五）修理修缮合同 / 345
 （六）测绘合同 / 347

第十一章 建设工程合同 / 353

> 建设工程合同，是承包人负责进行工程建设，发包人支付价款的合同，其中包括工程勘察、设计、施工合同几种类型。

一、《民法典》相关法条 / 353
二、典型案例 / 355
 案例1：分包合同无效，工程款应否支付？ / 355
 案例2：施工方偷工减料，如何承担赔偿责任？ / 356
三、建设工程合同陷阱防范 / 356
四、建设工程合同范本 / 357
 （一）建设项目工程总承包合同* / 357
 （二）建设工程勘察合同 / 357
 （三）建设工程设计合同（房屋建筑工程） / 376
 （四）建设工程设计合同（专业建设工程） / 409
 （五）建设工程造价咨询合同 / 441
 （六）建设工程施工合同* / 459
 （七）建设工程监理合同 / 460
 （八）水利水电土建工程施工合同条件* / 474
 （九）水利工程施工监理合同 / 474
 （十）建设工程施工专业分包合同* / 484
 （十一）建设工程施工劳务分包合同* / 485

（十二）建筑装饰工程施工合同（甲种本） / 485

（十三）建筑装饰工程施工合同（乙种本） / 503

（十四）家庭居室装饰装修工程施工合同 / 507

（十五）园林绿化工程施工合同 / 512

第十二章 运输合同 / 539

> 运输合同，是承运人将旅客或者货物从起运地运输到目的地，旅客或者托运人、收货人支付票款（运输费用）的合同。

一、《民法典》相关法条 / 539
二、典型案例 / 542
　案例1：免费搭车发生事故，能否要求司机赔偿损失？ / 542
　案例2：野蛮驾驶导致乘客受伤的，应否承担赔偿责任？ / 543
　案例3：格式合同规定货物丢失按运价的三倍赔付，是否有效？ / 544
　案例4：旅途中遭遇抢劫的，能否要求承运人赔偿？ / 545
　案例5：无票乘客旅途中受到损害的，能否要求赔偿？ / 546
　案例6：乘人之危高价收取车费，应否返还？ / 547
三、运输合同陷阱防范 / 547
四、运输合同范本 / 548
　（一）水路货物运输合同 / 548
　（二）铁路货物运输合同 / 549
　（三）铁路局货物运单 / 549
　（四）水陆货物联运运输合同* / 551
　（五）水路货物运单 / 551
　（六）水水联运货物运单 / 553
　（七）道路货物运单 / 554
　（八）航空运输合同 / 557
　（九）一日游包车客运服务合同 / 558
　（十）海洋运输合同 / 561
　（十一）民用航空货运代理合同 / 563
　（十二）公路运输合同 / 565

第十三章 技术合同 / 569

> 技术合同，是当事人围绕技术开发、转让、咨询或者服务订立的确立彼此之间权利和义务的合同。

一、《民法典》相关法条 / 569
二、典型案例 / 574
 案例1："祖传秘方"的所有者，能否被认定为发明人？ / 574
 案例2：离职后作出的与本职工作有关的发明创造，专利权归谁享有？ / 575
 案例3：双方合作完成发明创造，应当由谁享有专利权？ / 576
 案例4：在以营利为目的的科研活动中使用他人专利权，是否构成
  侵权？ / 577
三、技术合同陷阱防范 / 577
四、技术合同范本 / 578
 （一）技术开发（合作）合同 / 578
 （二）技术开发（委托）合同 / 586
 （三）技术转让（专利权）合同 / 592
 （四）技术转让（专利申请权）合同 / 597
 （五）技术转让（专利实施许可）合同 / 602
 （六）技术转让（技术秘密）合同 / 607
 （七）技术咨询合同 / 612
 （八）技术服务合同 / 616

第十四章　保管合同 / 622

> 保管合同，是寄存人将物品交给保管人保管，由保管人按照约定的时间和方式返还该物的合同。

一、《民法典》相关法条 / 622
二、典型案例 / 623
 案例1：免费停车，是否成立保管合同？ / 623
 案例2：无偿保管的财物丢失的，保管人应否赔偿？ / 624
 案例3：保管人因故外出而转托他人保管的，应否对保管物毁损承担
  责任？ / 625
 案例4：顾客存放在自助储物柜内的物品丢失，能否要求超市赔偿？ / 625
 案例5：业主停在室外的摩托车丢失，物业公司应否赔偿？ / 627
三、保管合同陷阱防范 / 627
四、保管合同范本 / 628
 （一）保管合同 / 628
 （二）车辆保管协议 / 629
 （三）人事代理保管人事档案关系合同书 / 630

第十五章 仓储合同 / 632

> 仓储合同,是存货人向保管人交付仓储物并支付仓储费,保管人保管仓储物的合同。

一、《民法典》相关法条 / 632
二、典型案例 / 633
 案例1:仓储合同自何时起生效? / 633
 案例2:货物晚于约定时间入库的,能否减少仓储费? / 634
三、仓储合同陷阱防范 / 634
四、仓储合同范本 / 635
 (一)仓储合同 / 635
 (二)北京市仓储合同 / 637

第十六章 委托合同 / 639

> 委托合同,是受托人为委托人办理委托事务,委托人支付约定的报酬或者不支付报酬的合同。

一、《民法典》相关法条 / 639
二、典型案例 / 641
 案例1:受托人以代收款项冲抵债务的,是否构成违约? / 641
 案例2:委托他人代收汇款发生纠纷的,举证责任由谁承担? / 642
 案例3:委托人解除合同的,受托人能否要求赔偿报酬损失? / 643
 案例4:利用委托人盖章的空白合同书签订合同,责任由谁承担? / 643
三、委托合同陷阱防范 / 644
四、委托合同范本 / 644
 (一)委托合同 / 644
 (二)物业管理委托合同 / 646
 (三)北京市委托拍卖合同* / 652
 (四)室内设计委托合同 / 652
 (五)房地产代理合同 / 654
 (六)委托生产合同 / 656
 (七)期货交易委托合同 / 658
 (八)黄金代理交易协议书 / 666
 (九)港口作业合同 / 670

（十）港口作业委托单　/　671

（十一）设备监理合同　/　672

（十二）工程建设项目招标代理合同*　/　680

第十七章　物业服务合同　/　681

> 物业服务合同，是物业服务人在物业服务区域内，为业主提供建筑物及其附属设施的维修养护、环境卫生和相关秩序的管理维护等物业服务，业主支付物业费的合同。

一、《民法典》相关法条　/　681

二、典型案例　/　683

　　案例1：业主拖欠物业费，物业公司能否断水、断电？　/　683

　　案例2：合同期限届满后物业公司继续提供服务，能否随时解聘？　/　683

三、物业服务合同陷阱防范　/　684

四、物业服务合同范本　/　684

　　（一）北京市前期物业服务合同　/　684

　　（二）北京市物业服务合同　/　696

第十八章　行纪合同　/　708

> 行纪合同，是行纪人以自己的名义为委托人从事贸易活动，由委托人支付报酬的合同。

一、《民法典》相关法条　/　708

二、典型案例　/　709

　　案例1：行纪合同中，供货方是否有权向代理方直接索取价款？　/　709

　　案例2：行纪人在何种情况下可以拍卖标的物？　/　710

三、行纪合同陷阱防范　/　710

四、行纪合同范本　/　711

　　（一）行纪合同　/　711

　　（二）买卖行纪合同　/　712

　　（三）二手车行纪销售合同　/　714

　　（四）商品代销合同　/　718

第十九章　中介合同　/　720

> 中介合同,是中介人向委托人报告订立合同的机会或者提供订立合同的媒介服务,委托人向中介人支付报酬的合同,原称为居间合同。

一、《民法典》相关法条　/　720
二、典型案例　/　721
　　案例1:中介人对委托人与第三人之间的合同履行是否承担责任?　/　721
　　案例2:根据求租广告与出租人订立中介合同,事后能否要求承租人
　　　　　支付报酬?　/　721
　　案例3:买卖不成交则要求委托人支付违约金的中介合同条款是否有效?　/　722
三、中介合同陷阱防范　/　723
四、中介(居间)合同范本　/　723
　　(一)居间合同　/　723
　　(二)房屋出租居间合同　/　725
　　(三)房屋承租居间合同　/　727
　　(四)房地产居间合同　/　730
　　(五)房屋出售居间合同　/　733
　　(六)商务居间合同　/　735
　　(七)自费出国留学中介服务合同　/　737

第二十章　合伙合同　/　744

> 合伙合同,是两个以上合伙人为了共同的事业目的,订立的共享利益、共担风险的协议。

一、《民法典》相关法条　/　744
二、典型案例　/　745
　　案例1:债权人能否收取合伙人在合伙企业内的分红?　/　745
　　案例2:合伙人在合伙企业内任职的,能否要求支付报酬?　/　745
三、合伙合同陷阱防范　/　746
四、合伙合同范本　/　746

第二十一章 劳动合同 / 751

> 劳动合同，是劳动者与用人单位之间建立劳动关系，明确彼此之间的权利和义务的协议。

一、《劳动合同法》相关法条 / 751
二、典型案例 / 753
  案例1：职工在服务期内辞职的，违约金如何计算？ / 753
  案例2：职工受到治安处罚的，单位能否解除劳动合同？ / 754
  案例3：劳动者持假文凭与用人单位签订劳动合同的，如何解决？ / 754
  案例4：工资支付附条件的，是否有效？ / 755
  案例5：实行计件工资制的，应否支付加班工资？ / 755
三、劳动合同陷阱防范 / 756
四、劳动合同范本 / 757
  （一）劳动合同（通用）与劳动合同（劳务派遣） / 757
  （二）企业员工保密合同 / 767
  （三）国际劳务合同 / 770
  （四）事业单位聘用合同 / 774
  （五）建筑业简易劳动合同 / 781
  （六）制造业简易劳动合同 / 783
  （七）餐饮业简易劳动合同 / 786
  （八）采掘业简易劳动合同 / 788

第二十二章 保险合同 / 792

> 保险合同，是投保人与保险人约定彼此之间的保险权利义务关系的协议。

一、《保险法》相关法条 / 792
二、典型案例 / 793
  案例1：未经被保险人书面同意，保险合同是否有效？ / 793
  案例2：投保人未如实告知病情而保险人疏于审查，保险合同是否有效？ / 794
三、保险合同陷阱防范 / 795
四、保险合同范本 / 795
  （一）家庭财产保险合同 / 795

（二）个人贷款抵押房屋保险合同 ／ 798
（三）社会保险协议 ／ 802
（四）重大疾病终身保险合同 ／ 803

第二十三章 旅游合同 ／ 809

> 旅游合同，是旅游经营者提供旅游服务给旅游者，并对游客的人身和财产损害承担责任，旅游者按约定支付报酬的合同。

一、《旅游法》相关法条 ／ 809
二、典型案例 ／ 813
　案例1：导游擅自改变行程，旅行社应否承担责任？ ／ 813
　案例2：私自转让旅游业务，旅行社应当承担何种责任？ ／ 813
　案例3：境外旅游目的地未获国家批准，旅游合同是否有效？ ／ 814
三、旅游合同陷阱防范 ／ 815
四、旅游合同范本 ／ 816
　（一）国内旅游合同 ／ 816
　（二）团队境内旅游合同 ／ 820
　（三）团队出境旅游合同* ／ 834
　（四）大陆居民赴台湾地区旅游合同* ／ 834
　（五）境内旅游组团社与地接社合同* ／ 834
　（六）国内旅游"一日游"合同 ／ 834

第二十四章 综合服务合同 ／ 838

> 服务合同，是以服务为标的的合同，属于无名合同的一种。

一、《消费者权益保护法》相关法条 ／ 838
二、典型案例 ／ 840
　案例1：新婚录像缺少重要内容，应否赔偿精神损失？ ／ 840
　案例2：旅客就餐时摔伤，餐厅应否承担赔偿责任？ ／ 841
　案例3：旅客不满意住宿条件要求退房，宾馆是否有权收取半价房费？ ／ 841
三、服务合同陷阱防范 ／ 842
四、服务合同范本 ／ 842
　（一）瘦身美容服务合同 ／ 842
　（二）医疗美容消费服务合同* ／ 847

（三）信息服务协议书 / 847
（四）会计服务合同 / 848
（五）法律服务合同 / 850
（六）北京市计算机信息系统集成服务合同* / 852
（七）婚礼服务合同 / 852
（八）婚纱摄影服务预约单 / 857
（九）家政服务合同（员工管理全日制类） / 859
（十）订餐服务合同 / 863
（十一）电梯日常维护保养合同 / 864
（十二）互联网收费电子邮箱服务合同 / 870
（十三）建筑物清洗保洁合同 / 873
（十四）机动车驾驶培训先学后付、计时收费模式服务合同 / 877
（十五）中小学生校外培训服务合同 / 883
（十六）养老机构服务合同 / 890
（十七）北京市养老服务合同（养老机构版）* / 903

第二十五章 广告合同 / 904

> 广告合同，是广告客户与经营者之间、广告经营者与广告经营者之间确立、变更、终止广告承办或者代理关系的协议。

一、《广告法》相关法条 / 904
二、典型案例 / 905
  案例1：购房优惠广告的效力如何？ / 905
  案例2：二手车广告未提供车主的确切地址，应否承担赔偿责任？ / 906
三、广告合同陷阱防范 / 907
四、广告合同范本 / 907
  （一）广告设计制作合同 / 907
  （二）广告代理服务合同 / 908
  （三）广告发布业务合同 / 913
  （四）网络广告合同 / 915
  （五）电视广告发布合同 / 916
  （六）广告位租赁合同 / 919
  （七）车身车体广告合同 / 921
  （八）电梯广告租赁合同 / 922

（九）杂志广告发布合同 / 924

第二十六章 地权合同 / 926

> 地权合同是以各类土地权利为标的的合同，包括土地承包经营权、流转权、宅基地、建设用地使用权等。

一、《民法典》物权编相关法条 / 926
二、典型案例 / 929
　案例1：农民出租土地的，村集体能否将土地收回？ / 929
　案例2：房屋因山体塌方被埋没，能否重新申请宅基地？ / 929
三、地权合同范本 / 930
　（一）农村土地经营权出租合同 / 930
　（二）农村土地经营权入股合同 / 936
　（三）集体林地承包合同 / 941
　（四）集体林权流转合同 / 947
　（五）国有建设用地使用权出让合同 / 953
　（六）农村土地（耕地）承包合同（家庭承包方式）* / 963
　（七）集体经营性建设用地使用权出让监管协议（试点试行）* / 963

第二十七章 其他合同 / 964

一、借用合同 / 964
　（一）额度借用合同 / 964
　（二）场地借用合同 / 966
二、演出合同 / 966
　（一）文艺演出合同 / 966
　（二）演艺经纪合同 / 967
　（三）演员演出合同 / 969

第一章 《民法典》合同编快速入门

一、什么是合同？

根据我国《民法典》合同编的规定，合同是民事主体之间设立、变更、终止民事法律关系的协议。在合同关系中，有三个构成要素：主体、客体和内容。合同主体即合同当事人——债权人和债务人；合同客体即合同标的，也就是债权人和债务人的权利义务指向的对象；合同内容即合同关系中的权利义务。

本书共收录了买卖合同，供用电、水、气、热力合同，赠与合同，借款合同，保证合同，租赁合同，融资租赁合同，保理合同，承揽合同，建设工程合同，运输合同，技术合同，保管合同，仓储合同，委托合同，物业服务合同，行纪合同，中介合同，合伙合同，劳动合同，保险合同，旅游合同，综合服务合同，广告合同，地权合同，演出合同等 20 多个类别的常用合同。对于合同，还可以进行如下分类：

（一）有名合同与无名合同

有名合同是指法律上已经明确了其名称和适用规则的合同。《民法典》上规定的买卖合同，供用电、水、气、热力合同，赠与合同，借款合同，保证合同，租赁合同，融资租赁合同，保理合同，承揽合同，建设工程合同，运输合同，技术合同，保管合同，仓储合同，委托合同，物业服务合同，行纪合同，中介合同，合伙合同 19 类合同就是有名合同。法律上未予明确规定的合同就是无名合同。

（二）诺成合同与实践合同

诺成合同是以当事人双方意思表示一致为生效条件的合同；实践合同则是以标的物的交付为生效条件的合同。根据我国《民法典》的规定，保管合同自保管物交付时成立，但当事人另有约定的除外。保管合同就属于实践合同。

（三）要式合同与非要式合同

要式合同是指按照法律的规定，必须采取特定的形式才能成立的合同；非要式合同则不需要采取特定的形式。根据我国《民法典》的规定，设立抵押权，当事人应当采用书面形式订立抵押合同。抵押合同一般包括下列条款：（1）被担保债权的种类和数额；（2）债务人履行债务的期限；（3）抵押财产的名称、数量等情况；（4）担保的范围。抵押合同就属于要式合同。

（四）双务合同与单务合同

双务合同是指双方互负一定义务的合同；单务合同是指仅有一方负担某种义务的合同。比如，赠与合同，赠与人承担交付赠与物的义务，受赠人并不承担义务，就属于单务合同。

（五）主合同与从合同

主合同是指独立存在的合同；从合同是指依赖于主合同而存在的合同。根据我国《民法典》的规定，担保合同是主债权债务合同的从合同，主债权债务合同无效，担保合同无效。担保合同另有约定的，按照约定。

二、《民法典》合同编的基本原则有哪些？

（一）平等原则

根据我国《民法典》的规定，民事主体在民事活动中的法律地位一律平等。平等原则意味着合同法律关系的当事人在订立和履行合同以及承担违约责任等方面地位是平等的，享有的权利和承担的义务是对等的。在合同关系以外的其他关系中，当事人可能存在地位上的差异，如在行政管理关系中行政主体和被管理者之间的关系；但两者在合同法律关系中的地位仍然是平等的，如行政管理部门向其管辖下的企业采购物品，就不能凭借自身的行政权力而凌驾于企业之上。

（二）合同自由原则

《民法典》规定：民事主体从事民事活动，应当遵循自愿原则，按照自己的意思设立、变更、终止民事法律关系。合同自由原则要求当事人通过自由协商来确定彼此的权利义务关系，不受任何单位和个人的非法干预。合同自由原则包括以下几个方面的含义：缔约自由，即自由决定是否与他人订立合同；自由选择合同相对人；自由决定合同内容，包括订立哪种类型的合同、订立哪些合同条款；自由选择合同的形式，包括书面形式、口头形式以及其他形式；自由变更和解除合同，在当事人协商一致的情况下，可以对合同的内容进行变更或者解除合同关系。

（三）公平原则

根据《民法典》的规定，民事主体从事民事活动，应当遵循公平原则，合理确定各方的权利和义务。公平原则主要体现在：当事人双方在订立合同时，应当公平地确定彼此的权利义务，使权利义务显失公平的合同是可以撤销的合同（《民法典》第151条）；一旦发生合同纠纷，司法机关和仲裁机构需要对当事人的权利义务进行公平的考量，在此基础上作出裁判。

（四）诚实信用原则

《民法典》规定：民事主体从事民事活动，应当遵循诚信原则，秉持诚实，恪守承诺。诚实信用原则意味着当事人在订立和履行合同的过程中，应当诚实守信，不得滥用权利和规避义务。诚实信用原则体现在以下几个方面：

1. 合同订立阶段，当事人之间应当相互承担忠实、诚实、保密、相互照顾和协助的附随义务。在谈判的过程中，不得采取恶意磋商、欺诈等不正当手段牟取不法利益，不得泄露和不正当地使用对方的商业秘密。《民法典》第500条规定："当事人在订立合同过程中有下列情形之一，造成对方损失的，应当承担赔偿责任：（一）假借订立合同，恶意进行磋商；（二）故意隐瞒与订立合同有关的重要事实或者提供虚假情况；（三）有其他违背诚信原则的行为。"第501条规定："当事人在订立合同过程中知悉的商业秘密或者其他应当保密的信息，无论合同是否成立，不得泄露或者不正当地使用；泄露、不正当地使用该商业秘密或者信息，造成对方损失的，应当承担赔偿责任。"

2. 合同履行阶段，当事人要依据合同的性质、目的及交易习惯，按照诚信原则的要求履行通知、协助和保密等附随义务。在合约约定不明确的情况下，需要遵循诚信原则履行自己的义务。

3. 在合同条款和用词存在模糊不清的情况时，应当按照诚实信用原则明确各自的权利义务。由此引起纠纷时，司法机关和仲裁机构应该遵循诚实信用原则，确定当事人的真实意思，对合同进行正确的解释。《民法典》第142条规定："有相对人的意思表示的解释，应当按照所使用的词句，结合相关条款、行为的性质和目的、习惯以及诚信原则，确定意思表示的含义。无相对人的意思表示的解释，不能完全拘泥于所使用的词句，而应当结合相关条款、行为的性质和目的、习惯以及诚信原则，确定行为人的真实意思。"

案例1：签约谈判过程中泄露商业秘密，应否承担赔偿责任？

［案情回放］

王金城是一名制造厂的老技工。他利用自己的业余时间从事发明创造，研发出一种新型的多功能装订器，并申请了专利。甲厂获悉后，便与王金城取得联系，表示愿意将这种多功能装订器投入生产。考虑到未来的市场风险，甲厂提出先生产一批，投入市场后销售情况好的话，双方再正式签订专利转让合同。王金城表示同意。在此期间，该厂的技术员孙某将多功能装订器的专利技术资料擅自出售给乙厂，乙厂批量生产后投入市场。甲厂发现后，借故拒绝与王金城签订专利转让合同。王金城查明真相后，遂提起诉讼，要求甲厂赔偿自己的损失。

［专家点评］

依据诚实信用原则，当事人双方在订立合同的过程中应当承担保密义务。《民法典》第501条规定："当事人在订立合同过程中知悉的商业秘密或者其他应当保密的信息，无论合同是否成立，不得泄露或者不正当地使用；泄露、不正当地使用该商业秘密或者信息，造成对方损失的，应当承担赔偿责任。"甲厂虽然未与王金城正式签订专利转让合同，但在谈判阶段仍然负有对其专利技术保密的责任。甲厂的技术员泄露专利技术，给王金城造成损失，违反了订立合同的附随义务，应当由甲厂承担赔偿责任。

（五）合法与公序良俗原则

《民法典》第 8 条规定："民事主体从事民事活动，不得违反法律，不得违背公序良俗。"当事人订立和履行合同的行为不仅要遵守法律规定，还要符合公共秩序和善良风俗的要求。也就是说，当事人在订立和履行合同的过程中不得扰乱经济秩序，损害公共利益。如果当事人的行为显著损害了社会公共利益，在没有明确法律规定的情况下，司法机关可以直接适用公序良俗原则，宣布合同无效。

（六）严守合同原则

《民法典》第 465 条规定："依法成立的合同，受法律保护。依法成立的合同，仅对当事人具有法律约束力，但是法律另有规定的除外。"这一原则体现在以下几个方面：一旦合同成立，当事人双方要受合同条款的约束；当事人不得擅自变更和解除合同，合同的变更和解除需要双方协商一致；如果没有法律规定的免责事由，当事人未按照合同约定履行义务，必须承担相应的违约责任。

三、《民法典》合同编的适用范围包括哪些？

《民法典》合同编中明确规定的买卖合同，供用电、水、气、热力合同，赠与合同，借款合同，保证合同，租赁合同，融资租赁合同，保理合同，承揽合同，建设工程合同，运输合同，技术合同，保管合同，仓储合同，委托合同，物业服务合同，行纪合同，中介合同，合伙合同 19 种有名合同适用该法。此外，适用《民法典》合同编的合同类型有以下几种：

（一）无名合同

《民法典》合同编和其他法律法规未作出明确规定的合同是无名合同，如借用合同、典当合同、邮电合同、演出合同、悬赏合同、培训合同、旅游合同，等等。这些无名合同同样适用《民法典》合同编的规定。

（二）《民法典》合同编之外法律规定的其他合同

需要注意的是，如果其他法律条款对合同订立、生效等问题作出了详细的规定，应当优先适用其他法律条款的规定。在其他法律条款没有规定的情况下，适用《民法典》合同编。以《民法典》物权编的规定为例，我国《民法典》物权编规定了土地承包经营权合同、建设用地使用权出让合同、建设用地使用权转让合同、地役权设立合同、抵押权设立合同、质权设立合同、共有合同等多种类型的合同。这些合同的成立和生效仍然适用《民法典》合同编。

（三）《民法典》合同编调整的是财产关系，人身关系不适用《民法典》合同编

根据《民法典》第 464 条的规定，"合同是民事主体之间设立、变更、终止民事法律关系的协议。婚姻、收养、监护等有关身份关系的协议，适用有关该身份关系的

法律规定；没有规定的，可以根据其性质参照适用本编规定"。如肖像权许可使用合同通常是有偿的财产性质的合同，可以适用《民法典》合同编的规定。如果是主要以人身关系为内容的权利义务关系，则不在《民法典》合同编的适用范围之内。

案例2：姓名权纠纷是否适用《民法典》合同编的规定？

[案情回放]

何忠与黄丽协议离婚，双方书面约定：儿子何亮由黄丽抚养，但黄丽不得擅自更改何亮的姓氏，否则要给予何忠5万元精神损害赔偿。黄丽后来再婚，在何亮继父的要求下，将何亮的姓氏改为继父姓氏。何忠获悉后，要求黄丽赔偿5万元。

[专家点评]

本案就不能适用《民法典》合同编。因为姓名权属于人格权，是人身关系而非财产关系，应当适用《民法典》婚姻家庭编和《民法典》总则编的有关规定。

四、关于合同成立和生效有哪些规定？

（一）根据《民法典》的规定，订立合同的当事人双方要具有民事权利能力和民事行为能力。

（二）根据《民法典》的规定，合同一般包括以下条款：当事人的名称或者姓名和住所；标的；数量；质量；价款或者报酬；履行期限、地点和方式；违约责任；解决争议的方法。当事人可以参照各类合同的示范文本订立合同。合同生效后，当事人就质量、价款或者报酬、履行地点等内容没有约定或者约定不明确的，可以协议补充；不能达成补充协议的，按照合同有关条款或者交易习惯确定。

当事人就有关合同内容约定不明确，依据相关条款或者交易习惯仍不能确定的，适用下列规定：（1）质量要求不明确的，按照强制性国家标准履行；没有强制性国家标准的，按照推荐性国家标准履行；没有推荐性国家标准的，按照行业标准履行；没有国家标准、行业标准，按照通常标准或者符合合同目的的特定标准履行。（2）价款或者报酬不明确的，按照订立合同时履行地的市场价格履行；依法应当执行政府定价或者政府指导价的，按照规定履行。（3）履行地点不明确，给付货币的，在接受货币一方所在地履行；交付不动产的，在不动产所在地履行；其他标的，在履行义务一方所在地履行。（4）履行期限不明确的，债务人可以随时履行，债权人也可以随时要求履行，但应当给对方必要的准备时间。（5）履行方式不明确的，按照有利于实现合同目的的方式履行。（6）履行费用的负担不明确的，由履行义务一方负担；因债权人原因增加的履行费用，由债权人负担。

（三）根据《民法典》合同编的规定，当事人订立合同，有书面形式、口头形式或者其他形式。书面形式是合同书、信件、电报、电传、传真等可以有形地表现所载内容的形式。以电子数据交换、电子邮件等方式能够有形地表现所载内容，并可以随时调取查用的数据电文，视为书面形式。

案例3：未采用法定形式但已履行完毕的合同，是否成立？

[案情回放]

甲公司从事外贸出口业务。2021年12月，甲公司接到某外商的订单后，向乙化工厂采购100吨化工原料。由于是长期业务伙伴，双方口头商定后未签订书面合同。乙化工厂发货后，甲公司支付了货款。此后，由于外商变卦，化工原料失去销路。甲公司要求退货，遭到乙化工厂的拒绝。甲公司遂以双方未签订书面合同，不符合法律规定为由提起诉讼，主张化工原料外贸购销合同不成立，要求乙化工厂退还货款。

[专家点评]

本案中的化工原料外贸购销合同，依法应当采取书面形式。当事人双方仅有口头约定，未采用书面形式，不符合法律规定的合同形式。《民法典》第490条规定："当事人采用合同书形式订立合同的，自当事人均签名、盖章或者按指印时合同成立。在签名、盖章或者按指印之前，当事人一方已经履行主要义务，对方接受时，该合同成立。法律、行政法规规定或者当事人约定合同应当采用书面形式订立，当事人未采用书面形式但是一方已经履行主要义务，对方接受时，该合同成立。"本案的合同已经履行完毕，合同依法成立，甲公司的诉讼请求没有法律依据。

（四）合同需要采取要约、承诺的方式订立。按照《民法典》合同编的规定，要约生效的时间适用以下规定：以对话方式作出的意思表示，相对人知道其内容时生效。以非对话方式作出的意思表示，到达相对人时生效。以非对话方式作出的采用数据电文形式的意思表示，相对人指定特定系统接收数据电文的，该数据电文进入该特定系统时生效；未指定特定系统的，相对人知道或者应当知道该数据电文进入其系统时生效。当事人对采用数据电文形式的意思表示的生效时间另有约定的，按照其约定。要约可以撤回。撤回意思表示的通知应当在意思表示到达相对人前或者与意思表示同时到达相对人。要约可以撤销，但是有下列情形之一的除外：（1）要约人以确定承诺期限或者其他形式明示要约不可撤销；（2）受要约人有理由认为要约是不可撤销的，并已经为履行合同做了合理准备工作。撤销要约的意思表示以对话方式作出的，该意思表示的内容应当在受要约人作出承诺之前为受要约人所知道；撤销要约的意思表示以非对话方式作出的，应当在受要约人作出承诺之前到达受要约人。以通知方式作出的承诺，生效的时间与要约相同。承诺不需要通知的，根据交易习惯或者要约的要求作出承诺的行为时生效。承诺的内容应当与要约的内容一致。受要约人对要约的内容作出实质性变更的，为新要约。有关合同标的、数量、质量、价款或者报酬、履行期限、履行地点和方式、违约责任和解决争议方法等的变更，是对要约内容的实质性变更。

（五）根据《民法典》合同编的规定，依法成立的合同，自成立时生效，但是法律另有规定或者当事人另有约定的除外。依照法律、行政法规的规定，合同应当办理批准等手续的，依照其规定。未办理批准等手续影响合同生效的，不影响合同中履行报批等义务条款以及相关条款的效力。应当办理申请批准等手续的当事人未履行义务的，对方可以请求其承担违反该义务的责任。当事人对合同的效力可以约定附条件。附生效条件的合同，自条件成就时生效。附解除条件的合同，自条件成就时失效。当事人为自己的利益不正当地阻止条件成就的，视为条件已成就；不正当地促成条件成就的，视为条件不成就。当事人对合同的效力可以约定附期限。附生效期限的合同，自期限届至时生效。附终止期限的合同，自期限届满时失效。

五、合同的履行需要遵循哪些规则？

（一）有关履行主体的规则

履行合同可以由债务人进行，也可以由债务人的代理人代为进行，依据法律规定和当事人的约定，或者根据合同的性质必须由债务人亲自履行的除外。在特定的情况下，第三人可以代替债务人履行合同，但该第三人并不是合同的当事人，仅仅是协助债务人履行合同义务的第三人。

（二）有关履行标的的规则

合同的标的指的是债务人根据合同的约定实施的特定行为。履行合同的过程中，必须严格遵守合同约定的标的的数量和质量。根据《民法典》合同编的规定，债权人可以拒绝债务人部分履行，但部分履行不损害债权人利益的除外。债务人部分履行债务给债权人增加的费用，由债务人负担。

（三）有关履行地点的规则

合同中对履行地点有明确约定的，债务人应当在约定的履行地点履行义务，债权人应当在该地点接受债务人的履行。如果履行地点在合同中没有明确的约定，当事人可以通过补充协议来确定履行地点。无法达成补充协议的，则依据合同条款和交易习惯来确定履行地点。通过上述方式仍然无法确定履行地点的，给付货币的，在接受货币一方所在地履行；交付不动产的，在不动产所在地履行；其他标的，在履行义务一方所在地履行。

（四）有关履行方式的规则

履行方式有运输方式、交货方式、结算方式等内容。债务人必须按照合同约定的方式履行义务。合同没有明确约定的，可以通过补充协议确定履行方式。无法达成补充协议的，则依据有关的合同条款和交易习惯确定履行方式。在这种情况下仍然无法确定履行方式的，通过便于实现合同目的的方式履行义务。

（五）有关价款或者报酬支付的规则

如果合同中对价款和报酬约定不明确，通过合同的有关条款和交易习惯也无法确定的，应当按照订立合同时履行地的市场价格履行；依法应当执行政府定价或者政府指导价的，按照规定履行。执行政府定价或者政府指导价的，在合同约定的交付期限内政府价格调整时，按照交付时的价格计价。逾期交付标的物的，遇价格上涨时，按照原价格执行；价格下降时，按照新价格执行。逾期提取标的物或者逾期付款的，遇价格上涨时，按照新价格执行；价格下降时，按照原价格执行。

（六）有关履行期限的规则

合同当事人应当严格按照约定的期限履行合同，期限届满未履行合同的，则要承担违约责任。履行期限约定不明确的情况下，当事人可以通过补充协议约定履行期限。无法达成补充协议的，依据合同的有关条款和交易习惯确定履行期限。在上述情况下仍然无法确定合同履行期限的，债务人可以随时履行义务，债权人也可以随时要求债务人履行，但应当给对方留出必要的准备时间。依据《民法典》合同编的规定，债权人可以拒绝债务提前履行，但是提前履行不损害债权人利益的除外。债务人提前履行给债权人增加的费用，由债务人负担。

六、关于合同的无效和撤销有哪些规定？

（一）关于合同无效的规定

1. 恶意串通，损害他人合法权益

这类合同无效的决定因素包括主观和客观两个方面：从主观方面而言，当事人要有恶意串通的行为；从客观方面而言，此类合同要对他人合法权益造成损害。恶意串通可以表现为明示的行为，包括当事人双方订立协议等；也可以表现为默示的行为，即一方当事人表明意图后，另一方给予默认等。例如，当事人为了逃避债务而订立赠与合同，将自己的财产无偿地赠与他人，就属于恶意串通的无效合同。

2. 意思表示虚假

合同生效的前提是当事人意思表示真实，在某些情况下，当事人为了规避法律、逃避监管，以虚假意思表示的合同不具备法律效力。

案例4：为掩盖冒名顶替购房的事实虚构的租赁协议，是否有效？

[案情回放]

某企业团购一批房屋，低于市场价出售给员工。张某为取得购房资格，遂以某企业员工陈某的名义购买房屋。取得该房屋后，张某进行了装修并入住，但房屋登记在陈某名下。后某企业对非本企业员工冒名顶替购房的情况进行查处，张某与陈某为应付检查，签订了房屋租赁协议。2022年年初，租赁协议到期，陈某为实际占有该房屋，要求张某支付约定的租金并腾退房屋。遭到张某拒绝后，陈某向人民法院提起诉讼。张某向法庭提供了自己支付购房款，以陈某名义购买房屋的证据。

[专家点评]

本案中，张某和陈某为规避企业的监管签订房屋租赁协议，该协议并非双方真实的意思表示。《民法典》第146条规定："行为人与相对人以虚假的意思表示实施的民事法律行为无效。"因此，双方签订的租赁协议不具备法律效力。陈某依据该协议要求张某支付房屋租金并腾退房屋，无法得到人民法院的支持。

3. 违背公序良俗

这类合同包括逃税的合同、损害人格尊严的合同、破坏公平竞争的合同、赌博合同、破坏家庭关系的合同等。这些合同对公序良俗造成了损害，属于无效合同。

案例5：为赌博签订的借款合同是否有效？

[案情回放]

张胜与李强在赌桌上相识。2021年9月某日，两人共同参与赌博。李强输光赌本之后，不甘心一走了之，便向张胜借款1万元，继续参与赌博，并打下借条一张——"李强向张胜借款1万元，翻本后连本带利还款1.1万元。赌输了，3个月内偿还借款。"该笔款项在此后的赌博中再次被李强输光。此后，张胜多次向李强追讨借款未果，遂向人民法院提起诉讼。

[专家点评]

本案中，当事人为赌博借款订立的合同有损社会公共利益，不具有法律效力。张胜依据该合同请求李强归还借款，不受法律保护。

4. 违反法律、行政法规的强制性规定

合同内容如果违反了全国人民代表大会及其常务委员会颁布的法律和国务院颁布的行政法规中的强制性规定，属于无效合同。

5. 不具备民事行为能力的人签订的合同无效

无民事行为能力人签订的合同或者限制民事行为能力人在未经其代理人同意情况下签订的合同无效。

（二）关于合同撤销的规定

1. 以欺诈与胁迫手段，违背对方真实意思表示订立的合同

以欺诈、胁迫手段订立的合同，除损害国家利益导致无效的情况外，受损害方有权请求人民法院或者仲裁机构变更或者撤销。

2. 出于重大误解订立的合同

构成重大误解，需要当事人对合同重要内容出现认识上的偏差，从而给自己带来重大损失，无法实现订立合同的目的。重大误解包括以下情形：（1）对合同相对方产生误解，如把甲公司误认作乙公司而与之订立合同。在具有人身性质的合同中，如赠与、无偿借贷等以存在某种特殊关系为前提的合同，演出、加工承揽等以特定人的专业技能为前提的合同，信托、委托、保管、信贷等以当事人的信用为前提的合同，针对当事人的误解属于重大误解。不具有人身性质的合同，如商品买卖合同，如果对当事人的误解不会给自身造成重大损失，不属于重大误解的范畴。（2）对合同的性质产生误解，如将借贷合同误认为是赠与合同，将出租合同误认为是出卖合同。（3）对标的物的品种、规格、质量、数量、包装等发生误解。此类误解可能导致当事人订立合同的目的无法实现，继续履行合同会给当事人造成重大损失，在这种情况下构成重大误解。（4）对合同的履行方式、履行地点、履行期限等发生误解。如果此类误解给当事人造成重大损失，妨碍了合同目的的实现，属于重大误解。重大误解与欺诈、胁迫不同，是由当事人自身的过错造成的，因此，如果因为重大误解撤销合同，给对方当事人造成了损失，应当承担缔约过失责任，赔偿对方当事人的损失。

3. 显失公平订立的合同

此外，根据我国《民法典》第151条的规定，"一方利用对方处于危困状态、缺乏判断能力等情形，致使民事法律行为成立时显失公平的，受损害方有权请求人民法院或者仲裁机构予以撤销"。也就是说，如果当事人一方利用对方存在困难处境而与之签订不平等合同，致使对方勉为其难接受的；或者一方利用对方缺乏对合同所规定事项的判断能力与之签订不平等合同，对方稀里糊涂接受的，都算作显失公平，都是可以申请撤销的。

七、违约责任如何承担？

（一）继续履行

如果合同的标的是金钱的给付，可以无条件地适用继续履行的违约责任承担方式。因为金钱债务只存在迟延履行的问题，不存在履行不能的情况，所以应该无条件地继续履行合同义务。如果是非金钱债务，在下列情况下不适用继续履行：（1）合同在法律上或者事实上不能继续履行；（2）合同的标的无法适用强制履行或者强制履行的成本过高；（3）债权人在合理期限内未请求履行。

（二）采取补救措施

《民法典》合同编规定的补救措施包括：修理、更换、重作、退货、减少价款或者报酬等。在当事人的履行不符合合同约定的情况下，可以适用补救措施。但适用补救措施有一定的限制条件：首先，标的物质量不符合约定的，应当按照当事人的约定承担违约责任；其次，对违约责任没有约定或者约定不明确，当事人无法达成补充协议，依据合同有关条款或者交易习惯也不能确定违约责任的情况下，受损害方可以根据标的的性质以及损失的大小，合理选择要求对方承担修理、更换、重作、退货、减少价款或者报酬等违约责任。

（三）赔偿损失

赔偿损失包括法定赔偿和约定赔偿两种。约定赔偿是指当事人在订立合同时，预先约定一方违约时应当向对方支付一定数额的赔偿金或约定损害赔偿额的计算方法。而法定赔偿是由法律直接规定的。法定赔偿是一种完全赔偿，赔偿的范围包括财产损失与可得利益损失。财产损失包括标的物灭失、为准备履行合同而支出的费用、停工损失、为减少违约损失而支出的费用、诉讼费用等；可得利益损失指的是在履行合同后可以实现和取得的财产利益。当事人一方违约后，另一方当事人应当及时采取合理的措施防止损失扩大，否则，不得就扩大的损失要求对方赔偿。

（四）违约金

根据《民法典》合同编的规定，当事人可以约定一方违约时应当根据违约情况向对方支付一定数额的违约金，也可以约定因违约产生的损失赔偿额的计算方法。约定的违约金低于造成的损失的，当事人可以请求人民法院或者仲裁机构予以增加；约定的违约金过分高于造成的损失的，当事人可以请求人民法院或者仲裁机构予以适当减少。当事人就迟延履行约定违约金的，违约方支付违约金后，还应当履行债务。当事人请求人民法院增加违约金的，增加后的违约金数额以不超过实际损失额为限。增加违约金以后，当事人又请求对方赔偿损失的，人民法院不予支持。当事人主张约定的违约金过高请求予以适当减少的，人民法院应当以实际损失为基础，兼顾合同的履行情况、当事人的过错程度以及预期利益等综合因素，根据公平原则和诚实信用原则予以衡量，并作出裁决。

（五）定金

根据《民法典》合同编的规定，当事人可以依照担保法约定一方向对方给付定金作为债权的担保。债务人履行债务后，定金应当抵作价款或者收回。给付定金的一方不履行约定的债务的，无权要求返还定金；收受定金的一方不履行约定的债务的，应当双倍返还定金。定金应当以书面形式约定，定金的数额不得超过主合同标的额的20%。

八、如何制定和使用合同范本？

在企业的经营管理活动中，为了提高效率、降低风险，需要使用国家有关部门颁布的或者企业自行制定的合同范本。在合同范本的制定和使用的过程中，有一些注意事项：

企业自行制定的合同范本要符合有关法律的规定。根据我国《民法典》的规定，违反法律、行政法规的强制性规定的民事法律行为无效。所以，合同范本的内容和形式都要符合法律的强制性规定。

合同范本对当事人权利义务的规定不能违背等价有偿的原则。如果合同范本中对权利义务的约定显失公平，就会引发大量的合同纠纷，在诉讼中也得不到司法机关的支持。

合同范本的条款不能过于僵化，如争议的解决方式可以选择向人民法院起诉或者提请仲裁。这样就为双方解决争议预留了更多的空间，以免将来发生争议时因为合同约定过于僵化，导致争议的解决陷入僵局。

合同范本应该附有必要的使用说明，便于理解和使用。使用说明要对合同范本的适用范围、专业术语的含义、选择性条款的适用等问题作出准确的解释说明。

在使用合同范本的过程中，首先要明确合同范本的适用范围，对企业中的哪些部门需要使用或者参照使用合同范本，要作出清楚的规定，以免在合同范本使用过程中出现混乱。在使用的过程中，要及时了解实践中遇到的问题和情况，以便对范本进行完善。

第二章　买卖合同

买卖合同，是出卖人转移标的物的所有权于买受人，买受人支付价款的合同。它具有以下特征：

1. 买卖合同是有偿合同。买卖合同的实质是以等价有偿方式转让标的物的所有权，即出卖人转移标的物的所有权于买方，买方向出卖人支付价款。这是买卖合同的基本特征，使其与赠与合同相区别。

2. 买卖合同是双务合同。在买卖合同中，买方和卖方都享有一定的权利，承担一定的义务。而且其权利和义务存在对应关系，即买方的权利就是卖方的义务，买方的义务就是卖方的权利。

3. 买卖合同是诺成合同。买卖合同自双方当事人意思表示一致就可以成立，不需要交付标的物。

4. 买卖合同一般是不要式合同。通常情况下，买卖合同的成立、有效并不需要具备一定的形式，但法律另有规定的除外。

一、《民法典》相关法条

第五百九十五条　买卖合同是出卖人转移标的物的所有权于买受人，买受人支付价款的合同。

第五百九十六条　买卖合同的内容一般包括标的物的名称、数量、质量、价款、履行期限、履行地点和方式、包装方式、检验标准和方法、结算方式、合同使用的文字及其效力等条款。

第五百九十七条　因出卖人未取得处分权致使标的物所有权不能转移的，买受人可以解除合同并请求出卖人承担违约责任。

法律、行政法规禁止或者限制转让的标的物，依照其规定。

第五百九十八条　出卖人应当履行向买受人交付标的物或者交付提取标的物的单证，并转移标的物所有权的义务。

第五百九十九条　出卖人应当按照约定或者交易习惯向买受人交付提取标的物单证以外的有关单证和资料。

第六百条　出卖具有知识产权的标的物的，除法律另有规定或者当事人另有约定外，该标的物的知识产权不属于买受人。

第六百零一条 出卖人应当按照约定的时间交付标的物。约定交付期限的,出卖人可以在该交付期限内的任何时间交付。

第六百零二条 当事人没有约定标的物的交付期限或者约定不明确的,适用本法第五百一十条、第五百一十一条第四项的规定。

第六百零三条 出卖人应当按照约定的地点交付标的物。

当事人没有约定交付地点或者约定不明确,依据本法第五百一十条的规定仍不能确定的,适用下列规定:

(一)标的物需要运输的,出卖人应当将标的物交付给第一承运人以运交给买受人;

(二)标的物不需要运输,出卖人和买受人订立合同时知道标的物在某一地点的,出卖人应当在该地点交付标的物;不知道标的物在某一地点的,应当在出卖人订立合同时的营业地交付标的物。

第六百零四条 标的物毁损、灭失的风险,在标的物交付之前由出卖人承担,交付之后由买受人承担,但是法律另有规定或者当事人另有约定的除外。

第六百零五条 因买受人的原因致使标的物未按照约定的期限交付的,买受人应当自违反约定时起承担标的物毁损、灭失的风险。

第六百零六条 出卖人出卖交由承运人运输的在途标的物,除当事人另有约定外,毁损、灭失的风险自合同成立时起由买受人承担。

第六百零七条 出卖人按照约定将标的物运送至买受人指定地点并交付给承运人后,标的物毁损、灭失的风险由买受人承担。

当事人没有约定交付地点或者约定不明确,依据本法第六百零三条第二款第一项的规定标的物需要运输的,出卖人将标的物交付给第一承运人后,标的物毁损、灭失的风险由买受人承担。

第六百零八条 出卖人按照约定或者依据本法第六百零三条第二款第二项的规定将标的物置于交付地点,买受人违反约定没有收取的,标的物毁损、灭失的风险自违反约定时起由买受人承担。

第六百零九条 出卖人按照约定未交付有关标的物的单证和资料的,不影响标的物毁损、灭失风险的转移。

第六百一十条 因标的物不符合质量要求,致使不能实现合同目的的,买受人可以拒绝接受标的物或者解除合同。买受人拒绝接受标的物或者解除合同的,标的物毁损、灭失的风险由出卖人承担。

第六百一十一条 标的物毁损、灭失的风险由买受人承担的,不影响因出卖人履行义务不符合约定,买受人请求其承担违约责任的权利。

第六百一十二条 出卖人就交付的标的物,负有保证第三人对该标的物不享有任何权利的义务,但是法律另有规定的除外。

第六百一十三条 买受人订立合同时知道或者应当知道第三人对买卖的标的物享有权利的，出卖人不承担前条规定的义务。

第六百一十四条 买受人有确切证据证明第三人对标的物享有权利的，可以中止支付相应的价款，但是出卖人提供适当担保的除外。

第六百一十五条 出卖人应当按照约定的质量要求交付标的物。出卖人提供有关标的物质量说明的，交付的标的物应当符合该说明的质量要求。

第六百一十六条 当事人对标的物的质量要求没有约定或者约定不明确，依据本法第五百一十条的规定仍不能确定的，适用本法第五百一十一条第一项的规定。

第六百一十七条 出卖人交付的标的物不符合质量要求的，买受人可以依据本法第五百八十二条至第五百八十四条的规定请求承担违约责任。

第六百一十八条 当事人约定减轻或者免除出卖人对标的物瑕疵承担的责任，因出卖人故意或者重大过失不告知买受人标的物瑕疵的，出卖人无权主张减轻或者免除责任。

第六百一十九条 出卖人应当按照约定的包装方式交付标的物。对包装方式没有约定或者约定不明确，依据本法第五百一十条的规定仍不能确定的，应当按照通用的方式包装；没有通用方式的，应当采取足以保护标的物且有利于节约资源、保护生态环境的包装方式。

第六百二十条 买受人收到标的物时应当在约定的检验期限内检验。没有约定检验期限的，应当及时检验。

第六百二十一条 当事人约定检验期限的，买受人应当在检验期限内将标的物的数量或者质量不符合约定的情形通知出卖人。买受人怠于通知的，视为标的物的数量或者质量符合约定。

当事人没有约定检验期限的，买受人应当在发现或者应当发现标的物的数量或者质量不符合约定的合理期限内通知出卖人。买受人在合理期限内未通知或者自收到标的物之日起二年内未通知出卖人的，视为标的物的数量或者质量符合约定；但是，对标的物有质量保证期的，适用质量保证期，不适用该二年的规定。

出卖人知道或者应当知道提供的标的物不符合约定的，买受人不受前两款规定的通知时间的限制。

第六百二十二条 当事人约定的检验期限过短，根据标的物的性质和交易习惯，买受人在检验期限内难以完成全面检验的，该期限仅视为买受人对标的物的外观瑕疵提出异议的期限。

约定的检验期限或者质量保证期短于法律、行政法规规定期限的，应当以法律、行政法规规定的期限为准。

第六百二十三条 当事人对检验期限未作约定，买受人签收的送货单、确认单等载明标的物数量、型号、规格的，推定买受人已经对数量和外观瑕疵进行检验，但是有相关证据足以推翻的除外。

第六百二十四条 出卖人依照买受人的指示向第三人交付标的物，出卖人和买受人约定的检验标准与买受人和第三人约定的检验标准不一致的，以出卖人和买受人约定的检验标准为准。

第六百二十五条 依照法律、行政法规的规定或者按照当事人的约定，标的物在有效使用年限届满后应予回收的，出卖人负有自行或者委托第三人对标的物予以回收的义务。

第六百二十六条 买受人应当按照约定的数额和支付方式支付价款。对价款的数额和支付方式没有约定或者约定不明确的，适用本法第五百一十条、第五百一十一条第二项和第五项的规定。

第六百二十七条 买受人应当按照约定的地点支付价款。对支付地点没有约定或者约定不明确，依据本法第五百一十条的规定仍不能确定的，买受人应当在出卖人的营业地支付；但是，约定支付价款以交付标的物或者交付提取标的物单证为条件的，在交付标的物或者交付提取标的物单证的所在地支付。

第六百二十八条 买受人应当按照约定的时间支付价款。对支付时间没有约定或者约定不明确，依据本法第五百一十条的规定仍不能确定的，买受人应当在收到标的物或者提取标的物单证的同时支付。

第六百二十九条 出卖人多交标的物的，买受人可以接收或者拒绝接收多交的部分。买受人接收多交部分的，按照约定的价格支付价款；买受人拒绝接收多交部分的，应当及时通知出卖人。

第六百三十条 标的物在交付之前产生的孳息，归出卖人所有；交付之后产生的孳息，归买受人所有。但是，当事人另有约定的除外。

第六百三十一条 因标的物的主物不符合约定而解除合同的，解除合同的效力及于从物。因标的物的从物不符合约定被解除的，解除的效力不及于主物。

第六百三十二条 标的物为数物，其中一物不符合约定的，买受人可以就该物解除。但是，该物与他物分离使标的物的价值受损害的，买受人可以就数物解除合同。

第六百三十三条 出卖人分批交付标的物的，出卖人对其中一批标的物不交付或者交付不符合约定，致使该批标的物不能实现合同目的的，买受人可以就该批标的物解除。

出卖人不交付其中一批标的物或者交付不符合约定，致使之后其他各批标的物的交付不能实现合同目的的，买受人可以就该批以及之后其他各批标的物解除。

买受人如果就其中一批标的物解除，该批标的物与其他各批标的物相互依存的，可以就已经交付和未交付的各批标的物解除。

第六百三十四条 分期付款的买受人未支付到期价款的数额达到全部价款的五分之一，经催告后在合理期限内仍未支付到期价款的，出卖人可以请求买受人支付全部价款或者解除合同。

出卖人解除合同的，可以向买受人请求支付该标的物的使用费。

第六百三十五条 凭样品买卖的当事人应当封存样品，并可以对样品质量予以说明。出卖人交付的标的物应当与样品及其说明的质量相同。

第六百三十六条 凭样品买卖的买受人不知道样品有隐蔽瑕疵的，即使交付的标的物与样品相同，出卖人交付的标的物的质量仍然应当符合同种物的通常标准。

第六百三十七条 试用买卖的当事人可以约定标的物的试用期限。对试用期限没有约定或者约定不明确，依据本法第五百一十条的规定仍不能确定的，由出卖人确定。

第六百三十八条 试用买卖的买受人在试用期内可以购买标的物，也可以拒绝购买。试用期限届满，买受人对是否购买标的物未作表示的，视为购买。

试用买卖的买受人在试用期内已经支付部分价款或者对标的物实施出卖、出租、设立担保物权等行为的，视为同意购买。

第六百三十九条 试用买卖的当事人对标的物使用费没有约定或者约定不明确的，出卖人无权请求买受人支付。

第六百四十条 标的物在试用期内毁损、灭失的风险由出卖人承担。

第六百四十一条 当事人可以在买卖合同中约定买受人未履行支付价款或者其他义务的，标的物的所有权属于出卖人。

出卖人对标的物保留的所有权，未经登记，不得对抗善意第三人。

第六百四十二条 当事人约定出卖人保留合同标的物的所有权，在标的物所有权转移前，买受人有下列情形之一，造成出卖人损害的，除当事人另有约定外，出卖人有权取回标的物：

（一）未按照约定支付价款，经催告后在合理期限内仍未支付；

（二）未按照约定完成特定条件；

（三）将标的物出卖、出质或者作出其他不当处分。

出卖人可以与买受人协商取回标的物；协商不成的，可以参照适用担保物权的实现程序。

第六百四十三条 出卖人依据前条第一款的规定取回标的物后，买受人在双方约定或者出卖人指定的合理回赎期限内，消除出卖人取回标的物的事由的，可以请求回赎标的物。

买受人在回赎期限内没有回赎标的物，出卖人可以以合理价格将标的物出卖给第三人，出卖所得价款扣除买受人未支付的价款以及必要费用后仍有剩余的，应当返还买受人；不足部分由买受人清偿。

第六百四十四条 招标投标买卖的当事人的权利和义务以及招标投标程序等，依照有关法律、行政法规的规定。

第六百四十五条 拍卖的当事人的权利和义务以及拍卖程序等，依照有关法律、行政法规的规定。

第六百四十六条 法律对其他有偿合同有规定的，依照其规定；没有规定的，参照适用买卖合同的有关规定。

第六百四十七条 当事人约定易货交易，转移标的物的所有权的，参照适用买卖合同的有关规定。

二、典型案例

案例1：卖方标高价格然后又降价销售，顾客是否有权要求赔偿？

[案情回放]

2021年国庆节期间，某商场举行让利酬宾活动。该商场还在报纸上刊登了降价广告，宣布该商场的部分产品降价销售。其中，某款冰箱原价2100元，现价1600元。当地居民王先生看到广告后，即到该商场去购买。但不久之后，王先生从朋友那里了解到：早在国庆节之前，其所购型号冰箱的售价就是1600元，自6月起，该型号的冰箱的销售价格即已从2100元降至1600元。王先生认为该商场存在欺诈行为，向其提出索赔要求，而商场认为其不存在欺诈行为，并以王先生曲解了广告的内容为由拒绝赔付。王先生遂向当地人民法院提起诉讼。

[专家点评]

《民法典》第148条规定："一方以欺诈手段，使对方在违背真实意思的情况下实施的民事法律行为，受欺诈方有权请求人民法院或者仲裁机构予以撤销。"《消费者权益保护法》第55条规定："经营者提供商品或者服务有欺诈行为的，应当按照消费者的要求增加赔偿其受到的损失，增加赔偿的金额为消费者购买商品的价款或者接受服务的费用的三倍；增加赔偿的金额不足五百元的，为五百元。法律另有规定的，依照其规定。经营者明知商品或者服务存在缺陷，仍然向消费者提供，造成消费者或者其他受害人死亡或者健康严重损害的，受害人有权要求经营者依照本法第四十九条、第五十一条等法律规定赔偿损失，并有权要求所受损失二倍以下的惩罚性赔偿。"在本案中，某商场发布的降价广告内容确定，对其自身具有约束力，符合要约的规定，应视为要约，王先生依约购买了冰箱为承诺，此时双方之间的买卖合同成立。而双方在缔结合同过程中，商场明显构成价格欺诈。商家虽有权在原降价时段结束之后，恢复2100元的价格。但事实表明，从8月实行降价销售起，此型号冰箱的价格一直为1600元，在此期间没有恢复至2100元。根据《价格法》的有关规定，该商场的行为属于虚假降价的价格欺诈行为。根据《民法典》第148条的规定和《消费者权益保护法》第55条的规定，王先生可以要求商场承担损害赔偿责任，并由被告增加赔偿其受到的损失。

在本案中，某商场以存在价格欺诈的广告宣传，使王先生基于对其的特殊信赖而订立了购买冰箱的合同。所以，该商场在缔约合同过程中故意违反了先合同义务。在得知该商场的欺诈行为后，王先生提出撤销合同，赔偿损失，并依据《消费者权益保护法》的规定请求增加赔偿的数额是符合法律规定的，应获支持。

案例2：没有牌照的车辆能否买卖？

[案情回放]

牛某在某事业单位工作，由于工作单位离家较远，一直考虑买车代步。2021年7月，经过多方比较，牛某在桑塔纳汽车销售站购买了一辆桑塔纳轿车。在准备给车辆上牌照的时候，牛某的女儿在学校组织的体检过程中被查出患有先天性疾病，需要大笔的医疗费用。为给女儿筹措医疗费，牛某将刚刚购买的小轿车出让给梁某，双方签订了买卖合同。合同签订后，牛某将车辆交付给梁某试用。在试用期间，梁某反悔，以轿车需办理过户手续为由，不愿支付车款，提出解除车辆买卖合同，遭到牛某的拒绝。2022年2月，牛某在多次要求梁某支付车款未果的情况下，向人民法院提起诉讼，要求梁某履行车辆买卖合同。

[专家点评]

《道路交通安全法》第8条规定："国家对机动车实行登记制度。机动车经公安机关交通管理部门登记后，方可上道路行驶。尚未登记的机动车，需要临时上道路行驶的，应当取得临时通行牌证。"第9条规定："申请机动车登记，应当提交以下证明、凭证：（一）机动车所有人的身份证明；（二）机动车来历证明；（三）机动车整车出厂合格证明或者进口机动车进口凭证；（四）车辆购置税的完税证明或者免税凭证；（五）法律、行政法规规定应当在机动车登记时提交的其他证明、凭证。公安机关交通管理部门应当自受理申请之日起五个工作日内完成机动车登记审查工作，对符合前款规定条件的，应当发放机动车登记证书、号牌和行驶证；对不符合前款规定条件的，应当向申请人说明不予登记的理由。公安机关交通管理部门以外的任何单位或者个人不得发放机动车号牌或者要求机动车悬挂其他号牌，本法另有规定的除外。机动车登记证书、号牌、行驶证的式样由国务院公安部门规定并监制。"此即车辆的登记注册或办理牌照的规定。

该规定表明，虽然购车人在办理牌照时也应当交验买卖合同及购车发票，但此仅属办理牌照必要的手续，不是对合同的批准、登记手续。《民法典》第502条规定的"依照法律、行政法规的规定，合同应当办理批准等手续的，依照其规定"，并不包括本案这种合同关系。所以，在本案中，当事人双方买卖尚未上牌照的新车，不存在要办理过户手续的问题。在本案中，牛某与梁某的新车买卖行为合法、有效。梁某应当履行车辆买卖合同。

案例3：未办理过户手续的房屋买卖合同是否有效？

[案情回放]

某地一楼盘建成。当地居民李立民实地考察后，对房屋的设计、地段和周边环境都比较满意。经过协商，李立民与经销该楼盘的某销售公司签订了房屋买卖合同。合同约定：销售公司将三居室一套售与李立民，价款40万元，并约定该房屋于2022年元旦前交付使用。此后，李立民先后向销售公司支付购房款人民币30万元。至交房日，某销售公司因故未能交付房屋。2022年3月初，某销售公司通知李立民办理房屋交接验收手续，但李立民未办理。此后，李立民诉至法院，称该合同未按法律规定办理过户手续，不具备法律效力，请求人民法院判决解除其与某销售公司的房屋买卖合同，并主张销售公司返还购房款人民币30万元并承担至还款日的利息损失。

[专家点评]

根据《民法典》的规定，合同生效的要件包括：第一，合同主体要合法，即自然人、法人或者其他组织必须有与订立合同相适应的民事行为能力；第二，行为人订立合同是真实意思表示；第三，合同内容不违反法律和社会公序良俗。本案中双方当事人均具有缔约能力，并已就销售买卖达成一致协议，且买方支付了房款。既然销售过户登记并非房屋买卖合同成立的有效要件，该合同又符合合同有效要件，故该合同是合法有效的。从意思自治原则出发，是尊重双方当事人的意愿的，也是符合合同法鼓励交易原则的。当然买受方支付全部房款之后，出卖方应按合同转让该销售，并应当协助买受方办理过户手续，以实现销售所有权的移转。

《民法典》第563条规定："有下列情形之一的，当事人可以解除合同：（一）因不可抗力致使不能实现合同目的；（二）在履行期限届满前，当事人一方明确表示或者以自己的行为表明不履行主要债务；（三）当事人一方迟延履行主要债务，经催告后在合理期限内仍未履行；（四）当事人一方迟延履行债务或者有其他违约行为致使不能实现合同目的；（五）法律规定的其他情形。以持续履行的债务为内容的不定期合同，当事人可以随时解除合同，但是应当在合理期限之前通知对方。"《最高人民法院关于审理商品房买卖合同纠纷案件适用法律若干问题的解释》第11条规定："根据民法典第五百六十三条的规定，出卖人迟延交付房屋或者买受人迟延支付购房款，经催告后在三个月的合理期限内仍未履行，解除权人请求解除合同的，应予支持，但当事人另有约定的除外。法律没有规定或者当事人没有约定，经对方当事人催告后，解除权行使的合理期限为三个月。对方当事人没有催告的，解除权人自知道或者应当知道解除事由之日起一年内行使。逾期不行使的，解除权消灭。"

本案中，销售公司的迟延履行，并未给李立民造成利益损失，更不会使合同目的无法实现，不应认定为构成根本违约。由于迟延的期间不长，销售公司在违约后采取了较为积极的态度，及时加以改正，使李立民的利益得以实现，并不具备《民法典》和相关司法解释规定的行使解除权的条件。因此，李立民不能以销售公司的迟延交付构成根本违约为由主张解除合同。在本案中，应认定该买卖销售合同有效，双方当事人应继续履行合同，李立民可以基于销售公司的迟延履行要求其承担违约责任。

案例4：经营者否认假冒商品为自己出售，应否承担举证责任？

[案情回放]

2020年11月，小赵在举行婚礼前携未婚妻到某购物中心买首饰。在某珠宝柜台前，小赵的未婚妻看中了一枚钻戒。小赵以5000元的价格将该钻戒买下。2021年3月，一次偶然的机会，小赵将钻戒交给朋友拿到某鉴定中心进行鉴定，鉴定结论出乎意料：该钻戒是假冒的。小赵当即找到某购物中心珠宝专柜要求赔偿。珠宝专柜的老板表示，该专柜出售的珠宝都是从正规厂家进货，绝对有信誉保障，不可能出现假冒商品，小赵的钻戒肯定不是从该专柜购买的。小赵向人民法院提起诉讼，请求判决某珠宝专柜赔偿自己的损失，同时向法庭提交了购物发票和鉴定结论作为证据。某珠宝专柜承认小赵在该专柜购买价值5000元的钻戒一枚属实，但认为该钻戒与小赵所持的假钻戒显然不是同一枚，因此拒绝承担赔偿责任。

[专家点评]

在本案中，第一，小赵提供了购买钻戒时的发票，证明自己确实在一定的时间、地点与特定的对象有过交易行为；第二，小赵提供了某鉴定中心的鉴定结论，证明了自己的钻戒为假冒的主张。结合这两项证据和当事人双方的陈述（当事人双方均承认曾发生过购买钻戒的交易行为），得出小赵在某购物中心珠宝专柜购买的钻戒为假冒的结论是合乎情理的。

某珠宝专柜提出的小赵所持的钻戒不是在该珠宝专柜购买的新事实主张，依照"谁主张，谁举证"的原则，理应由某珠宝专柜承担举证责任。但某珠宝专柜并没有提供任何证据来证明其主张的事实。故小赵主张的事实成立，应当由某珠宝专柜承担不利的诉讼后果。

案例5：多重买卖合同的效力如何认定？

[案情回放]

王某有一辆二手车准备出售。李某在报纸上看到广告后，就立即与王某联系，经双方协商，以5万元的价格成交，签订了买卖合同并支付了部分价款。王某随即将机动车交付给李某试用，约定择日办理过户手续并支付其余价款。孙某同样看到了王某的售车广告，也与王某取得了联系，愿意以6万元的价格购买这辆二手车。王某因贪财心动，便与孙某签订合同，并办理了车辆的过户手续。当王某提出收回车辆，返还价款，撤销买卖合同的要求时，却遭到李某的拒绝。双方争执不下，诉至人民法院。

[专家点评]

对于多重买卖合同的效力，《最高人民法院关于审理买卖合同纠纷案件适用法律问题的解释》作出了详细的规定。根据该司法解释的规定，出卖人就同一普通动产订立多重买卖合同，在买卖合同均有效的情况下，买受人均要求实际履行合同的，应当按照以下情形分别处理：(1) 先行受领交付的买受人请求确认所有权已经转移的，人民法院应予支持；(2) 均未受领交付，先行支付价款的买受人请求出卖人履行交付标的物等合同义务的，人民法院应予支持；(3) 均未受领交付，也未支付价款，依法成立在先合同的买受人请求出卖人履行交付标的物等合同义务的，人民法院应予支持。

在本案中，当事人争议的标的是机动车这类特殊的动产。按照《最高人民法院关于审理买卖合同纠纷案件适用法律问题的解释》第7条的规定，出卖人就同一船舶、航空器、机动车等特殊动产订立多重买卖合同，在买卖合同均有效的情况下，买受人均要求实际履行合同的，应当按照以下情形分别处理：(1) 先行受领交付的买受人请求出卖人履行办理所有权转移登记手续等合同义务的，人民法院应予支持；(2) 均未受领交付，先行办理所有权转移登记手续的买受人请求出卖人履行交付标的物等合同义务的，人民法院应予支持；(3) 均未受领交付，也未办理所有权转移登记手续，依法成立在先合同的买受人请求出卖人履行交付标的物和办理所有权转移登记手续等合同义务的，人民法院应予支持；(4) 出卖人将标的物交付给买受人之一，又为其他买受人办理所有权转移登记，已受领交付的买受人请求将标的物所有权登记在自己名下的，人民法院应予支持。所以，王某虽然将车辆过户给孙某，但车辆已经先行交付给李某，双方订立的车辆买卖合同合法有效，李某有权要求将车辆过户到自己名下。

三、买卖合同陷阱防范

在买卖合同签订的过程中，要注意以下几个方面：卖方对标的物没有处分权，如标的物是拾得物、盗窃物、他人委托保管的物品、被查封或冻结的物品等；企业超出经营范围，当事人没有代理权或者超越代理权限；欺诈方未经合法的工商注册，没有注册资金和固定的经营场所，往往是不法分子私刻公章或合同专用章；违反了国家法律关于特许经营的有关规定，如烟草、外汇、金银及其制品、珠宝及贵重药材等；应对办理公证的买卖合同没有办理公证，或者应当履行审批、登记、公告等手续而未履行。

在合同履行过程中，则可能出现以次充好的现象，在签订买卖合同时，卖方出示质量较高的样品，而在履行时却代以质量低劣的伪次品；欺诈方没有履行合同的诚意，不履行或不完全履行买卖合同，在骗取对方履行合同之后，非法占有对方履行的钱或产品；伪造产品的质量鉴定证明或标志。还有一种价格欺诈也值得引起注意。这种欺诈情况具有以下几个特点：卖方通常是商场中的销售人员，在促销活动中以降价促销的名义，捏造商品的原价和现价。

所以，在买卖合同签订和履行的过程中，要特别注意防范合同陷阱：在签订合同时，要严格审查对方的主体资格，包括对方当事人的工商注册登记情况、经营范围、签订合同的人是否有合法授权、当事人使用的印鉴是否真实等。同时，要注意对方是否具备履约能力，如可以审查买方的注册资金和归其所有的财产，来判断其能否按时足额支付货款。在签订合同的过程中，要关注合同的主要条款、签字盖章、合同的担保以及依法应当办理的相关手续的审查。

在合同履行的过程中，卖方可以按照合同的约定要求买方提供担保，买方不能提供担保的，卖方可以拒绝交付货物。如果按照合同约定，买方支付货款后，卖方才交货，但卖方财产状况明显恶化，很可能失去履约能力，买方可以依法要求卖方先行交货或提供担保。

四、买卖合同范本

（一）商品房买卖合同（现售）①

合同编号：_____

说　明

1. 本合同文本为示范文本，由中华人民共和国住房和城乡建设部、中华人民共和国国家工商行政管理总局②共同制定。各地可在有关法律法规、规定的范围内，结合实际情况调整合同相应内容。

2. 签订本合同前，出卖人应当向买受人出示有关权属证书或证明文件。

3. 出卖人应当就合同重大事项对买受人尽到提示义务。买受人应当审慎签订合同，在签订本合同前，要仔细阅读合同条款，特别是审阅其中具有选择性、补充性、修改性的内容，注意防范潜在的市场风险和交易风险。

4. 本合同文本【　】中选择内容、空格部位填写内容及其他需要删除或添加的内容，双方当事人应当协商确定。【　】中选择内容，以画"√"的方式选定；对于实际情况未发生或双方当事人不作约定时，应当在空格部位打"×"，以示删除。

5. 出卖人与买受人可以针对本合同文本中没有约定或者约定不明确的内容，根据所售项目的具体情况在相关条款后的空白行中进行补充约定，也可以另行签订补充协议。

6. 双方当事人可以根据实际情况决定本合同原件的份数，并在签订合同时认真核对，以确保各份合同内容一致；在任何情况下，出卖人和买受人都应当至少持有一份合同原件。

---

① 中华人民共和国住房和城乡建设部、国家工商行政管理总局制定，GF-2014-0172。
② 2018年3月，国务院机构改革后组建国家市场监督管理总局，原国家工商行政管理总局不再保留。全书同。

专业术语解释

1. 商品房现售：指房地产开发企业将竣工验收合格的商品房出售给买受人，并由买受人支付房价款的行为。

2. 法定代理人：指依照法律规定直接取得代理权的人。

3. 套内建筑面积：指成套房屋的套内建筑面积，由套内使用面积、套内墙体面积、套内阳台建筑面积三部分组成。

4. 房屋的建筑面积：指房屋外墙（柱）勒脚以上各层的外围水平投影面积，包括阳台、挑廊、地下室、室外楼梯等，且具有上盖，结构牢固，层高 2.20m 以上（含 2.20m）的永久性建筑。

5. 不可抗力：指不能预见、不能避免并不能克服的客观情况。

6. 民用建筑节能：指在保证民用建筑使用功能和室内热环境质量的前提下，降低其使用过程中能源消耗的活动。民用建筑是指居住建筑、国家机关办公建筑和商业、服务业、教育、卫生等其他公共建筑。

7. 房屋登记：指房屋登记机构依法将房屋权利和其他应当记载的事项在房屋登记簿上予以记载的行为。

8. 所有权转移登记：指商品房所有权从出卖人转移至买受人所办理的登记类型。

9. 房屋登记机构：指直辖市、市、县人民政府建设（房地产）主管部门或者其设置的负责房屋登记工作的机构。

10. 分割拆零销售：指房地产开发企业将成套的商品住宅分割为数部分分别出售给买受人的销售方式。

11. 返本销售：指房地产开发企业以定期向买受人返还购房款的方式销售商品房的行为。

出卖人向买受人出售其开发建设的房屋，双方当事人应当在自愿、平等、公平及诚实信用的基础上，根据《中华人民共和国合同法》《中华人民共和国物权法》[①]《中华人民共和国城市房地产管理法》等法律、法规的规定，就商品房买卖相关内容协商达成一致意见，签订本商品房买卖合同。

第一章　合同当事人

出卖人：_____

通信地址：_____

邮政编码：_____

[①]《中华人民共和国合同法》《中华人民共和国物权法》现均为《中华人民共和国民法典》，全书同。

营业执照注册号：＿＿＿＿＿＿＿＿＿＿＿＿＿＿＿＿＿＿＿＿＿＿＿＿＿
企业资质证书号：＿＿＿＿＿＿＿＿＿＿＿＿＿＿＿＿＿＿＿＿＿＿＿＿＿
法定代表人：＿＿＿＿＿＿＿＿＿＿＿＿＿＿联系电话：＿＿＿＿＿＿＿＿＿＿
委托代理人：＿＿＿＿＿＿＿＿＿＿＿＿＿＿联系电话：＿＿＿＿＿＿＿＿＿＿
委托销售经纪机构：＿＿＿＿＿＿＿＿＿＿＿＿＿＿＿＿＿＿＿＿＿＿＿＿
通信地址：＿＿＿＿＿＿＿＿＿＿＿＿＿＿＿＿＿＿＿＿＿＿＿＿＿＿＿＿
邮政编码：＿＿＿＿＿＿＿＿＿＿＿＿＿＿＿＿＿＿＿＿＿＿＿＿＿＿＿＿
营业执照注册号：＿＿＿＿＿＿＿＿＿＿＿＿＿＿＿＿＿＿＿＿＿＿＿＿＿
经纪机构备案证明号：＿＿＿＿＿＿＿＿＿＿＿＿＿＿＿＿＿＿＿＿＿＿＿
法定代表人：＿＿＿＿＿＿＿＿＿＿＿＿＿＿联系电话：＿＿＿＿＿＿＿＿＿＿
买受人：＿＿＿＿＿＿＿＿＿＿＿＿＿＿＿＿＿＿＿＿＿＿＿＿＿＿＿＿＿
【法定代表人】【负责人】：＿＿＿＿＿＿＿＿＿＿＿＿＿＿＿＿＿＿＿＿
【国籍】【户籍所在地】：＿＿＿＿＿＿＿＿＿＿＿＿＿＿＿＿＿＿＿＿＿
证件类型：【居民身份证】【护照】【营业执照】【＿＿＿＿】，证号：＿＿＿＿＿＿
出生日期：＿＿＿＿＿年＿＿＿月＿＿＿日，性别：＿＿＿＿＿
通信地址：＿＿＿＿＿＿＿＿＿＿＿＿＿＿＿＿＿＿＿＿＿＿＿＿＿＿＿
邮政编码：＿＿＿＿＿＿＿＿＿＿＿＿＿＿＿＿联系电话：＿＿＿＿＿＿＿＿＿＿
【委托代理人】【法定代理人】：＿＿＿＿＿＿＿＿＿＿＿＿＿＿＿＿＿＿
【国籍】【户籍所在地】：＿＿＿＿＿＿＿＿＿＿＿＿＿＿＿＿＿＿＿＿＿
证件类型：【居民身份证】【护照】【营业执照】【＿＿＿＿】，证号：＿＿＿＿＿＿
出生日期：＿＿＿＿＿年＿＿＿月＿＿＿日，性别：＿＿＿＿＿
通信地址：＿＿＿＿＿＿＿＿＿＿＿＿＿＿＿＿＿＿＿＿＿＿＿＿＿＿＿
邮政编码：＿＿＿＿＿＿＿＿＿＿＿＿＿＿＿＿联系电话：＿＿＿＿＿＿＿＿＿＿
（买受人为多人时，可相应增加）

第二章　商品房基本状况

第一条　项目建设依据

1. 出卖人以【出让】【划拨】【＿＿＿＿＿】方式取得坐落于＿＿＿＿＿＿＿＿地块的建设用地使用权。该地块【国有土地使用证号】【＿＿＿＿＿＿＿＿＿＿】为＿＿＿＿＿＿＿＿＿，土地使用权面积为＿＿＿＿＿＿＿＿＿＿平方米。买受人购买的商品房（以下简称该商品房）所占用的土地用途为＿＿＿＿＿＿，土地使用权终止日期为＿＿＿年＿＿＿月＿＿＿日。

2. 出卖人经批准，在上述地块上建设的商品房项目核准名称为＿＿＿＿＿＿＿＿，建设工程规划许可证号为＿＿＿＿＿＿＿＿＿＿，建筑工程施工许可证号为＿＿＿＿＿＿＿＿＿。

第二条　销售依据

该商品房已取得【建设工程竣工验收备案证明文件】【《房屋所有权证》】，【备案号】【《房屋所有权证》证号】为＿＿＿＿＿＿＿＿＿＿＿＿＿＿，【备案机构】【房屋登记机构】为＿＿＿＿＿＿＿＿＿＿＿＿＿＿＿＿＿＿。

第三条 商品房基本情况

1. 该商品房的规划用途为【住宅】【办公】【商业】【＿＿＿＿＿＿】。
2. 该商品房所在建筑物的主体结构为＿＿＿＿＿＿＿＿＿＿＿＿＿＿＿＿＿＿，建筑总层数为＿＿＿＿＿＿层，其中地上＿＿＿＿＿层，地下＿＿＿＿＿层。
3. 该商品房为第一条规定项目中的＿＿＿＿＿＿＿＿＿＿＿＿＿＿【幢】【座】【＿＿＿＿】＿＿＿单元＿＿＿＿＿层＿＿＿＿＿号。该商品房的平面图见附件一。
4. 该商品房的房产测绘机构为＿＿＿＿＿＿＿＿＿＿＿＿＿＿＿＿＿＿，其实测建筑面积共＿＿＿＿＿＿＿＿＿＿＿＿＿平方米，其中套内建筑面积＿＿＿＿＿＿＿＿＿＿＿平方米，分摊共有建筑面积＿＿＿＿＿＿＿＿＿＿＿＿平方米。该商品房共用部位见附件二。

该商品房层高为＿＿＿＿＿＿＿＿米，有＿＿＿＿＿＿＿＿个阳台，其中＿＿＿＿＿＿＿＿个阳台为封闭式，＿＿＿＿＿＿＿＿个阳台为非封闭式。阳台是否封闭以规划设计文件为准。

第四条 抵押情况

与该商品房有关的抵押情况为【抵押】【未抵押】。

抵押人：＿＿＿＿＿＿＿＿＿＿＿＿＿＿＿＿＿＿，抵押权人：＿＿＿＿＿＿＿＿＿＿＿＿＿＿＿＿＿＿，

抵押登记机构：＿＿＿＿＿＿＿＿＿＿＿＿＿＿＿＿＿＿，抵押登记日期：＿＿＿＿＿＿＿＿＿＿＿＿＿＿＿＿＿＿，

债务履行期限：＿＿＿＿＿＿＿＿＿＿＿＿＿＿＿＿＿＿＿＿＿＿＿＿＿＿＿＿。

抵押权人同意该商品房转让的证明及关于抵押的相关约定见附件三。

第五条 租赁情况

该商品房的租赁情况为【出租】【未出租】。

出卖人已将该商品房出租，【买受人为该商品房承租人】【承租人放弃优先购买权】。

租赁期限：从＿＿＿＿＿＿年＿＿＿月＿＿＿日至＿＿＿＿＿＿年＿＿＿月＿＿＿日。出卖人与买受人经协商一致，自本合同约定的交付日至租赁期限届满期间的房屋收益归【出卖人】【买受人】所有。

出卖人提供的承租人放弃优先购买权的声明见附件四。

第六条 房屋权利状况承诺

1. 出卖人对该商品房享有合法权利；
2. 该商品房没有出售给除本合同买受人以外的其他人；
3. 该商品房没有司法查封或其他限制转让的情况；
4. ＿＿；
5. ＿＿。

如该商品房权利状况与上述情况不符，导致不能完成房屋所有权转移登记的，买受人有权解除合同。买受人解除合同的，应当书面通知出卖人。出卖人应当自解除合同通知送达之日起 15 日内退还买受人已付全部房款（含已付贷款部分），并自买受人付款之日起，按照＿＿＿＿＿＿％（不低于中国人民银行公布的同期贷款基准利率）计算

给付利息。给买受人造成损失的,由出卖人支付【已付房价款一倍】【买受人全部损失】的赔偿金。

第三章　商品房价款

第七条　计价方式与价款

出卖人与买受人按照下列第_____种方式计算该商品房价款:

1. 按照套内建筑面积计算,该商品房单价为每平方米_____(币种)_____元,总价款为_____(币种)_____元(大写:_____元整)。

2. 按照建筑面积计算,该商品房单价为每平方米_____(币种)_____元,总价款为_____(币种)_____元(大写:_____元整)。

3. 按照套计算,该商品房总价款为_____(币种)_____元(大写:_____整)。

4. 按照_____计算,该商品房总价款为_____(币种)_____元(大写:_____元整)。

第八条　付款方式及期限

(一)签订本合同前,买受人已向出卖人支付定金_____(币种)_____元(大写),该定金于【本合同签订】【交付首付款】【_____】时【抵作】【_____】商品房价款。

(二)买受人采取下列第_____种方式付款:

1. 一次性付款。买受人应当在_____年____月____日前支付该商品房全部价款。

2. 分期付款。买受人应当在_____年____月____日前分_____期支付该商品房全部价款,首期房价款_____(币种)_____元(大写:_____元整),应当于_____年____月____日前支付。_____。

3. 贷款方式付款:【公积金贷款】【商业贷款】【_____】。买受人应当于_____年____月____日前支付首期房价款_____(币种)_____元(大写:_____元整),占全部房价款的_____%。余款_____(币种)_____元(大写:_____元整)向_____(贷款机构)申请贷款支付。

4. 其他方式:_____。

(三)双方约定全部房价款存入以下账户:账户名称为_____,开户银行为_____,账号为_____。

该商品房价款的计价方式、总价款、付款方式及期限的具体约定见附件五。

第九条　逾期付款责任

除不可抗力外,买受人未按照约定时间付款的,双方同意按照下列第_____种方式处理：

1. 按照逾期时间，分别处理〔（1）和（2）不作累加〕。

（1）逾期在_____日之内，买受人按日计算向出卖人支付逾期应付款万分之_____的违约金。

（2）逾期超过____日〔该期限应当与本条第（1）项中的期限相同〕后，出卖人有权解除合同。出卖人解除合同的，应当书面通知买受人。买受人应当自解除合同通知送达之日起____日内按照累计应付款的_____%向出卖人支付违约金，同时，出卖人退还买受人已付全部房款（含已付贷款部分）。

出卖人不解除合同的，买受人按日计算向出卖人支付逾期应付款万分之_____〔该比率不低于第（1）项中的比率〕的违约金。

本条所称逾期应付款是指依照第八条及附件五约定的到期应付款与该期实际已付款的差额；采取分期付款的，按照相应的分期应付款与该期的实际已付款的差额确定。

2. _____。

第四章　商品房交付条件与交付手续

第十条　商品房交付条件

该商品房交付时应当符合下列第 1、2、_____、_____项所列条件：

1. 该商品房已取得建设工程竣工验收备案证明文件；
2. 该商品房已取得房屋测绘报告；
3. _____；
4. _____。

该商品房为住宅的，出卖人还需提供《住宅使用说明书》和《住宅质量保证书》。

第十一条　商品房相关设施设备交付条件

（一）基础设施设备

1. 供水、排水：交付时供水、排水配套设施齐全，并与城市公共供水、排水管网连接。使用自建设施供水的，供水的水质符合国家规定的饮用水卫生标准，_____。

2. 供电：交付时纳入城市供电网络并正式供电，_____。

3. 供暖：交付时供热系统符合供热配建标准，使用城市集中供热的，纳入城市集中供热管网，_____。

4. 燃气：交付时完成室内燃气管道的敷设，并与城市燃气管网连接，保证燃气供应，_____。

5. 电话通信：交付时线路敷设到户。
6. 有线电视：交付时线路敷设到户。

7. 宽带网络：交付时线路敷设到户。

以上第 1、2、3 项由出卖人负责办理开通手续并承担相关费用；第 4、5、6、7 项需要买受人自行办理开通手续。

如果在约定期限内基础设施设备未达到交付使用条件，双方同意按照下列第＿＿种方式处理：

（1）以上设施中第 1、2、3、4 项在约定交付日未达到交付条件的，出卖人按照本合同第十三条的约定承担逾期交付责任。

第 5 项未按时达到交付使用条件的，出卖人按日向买受人支付＿＿＿＿＿＿元的违约金；第 6 项未按时达到交付使用条件的，出卖人按日向买受人支付＿＿＿＿＿＿元的违约金；第 7 项未按时达到交付使用条件的，出卖人按日向买受人支付＿＿＿＿＿＿元的违约金。出卖人采取措施保证相关设施于约定交付日后＿＿＿＿＿日之内达到交付使用条件。

（2）＿＿＿＿＿＿＿＿＿＿＿＿＿＿＿＿＿＿＿＿＿＿＿＿＿＿＿＿＿＿＿＿＿＿。

（二）公共服务及其他配套设施（以建设工程规划许可为准）

1. 小区内绿地率：＿＿＿年＿＿＿月＿＿＿日达到＿＿＿＿＿＿＿＿＿＿＿＿＿＿＿＿＿；
2. 小区内非市政道路：＿＿＿年＿＿＿月＿＿＿日达到＿＿＿＿＿＿＿＿＿＿＿＿＿；
3. 规划的车位、车库：＿＿＿年＿＿＿月＿＿＿日达到＿＿＿＿＿＿＿＿＿＿＿＿＿；
4. 物业服务用房：＿＿＿年＿＿＿月＿＿＿日达到＿＿＿＿＿＿＿＿＿＿＿＿＿＿＿；
5. 医疗卫生机构：＿＿＿年＿＿＿月＿＿＿日达到＿＿＿＿＿＿＿＿＿＿＿＿＿＿＿；
6. 幼儿园：＿＿＿年＿＿＿月＿＿＿日达到＿＿＿＿＿＿＿＿＿＿＿＿＿＿＿＿＿＿；
7. 学校：＿＿＿年＿＿＿月＿＿＿日达到＿＿＿＿＿＿＿＿＿＿＿＿＿＿＿＿＿＿＿
8. ＿＿＿＿＿＿＿＿＿＿＿＿＿＿＿＿＿＿＿＿＿＿＿＿＿＿＿＿＿＿＿＿＿＿＿＿；
9. ＿＿＿＿＿＿＿＿＿＿＿＿＿＿＿＿＿＿＿＿＿＿＿＿＿＿＿＿＿＿＿＿＿＿＿＿。

以上设施未达到上述条件的，双方同意按照以下方式处理：

1. 小区内绿地率未达到上述约定条件的，＿＿＿＿＿＿＿＿＿＿＿＿＿＿＿＿＿＿。
2. 小区内非市政道路未达到上述约定条件的，＿＿＿＿＿＿＿＿＿＿＿＿＿＿＿＿。
3. 规划的车位、车库未达到上述约定条件的，＿＿＿＿＿＿＿＿＿＿＿＿＿＿＿＿。
4. 物业服务用房未达到上述约定条件的，＿＿＿＿＿＿＿＿＿＿＿＿＿＿＿＿＿。
5. 其他设施未达到上述约定条件的，＿＿＿＿＿＿＿＿＿＿＿＿＿＿＿＿＿＿＿。

关于本项目内相关设施设备的具体约定见附件六。

第十二条　交付时间和手续

（一）出卖人应当在＿＿＿年＿＿＿月＿＿＿日前向买受人交付该商品房。

（二）该商品房达到第十条、第十一条约定的交付条件后，出卖人应当在交付日期届满前日（不少于 10 日）将查验房屋的时间、办理交付手续的时间地点以及应当携带的证件材料的通知书面送达买受人。买受人未收到交付通知书的，以本合同约定的交付日期届满之日为办理交付手续的时间，以该商品房所在地为办理交付手续的地点。

＿＿＿＿＿＿＿＿＿＿＿＿＿＿＿＿＿＿＿＿＿＿＿＿＿＿＿＿＿＿＿＿＿＿＿＿＿。

交付该商品房时，出卖人应当出示满足第十条约定的证明文件。出卖人不出示证明文件或者出示的证明文件不齐全，不能满足第十条约定条件的，买受人有权拒绝接收，由此产生的逾期交付责任由出卖人承担，并按照第十三条处理。

（三）查验房屋

1. 办理交付手续前，买受人有权对该商品房进行查验，出卖人不得以缴纳相关税费或者签署物业管理文件作为买受人查验和办理交付手续的前提条件。

2. 买受人查验的该商品房存在下列除地基基础和主体结构外的其他质量问题的，由出卖人按照有关工程和产品质量规范、标准自查验次日起____日内负责修复，并承担修复费用，修复后再行交付。

（1）屋面、墙面、地面渗漏或开裂等；

（2）管道堵塞；

（3）门窗翘裂、五金件损坏；

（4）灯具、电器等电气设备不能正常使用；

（5）_____；

（6）_____。

3. 查验该商品房后，双方应当签署商品房交接单。由于买受人原因导致该商品房未能按期交付的，双方同意按照以下方式处理：

（1）_____；

（2）_____。

第十三条 逾期交付责任

除不可抗力外，出卖人未按照第十二条约定的时间将该商品房交付买受人的，双方同意按照下列第____种方式处理：

1. 按照逾期时间，分别处理〔（1）和（2）不作累加〕。

（1）逾期在____日之内〔该期限应当不多于第九条第1（1）项中的期限〕，自第十二条约定的交付期限届满之次日起至实际交付之日，出卖人按日计算向买受人支付全部房价款万分之____的违约金〔该违约金比率应当不低于第九条第1（1）项中的比率〕。

（2）逾期超过____日〔该期限应当与本条第（1）项中的期限相同〕后，买受人有权解除合同。买受人解除合同的，应当书面通知出卖人。出卖人应当自解除合同通知送达之日起15日内退还买受人已付全部房款（含已付贷款部分），并自买受人付款之日起，按照____%（不低于中国人民银行公布的同期贷款基准利率）计算给付利息；同时，出卖人按照全部房价款的____%向买受人支付违约金。

买受人要求继续履行合同的，合同继续履行，出卖人按日计算向买受人支付全部房价款万分之____〔该比率应当不低于本条第1（1）项中的比率〕的违约金。

2. _____。

第五章　商品房质量及保修责任

第十四条　商品房质量

（一）地基基础和主体结构

出卖人承诺该商品房地基基础和主体结构合格，并符合国家及行业标准。

经检测不合格的，买受人有权解除合同。买受人解除合同的，应当书面通知出卖人。出卖人应当自解除合同通知送达之日起 15 日内退还买受人已付全部房款（含已付贷款部分），并自买受人付款之日起，按照_____%（不低于中国人民银行公布的同期贷款基准利率）计算给付利息。给买受人造成损失的，由出卖人支付【已付房价款一倍】【买受人全部损失】的赔偿金。因此而发生的检测费用由出卖人承担。

买受人不解除合同的，_____。

（二）其他质量问题

该商品房质量应当符合有关工程质量规范、标准和施工图设计文件的要求。发现除地基基础和主体结构外质量问题的，双方按照以下方式处理：

1. 及时更换、修理；如给买受人造成损失的，还应当承担相应赔偿责任。_____。

2. 经过更换、修理，仍然严重影响正常使用的，买受人有权解除合同。买受人解除合同的，应当书面通知出卖人。出卖人应当自解除合同通知送达之日起 15 日内退还买受人已付全部房款（含已付贷款部分），并自买受人付款之日起，按照_____%（不低于中国人民银行公布的同期贷款基准利率）计算给付利息。给买受人造成损失的，由出卖人承担相应的赔偿责任。因此而发生的检测费用由出卖人承担。

买受人不解除合同的，_____。

（三）装饰装修及设备标准

该商品房应当使用合格的建筑材料、构配件和设备，装置、装修、装饰所用材料的产品质量必须符合国家的强制性标准及双方约定的标准。

不符合上述标准的，买受人有权要求出卖人按照下列第 1、_____、_____ 种方式处理（可多选）：

1. 及时更换、修理；

2. 出卖人赔偿双倍的装饰、设备差价；

3. _____；

4. _____。

具体装饰装修及相关设备标准的约定见附件七。

（四）室内空气质量、建筑隔声和民用建筑节能措施

1. 该商品房室内空气质量符合【国家】【地方】标准，标准名称：_____，标准文号：_____。

该商品房为住宅的，建筑隔声情况符合【国家】【地方】标准，标准名称：_____

_____，标准文号：_____。

该商品房室内空气质量或建筑隔声情况经检测不符合标准，由出卖人负责整改，整改后仍不符合标准的，买受人有权解除合同。买受人解除合同的，应当书面通知出卖人。出卖人应当自解除合同通知送达之日起 15 日内退还买受人已付全部房款（含已付贷款部分），并自买受人付款之日起，按照_____%（不低于中国人民银行公布的同期贷款基准利率）计算给付利息。给买受人造成损失的，由出卖人承担相应赔偿责任。经检测不符合标准的，检测费用由出卖人承担，整改后再次检测发生的费用仍由出卖人承担。因整改导致该商品房逾期交付的，出卖人应当承担逾期交付责任。

2. 该商品房应当符合国家有关民用建筑节能强制性标准的要求。

未达到标准的，出卖人应当按照相应标准要求补做节能措施，并承担全部费用；给买受人造成损失的，出卖人应当承担相应赔偿责任。

_____。

第十五条 保修责任

（一）商品房实行保修制度。该商品房为住宅的，出卖人自该商品房交付之日起，按照《住宅质量保证书》承诺的内容承担相应的保修责任。该商品房为非住宅的，双方应当签订补充协议详细约定保修范围、保修期限和保修责任等内容。具体内容见附件八。

（二）下列情形，出卖人不承担保修责任：

1. 因不可抗力造成的房屋及其附属设施的损害；

2. 因买受人不当使用造成的房屋及其附属设施的损害；

3. _____。

（三）在保修期内，买受人要求维修的书面通知送达出卖人_____日内，出卖人既不履行保修义务也不提出书面异议的，买受人可以自行或委托他人进行维修，维修费用及维修期间造成的其他损失由出卖人承担。

第十六条 质量担保

出卖人不按照第十四条、第十五条约定承担相关责任的，由_____承担连带责任。

关于质量担保的证明见附件九。

第六章 房屋登记

第十七条 房屋登记

（一）双方同意共同向房屋登记机构申请办理该商品房的房屋所有权转移登记。

（二）因出卖人的原因，买受人未能在该商品房交付之日起_____日内取得该商品房的房屋所有权证书的，双方同意按照下列第_____种方式处理：

1. 买受人有权解除合同。买受人解除合同的，应当书面通知出卖人。出卖人应当自解除合同通知送达之日起 15 日内退还买受人已付全部房款（含已付贷款部分），并自买受人付款之日起，按照_____%（不低于中国人民银行公布的同期贷款基准利率）计算给付利息。买受人不解除合同的，自买受人应当完成房屋所有权登记的期限届满之次日起至实际完成房屋所有权登记之日，出卖人按日计算向买受人支付全部房价款万分之_____的违约金。

2. _____。

（三）因买受人的原因未能在约定期限内完成该商品房的房屋所有权转移登记的，出卖人不承担责任。

第七章　物业管理

第十八条　物业管理

（一）出卖人依法选聘的前期物业服务企业为_____。

（二）物业服务时间从___年___月___日到___年___月___日。

（三）物业服务期间，物业收费计费方式为【包干制】【酬金制】【_____】。物业服务费为_____元/月·平方米（建筑面积）。

（四）买受人同意由出卖人选聘的前期物业服务企业代为查验并承接物业共用部位、共用设施设备，出卖人应当将物业共用部位、共用设施设备承接查验的备案情况书面告知买受人。

（五）买受人已详细阅读前期物业服务合同和临时管理规约，同意由出卖人依法选聘的物业服务企业实施前期物业管理，遵守临时管理规约。

（六）业主大会设立前适用该章约定。业主委员会成立后，由业主大会决定选聘或续聘物业服务企业。

该商品房前期物业服务合同、临时管理规约见附件十。

第八章　其他事项

第十九条　建筑物区分所有权

（一）买受人对其建筑物专有部分享有占有、使用、收益和处分的权利。

（二）以下部位归业主共有：

1. 建筑物的基础、承重结构、外墙、屋顶等基本结构部分，通道、楼梯、大堂等公共通行部分，消防、公共照明等附属设施、设备，避难层、设备层或者设备间等结构部分；

2. 该商品房所在建筑区划内的道路（属于城镇公共道路的除外）、绿地（属于城镇公共绿地或者明示属于个人的除外）、占用业主共有的道路或者其他场地用于停放汽车的车位、物业服务用房；

3. _____。

（三）双方对其他配套设施约定如下：

1. 规划的车位、车库：_____；

2. 会所：_____；

3. _____。

第二十条　税费

双方应当按照国家的有关规定，向相应的部门缴纳因该商品房买卖发生的税费。

第二十一条　销售和使用承诺

1. 出卖人承诺不采取分割拆零销售、返本销售或者变相返本销售的方式销售商品房。

2. 出卖人承诺按照规划用途进行建设和出售，不擅自改变该商品房使用性质，并按照规划用途办理房屋登记。出卖人不得擅自改变与该商品房有关的共用部位和设施的使用性质。

3. 出卖人承诺对商品房的销售，不涉及依法或者依规划属于买受人共有的共用部位和设施的处分。

4. 出卖人承诺已将遮挡或妨碍房屋正常使用的情况告知买受人。具体内容见附件十一。

5. 买受人使用该商品房期间，不得擅自改变该商品房的用途、建筑主体结构和承重结构。

6. _____。

7. _____。

第二十二条　送达

出卖人和买受人保证在本合同中记载的通信地址、联系电话均真实有效。任何根据本合同发出的文件，均应采用书面形式，以【邮政快递】【邮寄挂号信】【_____】方式送达对方。任何一方变更通信地址、联系电话的，应在变更之日起_____日内书面通知对方。变更的一方未履行通知义务导致送达不能的，应承担相应的法律责任。

第二十三条　买受人信息保护

出卖人对买受人信息负有保密义务。非因法律、法规规定或国家安全机关、公安机关、检察机关、审判机关、纪检监察机关执行公务的需要，未经买受人书面同意，出卖人及其销售人员和相关工作人员不得对外披露买受人信息，或将买受人信息用于履行本合同之外的其他用途。

第二十四条　争议解决方式

本合同在履行过程中发生的争议，由双方当事人协商解决，也可通过消费者协会等相关机构调解；或按照下列第_____种方式解决：

1. 依法向房屋所在地人民法院起诉。

2. 提交_____仲裁委员会仲裁。

第二十五条　补充协议

对本合同中未约定或约定不明的内容，双方可根据具体情况签订书面补充协议（补充协议见附件十二）。

补充协议中含有不合理的减轻或免除本合同中约定应当由出卖人承担的责任，或不合理的加重买受人责任、排除买受人主要权利内容的，仍以本合同为准。

第二十六条　合同生效

本合同自双方签字或盖章之日起生效。本合同的解除应当采用书面形式。

本合同及附件共_____页，一式_____份，其中出卖人_____份、买受人_____份、【_____】_____份、【_____】_____份。合同附件与本合同具有同等法律效力。

出卖人（签字或盖章）：　　　　　　买受人（签字或盖章）：
【法定代表人】（签字或盖章）：　　【法定代表人】（签字或盖章）：
【委托代理人】（签字或盖章）：　　【委托代理人】（签字或盖章）：
　　　　　　　　　　　　　　　　　【法定代理人】（签字或盖章）：

签订时间：_____年___月___日　　签订时间：_____年___月___日
签订地点：_____　　签订地点：_____

附件一　房屋平面图（应当标明方位）
1. 房屋分层分户图（应当标明详细尺寸，并约定误差范围）
2. 建设工程规划方案总平面图

附件二　关于该商品房共用部位的具体说明（可附图说明）
1. 纳入该商品房分摊的共用部位的名称、面积和所在位置
2. 未纳入该商品房分摊的共用部位的名称、所在位置

附件三　抵押权人同意该商品房转让的证明及关于抵押的相关约定
1. 抵押权人同意该商品房转让的证明
2. 解除抵押的条件和时间
3. 关于抵押的其他约定

附件四　出卖人提供的承租人放弃优先购买权的声明

附件五　关于该商品房价款的计价方式、总价款、付款方式及期限的具体约定

附件六　关于本项目内相关设施、设备的具体约定
1. 相关设施的位置及用途
2. 其他约定

附件七　关于装饰装修及相关设备标准的约定

交付的商品房达不到本附件约定装修标准的，按照本合同第十四条第（三）款约定处理。出卖人未经双方约定增加的装置、装修、装饰，视为无条件赠送给买受人。双方就装饰装修主要材料和设备的品牌、产地、规格、数量等内容约定如下：

1. 外墙：【瓷砖】【涂料】【玻璃幕墙】【_____】；

_____。

2. 起居室：
（1）内墙：【涂料】【壁纸】【_____】；

_____。

(2) 顶棚：【石膏板吊顶】【涂料】【_____】；
_____。

(3) 室内地面：【大理石】【花岗岩】【水泥抹面】【实木地板】【_____】；
_____。

3. 厨房：
(1) 地面：【水泥抹面】【瓷砖】【_____】；
_____。

(2) 墙面：【耐水泥子】【瓷砖】【_____】；
_____。

(3) 顶棚：【水泥抹面】【石膏吊顶】【_____】；
_____。

(4) 厨具：_____。

4. 卫生间：
(1) 地面：【水泥抹面】【瓷砖】【_____】；
_____。

(2) 墙面：【耐水泥子】【瓷砖】【_____】；
_____。

(3) 顶棚：【水泥抹面】【石膏吊顶】【_____】；
_____。

(4) 卫生器具_____。

5. 阳台：【塑钢封闭】【铝合金封闭】【断桥铝合金封闭】【不封闭】【_____】；
_____。

6. 电梯：
(1) 品牌：_____；
(2) 型号：_____。

7. 管道：
_____。

8. 窗户：
_____。

9. _____。
10. _____。

附件八　关于保修范围、保修期限和保修责任的约定

该商品房为住宅的，出卖人应当提供《住宅质量保证书》；该商品房为非住宅的，双方可参照《住宅质量保证书》中的内容对保修范围、保修期限和保修责任等进行约定。

该商品房的保修期自房屋交付之日起计算，关于保修期限的约定不应低于《建设工程质量管理条例》第四十条规定的最低保修期限。

（一）保修项目、期限及责任的约定

1. 地基基础和主体结构：

保修期限为：_____（不得低于设计文件规定的该工程的合理使用年限）；

_____。

2. 屋面防水工程、有防水要求的卫生间、房间和外墙面的防渗漏：

保修期限为：_____（不得低于 5 年）；

_____。

3. 供热、供冷系统和设备：

保修期限为：_____（不得低于 2 个采暖期、供冷期）；

_____。

4. 电气管线、给排水管道、设备安装：

保修期限为：_____（不得低于 2 年）；

_____。

5. 装修工程：

保修期限为：_____（不得低于 2 年）；

_____。

6. _____；
7. _____；
8. _____。

（二）其他约定

附件九　关于质量担保的证明

附件十　关于物业管理的约定

1. 前期物业服务合同
2. 临时管理规约

附件十一　出卖人关于遮挡或妨碍房屋正常使用情况的说明

（如：该商品房公共管道检修口、柱子、变电箱等有遮挡或妨碍房屋正常使用的情况）

附件十二　补充协议

（二）商品房买卖合同（预售）①

合同编号：_____

说　明

1. 本合同文本为示范文本，由中华人民共和国住房和城乡建设部、中华人民共和国国家工商行政管理总局共同制定。各地可在有关法律法规、规定的范围内，结合实际情况调整合同相应内容。

2. 签订本合同前，出卖人应当向买受人出示《商品房预售许可证》及其他有关证书和证明文件。

3. 出卖人应当就合同重大事项对买受人尽到提示义务。买受人应当审慎签订合同，在签订本合同前，要仔细阅读合同条款，特别是审阅其中具有选择性、补充性、修改性的内容，注意防范潜在的市场风险和交易风险。

4. 本合同文本【　】中选择内容、空格部位填写内容及其他需要删除或添加的内容，双方当事人应当协商确定。【　】中选择内容，以画"√"的方式选定；对于实际情况未发生或双方当事人不作约定时，应当在空格部位打"×"，以示删除。

5. 出卖人与买受人可以针对本合同文本中没有约定或者约定不明确的内容，根据所售项目的具体情况在相关条款后的空白行中进行补充约定，也可以另行签订补充协议。

6. 双方当事人可以根据实际情况决定本合同原件的份数，并在签订合同时认真核对，以确保各份合同内容一致；在任何情况下，出卖人和买受人都应当至少持有一份合同原件。

专业术语解释

1. 商品房预售：指房地产开发企业将正在建设中的取得《商品房预售许可证》的商品房预先出售给买受人，并由买受人支付定金或房价款的行为。

2. 法定代理人：指依照法律规定直接取得代理权的人。

3. 套内建筑面积：指成套房屋的套内建筑面积，由套内使用面积、套内墙体面积、套内阳台建筑面积三部分组成。

4. 房屋的建筑面积：指房屋外墙（柱）勒脚以上各层的外围水平投影面积，包括阳台、挑廊、地下室、室外楼梯等，且具备上盖，结构牢固，层高2.20m以上（含2.20m）的永久性建筑。

5. 不可抗力：指不能预见、不能避免并不能克服的客观情况。

6. 民用建筑节能：指在保证民用建筑使用功能和室内热环境质量的前提下，降低其使用过程中能源消耗的活动。民用建筑是指居住建筑、国家机关办公建筑和商业、服务业、教育、卫生等其他公共建筑。

---

① 中华人民共和国住房和城乡建设部、国家工商行政管理总局制定，GF-2014-0171。

7. 房屋登记：指房屋登记机构依法将房屋权利和其他应当记载的事项在房屋登记簿上予以记载的行为。

8. 所有权转移登记：指商品房所有权从出卖人转移至买受人所办理的登记类型。

9. 房屋登记机构：指直辖市、市、县人民政府建设（房地产）主管部门或者其设置的负责房屋登记工作的机构。

10. 分割拆零销售：指房地产开发企业将成套的商品住宅分割为数部分分别出售给买受人的销售方式。

11. 返本销售：指房地产开发企业以定期向买受人返还购房款的方式销售商品房的行为。

12. 售后包租：指房地产开发企业以在一定期限内承租或者代为出租买受人所购该企业商品房的方式销售商品房的行为。

商品房买卖合同
（预售）

出卖人向买受人出售其开发建设的房屋，双方当事人应当在自愿、平等、公平及诚实信用的基础上，根据《中华人民共和国合同法》《中华人民共和国物权法》《中华人民共和国城市房地产管理法》等法律、法规的规定，就商品房买卖相关内容协商达成一致意见，签订本商品房买卖合同。

第一章 合同当事人

出卖人：_____

通信地址：_____

邮政编码：_____

营业执照注册号：_____

企业资质证书号：_____

法定代表人：_____ 联系电话：_____

委托代理人：_____ 联系电话：_____

委托销售经纪机构：_____

通信地址：_____

邮政编码：_____

营业执照注册号：_____

经纪机构备案证明号：_____

法定代表人：_____ 联系电话：_____

买受人：_____

【法定代表人】【负责人】：_____

【国籍】【户籍所在地】：_____

证件类型：
【居民身份证】【护照】【营业执照】【＿＿＿＿】，证号＿＿＿＿＿＿＿＿＿
出生日期：＿＿＿年＿＿＿月＿＿＿日，性别：＿＿＿＿＿
通信地址：＿＿＿＿＿＿＿＿＿＿＿＿＿＿＿＿＿＿＿＿＿＿＿＿＿
邮政编码：＿＿＿＿＿＿＿＿＿＿＿＿＿＿＿＿＿＿＿＿＿＿＿＿＿
联系电话：＿＿＿＿＿＿＿＿＿＿＿＿＿＿＿＿＿＿＿＿＿＿＿＿＿
【委托代理人】【法定代理人】：＿＿＿＿＿＿＿＿＿＿＿＿＿＿
【国籍】【户籍所在地】：＿＿＿＿＿＿＿＿＿＿＿＿＿＿＿＿＿
证件类型：
【居民身份证】【护照】【营业执照】【＿＿＿＿】，证号：＿＿＿＿＿
出生日期：＿＿＿年＿＿＿月＿＿＿日，性别：＿＿＿＿＿
通信地址：＿＿＿＿＿＿＿＿＿＿＿＿＿＿＿＿＿＿＿＿＿＿＿＿＿
邮政编码：＿＿＿＿＿＿＿＿＿＿＿＿＿＿＿＿＿＿＿＿＿＿＿＿＿
联系电话：＿＿＿＿＿＿＿＿＿＿＿＿＿＿＿＿＿＿＿＿＿＿＿＿＿
（买受人为多人时，可相应增加）

第二章　商品房基本状况

第一条　项目建设依据

1. 出卖人以【出让】【划拨】【＿＿＿＿】方式取得坐落于＿＿＿＿＿＿地块的建设用地使用权。该地块【国有土地使用证号】【＿＿＿＿】为＿＿＿＿＿＿＿，土地使用权面积为＿＿＿＿＿＿平方米。买受人购买的商品房（以下简称该商品房）所占用的土地用途为＿＿＿＿＿＿，土地使用权终止日期为＿＿＿年＿＿＿月＿＿＿日。

2. 出卖人经批准，在上述地块上建设的商品房项目核准名称为＿＿＿＿＿＿，建设工程规划许可证号为＿＿＿＿＿＿，建筑工程施工许可证号为＿＿＿＿＿＿。

第二条　预售依据

该商品房已由＿＿＿＿＿批准预售，＿＿＿＿＿＿＿＿＿＿＿＿＿预售许可证号为＿＿＿＿＿＿。

第三条　商品房基本情况

1. 该商品房的规划用途为【住宅】【办公】【商业】【＿＿＿＿】。

2. 该商品房所在建筑物的主体结构为＿＿＿＿＿＿＿＿＿＿＿＿＿＿＿＿，建筑总层数为＿＿＿层，其中地上＿＿＿层、地下＿＿＿层。

3. 该商品房为第一条规定项目中的＿＿＿＿＿＿【幢】【座】【＿＿＿＿】＿＿＿＿＿单元＿＿＿＿＿层＿＿＿＿＿号。房屋竣工后，如房号发生改变，不影响该商品房的特定位置。该商品房的平面图见附件一。

4. 该商品房的房产测绘机构为＿＿＿＿＿＿＿＿＿＿＿＿＿＿＿＿＿，其预测建筑面积共＿＿＿＿＿平方米，其中套内建筑面积＿＿＿＿＿平方米，分摊共有建筑面积＿＿＿＿＿平方米。该商品房共用部位见附件二。

该商品房层高为_____米，有_____个阳台，其中_____个阳台为封闭式、_____个阳台为非封闭式。阳台是否封闭以规划设计文件为准。

第四条　抵押情况

与该商品房有关的抵押情况为【抵押】【未抵押】。

抵押类型：_____，抵押人：_____，

抵押权人：_____，抵押登记机构：_____，

抵押登记日期：_____，债务履行期限：_____。

抵押权人同意该商品房转让的证明及关于抵押的相关约定见附件三。

第五条　房屋权利状况承诺

1. 出卖人对该商品房享有合法权利；
2. 该商品房没有出售给除本合同买受人以外的其他人；
3. 该商品房没有司法查封或其他限制转让的情况；
4. _____；
5. _____。

如该商品房权利状况与上述情况不符，导致不能完成本合同登记备案或房屋所有权转移登记的，买受人有权解除合同。买受人解除合同的，应当书面通知出卖人。出卖人应当自解除合同通知送达之日起 15 日内退还买受人已付全部房款（含已付贷款部分），并自买受人付款之日起，按照_____%（不低于中国人民银行公布的同期贷款基准利率）计算给付利息。给买受人造成损失的，由出卖人支付【已付房价款一倍】【买受人全部损失】的赔偿金。

第三章　商品房价款

第六条　计价方式与价款

出卖人与买受人按照下列第_____种方式计算该商品房价款：

1. 按照套内建筑面积计算，该商品房单价为每平方米_____（币种）_____元，总价款为_____（币种）_____元（大写：_____元整）。
2. 按照建筑面积计算，该商品房单价为每平方米_____（币种）_____元，总价款为_____（币种）_____元（大写：_____元整）。
3. 按照套计算，该商品房总价款为_____（币种）_____元（大写：_____元整）。
4. 按照_____计算，该商品房总价款为_____（币种）_____元（大写：_____元整）。

第七条　付款方式及期限

（一）签订本合同前，买受人已向出卖人支付定金_____（币种）_____元（大写：_____），该定金于【本合同签订】【交付首付款】【_____】时【抵作】【_____】商品房价款。

（二）买受人采取下列第_____种方式付款：

1. 一次性付款。买受人应当在____年____月____日前支付该商品房全部价款。

2. 分期付款。买受人应当在____年____月____日前分____期支付该商品房全部价款，首期房价款____（币种）____元（大写：_____元整），应当于____年____月____日前支付。

3. 贷款方式付款：【公积金贷款】【商业贷款】【_____】。买受人应当于____年____月____日前支付首期房价款_____（币种）_____元（大写：_____元整），占全部房价款的_____%。

余款_____（币种）_____元（大写：_____元整）向_____（贷款机构）申请贷款支付。

4. 其他方式：
_____。

（三）出售该商品房的全部房价款应当存入预售资金监管账户，用于本工程建设。该商品房的预售资金监管机构为_____，预售资金监管账户名称为_____，账号为_____。

该商品房价款的计价方式、总价款、付款方式及期限的具体约定见附件四。

第八条　逾期付款责任

除不可抗力外，买受人未按照约定时间付款的，双方同意按照下列第____种方式处理：

1. 按照逾期时间，分别处理〔（1）和（2）不作累加〕。

（1）逾期在____日之内，买受人按日计算向出卖人支付逾期应付款万分之_____的违约金。

（2）逾期超过____日〔该期限应当与本条第（1）项中的期限相同〕后，出卖人有权解除合同。出卖人解除合同的，应当书面通知买受人。买受人应当自解除合同通知送达之日起____日内按照累计应付款的____%向出卖人支付违约金，同时，出卖人退还买受人已付全部房款（含已付贷款部分）。

出卖人不解除合同的，买受人按日计算向出卖人支付逾期应付款万分之_____〔该比率不低于第（1）项中的比率〕的违约金。

本条所称逾期应付款是指依照第七条及附件四约定的到期应付款与该期实际已付款的差额；采取分期付款的，按照相应的分期应付款与该期的实际已付款的差额确定。

2. _____。

第四章　商品房交付条件与交付手续

第九条　商品房交付条件

该商品房交付时应当符合下列第1、2、____、____项所列条件：

1. 该商品房已取得建设工程竣工验收备案证明文件；

2. 该商品房已取得房屋测绘报告；

3. _____；

4. _____。

该商品房为住宅的，出卖人还需提供《住宅使用说明书》和《住宅质量保证书》。

第十条 商品房相关设施设备交付条件

（一）基础设施设备

1. 供水、排水：交付时供水、排水配套设施齐全，并与城市公共供水、排水管网连接。使用自建设施供水的，供水的水质符合国家规定的饮用水卫生标准，_____

_____。

2. 供电：交付时纳入城市供电网络并正式供电，_____

_____。

3. 供暖：交付时供热系统符合供热配建标准，使用城市集中供热的，纳入城市集中供热管网，_____

_____。

4. 燃气：交付时完成室内燃气管道的敷设，并与城市燃气管网连接，保证燃气供应，

_____。

5. 电话通信：交付时线路敷设到户。

6. 有线电视：交付时线路敷设到户。

7. 宽带网络：交付时线路敷设到户。

以上第1、2、3项由出卖人负责办理开通手续并承担相关费用；第4、5、6、7项需要买受人自行办理开通手续。

如果在约定期限内基础设施设备未达到交付使用条件，双方同意按照下列第____ ____种方式处理：

（1）以上设施中第1、2、3、4项在约定交付日未达到交付条件的，出卖人按照本合同第十二条的约定承担逾期交付责任。

第5项未按时达到交付使用条件的，出卖人按日向买受人支付_____元的违约金；第6项未按时达到交付使用条件的，出卖人按日向买受人支付_____元的违约金；第7项未按时达到交付使用条件的，出卖人按日向买受人支付_____元的违约金。出卖人采取措施保证相关设施于约定交付日后____日之内达到交付使用条件。

（2）_____。

（二）公共服务及其他配套设施（以建设工程规划许可为准）

1. 小区内绿地率：____年____月____日达到_____；

2. 小区内非市政道路：____年____月____日达到_____；

3. 规划的车位、车库：____年____月____日达到_____；

4. 物业服务用房：____年____月____日达到_____；

5. 医疗卫生机构：____年____月____日达到_____；

6. 幼儿园：＿＿＿年＿＿＿月＿＿＿日达到＿＿＿＿＿＿＿＿＿＿＿＿＿＿＿＿＿＿＿＿＿＿；

7. 学校：＿＿＿年＿＿＿月＿＿＿日达到＿＿＿＿＿＿＿＿＿＿＿＿＿＿＿＿＿＿＿＿＿＿＿；

8. ＿＿＿＿＿＿＿＿＿＿＿＿＿＿＿＿＿＿＿＿＿＿＿＿＿＿＿＿＿＿＿＿＿＿＿＿＿＿＿；

9. ＿＿＿＿＿＿＿＿＿＿＿＿＿＿＿＿＿＿＿＿＿＿＿＿＿＿＿＿＿＿＿＿＿＿＿＿＿＿＿。

以上设施未达到上述条件的，双方同意按照以下方式处理：

1. 小区内绿地率未达到上述约定条件的，＿＿＿＿＿＿＿＿＿＿＿＿＿＿＿＿＿＿＿＿。
2. 小区内非市政道路未达到上述约定条件的，＿＿＿＿＿＿＿＿＿＿＿＿＿＿＿＿＿。
3. 规划的车位、车库未达到上述约定条件的，＿＿＿＿＿＿＿＿＿＿＿＿＿＿＿＿＿。
4. 物业服务用房未达到上述约定条件的，＿＿＿＿＿＿＿＿＿＿＿＿＿＿＿＿＿＿＿。
5. 其他设施未达到上述约定条件的，＿＿＿＿＿＿＿＿＿＿＿＿＿＿＿＿＿＿＿＿＿。

关于本项目内相关设施设备的具体约定见附件五。

第十一条　交付时间和手续

（一）出卖人应当在＿＿＿年＿＿＿月＿＿＿日前向买受人交付该商品房。

（二）该商品房达到第九条、第十条约定的交付条件后，出卖人应当在交付日期届满前＿＿＿日（不少于10日）将查验房屋的时间、办理交付手续的时间、地点以及应当携带的证件材料的通知书面送达买受人。买受人未收到交付通知书的，以本合同约定的交付日期届满之日为办理交付手续的时间，以该商品房所在地为办理交付手续的地点。

＿＿＿＿＿＿＿＿＿＿＿＿＿＿＿＿＿＿＿＿＿＿＿＿＿＿＿＿＿＿＿＿＿＿＿＿＿＿＿。

交付该商品房时，出卖人应当出示满足第九条约定的证明文件。出卖人不出示证明文件或者出示的证明文件不齐全，不能满足第九条约定条件的，买受人有权拒绝接收，由此产生的逾期交付责任由出卖人承担，并按照第十二条处理。

（三）查验房屋

1. 办理交付手续前，买受人有权对该商品房进行查验，出卖人不得以缴纳相关税费或者签署物业管理文件作为买受人查验和办理交付手续的前提条件。

2. 买受人查验的该商品房存在下列除地基基础和主体结构外的其他质量问题的，由出卖人按照有关工程和产品质量规范、标准自查验次日起＿＿＿日内负责修复，并承担修复费用，修复后再行交付。

（1）屋面、墙面、地面渗漏或开裂等；

（2）管道堵塞；

（3）门窗翘裂、五金件损坏；

（4）灯具、电器等电气设备不能正常使用；

（5）＿＿＿＿＿＿＿＿＿＿＿＿＿＿＿＿＿＿＿＿＿＿＿＿＿＿＿＿＿＿＿＿＿＿；

（6）＿＿＿＿＿＿＿＿＿＿＿＿＿＿＿＿＿＿＿＿＿＿＿＿＿＿＿＿＿＿＿＿＿＿。

3. 查验该商品房后，双方应当签署商品房交接单。由于买受人原因导致该商品房未能按期交付的，双方同意按照以下方式处理：

（1）＿＿＿＿＿＿＿＿＿＿＿＿＿＿＿＿＿＿＿＿＿＿＿＿＿＿＿＿＿＿＿＿＿＿；

（2）_____。

第十二条　逾期交付责任

除不可抗力外，出卖人未按照第十一条约定的时间将该商品房交付买受人的，双方同意按照下列第____种方式处理：

1. 按照逾期时间，分别处理〔（1）和（2）不作累加〕。

（1）逾期在____日之内〔该期限应当不多于第八条第 1（1）项中的期限〕，自第十一条约定的交付期限届满之次日起至实际交付之日，出卖人按日计算向买受人支付全部房价款万分之____的违约金〔该违约金比率应当不低于第八条第 1（1）项中的比率〕。

（2）逾期超过____日〔该期限应当与本条第（1）项中的期限相同〕后，买受人有权解除合同。买受人解除合同的，应当书面通知出卖人。出卖人应当自解除合同通知送达之日起 15 日内退还买受人已付全部房款（含已付贷款部分），并自买受人付款之日起，按照____%（不低于中国人民银行公布的同期贷款基准利率）计算给付利息；同时，出卖人按照全部房价款的____%向买受人支付违约金。

买受人要求继续履行合同的，合同继续履行，出卖人按日计算向买受人支付全部房价款万分之____〔该比率应当不低于本条第 1（1）项中的比率〕的违约金。

2. _____。

第五章　面积差异处理方式

第十三条　面积差异处理

该商品房交付时，出卖人应当向买受人出示房屋测绘报告，并向买受人提供该商品房的面积实测数据（以下简称实测面积）。实测面积与第三条载明的预测面积发生误差的，双方同意按照第____种方式处理。

1. 根据第六条按照套内建筑面积计价的约定，双方同意按照下列原则处理：

（1）套内建筑面积误差比绝对值在 3%以内（含 3%）的，据实结算房价款；

（2）套内建筑面积误差比绝对值超出 3%时，买受人有权解除合同。

买受人解除合同的，应当书面通知出卖人。出卖人应当自解除合同通知送达之日起 15 日内退还买受人已付全部房款（含已付贷款部分），并自买受人付款之日起，按照____%（不低于中国人民银行公布的同期贷款基准利率）计算给付利息。

买受人选择不解除合同的，实测套内建筑面积大于预测套内建筑面积时，套内建筑面积误差比在 3%以内（含 3%）部分的房价款由买受人补足；超出 3%部分的房价款由出卖人承担，产权归买受人所有。实测套内建筑面积小于预测套内建筑面积时，套内建筑面积误差比绝对值在 3%以内（含 3%）部分的房价款由出卖人返还买受人；绝对值超出 3%部分的房价款由出卖人双倍返还买受人。

$$套内建筑面积误差比 = \frac{实测套内建筑面积 - 预测套内建筑面积}{预测套内建筑面积}$$

2. 根据第六条按照建筑面积计价的约定，双方同意按照下列原则处理：

（1）建筑面积、套内建筑面积误差比绝对值均在 3%以内（含 3%）的，根据实测建筑面积结算房价款；

（2）建筑面积、套内建筑面积误差比绝对值其中有一项超出3%时，买受人有权解除合同。

买受人解除合同的，应当书面通知出卖人。出卖人应当自解除合同通知送达之日起15日内退还买受人已付全部房款（含已付贷款部分），并自买受人付款之日起，按照____%（不低于中国人民银行公布的同期贷款基准利率）计算给付利息。

买受人选择不解除合同的，实测建筑面积大于预测建筑面积时，建筑面积误差比在3%以内（含3%）部分的房价款由买受人补足，超出3%部分的房价款由出卖人承担，产权归买受人所有。实测建筑面积小于预测建筑面积时，建筑面积误差比绝对值在3%以内（含3%）部分的房价款由出卖人返还买受人；绝对值超出3%部分的房价款由出卖人双倍返还买受人。

$$建筑面积误差比 = \frac{实测建筑面积 - 预测建筑面积}{预测建筑面积}$$

（3）因设计变更造成面积差异，双方不解除合同的，应当签署补充协议。

3. 根据第六条按照套计价的，出卖人承诺在房屋平面图中标明详细尺寸，并约定误差范围。该商品房交付时，套型与设计图纸不一致或者相关尺寸超出约定的误差范围，双方约定如下：

_____。

4. 双方自行约定：

_____。

第六章　规划设计变更

第十四条　规划变更

（一）出卖人应当按照城乡规划主管部门核发的建设工程规划许可证规定的条件建设商品房，不得擅自变更。

双方签订合同后，涉及该商品房规划用途、面积、容积率、绿地率、基础设施、公共服务及其他配套设施等规划许可内容经城乡规划主管部门批准变更的，出卖人应当在变更确立之日起10日内将书面通知送达买受人。出卖人未在规定期限内通知买受人的，买受人有权解除合同。

（二）买受人应当在通知送达之日起15日内做出是否解除合同的书面答复。买受人逾期未予以书面答复的，视同接受变更。

（三）买受人解除合同的，应当书面通知出卖人。出卖人应当自解除合同通知送达之日起15日内退还买受人已付全部房款（含已付贷款部分），并自买受人付款之日起，按照____%（不低于中国人民银行公布的同期贷款基准利率）计算给付利息；同时，出卖人按照全部房价款的____%向买受人支付违约金。

买受人不解除合同的，有权要求出卖人赔偿由此造成的损失，双方约定如下：

_____。

第十五条　设计变更

（一）双方签订合同后，出卖人按照法定程序变更建筑工程施工图设计文件，涉及下列可能影响买受人所购商品房质量或使用功能情形的，出卖人应当在变更确立之日起 10 日内将书面通知送达买受人。出卖人未在规定期限内通知买受人的，买受人有权解除合同。

1. 该商品房结构形式、户型、空间尺寸、朝向；
2. 供热、采暖方式；
3. _____；
4. _____；
5. _____。

（二）买受人应当在通知送达之日起 15 日内做出是否解除合同的书面答复。买受人逾期未予以书面答复的，视同接受变更。

（三）买受人解除合同的，应当书面通知出卖人。出卖人应当自解除合同通知送达之日起 15 日内退还买受人已付全部房款（含已付贷款部分），并自买受人付款之日起，按照____%（不低于中国人民银行公布的同期贷款基准利率）计算给付利息；同时，出卖人按照全部房价款的____%向买受人支付违约金。

买受人不解除合同的，有权要求出卖人赔偿由此造成的损失，双方约定如下：

_____。

第七章　商品房质量及保修责任

第十六条　商品房质量

（一）地基基础和主体结构

出卖人承诺该商品房地基基础和主体结构合格，并符合国家及行业标准。经检测不合格的，买受人有权解除合同。买受人解除合同的，应当书面通知出卖人。出卖人应当自解除合同通知送达之日起 15 日内退还买受人已付全部房款（含已付贷款部分），并自买受人付款之日起，按照_____%（不低于中国人民银行公布的同期贷款基准利率）计算给付利息。给买受人造成损失的，由出卖人支付【已付房价款一倍】【买受人全部损失】的赔偿金。因此而发生的检测费用由出卖人承担。

买受人不解除合同的，_____。

（二）其他质量问题

该商品房质量应当符合有关工程质量规范、标准和施工图设计文件的要求。发现除地基基础和主体结构外质量问题的，双方按照以下方式处理：

（1）及时更换、修理；如给买受人造成损失的，还应当承担相应赔偿责任。

_____。

（2）经过更换、修理，仍然严重影响正常使用的，买受人有权解除合同。买受人解除合同的，应当书面通知出卖人。出卖人应当自解除合同通知送达之日起 15 日内退还买受人已付全部房款（含已付贷款部分），并自买受人付款之日起，按照____%（不低于中国人民银行公布的同期贷款基准利率）计算给付利息。给买受人造成损失的，由出卖人承担相应的赔偿责任。因此而发生的检测费用由出卖人承担。

买受人不解除合同的，_____。

（三）装饰装修及设备标准

该商品房应当使用合格的建筑材料、构配件和设备，装置、装修、装饰所用材料的产品质量必须符合国家的强制性标准及双方约定的标准。

不符合上述标准的，买受人有权要求出卖人按照下列第（1）、_____、_____种方式处理（可多选）：

（1）及时更换、修理；

（2）出卖人赔偿双倍的装饰、设备差价；

（3）_____；

（4）_____。

具体装饰装修及相关设备标准的约定见附件六。

（四）室内空气质量、建筑隔声和民用建筑节能措施

1. 该商品房室内空气质量符合【国家】【地方】标准，标准名称：_____，标准文号：_____。该商品房为住宅的，建筑隔声情况符合【国家】【地方】标准，标准名称：_____，标准文号：_____。该商品房室内空气质量或建筑隔声情况经检测不符合标准，由出卖人负责整改，整改后仍不符合标准的，买受人有权解除合同。买受人解除合同的，应当书面通知出卖人。出卖人应当自解除合同通知送达之日起15日内退还买受人已付全部房款（含已付贷款部分），并自买受人付款之日起，按照____%（不低于中国人民银行公布的同期贷款基准利率）计算给付利息。给买受人造成损失的，由出卖人承担相应的赔偿责任。经检测不符合标准的，检测费用由出卖人承担，整改后再次检测发生的费用仍由出卖人承担。因整改导致该商品房逾期交付的，出卖人应当承担逾期交付责任。

2. 该商品房应当符合国家有关民用建筑节能强制性标准的要求。未达到标准的，出卖人应当按照相应标准要求补做节能措施，并承担全部费用；给买受人造成损失的，出卖人应当承担相应赔偿责任。

_____。

第十七条　保修责任

（一）商品房实行保修制度。该商品房为住宅的，出卖人自该商品房交付之日起，按照《住宅质量保证书》承诺的内容承担相应的保修责任。该商品房为非住宅的，双方应当签订补充协议详细约定保修范围、保修期限和保修责任等内容。具体内容见附件七。

（二）下列情形，出卖人不承担保修责任：

1. 因不可抗力造成的房屋及其附属设施的损害；

2. 因买受人不当使用造成的房屋及其附属设施的损害；

3. _____。

（三）在保修期内，买受人要求维修的书面通知送达出卖人____日内，出卖人既不履行保修义务也不提出书面异议的，买受人可以自行或委托他人进行维修，维修费用及维修期间造成的其他损失由出卖人承担。

第十八条　质量担保

出卖人不按照第十六条、第十七条约定承担相关责任的，由_____承担连带责任。关于质量担保的证明见附件八。

第八章　合同备案与房屋登记

第十九条　预售合同登记备案

（一）出卖人应当自本合同签订之日起【30日内】【　日内】（不超过30日）办理商品房预售合同登记备案手续，并将本合同登记备案情况告知买受人。

（二）有关预售合同登记备案的其他约定如下：

_____；

_____。

第二十条　房屋登记

（一）双方同意共同向房屋登记机构申请办理该商品房的房屋所有权转移登记。

（二）因出卖人的原因，买受人未能在该商品房交付之日起____日内取得该商品房的房屋所有权证书的，双方同意按照下列第____种方式处理：

1. 买受人有权解除合同。买受人解除合同的，应当书面通知出卖人。出卖人应当自解除合同通知送达之日起15日内退还买受人已付全部房款（含已付贷款部分），并自买受人付款之日起，按照____%（不低于中国人民银行公布的同期贷款基准利率）计算给付利息。买受人不解除合同的，自买受人应当完成房屋所有权登记的期限届满之次日起至实际完成房屋所有权登记之日止，出卖人按日计算向买受人支付全部房价款万分之_____的违约金。

2. _____。

（三）因买受人的原因未能在约定期限内完成该商品房的房屋所有权转移登记的，出卖人不承担责任。

第九章　前期物业管理

第二十一条　前期物业管理

（一）出卖人依法选聘的前期物业服务企业为_____。

（二）物业服务时间从____年____月____日到____年____月____日。

（三）物业服务期间，物业收费计费方式为【包干制】【酬金制】【_____】。物业服务费为____元/月·平方米（建筑面积）。

（四）买受人同意由出卖人选聘的前期物业服务企业代为查验并承接物业共用部

位、共用设施设备，出卖人应当将物业共用部位、共用设施设备承接查验的备案情况书面告知买受人。

（五）买受人已详细阅读前期物业服务合同和临时管理规约，同意由出卖人依法选聘的物业服务企业实施前期物业管理，遵守临时管理规约。业主委员会成立后，由业主大会决定选聘或续聘物业服务企业。

该商品房前期物业服务合同、临时管理规约见附件九。

第十章　其他事项

第二十二条　建筑物区分所有权

（一）买受人对其建筑物专有部分享有占有、使用、收益和处分的权利。

（二）以下部位归业主共有：

1. 建筑物的基础、承重结构、外墙、屋顶等基本结构部分，通道、楼梯、大堂等公共通行部分，消防、公共照明等附属设施、设备、避难层、设备层或者设备间等结构部分；

2. 该商品房所在建筑区划内的道路（属于城镇公共道路的除外）、绿地（属于城镇公共绿地或者明示属于个人的除外）、占用业主共有的道路或者其他场地用于停放汽车的车位、物业服务用房；

3. _____。

（三）双方对其他配套设施约定如下：

1. 规划的车位、车库：_____；

2. 会所：_____；

3. _____。

第二十三条　税费

双方应当按照国家的有关规定，向相应部门缴纳因该商品房买卖发生的税费。因预测面积与实测面积差异，导致买受人不能享受税收优惠政策而增加的税收负担，由_____承担。

第二十四条　销售和使用承诺

1. 出卖人承诺不采取分割拆零销售、返本销售或者变相返本销售的方式销售商品房；不采取售后包租或者变相售后包租的方式销售未竣工商品房。

2. 出卖人承诺按照规划用途进行建设和出售，不擅自改变该商品房使用性质，并按照规划用途办理房屋登记。出卖人不得擅自改变与该商品房有关的共用部位和设施的使用性质。

3. 出卖人承诺对商品房的销售，不涉及依法或者依规划属于买受人共有的共用部位和设施的处分。

4. 出卖人承诺已将遮挡或妨碍房屋正常使用的情况告知买受人。具体内容见附件十。

5. 买受人使用该商品房期间，不得擅自改变该商品房的用途、建筑主体结构和承重结构。

6. _____。
7. _____。

第二十五条　送达

出卖人和买受人保证在本合同中记载的通信地址、联系电话均真实有效。任何根据本合同发出的文件，均应采用书面形式，以【邮政快递】【邮寄挂号信】【_____】方式送达对方。任何一方变更通信地址、联系电话的，应在变更之日起_____日内书面通知对方。变更的一方未履行通知义务导致送达不能的，应承担相应的法律责任。

第二十六条　买受人信息保护

出卖人对买受人信息负有保密义务。非因法律、法规规定或国家安全机关、公安机关、检察机关、审判机关、纪检监察机关执行公务的需要，未经买受人书面同意，出卖人及其销售人员和相关工作人员不得对外披露买受人信息，或将买受人信息用于履行本合同之外的其他用途。

第二十七条　争议解决方式

本合同在履行过程中发生的争议，由双方当事人协商解决，也可通过消费者协会等相关机构调解；或按照下列第____种方式解决：

1. 依法向房屋所在地人民法院起诉。
2. 提交_____仲裁委员会仲裁。

第二十八条　补充协议

对本合同中未约定或约定不明的内容，双方可根据具体情况签订书面补充协议（补充协议见附件十一）。

补充协议中含有不合理的减轻或免除本合同中约定应当由出卖人承担的责任，或不合理的加重买受人责任、排除买受人主要权利内容的，仍以本合同为准。

第二十九条　合同生效

本合同自双方签字或盖章之日起生效。本合同的解除应当采用书面形式。本合同及附件共____页，一式____份，其中出卖人____份、买受人____份、【____】____份、【____】____份。合同附件与本合同具有同等法律效力。

出卖人（签字或盖章）：　　　　　　　买受人（签字或盖章）：
【法定代表人】（签字或盖章）：　　　【法定代表人】（签字或盖章）：
【委托代理人】（签字或盖章）：　　　【委托代理人】（签字或盖章）：
【法定代理人】（签字或盖章）：
签订时间：____年____月____日　　　　签订时间：____年____月____日
签订地点：_____　　　　　签订地点：_____

附件一　房屋平面图（应当标明方位）
1. 房屋分层分户图（应当标明详细尺寸，并约定误差范围）
2. 建设工程规划方案总平面图

附件二　关于该商品房共用部位的具体说明（可附图说明）
1. 纳入该商品房分摊的共用部位的名称、面积和所在位置
2. 未纳入该商品房分摊的共用部位的名称、所在位置

附件三　抵押权人同意该商品房转让的证明及关于抵押的相关约定
1. 抵押权人同意该商品房转让的证明
2. 解除抵押的条件和时间
3. 关于抵押的其他约定

附件四　关于该商品房价款的计价方式、总价款、付款方式及期限的具体约定

附件五　关于本项目内相关设施、设备的具体约定
1. 相关设施的位置及用途
2. 其他约定

附件六　关于装饰装修及相关设备标准的约定

交付的商品房达不到本附件约定装修标准的，按照本合同第十六条第三款约定处理。出卖人未经双方约定增加的装置、装修、装饰，视为无条件赠送给买受人。

双方就装饰装修主要材料和设备的品牌、产地、规格、数量等内容约定如下：

1. 外墙：【瓷砖】【涂料】【玻璃幕墙】【＿＿＿＿＿＿＿】；
＿＿＿＿＿＿＿＿＿＿＿＿＿＿＿＿＿＿＿＿＿＿＿＿＿＿＿＿＿＿＿＿＿。

2. 起居室：
(1) 内墙：【涂料】【壁纸】【＿＿＿＿＿＿＿】；
＿＿＿＿＿＿＿＿＿＿＿＿＿＿＿＿＿＿＿＿＿＿＿＿＿＿＿＿＿＿＿＿＿。
(2) 顶棚：【石膏板吊顶】【涂料】【＿＿＿＿＿＿＿】；
＿＿＿＿＿＿＿＿＿＿＿＿＿＿＿＿＿＿＿＿＿＿＿＿＿＿＿＿＿＿＿＿＿。
(3) 室内地面：【大理石】【花岗岩】【水泥抹面】【实木地板】【＿＿＿＿＿＿＿】；
＿＿＿＿＿＿＿＿＿＿＿＿＿＿＿＿＿＿＿＿＿＿＿＿＿＿＿＿＿＿＿＿＿。

3. 厨房：
(1) 地面：【水泥抹面】【瓷砖】【＿＿＿＿＿＿＿】；
＿＿＿＿＿＿＿＿＿＿＿＿＿＿＿＿＿＿＿＿＿＿＿＿＿＿＿＿＿＿＿＿＿。
(2) 墙面：【耐水泥子】【瓷砖】【＿＿＿＿＿＿＿】；
＿＿＿＿＿＿＿＿＿＿＿＿＿＿＿＿＿＿＿＿＿＿＿＿＿＿＿＿＿＿＿＿＿。
(3) 顶棚：【水泥抹面】【石膏吊顶】【＿＿＿＿＿＿＿】；
＿＿＿＿＿＿＿＿＿＿＿＿＿＿＿＿＿＿＿＿＿＿＿＿＿＿＿＿＿＿＿＿＿。
(4) 厨具：＿＿＿＿＿＿＿＿＿＿＿＿＿＿＿＿＿＿＿＿＿＿＿＿＿＿＿。

4. 卫生间：

（1）地面：【水泥抹面】【瓷砖】【_____】；_____。

（2）墙面：【耐水泥子】【瓷砖】【_____】；_____。

（3）顶棚：【水泥抹面】【石膏吊顶】【_____】；_____。

（4）卫生器具：_____。

5. 阳台：【塑钢封闭】【铝合金封闭】【断桥铝合金封闭】【不封闭】【_____】；

_____。

6. 电梯：

（1）品牌：_____；

（2）型号：_____

7. 管道：

_____。

8. 窗户：

_____。

9. _____。

10. _____。

附件七　关于保修范围、保修期限和保修责任的约定

该商品房为住宅的，出卖人应当提供《住宅质量保证书》；该商品房为非住宅的，双方可参照《住宅质量保证书》中的内容对保修范围、保修期限和保修责任等进行约定。

该商品房的保修期自房屋交付之日起计算，关于保修期限的约定不应低于《建设工程质量管理条例》第四十条规定的最低保修期限。

（一）保修项目、期限及责任的约定

1. 地基基础和主体结构：

保修期限为：_____（不得低于设计文件规定的该工程的合理使用年限）；

_____。

2. 屋面防水工程、有防水要求的卫生间、房间和外墙面的防渗漏：

保修期限为：_____（不得低于 5 年）；

_____。

3. 供热、供冷系统和设备：

保修期限为：_____（不得低于 2 个采暖期、供冷期）；

_____。

4. 电气管线、给排水管道、设备安装：

保修期限为：_____（不得低于 2 年）；

_____。

5. 装修工程：

保修期限为：_____（不得低于 2 年）；

_____。

6. _____；

7. _____；

8. _____。

（二）其他约定

_____。

附件八　关于质量担保的证明附件

附件九　关于前期物业管理的约定

1. 前期物业服务合同

2. 临时管理规约

附件十　出卖人关于遮挡或妨碍房屋正常使用情况的说明

（如该商品房公共管道检修口、柱子、变电箱等有遮挡或妨碍房屋正常使用的情况）

附件十一　补充协议

（三）货物买卖合同

订立合同双方：

供方：_____

需方：_____

供需双方本着平等互利、协商一致的原则，签订本合同，以资双方信守执行。

第一条　商品名称、种类、规格、单位、数量

品名	种类	规格	单位	数量	备注

第二条　商品质量标准可选择下列第_____项作标准：

1. 附商品样本，作为合同附件。

2. 商品质量，按照_____标准执行。（副品不得超过____%）

3. 商品质量由双方议定。

第三条　商品单价及合同总金额

1. 商品单价，供需双方同意按_____定价执行。如因原料、材料、生产条件发生变化，需变动价格时，应经供需双方协商。否则，造成损失由违约方承担经济责任。

2. 单价和合同总金额：_____。

第四条 产品包装规格及费用

（按照各种商品的不同，规定各种包装方式、包装材料及规格。包装品以随货出售为原则；凡须退还对方的包装品，应按铁路规定，订明回空方法及时间，或另作规定。）

第五条 交货规定

1. 交货方式：_____
2. 交货地点：_____
3. 交货日期：_____
4. 运输费：_____

第六条 验收方法

（按照交货地点与时间，根据不同商品种类，规定验收的处理方法。）

第七条 货款及费用等付款及结算办法

预付货款：_____（根据不同商品，决定是否预付货款及金额。）

付款日期：_____

结算方式：_____

第八条 运输及保险问题

运输费用负担：_____。

保险：_____。（根据实际情况，需委托对方代办运输手续者，应于合同中订明。为保证货物途中的安全，代办运输单位应根据具体情况代为投保运输险。）

第九条 经济责任

1. 供方应负的经济责任

（1）产品花色、品种、规格、质量不符合本合同规定时，需方同意利用者，按质论价。不能利用的，供方应负责保修、保退、保换。由于上述原因致延误交货时间，每逾期一日，供方应按逾期交货部分货款总值的万分之_____计算向需方偿付逾期交货的违约金。

（2）供方未按本合同规定的产品数量交货时，少交的部分，需方如果需要，应照数补交。需方如不需要，可以退货。由于退货所造成的损失，由供方承担。如需方需要而供方不能交货，则供方应付给需方不能交货部分货款总值的_____%的罚金。

（3）产品包装不符合本合同规定时，供方应负责返修或重新包装，并承担返修或重新包装的费用。如需方要求不返修或不重新包装，供方应按不符合合同规定包装价值_____%的罚金付给需方。

（4）产品交货时间不符合合同规定时，每延期一天，供方应偿付需方延期交货部分货款总值万分之_____的罚金。

（5）供方未按照约定向需方交付提取标的物单证以外的有关单证和资料，应当承担相关的赔偿责任。

2. 需方应负的经济责任

（1）需方如中途变更产品花色、品种、规格、质量或包装的规格，应偿付变更部分货款（或包装价值）总值_____%的罚金。

（2）需方如中途退货，应事先与供方协商，供方同意退货的，应由需方偿付供方退货部分货款总值_____%的罚金。供方不同意退货的，需方仍须按合同规定收货。

（3）需方未按规定时间和要求向供方交付技术资料、原材料或包装物时，除供方得将交货日期顺延外，每顺延一日，需方应付给供方顺延交货产品总值万分之_____的罚金。如需方始终不能提出应提交的上述资料等，应视中途退货处理。

（4）属需方自提的材料，如需方未按规定日期提货，每延期一天，应偿付供方延期提货部分货款总额万分之_____的罚金。

（5）需方如未按规定日期向供方付款，每延期一天，应按延期付款总额万分之_____计算付给供方，作为延期罚金。

（6）供方送货或代运的产品，如需方拒绝接货，需方应承担因此造成的损失和运输费用及罚金。

第十条 供、需任何一方如确因不可抗力的原因，不能履行本合同时，应及时向对方通知不能履行或须延期履行或部分履行合同的理由。在取得有关机构证明后，本合同可以不履行或延期履行或部分履行，并全部或者部分免予承担违约责任。

第十一条 本合同所订一切条款，供、需任何一方不得擅自变更或修改。如一方单独变更、修改本合同，对方有权拒绝生产或收货，并要求单独变更、修改合同一方赔偿一切损失。

第十二条 本合同在执行中发生纠纷，签订合同双方不能协商解决时，可向人民法院提出诉讼（或申请_____仲裁机构仲裁解决）。

第十三条 本合同自双方签章之日起生效，到供方将全部订货送齐经需方验收无误，并按本合同规定将货款结算以后作废。

第十四条 本合同在执行期间，如有未尽事宜，得由供需双方协商，另订附则附于本合同之内，所有附则在法律上均与本合同有同等效力。

需方：_____（盖章）　　　　　供方：_____（盖章）
法定代表人：_____（盖章）　　法定代表人：_____（盖章）
开户银行及账号：_____　　　　开户银行及账号：_____
_____年_____月_____日　　　　　　_____年_____月_____日
签订地点：_____　　　　　　　签订地点：_____

（四）农副产品买卖合同[①]

合同编号：_____

出卖人：_____　　　　签订地点：_____

买受人：_____　　　　签订时间：____年____月____日

第一条　标的、数量、价款、交（提）货时间

标的名称	品种	产地	商标	计量单位	数量	单价	金额	交（提）货时间及数量			
								合计			
合计人民币金额（大写）：											

（注：空格如不够用，可以另接）

第二条　质量标准：_____
_____。

第三条　包装标准、包装物供应和回收及费用负担：_____
_____。

第四条　合理损耗标准和计算方法：_____
_____。

第五条　标的物的所有权自_____时起转移，但买受人未能履行支付价款义务的，标的物属于_____所有。

第六条　交（提）货方式、地点：_____
_____。

第七条　运输方式及到达站（港）和费用负担：_____
_____。

第八条　检验标准、方法、地点及期限：_____
_____。

第九条　检疫单位、方法、地点、标准及费用负担：_____
_____。

---

① 国家工商管理局经济合同司发布。

第十条 结算方式、时间及地点：_____
_____。

第十一条 担保方式（也可另立担保合同）：_____
_____。

第十二条 本合同解除的条件：_____
_____。

第十三条 违约责任：_____
_____。

第十四条 合同争议的解决方式：本合同在履行过程中发生的争议，由双方当事人协商解决；也可由当地工商行政管理部门调解；协商或调解不成的，按下列第____种方式解决：
（一）提交_____仲裁委员会仲裁；
（二）依法向人民法院起诉。

第十五条 合同自_____起生效。

第十六条 其他约定事项：_____
_____。

出卖人	买受人	鉴（公）证意见：
出卖人：（章）	买受人：（章）	
住所：	住所：	
法定代表人：	法定代表人：	
居民身份证号码：	居民身份证号码：	
委托代理人：	委托代理人：	
电话：	电话：	鉴（公）证机关：（章）
开户银行：	开户银行：	经办人：
账号：	账号：	____年____月____日
邮政编码：	邮政编码：	

监制部门： 印制单位：

💡 特别提醒

1. 产品的名称、数量、价格和计算单位、交货时间和地点、交货方式、结款时间和方式都要明确。有国家规定的名称，要使用国家规定名称；使用地方惯称的，要经当事人双方一致同意。

2. 干、鲜、活产品要经过检疫部门的检验。

3. 明确规定产品损耗的限度，同时约定运输途中损坏产品的责任承担。

（五）粮食买卖合同[①]

出卖人：_____　　合同编号：_____
买受人：_____　　签订地点：_____
签订时间：_____年_____月_____日

第一条 粮食品种、数量、价款、交（提）货时间

品种	产地	商标或品牌	等级	计量单位	数量	单价	金额	交（提）货时间及数量							
								合计							

合计人民币金额（大写）：

（注：空格如不够用，可以另接）

第二条 质量标准、用途：_____
_____。

第三条 包装标准、包装物的供应和回收及费用负担：_____
_____。

第四条 损耗标准和计算方法：_____
_____。

第五条 交（提）货方式和地点：_____
_____。

第六条 运输方式及到达站（港）和费用负担：_____
_____。

第七条 检验标准、方法、时间、地点：_____
_____。

第八条 结算方式及期限：_____
_____。

第九条 担保方式（也可另立担保合同）：_____
_____。

[①] 国家工商行政管理局发布。

第十条 本合同解除的条件：_____
_____。

第十一条 违约责任：_____
_____。

第十二条 合同争议的解决方式：本合同在履行过程中发生的争议，由双方当事人协商解决；也可由当地工商行政管理部门调解；协商或调解不成的，按下列第_____种方式解决：

（一）提交_____仲裁委员会仲裁；

（二）依法向人民法院起诉。

第十三条 本合同自_____起生效。

第十四条 其他约定事项：_____
_____。

出卖人	买受人	
出卖人（章）：	买受人（章）：	鉴（公）证意见：
住所：	住所：	
法定代表人：	法定代表人：	
（签字）	（签字）	
委托代理人：	委托代理人：	
（签字）	（签字）	
电话：	电话：	鉴（公）证机关（章）
开户银行：	开户银行：	经办人：
账号：	账号：	_____年_____月_____日
邮政编码：	邮政编码：	

监制部门： 印制单位：

（六）棉花买卖合同①

出卖人：_____ 合同编号：_____

买受人：_____ 签订地点：_____

签订时间：_____年_____月_____日

---

① 国家工商行政管理局发布。

第一条 棉花品名、数量、价款、交（提）货时间

品种	产地	等级	计量单位	数量	单价	金额	交（提）货时间及数量						
							合计						
合计人民币金额（大写）：													

（注：空格如不够用，可以另接）

第二条 棉花质量标准：_____
_____。

第三条 包装标准：_____
_____。

第四条 合理损耗标准和计算方法：_____
_____。

第五条 交（提）货方式、地点：_____
_____。

第六条 运输方式及到达站（港）和费用负担：_____
_____。

第七条 检验标准、方法、时间、地点：_____
_____。

第八条 结算方式及期限：_____
_____。

第九条 担保方式（也可另立担保合同）：_____
_____。

第十条 本合同解除的条件：_____
_____。

第十一条 违约责任：_____
_____。

第十二条 合同争议的解决方式：本合同在履行过程中发生的争议，由双方当事人协商解决；也可由当地工商行政管理部门调解；协商或调解不成的，按下列第_____种方式解决：

（一）提交_____仲裁委员会仲裁；

（二）依法向人民法院起诉。

第十三条 本合同自_____起生效。

第十四条 其他约定事项：_____
_____。

	出卖人		买受人	
	出卖人名称（章）：		买受人（章）：	鉴（公）证意见：
	住所：		住所：	
	法定代表人：		法定代表人：	
	（签字）		（签字）	
	委托代理人：		委托代理人：	
	（签字）		（签字）	
	电话：		电话：	鉴（公）证机关（章）
	开户银行：		开户银行：	经办人：
	账号：		账号：	_____年_____月_____日
	邮政编码：		邮政编码：	

监制部门： 印制单位：

（七）茶叶买卖合同①

依据《中华人民共和国合同法》及相关法规的规定，出卖人（甲方）与买受人（乙方）在平等、自愿、公平、诚实信用原则的基础上，就茶叶买卖的有关事宜达成协议如下：

第一条 标的　　　　　　　　　　　　　　　　　　　单位：_____元/

品名	等级	数量	产地	生产日期	条形码号	单价	总价	采摘时间	外形	碎末含量（%）	水分含量（%）	内　质				备注
												汤色	香气	滋味	叶底	
合计人民币金额（大写）：															¥：	

---

① 北京市工商行政管理局发布。

第二条 质量标准

甲方应当向乙方出示营业执照、卫生许可证、税务登记证、产品检验报告及相关证明。茶叶的卫生指标应符合国家标准（GB2762-2005）和（GB2763-2005）。凡明示为有机茶、无公害茶、绿色食品茶、原产地保护名茶的，均应提交认证证明。有机茶应符合（NY5196-2002）标准，无公害茶符合（NY5244-2004）标准，绿色食品茶符合（NY/T288-2002）标准，原产地保护名茶应当符合相应的标准。

双方应当将样品封存保管，用于交货时对样验收。

第三条 包装

茶叶包装采用_____方式，执行_____标准，包装物由（甲方/乙方）提供，包装费由（甲方/乙方）承担。

第四条 交货及运输

交货方式：（乙方提货/甲方送货/甲方代办托运）；

交货地点：_____；

交货期限：_____年_____月_____日，或由乙方另行通知；委托_____运输公司运输，运输方式：_____，运费由（甲方/乙方）承担。

第五条 销售及结算

乙方应当以（经销/代销/试销）方式对外销售茶叶，结算方式为：_____。

第六条 定金

乙方应当在_____年_____月_____日前向甲方支付定金_____元（不超过总价款的20%）。合同履行完毕，定金应当（抵作价款/返还乙方）。定金交付后因乙方违约而解除合同的，定金不予退还；因甲方违约而解除合同的，甲方应当双倍返还定金。

第七条 违约责任

1. 甲方应当如约提供茶叶，茶叶如不符合质量要求、卫生标准或与样品不一致的，乙方有权要求换货、退货或降级、降价，但应当在收到货物后_____日内以书面形式通知甲方，否则甲方有权拒绝；因退换货发生的费用由甲方承担。

2. 一方迟延交货或迟延支付价款的，应当每日按照迟延部分价款_____%的标准支付违约金。

3. 关于违约责任的其他约定：_____。

第八条 争议解决方式

本合同项下发生的争议，由双方协商或申请调解解决；协商或调解解决不成的，按下列第_____种方式解决（以下两种方式只能选择一种）：

1. 依法向_____人民法院起诉；2. 提交_____仲裁委员会仲裁。

第九条 其他约定事项

_____。

本合同一式_____份，双方各执_____份，合同自双方签字盖章且甲方收到乙方定金后生效。合同生效后，双方对合同内容的变更或补充应当采取书面形式，作为本合同的附件。附件与本合同具有同等的法律效力。

甲方（签章）：_____　　　　　乙方（签章）：_____
法定代表人：_____　　　　　　法定代表人：_____
委托代理人：_____　　　　　　委托代理人：_____
住所：_____　　　　　　　　　住所：_____
电话：_____传真：_____　电话：_____传真：_____
开户行：_____　　　　　　　　开户行：_____
账号：_____　　　　　　　　　账号：_____
税号：_____　　　　　　　　　税号：_____
签订时间：_____　　　　　　　签订时间：_____
签订地点：_____　　　　　　　签订地点：_____

（八）农药买卖合同[①]

合同编号：_____

出卖人：_____　　签订地点：_____
买受人：_____　　签订时间：_____年_____月_____日

第一条 标的、数量、价款及交（提）货时间

农药名称	商标	规格型号	生产厂家	农药登记证号	生产许可证号	计量单位	数量	单价	金额	交（提）货时间及数量		
										合计		
合计人民币金额（大写）：												

（注：空格如不够用，可以另接）

第二条 质量标准：_____。
第三条 出卖人对质量负责的期限：_____。

---

① 国家工商行政管理局发布。

第四条　包装标准：_____。

第五条　合理损耗标准及计算方法：_____。

第六条　农药的所有权自_____时起转移，但买受人未履行支付价款义务的，农药属于_____所有。

第七条　交（提）货方式、地点：_____。

第八条　运输方式和到达站（港）及费用负担：_____。

第九条　检验标准、方法、地点及期限：_____。

第十条　结算方式及期限：_____。

第十一条　本合同解除的条件：_____。

第十二条　违约责任：_____。

第十三条　担保方式（也可另立担保合同）：_____。

第十四条　合同争议的解决方式：本合同在履行过程中发生的争议，由双方当事人协商解决；也可由当地工商行政管理部门调解；协商或调解不成的，按下列第_____种方式解决：

（一）提交_____仲裁委员会仲裁；

（二）依法向人民法院起诉。

第十五条　本合同自_____起生效。

第十六条　其他约定事项：_____。

出卖人	买受人	鉴（公）证意见：
出卖人：（章）	买受人：（章）	
住所：	住所：	
法定代表人：	法定代表人：	
（章或签字）	（章或签字）	
委托代理人：	委托代理人：	
电话：	电话：	
传真：	传真：	
开户银行：	开户银行：	鉴（公）证机关：（章）
账号：	账号：	经办人：
邮政编码：	邮政编码：	____年____月____日

〔提示：生产、经营农药必须取得农药登记证（或者农药临时登记证）、农药生产许可证（或者农药生产批准文件）；经营的农药属于化学危险物品的，还应当办理经营许可证〕

监制部门：　　　　　　　　　　　印制单位：

💡 **特别提醒**

1. 一些厂家将传统农药稍加改良，便以"高效×××"或"特效×××"的名称销售，牟取暴利。只要仔细审查农药的有效成分或通用名，就可以判断出该农药的真正价值。

2. 一些农药的包装上印有钻心虫、卷叶虫、稻飞虱、稻象甲等多种害虫图片，并用较小的文字注明："害虫识别图"，使人们误以为该农药可以防治图片上的害虫。

（九）化肥买卖合同[①]

合同编号：_____

出卖人：_____　签订地点：_____
买受人：_____　签订时间：_____年_____月_____日

第一条　标的、数量、价款及交（提）货时间

化肥名称	商标或品牌	规格型号	生产厂家	计量单位	数量	单价	金额	交（提）货时间及数量				
								合计				
合计人民币金额（大写）：												

（注：空格如不够用，可以另接）

第二条　质量标准：_____。
第三条　出卖人对质量负责的期限：_____。
第四条　包装标准：_____。
第五条　合理损耗标准及计算方法：_____。
第六条　化肥的所有权自_____时起转移，但买受人未履行支付价款义务的，化肥属于_____所有。
第七条　交（提）货方式、地点：_____。
第八条　运输方式和到达站（港）及费用负担：_____。
第九条　检验标准、方法、地点及期限：_____。

[①] 国家工商行政管理局发布。

第十条 结算方式、时间及地点：_____。
第十一条 本合同解除的条件：_____。
第十二条 违约责任：_____。
第十三条 担保方式（也可另立担保合同）：_____。
第十四条 合同争议的解决方式：本合同在履行过程中发生的争议，由双方当事人协商解决；也可由当地工商行政管理部门调解；协商或调解不成的，按下列第_____种方式解决：
（一）提交_____仲裁委员会仲裁；
（二）依法向人民法院起诉。
第十五条 本合同自_____起生效。
第十六条 其他约定事项：_____。

出卖人	买受人	鉴（公）证意见：
出卖人：（章）	买卖人：（章）	
住所：	住所：	
法定代表人：	法定代表人：	
（章或签字）	（章或签字）	
居民身份证号码：	居民身份证号码：	
委托代理人：	委托代理人：	
电话：	电话：	
传真：	传真：	鉴（公）证机关：（章）
开户银行：	开户银行：	经办人：
账号：	账号：	_____年_____月_____日
邮政编码：	邮政编码：	

［提示：化肥经销企业应具有相应的主体资格］
监制部门：　　　　　　　　　　　印制单位：

（十）工业产品买卖合同①

　　　　　　　　　　　　　　　　合同编号：_____
出卖人：_____　　　　　　　签订地点：_____
买受人：_____　　　　　　　签订时间：____年____月____日

---

① 国家工商行政管理局发布。

第一条 标的、数量、价款及交（提）货时间

标的名称	牌号商标	规格型号	生产厂家	计量单位	数量	单价（元）	金额（元）	交（提）货时间及数量					
								合计					
合计人民币（大写）：														

（注：空格如不够用，可以另接）

第二条 质量标准：_____
_____。

第三条 出卖人对质量负责的条件和期限：_____
_____。

第四条 包装标准、包装物供应与回收：_____
_____。

第五条 随机设备、配件工具数量及供应办法：_____
_____。

第六条 合理耗费标准及计算方法：_____
_____。

第七条 标的物所有权自_____时起转移，但买受人未履行支付价款义务的，标的物属于_____所有。

第八条 交（提）货地点、方式：_____
_____。

第九条 运输方式及到达站（港）和费用负担：_____
_____。

第十条 检验标准、方法、地点及期限：_____
_____。

第十一条 成套设备的安装与调试：_____
_____。

第十二条 结算方式、时间及地点：_____
_____。

第十三条 担保方式（也可另立担保合同）：_____
_____。

第十四条 本合同解除的条件：_____
_____。

第十五条 违约责任：_____
_____。

第十六条 合同争议的解决方式：本合同在履行过程中发生的争议，由双方当事人协商解决；也可由当地工商行政管理部门调解；协商或调解不成的，按下列第___种方式解决：

（一）提交_____仲裁委员会仲裁；

（二）依法向人民法院起诉。

第十七条 本合同自_____起生效。

第十八条 其他约定事项：_____
_____。

出卖人	买受人	鉴（公）证意见：
出卖人：（章）	买受人：（章）	
住所：	住所：	
法定代表人：	法定代表人：	
委托代理人：	委托代理人：	
电话：	电话：	
传真：	传真：	鉴（公）证机关：（章）
开户银行：	开户银行：	经办人：
账号：	账号：	_____年____月____日
邮政编码：	邮政编码：	

监制部门：　　　　　　　　印制单位：

💡 特别提醒

1. 产品名称。工业产品的名称、种类繁多，一些产品故意与名牌产品的名称相混淆。因此，在签订工业产品买卖合同时应当使用全称，避免使用俗名、惯称或者方言。

2. 产品牌号。工业产品的牌号或商标是区别不同生产者生产的同种类商品的标志。在签订合同时，应当在商标位置内注明其商标或牌号。

3. 产品的规格型号。工业产品的规格型号是区分同一类型、同一名称的工业产品的标志。在合同中，应当明确约定工业产品的规格和型号，同时要根据实际情况，具备一定的灵活性，以免由于合同条款过于僵化而造成生产和交货的困难。可以采用质量机动幅度或质量公差的商品，要明确机动幅度的上下限或公差的允许值。

（十一）汽车买卖合同①

使用说明

一、本合同文本是依据《中华人民共和国合同法》《产品质量法》等有关法律、法规和规章制定的示范文本，供当事人参照使用。

二、本合同所称汽车是指从未在中华人民共和国境内进行过注册登记的新车（不包括三轮汽车、低速载货汽车，即原农用运输车等和挂车、摩托车）。

三、本合同文本相关条款中有空白行，供双方自行约定或补充约定。合同签订生效后，未被修改的示范文本原有内容视为双方同意内容。

四、本合同文本中涉及的选择、填写内容，双方不作约定时，应在空格部位打"×"，以示删除。

合同编号：
甲方（出卖人）：　　　　地址：　　　　邮编：
社会信用统一代码或工商登记注册号：　　　　电话：
乙方（买受人）：　　　　国籍：
出生年月日（注册登记日期）：
住所（地址）：　　　　邮编：
联系电话：　　　　证件号码：
证件类型：身份证□　居住证□　护照□　永久居留证□
营业执照□　组织机构代码证□　税务登记证□
委托代理人：　　　　身份证号码：
住所（地址）：　　　　联系电话：

甲、乙双方依据《中华人民共和国合同法》及其他有关法律法规的规定，在平等、自愿、协商一致的基础上，就买卖汽车事宜，订立本合同。

第一条　标的物

经双方协商，甲方售出如下商品车辆（以下简称车辆）给乙方：

汽车品牌及型号规格：＿＿＿＿＿，车辆代码：＿＿＿＿＿，生产国别或生产地：＿＿＿＿＿，生产厂名称：＿＿＿＿＿，排气量：＿＿＿＿＿，车身颜色及内饰：＿＿＿＿＿。

车辆主要配置：发动机号：＿＿＿＿＿，车架号：＿＿＿＿＿，生产号：＿＿＿＿＿。

---

① 国家工商行政管理总局制定，GF-2015-0121。

第二条　数量与价款

车辆单价：人民币_____元（大写：_____元），数量：_____台。
车辆总价（不含税费和其他费用）：人民币_____元（大写：_____元）。

第三条　付款方式

乙方选择下述第_____种方式付款，并按该方式所定时间如期足额将车款支付给甲方。

1. 直接付款方式：

签订本合同后乙方应于_____年____月____日前向甲方付清合同价款，计人民币_____元（大写：_____元）。

2. 汽车消费贷款方式：

（1）签订本合同时，首付合同价款的_____%，计人民币_____元（大写：_____元）。

（2）余款计人民币_____元（大写：_____元），乙方于_____年____月____日前通过金融机构办理汽车消费贷款支付。

（3）乙方如需甲方提供贷款事项的相关服务，由甲乙双方另行签订《贷款购车事项委托协议》。

3. 其他付款方式：
_____。

第四条　质量

1. 甲方向乙方出售的车辆，应当不存在危及人身、财产安全的不合理的危险，符合保障人体健康和人身、财产安全的国家标准、行业标准，具备产品应当具备的使用性能等，符合注明采用的产品标准，符合以产品、实物样品等方式表明的质量状况。符合出厂检验标准，符合安全驾驶和说明书载明的使用要求。双方另有约定的情形除外。

2. 甲方向乙方出售的车辆，必须是经国家有关部门公布、备案的汽车产品公告上的产品或合法进口的产品，并符合公安交通管理部门关于机动车辆的注册登记条件。

3. 甲方保证向乙方出售的车辆，在交付前已作必要的检查和清洁，并按生产厂的技术要求完成交车前检查（PDI/PDS），排除已发现的汽车故障或瑕疵。

第五条　交车时间与地点、交付及验收方式

1. 交车时间：_____年____月____日；或_____（由甲乙双方协商约定后填写）。

2. 提车方式：乙方自提□　甲方送车上门□　委托运输方代提车（甲乙双方指定的运输方是_____）□

3. 交车地点：_____。

4. 交车时里程表记录小于：（1）100公里□　（2）____公里□（注：以上里程表记录不包含委托上牌服务发生的公里数。）

5. 甲方在向乙方交付车辆时须同时提供：

（1）销售发票。

（2）（国产车）车辆合格证/（进口车）海关进口证明、商品检验单及车辆一致性证书。

（3）三包凭证（家用汽车）、维修保养手册、修理网点信息。

（4）车辆使用说明书或用户使用手册。

（5）随车工具及备件清单。

6. 车辆交接时应当场验收，乙方应对所购车辆外观、内饰、配置、随车物件和使用功能等进行认真查验，如有异议，应当场向甲方提出，由甲方按照双方协商的方式处理。

7. 甲方向乙方交付汽车、相关物品及随车文件，并向乙方告知完成交车前检查（PDI/PDS）情况和已发现的汽车故障或瑕疵的排除情况。双方签署《商品车辆交接书》，即为该车辆正式交付。乙方委托运输方代为提车的，甲方与运输方签署《商品车辆交接书》即为该车辆正式交付。

8. 车辆交付时，该车辆毁损、灭失的风险责任由甲方转移至乙方。

9. 车辆交付后，乙方如需委托甲方代办车辆上牌业务，双方应另行签订相应的委托协议。

第六条　关于修理、更换、退货的约定

1. 甲方向乙方出售的车辆，按照生产厂承诺的内容维修、保养。

（1）甲方向乙方出售的车辆的包修期限，为_____年或者行驶里程_____万公里，以先到者为准；三包有效期（如适用），为_____年或者行驶里程_____万公里，以先到者为准。

（2）其他约定：

_____。

2. 生产厂（或甲方）指导特约维修站（地址：_____，联系电话：_____）提供缺陷汽车产品召回、汽车质量"三包"等售后服务，其他售后服务网点可向甲方查询。

3. 乙方使用车辆前应仔细阅读说明书、用户使用手册或保修手册、保养手册等相关资料。如由于未按照使用说明书要求正确使用、维护、保养、修理车辆，或自行改装、调整、拆卸，或未按生产厂技术要求使用合格的工作油液及滤清器，以及因其他不当行为致使车辆出现故障的，由乙方自行承担责任。

4. 乙方所购汽车如在保修期内出现质量问题，甲方（生产厂）应明确承担维修任务的维修站（厂）负责免费维修，若乙方自行选择维修站（厂）自费维修，不影响其继续依法享有汽车"三包权利"。

5. 以上条款未尽事宜，按照国家有关汽车产品修理、更换、退货的规定、机动车维修管理规定和生产厂的有关汽车产品修理、更换、退货的规定和操作流程执行。

6. 乙方所购车辆如属生产厂公布的汽车召回范围，甲方应当召回。

第七条　违约责任

1. 甲方不按时交付车辆的，自延期之日起至实际交付日止，每日按乙方已付款的_____%向乙方支付违约金，最高不超过合同总价款的_____%。延期交付车辆超过1个月（也可双方协商期限）的，乙方有权解除合同，要求双倍返还定金，并可要求甲方赔偿损失。

2. 乙方不能按时支付车款的，自延期之日起至实际付款日止，每日按逾期应付款的_____%向甲方支付违约金，最高不超过合同总价款的_____%。延期付款超过1个月（也可双方协商期限）的，甲方有权解除合同。

3. 乙方不按时验收接车，且经甲方通知后超过1个月（也可双方协商期限）仍未验收接车的，甲方有权解除合同。

4. 甲、乙双方因不可抗力不能履行本合同的，根据不可抗力的影响部分或者全部免除责任，但法律另有规定的除外。甲、乙双方迟延履行后发生不可抗力的，不能免除责任。

5. 经甲乙双方约定的或有关行政部门依法认定的汽车检验机构鉴定乙方所购汽车存在设计、制造缺陷，造成人身、财产损害的，甲方应依法承担责任。

第八条　解决争议的方法

甲、乙双方在履行本合同过程中发生的争议，应协商解决，也可请求消费者协会或其他机构调解。协商不能解决或调解不成的，选定下面第_____种方式解决：

（1）向_____仲裁委员会申请仲裁。

（2）依法向_____所在地人民法院起诉。

第九条　双方特别约定

1. 甲方对乙方信息具有保密义务。甲方保证乙方相关信息仅用于本次车辆交易过程中相关手续办理及向乙方提供后续服务，除国家规定情形或特殊情况，甲方不得以任何形式向第三方透露乙方信息。

2. 乙方是否同意以电话、短信、邮件等形式接收甲方推送的商业信息：是□　仅短信、邮件□　否□

第十条　其他

1. 本合同的未尽事宜及本合同在履行过程中需变更的事宜，双方可通过订立补充条款或补充协议进行约定。补充条款、补充协议及附件均为本合同不可分割的部分。

2. 本合同及其补充条款、补充协议及附件中的手写文字与打印文字有矛盾时，以手写文字为准。如阿拉伯数字与大写数字有矛盾时，以大写数字为准。

3. 双方通信方式若有改变，应及时书面通知对方，否则由此造成的损失及相关责任由变更方负责。

4. 标的车辆为交通事故车辆、泡水车等特殊车辆时，甲方应尽到告知义务并以书面形式详述标的车辆情况，车辆单价及总价中已包含车辆损伤及修理等所有因素的影响。

5. 本合同自双方签字、盖章之日起生效。本合同一式_____份，甲、乙双方各执_____份，具有同等效力。

     甲方：   乙方：
     （签章）   （签章）
     账号：   账号：
     户名：   户名：
               签订地点：
               签订日期： 年 月 日

（十二）二手车买卖合同[①]
（十三）民用爆破器材买卖合同[②]

[①] 此合同内容详见本书所附电子文件。国家工商行政管理总局制定，GF-2015-0120。
[②] 国家工商行政管理局发布。

民用爆破器材买卖合同

生产企业：　　　　执行年度：　　年　　　　签订时间：　　年　月　日　　签订地点：　　　　合同编号：

产品名称	规格型号	计量单位	数量	单位（元）	金额（元）	交（提）货时间及数量												调拨通知书编号：字 号
						数量合计（大写）	1月	2月	3月	4月	5月	6月	7月	8月	9月	10月	11月	12月

金额合计：　　　　金额合计（人民币大写）：

一、本合同按《中华人民共和国合同法》及国家有关民用爆破器材管理法规、规定执行。
二、质量标准、质量要求：
三、交（提）货地点、方式：
四、运输方式及到达站（港）和费用负担：
五、包装标准、包装物的供应和费用负担：
六、验收标准、方法及提出异议期限：
七、结算方式及期限：
八、违约责任：
九、解决合同争议方式：本合同在履行过程中发生的争议，由当事人双方协商解决。协商不成，当事人双方同意由　　　　仲裁委员会仲裁（当事人双方未在本合同中约定仲裁机构，事后又未达成书面仲裁协议的，可向人民法院起诉）。
十、其他约定事项：

出卖人	单位名称（章）： 法定代表人：　　　委托代理人： 电　话：　　　　传　真： 开户银行： 账　号： 邮政编码： 发货单位：	买受人	单位名称（章）： 法定代表人：　　　委托代理人： 电　话：　　　　传　真： 开户银行： 账　号： 邮政编码： 发货单位：

民爆器材行业行政 管理部门审核批准： （专用章） 年　月　日	鉴（公）证意见： 　　　鉴（公）证机关（章） 　　　经办人： 年　月　日

监制部门：国家工商行政管理局　　印制单位：国防科委民用爆破器材行业管理办公室

💡 特别提醒

国防科学技术工业委员会民爆器材监督管理局 2001 年 11 月 6 日发布的《关于民用爆破器材买卖合同管理有关问题的通知》（委爆字〔2001〕76 号），针对跨省区民用爆破器材买卖合同审核鉴章的原则和程序提出如下要求：

一、民爆器材买卖合同，由具备民爆器材生产、经营或使用资格的单位本着双方平等自愿的原则签订。民爆器材行政主管部门负责审核民爆器材买卖双方的资质，买卖双方具备合法资质，合同应予鉴章。

二、禁止各种形式的地区封锁行为，任何单位和个人不得违反法律、行政法规和国务院的规定，以任何方式阻挠、干预民爆器材合同的签订。经民爆器材行政主管部门鉴章的合同，有关单位要严格执行，不得以签章备案等形式限制、干预合同的履行，以维护合同的严肃性。

三、年度计划订货会议上合同的审核鉴章。会前，各单位要认真做好民爆器材产品和民用单质炸药年度需求的测算和申报工作。各地民爆器材行政主管部门要认真核实汇总，按要求上报。会上，供需双方签订跨省区市合同，并由供货企业填写订货总结表，报国防科工委审核鉴章。

四、日常跨省区市合同的审核鉴章。年度计划订货会议之外，跨省区市合同直报国防科工委民爆办审核鉴章，同时提供以下材料：

（一）经营或使用单位的书面申请，包括需订购的产品品种、数量、使用地点、供货企业等情况，并抄送收货单位所在省区市民爆器材行政主管部门；

（二）供货企业订货情况（企业已签订的合同总量），并经所在省区市民爆器材行政主管部门鉴章认可；

（三）买卖合同。

五、大型企业集团及军队系统使用民爆器材，可按其隶属关系提出申请，附买卖合同和供货企业订货情况（已签订的合同总量，经所在省区市民爆器材行政主管部门鉴章认可），报国防科工委民爆办审核鉴章。

六、民爆器材生产、经营企业需要民用单质炸药的，应向所在省区市民用爆破器材行政主管部门提出申请，并注明需订购的品种、数量、供货企业及理由等。经所在省区市民用爆破器材行政主管部门初审后，以正式公函的形式，说明初审意见，并附经中国北方化学工业总公司审核后合同，报国防科工委民爆办审核鉴章。

七、合同经国防科工委民爆办鉴章后，由供方（或需方）交收货单位所在省区市民爆器材行政主管部门一联备案。

以上都是在签订民用爆破器材买卖合同时需要注意的事项。

（十四）煤炭买卖合同[①]

合同编号：_____

出卖人：_____ 签订地点：_____

买受人：_____ 签订时间：____年____月____日

第一条 收货人名称、发到站、品种规格、质量、交（提）货时间、数量

收货人名称	发站	到站	品种规格	质量	交（提）货时间、数量（吨）											
					全年合计	一季度			二季度			三季度			四季度		
						1	2	3	4	5	6	7	8	9	10	11	12

（注：空格如不够用，可以另接）

第二条 交（提）货方式：_____

第三条 质量和数量验收标准及方法：_____

第四条 煤炭单价及执行期：_____

第五条 货款、运杂费结算方式及结算期限：_____

第六条 违约责任：_____

第七条 解决合同争议的方式：_____

第八条 其他约定事项：_____

[①] 国家工商行政管理局发布。

出卖人	买受人	鉴（公）证意见：
出卖人：（章）	买受人：（章）	
住所：	住所：	
法定代表人：	法定代表人：	
委托代理人：	委托代理人：	
电话：	电话：	
传真：	传真：	鉴（公）证机关：（章）
开户银行：	开户银行：	经办人：
账号：	账号：	＿＿＿年＿＿月＿＿日
纳税人登记号：	纳税人登记号：	[注：除国家另有规定外，鉴
邮政编码：	邮政编码：	（公）证实行自愿原则]

监制部门： 　　　　　　　　印制单位：

（十五）木材买卖合同①

---

① 国家工商行政管理局发布。

木材买卖（订货）合同

买受人							签订地点：			合同编号：			
出卖人													

收货单位	到达站：		专用线	品种	规格	树种材种	产地	计量单位：		总数量	总金额（元）	交（提）货时间、数量			
	路局	车站						等级	单价（元）			月	月	月	月
1															
2															

买受人

账户名称	
开户银行	
账　号	
通讯地址	
邮　编		电话		E-mail	

出卖人

账户名称	
开户银行	
账　号	
通讯地址	
邮　编		电话		E-mail	

1. 本合同按《合同法》等有关规定执行。
2. 运输方式：
3. 结算方式：
4. 交（提）货地点、方式：
5. 包装方式，包装物的供应与回收：
6. 验收意见：
7. 检验标准、地点、期限及费用负担：
8. 如需提供担保，另立合同担保书，作为合同附件。
9. 违约责任：
10. 合同争议的解决方式：本合同在履行过程中发生的争议，由双方当事人协商解决；协商不成的，按下列第　　种方式解决。
　（一）提交　　　　仲裁委员会申请仲裁；
　（二）依法向人民法院起诉。
11. 其他约定事项：

备注：

买受人：（章）	出卖人：（章）
委托代理人：（签字）	委托代理人：（签字）
签订时间：　年　月　日	签订时间：　年　月　日

（十六）家具买卖合同[①]

出卖人：_____　　　　　　合同编号：_____
买受人：_____　　　　　　签订地点：_____
　　　　　　　　　　　　　　　签订时间：____年____月____日

第一条　家具名称、数量、价款

家具名称	商标或品牌	规格型号	材质	颜色	生产厂家	数量	单价	金额
合计人民币金额（大写）：								

（注：空格如不够用，可以另接）

第二条　质量标准：_____

第三条　家具保修期为____月，在保修期内出现家具质量问题，由出卖人在____天内修理好或更换，修理不好或不能更换的，予以退货。

第四条　定做家具图纸提供办法及要求：_____

第五条　交货时间：_____

第六条　交（提）货方式、地点：_____

第七条　运输方式及费用负担：_____

[①] 国家工商行政管理局发布。

第八条　检验标准、方法及提出异议的期限：＿＿＿＿＿＿＿＿＿＿＿＿＿
＿＿＿＿＿＿＿＿＿＿＿＿＿＿＿＿＿＿＿＿＿＿＿＿＿＿＿＿＿＿＿＿＿。

第九条　付款方式及期限：＿＿＿＿＿＿＿＿＿＿＿＿＿＿＿＿＿＿＿＿＿
＿＿＿＿＿＿＿＿＿＿＿＿＿＿＿＿＿＿＿＿＿＿＿＿＿＿＿＿＿＿＿＿＿。

第十条　违约责任：＿＿＿＿＿＿＿＿＿＿＿＿＿＿＿＿＿＿＿＿＿＿＿＿
＿＿＿＿＿＿＿＿＿＿＿＿＿＿＿＿＿＿＿＿＿＿＿＿＿＿＿＿＿＿＿＿＿。

第十一条　合同争议的解决方式：本合同在履行过程中发生的争议，由双方当事人协商解决；也可由有关部门调解；协商或调解不成的，按下列第＿＿＿＿＿种方式解决：

（一）提交＿＿＿＿＿＿＿＿＿＿＿仲裁委员会仲裁；
（二）依法向人民法院起诉。

第十二条　其他约定事项：＿＿＿＿＿＿＿＿＿＿＿＿＿＿＿＿＿＿＿＿＿
＿＿＿＿＿＿＿＿＿＿＿＿＿＿＿＿＿＿＿＿＿＿＿＿＿＿＿＿＿＿＿＿＿。

出卖人	买受人	鉴（公）证意见：
出卖人名称：（章） 住所： 委托代理人： 电话： 开户银行： 账号： 邮政编码：	买受人姓名：（章） 住所： 委托代理人： 电话： 开户银行： 账号： 邮政编码：	 鉴（公）证机关：（章） 经办人： ＿＿＿年＿＿＿月＿＿＿日 〔注：除国家另有规定外，鉴（公）证实行自愿原则〕

监制部门：　　　　　　　　　　　印制单位：

（十七）北京市商品购销合同（商超进货类）[1]

（十八）国际货物贸易合同[2]

合同编号：＿＿＿＿＿＿　　签订时间：＿＿＿＿＿＿　　签约地点：＿＿＿＿＿＿
卖方：＿＿＿＿＿＿＿　　　地址：＿＿＿＿＿＿＿　　电报挂号[3]：＿＿＿＿＿＿
买方：＿＿＿＿＿＿＿　　　地址：＿＿＿＿＿＿＿　　电报挂号：＿＿＿＿＿＿

---

[1] 此合同内容详见本书所附电子文件。北京市工商行政管理局、北京市商务局发布。
[2] 国家工商行政管理局经济合同司发布。
[3] 已停用，现可用传真等方式。编者注。

兹经买卖双方同意成交下列商品订立条款如下：

1. 商品：_____。
2. 规格：_____。
3. 数量：_____。
4. 单价：_____。
5. 总价：U.S.D.（大写：_____美元）。
6. 包装：_____。
7. 装运期：_____收到信用证后_____天。
8. 装运口岸和目的地：从_____经_____至_____。
9. 保险：_____。
10. 付款条件：_____。

（1）买方须于____年____月____日前将保兑的、不可撤销的、可转让、可分割的即期信用证开到卖方。信用证议付有效期延至上列装运期后，____天在____到期。

（2）买方须于签约后即付定金____%。

11. 装船标记及交货条件：货运标记由卖方指定。
12. 注意：开立信用证时请注明合同编号。
13. 备注：_____。

卖方：_____   买方：_____

💡 **特别提醒**

1. 在签订国际贸易合同时，对于凭样品买卖的条款要慎重选择。凭样品买卖主要适用于货物质量不易准确描述的商品，如皮革制品。如果是组成成分、检验标准可以明确表示的商品，如化工产品，就不适宜采用凭样品买卖，而应当在合同中对货物规格、种类、成分和检验标准作出明确规定。

2. 包装条款要明确。国际贸易合同中的包装条款应当明确包装材料、包装方式、包装费用及运输标志等。一些合同中的包装条款只注明"标准出口包装"（Standard Export Packing），过于笼统，国际上并没有统一的标准，很容易引起纠纷。

3. 国际贸易合同中的商检条款内容要全面、具体。依据我国法律的规定，在法定检验范围之外的商品可以依照对外贸易合同约定的检验标准由商检机构检验，检验结果可以作为支付与接受货物的重要依据。如果国际贸易合同中没有商检条款，或者对商检的时间、地点、人员、标准及索赔期规定不明确，都可能造成不必要的损失。

(十九) 生鲜乳购销合同

生鲜乳购销合同
(示范文本)①

合同编号：_____

收购人：
销售人：
见证人：

根据《中华人民共和国合同法》和《乳品质量安全监督管理条例》的规定，收购人与销售人在平等、自愿、公平、诚信的基础上协商一致，经见证人见证，签订本合同。

第一条　收购时间与数量

1. 收购时间为_____年___月___日至_____年___月___日。
2. 收购量为_____公斤/月，收购量上下浮动范围为_____%。

第二条　收购价格

生鲜乳收购基准价格为_____元/公斤，当地有生鲜乳价格协调委员会并公布交易参考价格的，收购人和销售人应参照交易参考价格协商确定生鲜乳收购价格。

为鼓励销售人提供优质生鲜乳，生鲜乳最终收购价格按收购人和销售人商定的质量等级有所浮动。生鲜乳质量等级应根据蛋白质含量、脂肪含量、非脂乳固体、菌落总数、体细胞数等指标确定。生鲜乳计价方案经收购人和销售人协商一致作为本合同的附件。

第三条　质量要求

1. 生鲜乳应符合下述质量要求：
（1）乳品质量安全国家标准；
（2）收购人与销售人商定的其他质量标准，作为本合同的附件。
2. 生鲜乳有下列情况的，销售人不得销售、收购人不得收购：
（1）经检测不符合健康标准或者未经检疫合格的奶畜产的生鲜乳；
（2）奶畜产犊后7日内的初乳，但以初乳为加工原料的除外；
（3）在规定用药期和休药期内的奶畜产的生鲜乳；
（4）掺杂使假或者变质的生鲜乳；
（5）其他不符合乳品质量安全国家标准的生鲜乳。

---

① 农业部、工业与信息化部、国家工商行政管理总局制定，2016年6月1日起实施，GF-2016-0157。

3. 销售人交售的生鲜乳在生鲜乳收购站挤奶的，应遵守生鲜乳收购站的操作规定；销售人自行挤奶的，要确保盛奶、挤奶器具清洁，不得使用塑料及有毒、有害容器。

4. 贮存生鲜乳的容器，应当符合国家有关卫生标准。

第四条　结算方式

1. 收购人应于本条第 2 款约定的付款日期前至少两日，书面通知销售人结算货款的相关数据。如销售人对以上数据有异议，应于收到以上数据之日起两日内以书面形式提出，否则视为销售人无异议；异议期间，收购人不支付货款，不承担逾期付款违约责任，但无异议部分的货款仍需按约定支付。异议解决后，收购人应在两日之内支付异议部分的货款。

2. 收购人应按照生鲜乳收购量按月支付货款，即当月结算并支付上个月的货款，具体付款日期为每月的_____日前，支付地点为合同履行地。

第五条　检验方式

1. 收购人对销售人提供的生鲜乳进行抽样检验，并在收购之时起 4 个小时内公布脂肪含量、蛋白质含量等各项计价指标和其他常规检验结果。销售人对收购人公布的脂肪含量、蛋白质含量等各项计价指标和其他常规检验结果有异议的，应当在接到检验结果之时起 8 小时内，持质量检验单到具有相应资质的生鲜乳质量安全检测机构申请复检，由当地奶业协会根据检测结果出具调解意见。若确为收购人检验结果错误则须赔偿销售人的损失，并承担检测和调解所发生的费用。

2. 收购人应将有异议的生鲜乳样品留存 48 小时以上。

3. 收购人与销售人对数量发生争议时，以国家计量基准器具或者社会公用计量标准器具检定的数据为准，检定结果由收购人和销售人签字后各留一份。

4. 销售人应当接受收购人对生鲜乳的检查及取样工作。

5. 在本合同有效期内，如任何一方发现在生鲜乳生产、收购、贮存、运输、销售过程中存在或者可能存在添加任何物质的情况，应当立即向合同履行地人民政府畜牧兽医主管部门举报，并留存相关证据。

第六条　交付时间和方式

1. 销售人送货的时间为每日_____时至_____时。

收购人收购的时间为每日_____时至_____时。

2. 经过称量、抽样、初步质量检验、签单，完成交付过程。

3. 销售人无法按时送奶或收购人无法按时收奶，应在至少 24 小时之前以_____方式通知对方，并承担给对方造成的损失。

第七条　履行地和履行期限

1. 本合同履行地为_____生鲜乳收购站；

2. 履行期限为_____年____月____日至_____年____月____日；

3. 合同到期如需续签的，则应在合同到期前完成新合同的签订；收购人和销售人中任何一方不同意续签的，应在合同到期前至少三个月书面通知另一方。

第八条 合同的变更和解除

1. 本合同经收购人与销售人协商一致，并达成书面协议，可以依法变更或解除。

2. 发生不可抗力时，收购人和销售人可协商调整购销数量。因不可抗力导致无法履行合同的一方应当自不可抗力发生之日起____日内以书面形式通知对方，并在____日内提供有关机构出具的证明。

第九条 违约责任

1. 收购人或销售人未按本合同第一条约定的时间和月收购量收购或销售生鲜乳的，当月应向对方支付违约金____元。

2. 销售人出售的生鲜乳不符合本合同第三条的约定，收购人不予收购，由此造成的经济损失由销售人承担。

3. 收购人不按时收购、随意提高标准、限收或拒收符合质量标准的生鲜乳，由此给销售人造成的损失应当由收购人承担。

4. 收购人违反本合同约定，拖欠销售人生鲜乳货款的，应当从合同约定支付货款之日起，按日支付拖欠金额万分之____的违约金，并继续履行支付拖欠货款的义务。

5. 因不可抗力导致不能履行合同的，根据不可抗力的影响，部分或者全部免除责任，但法律另有规定的除外。当事人迟延履行后发生不可抗力的，不能免除责任。

第十条 争议解决方式

本合同履行过程中所发生的争议，应由收购人与销售人协商解决或提交当地奶业协会调解解决；协商或调解不成的，收购人与销售人可采取以下方式解决：

1. 销售人为中小规模养殖场（户）的，应提交本合同第七条所述合同履行地有管辖权的人民法院诉讼解决；

2. 销售人为大型养殖企业的，提交收购人与销售人协商约定的争议解决地人民法院诉讼解决。

第十一条 其他

1. 本合同经三方签字或盖章生效，本合同一式三份，三方各执一份。未尽事宜，各方可协商签订书面补充协议。本合同附件以及补充协议具有同等的法律效力。

2. 本合同的见证人原则上应为本合同第七条所述合同履行地的奶业协会，当地没有奶业协会的，可为收购人、销售人共同认可的独立个人或组织。见证人不得因见证行为受益。

收购人：	销售人：	见证人：
（盖章）	（签字或盖章）	（签字或盖章）
地址：	地址：	地址：
邮编：	邮编：	邮编：
电话：	电话：	电话：

电子邮箱： 电子邮箱： 电子邮箱：
法定代表人： 法定代表人： 法定代表人：
委托代理人： 委托代理人： 委托代理人：
年　月　日 年　月　日 年　月　日

（二十）建材买卖合同[①]

合同编号：_____

根据《中华人民共和国合同法》及其他有关法律、行政法规的规定，买卖双方在平等、自愿、公开、诚实信用的基础上就建材买卖事宜达成协议如下：

第一条 所购建材基本情况 单位：元／

建材名称	产地	品牌	规格型号	材质	批次	数量	价格	总价	备注
合计人民币（大写）： 万 仟 佰 拾 元 角 分 （小写）：¥								元	

第二条 质量标准：_____。

第三条 交货：交货方式为（卖方送货／买方取货）

交货时间：_____；

交货地点：_____。

第四条 验收：对于建材产品的规格型号、数量、材质等约定不符或有其他质量问题的，买方异议期为卖方交货后_____日内，异议经核实卖方应无条件补足或换货。

第五条 付款方式及时间：双方约定以第_____种方式支付价款。

（一）签订合同时，买方支付（定金／预付款）_____元（定金不得超过总价款的20%），货到验收后一次性支付余款；

（二）_____。

第六条 违约责任：

（一）卖方违约责任：

1. 建材产品经专业机构检测不符合国家标准或合同约定质量标准的，卖方应无条件换货、退货，或赔偿买方由此受到的损失。

---

① GF-2008-0111。

2. 卖方迟延交货的，每日应向买方支付迟延部分价款_____%的违约金；迟延交货_____日的，除支付违约金外，买方还有权解除合同，卖方已收取定金、预付款或价款应全部返还，但买方在不收取违约金的情况下，有权要求卖方双倍返还定金。

（二）买方违约责任：

1. 买方迟延提货的，每日应向卖方支付迟延部分价款_____%的违约金；

2. 买方无正当理由单方解除合同的，应赔偿由此给卖方造成的损失，已支付定金的无权要求返还。

第七条 争议解决方式：本合同项下发生的争议，双方应协商或向市场主办单位、消费者协会申请调解解决，也可以向工商行政管理机关提出申诉；协商、调解、申诉解决不成的，应向_____人民法院提起诉讼，或按照另行达成的仲裁条款或仲裁协议申请仲裁。

第八条 其他约定事项：_____。

第九条 对本合同的变更或补充不合理地减轻或免除卖方应承担的责任的，仍以本合同为准。

第十条 本合同未定事项，双方可协商签订补充协议。

买方（章）：　　　　　　　　　　卖方（章）：
住所：　　　　　　　　　　　　　住所：
联系方式：　　　　　　　　　　　联系方式：
委托代理人：　　　　　　　　　　法定代表人：
　　　　　　　　　　　　　　　　委托代理人：
签订时间：　年　月　日　　　　　签订地点：

（二十一）水泥买卖合同①

（二十二）钢材买卖（订货）合同②

---

① GF—2008—0113，见本书第88页。
② GF—2008—0112，见本书第89页。

水泥买卖合同

买受人				签订地点：				合同编号：	
出卖人									

收货单位	到达站			品种	规格	标号	产地	等级	计量单位	单价（元）	总数量	总金额（元）	交（提）货时间		数量
	路局	车站	专用线										月 月 月	月 月 月	
1															
2															

买受人

开户银行		账户名称	
账 号		通讯地址	
邮 编		E-mail	
电话			

出卖人

开户银行		账户名称	
账 号		通讯地址	
邮 编		E-mail	
电话			

1. 本合同按《合同法》等有关规定执行。
2. 运输方式：
3. 结算方式：
4. 交（提）货地点、方式：
5. 包装标准、包装物的供应与回收：
6. 验收意见：
7. 检验标准、地点、期限及费用负担：
8. 如需提供担保，另立合同担保书，作为合同附件。
9. 违约责任：
10. 合同争议的解决方式：本合同在履行过程中发生的争议，由双方当事人协商解决；协商不成的，按下列第_____种方式解决：
    （一）提交_____仲裁委员会仲裁；
    （二）依法向人民法院起诉。
11. 其他约定事项：

备注：

买受人：（章）	出卖人：（章）
签订时间： 年 月 日	签订时间： 年 月 日
委托代理人：（签字）	委托代理人：（签字）

钢材买卖（订货）合同

买受人							签订地点：				合同编号	
出卖人												

收货单位	到达站：		品种	规格	型号	产地	等级	计量单位：	单价（元）	总数量	总金额（元）	交（提）货时间、数量		
	路局	车站	专用线									月	月	月
1														
2														

买受人

账户名称		
开户银行		
账　号		
通讯地址		
邮　编	电话	E-mail

出卖人

账户名称		
开户银行		
账　号		
通讯地址		
邮　编	电话	E-mail

1. 本合同按《合同法》等有关规定执行。
2. 运输方式：
3. 结算方式：
4. 交（提）货地点、方式：
5. 包装标准、包装物的供应与回收：
6. 验收意见：
7. 检验标准、地点、期限及费用负担：
8. 如需提供担保，另立合同担保书，作为合同附件。
9. 违约责任：
10. 合同争议的解决方式：本合同在履行过程中发生的争议，由双方当事人协商解决；协商不成的，按下列第 ___ 种方式解决：
    （一）提交 _____ 仲裁委员会仲裁；
    （二）依法向人民法院起诉。
11. 其他约定事项：

备注：

买受人：（章） 　　　　　　　　　　　　　出卖人：（章）

签订时间：　　年　月　日 　　　　　　　　签订时间：　　年　月　日

委托代理人：（签字） 　　　　　　　　　　委托代理人：（签字）

（二十三）地质机械仪器产品买卖合同[①]

依照《中华人民共和国合同法》，经双方协商一致，签订本合同并严格执行。

本合同共_____页 第_____页　　签订地点：_____

签订时间：_____年_____月_____日

合同编号：_____

买受人		代表人		出卖人	代表人		
订货单位		邮政编码		供货单位	邮政编码		
结算单位		电　话		结算单位	电　话		
通信地址		传　真		通信地址	传　真		
结算银行		账　号		结算银行	账　号		
结算银行	结算期限	税务登记号		代签合同单位代表			质量标准：
收货单位		到　站	整车				
通信地址			零担	记事			验收方法及期限：
运输方式	交（提）货地点	交货方式	出卖人				
			买受人				
产品名称	型号规格	单位	数量	单价（元）	总价（元）	交（提）货时间	运杂费何方承负：
						一季度 | 二季度 | 三季度 | 四季度	
							包装要求及费用：
合计人民币（大写）：							

[①] GF-2000-0106。

续表

违约责任	出卖人不能交货，向买受人偿付不能交货货款总值_____%的违约金。买受人中途退货，向出卖人偿付退货部分货款总值_____%的违约金。其余违约责任，双方均按《中华人民共和国合同法》的规定承担。	鉴（公）证意见： 鉴（公）证机关（章）：
争议解决方式	本合同在履行过程中发生的争议，由双方当事人协商解决；协商不成的，按下列第_____种方式解决： （一）提交_____仲裁委员会申请仲裁；（二）依法向人民法院起诉。	经办人： 　　年　月　日
双方商定的其他事项及另附，本合同附件____份。		此合同一式____份，出卖人____份，买受人____份，鉴（公）证机关____份。

地质机械仪器产品买卖合同附表

本合同共_____页　第_____页　　签订日期：_____年_____月_____日

出卖人合同编号：_____

序号	产品名称	规格、型号或图号	单位	数量	交货期				单价（元）	金额（元）	备注
					一季度	二季度	三季度	四季度			

（二十四）煤矿机电产品买卖合同[①]

买受人编号：　　　　　　　　　　　　合同编号：

设备（配件）名称		计量单位		数量	要求交货期	合同价格（万元）	单价：	合同交货期	
							总价：		
主辅机型号规格：		买受人				出卖人			
		订货单位				供货单位			
		单项工程				通信地址			
		通信地址				邮政编码		委托代理人	
		邮政编码		委托代理人		电话		传真	
		电话		传真		开户银行			
		开户银行				账号			
		账号				质量标准：			
运输方式		验收方式		结算方式		质量保证期： 防爆检验合格证号： 验收方法及期限：			
交（提）货地点		包装方式		到站	整车： 零担：	运杂费用承担： 包装费用承担：			
违约责任									
选择供货厂家		争议解决方式	本合同在履行过程中发生的争议，由双方当事人协商解决；协商不成，按下列第____种方式解决： （一）提交_____仲裁委员会仲裁； （二）依法向人民法院起诉。			鉴（公）证意见： 鉴（公）证机关：（章） 经办人： 　　　年　　月　　日			

[①] GF-2000-0108。

续表

其他约定事项	
承包单位（章）	此合同一式_____份，出卖人_____份，买受人_____份，鉴（公）证机关_____份。

说明：本合同未尽事宜按《中华人民共和国合同法》有关规定执行。

合同签订地点：_____ 合同签订时间：_____年_____月_____日

监制部门： 印制单位：

（二十五）烟花爆竹安全买卖合同[①]

合同编号：20_____号

供货单位（章）： 购货单位（章）： 签订地点： 签订时间：

订货清单

产品代码（同流向登记的产品代码）	产品名称	产品类别	产品级别	规格/型号	计量单位	箱含药量（千克）	订货数量	单价（元）	金额（元）

合计人民币（大写）：

一、本合同按照《中华人民共和国合同法》等有关规定执行。买卖双方应严格遵守《中华人民共和国安全生产法》《烟花爆竹安全管理条例》等有关法律法规的规定，依法经营，保障安全。

二、产品质量标准及要求：

三、禁（限）用药物要求：

---

① 国家安全生产监督管理总局、国家工商行政管理总局、公安部制定，GF-2012-0115。

四、产品包装标准及要求：

五、提（交）货时间和地点：

六、运输方式及费用负担：

七、验收标准与方法：

八、提出异议期限：

九、结算方式与期限：

十、产品安全与质量责任：

十一、运输安全责任：

十二、违约责任：

十三、合同争议的解决方式：本合同在履行过程中发生争议，由双方协商解决，协商不成的，按下列第＿＿＿＿种方式解决（选择一种）：

1. 双方同意将争议提交＿＿＿＿＿＿仲裁委员会仲裁；

2. 依法向人民法院提起诉讼。

十四、其他约定事项（可另附页）：＿＿＿＿＿＿＿＿＿＿＿＿

购货单位：（章）					
单位名称			许可证编号		
单位地址			邮政编码		
法定代表人（签字）		联系电话	委托代理人（签字）		联系电话
电子邮箱			电子邮箱		
开户银行			账　户		
供货单位：（章）					
单位名称			许可证编号		
单位地址			邮政编码		
法定代表人（签字）		联系电话	委托代理人（签字）		联系电话
电子邮箱			电子邮箱		
开户银行			账　户		

有效期自　　年　月　日至　　年　月　日

第三章 供用电、水、气、热力合同

供用电、水、气、热力合同，是根据当事人的约定，供方在一定期限内向需方供给一定种类、品质和数量的电、水、气、热力，需方给付价款的合同。它具有如下特征：

1. 格式性。供用电、水、气、热力合同都是格式合同，适用有关法律对格式合同的规定。
2. 持续性。提供电、水、气、热力不是一次性的，而是在一定时间内不间断地提供，使用人则是根据合同约定按期付款。
3. 公益性。电、水、气、热力的使用人是社会公众，而供应人通常是特定的，具有一定的垄断性质。因此，供应人对于使用人提出的缔约要求无拒绝权，收费标准则由国家统一规定。

一、《民法典》相关法条

第六百四十八条 供用电合同是供电人向用电人供电，用电人支付电费的合同。

向社会公众供电的供电人，不得拒绝用电人合理的订立合同要求。

第六百四十九条 供用电合同的内容一般包括供电的方式、质量、时间，用电容量、地址、性质，计量方式，电价、电费的结算方式，供用电设施的维护责任等条款。

第六百五十条 供用电合同的履行地点，按照当事人约定；当事人没有约定或者约定不明确的，供电设施的产权分界处为履行地点。

第六百五十一条 供电人应当按照国家规定的供电质量标准和约定安全供电。供电人未按照国家规定的供电质量标准和约定安全供电，造成用电人损失的，应当承担赔偿责任。

第六百五十二条 供电人因供电设施计划检修、临时检修、依法限电或者用电人违法用电等原因，需要中断供电时，应当按照国家有关规定事先通知用电人；未事先通知用电人中断供电，造成用电人损失的，应当承担赔偿责任。

第六百五十三条 因自然灾害等原因断电，供电人应当按照国家有关规定及时抢修；未及时抢修，造成用电人损失的，应当承担赔偿责任。

第六百五十四条 用电人应当按照国家有关规定和当事人的约定及时支付电费。用电人逾期不支付电费的，应当按照约定支付违约金。经催告用电人在合理期限内仍不支付电费和违约金的，供电人可以按照国家规定的程序中止供电。

供电人依据前款规定中止供电的，应当事先通知用电人。

第六百五十五条 用电人应当按照国家有关规定和当事人的约定安全、节约和计划用电。用电人未按照国家有关规定和当事人的约定用电，造成供电人损失的，应当承担赔偿责任。

第六百五十六条 供用水、供用气、供用热力合同，参照适用供用电合同的有关规定。

二、典型案例

案例1：供暖温度不符合约定的，能否拒付全部费用？

［案情回放］

孙平是某小区居民，小区实行统一供暖。按照该小区供暖协议的规定，供暖温度需要达到政府规定的20℃以上。2021年冬，小区供暖开始后，孙平发现温度低于20℃，遂多次找到物业管理公司商谈，但始终未见改善。孙平拒绝缴纳全部供暖费用，物业管理公司遂向人民法院提起诉讼。

［专家点评］

在供暖协议中，当事人订立合同的目的在于获得暖气以抵御寒冷，对于抵御寒冷的程度或许有别，但只要供暖人提供了暖气，即可部分实现合同目的，而不能谓为根本无法实现合同目的，故除非供暖一点不起作用，不能称为不能实现合同目的而主张解除合同。

虽然政府对供暖温度有最低标准的要求，但该规定乃是行政性法规，其目的在于保障居民的基本生活要求，对于未达到该要求的供暖单位，应负行政责任。但基于供暖合同基本上属于私法合同，其内容应依私法予以规范，故供暖合同当事人的权利义务仍应依合同法规定加以调整。

换言之，供暖单位行政责任的承担不影响其民事责任的承担，也不损害其私法利益，故对于供暖不足的单位，从行政角度，则可依据行政法规予以处罚，其目的在于维护居民基本生活保障的公共利益；从民事角度，则应依其供暖程度如何作为其收费的标准，以实现民事权利义务的公平配置。

案例2：供电合同中未约定违约责任的，能否要求支付违约金？

［案情回放］

2020年6月6日，某电力公司与某洗煤厂签订供用电合同，合同中对供电的方式、质量、时间、用电容量、地址、性质、计量方式、电价、电费的结算方式以及供用电设施的维护责任等均作了约定。其中，电费的结算方式及时间为每月25日前以现金形式付清上个月的电费,在合同中,双方并未对逾期缴付电费的责任进行约定。在合同履行过程中,双方依照合同履行至2021年2月。洗煤厂自2022年3月至7月的电费计20万元(每月均为5万元)未交付,双方发生纠纷。2022年9月,电力公司诉至法院,请求判令洗煤厂支付电费20万元及逾期之日起每日1‰的违约金。洗煤厂对所欠的电费数额没有异议,但不同意支付违约金,理由是合同中并未约定违约金。

[专家点评]

《民法典》第654条规定:"用电人应当按照国家有关规定和当事人的约定及时支付电费。用电人逾期不支付电费的,应当按照约定支付违约金。经催告用电人在合理期限内仍不支付电费和违约金的,供电人可以按照国家规定的程序中止供电。供电人依据前款规定中止供电的,应当事先通知用电人。"供电合同是一种特殊的买卖合同,用电人如同买受人,支付货款是一项基本义务。用电人应当按照国家批准的电价和用电计量装置的记录,按照约定的结算方式如期交付电费,同时对供电人抄表收费等行为提供方便。用电人未在约定期限内交付电费的,应当承担迟延支付电费的违约责任。

按照《电力供应与使用条例》第39条的规定,逾期未交付电费的,供电人可以从逾期之日起,每日按照电费总额的1‰至3‰加收违约金,具体比例由供、用电双方在供电合同中约定;自逾期之日起计算超过30日的,经催交仍未交付电费的,供电人可以按照国家规定的程序停止供电。由于本案合同并未约定违约责任方式,应当适用法定方式。《电力供应与使用条例》相对于《民法典》合同编而言,属于特殊法。按照特殊法优先于一般法的原则,本案应当适用《电力供应与使用条例》中的违约金方式,即电力公司的主张应当得到支持。

案例3:供暖不达标引起纠纷的,举证责任如何承担?

[案情回放]

武荣原为某单位职工,享受免费供暖的待遇。后来,武荣离开了单位,遂与单位就供暖达成协议。协议约定,单位按照供暖标准供暖,武荣交付供暖费若干。2020年,由于单位供暖有的时候达不到政府规定的标准,经双方协商,减收部分供暖费。2021年,单位的供暖还是与往年一样,时好时坏,武荣遂拒绝交付供暖费。2021年供暖期过了以后,单位将武荣诉至法院,要求其按照合同约定支付供暖费。在庭审中,由于双方皆未保留供暖期内武荣家中的温度情况,对供暖是否达到标准应由谁举证产生了争议。

[专家点评]

在单位按照协议供暖的时候,武荣作为用暖人,负有接受履行的协助义务。对于单位供暖不符合合同约定的,应在一定期间内提出异议,并保留证据材料以证明供暖尚未达到约定温度的事实。对于温度测量,用暖人既可以与供暖人协商,由供暖人测量供暖期间室内温度,也可以自行委托测量单位进行测量,并予以公证,以保留证据材料。若供暖确实未达到约定标准,则该项费用支出,系供暖人未按照合同约定履行合同而给用暖人造成的损失,应由供暖人承担赔偿责任。用暖人未在供暖期间提出异议或保留相应的证据材料,应认为供暖人已经按照合同约定履行供暖义务,用暖人不得在供暖期结束后再行主张供暖人供暖未达到约定的标准。

案例4:因提前恢复供水导致用户财产损失的,应否赔偿?

[案情回放]

郑通是某小区居民。2021年8月上旬,当地某自来水公司在该小区张贴了《停水通知》,称"因管道维修,定于某日12时至18时停水"。当日下午,郑通欲烧开水,打开水阀放水未果,却没有及时关上。而自来水公司管道维修提前完工,于当日15时提前恢复供水。当时,郑通家中无人,未关上的水阀中自来水直往外溢,造成室内被淹。郑通认为某自来水公司未事先通知居民即恢复供水,是造成其财产损害的直接原因,遂向自来水公司索要赔偿。某自来水公司认为自己没有提前供水的通知义务,郑通的财产损失是其自身疏忽大意造成的,拒绝给予赔偿。在双方无法协商一致的情况下,郑通向人民法院提起诉讼。

[专家点评]

停水通知仅是在履行合同过程中,出现法律准许暂停履行合同义务的特殊情况下,自来水公司依法履行的停水告知义务。通知中的6小时是暂停履行合同义务所允许的最长停水期限,而非必须停止供水期间。其目的一是制约自来水公司暂停履行合同义务的时间;二是让居民住户做好准备,备足所需要的用水,保障居民停水期间的用水需要。通知停水6小时不是双方作出的必须停足6小时供水的约定。

因此,供水是自来水公司应当履行的义务,提前恢复供水是一种有利于公益,有利于生产、生活的积极行为,自来水公司主观上没有过错,客观上与法不悖。我国法律没有规定提前恢复供水必须履行先行通知或告知义务,恢复供水如果需要先行通知,则必然导致恢复供水的延迟,不利于公共利益,提前恢复供水没有过错。

本案中,郑通本人存在过错。在郑通欲烧开水而发现停水后,应当能预见到自来水阀不关的后果,也应当预见到停水后可能会提前供水。其疏忽大意不关水阀,具有过错,由此造成的损失应当自行承担。

三、供用电、水、气、热力合同范本

(一) 城市供用水合同①

合同编号：_____
签约地点：_____
签约时间：_____
供 水 人：_____
用 水 人：_____

为了明确供水人和用水人在水的供应和使用中的权利和义务，根据《中华人民共和国合同法》《城市供水条例》等有关法律、法规和规章，经供、用水双方协商，订立本合同，以便共同遵守。

第一条 用水地址、用水性质和用水量

(一) 用水地址为_____。用水四至范围（用水人用水区域四周边界）是_____（可制定详图作为附件）。

(二) 用热面积（按照法定的建筑面积计算）：_____平方米，收费面积为_____平方米。

(三) 用水量为_____立方米／日；_____立方米／月。

(四) 计费总水表安装地点为_____（可制定详图作为附件）。

(五) 安装计费总水表共_____具，注册号为_____。

第二条 供水方式和质量

(一) 在合同有效期内，供水人通过城市公共供水管网及附属设施向用水人提供不间断供水。

(二) 用水人不能间断用水或者对水压、水质有特殊要求的，应当自行设置贮水、间接加压设施及水处理设备。

(三) 供水人保证城市公共供水管网水质符合国家《生活饮用水卫生标准》。

(四) 供水人保证在计费总水表处的水压大于等于_____兆帕；以户表方式计费的，保证进入建筑物前阀门处的水压大于等于_____兆帕。

第三条 用水计量、水价及水费结算方式

(一) 用水计量：

1. 用水的计量器具为：_____计量表；_____IC卡计量表；或者_____。安装时应当登记注册。供、用水双方按照注册登记的计费水表计量的水量作为水费结算的依据。

---

① 中华人民共和国建设部、国家工商行政管理局发布。

结算用计量器具须经当地技术监督部门检验、认定。

2. 用水人用水按照用水性质实行分类计量。不同用水性质的用水共用一具计费水表时,供水人按照最高类别水价计收水费或者按照比例划分不同用水性质用水量分类计收水费。

(二)供水价格:供水人依据用水人用水性质,按照_____政府_____(部门)批准的供水分类价格收取水费。

在合同有效期内,遇水价调整时,按照调价文件规定执行。

(三)水费结算方式

1. 供水人按照规定周期抄验表并结算水费,用水人在____月____日前交清水费。

2. 水费结算采取_____方式。

第四条 供、用水设施产权分界与维护管理

(一)供、用水设施产权分界点:供水人设计安装的计费总水表处。以户表计费的为进入建筑物前阀门处。

(二)产权分界点(含计费水表)水源侧的管道和附属设施由供水人负责维护管理。产权分界点另侧的管道及设施由用水人负责维护管理,或者有偿委托供水人维护管理。

第五条 供水人的权利和义务

(一)监督用水人按照合同约定的用水量、用水性质、用水四至范围用水。

(二)用水人逾期不缴纳水费,供水人有权从逾期之日起向用水人收取水费滞纳金。

(三)用水人搬迁或者其他原因不再使用计费水表和供水设施,又没有办理过户手续的,供水人有权拆除其计费水表和供水设施。

(四)因用水人表井占压、损坏及用水人责任等原因不能抄验水表时,供水人可根据用水人上____个月最高月用水量估算本期水量水费。如用水人三个月不能解决妨碍抄验表问题,供水人不退还多估水费。

(五)供水人应当按照合同约定的水质不间断供水。除高峰季节因供水能力不足,经城市供水行政主管部门同意被迫降压外,供水人应当按照合同规定的压力供水。对有计划的检修、维修及新管并网作业施工造成停水的,应当提前 24 小时通知用水人。

(六)供水人设立专门服务电话实行 24 小时昼夜受理用水人的报修。遇有供水管道及附属设施损坏时,供水人应当及时进入现场抢修。

(七)如供水人需要变更抄验水表和收费周期时,应当提前一个月通知用水人。

(八)对用水人提出的水表计量不准,供水人负责复核和校验。对水表因自然损坏造成的表停、表坏,供水人应当无偿更换,供水人可根据用水人上____个月平均用水量估算本期水量水费。由于供水人抄错表、计费水表计量不准等原因多收的水费,应当予以退还。

第六条 用水人的权利和义务

(一)监督供水人按照合同约定的水压、水质向用水人供水。

（二）有权要求供水人按照国家的规定对计费水表进行周期检定。

（三）有权向供水人提出进行计费水表复核和校验。

（四）有权对供水人收缴的水费及确定的水价申请复核。

（五）应当按照合同约定按期向供水人交水费。

（六）保证计费水表、表井（箱）及附属设施完好，配合供水人抄验表或者协助做好水表等设施的更换、维修工作。

（七）除发生火灾等特殊原因外，用水人不得擅自开封启动无表防险（用水人消火栓）。需要试验内部消防设施的，应当通知供水人派人启封。发生火灾时，用水人可以自行启动使用，灭火后应当及时通知供水人重新铅封。

（八）不得私自向其他用水人转供水；不得擅自向合同约定的四至外供水。

（九）由于用水人用水量增加，连续半年超过水表公称流量时，应当办理换表手续；由于用水人全月平均小时用水量低于水表最小流量时，供水人可将水表口径改小，用水人承担工料费；当用水人月用水量达不到底度流量时，按照底度流量收费。

第七条　违约责任

（一）供水人的违约责任

1. 供水人违反合同约定未向用水人供水的，应当支付用水人停水期间正常用水量水费百分之_____的违约金。

2. 由于供水人责任事故造成的停水、水压降低、水质量事故，给用水人造成损失的，供水人应当承担赔偿责任。

3. 由于不可抗力的原因或者政府行为造成停水，使用水人受到损失的，供水人不承担赔偿责任。

（二）用水人的违约责任

1. 用水人未按期交水费的，还应当支付滞纳金。超过规定交费日期一个月的，供水人按照国家规定有权中止供水。当用水人于半年之内交齐水费和滞纳金后，供水人应当于48小时内恢复供水。中止供水超过半年，用水人要求复装的，应当交齐欠费和供水设施复装工料费后，另行办理新装手续。

2. 用水人私自改变用水性质、向其他用水人转供水、向合同约定的四至外供水，未到供水人处办理变更手续的，用水人除补交水价差价的水费外，还应当支付水费百分之_____的违约金。

3. 用水人终止用水，未到供水人处办理相关手续，给供水人造成损失的，由用水人承担赔偿责任。

第八条　合同有效期限

合同期限为_____年，从_____年____月____日起至_____年____月____日。

第九条　合同的变更

当事人如需要修改合同条款或者合同未尽事宜，须经双方协商一致，签订补充协定，补充协定与本合同具有同等效力。

第十条 争议的解决方式

本合同在履行过程中发生的争议，由双方当事人协商解决，协商不成的，按下列第_____种方式解决：

（一）提交_____仲裁委员会仲裁；

（二）依法向人民法院起诉。

第十一条 其他约定

_____

_____。

供水人：_____　　　用水人：_____
　　　　（盖章）　　　　　　　　　　　　　（盖章）
住　　所：_____　　　住　　所：_____
法定代表人：（签字）_____　　　法定代表人：（签字）_____
委托代理人：（签字）_____　　　委托代理人：（签字）_____
开户银行：_____　　　开户银行：_____
账　　号：_____　　　账　　号：_____
电　　话：_____　　　电　　话：_____

（二）城市供用热力合同①

合 同 编 号：_____
签 约 地 点：_____
签 约 时 间：_____
供 热 人：_____
用 热 人：_____

为了明确供热人和用热人在热力供应和使用中的权利和义务，根据《中华人民共和国合同法》等有关法律、法规和规章，经供、用热双方协商，订立本合同，以便共同遵守。

第一条 用热地点、面积及用热量

（一）用热地点：_____。

（二）用热面积（按照法定的建筑面积计算）：_____平方米，收费面积为_____平方米。

（三）用热量：蒸汽量为_____吨／小时；生活热水为_____吉焦／小时；

---

① 中华人民共和国建设部、国家工商行政管理局发布。

_____用热量为_____吉焦／小时。

第二条　供热期限及质量

（一）供热人在地方政府规定的供热期限内为用热人供热。冬季供热时间为每年_____月_____日起至次年_____月_____日。

（二）供热期间，在供用热条件正常情况下，供热质量应当符合国家规定的质量标准，供热人要保证用热人正常的用热参数。

第三条　热费标准及结算方式

（一）供热价格：供热人根据用热人的用热种类和用热性质，按照_____政府_____（部门）批准的价格收取热费。

合同有效期内，遇价格调整时，按照调价文件规定执行。

（二）采暖性质的用热，用热人应当在每年_____月____日前将热费以_____方式全额付给供热人。其他方式的用热，用热人的热费按月结算。

第四条　供、用热设施产权分界与维护管理

经供热人和用热人协商确认，供、用热设施产权分界点设在_____处。供、用热双方对各自负责的供、用热设施的维护、维修及更新改造负责。

第五条　供热人的权利和义务

（一）有权对用热人的用热情况及设施运行状况进行监督和检查。

（二）监督用热人在合同约定的用热地点、数量、范围内用热，有权制止用热人超量、超使用范围用热。

（三）对新增用热人，供热人有权在供热之前对用热人采暖系统进行检查验收。

（四）用热人违反操作规程，造成计量仪表显示数字与实际供热量不符、伪造供热记录的，供热人有权要求用热人立即改正。用热人应当按照本采暖期中最高用热月份用热量的热费收取当月热费。

（五）用热人用热设施或者安全管理存在安全隐患、可能造成供热设施损害时，或者用热人在合同约定的时限内拒不交费的，供热人有权中断供热。

（六）属供热人产权范围内的供热设施出现故障，不能正常供热或者停热 8 个小时以上的，供热人应当通知用热人，并立即组织抢修，及时恢复供热。

（七）供热人因供热设施临时检修或者用热人违法用热等原因，需要中断供热时，应当提前_____小时通过媒体或者其他方式通知用热人。因不可抗力等原因中断供热时，供热人应当及时抢修，并在_____小时内通知用热人。

（八）有义务按照合同约定的数量、质量和使用范围向用热人供热。

第六条　用热人的权利和义务

（一）监督供热人按照合同约定的数量和质量向用热人提供热力。

（二）有权对供热人收取的热费及确定的热价申请复核。

（三）用热人新增或者增加用热，应当向供热人办理用热申请手续，并按照规定办理有关事项。

（四）用热人变更用热性质、变更户名、减少用热量、暂停或者停止用热、移动表位和迁移用热地址，应当事先向供热人办理手续。停止用热时，应当将热费结清。

（五）用热人的开户银行或者账号如有变更，应当及时通知供热人。

（六）应当按照合同约定向供热人交热费。

（七）对自己产权范围内的用热设施应当认真维护，及时检修。

第七条 违约责任

（一）供热人的违约责任

1. 因供热人责任未按照合同约定的期限向用热人供热的，除按照延误供热时间，折算标准热价减收或者退还用热人热费外，还应当向用热人支付热费百分之_____的违约金。

2. 由于供热人责任事故，给用热人造成损失的，由供热人承担赔偿责任。供热人应当减收或者退还给用热人实际未达到供热质量标准部分的热费。

但有下列情况之一，造成供热质量达不到规定的标准，供热人不承担责任：

（1）用热人擅自改变居室结构和室内供热设施的；

（2）室内因装修和保温措施不当影响供热效果的；

（3）停水、停电造成供热中断的；

（4）热力设施正常的检修、抢修和供热试运行期间。

3. 供热人的供热设施出现故障，未能及时通知用热人，给用热人造成损失的，供热人应当承担赔偿责任。

4. 由于不可抗力的原因或者政府行为造成停止供热，使用热人受到损失的，供热人不承担赔偿责任。

（二）用热人的违约责任

1. 用热人逾期交热费的，还应当支付滞纳金。逾期一个月仍不交热费和滞纳金的，供热方有权限热或者停止供热。

2. 用热人违反合同约定，用热人应当向供热人支付百分之_____的违约金。

3. 用热人擅自进行施工用热，供热人有权立即停止供热，用热人应当赔偿供热人因此而受到的损失。损失额按照擅自进行施工用热的建筑物面积和实际用热天数热费的_____倍计算。开始擅自进行施工用热的时间难以确定的，按照当地开始供热时间为准。

第八条 合同有效期限

合同期限为_____年，从_____年_____月_____日起至_____年_____月_____日。

第九条 合同的变更

当事人如需要修改合同条款或者合同未尽事宜，须经双方协商一致，签订补充协定，补充协定与本合同具有同等效力。

第十条 争议的解决方式

本合同在履行过程中发生的争议，由双方当事人协商解决，协商不成的，按下列第_____种方式解决：

（一）提交_____仲裁委员会仲裁；

（二）依法向人民法院起诉。

第十一条 其他约定

_____。

供热人：_____	用热人：_____
（盖章）	（盖章）
住　　所：_____	住　　所：_____
法定代表人：（签字）_____	法定代表人：（签字）_____
委托代理人：（签字）_____	委托代理人：（签字）_____
开户银行：_____	开户银行：_____
账　　号：_____	账　　号：_____
电　　话：_____	电　　话：_____

（三）城市供用气合同[①]

合 同 编 号：_____

签 约 地 点：_____

签 约 时 间：_____

供 　气 　人：_____

用 　气 　人：_____

为了明确供气人和用气人在燃气供应和使用中的权利和义务，根据《民法典》《城市燃气管理办法》《城市燃气安全管理规定》等法律、法规和规章，经供气人与用气人双方协商，签订本合同，以便共同遵守。

第一条 用气地址、种类、性质和用气量

（一）用气地址为_____（用气人燃气用具所在地的地址、用气贮气设备所在地的地址、燃气供应站的地址等）。

（二）用气种类为_____。

（三）用气性质为_____。

（四）用气数量

1. 用气量：_____立方米／年（吨／年）；_____立方米／月（吨／月）；

[①] 中华人民共和国建设部、国家工商行政管理局发布。

＿＿＿＿＿立方米／日（吨／日）。

2. 用气调峰的约定：＿＿＿＿＿＿＿＿＿＿＿＿＿＿＿＿＿＿＿＿＿＿＿＿＿。

第二条　供气方式和质量

（一）供气方式

1. 供气人通过管道输送方式；瓶组供气方式；瓶装供气方式；或者＿＿＿＿＿＿设施，向用气人供气。

2. 燃气供应时间约定：24小时连续供气；自＿＿＿＿＿时起至＿＿＿＿＿时；或者＿＿＿＿＿＿。

（二）供气质量

1. 供气人所供燃气气质应当执行"天然气—Sy7514""人工煤气—GB13612""液化气—GBlll74"标准。

2. 根据用气人用气性质，双方约定执行下述质量指标：＿＿。

3. 供气人保证在＿＿＿＿＿＿＿前气压大于等于＿＿＿＿＿＿＿千（兆）帕。

第三条　用气的价格、计量及气费结算方式

（一）供气人根据用气人的用气性质和种类，按照＿＿＿＿＿＿＿政府＿＿＿＿＿＿＿（部门）批准的燃气价格：天然气＿＿＿＿＿＿元／立方米；人工煤气＿＿＿＿＿＿元／立方米；液化石油气＿＿＿＿＿＿元／吨（元／立方米）收取燃气费。

在合同有效期内，遇燃气价格调整时，按照调价文件规定执行。

（二）供用燃气的计量，气费结算方式

1. 供用燃气的计量器具为＿＿＿＿＿燃气计量表；＿＿＿＿＿IC卡燃气计量；＿＿＿＿＿衡；或者＿＿＿＿＿。结算用计量器具须经当地技术监督部门检验、认定。

2. 供用燃气的计量

供、用气双方以管道燃气计量器具的读数为依据结算；瓶装燃气以供气人供应站检斤计量为依据结算；或者以＿＿＿＿＿＿＿＿＿＿＿＿＿＿＿＿＿＿＿为依据结算。

3. 结算方式

用气人于每月＿＿＿＿＿日前采取：通过银行方式交费；到供气人供应站交费；采取＿＿＿＿＿方式交费；供气人到用气场所收费。

第四条　供、用气设施产权分界与维护管理

（一）供、用气设施产权分界点：＿＿＿＿＿＿＿＿＿＿＿＿＿＿＿＿＿＿＿＿＿。

（二）产权分界点（含）逆燃气流向的输、配气设施由供气人负责维护管理；产权分界点顺燃气流向的输、配气设施至燃气用气器具由用气人负责维护管理，或者有偿委托供气人维护管理。

第五条 供气人的权利和义务

（一）依照法律、法规和规章的规定，对用气人的用气设施运行状况和安全管理措施进行安全检查，监督用气人采取有效方式保证安全用气。

（二）监督用气人在合同约定的数量、使用范围内使用燃气，有权制止用气人超量、超使用范围用气。

（三）用气人逾期不交燃气费，供气人有权从逾期之日起向用气人收取滞纳金。

（四）用气人用气设施或者安全管理存在安全隐患、可能造成供气设施损害时，或者用气人在合同约定的时限内拒不交燃气费的，供气人有权中断供气。

（五）供气人因供气设施计划检修、临时检修、依法限气或者用气人违法用气等原因，需要中断供气时，应提前72小时通过媒体或者其他方式通知用气人。因不可抗力原因中断供气时，供气人应及时抢修，并在2小时内通知用气人。

（六）有义务按照合同约定的数量、质量和使用范围向用气人供气。

第六条 用气人的权利和义务

（一）监督供气人按照合同约定的数量和质量向用气人提供燃气。

（二）有权要求供气人按照国家现行规定，对燃气计量器具进行周期检定。

（三）用气设施发生故障或者存在安全隐患时，有权要求供气人提供（有偿、无偿）用气设施安全检查和维护保养的服务。

（四）按照合同约定交燃气费。

（五）按照合同约定的数量和使用范围使用燃气。

（六）未经供气人许可，不得添装、改装燃气管道，不得更动、损害供气人的供气设施，不得擅自更换、变动供气计量装置。

第七条 违约责任

（一）供气人的违约责任

1. 供气人未按照合同约定向用气人供气，应当向用气人支付正常用气量燃气费百分之_____的违约金。

2. 由于供气人责任事故，造成的停气、气压降低等质量事故，给用气人造成损失的，供气人应当承担赔偿责任。

3. 供气人在检修供气设施前未通报用气人，给用气人造成损失的，供气人应当承担赔偿责任。

4. 由于不可抗力的原因或者政府行为造成停气，使用气人受到损失的，供气人不承担赔偿责任。

（二）用气人的违约责任

1. 用气人未按照合同约定使用燃气，应当向供气人支付百分之_____的违约金。

2. 用气人未按期交燃气费的，还应当支付滞纳金。

3. 用气人未按照合同约定用气，给供气人造成损失的，用气人应当承担赔偿责任。

第八条　合同有效期限

合同期限为_____年，从_____年___月___日起至_____年___月___日。

第九条　合同的变更

当事人如需要修改合同条款或者合同未尽事宜，须经双方协商一致，签订补充协定，补充协定与本合同具有同等效力。

第十条　争议的解决方式

本合同在履行过程中发生的争议，由双方当事人协商解决，协商不成的，按下列第_____种方式解决：

（一）提交_____仲裁委员会仲裁；

（二）依法向人民法院起诉。

第十一条　其他约定

_____

_____。

供水人：_____　　用水人：_____

　　（盖章）　　　　　　　　　　　（盖章）

住　　所：_____　　住　　所：_____

法定代表人：（签字）_____　　法定代表人：（签字）_____

委托代理人：（签字）_____　　委托代理人：（签字）_____

开户银行：_____　　开户银行：_____

账　　号：_____　　账　　号：_____

电　　话：_____　　电　　话：_____

（四）居民供热采暖合同（按面积计费版）[①]

用热人（甲方）：_____

供热人（乙方）：_____

根据《民法典》《中华人民共和国消费者权益保护法》《北京市供热采暖管理办法》（以下简称《办法》）等法律、法规和规章的规定，甲乙双方在自愿、平等、公平、诚实信用的基础上，协商订立本合同。

第一条　供热采暖地点、采暖计费面积

1. 供热设施地点：_____。

采暖地点：_____。

住宅建筑节能状况：_____。

---

① 北京市市政市容管理委员会、北京市工商行政管理局发布。

□ 符合现行国家住宅设计规范的节能建筑。
□ 经过建筑围护结构改造和供热系统改造的建筑。
□ 未经建筑围护结构改造或供热系统改造的建筑。

2. 采暖计费面积为_____平方米，其中单层建筑高度超过 4 米的建筑面积为_____平方米：

（1）房屋所有权证、公有住房租赁凭证上记载的建筑面积为_____平方米；尚未取得房屋所有权证的，以建筑物竣工图纸标明的建筑面积或房屋买卖合同载明的建筑面积为准，计_____平方米，甲方取得房屋所有权证后，以房屋所有权证记载的建筑面积为准。

房屋所有权证、公有住房租赁凭证上仅记载使用面积的，应当按房管部门规定的系数折算成建筑面积后计收采暖费。

（2）采暖的其他建筑面积为_____平方米。对此部分建筑面积有争议的，以乙方委托的房屋测绘部门出具的测绘数据为准，测绘费由乙方承担。

第二条　采暖期

采暖期为每年 11 月 15 日至次年 3 月 15 日。采暖期调整应当按北京市人民政府的决定执行。

第三条　供热室内温度标准

采暖期内，在正常天气情况下，对符合现行国家住宅设计规范要求的住宅，或经过建筑围护结构和供热系统改造的住宅，乙方应当保证甲方卧室、起居室的温度不低于 18℃。未经建筑围护结构改造或供热系统改造的住宅，当室外日平均气温在-7℃以上时，卧室、起居室温度应当不低于 18℃；当室外日平均气温在-7℃以下、-9℃以上（含）时，卧室、起居室温度应当不低于 16℃。

第四条　采暖费缴费标准、期限及方式

1. 缴费标准

采暖费以建筑面积为计费依据，标准为价格主管部门规定的_____元/建筑平方米/采暖季；单层建筑高度超过 4 米的部分，缴费标准为_____元/建筑平方米/采暖季。

采暖费总计：_____元/采暖季。

如遇价格主管部门调整采暖费缴费标准的，应当自调整之日起按调整后的标准计算采暖费。

2. 缴费期限

每年 5 月 1 日至 12 月 31 日，甲方应当将本采暖季（当年 11 月 15 日至次年 3 月 15 日）的采暖费足额支付给乙方。逾期未支付或未足额支付的，自次年 1 月 1 日起将计收未支付部分的逾期违约金。

3. 采暖费采取下列方式支付：

□ 直接向乙方支付；
□ 缴至乙方指定的金融机构；

□ 缴至乙方委托的其他代收单位：_____。

第五条　甲方权利义务

1. 有权要求乙方按合同约定的地点、时间和温度标准供热。

2. 应当按合同约定的期限、方式和金额支付采暖费，并有权要求收费单位提供国税机关统一印制的采暖费发票或乙方指定的金融机构开具的采暖费缴费凭证；不能提供采暖费发票或采暖费缴费凭证的，甲方有权拒缴采暖费。对缴费数额有异议的，有权要求乙方予以核对。

3. 应当对室内自用采暖设施进行管护，对超出使用年限、影响采暖质量、存在安全隐患的自用采暖设施应当及时更新、改造；接到乙方发出的自用采暖设施隐患整改通知后，应当及时采取措施消除隐患。

4. 应当承担室内自用采暖设施日常维修的材料费和更新改造费用。因自行改变房屋结构或装饰装修影响供热设施维修作业的，有关拆除及恢复的费用由甲方承担。

5. 不得拆改室内共用供热设施、扩大采暖面积或增加散热设备。拆改自用采暖设施的，不得影响其他用热人正常采暖，不得妨碍对共用供热设施的维修和检查，并应当对拆改产生的后果承担责任。发现室内供热设施有异常、泄漏等情况时，应当及时向乙方报修。

6. 应当在乙方进行供热系统充水、试压、排气及试运行等工作时留人监守；在乙方进行维修、排气、室温抽测、查表、收费或采取紧急避险措施需要入户作业时，应当予以配合。

7. 应当遵守供热设施安全使用方面的规定，履行《办法》及本合同其他条款中规定的应当由其承担的义务。

第六条　乙方权利义务

1. 应当按合同约定的地点、时间和温度标准向甲方提供安全、稳定的供热服务，加强运行工况调节，保证采暖期内甲方室内温度持续达标，并按北京市的规定定期进行免费室温抽测。

2. 应当对甲方的采暖情况、用热设施的运行状况进行巡检。在巡检中发现甲方的自用采暖设施存在安全隐患、影响其他用热人正常采暖、因自行改变房屋结构或装饰装修妨碍供热设施维修作业及其他违反《办法》和本合同约定的情况的，应当在采暖季开始30日之前书面通知甲方及时整改。

3. 有权按合同约定收取采暖费。在收取采暖费后，应当开具国税机关统一印制的采暖费发票。

4. 供热前进行供热系统充水、试压、排气及试运行等工作时，应当提前7日在住宅单元门口或电梯口等明显位置进行公示，告知甲方留人监守。

5. 按《供热采暖系统管理规范》（DB11/T598-2008）、《供热采暖系统维修管理规范》（DB11/T466-2007）等供热服务标准、规范提供服务，公布值班、报修电话，并在采暖期内安排人员 24 小时值守。报修电话号码为：_____。

乙方报修电话应当具有录音功能，录音资料应当保留至下一采暖季开始之前。

采暖期内接到甲方报修后，乙方应当在 1 小时内回复甲方；供热采暖设施出现泄漏等紧急情况的，乙方应当立即处置；出现温度不达标等情况的，乙方应当在 6 小时内告知甲方处置情况。

6. 乙方应当在营业场所、企业网站、公开栏、办事大厅等处，公开下列供热服务信息，并在信息发生变化时及时公告：

（1）供热缴费、维修及相关服务办理程序、时间、网点设置、服务标准及承诺；

（2）停热及恢复供热信息、巡检及查表信息；

（3）供热及供热设施安全使用规定、常识和安全提示；

（4）咨询服务电话、报修和救援电话、监督投诉电话；

（5）国家和本市与供热服务有关的规定、标准等。

7. 采暖期内，乙方因所维护管理的供热设施故障、事故等情况影响用热人正常采暖的，应当及时公告，并迅速采取有效措施，及时消除影响。

8. 履行《办法》及本合同其他条款中规定的应当由其承担的义务。

第七条　违约责任

（一）甲方违约责任

1. 甲方未按合同约定的时间及数额支付采暖费的，除须按合同约定支付采暖费本金外，还应当自逾期之日起按中国人民银行公布的贷款利率标准，向乙方支付违约金。

2. 甲方因室内自用采暖设施泄漏、擅自拆改室内供热设施产生泄漏或影响其他用热人采暖、未按合同约定履行应当由其承担的设施管护义务、私自取用供热系统用水、拒绝乙方入户作业、拒绝乙方提出的设施隐患整改建议，或发生其他违反《办法》和本合同规定的用热行为，造成自身、其他用热人、乙方或公共利益损失的，除承担自身损失外，还应当承担相应的赔偿责任。

（二）乙方违约责任

1. 乙方未按合同约定时间向甲方供热的，应当按未供热天数退还相应采暖费，并承担其他相应责任。

退费额＝日平均热费×未供热天数

日平均热费＝采暖费总额/本采暖季法定供热天数

2. 经双方共同确认或第三方检测机构认定，甲方卧室、起居室室内温度未达到本合同约定标准的，应当退还相应的采暖费，并承担其他相应的责任。

（1）退费额＝日热费单价×温度未达到约定标准的卧室、起居室建筑面积×温度未达到约定标准的天数×退费比例

日热费单价＝采暖费总额/（本采暖季法定供热天数×计费建筑面积）

卧室、起居室建筑面积以房屋竣工图纸标明的建筑面积为准。没有竣工图纸的，

双方协商确定退费部分的建筑面积；协商不成的，以乙方委托的房屋测绘部门出具的测绘数据为准，测绘费由乙方承担。

退费比例按卧室、起居室约定采暖温度计：

室内温度低于约定温度 2 度之内的，退费比例为 40%；室内温度低于约定温度 2 度（含）以上、4 度以下的，退费比例为 60%；室内温度低于约定温度 4 度（含）以上的，退费比例为 100%。

（2）甲方卧室、起居室室内温度未达到约定的天数按以下情形计算：

①甲方发现室内温度未达到约定标准应当首先向乙方报修，乙方应当在接到甲方报修后 6 小时内入户测温，并进行调节和检修。

②自甲方报修之时起，24 小时之内经乙方调节、检修，温度达到约定标准的，不计入退费天数；24 小时内经乙方调节、检修，仍未达到约定标准的，自甲方报修当日起至温度达到约定标准日止的天数，计入退费天数。

③双方对室内温度存在争议的，任一方均可委托经本市有关部门认定的第三方检测机构进行室温检测。双方委托不同的检测机构测温时，以甲方委托检测机构的检测数据为准。经检测，温度符合标准的，检测费由甲方承担；温度不符合标准的，检测费由乙方承担。

（3）有下列情况之一，导致甲方卧室、起居室室内温度未达到约定标准的，乙方免予承担违约责任，但应当提供相应证明：

①甲方擅自改动居室结构、采暖设施或增加采暖面积的，以及因装饰装修、保温措施不当影响供热效果的；

②甲方拒绝乙方入户作业的；

③市人民政府决定对天然气、电力、自来水采取限量供应措施的；

④室外日平均气温低于-9℃的；

⑤乙方因设施安全检修需停热的，但不得超过 6 小时，且已提前公告，整个采暖季累计不超过 3 次。

3. 乙方未尽到管护义务，导致甲方室内的共用供热设施出现泄漏，造成甲方、其他用热人和公共设施损失的，乙方应当承担赔偿责任。

第八条　甲方要求暂停用热

甲方房屋具备分户独立采暖系统型式，且不影响其他用热人正常采暖及共用供热设施安全的，经甲方申请，双方协商一致后可暂停用热。

甲方在暂停用热期间应当向乙方支付基本费用。本市对基本费用有规定的，按规定执行；没有规定的，每个采暖期的基本费用按本合同第四条第 1 项下"采暖费总计"的 60%支付。

暂停用热期间的基本费用为_____元/采暖季。

甲方申请暂停用热应当办理的具体手续，由双方另行约定。

第九条　合同的变更

1. 采暖建筑物的产权关系或公有住房承租关系发生变更时，甲方应当及时书面告知乙方，并与乙方解除本合同，采暖费用一并结清。

甲方未书面告知乙方房屋产权人或公用住房承租关系的变更情况的，甲方应当继续承担本合同项下的义务。

2. 本合同如有未尽事宜，或因采暖面积、双方的电话、地址等有关信息发生变更或其他供采暖情况发生变更，或甲方对采暖期时间、室内温度有特殊要求且甲方居住区具备实施条件，需要修改本合同有关条款的，经双方协商一致可另行签订补充协议作为本合同附件。

第十条　合同的生效

本合同自双方签字、盖章之日起生效，有效期为_____年，自_____年_____月_____日至_____年_____月_____日。合同有效期届满，如双方未订立新合同的，本合同自动延续。

第十一条　争议解决方式

本合同项下发生的民事争议，由双方协商解决，或向消费者协会、供热协会、供热主管部门申请调解解决；协商解决或调解解决不成的，可以向有管辖权的人民法院提起诉讼，或按另行达成的仲裁协议申请仲裁。

第十二条　其他约定

_____。

本合同正本一式_____份，甲方_____份，乙方_____份。本合同正文及附件等均为本合同组成部分，具有同等法律效力。

本合同约定事项为基本要求，双方另行约定的事项不得低于本合同约定。法律、法规、规章和标准、规范对合同内容另有强制性规定的，从其规定。

用热人（签字）：_____

身份证号：_____

住宅电话：_____

手机号码：_____

通信地址：_____

邮政编码：_____

委托代理人（签字）：_____

应急联系人（签字）：_____

应急联系电话：_____

_____年_____月_____日

供热人（盖章）：_____

营业执照号/法人登记证书号：_____

备案登记号：_____

锅炉房编码：_____

法定代表人：_____

委托代理人（签字）：_____

通信地址：_____

邮政编码：_____

联系电话：_____

_____年_____月_____日

（五）购售电合同[①]

（六）光伏电站购售电合同[②]

使用说明

一、本《光伏电站购售电合同（示范文本）》（以下简称《示范文本》）适用于按国家能源主管部门相关规定完成光伏电站备案，向公用电网供电的光伏电站项目并网运行签订购售电合同；分布式并网光伏发电项目可参考此《示范文本》，在合同双方充分协商的基础上，简化条款内容签订。

二、《示范文本》主要供合同双方签订年度购售电合同时使用。合同双方可参考《示范文本》的原则内容和格式协商签订适用多年的购售电原则协议，在此协议下签订年度购售电合同。

三、《示范文本》中有关空格的内容由双方约定或据实填写，空格处没有添加内容的，请填写"无"。《示范文本》所列数字、百分比、期间均为参考值。合同双方可根据具体情况，在公平、合理和协商一致的基础上对参考值进行适当调整，对有关章节或条款进行补充、细化或完善、增加或减少定义、附件等。法律、法规或者国家有关部门有规定的，按照规定执行。

四、《示范文本》仅处理与购售电有关的商务问题，所有关于电网、电厂运行的安全和技术问题纳入并网调度协议。合同双方应注意并网调度协议与购售电合同相关约定的一致性。

五、《示范文本》附件中略去的部分，双方可根据实际情况进行补充或约定。

目　次

第1章　定义和解释
第2章　双方陈述
第3章　合同双方的义务
第4章　电力电量购销
第5章　上网电价
第6章　电能计量
第7章　电量计算
第8章　电费结算和支付

---

① 此合同内容详见本书所附电子文件。国家能源局、国家市场监督管理总局制定，GF-2021-0511。
② 国家能源局、国家工商行政管理总局制定，GF-2014-0517。

第 9 章　不可抗力
第 10 章　违约责任
第 11 章　合同的生效和期限
第 12 章　适用法律
第 13 章　合同变更、转让和终止
第 14 章　争议的解决
第 15 章　其他
附件一：光伏电站技术参数（略）
附件二：电站光伏电池阵列地理分布图示（略）
附件三：电站主接线图及计量点图示（略）

（合同编号：_____）

购售电合同

本购售电合同（以下简称本合同）由下列双方签署：

购电人：_____，系一家电网经营企业，在_____工商行政管理局登记注册，已取得输/供电类电力业务许可证（许可证编号：_____），税务登记号：_____，住所：_____，法定代表人：_____。

售电人：_____，系一家具有法人资格的发电企业，在_____工商行政管理局登记注册，已取得本合同所指光伏电站（阵列）（以下简称光伏电站）发电类电力业务许可证（许可证编号：_____）①，税务登记号：_____，住所：_____，法定代表人：_____。

双方提供联络通信及开户银行信息如下：

购电人名称：_____，收件人：_____，电子邮件：_____，电话：_____，传真：_____，邮编：_____，通信地址：_____，开户名称：_____，开户银行：_____，账号：_____。

售电人名称：_____，收件人：_____，电子邮件：_____，电话：_____，传真：_____，邮编：_____，通信地址：_____，开户名称：_____，开户银行：_____，账号：_____。

鉴于：

（1）售电人在_____拥有/兴建并/并将经营管理总装机容量为_____兆

---

① 首次签订并网调度协议可暂不填写许可证，按照国家能源局规定属于豁免许可范围的发电项目不必填写。

瓦（MWp）的_____光伏电站（以下简称光伏电站）。售电人在_____拥有并经营管理总装机容量为_____兆瓦（MWp），本合同为_____期_____兆瓦（MWp）的光伏发电站。

（2）光伏电站已/将并入购电人经营管理的电网运行。

双方根据《中华人民共和国合同法》《中华人民共和国电力法》《中华人民共和国可再生能源法》《电网调度管理条例》以及国家其他有关法律法规，本着平等、自愿、诚实信用的原则，经协商一致，签订本合同。

第1章 定义和解释

1.1 本合同所用术语，除上下文另有要求外，定义如下：

1.1.1 光伏电站：指位于_____由售电人拥有/兴建①，并/并将经营管理的一座总装机容量为_____兆瓦（电站技术参数详见附件一，光伏电池阵列地理分布图详见附件二）② 的发电设施以及延伸至产权分界点的全部辅助设施；本合同为_____期_____兆瓦，装机容量为_____兆瓦的发电设备以及延伸至产权分界点的全部辅助设备。

1.1.2 年实际上网电量：指售电人每年在计量点输送给购电人的电量。电量的计量单位为兆瓦·时（MW·h）。

1.1.3 年（月）累计购电量：指本合同第4.1款规定的购电量的全年（月）累计。

1.1.4 购电人原因：指由于购电人的要求或责任。包括因购电人未执行国家有关规定和标准等，导致事故范围扩大而应当承担的责任。

1.1.5 售电人原因：指由于售电人的要求或责任。包括因售电人未执行国家有关规定和标准等，导致事故范围扩大而应当承担的责任。

1.1.6 计量点：指附件三所示的安装电能计量装置的点。一般情况下，计量点位于双方产权分界点；不能在双方产权分界点安装电能计量装置的，由双方协商确定安装位置。

1.1.7 紧急情况：指电网发生事故或者发电、供电设备发生重大事故；电网频率或电压超出规定范围、输变电设备负载超过规定值、主干线路、断面功率值超出规定的稳定限额以及其他威胁电网安全运行，有可能破坏电网稳定，导致电网瓦解以至大面积停电等运行情况。

1.1.8 技术参数：指附件一所述的电力设施（包括光伏电站设备和并网设施）的技术限制条件。

1.1.9 发电功率申报曲线：指光伏电站在发电功率预测的基础上，向电网调度机构申报的发电计划建议曲线。

---

① 《示范文本》中符号"/"表示其左右波浪线上的内容供双方当事人根据实际情况选择。
② 如果机组核定容量与其铭牌容量不符，则以经有关部门认定的核定容量为准，下同。

1.1.10 工作日：指除法定节假日①外的公历日。如约定支付日不是工作日，则支付日顺延至下一工作日。

1.1.11 不可抗力：指不能预见、不能避免并不能克服的客观情况。包括：火山爆发、龙卷风、海啸、暴风雪、泥石流、山体滑坡、水灾、火灾、超设计标准的地震、台风、雷电、雾闪等，以及核辐射、战争、瘟疫、骚乱等②。

1.2 解释。

1.2.1 本合同中的标题仅为阅读方便，不应以任何方式影响对本合同的解释。

1.2.2 本合同附件与正文具有同等的法律效力。

1.2.3 本合同对任何一方的合法承继者或受让人均具有约束力。但当事人另有约定的除外。遇有本款约定的情形时，相关义务人应当依法履行必要的通知义务及完备的法律手续。

1.2.4 除上下文另有要求外，本合同所指的日、月、年均为公历日、月、年。

1.2.5 本合同中的"包括"一词指：包括但不限于。

第2章 双方陈述

任何一方在此向对方陈述如下：

2.1 本方为一家依法设立并合法存续的企业，有权签署并有能力履行本合同。

2.2 本方签署和履行本合同所需的一切手续（包括办理必要的政府批准、取得营业执照和电力业务许可证③等）均已办妥并合法有效。

2.3 在签署本合同时，任何法院、仲裁机构、行政机关或监管机构均未作出任何足以对本方履行本合同产生重大不利影响的判决、裁定、裁决或具体行政行为。

2.4 本方为签署本合同所需的内部授权程序均已完成，本合同的签署人是本方法定代表人或委托代理人。本合同生效后即对合同双方具有法律约束力。

第3章 合同双方的义务

3.1 购电人的义务包括：

3.1.1 按照本合同的约定购买售电人光伏电站的电能。

3.1.2 遵守双方签署的并网调度协议，按照国家标准、行业标准运行、维护有关输变电设施，维护电力系统安全、优质、经济运行。

3.1.3 按照国家有关规定，公开、公正、公平地实施电力调度及信息披露，为履行本合同提供有关用电负荷、备用容量、输变电设施运行状况等信息。

3.1.4 依据国家有关规定或双方约定，向售电人提供启动光伏电站电池阵列及其他必需的电力。

---

① 此处法定节假日包括双休日。
② 此处列举了一些典型的不可抗力，双方可根据当地实际情况选择适用。
③ 适用于采用特许权招标方式的光伏电站，下同。

3.2 售电人的义务包括：

3.2.1 按照本合同的约定向购电人出售符合国家标准和行业标准的电能。

3.2.2 遵守双方签署的并网调度协议，服从电力统一调度，按照国家标准、行业标准及调度规程运行和维护光伏电站，确保发电机组的运行能力达到国家有关部门颁发的技术标准和规则的要求，维护电力系统安全、优质、经济运行。

3.2.3 按月向购电人提供光伏电站可靠性指标和设备运行情况，及时提供设备缺陷情况，定期提供光伏电站检修计划，严格执行经购电人统筹安排、平衡并经双方协商确定的电池阵列及公用系统检修计划。

3.2.4 未经国家有关部门批准，不经营直接对用户的供电业务。

第4章 电力电量购销

4.1 上网电量。

上网电量依据《可再生能源法》全额保障性收购。

4.2 当电网能够全额消纳光电时，电网调度机构根据光伏电站发电功率申报曲线下发调度计划曲线。

4.3 当电网输送能力不足或其他电源没有富裕的调峰、调频能力，无法满足光伏发电时，电网调度机构根据输送能力或调峰能力空间制定下发调度计划曲线，光伏电站应严格执行电网下达的调度计划曲线。实际发电能力可能超出电网调度机构下达的调度计划曲线，应报告电网调度机构，由调度机构根据实际运行情况确定。

第5章 上网电价

5.1 上网电价。

经政府价格主管部门批准或按照政府价格主管部门的规定，光伏上网电价为_____元/（MW·h）。

其中，购电人结算电价即经政府价格主管部门批准或确认的当地脱硫燃煤机组标杆上网电价为_____元/（MW·h）；可再生能源补贴为_____元/（MW·h）。

5.2 电价调整。

合同期内，如遇国家价格主管部门调整上网电价，按调整后电价标准执行。

第6章 电能计量

6.1 计量点。

光伏电站上网电量和用网电量计量点设置在以下各点（详见附件三）：

（1）_____；

（2）_____；

（3）_____。

6.2 电能计量装置及相关设备。

6.2.1 电能计量装置包括电能表、计量用电压互感器、电流互感器及二次回路、电能计量柜/箱等。

电能量远方终端是指具有接收电能表输出的数据信息，并进行采集、处理、分时存储、长时间保存和远方传输等功能的设备。

电能量主站管理系统是指能够实现对远方数据进行自动采集、分时存储、统计、分析的系统。

6.2.2 电能计量装置按照《电能计量装置技术管理规程》（DL/T 448-2000）进行配置。在电压互感器二次回路中不得装设隔离开关辅助接点，不得接入任何形式的电压补偿装置。

6.2.3 电能表采用静止式三相四线多功能电能表，原则上按主副表配置，准确精度为 0.2S，《交流电测量设备特殊要求第 22 部分：静止式有功电能表（0.2S 级和 0.5S 级）》（GB/T 17215.322-2008）和《多功能电能表》（DL/T 614-2007）要求。电能表配有不少于两个标准通信接口，具备数据本地通信和（或通过电能量远方终端）远传的功能，并接入购电人电能量主站管理系统。具有负荷曲线、零点冻结、失压记录和失压计时、接受对时命令、失压断电等事件记录功能，对于影响计量的电表事件，应能够以计量数据质量码的形式随计量数据上传至电能量远方终端和购电人电能量主站管理系统。具有辅助电源，且辅助电源优先供电。

电能量远方终端的技术性能应满足《电能量远方终端》（DL/T 743-2001）的要求，支持《运动设备及系统第 5 部分：传输规约第 102 篇：电力系统电能累计量传输配套标准》（DL/T 719-2000）通信协议，能够采集电表中负荷曲线、零点冻结值、告警事件等电表中形成的数据，并传送至主站和当地监控系统；具有接受唯一主站对时命令功能，能够给电能表发布对时命令。支持双平面网络通信方式，支持拨号通信方式，可至少同时与两个电能量主站管理系统通信；兼容性好；具有足够的安全防范措施，防止非授权人进入。

如果电能表的功能不能完全满足本款要求，则电能量远方终端必须具备电能表欠缺的功能。

6.2.4 电能计量装置由售电人或购电人负责在光伏电站并网前按要求安装完毕，并结合电能数据采集终端与电能量主站管理系统进行通道、规约和系统调试。电能计量装置投运前，由合同双方依据《电能计量装置技术管理规程》（DL/T 448-2000）的要求进行竣工验收。

业已运行的电能计量装置，参照本款要求，由经国家计量管理部门认可、双方确认的电能计量检测机构对电能计量装置的技术性能及管理状况进行技术认定；对于不能满足要求的项目内容，应经双方协商一致，限期完成改造。

6.2.5 在同一计量点应安装同型号、同规格、准确度相同的主、副电能表各一套。主、副表应有明确标志。

6.2.6 在计量上网电量和用网电量的同一计量点，应安装计量上网电量和用网电量的电能表，电能表应满足第6.2.3款的要求。

6.2.7 电能计量装置由经国家计量管理部门认可、双方确认的电能计量检测机构检定并施加封条、封印或其他封固措施。任何一方均不能擅自拆封、改动电能计量装置及其相互间的连线或更换计量装置元件。若一方提出技术改造，改造方案需经另一方同意且在双方到场的情况下方可实施，并须按第6.2.4款要求通过竣工验收后方可投入使用。

6.2.8 分布式光伏发电应安装具有双向计量功能的计量表计，分别计量上网电量和用网电量。

6.3 上网、用网电能计量装置原则上按照产权分界点或按照双方约定付费购买，其安装、调试及日常管理和维护由双方约定。

6.4 电能计量装置的检验。

6.4.1 电能计量装置的故障排查和定期检验，由经国家计量管理部门认可、双方确认的电能计量检测机构承担，双方共同参加。由此发生的费用，上网电能计量装置由售电人承担，用网电能计量装置由购电人承担（或由供用电合同约定）。

6.4.2 任何一方可随时要求对电能计量装置进行定期检验以外的检验或测试，检验或测试由经国家计量管理部门认可、双方确认的电能计量检测机构进行。若经过检验或测试发现电能计量装置误差达不到规定的精度，由此发生的费用，上网电能计量装置由售电人承担，用网电能计量装置由购电人承担（或由供用电合同约定）。若不超差，则由提出检验的一方承担。

6.5 计量异常处理。

合同双方的任一方发现电能计量装置异常或出现故障而影响电能计量时，应立即通知对方和双方认可的计量检测机构，共同排查问题，尽快恢复正常计量。

正常情况下，结算电量以贸易结算计量点主表数据为依据；若主表出现异常，则以副表数据为准。如果贸易结算计量点主、副表均异常，则按对方主表数据确定；对方主表异常，则按对方副表数据为准。对其他异常情况，双方在充分协商的基础上，可根据失压记录、失压计时等设备提供的信息，确定异常期内的电量。

第7章 电量计算

7.1 上网电量或用网电量以月为结算期，实现日清月结，年终清算。双方以计量点计费电能表月末最后一天北京时间24：00时抄见电量为依据，经双方共同确认，据以计算电量。用网电量计量事项由供用电合同约定时，遵循供用电合同的约定。

7.2 结算电量数据的抄录。

7.2.1 正常情况下，合同双方以主表计量的电量数据作为结算依据，副表的数据用于对主表数据进行核对或在主表发生故障或因故退出运行时，代替主表计量。

7.2.2 现场抄录结算电量数据。在购电人电能量远方终端投运前，利用电能表的冻结功能设定第7.1条所指24：00时的表计数为抄表数，由双方人员约定于次日现场抄表。

7.2.3 远方采集结算电量数据。在购电人电能量主站管理系统正式投入运行后，双方同意以该系统采集的电量为结算依据。若主站管理系统出现问题影响结算数据正确性，或双方电能量主站管理系统采集的数据不一致，或售电人未配置电能量主站管理系统时，以现场抄录数据为准。

7.3 电量计算。

7.3.1 上网电量。

上网电量为光伏电站向购电人送电、按第 6.1 条计量点抄见的所有输出电量（正向）的累计值，上网电量的抄录和确认应当在次月 5 日前完成。

因购电人穿越功率引起的光伏电站联络变压器损耗由购电人承担。

7.3.2 用网电量。

用网电量为光伏电站启动调试阶段或发电量无法满足自身用电需求时，电网向光伏电站送电的电量。用网电量为按第 6.1 条计量点抄见的所有输入电量（反向）和所有启备变压器输入电量的累计值（或由供用电合同约定）。

7.4 上网电量和用网电量分别结算，不能互相抵扣。

第 8 章　电费结算和支付

8.1 电费计算。

8.1.1 电费以人民币结算，电费确认应当在电量结算确认后 5 个工作日内完成。

8.1.2 上网电费按以下公式计算：

上网电费＝上网电量×对应的上网电价（含税）

其中，购电人承担的上网电费＝上网电量×对应的结算电价（含税），此处结算电价为当地燃煤火电脱硫标杆上网电价或政府价管部门认可的结算价格。

由可再生能源发展基金承担的上网电费＝累计购电量×［上网电价_____元/（MW·h）－购电人结算电价_____元/（MW·h）］

8.2 电费结算。

8.2.1 双方按第 7.2 条完成抄表后，按照双方约定，售电人向购电人报送上网电量。购电人按月填制电费结算单，售电人确认并根据电费结算单开具增值税发票。

8.2.2 售电人根据购电人确认的《电费结算单》、开具增值税发票，并送交给购电人。购电人收到正确的《电量结算单》《电费结算单》和增值税发票原件后，分两次付清该期上网电费：

①上网电费确认的 5 个工作日内，支付该期上网电费的 50%；②上网电费确认的 15 个工作日内，付清该期上网电费剩余的 50%。

若购电人因故不能按照约定的期限付清上网电费，自逾期之日起，每日按照缓付部分的 0.3‰~0.5‰加收违约金。经双方协商，本合同具体约定每日按照缓付部分的_____‰加收违约金。逾期天数从第二次支付截止日的下一日开始计算。

8.2.3 可再生能源发展基金承担的上网电费部分按照国家法律法规和相关规定执行。

8.3 计量差错调整的电费支付。

根据本合同第6.5条约定,由于计量差错,购电人需向售电人增加支付款项或售电人需向购电人退还款项的,由合同双方达成书面协议后在次月电费结算中一并清算。

8.4 用网电费的支付。

用网电费的支付根据本合同第7.3.2款计算的光伏电站用网电量,按国家价格有关部门电网目录电价核算电费,光伏电站应在下一个月内支付。光伏电站与当地供电企业另行签订供用电合同的,应按照该合同的约定支付用网电费。

8.5 违约金、补偿金的年度清算。

对于没有按月结算的违约金、补偿金等,合同双方应于次年1月底以前完成上一年度的清算工作。

8.6 付款方式。

任何一方根据本合同应付另一方的任何款项,均应直接汇入收款方在本合同中提供的银行账户,或选择中国人民银行规定的结算方式支付相应款项。当收款方书面通知另一方变更开户银行或账号时,汇入变更后的银行账户。

收款方增值税专用发票上注明的银行账户应与本合同提供的或书面变更后的相同。

8.7 资料与记录。

双方同意各自保存原始资料与记录,以备根据本合同在合理范围内对报表、记录检查或计算的精确性进行核查。

第9章 不可抗力

9.1 若不可抗力的发生完全或部分地妨碍一方履行本合同项下的任何义务,则该方可免除或延迟履行其义务,但前提是:

(1) 免除或延迟履行的范围和时间不超过消除不可抗力影响的合理需要;

(2) 受不可抗力影响的一方应继续履行本合同项下未受不可抗力影响的其他义务,包括所有到期付款的义务;

(3) 一旦不可抗力结束,该方应尽快恢复履行本合同。

9.2 若任何一方因不可抗力而不能履行本合同,则该方应立即告知另一方,并在3日内以书面方式正式通知另一方。该通知中应说明不可抗力的发生日期和预计持续的时间、事件性质、对该方履行本合同的影响及该方为减少不可抗力影响所采取的措施。

应对方要求,受不可抗力影响的一方应在不可抗力发生之日(如遇通信中断,则自通讯恢复之日)起30日内向另一方提供一份不可抗力发生地相应公证机构出具的证明文件。

9.3 受不可抗力影响的双方应采取合理措施,减少因不可抗力给一方或双方带来的损失。双方应及时协商制定并实施补救计划及合理的替代措施以减少或消除不可抗力的影响。

如果受不可抗力影响的一方未能尽其努力采取合理措施减少不可抗力的影响,则该方应承担由此而扩大的损失。

9.4 如果不可抗力阻碍一方履行义务持续超过_____日,双方应协商决定继续履行本合同的条件或终止本合同。如果自不可抗力发生后_____日,双方不能就继续履行合同的条件或终止本合同达成一致意见,任何一方有权通知另一方解除合同,本合同另有规定除外。

9.5 因政府行为、法律变更或电力市场发生较大变化,导致售电人或购电人不能完成本合同项下的售、购电义务,双方应本着公平合理的原则尽快协商解决。必要时,适当修改本合同。

第 10 章　违约责任

10.1 任何一方违反本合同约定条款视为违约,另一方有权要求违约方赔偿因违约造成的经济损失。

10.2 除本合同其他各章约定以外,双方约定购电人应当承担的违约责任还包括:_____。

10.3 除本合同其他各章约定以外,双方约定售电人应当承担的违约责任还包括:_____。

10.4 一旦发生违约行为,非违约方应立即通知违约方停止违约行为,并尽快向违约方发出一份要求其纠正违约行为和请求其按照本合同的约定支付违约金的书面通知。违约方应立即采取措施纠正其违约行为,并按照本合同的约定确认违约行为、支付违约金或赔偿另一方的损失。

10.5 在本合同规定的履行期限届满之前,任何一方明确表示或以自己的行为表明不履行合同义务的,另一方可要求对方承担违约责任。

第 11 章　合同的生效和期限

11.1 光伏电站并网所需的各项政府批文均已签署且生效;若属于特许权招标的项目,该项目特许权协议已生效。已签署并网调度协议。

11.2 本合同在第 11.1 条前提下,经双方法定代表人或委托代理人签字并加盖公章后生效。

11.3 本合同期限,自_____年_____月_____日至_____年_____月_____日。

11.4 在本合同期满前_____个月,双方应就续签本合同的有关事宜进行商谈。

第 12 章　适用法律

12.1 本合同的订立、效力、解释、履行和争议的解决均适用中华人民共和国法律。

第 13 章　合同变更、转让和终止

13.1 本合同的任何变更、修改和补充必须以书面形式进行。生效条件同第 11.1 条及第 11.2 条。

13.2 售电人和购电人明确表示,未经对方书面同意,均无权向第三方转让本合同项下所有或部分的权利或义务。

13.3 在本合同的有效期限内,有下列情形之一的,双方同意对本合同进行相应的调整和修改:

(1) 国家有关法律、法规、规章以及政策变动;

(2) 国家能源管理机构颁布实施有关规则、办法、规定等;

(3) 双方约定的其他情形:_____。

13.4 合同解除。

如任何一方发生下列事件之一的,则另一方有权在发出解除通知_____日后终止本合同:

(1) 一方破产、清算或被吊销营业执照;

(2) 一方电力业务许可证被撤销、撤回、吊销、注销,或光伏电站首次并网后未在能源监管机构规定时间内取得电力业务许可证;

(3) 一方与另一方合并或将其所有或大部分资产转移给另一实体,而该存续的企业不能承担其在本合同项下的所有义务;

(4) 双方签订的并网调度协议终止;

(5) 由于售电人原因,光伏电站持续_____日不能按照本合同安全发送电;

(6) 由于购电人原因,购电人持续_____日未能按照本合同正常接受电力电量;

(7) 双方约定的其他解除合同的事项:_____。

第14章 争议的解决

14.1 凡因执行本合同所发生的与本合同有关的一切争议,双方应协商解决,也可提请能源监管机构调解。协商或调解不成的,选择以下第_____条处理[①]:

(1) 双方同意提请_____仲裁委员会,请求按照其仲裁规则进行仲裁。仲裁裁决是终局的,对双方均具有法律约束力。

(2) 任何一方依法提请人民法院通过诉讼程序解决。

第15章 其他

15.1 保密。

双方保证对从另一方取得且无法自公开渠道获得的资料和文件予以保密。未经该资料和文件的原提供方同意,另一方不得向任何第三方泄露该资料和文件的全部或部分内容。但国家另有规定的除外。

---

① 仅可择一。

15.2 合同附件①。

附件一：光伏电站技术参数（略）

附件二：电站光伏电池阵列地理分布图示（略）

附件三：电站主接线图及计量点图示（略）

本合同的附件是本合同不可缺少的组成部分，与本合同具有同等法律效力。当合同正文与附件之间产生解释分歧时，首先应依据争议事项的性质，以与争议点最相关的和对该争议点处理更深入的内容为准。如果采用上述原则后分歧和矛盾仍然存在，则由双方本着诚实信用的原则按合同目的协商确定。

15.3 合同全部。

本合同及其附件构成双方就本合同标的达成的全部协议，并且取代所有双方在此之前就本合同所进行的任何讨论、谈判、协议和合同。

15.4 通知与送达。

任何与本合同有关的通知、文件和合规的账单等均须以书面方式进行。通过挂号信、快递或当面送交的，经收件方签字确认即被认为送达；若以传真方式发出并被接收，即视为送达。所有通知、文件和合规的账单等均在送达或接收后方能生效。一切通知、账单、资料或文件等应发往本合同提供的地址。当该方书面通知另一方变更地址时，发往变更后的地址。

15.5 双方约定的其他事项：_____。

15.6 文本。

本合同共_____页，一式_____份，双方各执_____份，分别送_____能源监管局/办②备案。

购电人（盖章）：　　　　　　　　　售电人（盖章）：

法定代表人：　　　　　　　　　　　法定代表人：

委托代理人：　　　　　　　　　　　委托代理人：

---

① 实际签订合同时，附件应完整、准确、清楚，不得省略。

② 指国家能源监管机构设在光伏电站所在地区的相应分支机构。

签订日期：_____年_____月_____日　　签订日期：_____年_____月_____日

签订地点：_____　　签订地点：_____

附件一：
光伏电站技术参数（略）
附件二：
电站光伏电池阵列地理分布图示（略）
附件三：
电站主接线图及计量点图示（略）

第四章　赠与合同

赠与合同，是赠与人将自己所有的财产无偿地送给受赠人，受赠人同意接受的合同。它具有如下特征：

1. 双方行为。赠与合同需要当事人双方意思表示一致才能成立，如果赠与人有赠与的表示，但受赠人并没有接受赠与的表示，合同就不能成立，这与馈赠的单方行为是不同的。

2. 诺成行为。赠与合同在当事人双方的意思表示一致时即告成立，不需要以交付赠与物为条件，属于诺成行为。

3. 无偿行为。在一般情况下，受赠人并不因赠与合同而承担义务，所以是单务合同。

一、《民法典》相关法条

第六百五十七条　赠与合同是赠与人将自己的财产无偿给予受赠人，受赠人表示接受赠与的合同。

第六百五十八条　赠与人在赠与财产的权利转移之前可以撤销赠与。

经过公证的赠与合同或者依法不得撤销的具有救灾、扶贫、助残等公益、道德义务性质的赠与合同，不适用前款规定。

第六百五十九条　赠与的财产依法需要办理登记或者其他手续的，应当办理有关手续。

第六百六十条　经过公证的赠与合同或者依法不得撤销的具有救灾、扶贫、助残等公益、道德义务性质的赠与合同，赠与人不交付赠与财产的，受赠人可以请求交付。

依据前款规定应当交付的赠与财产因赠与人故意或者重大过失致使毁损、灭失的，赠与人应当承担赔偿责任。

第六百六十一条　赠与可以附义务。

赠与附义务的，受赠人应当按照约定履行义务。

第六百六十二条　赠与的财产有瑕疵的，赠与人不承担责任。附义务的赠与，赠与的财产有瑕疵的，赠与人在附义务的限度内承担与出卖人相同的责任。

赠与人故意不告知瑕疵或者保证无瑕疵，造成受赠人损失的，应当承担赔偿责任。

第六百六十三条　受赠人有下列情形之一的，赠与人可以撤销赠与：

（一）严重侵害赠与人或者赠与人近亲属的合法权益；

（二）对赠与人有扶养义务而不履行；

（三）不履行赠与合同约定的义务。

赠与人的撤销权，自知道或者应当知道撤销事由之日起一年内行使。

第六百六十四条　因受赠人的违法行为致使赠与人死亡或者丧失民事行为能力的，赠与人的继承人或者法定代理人可以撤销赠与。

赠与人的继承人或者法定代理人的撤销权，自知道或者应当知道撤销事由之日起六个月内行使。

第六百六十五条　撤销权人撤销赠与的，可以向受赠人请求返还赠与的财产。

第六百六十六条　赠与人的经济状况显著恶化，严重影响其生产经营或者家庭生活的，可以不再履行赠与义务。

二、典型案例

案例1：承诺为顾客免费办理保险但未办理的，责任如何承担？

[案情回放]

某电器商场为招徕顾客购买电脑，开展促销活动并刊登广告，在广告中承诺：凡一个月之内在本商场购买电脑的顾客，本商场将在购买当天免费为其办理保险期为一年、保险金额为3万元的家庭财产保险。该商场还在当地报刊上刊登了相同内容的广告。听到这个消息，顾客傅成恩到该商场购买了一台电脑，店员因疏忽未给傅成恩办理家庭财产保险手续。傅成恩将电脑搬运回家后想起未办理财产保险手续，但因第二天要到外地出差，心想几天后再补办也不迟，就没有再补办保险手续。

但是，在他出差的第3天夜里，家中遭窃，包括该电脑等家用电器被洗劫一空。傅成恩找到该商场，要求按照刊登广告的内容赔偿其损失，该商场经调查后发现，傅成恩在购买电脑时，并没有办理家庭财产保险手续，于是拒绝为傅成恩的电脑赔偿损失。双方为此发生争执。傅成恩遂起诉至人民法院，请求法院判令该商场承担赔偿责任。

[专家点评]

在本案中，某商场在所做广告中宣传"凡1个月之内在本商场购买电脑者，本商场将在购买之日免费为其办理保险期为一年、保险金额为3万元的家庭财产保险"，这是完全符合要约的构成要件的。而且，某商场的广告还明确约定了承诺的时间是"1个月之内"，承诺的方式是受要约人在该商场做购买电脑的行为。这种承诺方式是法律所允许的，《民法典》第480条规定："承诺应当以通知的方式作出；但是根据交易习惯或者要约表明可以通过行为作出承诺的除外。"可见，要约可约定通过行为做出承诺。所以，在本案中，对于任何一位在规定的时间内在该商场购买电脑的顾客来说，都与商场订立了合同——某电器商场为其免费办理家庭财产保险。

《民法典》第 657 条规定："赠与合同是赠与人将自己的财产无偿给予受赠人，受赠人表示接受赠与的合同。"在本案中，某电器商场向顾客赠与的意思已通过其广告表明，而傅成恩也通过购买行为表明了自己愿意接受赠与的意思，该赠与合同已经成立。某电器商场有义务为傅成恩免费办理家庭财产保险。而某电器商场因工作人员的疏忽，未履行给傅成恩办理家庭财产保险的义务。因此，某电器商场应当承担违约责任。

案例 2：有质量缺陷的赠品造成顾客人身损害的，经营者应否赔偿？

[案情回放]

2022 年"五一节"期间，某商场举行让利酬宾活动。当地居民项飞在某商场购物时获赠电饭煲一只。在使用该电饭煲煮饭时，因电饭煲漏电将项飞击伤造成左手部分功能丧失，后经法医鉴定为七级伤残。项飞向当地人民法院提起诉讼，要求某商场赔偿损失。人民法院委托产品质量技术监督部门对该电饭煲进行检验，结果是该电饭煲常态绝缘电阻为零，可以直接导致电饭煲外壳带电，为质量不合格商品。

[专家点评]

《民法典》第 662 条规定："赠与的财产有瑕疵的，赠与人不承担责任。附义务的赠与，赠与的财产有瑕疵的，赠与人在附义务的限度内承担与出卖人相同的责任。""买一赠一"中的赠与，并非无偿，而是有条件或附义务的，即必须购买价值较大的商品，因而接受的赠品仍然是通过有价交换而取得，只不过消费者不必直接就该赠品的价格负担付款义务。该付款义务已转移到赠与前的商品买卖中去了，这个商品买卖就是赠与的前提条件。因此，在本案中的赠与并不是无偿的，而是商品买卖中附条件的赠与。某商场从商品买卖中获取利润，按照权利与义务相对等的原则，商场应对其赠品的瑕疵承担责任。由于该商场提供的赠品——电饭煲质量不合格，导致项飞在使用过程中，因电饭煲漏电被电击伤致残，商场应当承担赔偿责任。

案例 3：救灾捐献能否反悔？

[案情回放]

某年 8 月，某市遭到百年不遇的暴雨洪水。某电视台举办抗洪救灾义演，动员社会募捐。某公司法定代表人认为这是给企业做广告的好机会，经与其他股东商定，决定在演出晚会上举牌捐献。在电视台举办的抗洪救灾义演晚会上，某公司的法定代表人在晚会现场，代表公司认捐 10 万元。此后，抗洪救灾的募集单位每次打电话给某公司的法定代表人，该法定代表人都以其经济发生困难为由拒绝履行，并以书面形式表明撤销捐献。之后募集单位经过实际调查，发现某公司并未如其法定代表人所称的出现经济困难，而是有关负责人对当初的捐献反悔了。于是，募集单位将某公司起诉至法院。

[**专家点评**]

本案涉及赠与合同的撤销权问题。《民法典》第658条规定:"赠与人在赠与财产的权利转移之前可以撤销赠与。经过公证的赠与合同或者依法不得撤销的具有救灾、扶贫、助残等公益、道德义务性质的赠与合同,不适用前款规定。"第660条规定:"经过公证的赠与合同或者依法不得撤销的具有救灾、扶贫、助残等公益、道德义务性质的赠与合同,赠与人不交付赠与财产的,受赠人可以请求交付。依据前款规定应当交付的赠与财产因赠与人故意或者重大过失致使毁损、灭失的,赠与人应当承担赔偿责任。"由于赠与合同为单务合同,仅由赠与人单方承担义务,当赠与人不履行交付赠与财产的义务时,其责任也应当有所限制,而不像一般双务合同那样,在履行给付义务时还应当支付迟延利息或者赔偿其他损失。合同法规定的赠与人不交付赠与的财产的,受赠人可以请求交付,即不包括迟延利息和其他损害赔偿,而仅限于赠与财产本身。结合本案,即募集单位可以根据《民法典》的规定,要求赠与人履行赠与义务,即交付赠与的财产。

三、赠与合同陷阱防范

1. 在赠与合同中,权利转移涉及有关部门批准的,应当在合同中明确。例如,赠与房屋合同就需要到房管部门办理房屋所有权转移的手续,如果没有办理手续,赠与无效。

2. 在赠与合同中,要附加赠与人有权处理赠与财产的证明文件,确保赠与行为合法有效。

3. 赠与的标的物必须是赠与人所有的或者赠与人有权处理的财产或者某种权利,赠与人不能把不属于自己或者自己无权处理的财产和权利赠与他人,否则,就会对他人的合法权益构成侵害。如果假借赠与名义实施行贿、索贿,以牟取非法利益的,则属于违法犯罪行为。

四、赠与合同范本

(一) 赠与合同①

合同编号:＿＿＿＿＿＿＿＿

赠与人:＿＿＿＿＿＿＿＿＿＿＿＿＿　　签订地点:＿＿＿＿＿＿＿＿＿＿＿＿

受赠人:＿＿＿＿＿＿＿＿＿＿＿＿＿　　签订时间:＿＿＿＿年＿＿＿月＿＿＿日

第一条 赠与财产的名称、数量、质量和价值

一、名称:＿＿＿＿＿＿＿＿＿＿＿＿＿＿＿＿＿＿＿＿＿＿＿＿＿＿＿＿＿＿＿＿＿

---

① 国家工商行政管理局发布。

二、数量：_____
三、质量：_____
四、价值：_____
赠与的财产属不动产的，该不动产所处的详细位置及状况：_____
_____。

第二条 赠与目的：_____
_____。

第三条 本赠与合同（是／否）是附义务的赠与合同。所附义务：____
_____。

第四条 赠与物（是／否）有瑕疵。瑕疵是指赠与物的_____
_____。

第五条 赠与财产的交付时间、地点及方式：_____
_____。

第六条 合同争议的解决方式：本合同在履行过程中发生的争议，由双方当事人协商解决；协商不成的，按下列第_____种方式解决：
（一）提交_____仲裁委员会仲裁；
（二）依法向人民法院起诉。

第七条 本合同未作规定的，按照《中华人民共和国合同法》的规定执行。

第八条 本合同经双方当事人签字、盖章后生效。

第九条 其他约定事项：

赠与人：（章）	受赠人：（章）
住所：	住所：
法定代表人：	法定代表人：
居民身份证号码：	居民身份证号码：
委托代理人：	委托代理人：
电话：	电话：
邮政编码：	邮政编码：

监制部门：　　　　　　　　　　印制单位：

（二）动产赠与合同

甲方（赠与人）：_____　　乙方（受赠人）：_____
法定住址：_____　　　　　法定住址：_____
法定代表人：_____　　　　法定代表人：_____
职务：_____　　　　　　　职务：_____

委托代理人：_____　　　委托代理人：_____
身份证号码：_____　　　身份证号码：_____
通信地址：_____　　　　通信地址：_____
邮政编码：_____　　　　邮政编码：_____
联系人：_____　　　　　联系人：_____
电话：_____　　　　　　电话：_____
传真：_____　　　　　　传真：_____
账号：_____　　　　　　账号：_____
电子信箱：_____　　　　电子信箱：_____

甲乙双方就赠送_____（写明赠与标的物）事宜达成协议如下：

第一条　赠与财产

甲方将其所有的_____（写明标的物）赠送给乙方，其所有权证明为：_____（写明证明甲方所有权的证据名称）。

第二条　赠与财产的状况

1. 名称：_____

2. 数量：_____

3. 质量：_____

4. 价值：_____

5. （是/否）有瑕疵：_____

第三条　赠与目的：

_____

第四条　赠与物的交付

1. 交付时间：_____

2. 交付地点：_____

3. 交付方式：_____

第五条　手续办理

乙方应在_____期限内办理所有权转移的手续，逾期不办的，视为拒绝赠与。

第六条　赠与的撤销

1. 乙方有下列情形之一的，甲方有权撤销赠与：

（1）严重侵害甲方或者甲方的近亲属；

（2）对甲方有扶养义务而不履行；

（3）不履行赠与合同约定的义务；

（4）_____。

2. 甲方在赠与财产的权利转移之前可以撤销赠与。

3. 具有救灾、扶贫等社会公益、道德义务性质的赠与合同或者经过公证的赠与合同，不适用前款。

第七条 交付

具有救灾、扶贫等社会公益、道德义务性质的赠与合同或者经过公证的赠与合同，甲方不交付赠与的财产的，乙方可以要求交付。

第八条 赠与物的损毁

因甲方故意或者重大过失致使赠与的财产毁损、灭失的，甲方应当承担损害赔偿责任。

第九条 赠与物的瑕疵

赠与的财产有瑕疵的，甲方不承担责任。附义务的赠与，赠与的财产有瑕疵的，甲方在附义务的限度内承担责任。甲方故意不告知瑕疵或者保证无瑕疵，造成乙方损失的，应当承担损害赔偿责任。

第十条 通知

1. 根据本合同需要一方向另一方发出的全部通知以及双方的文件往来及与本合同有关的通知和要求等，必须用书面形式，可采用_____（书信、传真、电报、当面送交等）方式传递。以上方式无法送达的，方可采取公告送达的方式。

2. 各方通信地址如下：_____。

3. 一方变更通知或通信地址，应自变更之日起_____日内，以书面形式通知对方；否则，由未通知方承担由此而引起的相关责任。

第十一条 合同的变更

本合同履行期间，发生特殊情况时，甲、乙任何一方需变更本合同的，要求变更一方应及时书面通知对方，征得对方同意后，双方在规定的时限内（书面通知发出_____日内）签订书面变更协议，该协议将成为合同不可分割的部分。未经双方签署书面文件，任何一方无权变更本合同，否则，由此造成对方的经济损失，由责任方承担。

第十二条 合同的转让

除合同中另有规定或经双方协商同意外，本合同所规定双方的任何权利和义务，任何一方在未经征得另一方书面同意之前，不得转让给第三者。任何转让，未经另一方书面明确同意，均属无效。

第十三条 不可抗力

1. 如果本合同任何一方因受不可抗力事件影响而未能履行其在本合同下的全部或部分义务，该义务的履行在不可抗力事件妨碍其履行期间应予中止。

2. 声称受到不可抗力事件影响的一方应尽可能在最短的时间内通过书面形式将不可抗力事件的发生通知另一方，并在该不可抗力事件发生后_____日内向另一方提供关于此种不可抗力事件及其持续时间的适当证据及合同不能履行或者需要延期履行的书面资料。声称不可抗力事件导致其对本合同的履行在客观上成为不可能或不实际的一方，有责任尽一切合理的努力消除或减轻此等不可抗力事件的影响。

3. 不可抗力事件发生时，双方应立即通过友好协商决定如何执行本合同。不可抗力事件或其影响终止或消除后，双方须立即恢复履行各自在本合同项下的各项义务。如不可抗力及其影响无法终止或消除而致使合同任何一方丧失继续履行合同的能力，则双方可协商解除合同或暂时延迟合同的履行，且遭遇不可抗力一方无须为此承担责任。当事人迟延履行后发生不可抗力的，不能免除责任。

4. 本合同所称"不可抗力"是指受影响一方不能合理控制的，无法预料或即使可预料到也不可避免且无法克服，并于本合同签订日之后出现的，使该方对本合同全部或部分的履行在客观上成为不可能或不实际的任何事件。此等事件包括但不限于自然灾害，如水灾、火灾、旱灾、台风、地震，以及社会事件如战争（不论曾否宣战）、动乱、罢工、政府行为或法律规定等。

第十四条　争议的处理

1. 本合同受中华人民共和国法律管辖并按其进行解释。

2. 本合同在履行过程中发生的争议，由双方当事人协商解决，也可由有关部门调解；协商或调解不成的，按下列第_____种方式解决：

（1）提交_____仲裁委员会仲裁；

（2）依法向人民法院起诉。

第十五条　合同的解释

本合同未尽事宜或条款内容不明确，合同双方当事人可以根据本合同的原则、合同的目的、交易习惯及关联条款的内容，按照通常理解对本合同作出合理解释。该解释具有约束力，除非解释与法律或本合同相抵触。

第十六条　补充与附件

本合同未尽事宜，依照有关法律、法规执行，法律、法规未作规定的，甲乙双方可以达成书面补充合同。本合同的附件和补充合同均为本合同不可分割的组成部分，与本合同具有同等的法律效力。

第十七条　合同的效力

1. 本合同自双方或双方法定代表人或其授权代表人签字并加盖单位公章或合同专用章之日起生效。

2. 本合同自_____日起生效（可以写自公证之日起生效）。有效期为_____年，自_____年____月____日至_____年____月____日。

3. 本合同正本一式_____份，双方各执_____份，具有同等法律效力。

甲方（盖章）：_____　　　　乙方（盖章）：_____

委托代理人（签字）：_____　　委托代理人（签字）：_____

签订地点：_____　　　　　　签订地点：_____

_____年____月____日　　　　　　_____年____月____日

鉴（公）证意见：

鉴（公）证机关：（章）
经办人：
　　　年　　月　　日

〔注：除国家另有规定外，鉴（公）证实行自愿原则〕

（三）不动产赠与合同

合同编号：_____
赠与人：_____
住所：_____
身份证号：_____
通信地址：_____
邮政编码：_____
电话：_____
受赠人：_____
住所：_____
身份证号：_____
通信地址：_____
邮政编码：_____
电话：_____

为明确双方本次赠与不动产行为的权利义务，双方本着诚实信用的原则，并根据有关法律法规，制订本协议，以资共同遵守。

第一条 赠与财产

赠与人将其所有的_____（写明标的物）赠送给受赠人，其所有权证明为：_____（写明证明赠与人所有权的证据名称）。

第二条 赠与财产的状况

名称：_____
数量：_____
质量：_____
价值：_____

位置：_____

第三条 赠与目的：
_____

第四条 赠与财产的交付

赠与人会同受赠人于_____年_____月_____日，到_____（写明具体的不动产产权登记机关名称）进行赠与的不动产移转登记及转让手续。

第五条 手续办理

受赠人应在_____（写明具体的期间）期限内办理所有权转移的手续，逾期不办的，视为拒绝赠与。

第六条 权利保证

赠与人确认本件赠与不动产土地及房屋，在赠与前并无积欠税金，倘有，赠与人应负责缴清。

第七条 费用负担

受赠人无须向赠与人支付任何费用，但与移交上述房屋有关的费用包括到有关房产管理部门办理有关手续的费用以及有关契税应由受赠人负担。

第八条 赠与的撤销

赠与人在赠与财产的权利转移之前可以撤销赠与。

具有救灾、扶贫等社会公益、道德义务性质的赠与合同或者经过公证的赠与合同，不适用前款。

第九条 赠与物的交付

具有救灾、扶贫等社会公益、道德义务性质的赠与合同或者经过公证的赠与合同，赠与人不交付赠与的财产的，受赠人可以要求交付。

第十条 赠与物的损毁

因赠与人故意或者重大过失致使赠与的财产毁损、灭失的，赠与人应当承担损害赔偿责任。

第十一条 赠与物的瑕疵

赠与的财产有瑕疵的，赠与人不承担责任。

附义务的赠与，赠与的财产有瑕疵的，赠与人在附义务的限度内承担责任。赠与人故意不告知瑕疵或者保证无瑕疵，造成受赠人损失的，应当承担损害赔偿责任。

第十二条 赠与的撤销

1. 受赠人有下列情形之一的，赠与人可以撤销赠与：

（1）严重侵害赠与人或者赠与人的近亲属；

（2）对赠与人有扶养义务而不履行；

（3）不履行赠与合同约定的义务；

（4）因受赠人的违法行为致使赠与人死亡或者丧失民事行为能力的，赠与人的继承人或者法定代理人可以撤销赠与，并要求受赠人返还赠与的财产；

（5）_____。

2. 赠与人的经济状况显著恶化，严重影响其生产经营或者家庭生活的，可以不再履行赠与义务。

第十三条　通知

1. 根据本合同需要一方向另一方发出的全部通知以及双方的文件往来及与本合同有关的通知和要求等，必须用书面形式，可采用_____（书信、传真、电报、当面送交等）方式传递。以上方式无法送达的，方可采取公告送达的方式。

2. 各方通信地址如下：_____。

3. 一方变更通知或通信地址，应自变更之日起_____日内，以书面形式通知对方；否则，由未通知方承担由此引起的相关责任。

第十四条　合同的变更

本合同履行期间，发生特殊情况时，任何一方需变更本合同的，要求变更一方应及时书面通知对方，征得对方同意后，双方在规定的时限内（书面通知发出_____日内）签订书面变更协议，该协议将成为合同不可分割的部分。未经双方签署书面文件，任何一方无权变更本合同，否则，由此造成对方的经济损失，由责任方承担。

第十五条　合同的转让

除合同中另有规定或经双方协商同意外，本合同所规定双方的任何权利和义务，任何一方在未经征得另一方书面同意之前，不得转让给第三者。任何转让，未经另一方书面明确同意，均属无效。

第十六条　不可抗力

1. 如果本合同任何一方因受不可抗力事件影响而未能履行其在本合同下的全部或部分义务，该义务的履行在不可抗力事件妨碍其履行期间应予中止。

2. 声称受到不可抗力事件影响的一方应尽可能在最短的时间内通过书面形式将不可抗力事件的发生通知另一方，并在该不可抗力事件发生后_____日内向另一方提供关于此种不可抗力事件及其持续时间的适当证据及合同不能履行或者需要延期履行的书面资料。声称不可抗力事件导致其对本合同的履行在客观上成为不可能或不实际的一方，有责任尽一切合理的努力消除或减轻此等不可抗力事件的影响。

3. 不可抗力事件发生时，双方应立即通过友好协商决定如何执行本合同。不可抗力事件或其影响终止或消除后，双方须立即恢复履行各自在本合同项下的各项义务。如不可抗力及其影响无法终止或消除而致使合同任何一方丧失继续履行合同的能力，则双方可协商解除合同或暂时延迟合同的履行，且遭遇不可抗力一方无须为此承担责任。当事人迟延履行后发生不可抗力的，不能免除责任。

4. 本合同所称"不可抗力"是指受影响一方不能合理控制的，无法预料或即使可预料到也不可避免且无法克服,并于本合同签订日之后出现的,使该方对本合同全部或部分的履行在客观上成为不可能或不实际的任何事件。此等事件包括但不限于自然灾害,如水灾、火灾、旱灾、台风、地震,以及社会事件,如战争(不论曾否宣战)、动乱、罢工、政府行为或法律规定等。

第十七条 合同的解释

本合同未尽事宜或条款内容不明确,合同双方当事人可以根据本合同的原则、合同的目的、交易习惯及关联条款的内容,按照通常理解对本合同作出合理解释。该解释具有约束力,除非解释与法律或本合同相抵触。

第十八条 补充与附件

本合同未尽事宜,依照有关法律、法规执行,法律、法规未作规定的,双方可以达成书面补充合同。本合同的附件和补充合同均为本合同不可分割的组成部分,与本合同具有同等的法律效力。

第十九条 争议的处理

1. 本合同受中华人民共和国法律管辖并按其进行解释。
2. 本合同在履行过程中发生的争议,由双方当事人协商解决,也可由有关部门调解;协商或调解不成的,按下列第_____种方式解决:

(1)提交_____仲裁委员会仲裁;

(2)依法向人民法院起诉。

第二十条 本合同自_____日起生效。

第二十一条 本合同一式两份,双方各执一份。

赠与人(盖章):_____   受赠人(盖章):_____

委托代理人(签字):_____   委托代理人(签字):_____

签订地点:_____   签订地点:_____

____年____月____日   ____年____月____日

鉴(公)证意见:

鉴(公)证机关:(章)

经办人:

　　年　　月　　日

〔注:除国家另有规定外,鉴(公)证实行自愿原则〕

附件：

不动产标示：

1. 土地：坐落于_____市_____街_____号，面积：_____（亩/平方米）。

2. 建筑物：房屋_____层，面积：一楼_____（亩/平方米），二楼_____（亩/平方米）。

（四）社会捐赠合同

甲方（捐赠单位）：_____

乙方（接受捐赠单位）：_____

甲方向乙方捐赠人民币_____（大写）元，物资_____，折合人民币_____（大写）元，专项用于_____地区_____。具体捐赠意向如下：

指定捐赠单位：_____

捐赠资金：_____

捐赠物资折现：_____

合计：_____

非指定捐赠：_____

合计：_____

甲方于_____日内将捐赠资金汇入_____地区_____专项资金账户（户名：_____，开户行：_____，账号：_____），于_____日内将捐赠物资送达乙方指定地点，乙方收到款物后即向甲方开具由_____财政厅统一监制的捐赠收据。

本协议一式三份，甲方、乙方及_____市财政局各一份。

甲方（公章）：_____　　乙方（公章）：_____
代表（签字）：_____　　代表（签字）：_____
____年____月____日　　____年____月____日

（五）房屋赠与合同

甲方（赠与人）：_____

住所：_____

有效证件号码：_____

乙方（受赠人）：_____
住所：_____
有效证件号码：_____

甲方自愿将其名下所有的不动产房产赠与乙方。按照《民法典》等有关法律规定，双方自愿达成赠与房产协议如下：

第一条 甲方自愿将其房产赠与乙方，乙方自愿接受该房屋。该房屋具体状况如下：

（一）坐落于_____，建筑面积_____平方米；

（二）赠与房屋的所有权证证号为_____；

（三）房屋平面图及其四至范围见附件一；

（四）土地使用权取得的方式：

该房屋占用范围内的土地使用权随该房屋一并赠与。

该房屋的相关权益随该房屋一并赠与。

第二条 因甲方_____，此房产所购的所有房款和税费均已有乙方代甲方支付，由甲方所购该房产并取得该房产房产所有权证。经协商一致甲方愿将该房屋赠与乙方，并在乙方能办理过户手续时积极协助办理。

第三条 甲方保证房屋在此赠与合同签订前以及合同签订后一直到过户完毕期间该房屋权属状况完整和其他具体状况完整，并保证房屋不受他人合法追索。

第四条 甲方未经乙方同意不得将此房产抵押、转卖或出租给他人，否则抵押、转卖或出租行为无效。如因上述行为造成乙方不能取得赠与房产的，甲方应如数补偿或退还乙方代为支付的所有房款和代交的其他所有税费。

第五条 甲方赠与乙方房产，本合同在双方签订经公证处公证后不可撤销。

第六条 在乙方能办理该房屋过户手续时，甲方应按约定积极协助乙方转移办理过户手续。

第七条 甲、乙双方定于_____时正式办理过户该房屋，双方定于_____前向有关部门申请办理相关附属设施和相关权益的更名手续。在乙方领取房屋所有权证后，按有关规定向土地管理部门申请办理该房屋土地使用权变更手续。甲方未按规定履行以上义务的，则按下列约定承担违约责任：_____。

第八条 甲、乙双方确认，虽然房屋所有权证未作记载，但依法对该房屋享有共有权的权利人均已书面同意将该房屋赠与乙方。

第九条 本合同未尽事宜，甲、乙双方可另行订立补充条款或补充协议。补充条款或补充协议以及本合同的附件均为本合同不可分割的部分。

第十条 本合同自甲、乙双方签订之日到公证处公证之日起生效。

第十一条 甲、乙双方在履行本合同中若发生争议，应协商解决。协商不成的，提交____仲裁委员会仲裁。

第十二条 本合同一式_____份。其中甲方留执_____份，乙方留执_____份，为公正留执公证处_____份，为申请房屋所有权转移登记提交房屋权属登记机关_____份。

第十三条 甲、乙双方约定补充条款如下：
_____。

甲方（签章）：_____　　　　乙方（签章）：_____

身份证号码：_____　　　　　身份证号码：_____

地址：_____　　　　　　　　地址：_____

联系电话：_____　　　　　　联系电话：_____

签约日期：_____　　　　　　签约日期：_____

（六）遗赠协议

甲方（遗赠人）：_____（写明姓名、住址）

乙方（受赠人）：_____（写明姓名、住址）

甲乙双方就遗赠事宜达成协议如下：

一、甲方所有的_____（写明遗赠财产的基本情况），在甲方死亡后赠送给乙方。其所有权的证明为：_____（写明证明甲方拥有所有权的证据名称，如赠与房屋，就应有房产所有权证）。

二、乙方应于每月十日前给付甲方生活费_____元，医疗补助费_____元（可以约定其他费用）。

三、乙方应在甲方去世后三十日内办理赠与财产的所有权转移手续。逾期不办的，视为拒绝遗赠，其遗产可按法定继承处理。

四、甲方应负对遗赠财产的维护责任，不得随意处理遗赠的财产。如果甲方故意将财产损坏或者送给他人的，乙方有权要求甲方修理、更换或者收回；甲方拒不修理、更换或者收回的，乙方有权终止协议。

五、乙方应当按时给付甲方费用。逾期给付的，甲方有权要求乙方履行协议。

如果连续三个月不给付费用的，甲方有权终止协议。

六、本协议自_____日起生效（可以写自公证之日起生效）。本协议一式两份，双方各执一份。

甲方：_____（签字、盖章）

乙方：_____（签字、盖章）

_____年_____月_____日

第五章　借款合同

　　借款合同，是借款人向贷款人借款，到期返还借款并支付利息的合同。其中，提供货币的一方称贷款人，受领货币的一方称借款人。借款合同具有如下特征：

　　1. 借款合同的标的物是金钱。因此，借款合同通常只会发生迟延履行，不会发生履行不能。

　　2. 借款合同通常为有偿合同（有息借款），但也可以是无偿合同（无息借款）。

　　3. 借款合同通常为要式合同，应当采用书面形式，但自然人之间签订的借款合同的形式可以由当事人双方约定。

一、《民法典》相关法条

　　第六百六十七条　借款合同是借款人向贷款人借款，到期返还借款并支付利息的合同。

　　第六百六十八条　借款合同应当采用书面形式，但是自然人之间借款另有约定的除外。

　　借款合同的内容一般包括借款种类、币种、用途、数额、利率、期限和还款方式等条款。

　　第六百六十九条　订立借款合同，借款人应当按照贷款人的要求提供与借款有关的业务活动和财务状况的真实情况。

　　第六百七十条　借款的利息不得预先在本金中扣除。利息预先在本金中扣除的，应当按照实际借款数额返还借款并计算利息。

　　第六百七十一条　贷款人未按照约定的日期、数额提供借款，造成借款人损失的，应当赔偿损失。

　　借款人未按照约定的日期、数额收取借款的，应当按照约定的日期、数额支付利息。

　　第六百七十二条　贷款人按照约定可以检查、监督借款的使用情况。借款人应当按照约定向贷款人定期提供有关财务会计报表或者其他资料。

　　第六百七十三条　借款人未按照约定的借款用途使用借款的，贷款人可以停止发放借款、提前收回借款或者解除合同。

　　第六百七十四条　借款人应当按照约定的期限支付利息。对支付利息的期限没有约定或者约定不明确，依据本法第五百一十条的规定仍不能确定，借款期间不满一年的，应当在返还借款时一并支付；借款期间一年以上的，应当在每届满一年时支付，剩余期间不满一年的，应当在返还借款时一并支付。

第六百七十五条 借款人应当按照约定的期限返还借款。对借款期限没有约定或者约定不明确，依据本法第五百一十条的规定仍不能确定的，借款人可以随时返还；贷款人可以催告借款人在合理期限内返还。

第六百七十六条 借款人未按照约定的期限返还借款的，应当按照约定或者国家有关规定支付逾期利息。

第六百七十七条 借款人提前返还借款的，除当事人另有约定外，应当按照实际借款的期间计算利息。

第六百七十八条 借款人可以在还款期限届满前向贷款人申请展期；贷款人同意的，可以展期。

第六百七十九条 自然人之间的借款合同，自贷款人提供借款时成立。

第六百八十条 禁止高利放贷，借款的利率不得违反国家有关规定。

借款合同对支付利息没有约定的，视为没有利息。

借款合同对支付利息约定不明确，当事人不能达成补充协议的，按照当地或者当事人的交易方式、交易习惯、市场利率等因素确定利息；自然人之间借款的，视为没有利息。

二、典型案例

案例1：银行强制贷款人购买保险并指定自己为受益人的，是否合法？

[案情回放]

江文在某城市工作，为与女友结婚考虑买房。经过调查，江文选定了某房地产公司开发的一套商品房，并签订了房屋买卖合同。江文与某银行签订了个人住房按揭贷款合同，合同约定：江文购买某房地产公司的一套商品房，向该银行借款20万元，还款方式为每月偿还2000元，期限为10年，江文以该商品房作为抵押，到期无法偿还借款，银行将行使抵押权。在合同签订后，江文即向某房地产公司支付了首期房款。

此后，某银行要求江文为所购置的房屋购买一份财产险，或是购买一定期限的人寿险，银行为受益人，并由江文支付保险费，否则就将解除与江文签订的个人住房按揭贷款合同，但江文对银行的行为明确表示反对。双方为此发生纠纷。江文遂起诉至人民法院，请求法院判令银行按照双方签订的按揭贷款合同履行合同义务。

[专家点评]

《民法典》第496条规定："格式条款是当事人为了重复使用而预先拟定，并在订立合同时未与对方协商的条款。采用格式条款订立合同的，提供格式条款的一方应当遵循公平原则确定当事人之间的权利和义务,并采取合理的方式提示对方注意免除或者减轻其责任等与对方有重大利害关系的条款,按照对方的要求,对该条款予以说明。提供格式条款的一方未履行提示或者说明义务,致使对方没有注意或者理解与其有重大利害关系的条款的,对方可以主张该条款不成为合同的内容。"第497条规定:"有下列情形之一的,该格式条款无效:(一)具有本法第一编第六章第三节和本法第五百零六条规定的无效情形;(二)提供格式条款一方不合理地免除或者减轻其责任、加重对方责任、限制对方主要权利;(三)提供格式条款一方排除对方主要权利。"就本案而言,究竟由江文来支付保险费,还是由银行来支付保险费,是属于合同的内容,应当由当事人自己协商确定,不应强加给贷款人。银行以格式合同的方式达到这种目的,严重违反了我国《民法典》的规定和精神,应当认定银行的行为无效。

根据《保险法》第39条规定,人身保险的受益人由被保险人或者投保人指定。投保人指定受益人时须经被保险人同意。投保人为与其有劳动关系的劳动者投保人身保险,不得指定被保险人及其近亲属以外的人为受益人。被保险人为无民事行为能力人或者限制民事行为能力人的,可以由其监护人指定受益人。因此,在本案中,银行要求江文购买一定期限的人寿保险,并要求江文指定自己为受益人,违背了《保险法》的规定和精神。

案例2:借款人不按约定用途使用贷款,贷款人能否解除合同?

[案情回放]

邵守义从事个体运输业务。2020年,邵守义为扩大经营规模,向银行申请贷款。某商业银行与邵守义签订一份借款合同。合同主要约定:借款金额为30万元,借款期限为一年,还款期限为2021年8月底,利息按央行公布的同期同类贷款利率计算;借款用途为购买汽车。邵守义利用该笔借款之中的20万元购买汽车,另外10万元用于偿还其他债务人的债务。某商业银行发现后,立即要求邵守义偿还借款。而邵守义则认为,借款期限未到,不愿偿还。于是,商业银行起诉至法院,要求解除借款合同,并要求邵守义立即归还借款30万元及相应的利息。

[专家点评]

《民法典》第673条规定:"借款人未按照约定的借款用途使用借款的,贷款人可以停止发放借款、提前收回借款或者解除合同。"同时,《商业银行法》规定,贷款人贷款应当对借款人的借款用途等情况进行严格审查。借款合同中应当对借款用途做出约定。《贷款通则》规定,对于不按借款合同规定用途使用贷款的,贷款人可以对其部分或者全部贷款加收利息;情节严重的,由贷款人停止支付借款人尚未使用的贷款,并提前收回部分或者全部贷款。结合本案,根据邵守义与商业银行的借款合同,借款使用目的是购买汽车,而邵守义未能按约定使用贷款,已经违反了《民法典》第 673 条的规定。可见,商业银行可以行使提前收回借款的权利。

案例 3:借款人借离婚转移财产的,贷款人能否申请撤销财产分割协议?

[案情回放]

吕原通过熟人介绍向某商业银行贷款 10 万元做起了服装批发生意,贷款期限为三年。由于是初次经营,吕原不太懂行,结果生意失败。为规避法律义务,吕原与妻子朱雁协议离婚。吕原原有的一套两室一厅的住宅(现在已升值为 23 万元)归朱雁所有。贷款到期后,该市某商业银行多次上门催吕原还款。在多次催要无果的情况下,该市某商业银行向吕原下了最后还款通牒,要求吕原在 1 个月内还款,否则将其房屋拍卖。吕原表示其已经与朱雁离婚 2 年,那套两室一厅的住宅已归前妻朱雁所有,自己身无分文,已无财产偿还这 10 万元债务。于是,该市某商业银行将吕原告上法庭,要求法院撤销吕原在离婚时的财产分割协议,并返还银行贷款及利息。

[专家点评]

《民法典》第 538 条规定:"债务人以放弃其债权、放弃债权担保、无偿转让财产等方式无偿处分财产权益,或者恶意延长其到期债权的履行期限,影响债权人的债权实现的,债权人可以请求人民法院撤销债务人的行为。"第 539 条规定:"债务人以明显不合理的低价转让财产、以明显不合理的高价受让他人财产或者为他人的债务提供担保,影响债权人的债权实现,债务人的相对人知道或者应当知道该情形的,债权人可以请求人民法院撤销债务人的行为。"在本案中,某商业银行若要实现债权,存在一个先决条件,即吕原必须有足够的财产偿还债务,而吕原曾经可用住宅来偿还债务,但现在吕原已在离婚财产分割协议中将住宅无偿分给其前妻。在这种情况下,某商业银行欲实现债权,只能根据法律关于债权人行使撤销权的规定,撤销吕原无偿转让财产的行为。

案例 4:债务人不承认欠条是自己所写,应否承担举证责任?

[案情回放]

人们通常认为,欠债还钱,天经地义,只要手里有借条,肯定能要回钱来,但在诉讼活动中却没有这么简单。蒋胜与曾国强是多年的街坊,也是同事,两个人平时关系比较密切。不过,谁也没有想到,这两个老朋友竟然打起了官司。2021 年 8 月,蒋胜凭一张金额为 5000 元,落款人为曾国强的欠条,到人民法院提起诉讼,要求曾国强偿还欠款。曾国强矢口否认该借条为自己所写,指责蒋胜的行为属于敲诈。法官提出对欠条进行笔迹鉴定。但蒋胜和曾国强都认为应当由对方申请鉴定和预交鉴定费用。由于双方互相推诿,导致鉴定无法进行。

[专家点评]

在蒋胜出示的欠条遭到对方否认的情况下，该欠条还不足以证明合同关系的成立，因为该欠条的真实性存疑。在这里，曾国强关于"欠条不是自己所写"的答辩是一种辩解理由，而不是事实主张。所以，蒋胜持有的证据显然不能达到这种高度盖然性的证明要求，也就不能确认蒋胜的证明责任已完成。在本案中，蒋胜应承担证明责任，比如可以提出鉴定申请，并预交相应鉴定费用。

案例5：手机短信能否证明借款事实？

[案情回放]

姜利向王奕借款 8000 元，出具了借条，约定还款日期为 2020 年 12 月。2021 年 4 月，王奕向人民法院提起诉讼，称：姜利借款一直未还，自己几次向其索要，姜利均推托，现请求人民法院依法判决姜利归还借款。王奕向人民法院提供了借条一张作为证据。在庭审过程中，姜利辩称：借款已于 2021 年春节期间偿还。由于王奕称借条不在身边，当时未取回借条。事后，两人因故发生冲突，王奕为报复自己，以借条为据，要求自己重新偿还借款。姜利当庭展示了手机上储存的王奕发送的短信，内容为："借条尚未取回，过两天给你。放心，账已清，我不会再向你要了！"

[专家点评]

《民事诉讼法》第 66 条规定："证据包括：（一）当事人的陈述；（二）书证；（三）物证；（四）视听资料；（五）电子数据；（六）证人证言；（七）鉴定意见；（八）勘验笔录。证据必须查证属实，才能作为认定事实的根据。"随着社会的发展，一些新的证据形式开始出现并在诉讼活动中得到应用。手机短信就是其中之一。本案中，姜利所提供的手机短信是数据电文形式表现其所载内容的客观存在，且证据内容与案件的待证事实之间存在客观联系，证据提取的方法不违反法律规定，符合证据"三性"（客观性、合法性、关联性）的要求，是适格证据，具有证明效力。而且姜利提供的手机短信与王奕提供的借条可相互印证，因而构成一条完整有效的证据锁链，证明了姜利欠款已还的法律事实。

三、借款合同陷阱防范

签订借款合同时可能出现的一些陷阱，要注意防范。

1. 有的人在借款合同上只签字不盖章，或者加盖没有法律效力的印章。所以，签订借款合同时要核实印章与借款人是否一致。盖章单位的印章应该与单位的名称保持一致，法人代表或委托代理人应在合同上签字或者加盖私章。签字或盖章都必须清晰可辨。

2. 借款人故意不写自己的全称或漏写，导致借款人与实际用款人不一致。所以，在签订合同时，必须要求借款人写全称，并与营业执照和印章比照。

3. 担保和抵押不实。担保是还款的保证，必须认真核查；保证人则必须有担保的资格和经济实力，保证的种类要加以明确；抵押物必须是国家许可抵押并且容易变现的财产。

4. 有的借款人在填写还贷来源时作弊，造成还款困难。所以，签订借款合同时要着重审查还款来源。

5. 有的人在填写借款合同中的违约责任条款时，模糊填写自己的违约责任，或者增加履行违约责任的条件和时限。所以，在签订借款合同时，要对违约情况加以细分，有针对性地确定不同情况下的违约责任。对合同中写明的或者潜在的对方违约责任的条件和时限，要格外注意。

另外，在签订借款合同时，还有许多需要注意的细节问题。例如，合同签订后，如果需要对其中的个别文字进行订正，应该经双方一致同意，并在订正处加盖各自的公章并注明修订的日期，等等。

四、借款合同范本

（一）小额信用消费贷款借款合同[①]

借款人：＿＿＿＿＿＿＿＿＿＿＿＿＿＿＿＿
住所：＿＿＿＿＿＿＿＿＿＿＿＿＿＿＿＿＿
身份证号码：＿＿＿＿＿＿＿＿＿＿＿＿＿＿
电话：＿＿＿＿＿＿＿＿＿＿＿＿＿＿＿＿＿
邮政编码：＿＿＿＿＿＿＿＿＿＿＿＿＿＿＿
开户银行及账号：＿＿＿＿＿＿＿＿＿＿＿＿
长城卡卡号：＿＿＿＿＿＿＿＿＿＿＿＿＿＿
有效期：＿＿＿＿＿＿＿＿＿＿＿＿＿＿＿＿
贷款人：＿＿＿＿＿＿＿＿＿＿＿＿＿＿＿＿
住所：＿＿＿＿＿＿＿＿＿＿＿＿＿＿＿＿＿
法定代表人（或授权委托人）：＿＿＿＿＿＿
电话：＿＿＿＿＿＿＿＿＿＿＿＿＿＿＿＿＿
邮政编码：＿＿＿＿＿＿＿＿＿＿＿＿＿＿＿
借款人（以下称甲方）：＿＿＿＿＿＿＿＿＿
贷款人（以下称乙方）：＿＿＿＿＿＿＿＿＿

本合同所称贷款人是指具有开办消费信贷业务资格的中国银行各分支机构（不包

[①] 中国银行发布。

括港澳及海外分支机构）；本合同所称借款人是指在中国银行各分支机构取得消费贷款的自然人。

甲方向乙方申请小额信用消费贷款，乙方根据甲方的资信状况向甲方发放小额信用消费贷款。为维护甲、乙双方利益，明确各自的权利、义务，甲、乙双方按照有关法律规定，经协商一致，订立本合同，共同遵守执行。

第一条 借款金额

甲方向乙方借款_____（币别）_____元。

第二条 借款期限

甲方借款期限为_____个月（自合同生效之日起计算）。

第三条 借款利率和计息方法

借款利率为（月／年）息_____，在本合同履行期间，如遇国家利率调整，本合同项下贷款利息不变。贷款利息自贷款发放之日起计算。

第四条 贷款的适用范围

本合同项下的信用消费贷款可用于正常消费及劳务等费用支付。

第五条 本合同所称债务是指借款人应向贷款人偿还、支付的全部款项，包括贷款本金、利息、罚息、费用、违约金、赔偿金及其他一切款项。

第六条 用款方式

甲方的借款由乙方以转账形式划入甲方在中国银行开立的活期存款账户后由甲方用于消费。

第七条 还款方式

本合同项下的贷款本息采用一次性或分期还本付息法。若采用一次性还本付息法，贷款到期后，甲方应按约定将贷款本息存入本人活期存款账户，并授权甲方将贷款的本金及利息从其活期存款账户中一次性或分期划扣。若采用分期还本付息法，甲方授权乙方在每个还款期规定时间自动从其活期存款账户中扣除还款本息。

第八条 提前还款

本合同项下贷款允许甲方提前偿还贷款本息，可不收取提前还款承担费。

第九条 展期贷款处理

甲方如不能按合同规定的期限偿还贷款本息，应于还款到期日前30个工作日向贷款人提出书面展期申请。展期申请经甲方审查批准后，甲乙双方应签订展期协议，乙方有权对展期贷款加收利息及罚息。

第十条 甲、乙双方的权利和义务

1. 甲方有权要求乙方按合同约定发放贷款；

2. 甲方应按合同规定的还款期限归还贷款本息；

3. 甲方必须按约定用途使用贷款，不得将贷款挪用；

4. 甲方应按乙方要求定期提供其有关经济收入的证明；

5. 甲方在未清偿贷款本息之前，不得办理存款账户或信用卡账户清户手续；

6. 乙方有权检查、监督贷款的使用情况；

7. 乙方应按合同规定期限及时发放贷款；

8. 乙方在贷款到期时有权从甲方的活期存款账户或信用卡账户内直接划款。

第十一条　合同的变更和解除

本合同生效后，甲、乙任何一方不得擅自变更和解除本合同。当事人的任何一方要求变更合同内容或解除合同须以书面形式提前1个月通知合同的另一方。未达成协议前，原合同继续有效。

第十二条　违约责任

1. 甲方未按本合同约定用途使用借款，乙方有权对违约使用部分按＿＿＿＿计收违约金。

2. 甲方未按本合同规定归还贷款本息，乙方有权对逾期贷款按＿＿＿＿计（加）收利息。

3. 在合同有效期内，甲方发生下列情况之一的，乙方有权停止发放尚未划付的贷款，并可提前收回已发放的贷款本息：

3.1　甲方未按合同规定用途使用贷款；

3.2　甲方拒绝或阻挠乙方对贷款使用情况进行监督检查；

3.3　甲方曾向乙方提供过虚假的资料；

3.4　甲方与其他法人或经济组织签订有损乙方权益的合同和协议；

3.5　甲方死亡、失踪或丧失民事行为能力后无继承人或受遗赠人，其法定继承人、受遗赠人、监护人拒绝履行借款合同；

3.6　甲方发生其他影响其偿债能力或缺乏偿债诚意的行为；

3.7　甲方与特约商户之间的纠纷影响还款的行为。

4. 由于乙方的原因未能按合同规定及时发放贷款，给甲方造成损失的，乙方应按影响天数和数额，每天付给甲方万分之＿＿＿＿的违约金。

第十三条　费用

与本合同有关的费用均由借款人支付或偿付，法律另有规定的除外。

第十四条　本合同争议的解决方式

甲、乙双方在履行本合同中发生的争议，由双方协商或者通过调解解决。协商或调解不成的，可以向合同签订地人民法院起诉，或者向＿＿＿＿仲裁机构申请仲裁。在协商和诉讼期间，本合同不涉及争议部分的条款，双方仍需履行。

第十五条　甲、乙双方约定的其他事项

＿＿＿＿＿＿＿＿＿＿＿＿＿＿＿＿＿＿＿＿＿＿＿＿＿＿＿＿＿＿＿＿。

第十六条　本合同未尽事宜，按国家有关法律、法规和金融规章执行。

第十七条　合同生效和终止

本合同经甲、乙双方签字盖章后生效，到合同项下贷款本息全部清偿完毕后终止。

第十八条　合同附件

《中国银行小额信用消费贷款借款申请表》、乙方身份证影印件、购物发票影印件以及乙方要求的其他相关资料。

第十九条　本合同正本一式_____份，甲、乙双方及合同见证人各执一份。

甲方（盖章）：_____　　　乙方（盖章）：_____
代表人：（签字）　　　　　　　　　　　代表人：（签字）
_____年_____月_____日　　　　　　_____年_____月_____日
签订地点：_____　　　　签订地点：_____

（二）项目借款合同

贷款方：_____
借款方：_____

第一条　根据_____（项目计划批准机关及文号）批准借款方_____（项目名称及主要内容）项目_____，总投资_____万元，其中自筹_____万元，其他_____万元，向贷款单位申请_____（贷款种类），贷款_____万元。

第二条　贷款方根据借款方以下借款用同意贷款_____万元。贷款期限：自_____年_____月_____日至_____年_____月_____日。贷款方按照各项贷款办法规定的利率档次，计息时间，向借款方计收利息。

借款用途：购置设备_____台（套）_____万元；
土建_____平方米_____万元；
其他_____万元。

第三条　贷款方保证在核准的贷款额度内，根据贷款合同约定的期限，及时供应资金，如因本身责任，不能按时提供贷款，应按违约数额和延迟天数付给借款方违约金。违约金由贷款方按本项贷款利率档次加付_____%。

第四条　借款方保证按照如下期限归还本金：
_____年_____月_____万元、_____年_____月_____万元；
_____年_____月_____万元、_____年_____月_____万元；
_____年_____月_____万元、_____年_____月_____万元。

第五条　借款方还本付息的资金来源，双方同意按有关规定，用下列资金还款：_____（公章）。

1. 贷款项目投产后新增加的所得税前利润_____万元。
2. 贷款项目投产后新增加的税金_____万元。
3. 自有资金（包括更新改造资金、新产品试制费和生产发展基金）_____万元。
4. 新增固定资产折旧_____万元。

5. 贷款项目交主管部门的费用_____万元。

6. 其他资金_____万元。

　　第六条　贷款方有权监督借款方按照批准的项目实施计划、设计方案和合同规定使用借款，未经贷款方同意，借款方不得随意变更项目内容和借款用途，否则，贷款方有权收回或停止贷款，并对挪用的贷款部分加收利息_____%。

　　第七条　如借款方不能按期归还借款，由保证人或担保单位承担偿还本息的责任。

　　第八条　本合同经借款方、贷款方、保证方签章后生效，至此项借款本息全部还清后终止。合同正本三份：借款方、贷款方、保证方各执一份；副本四份：报送人民银行一、二级分行，当地工商行政管理局、税务局。

借款方：（公章）_____

法定代表人：（签章）_____

贷款方：（公章）_____

法定代表人：（签章）_____

保证人：_____

签订日期：_____

签订地点：_____

（三）民间借款合同

甲方（借款人）：_____

身份证号码：_____

乙方（贷款人）：_____

身份证号码：_____

甲乙双方就下列事宜达成一致意见，签订本合同。

一、乙方贷给甲方人民币（大写）_____，于_____前交付甲方。

二、贷款利息：_____

三、借款期限：_____

四、还款日期和方式：_____

五、违约责任：_____

六、本合同自_____起生效。本合同一式两份，双方各执一份。

甲方（签字、盖章）：_____　　乙方（签字、盖章）：_____

附：借据

今借到_____（姓名）人民币（大写）_____元整，_____年_____月_____日前归还，月息按_____计算。

借款人（签字、盖章）：_____

_____年_____月_____日

(四) 私人借款合同

借 款 人：_____ 电 话：_____
住 址：_____ 邮政编码：_____
贷 款 银 行：_____ 电 话：_____
法定代表人：_____ 传 真：_____
地 址：_____ 邮政编码：_____
借款人即抵押人（以下简称甲方）：_____
贷款人即抵押权人（以下简称乙方）：_____
保证人即售房单位（以下简称丙方）：_____

甲方因购买或建造或翻建或大修自有自住住房，根据_____市公积金管理中心规定，向乙方申请借款，愿意以所购买或建修的住房作为抵押。乙方经审查同意发放贷款。在抵押住房的房地产权证交乙方收押之前，丙方愿意为甲方提供保证。为明确各自的权利和义务，甲、乙、丙三方遵照有关法律规定，经协商一致，订立本合同，共同遵守执行。

第一条 借款金额

甲方向乙方借款人民币（大写）_____元。

第二条 借款用途

甲方借款用于购买、建造、翻建、大修坐落于_____区（县）_____街道（镇）_____路（村）_____弄_____号_____室的住房。

第三条 借款期限

借款合同期限从____年____月____日至____年____月____日。

第四条 贷款利率

贷款利率按签订本合同时公布的利率确定年利率为_____%（月利率_____%）。在借款期限内如利率变更，按中国人民银行规定办理。

第五条 存入自筹资金

甲方应在本合同签订后，在乙方开立活期储蓄存款户（储蓄卡账户），将自筹资金存入备用。如需动用甲方本人、同户成员、非同户配偶和非同户血亲公积金抵充自筹资金的，需提供当事人书面同意的证明，交乙方办理划款手续。甲方已将自筹资金支付给售房单位作首期房贷并有收据的可免存。

第六条 贷款拨付

向售房单位购买住房或通过房地产交易市场购买私房的甲方在此不可撤销地授权乙方，在办理住房抵押登记获得认同（乙方确定）之日起的五个营业日内将贷款金额连同存入的自筹资金全数以甲方购房款的名义转入售房单位或房地产交易市场在银行开立的账户。

甲方建造、翻建、大修自住住房的，在本合同生效后自筹资金用完或将要用完时，由乙方主动将贷款资金划入甲方在乙方开立的活期储蓄存款户储蓄卡账户，按工程进度支用。

第七条　贷款偿还

贷款本金和利息，采用按月等额还款方式。

贷款从发放的次月起按月还本付息。根据等额还款的计算公式计算每月等额还贷款本息，去零进元确定每月还本息额，最后一次本息结清。

（1）第一期（合同签订时）每月还本息额为：人民币（大写）_____万_____仟_____百_____拾_____元整。

（2）第二期至以后各期每月还本息额根据当年银行公布的个人住房公积金贷款利率计算，以乙方书面通知为准，同时变动分期每月还本息额。

甲方需动用本人、同户成员、非同住配偶和直系血亲公积金偿还贷款本息的，可在每年的_____月份办理一次，手续与本合同第五条公积金抵充自筹资金相同。

储蓄卡、信用卡还款：

甲方必须办理中国建设银行上海市分行储蓄卡、信用卡，委托乙方以自动转账方式还本付息的足额款项，存入储蓄卡账户或信用卡账户，保证乙方能够实施转账还款。

当因甲方原因造成用卡还款失败时，甲方必须持现金到原贷款经办行还款。

甲方提前将未到期贷款本金全部还清，乙方不计收提前还款手续费，也不退回按原合同利率收取的贷款利息。

第八条　贷款担保

本合同项下甲方购买的住房由丙方提供阶段性保证。在未将房地产权证交乙方收押前，如发生借款人违约连续三个月拖欠贷款本息、罚息及相关费用，丙方须在接到乙方发出《履行保证责任通知书》后的十日内负责代为清偿。保证期限从贷款发生之日起，到乙方取得房地产权证收押之日为止。

保证期间，借款合同的甲、乙双方协议变更借款合同内容，应事先征得丙方的书面同意。

本合同项下甲方购买、建造、翻建、大修的住房作为借款的抵押担保，由甲、乙方另行签订《住房抵押合同》。甲方购买期房的，应将购房预售合同交乙方保管。

第九条　合同公证

甲、乙、丙三方自本合同签订之日起的十日内，向公证机关办理本合同和甲、乙方签订的住房抵押合同公证。

第十条　合同的变更和解除

本合同生效后，任何一方不得擅自变更和解除本合同。

甲方如将本合同项下的权利、义务转让给第三方，应符合有关规定，并应事先经一方书面同意（如在保证期间应征得丙方同意），其转让行为在受让方和乙方重新签订借款合同后生效。

第十一条 甲、乙双方的权利和义务

甲方有权要求乙方按合同约定发放贷款；

甲方应在合同约定的期限内向乙方归还全部贷款本息；

甲方必须按约定用途使用乙方贷款，未经乙方书面同意，甲方不得将乙方贷款挪作他用；

乙方应按合同规定期限及时发放贷款。

第十二条 违约责任

甲方在执行本合同期间，未按月偿还贷款本息为逾期贷款，乙方按规定对其欠款每天计收万分之_____的罚息；并由甲方在活期储蓄或储蓄卡账户内存入一个月的贷款数，保证按时归还乙方贷款。

甲方如连续六个月未偿还贷款本息和相关费用，或被发现申请贷款时提供资料不实以及未经乙方书面同意擅自将抵押住房出租、出售、交换、赠与的，乙方有权提前收回贷款本息，直至处分抵押住房，如不足以偿还欠款的没有继续向甲方追偿欠款的权利。

甲方未将乙方贷款按合同约定使用而挪作他用，对挪用部分按规定每天计收万分之十二的罚金。

第十三条 本合同争议解决方式

在履行本合同过程中发生争议时，可以通过协商解决，协商不成，可以向乙方所在地的人民法院起诉。在协商或诉讼期间，本合同不涉及争议部分的条款，仍须履行。

第十四条 其他约定事项（略）

第十五条 本合同自甲、乙、丙三方签订后生效，丙方保证责任至甲方所购商品房的《房地产权证》和《房地产其他权证证明》交乙方执管后终止。甲、乙双方承担责任至合同项下贷款本息和相关费用全部清偿完毕后终止。

第十六条 本合同正本一式五份，甲、乙、丙各执一份，公证机关、房地产登记机构各执一份，副本按需确定，其中：送城市公积金管理中心一份。

甲方：（私章）_____　　　　乙方：（私章）_____

（签字）_____　　　　　　　法定代表人：（签章）_____

____年____月____日　　　　　　　____年____月____日

丙方：（公章）_____

法定代表人：（签章）_____

（或其授权代理人）_____

____年____月____日

（五）借款抵押合同

抵押人：_____ 企业性质：_____
立协议人：_____
抵押权人：_____银行

为了明确抵押人与抵押权人各自责任、权利和义务，恪守信用，特签订本《抵押协议》，以兹共同遵守。

一、抵押人自愿以"抵押物清单"（附后）所列之财产设定抵押权，担保借款人_____与_____银行于____年___月___日签订之借款合同，按期履行债务偿还借款。该贷款种类为_____，金额（人民币）_____万元，用于_____。贷款期限为____年___月___日至____年___月___日。借款合同编号为_____。

二、当借款人不能依合同约定按期偿还借款时，抵押权人有权依照我国法律规定以抵押物折价或者以变卖抵押物的价款优先得到偿还。

三、抵押人对"抵押物清单"中所列财产依照国家法律规定拥有_____（所有权或经营管理权），并在抵押期内将所有抵押财产的产权证书交由抵押权人占管。

四、_____抵押物在此之前已设有抵押，抵押额为_____万元；抵押期限为_____。

五、经双方协商此项抵押的抵押额为_____万元，抵押率为_____％，抵押期限为_____年，随_____号借款合同变更、解除或终止。抵押人在已设定抵押物的抵押价值额内不得重复抵押。在抵押价值额外再行设定抵押权的，应在再行设定抵押数之前书面通知抵押权人。

六、根据协议，双方占管抵押物采取下列方式：

1. 下列抵押物由抵押人占管、使用：

抵押物名称	型号	数量

2. 下列抵押物及有关文件由抵押权人占管：

抵押物名称	型号	面值	单位	数量

产权证书：_____，共_____件；
保险单：_____，共_____张；

保险金额：_____万元；
证明文件：_____，共_____份。
3. 下列抵押物就地封存，不得使用：

抵押物名称	型号	数量

七、抵押人对自己占管的抵押物，在抵押期间负责维修、保养、保证抵押物的完好，并随时接受抵押权人的检查和验证。抵押人未征得抵押权人的书面同意，不得以出租、出售、转借等形式处分自己所占管的抵押物。抵押权人发现抵押人对所占管的抵押物保管不当或有减损其价值的行为时，抵押权人有权要求抵押人恢复原状或提供其他等价的财产充当抵押物。抵押人不予执行的，抵押权人可以停止发放新贷款或收回部分直至全部贷款。

八、抵押权人占管之抵押物，如因抵押权人过错造成抵押物及有关文件损坏、遗失的，由抵押权人承担责任并赔偿损失。

九、抵押权人占管、保管抵押物及有关文件、凭证，按照有关规定由抵押人向抵押权人交纳保管费_____元，本协议生效后三十日内结清。

十、本抵押所保证的借款合同期满，借款人未按合同约定偿还全部贷款本息的，或在抵押期间抵押人依法被宣告破产的，抵押权人有权依照国家有关法律、法规采取_____方式处分抵押物。处分抵押物所得价款，按下列顺序分配：

（一）支付处分抵押物所需费用（含税金）；
（二）支付抵押人欠交抵押权人占管抵押物的保管费用；
（三）偿还借款人所欠抵押权人全部贷款本息；
（四）支付应由借款人支付贷款银行的其他有关费用；
（五）清偿上述款项后所余金额交还抵押人。

处分抵押物所得金额不足以偿还借款人所欠抵押权人贷款本息的，抵押权人仍有权追索债务。

十一、借款人按借款合同规定偿还全部贷款本息后，抵押权人将自己占管的抵押物及有关文件退还抵押人。

十二、抵押人应按照规定办理抵押物的财产保险，保险期不得短于抵押期。保险费用由抵押人支付。抵押期间，抵押权人为抵押财产保险的第一受益人。如遇意外损失，财产保险赔偿首先交由抵押权人处理。

十三、抵押期间，各种抵押物的孳息归财产所有人或经营管理权人所有。

十四、其他约定：
1. _____。

2. _____。
3. _____。
（说明：其他约定中应包括抵押期间财产保险赔偿处理方式和有价证券到期是否兑付等内容）

十五、双方当事人必须全面履行本《抵押协议》所规定的权利与义务，任何一方不得擅自变更或者解除。

十六、本《抵押协议》为_____号借款合同的补充文件。一式_____份，抵押人与抵押权人各执_____份。

股份制企业、合资合营企业、承包经营企业董事会或发包人审核意见：
（签字、盖章）_____　　　　　　　_____年_____月_____日
抵押人（公章）：_____　　　　抵押权人（公章）：_____
法定代表人（签字）：_____　　法定代表人（签字）：_____
_____年_____月_____日　　_____年_____月_____日

（六）房产抵押借款合同

抵押权人：_____
地　　址：_____邮政编码：_____电话：_____
法定代表人：_____职务：_____
抵押人：_____
地　　址：_____邮政编码：_____电话：_____
法定代表人：_____职务：_____
抵押物业地址：_____邮政编码：_____电话：_____
抵押权益之房产买卖合同：购房_____字第_____号

第一条　总则

抵押权人与抵押人于_____年_____月_____日会同担保人签订本房产抵押贷款合约（下称合约）。抵押人（借款人）同意以其与担保人于_____年_____月_____日签订的房产买卖合同（抵押权益之房产买卖合同）的全部权益抵押于抵押权人，并同意该房产买卖合同项下的房产物业（抵押物业），在售房单位发出入住通知书（收楼纸）后，应立即办理房产抵押手续，以该物业抵押于抵押权人，赋予抵押权人第一优先抵押权，并愿意履行本合约全部条款。抵押权人（贷款人）同意接受抵押人以上述房产买卖合同的全部权益及房产买卖合同项下房产物业，作为本合约项下贷款的抵押物，并接受担保人承担本合约项下贷款的担保责任，抵押权人向抵押人提供一定期抵押贷款，作为抵押人购置抵押物业的部分楼款。经三方协商，特定立本合约，应予遵照履行。

第二条　释义

在此贷款合约内，除合约内另行定义外，下列名词的定义如下：

"营业日"：指抵押权人公开营业的日子。

"欠款"：抵押人欠抵押权人的一切款项，包括本金、利息及其他有关费用。

"房产买卖合同之全部权益"：指抵押人（购房业主）与担保人签订的"房产买卖合同"内所应拥有的全部权益。

"房产物业建筑期"：售房单位发出入住通知书日期之前，视为房产物业建筑期。

第三条　贷款金额

一、贷款金额：人民币_____元；

所有已归还（包括提前归还）的款项，不得再行提取。

二、抵押人在此不可撤销地授权抵押权人将上述贷款金额全数以抵押人购楼款名义，存入售房单位账户。

第四条　贷款期限

贷款期限为_____年，由抵押权人贷出款项日起计。期满时抵押人应将贷款本息全部清还，但在期限内，如抵押人发生违约行为，抵押权人可据实际情况，随时通知抵押人归还或停止支付或减少贷款金额，抵押人当即履行。

第五条　利息

一、贷款利率按_____银行贷款最优惠利率加_____厘（年息）计算。

二、上述之优惠利率将随市场情况浮动，利率一经公布调整后，立即生效，抵押权人仍保留随时调整贷款利率的权利。

三、本合约项下之贷款利率，按贷款日利率或根据抵押权人书面通知按市场情况而调整的利率。

四、合约有效期内，按日贷款余额累计利息，每年以365天计日。

五、贷款利率如有调整时，由抵押权人以书面通知抵押人调整后的利率。

第六条　还款

一、本合约项下贷款本金及其相应利息，抵押人应分_____期，自款项贷出日计，按月清还借款本息，每期应缴付金额（包括因利率调整带来的应缴金额改变），由抵押权人以书面通知抵押人，如还款日不是营业日，则该分期付款额须于还款日起延迟一个营业日缴交。

二、抵押权人有权调整及更改每期应付金额或还款期数。

三、抵押人必须在_____银行开立存款账户，对与本抵押贷款有关的本息和一切费用，要照付该账户，若因此而引致该账户发生透支或透支增加，概由抵押人承担偿还责任。

四、所有应付予抵押权人的款项，应送_____银行。

五、抵押人不能从中抵扣、反索任何款项。如果在中国现时或将来有关法律规范下，不得不抵扣或反索任何款项（包括税款），则抵押人得即向抵押权人补偿额外款项，致使抵押权人所得，相当于在无须反索的情况下所应得不折不扣的款项。

第七条　逾期利息及罚息

一、每月分期付款应缴的金额，应按照规定期数及日期摊还；尚有逾期欠交期款等情况，抵押人必须立即补付期款及逾期利息，逾期利息的利率由抵押权人决定，按月息2%至5%幅度计收。

二、抵押人如逾期还款，除缴付逾期利息外，抵押权人有权在原利率基础上，向抵押人加收20%至50%的罚息。

三、抵押人须按照上述指定利率，照付逾期未付款项的利息，直到款项结清为止，无论在裁判确定债务之前或之后，此项利息均按日累积计算。

第八条　提前还款

一、在征得抵押权人同意的条件下，抵押人可按下列规定，办理提前还款手续：

1. 抵押人可在每月的分期还款日，提前部分或全部偿还实贷款额，每次提前偿还金额不少于_____万元整的倍数；所提前偿还的款额，将按例序渐次减低原贷款额。

2. 抵押人必须在预定提前还款日一个月前给抵押权人一个书面通知，该通知一经发出，即不可撤销。

3. 抵押人自愿提早缴付本合约规定的部分或全部款项，抵押人应予抵押权人相等于该部分或全部款项一个月利息的补偿金。

二、抵押人和担保人同意，在发生下列所述任何情况时，抵押权人有权要求抵押人立即提前清还部分或全部实际贷款额，或立即追及担保人：

1. 抵押人及/或担保人违反本合约任何条款。

2. 抵押人及/或担保人本身对外的借款、担保、赔偿、承诺或其他借债责任，因：

A. 违约被勒令提前偿还；

B. 到期而不能如期偿还。

3. 抵押人及/或担保人本身发生病变（包括精神不健全）、死亡、合并、收购、重组或因法院或政府机关或任何决议通过要解散、清盘、破产、关闭或指定接管人或信托人等去处理所有或大部分其所属之财产。

4. 抵押人及/或担保人被扣押令或禁止令等威胁，要对具不动产、物业或财产等有不利影响，而该等威胁又不能在发生后30天内完满解除。

5. 抵押人及/或担保人不能偿还一般债权人的欠债，在清盘、倒闭时不能清偿债项或将要停止营业。

6. 如抵押人及/或担保人因在中国法律规范下，变得不合法或不可能继续履行本合约所应负责任。

7. 如抵押人及/或担保人因业务上经营前景或其所拥有财产出现不利变化，而严重影响其履行本合约所负责任的能力。

8. 抵押人及/或担保人财产全部或任何重要关键部分被没收征用，被强制性收购（不论是否有价收购），或遭到损毁破坏。

9. 抵押人没有事先得到抵押权人书面同意而擅自更改其股权结构。

10. 抵押人舍弃该抵押房产。

如发觉上述任何事项或可能导致上述事项的事故已经发生，抵押人及/或担保人应立即书面通知抵押权人，除非上述事项在抵押权人得知时已获得完满解决，否则抵押权人可在该等事项发生后任何时间，以任何形式处分抵押物或根据本合同内第十三条担保人及担保人责任条款第一条第二点的担保期限内追付担保人。抵押权人于运用上述权力及权利时，而令担保人及/或抵押人受到不能控制的损失，抵押权人概不负责。

第九条 手续费及其他费用

一、抵押人应按贷款金额缴付手续费5‰，在贷款日一次付清，并必须绝对真实地提供本合约涉及的一切资料；若在签约后，发现抵押人所提供的资料与事实不符，抵押权人有权立即收回该笔贷款及利息，并对依约所收手续费，不予退还。

二、抵押贷款文件费，抵押人在贷款日一次支付_____币_____元整。

三、公证费用及抵押登记费用：有关本合约所涉及的公证及抵押登记等费用，全部由抵押人负责支付。

四、抵押人如不依约清付本合约内规定的一切款项，引致抵押权人催收，或因为任何原因，使抵押权人决定通过任何途径或方式追索，一切因此引起的费用（如处理押品的各种手续费、管理费、各种保险费等）概由抵押人负责偿还，并由各项费用确实支付之日起到收到之日止，同样按日累积计算逾期利息。

第十条 贷款先决条件

一、抵押人填具房产抵押贷款申请表；该申请表须经担保人确认。

二、抵押人提供购置抵押物的购房合约。

三、以抵押人名义，向抵押权人指定或认可的保险公司投保不少于重新购置抵押物金额的全险；保险单须过户_____银行，并交由该行保管。

四、本合约由抵押人、抵押权人、担保人各方代表签署并加盖公章。

五、本合约须由_____公证机关公证。

第十一条 房产抵押

一、本合约项下的房产抵押

1. 房产物业建筑期内抵押人的权益抵押：

（1）指抵押人（购房业主）与_____（售房单位）签订并经_____市公证处公证的"房产买卖合同"中，由抵押人将依据该购房合约其所应拥有的权益，以优先第一地位抵押于抵押权人；如因抵押人或担保人未能履行还款责任或担保义务，抵押权人即可取得抵押人在该"房产买卖合同"内的全部权益，以清偿所有欠款；

（2）该抵押权益之房产买卖合同须交由抵押权人保管。

2. 抵押房产物业：

（1）指抵押人（购房业主）与_____（售房单位）签订的"房产买卖合同"中，

抵押人购买的已建成（可交付使用）的抵押房产物业（资料详见附表）；

（2）抵押人须将上述第 2 项（1）点之抵押房产列在本合约的附表二内，以优先第一地位抵押于抵押权人作为所欠债务的押品；

（3）抵押人（购房业主）现授权抵押权人在接获担保人（售房单位）发出的入住通知书后，即代其向_____市房产管理机关申领房产权证书，并办理抵押登记手续。

二、抵押房产物业的保险

1. 抵押人须在规定时间内，到抵押权人指定的保险公司并按抵押权人指定的险种投保，保险标的为上述抵押房产，投保金额不少于重新购置抵押房产金额的全险，在贷款本息还清之前，抵押人不得以任何理由中断保险，如抵押人中断保险，抵押权人有权代为投保，一切费用由抵押人负责支付；由此而引起的一切损失，抵押人须无条件全部偿还抵押权人，抵押权人有权向抵押人索偿。

2. 抵押人须在规定时间内，将保险单过户于抵押权人。保险单不得附有任何有损于抵押权人权益和权力的限制条件，或任何不负责赔偿的金额。

3. 保险单正本由抵押权人执管，并由抵押人向抵押权人支付保管费。

4. 抵押人不可撤销地授权抵押权人为其代表人，按受保险赔偿金，并不可撤销地授权抵押权人为该赔偿金的支配人；此项授权非经抵押权人书面同意不可撤销。

5. 若上述保险赔偿金额数，不足以赔付抵押人所欠抵押权人的欠款时，抵押权人有权向抵押人及/或担保人追偿，直至抵押人清还所欠款项。

6. 倘该房产在本合约有效期内受到损坏，而保险公司认为修理损坏部分符合经济原则者，则保单项下赔偿金将用于修理损坏部分。

三、抵押房产物业登记

1. 物业建筑期的购房权益抵押：向房产管理机关办理抵押备案。抵押人"房产买卖合同"及由售房单位出具的"已缴清楼价款证明书"等交由抵押权人收执和保管。

2. 物业建成入住即办理房产物业抵押登记，抵押物业的《房产权证书》交由抵押权人收执和保管，登记费用由抵押人支付。

四、抵押解除

1. 一旦抵押人依时清还抵押权人一切款项，并履行合约全部条款及其他所有义务后，抵押权人须在抵押人要求及承担有关费用的情况下，解除在抵押合约中对有关抵押房产的抵押权益，并退回抵押物业的《房产权证书》及《房产买卖合同》。

2. 抵押人在履行上述第 1 点条款下，由抵押权人具函_____市房产管理机关，并将房产权证书交与抵押人向_____市房产管理机关办理抵押物的抵押登记注销手续。

五、抵押物的处分

1. 抵押人如不支付本合约规定的任何款项或不遵守本合约各项明文规定的条款或发生任何违约事项时，抵押权人也可以立刻进入并享用该楼宇的全部或收取租金和收益；或以抵押权人认为合适的售价或租金及年期，售出或租出该房产的全部或部分及收取租金和收益。抵押权人可雇用接管人或代理人处理上述事宜，而其工资或报酬则由抵押人负责。该接管人或代理人将被当作抵押人的代理人，而抵押人须完全负责此接管人或代理人的作为及失职之责。

2. 获委任的接管人得享有以下权利：

（1）要求住客缴交租金或住用费及发出有效的租单及收据，并有权以诉讼、控告、扣押或其他方式追付欠租或住用费；此等要求、收据或追付事宜，将以抵押人或抵押权人名义而发出，而付款人将不需要问及接管人是否有权利行使；

（2）接管人可依据抵押权人的书面通知而将其所收到的款项，投保于该房产的全部或部分及其内部附着物及室内装修。

3. 抵押权人依照第十一条第五项条款不需要征询抵押人或其他人士同意，有权将该房产全部或部分，按法律有关规定处分，抵押权人有权签署有关该房产买卖的文件及契约，以及取消该项买卖，而一切因此而引起的损失，抵押人无须负责。

4. 抵押权人可于下列情形运用其处分该房产的权利：

（1）抵押权人给予抵押人通知，要求还款（不论届期与否）而抵押人一个月内未能遵守该项通知全数偿还给抵押权人；

（2）抵押人逾期30天仍未清缴全部应付款项；

（3）抵押人违反此合约之任何条款；

（4）抵押人系个人而遭遇破产，或经法院下令监管财产；或抵押人为公司组织而被解散或清盘；

（5）抵押人的任何财产遭受或可能遭受扣押或没收；

（6）抵押人舍弃该房产。

5. 当抵押权人依照上述权力而出售该房产于买主时，买主不须查询有关上述之事宜，亦不需理会抵押人是否欠抵押权人债项或该买卖是否不当。即使该买卖有任何不妥或不规则之处，对买主而言，该买卖仍然当作有效及抵押人有权将该房产售给买主。

6. 抵押权人有权发出收条或租单于买主或租客，而买主及住客不须理会抵押权人收到该笔款项或租金的运用，倘由于该款项或租金的不妥善运用招致损失，概与买主及租客无关。

7. 抵押权人或按第五（2）条款委派接管人或代理人，须将由出租或出售该房产所得的款项，按下列次序处理：

（1）用于偿付因出租或出售该房产而支出的一切费用（包括缴付接管人或代理人的费用及报酬）；

（2）用于扣缴所欠的一切税款及抵押人根据此合约一切应付的费用及杂费（包括保险费及修补该房产的费用）；

（3）用于扣还抵押人所欠贷款及应付利息，扣除上述款项后，如有余款，抵押权人须将余款交付抵押人或其他有权收取的人，出售该房产所得价款，如不够偿还抵押人所欠一切款项及利息，抵押权人有权另行追索抵押人及/或担保人。

8. 抵押权人于运用其权力及权利时，而令抵押人受到不能控制的损失，抵押权人概不负责。

9. 抵押权人可以书面方式发出还款要求或其他要求，或有关抵押房产所需的通知书，该书面通知可以邮递方式寄往抵押人最后所报的住宅或办公地址或投留在该房产内，而该要求或通知书将被认为于发信或投留之后7天生效。

第十二条　抵押人声明及保证

抵押人声明及保证如下：

一、抵押人保证按本合约规定，按时按金额依期还本付息。

二、抵押人同意在抵押权人处开立存款账户，并不可撤销地授权抵押权人对与本抵押贷款有关的本息和一切费用可照付账户。

三、向抵押权人提供的一切资料均真实可靠，无任何伪造和隐瞒事实之处；上述抵押房产，在本合约签订前，未抵押于任何银行、公司和个人。

四、抵押房产的损毁，不论任何原因，亦不论任何人的过失，均须负责赔偿抵押权人的损失。

五、未经抵押权人同意，抵押人不得将上述抵押房产全部或部分出售、出租、转让、按揭、再抵押、抵偿债务、舍弃或以任何方式处理；如上述抵押房产的全部或部分发生毁损，不论何原因所致，亦不论何人的过失，均由抵押人负全部责任，并向抵押权人赔偿由此引起的一切损失。

六、抵押人使用该房产除自住外，托管或租与别人居住时，必须预先通知抵押权人，并征得抵押权人书面同意，方可进行；如将该房产出租，抵押人必须与承租人订立租约，租约内必须订明：抵押人背约时，由抵押权人发函日起计1个月内，租客即须迁出。

七、准许抵押权人及其授权人，在任何合理时间内进入该房产，以便查验。

八、在更改地址时立即通知抵押权人。

九、立即清付该房产的各项修理费用，并保障该房产免受扣押或涉及其他法律诉讼。

十、抵押期间，缴交地税，有关部门对该房产所征收的任何税项、管理费、水费、电费及其他一切杂费；以及遵守居民公约内的条文，并须赔偿抵押权人因抵押人不履行上述事宜的损失。

十一、在抵押权人认为必要时，向抵押权人指定的保险公司投保买房产保险或抵押人的人寿保险，该投保单均以抵押权人为受益人。

十二、当有任何诉讼、仲裁或法院传讯，正在对抵押人有不利影响时，保证及时以书面形式通知抵押权人。

十三、如担保人代抵押人偿还全部欠款，抵押人同意抵押权人将抵押物业权益转给担保人，并保证对该转让无异议。

十四、若担保人按本合约有关规定，代抵押人清还所有欠款，抵押权人应将抵押人名下的抵押物业的权益转让于担保人。

十五、担保人在取得该抵押物业权益后，抵押人同意担保人可以任何方式处分该抵押物业（包括以抵押人名义出售该物业），以赔偿担保人因代抵押人清偿欠款而引起的损失及一切有关（包括处理抵押物业）费用；若有不足，担保人可向抵押人索偿，抵押人承诺所有不足数额负责赔偿于担保人。

十六、抵押人确认担保人取得抵押物业权益及处分抵押物业的合法地位，由于处理抵押物业而导致抵押人的一切损失，抵押人放弃对担保人追索的权利。

十七、按照抵押权人的合理请求，采取一切措施及签订一切有关文件，以确保抵押权人合法权益。

第十三条　担保人及担保人责任

一、担保人_____，地址_____，（营业执照）_____

是本合约项下抵押权益的房产买卖合同的卖方（售房单位），也是本合约项下贷款抵押人的介绍人及担保人，承担无条件及不可撤销担保责任如下：

1. 担保额度：以本合约项下贷款本息及与本合约引起有关诉讼费用的为限。

2. 担保期限：以本合约生效日起至抵押人还清或担保人代还清本合约项下贷款本息及一切费用之日。

二、担保人责任：

1. 担保人自愿承担本合约项下贷款的担保责任。

2. 如抵押人未能按抵押权人的规定或通知履行还款责任，或抵押人发生任何违约事项，抵押权人即以双挂号投邮方式，书面通知担保人履行担保责任，并于发函日起计30天内履行担保义务，代抵押人清偿所欠抵押权人的一切欠款。

3. 担保人保证按抵押权益房产买卖合同所列售房单位责任，准时/按质完成抵押物业的建造工程，抵押权人对此不负任何（包括可能对抵押人或其他任何人）责任。

4. 担保人同意抵押人将其房产买卖合同的权益抵押于抵押权人，承认抵押权人在抵押人清偿本合约项下贷款全部借款本息之前，拥有该房产买卖合同中抵押人全部权益，并保证该权益不受任何人（包括担保人）侵犯。

5. 担保人保证与抵押权人紧密合作，使本合约各项条款得以顺利履行；特别是在发出入住通知书（收楼纸）后，将尽力协助办理物业抵押有关手续，以保障抵押权人的利益。

6. 担保人因履行担保义务后，而取得本合约项下的抵押权益房产买卖合同或抵押物业，担保人有权以任何公平或合理的方式予以处分，以抵偿代抵押人清偿欠款本息所引起的损失，如因处理该抵押物引致任何纷争或损失，概与抵押权人无关。

7. 担保人在此的担保责任是独立附加不受抵押权人从抵押人处获得楼房或其他抵

押,担保权益所代替,只要抵押人违约,抵押权人无须先向抵押人追及或处置抵押物业,即可强制执行担保人在本合约项下的担保责任直至依法律程序向法院申请强制执行。

第十四条 抵押权人责任

抵押权人基于抵押人确切履行本合约全部条款及担保人愿意承担本合约项下贷款担保责任的条件下:

一、按合约有关规定,准时提供一定期质押贷款于抵押人,该贷款将以抵押人购楼款名义转入售房单位账户。

二、抵押人向抵押权人还清本合约规定的贷款总额连利息及其他应付款项之后(包括转归该房产权于抵押人的费用)若同时已全部遵守及履行本合约各项条款者,抵押权人将该抵押权益的房主买卖合同或房产权证书转归抵押人,同时解除担保人担保责任。

三、若抵押人未能履行还款义务,而由担保人代清还所积欠一切欠款后,抵押权人即将抵押人抵押于抵押权人的抵押物业权益转让给担保人,担保人对该抵押物业的处理,与抵押权人无涉。

四、本合约由各方签署,经_____市公证处公证,由抵押人签署提款通知书交与抵押权人收执并经抵押权人已收齐全部贷款文件后两天内,抵押权人须将贷款金额全数以抵押人购楼款名义存入售房单位指定账户,否则抵押权人须偿付利息于担保人,利息计算按第五条第一项办理,由于抵押人或担保人出现各种导致抵押权人未能贷出款项的情况,抵押权人概不负责,且有关各项费用恕不退还。

第十五条 其他

一、对本合约内任何条款,各方均不得以口头形式或其他形式修改、放弃、撤销或终止。

二、在本合约履行期间,抵押权人对抵押人任何违约或延误行为施与的任何宽容、宽限或延缓履行本合约享有的权益和权力,均不能损害,影响或限制抵押权人依本合约和有关法律规定的债权人应享有一切权益和权力。

三、抵押人如不履行本合约所载任何条款时,抵押权人可不预告通知,将抵押人存在抵押权人处的其他财物自由变卖,以抵偿债务;如抵押人尚有其他款项存在抵押权人处,抵押权人亦可拨充欠数。

四、本合约规定的权利可以同时行使,也可以分别行使,亦可以累积;上述权利、利益和赔偿办法并不排除法律规定的其他赔偿办法。

五、抵押人、担保人与抵押权人,与本合约有关的通知、要求等,应以书面形式进行,电传、电报一经发出,信件在投邮 7 天后,及任何以人手送递的函件一经送出,即被视为已送达对方。

六、抵押权人无须征求抵押人和担保人同意,可将抵押权人在本合约项下的权益转让他人;但抵押人和担保人未征得抵押权人的书面同意,不得将其在本合约项下的任何还款及其他责任或义务转让于第三者；抵押人或担保人的继承人或接办人，仍须向抵押权人或抵押权人的承让人继续负起本合约项下的还款及其他责任。

七、本合约所提及的抵押权人，亦包括抵押权人的继承人、承让人；抵押人亦包括经抵押权人同意的抵押人、继承人、接办人。

八、本合约不论因何种原因而在法律上成为无效合约，或部分条款无效，抵押人和担保人仍应履行一切还款责任。若发生上述情况，抵押权人有权终止本合约，并立即向担保人和抵押人追偿欠款本息及其他有关款项。

九、抵押权人向抵押人和担保人付还欠款时，只需提供抵押权人签发之欠款数目单（有明显错误者除外），即作为抵押人和担保人所欠的确数证据，抵押人和担保人不得有异议。

第十六条 适用法律及纠纷的解决

一、本合约按中华人民共和国法律订立，受中华人民共和国法律保护。

二、在争议发生时，按下述第（ ）项解决：（1）向_____仲裁委申请仲裁；（2）向_____人民法院起诉。

三、如抵押人来自海外或中国台湾等地区，或为该地区居民，抵押权人有权在抵押人的来处或居住地执行本合约内由抵押人给抵押权人权力及向抵押人进行追索，包括仲裁、诉讼和执行仲裁或诉讼之裁决，如抵押权人决定在上述地区执行上述权力，进行追索、仲裁、诉讼等行动，抵押人和担保人必须承认本合约同时受该地区的法律保障，不得提出异议，如本合约内任何规定，在该地区法律上，被认为无效或被视为非法，并不影响其他规定的效力。

第十七条 附则

一、本合约须由三方代表签字，并经_____市公证机关公证。

二、本合约经_____市公证机关公证后，以抵押权人贷出款项的日期，作为合约生效日。

三、本合约内所述附表（一）、附表（二）及抵押人（购房业主）与担保人（售房单位）所签订的房产买卖合同（附件三），为本合约不可分割的部分。

四、本合约用中文书写，一式四份，均具有同等效力；抵押人、抵押权人、担保人各执一份、公证处存档一份。

第十八条 签章

本合约各方已详读及同意遵守本合约全部条款。

签　章：_____

抵　押　人：_____

签　署：_____

抵押权人：_____

代表人签字：_____

担 保 人：_____
代表人签字：_____
_____年_____月_____日
登记机关：
抵押登记编号：（_____）楼花字第_____号
抵押登记日期：_____年_____月_____日

💡 **特别提醒**

在签订借款抵押合同时，容易出现的一个漏洞是不明确抵押财产的处理方式，容易产生纠纷。所以，合同中需要明确约定抵押财产的处理方式——拍卖、变卖、抵偿等。

第六章　保证合同

　　根据《民法典》的规定，保证合同是为保障债权的实现，保证人和债权人约定，当债务人不履行到期债务或者发生当事人约定的情形时，保证人履行债务或者承担责任的合同。

　　1. 保证合同是单务合同，即保证人向债权人单向承担义务。
　　2. 保证合同是无偿合同，即债权人不需要向保证人支付报酬。
　　3. 保证合同是诺成合同，即当事人意思表示一致即告成立。

一、《民法典》相关法条

　　第六百八十一条　保证合同是为保障债权的实现，保证人和债权人约定，当债务人不履行到期债务或者发生当事人约定的情形时，保证人履行债务或者承担责任的合同。

　　第六百八十二条　保证合同是主债权债务合同的从合同。主债权债务合同无效的，保证合同无效，但是法律另有规定的除外。

　　保证合同被确认无效后，债务人、保证人、债权人有过错的，应当根据其过错各自承担相应的民事责任。

　　第六百八十三条　机关法人不得为保证人，但是经国务院批准为使用外国政府或者国际经济组织贷款进行转贷的除外。

　　以公益为目的的非营利法人、非法人组织不得为保证人。

　　第六百八十四条　保证合同的内容一般包括被保证的主债权的种类、数额，债务人履行债务的期限，保证的方式、范围和期间等条款。

　　第六百八十五条　保证合同可以是单独订立的书面合同，也可以是主债权债务合同中的保证条款。

　　第三人单方以书面形式向债权人作出保证，债权人接收且未提出异议的，保证合同成立。

　　第六百八十六条　保证的方式包括一般保证和连带责任保证。

　　当事人在保证合同中对保证方式没有约定或者约定不明确的，按照一般保证承担保证责任。

　　第六百八十七条　当事人在保证合同中约定，债务人不能履行债务时，由保证人承担保证责任的，为一般保证。

一般保证的保证人在主合同纠纷未经审判或者仲裁，并就债务人财产依法强制执行仍不能履行债务前，有权拒绝向债权人承担保证责任，但是有下列情形之一的除外：

（一）债务人下落不明，且无财产可供执行；
（二）人民法院已经受理债务人破产案件；
（三）债权人有证据证明债务人的财产不足以履行全部债务或者丧失履行债务能力；
（四）保证人书面表示放弃本款规定的权利。

第六百八十八条 当事人在保证合同中约定保证人和债务人对债务承担连带责任的，为连带责任保证。

连带责任保证的债务人不履行到期债务或者发生当事人约定的情形时，债权人可以请求债务人履行债务，也可以请求保证人在其保证范围内承担保证责任。

第六百八十九条 保证人可以要求债务人提供反担保。

第六百九十条 保证人与债权人可以协商订立最高额保证的合同，约定在最高债权额限度内就一定期间连续发生的债权提供保证。

最高额保证除适用本章规定外，参照适用本法第二编最高额抵押权的有关规定。

第六百九十一条 保证的范围包括主债权及其利息、违约金、损害赔偿金和实现债权的费用。当事人另有约定的，按照其约定。

第六百九十二条 保证期间是确定保证人承担保证责任的期间，不发生中止、中断和延长。

债权人与保证人可以约定保证期间，但是约定的保证期间早于主债务履行期限或者与主债务履行期限同时届满的，视为没有约定；没有约定或者约定不明确的，保证期间为主债务履行期限届满之日起六个月。

债权人与债务人对主债务履行期限没有约定或者约定不明确的，保证期间自债权人请求债务人履行债务的宽限期届满之日起计算。

第六百九十三条 一般保证的债权人未在保证期间对债务人提起诉讼或者申请仲裁的，保证人不再承担保证责任。

连带责任保证的债权人未在保证期间请求保证人承担保证责任的，保证人不再承担保证责任。

第六百九十四条 一般保证的债权人在保证期间届满前对债务人提起诉讼或者申请仲裁的，从保证人拒绝承担保证责任的权利消灭之日起，开始计算保证债务的诉讼时效。

连带责任保证的债权人在保证期间届满前请求保证人承担保证责任的，从债权人请求保证人承担保证责任之日起，开始计算保证债务的诉讼时效。

第六百九十五条 债权人和债务人未经保证人书面同意，协商变更主债权债务合同内容，减轻债务的，保证人仍对变更后的债务承担保证责任；加重债务的，保证人对加重的部分不承担保证责任。

债权人和债务人变更主债权债务合同的履行期限，未经保证人书面同意的，保证期间不受影响。

第六百九十六条 债权人转让全部或者部分债权，未通知保证人的，该转让对保证人不发生效力。

保证人与债权人约定禁止债权转让，债权人未经保证人书面同意转让债权的，保证人对受让人不再承担保证责任。

第六百九十七条 债权人未经保证人书面同意，允许债务人转移全部或者部分债务，保证人对未经其同意转移的债务不再承担保证责任，但是债权人和保证人另有约定的除外。

第三人加入债务的，保证人的保证责任不受影响。

第六百九十八条 一般保证的保证人在主债务履行期限届满后，向债权人提供债务人可供执行财产的真实情况，债权人放弃或者怠于行使权利致使该财产不能被执行的，保证人在其提供可供执行财产的价值范围内不再承担保证责任。

第六百九十九条 同一债务有两个以上保证人的，保证人应当按照保证合同约定的保证份额，承担保证责任；没有约定保证份额的，债权人可以请求任何一个保证人在其保证范围内承担保证责任。

第七百条 保证人承担保证责任后，除当事人另有约定外，有权在其承担保证责任的范围内向债务人追偿，享有债权人对债务人的权利，但是不得损害债权人的利益。

第七百零一条 保证人可以主张债务人对债权人的抗辩。债务人放弃抗辩的，保证人仍有权向债权人主张抗辩。

第七百零二条 债务人对债权人享有抵销权或者撤销权的，保证人可以在相应范围内拒绝承担保证责任。

二、典型案例

案例1：借贷双方未经保证人同意变更借款协议，保证责任能否免除？

[案情回放]

孙某因资金周转问题，向吕某借款100万元。吕某为资金安全，提出由孙某提供一名保人，一旦孙某到期无法偿还借款，即由该保人负责清偿债务。孙某征得朋友苏某同意后，由苏某担任此次借款合同的保证人，三方签订了借款保证协议。此后，孙某因为经营困难，偿还借款确有困难，与吕某协商，降低借款利息，双方签订了变更借款利息的协议。该笔借款到期后，因孙某无力偿还借款本息，吕某依据协议，要求苏某代为偿还。苏某认为，借贷双方对原借款协议进行变更，未经自己同意，保证责任得以免除，拒绝代孙某偿还借款。因协商不成，吕某诉至人民法院。

[专家点评]

《民法典》第 695 条规定:"债权人和债务人未经保证人书面同意,协商变更主债权债务合同内容,减轻债务的,保证人仍对变更后的债务承担保证责任;加重债务的,保证人对加重的部分不承担保证责任。债权人和债务人变更主债权债务合同的履行期限,未经保证人书面同意的,保证期间不受影响。"在本案中,虽然孙某和吕某作为借贷双方,对原借款协议作出变更,未征得保证人苏某同意,但变更后的协议降低了借款利息,减轻了债务和苏某的保证责任。所以,依据《民法典》的规定,苏某应当承担保证责任,代孙某清偿债务。

案例 2:保证人之间未约定保证份额的,如何承担保证责任?

[案情回放]

王某向某贷款公司借贷 50 万元用于生产经营,由张某和李某作为保证人。后王某因经营不善,无力偿还借款,某贷款公司经过调查,要求资金较为充裕的张某代为偿还借款。张某对此提出异议,认为他和李某同为保证人,应当等比例分担保证责任。某贷款公司则提出,在借款保证协议中,对于保证人的保证责任分配并未作出明确约定,因此,该公司依法有权要求张某承担全部债务的保证责任。由于双方无法协商一致,因此某贷款公司向人民法院提起诉讼。

[专家点评]

《民法典》第 699 条规定:"同一债务有两个以上保证人的,保证人应当按照保证合同约定的保证份额,承担保证责任;没有约定保证份额的,债权人可以请求任何一个保证人在其保证范围内承担保证责任。"在本案中,虽然张某和李某同为王某借款的保证人,但贷款协议对于二者的保证份额没有约定,根据民法典的规定,某贷款公司作为债权人,有权要求张某或者李某中的任何一人履行保证责任,代为偿还借款。因此,张某的抗辩是没有法律依据的。

案例 3:保证担保承诺书是否具有法律效力?

[案情回放]

2021 年张某因需资金周转,向某信用社申请贷款。2021 年 9 月 29 日,张某、李某与某信用社签订了抵押担保借款合同一份,约定张某向某信用社借款 3 万元,借款期限一年,月利率为 6.6375‰,逾期利率为 9‰,李某以自己拥有的房屋为该笔借款提供抵押担保,李某同时出具了抵押担保承诺书。在签订该抵押担保合同时,王某也出具了保证担保承诺书,自愿为该笔借款提供保证担保。

借款到期后，张某未归还此笔借款本息，经某信用社催促，张某、李某、王某均在催款通知书上签名，之后三人仍未还款。某信用社提起诉讼。

[专家点评]

该保证担保承诺书是王某在李某与某信用社签订抵押担保合同时出具的，并且自愿为该笔借款提供保证担保，符合保证合同的书面性、要式性、从属性特征。《民法典》第685条规定："保证合同可以是单独订立的书面合同，也可以是主债权债务合同中的保证条款。第三人单方以书面形式向债权人作出保证，债权人接收且未提出异议的，保证合同成立。"

本案中，某信用社与张某、李某在自愿基础上签订的抵押担保借款合同，在借款申请书中就约定了王某是该笔借款的担保人，在该抵押担保借款合同签订时王某自愿为该笔借款提供保证担保并向某信用社出具了保证担保承诺书，依该保证担保承诺书约定，该承诺书作为借款合同的附件，等同于正式保证担保合同，借款到期后，某信用社向张某催款时，王某又自愿在催款通知书上签名。因此该保证担保承诺书符合这一法律规定，合法有效。

案例4：主合同变更后，原担保人是否继续承担担保责任？

[案情回放]

某公司向银行贷款300万元，以自有的一幢三层楼房作抵押，估价200万元，并办理了抵押登记。应银行的要求，某公司又请某单位为其提供担保，银行与某单位签订了担保合同，约定保证期为借款期限届满后6个月。

借款合同期限届满后，某公司因资金紧张，无法按时还款，于是双方协商推迟还款期限6个月，并征求某单位的意见，请求其继续提供担保。某单位表示同意，但三方未重新签订合同，也未在原合同上签字。

6个月期限届满后，因市场发生变化，某公司经营困难，资不抵债，宣告破产。银行遂诉至法院，要求某单位清偿贷款。

[专家点评]

《民法典》第695条规定："债权人和债务人未经保证人书面同意，协商变更主债权债务合同内容，减轻债务的，保证人仍对变更后的债务承担保证责任；加重债务的，保证人对加重的部分不承担保证责任。债权人和债务人变更主债权债务合同的履行期限，未经保证人书面同意的，保证期间不受影响。"本案中，贷款合同还款期限届满后，某公司与银行经协商达成延期6个月还款的协议，虽然双方未订立延期还款的书面协议，但主合同的履行期限已经变更。某公司与银行达成延期还款协议后，曾经取得了担保人某单位的同意，但并没有形成书面同意文书，保证人某单位不再承担担保责任。

案例5：连带责任保证的保证人是否享有抗辩权？

［案情回放］

2020年2月1日，刘某向张某借款5万元，双方签订借款合同，约定借款期限一年，王某提供保证。合同到期后，刘某没有还借款。2022年1月1日，张某要求王某偿还借款。王某无力偿还，但书面同意继续提供保证。2022年3月1日，张某向法院起诉，请求王某承担保证责任，偿还借款。王某辩称，张某的债权已超过诉讼时效，保证人的保证责任因超过保证期间而免除。

［专家点评］

本案保证人王某应按新保证合同履行保证义务没有异议，但债权人向保证人主张权利并不能引起主债务诉讼时效的中断。由于债权人怠于行使权利使得债务人获得诉讼时效抗辩权。《民法典》第701条规定："保证人可以主张债务人对债权人的抗辩。债务人放弃抗辩的，保证人仍有权向债权人主张抗辩。"本案中，王某是连带责任保证的保证人，依该规定同样享有主债务人的抗辩权。

三、保证合同陷阱防范

1. 从保证人的角度，在提供担保时，首先应当对担保对象的情况进行深入了解和调查，掌握担保对象的资金负债率、资金流动性是否充裕、资产的变现能力等，从而对可能发生的债务风险有准确的评估和预判，避免盲目提供担保，使自身陷入债务陷阱中。《民法典》第689条规定："保证人可以要求债务人提供反担保。"为了弥补自身承担保证责任，代为履行债务后的损失，在必要的时候，保证人可以要求保证对象提供反担保，抵押资产，确保保证人代为清偿债务后，可以实现向债务人的追偿权。这是保证人降低自身风险的有效手段。

2. 从债权人的角度，必须对保证人的资质和实力严格审查。根据《民法典》的规定，机关法人不得为保证人，但是经国务院批准为使用外国政府或者国际经济组织贷款进行转贷的除外。以公益为目的的非营利法人、非法人组织不得为保证人。也就是说，国家机关、学校和医院等公益机构，是不得作为保证人的。如果与此类组织签订保证合同，不具备法律效力。

四、保证合同范本

（一）保证借款合同

贷款人：

借款人：

保证人：

经贷款人、借款人、保证人协商一致，根据国家有关法律、法规和规章的规定，签订本合同。

第一条 借款金额、种类与用途：贷款人同意向借款人发放贷款人民币_____元（大写：_____），借款种类为_____，借款用途为_____。

第二条 借款期限：本合同借款期限自_____年_____月_____日起至_____年_____月_____日。实际放款日期与上述约定不一致的，以借款借据为准。

第三条 借款利率：本合同借款利率为月利率_____‰。若遇中国人民银行基准贷款利率调整，借款期限在一年（含）以下的，本合同所约定利率不变；借款期限超过一年的，则利率根据中国人民银行利率政策调整比例而作相应比例的调整，调整方式贷款人不再另行通知借款人和保证人。

第四条 还款方式：本合同约定利息支付方式为按（月、季或年）付息，每（月、季末月或年末月）的_____日为结息日，次日为付息日，逾期付息视为违约。本金至借款期限届满时一次性归还，利随本清。但如借款借据特别约定了当笔贷款还款方式的，则当笔贷款的还款方式依此约定。

第五条 合同的履行：

一、借款人应在银行开设账户，贷款人将贷款划入该账户时即视为履行了发放贷款之义务。

二、贷款人收回到期贷款本息或依约提前收回贷款本息，借款人应按时将本息交至贷款人账户。

第六条 保证方式：保证人自愿为本合同贷款人的债权提供连带责任保证。

第七条 保证期间：保证期间自借款期限届满之日起两年。若贷款人依约提前收回未到期贷款，则视同借款期限届满。

第八条 保证担保范围：保证范围为贷款本金、利息（包括罚息、复息等）、违约金、损害赔偿金和实现债权的费用。实现债权的费用包括诉讼费、律师代理费、催讨差旅费和其他合理费用。

第九条 特别约定：

一、若依据本合同第三条的约定提高了利率，保证人同意对因利率提高而增加的利息仍按本合同保证条款承担连带保证责任。

二、贷款人依法转让债权，保证人仍需按本合同约定承担连带保证责任。

三、保证人承诺密切关注借款人的经营等状况。若借款人进行破产清算，则推定保证人知道或应当知道借款人的破产清算行为，保证人应预先行使追偿权。

四、贷款人向任何一个保证人主张保证责任，视同向其他保证人主张保证责任。

第十条 贷款展期：借款人若需延长借款期限，应在贷款到期日十天前以书面方式向贷款人提出申请。经贷款人、保证人同意后，由贷款人、借款人、保证人另行签订展期还款协议。贷款的展期利率由借款人与贷款人在展期还款协议中明确。如贷款展期，保证人继续承担连带保证责任，保证期间自展期后的借款期限届满之日起两年。

第十一条　借款人发生如下情形之一的，贷款人有权停止本合同尚未发生的贷款、提前收回未到期贷款：
一、未按期偿还贷款本金或未按期支付利息或未按借款借据特别约定的还款方式归还贷款本息的；
二、不按约定的贷款用途使用贷款的；
三、不接受或不配合贷款人对其贷款使用情况的查询或监管的；
四、未按期归还贷款人其他贷款或未按期清偿其他任何金融机构或第三人到期债务的；
五、借款人、借款人之法定代表人、股东、高级管理人员等参与重大赌博、吸毒等违纪违法行为的；
六、财产遭受哄抢等事件的；
七、卷入重大不利诉讼的；
八、被行政机关处以重大行政处罚的；
九、因经营不善而停产歇业的；
十、隐瞒企业财务状况、经营状况或抽逃资金（本）的；
十一、未征得债权人书面同意而实行承包、委托经营、托管、租赁、合资、兼并、合并、分立、转赠、股份制改造或减少注册资本等的；
十二、变更企业名称、法定代表人、股东、住所地或经营范围等工商登记事项，未在变更一个月前书面告知贷款人的；
十三、发生偷（逃）税、破产、解散、被责令停业整顿或被吊销（撤销）营业执照的；
十四、发生其他严重影响偿还债务能力或失去信用情形的。

第十二条　保证人如发生第十条第四项至第十四项情形之一的，贷款人有权停止本合同未发放的贷款、提前收回未到期贷款。

第十三条　违约责任：
借款人违约及其他违约责任：（一）未按期归还贷款本金（含展期），从逾期之日起按约定利率加收_____%的罚息利率计收罚息。（二）未按期偿付贷款利息，按罚息利率计收复息。（三）未按合同约定使用贷款，对挤占挪用的贷款在挪用期间按约定利率加收_____%的罚息利率计收罚息。（四）借款人提前归还贷款，须经贷款人同意；经贷款人同意后，贷款人对提前归还的贷款按本合同约定的利率和实际天数向借款人收取利息。

第十四条　信息使用：借款人、保证人同意贷款人根据中国人民银行或其他金融管理部门的有关规定，在中国人民银行个人（企业）信用信息基础数据库及有关信息系统上录入（查询、披露）借款人、保证人的有关信息。

第十五条 其他约定事项：_____。

第十六条 争议的解决方式：本合同在履行过程中发生的纠纷，由贷款人、借款人、保证人三方协商解决；协商不成的，以第_____种方式解决：（一）向仲裁委员会按照现行的仲裁规则申请仲裁；（二）向贷款人住所地人民法院提起诉讼。

第十七条 其他：

一、借款借据是合同的组成部分，与本合同具有同等效力。

二、本合同若发生公证费用和其他费用，均由_____承担。1. 借款人；2. 贷款人；3. 借款人、贷款人平均承担。

三、本合同的债务已经清偿，如这种清偿被有关法律文书确认为无效的，本合同仍然有效。

四、合同的生效：本合同自各方签字（盖章）之日起生效。

五、贷款人已提请借款人、保证人对本合同各条款作全面、准确的理解，并按借款人、保证人的要求对各条款予以充分说明；本合同各条款在订立前均进行了充分磋商；借款人、保证人对本合同各条款的含义及相应的法律后果已全部通晓并充分理解。

六、贷款人的法律文书送达地址：_____。

七、本合同一式四份，贷款人执两份，借款人、保证人各执一份，效力同等。

借款人	贷款人
借款人：	贷款人：
法定代表人/负责人：（签字） （或代理人）	负责人：（签字或盖章） （或代理人）
保证人	
保证人：	
法定代表人/负责人：（签字） （或代理人）	

签约时间：_____年_____月_____日

（二）最高额保证合同

甲方（出借人）：
乙方（保证人）：

第一条 借款货币、限额、合同期限

一、本合同项下的借款货币为人民币。

二、本合同项下的借款最高限额为（大写）＿＿＿＿＿＿＿＿＿＿＿＿＿＿＿。
（指本合同约定的期限内任一时点实际形成的借款余额合计总额，每一笔借款的金额、期限依借款借据或相关借款凭证为准）

三、本合同的期限为 20＿＿＿年＿＿＿月＿＿＿日起至 20＿＿＿年＿＿＿月＿＿＿日。

四、在本合同约定的限期和借款最高限额内，保证人为借款人借款提供连带责任担保。

第二条 保证范围、方式、期间等

一、保证人的保证范围为本合同约定期限内甲方发放给借款人的借款所形成的全部债务，包括但不限于：全部借款本金、利息、逾期利息、复利、罚息、违约金、损害赔偿金。

二、保证人对在本合同约定期限内甲方发放给借款人的每一笔借款都提供担保，在发放每一笔借款时不再逐笔办理担保手续，但合计的担保限额不超过本合同约定的最高借款限额。

三、保证期间为本合同期限内甲方发放给借款人的借款中以最后还款期限的借款所约定的借款人履行债务届满之日起半年。

四、保证人保证有足够的清偿能力承担上述担保责任，保证在接到甲方书面索偿通知后＿＿＿＿＿＿日内清偿上述款项。

第三条 乙方的声明与承诺

一、乙方提供的与本合同有关的一切文件、报表及陈述均是合法、真实、准确、完整的。

二、乙方应按甲方的要求，提供乙方的经营状况、财务状况之报告、报表等文件和资料。

第四条 合同的补充、变更和解释

一、本合同经各方书面同意可以修改或补充；本合同的任何修改和补充均构成本合同不可分割的一部分。

二、本合同未尽事宜，应由协议各方另行协商解决。

三、本合同有关条款的解释，依照有关的法律法规以及交易习惯进行。

第五条

在合同有效期内，各方如有任何争议或纠纷，应首先协商解决。协商不成的，各

方一致同意由人民法院管辖。

第六条　合同的生效

本合同经甲方、乙方加盖公章后生效。

本合同一式_____份，均具同等法律效力，甲方执_____份，乙方持_____份。

甲方：（公章）　　　　　　　乙方：（公章）

负责人：（签章）　　　　　　负责人：（签章）

通信地址：　　　　　　　　　通信地址：

联系电话：　　　　　　　　　联系电话：

签约日期：_____年_____月_____日

签约地点：_____

（三）业主支付保函（试行）①

_____（承包商）：

鉴于贵方与_____（以下简称业主）就_____项目于_____年_____月_____日签订编号为_____的《建设工程施工合同》（以下简称主合同），应业主的申请，我方愿就业主履行主合同约定的工程款支付义务以保证的方式向贵方提供如下担保：

一、保证的范围及保证金额

我方的保证范围是主合同约定的工程款。

本保函所称主合同约定的工程款是指主合同约定的除工程质量保修金外的合同价款。

我方保证的金额是主合同约定的工程款的_____%，数额最高不超过人民币_____元（大写：_____）。

二、保证的方式及保证期间

我方保证的方式为：连带责任保证。

我方保证的期间为：自本合同生效之日起至主合同约定的工程款支付之日后_____日内。

贵方与业主协议变更工程款支付日期的，经我方书面同意后，保证期间按照变更后的支付日期做相应调整。

三、承担保证责任的形式

我方承担保证责任的形式是代为支付。业主未按主合同约定向贵方支付工程款的，由我方在保证金额内代为支付。

---

① 中华人民共和国建设部发布。

四、代偿的安排

贵方要求我方承担保证责任的，应向我方发出书面索赔通知及业主未支付主合同约定工程款的证明材料。索赔通知应写明要求索赔的金额，支付款项应到达的账号。

在出现贵方与业主因工程质量发生争议，业主拒绝向贵方支付工程款的情形时，贵方要求我方履行保证责任代为支付的，还需提供项目总监理工程师、监理单位或符合相应条件要求的工程质量检测机构出具的质量说明材料。

我方收到贵方的书面索赔通知及相应证明材料后，在_____个工作日内进行核定后按照本保函的承诺承担保证责任。

五、保证责任的解除

1. 在本保函承诺的保证期间内，贵方未书面向我方主张保证责任的，自保证期间届满次日起，我方保证责任解除。

2. 业主按主合同约定履行了工程款的全部支付义务的，自本保函承诺的保证期间届满次日起，我方保证责任解除。

3. 我方按照本保函向贵方履行保证责任所支付金额达到本保函金额时，自我方向贵方支付（支付款项从我方账户划出）之日起，保证责任即解除。

4. 按照法律法规的规定或出现应解除我方保证责任的其他情形的，我方在本保函项下的保证责任亦解除。

我方解除保证责任后，贵方应自我方保证责任解除之日起_____个工作日内，将本保函原件返还我方。

六、免责条款

1. 因贵方违约致使业主不能履行义务的，我方不承担保证责任。

2. 依照法律法规的规定或贵方与业主的另行约定，免除业主部分或全部义务的，我方亦免除相应的保证责任。

3. 贵方与业主协议变更主合同的，如加重业主责任致使我方保证责任加重的，需征得我方书面同意，否则我方不承担加重部分的保证责任。

4. 因不可抗力造成业主不能履行义务的，我方不承担保证责任。

七、争议的解决

因本保函发生的纠纷，由贵、我双方协商解决，协商不成的，通过诉讼程序解决，诉讼管辖法院为_____法院。

八、保函的生效

本保函自我方法定代表人（或其授权代理人）签字或加盖公章并交付贵方之日起生效。本条所称交付是指：_____。

保证人：
法定代表人（或授权代理人）：
年　　月　　日

（四）业主支付委托保证合同（试行）①

委托保证人（以下称甲方）：_____

住　　所：_____

法定代表人：_____

电　　话：_____

传　　真：_____

保证人（以下称乙方）：_____

住　　所：_____

法定代表人：_____

电　　话：_____

传　　真：_____

鉴于甲方与_____（以下简称承包商）就_____项目于____年____月____日签订编号为_____的《建设工程施工合同》（以下简称主合同），乙方接受甲方的委托，同意为甲方以保证方式向承包商提供工程款支付担保。双方经协商一致，订立本合同。

第一条　定义

1.1 本合同所称业主支付担保是指，乙方向承包商保证，当甲方未按照主合同的约定支付工程款时，由乙方代为支付的行为。

1.2 本合同所称主合同约定的工程款是指主合同约定的除工程质量保修金外的合同价款。

第二条　保证的范围及保证金额

2.1 乙方保证的范围是主合同约定的工程款。

2.2 乙方保证的金额是主合同约定的工程款的_____%，金额最高不超过人民币_____元（大写：_____）。

第三条　保证的方式及保证期间

3.1 乙方保证的方式为：连带责任保证。

3.2 乙方保证的期间为：自本合同生效之日起至主合同约定的工程款支付之日后_____日内。

3.3 甲方与承包商协议变更工程款支付日期的，经乙方书面同意后，保证期间按照变更后的支付日期做相应调整。

---

① 中华人民共和国建设部发布。

第四条　承担保证责任的形式

4.1 乙方承担保证责任的形式是代为支付。

4.2 甲方未按主合同约定向承包商支付工程款的，由乙方在保证金额内代为支付。

第五条　担保费及支付方式

5.1 担保费率根据担保额、担保期限、风险等因素确定。

5.2 双方确定的担保费率为：_____。

5.3 本合同生效后_____日内，甲方一次性支付乙方担保费共计人民币_____元（大写：_____）。

第六条　反担保

甲方应按照乙方的要求向乙方提供反担保，由双方另行签订反担保合同。

第七条　乙方的追偿权

乙方按照本合同的约定承担了保证责任后，即有权要求甲方立即归还乙方代偿的全部款项及乙方实现债权的费用，甲方另外应支付乙方代偿之日起企业银行同期贷款利息、罚息，并按上述代偿款项的_____%一次性支付违约金。

第八条　双方的其他权利义务

8.1 乙方在甲乙双方签订本合同，并收到甲方支付的担保费之日起_____日内，向承包商出具《业主支付保函》。

8.2 甲方如需变更名称、经营范围、注册资金、注册地、主要营业机构所在地、法定代表人或发生合并、分立、重组等重大经营举措应提前三十日通知乙方；发生亏损、诉讼等事项应立即通知乙方。

8.3 甲方不得擅自将工程转让给第三人。甲方与承包商有关主合同的修改、变更，应告知乙方；如发生结构、规模、标准等重大设计变更，应经乙方书面同意。

8.4 甲方保证对已经落实的工程款项实行专款专用，及时向乙方通报工程款项的支付和合同履行情况，积极配合乙方进行定期或随时检查和监督。必要时乙方可要求甲方将已落实的工程款项打入乙方指定的账户，实行专款专用监督。

第九条　争议的解决

本合同在履行过程中发生争议或纠纷时，甲乙双方当事人可以通过协商解决，协商不成的，通过第_____款约定的方式解决：

9.1 向_____法院起诉；

9.2 向_____提起仲裁（写明仲裁机构名称）。

第十条　甲乙双方约定的其他事项

_____。

第十一条　合同的生效、变更和解除

11.1 本合同由甲乙双方法定代表人（或其授权代理人）签字或加盖公章生效。

11.2 本合同生效后，任何有关本合同的补充、修改、变更、解除等均需由甲乙双方协商一致并订立书面协议。

第十二条　附则

本合同一式_____份，甲乙双方各执_____份。

甲方：_____　　乙方：_____

法定代表人（或授权代理人）：_____　法定代表人（或授权代理人）：_____

_____年_____月_____日　　　　　_____年_____月_____日

（五）投标保函①

_____（招标人）：

鉴于_____（以下简称投标人）参加_____项目投标，应投标人申请，根据招标文件，我方愿就投标人履行招标文件约定的义务以保证的方式向贵方提供如下担保：

一、保证的范围及保证金额

我方在投标人发生以下情形时承担保证责任：

1. 投标人在招标文件规定的投标有效期内即_____年_____月_____日起至_____年_____月_____日内未经贵方许可撤回投标文件；

2. 投标人中标后因自身原因未在招标文件规定的时间内与贵方签订《建设工程施工合同》；

3. 投标人中标后不能按照招标文件的规定提供履约保证；

4. 招标文件规定的投标人应支付投标保证金的其他情形。

我方保证的金额为人民币_____元（大写：_____）。

二、保证的方式及保证期间

我方保证的方式为：连带责任保证。

我方的保证期间为：自本保函生效之日起至招标文件规定的投标有效期届满后_____日，即至_____年_____月_____日。

投标有效期延长的，经我方书面同意后，本保函的保证期间做相应调整。

三、承担保证责任的形式

我方按照贵方的要求以下列方式之一承担保证责任：

1. 代投标人向贵方支付投标保证金为人民币_____元。

2. 如果贵方选择重新招标，我方向贵方支付重新招标的费用，但支付金额不超过本保证函第一条约定的保证金额，即不超过人民币_____元。

---

① 中华人民共和国建设部发布。

四、代偿的安排

贵方要求我方承担保证责任的，应向我方发出书面索赔通知。索赔通知应写明要求索赔的金额，支付款项应到达的账号，并附有说明投标人违约造成贵方损失情况的证明材料。

我方收到贵方的书面索赔通知及相应证明材料后，在_____个工作日内进行核定后按照本保函的承诺承担保证责任。

五、保证责任的解除

1. 保证期间届满贵方未向我方书面主张保证责任的，自保证期间届满次日起，我方解除保证责任。

2. 我方按照本保函向贵方履行了保证责任后，自我方向贵方支付（支付款项从我方账户划出）之日起，保证责任即解除。

3. 按照法律法规的规定或出现应解除我方保证责任的其他情形的，我方在本保函项下的保证责任亦解除。

我方解除保证责任后，贵方应按上述约定，自我方保证责任解除之日起_____个工作日内，将本保函原件返还我方。

六、免责条款

1. 因贵方违约致使投标人不能履行义务的，我方不承担保证责任。

2. 依照法律规定或贵方与投标人的另行约定，免除投标人部分或全部义务的，我方亦免除相应的保证责任。

3. 因不可抗力造成投标人不能履行义务的，我方不承担保证责任。

七、争议的解决

因本保函发生的纠纷，由贵、我双方协商解决，协商不成的，通过诉讼程序解决，诉讼管辖法院为_____法院。

八、保函的生效

本保函自我方法定代表人（或其授权代理人）签字或加盖公章并交付贵方之日起生效。

本条所称交付是指：_____。

保证人：
法定代表人（或授权代理人）：
　　　年　　月　　日

（六）投标委托保证合同[①]

委托保证人（以下称甲方）：_____
住　　所：_____
法定代表人：_____
电　　话：_____

保证人（以下称乙方）：_____
住　　所：_____
法定代表人：_____
电　　话：_____

鉴于甲方参加_____项目的投标，乙方接受甲方的委托，同意为甲方以保证方式向_____（以下简称招标人）提供投标担保。甲乙双方经协商一致，订立本合同。

第一条　定义

本合同所称投标担保是指乙方向招标人保证，当甲方未按照招标文件的规定履行投标人义务时，由乙方代为承担保证责任的行为。

第二条　保证的范围及保证金额

2.1 乙方保证的范围是甲方未按照招标文件的规定履行投标人义务，给招标人造成的实际损失。

乙方在甲方发生以下情形时承担保证责任：

（1）在招标文件规定的投标有效期内即_____年_____月_____日起至_____年_____月_____日内未经招标人许可撤回投标文件。

（2）中标后因中标人原因未在招标文件规定的时间内与招标人签订《建设工程施工合同》。

（3）中标后不能按照招标文件的规定提供履约保证。

（4）招标文件规定的投标人应支付投标保证金的其他情形。

2.2 乙方保证的金额为人民币_____元（大写：_____）。

第三条　保证的方式及保证期间

3.1 乙方保证的方式为：连带责任保证。

3.2 乙方保证的期间为：自保函生效之日起至招标文件规定的投标有效期届满后_____日，即至_____年_____月_____日。

3.3 投标有效期延长的，经乙方书面同意后，保函的保证期间做相应调整。

---

① 中华人民共和国建设部发布。

第四条　承担保证责任的形式

4.1 乙方根据招标人要求以下列方式之一承担保证责任：

（1）代甲方支付投标保证金为人民币_____元。

（2）如果招标人选择重新招标，乙方支付重新招标的费用，但支付金额不超过本合同第二条约定的保证金额。

第五条　担保费及支付方式

5.1 担保费率根据担保额、担保期限、风险等因素确定。

5.2 双方确定的担保费率为：_____。

5.3 本合同生效后_____日内，甲方一次性支付乙方担保费共计人民币_____元（大写：_____）。

第六条　反担保

甲方必须按照乙方的要求向乙方提供反担保，由双方另行签订反担保合同。

第七条　乙方的追偿权

乙方按照本合同的约定承担保证责任后，即有权要求甲方立即归还乙方代偿的全部款项及乙方实现债权的费用，甲方另外应支付乙方代偿之日起企业银行同期贷款利息、罚息，并按上述代偿款项的_____%一次性支付违约金。

第八条　双方的其他权利义务

8.1 乙方在甲乙双方签订本合同，并收到甲方支付的担保费之日起_____日内，向招标人出具《投标保函》。

8.2 甲方如需变更名称、经营范围、注册资金、注册地、主要营业机构所在地、法定代表人或发生合并、分立、重组等重大经营举措应提前三十日通知乙方；发生亏损、诉讼等事项应立即通知乙方。

第九条　争议的解决

本合同在履行过程中发生争议或纠纷时，甲乙双方当事人可以通过协商解决，协商不成的，通过第_____款约定的方式解决：

9.1 向_____法院起诉；

9.2 向_____提起仲裁（写明仲裁机构名称）。

第十条　甲乙双方约定的其他事项

_____

_____。

第十一条　合同的生效、变更和解除

11.1 本合同由甲乙双方法定代表人（或其授权代理人）签字或加盖公章后生效。

11.2 本合同生效后，任何有关本合同的补充、修改、变更、解除等均需由甲乙双方协商一致并订立书面协议。

第十二条　附则

本合同一式_____份，甲乙双方各执_____份。

甲方：_____　　乙方：_____
法定代表人（或授权代理人）：_____　　法定代表人（或授权代理人）：_____
_____年_____月_____日　　　　　　　_____年_____月_____日

（七）承包商履约保函①

_____（业主）：

鉴于贵方与_____（以下简称承包商）就_____项目于_____年_____月_____日签订编号为_____的《建设工程施工合同》（以下简称主合同），应承包商申请，我方愿就承包商履行主合同约定的义务以保证的方式向贵方提供如下担保：

一、保证的范围及保证金额

我方的保证范围是承包商未按照主合同的约定履行义务，给贵方造成的实际损失。

我方保证的金额是主合同约定的合同总价款的_____%，数额最高不超过人民币_____元（大写：_____）。

二、保证的方式及保证期间

我方保证的方式为：连带责任保证。

我方保证的期间为：自本合同生效之日起至主合同约定的工程竣工日期后_____日内。

贵方与承包商协议变更工程竣工日期的，经我方书面同意后，保证期间按照变更后的竣工日期做相应调整。

三、承担保证责任的形式

我方按照贵方的要求以下列方式之一承担保证责任：

1. 由我方提供资金及技术援助，使承包商继续履行主合同义务，支付金额不超过本保函第一条规定的保证金额。

2. 由我方在本保函第一条规定的保证金额内赔偿贵方的损失。

四、代偿的安排

贵方要求我方承担保证责任的，应向我方发出书面索赔通知及承包商未履行主合同约定义务的证明材料。索赔通知应写明要求索赔的金额，支付款项应到达的账号，并附有说明承包商违反主合同造成贵方损失情况的证明材料。

贵方以工程质量不符合主合同约定标准为由，向我方提出违约索赔的，还需同时提供符合相应条件要求的工程质量检测部门出具的质量说明材料。

---

① 中华人民共和国建设部发布。

我方收到贵方的书面索赔通知及相应的证明材料后，在＿＿＿＿＿个工作日内进行核定后按照本保函的承诺承担保证责任。

五、保证责任的解除

1. 在本保函承诺的保证期间内，贵方未书面向我方主张保证责任的，自保证期间届满次日起，我方保证责任解除。

2. 承包商按主合同约定履行了义务的，自本保函承诺的保证期间届满次日起，我方保证责任解除。

3. 我方按照本保函向贵方履行保证责任所支付的金额达到本保函金额时，自我方向贵方支付（支付款项从我方账户划出）之日起，保证责任即解除。

4. 按照法律法规的规定或出现应解除我方保证责任的其他情形的，我方在本保函项下的保证责任亦解除。

我方解除保证责任后，贵方应自我方保证责任解除之日起＿＿＿＿＿个工作日内，将本保函原件返还我方。

六、免责条款

1. 因贵方违约致使承包商不能履行义务的，我方不承担保证责任。

2. 依照法律法规的规定或贵方与承包商的另行约定，免除承包商部分或全部义务的，我方亦免除相应的保证责任。

3. 贵方与承包商协议变更主合同的，如加重承包商责任致使我方保证责任加重的，需征得我方书面同意，否则我方不承担加重部分的保证责任。

4. 因不可抗力造成承包商不能履行义务的，我方不承担保证责任。

七、争议的解决

因本保函发生的纠纷，由贵、我双方协商解决，协商不成的，通过诉讼程序解决，诉讼管辖法院为＿＿＿＿＿＿＿＿＿＿法院。

八、保函的生效

本保函自我方法定代表人（或其授权代理人）签字或加盖公章并交付贵方之日起生效。

本条所称交付是指：＿＿＿＿＿＿＿＿＿＿＿＿＿＿＿＿＿＿＿＿＿＿＿＿＿＿＿。

保证人（盖章）：
法定代表人（或授权代理人）（签字）：
　　年　　月　　日

（八）总承包商付款（供货）保函[①]

_____（供货商）：

鉴于贵方与_____（以下简称总承包商）就_____项目于_____年_____月_____日签订编号为_____的《买卖合同》（以下简称主合同），应总承包商的申请，我方愿就总承包商履行主合同约定的货款支付义务以保证的方式向贵方提供如下担保：

一、保证的范围及保证金额

我方的保证范围是主合同约定的货款。

本保函所称货款指_____。

我方保证的金额是主合同约定的货款的_____%，数额最高不超过人民币_____元（大写：_____）。

二、保证的方式及保证期间

我方保证的方式为：连带责任保证。

我方保证的期间为：自本合同生效之日起至主合同约定的总承包商应履行支付货款义务期限届满之日后_____日。

贵方与总承包商协议变更货款支付日期的，经我方书面同意后，保证期间按照变更后的支付日期做相应调整。

三、承担保证责任的形式

我方承担保证责任的形式是代为支付。总承包商未按主合同约定向贵方支付货款的，由我方在保证金额内代为支付。

四、代偿的安排

贵方要求我方承担保证责任的，应向我方发出书面索赔通知及总承包商未支付货款的证明材料。索赔通知应写明要求索赔的金额，支付款项应到达的账号。

在出现贵方与总承包商因货物质量发生争议，总承包商拒绝向贵方支付货款的情形时，贵方要求我方履行保证责任代为支付的，还需提供_____部门出具的质量合格的说明。

我方收到贵方的书面索赔通知及相应证明材料后，在_____个工作日内进行核定后按照本保函的承诺承担保证责任。

五、保证责任的解除

1. 在本保函承诺的保证期间内，贵方未书面向我方主张保证责任的，自保证期间届满次日起，我方保证责任解除。

2. 总承包商按主合同约定履行了货款支付义务的，自本保函承诺的保证期间届满次日起，我方保证责任解除。

[①] 中华人民共和国建设部发布。

3. 我方按照本保函向贵方履行保证责任所支付的金额达到本保函金额时，自我方向贵方支付（支付款项从我方账户划出）之日起，保证责任即解除。

4. 按照法律法规的规定或出现应解除我方保证责任的其他情形的，我方在本保函项下的保证责任亦解除。

我方解除保证责任后，贵方应自我方保证责任解除之日起_____个工作日内，将本保函原件返还我方。

六、免责条款

1. 因贵方违约致使总承包商不能履行义务的，我方不承担保证责任。

2. 依照法律法规的规定或贵方与总承包商的另行约定，免除总承包商部分或全部义务的，我方亦免除相应的保证责任。

3. 贵方与总承包商协议变更主合同的，需征得我方书面同意，否则我方不再承担保证责任。

4. 因不可抗力造成总承包商不能履行义务的，我方不承担保证责任。

七、争议的解决

因本保函发生的纠纷，由贵、我双方协商解决，协商不成的，通过诉讼程序解决，诉讼管辖法院为_____法院。

八、保函的生效

本保函自我方法定代表人（或其授权代理人）签字或加盖公章并交付贵方之日起生效。

本条所称交付是指：_____。

保证人（盖章）：
法定代表人（或授权代理人）（签字）：
年　　月　　日

（九）总承包商付款（分包）委托保证合同[①]

委托保证人（承包商，以下称甲方）：_____
住所：_____
法定代表人：_____
电话：_____
传真：_____

[①] 中华人民共和国建设部发布。

保证人（以下称乙方）：_____
　　住所：_____
　　法定代表人：_____
　　电话：_____
　　传真：_____

　　鉴于甲方与_____（以下简称分包商）就____项目于_____年___月___日签订编号为_____的《分包合同》（以下简称主合同），乙方接受甲方的委托，同意以保证方式为甲方向分包商提供付款保证。甲乙双方经协商一致，订立本合同。

　　第一条　定义
　　1.1 本合同所称总承包商付款保证是指，乙方向分包商保证，当甲方未按照主合同的约定支付工程款时，由乙方按照本合同的约定代为支付的行为。
　　1.2 本合同所称工程款是指_____。

　　第二条　保证的范围及保证金额
　　2.1 乙方提供保证的范围是主合同约定的甲方应向分包商支付的工程款。
　　2.2 甲方在上述保证范围内所承担的保证金额最高不超过人民币_____元（大写：_____）。

　　第三条　保证的方式及保证期间
　　3.1 乙方保证的方式为：连带责任保证。
　　3.2 乙方保证的期间为：自本合同生效之日起至主合同约定的工程款支付之日后_____日。
　　3.3 甲方与分包商协议变更主合同付款日期的，经乙方书面同意后，保证期间按照变更后的日期做相应调整。

　　第四条　承担保证责任的形式
　　乙方承担保证责任的形式为代为支付。当甲方未按照主合同的约定向分包商支付工程款时，由乙方代为履行支付义务，但乙方付款总额不超过本合同第二条约定的保证金额。

　　第五条　担保费及支付方式
　　5.1 担保费率根据担保额、担保期限、风险等因素确定，收取担保费。
　　5.2 双方确定的担保费率为：_____。
　　5.3 本合同生效后_____日内，甲方一次性支付乙方担保费共计人民币_____元（大写：_____）。

　　第六条　反担保
　　甲方应按照乙方的要求向乙方提供反担保，由双方另行签订反担保合同。

第七条　乙方的追偿权

乙方按照合同的约定承担保证责任后，即有权要求甲方立即归还乙方代偿的全部款项及乙方实现债权的费用，甲方另外应支付乙方代偿之日起企业银行同期贷款利息、罚息，并按上述代偿款项的_____%一次性支付违约金。

第八条　双方的其他权利义务

8.1 乙方在甲乙双方签订本合同，并收到甲方支付的担保费之日起_____日内，向分包商出具《总承包商付款（分包）保函》。

8.2 甲方如需变更名称、经营范围、注册资金、注册地、主要营业机构所在地、法定代表人或发生合并、分立、重组等重大经营举措应提前三十日通知乙方；发生亏损、诉讼等事项应立即通知乙方。

8.3 甲方不得擅自将工程转让给第三人。甲方与分包商有关主合同的修改、变更，应告知乙方；如发生重大变更，应经乙方书面同意。

8.4 甲方应全面履行主合同，及时向乙方通报主合同的履行情况，乙方在进行定期或随时检查和监督时甲方应积极配合。

第九条　争议的解决

本合同在履行过程中发生争议或纠纷时，甲乙双方当事人可以通过协商解决，协商不成的，通过第_____款约定的方式解决：

9.1 向_____法院起诉；

9.2 向_____提起仲裁（写明仲裁机构名称）。

第十条　甲乙双方约定的其他事项

_____

_____。

第十一条　合同的生效、变更和解除

11.1 本合同由甲乙双方法定代表人（或其授权代理人）签字或加盖公章后生效。

11.2 本合同生效后，任何有关本合同的补充、修改、变更、解除等均需由甲乙双方协商一致并订立书面协议。

第十二条　附则

本合同一式_____份，甲乙双方各执_____份。

甲方（盖章）：_____　　乙方（盖章）：_____

法定代表人（或授权代理人）：_____　　法定代表人（或授权代理人）：_____

_____年___月___日　　　　　　　　　　_____年___月___日

（十）总承包商付款（供货）委托保证合同①

委托保证人（总承包商，以下称甲方）：_____

住　　所：_____

法定代表人：_____

电　　话：_____

传　　真：_____

保证人（以下称乙方）：_____

住　　所：_____

法定代表人：_____

电　　话：_____

传　　真：_____

鉴于甲方与_____（以下简称供货商）于_____年_____月_____日签订编号为_____的《买卖合同》（以下简称主合同），乙方接受甲方的委托，同意为甲方向供货商提供付款保证，甲乙双方经协商一致订立本合同。

第一条　定义

1.1 本合同所称总承包商付款保证是指，乙方向供货商保证，当甲方未按照主合同的约定支付货款时，由乙方按照本合同的约定代为支付的行为。

1.2 本合同所称货款是指_____。

第二条　保证的范围及保证金额

2.1 乙方保证的范围是主合同约定的甲方应向供货商支付的货款。

2.2 乙方保证的金额是甲方应支付货款的_____%，数额最高不超过人民币_____元（大写：_____）。

第三条　保证的方式及保证期间

3.1 乙方保证的方式为：连带责任保证。

3.2 乙方保证的期间为：自本合同生效之日起至主合同约定的甲方应履行付款义务期限届满之日后_____日。

3.3 如甲方与供货商协议变更主合同的付款时间，经乙方书面同意后，保证期间按变更后的时间做相应调整。

第四条　承担保证责任的形式

乙方承担保证责任的形式是代为支付。当甲方未按照主合同的约定向供货商支付货款时，由乙方向供货商支付。

---

① 中华人民共和国建设部发布。

第五条 担保费及支付方式

5.1 担保费率根据担保额、担保期限、风险等因素确定。

5.2 双方确定的担保费率为：_____。

5.3 本合同生效后_____日内，甲方一次性支付乙方担保费共计人民币_____元（大写：_____）。

第六条 反担保

甲方应按照乙方的要求向乙方提供反担保，由双方另行签订反担保合同。

第七条 乙方的追偿权

乙方按照合同的约定承担了保证责任后，即有权要求甲方立即归还乙方代偿的全部款项及乙方实现债权的费用，甲方另外应支付乙方代偿之日起企业银行同期贷款利息、罚息，并按上述代偿款项的_____%一次性支付违约金。

第八条 双方的其他权利义务

8.1 乙方在甲乙双方签订本合同，并收到甲方支付的担保费之日起_____日内，向供货商出具《总承包商付款（供货）保函》。

8.2 甲方如需变更名称、经营范围、注册资金、注册地、主要营业机构所在地、法定代表人或发生合并、分立、重组等重大经营举措应提前三十日通知乙方；发生亏损、诉讼等事项应立即通知乙方。

8.3 未经乙方同意，甲方不得擅自与供货商修改、变更主合同；未经乙方书面同意，甲方不得将其主合同的权利、义务转让给第三人。

8.4 甲方应全面履行主合同，及时向乙方通报主合同的履行情况，并积极配合乙方进行定期或随时检查和监督。

第九条 争议的解决

本合同在履行过程中发生争议或纠纷时，甲乙双方当事人可以通过协商解决，协商不成的，通过第_____款约定的方式解决：

9.1 向_____法院起诉；

9.2 向_____提起仲裁（写明仲裁机构名称）。

第十条 甲乙双方约定的其他事项

_____

_____。

第十一条 合同的生效、变更和解除

11.1 本合同由甲乙双方法定代表人（或其授权代理人）签字或加盖公章后生效。

11.2 本合同生效后，任何有关本合同的补充、修改、变更、解除等均需由甲乙双方协商一致并订立书面协议。

第十二条 附则

本合同一式_____份，甲乙双方各执_____份。

甲方：_____   乙方：_____
法定代表人（或授权代理人）：_____   法定代表人（或授权代理人）：____
_____年_____月_____日   _____年_____月_____日

（十一）反担保合同

银行：_____

甲方（名称）与乙方（名称）于_____年____月____日就_____项目签订之_____号合同（下称合同）。应甲方要求，贵行与甲方于_____年____月____日签订了第_____号担保契约，并于_____年____月____日开立了以乙方为受益人，金额为_____万_____的第_____号保函（上述担保契约和保函，以下简称担保）。应甲方要求，对上述担保，我们_____公司（下称担保人）同意出具反担保，特在此不可撤销地和无条件地向贵行作出下述保证事项：

一、我方同意上述担保契约和保函的全部条款；我方保证甲方按期履行合同和担保契约的全部义务；对甲方在担保契约项下的一切应付款项，包括贵行按保函规定向保函受益人支付的任何或全部款项及由此产生的垫付利息和费用（下称应付款项），我们保证承担连带偿付责任或/和连带赔偿责任。

二、如乙方未能按契约规定履行支付义务，贵行即有权直接向本保证人索偿，而无须先向甲方追偿或/和处理抵押品，本担保人保证在收到你行第一次书面索付通知后10天内，即无条件按通知要求将上述甲方所欠款项，以担保契约规定的币种主动支付给贵行，其中垫付利息额计算至本担保人实际支付日。上述索付通知书作为付款凭据，对本担保人具有法律约束力。

三、如果本担保人未能按前条规定期限履行上述连带保证责任，由此造成对你行的延付利息及其他经济损失概由本担保人承担；同时，你行有权从本保证人存款账户中扣收上述所欠款项及延付利息，本担保人保证不提出任何异议和抗辩。

四、如果甲方未能按期履行合同项下义务，而贵行以贷款方式间接履行担保责任，我们保证无条件地对该贷款按贵行规定格式另行出具担保书。

五、如果发生下列任何一种或数种情况时，无论是否事先通知本担保人，本保证书规定的连带偿付责任或/和连带赔偿责任丝毫不受影响，本保证书继续有效：

1. 本保证项下所有当事人变更各自的名称、地址、合资合同、章程法定代表人、经营范围、企业性质，或乙方合并、分立、停止、撤销、解散、破产等；

2. 贵行延缓行使担保契约项下的任何权利，或对应付款项的偿付给予任何宽限；

3. 保函项下权利被让与或转让；

4. 保函有效期应甲乙双方要求予以延展；

5. 担保契约的任何修改和补充。

六、如果保函金额发生更改，本担保书的担保责任不变，仍按最高不超过原保函金额承担本担保责任。

七、在上述"应付款项"全部得到清偿之前，本担保人不能行使由于履行本担保书项下义务而获得的任何索偿权。如果甲方向本担保人提供抵押品，非经贵行书面同意，本担保人也不应行使抵押项下的权利；如果经贵行同意处理抵押品，其所得全部款项保证首先用于向你行偿付上述"应付款项"。

八、本担保人将按你行要求定期提供有关的财务报表，并将第5条第1款中本担保人的变更情况及时通知贵行。

九、本担保书自开立之日起生效，直至贵行在上述保函项下的担保责任完全解除或担保契约项下应付款项全部得到清偿之日失效。

十、在履行本担保书的过程中如有争议，应尽量通过协商解决，经协商未能圆满解决时，将向贵行所在地法院提起诉讼。

本担保书正本一式4份，贵行执2份，甲方及本担保人各执1份。

担保人名称：＿＿＿＿＿＿＿＿＿＿＿＿＿＿＿＿

（法人公章）

签发人：＿＿＿＿＿＿＿＿＿＿＿＿＿＿＿＿＿

职务：＿＿＿＿＿＿＿＿＿＿＿＿＿＿＿＿＿＿

签发日期：＿＿＿＿＿＿＿＿＿＿＿＿＿＿＿＿

担保人法定地址：＿＿＿＿＿＿＿＿＿＿＿＿＿

法定代表人：＿＿＿＿＿＿＿＿＿＿＿＿＿＿＿

开户银行及账号：＿＿＿＿＿＿＿＿＿＿＿＿＿

第七章　租赁合同

　　租赁合同，是出租人将租赁物交付给承租人使用、收益，承租人支付租金的合同。 提供物的使用或收益权的一方为出租人；对租赁物有使用或收益权的一方为承租人。租赁物必须是法律允许流通的动产和不动产。租赁合同具有如下特征：

　　1. 租赁合同是转移租赁物使用收益权的合同。在租赁合同中，承租人是为了取得租赁物的使用收益权，出租人也是只转让租赁物的使用收益权，而不转让其所有权；租赁合同终止时，承租人须向出租人返还租赁物。

　　2. 租赁合同是双务、有偿的合同。

　　3. 租赁合同是诺成合同。租赁合同的成立并不以租赁物的交付为生效要件，当事人只要依法达成协议，租赁合同即告成立。

一、《民法典》相关法条

　　第七百零三条　租赁合同是出租人将租赁物交付承租人使用、收益，承租人支付租金的合同。

　　第七百零四条　租赁合同的内容一般包括租赁物的名称、数量、用途、租赁期限、租金及其支付期限和方式、租赁物维修等条款。

　　第七百零五条　租赁期限不得超过二十年。超过二十年的，超过部分无效。

　　租赁期限届满，当事人可以续订租赁合同；但是，约定的租赁期限自续订之日起不得超过二十年。

　　第七百零六条　当事人未依照法律、行政法规规定办理租赁合同登记备案手续的，不影响合同的效力。

　　第七百零七条　租赁期限六个月以上的，应当采用书面形式。当事人未采用书面形式，无法确定租赁期限的，视为不定期租赁。

　　第七百零八条　出租人应当按照约定将租赁物交付承租人，并在租赁期限内保持租赁物符合约定的用途。

　　第七百零九条　承租人应当按照约定的方法使用租赁物。对租赁物的使用方法没有约定或者约定不明确，依据本法第五百一十条的规定仍不能确定的，应当根据租赁物的性质使用。

　　第七百一十条　承租人按照约定的方法或者根据租赁物的性质使用租赁物，致使租赁物受到损耗的,不承担赔偿责任。

第七百一十一条 承租人未按照约定的方法或者未根据租赁物的性质使用租赁物,致使租赁物受到损失的,出租人可以解除合同并请求赔偿损失。

第七百一十二条 出租人应当履行租赁物的维修义务,但是当事人另有约定的除外。

第七百一十三条 承租人在租赁物需要维修时可以请求出租人在合理期限内维修。出租人未履行维修义务的,承租人可以自行维修,维修费用由出租人负担。因维修租赁物影响承租人使用的,应当相应减少租金或者延长租期。

因承租人的过错致使租赁物需要维修的,出租人不承担前款规定的维修义务。

第七百一十四条 承租人应当妥善保管租赁物,因保管不善造成租赁物毁损、灭失的,应当承担赔偿责任。

第七百一十五条 承租人经出租人同意,可以对租赁物进行改善或者增设他物。

承租人未经出租人同意,对租赁物进行改善或者增设他物的,出租人可以请求承租人恢复原状或者赔偿损失。

第七百一十六条 承租人经出租人同意,可以将租赁物转租给第三人。承租人转租的,承租人与出租人之间的租赁合同继续有效;第三人造成租赁物损失的,承租人应当赔偿损失。

承租人未经出租人同意转租的,出租人可以解除合同。

第七百一十七条 承租人经出租人同意将租赁物转租给第三人,转租期限超过承租人剩余租赁期限的,超过部分的约定对出租人不具有法律约束力,但是出租人与承租人另有约定的除外。

第七百一十八条 出租人知道或者应当知道承租人转租,但是在六个月内未提出异议的,视为出租人同意转租。

第七百一十九条 承租人拖欠租金的,次承租人可以代承租人支付其欠付的租金和违约金,但是转租合同对出租人不具有法律约束力的除外。

次承租人代为支付的租金和违约金,可以充抵次承租人应当向承租人支付的租金;超出其应付的租金数额的,可以向承租人追偿。

第七百二十条 在租赁期限内因占有、使用租赁物获得的收益,归承租人所有,但是当事人另有约定的除外。

第七百二十一条 承租人应当按照约定的期限支付租金。对支付租金的期限没有约定或者约定不明确,依据本法第五百一十条的规定仍不能确定,租赁期限不满一年的,应当在租赁期限届满时支付;租赁期限一年以上的,应当在每届满一年时支付,剩余期限不满一年的,应当在租赁期限届满时支付。

第七百二十二条 承租人无正当理由未支付或者迟延支付租金的,出租人可以请求承租人在合理期限内支付;承租人逾期不支付的,出租人可以解除合同。

第七百二十三条 因第三人主张权利，致使承租人不能对租赁物使用、收益的，承租人可以请求减少租金或者不支付租金。

第三人主张权利的，承租人应当及时通知出租人。

第七百二十四条 有下列情形之一，非因承租人原因致使租赁物无法使用的，承租人可以解除合同：

（一）租赁物被司法机关或者行政机关依法查封、扣押；

（二）租赁物权属有争议；

（三）租赁物具有违反法律、行政法规关于使用条件的强制性规定情形。

第七百二十五条 租赁物在承租人按照租赁合同占有期限内发生所有权变动的，不影响租赁合同的效力。

第七百二十六条 出租人出卖租赁房屋的，应当在出卖之前的合理期限内通知承租人，承租人享有以同等条件优先购买的权利；但是，房屋按份共有人行使优先购买权或者出租人将房屋出卖给近亲属的除外。

出租人履行通知义务后，承租人在十五日内未明确表示购买的，视为承租人放弃优先购买权。

第七百二十七条 出租人委托拍卖人拍卖租赁房屋的，应当在拍卖五日前通知承租人。承租人未参加拍卖的，视为放弃优先购买权。

第七百二十八条 出租人未通知承租人或者有其他妨害承租人行使优先购买权情形的，承租人可以请求出租人承担赔偿责任。但是，出租人与第三人订立的房屋买卖合同的效力不受影响。

第七百二十九条 因不可归责于承租人的事由，致使租赁物部分或者全部毁损、灭失的，承租人可以请求减少租金或者不支付租金；因租赁物部分或者全部毁损、灭失，致使不能实现合同目的的，承租人可以解除合同。

第七百三十条 当事人对租赁期限没有约定或者约定不明确，依据本法第五百一十条的规定仍不能确定的，视为不定期租赁；当事人可以随时解除合同，但是应当在合理期限之前通知对方。

第七百三十一条 租赁物危及承租人的安全或者健康的，即使承租人订立合同时明知该租赁物质量不合格，承租人仍然可以随时解除合同。

第七百三十二条 承租人在房屋租赁期限内死亡的，与其生前共同居住的人或者共同经营人可以按照原租赁合同租赁该房屋。

第七百三十三条 租赁期限届满，承租人应当返还租赁物。返还的租赁物应当符合按照约定或者根据租赁物的性质使用后的状态。

第七百三十四条 租赁期限届满，承租人继续使用租赁物，出租人没有提出异议的，原租赁合同继续有效，但是租赁期限为不定期。

租赁期限届满，房屋承租人享有以同等条件优先承租的权利。

二、典型案例

案例1：未约定房屋租赁期限的，出租人能否随时解除合同？

[案情回放]

陈恩在某地闹市区购买了一处临街店面。原准备自己做生意用，后因故未能启用，便考虑将其出租给他人。杨文起原是某企业销售人员，看中了陈恩在市区的店面。两人经过协商，签订了租赁合同。合同约定：由杨文起租陈恩临街门面房一间，租金每月2000元，租期1年。

承租期满后，陈恩口头通知杨文起，增加租金，按每月2300元交纳。杨文起表示同意，即从当月按每月2300元给杨文起交纳租金。3个月以后，陈恩再次上调租金，每月2500元，遭到杨文起的拒绝。杨文起坚持双方应按照原租金标准继续履行合同。经协商未果，陈恩向人民法院提起诉讼，要求杨文起按每月2500元交纳租金，并要求其于2个月内退出房屋。

[专家点评]

《民法典》第730条规定："当事人对租赁期限没有约定或者约定不明确，依据本法第五百一十条的规定仍不能确定的，视为不定期租赁；当事人可以随时解除合同，但是应当在合理期限之前通知对方。"陈恩与杨文起之间未签订新的书面房屋租赁合同，而由陈恩口头通知被告应增加租金，等于发出继续承租的条件的要约；杨文起对此表示同意，并按此标准向陈恩交纳租金，是以意思表示及实际行为予以承诺。据此应视为原、被告之间成立了一个新的房屋租赁合同关系。但是，该租赁合同欠缺一个主要内容即租赁期限的约定。这在法律上意味着陈恩有权随时要求解除租赁合同关系，并自提出要求之日起，给予杨文起一段合理时间搬迁。

因此，陈恩要求解除合同，并给予了杨文起两个月的期限，要求其退出租赁房屋，符合合同法的规定，应当予以支持。但其要求被告按照每月2500元标准交纳租金，没有法定或约定的依据。在当事人一方不同意变更租金标准的情况下，应当按照原租金标准继续履行合同。

案例2：隐瞒房屋已出租的事实给租房人造成损失的，应否承担赔偿责任？

[案情回放]

薛立万有一套三居室房屋，于2021年出租给洪志成，双方签订了为期3年的房屋租赁合同。2022年，薛立万见当地房价上涨，觉得洪志成给的租金太低，打算毁约。

经过中介机构的介绍，薛立万与家在外地的汪文明取得了联系。汪文明对薛立万房屋的面积和位置比较满意，给出的价格较高，薛立万当即表示愿意将房子租给汪文明，并催促其尽快迁来，双方办理租赁手续和入住。汪文明信以为真，与家人举家搬迁至该地。在此期间，薛立万向洪志成提出：自己的亲戚将迁到该地，需要住房，要求解除合同。洪志成断然拒绝，认为双方有合同在先，应当按照合同继续履行。双方经多次协商，未能达成一致意见。

汪文明和家人迁到该地后，才发现薛立万的房屋早已出租给他人，而且对方拒绝腾退房屋，无奈之下，只好在当地的旅馆暂住。汪文明要求薛立万赔偿自己的损失，薛立万认为双方尚未签订房屋租赁合同，拒绝赔偿。双方为此发生纠纷，诉至人民法院。

[专家点评]

本案中，作为出租人的薛立万所作的出租允诺，实际上是不诚实而带有欺骗性的，不能认为是真实的意思表示，从这点来说，本案的租赁合同未能成立。另外，原、被告之间就租赁物如何交付、租金如何支付等具体内容并未协商一致，不具备合同必要条款，进一步说明租赁合同未成立。既然合同未成立，薛立万当然谈不上负担违约责任。

《民法典》第500条规定："当事人在订立合同过程中有下列情形之一，造成对方损失的，应当承担赔偿责任：（一）假借订立合同，恶意进行磋商；（二）故意隐瞒与订立合同有关的重要事实或者提供虚假情况；（三）有其他违背诚信原则的行为。"在本案中，薛立万应承担缔约过失责任，赔偿原告的损失，即因无房居住而支出的额外费用。

案例3：出租房屋内甲醛含量超标的，能否解除合同？

[案情回放]

周明德有一套闲置房屋。2021年4月，周明德与钱秀签订租赁合同，约定：钱秀承租周明德的闲置房屋，租金为每月4000元，支付方式为季付；租赁期限自2021年6月至2022年6月。合同签订后，钱秀支付周明德3个月的租金及保证金后入住。

2021年7月，钱秀向消费者协会投诉称，自己承租的房屋内空气质量存在问题，致居住后身体不适，经专家检测属甲醛含量超标，要求周明德退还已付租金及保证金并赔偿损失。因周明德不同意，消费者协会于2021年8月出具终止调解书。某研究院受钱秀委托对租赁房屋内的空气质量进行检测，结论为：租赁房屋卧室、客厅空气中甲醛浓度不符合GB/T 1883-2002卫生标准。

2021年9月，钱秀以周明德为被告向法院起诉，要求周明德退还租金和保证金。

[专家点评]

在本案中，出租人认为，承租人与自己订立合同时曾多次看房，从未提出过空气质量问题，由此订立的合同是双方的真实意思表示，应当得到履行。出租人这一观点的错误即源于没有认识到本案出租房屋的瑕疵为"隐蔽瑕疵"。对于一般人来说，房屋内空气质量不合格，属于无法直接感知到的瑕疵。只有经过专业的检测机构使用专业的检测仪器，运用科学的检测方法，才能够判断空气质量是否符合国家为保护居住人的身体健康而制定的标准。本案承租人也正是在入住使用后身体不适才委托专业机构检测，从而发现了出租房屋的这一隐蔽瑕疵。

本案出租房屋存在构成缺陷的瑕疵，由于该瑕疵的存在使合同目的无法实现，并给承租人的身体健康造成了损害。《民法典》第731条规定："租赁物危及承租人的安全或者健康的，即使承租人订立合同时明知该租赁物质量不合格，承租人仍然可以随时解除合同。"据此，钱秀作为承租人，可以行使合同的解除权。

案例4：因第三方原因导致承租人违约的，应否支付租金？

[案情回放]

某化妆品公司有一批化学制剂要运往外地。某货运中心受某化妆品公司委托，承运该批化妆品化学制剂。为履行合同，某货运中心与某炼油厂签订协议，向某炼油厂租借罐车一辆，并同某运输公司签订了劳务合同，由某运输公司为其提供有驾驶资格和丰富经验的司机两名。

运输该批化学制剂的油罐车在途中发生交通事故，造成车辆报废，两名司机重伤，货物损毁。经交警部门现场勘查认定，交通事故是由于天气寒冷、道路结冰和驾驶员在道路拐弯处未减速行驶造成的，驾驶员负主要责任。

交通事故发生后，某货运中心将车辆损毁的消息及时通知了某炼油厂。某炼油厂要求某货运中心赔偿车辆损失并支付租金。某货运中心仅同意赔偿车辆损失，但不同意支付租金。双方为此发生争议，诉至人民法院。

[专家点评]

《民法典》第593条规定："当事人一方因第三人的原因造成违约的，应当依法向对方承担违约责任。当事人一方和第三人之间的纠纷，依照法律规定或者按照约定处理。"在本案中，某货运中心与某炼油厂之间依法成立车辆租赁合同法律关系，某货运中心与某运输公司之间则成立劳务合同关系。根据公安机关交通管理部门的交通事故认定，某运输公司的驾驶员在道路拐弯处未减速行驶，操作不当是造成交通事故的原因之一。由此可见，车辆损毁不属于不可避免的不可抗力所致，且第三人运输公司的行为与违约结果之间有一定的因果关系。所以，虽然某货运中心自己对车辆损毁没有过错，但仍应承担违约赔偿责任。

《民法典》第729条规定："因不可归责于承租人的事由，致使租赁物部分或者全部毁损、灭失的，承租人可以请求减少租金或者不支付租金；因租赁物部分或者全部毁损、灭失，致使不能实现合同目的的，承租人可以解除合同。"在本案中，承租车辆损毁的原因不属于"不可归责于承租人的事由"，某货运中心不支付车辆租金的理由不能成立。

三、租赁合同陷阱防范

1. 对当事人的主体资格要审查。出租人必须是所有权或者使用权人。如果租赁物是共有的，要经过共有人的书面同意。若是使用权人出租，必须有租赁合同和允许转租的书面证明。

2. 是否转租要有约定。出租人是否允许承租人转租，应在租赁合同中加以明确。若承租人未经出租人同意转租的，出租人有权解除合同。

3. 不能超过法律规定的租赁期限。《民法典》第705条规定："租赁期限不得超过二十年。超过二十年的，超过部分无效。租赁期限届满，当事人可以续订租赁合同；但是，约定的租赁期限自续订之日起不得超过二十年。"

四、租赁合同范本

（一）租赁合同①

合同编号：_____

出租人：_____　　　　签订地点：_____

承租人：_____　　　　签订时间：____年____月____日

第一条　租赁物

1. 名称：_____。
2. 数量及相关配套设施：_____。
3. 质量状况：_____。

第二条　租赁期限从____年____月____日至____年____月____日。

（提示：租赁期限不得超过二十年。超过二十年的，超过部分无效。）

第三条　租赁物的用途或性质：_____。
租赁物的使用方法：_____。

第四条　租金、租金支付期限及方式

1. 租金（大写）：_____。

---

① 国家工商行政管理局发布。

2. 租金支付期限：_____。
3. 租金支付方式：_____。

第五条 租赁物交付的时间、地点、方式及验收：_____。

第六条 租赁物的维修

1. 出租人维修范围、时间及费用承担：_____。
2. 承租人维修范围及费用承担：_____。

第七条 因租赁物维修影响承租人使用_____天的，出租人应相应减少租金或延长租期。其计算方法是：_____。

第八条 租赁物的改善或增设他物

出租人（是／否）允许承租人对租赁物进行改善或增设他物。改善或增设他物不得因此损坏租赁物。

租赁合同期满时，对租赁物的改善或增设的他物的处理方法是：_____。

第九条 出租人（是／否）允许承租人转租租赁物。

第十条 违约责任：_____。

第十一条 合同争议的解决方式：本合同在履行过程中发生的争议，由双方当事人协商解决；也可由当地工商行政管理部门调解；协商或调解不成的，按下列第_____种方式解决：

（一）提交_____仲裁委员会仲裁；

（二）依法向人民法院起诉。

第十二条 租赁期届满，双方有意续订的，可在租赁期满前_____日续订租赁合同。

第十三条 租赁期满租赁物的返还时间为：_____。

第十四条 其他约定事项：_____。

第十五条 本合同未作规定的，按照《中华人民共和国合同法》的规定执行。

出租人：（章）	承租人：（章）	鉴（公）证意见：
住所	住所	
法定代表人：	法定代表人：	
（签名）	（签名）	
居民身份证号码：	居民身份证号码：	
委托代理人：	委托代理人：	
（签名）	（签名）	
电话：	电话：	
开户银行：	开户银行：	鉴（公）证机关：（章）
账号：	账号：	经办人：
邮政编码：	邮政编码：	_____年_____月_____日

监制部门： 印制单位：

(二) 房屋租赁合同[①]

合同编号：_____

出租人：_____　　　　签订地点：_____

承租人：_____　　　　签订时间：_____年_____月_____日

第一条　租赁房屋坐落在_____、间数_____、建筑面积_____平方米、房屋质量_____。

第二条　租赁期限从_____年_____月_____日至_____年_____月_____日。（提示：租赁期限不得超过二十年。超过二十年的，超过部分无效。）

第三条　租金（大写）：_____。

第四条　租金的支付期限与方式：_____。

第五条　承租人负责支付出租房屋的水费、电费、煤气费、电话费、光缆电视费、卫生费和物业管理费。

第六条　租赁房屋的用途：_____。

第七条　租赁房屋的维修：_____。

出租人维修的范围、时间及费用负担：_____。

承租人维修的范围及费用负担：_____。

第八条　出租人（是／否）允许承租人对租赁房屋进行装修或改善增设他物。装修、改善增设他物的范围是：_____。

租赁合同期满，租赁房屋的装修、改善增设他物的处理：_____。

第九条　出租人（是／否）允许承租人转租租赁房屋。

第十条　定金（大写）：_____元。承租人在_____前交给出租人。

第十一条　合同解除和条件

有下列情形之一，出租人有权解除本合同：

1. 承租人不交付或者不按约定交付租金达_____个月以上；
2. 承租人所欠各项费用达（大写）_____元以上；
3. 未经出租人同意及有关部门批准，承租人擅自改变出租房屋用途的；
4. 承租人违反本合同约定，不承担维修责任致使房屋或设备严重损坏的；
5. 未经出租人书面同意，承租人将出租房屋进行装修的；
6. 未经出租人书面同意，承租人将出租房屋转租第三人的；
7. 承租人在出租房屋进行违法活动的。

有下列情形之一，承租人有权解除本合同：

[①] 国家工商行政管理局发布。

1. 出租人迟延交付出租房屋_____个月以上；
2. 出租人违反本合同约定，不承担维修责任，使承租人无法继续使用出租房屋；
3. _____。

第十二条 房屋租赁合同期满，承租人返还房屋的时间是：_____。

第十三条 违约责任：_____。

出租人未按时或未按要求维修出租房屋造成承租人人身受到伤害或财物毁损的，负责赔偿损失。

承租人逾期交付租金的，除应及时如数补交外，还应支付滞纳金。

承租人违反合同，擅自将出租房屋转租给第三人使用，因此造成出租房屋毁坏的，应负损害赔偿责任。

第十四条 合同争议的解决方式：本合同在履行过程中发生的争议，由双方当事人协商解决；也可由有关部门调解；协商或调解不成的，按下列第_____种方式解决：

（一）提交_____仲裁委员会仲裁；

（二）依法向人民法院起诉。

第十五条 其他约定事项：_____。

出租人：（章）	承租人：（章）	鉴（公）证意见：
住所：	住所：	
法定代表人：	法定代表人：	
（签名）	（签名）	
居民身份证号码：	居民身份证号码：	
委托代理人：	委托代理人：	
（签名）	（签名）	
电话：	电话：	
开户银行：	开户银行：	鉴（公）证机关：（章）
账号：	账号：	经办人：
邮政编码：	邮政编码：	_____年_____月_____日

监制部门： 印制单位：

💡 **特别提醒**

1. 根据我国法律的规定，以下房屋是不能出租的：未依法登记取得房地产权证书或者无其他合法权属证明的；改变房屋用途，依法须经有关部门批准而未经批准的；被鉴定为危险房屋的；法律、法规规定不得出租的其他情形。

2. 要签订书面的房屋租赁合同，明确双方的权利义务。在租赁合同中，应当具备租赁期限、租金数额、支付方式、房屋用途、违约责任等条款。

3. 在签订房屋租赁合同时，应要求房东出示房产证，核实房产证上产权人的名字和房东的身份证是否一致。如果房产证上还有其他人的名字，应当要求全部产权人的书面同意。

4. 如果房屋租赁合同不办理登记备案手续，在法律上是不能对抗第三人的。根据"买卖不破租赁"的原则，登记可以确保房屋在租赁期间即使被房主卖给他人，承租人仍然可以继续承租。

（三）北京市住房租赁合同①

（四）北京市房屋出租经纪服务合同②

说　　明

1. 本合同为示范文本，由北京市住房和城乡建设委员会、北京市市场监督管理局共同制定，适用于本市行政区域内依法可以出租的房屋出租经纪服务。

2. 签订本合同前，委托人应当向受托机构出示不动产权证书或其他房屋合法来源证明原件；受托机构应当向委托人出示房地产经纪机构营业执照、提供服务的房地产经纪从业人员信息卡。

3. 按照《北京市发展和改革委员会关于废止有关收费文件的通知》（京发改〔2015〕2617号）规定，房地产经纪服务收费实行市场调节价管理，由双方当事人协商确定。按照《北京市住房租赁条例》规定，房地产经纪机构提供中介服务收取的佣金一般不得超过一个月租金。住房租赁合同期满，出租人和承租人续订或者重新签订住房租赁合同的，房地产经纪机构不得再次收取佣金。

4. 本合同文本【　】中选择内容、空格部位填写及其他需要删除或添加的内容，双方当事人应当协商确定。【　】中选择内容，以画"√"的方式选定；对于实际情况未发生或双方当事人不作约定的，应当在空格部位打"×"，以示删除。

5. 本合同文本中未约定或者约定不明确的内容，双方可以根据具体情况在相关条款后的空白行中进行补充约定，也可以另行签订补充协议。

6. 委托人和受托机构可根据实际情况决定本合同原件的份数，并在签订合同时认真核对，以确保各份合同内容一致；在任何情况下，委托人和受托机构都应当至少持有一份合同原件。

---

① 此合同内容详见本书所附电子文件。北京市住房和城乡建设委员会、北京市市场监督管理局2023年3月发布，BF-2023-0603。

② 北京市住房和城乡建设委员会、北京市市场监督管理局2023年2月发布，BF-2023-1206。

北京市房屋出租经纪服务合同

委托人（甲方）：_____

【法定代表人】【负责人】：_____

国籍：_____

证件类型：【居民身份证】【护照】【营业执照】【   】

证件号码：_____

通信地址：_____

联系电话：_____

【法定代理人】【委托代理人】：_____

国籍：_____

证件类型：【居民身份证】【护照】【营业执照】【   】

证件号码：_____

通信地址：_____

联系电话：_____

（委托人为多人时，可相应增加）

房地产经纪机构（乙方）：_____

【法定代表人】：_____

证件类型：【营业执照】【   】

证件号码：_____

通信地址：_____

联系电话：_____

委托人与房地产经纪机构在自愿、平等、公平及诚实信用的基础上，根据《中华人民共和国民法典》《中华人民共和国城市房地产管理法》及《商品房屋租赁管理办法》《房地产经纪管理办法》《北京市住房租赁条例》等法律法规的规定，就房屋出租经纪服务相关内容协商一致，签订本合同。

第一条　委托出租房屋基本情况

（一）甲方委托乙方出租的房屋为【楼房】【平房】，坐落在_____区_____（应与房屋权属证明或其他房屋合法来源证明记载的坐落一致），属_____街道办事处（乡镇）_____居民委员会（村委会）。该房屋所在楼栋建筑总层数为_____层，其中地上_____层、地下_____层；该房屋所在楼层为_____层，建筑面积共_____平方米，电梯【有】【无】。

（二）出租房屋登记用途为【住宅】【办公】【商业】【工业】【   】。

（三）出租房屋【不动产权证书】【房屋所有权证】【　　　　　】证号为：＿＿＿＿＿＿＿＿＿＿；房屋【有】【无】抵押，抵押权人为＿＿＿＿＿＿＿；抵押价值为＿＿＿＿＿＿＿＿；抵押期限为＿＿＿＿＿＿＿＿。

（四）出租房屋【是】【否】为共有，共有权人共有＿＿＿＿＿＿＿人。

（五）其他：＿＿＿＿＿＿＿＿＿＿＿＿＿＿＿。

第二条　委托出租要求

（一）甲方拟定房屋租金不低于：人民币（大写）＿＿＿＿＿元整（小写：＿＿元）/（【月】【季】【半年】【年】【　　　】），租金按【月】【季】【半年】【年】【一次性】【　　　】收取；押金为【1个月租金】【　　　　】。

收取方式：＿＿＿＿＿＿＿＿＿＿＿＿。

（二）房屋拟出租期限：租期【最短＿＿月】【最长＿＿月】【　　　　　　】。

（三）房屋租赁形式为【整租】【分租】【　　　】。

（四）居住人数最多不得超过＿＿＿＿＿人。

（五）其他：＿＿＿＿＿＿＿＿＿＿＿＿。

第三条　委托服务事项及完成标准

经甲、乙双方协商，乙方提供下列第（二）、（七）、（八）＿＿＿＿＿＿项服务（可多选）：

（一）提供与委托出租房屋相关的法律法规、政策等信息咨询。

（二）编制房屋状况说明书。

（三）发布出租房源信息，寻找意向承租人。

（四）按甲方需要报告服务进度信息。

（五）保管出租房屋钥匙，直至房屋出租或本合同终止。

（六）接待意向承租人，查看其身份证件等有关资料。

（七）带领意向承租人实地看房，讲解房屋状况说明书。

（八）协助甲方签署房屋租赁合同，协助甲方办理网签登记备案。

（九）＿＿＿＿＿＿＿＿＿＿＿＿＿＿＿＿＿＿＿＿＿＿上述服务事项以【签署房屋租赁合同并完成网签登记备案】【房屋交接完成】【　　　　　】为完成标准。

第四条　经纪服务人员

【甲方选定】【乙方指派】下列与乙方签订劳动合同的房地产经纪从业人员提供本合同约定的委托服务事项：

姓名：＿＿＿＿＿，居民身份证号码：＿＿＿＿＿＿＿，职业资格：【房地产经纪人】【房地产经纪人协理】，从业人员信息卡号：＿＿＿＿＿＿，联系电话：＿＿＿＿＿＿＿。

（可相应增加房地产经纪从业人员信息）

如上述房地产经纪从业人员无法继续提供服务而影响本合同履行的，甲乙双方可另行协商变更。

第五条　委托期限与方式

（一）乙方为甲方提供房屋出租经纪服务的期限为：

□自＿＿＿＿年＿＿＿月＿＿＿日至＿＿＿年＿＿＿月＿＿＿日。

□自本合同签订之日起，至【甲方与承租人签订房屋租赁合同并完成网签登记备案】【房屋交接完成】【　　　　　　　　】之日止。

（二）在上述委托期限内，甲方【保留】【放弃】同时委托其他房地产经纪机构出租该房屋的权利，【保留】【放弃】自行出租的权利。

第六条　经纪服务费用及支付方式

（一）甲方应当在【签署房屋租赁合同】【　　　　】时，按＿＿＿＿＿＿＿的标准向乙方支付房地产经纪服务费。经甲乙双方协商一致终止合同的，对已完成的委托服务事项，甲方应当按＿＿＿＿＿＿的标准向乙方支付房地产经纪服务费，但对乙方未完成委托服务事项已支出的必要费用由乙方自行承担。

（二）支付方式：【一次性】【　　　】。

第七条　权利义务

（一）甲方权利义务

1. 甲方应当保证对委托出租房屋具有合法出租的权利，并确保出租意愿的真实性。

2. 甲方应向乙方提供房屋所有权证书或房屋的其他合法权属证明、身份证件及有关资料，保证所提供的证件、资料具有真实性、有效性、完整性。

3. 甲方应当配合乙方实地查看房屋，如实披露与房屋有关的信息和情况。

4. 甲方委托乙方带领意向承租人实地看房的，应当配合乙方接待、引领意向承租人实地查看房屋。

5. 甲方调整房屋出租价格等交易条件的，应当通过书面形式及时通知乙方。

（二）乙方权利义务

1. 乙方有权书面要求甲方提供为编制房屋状况说明书所需要的证件、资料及信息。

2. 乙方为完成受托事项而向甲方收取证件、文件、资料原件的，应当向甲方开具规范的收件清单并妥善保管，在完成相关委托代办事项后，应当及时退还甲方。

3. 乙方应当向甲方书面告知委托出租房屋的市场参考价格、房屋租赁的一般程序及可能存在的风险及涉及的税费等政策法规要求告知的事项，且乙方发布的房源价格应与甲方委托价格一致。

4. 乙方独家代理房屋出租业务的，应当在签订本合同且符合发布信息规定后24小时内公开发布房源信息。

5. 乙方应当保守在服务过程中知悉的甲方的个人信息、个人隐私或商业秘密。

第八条　违约责任

（一）甲方违约责任

1. 甲方故意提供虚假的出租房屋情况和资料，或泄露由乙方提供的房屋承租人资料，给乙方造成损失的，甲方应当依法承担赔偿责任。

2. 甲方放弃同时委托其他房地产经纪机构提供房屋出租经纪服务的权利，但在委托期限内通过其他房地产经纪机构出租房屋的，应当按_____的标准向乙方支付房地产经纪服务费；甲方放弃自行出租的权利，但在出租委托期限内自行出租房屋的，应当按_____的标准向乙方支付房地产经纪服务费。

3. 甲方拒绝与乙方介绍的房屋意向承租人签署房屋租赁合同，但在委托服务期限届满后____日内与该房屋意向承租人自行成交的，应当按【本协议第六条第（一）项】【　　】的标准向乙方支付房地产经纪服务费。

4. 甲方拒绝与乙方介绍的房屋意向承租人签署房屋租赁合同，但在委托服务期限届满后____日内通过其他房地产经纪机构与该房屋意向承租人成交的，如乙方有证据证明房屋租赁成交与其提供的房屋出租经纪服务有直接因果关系的，甲方应当按【本协议第六条第（一）项】【　　】的标准向乙方支付房地产经纪服务费。

（二）乙方违约责任

1. 乙方违背保密义务，不当泄露甲方个人信息、个人隐私或商业秘密的，应当依法承担赔偿责任。

2. 乙方因隐瞒、虚构信息侵害甲方权益的，乙方应当退还已收取的房地产经纪服务费并依法承担赔偿责任。

3. 在委托代办事项中，乙方因工作疏漏，遗失甲方的证件、文件、资料、物品等，应当依法承担赔偿责任。

4. 如因乙方过错导致所签订的房屋租赁合同无法履行的，甲方无须向乙方支付房地产经纪服务费用。如甲方已支付的，乙方应当在收到甲方书面退还要求之日起【3】【　】日内将房地产经纪服务费用等相关款项退还甲方。给甲方造成损失的，乙方应当承担赔偿责任。

（三）乙方与甲方之间有付款义务而延迟履行的，应当按照迟延天数乘以应付款项的百分之_____（小写：_____%）计算迟延付款违约金并支付给对方，但不超过应付款总额的30%。

第九条　合同变更及解除

（一）经甲乙双方协商一致，可以对合同条款进行变更。

（二）经甲乙双方协商一致，可以解除本合同。因解除合同给对方造成损失的，除不可归责于己方的事由和本合同另有约定外，应当赔偿对方损失。

甲方提供虚假的出租房屋情况和资料，或泄露由乙方提供的房屋承租人资料造成严重后果的，乙方有权单方解除合同。

乙方因不当泄露甲方个人信息、个人隐私或商业秘密的，或因隐瞒、虚构信息给甲方造成损害的，甲方有权单方解除合同。

第十条　送达

双方当事人保证在本合同中记载的通信地址、联系电话均真实有效。任何根据本合同发出的文件，均应当采用书面形式，以【邮政快递】【　　　】方式送达对方。任何一方变更通信地址、联系电话的，应当自变更之日起【5】【　】日内书面通知其他当事人。变更的一方未按约定履行通知义务，对方当事人按照约定的通信地址进行送达的，视为有效送达。

第十一条　不可抗力

因不可抗力不能按照约定履行本合同的，根据不可抗力的影响，部分或全部免除责任，但因不可抗力不能按照约定履行合同的一方当事人应当及时通知对方当事人，并自不可抗力事件结束之日起【　】日内向另一方当事人提供证明。

第十二条　争议解决方式

本合同在履行过程中发生的争议，由双方当事人协商解决，协商不成的，可以向有关协会、行业组织、人民调解组织等申请调解；协商或调解不成的，按照下列第【　】种方式解决：

（一）依法向房屋所在地的人民法院起诉；

（二）提交＿＿＿＿＿＿仲裁委员会仲裁。

第十三条　其他约定事项

＿＿＿＿＿＿＿＿＿＿＿＿＿＿＿＿＿＿＿＿＿＿＿＿＿＿＿＿＿＿＿＿。

第十四条　合同生效及特别约定

（一）本合同自甲乙双方签字（盖章）之日起生效；

（二）本合同一式＿＿＿份，其中甲方执＿＿＿份，乙方执＿＿＿份，具有同等法律效力。

（三）本合同生效后，甲乙双方对本合同中未约定或约定不明的内容签订书面协议进行补充，补充协议与本合同具有同等法律效力。对本合同的解除，应当采用书面形式。

委托人（签章）：　　　　　　　　　房地产经纪机构（签章）：

【法定代表人】（签章）：　　　　　【法定代表人】（签章）：

【委托代理人】（签章）：　　　　　房地产经纪从业人员签字：

【法定代理人】（签章）：　　　　　从业人员信息卡号：

签订时间：　　年　月　日　　　　　签订时间：　　年　月　日

（五）北京市房屋承租经纪服务合同[①]

说　明

1. 本合同为示范文本，由北京市住房和城乡建设委员会、北京市市场监督管理局共同制定，适用于本市行政区域内依法可以出租的房屋承租经纪服务。

2. 签订本合同前，委托人应当向受托机构出示本人居民身份证或其他合法身份证件；受托机构应当向委托人出示房地产经纪机构营业执照、提供服务的房地产经纪从业人员信息卡。

3. 按照《北京市发展和改革委员会关于废止有关收费文件的通知》（京发改〔2015〕2617号）规定，房地产经纪服务收费实行市场调节价管理，由双方当事人协商确定。按照《北京市住房租赁条例》规定，房地产经纪机构提供中介服务收取的佣金一般不得超过一个月租金。住房租赁合同期满，出租人和承租人续订或者重新签订住房租赁合同的，房地产经纪机构不得再次收取佣金。

4. 本合同文本【　】中选择内容、空格部位填写及其他需要删除或添加的内容，双方当事人应当协商确定。【　】中选择内容，以画"√"的方式选定；对于实际情况未发生或双方当事人不作约定时，应当在空格部位打"×"，以示删除。

5. 本合同文本中未约定或者约定不明确的内容，双方可以根据具体情况在相关条款后的空白行中进行补充约定，也可以另行签订补充协议。

6. 委托人和受托机构可根据实际情况决定本合同原件的份数，并在签订合同时认真核对，以确保各份合同内容一致；在任何情况下，委托人和受托机构都应当至少持有一份合同原件。

北京市房屋承租经纪服务合同

委托人（甲方）：＿＿＿＿＿＿＿＿＿＿＿＿＿＿＿＿
【法定代表人】【负责人】：＿＿＿＿＿＿＿＿＿＿＿＿＿＿＿＿
国籍：＿＿＿＿＿＿＿＿＿＿＿＿＿＿＿＿
证件类型：【居民身份证**】【**护照**】【**营业执照**】【　　】**
证件号码：＿＿＿＿＿＿＿＿＿＿＿＿＿＿＿＿
通信地址：＿＿＿＿＿＿＿＿＿＿＿＿＿＿＿＿
联系电话：＿＿＿＿＿＿＿＿＿＿＿＿＿＿＿＿

---

① 北京市住房和城乡建设委员会、北京市市场监督管理局2023年2月发布，BF—2023—1207。

【法定代理人】【委托代理人】：_____
国籍：_____
证件类型：【居民身份证】【护照】【营业执照】【　　　】
证件号码：_____
通信地址：_____
联系电话：_____
（委托人为多人时，可相应增加）

房地产经纪机构（乙方）：_____
【法定代表人】：_____
证件类型：【营业执照】【　　　】
证件号码：_____
通信地址：_____
联系电话：_____

委托人与房地产经纪机构在自愿、平等、公平及诚实信用的基础上，根据《中华人民共和国民法典》《中华人民共和国城市房地产管理法》及《商品房屋租赁管理办法》《房地产经纪管理办法》《北京市住房租赁条例》等法律法规的规定，就房屋承租经纪服务相关内容协商一致，签订本合同。

第一条　委托承租房屋要求

（一）意向承租房屋区位：_____区_____【社区】【建筑物】附近_____米内的范围；户型：____室____厅____卫____厨；楼层：____层；朝向：____；面积：【建筑面积】【使用面积】【　　　】____平方米至____平方米；建成年份：____年至____年；室内净高：不低于____米；装修情况：【有装修】【毛坯房】；电梯：【有】【无】。

（二）意向承租房屋登记用途：_____。

（三）意向承租房屋租金范围：人民币____元至____元/（【月】【季】【半年】【年】【　　】），租金按【月】【季】【半年】【年】【一次性】【　　】收取。支付方式：_____。

（四）意向承租房屋户型特点需求：【平层】【错层】【复式】【跃层】；房屋建筑形式【普通平房】【四合院】【低层（1~3层）】【多层（4~6层）】【中高层（7~9层）】【高层（10层以上）】【　　　】。

（五）意向房屋周边环境：【公园】【医院】【学校】【超市】【影院】【　　】。

（六）其他要求：_____。

第二条　委托服务事项及完成标准

经甲、乙双方协商，乙方提供下列第（三）、（四）____ 项服务（可多选）：

（一）提供与意向房屋租赁相关的法律法规、政策等信息咨询。

（二）发布意向房屋需求信息，寻找意向房源。

（三）查看意向房屋权属情况。

（四）实地看房，核对房屋状况说明书信息。

（五）按甲方需求报告服务进度信息。

（六）陪同甲方实地看房。

（七）协助甲方签订房屋租赁合同，协助甲方办理网签登记备案。

（八）_____。

上述服务事项以【签署房屋租赁合同并完成网签登记备案】【房屋交接完成】【_____】为完成标准。

第三条　经纪服务人员

【甲方选定】【乙方指派】下列与乙方签订劳动合同的房地产经纪从业人员提供本合同约定的委托服务事项：

姓名：_____，居民身份证号码：_____，职业资格：【房地产经纪人】【房地产经纪人协理】，从业人员信息卡号：_____，联系电话：_____。

（可相应增加房地产经纪从业人员信息）

如上述房地产经纪从业人员无法继续提供服务而影响本合同履行的，甲乙双方可另行协商变更。

第四条　委托期限与方式

（一）乙方为甲方提供房屋承租经纪服务的期限为：

□自____年____月____日至____年____月____日。

□自本合同签订之日起，至【甲方与出租人签订房屋租赁合同并完成网签登记备案】【房屋交接完成】【_____】之日止。

（二）在上述委托期限内，甲方【保留】【放弃】同时委托其他房地产经纪机构承租房屋的权利。

第五条　经纪服务费用及支付方式

（一）甲方应当在【签署房屋租赁合同】【_____】时，按_____的标准向乙方支付房地产经纪服务费。经甲乙双方协商一致终止合同的，对已完成的委托服务事项，甲方应当按_____的标准向乙方支付房地产经纪服务费，但对乙方未完成委托服务事项已支出的必要费用由乙方自行承担。

（二）支付方式：【一次性】【_____】。

第六条　权利义务

（一）甲方权利义务

1. 甲方应当保证房屋承租意向的真实性。

2. 甲方应当向乙方提供身份证件及有关情况，保证所提供的证件、资料具有真实性、有效性、完整性。

3. 甲方应当如实向乙方书面告知与租赁房屋用途和租住人员等有关的信息。

4. 甲方调整意向承租房屋租金等交易条件的，应当通过书面形式及时通知乙方。

（二）乙方权利义务

1. 乙方有权向甲方详细询问其意向房屋的基本信息，了解租赁房屋用途和租住人员等有关的信息。

2. 乙方为完成受托事项而向甲方收取证件、文件、资料原件的，应当向甲方开具规范的收件清单并妥善保管，在完成相应委托代办事项后，应当及时退还甲方。

3. 乙方应当向甲方书面告知承租意向房屋的市场参考价格、房屋租赁的一般程序及可能存在的风险、房屋租赁涉及的税费、应当由甲方协助的事项以及提供的资料等事项。

4. 乙方应当保守在服务过程中知悉的甲方的个人信息、个人隐私或商业秘密。

第七条　违约责任

（一）甲方违约责任

1. 甲方故意隐瞒重要信息或提供虚假资料，或泄露由乙方提供的房屋出租人资料，给乙方造成损失的，甲方应当依法承担赔偿责任。

2. 甲方放弃同时委托其他房地产经纪机构承租房屋的权利，但在委托期限内通过其他房地产经纪机构承租房屋的，应当按_____的标准向乙方支付房地产经纪服务费。

3. 甲方拒绝与乙方介绍的房屋出租人签署房屋租赁合同，但在委托服务期限届满后____日内与该房屋出租人自行成交的，应当按【本协议第五条第（一）项】【　　　】的标准向乙方支付房地产经纪服务费。

4. 甲方拒绝与乙方介绍的房屋出租人签署房屋租赁合同，但在委托服务期限届满后____日内通过其他房地产经纪机构与该房屋出租人成交的，如乙方有证据证明房屋租赁成交与其提供的房屋承租经纪服务有直接因果关系的，甲方应当按【本协议第五条第（一）项】【　　　】的标准向乙方支付房地产经纪服务费。

（二）乙方违约责任

1. 乙方违背保密义务，不当泄露甲方个人信息、个人隐私或商业秘密，给甲方造成损害的，应当依法承担赔偿责任。

2. 乙方因隐瞒、虚构信息侵害甲方权益的，乙方应当退还已收取的房地产经纪服务费并依法承担赔偿责任。

3. 在委托代办事项中，乙方遗失甲方提供的证件、文件、资料、物品等，应当依法承担赔偿责任。

4. 如因乙方过错导致所签订的房屋租赁合同无法履行的，甲方无须向乙方支付房地产经纪服务费用。如甲方已支付的，乙方应当在收到甲方书面退还要求之日起【3】【　】个工作日内将房地产经纪服务费用等相关款项退还甲方。给甲方造成损失的，乙方应当承担赔偿责任。

（三）乙方与甲方之间有付款义务而延迟履行的，应当按照迟延天数乘以应付款项的百分之____（小写：_____%）计算迟延付款违约金并支付给对方，但不超过应付款总额的30%。

第八条　合同变更及解除

（一）经甲乙双方协商一致，可以对合同条款进行变更。

（二）经甲乙双方协商一致，可以解除本合同。因解除合同给对方造成损失的，除不可归责于己方的事由和本合同另有约定外，应当赔偿对方损失。

乙方提供虚假的出租房屋情况和资料，或泄露由甲方提供的房屋承租人资料造成严重后果的，甲方有权单方解除合同。

乙方因不当泄露甲方个人隐私或商业秘密的，或因隐瞒、虚构信息，给甲方造成损害的，甲方有权单方解除合同。

第九条　送达

双方当事人保证在本合同中记载的通信地址、联系电话均真实有效。任何根据本合同发出的文件，均应当采用书面形式，以【邮政快递】【　　　】方式送达对方。任何一方变更通信地址、联系电话的，应当自变更之日起【　　】日内书面通知其他当事人。变更的一方未按照约定履行通知义务，对方当事人按照约定的通信地址进行送达的，视为有效送达。

第十条　不可抗力

因不可抗力不能按照约定履行本合同的，根据不可抗力的影响，部分或全部免除责任，但因不可抗力不能按照约定履行合同的一方当事人应当及时通知对方当事人，并自不可抗力事件结束之日起【　　】日内向另一方当事人提供证明。

第十一条　争议解决方式

本合同在履行过程中发生的争议，由双方当事人协商解决，协商不成的，可以向有关协会、行业组织、人民调解组织等申请调解；协商或调解不成的，按照下列第【　　】种方式解决：

（一）依法向房屋所在地的人民法院起诉；

（二）提交_____仲裁委员会仲裁。

第十二条　其他约定事项

_____

_____。

第十三条 合同生效及特别约定

（一）本合同自甲乙双方签字（盖章）之日起生效。

（二）本合同一式＿＿＿份，其中甲方执＿＿＿份，乙方执＿＿＿份，具有同等法律效力。

（三）本合同生效后，甲乙双方对本合同中未约定或约定不明的内容签订书面协议进行补充，补充协议与本合同具有同等法律效力。对本合同的解除，应当采用书面形式。

委托人（签章）：   房地产经纪机构（签章）：

【法定代表人】（签章）：   【法定代表人】（签章）：
【委托代理人】（签章）：   房地产经纪从业人员签字：

【法定代理人】（签章）：   从业人员信息卡号：
签订时间：   年   月   日   签订时间：   年   月   日

（六）柜台租赁经营合同[①]

使用说明

一、本合同文本是根据《中华人民共和国合同法》等法律法规制定的示范文本，供当事人约定使用。

二、本合同适用于商业企业或者个体工商户（出租人）提供固定柜台（包括摊位、铺位、商位等）、相应设施以及物业服务，出租给其他商业企业或个体工商户（承租人）用于从事独立的商业经营，出租人收取租金和服务报酬的行为。

三、本合同租赁期限不得超过20年，超过20年的，超过部分无效。租赁期间届满，当事人可以续订租赁合同，但约定的租赁期限自续订之日起不得超过20年。

四、本合同相关条款中的空白处，供双方自行约定或者补充约定。

五、本合同由工商总局负责解释，并在全国范围内推行使用。

合同编号：＿＿＿＿＿＿＿＿＿

出租人：＿＿＿＿＿＿＿＿＿＿＿＿＿＿＿＿＿＿＿
承租人：＿＿＿＿＿＿＿＿＿＿＿＿＿＿＿＿＿＿＿

根据《中华人民共和国合同法》等法律法规以及相关规章的规定，为明确合同双方的权利和义务，双方就租赁柜台进行经营的有关事宜协商一致，订立本合同：

---

① 国家工商行政管理总局制定，GF-2013-0603。

第一条　租赁柜台的基本情况

出租人将以下柜台出租给承租人使用,承租人按约定从事经营活动。

地　　址	
位置	(可附图)
柜台长、宽、高(米)	
经营面积(平方米)	
装修及配套设施	
其他	

第二条　租赁期限

从_____年___月___日出租人将柜台交付承租人使用,到_____年___月___日收回,租赁期共___年零___个月。

第三条　租金标准、租金总额、支付方式等

1. 租金标准:_____。
2. 租金总额:_____。
3. 支付方式:_____。
4. 支付期限:_____。
5. 其　　他:_____。

第四条　租赁柜台的用途

_____

第五条　租赁柜台的交付

租赁柜台交付的时间、方式及验收:

_____。

第六条　租赁柜台的使用

承租人按照_____方法使用租赁柜台。

第七条　租赁柜台的维修

1. 出租人应履行租赁柜台的维修义务。双方也可以约定在租赁期内,租赁柜台的维修按以下方式处理:

出租人的维修范围、时间及费用负担:_____。

承租人的维修范围、时间及费用负担:_____。

由于维修责任方未履行维修义务的,另一方可以自行维修,维修费用由维修责任方承担。

2. 因维修租赁柜台影响承租人使用的,应当相应减少租金或者延长租期,对承租人造成损失的,赔偿损失。因承租人过错致使维修租赁柜台的除外。具体约定是:

_____。

第八条 租赁柜台的改善或增设他物

1. 出租人（同意/不同意）允许承租人对租赁柜台进行改善或增设他物。改善或增设他物不得因此损害租赁柜台。承租人未经出租人同意，对租赁柜台进行改善或增设他物的，出租人可以要求承租人恢复原状或者赔偿损失。出租人同意改善或增设他物的，对费用、改善要求等内容进行约定。具体约定是：_____
_____。

2. 合同期满，对租赁柜台的改善或增设他物的处理办法是：_____
_____。

第九条 租赁柜台的转租

出租人（同意/不同意）允许承租人转租租赁柜台。承租人未经同意转租的，出租人可以解除合同。

出租人同意转租的，转租期限应在本合同租赁期限之内。转租期间，本合同继续有效。第三人对租赁柜台造成损失的，承租人应承担赔偿损失的责任。

第十条 出租人的权利义务

1. 出租人权利

（1）出租人有按照约定收取租金的权利；

（2）出租人有根据法律、法规的规定及经营发展需要，制定有关经营场所管理制度的权利；

（3）出租人有督促承租人诚信守法经营的权利；

（4）出租人有查验承租人的营业执照、税务登记证和各类经营许可证的权利；

（5）出租人有在日常检查或接受投诉举报中发现承租人有涉嫌违法问题的线索，及时报告或移交有关监管部门处置的权利；

（6）出租人有积极配合监管部门依法查处承租人违法违规经营行为的权利；

（7）消费者合法权益受到损害的，柜台租赁期满后，如消费者要求出租人赔偿，出租人先行赔偿后，有向承租人追偿的权利；

（8）其他权利：_____。

2. 出租人义务

（1）出租人有按照约定交付租赁柜台给承租人使用的义务；

（2）出租人有依法领取营业执照，诚信守法经营的义务；

（3）出租人有在租赁期间保持租赁柜台符合约定的用途，以保障承租人正常经营的义务；

（4）出租人有不得随意改变经营场所用途和布局，不得无故干涉承租人正常经营的义务；

（5）其他义务：_____。

第十一条　承租人的权利义务

1. 承租人权利

（1）承租人有按照约定使用出租人提供的柜台（摊位、铺位、商位等）和服务依法自主经营的权利；

（2）承租人有拒绝出租人不合理要求的权利；

（3）承租人有在出租人将租赁柜台所有权转移给第三人时，在合同履约期内继续履行合同的权利；

（4）因不可归责于承租人的事由，致使租赁柜台部分或者全部毁损、灭失，承租人有权要求减少租金或者免予支付租金；因租赁柜台部分或者全部毁损、灭失，致使不能实现合同目的的，承租人有权解除合同；

本合同第一条中约定的租赁柜台及设立柜台的场所有危及承租人的安全或者健康的，承租人有权随时解除合同；

（5）承租人有权就租赁柜台存在的瑕疵请求出租人承担相应的责任；

（6）其他权利：_____。

2. 承租人义务

（1）承租人有按照约定交纳租金的义务；

（2）承租人有在租赁柜台的显著位置悬挂营业执照、税务登记证以及其他许可证书的义务；

（3）承租人有诚信守法经营，自觉遵守出租人各项管理制度的义务；

（4）承租人有不得以出租人的名义从事经营活动的义务；

（5）承租人有执行进货查验，不销售假冒伪劣及国家明令禁止的商品、不作虚假宣传的义务；

（6）承租人有妥善保管和使用租赁柜台的义务；

（7）承租人有租赁期届满归还租赁柜台的义务；

（8）其他义务：_____。

第十二条　违约责任

1. 出租人的违约责任

（1）出租人未按约定时间提供租赁柜台的，每逾期一日，按（年/月）租金的_____%向承租人支付违约金，经催告后在_____日内仍未提供租赁柜台的，承租人有权解除合同；

（2）出租人未按约定的面积、方位等提供租赁柜台的，按（年/月）租金的_____%向承租人支付违约金，经催告后在合理期限内仍未履行义务的，承租人有权解除合同；

（3）设立柜台的场所水电、消防、安全、卫生、供暖等设施不符合有关要求，经催告后在_____日内仍无改善，致使承租人无法正常经营的，按（年/月）租金的

_____%向承租人支付违约金，承租人有权解除合同；

（4）其他责任：_____。

2. 承租人的违约责任

（1）承租人未按约定交纳租金，每逾期一日，按（年/月）租金的____%向出租人支付违约金，经催告后在____日内仍未交纳的，出租人有权解除合同；

（2）承租人未按照约定的方法妥善保管和使用租赁柜台，致使租赁柜台受到损失的，承租人应承担赔偿损失的责任；

（3）租赁期届满，承租人未按约定归还租赁柜台的，每逾期一日，按（年/月）租金的____%向出租人支付违约金；

（4）其他责任：_____。

第十三条 合同争议的解决方式

本合同在履行过程中发生的争议，由双方当事人协商解决；也可由有关部门调解；协商或调解不成的，按下列第____种方式解决：

1. 提交____仲裁委员会仲裁；

2. 依法向人民法院起诉。

第十四条 其他约定事项

_____
_____。

第十五条 合同生效

本合同自双方当事人签字或盖章之日起生效。本合同一式____份，双方各执____份，具有同等法律效力。

出 租 人（盖章）：　　　　　　　　承 租 人（盖章）：
住　　　所：　　　　　　　　　　住　　　所：
法定代表人（签字）：　　　　　　　法定代表人（签字）：
电　　　话：　　　　　　　　　　电　　　话：
身份证号码：　　　　　　　　　　身份证号码：
代 理 人：　　　　　　　　　　　代 理 人：
电　　　话：　　　　　　　　　　电　　　话：
邮　　　编：　　　　　　　　　　邮　　　编：
签订时间：　　　　　　　　　　　签订地点：

（七）门面房租赁合同

出租方（以下简称甲方）：_____

承租方（以下简称乙方）：_____

根据《中华人民共和国民法典》及相关法律法规的规定，甲、乙双方在平等、自愿的基础上，就甲方将房屋出租给乙方使用，乙方承租甲方房屋事宜，为明确双方权利义务，经协商一致，订立本合同。

第一条 甲方保证所出租的房屋符合国家对租赁房屋的有关规定。

第二条 房屋的坐落、面积、装修、设施情况：

1. 甲方出租给乙方的房屋位于（省、市）＿＿＿＿＿（区、县）＿＿＿＿＿；门牌号为＿＿＿＿＿。

2. 出租房屋面积共＿＿＿＿＿平方米（建筑面积/使用面积/套内面积）。

3. 该房屋现有装修及设施、设备情况详见合同附件。

该附件作为甲方按照本合同约定交付乙方使用和乙方在本合同租赁期满交还该房屋时的验收依据。

第三条 甲方应提供房产证（或具有出租权的有效证明）、身份证明（营业执照）等文件，乙方应提供身份证明文件。双方验证后可复印对方文件备存。所有复印件仅供本次租赁使用。

第四条 租赁期限、用途

1. 该房屋租赁期共＿＿＿＿＿个月。自＿＿＿＿＿年＿＿＿＿＿月＿＿＿＿＿日起至＿＿＿＿＿年＿＿＿＿＿月＿＿＿＿＿日止。

2. 乙方向甲方承诺，租赁该房屋仅作为＿＿＿＿＿使用。

3. 租赁期满，甲方有权收回出租房屋，乙方应如期交还。

乙方如要求续租，则必须在租赁期满＿＿＿＿＿个月之前书面通知甲方，经甲方同意后，重新签订租赁合同。

第五条 租金及支付方式

1. 该房屋每月租金为＿＿＿＿＿元（大写：＿＿＿＿＿万＿＿＿＿＿仟＿＿＿＿＿佰＿＿＿＿＿拾＿＿＿＿＿元整）。

租金总额为＿＿＿＿＿元（大写：＿＿＿＿＿万＿＿＿＿＿仟＿＿＿＿＿佰＿＿＿＿＿拾＿＿＿＿＿元整）。

2. 房屋租金支付方式如下：＿＿＿＿＿＿＿＿＿＿＿＿＿＿＿＿＿＿＿＿＿＿＿＿＿。

甲方收款后应提供给乙方有效的收款凭证。

第六条 租赁期间相关费用及税金

1. 甲方应承担的费用：

（1）租赁期间，房屋和土地的产权税由甲方依法交纳。如果发生政府有关部门征收本合同中未列出项目但与该房屋有关的费用，应由甲方负担。

（2）＿＿＿＿＿＿＿＿＿＿＿＿＿＿＿＿＿＿＿＿＿＿＿＿＿＿＿＿＿＿＿＿＿＿＿。

2. 乙方交纳以下费用：

（1）＿＿＿＿＿＿＿＿＿＿＿＿＿＿＿＿＿＿＿＿＿＿＿＿＿＿＿＿＿＿＿＿＿＿＿。

（2）＿＿＿＿＿＿＿＿＿＿＿＿＿＿＿＿＿＿＿＿＿＿＿＿＿＿＿＿＿＿＿＿＿＿＿。

乙方应按时交纳自行负担的费用。

甲方不得擅自增加本合同未明确由乙方交纳的费用。

第七条　房屋修缮与使用

1. 在租赁期内，甲方应保证出租房屋的使用安全。该房屋及所属设施的维修责任除双方在本合同及补充条款中约定外，均由甲方负责（乙方使用不当除外）。

甲方提出进行维修须提前_____日书面通知乙方，乙方应积极协助配合。

乙方向甲方提出维修请求后，甲方应及时提供维修服务。

对乙方的装修装饰部分甲方不负有修缮的义务。

2. 乙方应合理使用其所承租的房屋及其附属设施。如因使用不当造成房屋及设施损坏的，乙方应立即负责修复或进行经济赔偿。

乙方如改变房屋的内部结构、装修或设置对房屋结构有影响的设备，设计规模、范围、工艺、用料等方案均须事先征得甲方的书面同意后方可施工。租赁期满后或因乙方责任导致退租的，除双方另有约定外，甲方有权选择以下权利中的一种：

（1）依附于房屋的装修归甲方所有。

（2）要求乙方恢复原状。

（3）向乙方收取恢复工程实际发生的费用。

第八条　房屋的转让与转租

1. 租赁期间，甲方有权依照法定程序转让该出租的房屋，转让后，本合同对新的房屋所有人和乙方继续有效。

2. 未经甲方同意，乙方不得转租、转借承租房屋。

3. 甲方出售房屋，须在_____个月前书面通知乙方，在同等条件下，乙方有优先购买权。

第九条　合同的变更、解除与终止

1. 双方可以协商变更或终止本合同。

2. 甲方有以下行为之一的，乙方有权解除合同：

（1）不能提供房屋或所提供房屋不符合约定条件，严重影响居住的。

（2）甲方未尽房屋修缮义务，严重影响居住的。

3. 房屋租赁期间，乙方有下列行为之一的，甲方有权解除合同，收回出租房屋：

（1）未经甲方书面同意，转租、转借承租房屋。

（2）未经甲方书面同意，拆改变动房屋结构。

（3）损坏承租房屋，在甲方提出的合理期限内仍未修复的。

（4）未经甲方书面同意，改变本合同约定的房屋租赁用途。

（5）利用承租房屋存放危险物品或进行违法活动。

（6）逾期未交纳按约定应当由乙方交纳的各项费用，已经给甲方造成严重损害的。

（7）拖欠房租累计_____个月以上。

4. 租赁期满前，乙方要继续租赁的，应当在租赁期满_____个月前书面通知甲方。如甲方在租期届满后仍要对外出租的，在同等条件下，乙方享有优先承租权。

特别提醒

1. 要审查出租人的主体资格。门面的出租人必须是门面的所有权人或者使用权人，如果是所有权人，应当依法取得房产证；另外，如果房屋是共有的，还要经过共有人的书面同意。若是使用权人出租门面房，必须有租赁合同和允许转租的书面证明。

2. 门面的用途要明确。租赁商铺必须确认房屋的用途。如果不是商业用房，将无法办理营业执照。

3. 合同的解除权要作出约定。在承租门面期间，如果因为某些因素导致门面无法经营下去，又未在合同中约定这种情况下的合同解除权，承租人就得继续支付租金，承受不必要的损失。为了避免这种情况，可以在合同中作出如下约定："出现以下情况：政府决定拆迁门面；政府在门面前多少米内修路、建桥……承租方有权终止门面租赁合同。"

（八）市场场地租赁合同①

出租人（甲方）：_____

承租人（乙方）：_____

根据《中华人民共和国合同法》《北京市生活消费品、生产资料市场管理条例》②等有关法律、法规的规定，双方就租赁场地从事经营的有关事宜经协商达成协议如下：

第一条 租赁场地

乙方承租甲方_____（层/厅）_____号场地，面积_____平方米，用途以乙方营业执照核准的经营范围为准；库房面积_____平方米，库房位置为_____。

第二条 租赁期限

自_____年_____月_____日起至_____年_____月_____日止，共计_____年_____个月；其中免租期为自_____年_____月_____日起至_____年_____月_____日。

第三条 租金

本合同租金实行（一年/半年/季/月）支付制，租金标准为_____；租金支付方式为（现金/支票/汇票/_____）；第一次租金的支付时间为_____年_____月_____日，第二次租金的支付时间为_____年_____月_____日至_____年_____月_____日。

---

① 北京市工商行政管理局制定。
② 已废止。

第四条　保证金

是否收取保证金由双方协商约定，相关事宜见《北京市市场场地租赁保证金合同》。

第五条　保险

甲方负责投保的范围为：公共责任险、火灾险、_____

_____。

乙方自行投保的范围为：_____

_____。

第六条　甲方权利义务

1. 依法制定有关治安、消防、卫生、用电、营业时间等内容的各项规章制度并负责监督实施。

2. 协助各级行政管理机关对违反有关规定的乙方进行监督、教育、整顿。

3. 应按约定为乙方提供场地及相关配套设施和经营条件，保障乙方正常经营。

4. 除有明确约定外，不得干涉乙方正常的经营活动。

5. 应对市场进行商业管理，维护并改善市场的整体形象，包括：对商品品种的规划和控制、功能区域的划分、商品档次的定位、商品经营的管理及质量管理；服务质量管理；营销管理；形象设计；市场调研；公共关系协调；纠纷调解；人员培训；____

_____。

6. 应对市场进行物业管理，并负责市场内的安全防范和经营设施的建设及维护，包括：建筑物（包括公共区域及租赁场地）的管理及维修保养；对乙方装修的审查和监督；水、电、气、空调、电梯、扶梯等设备、管道、线路、设施及系统的管理、维修及保养；清洁管理；保安管理并负责市场的公共安全；消防管理；内外各种通道、道路、停车场的管理；_____

_____。

7. 做好市场的整体广告宣传，并保证每年广告宣传费用不低于市场当年租金总额的_____%。

_____。

第七条　乙方权利义务

1. 有权监督甲方履行合同约定的各项义务。

2. 应具备合法的经营资格，并按照工商行政管理部门核准的经营范围依法亮证照经营。

3. 应自觉遵守甲方依法制定的各项规章制度及索票索证制度，服从甲方的监督管理。

4. 应按期支付租金并承担因经营产生的各项税费。

5. 应爱护并合理使用市场内的各项设施，如需改动应先征得甲方同意，造成损坏的还应承担修复或赔偿责任。

6. 应按照约定的用途，本着公平合理、诚实信用的原则依法经营，不得损害国家利益及其他经营者和消费者的合法权益，并承担因违法经营造成的一切后果。

7. 将场地转让给第三人或和其他租户交换场地的，应先征得甲方的书面同意，按规定办理相关手续，并不得出租、转让、转借营业执照。

8. 应按照甲方的要求提供有关本人或本企业的备案资料。

9. 建筑物外立面及建筑物内部非乙方承租场地范围内的广告发布权归甲方所有，未经甲方同意，乙方不得以任何形式在上述范围内进行广告宣传。

_____
_____。

第八条 合同的解除

乙方有下列情形之一的，甲方有权解除合同，乙方应按照_____的标准支付违约金：

1. 在租赁期限内因违法经营被有关行政管理部门吊销、收回经营证照的。

2. 未按照约定的用途使用场地，经甲方_____次书面通知未改正的。

3. 利用场地加工、销售假冒伪劣商品的。

4. 进行其他违法活动累计达_____次或被新闻媒体曝光造成恶劣影响的。

5. 将场地擅自转租、转让、转借给第三人，或和其他租户交换场地的。

6. 逾期_____日未支付租金或水电、_____等费用的。

7. 违反保证金协议的有关约定的。

8. 未经甲方同意连续_____日未开展经营活动的。

9. 违反甲方依法制定的规章制度情节严重或拒不服从甲方管理的。

_____
_____。

甲方或乙方因自身原因需提前解除合同的，应提前_____日书面通知对方，经协商一致后办理解除租赁手续，并按照_____的标准向对方支付违约金。因甲方自身原因提前解除合同的，除按约定支付违约金外，还应减收相应的租金，并退还保证金及利息。

第九条 其他违约责任

1. 甲方未按约定提供场地或用水、用电等市场内的经营设施或条件致使乙方不能正常经营的，应减收相应租金，乙方有权要求甲方继续履行合同或解除合同，并要求甲方赔偿相应的损失。

2. 甲方未按约定投保致使乙方相应的损失无法得到赔偿的，甲方应承担赔偿责任。

3. 乙方未按照约定支付租金或水电等费用的，应每日向甲方支付迟延租金或费用_____%的违约金。

_____
_____
_____
_____。

第十条　免责条款

因不可抗力或其他不可归责于双方的原因，使场地不适于使用或租用时，甲方应减收相应的租金。

如果场地无法复原的，本合同自动解除，甲方应退还乙方保证金及利息，双方互不承担违约责任。

第十一条　续租

本合同续租适用以下第_____种方式：

1. 乙方有意在租赁期满后续租的，应提前_____日书面通知甲方，甲方应在租赁期满前对是否同意续租进行书面答复。甲方同意续租的，双方应重新签订租赁合同。

租赁期满前甲方未做出书面答复的，视为甲方同意续租，租期为不定期，租金标准同本合同。

2. 租赁期满乙方如无违约行为的，则享有在同等条件下对场地的优先租赁权，如乙方无意续租的，应在租赁期满前_____日内书面通知甲方；乙方有违约行为的，是否续租由甲方决定。

第十二条　租赁场地的交还

租赁期满未能续约或合同因解除等原因提前终止的，乙方应于租赁期满或合同终止后_____日内将租赁的场地及甲方提供的配套设施以良好、适租的状态交还给甲方。乙方拒不交还的，甲方有权采取必要措施予以收回，由此造成的损失由乙方承担。

第十三条　争议解决方式

本合同项下发生的争议，由双方协商解决或申请有关部门调解解决，协商或调解解决不成的，按下列第_____种方式解决（只能选择一种）：

1. 提交_____仲裁委员会仲裁；

2. 依法向_____人民法院起诉。

第十四条　其他约定事项

在租赁期限内场地所有权发生变动的，乙方依照本合同享有的承租权利不受影响。

_____
_____
_____。

第十五条　本合同自双方签字盖章之日起生效。本合同一式_____份，甲方_____份，乙方_____份，具有同等法律效力。

第十六条　双方对合同内容的变更或补充应采用书面形式，并由双方签字盖章作为合同附件，附件与本合同具有同等的法律效力。

甲方单方制定的规章制度也作为本合同的附件，规章制度的内容与合同约定相冲突的，以本合同为准，但国家法律、政策另有规定的除外。

甲方（章）	乙方（章）
住所：	住所：
营业执照号码：	营业执照号码：
市场登记证号码：	身份证号码：
法定代表人：	法定代表人：
委托代理人：	委托代理人：
电话：	电话：

签订时间：
签订地点：

（九）展览场地租赁合同[①]

展场经营单位（下称甲方）：_____

地址：_____

电话：_____

传真：_____

承租展场单位（下称乙方）：_____

注册地址：_____

办公地址：_____

电话：_____

传真：_____

根据中华人民共和国有关法律、法规和本市有关规定，甲、乙双方遵循自愿、公平和诚实信用原则，经协商一致订立本合同，以资共同遵守。

第一条 合同主体

1.1 甲方系依法取得坐落于_____展览场地租赁经营权的法人。

1.2 乙方系本合同约定的展会的主办单位。

第二条 生效条件

本合同经双方签署生效。对依法需经政府部门审查的展会，本合同应自展会取得政府部门审查批准后生效。

[①] 上海市会展行业协会发布，上海市工商行政管理局、上海市对外经济贸易委员会监制。

第三条　租赁场地

甲方同意乙方租用位于_____，总面积为_____平方米的场地（下称租赁场地），用于乙方举办_____（展会全称）。

第四条　租赁期限

4.1　租赁期限为_____年_____月_____日至_____年_____月_____日，共_____天。

其中：进场日期：自_____年_____月_____日至_____年_____月_____日；

展览日期：自_____年_____月_____日至_____年_____月_____日；

撤离场地日期：_____年_____月_____日。

4.2　乙方每日使用租赁场地的时间为上午_____至下午_____。乙方和参展商可以在前述时间之前_____小时内进入展馆，在前述时间之后_____小时内撤离展馆。

4.3　乙方需在上述时间之外使用租赁场地，应提前通知甲方。乙方超时使用租赁场地的，应向甲方支付超时使用费用。双方应就具体使用与收费标准协商约定，并作为合同附件。

第五条　展览服务

5.1　租赁期间双方可就以下方面选择约定租赁费用范围内基本服务：

（1）照明服务：_____。

（2）清洁服务：_____。

（3）验证检票：_____。

（4）安保服务：_____。

（5）监控服务：_____。

（6）咨询服务：_____。

（7）其他服务：_____。

5.2　乙方如需甲方提供上述基本服务之外的服务或向甲方租赁各项设备，应与甲方协商，并由乙方向甲方支付费用，具体内容和收费标准应列明清单，作为合同附件。

第六条　租赁费用

6.1　租金的计算如下：

场地类型_____

租金/平方米/天_____

面积（平方米）_____

天数_____

共计_____

展览室内场地_____

人民币/平方米/天或美元/平方米/天_____

人民币或美元_____

展览室外场地＿＿＿＿＿＿＿＿＿＿＿＿＿＿
人民币/平方米/天或美元/平方米/天＿＿＿＿＿＿＿＿
人民币或美元＿＿＿＿＿＿＿＿＿＿＿＿＿＿＿＿＿＿＿＿＿＿
总计＿＿＿＿＿＿＿＿＿＿＿＿＿＿＿＿＿＿＿＿＿＿＿＿＿＿＿＿
人民币或美元＿＿＿＿＿＿＿＿＿＿＿＿＿＿＿＿＿＿＿＿＿＿

6.2 如果租赁场地实际使用面积大于合同约定面积，则租金根据实际使用的总面积作相应的调整。结算方式可由双方另行协商，签订补充协议。

6.3 乙方按如下方式支付租金：

支付日期＿＿＿＿＿＿＿＿＿＿＿＿＿
签订本合同之日起天内＿＿＿＿＿＿＿＿＿＿＿＿＿
年月日（进场日期前天）＿＿＿＿＿＿＿＿＿＿＿＿＿
年月日（进场日期前天）＿＿＿＿＿＿＿＿＿＿＿＿＿
展场租费比例＿＿＿＿＿＿＿＿＿＿＿＿＿
应付款人民币或美元＿＿＿＿＿＿＿＿＿＿＿＿＿
人民币或美元＿＿＿＿＿＿＿＿＿＿＿＿＿
人民币或美元＿＿＿＿＿＿＿＿＿＿＿＿＿
人民币或美元＿＿＿＿＿＿＿＿＿＿＿＿＿

6.4 所有支付款项汇至如下账户：

以人民币支付：

银行账号：＿＿＿＿＿＿＿＿＿＿＿＿＿＿＿＿＿＿＿＿＿＿＿＿＿＿
银行名称：＿＿＿＿＿＿＿＿＿＿＿＿＿＿＿＿＿＿＿＿＿＿＿＿＿＿
银行地址：＿＿＿＿＿＿＿＿＿＿＿＿＿＿＿＿＿＿＿＿＿＿＿＿＿＿
开户名称：＿＿＿＿＿＿＿＿＿＿＿＿＿＿＿＿＿＿＿＿＿＿＿＿＿＿

以美元支付：（按支付当日中国人民银行公布的外汇汇率中间价）

银行账号：＿＿＿＿＿＿＿＿＿＿＿＿＿＿＿＿＿＿＿＿＿＿＿＿＿＿
银行名称：＿＿＿＿＿＿＿＿＿＿＿＿＿＿＿＿＿＿＿＿＿＿＿＿＿＿
银行地址：＿＿＿＿＿＿＿＿＿＿＿＿＿＿＿＿＿＿＿＿＿＿＿＿＿＿
开户名称：＿＿＿＿＿＿＿＿＿＿＿＿＿＿＿＿＿＿＿＿＿＿＿＿＿＿
SwiftCode：＿＿＿＿＿＿＿＿＿＿＿＿＿＿＿＿＿＿＿＿＿＿＿＿＿＿

6.5 对依法须经政府部门审查的展会因无法获得政府部门批准导致本合同无法生效的，乙方应通知甲方解除本合同，并按照下列规定向甲方支付补偿金。甲方在扣除补偿金后如有剩余租金，应返还乙方。

解除合同时间＿＿＿＿＿＿＿＿＿＿＿＿＿＿＿＿＿＿＿＿＿＿＿＿＿＿
补偿金＿＿＿＿＿＿＿＿＿＿＿＿＿＿＿＿＿＿＿＿＿＿＿＿＿＿＿＿＿
租赁期限前＿＿＿＿＿＿＿个月以上

已付租金的_____%

租赁期限前_____个月至_____个月

已付租金的_____%

租赁期限前_____个月至_____个月

已付租金的_____%

租赁期限前_____个月至_____个月

已付租金的_____%

第七条　场地、设施使用

7.1　乙方应在租赁期开始前_____天向甲方提供经双方共同选择约定的下列文件：

（1）一式_____份的设计平面图，该平面图至少应包括下列内容：

a. 电力及照明的用量，每个区域容量的布置图及分布供应点位置；

b. 电话位置分布图；

c. 用水区域或用水点；

d. 压缩空气的要求和位置；

e. 卫星电视/INTERNET 设置图；

f. 甲方展馆内部及其周围红线范围内的其他布置设计。

（2）一份与展览有关的活动的时间表，包括展览会、开幕仪式、进馆、撤馆、货运以及设备使用等的时间。

（3）一份参展企业名录和工作人员数，并请注明国内和国外参展商。

（4）一份使用公共设施的内容，包括设备、家具、礼仪设施、贵宾室和其他服务。

（5）货运单位和装修单位名录及营业执照复印件。

（6）所有参展的展品清单，特别需要注明的是有关大型设备、大电流操作的展品及会产生震动、噪声的展品清单。

（7）_____。

7.2　为展览进行搭建、安装、拆卸、运输及善后工作所产生的费用由乙方自行承担。乙方进行上述活动时不得影响其他承租人、展览者在公共区域的活动。

7.3　乙方不得变动或修改甲方的展馆的布局、建筑结构和基础设施，或对其他影响上述事项的任何部分进行变动或修改。在租赁场地的租赁期限内，乙方如需在甲方展馆内的柱子、墙面或廊道等建筑物上进行装修、设计或张贴，须事先得到甲方书面许可。

7.4　租赁期间，双方应保持租赁场地和公共区域的清洁和畅通。乙方负责对其自身财产进行保管。

7.5　甲方有权使用或许可第三方使用甲方场地中没有租借给乙方的场地，但不得影响乙方正常使用租赁场地。

7.6　乙方对租赁期限内由乙方造成的对租赁场地、设施和公共区域的任何损害承担责任。

7.7 如果两个或两个以上的展览同期举办,登记大厅、广告阵地、货运通道等公共区域将由有关各方根据实际的租赁场地按比例共享。

第八条 保证与承诺

8.1 甲方保证与承诺:

(1) 确保乙方在租赁期内正常使用租赁场地。

(2) 按本合同约定的服务内容和标准提供服务。

(3) 在甲方人员因工作需要进入租赁场地时,保证进入人员持有甲方出具的现行有效证件,并在进入前向乙方出示。

(4) 协调乙方与同期举办的其他展览单位之间对公共区域的使用。

(5) 配合乙方或有关部门维护展会秩序。

(6) ＿＿＿＿＿＿＿＿＿＿＿＿＿＿＿＿＿＿＿＿＿＿＿＿＿＿＿＿＿＿＿＿＿。

8.2 乙方保证与承诺:

(1) 在租赁期前＿＿＿＿＿＿天取得举办展会所需的工商、消防、治安等政府部门的批准文件并交甲方备案。

(2) 在进场日期前＿＿＿＿＿＿天向甲方提供＿＿＿＿＿＿份展位平面图。

(3) 不阻碍甲方人员因工作需要持有甲方现行有效证件进入乙方租赁场地。

(4) 租赁期限届满,在撤离场地日期内将租赁场地恢复原状,返还向甲方租赁的物品并使其保持租赁前的状况。

(5) 未经甲方书面同意,不在甲方建筑物内发布广告。发布广告如果涉及需要有关政府部门批准的,则负责申请办理相关审批并承担相关费用。若不能获得政府部门批准而导致展览无法如期举办,则承担相应的法律后果。

(6) 对乙方雇员或其参展者在租赁期内对甲方实施的侵权行为承担连带赔偿责任。

(7) ＿＿＿＿＿＿＿＿＿＿＿＿＿＿＿＿＿＿＿＿＿＿＿＿＿＿＿＿＿＿＿＿＿。

第九条 责任保证

9.1 乙方应妥善处理与参展商之间的争议。在乙方与参展商发生争议,且双方无法协商解决时,争议双方可共同提请甲方出面进行调解。甲方无正当理由不得拒绝主持调解。调解期间任何一方明确表示不愿继续接受调解,甲方应立即终止调解。甲方的调解非争议解决的必经程序。调解不成的,调解中任何一方的承诺与保证均不作为确认争议事实的证据。在调解中,甲方应维护展会秩序,乙方应配合甲方维护展会秩序。

9.2 乙方应于租赁期开始前三十天按照本合同规定的租金总额的30%向上海市会展行业协会支付责任保证金,以保证乙方在与参展商发生争议并出现下列情况时承担相应的责任:

(1) 争议双方经和解达成协议,乙方承诺承担相应的赔偿或补偿责任。

(2) 经审判或仲裁机关调解,争议双方达成调解,乙方承诺承担相应的赔偿或补偿责任。

（3）审判或仲裁机关对争议作出终审或终局裁决，乙方被裁决构成对参展商合法权益的侵害，应当承担相应的赔偿责任。

9.3 乙方在支付责任保证金后三天内应向甲方提供责任保证付款凭证。

第十条 知识产权

乙方为推动其展览进行对甲方名称、商标和标识的使用，须事先征得甲方书面同意。如有违反，甲方保留追究乙方侵权责任的权利。

第十一条 保险

11.1 乙方应在进场日期之前向保险公司投保展馆建筑物责任险、工作人员责任险及第三者责任险，将甲方列为受益人之一，并向甲方提供保险单复印件。

11.2 保险公司的理赔不足以支付甲方所受损失的，甲方有权对乙方进行追偿。

第十二条 违约责任

12.1 甲方有下述行为之一的，乙方有权单方面解除本合同，并按照本合同第12.4条向甲方主张违约金：

（1）未按本合同的规定向乙方提供租赁场地，经乙方书面催告仍未提供的；

（2）未按本合同第5.1条提供基本服务，经乙方书面催告仍未提供的；

（3）未按本合同第8.1（5）条维护展会秩序，致使展会因秩序混乱而无法继续进行的；

（4）＿＿＿＿＿＿＿＿＿＿＿＿＿＿＿＿＿＿＿＿＿＿＿＿＿＿＿＿＿＿＿。

12.2 乙方未按期支付到期租金，应按日向甲方支付逾期付款金额万分之＿＿＿＿＿的违约金，付至实际付款或解除本合同之日。

12.3 乙方有下述行为之一的，甲方有权单方面解除本合同，并按照本合同第12.4条向乙方主张违约金：

（1）未按本合同规定支付场地租金、设备租赁、额外服务及超时场地使用等各项应付费用，经甲方催告后＿＿＿＿＿天内仍未支付的；

（2）国际性展会违反本合同规定，擅自变更展题，经甲方催告后仍未纠正的；

（3）未按第8.2（1）条规定向甲方提供办展所需的相关政府部门的批准文件，经甲方催告后仍未纠正的；

（4）违反本合同规定，擅自使用甲方的名称、商标或标识，经甲方催告后仍未纠正的；

（5）未按本合同第9.2条支付责任保证金，经甲方催告后仍未纠正的；

（6）＿＿＿＿＿＿＿＿＿＿＿＿＿＿＿＿＿＿＿＿＿＿＿＿＿＿＿＿＿＿＿。

12.4 本合同第12.1、12.3条规定的违约金列明如下：

违约行为发生时间＿＿＿＿＿＿＿＿＿＿＿＿＿＿＿＿＿＿＿＿＿＿＿＿＿

违约金＿＿＿＿＿＿＿＿＿＿＿＿＿＿＿＿＿＿＿＿＿＿＿＿＿＿＿＿＿＿＿

租赁期限前＿＿＿＿＿＿＿个月以上

已付租金的＿＿＿＿＿＿＿％

租赁期限前_____个月至_____个月

已付租金的_____%

租赁期限前_____个月至_____个月

已付租金的_____%

租赁期限前_____个月至_____个月

已付租金的_____%

租赁期限前_____个月至租赁期届满

已付租金的_____%

以上违约金不足以赔偿守约方损失的,违约方应就超额部分损失向守约方承担赔偿责任。

12.5　守约方根据第12.1、12.3条单方面解除本合同,应在违约行为发生后_____天内书面通知违约方,否则视为守约方放弃合同解除权,但不影响守约方向违约方主张违约金和赔偿责任。

12.6　甲方违约的,应在收到乙方解除本合同书面通知之日起_____天内返还乙方已付租金,并支付违约金。乙方违约的,应在收到甲方解除本合同书面通知之日起_____天内将已扣除乙方应付违约金后的剩余租金返还乙方。

12.7　除本合同第12.1、12.3条约定外的其他违约行为造成守约方损失,违约方应当承担赔偿责任。

第十三条　变更与解除

13.1　除本合同另有约定外,本合同未经双方协商一致不得变更与解除。

13.2　国际性展会变更展题,须取得政府审批机关的批准,并向甲方提供。

13.3　双方协商变更或解除本合同的,变更或解除方应提前_____天以书面形式通知相对方,相对方应于收到通知后_____天内以书面形式答复变更或解除方,逾期不答复的,视为同意变更或解除本合同。违反本条规定提出协商变更或解除的,相对方有权拒绝。

第十四条　争议解决

因执行本合同而产生或与本合同有关的争议,双方应通过友好协商解决。协商应于一方向另一方书面提出请求后立即举行。如在提出请求后三十天内无法通过协商解决,双方可选择下列第_____种方式解决:

（1）向_____仲裁委员会申请仲裁,仲裁裁决为终局裁决并对双方均有约束力;

（2）依法向_____人民法院提起诉讼。

第十五条　不可抗力

15.1　本合同履行期间,任何一方发生了无法预见、无法预防、无法避免和无法控制的不可抗力事件,以致不能履行或不能如期履行合同,发生不可抗力事件的一方可以免除履行合同的责任或推迟履行合同。

15.2 本合同第 15.1 条规定的不可抗力事件包括以下范围：
（1）自然原因引起的事件，如地震、洪水、飓风、寒流、火山爆发、大雪、火灾、冰灾、暴风雨等；
（2）社会原因引起的事件，如战争、罢工、政府禁令、封锁等。
（3）_____。

15.3 发生不可抗力的一方，应于不可抗力发生后_____天内以书面形式通知相对方，通报不可抗力详尽情况，提交不可抗力影响合同履行程度的官方证明文件。相对方在收到通知后_____天内以书面形式回复不可抗力发生方，逾期不回复的，视为同意不可抗力发生方对合同的处理意见。

15.4 在展会尚未开始前发生不可抗力致使本合同无法履行，本合同应当解除，已交付的租金费用应当返还，双方均不承担对方的损失赔偿。

15.5 展会进行中发生不可抗力致使本合同无法履行，本合同应当解除，已交付的租金费用应当按_____返还，双方均不承担对方的损失赔偿。

15.6 发生不可抗力致使本合同需迟延履行的，双方应对迟延履行另行协商，签订补充协议。若双方对迟延履行无法达成一致，应按第 15.4、15.5 条规定解决。

第十六条 适用法律
本合同的订立、履行、终止及其解释适用中华人民共和国现行法律。

第十七条 附件及效力
双方同意作为合同附件的文件均是本合同重要且不可分割的组成部分，与本合同同时生效并与本合同具有同等法律效力。

第十八条 信息披露
甲方可以网页等形式对外公布本合同约定的展览会名称、馆号和展览日期等相关信息。乙方若调整展会名称、展览日期等内容，应及时书面通知甲方；因乙方未通知甲方致使甲方对外公布的展会名称、展览日期与乙方调整后的不一致，甲方不承担相关责任。

第十九条 保密
双方对基于本合同获取的相对方的办展资料、客户资源等商业信息均有保守秘密的义务。除非相对方书面同意，或法律强制性规定，双方均不得以任何形式对外披露该等信息。

第二十条 通知
本合同规定和与本合同有关的所有联络均应按照收件的一方于本合同确定之地址或传真发出。上述联络如直接交付（包括通过邮件递送公司递交），则在交付时视为收讫；如通过传真发出，则在传真发出时视为收讫，但必须有收件人随后的书面确认为证；如通过预付邮资的挂号邮件寄出，则寄出七天后视为收讫。

第二十一条 其他
本合同一式_____份，甲乙双方各执_____份，具有同等法律效力。

本合同未尽事宜，经双方友好协商，可订立补充条款或协议，作为本合同附件，具有同等法律效力。

甲方（签章）：_____　　乙方（签章）：_____
____年____月____日　　　____年____月____日

（十）建筑施工物资租赁合同[①]

合同编号：_____

出租人：_____　　签订地点：_____
承租人：_____　　签订时间：____年____月____日

根据《中华人民共和国合同法》的有关规定，按照平等互利的原则，为明确出租人与承租人的权利义务，经双方协商一致，签订本合同。

第一条　租赁物资的品名、规格、数量、质量（详见合同附件）：_____。

第二条　租赁物资的用途及使用方法：_____。

第三条　租赁期限：自____年____月____日至____年____月____日，共计____天。承租人因工程需要延长租期，应在合同届满前____日内，重新签订合同。

第四条　租金、租金支付方式和期限
收取租金的标准：_____。
租金的支付方式和期限：_____。

第五条　押金（保证金）
经双方协商，出租人收取承租人押金_____元。承租人交纳押金后办理提货手续。租赁期间不得以押金抵作租金；租赁期满，承租人返还租赁物资后，押金退还承租人。

第六条　租赁物资交付的时间、地点及验收方法：_____。

第七条　租赁物资的保管与维修

一、承租人对租赁物资要妥善保管。租赁物资返还时，双方检查验收，如因保管不善造成租赁物资损坏、丢失的，要按照双方议定的《租赁物资缺损赔偿办法》，由承租人向出租人偿付赔偿金。

二、租赁期间，租赁物资的维修及费用由_____人承担。

第八条　出租人变更

一、在租赁期间，出租人如将租赁物资所有权转移给第三人，应正式通知承租人，租赁物资新的所有权人即成为本合同的当然出租人。

二、在租赁期间，承租人未经出租人同意，不得将租赁物资转让、转租给第三人使用，也不得变卖或作抵押品。

[①]　国家工商行政管理局发布。

第九条 租赁期满租赁物资的返还时间为：_____。

第十条 本合同解除的条件：_____。

第十一条 违约责任

一、出租人违约责任：

1. 未按时提供租赁物资，应向承租人偿付违约期租金_____%的违约金。

2. 未按质量提供租赁物资，应向承租人偿付违约期租金_____%的违约金。

3. 未按数量提供租赁物资，致使承租人不能如期正常使用的，除按规定如数补齐外，还应偿付违约期租金_____%的违约金。

4. 其他违约行为：_____。

二、承租人违约责任：

1. 不按时交纳租金，应向出租人偿付违约期租金_____%的违约金。

2. 逾期不返还租赁物资，应向出租人偿付违约期租金_____%的违约金。

3. 如有转让、转租或将租赁物资变卖、抵押等行为，除出租人有权解除合同，限期如数收回租赁物资外，承租人还应向出租人偿付违约期租金_____%的违约金。

4. 其他违约行为：_____。

第十二条 本合同在履行过程中发生的争议，由双方当事人协商解决；也可由当地工商行政管理部门调解；协商或调解不成的，按下列第_____种方式解决：

（一）提交_____仲裁委员会仲裁；

（二）依法向人民法院起诉。

第十三条 其他约定事项：_____
_____。

第十四条 本合同未作规定的，按照《中华人民共和国合同法》的规定执行。

第十五条 本合同一式_____份，合同双方各执_____份。本合同附件_____份都是合同的组成部分，与合同具有同等法律效力。

出租人：（章）	承租人：（章）	鉴（公）证意见：
住所：	住所：	
法定代表人：	法定代表人：	
（签名）	（签名）	
委托代理人：	委托代理人：	
（签名）	（签名）	
电话：	电话：	
传真：	传真：	
开户银行：	开户银行：	鉴（公）证机关：（章）
账号：	账号：	经办人：
邮政编码：	邮政编码：	_____年_____月_____日

监制部门： 　　　　　　　　　印制单位：

(十一) 汽车租赁合同[①]

术语解释

1. 出租方：持有营业执照和汽车租赁经营许可证，为承租方提供汽车租赁服务的企业。

2. 承租方：与出租方订立汽车租赁合同，获得租赁车辆使用权的自然人、法人和其他组织。

3. 保证人：当承租方不能履行汽车租赁合同约定的义务时，代为承担相应责任的第三方。

4. 租赁车辆：依照汽车租赁合同约定，出租方提供给承租方使用的车辆，包括附属设施、部件和牌照。

5. 租金：承租方为获得租赁车辆使用权及相关服务而向出租方支付的费用。租金不包括承租方使用租赁车辆发生的燃油费、通行费、停车费、违章罚款等费用。

6. 有效证件：能够证明租赁车辆符合法律、法规规定的在道路上行驶的有关证件，如行驶证、道路运输证、养路费缴讫凭证、车船税讫、年检标志等。

7. 设备：指保证车辆安全和购车时按出厂配置标准配备的设施。

8. 超时费：超过合同约定租期且不足一个收费周期，以合同约定标准，计收超时部分的租金。

9. 超程费：超出合同约定的行驶里程部分，按元／公里计收费用。

10. 保证金：为保证承租方履行合同义务，由承租方提供的资金形式的担保。

11. 一级车标准：详见《汽车技术等级评定标准》（JT／T198-95）。

本条款根据《中华人民共和国合同法》《北京市汽车租赁管理办法》等有关法律、法规、规章制定。

第一条　出租方的权利

1. 拥有租赁车辆所有权。

2. 依合同向承租方计收租金及约定费用。

第二条　出租方的义务

1. 向承租方交付技术状况为一级标准、设备齐全的租赁车辆，以及租赁车辆行驶所需的有效证件。

2. 交接租赁车辆时如实提供车辆状况信息。

3. 免费提供租赁车辆保养以及承租方按操作规程使用租赁车辆出现的故障维修服务。

4. 提供本市行政区域内故障、事故的 24 小时救援服务。

5. 承担不低于 80% 的因交通事故或盗抢造成的租赁车辆现值损失。

[①] 北京市工商行政管理局、北京市运输管理局发布。

6. 承担保险公司相关条款范围内的第三者责任险。

7. 对所获得的承租方信息负有保密义务。

第三条　承租方的权利

1. 按合同的约定拥有租赁车辆使用权。

2. 有权获知保证安全驾驶所需的车辆技术状况及性能信息。

3. 有权获得出租方为保障租赁车辆使用功能所提供的相应服务。

第四条　承租方的义务

1. 如实向出租方提供驾驶本、身份证、户口本、营业执照等身份证明资料。

2. 按合同约定交纳租金及其他费用。

3. 按车辆性能、操作规程及相关法律、法规的规定使用租赁车辆。

4. 妥善保管租赁车辆，维持车辆原状。未经出租方允许，不得擅自修理车辆，不得擅自改装、更换、增设他物。

5. 协助出租方按规定期限对租赁车辆进行车检及维修保养。

6. 承担不高于20%的因交通事故或盗抢造成的租赁车辆现值损失；承担因交通事故引发的其他责任。

7. 保护出租方车辆所有权不受侵犯。不得转卖、抵押、质押、典当、转借、转租租赁车辆。

8. 租赁车辆发生交通事故、被盗抢时，应立即向公安、交管等部门报案并在12小时内通知出租方，并协助出租方办理相关手续。

9. 保证租赁车辆为合同登记的驾驶员驾驶。在租赁期内，如承租方登记的信息发生变化，应及时通知出租方。

10. 租赁期满，应按时返还租赁车辆及有效证件。

第五条　租金、保证金

1. 租金单位为元／年、元／季、元／月、元／天、元／小时。租金标准双方约定。

2. 承租方用保证金提供担保的，保证金不得用于充抵租金，合同履行完毕后，保证金应退还承租方。双方经约定也可采取其他方式担保。

第六条　意外风险

1. 双方约定的意外风险责任，出租方可向保险公司投保或以其他方式承担。对约定分担的意外风险未投保的，风险损失的计算、赔付，参照机动车辆保险条款及赔付程序进行。

2. 政府政策重大变化、不可抗力以及其他无法归咎于承、租双方的原因造成的损失，依照有关法规和公平原则双方协商解决。

第七条　出租方的违约责任

出租方未能履行向承租方提供合同约定的车辆、服务等义务时，应承担下列违约责任：

1. 经道路运输管理部门认可的专业检测机构认定租赁车辆达不到一级标准的，承租方有权解除合同，并要求出租方承担违约责任。

2. 不能按约定提供故障维修、救援时，承租方有权解除合同，出租方应退还租赁车辆停驶期间的租金并支付停驶期间租金20%的违约金。

3. 维修、救援后租赁车辆仍无法恢复使用功能，出租方应提供相当档次替换车或采取其他措施。

4. 因承租方原因造成车辆损坏的，出租方应严格依照汽车维修规定的标准收取修车费用。

第八条 承租方的违约责任

承租方不能按合同约定交纳费用、使用租赁车辆、保管租赁车辆、归还租赁车辆时，应承担下列违约责任：

1. 逾期交纳租金的，每逾期一日按应交租金总额的0.5%交纳滞纳金。逾期归还租赁车辆的，除继续计收租金外，应交纳逾期应交租金20%的违约金。

2. 提前解除合同归还租赁车辆的，应按未履行部分租期租金总额的20%向出租方支付违约金，已交纳租金的，出租方在扣除违约金后应将余款退还承租方。

3. 承租方有下列行为的，出租方有权解除合同并收回租赁车辆：

（1）提供虚假信息的。

（2）拖欠租金或其他费用的。

（3）转卖、抵押、质押、转借、典当、转租租赁车辆或确有证据证明存在上述危险的。

（4）确有证据证明承租方利用租赁车辆从事违法犯罪活动的。

4. 不按车辆性能或操作程序使用而造成的租赁车辆修理、停运损失；承担因过失被保险公司拒绝赔偿的损失。

5. 擅自改装、更换、增设他物等改变租赁车辆原状造成的损失。

6. 未协助出租方按时参加车检或维修保养而造成的损失。

7. 非出租方原因导致车辆被第三方扣押的责任。

8. 违反交通安全法规时，应在被告知的5日内接受处罚。如拒绝接受处罚，合同中登记的驾驶员将作为违章责任人被提交公安交通管理部门处理。

第九条 担保条款

如采用保证人提供担保的方式，保证人应就承租方履行本合同的义务负连带保证责任。

第十条 特别约定

承、租双方可对本合同内容以书面形式予以增加、细化作为补充条款，但不得违反有关法规及政策规定，不得违反公平原则。补充条款中含有不合理地减轻或免除本合同条款中规定应由出租方承担的责任内容的，仍以本合同为准。

1. 承租方如要求延长租期，须在合同到期前提出续租申请，出租方有权决定是否续租。

2. 本合同项下发生的争议，双方应协商或向北京市汽车租赁行业组织、各级消费者协会等部门申请调解解决；协商或调解解决未果的，可向有管辖权的人民法院提起诉讼或向双方选定的仲裁机构提请仲裁。

出租方：（章）_____　承租方：（章）_____　保证人（签章）：_____
住所：_____　　住所：_____　　住所：_____
电话：_____　　电话：_____　　电话：_____
委托代理人：_____　委托代理人：_____　委托代理人：_____
签订地点：_____　　签订时间：____年____月____日

💡 特别提醒

1. 汽车租赁公司通常采用格式合同，其中隐藏着许多霸王条款，特别是在车损、理赔、盗抢等方面存在许多不合理的规定。对于这些条款，要仔细审查。租车人经常不注意看合同的反面，但反面恰恰规定了租车人应当承担的赔偿责任。

2. 一些汽车租赁公司未购买车辆保险，一旦发生事故，就让租车人自己买单。所以，在签订合同时，消费者应该要求租赁公司出示保险单。

3. 一些汽车租赁公司为了节省办理手续的费用和逃避相关税费，擅自邀请私家车加盟。根据保险公司的相关规定，私家车从事经营的，发生事故后一律不予理赔。一些车辆的保险条款中还约定必须由某个驾驶员驾驶，如果是他人驾驶发生事故的，不予理赔。这样一来，赔偿责任就落到了租车人的头上。

4. 在签订汽车租赁合同时，要对车况进行全面检查。租赁公司提供的车通常都是旧车，很容易出现故障，但从表面上是很难看出其中存在的隐患的。所以，对于车况就更要谨慎小心。

（十二）设备租赁合同

出租方：_____（以下简称甲方）
承租方：_____（以下简称乙方）

一、甲方根据乙方上级批准的项目和乙方自行选定的设备和技术质量标准，向_____购进以下设备租给乙方使用。

1. _____
2. _____
3. _____
4. _____

二、甲方根据与生产厂（商）签订的设备订货合同规定，于____年____季交货。由供货单位直接发运给乙方，乙方直接到供货单位自提自运。乙方收货后应立即向甲方开回设备收据。

三、设备的验收、安装、调试、使用、保养、维修管理等，均由乙方自行负责，设备的质量问题由生产厂家负责，并在订货合同中予以说明。

四、设备在租赁期间的所有权属于甲方。乙方收货后，应以甲方名义向当地保险公司投保综合险，保险费由乙方负责。乙方应将投保合同交甲方作为本合同附件。

五、在租赁期内，乙方享有设备的使用权，但不得转让或作为财产抵押，未经甲方同意亦不得在设备上增加或拆除任何部件和迁移安装地点。甲方有权检查设备的使用和完好情况，乙方应提供一切方便。

六、设备租赁期限为_____年，租期从供货厂向甲方托收货款时算起，租金总额为人民币_____元（包括手续费_____%），分_____期交付，每期租金_____元，由甲方在每期期末按期向乙方托收。如乙方不能按期承付租金，甲方则按逾期租金总额每天加收万分之_____的罚金。

七、本合同一经签订不能撤销。如乙方提前交清租金，结束合同，甲方给予退还一部分利息的优惠。

八、本合同期满，甲方同意按人民币_____元的优惠价格将设备所有权转让给乙方。

九、乙方上级单位_____同意作为乙方的经济担保人，负责乙方切实履行本合同各条款规定，如乙方在合同期内不能承担合同中规定的经济责任时，担保人应向甲方支付乙方余下的各期租金和其他损失。

十、本设备租赁合同范本（2010 版）经双方和乙方担保人盖章后生效。本合同正本两份，甲、乙方各执一份，副本_____份，乙方担保人和乙方开户银行各一份。

甲方：_____（公章）

负责人：_____（签章）

开户银行及账号：_____

_____年_____月_____日

乙方：（全称）_____

_____（公章）

负责人：_____（签章）

开户银行及账号：_____

_____年_____月_____日

经济担保单位：_____（全称）

_____（公章）

负责人：_____（公章）

_____年_____月_____日

（十三）航次租船合同[①]

> 本合同经承租人与出租人签章后即行生效，有关承租人与出租人之间的权利、义务和责任界限，适用《水路货物运输规则》及运价、规费的有关规定。

合同编号：

承租人	全称			出租人	全称		
	地址、电话				地址、电话		
	银行、账号				银行、账号		
船舶资料	船名		总舱容			吊杆数	
	船籍港		载货吨			空载吃水	
	总吨/净重		舱口数			满载吃水	
货名	件数	包装		重量（吨）		体积（m³）	价值（元）
起运港		受载期限		装载期限		滞期费率	
到达港		运到期限		卸船期限		速遣费率	
运费				费用结算方式			
特约事项和违约责任							
托运人签章　　　　　　年　月　日				承运人签章　　　　　　年　月　日			

说明：1. 本合同正本一式两份，承运双方各执一份，副本若干份。
　　　2. 规格：长17厘米，宽27厘米。

[①] 中华人民共和国交通部、国家工商行政管理局发布。

（十四）人民防空工程租赁使用合同[①]

出租人：_____
承租人：_____
出租人向承租人出租人民防空工程，经双方协商，签订本合同。

第一条 人民防空工程状况

人民防空工程坐落于_____市（县）_____区（镇）_____。

工程名称：_____，建筑面积：_____，邮政编码：_____。

使用面积：_____

工程质量状况：_____

租赁用途：_____

第二条 租赁期限

从____年____月____日起至____年____月____日。

合同生效后_____天内出租人将工程交付承租人。

第三条 人民防空工程使用费和使用费缴纳时间、方式

1. 人民防空工程使用费每平方米（每个柜台、店铺）每月_____元，共计_____元；

2. 使用费缴纳时间与方式：_____。

第四条 租赁期间工程维修

租赁期间工程维修由出租人负责。出租人的维修范围包括：工程主体结构，防护和主要风、水、电设备设施，保障承租人正常使用。出租人维修工程时，承租人应予以协助。

出租人也可委托承租人就其中某一项进行维修；维修费用由出租人负责或抵付人民防空工程使用费，也可约定解决方式。

租赁期间工程维修由承租人负责的，其维修范围和费用负担由双方在本合同第十三条中约定。

第五条 工程租赁期间的水、电、暖、通信、_____费用由承租人负担。

第六条 租赁工程的装修

工程租赁期内，承租人经出租人同意，可以对工程按使用需要进行装修。装修方案和施工图纸必须经人民防空主管部门审核同意后方可组织施工。承租人未经出租人同意对工程进行装修，自行承担由此引起的一切责任。租赁合同期满，对工程装修的处理：_____。

第七条 工程租赁期内，承租人经出租人同意，可以按使用需要改善或者增设他物，改善或者增设他物的范围：_____。租赁合同期满，改善或者增

[①] 国家人民防空办公室、国家工商行政管理总局制定，GF-2002-0605。

设他物的处理：_____。

第八条　出租人与承租人的变更

1. 出租人将工程所有权转让给第三人，本合同在租赁期间对受让第三人继续有效。
2. 承租人因经营需要，经出租人同意，在办理有关手续后，可将工程转租给第三人使用。

第九条　工程租赁用途的变更

工程租赁期内，承租人应当保持工程符合本合同约定的用途；如需变更用途，应当书面报经出租人同意，双方签订补充协议或者重新签订合同。

第十条　租赁合同的解除

一、承租人有下列情形之一的，出租人有权解除合同：

1. 拖欠工程使用费达到_____天或者拖欠水电费达到_____天以上的；
2. 擅自将工程使用权转让的；
3. 未经出租人同意，擅自对工程进行装修改造的；
4. 未经出租人同意，擅自改变租赁用途的；
5. 利用工程进行非法活动的。

二、出租人有下列情形之一的，承租人有权解除合同：

1. 逾期_____天未交付工程供承租人使用的；
2. 提供的工程不符合合同约定条件，不能正常使用的；
3. 在本合同约定的维修范围内未尽维修责任，使承租人无法正常使用的。

第十一条　违约责任

一、出租人责任：

1. 未按时提供合同约定条件的工程，负责赔偿由此给承租人造成的损失；
2. 未按时（或按本合同约定）维修工程，偿付违约金_____元；
3. 除不可抗力因素外，因工程主体结构、_____造成承租人人身受到伤害或者财产损毁的，负责赔偿损失。

二、承租人责任：

1. 未按时缴纳人民防空工程使用费，应如数补缴，并按每天千分之二的比例加收滞纳金；
2. 由于使用不当或其他承租人原因造成工程损坏及发生安全事故的，负责修复并赔偿损失；
3. 未经出租人同意，擅自对工程进行装修改造的，负责按出租人要求恢复原状并赔偿损失；
4. 逾期不归还人民防空工程使用权，除补缴人民防空工程使用费外，还须偿付违约金_____元。

三、因国家战备需要终止合同，出租人不负赔偿责任。

第十二条　合同争议解决方式

本合同在履行过程中发生的争议，当事人双方应协商解决。协商不成的，按下列第_____种方式解决：

1. 提交_____仲裁委员会仲裁；
2. 依法向人民法院起诉。

第十三条　其他约定事项

1. 任何一方需要提前解除或续签合同，应提前_____天与对方协商。
2. _____。
3. _____。

第十四条　本合同未尽事宜，按国家有关法律和行政法规，由双方协商做出补充协议。补充协议与本合同具有同等法律效力。

第十五条　承租人在本合同签订后5个工作日内，应当到工程所在地人民防空主管部门办理人民防空工程平时使用证。承租人取得使用证后本合同生效。

出租人：（盖章）_____　　　　承租人：（盖章）_____
地址：_____　　　　　　　　　地址：_____
法定代表人：_____　　　　　　法定代表人：_____
委托代理人：_____　　　　　　委托代理人：_____
开户银行：_____　　　　　　　开户银行：_____
账号：_____　　　　　　　　　账号：_____
电话：_____　　　　　　　　　电话：_____
签订地点：_____
签订日期：_____

第八章 融资租赁合同

根据《民法典》的规定，融资租赁合同是出租人根据承租人对出卖人、租赁物的选择，向出卖人购买租赁物，提供给承租人使用，承租人支付租金的合同。

1. 在融资租赁合同下，承租人向出租人（买受人）交付租金，但出租人并不承担租赁物的维修和瑕疵担保义务。
2. 融资租赁合同的出卖人履行交付标的物和瑕疵担保义务的对象不是买受人（出租人），而是租赁人。
3. 根据双方的约定，租赁期届满之后，租赁物可以返还给出租人（买受人），也可以归租赁人所有。

一、《民法典》相关法条

第七百三十五条 融资租赁合同是出租人根据承租人对出卖人、租赁物的选择，向出卖人购买租赁物，提供给承租人使用，承租人支付租金的合同。

第七百三十六条 融资租赁合同的内容一般包括租赁物的名称、数量、规格、技术性能、检验方法，租赁期限，租金构成及其支付期限和方式、币种，租赁期限届满租赁物的归属等条款。

融资租赁合同应当采用书面形式。

第七百三十七条 当事人以虚构租赁物方式订立的融资租赁合同无效。

第七百三十八条 依照法律、行政法规的规定，对于租赁物的经营使用应当取得行政许可的，出租人未取得行政许可不影响融资租赁合同的效力。

第七百三十九条 出租人根据承租人对出卖人、租赁物的选择订立的买卖合同，出卖人应当按照约定向承租人交付标的物，承租人享有与受领标的物有关的买受人的权利。

第七百四十条 出卖人违反向承租人交付标的物的义务，有下列情形之一的，承租人可以拒绝受领出卖人向其交付的标的物：

（一）标的物严重不符合约定；

（二）未按照约定交付标的物，经承租人或者出租人催告后在合理期限内仍未交付。承租人拒绝受领标的物的，应当及时通知出租人。

第七百四十一条 出租人、出卖人、承租人可以约定，出卖人不履行买卖合同义务的，由承租人行使索赔的权利。承租人行使索赔权利的，出租人应当协助。

第七百四十二条 承租人对出卖人行使索赔权利，不影响其履行支付租金的义务。但是，承租人依赖出租人的技能确定租赁物或者出租人干预选择租赁物的，承租人可以请求减免相应租金。

第七百四十三条 出租人有下列情形之一，致使承租人对出卖人行使索赔权利失败的，承租人有权请求出租人承担相应的责任：

（一）明知租赁物有质量瑕疵而不告知承租人；

（二）承租人行使索赔权利时，未及时提供必要协助。

出租人怠于行使只能由其对出卖人行使的索赔权利，造成承租人损失的，承租人有权请求出租人承担赔偿责任。

第七百四十四条 出租人根据承租人对出卖人、租赁物的选择订立的买卖合同，未经承租人同意，出租人不得变更与承租人有关的合同内容。

第七百四十五条 出租人对租赁物享有的所有权，未经登记，不得对抗善意第三人。

第七百四十六条 融资租赁合同的租金，除当事人另有约定外，应当根据购买租赁物的大部分或者全部成本以及出租人的合理利润确定。

第七百四十七条 租赁物不符合约定或者不符合使用目的的，出租人不承担责任。但是，承租人依赖出租人的技能确定租赁物或者出租人干预选择租赁物的除外。

第七百四十八条 出租人应当保证承租人对租赁物的占有和使用。

出租人有下列情形之一的，承租人有权请求其赔偿损失：

（一）无正当理由收回租赁物；

（二）无正当理由妨碍、干扰承租人对租赁物的占有和使用；

（三）因出租人的原因致使第三人对租赁物主张权利；

（四）不当影响承租人对租赁物占有和使用的其他情形。

第七百四十九条 承租人占有租赁物期间，租赁物造成第三人人身损害或者财产损失的，出租人不承担责任。

第七百五十条 承租人应当妥善保管、使用租赁物。

承租人应当履行占有租赁物期间的维修义务。

第七百五十一条 承租人占有租赁物期间，租赁物毁损、灭失的，出租人有权请求承租人继续支付租金，但是法律另有规定或者当事人另有约定的除外。

第七百五十二条 承租人应当按照约定支付租金。承租人经催告后在合理期限内仍不支付租金的，出租人可以请求支付全部租金；也可以解除合同，收回租赁物。

第七百五十三条 承租人未经出租人同意，将租赁物转让、抵押、质押、投资入股或者以其他方式处分的，出租人可以解除融资租赁合同。

第七百五十四条 有下列情形之一的，出租人或者承租人可以解除融资租赁合同：

（一）出租人与出卖人订立的买卖合同解除、被确认无效或者被撤销，且未能重新订立买卖合同；

（二）租赁物因不可归责于当事人的原因毁损、灭失，且不能修复或者确定替代物；

（三）因出卖人的原因致使融资租赁合同的目的不能实现。

第七百五十五条 融资租赁合同因买卖合同解除、被确认无效或者被撤销而解除，出卖人、租赁物系由承租人选择的，出租人有权请求承租人赔偿相应损失；但是，因出租人原因致使买卖合同解除、被确认无效或者被撤销的除外。

出租人的损失已经在买卖合同解除、被确认无效或者被撤销时获得赔偿的，承租人不再承担相应的赔偿责任。

第七百五十六条 融资租赁合同因租赁物交付承租人后意外毁损、灭失等不可归责于当事人的原因解除的，出租人可以请求承租人按照租赁物折旧情况给予补偿。

第七百五十七条 出租人和承租人可以约定租赁期限届满租赁物的归属；对租赁物的归属没有约定或者约定不明确，依据本法第五百一十条的规定仍不能确定的，租赁物的所有权归出租人。

第七百五十八条 当事人约定租赁期限届满租赁物归承租人所有，承租人已经支付大部分租金，但是无力支付剩余租金，出租人因此解除合同收回租赁物，收回的租赁物的价值超过承租人欠付的租金以及其他费用的，承租人可以请求相应返还。

当事人约定租赁期限届满租赁物归出租人所有，因租赁物毁损、灭失或者附合、混合于他物致使承租人不能返还的，出租人有权请求承租人给予合理补偿。

第七百五十九条 当事人约定租赁期限届满，承租人仅需向出租人支付象征性价款的，视为约定的租金义务履行完毕后租赁物的所有权归承租人。

第七百六十条 融资租赁合同无效，当事人就该情形下租赁物的归属有约定的，按照其约定；没有约定或者约定不明确的，租赁物应当返还出租人。但是，因承租人原因致使合同无效，出租人不请求返还或者返还后会显著降低租赁物效用的，租赁物的所有权归承租人，由承租人给予出租人合理补偿。

二、典型案例

案例1：租赁物意外毁损，出租人能否要求承租人赔偿？

[案情回放]

甲公司与乙公司签订融资租赁合同，由甲公司出资购买工程设备，出租给乙方使用，租赁期限届满后，该设备由甲公司收回。乙公司在使用设备的过程中，由于施工现场发生山体滑坡，导致设备损坏，无法继续使用。乙公司提出终止合同，甲公司要求乙公司赔偿。乙公司认为，设备损毁是基于自然灾害的不可抗力，而非自身的过错，拒绝赔偿。

[专家点评]

《民法典》第756条规定:"融资租赁合同因租赁物交付承租人后意外毁损、灭失等不可归责于当事人的原因解除的,出租人可以请求承租人按照租赁物折旧情况给予补偿。"在本案中,虽然租赁物的损毁是因为自然灾害,而非承租人的过错导致的,但按照上述法律规定,乙公司仍然需要承担赔偿责任,弥补甲公司遭受的损失。因为租赁物的毁损发生在交付乙公司使用之后,理应由乙公司承担损失。

案例2:租赁物无法使用,承租人能否拒绝支付租金?

[案情回放]

某公司与某集团签订融资租赁合同,某集团购买大型设备,出租给某公司使用。但某公司接收设备后,发现技术指标不符,无法使用,遂拒绝按照合同约定支付租金。某集团经多次催收无果后,向人民法院提起诉讼。

[专家点评]

《民法典》第747条规定:"租赁物不符合约定或者不符合使用目的的,出租人不承担责任。但是,承租人依赖出租人的技能确定租赁物或者出租人干预选择租赁物的除外。"也就是说,虽然本案中的设备存在技术指标不符、无法正常使用的情况,某公司仍然应当向出租人某集团支付租金。但某公司可以根据合同约定,向出售该设备的厂家索赔,某集团应当给予必要的协助。

三、融资租赁合同陷阱防范

1. 在融资租赁合同中,必须详细列明租赁物的各项关键要素,包括名称、数量、规格、质量要求、技术指标、供货商等。以免因为约定不明,导致租赁物交付后无法满足承租人的需要。

2. 对于承租人擅自转让、转租、抵押租赁物的情况,融资租赁合同中应当明确承租人的违约责任,以保障出租人的权利。

3. 为避免出租人与出卖人恶意串通,提供不合格产品,损害承租人的利益,融资租赁合同中应当明确约定租赁物的验收方式以及相应的违约责任。

4. 为防范承租人拖延履行支付租金的义务,出租人可以要求承租人提供租金担保。

四、融资租赁合同范本

(一)融资租赁合同

出租方(甲方):_____

地址：＿＿＿＿＿＿＿＿＿＿＿＿＿＿＿＿＿＿＿

电话：＿＿＿＿＿＿＿＿＿＿＿＿＿＿＿＿＿＿＿

传真：＿＿＿＿＿＿＿＿＿＿＿＿＿＿＿＿＿＿＿

银行账号：＿＿＿＿＿＿＿＿＿＿＿＿＿＿＿＿

承租方（乙方）：＿＿＿＿＿＿＿＿＿＿＿＿＿

地址：＿＿＿＿＿＿＿＿＿＿＿＿＿＿＿＿＿＿＿

电话：＿＿＿＿＿＿＿＿＿＿＿＿＿＿＿＿＿＿＿

传真：＿＿＿＿＿＿＿＿＿＿＿＿＿＿＿＿＿＿＿

银行账号：＿＿＿＿＿＿＿＿＿＿＿＿＿＿＿＿

甲乙双方同意按照下列条款签订本租赁合同（以下简称合同），以资共同遵守。

第一条　合同依据和租赁物件

甲方根据乙方租赁委托书的要求，买进＿＿＿＿＿＿＿＿＿＿＿＿＿＿＿＿（以下简称租赁物件）出租给乙方使用。租赁物件的名称、规格、型号、数量和使用地点详见本合同附表第1、5项，该附表为本合同不可分割的组成部分。

第二条　租赁物件的所有权

1. 在租赁期内，附表所列租赁物件的所有权属于甲方。乙方对租赁物件只有使用权，没有所有权。乙方不得在租期内对租赁物件进行销售、转让、转租、抵押或采取其他任何侵犯租赁物件所有权的行为。

2. 在租赁期满后，甲方可同意乙方续租或按附表第×项所列名义货价将租赁物件售与乙方。名义货价同最后一期租金一并支付。名义货价交清后，该租赁物件的所有权随时转归乙方。

第三条　租金的计算和支付

1. 租金以租赁物件的总成本为基础计算。

租赁物件的总成本包括租赁物件的价款、海运费、保险费和融资利息（融资利息从甲方支付或甲方实际负担之日起计算）及银行费用等。总成本是甲方用外汇和人民币分别支付上述全部金额、费用的合计额。

2. 租金用美元额度支付时：

乙方应在签订本合同后的30天内将本合同预计所需要的美元额度采用银行划拨的方式＿＿＿＿＿次划入甲方中国银行总行营业部的美元额度户头。

租金用甲方向国外支付租赁物件价款的同一货币计价。在每期对国外支付租金的当月按中国银行的外汇牌价兑换成美元，并以贸易内部结算价格（1美元兑换＿＿＿＿＿＿＿＿元人民币）同乙方结算。

乙方用人民币支付租金，由甲方通过中国人民银行向乙方托收。

3. 租金直接用外币支付时：

租金用租进或购进租赁物件的同一货币计价和支付。每期租金，由乙方在规定的支付日期内直接汇入甲方在中国银行总行营业部的账户。

美元账号：_____；日元账号：_____；欧元账号：_____。

4. 租金用调剂美元支付时：

租金用甲方向国外支付租赁物件价款的同一货币计价。在每期对国外支付租金的当日按中国银行的外汇牌价兑换成美元，并以中国银行调剂美元价格（1美元兑换_____元人民币）同乙方结算。

乙方用人民币支付租金，由甲方通过中国人民银行向乙方托收。

第四条 租金的变更和罚款利息

1. 在租赁期内，由于我国政府或租赁物件出口国政府增减有关税项、税率等因素必须变更租金时，甲方用书面形式通知乙方这种变更并提出新的实际租金，乙方承认这种变更。

2. 租赁物件的总成本与其概算租金不符时，甲方在租赁物件全部交货后，用书面形式通知乙方实际租金的金额，并以此金额为准对概算租金作出相应的变更，乙方承认这种变更。

3. 乙方延迟支付租金时，甲方将按照延付时间计算，每日加收延付金额万分之五的利息。

第五条 租赁物件的交货和验收

1. 租赁物件在附表第4项所列的卸货港（以下简称交货地点），由甲方（或其代理人）向乙方交货。因政府法律、不可抗力和延迟运输、卸货、报关等不属于甲方责任而造成租赁物件延迟交货时，甲方不承担责任。

2. 租赁物件运达安装或使用地点后，乙方应在30天内检查租赁物件，同时将签收盖章后的租赁物件的验收收据交给甲方。

3. 如果乙方未按前项规定的时间办理验收，甲方则视为租赁物件已在完整状态下由乙方验收完毕，并视同乙方已经将租赁物件的验收收据交付给甲方。

4. 如果乙方在验收时发现租赁物件的型号、规格、数量和技术性能等有不符、不良或瑕疵等情况属于卖方的责任时，乙方应在接货后90天内从中国商品检验局取得商检证明并应立即将上述情况用书面形式通知甲方。甲方将根据与卖方签订的购货协议规定的有关条款协助乙方对外进行交涉，办理索赔等事宜。

第六条 质量保证及事故处理

1. 租赁物件的质量保证条件同甲方与卖方签订的购货协议中的质量保证条件相符。如果在质量保证期内发生质量问题属于卖方责任时，甲方同意将购货协议规定的索赔权转让给乙方，并协助乙方办理索赔事宜。当需要卖方派人来华时，甲方负责办理邀请外商来华的手续。

2. 在租赁期内，因乙方责任事故致使租赁物件遭受损失时，乙方应对此承担全部赔偿责任。

3. 如发生以上任何情况，都不影响本合同的继续执行和效力。

第七条　租赁物件的使用、维修、保养和费用

1. 租赁物件在租赁期内由乙方使用。乙方应负责日常维修、保养，使设备保持良好状态，并承担由此产生的全部费用。

2. 租赁物件在安装、保管、使用等过程中致使第三者遭受损失时，由乙方对此承担全部责任。

3. 租赁物件在安装、保管、使用等过程中发生的一切费用、税款，均由乙方负担。

第八条　租赁物件的损坏和毁灭

1. 乙方承担在租赁期内发生的租赁物件的毁损（正常损耗不在此限）和灭失的风险。

2. 在租赁物件发生毁损或灭失时，乙方应立即通知甲方，甲方可选择下列方式之一由乙方负责处理并承担其一切费用：

（1）将租赁物件复原或修理至完全能正常使用的状态；

（2）更换与租赁物件同等型号、性能的部件或配件，使其能正常使用；

（3）当租赁物件灭失或毁损至无法修理的程度时，乙方应按附表第×项规定的预定损失金额赔偿甲方。

第九条　租赁物件的保险

1. FOB 或 CIF 条件交货时，由甲方办理租赁物件的进口运输保险手续。

2. 租赁物件自运抵乙方安装或使用地点之日起由甲方向中国人民保险总公司投保财产险（保险期至本合同终结时为止），以应付自然灾害所引起的租赁物件的毁损风险。

3. 在租赁期间，如发生保险事故，乙方应立即通知甲方和中国人民保险总公司在当地的分公司，并向甲方提供检验报告和有关资料，会同甲方向中国人民保险总公司索赔。

本条各项保险费均计入总租金内用外币支付，由乙方负担。

根据第八条应由乙方支付给甲方的款项，可在保险赔偿金内减免抵偿。

第十条　租赁保证金

1. 本合同一经签订，乙方即向甲方支付附表第×项规定的租赁保证金，作为履行本合同的保证。

2. 租赁保证金不计利息，在租赁期满时归还乙方或抵最后一期租金的全部或一部分。

3. 乙方违反本合同任何条款时，甲方将从租赁保证金中抵扣乙方应支付给甲方的款项。

第十一条　违反合同时的处理

1. 除本合同第四条所规定的条款外，未经对方书面同意，任何一方不得中途变更或解除合同。任何一方违反本合同将按我国《合同法》的有关条款处理。

2. 乙方如不支付租金或违反本合同的任何条款时，甲方有权采取下列措施：

（1）要求乙方及时付清租金或其他费用的全部或一部分。

（2）终止本合同，收回或要求归还租赁物件，并要求乙方赔偿甲方的损失。

3. 租赁物件交货前，由于乙方违反本合同而给甲方造成的一切损失，乙方应负责赔偿。

第十二条　经济担保

乙方委托_____为本合同乙方的经济担保人，不论发生何种情况，乙方未按照本合同附表的要求支付租金时，乙方经济担保人将按《合同法》及《担保法》的规定承付乙方所欠租金。

第十三条　争议的解决

1. 有关本合同的一切争议，甲、乙双方及乙方的经济担保人应首先根据我国《合同法》等法规的有关条款来解决。如不能解决时，提请人民法院裁决。

2. 甲方与外商签订的购货协议或租赁合同需要仲裁时，乙方有责任提供资料并协助甲方对外进行交涉。

第十四条　本合同的附件

本合同附件是本合同不可分割的组成部分，与本合同正文具有同等法律效力。本合同附件：

1. 租赁合同附表（略）；

2. 租赁委托书及附表（略）；

3. 租赁设备确认书（略）；

4. 甲方购货协议副本（协议号：_____）（略）；

5. 乙方租金偿还担保与还款计划书（略）。

第十五条　其他

1. 本合同正本一式两份，自甲乙双方签章后生效，双方各执一份正本为凭。合同副本除乙方经济担保人必须持一份外，其他需要份数由双方商定。

2. 对本合同内容的任何修改、补充或变更（除第四条外）须采用书面形式，经双方加盖公章后正式生效。本合同修改、变更部分应视为本合同不可分割的组成部分。经双方确认的往来信函、传真、电子邮件等，将作为本合同的组成部分，具有合同的效力。

甲方：_____（章）

经理：_____　业务员：_____

乙方：_____（章）

代表：_____

_____年____月____日

（二）上海市航空器融资租赁合同[①]

使 用 说 明

1. 本合同示范文本供双方当事人参照使用，签订合同前请仔细阅读。

2. 经协商，双方当事人可以在平等、自愿的基础上对本合同示范文本的条款内容（包括选择内容、填写空格部位的内容）进行选择、修改、增补或删减。

3. 为更好地维护双方当事人的权益，签订合同时应当慎重，力求具体、严密。订立具体条款，需要约定的必须表述清楚，无须约定的请载明"本合同不涉及此条款"或"本合同对此条款无须约定"。

4. 本合同所指航空器为在大气层内进行可控飞行的各种飞行器。包括飞机、飞艇、气球及其他借空气反作用力飞行于大气中的器物。

5. 本合同所指"附属设备"为无论在交付时是否安装、附加和配备在航空器上的，除航空器正常运行必需部件外的附属于航空器的所有组件、附件、零部件和设备。

6. 本合同所指"全损"为下列事件构成航空器、机身或发动机（统称为该项财产）的全部损失：

（1）该项财产的实际全损、推定全损或约定全损（包括导致按全损进行保险赔偿的该项财产的任何损坏）；

（2）由于该项财产被损毁或损坏得无法经济修复而导致的该项财产的损失或无法使用。

7. 本合同所指航空器接收证书为在航空器及其附属设备交付日，经甲方和乙方签字确认，用于证明航空器及其附属设备已由甲方交付给乙方占有、使用，乙方对航空器及其附属设备验收确认的文件及相关附件。

8. 本合同示范文本自本通知下发之日起使用。今后在未制定新版本前，本版本延续使用。

合同编号：_____

甲方（出租方）：_____
统一社会信用代码：_____
乙方（承租方）：_____
统一社会信用代码：_____

根据《中华人民共和国合同法》及其他有关法律、法规的规定，甲乙双方本着平等、自愿、诚实信用的原则，经协商一致，签订本合同。

---

① 上海市工商行政管理局制定。

第一条 租赁物

1. 本合同项下租赁物为_____。

2. 租赁物交付时间及交付方式：_____。

第二条 租赁期限

双方约定起租日为_____年_____月_____日，租赁期为_____。

第三条 租金及支付方式

1. 本合同项下融资总金额为人民币_____元。

2. 租金计算方式为_____。

3. 租金支付方式为_____。

4. 交付日与起租日不为同一日的，每期租金的支付日以_____为准。

5. 在租赁期内，如遇中国人民银行调整贷款基准利率，租金标准每_____调整一次，调整起始日为_____。由甲方按照调整起始日人民银行公布的同期银行贷款基准利率和双方约定的方法重新计算租金并及时通知乙方，乙方按照调整后甲方的计算结果向甲方支付租金。

第四条 双方的权利义务

（一）甲方的权利义务

1. 甲方有权了解乙方的生产经营和财务状况，有权要求乙方及时、真实、完整地提供相关材料。

2. 甲方有权了解航空器及其附属设备的运行状况。甲方有权要求乙方及时提供有关航空器及其附属设备的所在地、运营、使用、保险、登记、维护等方面的资料。

3. 甲方有权对航空器的运营、使用、维护和状况进行检查。在不干扰日常商业运营前提下，乙方应给予配合。

4. 在交付日或交付日前，出租方必须从制造商处取得航空器所有权及相关必要文件。

5. 除非租赁期提前终止或乙方发生违约事件，甲方不得干扰乙方使用、占有和运营航空器的权利。

6. 甲方保证承租方按照约定购买航空器的权利，此权利不会受到航空器转让或者抵押的影响。

7. 甲方对航空器的运营、使用、维护和状况进行检查或检验不应影响乙方对航空器的正常经营使用。

（二）乙方的权利义务

1. 乙方应得到符合约定可使用的航空器及其附属设备，并有权运营该航空器。

2. 乙方有权占有、使用和运营航空器，除非租赁期提前终止或者乙方违反本合同约定影响甲方行使相关权利，该项权利不因甲方享有航空器所有权而受到干扰。

3. 未经甲方事先书面同意，承租方不得出售、转让或以任何其他方式处置航空器，且不得对航空器设置任何形式的抵押或任何其他担保权益。

4. 乙方应向甲方提供甲方认可的担保。当保证人发生下列情形之一时，乙方须及时告知甲方，并提供经甲方认可的新的担保：

（1）经营或财务状况严重恶化；

（2）在其他金融机构有到期债务未能偿还；

（3）保证人涉及重大诉讼、仲裁或行政措施，主要资产被采取了财产保全或其他强制措施；

（4）停产、歇业、解散、停业整顿、被撤销或营业执照被吊销、申请（被申请）破产、破产等丧失担保能力的情形。

5. 乙方应自行承担航空器及附属设备在使用过程中产生的费用，承担因非甲方原因导致的对航空器的扣押、冻结、留置或没收所发生的损失，承担因非甲方原因导致的与航空器及其附属设备相关其他乙方的债权人索赔而发生的损失，并补偿因上述事项造成甲方遭受的相关损失。

6. 乙方应负责航空器的备件、维修、保养、定检等，并承担有关费用。如果装配在航空器上的零部件损坏或无法使用，乙方应进行更换并自行承担相关费用。

7. 乙方应以书面形式准确完整地保存航空器的飞行、机身和发动机的维护、修理以及按规定保留的有关航空器的记录、数据和文件。

8. 乙方应遵守有关航空器保险的法律要求，并承担保险费用。如果乙方未能续展保险，甲方有权办理相应的保险并支付保险费，有关费用应由乙方向甲方支付。

第五条　租赁物的损毁

1. ＿＿＿＿＿方承担航空器的所有损失。在航空器发生金额的损坏（正常磨损除外）时，＿＿＿＿＿方应立即以书面形式通知＿＿＿＿＿方，并就有关补救措施提交书面文件，相关的费用由＿＿＿＿＿方承担。

2. 租赁期内航空器全损，如甲方未能在全损日后＿＿＿＿＿日内收到保险公司关于航空器全损的保险赔偿金，则乙方应在甲方要求后的＿＿＿＿＿个工作日内向甲方全额支付到期租金、未到期本金和甲方的实际损失以及其他应付款项。甲方收到前述款项，应立即签署并向乙方递交产权转移证书。

3. 租赁期内航空器全损，如甲方在全损日后＿＿＿＿＿日内收到保险公司关于航空器全损的保险赔偿金，该笔赔偿金应按下列条款使用：

（1）保险赔偿金应冲抵所有到期租金、未到期本金和甲方的实际损失及其他应付款项，冲抵后多余部分，由甲方转付给乙方；

（2）保险赔偿金应冲抵所有到期租金、未到期本金和甲方的实际损失及其他应付款项，冲抵后不足部分，由乙方向甲方补足。

第六条　权属关系

1. 航空器所有权人按约定将航空器交付给乙方，经乙方验收合格并签署书面接收证明文件航空器接收证书后，航空器所有权人将所有权转移证明文件所有权转移证书交付给甲方。

2. 双方约定，航空器接收证明文件和所有权转移证明文件交付之日起，_____方享有航空器的所有权，_____方享有对航空器的占有和使用权，_____方承担航空器灭失、损毁等所有风险。航空器的发动机和零部件归_____方所有。因维修替换下的发动机和零部件的所有权归_____方享有。

3. 对航空器进行的改装、维修、保养、定检等所产生的对航空器的增值，_____方拥有所有权。

4. _____方同意在航空器交付后的_____个工作日内办理航空器所有权登记，有关费用由_____方承担。

5. 租赁期届满，乙方向甲方支付名义货价等应付款项购买航空器，取得航空器所有权。航空器所有权转让给乙方后，甲方应立即签署并向乙方递交产权转移证明文件。航空器机身和发动机仍在有效期内的，甲方一并转让给乙方，同时甲方应向乙方递交航空器及其附属设备的相关技术资料。

第七条 免责条款

1. 乙方应于交付日检查和确认航空器的状况，除因甲方原因造成航空器损坏的以外，甲方不承担责任。

2. 由于乙方占有和使用航空器而造成第三人人身伤害或者财产损害的，甲方不承担责任。

第八条 违约责任

1. 因甲方的原因造成航空器逾期交付的，双方约定按以下方式处理：_____。

2. 租赁期内，甲方违反本合同约定干扰乙方占有、使用和运营航空器给乙方造成损失的，应当予以赔偿。

3. 乙方未按合同约定支付应付款项的，双方约定按照以下方式处理：_____。

第九条 其他约定事项

_____。

第十条 合同争议的解决

双方发生争议的，可协商解决，或向有关部门申请调解；也可提请上海仲裁委员会仲裁（不愿意仲裁而选择向法院提起诉讼的，请双方在签署合同时将此仲裁条款划去）。

第十一条 附则

1. 本合同适用中华人民共和国法律。

2. 本合同自双方签字或盖章之日起生效。

3. 本合同一式_____份，双方各执_____份。合同未尽事宜，按国家法律、法规和规章办理，双方也可协商签订补充协议，补充协议与本合同具有同等的法律效力。

附件：1. 航空器接收证书
2. 所有权转移证书
3. 购机协议

签署地点：_____省_____市_____区
签署时间：_____年_____月_____日

甲方（签章）：
法定代表人（委托人）：
经办人：
单位地址：
邮编：
联系电话：

乙方（签章）：
法定代表人（委托人）：
经办人：
单位地址：
邮编：
联系电话：

第九章 保理合同

根据《民法典》的规定，保理合同是应收账款债权人将现有的或者将有的应收账款转让给保理人，保理人提供资金融通、应收账款管理或者催收、应收账款债务人付款担保等服务的合同。

1. 保理合同以债权人与债务人之间的合同为前提。
2. 保理合同依法应当以书面形式订立。

一、《民法典》相关法条

第七百六十一条 保理合同是应收账款债权人将现有的或者将有的应收账款转让给保理人，保理人提供资金融通、应收账款管理或者催收、应收账款债务人付款担保等服务的合同。

第七百六十二条 保理合同的内容一般包括业务类型、服务范围、服务期限、基础交易合同情况、应收账款信息、保理融资款或者服务报酬及其支付方式等条款。

保理合同应当采用书面形式。

第七百六十三条 应收账款债权人与债务人虚构应收账款作为转让标的，与保理人订立保理合同的，应收账款债务人不得以应收账款不存在为由对抗保理人，但是保理人明知虚构的除外。

第七百六十四条 保理人向应收账款债务人发出应收账款转让通知的，应当表明保理人身份并附有必要凭证。

第七百六十五条 应收账款债务人接到应收账款转让通知后，应收账款债权人与债务人无正当理由协商变更或者终止基础交易合同，对保理人产生不利影响的，对保理人不发生效力。

第七百六十六条 当事人约定有追索权保理的，保理人可以向应收账款债权人主张返还保理融资款本息或者回购应收账款债权，也可以向应收账款债务人主张应收账款债权。保理人向应收账款债务人主张应收账款债权，在扣除保理融资款本息和相关费用后有剩余的，剩余部分应当返还给应收账款债权人。

第七百六十七条 当事人约定无追索权保理的，保理人应当向应收账款债务人主张应收账款债权，保理人取得超过保理融资款本息和相关费用的部分，无需向应收账款债权人返还。

第七百六十八条 应收账款债权人就同一应收账款订立多个保理合同，致使多个保理人主张权利的，已经登记的先于未登记的取得应收账款；均已经登记的，按照登记时间的先后顺序取得应收账款；均未登记的，由最先到达应收账款债务人的转让通知中载明的保理人取得应收账款；既未登记也未通知的，按照保理融资款或者服务报酬的比例取得应收账款。

第七百六十九条 本章没有规定的，适用本编第六章债权转让的有关规定。

二、典型案例

案例1：同时订立两份保理合同的，债权归谁所有？

[案情回放]

某公司与某化工集团签订了供货合同，并按照约定交货，但某化工集团迟迟未支付货款。某公司经多次催收无果后，为避免公司资金链断裂，遂决定将债权转让给保理公司，由保理公司提供资金，满足本公司生产经营需要。为确保收回货款，该公司分别与两家保理公司订立了保理合同。某化工集团先后收到了甲、乙两家保理公司的债权转让通知。在催收过程中，两家保理公司为谁应当取得某公司债权产生争议。

[专家点评]

《民法典》第768条规定："应收账款债权人就同一应收账款订立多个保理合同，致使多个保理人主张权利的，已经登记的先于未登记的取得应收账款；均已经登记的，按照登记时间的先后顺序取得应收账款；均未登记的，由最先到达应收账款债务人的转让通知中载明的保理人取得应收账款；既未登记也未通知的，按照保理融资款或者服务报酬的比例取得应收账款。"根据上述规定，在本案中，甲保理公司的债权转让通知率先送达债务人某化工集团，因此，某公司对某化工集团应收账款的债权应当归甲保理公司所有。

案例2：债权人与债务人协商抵销债务，能否解除与保理公司的合同？

[案情回放]

某贸易公司向某工厂供应一批原材料，交货后，某工厂以资金紧张为由，拖延支付货款。某贸易公司催收无果后，遂将该笔应收货款转让给某保理公司。某保理公司向某工厂送达了债权转让通知。此后，某工厂经过与某贸易公司的协商，以该厂的产品抵销应付货款，双方达成协议。某贸易公司通知某保理公司解除合同，遭到某保理公司的拒绝，并要求某贸易公司按照合同约定支付服务费用。

[专家点评]

《民法典》第765条规定："应收账款债务人接到应收账款转让通知后，应收账款债权人与债务人无正当理由协商变更或者终止基础交易合同，对保理人产生不利影响的，对保理人不发生效力。"某贸易公司在与某保理公司签订保理合同后，债权已经转让给某保理公司。在未经某保理公司同意的情况下，某贸易公司与某工厂达成变更合同的协议，以产品抵销应付货款，终止双方的债权债务关系。按照上述法律规定，本案中债权人与债务人的行为对保理公司产生明显的不利影响，因而对保理人没有法律效力。某保理公司有权要求某贸易公司支付约定的费用。

三、保理合同陷阱防范

1. 保理人对于作为保理合同存在前提的债权债务关系的真实性、合法性应当严格审查。债权人与债务人为骗取保理人资金，可能会提供伪造合同、票据等手段，虚构债权债务关系。

2. 根据《民法典》的规定，保理人向应收账款债务人发出应收账款转让通知的，应当表明保理人身份并附有必要凭证。因此，保理人应当特别注意债权转让通知是否具备法律规定的要件，以免因为债权转让通知不符合法律规定的形式，导致保理合同无法履行。

3. 在保理合同订立之后，债权人和债务人可能会擅自变更债权债务关系，尤其是在双方互负债务的情况下，可能通过协商债务相互抵销。对此，保理人应当特别注意防范。

四、保理合同范本

（一）国内双保理业务合作协议范本

中国银行业协会保理专业委员会
国内双保理业务合作协议范本 V1.0（试行）

（本协议文本为通用范本，非强制签署版本，供各机构参考之用。鉴于国内保理业务流程相对复杂，无完全统一的标准和流程，故本协议未对个性化的业务需求进行详细约定。各机构在签署时可根据实际情况及业务需求使用该协议范本，或在对相关条款进行修改后签署。）

甲方：
法定代表人（负责人）：
法定地址：

乙方：
法定代表人（负责人）：
法定地址：

（甲方或乙方单称一方，合称双方）

为进一步深化甲方与乙方的业务协作，依据《中华人民共和国合同法》[①]（中华人民共和国主席令第十五号）、《商业银行保理业务管理暂行办法》（中国银监会令 2014 年第 5 号），双方经协商同意就国内双保理业务开展合作，并依法就相关事宜达成如下协议。

第一章 总则

第一条 在本协议中，国内双保理业务是指由甲方和乙方其中一方作为卖方保理银行与另一方作为买方保理银行合作为国内贸易客户提供保理服务的业务。甲乙双方均可作为卖方保理银行或买方保理银行的一方，当甲方为卖方保理银行时，乙方即为买方保理银行；当甲方为买方保理银行时，乙方即为卖方保理银行。合作期间，卖方保理银行可通过书面形式向买方保理银行告知其叙做本协议项下国内双保理业务的意向，并提交国内双保理约请书（格式见附件一），于买方保理银行回复坏账担保额度核准书（格式见附件二）后确定。

第二条 参与国内双保理业务的当事方为：

卖方：提供商品、服务或出租资产，并出具发票的一方。

买方：对由卖方所销售的货物、所提供的服务或出租的资产而产生的应收账款负有付款责任的一方。

卖方保理银行：应卖方申请，受让其在国内贸易中以信用销售（以信用证或任何种类的现金交易为基础的销售除外）方式向买方提供商品、服务或出租资产所产生的应收账款（因票据或其他有价证券而产生的付款请求权除外），并为卖方提供应收账款催收、管理、坏账担保及融资等综合金融服务的银行。

买方保理银行：在卖方以信用销售方式向买方提供商品、服务或出租资产后，根据卖方保理银行的约请，对买方进行资信调查并核定坏账担保额度，进行应收账款的管理、催收或代收及提供其他账务管理服务，受让卖方保理银行转让的应收账款，为买方承担买方信用风险并向卖方保理银行提供信用担保的银行。

应收账款的催收和管理义务通过以下方式承担：

☐卖方保理银行承担；

☐买方保理银行承担；

☐卖方保理银行、买方保理银行共同承担。

第三条 在本协议中，应收账款应限于卖方保理银行与卖方签订的卖方保理合同或协议（下称卖方保理合同）项下约定的卖方以信用销售方式向买方提供商品、服务或出租资产所产生的应收账款（以信用证或任何种类的现金交易为基础的销售除外）。

[①] 已废止，现为《民法典》合同编。

第四条 应收账款转让包括卖方将应收账款转让给卖方保理银行以及卖方保理银行将应收账款转让给买方保理银行。应收账款转让是指转让因提供商品、服务或出租资产而形成的金钱债权及其产生的收益（不包括因票据或其他有价证券而产生的付款请求权）。

第五条 应收账款受让包括卖方保理银行受让卖方的应收账款以及买方保理银行受让卖方保理银行转让的应收账款。应收账款受让是指接受卖方或卖方保理银行就因提供商品、服务或出租资产而形成的金钱债权及其产生的收益（不包括因票据或其他有价证券而产生的付款请求权）的转让。

第六条 应收账款反转让是指买方保理银行将已受让的卖方保理银行转让的应收账款再转让给卖方保理银行。

第七条 信用风险是指买方因商业纠纷以外的原因，即因买方破产、倒闭、无支付能力或恶意拖欠所导致的买方未能在应收账款到期日足额付款的风险。

第八条 恶意拖欠是指买方在应收账款到期后90天内未付款且未提出商业纠纷。

第九条 商业纠纷是指买方拒收货物或发票，或者根据买、卖双方签订的提供商品、服务或出租资产的合同（下称基础交易合同）或卖方的履约行为提出的，与基础交易合同和/或应收账款有关的任何抗辩、反诉或抵销。

第十条 坏账担保额度是指买方保理银行承担买方非商业纠纷项下信用风险的额度。该额度可以是单次额度，也可以是循环额度。在信用额度有效期内，超出限额的应收账款款项（或其部分款项）可替换限额内已被买方支付或买方保理银行担保付款的应收账款金额。上述应收账款款项（或其部分）应按其付款到期日的顺序进行替换，替换后的应收账款总金额不得超过额度金额。当两单或多单发票在同一日期到期时，替换的顺序应按其发票号的先后顺序进行。

第十一条 已核准应收账款是指根据买方保理银行出具的坏账担保额度核定书，买方保理银行承诺承担非商业纠纷项下买方信用风险所对应的应收账款。

第二章 应收账款转让

第十二条 卖方保理银行应向买方保理银行保证其从卖方处受让的应收账款行为是合法有效的，且卖方所转让的应收账款是真实、合法和有效的。

第十三条 买方保理银行接受卖方保理银行的约请并出具坏账担保额度核准书后，卖方保理银行应通过书面的方式（格式见附件五）将已受让的卖方应收账款转让给买方保理银行。买方保理银行向卖方保理银行提供书面的回执（格式见附件五）日完成转让。卖方保理银行在向买方保理银行转让应收账款时，若买方保理银行要求卖方保理银行提供相关转让文件或书面确认书的，卖方保理银行应按买方保理银行的要求提供。卖方保理银行未按要求提供转让文件的，买方保理银行有权拒绝接受转让及承担坏账担保。

买方保理银行收到卖方保理银行发送的转让通知的，应在工作日内向卖方保理银行发送回执（格式见附件五）。

第三章　应收账款的反转让

第十四条　发生如下情况的，买方保理银行可将已受让的应收账款反转让给卖方保理银行：

（一）应收账款发生商业纠纷的，且解决结果是买方无须付款的；

（二）卖方保理银行因违反了本协议的条款，导致买方保理银行无法收取应收账款的；

（三）买方保理银行将应收账款反转让给卖方保理银行的，买方保理银行应将反转让事宜通知买方。

第十五条　如买方保理银行根据本协议的规定反转让应收账款，则其对上述反转让的应收账款的所有义务应被一并解除。若买方保理银行已对上述反转让的应收账款进行担保付款的，则卖方保理银行应在买方保理银行反转让应收账款生效当日将买方保理银行已担保付款的金额退还给买方保理银行。若卖方保理银行未按时退还买方保理银行已担保付款金额的，卖方保理银行应按_____（违约金计算方式）向买方保理银行支付违约金。

第十六条　买方保理银行每一次反转让应收账款必须通过书面形式（格式见附件六）通知卖方保理银行。卖方保理银行向买方保理银行发送回执后，应收账款反转让生效。

第四章　信用风险

第十七条　买方保理银行承担买方信用风险是指发生信用风险后，买方保理银行按本合同的约定及坏账担保额度，在应收账款到期日后 90 天内向卖方保理银行支付应收账款商业纠纷账款以外的买方应付未付的款项。

第五章　坏账担保额度的申请与核准

第十八条　卖方保理银行约请买方保理银行授予买方坏账担保额度并承担信用风险必须采用书面形式，并包含所有买方保理银行评估信用风险所需的必要信息以及付款条件信息。

第十九条　买方的组织机构代码证是对买方确切身份认定的依据。如买方保理银行对约请涉及的买方的确切身份无法确认，买方保理银行可以在确认回复中更改有关买方的细节。买方保理银行上述更改应得到卖方保理银行的确认。若未得到卖方保理银行确认的，则上述买方保理银行的更改无效。买方保理银行仅对《坏账担保额度核准书》中的买方承担坏账担保责任。

第二十条　买方保理银行应在最迟不超过收到卖方保理银行国内双保理约请书后_____工作日内通过坏账担保额度核准书书面通知卖方保理银行其决定。如果在

_____工作日之内无法作出决定，则买方保理银行必须在_____工作日内通知卖方保理银行。

第二十一条　买方保理银行一旦核准买方坏账担保额度，并向卖方保理银行发送坏账担保额度核准书，则必须承担上述坏账担保额度取消或失效前卖方发货、提供服务或出租资产所产生应收账款的受核准金额部分的信用风险。

第二十二条　坏账担保额度核准币种应与约请币种一致。

第二十三条　买方保理银行有权视情况缩减或撤销坏账担保额度。撤销或缩减坏账担保额度必须通过书面形式通知卖方保理银行（格式见附件七）。在收到撤销或缩减坏账担保额度的书面通知后，卖方保理银行应立即通知卖方。卖方保理银行应在_____日内向买方保理银行发送回执（格式见附件七）。卖方保理银行向买方保理银行发送回执时，上述额度撤销或缩减生效。坏账担保额度由于卖方保理银行发送通知延误而造成的损失，买方保理银行不承担任何责任。撤销或缩减额度生效之前，买方保理银行已提供坏账担保额度承担买方信用风险的仍有效。

第二十四条　卖方保理银行请求买方保理银行承担信用风险的申请可以是要求核准单次额度或循环额度。

第六章　担保付款

第二十五条　除非本协议第十章另有规定，买方保理银行应按照坏账担保额度核准书的约定，承担非商业纠纷下，买方未能于应收账款到期日按照基础交易合同条款约定的付款义务。上述付款义务包括买方对买方保理银行、卖方保理银行中任何一方的付款。买方保理银行应于应收账款到期日后第90天对卖方保理银行付款（下称担保付款），付款金额为非商业纠纷项下买方应付未付金额。若买方保理银行未能按期进行担保付款的，卖方保理银行有权按买方保理银行应担保付款金额的_____%向买方保理银行计收违约金。

第二十六条　买方保理银行的担保付款金额不超过其在坏账担保额度核准书中核准的应收账款金额。

第二十七条　买方保理银行在履行担保付款责任后，有权就代为偿付款项向买方和卖方进行追索并采取法律行动（包括但不限于提起诉讼），卖方保理银行应配合并协助买方保理银行采取该等法律行动进行追偿，并将应收账款相关材料于买方保理银行履行担保付款责任后及时移交买方保理银行。买方保理银行担保付款后对买方采取法律行动，若法院判定是卖方责任导致买方不付款的，则买方保理银行有权将已担保付款的应收账款反转让给卖方保理银行，卖方保理银行应在反转让生效日后____日内返还担保付款。若卖方保理银行未按上述约定返还担保付款的，买方保理银行有权要求卖方保理银行按其应返还担保付款金额的_____%计收罚息，以及（或）按其应返还担保付款金额的_____%计收利息。

第七章 商业纠纷

第二十八条 一旦买方拒绝接受货物、服务或发票提出抗辩、反诉或抵销（包括但不限于由于第三方对与应收账款有关的款项主张权利而引起的抗辩），则视为商业纠纷发生。

第二十九条 一旦得知商业纠纷的发生，买方保理银行或卖方保理银行应在_____工作日内向对方发送商业纠纷通知，该通知中应包含其所了解的有关应收账款及商业纠纷性质的相关信息，包括但不限于应收账款金额、期限、买方名称、商业纠纷原因、纠纷金额等。若买方保理银行或卖方保理银行要求对方提供商业纠纷进一步信息的，卖方保理银行或买方保理银行应在收到或发出商业纠纷通知后_____工作日内，向对方提供相关信息。

第三十条 在收到商业纠纷通知后，涉及的已核准应收账款转为未受核准。

第三十一条 应收账款到期日后_____天内，若买方提出商业纠纷，且商业纠纷未能在应收账款到期日第_____天得到解决的，则买方保理银行无须在应收账款到期日后第_____天对买方由于这种商业纠纷而拒付的款项进行付款。

第三十二条 卖方保理银行负责解决商业纠纷，并在_____工作日内完成纠纷解决。在卖方保理银行的要求下，买方保理银行应配合并帮助卖方保理银行解决争议（包括采取法律行动）。

第三十三条 商业纠纷应在发生后的_____日内得到解决。一旦商业纠纷得到了解决，且解决结果是要求买方在协商解决（包括法院认定）后付款的，则买方保理银行应将商业纠纷涉及的应收账款转为受核准账款，并在商业纠纷解决后____天内担保付款。若买方保理银行未按上述约定期限担保付款的，则卖方保理银行有权_____。

第八章 保理费

第三十四条 双方开展国内双保理业务，卖方保理银行应向买方保理银行支付保理费，保理费费率由甲乙双方每次叙做该单笔业务或在买方保理银行接受卖方保理银行的约请后确定，卖方保理银行应按买方保理银行出具的坏账担保额度核准书（格式见附件二）中明确的费率计算保理费金额，按坏账担保额度核准书约定的支付方式，向买方保理银行进行支付。保理费汇划涉及的邮电费承担方式由甲乙双方自行约定。

第三十五条 买方保理银行按照本协议约定反转让应收账款的，若卖方保理银行已向买方保理银行支付保理费的，买方保理银行不予退还。

第九章 业务操作流程

第三十六条 本协议项下，卖方保理银行与买方保理银行间的文件传递，可通过

第十七章的通知方式，指定传真机、电子邮箱、EDI 报文或 SWIFT 等系统传递或发送。

第三十七条 卖方保理银行向买方保理银行发送国内双保理约请书进行约请，买方保理银行应在收到卖方保理银行发送国内双保理约请书和相关贸易单据传真后，决定是否接受卖方保理银行的业务约请。甲、乙双方在此同意该约请书的内容以买方保理银行保存的卖方保理银行发来的传真件所载内容为准。买方保理银行接受约请的，应明确买方核准额度金额、期限、保理费费率及保理费汇划方式，加盖买方保理银行合同专用章后，将坏账担保额度核准书（格式见附件二）传递至卖方保理银行。同样，甲乙双方同意坏账担保额度核准书的内容以卖方保理银行保存的乙方发来的传真件、电子邮件、EDI 报文或 SWIFT 报文所载内容为准。若买方保理银行通过传真或扫描的方式向卖方保理银行发送坏账担保额度核准书的，则买方保理银行应于发送传真或扫描件之日起 5 个工作日内将该核准书的原件以快递或其他快捷方式提交给卖方保理银行。

第三十八条 发生商业纠纷的，甲、乙双方应按本协议第七章、第十章的规定进行处理。

第三十九条 买方保理银行收到买方就卖方转让给卖方保理银行的应收账款项下的付款时，应将该款项按国内双保理约请书中的汇划方式汇划给卖方保理银行，并在汇划后，将保理款项汇划通知（格式见附件四）发送给卖方保理银行，甲、乙双方在此同意该汇划通知内容以卖方保理银行保存的买方保理银行发来的通知书所载内容为准。

第四十条 应收账款到期后的第 90 日，买方保理银行应就卖方转让给卖方保理银行的应收账款项下的、非商业纠纷的、买方应付未付的款项按国内双保理约请书中的汇划方式汇划给卖方保理银行，并在汇划后，将保理款项汇划通知发送给卖方保理银行，甲、乙双方在此同意该汇划通知内容以卖方保理银行保存的买方保理银行发来的通知书所载内容为准。

第四十一条 应收账款到期后的第 90 日，买方保理银行未按本协议约定向卖方保理银行汇划款项的，卖方保理银行除有权要求买方保理银行按期付款外，有权从逾期之日起对逾期的本金、利息和费用，以买、卖双方交易合同约定的违约条款，根据实际逾期天数按日计收逾期罚息。若基础交易合同无违约条款或逾期利率，或由于买方保理银行未按时支付担保付款款项造成卖方保理银行为卖方提供的融资发生逾期损失的，卖方保理银行有权要求从逾期之日起对逾期的本金、利息和费用，按_____%利率（年/月/日），根据实际天数计收逾期利息。

第十章 权利和义务

第四十二条 卖方保理银行必须将卖方转让的针对买方所欠的所有应收账款转让给买方保理银行。

第四十三条 卖方保理银行应告知买方保理银行其与卖方签订的卖方保理合同是否涵盖卖方对买方所在特定区域信用销售所产生的全部应收账款。

第四十四条　买方保理银行有义务就已受让的每笔应收账款，以自己的名义采取诉讼和其他强行收款等措施。

第四十五条　若卖方保理银行或卖方收到了用于清偿已转让给买方保理银行的任何应收账款的任何现金、支票、汇票、本票或其他支付工具，卖方保理银行必须将收到款项的情况立即书面通知买方保理银行。买方保理银行根据卖方保理银行上述通知书所列的金额减少对应的担保付款金额，买方保理银行所承担的担保付款责任也根据上述金额减少。

第四十六条　买方保理银行有义务对所有受让的应收账款进行催收。

第四十七条　买方保理银行有权不经卖方保理银行事先许可即采取法律行动催收应收账款，但买方保理银行应将该情况在采取法律行动后通过书面形式通知卖方保理银行。

第四十八条　若卖方保理银行书面告知买方保理银行其不同意采取法律行动，且买方保理银行因此而中止法律行动，则买方保理银行须将全部应收账款反转让给卖方保理银行，卖方保理银行应向买方保理银行支付买方保理银行在采取法律行动过程中产生的费用和支出。

第十一章　陈述、保证与承诺

第四十九条　卖方保理银行保证并陈述：

（一）每笔应收账款均为一笔在正常贸易中产生的真实善意的货物的销售、服务的提供或资产的出租，且上述货物的销售、服务的提供或资产的出租符合凭以核准该应收账款的相关信息中所述及的卖方的经营范围和付款条件。

（二）根据基础交易合同中的付款条件，买方有义务支付每笔应收账款对应的发票所列金额。

（三）卖方保理银行有义务向买方保理银行转让每笔应收账款（包括与该应收账款有关并可向买方收取的利息和其他费用的权利），以上权利不受任何第三方的权利主张影响。

第五十条　卖方保理银行承诺：一旦卖方保理银行收到任何与已转让应收账款有关的付款（包括任何类型的支付工具），则须在收到付款后_____工作日内通知买方保理银行。

第五十一条　若卖方保理银行因违反了本协议的条款，导致买方保理银行无法收取应收账款的，买方保理银行可将应收账款反转让给卖方保理银行。如买方保理银行已经进行了担保付款，则其有权向卖方保理银行索回已付的金额和遭受的损失，损失范围包括律师费、利息等。

第五十二条　甲方、乙方共同声明如下：

（一）甲、乙双方依法注册并合法存续，具备签订和履行本合同所需的完全民事权利能力和行为能力。

（二）签署和履行本合同系基于甲、乙双方的真实意思表示，已经按照其章程或者其他内部管理文件的要求取得合法、有效的授权，且不会违反对甲乙双方有约束力的任何协议、合同和其他法律文件；甲、乙双方已经或将会取得签订和履行本合同所需的一切有权机关的批准、许可、备案或者登记。

（三）卖方保理银行在本合同项下向买方保理银行提供的文件是真实、完整、准确和有效的。

第十二章　违约条款

第五十三条　若卖方保理银行未按本协议第十二条的约定确保其从卖方处受让的应收账款行为是合法有效，且卖方所转让的应收账款是真实、合法和有效的，买方保理银行有权将已受让的应收账款反转让给卖方保理银行，并于反转日当日开始，向卖方保理银行按应收账款金额的_____%计收违约金，直至反转让生效。卖方保理银行已向买方保理银行支付保理费的，买方保理银行无须退还上述保理费。

第五十四条　如卖方保理银行未按本协议第二十七条约定，确保其从卖方处返还担保付款款项的，买方保理银行无须退还应收账款相关材料。

第五十五条　卖方保理银行未按本协议第三十四条约定向买方保理银行支付保理费的，买方保理银行有权_____。

第五十六条　卖方保理银行履行本协议第四十二条约定的，买方保理银行有权_____。

第五十七条　卖方保理银行未应按本协议第四十三条约定履行告知义务的，买方保理银行有权_____。

第十三章　协议的补充和解除

第五十八条　本协议经双方书面同意，可以进行补充、修改或解除，本协议的任何补充和修改构成本协议不可分割的一部分。

第十四章　法律适用和商业纠纷解决

第五十九条　管辖法律

本协议的订立、效力、解释、履行和争议解决适用中华人民共和国法律（仅为本协议之目的）并依其解释。

第六十条　商业纠纷解决

在协议履行期间，凡因履行本协议所发生的或与本协议有关的一切商业纠纷，双方可协商解决。协商不成的，任何一方可以采取下列第_____种方式加以解决：

（一）提交_____仲裁委员会，按提交仲裁申请时该会有效之仲裁规则，在_____（仲裁地点）进行仲裁。

（二）依法向甲方住所地的人民法院起诉。

（三）依法向有管辖权的人民法院起诉。在商业纠纷解决期间，若该商业纠纷不影响本合同其他条款的履行，则该其他条款应继续履行。

第十五章　协议的生效

第六十一条　本协议自甲乙双方的法定代表人（负责人）或其授权签字人签字（或盖章）并加盖公章（或合同专用章）后于签署之日起生效，有效期为＿＿＿＿＿＿年。若协议到期时仍有未完的双保理业务，本协议条款对双方仍具有约束力，直至全部业务结束为止。协议到期后，如双方无异议，则本协议自动延期一年，延期次数不受限制；如有异议，提议方应于到期日前一个月以书面形式提出，双方重新协商议定。

本协议由双方于＿＿＿＿＿年＿＿＿＿＿月＿＿＿＿＿日签署。

第十六章　其他条款

第六十二条　本协议中的相关附件信息可通过传真、EDI 报文等卖方保理银行与买方保理银行约定的方式传递。

第六十三条　未经说明，本协议中提及的天数均为自然天，如遇节假日，自动顺延至下一工作日。

第十七章　通知方式

第六十四条　甲乙双方按照本协议约定的通知的联系方式包括：

甲方：＿＿＿＿＿＿＿＿＿＿＿＿＿＿＿＿＿＿＿＿＿＿＿＿＿＿＿＿＿
通信地址：＿＿＿＿＿＿＿＿＿＿＿＿＿＿＿＿＿＿＿＿＿＿＿＿＿＿＿
邮政编码：＿＿＿＿＿＿＿＿＿＿＿＿＿＿＿＿＿＿＿＿＿＿＿＿＿＿＿
电话：＿＿＿＿＿＿＿＿＿＿＿＿＿＿＿＿＿＿＿＿＿＿＿＿＿＿＿＿＿
移动电话号码：＿＿＿＿＿＿＿＿＿＿＿＿＿＿＿＿＿＿＿＿＿＿＿＿
传真：＿＿＿＿＿＿＿＿＿＿＿＿＿＿＿＿＿＿＿＿＿＿＿＿＿＿＿＿＿
电子邮件地址：＿＿＿＿＿＿＿＿＿＿＿＿＿＿＿＿＿＿＿＿＿＿＿＿
SWIFT 行号：＿＿＿＿＿＿＿＿＿＿＿＿＿＿＿＿＿＿＿＿＿＿＿＿＿＿
联系人：＿＿＿＿＿＿＿＿＿＿＿＿＿＿＿＿＿＿＿＿＿＿＿＿＿＿＿＿
乙方：＿＿＿＿＿＿＿＿＿＿＿＿＿＿＿＿＿＿＿＿＿＿＿＿＿＿＿＿＿
通信地址：＿＿＿＿＿＿＿＿＿＿＿＿＿＿＿＿＿＿＿＿＿＿＿＿＿＿＿
邮政编码：＿＿＿＿＿＿＿＿＿＿＿＿＿＿＿＿＿＿＿＿＿＿＿＿＿＿＿
电话：＿＿＿＿＿＿＿＿＿＿＿＿＿＿＿＿＿＿＿＿＿＿＿＿＿＿＿＿＿
移动电话号码：＿＿＿＿＿＿＿＿＿＿＿＿＿＿＿＿＿＿＿＿＿＿＿＿

传真：＿＿＿＿＿＿＿＿＿＿＿＿＿＿＿＿＿＿＿＿＿＿＿＿＿＿
电子邮件地址：＿＿＿＿＿＿＿＿＿＿＿＿＿＿＿＿＿＿＿＿
SWIFT 行号：＿＿＿＿＿＿＿＿＿＿＿＿＿＿＿＿＿＿＿＿＿
联系人：＿＿＿＿＿＿＿＿＿＿＿＿＿＿＿＿＿＿＿＿＿＿＿

第十八章　其他约定事项

＿＿。

甲方：＿＿＿＿＿＿＿＿＿＿＿＿（公章）
法定代表人（负责人）或其授权签字人：
签订地点：＿＿＿＿＿＿＿＿＿＿

乙方：＿＿＿＿＿＿＿＿＿＿＿＿
法定代表人（负责人）或其授权签字人：
签订地点：＿＿＿＿＿＿＿＿＿＿

附件一：国内双保理约请书

国内双保理约请书（致买方保理银行）

编号：＿＿＿＿＿＿＿＿＿＿

致：＿＿＿＿＿＿＿＿＿＿＿＿（买方保理银行）

我行拟对以下＿＿＿＿＿＿＿＿＿＿＿＿（卖方）叙做国内保理业务：

卖方名称		联系人	
地址邮编		电话/传真 电子信箱	
银行账号		开户行	
组织机构代码			
产品描述			
上年总销售额 （万元）		上年总信用 销售额（万元）	
本年累计 销售额（万元）		本年累计信用 销售额（万元）	

国内应收账款余额（单位：元）	上年末	最近月末（＿＿＿年＿＿＿月）
合计		
其中：30 天以内		
31—60 天		
61—90 天		
91—180 天		
180 天以上		

请对以下买方：＿＿＿＿＿＿＿＿＿＿＿＿＿＿＿的信用进行评估，并尽快予以回复。具体信息如下：

拟申请保理服务项下应收账款对应的买方客户信息

买方名称	买方地址	组织机构代码	坏账担保额度	信用销售币种	坏账担保额度到期日	可坏账担保的最长账期	坏账担保比例

贵方若接受本约请书同意坏账担保额度的，我方将
☐在单次应收账款转让时按应收账款金额的＿＿＿＿＿＿％向贵方支付保理费；
☐按＿＿＿＿＿＿（月/季/年）按应收账款金额的＿＿＿＿＿＿％向贵方支付保理费。

贵行若接受本约请书并同意核准坏账担保额度的，请根据贵、我双方签订的《国内双保理业务合作协议》的约定，在应收账款到期日后的 90 日内，通过以下汇划路线将款项支付至我行如下账户：

账户名称：
账号：

＿＿＿＿＿＿＿＿＿＿＿＿银行（卖方保理银行）

（公章）

＿＿＿＿＿年＿＿＿＿月＿＿＿＿日

（注：约请书编号由卖方保理银行统一编制）

附件二：坏账担保额度核准书

坏账担保额度核准书

编号：_____

致：_____（卖方保理银行）

根据贵行_____年_____月_____日出具的国内双保理约请书（编号：_____），我行对_____（买方）进行了额度审查，现评估结果如下：

卖方名称			
买方名称			
□我行同意上述坏账担保额度申请			
核准买方坏账担保额度金额	（小写）	（大写）	
核准额度性质（请以"√"选择）	循环（　　）	一次性（　　）	
核准买方坏账担保额度生效日		核准坏账担保额度到期日	
可承保坏账担保的最长账期			

□我方同意贵方在国内保理约请书（编号：_____）中的保理费支付方式。

□我方不同意贵方在国内保理约请书（编号：_____）中的保理费支付方式。请按如下方式支付保理费：

保理费汇划路线：

账户名称：

账号：

□我行不同意上述买方承保坏账担保额度申请，原因如下：

（买方保理银行）

（公章）

_____年_____月_____日

附件三：保理费汇划通知

保理费汇划通知

编号：_____

致：_____（买方保理银行）

  我行已按坏账担保额度核准书（编号：_____）的要求，将保理费款项按汇划路线要求于_____年_____月_____日支付至贵行指定账户，具体汇划信息如下：

_____银行（卖方保理银行）

（公章）

_____年_____月_____日

附件四：保理款项汇划通知

保理款项汇划通知

编号：_____

致：_____（卖方保理银行）

根据贵我双方签订的《国内双保理业务合作协议》（编号：_____）以及我行签发的坏账担保额度核准书（编号：_____），我行已将保理款项（金额_____）按汇划路线要求于_____年_____月_____日支付至贵行指定账户，具体汇划信息如下：

_____银行（买方保理银行）

（公章）

_____年_____月_____日

附件五：应收账款转让通知书（保理银行间）

应收账款转让通知书

编号：_____

致：_____（买方保理银行）

根据贵我双方签订的《国内双保理业务合作协议》（编号：_____）以及贵行签发的坏账担保额度核准书（编号：_____），我行将如下已受让的应收账款转让给贵行：

序号	基础交易合同编号	应收账款金额	应收账款到期日	发票编号	发票金额	发票开具日
合计			——	——		

同时，我行将上述应收账款对应的债权凭证一并提交贵行，包括：
□基础交易合同原件或复印件
□基础交易合同全套发票正本
□基础交易合同项下全套货运单据正本
□基础交易合同项下全套保险单据正本
□预付款（定金）证明原件
□其他：

_____银行（卖方保理银行）

（公章）

_____年_____月_____日

应收账款转让通知书回执

致：＿＿＿＿＿＿＿＿＿＿＿（卖方保理银行）

我行已收到贵行发来的应收账款转让书（编号：＿＿＿＿＿＿）。

□同时，上述通知书所附的应收账款债权凭证已收悉。

我行将按贵、我双方签订的编号＿＿＿＿＿＿的《国内双保理业务协议文本》的约定履行相关义务，承担上述应收账款转让书中应收账款的买方信用风险。

＿＿＿＿＿＿＿＿＿＿银行（买方保理银行）

（公章）

＿＿＿＿年＿＿＿＿月＿＿＿＿日

附件六：应收账款反转让通知书

应收账款反转让通知书

编号：_____

致：_____（卖方保理银行）

根据贵我双方签订的《国内双保理业务合作协议》（编号：_____）、贵行签发的应收账款转让通知书（编号：_____）及我行回复的回执，我行已受让上述通知书中的应收账款，现出现如下情况：

_____。

根据《国内双保理业务合作协议》（编号_____）的约定，现将如下应收账款反转让给贵行：

序号	基础交易合同编号	应收账款金额	应收账款到期日	发票编号	发票金额	融资金额
合计			——	——		

同时，我行将上述应收账款对应的债权凭证一并提交贵行，包括：
□基础交易合同原件
□基础交易合同全套商业发票正本
□基础交易合同项下全套货运单据正本
□基础交易合同项下全套保险单据正本
□基础交易合同项下全套提货单正本
□预付款（定金）证明原件
□其他：

_____银行（卖方保理银行）

（公章）

_____年_____月_____日

应收账款反转让通知书回执

致：_____（买方保理银行）

我行已收到贵行发来的应收账款反转让通知书（编号：_____）。

□同时，上述通知书所附的应收账款债权凭证已收悉。

根据贵我双方签订的编号_____的《国内双保理业务协议文本》的约定，上述反转让通知书中的应收账款反转让事宜成立。

_____银行（卖方保理银行）

（公章）

_____年_____月_____日

附件七：额度撤销或缩减通知书

额度撤销或缩减通知书

编号：_____

致：_____（卖方保理银行）

我行于 _____ 年 _____ 月 _____ 日签发了坏账担保额度核准书（编号：_____），现将对坏账担保额度作如下调整：

已核准坏账担保额度情况	已核准坏账担保额度金额	（大写） （小写）
	已核准坏账担保额度性质	循环　　一次性
	已核准坏账担保额度生效日	已核准坏账担保额度到期日
额度调整情况 （请以"√"选择）	□缩减额度 拟缩减金额（万元）： □取消额度	

买方保理银行（合同专用章）

法定代表人（负责人）或授权代表（签章）

_____年_____月_____日

额度撤销或缩减通知书回执

致：_____（买方保理银行）

我行已收到贵行发来的额度撤销或缩减通知书（编号：_____），我行已知悉上述通知书中的额度撤销或缩减事项。

卖方保理银行（合同专用章）

法定代表人（负责人）或授权代表（签章）

_____年_____月_____日

（二）国内商业保理合同（有追索权）

国内商业保理合同（示范文本）
（适用于有追索权保理业务）

合同编号：_____

特别条款

一、告知和提示

在填写本合同之前，请先仔细阅读本合同及全部附件。

签约各方应对本合同予以通读，并对其中的全部约定予以充分注意，如有疑问一方有权要求另一方做出书面解释直至重新修订任何条款。一旦签订本合同，即视为已充分注意并完全理解合同的全部条款和条件且自愿接受。

本合同项下的选择项，如适用的，请在"□"内打"√"；如不适用的，请在"□"内打"×"；如"□"内为空白的，视为不适用本选择项。

如有必要，可另行附纸或加附其他相关文件。

二、卖方（即债权人）信息

联系地：_____ 邮编：_____

联系人：_____ 电话：_____

传真：_____ 电邮：_____

三、保理商信息

联系地：_____ 邮编：_____

联系人：_____ 电话：_____

传真：_____　　电邮：_____

四、保理商核定的应收账款融资额度

应收账款融资额度的金额：人民币_____元

应收账款融资额度的性质：□可循环/□不可循环

应收账款融资额度的届满日：_____年_____月_____日

应收账款融资额度的最晚使用日：□无/□有且为_____年_____月_____日

应收账款融资额度承诺费：□无/□有且为人民币_____元

五、保理商核定的买方（即债务人）

□不限定买方，具体以《应收账款转让申请暨确认书》确定的买方为准。

□限定买方，即买方限于_____。

六、保理商收款账户

开户名称：_____

开户银行：_____

银行账号：_____

七、卖方收款账户

开户名称：_____

开户银行：_____

银行账号：_____

八、争议解决

凡由本合同引起或与本合同有关的所有争议，应协商解决，协商不成的，按下述方式处理：

□提交本合同载明的合同签订地有管辖权的人民法院以诉讼方式解决。

□提交_____仲裁委员会，仲裁地点在_____，按照仲裁申请时该仲裁委员会现行有效的仲裁规则进行仲裁。仲裁裁决是终局的，对当事人均有约束力。

□提交_____解决。

九、其他条款

本合同于_____年_____月_____日签订。

本合同在_____省_____市_____区签订。

本合同正本一式_____份，卖方执_____份，保理商执_____份，具有同等法律效力。

十、补充条款（如本条款与合同其他内容存在冲突的，以本条款的规定为准；如本款栏为空白或填写"不适用"的，视为无补充条款）

标准条款

一、定义

1.1 除非上下文另有规定，本合同的下列词汇具有本款所赋予的含义：

1.1.1 保理：指保理商受让应收账款，并向卖方提供应收账款融资、应收账款管理、应收账款催收、还款保证中全部或部分服务的经营活动。

1.1.2 有追索权保理：指保理商在应收账款到期，且无法从买方处收回时，可以向卖方反转让应收账款的保理类型。

1.1.3 公开保理：指应收账款转让时，将应收账款转让事实通知买方的保理类型。

1.1.4 隐蔽保理：指应收账款转让时，未将应收账款转让事实通知买方的保理类型。

1.1.5 直接回款保理：指要求买方直接向保理商支付应收账款的保理类型。

1.1.6 间接回款保理：指不要求买方直接向保理商支付应收账款的保理类型。

1.1.7 基础交易合同：指卖方与买方签订的据以产生应收账款的合同及其全部补充或修改文件。

1.1.8 应收账款：指基于基础交易合同而形成的，卖方对买方的以人民币形式表现与支付的金钱债权及其产生的收益。

1.1.9 已受让应收账款：指卖方向保理商申请转让且保理商已同意受让的应收账款。

1.1.10 应收账款到期日：指基础交易合同所规定的买方应向卖方支付应收账款的日期，具体以《应收账款转让申请暨确认书》载明的日期为准。

1.1.11 宽限期：指本合同项下约定的应收账款到期日届满后，一个不按照应收账款已到期处理的延长期限。

1.1.12 商业纠纷：指卖方与买方之间存在的有关应收账款的任何异议，包括买方拒绝接受基础交易合同项下的货物、服务、出租资产或发票，或对应收账款提出（包括由于第三方对应收账款主张权利而引起）扣减、抗辩、抵销或反索赔。

1.1.13 应收账款融资：指在已受让应收账款到期日之前，保理商向卖方支付保理首付款的行为。

1.1.14 应收账款融资额度：指本合同项下保理商为卖方核定的融资额度。根据本合同特别条款的约定，应收账款融资额度可以是可循环额度或不可循环额度。

1.1.15 保理转让款：指保理商因受让应收账款而应支付给卖方的应收账款转让对价。

1.1.16 保理首付款：指保理商因受让应收账款，而在已受让应收账款到期日之前，按照一定比例向卖方预先支付的保理转让款。

1.1.17 保理余款：指扣除保理首付款，保理商因受让应收账款而应支付的保理转让款的余款。

1.1.18 应收账款融资额度承诺费：指因在规定期限内卖方未向保理商首次申请应

收账款融资，保理商额外收取的额度占用费用。

1.1.19 保理手续费：指保理商因按照约定调查和核准额度、受让应收账款、处理各项单据、提供应收账款融资、管理、催收、还款保证中全部或部分服务而收取的费用。

1.1.20 保理首付款使用费：指保理商因支付保理首付款而收取的资金占用费用。

1.1.21 保理商收款账户：指保理商指定的、用于收取应收账款融资额度承诺费、保理手续费、保理首付款使用费、保证金等款项的保理商银行账户。

1.1.22 卖方收款账户：指卖方指定的、用于收取保理首付款、保理余款、退还保证金等款项的卖方银行账户。

1.1.23 保理回款专户：指按本合同确定的、以保理商或卖方名义开立、用于向买方收取应收账款的专门账户。保理回款专户可以是保理商收款账户、卖方收款账户，也可以独立于保理商收款账户、卖方收款账户。

1.1.24 反转让：指卖方向保理商支付反转让款并结清所对应的全部款项，以此从保理商处买回已受让应收账款的行为。

1.1.25 反转让款：指保理商向卖方转回已受让应收账款时，卖方应向保理商支付的对价款。

1.2 本合同适用下列解释规则：

1.2.1 本合同所指的"人"包括一个、两个或两个以上的任何人、公司、企业、政府、政府代理机构或任何协会、信托或合伙（不管是否具备独立法人地位）；

1.2.2 本合同所指单数应包括复数，反之亦然；指代某个性别应包括其他任何性别；

1.2.3 本合同中的"包括"应解释为"包括但不限于"；

1.2.4 本合同中的"年、月、日"指公历的年、月、日；

1.2.5 本合同中的"工作日"指除中国法定节假日和休息日之外的其他公历日；

1.2.6 本合同中按照日、月、年计算期间的，开始的当天不算入，从下一天开始计算；期间的最后一天是非工作日的，以前一个工作日为期间的最后一天；期间的最后一天的截止时间为24点，有业务时间的，到停止业务活动的时间截止；

1.2.7 本合同解释时应将标题忽略不计；

1.2.8 本合同以中国的汉语简体语言文字编写和解释。合同当事人使用两种及以上语言时，汉语为优先解释本合同的语言。

二、应收账款融资额度

2.1 自本合同生效之日起，保理商授予卖方的应收账款融资额度开始生效，该额度的详情见本合同特别条款。

2.2 卖方的所有买方共用保理商核定的本合同项下的应收账款融资额度。保理商有权针对单个买方核定应收账款融资子额度，应收账款融资子额度由卖方与保理商另行约定。

2.3 保理商接受融资业务申请的日期（而非应收账款到期日）截至应收账款融资额度的届满日。

2.4 若直至本合同特别条款规定的应收账款融资额度最晚使用日，卖方仍未向保理商首次申请应收账款融资的，保理商有权要求卖方在3个工作日内按本合同特别条款规定的金额支付应收账款融资额度承诺费，并单方变更应收账款融资额度。

2.5 保理商为卖方核定额度，并不意味着保理商有义务为卖方提出转让申请的全部应收账款办理应收账款融资，对于卖方提出的融资申请，保理商有权予以审核并自行判断决定是否接受。

2.6 保理商有权视情况对应收账款融资额度单方予以变更（包括扩大、缩减或撤销额度、延长或缩短额度届满日），自保理商决定之日起，该额度变更生效，但保理商应于变更后立即告知卖方。

三、买方推荐和接受

3.1 若本合同特别条款中限定买方的，保理商不接受除卖方对限定买方以外的其他应收账款。

3.2 若本合同特别条款中不限定买方的，卖方可以不时地按下列约定向保理商推荐买方：

3.2.1 卖方依据保理商的要求提供买方的相关材料和信息；

3.2.2 保理商收到推荐买方的相关材料和信息后进行审核；

3.2.3 保理商有权根据自己的独立判断，确认是否接受该买方以及是否附加条件（如要求提供买方决议、证明、担保、历史交易记录等）；

3.2.4 对于保理商已接受的买方，卖方在按本合同约定申请转让对其的应收账款时，可免予重复提供相关材料和信息；

3.2.5 卖方也可在办理应收账款转让申请时，一并向保理商推荐买方。

四、应收账款转让及受让

4.1 卖方申请转让其对买方的应收账款时，应向保理商提供以下材料：

4.1.1 卖方签署的《应收账款转让申请暨确认书》；

4.1.2 申请转让应收账款对应的基础交易合同；

4.1.3 申请转让应收账款对应的发票及发运、收货、对账等单据及文件；

4.1.4 保理商要求的买卖双方的证照、许可证；

4.1.5 保理商要求的其他证明文件。

4.2 上述4.1规定的材料，卖方应向保理商提交正本原件，但保理商仅要求卖方提交签章复印件的除外。

4.3 卖方应确保转让的应收账款不存在下列情形：

4.3.1 基于未生效、无效、可撤销、效力待定的合同或行为所产生的；

4.3.2 已超过诉讼时效的；

4.3.3 已发生或已预见将逾期的；

4.3.4 正在或已预见将发生商业纠纷的；

4.3.5 关联交易形成的应收账款（保理商已事先知晓的除外）；

4.3.6 已转让、或设定担保、或被设定为信托名下财产的；

4.3.7 被第三方主张代位权或撤销权的；

4.3.8 被采取法律强制措施的；

4.3.9 存在其他权利瑕疵的；

4.3.10 法律法规或基础交易合同约定不得转让的。

4.4 保理商有权自行判断是否接受卖方的应收账款转让申请。保理商在卖方签署的《应收账款转让申请暨确认书》上签署确认时，应收账款转让生效，该应收账款即成为已受让应收账款。

4.5 应收账款转让生效后，卖方区分下列两类情形进行应收账款转让通知：

4.5.1 若《应收账款转让申请暨确认书》约定采用"公开保理"的，则应按下述方式处理：

（1）在应收账款转让生效后，卖方应按保理商要求，和保理商共同签署《应收账款转让通知书》并按保理商要求送达给买方；

（2）如保理商要求买方签署《应收账款转让通知书》之回执或以其他形式完成应收账款转让通知的，卖方有义务及时完成。

4.5.2 若《应收账款转让申请暨确认书》约定采用"隐蔽保理"的，则应按下述方式处理：

（1）在应收账款转让生效后，暂不通知买方。但是保理商有权根据自行判断，自行将应收账款已转让的事实通知买方，为此卖方应先行签署《应收账款转让通知书》一式＿＿＿＿＿份并全部交给保理商；

（2）保理商有权要求卖方按保理商要求，向买方发送《应收账款回款账号变更通知书》；

（3）如保理商要求买方签署《应收账款回款账号变更通知书》之回执或以其他形式确认保理回款专户的，卖方有义务及时完成。

4.6 保理商有权在中征动产融资统一登记平台及其他政府部门要求的登记平台办理应收账款转让登记，登记费由保理商支付。保理商亦有权授权卖方将应收账款出质给保理商并在中征动产融资统一登记平台办理质押登记，卖方有义务配合，登记费由保理商支付；双方确认，为办理保理商授权卖方将应收账款出质给保理商而签订的相关登记合同为且仅为办理质押登记所用，质押登记不改变双方实为应收账款转让的真实意图。

五、全部权利转让

5.1 卖方确认，已受让应收账款所从属的一切从权利和权益均一并转让给保理商。

该等从权利和权益包括：（1）收取应收账款的逾期利息、违约金、赔偿金、滞纳金等相关款项的权利；（2）担保权益；（3）保险权益；（4）对保留所有权的货物、拒收或退回货物的所有权和取回权；（5）诉权等程序权利；（6）法律法规或基础交易合同赋予卖方的其他从权利和权益。

5.2 为将已受让应收账款从权利和权益依法转让给保理商的目的，保理商有权要求卖方完成通知保证人、变更抵质押登记、变更保险受益人、转交定金等各项手续，卖方有义务尽快完成，由此发生的费用由卖方承担。

5.3 在任何情况下，已受让应收账款的转让都不得理解为保理商承担了基础交易合同项下的任何义务或责任，卖方应继续履行其在基础交易合同项下对买方的全部义务。

六、保理手续费

6.1 保理商有权向卖方收取保理手续费，保理手续费的金额、支付时间以《应收账款转让申请暨确认书》约定的为准。

6.2 保理手续费为对保理商所耗费的操作成本、人工成本及商业机会以及从事本合同项下应收账款管理、催收的对价，保理手续费一经收取，不予退还。

七、应收账款融资

7.1 卖方可基于保理商已受让的应收账款，区分下列情形申请应收账款融资：

7.1.1 若在申请应收账款转让同时申请应收账款融资的，卖方应以签署提交《应收账款转让申请暨确认书》的形式一并提出融资申请；

7.1.2 若在申请应收账款转让之后申请应收账款融资的，卖方应以签署提交《应收账款融资申请暨确认书》的形式单独提出融资申请。

7.2 为保障卖方按约履行本合同项下的义务，卖方同意按每一份《应收账款转让申请暨确认书》/《应收账款融资申请暨确认书》约定的时间和金额向保理商支付保证金（如有）。保理商有权将保证金直接抵扣《应收账款转让申请暨确认书》/《应收账款融资申请暨确认书》项下已受让应收账款所对应的卖方到期应付款。若发生上述抵扣，卖方应根据保理商的通知立即补足保证金，逾期未补足的，应承担下述14.2的违约责任。卖方付清该《应收账款转让申请暨确认书》/《应收账款融资申请暨确认书》项下全部应付款后3个工作日内，保理商将保证金全额退还给卖方，该等保证金不计算利息。为免重复支付，保理商也可将上一份《应收账款转让申请暨确认书》/《应收账款融资申请暨确认书》项下应退还的保证金直接转作下一份《应收账款转让申请暨确认书》/《应收账款融资申请暨确认书》项下卖方应支付的保证金。

7.3 卖方每次申请应收账款融资时，均应符合下列条件：

7.3.1 可循环额度项下，应收账款融资余额未超过应收账款融资额度；不可循环额度项下，应收账款融资的累计额未超过应收账款融资额度；

7.3.2 对单个买方申请的融资，未超过保理商针对该买方核定的应收账款融资子额度（如有）；

7.3.3 应收账款融资申请在应收账款融资额度届满日之前提出；

7.3.4 保理商已受让申请融资所对应的应收账款；

7.3.5 上述4.5、4.6、5.2、6.1、7.2约定的应收账款转让、从权利和权益转让、支付保理手续费、支付保证金事项已按约完成；

7.3.6 申请融资所对应的已受让应收账款不存在上述4.3规定的情形；

7.3.7 下述11.2.2（2）约定的保理回款专户监管事项（如适用）已按约完成；

7.3.8 买卖双方不存在经营状况严重恶化、恶意转移财产、丧失信誉或丧失履行债务能力的情形；

7.3.9 卖方没有违反本合同的任何义务；

7.3.10 保理商要求的其他放款条件（如有）均已满足。

7.4 保理商有权自主决定是否批准卖方的融资申请，保理商批准卖方融资申请的，应在卖方签署后提交的《应收账款转让申请暨确认书》/《应收账款融资申请暨确认书》上签署确认。

7.5 保理商发放保理首付款的实际日期与《应收账款转让申请暨确认书》/《应收账款融资申请暨确认书》记载的融资期限起始日不一致的，以实际发放日（即款项自保理商银行账户划出之日）为准，并以实际发放日开始计算保理首付款使用费，但应收账款融资期限的届满日不变，仍以《应收账款转让申请暨确认书》/《应收账款融资申请暨确认书》记载的融资届满日为准。

八、保理首付款使用费

8.1 卖方应就保理商发放的保理首付款，按本合同约定向保理商支付保理首付款使用费。

8.2 保理首付款使用费的具体计算公式为：

保理首付款使用费=（1）保理首付款金额×保理首付款使用费率÷360×保理首付款发放日至应收账款到期日的实际天数+（2）保理首付款金额×宽限期使用费率÷360×应收账款到期日至宽限期届满日的实际天数+（3）保理首付款金额×逾期使用费率÷360×宽限期届满日至保理商收回保理首付款之日的实际天数。

为免疑问，若保理商收回保理首付款之日早于应收账款到期日的，公式（2）、（3）不再适用，公式（1）按保理商收回保理首付款之日的实际天数计算。

8.3 保理首付款的金额、支付方式、融资期限、宽限期、保理首付款使用费率、宽限期使用费率、逾期使用费率均以卖方签署后提交并经保理商签署确认的《应收账款转让申请暨确认书》/《应收账款融资申请暨确认书》记载为准。

8.4 上述8.2约定的保理首付款使用费率、宽限期使用费率、逾期使用费率不因中国人民银行公布的同期人民币基准利率发生调整而变化。

九、发票与税负

保理商在其收到本合同项下的保理手续费、应收账款融资额度承诺费（如有）、保理首付款使用费后按其主管税务机关要求向卖方开具增值税发票。若国家法律、法规或政策变化致使保理商有关的税负增加，保理商有权按照税负增加的数额向卖方增加相应收费。

十、账务设立及核对

10.1 保理商有权根据自己的需要，采用自己认为合适的方式，及时记录每笔业务的发生情况、回收情况、逾期账款情况、对账单等各种财务和统计报表，对已受让应收账款进行收付结算与催收，并定期或不定期与卖方核对有关账务。

10.2 卖方应建立相应账务，以便与保理商共同做好对账工作。卖方在收到保理商的对账单据后3个工作日内未提出异议的，即可认为该对账单据是准确无误的。

10.3 若在保理商受让应收账款后，卖方出具或收到与已受让应收账款相关的新增凭证（如新开的发票、发运单、最新对账单等）的，应在3个工作日内告知保理商，并按保理商要求将新增凭证提交保理商。

十一、应收账款的回收

11.1 保理商有权根据已受让应收账款的到期日，主动或要求卖方采取电话、函件、上门等方式对买方进行催收，卖方有义务及时完成，由此发生的费用由卖方自担。

11.2 应收账款转让生效后，卖方区分下列三类情形进行应收账款的回收：

11.2.1 若《应收账款转让申请暨确认书》约定采用"直接回款保理"的，则应按下述方式处理：

（1）卖方应按保理商的要求，明确告知买方必须将已受让应收账款支付到以保理商名义开立的保理回款专户之中，保理回款专户以卖方和保理商共同签署的《应收账款转让申请暨确认书》记载为准。

（2）未经保理商事先书面同意，卖方无权撤销、更改保理回款专户，亦不得要求或允许买方以任何其他方式清偿已受让应收账款。

（3）卖方在任何时候以任何方式收到已受让应收账款的清偿款项时，应立即（最迟不晚于3个工作日内）通知保理商，并在3个工作日内按照保理商要求的方式将该款项转付至保理商。同时，保理商有权立即要求卖方或自行与买方交涉，要求买方纠正错误；若买方的错误付款达到连续_____次或累计_____次以上的，保理商有权向卖方反转让针对该买方的全部已受让应收账款（无论到期或未到期）；若错误付款次数达到累计_____次以上或错误付款买方达到_____人以上，保理商有权向卖方反转让针对所有买方的全部已受让应收账款（无论到期或未到期）。

（4）保理商收到已受让应收账款的清偿款项时，应于3个工作日内将保理余款转付给卖方。但在支付之前，保理商有权先将已受让应收账款的清偿款项冲抵当时保理商在本合同项下到期未收回保理首付款、保理首付款使用费及其他全部应收款，并将冲抵后的正数余额支付给卖方。

11.2.2 若《应收账款转让申请暨确认书》约定采用"间接回款保理"的，则应按下述方式处理：

（1）卖方应按保理商的要求，明确告知买方必须将已受让应收账款支付到以卖方名义开立的保理回款专户之中，保理回款专户以卖方和保理商共同签署的《应收账款转让申请暨确认书》记载为准。

（2）保理商有权要求对保理回款专户进行监管，卖方有义务及时完成。监管方式包括但不限于将保理回款专户按照"金钱质押"的标准，办理中征动产融资统一登记系统办理专户登记公示、与开户银行签订专户监管协议等手续，并确保不与卖方其他账号混同。

（3）未经保理商事先书面同意，卖方无权撤销、更改保理回款专户，亦不得要求或允许买方以任何其他方式清偿已受让应收账款。

（4）若买方采用向保理回款专户付款以外的方式清偿已受让应收账款的，卖方应在收到已受让应收账款的清偿款项后立即（最迟不晚于3个工作日内）通知保理商，并在3个工作日内按照保理商要求的方式将该款项转付至保理商。同时，保理商有权立即要求卖方或自行与买方交涉，要求买方纠正错误；若买方的错误付款达到连续_____次或累计_____次以上的，保理商有权向卖方反转让针对该买方的全部已受让应收账款（无论到期或未到期）；若错误付款次数达到累计_____次以上或错误付款买方达到_____人以上，保理商有权向卖方反转让针对所有买方的全部已受让应收账款（无论到期或未到期）。

（5）保理回款专户收到已受让应收账款的清偿款项时，卖方应立即（最迟不晚于3个工作日内）通知保理商，并于3个工作日内将当时保理商在本合同项下到期未收回保理首付款、保理首付款使用费及其他全部应收款支付给保理商，如仍有余额的，该余额归卖方所有。

11.2.3 若《应收账款转让申请暨确认书》约定采用上述11.2.1或11.2.2以外的其他回收方式（如银行或第三方支付机构自动扣划等）的，按卖方与保理商的约定执行。

11.3 无论采用11.2.1、11.2.2或11.2.3回收方式，若对同一买方存在多笔应收账款的，双方进一步约定清偿顺序如下：

11.3.1 若该买方付款时指定该款项所清偿的已受让应收账款的，从其指定；

11.3.2 若该买方付款时未指定该款项所清偿的已受让应收账款的，则按照已受让应收账款到期日的先后顺序，优先清偿针对该买方到期日排序在先的已受让应收账款。

十二、反转让

12.1 发生下列情形之一时，保理商有权向卖方发送《应收账款反转让通知书》，将未受偿的已受让应收账款再次转让回给卖方：

12.1.1 无论何种原因，在该应收账款到期日或宽限期届满日（如保理商已给予宽限期的），保理商未足额收回保理首付款的；

12.1.2 该应收账款发生商业纠纷的；

12.1.3 该应收账款属于未生效、无效、被撤销或效力待定情形的；

12.1.4 卖方或买方任一方发生被承包、被托管（接管）、减少注册资本、被兼并、重组、分立、（被）申请停业整顿、申请解散、被撤销、（被）申请破产、控股股东/实际控制人变更、重大资产转让、停产、歇业、被有权机关施与10万元以上罚款、被注销登记、被吊销营业执照、涉及重大法律纠纷、生产经营出现严重困难或财务状况恶化、法定代表人或主要负责人无法正常履行职责，或者因任何原因丧失或可能丧失履约能力，且未能提供保理商认可的补救措施；

12.1.5 保理商根据上述11.2.1第（3）项或11.2.2第（4）项决定反转让的；

12.1.6 卖方违反本合同的义务，保理商根据第十四条决定反转让的。

12.2 保理商有权根据自己对严重程度的判断，采用自己认为合适的反转让方式：

12.2.1 若保理商基于自主判断，认为仅是因偶然原因导致已受让应收账款未清偿的，保理商可仅将未清偿的已受让应收账款反转让给卖方；

12.2.2 若保理商基于自主判断，认为仅是因个别买方原因导致已受让应收账款未清偿的，保理商可仅将针对该买方的未清偿的已受让应收账款（包括到期的和未到期的）反转让给卖方；

12.2.3 若保理商基于自主判断，认为是卖方原因导致已受让应收账款未清偿的，保理商有权将针对全部买方的未清偿的已受让应收账款（包括到期的和未到期的）反转让给卖方。

12.3 发生12.1的反转让情形时，保理商无须再向卖方支付保理余款，而卖方应向保理商支付反转让款。卖方应按照《应收账款反转让通知书》的要求，自发生上述12.1约定情形后3个工作日内将反转让款无条件足额支付给保理商。卖方承诺，在发生上述反转让约定情形时，卖方的反转让义务不因保理商未发送《应收账款反转让通知书》而免除或迟延履行。反转让款的计算公式如下：

反转让款=反转让应收账款项下保理商实际发放的保理首付款-反转让应收账款项下保理商已受清偿的应收账款

12.4 卖方向保理商支付上述12.3反转让款的同时，应一并结清该反转让应收账款所对应的全部款项，具体包括：保理商未受清偿的应收账款融资额度承诺费、保理手续费、保理首付款使用费以及其他卖方到期未付款。

12.5 卖方按上述12.3、12.4足额支付反转让款和全部到期未付款之日，该已受让应收账款的反转让生效，该应收账款及其从属的一切从权利和权益自即日起由保理商转回卖方。已受让应收账款反转让生效后，为卖方向买方索赔之必须，保理商应配合卖方将应收账款已反转让给卖方的情况通知买方，由此产生的费用及风险（包括通知无法送达的风险）由卖方承担。

12.6 反转让生效之前，保理商仍享有该已受让应收账款及其从属的一切从权利和权益，保理商有权以自己名义要求买方偿还拖欠的已受让应收账款，并同时要求卖方按上述 12.3、12.4 足额支付反转让款和全部到期未付款，卖方或买方中任一方向保理商履行了付款义务的，另一方对保理商相应的付款义务予以免除。

十三、陈述与保证

13.1 卖方、保理商各自声明和保证如下：

13.1.1 其是根据其注册地法律合法设立且有效存续的民事主体，能够独立承担法律责任；

13.1.2 就本合同的签署和履行，其已根据其公司章程或其他相关制度文件获得必要的内部决策机构的有效批准，同意接受本合同全部条款与条件的约束；

13.1.3 本合同的签署和履行，不违反其章程、内部规定、与第三方之间的合同及其注册地相关法律法规的规定、法院/仲裁机构、相关主管部门的裁定、判决、命令、规定。

13.2 卖方在此向保理商进一步承诺：

13.2.1 卖方向保理商提交的所有材料均是真实、准确和完整的；

13.2.2 卖方未向保理商隐瞒可能影响其财务状况和偿债能力的任何事件；

13.2.3 卖方向保理商转让的每笔应收账款的产生均符合法律法规并获得所有必要的同意、批准和授权，不存在任何法律上的瑕疵；

13.2.4 对于向保理商转让的每笔应收账款，卖方承诺其所享有权利应是独立的、完整的和无瑕疵的，处于正常、未逾期状态，不存在任何第三人的权益或留置、扣押、查封等权利限制，在卖方可知范围内亦不存在发生该等情形；

13.2.5 卖方无权另行对已受让应收账款作任何形式的处分（包括但不限于转让给第三人，或进行权利放弃、赠予、设定质押、设定信托）；

13.2.6 卖方承诺对已受让应收账款，除保理商要求或反转让生效外也不再向买方追索；

13.2.7 未经保理商的书面同意，卖方承诺不得转让本合同项下的任何权利和义务；

13.2.8 卖方承诺，在卖方向保理商转让应收账款后，未经保理商书面同意，卖方不得修改、解除应收账款所对应的基础交易合同，也不得与买方达成任何有损于保理商的和解协议，不得转让除应收账款外的基础交易合同项下的其他权利或任何义务；

13.2.9 就已经投保的应收账款，卖方应保证保险赔付所得款项优先用于归还保理商的保理首付款、保理首付款使用费、保理手续费及其他卖方应付未付款；发生保险事故时，卖方应勤勉尽职向保险公司索赔；

13.2.10 当出现卖方或买方经营体制或产权组织形式发生或可能发生重大变化（包括但不限于实施承包、联营、公司制改造、股份制改造、企业出售、合并、分立、设立子公司、减资等），卖方或买方财务状况恶化或发生主要财产被查封等情形，卖方或买方任何一方或者其高层管理人员、董事、法定代表人涉及违法活动或涉及重大诉讼或仲裁案件，卖方或买方任何一方拟申请破产或可能或已被债权人申请破产，停产、歇业、解散、停业整顿、被撤销或营业执照被吊销；卖方或买方为第三方提供保证等情形时，卖方应在知悉后立即书面通知保理商，并协助保理商采取补救措施；

13.2.11 卖方知晓并确认保理商不介入卖方与买方因基础交易合同而发生的任何纠纷之中，卖方得知基础交易合同发生纠纷的，应在得知纠纷发生的当日通知保理商。如因基础交易合同的任何纠纷，发生买方清偿应收账款后要求退款、减价、支付违约金、赔偿金等情况，卖方应另行向买方支付。

十四、违约责任

14.1 发生下列情形之一时，构成卖方的根本违约：

14.1.1 未经保理商同意，卖方擅自对已受让应收账款作任何形式的处分（包括但不限于转让给第三人，或进行权利放弃、赠予、设定质押、设定信托）；

14.1.2 卖方未按本合同约定向保理商支付应收账款融资额度承诺费、保理手续费、保理首付款使用费、保证金的；

14.1.3 未经保理商同意，卖方擅自变更保理首付款约定用途的（如适用）；

14.1.4 未经保理商同意，卖方擅自撤销、更改本合同项下约定的保理回款专户，或要求或允许买方以任何其他方式清偿已受让应收账款；

14.1.5 卖方收到已受让应收账款的清偿款项后，未按本合同约定转付给保理商；

14.1.6 卖方未按照本合同约定履行反转让项下的付款义务；

14.1.7 卖方违反了其在本合同中所做出的声明、保证、承诺或其他义务，或卖方在本合同中所作的声明、保证和承诺的任一事项是违法的、不真实的或存在重大误导的；

14.1.8 卖方未能遵守与保理商或保理商关联企业签订的其他合同项下的义务，出现重大违约情形的。

14.2 出现上述 14.1 的违约情形时，保理商有权采取下列措施中的一项或几项：（1）视买方拒绝或迟延付款的情节严重，要求卖方暂停或终止与该买方开展新交易；（2）催告卖方限期改正；（3）缩减或撤销额度，或缩短额度有效期；（4）要求卖方按保理商实际发放的保理首付款的 ＿＿＿＿＿＿＿＿＿＿ %向保理商支付违约金；（5）以保理商对卖方的债务直接抵销卖方应付给保理商的各项欠款；（6）将应收账款反转让给卖方；（7）宣布中止或解除本合同；（8）将卖方的违约信息提供给征信中心、征信机构、行业主管部门、行业协会及社会公众；（9）要求卖方赔偿给保理商造成的全部经济损失和追索债权与从属权利而发生的费用（包括催告费、诉讼或仲裁费用、财产保全费、公告费、律师费、强制执行费）；（10）法律法规或本合同规定的其他救济措施。

14.3 在卖方给付款项不足以清偿全部债务时，应按照保理商因追索债权而产生的费用（包括催告费、诉讼或仲裁费用、财产保全费、公告费、律师费、强制执行费）、违约金、应收账款融资额度承诺费、保理手续费、保理首付款使用费、保理首付款的先后顺序进行清偿。

十五、法律适用

本合同的订立、效力、解释、履行及争议的解决均适用中华人民共和国（为本合同之目的，不包括香港、澳门特别行政区和台湾地区）的法律。

十六、强制执行公证（选择性条款，本条□适用，□不适用）

16.1 本合同系经公证成为具有强制执行效力的债权文书。卖方承诺：如卖方不履行或不完全履行其在本合同项下的义务时，自愿接受司法机关的强制执行，而无须经过诉讼程序；保理商可根据《民事诉讼法》的规定直接向有管辖权的人民法院申请强制执行，同时，卖方放弃抗辩权。

16.2 双方共同确认：已经对有关法律、法规、规范性文件就强制执行公证的含义、内容、程序、效力等规定有完全明确的了解。

16.3 如果卖方不履行或者不适当履行经公证的具有强制执行效力的债权文书，保理商可以向公证处申请出具执行证书，且卖方应于保理商或公证处通知的时间到公证处配合完成公证处的当面核实程序。卖方承诺将完全配合保理商的申请行为（包括但不限于在通知的时间到公证处配合完成公证处的当面核实程序）。如果在保理商或公证处通知后，卖方未能按时履行上述义务，则卖方特此确认：在卖方缺席的情况下，公证处根据保理商的申请按其内部流程履行完毕核实工作后，即等同于公证处完成了当面核实程序，卖方对此产生的法律后果完全认可。

16.4 本条关于强制执行公证的约定优先于本合同特别条款第八条（争议解决）执行。

十七、其他条款

17.1 各方就本合同中涉及的任何通知、协议等文件以及发生纠纷时相关文件和法律文书送达时的送达地址及法律后果约定如下：

17.1.1 双方确认其有效的送达地址为本合同特别条款卖方和保理商信息中记载的通信地址；

17.1.2 上述送达地址适用范围包括非诉时的各类通知、协议等文件以及合同发生纠纷时相关文件和法律文书的送达，同时包括在纠纷进入公证、仲裁、民事诉讼程序后的一审、二审、再审和执行程序；

17.1.3 任何一方变更其送达地址的，应以书面形式通知其他方；在公证、仲裁及民事诉讼程序时一方地址变更时，应以书面形式向公证处/仲裁机构/法院履行送达地址变更通知义务；任何一方未按前述方式履行通知义务，其在本合同项下所确认的送达地址仍视为有效送达地址，因该方提供或者确认的送达地址不准确、送达地址变更后未及时依程序告知其他方和公证处/仲裁机构/法院、该方或其指定的接收人拒绝签收等原因，导致法律文书未能被该方实际接收的，若邮寄送达的，以文书退回之日视为送达之日；若直接送达的，送达人当场在送达回执上记明情况之日视为送达之日；

17.1.4 纠纷进入公证、仲裁、民事诉讼程序后，如一方应诉并向公证处/仲裁机构/法院提交送达地址确认文书,该确认地址与本合同约定的送达地址不一致的,以其向公证处/仲裁机构/法院提交确认的送达地址为准。

17.2 保理商有权自主决定将本合同下其已受让应收账款或其受益权全部或部分转让给其他第三方。

17.3 如本合同生效后遇国家法律、法规或政策变化,致使本合同从整体上不再合法或不可履行的,各方应秉持诚信原则并在最大限度尊重本合同约定的前提下尽快修改有关条款。如各方无法在国家法律、法规或政策生效后_____个工作日内完成有关条款修改的,任何一方均有权提前解除本合同而不视为违约。

17.4 一方应对另一方或其代表提供的有关本合同及本合同项下交易的所有信息予以保密,未经披露一方事先书面同意,另一方不得向任何第三方(不包括与本合同及本合同项下交易有关而需要获知以上信息的接收方的雇员、董事、监事、股东、外部顾问等)披露此类信息,非因履行本合同或为办理上述17.2之需要,亦不得以任何方式自行使用该等信息。

17.5 本合同经卖方和保理商共同签署后生效。

[以下无正文,为《国内商业保理合同》之签署栏]

卖方:(单位盖章)

法定代表人或授权代理人(签字):

保理商:(单位盖章)

法定代表人或授权代理人(签字):

附件1:

应收账款转让申请暨确认书(样式)

编号:_____

致:_____(下称"贵方")
自:_____(下称"我方")

根据____年____月____日贵我双方签署的编号为_____的《国内商业保理合同》,现我方签署并向保理商提交本《应收账款转让申请暨确认书》,本《应收账款转让申请暨确认书》经贵、我双方共同签章后生效:

1. 除非本《应收账款转让申请暨确认书》中另有释义，《国内商业保理合同》中定义的词语，在本《应收账款转让申请暨确认书》中具有同样的含义。

2. 我方申请将符合《国内商业保理合同》规定条件的如下应收账款转让给贵方：

□我方与贵方之间_____的全部应收账款以及该应收账款上所从属的一切从权利和权益。

□我方对下表所列的应收账款以及该应收账款上所从属的一切从权利和权益：

序号	买方	基础交易合同及编号	应收账款种类	应收账款金额	应收账款到期日	发票号	发票金额	发票开具日

3. 若贵方同意受让上述应收账款的，我方同时申请贵方提供如下有追索权保理服务：

保理业务类型	□公开保理□隐蔽保理 □直接回款保理□间接回款保理□其他回款方式：_____。
保理转让款	人民币_____元。
保理回款专户	
保理手续费	人民币_____元。

4. 若贵方同意受让上述应收账款的，我方同时按如下条件申请贵方提供应收账款融资：

保理首付款金额	人民币_____元。
保理首付款用途	□不限定用途。 □限定用途为_____。
保证金	□卖方无须缴纳保证金。 □卖方须缴纳保证金，保证金为人民币_____元，由卖方在_____年_____月_____日前支付给保理商。
保理融资期限	自_____年_____月_____日起至上表所列应收账款到期日止。
保理首付款使用费率	年化_____%。

续表

宽限期及其费率	□申请宽限期，宽限期为_____天，宽限期使用费率为年化_____%。 □不申请宽限期。
逾期使用费率	年化_____%。
保理首付款使用费	保理首付款使用费由我方按下述第_____种方法支付给贵方： □期初一次性支付，贵方发放保理首付款前，我方一次性支付。 □分期支付，自贵方发放保理首付款之日起以每_____个自然月为一个支付周期，于每期期初月第_____日支付上一周期的保理首付款使用费（首期支付日为_____年_____月_____日，最后一期利随本清）。 □到期一次性支付，全部保理首付款使用费与保理首付款本金一并结清。
其他条件	

同时，我方将申请转让应收账款的下列凭证一并提交贵方，具体包括：
□基础交易合同原件
□基础交易合同复印件
□基础交易合同全套发票正本原件
□基础交易合同全套发票正本复印件
□基础交易合同全套货运单据正本原件
□基础交易合同全套货运单据正本复印件
□其他：

申请人：　　　　　　　　　　卖方：（盖章）

　　　　　　　　　　　　　　法定代表人或授权代理人（签字）：

　　　　　　　　　　　　　　签署日期：_____年_____月_____日

保理商确认：　　　　　　　　保理商：（盖章）

　　　　　　　　　　　　　　法定代表人或授权代理人（签字）：

　　　　　　　　　　　　　　签署日期：_____年_____月_____日

附件 2：

应收账款融资申请暨确认书（样式）

编号：_____

致：_____（下称"贵方"）
自：_____（下称"我方"）

根据_____年_____月_____日贵我双方签署的编号为_____的《国内商业保理合同》，现我方签署并向保理商提交本《应收账款融资申请暨确认书》，本《应收账款融资申请暨确认书》经贵我双方共同签章后生效：

1. 除非本《应收账款融资申请暨确认书》中另有释义，《国内商业保理合同》中定义的词语，在本《应收账款融资申请暨确认书》中具有同样的含义。

2. 就下列贵方按照编号_____《应收账款转让申请暨确认书》已受让的应收账款，我们拟申请应收账款融资：

□ 我方与_____之间_____的全部应收账款以及该应收账款上所从属的一切从权利和权益。

□ 我方对下表所列的应收账款以及该应收账款上所从属的一切从权利和权益：

序号	买方	基础交易合同及编号	应收账款种类	应收账款金额	应收账款到期日	发票号	发票金额	发票开具日

3. 我方按如下条件申请贵方提供应收账款融资：

保理首付款金额	人民币_____元。
保理首付款用途	□不限定用途。 □限定用途为_____。
保证金	□卖方无须缴纳保证金。 □卖方须缴纳保证金，保证金为人民币_____元，由卖方在_____年_____月_____日前支付给保理商。
保理融资期限	自_____年_____月_____日起至上表所列应收账款到期日止。

续表

保理首付款使用费率	年化_____%。
宽限期及其费率	□申请宽限期，宽限期为_____天，宽限期使用费率为年化_____%。 □不申请宽限期。
逾期使用费率	年化_____%。
保理首付款使用费	保理首付款使用费由我方按下述第_____种方法支付给贵方： □期初一次性支付，贵方发放保理首付款前，我方一次性支付。 □分期支付，自贵方发放保理首付款之日起以每_____个自然月为一个支付周期，于每期期初月第_____日支付上一周期的保理首付款使用费（首期支付日为_____年_____月_____日，最后一期利随本清）。 □到期一次性支付，全部保理首付款使用费与保理首付款本金一并结清。
其他条件	

同时，我方将申请转让应收账款的下列凭证一并提交贵方，具体包括：
□基础交易合同原件
□基础交易合同复印件
□基础交易合同全套发票正本原件
□基础交易合同全套发票正本复印件
□基础交易合同全套货运单据正本原件
□基础交易合同全套货运单据正本复印件
□其他：

申请人： 　　　　　　　　卖方：（盖章）

　　　　　　　　　　　　法定代表人或授权代理人（签字）：

　　　　　　　　　　　　签署日期：_____年_____月_____日

保理商确认： 　　　　　　保理商：（盖章）

　　　　　　　　　　　　法定代表人或授权代理人（签字）：

　　　　　　　　　　　　签署日期：_____年_____月_____日

附件3：

应收账款转让通知书（样式）

编号：_____

致：_____（下称"贵方"）

_____（下称"我方"）因经营发展的需要，已申请将下述应收账款及所从属的一切从权利和权益转让给_____（下称"保理商"），兹此通知贵方：

1. 已被转让的应收账款信息：

□我方与_____之间_____的全部应收账款以及该应收账款上所从属的一切从权利和权益。

□我方对下表所列的应收账款以及该应收账款上所从属的一切从权利和权益：

序号	买方	基础交易合同及编号	应收账款种类	应收账款金额	应收账款到期日	发票号	发票金额	发票开具日

2. 请贵方于应收账款到期日将上述应收账款金额足额支付到如下账户（开户人：_____；开户银行：_____；账号：_____）。付款时敬请在"汇款用途"栏注明所对应的应收账款。我方确认，贵方仅应向该指定账户支付上述应收账款，且只有向该指定账户支付上述应收账款才能解除贵方的付款义务。除保理商书面通知（无论单方还是联合我方共同书面通知）贵方外，该收款账户不得变更或撤销。

3. 仍由我方对《基础交易合同》项下所有责任和义务承担完全的责任，所有与我方的责任和义务有关的抗辩、抵销和追索只应向我方主张。但贵方如提出前述主张的，请同时通知保理商。

4. 我方与保理商已约定凡由保理合同引起或与保理合同有关的所有争议，应提交_____解决。如贵方在本通知回执中签章，则视为贵方同意保理商一并或分别向我方和贵方进行追索并将本通知所列应收账款的争议提交保理合同约定的争议机构管辖。

5. 未经保理商事先书面同意，本通知不得撤销或更改。

6. 如无问题，请贵方于收到本通知书后 3 个工作日内在本通知书的回执上签章后发送给保理商（地址：_____；邮编：_____；收件人：_____；电话：_____）。

感谢贵方的理解和支持！

通知人：卖方（盖章）　　　　　　　　保理商（盖章）

法定代表人或授权代理人（签字）：　　法定代表人或授权代理人（签字）：

签署日期：_____年_____月_____日　　签署日期：_____年_____月_____日

回 执

致：_____（卖方）和_____（保理商）

我方已收到上述编号为_____的《应收账款转让通知书》，我方确认被转让的应收账款是真实的、排他的、无商业纠纷的、尚未到期且尚未支付的合法应收账款，该通知书的内容真实无误，我方未收到任何冲突性的通知或与通知书指示不一致的通知。我方完全理解、接受和同意根据该通知项下所有条款行事。未经保理商事先书面同意，本回执内容不得撤销或更改。若因我方虚假陈述、隐瞒事实或违反该通知项下条款行事而给保理商造成经济损失的，我方自愿赔偿保理商的所有损失。

买方：（盖章）

法定代表人或授权代理人（签字）：

签署日期：_____年_____月_____日

（注：此通知书及回执一式_____份，由卖方、保理商、买方和_____各留存一份）

附件4：

应收账款回款账号变更通知书（样式）

编号：_____

致：_____（下称"贵方"）

_____（下称"我方"）因经营发展的需要，特此通知变更贵方与我方签署的下述基础交易合同项下的应收账款的回款账号：

☐我方与贵方之间_____的全部应收账款以及该应收账款上所从属的一切从权利和权益。

☐我方对下表所列的应收账款以及该应收账款上所从属的一切从权利和权益：

序号	买方	基础交易合同及编号	应收账款种类	应收账款金额	应收账款到期日	发票号	发票金额	发票开具日

请贵方务必于应收账款到期日将上述应收账款款项支付到如下账号：

开户名称：

开户银行：

银行账号：

特此通知，敬请尽快回复确认。感谢贵方的理解和支持！

通知人： 卖方：（盖章）

法定代表人或授权代理人（签字）：

签署日期：_____年_____月_____日

回执

致：_____

我方已收到上述编号为_____的《应收账款回款账号变更通知书》，我方确认应收账款是真实的、排他的、无商业纠纷的、尚未到期且尚未支付的合法应收账款，该通知书的内容真实无误，我方未收到任何冲突性的通知或与通知书指示不一致的通知。我方完全理解、接受和同意根据《应收账款回款账号变更通知书》项下所有条款行事。本回执内容不得撤销或更改。

买方：（盖章）

法定代表人或授权代理人（签字）：

签署日期：_____年_____月_____日

（注：此通知书及回执一式三份，由卖方留存两份、买方留存一份）

附件5：

应收账款反转让通知书（样式）

致：_____（下称"贵方"）

由于发生了_____年_____月_____日签署的《国内商业保理合同》（编号：_____）约定的反转让事项，现向贵方反转让以下已受让应收账款：

序号	买方	基础交易合同及编号	应收账款种类	应收账款金额	应收账款到期日	发票号	发票金额	发票开具日

请贵方按下表规定退还相应的款项：

应返还保理首付款		应支付保理首付款使用费	
应支付应收账款融资额度承诺费		应支付保理手续费	
应返还保证金		应支付（返还）其他款项	
合计	应付款项的净额为人民币_____元。		
应到账日期			
保理商收款账户			
反转让原因			

注意事项：
1. 请向我司支付上述应付款净额，该等金额应于上述款项应到账期限前到账。若贵方未按我司指定日期履行支付义务，我司有权根据《国内商业保理合同》采取相关措施，不再另行通知。
2. 我司将于贵方按照本通知履行支付义务后，将贵方交由我司留存的基础交易合同、发票、发货单据及相关文件等全套材料中的原件（如有）送还给贵方。
3. 贵方按本通知足额付款之日，该已受让应收账款反转让生效，该应收账款及从属的一切权利和权益自即日起由我司转回贵方，在已受让应收账款反转让生效之前，我司仍享有该已受让应收账款及从属的一切权利和权益，并有权一并或分别向贵方和买方进行追索。

特此通知。

保理商：（盖章）

法定代表人或授权代理人（签字）：

签署日期：_____年_____月_____日

(三）国内商业保理合同（无追索权）

国内商业保理合同（示范文本）
（适用于无追索权保理业务）

合同编号：_____

特别条款

一、告知和提示

在填写本合同之前，请先仔细阅读本合同及全部附件。

签约各方应对本合同予以通读，并对其中的全部约定予以充分注意，如有疑问一方有权要求另一方做出书面解释直至重新修订任何条款。一旦签订本合同，即视为已充分注意并完全理解合同的全部条款和条件且自愿接受。

本合同项下的选择项，如适用的，请在"□"内打"√"；如不适用的，请在"□"内打"×"；如"□"内为空白的，视为不适用本选择项。

如有必要，可另行附纸或加附其他相关文件。

二、卖方（即债权人）信息

联系地：_____邮编：_____

联系人：_____电话：_____

传真：_____电邮：_____

三、保理商信息

联系地：_____邮编：_____

联系人：_____电话：_____

传真：_____电邮：_____

四、保理商核定的还款保证额度

还款保证额度的金额：人民币_____元

还款保证子额度的金额：□另行约定/□约定如下：（1）核定授予_____子额度为人民币_____元；（2）核定授予_____子额度为人民币_____元；（3）核定授予_____子额度为人民币_____元。

还款保证额度的性质：□可循环/□不可循环

还款保证额度的届满日：_____年_____月_____日

五、保理商核定的应收账款融资额度

应收账款融资额度的金额：人民币_____元

应收账款融资额度的性质：□可循环/□不可循环

应收账款融资额度的届满日：_____年_____月_____日

应收账款融资额度的最晚使用日：□无/□有且为_____年_____月_____日

应收账款融资额度承诺费：□无/□有且为人民币_____元。

六、保理商核定的买方（即债务人）

□不限定买方，具体以《应收账款转让申请暨确认书》确定的买方为准。

□限定买方，即买方限于_____。

七、保理商收款账户

开户名称：_____

开户银行：_____

银行账号：_____

八、卖方收款账户

开户名称：_____

开户银行：_____

银行账号：_____

九、争议解决

凡由本合同引起或与本合同有关的所有争议，应协商解决，协商不成的，按下述方式处理：

□提交本合同载明的合同签订地有管辖权的人民法院以诉讼方式解决。

□提交_____仲裁委员会，仲裁地点在_____，按照仲裁申请时该仲裁委员会现行有效的仲裁规则进行仲裁。仲裁裁决是终局的，对当事人均有约束力。

□提交_____解决。

十、其他条款

本合同于_____年_____月_____日签订。

本合同在_____省_____市_____区签订。

本合同正本一式_____份，卖方执_____份，保理商执_____份，具有同等法律效力。

十一、补充条款（如本条款与合同其他内容存在冲突的，以本条款的规定为准；如本款栏为空白或填写"不适用"的，视为无补充条款）

标准条款

一、定义

1.1 除非上下文另有规定，本合同的下列词汇具有本款所赋予的含义：

1.1.1 保理：指保理商受让应收账款，并向卖方提供应收账款融资、应收账款管理、应收账款催收、还款保证中全部或部分服务的经营活动。

1.1.2 无追索权保理：指保理商在应收账款到期，无商业纠纷且无法从买方处收回时，不能向卖方反转让应收账款的保理类型。

1.1.3 公开保理：指应收账款转让时，将应收账款转让事实通知买方的保理类型。

1.1.4 隐蔽保理：指应收账款转让时，未将应收账款转让事实通知买方的保理类型。

1.1.5 直接回款保理：指要求买方直接向保理商支付应收账款的保理类型。

1.1.6 间接回款保理：指不要求买方直接向保理商支付应收账款的保理类型。

1.1.7 基础交易合同：指卖方与买方签订的据以产生应收账款的合同及其全部补充或修改文件。

1.1.8 应收账款：指基于基础交易合同而形成的，卖方对买方的以人民币形式表现与支付的金钱债权及其产生的收益。

1.1.9 已受让应收账款：指卖方向保理商申请转让且保理商已同意受让的应收账款。

1.1.10 应收账款到期日：指基础交易合同所规定的买方应向卖方支付应收账款的日期，具体以《应收账款转让申请暨确认书》载明的日期为准。

1.1.11 宽限期：指本合同项下约定的应收账款到期日届满后，一个不按照应收账款已到期处理的延长期限。

1.1.12 商业纠纷：指卖方与买方之间存在的有关应收账款的任何异议，包括买方拒绝接受基础交易合同项下的货物、服务、出租资产或发票，或对应收账款提出（包括由于第三方对应收账款主张权利而引起）扣减、抗辩、抵销或反索赔。

1.1.13 信用风险：指买方因商业纠纷以外的原因所导致的买方未能在已受让应收账款到期日足额付款的风险。

1.1.14 还款保证：指保理商对到期无法从债务人处收回的已受让应收账款，承担买方的信用风险。

1.1.15 担保付款：指当保理商实际承担还款保证责任时，保理商向卖方支付无商业纠纷项下的买方应付未付款的行为。

1.1.16 还款保证额度：指保理商核定的还款保证限额。根据本合同特别条款的约定，还款保证额度可以是可循环额度或不可循环额度。可循环额度项下，在额度有效期内，超出限额的已受让应收账款可替换额度内已被买方清偿或已被卖方反转让的应收账款，前述已受让应收账款应按其到期日的先后顺序进行替入，替入的已受让应收账款总额不得超过限额，当多笔已受让应收账款在同一日到期时，替入的顺序按其发票号的先后顺序进行；不可循环额度项下，超出限额的已受让应收账款不可替换额度内已被买方清偿或已被卖方反转让的应收账款。

1.1.17 应收账款融资：指在已受让应收账款到期日之前，保理商向卖方支付保理首付款的行为。

1.1.18 应收账款融资额度：指本合同项下保理商为卖方核定的融资额度。根据本合同特别条款的约定，应收账款融资额度可以是可循环额度或不可循环额度。

1.1.19 保理转让款：指保理商因受让应收账款而应支付给卖方的应收账款转让对价。

1.1.20 保理首付款：指保理商因受让应收账款，而在已受让应收账款到期日之前，按照一定比例向卖方支付的保理转让款。

1.1.21 保理余款：指扣除保理首付款，保理商因受让应收账款而应支付的保理转让款的余款。

1.1.22 应收账款融资额度承诺费：指因在规定期限内卖方未向保理商首次申请应收账款融资，保理商额外收取的额度占用费用。

1.1.23 保理手续费：指保理商因按照约定调查和核准额度、受让应收账款、处理各项单据，提供应收账款融资、管理、催收、还款保证中全部或部分服务而收取的费用。

1.1.24 保理首付款使用费：指保理商因支付保理首付款而收取的资金占用费用。

1.1.25 保理商收款账户：指保理商指定的、用于收取应收账款融资额度承诺费、保理手续费、保理首付款使用费、保证金等款项的保理商银行账户。

1.1.26 卖方收款账户：指卖方指定的、用于收取保理首付款、保理余款、退还保证金等款项的卖方银行账户。

1.1.27 保理回款专户：指按本合同确定的、以保理商或卖方名义开立、用于向买方收取应收账款的专门账户。保理回款专户可以是保理商收款账户、卖方收款账户，也可以独立于保理商收款账户、卖方收款账户。

1.1.28 反转让：指卖方向保理商支付反转让款并结清所对应的全部款项，以此从保理商处买回已受让应收账款的行为。

1.1.29 反转让款：指保理商向卖方转回已受让应收账款时，卖方应向保理商支付的对价款。

1.2 本合同适用下列解释规则：

1.2.1 本合同所指的"人"包括一个、两个或两个以上的任何人、公司、企业、政府、政府代理机构或任何协会、信托或合伙（不管是否具备独立法人地位）；

1.2.2 本合同所指单数应包括复数，反之亦然；指代某个性别应包括其他任何性别；

1.2.3 本合同中的"包括"应解释为"包括但不限于"；

1.2.4 本合同中的"年、月、日"指公历的年、月、日；

1.2.5 本合同中的"工作日"指除中国法定节假日和休息日之外的其他公历日；

1.2.6 本合同中按照日、月、年计算期间的，开始的当天不算入，从下一天开始计算；期间的最后一天是非工作日的，以前一个工作日为期间的最后一天；期间的最后一天的截止时间为24点，有业务时间的，到停止业务活动的时间截止；

1.2.7 本合同解释时应将标题忽略不计；

1.2.8 本合同以中国的汉语简体语言文字编写和解释。合同当事人使用两种及以上语言时，汉语为优先解释本合同的语言。

二、还款保证额度

2.1 自本合同生效之日起,保理商授予卖方的还款保证额度开始生效,该额度的详情见本合同特别条款。

2.2 卖方的所有买方共用保理商核定的本合同项下的还款保证额度。保理商有权针对单个买方核定针对该买方的还款保证子额度,还款保证子额度的详情见本合同特别条款,本合同特别条款未约定的由卖方和保理商另行约定。

2.3 保理商接受应收账款转让申请的日期(而非应收账款的到期日)截至坏账担保额度的届满日。

2.4 对于已受让应收账款,保理商必须在还款保证额度内承担信用风险。

2.5 保理商有权视情况对还款保证额度单方予以变更(包括扩大、缩减或撤销额度、延长或缩短额度届满日),保理商应于变更后立即告知卖方,卖方收到保理商通知之时,该额度变更生效。还款保证额度变更生效前,已经列入保理商还款保证范围内的已受让应收账款,保理商继续承担还款保证责任。

三、应收账款融资额度

3.1 自本合同生效之日起,保理商授予卖方的应收账款融资额度开始生效,该额度的详情见本合同特别条款。

3.2 卖方的所有买方共用保理商核定的本合同项下的应收账款融资额度。保理商有权针对单个买方核定应收账款融资子额度,应收账款融资子额度由卖方与保理商另行约定。

3.3 保理商接受融资业务申请的日期(而非应收账款的到期日)截至应收账款融资额度的届满日。

3.4 若直至本合同特别条款规定的应收账款融资额度最晚使用日,卖方仍未向保理商首次申请应收账款融资的,保理商有权要求卖方在3个工作日内按本合同特别条款规定的金额支付应收账款融资额度承诺费,并单方变更应收账款融资额度。

3.5 保理商为卖方核定应收账款融资额度,并不意味着保理商有义务为卖方提出转让申请的全部应收账款办理应收账款融资,对于卖方提出的融资申请,保理商有权予以审核并自行判断决定是否接受。

3.6 保理商有权视情况对应收账款融资额度单方予以变更(包括扩大、缩减或撤销额度、延长或缩短额度届满日),自保理商决定之日起,该额度变更生效,但保理商应于变更后立即告知卖方。

四、买方推荐和接受

4.1 若本合同特别条款中限定买方的,保理商不接受除卖方对限定买方以外的其他应收账款。

4.2 若本合同特别条款中不限定买方的,卖方可以不时地按下列约定向保理商推荐买方:

4.2.1 卖方依据保理商的要求提供买方的相关材料和信息；

4.2.2 保理商收到推荐买方的相关材料和信息后进行审核；

4.2.3 保理商有权根据自己的独立判断，确认是否接受该买方以及是否附加条件（如要求提供买方决议、证明、担保、历史交易记录等）；

4.2.4 对于保理商已接受的买方，卖方在按本合同约定申请转让对其的应收账款时，可免予重复提供相关材料和信息；

4.2.5 卖方也可在办理应收账款转让申请时，一并向保理商推荐买方。

五、应收账款转让及受让

5.1 卖方申请转让其对买方的应收账款时，应向保理商提供以下材料：

5.1.1 卖方签署的《应收账款转让申请暨确认书》；

5.1.2 申请转让应收账款对应的基础交易合同；

5.1.3 申请转让应收账款对应的发票及发运、收货、对账等单据及文件；

5.1.4 保理商要求的买卖双方的证照、许可证；

5.1.5 保理商要求的其他证明文件。

5.2 上述 5.1 规定的材料，卖方应向保理商提交正本原件，但保理商仅要求卖方提交签章复印件的除外。

5.3 卖方应确保转让的应收账款不存在下列情形：

5.3.1 基于未生效、无效、可撤销、效力待定的合同或行为所产生的；

5.3.2 已超过诉讼时效的；

5.3.3 已发生或已预见将逾期的；

5.3.4 正在或已预见将发生商业纠纷的；

5.3.5 关联交易形成的应收账款（保理商已事先知晓的除外）；

5.3.6 已转让、或设定担保、或被设定为信托名下财产的；

5.3.7 被第三方主张代位权或撤销权的；

5.3.8 被采取法律强制措施的；

5.3.9 存在其他权利瑕疵的；

5.3.10 法律法规或基础交易合同约定不得转让的。

5.4 保理商有权自行判断是否接受卖方的应收账款转让申请。保理商在卖方签署的《应收账款转让申请暨确认书》上签署确认时，应收账款转让生效，该应收账款即成为已受让应收账款。

5.5 应收账款转让生效后，卖方区分下列两类情形进行应收账款转让通知：

5.5.1 若《应收账款转让申请暨确认书》约定采用"公开保理"的，则应按下述方式处理：

（1）在应收账款转让生效后，卖方应按保理商要求，和保理商共同签署《应收账款转让通知书》并按保理商要求送达给买方；

（2）如保理商要求买方签署《应收账款转让通知书》之回执或以其他形式完成应收账款转让通知的，卖方有义务及时完成。

5.5.2 若《应收账款转让申请暨确认书》约定采用"隐蔽保理"的，则应按下述方式处理：

（1）在应收账款转让生效后，暂不通知买方。但是保理商有权根据自行判断，自行将应收账款已转让的事实通知买方，为此卖方应先行签署《应收账款转让通知书》一式_____份并全部交给保理商；

（2）保理商有权要求卖方按保理商要求，向买方发送《应收账款回款账号变更通知书》；

（3）如保理商要求买方签署《应收账款回款账号变更通知书》之回执或以其他形式确认保理回款专户的，卖方有义务及时完成。

5.6 保理商有权在中征动产融资统一登记平台及其他政府部门要求的登记平台办理应收账款转让登记，登记费由保理商支付。保理商亦有权授权卖方将应收账款出质给保理商并在中征动产融资统一登记平台办理质押登记，卖方有义务配合，登记费由保理商支付；双方确认，为办理保理商授权卖方将应收账款出质给保理商而签订的相关登记合同为且仅为办理质押登记所用，质押登记不改变双方实为应收账款转让的真实意图。

六、全部权利转让

6.1 卖方确认，已受让应收账款所从属的一切从权利和权益均一并转让给保理商。该等从权利和权益包括：（1）收取应收账款的逾期利息、违约金、赔偿金、滞纳金等相关款项的权利；（2）担保权益；（3）保险权益；（4）对保留所有权的货物、拒收或退回货物的所有权和取回权；（5）诉权等程序权利；（6）法律法规或基础交易合同赋予卖方的其他从权利和权益。

6.2 为将已受让应收账款从权利和权益依法转让给保理商的目的，保理商有权要求卖方完成通知保证人、变更抵质押登记、变更保险受益人、转交定金等各项手续，卖方有义务尽快完成，由此发生的费用由卖方承担。

6.3 在任何情况下，已受让应收账款的转让都不得理解为保理商承担了基础交易合同项下的任何义务或责任，卖方应继续履行其在基础交易合同项下对买方的全部义务。

七、保理手续费

7.1 保理商有权向卖方收取保理手续费，保理手续费的金额、支付时间以《应收账款转让申请暨确认书》约定的为准。

7.2 保理手续费为对保理商所耗费的操作成本、人工成本及商业机会以及从事本合同项下应收账款管理、催收、还款保证的对价，保理手续费一经收取，不予退还。

八、应收账款融资

8.1 卖方可基于保理商已受让的应收账款，区分下列情形申请应收账款融资：

8.1.1 若在申请应收账款转让同时申请应收账款融资的，卖方应以签署提交《应收账款转让申请暨确认书》的形式一并提出融资申请；

8.1.2 若在申请应收账款转让之后申请应收账款融资的，卖方应以签署提交《应收账款融资申请暨确认书》的形式单独提出融资申请。

8.2 为保障卖方按约履行本合同项下的义务，卖方同意按每一份《应收账款转让申请暨确认书》/《应收账款融资申请暨确认书》约定的时间和金额向保理商支付保证金（如有）。保理商有权将保证金直接抵扣《应收账款转让申请暨确认书》/《应收账款融资申请暨确认书》项下已受让应收账款所对应的卖方到期应付款。若发生上述抵扣，卖方应根据保理商的通知立即补足保证金，逾期未补足的，应承担下述17.2的违约责任。卖方付清该《应收账款转让申请暨确认书》/《应收账款融资申请暨确认书》项下全部应付款后3个工作日内，保理商将保证金全额退还给卖方，该等保证金不计算利息。为免重复支付，保理商也可将上一份《应收账款转让申请暨确认书》/《应收账款融资申请暨确认书》项下应退还的保证金直接转作下一份《应收账款转让申请暨确认书》/《应收账款融资申请暨确认书》项下卖方应支付的保证金。

8.3 卖方每次申请应收账款融资时，均应符合下列条件：

8.3.1 可循环额度项下，应收账款融资余额未超过应收账款融资额度；不可循环额度项下，应收账款融资的累计额未超过应收账款融资额度；

8.3.2 对单个买方申请的融资，未超过保理商针对该买方核定的应收账款融资子额度（如有）；

8.3.3 应收账款融资申请在应收账款融资额度届满日之前提出；

8.3.4 保理商已受让申请融资所对应的应收账款；

8.3.5 上述5.5、5.6、6.2、7.1、8.2约定的应收账款转让、从权利和权益转让、支付保理手续费、支付保证金事项已按约完成；

8.3.6 申请融资所对应的已受让应收账款不存在下述5.3规定的情形；

8.3.7 下述12.2.2（2）约定的保理回款专户监管事项（如适用）已按约完成；

8.3.8 买卖双方不存在经营状况严重恶化、恶意转移财产、丧失信誉或丧失履行债务能力的情形；

8.3.9 卖方没有违反本合同的任何义务；

8.3.10 保理商要求的其他放款条件（如有）均已满足。

8.4 保理商有权自主决定是否批准卖方的融资申请，保理商批准卖方融资申请的，应在卖方签署后提交的《应收账款转让申请暨确认书》/《应收账款融资申请暨确认书》上签署确认。

8.5 保理商发放保理首付款的实际日期与《应收账款转让申请暨确认书》/《应收账款融资申请暨确认书》记载的融资期限起始日不一致的，以实际发放日（即款项自保理商银行账户划出之日）为准，并以实际发放日开始计算保理首付款使用费，但应收账款融资期限的届满日不变,仍以《应收账款转让申请暨确认书》/《应收账款融资申请暨确认书》记载的融资届满日为准。

九、保理首付款使用费

9.1 卖方应就保理商发放的保理首付款,按本合同约定向保理商支付保理首付款使用费。

9.2 保理首付款使用费的具体计算公式为:

保理首付款使用费=(1)保理首付款金额×保理首付款使用费率÷360×保理首付款发放日至应收账款到期日的实际天数+(2)保理首付款金额×宽限期使用费率÷360×应收账款到期日至宽限期届满日的实际天数+(3)保理首付款金额×逾期使用费率÷360×宽限期届满日至保理商收回保理首付款之日的实际天数。

为免疑问,若保理商收回保理首付款之日早于应收账款到期日的,公式(2)、(3)不再适用,公式(1)按保理商收回保理首付款之日的实际天数计算。

9.3 保理首付款的金额、支付方式、融资期限、宽限期、保理首付款使用费率、宽限期使用费率、逾期使用费率均以卖方签署后提交并经保理商签署确认的《应收账款转让申请暨确认书》/《应收账款融资申请暨确认书》记载为准。

9.4 上述9.2约定的保理首付款使用费率、宽限期使用费率、逾期使用费率不因中国人民银行公布的同期人民币贷款基准利率发生调整而变化。

十、发票与税负

保理商在其收到本合同项下的保理手续费、应收账款融资额度承诺费(如有)、保理首付款使用费后按其主管税务机关向卖方要求开具增值税发票。若国家法律、法规或政策变化致使保理商有关的税负增加,保理商有权按照税负增加的数额向卖方增加相应收费。

十一、账务设立及核对

11.1 保理商有权根据自己的需要,采用自己认为合适的方式,及时记录每笔业务的发生情况、回收情况、逾期账款情况、对账单等各种财务和统计报表,对已受让应收账款进行收付结算与催收,并定期或不定期与卖方核对有关账务。

11.2 卖方应建立相应账务,以便与保理商共同做好对账工作。卖方在收到保理商的对账单据后3个工作日内未提出异议的,即可认为该对账单据是准确无误的。

11.3 若在保理商受让应收账款后,卖方出具或收到与已受让应收账款相关的新增凭证(如新开的发票、发运单、最新对账单等)的,应在3个工作日内告知保理商,并按保理商要求将新增凭证提交保理商。

十二、应收账款的回收

12.1 保理商有权根据已受让应收账款的到期日,主动或要求卖方采取电话、函件、上门等方式对买方进行催收,卖方有义务及时完成,由此发生的费用由卖方自担。

12.2 应收账款转让生效后,卖方区分下列三类情形进行应收账款的回收:

12.2.1 若《应收账款转让申请暨确认书》约定采用"直接回款保理"的，则应按下述方式处理：

（1）卖方应按保理商的要求，明确告知买方必须将已受让应收账款支付到以保理商名义开立的保理回款专户之中，保理回款专户以卖方和保理商共同签署的《应收账款转让申请暨确认书》记载为准。

（2）未经保理商事先书面同意，卖方无权撤销、更改保理回款专户，亦不得要求或允许买方以任何其他方式清偿已受让应收账款。

（3）卖方在任何时候收到已受让应收账款的清偿款项时，应立即（最迟不晚于3个工作日内）通知保理商，并按照保理商要求的期限、金额和方式将该款项转付至保理商。同时，保理商有权立即要求卖方或自行与买方交涉，要求买方纠正错误；若买方的错误付款达到连续_____次或累计_____次以上的，保理商有权向卖方反转让针对该买方的全部已受让应收账款（无论到期或未到期）；若错误付款次数达到累计_____次以上或错误付款买方达到_____人以上，保理商有权向卖方反转让针对所有买方的全部已受让应收账款（无论到期或未到期）。

（4）保理商收到已受让应收账款的清偿款项时，先冲抵当时卖方在本合同项下对保理商已到期但未结清的保理首付款及其他应付款后，如有正数余额的，该余额归卖方所有，保理商应将此余额于3个工作日内转付给卖方。

12.2.2 若《应收账款转让申请暨确认书》约定采用"间接回款保理"的，则应按下述方式处理：

（1）卖方应按保理商的要求，明确告知买方必须将已受让应收账款支付到以卖方名义开立的保理回款专户之中，保理回款专户以卖方和保理商共同签署的《应收账款转让通知书》记载为准。

（2）保理商有权要求将保理回款专户按照"金钱质押"的标准，办理中征动产融资统一登记平台办理专户登记公示、与开户银行签订专户监管协议等手续，卖方有义务及时完成，并确保不与卖方其他账号混同。

（3）未经保理商事先书面同意，卖方无权撤销、更改保理回款专户，亦不得要求或允许买方以任何其他方式清偿已受让应收账款。

（4）若买方采用向保理回款专户付款以外的方式清偿已受让应收账款的，卖方应在收到已受让应收账款的清偿款项后立即（最迟不晚于3个工作日内）通知保理商，并在3个工作日内按照保理商要求的方式将该款项转付至保理商。同时，保理商有权立即要求卖方或自行与买方交涉，要求买方纠正错误；若买方的错误付款达到连续_____次或累计_____次以上的，保理商有权向卖方反转让针对该买方的全部已受让应收账款（无论到期或未到期）；若错误付款次数达到累计_____次以上或错误付款买方达到_____人以上，保理商有权向卖方反转让针对所有买方的全部已受让应收账款（无论到期或未到期）。

(5) 保理回款专户收到已受让应收账款的清偿款项时, 卖方应立即(最迟不晚于3个工作日内) 通知保理商, 并于3个工作日内将当时保理商在本合同项下到期未收回保理首付款、保理首付款使用费及其他全部应收款支付给保理商, 如仍有余额的, 该余额归卖方所有。

12.2.3 若《应收账款转让申请暨确认书》约定采用上述12.2.1或12.2.2以外的其他回收方式(如银行或第三方支付机构自动扣划等)的, 按卖方与保理商的约定执行。

12.3 无论采用12.2.1、12.2.2或12.2.3回收方式, 若对同一买方存在多笔应收账款的, 双方进一步约定清偿顺序如下:

12.3.1 若该买方付款时指定该款项所清偿的已受让应收账款的, 从其指定;

12.3.2 若该买方付款时未指定该款项所清偿的已受让应收账款的, 则按照已受让应收账款到期日的先后顺序, 优先清偿针对该买方到期日排序在先的已受让应收账款。

十三、反转让

13.1 发生下列情形之一时, 保理商有权向卖方发送《应收账款反转让通知书》, 将未受偿的已受让应收账款再次转让给卖方:

13.1.1 超过还款保证额度(含还款保证子额度)的;

13.1.2 该应收账款属于未生效、无效、被撤销或效力待定情形的;

13.1.3 该应收账款发生商业纠纷, 且卖方未在其知悉商业纠纷发生后3个工作日内书面通知保理商的;

13.1.4 该应收账款发生商业纠纷, 且有效解决结果是买方无须付款的;

13.1.5 该应收账款发生商业纠纷, 且在下述15.5规定期限内未有效解决的;

13.1.6 当买方拒绝或迟延支付已受让应收账款, 保理商要求卖方暂停或终止与该买方开展新交易的情况下, 卖方未按照保理商的要求, 继续与买方开展新交易所产生的应收账款;

13.1.7 保理商根据上述12.2.1第(3)项或12.2.2第(4)项决定反转让的;

13.1.8 卖方违反本合同的义务, 保理商根据下述第十七条决定反转让的。

13.2 发生13.1的反转让情形时, 保理商无须再向卖方支付保理余款, 而卖方应向保理商支付反转让款。卖方应按照《应收账款反转让通知书》的要求, 自发生上述13.1约定情形后3个工作日内将反转让款无条件足额支付给保理商。卖方承诺, 在发生上述反转让约定情形时, 卖方的反转让义务不因保理商未发送《应收账款反转让通知书》而免除或迟延履行。反转让款的计算公式如下:

反转让款=反转让应收账款项下保理商实际发放的保理首付款+反转让应收账款项下保理商已担保付款的金额-反转让应收账款项下保理商已受清偿的应收账款

13.3 卖方向保理商支付上述13.2反转让款的同时, 应一并结清该反转让应收账款所对应的全部款项, 具体包括: 保理商未受清偿的应收账款融资额度承诺费、保理手续费、保理首付款使用费以及其他卖方到期未付款。

13.4 卖方按上述 13.2、13.3 足额支付反转让款和全部到期未付款之日,该已受让应收账款的反转让生效,该应收账款及其从属的一切权利和权益自即日起由保理商转回卖方。已受让应收账款反转让生效后,为卖方向买方索赔之必须,保理商应配合卖方将应收账款已反转让给卖方的情况通知买方,由此产生的费用及风险(包括通知无法送达的风险)由卖方承担。

13.5 反转让生效之前,保理商仍享有该已受让应收账款及其从属的一切权利和权益,保理商有权以自己名义要求买方偿还拖欠的已受让应收账款,并同时要求卖方按上述 13.2、13.3 足额支付反转让款和全部到期未付款,卖方或买方中任一方向保理商履行了付款义务的,另一方对保理商相应的付款义务予以免除。

十四、还款保证

14.1 当已受让应收账款发生信用风险时,保理商在应收账款到期日后第_____天向卖方担保付款,付款金额为无商业纠纷项下的买方应付未付金额,但应扣除保理商已就该应收账款发放的保理首付款以及其他卖方到期未付款。

14.2 保理商每次担保付款时,均应符合下列条件:

14.2.1 该应收账款为已受让应收账款;

14.2.2 未超过还款保证额度;

14.2.3 对单个买方的担保付款,未超过保理商针对该买方核定的还款保证子额度(如有);

14.2.4 不存在未有效解决的商业纠纷;

14.2.5 不属于已经或应当反转让的应收账款。

14.3 自保理商应当担保付款之日起,对应的保理首付款使用费即停止计收。

14.4 卖方应将应收账款相关材料原件于保理商担保付款前移交保理商,保理商在担保付款后,有权就已受让应收账款向买方采取法律行动,卖方采取一切必要的措施协助保理商,产生的费用由保理商承担,追回的款项归保理商所有。若卖方书面反对保理商采取法律行动的,保理商即免除担保付款责任,并有权将该应收账款反转让给卖方。

14.5 若保理商采取法律行动后,经法院或仲裁委有效判定是因卖方责任导致买方不付款的,则保理商有权将已担保付款的应收账款反转让给卖方,保理商采取法律行动产生的费用由卖方承担。

十五、商业纠纷

15.1 一旦得知商业纠纷的发生,卖方应在 3 个工作日内向保理商发送商业纠纷通知,该通知中应包含其所了解的有关应收账款及商业纠纷性质的信息,包括但不限于应收账款金额、期限、买方名称、商业纠纷原因、纠纷金额等。若保理商要求卖方提供商业纠纷进一步信息的,卖方应在 3 工作日内向保理商提供相关信息。

15.2 在发生商业纠纷后,若该应收账款尚未受让的则不再受让,若已受让的则自动视为未受让,在商业纠纷得到有效解决之前,保理商无须履行担保付款责任。

15.3 在发生商业纠纷后，保理商有权临时将该应收账款反转让给卖方，卖方应按上述第十三条履行反转让项下的付款义务。卖方履行反转让项下付款义务前，仍应按上述9.2计算和支付保理首付款使用费；卖方履行反转让项下付款义务后，对应的保理首付款使用费即停止计收。

15.4 卖方负责解决商业纠纷，若卖方在应收账款到期日_____天内有效解决该商业纠纷（有效解决的标志包括但不限于买方真实合法的自认凭证、生效的判决书或裁决书），且有效解决结果是要求买方付款的，保理商应在商业纠纷解决后7个工作日内担保付款，该应收账款自动恢复成为已受让应收账款。

15.5 即使有本合同其他条款，为免疑义，双方同意，若在应收账款到期日_____天内，商业纠纷仍无法得到有效解决的，保理商即永久免除担保付款责任，并有权将该应收账款反转让给卖方。

十六、陈述与保证

16.1 卖方、保理商各自声明和保证如下：

16.1.1 其是根据其注册地法律合法设立且有效存续的民事主体，能够独立承担法律责任；

16.1.2 就本合同的签署和履行，其已根据其公司章程或其他相关制度文件获得必要的内部决策机构的有效批准，同意接受本合同全部条款与条件的约束；

16.1.3 本合同的签署和履行，不违反其章程、内部规定、与第三方之间的合同及其注册地相关法律法规的规定、法院/仲裁机构、相关主管部门的裁定、判决、命令、规定。

16.2 卖方在此向保理商进一步承诺：

16.2.1 卖方向保理商提交的所有材料均是真实、准确和完整的；

16.2.2 卖方未向保理商隐瞒可能影响其财务状况和偿债能力的任何事件；

16.2.3 卖方向保理商转让的每笔应收账款的产生均符合法律法规并获得所有必要的同意、批准和授权，不存在任何法律上的瑕疵；

16.2.4 对于向保理商转让的每笔应收账款，卖方承诺其所享有的权利应是独立的、完整的和无瑕疵的，处于正常、未逾期状态，不存在任何第三人的权益或留置、扣押、查封等权利限制，在卖方可知范围内亦不存在发生该等情形；

16.2.5 卖方无权另行对已受让应收账款作任何形式的处分（包括但不限于转让给第三人，或进行权利放弃、赠予、设定质押、设定信托）；

16.2.6 卖方承诺对已受让应收账款，除保理商要求或反转让生效外也不再向买方追索；

16.2.7 未经保理商的书面同意，卖方承诺不得转让本合同项下的任何权利和义务；

16.2.8 卖方承诺，在卖方向保理商转让应收账款后，未经保理商书面同意，卖方不得修改、解除应收账款所对应的基础交易合同，也不得与买方达成任何有损于保理商的和解协议，不得转让除应收账款外的基础交易合同项下的其他权利或任何义务；

16.2.9 就已经投保的应收账款，卖方应保证保险赔付所得款项优先用于归还保理商的保理首付款、保理首付款使用费、保理手续费及其他卖方应付未付款。发生保险事故时，卖方应勤勉尽职向保险公司索赔；

16.2.10 当出现卖方或买方经营体制或产权组织形式发生或可能发生重大变化（包括但不限于实施承包、联营、公司制改造、股份制改造、企业出售、合并、分立、设立子公司、减资等），卖方或买方财务状况恶化或发生主要财产被查封等情形，卖方或买方任何一方或者其高层管理人员、董事、法定代表人涉及违法活动或涉及重大诉讼或仲裁案件，卖方或买方任何一方拟申请破产或可能或已被债权人申请破产，停产、歇业、解散、停业整顿、被撤销或营业执照被吊销；卖方或买方为第三方提供保证等情形时，卖方应在知悉后立即书面通知保理商，并协助保理商采取补救措施；

16.2.11 当买方拒绝或迟延已受让应收账款时，根据保理商的要求，暂停或终止与该买方开展新交易；

16.2.12 卖方知晓并确认保理商不介入卖方与买方因基础交易合同而发生的任何纠纷之中，卖方得知基础交易合同发生纠纷的，应在得知纠纷发生的当日通知保理商。如因基础交易合同的任何纠纷，发生买方清偿应收账款后要求退款、减价、支付违约金、赔偿金等情况，卖方应另行向买方支付。

十七、违约责任

17.1 发生下列情形之一时，构成卖方的根本违约：

17.1.1 未经保理商同意，卖方擅自对已受让应收账款作任何形式的处分（包括但不限于转让给第三人，或进行权利放弃、赠予、设定质押、设定信托）；

17.1.2 卖方未按本合同约定向保理商支付应收账款融资额度承诺费、保理手续费、保理首付款使用费、保证金的；

17.1.3 未经保理商同意，卖方擅自变更保理首付款约定用途的（如适用）；

17.1.4 未经保理商同意，卖方擅自撤销、更改本合同项下约定的保理回款专户，或要求或允许买方以任何其他方式清偿已受让应收账款；

17.1.5 卖方收到已受让应收账款的清偿款项后，未按本合同约定转付给保理商；

17.1.6 卖方未按照本合同约定履行反转让项下的付款义务；

17.1.7 卖方违反了其在本合同中所做出的声明、保证、承诺或其他义务，或卖方在本合同中所作的声明、保证和承诺的任一事项是违法的、不真实的或存在重大误导的；

17.1.8 卖方未能遵守与保理商或保理商关联企业签订的其他合同项下义务，出现重大违约情形的。

17.2 出现上述第17.1条的违约情形时，保理商有权利采取下列措施中的一项或几项：（1）视买方拒绝或迟延付款的情节严重，要求卖方暂停或终止与该买方开展新交易；（2）催告卖方限期改正；（3）缩减或撤销额度或缩短额度有效期；（4）要求卖方按保理商实际发放的保理首付款的_____%向保理商支付违约金；（5）以保理商对卖方的债务直接抵销卖方应付给保理商的各项欠款；（6）将应收账款反转让给卖方；（7）宣布中止或解除本合同；（8）将卖方的违约信息提供给征信中心、征信机构、行业主管部门、行业协会及社会公众；（9）要求卖方赔偿给保理商造成的全部经济损失和追索债权与从属权利而发生的费用（包括催告费、诉讼或仲裁费用、财产保全费、公告费、律师费、强制执行费）；（10）法律法规或本合同规定的其他救济措施。

17.3 在卖方给付款项不足以清偿全部债务时，应按照保理商因追索债权而产生的费用（包括催告费、诉讼或仲裁费用、财产保全费、公告费、律师费、强制执行费）、违约金、应收账款融资额度承诺费、保理手续费、保理首付款使用费、保理首付款的先后顺序进行清偿。

十八、法律适用

本合同的订立、效力、解释、履行及争议的解决均适用中华人民共和国（为本合同之目的，不包括香港、澳门特别行政区和台湾地区）的法律。

十九、强制执行公证（选择性条款，本条□适用，□不适用）

19.1 本合同系经公证成为具有强制执行效力的债权文书。卖方承诺：如卖方不履行或不完全履行其在本合同项下的义务时，自愿接受司法机关的强制执行，而无须经过诉讼程序；保理商可根据《民事诉讼法》的规定直接向有管辖权的人民法院申请强制执行，同时，卖方放弃抗辩权。

19.2 双方共同确认：已经对有关法律、法规、规范性文件就强制执行公证的含义、内容、程序、效力等规定有完全明确的了解。

19.3 如果卖方不履行或者不适当履行经公证的具有强制执行效力的债权文书，保理商可以向公证处申请出具执行证书，且卖方应于保理商或公证处通知的时间到公证处配合完成公证处的当面核实程序。卖方承诺将完全配合保理商的申请行为（包括但不限于在通知的时间到公证处配合完成公证处的当面核实程序）。如果在保理商或公证处通知后，卖方未能按时履行上述义务，则卖方特此确认：在卖方缺席的情况下，公证处根据保理商的申请按其内部流程履行完毕核实工作后，即等同于公证处完成了当面核实程序，卖方对此产生的法律后果完全认可。

19.4 本条关于强制执行公证的约定优先于本合同特别条款第九条（争议解决）执行。

二十、其他条款

20.1 各方就本合同中涉及的任何通知、协议等文件以及发生纠纷时相关文件和法律文书送达时的送达地址及法律后果约定如下：

20.1.1 双方确认其有效的送达地址为本合同特别条款卖方和保理商信息中记载的通信地址；

20.1.2 上述送达地址适用范围包括非诉时的各类通知、协议等文件以及合同发生纠纷时相关文件和法律文书的送达，同时包括在纠纷进入公证、仲裁、民事诉讼程序后的一审、二审、再审和执行程序；

20.1.3 任何一方变更其送达地址的，应以书面形式通知其他方；在公证、仲裁及民事诉讼程序时一方地址变更时，应以书面形式向公证处/仲裁机构/法院履行送达地址变更通知义务；任何一方未按前述方式履行通知义务，其在本合同项下所确认的送达地址仍视为有效送达地址，因该方提供或者确认的送达地址不准确、送达地址变更后未及时依程序告知其他方和公证处/仲裁机构/法院、该方或其指定的接收人拒绝签收等原因，导致法律文书未能被该方实际接收的，若邮寄送达的，以文书退回之日视为送达之日；若直接送达的，送达人当场在送达回执上记明情况之日视为送达之日；

20.1.4 纠纷进入公证、仲裁、民事诉讼程序后，如一方应诉并向公证处/仲裁机构/法院提交送达地址确认文书，该确认地址与本合同约定的送达地址不一致的，以其向公证处/仲裁机构/法院提交确认的送达地址为准。

20.2 保理商有权自主决定将本合同下其已受让应收账款或其受益权全部或部分转让给其他第三方。

20.3 如本合同生效后遇国家法律、法规或政策变化，致使本合同从整体上不再合法或不可履行的，各方应秉持诚信原则并在最大限度尊重本合同约定的前提下尽快修改有关条款。如各方无法在国家法律、法规或政策生效后_____个工作日内完成有关条款修改的，任何一方均有权提前解除本合同而不视为违约。

20.4 一方应对另一方或其代表提供的有关本合同及本合同项下交易的所有信息予以保密，未经披露一方事先书面同意，另一方不得向任何第三方（不包括与本合同及本合同项下交易有关而需要获知以上信息的接收方的雇员、董事、监事、股东、外部顾问等）披露此类信息，非因履行本合同或为办理上述20.2之需要，亦不得以任何方式自行使用该等信息。

20.5 本合同经卖方和保理商共同签署后生效。

[以下无正文，为《国内商业保理合同》之签署栏]

卖方：（单位盖章）

法定代表人或授权代理人（签字）：

保理商：（单位盖章）

法定代表人或授权代理人（签字）：

附件1：

应收账款转让申请暨确认书（样式）

编号：＿＿＿＿＿＿＿＿＿＿＿＿

致：＿＿＿＿＿＿＿＿＿＿（下称"贵方"）
自：＿＿＿＿＿＿＿＿＿＿（下称"我方"）

根据＿＿＿＿年＿＿＿＿月＿＿＿＿日贵、我双方签署的编号为＿＿＿＿＿＿＿＿的《国内商业保理合同》，现我方签署并向保理商提交本《应收账款转让申请暨确认书》，本《应收账款转让申请暨确认书》经贵、我双方共同签章后生效：

1. 除非本《应收账款转让申请暨确认书》中另有释义，《国内商业保理合同》中定义的词语，在本《应收账款转让申请暨确认书》中具有同样的含义。

2. 我方申请将符合《国内商业保理合同》规定条件的如下应收账款转让给贵方：

□我方与＿＿＿＿＿＿＿之间＿＿＿＿＿＿＿的全部应收账款以及该应收账款上所从属的一切从权利和权益。

□我方对下表所列的应收账款以及该应收账款上所从属的一切从权利和权益：

序号	买方	基础交易合同及编号	应收账款种类	应收账款金额	应收账款到期日	发票号	发票金额	发票开具日

3. 若贵方同意受让上述应收账款的，我方同时申请贵方提供如下无追索权保理服务：

保理业务类型	□公开保理□隐蔽保理 □直接回款保理□间接回款保理□其他回款方式：＿＿＿＿＿＿＿。
保理转让款	人民币＿＿＿＿＿＿＿元。
保理回款专户	
保理手续费	人民币＿＿＿＿＿＿＿元。

4. 若贵方同意受让上述应收账款的，我方同时按如下条件申请贵方提供应收账款融资：

保理首付款金额	人民币_____元。
保理首付款用途	□不限定用途。 □限定用途为_____。
保证金	□卖方无须缴纳保证金。 □卖方须缴纳保证金，保证金为人民币_____元，由卖方在_____年_____月_____日前支付给保理商。
保理融资期限	自_____年_____月_____日起至上表所列应收账款到期日止。
保理首付款使用费率	年化_____%。
宽限期及其费率	□申请宽限期，宽限期为_____天，宽限期使用费率为年化_____%。 □不申请宽限期。
逾期使用费率	年化_____%。
保理首付款使用费	保理首付款使用费由我方按下述第_____种方法支付给贵方： □期初一次性支付，贵方发放保理首付款前，我方一次性支付。 □分期支付，自贵方发放保理首付款之日起以每_____个自然月为一个支付周期，于每期期初月第_____日支付上一周期的保理首付款使用费（首期支付日为_____年_____月_____日，最后一期利随本清）。 □到期一次性支付，全部保理首付款使用费与保理首付款本金一并结清。
其他条件	

同时，我方将申请转让应收账款的下列凭证一并提交贵方，具体包括：
□基础交易合同原件
□基础交易合同复印件
□基础交易合同全套发票正本原件
□基础交易合同全套发票正本复印件
□基础交易合同全套货运单据正本原件
□基础交易合同全套货运单据正本复印件
□其他：

申请人： 卖方：（盖章）

法定代表人或授权代理人（签字）：

签署日期：_____年_____月_____日

保理商确认： 保理商：（盖章）

法定代表人或授权代理人（签字）：

签署日期：_____年_____月_____日

附件2：

应收账款融资申请暨确认书（样式）

编号：_____

致：_____（下称"贵方"）
自：_____（下称"我方"）

根据_____年_____月_____日贵我双方签署的编号为_____的《国内商业保理合同》，现我方签署并向保理商提交本《应收账款融资申请暨确认书》，本《应收账款融资申请暨确认书》经贵我双方共同签章后生效：

1. 除非本《应收账款融资申请暨确认书》中另有释义，《国内商业保理合同》中定义的词语，在本《应收账款融资申请暨确认书》中具有同样的含义。

2. 就下列贵方按照编号为_____的《应收账款转让申请暨确认书》已受让的应收账款，我们拟申请应收账款融资：

□我方与_____之间_____的全部应收账款以及该应收账款上所从属的一切从权利和权益。

□我方对下表所列的应收账款以及该应收账款上所从属的一切从权利和权益：

序号	买方	基础交易合同及编号	应收账款种类	应收账款金额	应收账款到期日	发票号	发票金额	发票开具日

3. 我方按如下条件申请贵方提供应收账款融资：

保理首付款金额	人民币_____元。
保理首付款用途	□不限定用途。 □限定用途为_____。
保证金	□卖方无须缴纳保证金。 □卖方须缴纳保证金，保证金为人民币_____元，由卖方在_____年_____月_____日前支付给保理商。
保理融资期限	自_____年_____月_____日起至上表所列应收账款到期日止。
保理首付款使用费率	年化_____%。
宽限期及其费率	□申请宽限期，宽限期为_____天，宽限期使用费率为年化_____%。 □不申请宽限期。
逾期使用费率	年化_____%。
保理首付款使用费	保理首付款使用费由我方按下述第_____种方法支付给贵方： □期初一次性支付，贵方发放保理首付款前，我方一次性支付。 □分期支付，自贵方发放保理首付款之日起以每_____个自然月为一个支付周期，于每期期初月第_____日支付上一周期的保理首付款使用费（首期支付日为_____年_____月_____日，最后一期利随本清）。 □到期一次性支付，全部保理首付款使用费与保理首付款本金一并结清。
其他条件	

同时，我方将申请转让应收账款的下列凭证一并提交贵方，具体包括：
□基础交易合同原件
□基础交易合同复印件
□基础交易合同全套发票正本原件
□基础交易合同全套发票正本复印件
□基础交易合同全套货运单据正本原件
□基础交易合同全套货运单据正本复印件
□其他：

申请人： 卖方：（盖章）

法定代表人或授权代理人（签字）：

签署日期：_____年_____月_____日

保理商确认： 保理商：（盖章）

法定代表人或授权代理人（签字）：

签署日期：_____年_____月_____日

附件3：

应收账款转让通知书（样式）

编号：_____

致：_____（下称"贵方"）

_____（下称"我方"）因经营发展的需要，已申请将下述应收账款及所从属的一切从权利和权益转让给_____（下称"保理商"），兹此通知贵方：

1. 已被转让的应收账款信息：

□我方与_____之间_____的全部应收账款以及该应收账款上所从属的一切从权利和权益。

□我方对下表所列的应收账款以及该应收账款上所从属的一切从权利和权益：

序号	买方	基础交易合同及编号	应收账款种类	应收账款金额	应收账款到期日	发票号	发票金额	发票开具日

2. 请贵方于应收账款到期日将上述应收账款金额足额支付到如下账户（开户人：_____；开户银行：_____；账号：_____）。付款时敬请在"汇款用途"栏注明所对应的应收账款。我方确认，贵方仅应向该指定账户支付上述应收账款，且只有向该指定账户支付上述应收账款才能解除贵方的付款义务。除保理商书面通知（无论单方还是联合我方共同书面通知）贵方外，该收款账户不得变更或撤销。

3. 仍由我方对《基础交易合同》项下所有责任和义务承担完全的责任，所有与我方的责任和义务有关的抗辩、抵销和追索只应向我方主张。但贵方如提出前述主张的，请同时通知保理商。

4. 我方与保理商已约定凡由保理合同引起或与保理合同有关的所有争议，应提交_____解决。如贵方在本通知回执中签章，则视为贵方同意保理商一并或分别向我方和贵方进行追索并将本通知所列应收账款的争议提交保理合同约定的争议机构管辖。

5. 未经保理商事先书面同意，本通知不得撤销或更改。

6. 如无问题，请贵方于收到本通知书后3个工作日内在本通知书的回执上签章后发送给保理商（地址：_____；邮编：_____；收件人：_____；电话：_____）。

感谢贵方的理解和支持！

通知人：卖方（盖章）　　　　　　保理商（盖章）

法定代表人或授权代理人（签字）：　　法定代表人或授权代理人（签字）：

签署日期：____年____月____日　　签署日期：____年____月____日

回　执

致：_____（卖方）和_____（保理商）

我方已收到上述编号为_____的《应收账款转让通知书》，我方确认被转让的应收账款是真实的、排他的、无商业纠纷的、尚未到期且尚未支付的合法应收账款，该通知书的内容真实无误，我方未收到任何冲突性的通知或与通知书指示不一致的通知。我方完全理解、接受和同意根据该通知项下所有条款行事。未经保理商事先书面同意，本回执内容不得撤销或更改。若因我方虚假陈述、隐瞒事实或违反该通知项下条款行事而给保理商造成经济损失的，我方自愿赔偿保理商的所有损失。

买方：（盖章）

法定代表人或授权代理人（签字）：

签署日期：____年____月____日

（注：此通知书及回执一式_____份，由卖方、保理商、买方和_____各留存一份）

附件4：

应收账款回款账号变更通知书（样式）

编号：_____

致：_____（下称"贵方"）

_____（下称"我方"）因经营发展的需要，特此通知变更贵方与我方签署的下述基础交易合同项下的应收账款的回款账号：

□我方与贵方之间_____的全部应收账款以及该应收账款上所从属的一切从权利和权益。

□我方对下表所列的应收账款以及该应收账款上所从属的一切从权利和权益：

序号	买方	基础交易合同及编号	应收账款种类	应收账款金额	应收账款到期日	发票号	发票金额	发票开具日

请贵方务必于应收账款到期日将上述应收账款款项支付到如下账号：

开户名称：

开户银行：

银行账号：

特此通知，敬请尽快回复确认。感谢贵方的理解和支持！

通知人：　　　　　　　　　卖方：（盖章）

　　　　　　　　　　　　　法定代表人或授权代理人（签字）：

　　　　　　　　　　　　　签署日期：_____年_____月_____日

回执

致：_____

我方已收到上述编号为_____的《应收账款回款账号变更通知书》，我方确认应收账款是真实的、排他的、无商业纠纷的、尚未到期且尚未支付的合法应收账款，该通知书的内容真实无误，我方未收到任何冲突性的通知或与通知书指示不一致的通知。我方完全理解、接受和同意根据《应收账款回款账号变更通知书》项下所有条款行事。本回执内容不得撤销或更改。

买方：（盖章）

法定代表人或授权代理人（签字）：

签署日期：_____年_____月_____日

（注：此通知书及回执一式三份，由卖方留存两份、买方留存一份）

附件5：

担保付款通知书（样式）

致：_____（下称"贵方"）

由于发生了_____年_____月_____日签署的《国内商业保理合同》（编号：_____）约定的下述应收账款的还款保证事项，我方担保付款如下：

序号	买方	基础交易合同及编号	应收账款种类	应收账款金额	应收账款到期日	发票号	发票金额	发票开具日

我方已将上述担保付款_____元于_____年_____月_____日支付至贵方指定账户,具体汇划信息如下:
开户名称:
开户银行:
银行账号:

特此通知。

保理商:(盖章)

法定代表人或授权代理人(签字):

签署日期:_____年_____月_____日

附件6:

应收账款反转让通知书(样式)

致:_____(下称"贵方")

由于发生了_____年_____月_____日签署的《国内商业保理合同》(编号:_____)约定的反转让事项,现向贵方反转让以下已受让应收账款:

序号	买方	基础交易合同及编号	应收账款种类	应收账款金额	应收账款到期日	发票号	发票金额	发票开具日

请贵方按下表规定退还相应的款项：

应返还保理首付款		应支付保理首付款使用费	
应支付应收账款融资额度承诺费		应支付保理手续费	
应返还保证金		应支付（返还）其他款项	
合计	应付款项的净额为人民币_____元。		
应到账日期			
保理商收款账户			
反转让原因			
注意事项： 1. 请向我司支付上述应付款净额，该等金额应于上述款项应到账期限前到账。若贵方未按我司指定日期履行支付义务，我司有权根据《国内商业保理合同》采取相关措施，不再另行通知。 2. 我司将于贵方按照本通知履行支付义务后，将贵方交由我司留存的基础交易合同、发票、发货单据及相关文件等全套材料中的原件（如有）送还给贵方。 3. 贵方按本通知足额付款之日，该已受让应收账款反转让生效，该应收账款及从属的一切权利和权益自即日起由我司转回贵方，在已受让应收账款反转让生效之前，我司仍享有该已受让应收账款及从属的一切权利和权益，并有权一并或分别向贵方和买方进行追索。			

特此通知。

保理商：（盖章）

法定代表人或授权代理人（签字）：

签署日期：_____年_____月_____日

第十章　承揽合同

承揽合同，是承揽人按照定作人提出的要求完成工作，并交付工作成果，定作人支付报酬的合同。完成工作并交付工作成果的一方为承揽人；接受工作成果并支付报酬的一方为定作人。承揽合同具有如下特征：

1. 承揽合同以完成一定的工作并向定作人交付工作成果为标的。定作人的目的不是工作过程本身，而是最后的工作成果，这是承揽合同与单纯的劳务合同的差异。工作成果可以表现为体力劳动成果，也可以表现为脑力劳动成果；既可以是物，也可以是其他财产。

2. 承揽人的工作具有一定的独立性。承揽人要以自己的技术、设备、劳动力等来完成工作任务，并不接受定作人的管理。因此，承揽人独立承担按照合同约定的质量、数量、期限等完成工作任务的责任。在向定作人交付工作成果之前，标的物意外灭失或工作环境意外恶化，造成工作任务无法完成，由承揽人承担损失。

3. 根据《民法典》第770条第2款的规定，承揽包括加工、定作、修理、复制、测试、检验等各种形式。

4. 承揽合同具有一定的人身属性。承揽人通常必须以自己拥有的设备、技术、劳动力等完成工作任务，未经定作人同意，承揽人不得擅自将承揽的工作交给第三人来完成。

一、《民法典》相关法条

第七百七十条　承揽合同是承揽人按照定作人的要求完成工作，交付工作成果，定作人支付报酬的合同。

承揽包括加工、定作、修理、复制、测试、检验等工作。

第七百七十一条　承揽合同的内容一般包括承揽的标的、数量、质量、报酬，承揽方式，材料的提供，履行期限，验收标准和方法等条款。

第七百七十二条　承揽人应当以自己的设备、技术和劳力，完成主要工作，但是当事人另有约定的除外。

承揽人将其承揽的主要工作交由第三人完成的，应当就该第三人完成的工作成果向定作人负责；未经定作人同意的，定作人也可以解除合同。

第七百七十三条　承揽人可以将其承揽的辅助工作交由第三人完成。承揽人将其承揽的辅助工作交由第三人完成的，应当就该第三人完成的工作成果向定作人负责。

第七百七十四条 承揽人提供材料的，应当按照约定选用材料，并接受定作人检验。

第七百七十五条 定作人提供材料的，应当按照约定提供材料。承揽人对定作人提供的材料应当及时检验，发现不符合约定时，应当及时通知定作人更换、补齐或者采取其他补救措施。

承揽人不得擅自更换定作人提供的材料，不得更换不需要修理的零部件。

第七百七十六条 承揽人发现定作人提供的图纸或者技术要求不合理的，应当及时通知定作人。因定作人怠于答复等原因造成承揽人损失的，应当赔偿损失。

第七百七十七条 定作人中途变更承揽工作的要求，造成承揽人损失的，应当赔偿损失。

第七百七十八条 承揽工作需要定作人协助的，定作人有协助的义务。定作人不履行协助义务致使承揽工作不能完成的，承揽人可以催告定作人在合理期限内履行义务，并可以顺延履行期限；定作人逾期不履行的，承揽人可以解除合同。

第七百七十九条 承揽人在工作期间，应当接受定作人必要的监督检验。定作人不得因监督检验妨碍承揽人的正常工作。

第七百八十条 承揽人完成工作的，应当向定作人交付工作成果，并提交必要的技术资料和有关质量证明。定作人应当验收该工作成果。

第七百八十一条 承揽人交付的工作成果不符合质量要求的，定作人可以合理选择请求承揽人承担修理、重作、减少报酬、赔偿损失等违约责任。

第七百八十二条 定作人应当按照约定的期限支付报酬。对支付报酬的期限没有约定或者约定不明确，依据本法第五百一十条的规定仍不能确定的，定作人应当在承揽人交付工作成果时支付；工作成果部分交付的，定作人应当相应支付。

第七百八十三条 定作人未向承揽人支付报酬或者材料费等价款的，承揽人对完成的工作成果享有留置权或者有权拒绝交付，但是当事人另有约定的除外。

第七百八十四条 承揽人应当妥善保管定作人提供的材料以及完成的工作成果，因保管不善造成毁损、灭失的，应当承担赔偿责任。

第七百八十五条 承揽人应当按照定作人的要求保守秘密，未经定作人许可，不得留存复制品或者技术资料。

第七百八十六条 共同承揽人对定作人承担连带责任，但是当事人另有约定的除外。

第七百八十七条 定作人在承揽人完成工作前可以随时解除合同，造成承揽人损失的，应当赔偿损失。

二、典型案例

案例1：室内装修造成污染的，承揽人应否赔偿？

[案情回放]

韩成购买了一套两居室，并与某装修公司签订了房屋装修合同。双方约定：某装修公司负责对韩成的住房进行室内装修；所需材料由某装修公司购置，但必须经韩成验收同意后方可使用。2021年12月，装修工程完工，韩成验收后与某装修公司结算了工程款。此后，因住房内留有刺鼻气味并且长期不消散，韩成委托有关机构进行检测，检测结论为：室内的异味是由装修材料挥发出的游离甲醛严重超标造成的。因与某装修公司就装修质量问题协商未果，韩成向当地人民法院提起诉讼。

[专家点评]

在本案中，当事人双方在装修合同中没有明确约定装修工程的质量标准，但根据合同目的，装修后的房屋至少应当具备包括空气条件在内的居住条件。而某装修公司所使用的装修材料挥发的甲醛气体严重超标，使韩成的房屋无法正常地居住和使用，这样的装修质量显然没有达到符合装修合同目的的质量标准。

韩成作为家庭装修的定作人，是一名普通的消费者，在对某装修公司购置的装修材料进行验收时，仅能尽到一般的注意义务，即进行外观质量上的把关，但某装修公司作为装修工程的承揽人，具备一定的专业知识，应当对其交付的工作成果承担产品质量瑕疵担保责任，即应保证装修后的房屋具备包括空气条件在内的正常居住条件。

《民法典》第781条规定："承揽人交付的工作成果不符合质量要求的，定作人可以合理选择请求承揽人承担修理、重作、减少报酬、赔偿损失等违约责任。"

案例2：由于承揽人过错导致分包人的帮工伤残，赔偿责任由谁承担？

[案情回放]

朱定国以包工不包料的形式承建孟飞的房屋，双方订立了承揽合同书。朱定国按合同建完主体工程后，将房屋的部分外粉刷工程包给了刘栋，口头议定粉刷验收后，从朱定国工钱中支付报酬给刘栋。刘栋邀请了路东帮工，并议定同时上工，平均分配。2021年9月某日，朱定国用其在孟飞家挑选的树木，帮刘栋搭建吊架，但未搭完整。次日，刘栋和葛红将吊架搭完整后再动工粉刷。当天下午3时许，由于搭吊架的树木霉烂断裂，导致葛红从吊架上摔落在地，造成六级伤残。葛红向人民法院提起诉讼，要求朱定国、孟飞、刘栋三人赔偿。

[专家点评]

《民法典》第1193条规定："承揽人在完成工作过程中造成第三人损害或者自己损害的，定作人不承担侵权责任。但是，定作人对定作、指示或者选任有过错的，应当承担相应的责任。"造成本案人身损害后果的直接原因是吊架的树木霉烂断裂，而搭建吊架的树木是朱定国自行挑选的，孟飞对吊架的断裂没有过失，依法不承担赔偿责任。

《民法典》第773条规定："承揽人可以将其承揽的辅助工作交由第三人完成。承揽人将其承揽的辅助工作交由第三人完成的，应当就该第三人完成的工作成果向定作人负责。"朱定国承建房屋后，将部分外粉刷工程包给刘栋去完成，且报酬在朱定国工钱中支付。可见，朱定国与刘栋之间形成了分包关系。刘栋（及葛红）二人在做工前，将朱定国交给其未完成的吊架安装使用时，应尽注意检查的义务，而未尽此义务盲目使用，对吊架断裂亦有一定的过错。故朱定国应负主要责任，刘栋（及葛红）二人应负次要责任。

● **案例3：提供家庭装修劳务并按天领取报酬的，是否为承揽关系？**

[案情回放]

庄则成应张丰裕要求到张丰裕家中做工，为张丰裕安装天花板和地板。双方约定：张丰裕按照做工天数向庄则成支付报酬，工钱为每天100元；庄则成自备工具。几天后，庄则成在对一块木板实施切割的过程中，被木板中飞溅出来的铁钉刺伤眼睛，造成经济损失计8000余元。庄则成诉至法院，要求张丰裕赔偿其经济损失。

[专家点评]

在本案中，庄则成是在不特定的期间内，按照张丰裕的要求，为张丰裕提供安装天花板和地板等特定劳务，虽然庄则成是自己准备工具，所提供的劳务也具有一定的技术含量，但张丰裕是按照庄则成的做工天数，以每天100元的工钱支付报酬，做多少天支付多少天的工钱，完全是支付劳动力报酬的方式，而不是以劳动成果作为支付报酬的直接对象。庄则成并没有享有劳务报酬之外的额外利益，且张丰裕在一定程度上对庄则成的工作内容、工作进度行使着管理和指挥职能。故本案中当事人之间应属于雇佣关系，适用有关雇佣关系的法律规定。

● **案例4：承揽人擅自将工作交他人代为完成的，定作人能否解除合同？**

[案情回放]

2021年2月，某塑胶制品厂（以下简称塑胶厂）与某服装厂签订加工合同，合同规定：塑胶厂作为定作人给服装厂提供半成品塑料儿童雨衣，服装厂作为承揽人为塑胶厂加工成品塑料儿童雨衣，但双方对加工承揽的数量、质量、价款、履行期限等未作明确规定。

合同签订后，至2022年3月底，塑胶厂共向服装厂提供半成品10000件，并预付加工费15000元。服装厂收到半成品后，以自己的设备、技术和劳力加工了1000件，其余9000件服装厂未经塑胶厂同意以每件14元的价格转给了某公司。

后由于服装厂没有及时向某公司支付加工费，某公司遂扣加工完成的雨衣，导致服装厂无法向塑胶厂交货。经塑胶厂再三催促后，服装厂不得不说出转委托某公司加工并被扣住的事实。塑胶厂为了保证按时出口，只得先拿出12600元付给某公司。为此，塑胶厂诉至法院，要求服装厂返还预付的部分加工费，并承担违约责任。

[专家点评]

《民法典》第772条规定："承揽人应当以自己的设备、技术和劳力，完成主要工作，但是当事人另有约定的除外。承揽人将其承揽的主要工作交由第三人完成的，应当就该第三人完成的工作成果向定作人负责；未经定作人同意的，定作人也可以解除合同。"因此，服装厂擅自将工作交由第三人某公司完成的，构成根本违约。定作人塑胶厂可以选择两种方式要求承揽人承担合同责任：一种是要求服装厂对第三人完成的工作成果向定作人负责；另一种是通知服装厂解除合同。本案中，塑胶厂要求服装厂返还部分预付的加工费并承担违约责任，是选择了解除承揽合同。其诉讼请求应当予以支持。

三、承揽合同陷阱防范

在承揽合同中，要注意防范以下几个方面的陷阱：

1. 首先要审查承揽人是否超出了自己的经营范围。为此，可以要求对方出示营业执照副本、法定代表人身份证明书等资料。另外，要注意了解承揽人的经济、技术实力和商业信誉情况，因为承揽合同具有比较强的人身属性，工作任务能否顺利完成有赖于承揽人的实力和信誉。

2. 在签订承揽合同时，要注意：技术协议和图纸也是承揽合同的重要内容，双方应当签字、盖章。对于合同中的条款要仔细审读，内容应当尽可能明确，意思含糊、有歧义的条款可能为将来的纠纷埋下隐患。

3. 必要的时候，可以要求对方提供担保。在签订承揽合同时，如果对方的履约能力没有保证，可以要求其提供担保。

四、承揽合同范本

(一) 承揽合同[①]

定作人：_____　　　　合同编号：_____
承揽人：_____　　　　签订地点：_____
　　　　　　　　　　　　　　签订时间：____年____月____日

第一条 加工物、数量、报酬、交货期限

项目名称及内容	计量单位	数量	工作量（工时）	报酬		交付期限				
				单价	金额					
合计人民币金额（大写）：										

（注：空格不够可另接）

第二条 技术标准、质量要求：_____
_____。

第三条 承揽人对质量负责的期限及条件：_____
_____。

第四条 定作人提供技术资料、图纸等的时间、办法及保密要求：_____
_____。

第五条 承揽人使用的材料由_____人提供。材料的检验方法：____
_____。

第六条 定作人（是/否）允许承揽项目中的主要工作由第三人来完成。可以交由第三人完成的工作是：_____
_____。

[①] 国家工商行政管理局发布。

第七条 工作成果检验标准、方法及期限：_____
_____
_____。

第八条 结算方式及期限：_____
_____
_____。

第九条 定作人在____年___月___日前交定金（大写）_____元。

第十条 定作人解除承揽合同应及时书面通知承揽人。

第十一条 定作人未向承揽人支付报酬或材料费的，承揽人（是/否）可以留置工作成果。

第十二条 违约责任：_____
_____
_____。

第十三条 合同争议的解决方式：本合同在履行过程中发生的争议，由双方当事人协商解决；也可由当地工商行政管理部门调解；协商或调解不成的，按下列第_____种方式解决：

（一）提交_____仲裁委员会仲裁；

（二）依法向人民法院起诉。

第十四条 其他约定事项：_____
_____
_____。

定作人	承揽人	鉴（公）证意见：
定作人：（章）	承揽人：（章）	
住所：	住所：	
法定代表人：	法定代表人：	
居民身份证号码：	居民身份证号码：	
委托代理人：	委托代理人：	
电话：	电话：	
开户银行：	开户银行：	鉴（公）证机关：（章）
账号：	账号：	经办人：
邮政编码：	邮政编码：	_____年____月____日

监制部门： 　　　　　　　　　　　　印制单位：

（二）加工合同[①]

合同编号：_____

定作人：_____　　　签订地点：_____

承揽人：_____　　　签订时间：____年____月____日

第一条 加工物、数量、报酬、交货期限

加工物名称	规格型号	计量单位	数量	报酬		交（提）货时间及数量				
				单价	金额	合计				
合计人民币金额（大写）：										

（注：空格不够可另接）

第二条 定作人提供的材料

材料名称	规格型号	计量单位	数量	质量	提供日期	消耗定额

（注：空格不够可另接）

第三条 承揽人对定作人提供的材料的检验标准、时间及提出异议的期限：_____。

第四条 加工物的技术标准、质量要求：_____。

第五条 承揽人对定作物质量负责的期限及条件：_____。

第六条 加工物的包装要求及费用负担：_____。

第七条 定作人提供技术资料、图纸的时间、办法及保密要求：_____。

[①] 国家工商行政管理局发布。

第八条 承揽人发现定作人提供的图纸、技术要求不合理的,在_____日内向定作人提出书面异议。定作人应在收到书面异议后的_____日内答复。

第九条 定作人(是/否)允许第三人完成加工物的主要工作。

第十条 加工物的交付方式及地点:_____
_____。

第十一条 加工物的检验标准、方法、地点及期限:_____
_____。

第十二条 报酬的结算方式及期限:_____
_____。

第十三条 定作人在_____年___月___日前交定金(大写)_____元。

第十四条 本合同解除的条件:_____
_____。

第十五条 定作人未向承揽人支付报酬的,承揽人(是/否)可以留置加工物。

第十六条 违约责任:_____
_____。

第十七条 合同争议的解决方式:本合同在履行过程中发生的争议,由双方当事人协商解决;也可由当地工商行政管理部门调解;协商或调解不成的,按下列第_____种方式解决:

(一)提交_____仲裁委员会仲裁;

(二)依法向人民法院起诉。

第十八条 其他约定事项:_____
_____。

定 作 人	承 揽 人	鉴(公)证意见:
定作人:(章)	承揽人:(章)	
住所:	住所:	
法定代表人:	法定代表人:	
居民身份证号码:	居民身份证号码:	
委托代理人:	委托代理人:	
电话:	电话:	
开户银行:	开户银行:	鉴(公)证机关:(章)
账号:	账号:	经办人:
邮政编码:	邮政编码:	_____年____月____日

监制部门: 　　　　　　　　　印制单位:

（三）定作合同[①]

定作人：_____　　　　　　　　合同编号：_____

承揽人：_____　　　　　　　　签订地点：_____

　　　　　　　　　　　　　　　　　　签订时间：____年____月____日

第一条　定作物、数量、报酬、交货期限

定作物名称	规格型号	计量单位	数量	报酬		交（提）货时间及数量			
				单价	金额	合计			
合计人民币金额（大写）：									

（注：空格不够可另接）

第二条　定作人提供的材料

序号	材料名称	牌号商标	规格型号	生产厂家	计量单位	用料数量	质量	单价	金额

（注：空格不够可另接）

第三条　定作人对承揽人提供的材料的检验标准、时间及提出异议的期限：_____
_____。

第四条　定作物的技术标准、质量要求：_____
_____。

[①]　国家工商行政管理局发布。

第五条 承揽人对定作物质量负责的期限及条件：_____
_____。

第六条 定作人提供技术资料、图纸样品、工艺要求等的时间、办法及保密要求：
_____。

第七条 承揽人发现定作人提供的图纸、技术要求不合理的，应在_____日内向定作人提出书面异议。定作人应在收到书面异议后的_____日内答复。

第八条 定作物的包装要求及费用负担：_____
_____。

第九条 定作人（是/否）允许第三人完成定作物的主要工作。

第十条 定作物的交付方式及地点：_____
_____。

第十一条 定作物的检验标准、方法、地点及期限：_____
_____。

第十二条 定作人在_____年_____月_____日前向承揽人预付材料款（大写）_____元。

第十三条 报酬及材料费的结算方式及期限：_____
_____。

第十四条 定作人在_____年____月____日前交定金（大写）_____元。

第十五条 本合同解除的条件：_____
_____。

第十六条 定作人未向承揽人支付报酬或者材料费的，承揽人（是/否）可以留置加工物。

第十七条 违约责任：_____
_____。

第十八条 合同争议的解决方式：本合同在履行过程中发生的争议，由双方当事人协商解决；也可由当地工商行政管理部门调解；协商或调解不成的，按下列第_____种方式解决：

（一）提交_____仲裁委员会仲裁；

（二）依法向人民法院起诉。

第十九条 其他约定事项：_____
_____。

定 作 人	承 揽 人	鉴（公）证意见：
定作人：（章） 住所： 法定代表人： 居民身份证号码： 委托代理人： 电话： 开户银行： 账号： 邮政编码：	承揽人：（章） 住所： 法定代表人： 居民身份证号码： 委托代理人： 电话： 开户银行： 账号： 邮政编码：	 鉴（公）证机关：（章） 经办人： _____年_____月_____日

监制部门：　　　　　　　　　印制单位：

（四）汽车维修合同[①]

托修方：_____　　签订时间：_____　　合同编号：_____

承修方：_____　　签订地点：_____

一、车辆型号：

车种		牌照号		发动机	型号	
车型		底盘号			编号	

二、车辆交接期限（事宜）：

送　修			接　车		
日期		方式	日期		方式
地点：			地点：		

三、维修类别及项目：

预计维修费总金额（大写）：_____（其中工时费）_____

四、材料提供方式：_____。

---

① 国家工商行政管理局、交通部发布。

五、质量保证期：

维修车辆自出厂日起，在正常使用情况下，_____天或行驶_____公里以内出现维修质量问题承修方负责。

六、验收标准及方式：_____。

七、结算方式及期限：

现金_____　转账_____　银行汇款_____　期限_____。

八、违约责任及金额：_____。

九、如需提供担保，另立合同担保书，作为合同附件。

十、解决合同纠纷的方式：本合同在履行过程中发生争议，由当事人双方协商解决。协商不成，当事人双方同意由_____仲裁委员会仲裁（当事人双方未在合同中约定仲裁机构，事后又未达成书面仲裁协议的，可向人民法院起诉）。

十一、双方商定的其他条款：_____。

托修方单位名称：（章）	承修方单位名称：（章）
单位地址：	单位地址：
法定代表人：	法定代表人：
代表人：	代表人：
电话：　　　　电挂：	电话：　　　　电挂：
开户银行：	开户银行：
账号：	账号：
邮政编码：	邮政编码：

说明：

1. 承、托修方签订书面合同的范围：汽车大修、主要总成大修、二级维护及维修费在1000元以上的。

2. 本合同一式_____份，经承、托修方签章生效。

3. 本合同维修费是概算费用。结算时凭维修工时费、材料明细表，按实际发生金额结算。

4. 承修方在维修过程中，发现其他故障需增加维修项目及延长维修期限时，承修方应及时以书面形式（包括文书、电报）通知托修方，托修方必须在接到通知后_____天内给予书面答复，否则视为同意。

注：本合同一式_____份。承、托修双方各一份，维修主管部门各_____份。

监制部门：　　　　　　　　　　印制单位：

（五）修理修缮合同[①]

合同编号：_____

定作人：_____　　签订地点：_____

承揽人：_____　　签订时间：____年____月____日

第一条　修理修缮项目、数量、报酬、交货期限

修理修缮项目及内容	计量单位	数量或工作量	报酬	
			单价	金额
合计人民币（大写）：				

（注：空格不够可另接）

第二条　材料

材料名称	商标	生产厂家	规格型号	计量单位	数量	质量	提供人	交付日期	消耗定额	单价	价款

（注：空格不够可另接）

[①] 国家工商行政管理局发布。

第三条 定作人检验承揽人提供材料的标准、方法、时间及地点：_____
_____。

承揽人检验定作人提供材料的标准、方法、时间及地点：_____
_____。

第四条 修理修缮时间从_____年____月____日到_____年____月____日。

第五条 修理修缮项目的技术标准、质量要求：_____
_____。

第六条 定作人提供技术资料、图纸的时间、方法及保密要求：_____
_____。

第七条 定作人（是/否）允许第三人完成修理修缮项目的主要工作。

第八条 定作人协助承揽人的事项与要求：_____
_____。

第九条 修理修缮项目交付时间、方式及地点：_____
_____。

第十条 修理修缮项目检验标准、方法及时间：_____
_____。

第十一条 定作人在_____年_____月_____日前向承揽人预付材料款（大写）_____元。

第十二条 报酬及材料费的结算方式及期限：_____
_____。

第十三条 保修期限：_____
_____。

第十四条 本合同解除的条件：_____
_____。

第十五条 违约责任：_____
_____。

第十六条 合同争议的解决方式：本合同在履行过程中发生的争议，由双方当事人协商解决；也可由当地工商行政管理部门调解；协商或调解不成的，按下列第____种方式解决：

（一）提交_____仲裁委员会仲裁；

（二）依法向人民法院起诉。

第十七条 其他约定事项：_____
_____。

定 作 人	承 揽 人	鉴（公）证意见：
定作人：（章） 住所： 法定代表人： 居民身份证号码： 委托代理人： 电话： 开户银行： 账号： 邮政编码：	承揽人：（章） 住所： 法定代表人： 居民身份证号码： 委托代理人： 电话： 开户银行： 账号： 邮政编码：	 鉴（公）证机关：（章） 经办人： ＿＿＿＿年＿＿＿月＿＿＿日

监制部门： 印制单位：

（六）测绘合同①

工程名称：＿＿＿＿＿＿＿＿＿＿＿＿＿＿

合同编号：＿＿＿＿＿＿＿＿＿＿＿＿＿＿

定作人（甲方）：＿＿＿＿＿＿＿＿＿＿

承揽人（乙方）：＿＿＿＿＿＿＿＿＿＿　　签订地点：＿＿＿＿＿＿＿＿＿

承揽人测绘资质等级：　　　　　　　　　签订时间：＿＿＿＿年＿＿月＿＿日

根据《中华人民共和国合同法》②《中华人民共和国测绘法》和有关法律法规，经双方协商一致签订本合同。

第一条　测绘范围（包括测区地点、面积、测区地理位置等）：＿＿＿＿＿＿＿＿。

第二条　测绘内容（包括测绘项目和工作量等）：＿＿＿＿＿＿＿＿＿＿。

第三条　执行技术标准

序号	标准名称	标准代号	标准级别

其他技术要求：＿＿＿＿＿＿＿＿＿＿＿＿＿＿＿＿＿＿＿＿＿＿＿＿＿＿＿＿＿＿。

---

① 国家测绘局、国家工商行政管理局制定，GF-2000-0306。

② 已废止，现为《民法典》合同编。

第四条　测绘工程费

1. 取费依据：国家颁布的测绘产品价格标准。
2. 取费项目及预算工程总价款：

序号	项目名称	工作量	单价（元）	合计（元）	备注

预算工程总价款：_____。

3. 工程完工后，根据实际测绘工作量核计实际工程价款总额。
4. _____。

第五条　甲方的义务

1. 自合同签订之日起_____日内向乙方提交有关资料。
2. 自接到乙方编制的技术设计书之日起_____日内完成技术设计书的审定工作，并提出书面审定意见。
3. 应当保证乙方的测绘队伍顺利进入现场工作，并对乙方进场人员的工作、生活提供必要的条件。
4. 甲方保证工程款按时到位，以保证工程的顺利进行。

5. 允许乙方内部使用执行本合同所生产的测绘成果。
6. _____。

第六条 乙方的义务

1. 自收到甲方的有关材料之日起_____日内，根据甲方的有关资料和本合同的技术要求，完成技术设计书的编制，并交甲方审定。

2. 自收到甲方对技术设计书同意实施的审定意见之日起_____日内组织测绘队伍进场作业。

3. 乙方应当根据技术设计书要求确保测绘项目如期完成。

4. 允许甲方内部使用乙方为执行本合同所提供的属乙方所有的测绘成果。

5. 未经甲方允许，乙方不得将本合同标的的全部或部分转包给第三方。

6. _____。

第七条 测绘项目完成工期

序号	测绘项目	完成时间	备注

全部测绘成果应于_____年_____月_____日前交甲方验收。

第八条 乙方应当于工程完工之日起_____日内书面通知甲方验收，甲方应当自接到完工通知之日起_____日内，组织有关专家，依据本合同约定使用的技术标准和技术要求，对乙方所完工的测绘工程完成验收，并出具测绘成果验收报告书。

对乙方所提供的测绘成果的质量有争议的，由测区所在地的省级测绘产品质量监督检验站裁决。其费用由败诉方承担。

第九条 对乙方测绘成果的所有权、使用权和著作权归属的约定：_____。

第十条 测绘工程费支付日期和方式

1. 自合同签订之日起_____日内甲方向乙方支付定金人民币_____元。并预付工程预算总价款的_____%，人民币_____元。

2. 当乙方完成预算工程总量的_____%时，甲方向乙方支付预算工程价款的_____%，人民币_____元。

3. 当乙方完成预算工程总量的_____%时，甲方向乙方支付预算工程价款的_____%，人民币_____元。

4. 乙方自工程完工之日起_____日内，根据实际工作量编制工程结算书，经甲、乙双方共同审定后，作为工程价款结算依据。自测绘成果验收合格之日起_____日内，甲方应根据工程结算结果向乙方全部结清工程价款。

5. _____。

第十一条

1. 自测绘工程费全部结清之日起_____日内，乙方根据技术设计书的要求向甲方交付全部测绘成果。（见下表）

序号	成果名称	规格	数量	备注

2. 乙方向甲方交付约定的测绘成果_____份。甲方如需增加测绘成果份数，需另行向乙方支付每份工本费_____元。

第十二条 甲方违约责任

1. 合同签订后，乙方未进入现场工作前，由于甲方工程停止而终止合同的，甲方无权请求返还定金。双方没有约定定金的，甲方偿付乙方预算工程费的30%，人民币_____元；乙方已进入现场工作，甲方应按完成的实际工作量支付工程价款，并按预算工程费的_____%（_____元）向乙方偿付违约金。

2. 乙方进场后，甲方未给乙方提供必要的工作、生活条件而造成停窝工时，甲方应支付给乙方停窝工费，停窝工费按合同约定的平均工日产值（_____元/日）计算，同时工期顺延。

3. 甲方未按要求支付乙方工程费，应按顺延天数和当时银行贷款利息，向乙方支付违约金。影响工程进度的，甲方应承担顺延工期的责任，并根据本条第2项的约定向乙方支付停窝工费。

4. 对于乙方提供的图纸等资料以及属于乙方的测绘成果，甲方有义务保密，不得向第三人提供或用于本合同以外的项目，否则乙方有权要求甲方按本合同工程款总额的20%赔偿损失。

5. _____。

第十三条 乙方违约责任

1. 合同签订后，如乙方擅自中途停止或解除合同，乙方应向甲方双倍返还定金。

双方没有约定定金的，乙方向甲方赔偿已付工程价款的_____%，人民币_____元，并归还甲方预付的全部工程款。

2. 在甲方提供了必要的工作、生活条件，并且保证了工程款按时到位，乙方未能按合同规定的日期提交测绘成果时，应向甲方赔偿拖期损失费，每天的拖期损失费按合同约定的预算工程总造价款的_____%计算。因天气、交通、政府行为、甲方提供的资料不准确等客观原因造成的工程拖期，乙方不承担赔偿责任。

3. 乙方提供的测绘成果质量不合格的，乙方应负责无偿予以重测或采取补救措施，以达到质量要求。因测绘成果质量不符合合同要求（而又非甲方提供的图纸资料原因所致）造成后果时，乙方应对因此造成的直接损失负赔偿责任，并承担相应的法律责任（由于甲方提供的图纸资料原因产生的责任由甲方自己负责）。返工周期为_____天，到_____年_____月_____日完成，并向甲方提供测绘成果。

4. 对于甲方提供的图纸和技术资料以及属于甲方的测绘成果，乙方有保密义务，不得向第三人转让，否则，甲方有权要求乙方按本合同工程款总额的20%赔偿损失。

5. 乙方擅自转包本合同标的的，甲方有权解除合同，并可要求乙方偿付预算工程费30%（人民币_____元）的违约金。

6. _____。

第十四条 由于不可抗力，致使合同无法履行时，双方应按有关法律规定及时协商处理。

第十五条 其他约定：_____。

第十六条 本合同执行过程中的未尽事宜，双方应本着实事求是、友好协商的态度加以解决。双方协商一致的，签订补充协议。补充协议与本合同具有同等法律效力。

第十七条 因本合同发生的争议，由双方当事人协商解决或由双方主管部门调解，协商或调解不成的，当事人双方同意_____仲裁委员会仲裁（当事人双方未在合同中约定仲裁机构，事后又未达成书面仲裁协议的，可向人民法院起诉）。

第十八条 附则

1. 本合同由双方代表签字，加盖双方公章或合同专用章即生效。全部成果交接完毕和测绘工程费结算完成后，本合同终止。

2. 本合同一式_____份，甲方_____份，乙方_____份。

定作人名称：（盖章） 承揽人名称：（盖章）
住所： 住所：
邮政编码： 邮政编码：
联系人： 联系人：
电话： 电话：

传真：
E-mail：
开户银行：
银行账号：
法定代表人：（签字）
（委托代理人）

传真：
E-mail：
开户银行：
银行账号：
法定代表人：（签字）
（委托代理人）

第十一章　建设工程合同

建设工程合同，是承包人负责进行工程建设，发包人支付价款的合同，其中包括工程勘察、设计、施工合同几种类型。建设工程具有以下几种特征：

1. 签订建设工程施工合同的前提是有关的建设计划和设计文件已获得国家有关部门的批准，并履行法定审批程序。在合同履行过程中，如需变更原计划项目功能的，必须报有关部门审核。

2. 签订及履行建设工程施工合同，需要接受政府有关部门的监督管理。《招标投标法》第 3 条第 1 款规定："在中华人民共和国境内进行下列工程建设项目包括项目的勘察、设计、施工、监理以及与工程建设有关的重要设备、材料等的采购，必须进行招标：（一）大型基础设施、公用事业等关系社会公共利益、公众安全的项目；（二）全部或者部分使用国有资金投资或者国家融资的项目；（三）使用国际组织或者外国政府贷款、援助资金的项目。"第 4 条规定，任何单位和个人不得将依法必须进行招标的项目化整为零或者以其他任何方式规避招标。

3. 承包人的主体资格受到严格限制。建设工程施工合同的承包人应当遵守企业资质等级管理的规定，不得越级承揽施工项目。

一、《民法典》相关法条

第七百八十八条　建设工程合同是承包人进行工程建设，发包人支付价款的合同。
建设工程合同包括工程勘察、设计、施工合同。

第七百八十九条　建设工程合同应当采用书面形式。

第七百九十条　建设工程的招标投标活动，应当依照有关法律的规定公开、公平、公正进行。

第七百九十一条　发包人可以与总承包人订立建设工程合同，也可以分别与勘察人、设计人、施工人订立勘察、设计、施工承包合同。发包人不得将应当由一个承包人完成的建设工程支解成若干部分发包给数个承包人。

总承包人或者勘察、设计、施工承包人经发包人同意，可以将自己承包的部分工作交由第三人完成。第三人就其完成的工作成果与总承包人或者勘察、设计、施工承包人向发包人承担连带责任。承包人不得将其承包的全部建设工程转包给第三人或者将其承包的全部建设工程支解以后以分包的名义分别转包给第三人。

禁止承包人将工程分包给不具备相应资质条件的单位。禁止分包单位将其承包的工程再分包。建设工程主体结构的施工必须由承包人自行完成。

第七百九十二条 国家重大建设工程合同，应当按照国家规定的程序和国家批准的投资计划、可行性研究报告等文件订立。

第七百九十三条 建设工程施工合同无效，但是建设工程经验收合格的，可以参照合同关于工程价款的约定折价补偿承包人。

建设工程施工合同无效，且建设工程经验收不合格的，按照以下情形处理：

（一）修复后的建设工程经验收合格的，发包人可以请求承包人承担修复费用；

（二）修复后的建设工程经验收不合格的，承包人无权请求参照合同关于工程价款的约定折价补偿。

发包人对因建设工程不合格造成的损失有过错的，应当承担相应的责任。

第七百九十四条 勘察、设计合同的内容一般包括提交有关基础资料和概预算等文件的期限、质量要求、费用以及其他协作条件等条款。

第七百九十五条 施工合同的内容一般包括工程范围、建设工期、中间交工工程的开工和竣工时间、工程质量、工程造价、技术资料交付时间、材料和设备供应责任、拨款和结算、竣工验收、质量保修范围和质量保证期、相互协作等条款。

第七百九十六条 建设工程实行监理的，发包人应当与监理人采用书面形式订立委托监理合同。发包人与监理人的权利和义务以及法律责任，应当依照本编委托合同以及其他有关法律、行政法规的规定。

第七百九十七条 发包人在不妨碍承包人正常作业的情况下，可以随时对作业进度、质量进行检查。

第七百九十八条 隐蔽工程在隐蔽以前，承包人应当通知发包人检查。发包人没有及时检查的，承包人可以顺延工程日期，并有权请求赔偿停工、窝工等损失。

第七百九十九条 建设工程竣工后，发包人应当根据施工图纸及说明书、国家颁发的施工验收规范和质量检验标准及时进行验收。验收合格的，发包人应当按照约定支付价款，并接收该建设工程。

建设工程竣工经验收合格后，方可交付使用；未经验收或者验收不合格的，不得交付使用。

第八百条 勘察、设计的质量不符合要求或者未按照期限提交勘察、设计文件拖延工期，造成发包人损失的，勘察人、设计人应当继续完善勘察、设计，减收或者免收勘察、设计费并赔偿损失。

第八百零一条 因施工人的原因致使建设工程质量不符合约定的，发包人有权请求施工人在合理期限内无偿修理或者返工、改建。经过修理或者返工、改建后，造成逾期交付的，施工人应当承担违约责任。

第八百零二条 因承包人的原因致使建设工程在合理使用期限内造成人身损害和

财产损失的，承包人应当承担赔偿责任。

第八百零三条 发包人未按照约定的时间和要求提供原材料、设备、场地、资金、技术资料的，承包人可以顺延工程日期，并有权请求赔偿停工、窝工等损失。

第八百零四条 因发包人的原因致使工程中途停建、缓建的，发包人应当采取措施弥补或者减少损失，赔偿承包人因此造成的停工、窝工、倒运、机械设备调迁、材料和构件积压等损失和实际费用。

第八百零五条 因发包人变更计划，提供的资料不准确，或者未按照期限提供必需的勘察、设计工作条件而造成勘察、设计的返工、停工或者修改设计，发包人应当按照勘察人、设计人实际消耗的工作量增付费用。

第八百零六条 承包人将建设工程转包、违法分包的，发包人可以解除合同。

发包人提供的主要建筑材料、建筑构配件和设备不符合强制性标准或者不履行协助义务，致使承包人无法施工，经催告后在合理期限内仍未履行相应义务的，承包人可以解除合同。

合同解除后，已经完成的建设工程质量合格的，发包人应当按照约定支付相应的工程价款；已经完成的建设工程质量不合格的，参照本法第七百九十三条的规定处理。

第八百零七条 发包人未按照约定支付价款的，承包人可以催告发包人在合理期限内支付价款。发包人逾期不支付的，除根据建设工程的性质不宜折价、拍卖外，承包人可以与发包人协议将该工程折价，也可以请求人民法院将该工程依法拍卖。建设工程的价款就该工程折价或者拍卖的价款优先受偿。

第八百零八条 本章没有规定的，适用承揽合同的有关规定。

二、典型案例

案例1：分包合同无效，工程款应否支付？

[案情回放]

2020年，某路桥公司将其通过竞标取得的部分工程，以150万元的工程总价款分包给不具备相应施工资质的个人李某施工建设。合同签订后，李某组织人员施工建设，2021年12月，该工程通过竣工验收。但某路桥公司拖延支付工程款，在多次催付未果后，李某将某路桥公司诉至法院，要求其支付拖延的工程款及利息。

[专家点评]

某路桥公司将该工程分包给不具备相应资质的李某进行施工建设，其行为违反了法律的强制性规定，属违法分包，因此，原、被告之间签订的合同无效。建设工程施工合同虽然无效，但是该工程已经竣工验收合格，李某要求某路桥公司支付工程款的请求符合相关法律和司法解释的规定，应当予以支持。

案例2：施工方偷工减料，如何承担赔偿责任？

［案情回放］

2008年5月汶川地震时，由某建筑公司承建的商贸大厦受到损害。后经核查，震损系因该大厦承建时在填充墙与框架柱连接处无拉结筋施工所致。大厦产权人某厂多次派员与某建筑公司协商未果，向法院提起诉讼。经委托鉴定：商贸大厦有拉结筋工程设计，但未按设计要求进行拉结筋工程施工，重做拉结筋工程总造价50万元，鉴定费5万元。

［专家点评］

建筑施工企业对工程的施工质量负责，并应在建设物的合理使用寿命内承担因工程质量不合格造成的损害。某建筑公司作为商贸大厦的建设企业，在施工中违反合同约定，未按照设计图纸的技术标准施工，在该工程的填充墙与框架柱连接处无拉结筋施工，违反合同约定，理应对造成的损失承担民事赔偿责任。某建筑公司应赔偿重做拉结筋工程价款50万元以及鉴定费5万元。

三、建设工程合同陷阱防范

1. 签订书面的建设工程施工合同。建设工程施工合同的条款要齐全，文字表述要明确、具体，以免发生歧义和引起纠纷。

2. 建设工程施工合同要采取规范的形式。建设工程施工合同主要由《协议书》《通用条款》《专用条款》三部分以及三个附件——《承包人承揽工程项目一览表》《发包人供应材料一览表》《工程质量保修书》组成。

3. 选择适宜的建设工程施工合同类型。按照付款方式，建设工程施工合同分为总价合同、单价合同、成本加酬金合同、可调价格合同等几种。其中，固定价格合同要求承包方承担施工期间的全部风险，因而一般报价较高，适用于工程量不太大且能精确计算、工期较短、技术不太复杂的项目；可调价格合同则规定可调价的范围，使得风险得到合理的分摊，因而适用范围相对比较宽；成本加酬金合同是由业主向承包商支付工程项目的实际成本，并按事先约定某一方支付酬金的合同。在成本加酬金合同中，由于业主承担了项目的全部风险，而承包人的报酬也往往较低，主要适用于需要立即进行施工的项目。

四、建设工程合同范本

(一) 建设项目工程总承包合同①

(二) 建设工程勘察合同②

合同编号：_____

说　明

为了指导建设工程勘察合同当事人的签约行为，维护合同当事人的合法权益，依据《中华人民共和国合同法》《中华人民共和国建筑法》《中华人民共和国招标投标法》等相关法律法规的规定，住房和城乡建设部、国家工商行政管理总局对《建设工程勘察合同（一）［岩土工程勘察、水文地质勘察（含凿井）、工程测量、工程物探］》（GF—2000—0203）及《建设工程勘察合同（二）［岩土工程设计、治理、监测］》（GF—2000—0204）进行修订，制定了《建设工程勘察合同（示范文本）》（以下简称《示范文本》）。

为了便于合同当事人使用《示范文本》，现就有关问题说明如下：

一、《示范文本》的组成

《示范文本》由合同协议书、通用合同条款和专用合同条款三部分组成。

（一）合同协议书

《示范文本》合同协议书共计12条，主要包括工程概况，勘察范围和阶段、技术要求及工作量，合同工期，质量标准，合同价款，合同文件构成，承诺，词语定义，签订时间，签订地点，合同生效和合同份数等内容，集中约定了合同当事人基本的合同权利义务。

（二）通用合同条款

通用合同条款是合同当事人根据《中华人民共和国合同法》《中华人民共和国建筑法》《中华人民共和国招标投标法》等相关法律法规的规定，就工程勘察的实施及相关事项对合同当事人的权利义务作出的原则性约定。

通用合同条款具体包括一般约定、发包人、勘察人、工期、成果资料、后期服务、合同价款与支付、变更与调整、知识产权、不可抗力、合同生效与终止、合同解除、责任与保险、违约、索赔、争议解决及补充条款共计17条。上述条款安排既考虑了现

---

① 此合同内容详见本书所附电子文件。中华人民共和国住房和城乡建设部、国家市场监督管理总局制定，GF—2020—0216。

② 中华人民共和国住房和城乡建设部、国家工商行政管理总局制定，自2016年12月1日起施行，GF—2016—0203。

行法律法规对工程建设的有关要求，也考虑了工程勘察管理的特殊需要。

（三）专用合同条款

专用合同条款是对通用合同条款原则性约定的细化、完善、补充、修改或另行约定的条款。合同当事人可以根据不同建设工程的特点及具体情况，通过双方的谈判、协商对相应的专用合同条款进行修改补充。在使用专用合同条款时，应注意以下事项：

1. 专用合同条款编号应与相应的通用合同条款编号一致；

2. 合同当事人可以通过对专用合同条款的修改，满足具体项目工程勘察的特殊要求，避免直接修改通用合同条款；

3. 在专用合同条款中有横道线的地方，合同当事人可针对相应的通用合同条款进行细化、完善、补充、修改或另行约定；如无细化、完善、补充、修改或另行约定，则填写"无"或画"/"。

二、《示范文本》的性质和适用范围

《示范文本》为非强制性使用文本，合同当事人可结合工程具体情况，根据《示范文本》订立合同，并按照法律法规和合同约定履行相应的权利义务，承担相应的法律责任。

《示范文本》适用于岩土工程勘察、岩土工程设计、岩土工程物探/测试/检测/监测、水文地质勘察及工程测量等工程勘察活动，岩土工程设计也可使用《建设工程设计合同示范文本（专业建设工程）》（GF-2015-0210）。

第一部分　合同协议书

发包人（全称）：_____

勘察人（全称）：_____

根据《中华人民共和国合同法》《中华人民共和国建筑法》《中华人民共和国招标投标法》等相关法律法规的规定，遵循平等、自愿、公平和诚实信用的原则，双方就_____项目工程勘察有关事项协商一致，达成如下协议。

一、工程概况

1. 工程名称：_____。

2. 工程地点：_____。

3. 工程规模、特征：_____

_____。

二、勘察范围和阶段、技术要求及工作量

1. 勘察范围和阶段：_____。

2. 技术要求：_____。

3. 工作量：_____。

三、合同工期

1. 开工日期：_____。

2. 成果提交日期：_____。

3. 合同工期（总日历天数）：_____天。

四、质量标准

质量标准：_____。

五、合同价款

1. 合同价款金额：人民币（大写）_____（¥_____元）。

2. 合同价款形式：_____。

六、合同文件构成

组成本合同的文件包括：

（1）合同协议书；

（2）专用合同条款及其附件；

（3）通用合同条款；

（4）中标通知书（如果有）；

（5）投标文件及其附件（如果有）；

（6）技术标准和要求；

（7）图纸；

（8）其他合同文件。

在合同履行过程中形成的与合同有关的文件构成合同文件组成部分。

七、承诺

1. 发包人承诺按照法律规定履行项目审批手续，按照合同约定提供工程勘察条件和相关资料，并按照合同约定的期限和方式支付合同价款。

2. 勘察人承诺按照法律法规和技术标准规定及合同约定提供勘察技术服务。

八、词语含义

本合同协议书中词语含义与合同第二部分"通用合同条款"中的词语含义相同。

九、签订时间

本合同于_____年___月___日签订。

十、签订地点

本合同在_____签订。

十一、合同生效

本合同自_____起生效。

十二、合同份数

本合同一式___份，具有同等法律效力，发包人执___份，勘察人执___份。

发包人：（印章）	勘察人：（印章）
法定代表人或其委托代理人：	法定代表人或其委托代理人：
（签字）	（签字）
统一社会信用代码：	统一社会信用代码：
地址：	地址：
邮政编码：	邮政编码：
电话：	电话：
传真：	传真：
电子邮箱：	电子邮箱：
开户银行：	开户银行：
账号：	账号：

第二部分　通用合同条款

第1条　一般约定

1.1 词语定义

下列词语除专用合同条款另有约定外，应具有本条所赋予的含义。

1.1.1 合同：指根据法律规定和合同当事人约定具有约束力的文件，构成合同的文件包括合同协议书、专用合同条款及其附件、通用合同条款、中标通知书（如果有）、投标文件及其附件（如果有）、技术标准和要求、图纸以及其他合同文件。

1.1.2 合同协议书：指构成合同的由发包人和勘察人共同签署的称为"合同协议书"的书面文件。

1.1.3 通用合同条款：指根据法律、行政法规规定及建设工程勘察的需要订立，通用于建设工程勘察的合同条款。

1.1.4 专用合同条款：指发包人与勘察人根据法律、行政法规规定，结合具体工程实际，经协商达成一致意见的合同条款，是对通用合同条款的细化、完善、补充、修改或另行约定。

1.1.5 发包人：指与勘察人签订合同协议书的当事人以及取得该当事人资格的合法继承人。

1.1.6 勘察人：指在合同协议书中约定，被发包人接受的具有工程勘察资质的当事人以及取得该当事人资格的合法继承人。

1.1.7 工程：指发包人与勘察人在合同协议书中约定的勘察范围内的项目。

1.1.8 勘察任务书：指由发包人就工程勘察范围、内容和技术标准等提出要求的书面文件。勘察任务书构成合同文件组成部分。

1.1.9 合同价款：指合同当事人在合同协议书中约定，发包人用于支付勘察人完成合同约定范围内工程勘察工作的款项。

1.1.10 费用：指为履行合同所发生的或将要发生的必需的支出。

1.1.11 工期：指合同当事人在合同协议书中约定，按总日历天数（包括法定节假日）计算的工作天数。

1.1.12 天：除特别指明外，均指日历天。约定按天计算时间的，开始当天不计入，从次日开始计算。时限的最后一天是休息日或者其他法定节假日的，以节假日次日为时限的最后一天，时限的最后一天的截止时间为当日24时。

1.1.13 开工日期：指合同当事人在合同中约定，勘察人开始工作的绝对或相对日期。

1.1.14 成果提交日期：指合同当事人在合同中约定，勘察人完成合同范围内工作并提交成果资料的绝对或相对日期。

1.1.15 图纸：指由发包人提供或由勘察人提供并经发包人认可，满足勘察人开展工作需要的所有图件，包括相关说明和资料。

1.1.16 作业场地：指工程勘察作业的场所以及发包人具体指定的供工程勘察作业使用的其他场所。

1.1.17 书面形式：指合同书、信件和数据电文（包括电报、电传、传真、电子数据交换和电子邮件）等可以有形地表现所载内容的形式。

1.1.18 索赔：指在合同履行过程中，一方违反合同约定，直接或间接地给另一方造成实际损失，受损方向违约方提出经济赔偿和（或）工期顺延的要求。

1.1.19 不利物质条件：指勘察人在作业场地遇到的不可预见的自然物质条件、非自然的物质障碍和污染物。

1.1.20 后期服务：指勘察人提交成果资料后，为发包人提供的后续技术服务工作和程序性工作，如报告成果咨询、基槽检验、现场交桩和竣工验收等。

1.2 合同文件及优先解释顺序

1.2.1 合同文件应能相互解释，互为说明。除专用合同条款另有约定外，组成本合同的文件及优先解释顺序如下：

（1）合同协议书；

（2）专用合同条款及其附件；

（3）通用合同条款；

（4）中标通知书（如果有）；

（5）投标文件及其附件（如果有）；

（6）技术标准和要求；

（7）图纸；

（8）其他合同文件。

上述合同文件包括合同当事人就该项合同文件所作出的补充和修改，属于同一类内容的文件，应以最新签署的为准。

1.2.2 当合同文件内容含糊不清或不相一致时，在不影响工作正常进行的情况下，由发包人和勘察人协商解决。双方协商不成时，按第 16 条争议解决的约定处理。

1.3 适用法律法规、技术标准

1.3.1 适用法律法规

本合同文件适用中华人民共和国法律、行政法规、部门规章以及工程所在地的地方性法规、自治条例、单行条例和地方政府规章等。其他需要明示的规范性文件，由合同当事人在专用合同条款中约定。

1.3.2 适用技术标准

适用于工程的现行有效国家标准、行业标准、工程所在地的地方标准以及相应的规范、规程为本合同文件适用的技术标准。合同当事人有特别要求的，应在专用合同条款中约定。

发包人要求使用国外技术标准的，应在专用合同条款中约定所使用技术标准的名称及提供方，并约定技术标准原文版、中译本的份数、时间及费用承担等事项。

1.4 语言文字

本合同文件使用汉语语言文字书写、解释和说明。如专用合同条款约定使用两种以上（含两种）语言时，汉语为优先解释和说明本合同的语言。

1.5 联络

1.5.1 与合同有关的批准文件、通知、证明、证书、指示、指令、要求、请求、意见、确定和决定等，均应采用书面形式或合同双方确认的其他形式，并应在合同约定的期限内送达接收人。

1.5.2 发包人和勘察人应在专用合同条款中约定各自的送达接收人、送达形式及联系方式。合同当事人指定的接收人、送达地点或联系方式发生变动的，应提前 3 天以书面形式通知对方，否则视为未发生变动。

1.5.3 发包人、勘察人应及时签收对方送达至约定送达地点和指定接收人的来往信函；如确有充分证据证明一方无正当理由拒不签收的，视为拒绝签收一方认可往来信函的内容。

1.6 严禁贿赂

合同当事人不得以贿赂或变相贿赂的方式，牟取非法利益或损害对方权益。因一方的贿赂造成对方损失的，应赔偿损失并承担相应的法律责任。

1.7 保密

除法律法规规定或合同另有约定外，未经发包人同意，勘察人不得将发包人提供的图纸、文件以及声明需要保密的资料信息等商业秘密泄露给第三方。

除法律法规规定或合同另有约定外，未经勘察人同意，发包人不得将勘察人提供的技术文件、成果资料、技术秘密及声明需要保密的资料信息等商业秘密泄露给第三方。

第2条 发包人

2.1 发包人权利

2.1.1 发包人对勘察人的勘察工作有权依照合同约定实施监督,并对勘察成果予以验收。

2.1.2 发包人对勘察人无法胜任工程勘察工作的人员有权提出更换。

2.1.3 发包人拥有勘察人为其项目编制的所有文件资料的使用权,包括投标文件、成果资料和数据等。

2.2 发包人义务

2.2.1 发包人应以书面形式向勘察人明确勘察任务及技术要求。

2.2.2 发包人应提供开展工程勘察工作所需要的图纸及技术资料,包括总平面图、地形图、已有水准点和坐标控制点等,若上述资料由勘察人负责收集时,发包人应承担相关费用。

2.2.3 发包人应提供工程勘察作业所需的批准及许可文件,包括立项批复、占用和挖掘道路许可等。

2.2.4 发包人应为勘察人提供具备条件的作业场地及进场通道(包括土地征用、障碍物清除、场地平整、提供水电接口和青苗赔偿等)并承担相关费用。

2.2.5 发包人应为勘察人提供作业场地内地下埋藏物(包括地下管线、地下构筑物等)的资料、图纸,没有资料、图纸的地区,发包人应委托专业机构查清地下埋藏物。若因发包人未提供上述资料、图纸,或提供的资料、图纸不实,致使勘察人在工程勘察工作过程中发生人身伤害或造成经济损失时,由发包人承担赔偿责任。

2.2.6 发包人应按照法律法规规定为勘察人安全生产提供条件并支付安全生产防护费用,发包人不得要求勘察人违反安全生产管理规定进行作业。

2.2.7 若勘察现场需要看守,特别是在有毒、有害等危险现场作业时,发包人应派人负责安全保卫工作;按国家有关规定,对从事危险作业的现场人员进行保健防护,并承担费用。发包人对安全文明施工有特殊要求时,应在专用合同条款中另行约定。

2.2.8 发包人应对勘察人满足质量标准的已完工作,按照合同约定及时支付相应的工程勘察合同价款及费用。

2.3 发包人代表

发包人应在专用合同条款中明确其负责工程勘察的发包人代表的姓名、职务、联系方式及授权范围等事项。发包人代表在发包人的授权范围内,负责处理合同履行过程中与发包人有关的具体事宜。

第3条 勘察人

3.1 勘察人权利

3.1.1 勘察人在工程勘察期间,根据项目条件和技术标准、法律法规规定等方面的变化,有权向发包人提出增减合同工作量或修改技术方案的建议。

3.1.2 除建设工程主体部分的勘察外，根据合同约定或经发包人同意，勘察人可以将建设工程其他部分的勘察分包给其他具有相应资质等级的建设工程勘察单位。发包人对分包的特殊要求应在专用合同条款中另行约定。

3.1.3 勘察人对其编制的所有文件资料，包括投标文件、成果资料、数据和专利技术等拥有知识产权。

3.2 勘察人义务

3.2.1 勘察人应按勘察任务书和技术要求并依据有关技术标准进行工程勘察工作。

3.2.2 勘察人应建立质量保证体系，按本合同约定的时间提交质量合格的成果资料，并对其质量负责。

3.2.3 勘察人在提交成果资料后，应为发包人继续提供后期服务。

3.2.4 勘察人在工程勘察期间遇到地下文物时，应及时向发包人和文物主管部门报告并妥善保护。

3.2.5 勘察人开展工程勘察活动时应遵守有关职业健康及安全生产方面的各项法律法规的规定，采取安全防护措施，确保人员、设备和设施的安全。

3.2.6 勘察人在燃气管道、热力管道、动力设备、输水管道、输电线路、临街交通要道及地下通道（地下隧道）附近等风险性较大的地点，以及在易燃易爆地段及放射、有毒环境中进行工程勘察作业时，应编制安全防护方案并制定应急预案。

3.2.7 勘察人应在勘察方案中列明环境保护的具体措施，并在合同履行期间采取合理措施保护作业现场环境。

3.3 勘察人代表

勘察人接受任务时，应在专用合同条款中明确其负责工程勘察的勘察人代表的姓名、职务、联系方式及授权范围等事项。勘察人代表在勘察人的授权范围内，负责处理合同履行过程中与勘察人有关的具体事宜。

第4条 工期

4.1 开工及延期开工

4.1.1 勘察人应按合同约定的工期进行工程勘察工作，并接受发包人对工程勘察工作进度的监督、检查。

4.1.2 因发包人原因不能按照合同约定的日期开工，发包人应以书面形式通知勘察人，推迟开工日期并相应顺延工期。

4.2 成果提交日期

勘察人应按照合同约定的日期或双方同意顺延的工期提交成果资料，具体可在专用合同条款中约定。

4.3 发包人造成的工期延误

4.3.1 因以下情形造成工期延误，勘察人有权要求发包人延长工期、增加合同价款和（或）补偿费用：

（1）发包人未能按合同约定提供图纸及开工条件；
（2）发包人未能按合同约定及时支付定金、预付款和（或）进度款；
（3）变更导致合同工作量增加；
（4）发包人增加合同工作内容；
（5）发包人改变工程勘察技术要求；
（6）发包人导致工期延误的其他情形。

4.3.2 除专用合同条款对期限另有约定外，勘察人在第4.3.1款情形发生后7天内，应就延误的工期以书面形式向发包人提出报告。发包人在收到报告后7天内予以确认；逾期不予确认也不提出修改意见，视为同意顺延工期。补偿费用的确认程序参照第7.1款〔合同价款与调整〕执行。

4.4 勘察人造成的工期延误

勘察人因以下情形不能按照合同约定的日期或双方同意顺延的工期提交成果资料的，应承担违约责任：
（1）勘察人未按合同约定开工日期开展工作造成工期延误的；
（2）勘察人管理不善、组织不力造成工期延误的；
（3）因弥补勘察人自身原因导致的质量缺陷而造成工期延误的；
（4）因勘察人成果资料不合格返工造成工期延误的；
（5）勘察人导致工期延误的其他情形。

4.5 恶劣气候条件

恶劣气候条件影响现场作业，导致现场作业难以进行，造成工期延误的，勘察人有权要求发包人延长工期，具体可参照第4.3.2款处理。

第5条 成果资料

5.1 成果质量

5.1.1 成果质量应符合相关技术标准和深度规定，且满足合同约定的质量要求。

5.1.2 双方对工程勘察成果质量有争议时，由双方同意的第三方机构鉴定，所需费用及因此造成的损失，由责任方承担；双方均有责任的，由双方根据其责任分别承担。

5.2 成果份数

勘察人应向发包人提交成果资料四份，发包人要求增加的份数，在专用合同条款中另行约定，发包人另行支付相应的费用。

5.3 成果交付

勘察人按照约定时间和地点向发包人交付成果资料，发包人应出具书面签收单，内容包括成果名称、组成、份数、提交和签收日期、提交人与接收人的亲笔签名等。

5.4 成果验收

勘察人向发包人提交成果资料后，如需对勘察成果组织验收的，发包人应及时组织验收。除专用合同条款对期限另有约定外，发包人14天内无正当理由不予组织验收，视为验收通过。

第6条　后期服务

6.1 后续技术服务

勘察人应派专业技术人员为发包人提供后续技术服务，发包人应为其提供必要的工作和生活条件，后续技术服务的内容、费用和时限应由双方在专用合同条款中另行约定。

6.2 竣工验收

工程竣工验收时，勘察人应按发包人要求参加竣工验收工作，并提供竣工验收所需相关资料。

第7条　合同价款与支付

7.1 合同价款与调整

7.1.1 依照法定程序进行招标工程的合同价款由发包人和勘察人依据中标价格载明在合同协议书中；非招标工程的合同价款由发包人和勘察人议定，并载明在合同协议书中。合同价款在合同协议书中约定后，除合同条款约定的合同价款调整因素外，任何一方不得擅自改变。

7.1.2 合同当事人可任选下列一种合同价款的形式，双方可在专用合同条款中约定：

（1）总价合同

双方在专用合同条款中约定合同价款包含的风险范围和风险费用的计算方法，在约定的风险范围内合同价款不再调整。风险范围以外的合同价款调整因素和方法，应在专用合同条款中约定。

（2）单价合同

合同价款根据工作量的变化而调整，合同单价在风险范围内一般不予调整，双方可在专用合同条款中约定合同单价调整因素和方法。

（3）其他合同价款形式

合同当事人可在专用合同条款中约定其他合同价款形式。

7.1.3 需调整合同价款时，合同一方应及时将调整原因、调整金额以书面形式通知对方，双方共同确认调整金额后作为追加或减少的合同价款，与进度款同期支付。除专用合同条款对期限另有约定外，一方在收到对方的通知后7天内不予确认也不提出修改意见，视为已经同意该项调整。合同当事人就调整事项不能达成一致的，则按照第16条〔争议解决〕的约定处理。

7.2 定金或预付款

7.2.1 实行定金或预付款的，双方应在专用合同条款中约定发包人向勘察人支付定金或预付款数额，支付时间应不迟于约定的开工日期前7天。发包人不按约定支付，勘察人向发包人发出要求支付的通知，发包人收到通知后仍不能按要求支付，勘察人可在发出通知后推迟开工日期，并由发包人承担违约责任。

7.2.2 定金或预付款在进度款中抵扣，抵扣办法可在专用合同条款中约定。

7.3 进度款支付

7.3.1 发包人应按照专用合同条款约定的进度款支付方式、支付条件和支付时间进行支付。

7.3.2 第 7.1 款〔合同价款与调整〕和第 8.2 款〔变更合同价款确定〕确定调整的合同价款及其他条款中约定的追加或减少的合同价款，应与进度款同期调整支付。

7.3.3 发包人超过约定的支付时间不支付进度款，勘察人可向发包人发出要求付款的通知，发包人收到勘察人通知后仍不能按要求付款，可与勘察人协商签订延期付款协议，经勘察人同意后可延期支付。

7.3.4 发包人不按合同约定支付进度款，双方又未达成延期付款协议，勘察人可停止工程勘察作业和后期服务，由发包人承担违约责任。

7.4 合同价款结算

除专用合同条款另有约定外，发包人应在勘察人提交成果资料后 28 天内，依据第 7.1 款〔合同价款与调整〕和第 8.2 款〔变更合同价款确定〕的约定进行最终合同价款确定，并予以全额支付。

第 8 条　变更与调整

8.1 变更范围与确认

8.1.1 变更范围

本合同变更是指在合同签订日后发生的以下变更：

(1) 法律法规及技术标准的变化引起的变更；

(2) 规划方案或设计条件的变化引起的变更；

(3) 不利物质条件引起的变更；

(4) 发包人的要求变化引起的变更；

(5) 因政府临时禁令引起的变更；

(6) 其他专用合同条款中约定的变更。

8.1.2 变更确认

当引起变更的情形出现，除专用合同条款对期限另有约定外，勘察人应在 7 天内就调整后的技术方案以书面形式向发包人提出变更要求，发包人应在收到报告后 7 天内予以确认，逾期不予确认也不提出修改意见，视为同意变更。

8.2 变更合同价款确定

8.2.1 变更合同价款按下列方法进行：

(1) 合同中已有适用于变更工程的价格，按合同已有的价格变更合同价款；

(2) 合同中只有类似于变更工程的价格，可以参照类似价格变更合同价款；

(3) 合同中没有适用或类似于变更工程的价格，由勘察人提出适当的变更价格，经发包人确认后执行。

8.2.2 除专用合同条款对期限另有约定外，一方应在双方确定变更事项后14天内向对方提出变更合同价款报告，否则视为该项变更不涉及合同价款的变更。

8.2.3 除专用合同条款对期限另有约定外，一方应在收到对方提交的变更合同价款报告之日起14天内予以确认。逾期无正当理由不予确认的，则视为该项变更合同价款报告已被确认。

8.2.4 一方不同意对方提出的合同价款变更，按第16条〔争议解决〕的约定处理。

8.2.5 因勘察人自身原因导致的变更，勘察人无权要求追加合同价款。

第9条　知识产权

9.1 除专用合同条款另有约定外，发包人提供给勘察人的图纸、发包人为实施工程自行编制或委托编制的反映发包人要求或其他类似性质的文件的著作权属于发包人，勘察人可以为实现本合同目的而复制、使用此类文件，但不能用于与本合同无关的其他事项。未经发包人书面同意，勘察人不得为了本合同以外的目的而复制、使用上述文件或将之提供给任何第三方。

9.2 除专用合同条款另有约定外，勘察人为实施工程所编制的成果文件的著作权属于勘察人，发包人可因本工程的需要而复制、使用此类文件，但不能擅自修改或用于与本合同无关的其他事项。未经勘察人书面同意，发包人不得为了本合同以外的目的而复制、使用上述文件或将之提供给任何第三方。

9.3 合同当事人保证在履行本合同过程中不侵犯对方及第三方的知识产权。勘察人在工程勘察时，因侵犯他人的专利权或其他知识产权所引起的责任，由勘察人承担；因发包人提供的基础资料导致侵权的，由发包人承担责任。

9.4 在不损害对方利益情况下，合同当事人双方均有权在申报奖项、制作宣传印刷品及出版物时使用有关项目的文字和图片材料。

9.5 除专用合同条款另有约定外，勘察人在合同签订前和签订时已确定采用的专利、专有技术、技术秘密的使用费应包含在合同价款中。

第10条　不可抗力

10.1 不可抗力的确认

10.1.1 不可抗力是在订立合同时不可合理预见，在履行合同中不可避免地发生且不能克服的自然灾害和社会突发事件，如地震、海啸、瘟疫、洪水、骚乱、暴动、战争以及专用条款约定的其他自然灾害和社会突发事件。

10.1.2 不可抗力发生后，发包人和勘察人应收集不可抗力发生及造成损失的证据。合同当事人双方对是否属于不可抗力或其损失发生争议时，按第16条〔争议解决〕的约定处理。

10.2 不可抗力的通知

10.2.1 遇有不可抗力发生时，发包人和勘察人应立即通知对方，双方应共同采取措施减少损失。除专用合同条款对期限另有约定外，不可抗力持续发生，勘察人应每隔 7 天向发包人报告一次受害损失情况。

10.2.2 除专用合同条款对期限另有约定外，不可抗力结束后 2 天内，勘察人向发包人通报受害损失情况及预计清理和修复的费用；不可抗力结束后 14 天内，勘察人向发包人提交清理和修复费用的正式报告及有关资料。

10.3 不可抗力后果的承担

10.3.1 因不可抗力发生的费用及延误的工期由双方按以下方法分别承担：

（1）发包人和勘察人人员伤亡由合同当事人双方自行负责，并承担相应费用；

（2）勘察人机械设备损坏及停工损失，由勘察人承担；

（3）停工期间，勘察人应发包人要求留在作业场地的管理人员及保卫人员的费用由发包人承担；

（4）作业场地发生的清理、修复费用由发包人承担；

（5）延误的工期相应顺延。

10.3.2 因合同一方迟延履行合同后发生不可抗力的，不能免除迟延履行方的相应责任。

第 11 条　合同生效与终止

11.1 双方在合同协议书中约定合同生效方式。

11.2 发包人、勘察人履行合同全部义务，合同价款支付完毕，本合同即告终止。

11.3 合同的权利义务终止后，合同当事人应遵循诚实信用原则，履行通知、协助和保密等义务。

第 12 条　合同解除

12.1 有下列情形之一的，发包人、勘察人可以解除合同：

（1）因不可抗力致使合同无法履行；

（2）发生未按第 7.2 款〔定金或预付款〕或第 7.3 款〔进度款支付〕约定按时支付合同价款的情况，停止作业超过 28 天，勘察人有权解除合同，由发包人承担违约责任；

（3）勘察人将其承包的全部工程转包给他人或者肢解以后以分包的名义分别转包给他人，发包人有权解除合同，由勘察人承担违约责任；

（4）发包人和勘察人协商一致可以解除合同的其他情形。

12.2 一方依据第 12.1 款约定要求解除合同的，应以书面形式向对方发出解除合同的通知，并在发出通知前不少于 14 天告知对方，通知到达对方时合同解除。对解除合同有争议的，按第 16 条〔争议解决〕的约定处理。

12.3 因不可抗力致使合同无法履行时，发包人应按合同约定向勘察人支付已完工作量相对应比例的合同价款后解除合同。

12.4 合同解除后，勘察人应按发包人要求将自有设备和人员撤出作业场地，发包人应为勘察人撤出提供必要条件。

第 13 条　责任与保险

13.1 勘察人应运用一切合理的专业技术和经验，按照公认的职业标准尽其全部职责和谨慎、勤勉地履行其在本合同项下的责任和义务。

13.2 合同当事人可按照法律法规的要求在专用合同条款中约定履行本合同所需要的工程勘察责任保险，并使其于合同责任期内保持有效。

13.3 勘察人应依照法律法规的规定为勘察作业人员参加工伤保险、人身意外伤害险和其他保险。

第 14 条　违约

14.1 发包人违约

14.1.1 发包人违约情形

（1）合同生效后，发包人无故要求终止或解除合同；

（2）发包人未按第 7.2 款〔定金或预付款〕约定按时支付定金或预付款；

（3）发包人未按第 7.3 款〔进度款支付〕约定按时支付进度款；

（4）发包人不履行合同义务或不按合同约定履行义务的其他情形。

14.1.2 发包人违约责任

（1）合同生效后，发包人无故要求终止或解除合同，勘察人未开始勘察工作的，不退还发包人已付的定金或发包人按照专用合同条款约定向勘察人支付违约金；勘察人已开始勘察工作的，若完成计划工作量不足 50%的，发包人应支付勘察人合同价款的 50%；完成计划工作量超过 50%的，发包人应支付勘察人合同价款的 100%。

（2）发包人发生其他违约情形时，发包人应承担由此增加的费用和工期延误损失，并给予勘察人合理赔偿。双方可在专用合同条款内约定发包人赔偿勘察人损失的计算方法或者发包人应支付违约金的数额或计算方法。

14.2 勘察人违约

14.2.1 勘察人违约情形

（1）合同生效后，勘察人因自身原因要求终止或解除合同；

（2）因勘察人原因不能按照合同约定的日期或合同当事人同意顺延的工期提交成果资料；

（3）因勘察人原因造成成果资料质量达不到合同约定的质量标准；

（4）勘察人不履行合同义务或未按约定履行合同义务的其他情形。

14.2.2 勘察人违约责任

（1）合同生效后，勘察人因自身原因要求终止或解除合同，勘察人应双倍返还发包人已支付的定金或勘察人按照专用合同条款约定向发包人支付违约金。

（2）因勘察人原因造成工期延误的，应按专用合同条款约定向发包人支付违约金。

（3）因勘察人原因造成成果资料质量达不到合同约定的质量标准，勘察人应负责无偿给予补充完善使其达到质量合格。因勘察人原因导致工程质量安全事故或其他事故时，勘察人除负责采取补救措施外，应通过所投工程勘察责任保险向发包人承担赔偿责任或根据直接经济损失程度按专用合同条款约定向发包人支付赔偿金。

（4）勘察人发生其他违约情形时，勘察人应承担违约责任并赔偿因其违约给发包人造成的损失，双方可在专用合同条款内约定勘察人赔偿发包人损失的计算方法和赔偿金额。

第 15 条 索赔

15.1 发包人索赔

勘察人未按合同约定履行义务或发生错误以及应由勘察人承担责任的其他情形，造成工期延误及发包人的经济损失，除专用合同条款另有约定外，发包人可按下列程序以书面形式向勘察人索赔：

（1）违约事件发生后 7 天内，向勘察人发出索赔意向通知；

（2）发出索赔意向通知后 14 天内，向勘察人提出经济损失的索赔报告及有关资料；

（3）勘察人在收到发包人送交的索赔报告和有关资料或补充索赔理由、证据后，于 28 天内给予答复；

（4）勘察人在收到发包人送交的索赔报告和有关资料后 28 天内未予答复或未对发包人作进一步要求，视为该项索赔已被认可；

（5）当该违约事件持续进行时，发包人应阶段性地向勘察人发出索赔意向，在违约事件终了后 21 天内，向勘察人送交索赔的有关资料和最终索赔报告。索赔答复程序与本款第（3）、（4）项约定相同。

15.2 勘察人索赔

发包人未按合同约定履行义务或发生错误以及应由发包人承担责任的其他情形，造成工期延误和（或）勘察人不能及时得到合同价款及勘察人的经济损失，除专用合同条款另有约定外，勘察人可按下列程序以书面形式向发包人索赔：

（1）违约事件发生后 7 天内，勘察人可向发包人发出要求其采取有效措施纠正违约行为的通知；发包人收到通知 14 天内仍不履行合同义务，勘察人有权停止作业，并向发包人发出索赔意向通知；

（2）发出索赔意向通知后 14 天内，向发包人提出延长工期和（或）补偿经济损失的索赔报告及有关资料；

（3）发包人在收到勘察人送交的索赔报告和有关资料或补充索赔理由、证据后，于 28 天内给予答复；

（4）发包人在收到勘察人送交的索赔报告和有关资料后 28 天内未予答复或未对勘察人作进一步要求，视为该项索赔已被认可；

（5）当该索赔事件持续进行时，勘察人应阶段性地向发包人发出索赔意向，在索赔事件终了后 21 天内，向发包人送交索赔的有关资料和最终索赔报告。索赔答复程序与本款第（3）、（4）项约定相同。

第 16 条 争议解决

16.1 和解

因本合同以及与本合同有关事项发生争议的，双方可以就争议自行和解。自行和解达成协议的，经签字并盖章后作为合同补充文件，双方均应遵照执行。

16.2 调解

因本合同以及与本合同有关事项发生争议的，双方可以就争议请求行政主管部门、行业协会或其他第三方进行调解。调解达成协议的，经签字并盖章后作为合同补充文件，双方均应遵照执行。

16.3 仲裁或诉讼

因本合同以及与本合同有关事项发生争议的，当事人不愿和解、调解或者和解、调解不成的，双方可以在专用合同条款内约定以下一种方式解决争议：

（1）双方达成仲裁协议，向约定的仲裁委员会申请仲裁；

（2）向有管辖权的人民法院起诉。

第 17 条 补充条款

双方根据有关法律法规规定，结合实际经协商一致，可对通用合同条款内容具体化、补充或修改，并在专用合同条款内约定。

第三部分 专用合同条款

第 1 条 一般约定

1.1 词语定义

_____

1.2 合同文件及优先解释顺序

1.2.1 合同文件组成及优先解释顺序：_____

_____

1.3 适用法律法规、技术标准

1.3.1 适用法律法规

需要明示的规范性文件：_____

1.3.2 适用技术标准

特别要求：_____

使用国外技术标准的名称、提供方、原文版、中译本的份数、时间及费用承担：

_____

1.4 语言文字

本合同除使用汉语外，还使用_____语言文字。

1.5 联络

1.5.1 发包人和勘察人应在_____天内将与合同有关的通知、批准、证明、证书、指示、指令、要求、请求、同意、意见、确定和决定等书面函件送达对方当事人。

  1.5.2 发包人接收文件的地点：_____；

  发包人指定的接收人：_____；

  发包人指定的联系方式：_____。

  勘察人接收文件的地点：_____；

  勘察人指定的接收人：_____；

  勘察人指定的联系方式：_____。

  1.7 保密

  合同当事人关于保密的约定：_____。

  第 2 条 发包人

  2.2 发包人义务

  2.2.2 发包人委托勘察人收集的资料：_____

_____。

  2.2.7 发包人对安全文明施工的特别要求：_____

_____。

  2.3 发包人代表

  姓名：_____ 职务：_____ 联系方式：_____

  授权范围：_____

_____。

  第 3 条 勘察人

  3.1 勘察人权利

  3.1.2 关于分包的约定：_____。

  3.3 勘察人代表

  姓名：_____ 职务：_____ 联系方式：_____

  授权范围：_____

_____。

  第 4 条 工期

  4.2 成果提交日期

  双方约定工期顺延的其他情况：_____。

  4.3 发包人造成的工期延误

  4.3.2 双方就工期顺延确定期限的约定：_____。

  第 5 条 成果资料

  5.2 成果份数

  勘察人应向发包人提交成果资料四份，发包人要求增加的份数为_____份。

5.4 成果验收

双方就成果验收期限的约定：_____。

第 6 条　后期服务

6.1 后续技术服务

后续技术服务内容约定：_____；

后续技术服务费用约定：_____；

后续技术服务时限约定：_____。

第 7 条　合同价款与支付

7.1 合同价款与调整

7.1.1 双方约定的合同价款调整因素和方法：_____

_____。

7.1.2 本合同价款采用_____方式确定。

（1）采用总价合同，合同价款中包括的风险范围：_____

_____。

风险费用的计算方法：_____。

风险范围以外合同价款调整因素和方法：_____。

（2）采用单价合同，合同价款中包括的风险范围：_____

_____。

风险范围以外合同单价调整因素和方法：_____。

（3）采用的其他合同价款形式及调整因素和方法：_____

_____。

7.1.3 双方就合同价款调整确认期限的约定：_____。

7.2 定金或预付款

7.2.1 发包人向勘察人支付定金金额：_____或预付款的金额：_____。

7.2.2 定金或预付款在进度款中的抵扣办法：_____。

7.3 进度款支付

7.3.1 双方约定的进度款支付方式、支付条件和支付时间：_____

_____。

7.4 合同价款结算

最终合同价款支付的约定：_____。。

第 8 条　变更与调整

8.1 变更范围与确认

8.1.1 变更范围

变更范围的其他约定：_____。

8.1.2 变更确认

变更提出和确认期限的约定：＿＿＿＿＿＿＿＿＿＿＿＿＿＿＿＿＿＿＿＿＿＿。

8.2 变更合同价款确定

8.2.2 提出变更合同价款报告期限的约定：＿＿＿＿＿＿＿＿＿＿＿＿＿＿＿。

8.2.3 确认变更合同价款报告时限的约定：＿＿＿＿＿＿＿＿＿＿＿＿＿＿＿。

第 9 条　知识产权

9.1 关于发包人提供给勘察人的图纸、发包人为实施工程自行编制或委托编制的反映发包人要求或其他类似性质的文件的著作权的归属：＿＿＿。

关于发包人提供的上述文件的使用限制的要求：＿＿＿。

9.2 关于勘察人为实施工程所编制文件的著作权的归属：＿＿＿。

关于勘察人提供的上述文件的使用限制的要求：＿＿＿。

9.5 勘察人在工作过程中所采用的专利、专有技术、技术秘密的使用费的承担方式：＿＿＿＿＿＿＿＿＿＿＿＿＿＿＿＿＿＿＿＿＿＿＿＿＿＿＿＿＿＿＿＿＿＿＿＿＿＿＿。

第 10 条　不可抗力

10.1 不可抗力的确认

10.1.1 双方关于不可抗力的其他约定（如政府临时禁令）：＿＿＿。

10.2 不可抗力的通知

10.2.1 不可抗力持续发生，勘察人报告受害损失期限的约定：＿＿＿。

10.2.2 勘察人向发包人通报受害损失情况及费用期限的约定：＿＿＿。

第 13 条　责任与保险

13.2 工程勘察责任保险的约定：＿＿＿＿＿＿＿＿＿＿＿＿＿＿＿＿＿＿＿＿＿＿。

第 14 条　违约

14.1 发包人违约

14.1.2 发包人违约责任

（1）发包人支付勘察人的违约金：＿＿＿＿＿＿＿＿＿＿＿＿＿＿＿＿＿＿＿；

（2）发包人发生其他违约情形应承担的违约责任：＿＿＿。

14.2 勘察人违约

14.2.2 勘察人违约责任

（1）勘察人支付发包人的违约金：_____；

（2）勘察人造成工期延误应承担的违约责任：_____
_____；

（3）因勘察人原因导致工程质量安全事故或其他事故时的赔偿金上限：_____
_____；

（4）勘察人发生其他违约情形应承担的违约责任：_____
_____。

第 15 条　索赔

15.1 发包人索赔

索赔程序和期限的约定：_____。

15.2 勘察人索赔

索赔程序和期限的约定：_____。

第 16 条　争议解决

16.3 仲裁或诉讼

双方约定在履行合同过程中产生争议时，采取下列第_____种方式解决：

（1）向_____仲裁委员会提请仲裁；

（2）向_____人民法院提起诉讼。

第 17 条　补充条款

双方根据有关法律法规规定，结合实际经协商一致，补充约定如下：
_____。

附件 A　勘察任务书及技术要求（略）

附件 B　发包人向勘察人提交有关资料及文件一览表（略）

附件 C　进度计划（略）

附件 D　工作量和费用明细表（略）

（三）建设工程设计合同（房屋建筑工程）[①]

说　明

为了指导建设工程设计合同当事人的签约行为，维护合同当事人的合法权益，依据《中华人民共和国合同法》《中华人民共和国建筑法》《中华人民共和国招标投标法》以及相关法律法规，住房和城乡建设部、工商总局对《建设工程设计合同（一）

---

① 中华人民共和国住房和城乡建设部、国家工商行政管理总局制定，GF-2015-0209。

（民用建设工程设计合同）》（GF-2000-0209）进行了修订，制定了《建设工程设计合同示范文本（房屋建筑工程）》（GF-2015-0209）（以下简称《示范文本》）。为了便于合同当事人使用《示范文本》，现就有关问题说明如下：

一、《示范文本》的组成

《示范文本》由合同协议书、通用合同条款和专用合同条款三部分组成。

（一）合同协议书

《示范文本》合同协议书集中约定了合同当事人基本的合同权利义务。

（二）通用合同条款

通用合同条款是合同当事人根据《中华人民共和国建筑法》《中华人民共和国合同法》等法律法规的规定，就工程设计的实施及相关事项，对合同当事人的权利义务作出的原则性约定。

通用合同条款既考虑了现行法律法规对工程建设的有关要求，也考虑了工程设计管理的特殊需要。

（三）专用合同条款

专用合同条款是对通用合同条款原则性约定的细化、完善、补充、修改或另行约定的条款。合同当事人可以根据不同建设工程的特点及具体情况，通过双方的谈判、协商对相应的专用合同条款进行修改补充。在使用专用合同条款时，应注意以下事项：

1. 专用合同条款的编号应与相应的通用合同条款的编号一致；

2. 合同当事人可以通过对专用合同条款的修改，满足具体房屋建筑工程的特殊要求，避免直接修改通用合同条款；

3. 在专用合同条款中有横道线的地方，合同当事人可针对相应的通用合同条款进行细化、完善、补充、修改或另行约定；如无细化、完善、补充、修改或另行约定，则填写"无"或画"/"。

二、《示范文本》的性质和适用范围

《示范文本》供合同双方当事人参照使用，可适用于方案设计招标投标、队伍比选等形式下的合同订立。

《示范文本》适用于建设用地规划许可证范围内的建筑物构筑物设计、室外工程设计、民用建筑修建的地下工程设计及住宅小区、工厂厂前区、工厂生活区、小区规划设计及单体设计等，以及所包含的相关专业的设计内容（总平面布置、竖向设计、各类管网管线设计、景观设计、室内外环境设计及建筑装饰、道路、消防、智能、安保、通信、防雷、人防、供配电、照明、废水治理、空调设施、抗震加固等）等工程设计活动。

第一部分　合同协议书

发包人（全称）：＿＿＿＿＿＿＿＿＿＿＿＿＿＿＿＿＿＿＿＿＿＿＿＿＿＿＿

设计人（全称）：＿＿＿＿＿＿＿＿＿＿＿＿＿＿＿＿＿＿＿＿＿＿＿＿＿＿＿

根据《中华人民共和国合同法》《中华人民共和国建筑法》及有关法律规定，遵循平等、自愿、公平和诚实信用的原则，双方就_____工程设计及有关事项协商一致，共同达成如下协议：

一、工程概况

1. 工程名称：_____。
2. 工程地点：_____。
3. 规划占地面积：_____平方米，总建筑面积：_____平方米（其中地上约____平方米，地下约____平方米）；地上____层，地下____层；建筑高度____米。
4. 建筑功能：_____、_____、_____等。
5. 投资估算：约_____元人民币。

二、工程设计范围、阶段与服务内容

1. 工程设计范围：_____。
2. 工程设计阶段：_____。
3. 工程设计服务内容：_____。

工程设计范围、阶段与服务内容详见专用合同条款附件1。

三、工程设计周期

计划开始设计日期：_____年____月____日。
计划完成设计日期：_____年____月____日。
具体工程设计周期以专用合同条款及其附件的约定为准。

四、合同价格形式与签约合同价

1. 合同价格形式：_____；
2. 签约合同价：人民币（大写）_____（¥_____元）。

五、发包人代表与设计人项目负责人

发包人代表：_____。
设计人项目负责人：_____。

六、合同文件构成

本协议书与下列文件一起构成合同文件：

（1）专用合同条款及其附件；

（2）通用合同条款；

（3）中标通知书（如果有）；

（4）投标函及其附录（如果有）；

（5）发包人要求；

（6）技术标准；

（7）发包人提供的上一阶段图纸（如果有）；

（8）其他合同文件。

在合同履行过程中形成的与合同有关的文件均构成合同文件组成部分。

上述各项合同文件包括合同当事人就该项合同文件所作出的补充和修改，属于同一类内容的文件，应以最新签署的为准。

七、承诺

1. 发包人承诺按照法律规定履行项目审批手续，按照合同约定提供设计依据，并按合同约定的期限和方式支付合同价款。

2. 设计人承诺按照法律和技术标准规定及合同约定提供工程设计服务。

八、词语含义

本协议书中词语含义与第二部分通用合同条款中赋予的含义相同。

九、签订地点

本合同在_____签订。

十、补充协议

合同未尽事宜，合同当事人另行签订补充协议，补充协议是合同的组成部分。

十一、合同生效

本合同自_____起生效。

十二、合同份数

本合同正本一式____份、副本一式____份，均具有同等法律效力，发包人执正本____份、副本____份，设计人执正本____份、副本____份。

发包人：（盖章） 　　　　　　设计人：（盖章）
法定代表人或其委托代理人：　　法定代表人或其委托代理人：
（签字）　　　　　　　　　　　（签字）
组织机构代码：_____　　　组织机构代码：_____
纳税人识别码：_____　　　纳税人识别码：_____
地　　　址：_____　　　　地　　　址：_____
邮政编码：_____　　　　　邮政编码：_____
法定代表人：_____　　　　法定代表人：_____
委托代理人：_____　　　　委托代理人：_____
电　　　话：_____　　　　电　　　话：_____
传　　　真：_____　　　　传　　　真：_____
电子信箱：_____　　　　　电子信箱：_____
开户银行：_____　　　　　开户银行：_____
账　　　号：_____　　　　账　　　号：_____
时　　　间：____年____月____日　时　　　间：____年____月____日

第二部分　通用合同条款

1. 一般约定

1.1 词语定义与解释

合同协议书、通用合同条款、专用合同条款中的下列词语具有本款所赋予的含义：

1.1.1 合同

1.1.1.1 合同：指根据法律规定和合同当事人约定具有约束力的文件，构成合同的文件包括合同协议书、专用合同条款及其附件、通用合同条款、中标通知书（如果有）、投标函及其附录（如果有）、发包人要求、技术标准、发包人提供的上一阶段图纸（如果有）以及其他合同文件。

1.1.1.2 合同协议书：指构成合同的由发包人和设计人共同签署的称为"合同协议书"的书面文件。

1.1.1.3 中标通知书：指构成合同的由发包人通知设计人中标的书面文件。

1.1.1.4 投标函：指构成合同的由设计人填写并签署的用于投标的称为"投标函"的文件。

1.1.1.5 投标函附录：指构成合同的附在投标函后的称为"投标函附录"的文件。

1.1.1.6 发包人要求：指构成合同文件组成部分的，由发包人就工程项目的目的、范围、功能要求及工程设计文件审查的范围和内容等提出相应要求的书面文件，又称设计任务书。

1.1.1.7 技术标准：指构成合同的设计应当遵守的或指导设计的国家、行业或地方的技术标准和要求，以及合同约定的技术标准和要求。

1.1.1.8 其他合同文件：指经合同当事人约定的与工程设计有关的具有合同约束力的文件或书面协议。合同当事人可以在专用合同条款中进行约定。

1.1.2 合同当事人及其他相关方

1.1.2.1 合同当事人：指发包人和（或）设计人。

1.1.2.2 发包人：指与设计人签订合同协议书的当事人及取得该当事人资格的合法继承人。

1.1.2.3 设计人：指与发包人签订合同协议书的，具有相应工程设计资质的当事人及取得该当事人资格的合法继承人。

1.1.2.4 分包人：指按照法律规定和合同约定，分包部分工程设计工作，并与设计人签订分包合同的具有相应资质的法人。

1.1.2.5 发包人代表：指由发包人指定负责工程设计方面在发包人授权范围内行使发包人权利的人。

1.1.2.6 项目负责人：指由设计人任命负责工程设计，在设计人授权范围内负责合同履行，且按照法律规定具有相应资格的项目主持人。

1.1.2.7 联合体：指两个以上设计人联合，以一个设计人身份为发包人提供工程设计服务的临时性组织。

1.1.3 工程设计服务、资料与文件

1.1.3.1 工程设计服务：指设计人按照合同约定履行的服务，包括工程设计基本服务、工程设计其他服务。

1.1.3.2 工程设计基本服务：指设计人根据发包人的委托，提供编制房屋建筑工程方案设计文件、初步设计文件（含初步设计概算）、施工图设计文件服务，并相应提供设计技术交底、解决施工中的设计技术问题、参加竣工验收等服务。基本服务费用包含在设计费中。

1.1.3.3 工程设计其他服务：指发包人根据工程设计实际需要，要求设计人另行提供且发包人应当单独支付费用的服务，包括总体设计服务、主体设计协调服务、采用标准设计和复用设计服务、非标准设备设计文件编制服务、施工图预算编制服务、竣工图编制服务等。

1.1.3.4 暂停设计：指发生设计人不能按照合同约定履行全部或部分义务情形而暂时中断工程设计服务的行为。

1.1.3.5 工程设计资料：指根据合同约定，发包人向设计人提供的用于完成工程设计范围与内容所需要的资料。

1.1.3.6 工程设计文件：指按照合同约定和技术要求，由设计人向发包人提供的阶段性成果、最终工作成果等，且应当采用合同中双方约定的载体。

1.1.4 日期和期限

1.1.4.1 开始设计日期：包括计划开始设计日期和实际开始设计日期。计划开始设计日期是指合同协议书约定的开始设计日期；实际开始设计日期是指发包人发出的开始设计通知中载明的开始设计日期。

1.1.4.2 完成设计日期：包括计划完成设计日期和实际完成设计日期。计划完成设计日期是指合同协议书约定的完成设计及相关服务的日期；实际完成设计日期是指设计人交付全部或阶段性设计成果及提供相关服务的日期。

1.1.4.3 设计周期又称设计工期：指在合同协议书中约定的设计人完成工程设计及相关服务所需的期限，包括按照合同约定所作的期限变更。

1.1.4.4 基准日期：招标发包的工程设计以投标截止日前 28 天的日期为基准日期，直接发包的工程设计以合同签订日前 28 天的日期为基准日期。

1.1.4.5 天：除特别指明外，均指日历天。合同中按天计算时间的，开始当天不计入，从次日开始计算，期限最后一天的截止时间为当天 24：00 时。

1.1.5 合同价格

1.1.5.1 签约合同价：指发包人和设计人在合同协议书中确定的总金额。

1.1.5.2 合同价格又称设计费：指发包人用于支付设计人按照合同约定完成工程设计范围内全部工作的金额，包括合同履行过程中按合同约定发生的价格变化。

1.1.6 其他

1.1.6.1 书面形式：指合同书、信件和数据电文（包括电报、电传、传真、电子数据交换和电子邮件）等可以有形地表现所载内容的形式。

1.2 语言文字

合同以中国的汉语简体文字编写、解释和说明。合同当事人在专用合同条款中约定使用两种以上语言时，汉语为优先解释和说明合同的语言。

1.3 法律

合同所称法律是指中华人民共和国法律、行政法规、部门规章，以及工程所在地的地方性法规、自治条例、单行条例和地方政府规章等。

合同当事人可以在专用合同条款中约定合同适用的其他规范性文件。

1.4 技术标准

1.4.1 适用于工程的现行有效的国家标准、行业标准、工程所在地的地方性标准，以及相应的规范、规程等，合同当事人有特别要求的，应在专用合同条款中约定。

1.4.2 发包人要求使用国外技术标准的，发包人与设计人在专用合同条款中约定原文版本和中文译本提供方及提供标准的名称、份数、时间及费用承担等事项。

1.4.3 发包人对工程的技术标准、功能要求高于或严于现行国家、行业或地方标准的，应当在专用合同条款中予以明确。除专用合同条款另有约定外，应视为设计人在签订合同前已充分预见前述技术标准和功能要求的复杂程度，签约合同价中已包含由此产生的设计费用。

1.5 合同文件的优先顺序

组成合同的各项文件应互相解释，互为说明。除专用合同条款另有约定外，解释合同文件的优先顺序如下：

（1）合同协议书；

（2）专用合同条款及其附件；

（3）通用合同条款；

（4）中标通知书（如果有）；

（5）投标函及其附录（如果有）；

（6）发包人要求；

（7）技术标准；

（8）发包人提供的上一阶段图纸（如果有）；

（9）其他合同文件。

上述各项合同文件包括合同当事人就该项合同文件所作出的补充和修改，属于同一类内容的文件，应以最新签署的为准。

在合同履行过程中形成的与合同有关的文件均构成合同文件组成部分，并根据其性质确定优先解释顺序。

1.6 联络

1.6.1 与合同有关的通知、批准、证明、证书、指示、指令、要求、请求、同意、确定和决定等，均应采用书面形式，并应在合同约定的期限内送达接收人和送达地点。

1.6.2 发包人和设计人应在专用合同条款中约定各自的送达接收人、送达地点、电子邮箱。任何一方合同当事人指定的接收人或送达地点或电子邮箱发生变动的，应提前3天以书面形式通知对方，否则视为未发生变动。

1.6.3 发包人和设计人应当及时签收另一方送达至送达地点和指定接收人的来往信函，如确有充分证据证明一方无正当理由拒不签收的，视为拒绝签收一方认可往来信函的内容。

1.7 严禁贿赂

合同当事人不得以贿赂或变相贿赂的方式，牟取非法利益或损害对方权益。因一方合同当事人的贿赂造成对方损失的，应赔偿损失，并承担相应的法律责任。

1.8 保密

除法律规定或合同另有约定外，未经发包人同意，设计人不得将发包人提供的图纸、文件以及声明需要保密的资料信息等商业秘密泄露给第三方。

除法律规定或合同另有约定外，未经设计人同意，发包人不得将设计人提供的技术文件、技术成果、技术秘密及声明需要保密的资料信息等商业秘密泄露给第三方。

保密期限由发包人与设计人在专用合同条款中约定。

2. 发包人

2.1 发包人一般义务

2.1.1 发包人应遵守法律，并办理法律规定由其办理的许可、核准或备案，包括但不限于建设用地规划许可证、建设工程规划许可证、建设工程方案设计批准、施工图设计审查等许可、核准或备案。

发包人负责本项目各阶段设计文件向规划设计管理部门的送审报批工作，并负责将报批结果书面通知设计人。因发包人原因未能及时办理完毕前述许可、核准或备案手续，导致设计工作量增加和（或）设计周期延长时，由发包人承担由此增加的设计费用和（或）延长设计周期的责任。

2.1.2 发包人应当负责工程设计的所有外部关系（包括但不限于当地政府主管部门等）的协调，为设计人履行合同提供必要的外部条件。

2.1.3 专用合同条款约定的其他义务。

2.2 发包人代表

发包人应在专用合同条款中明确其负责工程设计的发包人代表的姓名、职务、联系方式及授权范围等事项。发包人代表在发包人的授权范围内，负责处理合同履行过程中与发包人有关的具体事宜。发包人代表在授权范围内的行为由发包人承担法律责任。发包人更换发包人代表的，应在专用合同条款约定的期限内提前书面通知设计人。

发包人代表不能按照合同约定履行其职责及义务，并导致合同无法继续正常履行的，设计人可以要求发包人撤换发包人代表。

2.3 发包人决定

2.3.1 发包人在法律允许的范围内有权对设计人的设计工作、设计项目和（或）设计文件作出处理决定，设计人应按照发包人的决定执行，涉及设计周期和（或）设计费用等问题按本合同第11条〔工程设计变更与索赔〕的约定处理。

2.3.2 发包人应在专用合同条款约定的期限内对设计人书面提出的事项作出书面决定，如发包人不在确定时间内作出书面决定，设计人的设计周期相应延长。

2.4 支付合同价款

发包人应按合同约定向设计人及时足额支付合同价款。

2.5 设计文件接收

发包人应按合同约定及时接收设计人提交的工程设计文件。

3. 设计人

3.1 设计人一般义务

3.1.1 设计人应遵守法律和有关技术标准的强制性规定，完成合同约定范围内的房屋建筑工程方案设计、初步设计、施工图设计，提供符合技术标准及合同要求的工程设计文件，提供施工配合服务。

设计人应当按照专用合同条款约定配合发包人办理有关许可、核准或备案手续的，因设计人原因造成发包人未能及时办理许可、核准或备案手续，导致设计工作量增加和（或）设计周期延长时，由设计人自行承担由此增加的设计费用和（或）设计周期延长的责任。

3.1.2 设计人应当完成合同约定的工程设计其他服务。

3.1.3 专用合同条款约定的其他义务。

3.2 项目负责人

3.2.1 项目负责人应为合同当事人所确认的人选，并在专用合同条款中明确项目负责人的姓名、执业资格及等级、注册执业证书编号、联系方式及授权范围等事项，项目负责人经设计人授权后代表设计人负责履行合同。

3.2.2 设计人需要更换项目负责人的，应在专用合同条款约定的期限内提前书面通知发包人，并征得发包人书面同意。通知中应当载明继任项目负责人的注册执业资格、管理经验等资料，继任项目负责人继续履行第3.2.1项约定的职责。未经发包人书面同意，设计人不得擅自更换项目负责人。设计人擅自更换项目负责人的，应按照专用合同条款的约定承担违约责任。对于设计人项目负责人确因患病、与设计人解除或终止劳动关系、工伤等原因更换项目负责人的，发包人无正当理由不得拒绝更换。

3.2.3 发包人有权书面通知设计人更换其认为不称职的项目负责人，通知中应当载明要求更换的理由。对于发包人有理由的更换要求，设计人应在收到书面更换通知后在专用合同条款约定的期限内进行更换，并将新任命的项目负责人的注册执业资格、管理经验等资料书面通知发包人。继任项目负责人继续履行第 3.2.1 项约定的职责。设计人无正当理由拒绝更换项目负责人的，应按照专用合同条款的约定承担违约责任。

3.3 设计人员

3.3.1 除专用合同条款对期限另有约定外，设计人应在接到开始设计通知后 7 天内，向发包人提交设计人项目管理机构及人员安排的报告，其内容应包括建筑、结构、给排水、暖通、电气等专业负责人名单及其岗位、注册执业资格等。

3.3.2 设计人委派到工程设计中的设计人员应相对稳定。设计过程中如有变动，设计人应及时向发包人提交工程设计人员变动情况的报告。设计人更换专业负责人时，应提前 7 天书面通知发包人，除专业负责人无法正常履职情形外，还应征得发包人书面同意。通知中应当载明继任人员的注册执业资格、执业经验等资料。

3.3.3 发包人对于设计人主要设计人员的资格或能力有异议的，设计人应提供资料证明被质疑人员有能力完成其岗位工作或不存在发包人所质疑的情形。发包人要求撤换不能按照合同约定履行职责及义务的主要设计人员的，设计人认为发包人有理由的，应当撤换。设计人无正当理由拒绝撤换的，应按照专用合同条款的约定承担违约责任。

3.4 设计分包

3.4.1 设计分包的一般约定

设计人不得将其承包的全部工程设计转包给第三人，或将其承包的全部工程设计肢解后以分包的名义转包给第三人。设计人不得将工程主体结构、关键性工作及专用合同条款中禁止分包的工程设计分包给第三人，工程主体结构、关键性工作的范围由合同当事人按照法律规定在专用合同条款中予以明确。设计人不得进行违法分包。

3.4.2 设计分包的确定

设计人应按专用合同条款的约定或经过发包人书面同意后进行分包，确定分包人。按照合同约定或经过发包人书面同意后进行分包的，设计人应确保分包人具有相应的资质和能力。工程设计分包不减轻或免除设计人的责任和义务，设计人和分包人就分包工程设计向发包人承担连带责任。

3.4.3 设计分包管理

设计人应按照专用合同条款的约定向发包人提交分包人的主要工程设计人员名单、注册执业资格及执业经历等。

3.4.4 分包工程设计费

（1）除本项第（2）目约定的情况或专用合同条款另有约定外，分包工程设计费由设计人与分包人结算，未经设计人同意，发包人不得向分包人支付分包工程设计费；

（2）生效的法院判决书或仲裁裁决书要求发包人向分包人支付分包工程设计费的，发包人有权从应付设计人合同价款中扣除该部分费用。

3.5 联合体

3.5.1 联合体各方应共同与发包人签订合同协议书。联合体各方应为履行合同向发包人承担连带责任。

3.5.2 联合体协议，应当约定联合体各成员工作分工，经发包人确认后作为合同附件。在履行合同过程中，未经发包人同意，不得修改联合体协议。

3.5.3 联合体牵头人负责与发包人联系，并接受指示，负责组织联合体各成员全面履行合同。

3.5.4 发包人向联合体支付设计费用的方式在专用合同条款中约定。

4. 工程设计资料

4.1 提供工程设计资料

发包人应当在工程设计前或专用合同条款附件2约定的时间向设计人提供工程设计所必需的工程设计资料，并对所提供资料的真实性、准确性和完整性负责。

按照法律规定确需在工程设计开始后方能提供的设计资料，发包人应及时地在相应工程设计文件提交给发包人前的合理期限内提供，合理期限应以不影响设计人的正常设计为限。

4.2 逾期提供的责任

发包人提交上述文件和资料，超过约定期限15天以内时，设计人按本合同约定的交付工程设计文件时间相应顺延；超过约定期限15天时，设计人有权重新确定提交工程设计文件的时间。工程设计资料逾期提供导致增加了设计工作量的，设计人可以要求发包人另行支付相应设计费用，并相应延长设计周期。

5. 工程设计要求

5.1 工程设计一般要求

5.1.1 对发包人的要求

5.1.1.1 发包人应当遵守法律和技术标准，不得以任何理由要求设计人违反法律和工程质量、安全标准进行工程设计，降低工程质量。

5.1.1.2 发包人要求进行主要技术指标控制的，钢材用量、混凝土用量等主要技术指标控制值应当符合有关工程设计标准的要求，且应当在工程设计开始前书面向设计人提出，经发包人与设计人协商一致后以书面形式确定作为本合同附件。

5.1.1.3 发包人应当严格遵守主要技术指标控制的前提条件，由于发包人的原因导致工程设计文件超出主要技术指标控制值的，发包人承担相应责任。

5.1.2 对设计人的要求

5.1.2.1 设计人应当按法律和技术标准的强制性规定及发包人要求进行工程设计。有关工程设计的特殊标准或要求由合同当事人在专用合同条款中约定。

设计人发现发包人提供的工程设计资料有问题的，应当及时通知发包人并经发包人确认。

5.1.2.2 除合同另有约定外，设计人完成设计工作所应遵守的法律以及技术标准，均应视为在基准日期适用的版本。基准日期之后，前述版本发生重大变化，或者有新的法律以及技术标准实施的，设计人应就推荐性标准向发包人提出遵守新标准的建议，对强制性的规定或标准应当遵照执行。因发包人采纳设计人的建议或遵守基准日期后新的强制性的规定或标准，导致增加设计费用和（或）设计周期延长的，由发包人承担。

5.1.2.3 设计人应当根据建筑工程的使用功能和专业技术协调要求，合理确定基础类型、结构体系、结构布置、使用荷载及综合管线等。

5.1.2.4 设计人应当严格执行其双方书面确认的主要技术指标控制值，由于设计人的原因导致工程设计文件超出在专用合同条款中约定的主要技术指标控制值比例的，设计人应当承担相应的违约责任。

5.1.2.5 设计人在工程设计中选用的材料、设备，应当注明其规格、型号、性能等技术指标及适应性，满足质量、安全、节能、环保等要求。

5.2 工程设计保证措施

5.2.1 发包人的保证措施

发包人应按照法律规定及合同约定完成与工程设计有关的各项工作。

5.2.2 设计人的保证措施

设计人应做好工程设计的质量与技术管理工作，建立健全工程设计质量保证体系，加强工程设计全过程的质量控制，建立完整的设计文件的设计、复核、审核、会签和批准制度，明确各阶段的责任人。

5.3 工程设计文件的要求

5.3.1 工程设计文件的编制应符合法律、技术标准的强制性规定及合同的要求。

5.3.2 工程设计依据应完整、准确、可靠，设计方案论证充分，计算成果可靠，并能够实施。

5.3.3 工程设计文件的深度应满足本合同相应设计阶段的规定要求，并符合国家和行业现行有效的相关规定。

5.3.4 工程设计文件必须保证工程质量和施工安全等方面的要求，按照有关法律法规规定在工程设计文件中提出保障施工作业人员安全和预防生产安全事故的措施建议。

5.3.5 应根据法律、技术标准要求，保证房屋建筑工程的合理使用寿命年限，并应在工程设计文件中注明相应的合理使用寿命年限。

5.4 不合格工程设计文件的处理

5.4.1 因设计人原因造成工程设计文件不合格的，发包人有权要求设计人采取补救措施，直至达到合同要求的质量标准，并按第14.2款〔设计人违约责任〕的约定承担责任。

5.4.2 因发包人原因造成工程设计文件不合格的，设计人应当采取补救措施，直至达到合同要求的质量标准，由此增加的设计费用和（或）设计周期的延长由发包人承担。

6. 工程设计进度与周期

6.1 工程设计进度计划

6.1.1 工程设计进度计划的编制

设计人应按照专用合同条款约定提交工程设计进度计划，工程设计进度计划的编制应当符合法律规定和一般工程设计实践惯例，工程设计进度计划经发包人批准后实施。工程设计进度计划是控制工程设计进度的依据，发包人有权按照工程设计进度计划中列明的关键性控制节点检查工程设计进度情况。

工程设计进度计划中的设计周期应由发包人与设计人协商确定，明确约定各阶段设计任务的完成时间区间，包括各阶段设计过程中设计人与发包人的交流时间，但不包括相关政府部门对设计成果的审批时间及发包人的审查时间。

6.1.2 工程设计进度计划的修订

工程设计进度计划不符合合同要求或与工程设计的实际进度不一致的，设计人应向发包人提交修订的工程设计进度计划，并附具有关措施和相关资料。除专用合同条款对期限另有约定外，发包人应在收到修订的工程设计进度计划后5天内完成审核和批准或提出修改意见，否则视为发包人同意设计人提交的修订的工程设计进度计划。

6.2 工程设计开始

发包人应按照法律规定获得工程设计所需的许可。发包人发出的开始设计通知应符合法律规定，一般应在计划开始设计日期7天前向设计人发出开始工程设计工作通知，工程设计周期自开始设计通知中载明的开始设计的日期起算。

设计人应当在收到发包人提供的工程设计资料及专用合同条款约定的定金或预付款后，开始工程设计工作。

各设计阶段的开始时间均以设计人收到的发包人发出开始设计工作的书面通知书中载明的开始设计的日期起算。

6.3 工程设计进度延误

6.3.1 因发包人原因导致工程设计进度延误

在合同履行过程中，发包人导致工程设计进度延误的情形主要有：

（1）发包人未能按合同约定提供工程设计资料或所提供的工程设计资料不符合合同约定或存在错误或疏漏的；

（2）发包人未能按合同约定日期足额支付定金或预付款、进度款的；

（3）发包人提出影响设计周期的设计变更要求的；

（4）专用合同条款中约定的其他情形。

因发包人原因未按计划开始设计日期开始设计的，发包人应按实际开始设计日期顺延完成设计日期。

除专用合同条款对期限另有约定外，设计人应在发生上述情形后 5 天内向发包人发出要求延期的书面通知，在发生该情形后 10 天内提交要求延期的详细说明供发包人审查。除专用合同条款对期限另有约定外，发包人收到设计人要求延期的详细说明后，应在 5 天内进行审查并就是否延长设计周期及延期天数向设计人进行书面答复。

如果发包人在收到设计人要求延期的详细说明后，在约定的期限内未予答复，则视为设计人要求的延期已被发包人批准。如果设计人未能在本款约定的时间内发出要求延期的通知并提交详细资料，则发包人可拒绝作出任何延期的决定。

发包人上述工程设计进度延误情形导致增加了设计工作量的，发包人应当另行支付相应设计费用。

6.3.2 因设计人原因导致工程设计进度延误

因设计人原因导致工程设计进度延误的，设计人应当按照第 14.2 款〔设计人违约责任〕承担责任。设计人支付逾期完成工程设计违约金后，不免除设计人继续完成工程设计的义务。

6.4 暂停设计

6.4.1 发包人原因引起的暂停设计

因发包人原因引起暂停设计的，发包人应及时下达暂停设计指示。

因发包人原因引起的暂停设计，发包人应承担由此增加的设计费用和（或）延长设计周期的责任。

6.4.2 设计人原因引起的暂停设计

因设计人原因引起的暂停设计，设计人应当尽快向发包人发出书面通知并按第 14.2 款〔设计人违约责任〕承担责任，且设计人在收到发包人复工指示后 15 天内仍未复工的，视为设计人无法继续履行合同的情形，设计人应按第 16 条〔合同解除〕的约定承担责任。

6.4.3 其他原因引起的暂停设计

当出现非设计人原因造成的暂停设计时，设计人应当尽快向发包人发出书面通知。

在上述情形下设计人的设计服务暂停，设计人的设计周期应当相应延长，复工应有发包人与设计人共同确认的合理期限。

当发生本项约定的情况，导致设计人增加设计工作量的，发包人应当另行支付相应设计费用。

6.4.4 暂停设计后的复工

暂停设计后，发包人和设计人应采取有效措施积极消除暂停设计的影响。当工程具备复工条件时，发包人向设计人发出复工通知，设计人应按照复工通知要求复工。

除设计人原因导致暂停设计外，设计人暂停设计后复工所增加的设计工作量，发包人应当另行支付相应设计费用。

6.5 提前交付工程设计文件

6.5.1 发包人要求设计人提前交付工程设计文件的，发包人应向设计人下达提前交付工程设计文件指示，设计人应向发包人提交提前交付工程设计文件建议书，提前交付工程设计文件建议书应包括实施的方案、缩短的时间、增加的合同价格等内容。发包人接受该提前交付工程设计文件建议书的，发包人和设计人协商采取加快工程设计进度的措施，并修订工程设计进度计划，由此增加的设计费用由发包人承担。设计人认为提前交付工程设计文件的指示无法执行的，应向发包人提出书面异议，发包人应在收到异议后7天内予以答复。任何情况下，发包人不得压缩合理设计周期。

6.5.2 发包人要求设计人提前交付工程设计文件，或设计人提出提前交付工程设计文件的建议能够给发包人带来效益的，合同当事人可以在专用合同条款中约定提前交付工程设计文件的奖励。

7. 工程设计文件交付

7.1 工程设计文件交付的内容

7.1.1 工程设计图纸及设计说明。

7.1.2 发包人可以要求设计人提交专用合同条款约定的具体形式的电子版设计文件。

7.2 工程设计文件的交付方式

设计人交付工程设计文件给发包人，发包人应当出具书面签收单，内容包括图纸名称、内容、形式、份数、提交和签收日期、提交人与接收人的亲笔签名。

7.3 工程设计文件交付的名称、时间和份数

工程设计文件交付的名称、时间和份数在专用合同条款附件3中约定。

8. 工程设计文件审查

8.1 设计人的工程设计文件应报发包人审查同意。审查的范围和内容在发包人要求中约定。审查的具体标准应符合法律规定、技术标准要求和本合同约定。

除专用合同条款对期限另有约定外，自发包人收到设计人的工程设计文件以及设计人的通知之日起，发包人对设计人的工程设计文件审查期不超过15天。

发包人不同意工程设计文件的，应以书面形式通知设计人，并说明不符合合同要求的具体内容。设计人应根据发包人的书面说明，对工程设计文件进行修改后重新报送发包人审查，审查期重新起算。

合同约定的审查期满，发包人没有做出审查结论也没有提出异议的，视为设计人的工程设计文件已获发包人同意。

8.2 设计人的工程设计文件不需要政府有关部门审查或批准的，设计人应当严格

按照经发包人审查同意的工程设计文件进行修改，如果发包人的修改意见超出或更改了发包人要求，发包人应当根据第 11 条〔工程设计变更与索赔〕的约定，向设计人另行支付费用。

8.3 工程设计文件需政府有关部门审查或批准的，发包人应在审查同意设计人的工程设计文件后在专用合同条款约定的期限内，向政府有关部门报送工程设计文件，设计人应予以协助。

对于政府有关部门的审查意见，不需要修改发包人要求的，设计人需按该审查意见修改设计人的工程设计文件；需要修改发包人要求的，发包人应重新提出发包人要求，设计人应根据新提出的发包人要求修改设计人的工程设计文件，发包人应当根据第 11 条〔工程设计变更与索赔〕的约定，向设计人另行支付费用。

8.4 发包人需要组织审查会议对工程设计文件进行审查的，审查会议的审查形式和时间安排，在专用合同条款中约定。发包人负责组织工程设计文件审查会议，并承担会议费用及发包人的上级单位、政府有关部门参加的审查会议的费用。

设计人按第 7 条〔工程设计文件交付〕的约定向发包人提交工程设计文件，有义务参加发包人组织的设计审查会议，向审查者介绍、解答、解释其工程设计文件，并提供有关补充资料。

发包人有义务向设计人提供设计审查会议的批准文件和纪要。设计人有义务按照相关设计审查会议批准的文件和纪要，并依据合同约定及相关技术标准，对工程设计文件进行修改、补充和完善。

8.5 因设计人原因，未能按第 7 条〔工程设计文件交付〕约定的时间向发包人提交工程设计文件，致使工程设计文件审查无法进行或无法按期进行，造成设计周期延长、窝工损失及发包人增加费用的，设计人应按第 14.2 款〔设计人违约责任〕的约定承担责任。

因发包人原因，致使工程设计文件审查无法进行或无法按期进行，造成设计周期延长、窝工损失及设计人增加的费用，由发包人承担。

8.6 因设计人原因造成工程设计文件不合格致使工程设计文件审查无法通过的，发包人有权要求设计人采取补救措施，直至达到合同要求的质量标准，并按第 14.2 款〔设计人违约责任〕的约定承担责任。

因发包人原因造成工程设计文件不合格致使工程设计文件审查无法通过的，由此增加的设计费用和（或）延长的设计周期由发包人承担。

8.7 工程设计文件的审查，不减轻或免除设计人依据法律应当承担的责任。

9. 施工现场配合服务

9.1 除专用合同条款另有约定外，发包人应为设计人派赴现场的工作人员提供工作、生活及交通等方面的便利条件。

9.2 设计人应当提供设计技术交底、解决施工中设计技术问题和竣工验收服务。

如果发包人在专用合同条款约定的施工现场服务时限外仍要求设计人负责上述工作的，发包人应按所需工作量向设计人另行支付服务费用。

10. 合同价款与支付

10.1 合同价款组成

发包人和设计人应当在专用合同条款附件6中明确约定合同价款各组成部分的具体数额，主要包括：

（1）工程设计基本服务费用；

（2）工程设计其他服务费用；

（3）在未签订合同前发包人已经同意或接受或已经使用的设计人为发包人所做的各项工作的相应费用等。

10.2 合同价格形式

发包人和设计人应在合同协议书中选择下列一种合同价格形式：

（1）单价合同

单价合同是指合同当事人约定以建筑面积（包括地上建筑面积和地下建筑面积）每平方米单价或实际投资总额的一定比例等进行合同价格计算、调整和确认的建设工程设计合同，在约定的范围内合同单价不作调整。合同当事人应在专用合同条款中约定单价包含的风险范围和风险费用的计算方法，并约定风险范围以外的合同价格的调整方法。

（2）总价合同

总价合同是指合同当事人约定以发包人提供的上一阶段工程设计文件及有关条件进行合同价格计算、调整和确认的建设工程设计合同，在约定的范围内合同总价不作调整。合同当事人应在专用合同条款中约定总价包含的风险范围和风险费用的计算方法，并约定风险范围以外的合同价格的调整方法。

（3）其他价格形式

合同当事人可在专用合同条款中约定其他合同价格形式。

10.3 定金或预付款

10.3.1 定金或预付款的比例

定金的比例不应超过合同总价款的20%。预付款的比例由发包人与设计人协商确定，一般不低于合同总价款的20%。

10.3.2 定金或预付款的支付

定金或预付款的支付按照专用合同条款约定执行，但最迟应在开始设计通知载明的开始设计日期前专用合同条款约定的期限内支付。

发包人逾期支付定金或预付款超过专用合同条款约定的期限的，设计人有权向发包人发出要求支付定金或预付款的催告通知，发包人收到通知后7天内仍未支付的，设计人有权不开始设计工作或暂停设计工作。

10.4 进度款支付

10.4.1 发包人应当按照专用合同条款附件 6 约定的付款条件及时向设计人支付进度款。

10.4.2 进度付款的修正

在对已付进度款进行汇总和复核中发现错误、遗漏或重复的，发包人和设计人均有权提出修正申请。经发包人和设计人同意的修正，应在下期进度付款中支付或扣除。

10.5 合同价款的结算与支付

10.5.1 对于采取固定总价形式的合同，发包人应当按照专用合同条款附件 6 的约定及时支付尾款。

10.5.2 对于采取固定单价形式的合同，发包人与设计人应当按照专用合同条款附件 6 约定的结算方式及时结清工程设计费，并将结清未支付的款项一次性支付给设计人。

10.5.3 对于采取其他价格形式的，也应按专用合同条款的约定及时结算和支付。

10.6 支付账户

发包人应将合同价款支付至合同协议书中约定的设计人账户。

11. 工程设计变更与索赔

11.1 发包人变更工程设计的内容、规模、功能、条件等，应当向设计人提供书面要求，设计人在不违反法律规定以及技术标准强制性规定的前提下应当按照发包人要求变更工程设计。

11.2 发包人变更工程设计的内容、规模、功能、条件或因提交的设计资料存在错误或作较大修改时，发包人应按设计人所耗工作量向设计人增付设计费，设计人可按本条约定和专用合同条款附件 7 的约定，与发包人协商对合同价格和/或完工时间做可共同接受的修改。

11.3 如果由于发包人要求更改而造成的项目复杂性的变更或性质的变更使得设计人的设计工作减少，发包人可按本条约定和专用合同条款附件 7 的约定，与设计人协商对合同价格和/或完工时间做可共同接受的修改。

11.4 基准日期后，与工程设计服务有关的法律、技术标准的强制性规定的颁布及修改，由此增加的设计费用和（或）延长的设计周期由发包人承担。

11.5 如果发生设计人认为有理由提出增加合同价款或延长设计周期的要求事项，除专用合同条款对期限另有约定外，设计人应于该事项发生后 5 天内书面通知发包人。除专用合同条款对期限另有约定外，在该事项发生后 10 天内，设计人应向发包人提供证明设计人要求的书面声明，其中包括设计人关于因该事项引起的合同价款和设计周期的变化的详细计算。除专用合同条款对期限另有约定外，发包人应在接到设计人书面声明后的 5 天内，予以书面答复。逾期未答复的，视为发包人同意设计人关于增加合同价款或延长设计周期的要求。

12. 专业责任与保险

12.1 设计人应运用一切合理的专业技术和经验知识，按照公认的职业标准尽其全部职责和谨慎、勤勉地履行其在本合同项下的责任和义务。

12.2 除专用合同条款另有约定外，设计人应具有发包人认可的、履行本合同所需要的工程设计责任保险并使其于合同责任期内保持有效。

12.3 工程设计责任保险应承担由于设计人的疏忽或过失而引发的工程质量事故所造成的建设工程本身的物质损失以及第三者人身伤亡、财产损失或费用的赔偿责任。

13. 知识产权

13.1 除专用合同条款另有约定外，发包人提供给设计人的图纸、发包人为实施工程自行编制或委托编制的技术规格书以及反映发包人要求的或其他类似性质的文件的著作权属于发包人，设计人可以为实现合同目的而复制、使用此类文件，但不能用于与合同无关的其他事项。未经发包人书面同意，设计人不得为了合同以外的目的而复制、使用上述文件或将之提供给任何第三方。

13.2 除专用合同条款另有约定外，设计人为实施工程所编制的文件的著作权属于设计人，发包人可因实施工程的运行、调试、维修、改造等目的而复制、使用此类文件，但不能擅自修改或用于与合同无关的其他事项。未经设计人书面同意，发包人不得为了合同以外的目的而复制、使用上述文件或将之提供给任何第三方。

13.3 合同当事人保证在履行合同过程中不侵犯对方及第三方的知识产权。设计人在工程设计时，因侵犯他人的专利权或其他知识产权所引起的责任，由设计人承担；因发包人提供的工程设计资料导致侵权的，由发包人承担责任。

13.4 合同当事人双方均有权在不损害对方利益和保密约定的前提下，在自己宣传用的印刷品或其他出版物上，或申报奖项时等情形下公布有关项目的文字和图片材料。

13.5 除专用合同条款另有约定外，设计人在合同签订前和签订时已确定采用的专利、专有技术的使用费应包含在签约合同价中。

14. 违约责任

14.1 发包人违约责任

14.1.1 合同生效后，发包人因非设计人原因要求终止或解除合同，设计人未开始设计工作的，不退还发包人已付的定金或发包人按照专用合同条款的约定向设计人支付违约金；已开始设计工作的，发包人应按照设计人已完成的实际工作量计算设计费，完成工作量不足一半时，按该阶段设计费的一半支付设计费；超过一半时，按该阶段设计费的全部支付设计费。

14.1.2 发包人未按专用合同条款附件6约定的金额和期限向设计人支付设计费的，应按专用合同条款约定向设计人支付违约金。逾期超过15天时，设计人有权书面通知发包人中止设计工作。自中止设计工作之日起15天内发包人支付相应费用的，设计人应及时根据发包人要求恢复设计工作;自中止设计工作之日起超过15天后发包人支付相应费用的,设计人有权确定重新恢复设计工作的时间,且设计周期相应延长。

14.1.3 发包人的上级或设计审批部门对设计文件不进行审批或本合同工程停建、缓建,发包人应在事件发生之日起15天内按本合同第16条〔合同解除〕的约定向设计人结算并支付设计费。

14.1.4 发包人擅自将设计人的设计文件用于本工程以外的工程或交第三方使用时,应承担相应法律责任,并应赔偿设计人因此遭受的损失。

14.2 设计人违约责任

14.2.1 合同生效后,设计人因自身原因要求终止或解除合同,设计人应按发包人已支付的定金金额双倍返还给发包人或设计人按照专用合同条款约定向发包人支付违约金。

14.2.2 由于设计人原因,未按专用合同条款附件3约定的时间交付工程设计文件的,应按专用合同条款的约定向发包人支付违约金,前述违约金经双方确认后可在发包人应付设计费中扣减。

14.2.3 设计人对工程设计文件出现的遗漏或错误负责修改或补充。由于设计人原因产生的设计问题造成工程质量事故或其他事故时,设计人除负责采取补救措施外,应当通过所投建设工程设计责任保险向发包人承担赔偿责任或者根据直接经济损失程度按专用合同条款约定向发包人支付赔偿金。

14.2.4 由于设计人原因,工程设计文件超出发包人与设计人书面约定的主要技术指标控制值比例的,设计人应当按照专用合同条款的约定承担违约责任。

14.2.5 设计人未经发包人同意擅自对工程设计进行分包的,发包人有权要求设计人解除未经发包人同意的设计分包合同,设计人应当按照专用合同条款的约定承担违约责任。

15. **不可抗力**

15.1 不可抗力的确认

不可抗力是指合同当事人在签订合同时不可预见,在合同履行过程中不可避免且不能克服的自然灾害和社会性突发事件,如地震、海啸、瘟疫、骚乱、戒严、暴动、战争和专用合同条款中约定的其他情形。

不可抗力发生后,发包人和设计人应收集证明不可抗力发生及不可抗力造成损失的证据,并及时认真统计所造成的损失。合同当事人对是否属于不可抗力或其损失发生争议时,按第17条〔争议解决〕的约定处理。

15.2 不可抗力的通知

合同一方当事人遇到不可抗力事件,使其履行合同义务受到阻碍时,应立即通知合同另一方当事人,书面说明不可抗力和受阻碍的详细情况,并在合理期限内提供必要的证明。

不可抗力持续发生的,合同一方当事人应及时向合同另一方当事人提交中间报告,说明不可抗力和履行合同受阻的情况，并于不可抗力事件结束后 28 天内提交最终报告及有关资料。

15.3 不可抗力后果的承担

不可抗力引起的后果及造成的损失由合同当事人按照法律规定及合同约定各自承担。不可抗力发生前已完成的工程设计应当按照合同约定进行支付。

不可抗力发生后，合同当事人均应采取措施尽量避免和减少损失的扩大，任何一方当事人没有采取有效措施导致损失扩大的，应对扩大的损失承担责任。

因合同一方迟延履行合同义务，在迟延履行期间遭遇不可抗力的，不免除其违约责任。

16. 合同解除

16.1 发包人与设计人协商一致，可以解除合同。

16.2 有下列情形之一的，合同当事人一方或双方可以解除合同：

（1）设计人工程设计文件存在重大质量问题，经发包人催告后，在合理期限内修改后仍不能满足国家现行深度要求或不能达到合同约定的设计质量要求的，发包人可以解除合同；

（2）发包人未按合同约定支付设计费用，经设计人催告后，在 30 天内仍未支付的，设计人可以解除合同；

（3）暂停设计期限已连续超过 180 天，专用合同条款另有约定的除外；

（4）因不可抗力致使合同无法履行；

（5）因一方违约致使合同无法实际履行或实际履行已无必要；

（6）因本工程项目条件发生重大变化，使合同无法继续履行。

16.3 任何一方因故需解除合同时，应提前 30 天书面通知对方，对合同中的遗留问题应取得一致意见并形成书面协议。

16.4 合同解除后，发包人除应按第 14.1.1 项的约定及在专用合同条款约定期限内向设计人支付已完工作的设计费外，还应当向设计人支付由于非设计人原因合同解除导致设计人增加的设计费用，违约一方应当承担相应的违约责任。

17. 争议解决

17.1 和解

合同当事人可以就争议自行和解，自行和解达成协议的经双方签字并盖章后作为合同补充文件，双方均应遵照执行。

17.2 调解

合同当事人可以就争议请求相关行政主管部门、行业协会或其他第三方进行调解，调解达成协议的，经双方签字并盖章后作为合同补充文件，双方均应遵照执行。

17.3 争议评审

合同当事人在专用合同条款中约定采取争议评审方式解决争议以及评审规则，并按下列约定执行：

17.3.1 争议评审小组的确定

合同当事人可以共同选择一名或三名争议评审员，组成争议评审小组。除专用合同条款另有约定外，合同当事人应当自合同签订后 28 天内，或者争议发生后 14 天内，选定争议评审员。

选择一名争议评审员的，由合同当事人共同确定；选择三名争议评审员的，各自选定一名，第三名成员为首席争议评审员，由合同当事人共同确定或由合同当事人委托已选定的争议评审员共同确定，或由专用合同条款约定的评审机构指定第三名首席争议评审员。

除专用合同条款另有约定外，评审所发生的费用由发包人和设计人各承担一半。

17.3.2 争议评审小组的决定

合同当事人可在任何时间将与合同有关的任何争议共同提请争议评审小组进行评审。争议评审小组应秉持客观、公正原则，充分听取合同当事人的意见，依据相关法律、技术标准及行业惯例等，自收到争议评审申请报告后 14 天内作出书面决定，并说明理由。合同当事人可以在专用合同条款中对本事项另行约定。

17.3.3 争议评审小组决定的效力

争议评审小组作出的书面决定经合同当事人签字确认后，对双方具有约束力，双方应遵照执行。

任何一方当事人不接受争议评审小组决定或不履行争议评审小组决定的，双方可选择采用其他争议解决方式。

17.4 仲裁或诉讼

因合同及合同有关事项产生的争议，合同当事人可以在专用合同条款中约定以下一种方式解决争议：

（1）向约定的仲裁委员会申请仲裁；

（2）向有管辖权的人民法院起诉。

17.5 争议解决条款效力

合同有关争议解决的条款独立存在，合同的变更、解除、终止、无效或者被撤销均不影响其效力。

第三部分　专用合同条款

1. 一般约定

1.1 词语定义与解释

1.1.1 合同

1.1.1.8 其他合同文件包括：＿＿＿＿＿＿＿＿＿＿＿＿＿＿＿＿＿＿＿＿＿＿

1.3 法律

适用于合同的其他规范性文件：_____

_____。

1.4 技术标准

1.4.1 适用于工程的技术标准包括：_____

_____。

1.4.2 国外技术标准原文版本和中文译本的提供方：_____

_____；

提供国外技术标准的名称：_____

_____；

提供国外技术标准的份数：_____

_____；

提供国外技术标准的时间：_____

_____；

提供国外技术标准的费用承担：_____

_____。

1.4.3 发包人对工程的技术标准和功能要求的特殊要求：_____

_____。

1.5 合同文件的优先顺序

合同文件组成及优先顺序：_____

_____。

1.6 联络

1.6.1 发包人和设计人应当在____天内将与合同有关的通知、批准、证明、证书、指示、指令、要求、请求、同意、确定和决定等书面函件送达对方当事人。

1.6.2 发包人与设计人联系信息

发包人接收文件的地点：_____；

发包人指定的接收人：_____；

发包人指定的联系电话及传真号码：_____；

发包人指定的电子邮箱：_____。

设计人接收文件的地点：_____；

设计人指定的接收人：_____；

设计人指定的联系电话及传真号码：_____；

设计人指定的电子邮箱：_____。

1.8 保密

保密期限：_____。

2. 发包人

2.1 发包人一般义务

2.1.3 发包人其他义务：_____。

2.2 发包人代表

发包人代表：

姓　　名：_____；

身份证号：_____；

职　　务：_____；

联系电话：_____；

电子信箱：_____；

通信地址：_____。

发包人对发包人代表的授权范围如下：_____
_____。

发包人更换发包人代表的，应当提前_____天书面通知设计人。

2.3 发包人决定

2.3.2 发包人应在_____天内对设计人书面提出的事项作出书面决定。

3. 设计人

3.1 设计人一般义务

3.1.1 设计人_____（需/不需）配合发包人办理有关许可、批准或备案手续。

3.1.3 设计人其他义务：_____。

3.2 项目负责人

3.2.1 项目负责人

姓　　名：_____；

执业资格及等级：_____；

注册证书号：_____；

联系电话：_____；

电子信箱：_____；

通信地址：_____；

设计人对项目负责人的授权范围如下：_____。

3.2.2 设计人更换项目负责人的，应提前____天书面通知发包人。

设计人擅自更换项目负责人的违约责任：_____
_____。

3.2.3 设计人应在收到书面更换通知后_____天内更换项目负责人。

设计人无正当理由拒绝更换项目负责人的违约责任：_____
_____。

3.3 设计人员

3.3.1 设计人提交项目管理机构及人员安排报告的期限：_____。

3.3.3 设计人无正当理由拒绝撤换主要设计人员的违约责任：_____

_____。

3.4 设计分包

3.4.1 设计分包的一般约定

禁止设计分包的工程包括：_____

_____。

主体结构、关键性工作的范围：_____

_____。

3.4.2 设计分包的确定

允许分包的专业工程包括：_____

_____。

其他关于分包的约定：_____

_____。

3.4.3 设计人向发包人提交有关分包人的资料包括：_____

_____。

3.4.4 分包工程设计费支付方式：_____

_____。

3.5 联合体

3.5.4 发包人向联合体支付设计费用的方式：_____

_____。

5. 工程设计要求

5.1 工程设计一般要求

5.1.2.1 工程设计的特殊标准或要求：_____

_____。

5.1.2.2 工程设计适用的技术标准：_____

_____。

5.1.2.4 工程设计文件的主要技术指标控制值及比例：_____

_____。

5.3 工程设计文件的要求

5.3.3 工程设计文件深度规定：_____

_____。

5.3.5 建筑物及其功能设施的合理使用寿命年限：_____

_____。

6. 工程设计进度与周期

6.1 工程设计进度计划

6.1.1 工程设计进度计划的编制

合同当事人约定的工程设计进度计划提交的时间：_____。

合同当事人约定的工程设计进度计划应包括的内容：_____。

6.1.2 工程设计进度计划的修订

发包人在收到工程设计进度计划后确认或提出修改意见的期限：_____。

6.3 工程设计进度延误

6.3.1 因发包人原因导致工程设计进度延误

（4）因发包人原因导致工程设计进度延误的其他情形：_____。

设计人应在发生进度延误的情形后____天内向发包人发出要求延期的书面通知，在发生该情形后____天内提交要求延期的详细说明。

发包人收到设计人要求延期的详细说明后，应在____天内进行审查并书面答复。

6.5 提前交付工程设计文件

6.5.2 提前交付工程设计文件的奖励：_____。

7. 工程设计文件交付

7.1 工程设计文件交付的内容

7.1.2 发包人要求设计人提交电子版设计文件的具体形式：_____。

8. 工程设计文件审查

8.1 发包人对设计人的设计文件审查期限不超过____天。

8.3 发包人应在审查同意设计人的工程设计文件后____天内，向政府有关部门报送工程设计文件。

8.4 工程设计审查形式及时间安排：_____。

9. 施工现场配合服务

9.1 发包人为设计人派赴现场的工作人员提供便利条件的内容包括：_____。

9.2 设计人应当在交付施工图设计文件并经审查合格后____时间内提供施工现场配合服务。

10. **合同价款与支付**

10.2 合同价格形式

(1) 单价合同

单价包含的风险范围：_____
_____。

风险费用的计算方法：_____
_____。

风险范围以外合同价格的调整方法：_____
_____。

(2) 总价合同

总价包含的风险范围：_____
_____。

风险费用的计算方法：_____
_____。

风险范围以外合同价格的调整方法：_____
_____。

(3) 其他价格形式：_____
_____。

10.3 定金或预付款

10.3.1 定金或预付款的比例

定金的比例：_____或预付款的比例：_____。

10.3.2 定金或预付款的支付

定金或预付款的支付时间：_____，但最迟应在开始设计通知载明的开始设计日期_____天前支付。

11. **工程设计变更与索赔**

11.5 设计人应于认为有理由提出增加合同价款或延长设计周期的要求事项发生后____天内书面通知发包人。

设计人应在该事项发生后____天内向发包人提供证明设计人要求的书面声明。

发包人应在接到设计人书面声明后____天内，予以书面答复。

12. **专业责任与保险**

12.2 设计人____（需/不需）有发包人认可的工程设计责任保险。

13. **知识产权**

13.1 关于发包人提供给设计人的图纸、发包人为实施工程自行编制或委托编制的技术规格以及反映发包人关于合同要求或其他类似性质的文件的著作权的归属：_____
_____。

关于发包人提供的上述文件的使用限制的要求：_____
_____。

13.2 关于设计人为实施工程所编制文件的著作权的归属：_____
_____。

关于设计人提供的上述文件的使用限制的要求：_____
_____。

13.5 设计人在设计过程中所采用的专利、专有技术的使用费的承担方式：_____
_____。

14. **违约责任**

14.1 发包人违约责任

14.1.1 发包人支付设计人的违约金：_____。

14.1.2 发包人逾期支付设计费的违约金：_____
_____。

14.2 设计人违约责任

14.2.1 设计人支付发包人的违约金：_____。

14.2.2 设计人逾期交付工程设计文件的违约金：_____
_____。

设计人逾期交付工程设计文件的违约金的上限：_____
_____。

14.2.3 设计人设计文件不合格的损失赔偿金的上限：_____
_____。

14.2.4 设计人工程设计文件超出主要技术指标控制值比例的违约责任：_____
_____。

14.2.5 设计人未经发包人同意擅自对工程设计进行分包的违约责任：_____
_____。

15. **不可抗力**

15.1 不可抗力的确认

除通用合同条款约定的不可抗力事件之外，视为不可抗力的其他情形：_____。

16. **合同解除**

16.2 有下列情形之一的，可以解除合同：

（3）暂停设计期限已连续超过_____天。

16.4 发包人向设计人支付已完成工作设计费的期限为____天内。

17. **争议解决**

17.3 争议评审

合同当事人是否同意将工程争议提交争议评审小组决定：_____

17.3.1 争议评审小组的确定

争议评审小组成员的确定：_____。

选定争议评审员的期限：_____。

评审所发生的费用承担方式：_____。

其他事项的约定：_____。

17.3.2 争议评审小组的决定

合同当事人关于本事项的约定：_____。

17.4 仲裁或诉讼

因合同及合同有关事项发生的争议，按下列第____种方式解决：

（1）向_____仲裁委员会申请仲裁；

（2）向_____人民法院起诉。

18. 其他（如果没有，填"无"）

_____

_____。

附件

附件1：工程设计范围、阶段与服务内容

附件2：发包人向设计人提交的有关资料及文件一览表

附件3：设计人向发包人交付的工程设计文件目录

附件4：设计人主要设计人员表

附件5：设计进度表

附件6：设计费明细及支付方式

附件7：设计变更计费依据和方法

附件1：

工程设计范围、阶段与服务内容

发包人与设计人可根据项目的具体情况，选择确定本附件内容。

一、本工程设计范围

规划土地内相关建筑物、构筑物的有关建筑、结构、给水排水、暖通空调、建筑电气、总图专业（不含住宅小区总图）的设计。

精装修设计、智能化专项设计、泛光立面照明设计、景观设计、娱乐工艺设计、声学设计、舞台机械设计、舞台灯光设计、厨房工艺设计、煤气设计、幕墙设计、气体灭火及其他特殊工艺设计等，另行约定。

二、本工程设计阶段划分

方案设计、初步设计、施工图设计及施工配合四个阶段。

三、各阶段服务内容

1. 方案设计阶段

（1）与发包人及发包人聘用的顾问充分沟通，深入研究项目基础资料，协助发包人提出本项目的发展规划和市场潜力；

（2）完成总体规划和方案设计，提供满足深度的方案设计图纸，并制作符合政府部门要求的规划意见书与设计方案报批文件，协助发包人进行报批工作；

（3）根据政府部门的审批意见在本合同约定的范围内对设计方案进行修改和必要的调整，以通过政府部门审查批准；

（4）协调景观、交通、精装修等各专业顾问公司的工作，对其设计方案和技术经济指标进行审核，提供咨询意见。在保证与该项目总体方案设计相一致的情况下，接受经发包人确认的顾问公司的合理化建议并对方案进行调整；

（5）配合发包人进行人防、消防、交通、绿化及市政管网等方面的咨询工作；

（6）负责完成人防、消防等规划方案，协助发包人完成报批工作。

2. 初步设计阶段

（1）负责完成并制作建筑、结构、给排水、暖通空调、建筑电气、动力、室外管线综合等专业的初步设计文件，设计内容和深度应满足政府相关规定；

（2）制作报政府相关部门进行初步设计审查的设计图纸，配合发包人进行交通、园林、人防、消防、供电、市政、气象等各部门的报审工作，提供相关的工程用量参数，并负责有关解释和修改。

3. 施工图设计阶段

（1）负责完成并制作总图、建筑、结构、机电、室外管线综合等全部专业的施工图设计文件；

（2）对发包人的审核修改意见进行修改、完善，保证其设计意图的最终实现；

（3）根据项目开发进度要求及时提供各阶段报审图纸，协助发包人进行报审工作，根据审查结果在本合同约定的范围内进行修改调整，直至审查通过，并最终向发包人提交正式的施工图设计文件；

（4）协助发包人进行工程招标答疑。

4. 施工配合阶段

（1）负责工程设计交底，解答施工过程中施工承包人有关施工图的问题，项目负责人及各专业设计负责人及时对施工中与设计有关的问题做出回应，保证设计满足施工要求；

（2）根据发包人要求，及时参加与设计有关的专题会，现场解决技术问题；

（3）协助发包人处理工程洽商和设计变更，负责有关设计修改，及时办理相关手续；

（4）参与与设计人相关的必要的验收以及项目竣工验收工作，并及时办理相关手续；

（5）提供产品选型、设备加工订货、建筑材料选择以及分包商考察等技术咨询工作；

（6）应发包人要求协助审核各分包商的设计文件是否满足接口条件并签署意见，以保证其与总体设计协调一致，并满足工程要求。

附件2：

发包人向设计人提交的有关资料及文件一览表

序号	资料及文件名称	份数	提交日期	有关事宜
1	项目立项报告和审批文件	各1	方案开始3天前	
2	发包人要求即设计任务书（含对建筑、结构、给水排水、暖通空调、建筑电气、总图等专业的具体要求）	1	方案开始3天前	
3	建筑红线图，建筑钉桩图	各1	方案开始3天前	
4	当地规划部门的规划意见书	1	方案开始3天前	
5	工程勘察报告	2	方案设计开始前3天提供初步勘察报告；初步设计开始3天前提供详细勘察报告	
6	各阶段主管部门的审批意见	1	下一个阶段设计开始3天前提供上一个阶段审批意见	
7	方案设计确认单（含初设开工令）	1	初步设计开始3天前	
8	工程所在地地形图（1/500）电子版及区域位置图	1	初步设计开始3天前	
9	初步设计确认单（含施工图、开工令）	1	施工图设计开始3天前	
10	施工图审查合格意见书	1	施工图审查通过后5天内	
11	市政条件（包括给排水、暖通、电力、道路、热力、通信等）	1	方案开始3天前	
12	其他设计资料	1	各设计阶段设计开始3天前	
13	竣工验收报告	1	工程竣工验收通过后5天内	

（上表内容仅供参考，发包人和设计人应当根据项目具体情况详细列举）

附件3：

设计人向发包人交付的工程设计文件目录

序号	资料及文件名称	份数	提交日期	有关事宜
1	方案设计文件		____天	
2	初步设计文件		____天	
3	施工图设计文件		____天	

特别约定：

1. 在发包人所提供的设计资料（含设计确认单、规划部门批文、政府各部门批文等）能满足设计人进行各阶段设计的前提下开始计算各阶段的设计时间。

2. 上述设计时间不包括法定的节假日。

3. 图纸交付地点：设计人工作地（或发包人指定地）。发包人要求设计人提供电子版设计文件时，设计人有权对电子版设计文件采取加密、设置访问权限、限期使用等保护措施。

4. 如发包人要求提供超过合同约定份数的工程设计文件，则设计人仍应按发包人的要求提供，但发包人应向设计人支付工本费。

附件4：

设计人主要设计人员表

名　　称	姓名	职务	注册执业资格	承担过的主要项目
一、总部人员				
项目主管				
其他人员				
二、项目组成人员				
项目负责人				
项目副负责人				
建筑专业负责人				
结构专业负责人				
给水排水专业负责人				
暖通空调专业负责人				
建筑电气专业负责人				

附件5：

设计进度表

附件6：

设计费明细及支付方式

一、设计费总额：_____。

二、设计费总额构成：_____。

1. 工程设计基本服务费用：固定总价：_____。

　　　　　　　　　　　　固定单价：____（____元/平方米或费率____%）。

2. 工程设计其他服务费用：_____。

3. 合同签订前设计人已完成工作的费用：_____。

4. 特别约定：

（1）工程设计基本服务费用包含设计人员赴工地现场的差旅费____人次日，每人每次不超2天；不含长期驻现场的设计工地代表和现场服务费。

（2）采用固定单价形式的设计费，实际设计费按初步设计批准（或通过审查的施工图设计）的建筑面积（或投资额）和本合同约定的单价（或费率）核定，多退少补。

（3）超过上述约定人次日赴项目现场所发生的费用（包括往返机票费、机场建设费、交通费、食宿费、保险费等）和人工费由发包人另行支付。其中人工费支付标准为_____。（建议参照本单位年人均产值确定人工费标准）

（4）其他：_____。

三、设计费明细计算表

四、设计费支付方式

经发包人、设计人双方确认，如果发包人委托设计人负责全过程工程设计服务，各阶段的设计费比例为：方案设计阶段的设计费占本合同设计费总额的20%，初步设计阶段的设计费占本合同设计费总额的30%，施工图设计阶段的设计费占本合同设计费总额的40%，施工配合阶段占本合同设计费总额的10%；如果发包人委托设计人负责部分工程设计服务，则每个阶段的设计费比例，双方另行协商确定。具体支付时间如下：

1. 本合同生效后7天内，发包人向设计人支付设计费总额的____%作为定金（或预付款），计____元，设计合同履行完毕后，定金（或预付款）抵作部分工程设计费。

2. 设计人向发包人提交方案设计文件后 7 天内，发包人向设计人支付设计费总额的 10%，计____元。

3. 设计人向发包人提交初步设计文件后 7 天内，发包人向设计人支付设计费总额的 20%，计____元。

4. 设计人向发包人提交施工图设计文件后 7 天内，发包人向设计人支付设计费总额的 30%，计____元。

5. 施工图设计文件通过审查后 7 天内或施工图设计文件提交后 3 个月内，发包人向设计人支付设计费总额的 10%，计____元。

6. 工程结构封顶后 7 天内，发包人向设计人支付设计费总额的 5%，计____元。

7. 工程竣工验收后 7 天内，发包人向设计人支付全部剩余设计费，共计____元。

注：上述支付方式供发包人、设计人参考使用。

附件 7：

设计变更计费依据和方法

（四）建设工程设计合同（专业建设工程）[①]

工 程 名 称：_____

工 程 地 点：_____

合 同 编 号：_____

设 计 证 书 等 级：_____

发 包 人：_____

设 计 人：_____

签 订 日 期：_____年___月___日

说　明

为了指导建设工程设计合同当事人的签约行为，维护合同当事人的合法权益，依据《中华人民共和国合同法》《中华人民共和国建筑法》《中华人民共和国招标投标法》以及相关法律法规，住房和城乡建设部、工商总局对《建设工程设计合同（二）（专业建设工程设计合同）》（GF-2000-0210）进行了修订，制定了《建设工程设计合同示范文本（专业建设工程）》（GF-2015-0210）（以下简称《示范文本》）。为了便于合同当事人使用《示范文本》，现就有关问题说明如下：

---

① 中华人民共和国住房和城乡建设部、国家工商行政管理总局制定，GF-2015-0210。

一、《示范文本》的组成

《示范文本》由合同协议书、通用合同条款和专用合同条款三部分组成。

（一）合同协议书

《示范文本》合同协议书集中约定了合同当事人基本的合同权利义务。

（二）通用合同条款

通用合同条款是合同当事人根据《中华人民共和国建筑法》《中华人民共和国合同法》等法律法规的规定，就工程设计的实施及相关事项，对合同当事人的权利义务作出的原则性约定。

通用合同条款既考虑了现行法律法规对工程建设的有关要求，也考虑了工程设计管理的特殊需要。

（三）专用合同条款

专用合同条款是对通用合同条款原则性约定的细化、完善、补充、修改或另行约定的条款。合同当事人可以根据不同建设工程的特点及具体情况，通过双方的谈判、协商对相应的专用合同条款进行修改补充。在使用专用合同条款时，应注意以下事项：

1. 专用合同条款的编号应与相应的通用合同条款的编号一致；

2. 合同当事人可以通过对专用合同条款的修改，满足具体建设工程的特殊要求，避免直接修改通用合同条款；

3. 在专用合同条款中有横道线的地方，合同当事人可针对相应的通用合同条款进行细化、完善、补充、修改或另行约定；如无细化、完善、补充、修改或另行约定，则填写"无"或画"/"。

二、《示范文本》的性质和适用范围

《示范文本》供合同双方当事人参照使用。

《示范文本》适用于房屋建筑工程以外各行业建设工程项目的主体工程和配套工程（含厂/矿区内的自备电站、道路、专用铁路、通信、各种管网管线和配套的建筑物等全部配套工程）以及与主体工程、配套工程相关的工艺、土木、建筑、环境保护、水土保持、消防、安全、卫生、节能、防雷、抗震、照明工程等工程设计活动。

房屋建筑工程以外的各行业建设工程统称为专业建设工程，具体包括煤炭、化工石化医药、石油天然气（海洋石油）、电力、冶金、军工、机械、商物粮、核工业、电子通信广电、轻纺、建材、铁道、公路、水运、民航、市政、农林、水利、海洋等工程。

第一部分　合同协议书

发包人（全称）：_____

设计人（全称）：_____

根据《中华人民共和国合同法》《中华人民共和国建筑法》及有关法律规定，遵循平等、自愿、公平和诚实信用的原则，双方就_____工程设计及有关事项协商一致，共同达成如下协议：

一、工程概况

1. 工程名称：_____。
2. 工程批准、核准或备案文号：_____。
3. 工程内容及规模：_____。
4. 工程所在地详细地址：_____。
5. 工程投资估算：_____。
6. 工程进度安排：_____。
7. 工程主要技术标准：_____。

二、工程设计范围、阶段与服务内容

1. 工程设计范围：_____
2. 工程设计阶段：_____
3. 工程设计服务内容：_____

工程设计范围、阶段与服务内容详见专用合同条款附件1。

三、工程设计周期

计划开始设计日期：_____年___月___日。

计划完成设计日期：_____年___月___日。

具体工程设计周期以专用合同条款及其附件的约定为准。

四、合同价格形式与签约合同价

1. 合同价格形式：_____；
2. 签约合同价为：

人民币（大写）_____（¥_____元）。

五、发包人代表与设计人项目负责人

发包人代表：_____。

设计人项目负责人：_____。

六、合同文件构成

本协议书与下列文件一起构成合同文件：

（1）专用合同条款及其附件；

（2）通用合同条款；

（3）中标通知书（如果有）；

（4）投标函及其附录（如果有）；

（5）发包人要求；

（6）技术标准；

（7）发包人提供的上一阶段图纸（如果有）；

（8）其他合同文件。

在合同履行过程中形成的与合同有关的文件均构成合同文件组成部分。

上述各项合同文件包括合同当事人就该项合同文件所作出的补充和修改，属于同一类内容的文件，应以最新签署的为准。

七、承诺

1. 发包人承诺按照法律规定履行项目审批手续，按照合同约定提供设计依据，并按合同约定的期限和方式支付合同价款。

2. 设计人承诺按照法律和技术标准规定及合同约定提供工程设计服务。

八、词语含义

本协议书中词语含义与第二部分通用合同条款中赋予的含义相同。

九、签订地点

本合同在_____签订。

十、补充协议

合同未尽事宜，合同当事人另行签订补充协议，补充协议是合同的组成部分。

十一、合同生效

本合同自_____起生效。

十二、合同份数

本合同正本一式_____份、副本一式_____份，均具有同等法律效力，发包人执正本_____份、副本_____份，设计人执正本_____份、副本_____份。

发包人：（盖章）　　　　　　　　设计人：（盖章）
法定代表人或其委托代理人：　　　法定代表人或其委托代理人：
（签字）　　　　　　　　　　　　（签字）
组织机构代码：　　　　　　　　　组织机构代码：
纳税人识别码：　　　　　　　　　纳税人识别码：
地　　址：　　　　　　　　　　　地　　址：
邮政编码：　　　　　　　　　　　邮政编码：
法定代表人：　　　　　　　　　　法定代表人：
委托代理人：　　　　　　　　　　委托代理人：
电　　话：　　　　　　　　　　　电　　话：
传　　真：　　　　　　　　　　　传　　真：
电子信箱：　　　　　　　　　　　电子信箱：
开户银行：　　　　　　　　　　　开户银行：
账　　号：　　　　　　　　　　　账　　号：
时　　间：_____年___月___日　 时　　间：_____年___月___日

第二部分　通用合同条款

1. 一般约定

1.1 词语定义与解释

合同协议书、通用合同条款、专用合同条款中的下列词语具有本款所赋予的含义：

1.1.1 合同

1.1.1.1 合同：指根据法律规定和合同当事人约定具有约束力的文件，构成合同的文件包括合同协议书、专用合同条款及其附件、通用合同条款、中标通知书（如果有）、投标函及其附录（如果有）、发包人要求、技术标准、发包人提供的上一阶段图纸（如果有）以及其他合同文件。

1.1.1.2 合同协议书：指构成合同的由发包人和设计人共同签署的称为"合同协议书"的书面文件。

1.1.1.3 中标通知书：指构成合同的由发包人通知设计人中标的书面文件。

1.1.1.4 投标函：指构成合同的由设计人填写并签署的用于投标的称为"投标函"的文件。

1.1.1.5 投标函附录：指构成合同的附在投标函后的称为"投标函附录"的文件。

1.1.1.6 发包人要求：指构成合同文件组成部分的，由发包人就工程项目的目的、范围、功能要求及工程设计文件审查的范围和内容等提出相应要求的书面文件，又称设计任务书。

1.1.1.7 技术标准：指构成合同的设计应当遵守的或指导设计的国家、行业或地方的技术标准和要求，以及合同约定的技术标准和要求。

1.1.1.8 其他合同文件：指经合同当事人约定的与工程设计有关的具有合同约束力的文件或书面协议。合同当事人可以在专用合同条款中进行约定。

1.1.2 合同当事人及其他相关方

1.1.2.1 合同当事人：指发包人和（或）设计人。

1.1.2.2 发包人：指与设计人签订合同协议书的当事人及取得该当事人资格的合法继承人。

1.1.2.3 设计人：指与发包人签订合同协议书的，具有相应工程设计资质的当事人及取得该当事人资格的合法继承人。

1.1.2.4 分包人：指按照法律规定和合同约定，分包部分工程设计工作，并与设计人签订分包合同的具有相应资质的法人。

1.1.2.5 发包人代表：指由发包人指定负责工程设计方面在发包人授权范围内行使发包人权利的人。

1.1.2.6 项目负责人：指由设计人任命负责工程设计，在设计人授权范围内负责合同履行，且按照法律规定具有相应资格的项目主持人。

1.1.2.7 联合体：指两个以上设计人联合，以一个设计人身份为发包人提供工程设计服务的临时性组织。

1.1.3 工程设计服务、资料与文件

1.1.3.1 工程设计服务：指设计人按照合同约定履行的服务，包括工程设计基本服务、工程设计其他服务。

1.1.3.2 工程设计基本服务：指设计人根据发包人的委托，提供编制专业建设工程初步设计文件（含初步设计概算）、施工图设计文件服务，并相应提供设计技术交底、解决施工中的设计技术问题、参加试车（试运行）考核和竣工验收等服务。基本服务费用包含在设计费中。

1.1.3.3 工程设计其他服务：指发包人根据工程设计实际需要，要求设计人另行提供且发包人应当单独支付费用的服务，包括总体设计服务、主体设计协调服务、采用标准设计和复用设计服务、非标准设备设计文件编制服务、施工图预算编制服务、竣工图编制服务等。

1.1.3.4 暂停设计：指发生设计人不能按照合同约定履行全部或部分义务情形而暂时中断工程设计服务的行为。

1.1.3.5 工程设计资料：指根据合同约定，发包人向设计人提供的用于完成工程设计范围与内容所需要的资料。工程设计资料包括项目基础资料和现场障碍资料。项目基础资料包括经有关部门对项目批准、核准或备案的文件、报告（如选址报告、资源报告、勘察报告、专项评估报告等）、资料（如气象、水文、地质等）、协议（如燃料、水、电、气、运输等）和有关数据等其他基础资料。现场障碍资料包括地上和地下已有的建筑物、构筑物、线缆、管道、受保护的古建筑、古树木等坐标方位、数据和其他相关资料。

1.1.3.6 工程设计文件：指按照合同约定和技术要求，由设计人向发包人提供的阶段性成果、最终工作成果等，且应当采用合同中双方约定的载体。

1.1.4 日期和期限

1.1.4.1 开始设计日期：包括计划开始设计日期和实际开始设计日期。计划开始设计日期是指合同协议书约定的开始设计日期；实际开始设计日期是指发包人发出的开始设计通知中载明的开始设计日期。

1.1.4.2 完成设计日期：包括计划完成设计日期和实际完成设计日期。计划完成设计日期是指合同协议书约定的完成设计及相关服务的日期；实际完成设计日期是指设计人交付全部或阶段性设计成果及提供相关服务日期。

1.1.4.3 设计周期又称设计工期：指在合同协议书约定的设计人完成工程设计及相关服务所需的期限，包括按照合同约定所作的期限变更。

1.1.4.4 基准日期：招标发包的工程设计以投标截止日前28天的日期为基准日期，直接发包的工程设计以合同签订日前28天的日期为基准日期。

1.1.4.5 天：除特别指明外，均指日历天。合同中按天计算时间的，开始当天不计入，从次日开始计算，期限最后一天的截止时间为当天 24：00 时。

1.1.5 合同价格

1.1.5.1 签约合同价：指发包人和设计人在合同协议书中确定的总金额。

1.1.5.2 合同价格又称设计费：指发包人用于支付设计人按照合同约定完成工程设计范围内全部工作的金额，包括合同履行过程中按合同约定发生的价格变化。

1.1.6 其他

1.1.6.1 书面形式：指合同书、信件和数据电文（包括电报、电传、传真、电子数据交换和电子邮件）等可以有形地表现所载内容的形式。

1.2 语言文字

合同以中国的汉语简体文字编写、解释和说明。合同当事人在专用合同条款中约定使用两种以上语言时，汉语为优先解释和说明合同的语言。

1.3 法律

合同所称法律是指中华人民共和国法律、行政法规、部门规章，以及工程所在地的地方性法规、自治条例、单行条例和地方政府规章等。

合同当事人可以在专用合同条款中约定合同适用的其他规范性文件。

1.4 技术标准

1.4.1 适用于工程的现行有效的国家标准、行业标准、工程所在地的地方性标准，以及相应的规范、规程等，合同当事人有特别要求的，应在专用合同条款中约定。

1.4.2 发包人要求使用国外技术标准的，发包人与设计人在专用合同条款中约定原文版本和中文译本提供方及提供标准的名称、份数、时间及费用承担等事项。

1.4.3 发包人对工程的技术标准、功能要求高于或严于现行国家、行业或地方标准的，应当在专用合同条款中予以明确。除专用合同条款另有约定外，应视为设计人在签订合同前已充分预见前述技术标准和功能要求的复杂程度，签约合同价中已包含由此产生的设计费用。

1.5 合同文件的优先顺序

组成合同的各项文件应互相解释，互为说明。除专用合同条款另有约定外，解释合同文件的优先顺序如下：

（1）合同协议书；

（2）专用合同条款及其附件；

（3）通用合同条款；

（4）中标通知书（如果有）；

（5）投标函及其附录（如果有）；

（6）发包人要求；

（7）技术标准；

(8) 发包人提供的上一阶段图纸（如果有）；

(9) 其他合同文件。

上述各项合同文件包括合同当事人就该项合同文件所作出的补充和修改，属于同一类内容的文件，应以最新签署的为准。

在合同履行过程中形成的与合同有关的文件均构成合同文件组成部分，并根据其性质确定优先解释顺序。

1.6 联络

1.6.1 与合同有关的通知、批准、证明、证书、指示、指令、要求、请求、同意、确定和决定等，均应采用书面形式，并应在合同约定的期限内送达接收人和送达地点。

1.6.2 发包人和设计人应在专用合同条款中约定各自的送达接收人、送达地点、电子邮箱。任何一方合同当事人指定的接收人或送达地点或电子邮箱发生变动的，应提前3天以书面形式通知对方，否则视为未发生变动。

1.6.3 发包人和设计人应当及时签收另一方送至送达地点和指定接收人的来往信函，如确有充分证据证明一方无正当理由拒不签收的，视为拒绝签收一方认可往来信函的内容。

1.7 严禁贿赂

合同当事人不得以贿赂或变相贿赂的方式，牟取非法利益或损害对方权益。因一方合同当事人的贿赂造成对方损失的，应赔偿损失，并承担相应的法律责任。

1.8 保密

除法律规定或合同另有约定外，未经发包人同意，设计人不得将发包人提供的图纸、文件以及声明需要保密的资料信息等商业秘密泄露给第三方。

除法律规定或合同另有约定外，未经设计人同意，发包人不得将设计人提供的技术文件、技术成果、技术秘密及声明需要保密的资料信息等商业秘密泄露给第三方。

保密期限由发包人与设计人在专用合同条款中约定。

2. 发包人

2.1 发包人一般义务

2.1.1 发包人应遵守法律，并办理法律规定由其办理的许可、核准或备案，包括但不限于建设用地规划许可证、建设工程规划许可证等许可、核准或备案。

发包人负责本项目各阶段设计文件向有关管理部门的送审报批工作，并负责将报批结果书面通知设计人。因发包人原因未能及时办理完毕前述许可、核准或备案手续，导致设计工作量增加和（或）设计周期延长时，由发包人承担由此增加的设计费用和（或）延长设计周期的责任。

2.1.2 发包人应当负责工程设计的所有外部关系的协调（包括但不限于当地政府主管部门等），为设计人履行合同提供必要的外部条件。

2.1.3 专用合同条款约定的其他义务。

2.2 发包人代表

发包人应在专用合同条款中明确其负责工程设计的发包人代表的姓名、职务、联系方式及授权范围等事项。发包人代表在发包人的授权范围内，负责处理合同履行过程中与发包人有关的具体事宜。发包人代表在授权范围内的行为由发包人承担法律责任。发包人更换发包人代表的，应在专用合同条款约定的期限内提前书面通知设计人。

发包人代表不能按照合同约定履行其职责及义务，并导致合同无法继续正常履行的，设计人可以要求发包人撤换发包人代表。

2.3 发包人决定

2.3.1 发包人在法律允许的范围内有权对设计人的设计工作、设计项目和/或设计文件作出处理决定，设计人应按照发包人的决定执行，涉及设计周期或设计费用等问题按本合同第 11 条〔工程设计变更与索赔〕的约定处理。

2.3.2 发包人应在专用合同条款约定的期限内对设计人书面提出的事项作出书面决定，如发包人不在确定时间内作出书面决定，设计人的设计周期相应延长。

2.4 支付合同价款

发包人应按合同约定向设计人及时足额支付合同价款。

2.5 设计文件接收

发包人应按合同约定及时接收设计人提交的工程设计文件。

3. 设计人

3.1 设计人一般义务

3.1.1 设计人应遵守法律和有关技术标准的强制性规定，完成合同约定范围内的专业建设工程初步设计、施工图设计，提供符合技术标准及合同要求的工程设计文件，提供施工配合服务。

设计人应当按照专用合同条款约定配合发包人办理有关许可、核准或备案手续的，因设计人原因造成发包人未能及时办理许可、核准或备案手续，导致设计工作量增加和（或）设计周期延长时，由设计人自行承担由此增加的设计费用和（或）设计周期延长的责任。

3.1.2 设计人应当完成合同约定的工程设计其他服务。

3.1.3 专用合同条款约定的其他义务。

3.2 项目负责人

3.2.1 项目负责人应为合同当事人所确认的人选，并在专用合同条款中明确项目负责人的姓名、执业资格及等级与注册执业证书编号或职称、联系方式及授权范围等事项，项目负责人经设计人授权后代表设计人负责履行合同。

3.2.2 设计人需要更换项目负责人的，应在专用合同条款约定的期限内提前书面通知发包人，并征得发包人书面同意。通知中应当载明继任项目负责人的注册执业资格或职称、管理经验等资料，继任项目负责人继续履行第 3.2.1 项约定的职责。未经发包人书面同意，设计人不得擅自更换项目负责人。设计人擅自更换项目负责人的，应按照专用合同条款的约定承担违约责任。对于设计人项目负责人确因患病、与设计人解除或终止劳动关系、工伤等原因更换项目负责人的，发包人无正当理由不得拒绝更换。

3.2.3 发包人有权书面通知设计人更换其认为不称职的项目负责人，通知中应当载明要求更换的理由。对于发包人有理由的更换要求，设计人应在收到书面更换通知后在专用合同条款约定的期限内进行更换，并将新任命的项目负责人的注册执业资格或职称、管理经验等资料书面通知发包人。继任项目负责人继续履行第 3.2.1 项约定的职责。设计人无正当理由拒绝更换项目负责人的，应按照专用合同条款的约定承担违约责任。

3.3 设计人员

3.3.1 除专用合同条款对期限另有约定外，设计人应在接到开始设计通知后 7 天内，向发包人提交设计人项目管理机构及人员安排的报告，其内容应包括工艺、土建、设备等专业负责人名单及其岗位、注册执业资格或职称等。

3.3.2 设计人委派到工程设计中的设计人员应相对稳定。设计过程中如有变动，设计人应及时向发包人提交工程设计人员变动情况的报告。设计人更换专业负责人时，应提前 7 天书面通知发包人，除专业负责人无法正常履职情形外，还应征得发包人书面同意。通知中应当载明继任人员的注册执业资格或职称、执业经验等资料。

3.3.3 发包人对于设计人主要设计人员的资格或能力有异议的，设计人应提供资料证明被质疑人员有能力完成其岗位工作或不存在发包人所质疑的情形。发包人要求撤换不能按照合同约定履行职责及义务的主要设计人员的，设计人认为发包人有理由的，应当撤换。设计人无正当理由拒绝撤换的，应按照专用合同条款的约定承担违约责任。

3.4 设计分包

3.4.1 设计分包的一般约定

设计人不得将其承包的全部工程设计转包给第三人，或将其承包的全部工程设计肢解后以分包的名义转包给第三人。设计人不得将工程主体结构、关键性工作及专用合同条款中禁止分包的工程设计分包给第三人，工程主体结构、关键性工作的范围由合同当事人按照法律规定在专用合同条款中予以明确。设计人不得进行违法分包。

3.4.2 设计分包的确定

设计人应按专用合同条款的约定或经过发包人书面同意后进行分包，确定分包人。按照合同约定或经过发包人书面同意后进行分包的，设计人应确保分包人具有相应的资质和能力。工程设计分包不减轻或免除设计人的责任和义务，设计人和分包人就分包工程设计向发包人承担连带责任。

3.4.3 设计分包管理

设计人应按照专用合同条款的约定向发包人提交分包人的主要工程设计人员名单、

注册执业资格或职称及执业经历等。

3.4.4 分包工程设计费

（1）除本项第（2）目约定的情况或专用合同条款另有约定外，分包工程设计费由设计人与分包人结算，未经设计人同意，发包人不得向分包人支付分包工程设计费；

（2）生效的法院判决书或仲裁裁决书要求发包人向分包人支付分包工程设计费的，发包人有权从应付设计人合同价款中扣除该部分费用。

3.5 联合体

3.5.1 联合体各方应共同与发包人签订合同协议书。联合体各方应为履行合同向发包人承担连带责任。

3.5.2 联合体协议，应当约定联合体各成员工作分工，经发包人确认后作为合同附件。在履行合同过程中，未经发包人同意，不得修改联合体协议。

3.5.3 联合体牵头人负责与发包人联系，并接受指示，负责组织联合体各成员全面履行合同。

3.5.4 发包人向联合体支付设计费用的方式在专用合同条款中约定。

4. 工程设计资料

4.1 提供工程设计资料

发包人应当在工程设计前或专用合同条款附件 2 约定的时间向设计人提供工程设计所必需的工程设计资料，并对所提供资料的真实性、准确性和完整性负责。

按照法律规定确需在工程设计开始后方能提供的设计资料，发包人应及时地在相应工程设计文件提交给发包人前的合理期限内提供，合理期限应以不影响设计人的正常设计为限。

4.2 逾期提供的责任

发包人提交上述文件和资料，超过约定期限 15 天以内时，设计人按本合同约定的交付工程设计文件时间相应顺延；超过约定期限 15 天时，设计人有权重新确定提交工程设计文件的时间。工程设计资料逾期提供导致增加了设计工作量的，设计人可以要求发包人另行支付相应设计费用，并相应延长设计周期。

5. 工程设计要求

5.1 工程设计一般要求

5.1.1 对发包人的要求

发包人应当遵守法律和技术标准，发包人提出的有关安全、质量、环境保护和职业健康的要求应当符合法律和技术标准的规定，不得以任何理由要求设计人违反法律、技术标准进行设计。发包人鼓励设计人使用可靠的创新技术和新材料。

5.1.2 对设计人的要求

5.1.2.1 设计人应当按法律和技术标准的强制性规定及发包人要求进行工程设计。有关工程设计的特殊标准或要求由合同当事人在专用合同条款中约定。

设计人发现发包人提供的工程设计资料有问题的，应当及时通知发包人并经发包人确认。

5.1.2.2 除合同另有约定外，设计人完成设计工作所应遵守的法律以及技术标准，均应视为在基准日期适用的版本。基准日期之后，前述版本发生重大变化，或者有新的法律以及技术标准实施的，设计人应就推荐性标准向发包人提出遵守新标准的建议，对强制性的规定或标准应当遵照执行。因发包人采纳设计人的建议或遵守基准日期后新的强制性的规定或标准，导致增加设计费用和（或）设计周期延长的，由发包人承担。

5.1.2.3 设计人在工程设计中应当采用合同约定的技术、工艺和设备，满足质量、安全、节能、环保等要求。

5.2 工程设计保证措施

5.2.1 发包人的保证措施

发包人应按照法律规定及合同约定完成与工程设计有关的各项工作。

5.2.2 设计人的保证措施

设计人应做好工程设计的质量与技术管理工作，建立健全工程设计质量保证体系，加强工程设计全过程的质量控制，建立完整的设计文件的设计、复核、审核、会签和批准制度，明确各阶段的责任人。

5.3 工程设计文件的要求

5.3.1 工程设计文件的编制应符合法律、技术标准的强制性规定及合同的要求。

5.3.2 工程设计依据应完整、准确、可靠，设计方案论证充分，计算成果可靠，并能够实施。

5.3.3 工程设计文件的深度应满足本合同相应设计阶段的规定要求，并符合国家和行业现行有效的相关规定。

5.3.4 工程设计文件应当保证工程施工及投产后安全性要求，满足工程经济性包括节约投资及降低生产成本要求、合理布局要求，按照有关法律规定在工程设计文件中提出保障施工作业人员安全和预防生产安全事故的措施建议，安全设施应当按规定同步设计。

5.3.5 应根据法律、技术标准要求，保证专业建设工程的合理使用寿命年限，并应在工程设计文件中注明相应的合理使用寿命年限。

5.4 不合格工程设计文件的处理

5.4.1 因设计人原因造成工程设计文件不合格的，发包人有权要求设计人采取补救措施，直至达到合同要求的质量标准，并按第14.2款〔设计人违约责任〕的约定承担责任。

5.4.2 因发包人原因造成工程设计文件不合格的，设计人应当采取补救措施，直至达到合同要求的质量标准，由此增加的设计费用和（或）设计周期的延长由发包人承担。

6. 工程设计进度与周期

6.1 工程设计进度计划

6.1.1 工程设计进度计划的编制

设计人应按照专用合同条款约定提交工程设计进度计划，工程设计进度计划的编制应当符合法律规定和一般工程设计实践惯例，工程设计进度计划经发包人批准后实施。工程设计进度计划是控制工程设计进度的依据，发包人有权按照工程设计进度计划中列明的关键性控制节点检查工程设计进度情况。

工程设计进度计划中的设计周期应由发包人与设计人协商确定，明确约定各阶段设计任务的完成时间区间，包括各阶段设计过程中设计人与发包人的交流时间，但不包括相关政府部门对设计成果的审批时间及发包人的审查时间。

6.1.2 工程设计进度计划的修订

工程设计进度计划不符合合同要求或与工程设计的实际进度不一致的，设计人应向发包人提交修订的工程设计进度计划，并附具有关措施和相关资料。除专用合同条款对期限另有约定外，发包人应在收到修订的工程设计进度计划后5天内完成审核和批准或提出修改意见，否则视为发包人同意设计人提交的修订的工程设计进度计划。

6.2 工程设计开始

发包人应按照法律规定获得工程设计所需的许可。发包人发出的开始设计通知应符合法律规定，一般应在计划开始设计日期7天前向设计人发出开始工程设计工作通知，工程设计周期自开始设计通知中载明的开始设计的日期起算。

设计人应当在收到发包人提供的工程设计资料及专用合同条款约定的定金或预付款后，开始工程设计工作。

各设计阶段的开始时间均以设计人收到的发包人发出开始设计工作的书面通知书中载明的开始设计的日期起算。

6.3 工程设计进度延误

6.3.1 因发包人原因导致工程设计进度延误

在合同履行过程中，发包人导致工程设计进度延误的情形主要有：

（1）发包人未能按合同约定提供工程设计资料或所提供的工程设计资料不符合合同约定或存在错误或疏漏的；

（2）发包人未能按合同约定日期足额支付定金或预付款、进度款的；

（3）发包人提出影响设计周期的设计变更要求的；

（4）专用合同条款中约定的其他情形。

因发包人原因未按计划开始设计日期开始设计的，发包人应按实际开始设计日期顺延完成设计日期。

除专用合同条款对期限另有约定外，设计人应在发生上述情况后5天内向发包人发出要求延期的书面通知，在发生上述情况后10天内提交要求延期的详细说明供发包人审查。除专用合同条款对期限另有约定外,发包人收到设计人要求延期的详细说明后,应在5天内进行审查并就是否延长设计周期及延期天数向设计人进行书面答复。

如果发包人在收到设计人要求延期的详细说明后,在约定的期限内未予答复,则视为设计人要求的延期已被发包人批准。如果设计人未能按本款约定的时间内发出要求延期的通知并提交详细资料,则发包人可拒绝作出任何延期的决定。

发包人上述工程设计进度延误情形导致增加了设计工作量的,发包人应当另行支付相应设计费用。

6.3.2 因设计人原因导致工程设计进度延误

因设计人原因导致工程设计进度延误的,设计人应当按照第14.2款〔设计人违约责任〕的约定承担责任。设计人支付逾期完成工程设计违约金后,不免除设计人继续完成工程设计的义务。

6.4 暂停设计

6.4.1 发包人原因引起的暂停设计

因发包人原因引起暂停设计的,发包人应及时下达暂停设计指示。

因发包人原因引起的暂停设计,发包人应承担由此增加的设计费用和(或)延长设计周期的责任。

6.4.2 设计人原因引起的暂停设计

因设计人原因引起的暂停设计,设计人应当尽快向发包人发出书面通知并按第14.2款〔设计人违约责任〕的约定承担责任,且设计人在收到发包人复工指示后15天内仍未复工的,视为设计人无法继续履行合同的情形,设计人应按第16条〔合同解除〕的约定承担责任。

6.4.3 其他原因引起的暂停设计

当出现非设计人原因造成的暂停设计,设计人应当尽快向发包人发出书面通知。

在上述情形下设计人的设计服务暂停,设计人的设计周期应当相应延长,复工应有发包人与设计人共同确认的合理期限。

当发生本项约定的情况,导致设计人增加设计工作量的,发包人应当另行支付相应设计费用。

6.4.4 暂停设计后的复工

暂停设计后,发包人和设计人应采取有效措施积极消除暂停设计的影响。当工程具备复工条件时,发包人向设计人发出复工通知,设计人应按照复工通知要求复工。

除设计人原因导致暂停设计外,设计人暂停设计后复工所增加的设计工作量,发包人应当另行支付相应设计费用。

6.5 提前交付工程设计文件

6.5.1 发包人要求设计人提前交付工程设计文件的,发包人应向设计人下达提前交付工程设计文件指示,设计人应向发包人提交提前交付工程设计文件建议书,提交付工程设计文件建议书应包括实施的方案、缩短的时间、增加的合同价格等内容。发包人接受该提前交付工程设计文件建议书的,发包人和设计人协商采取加快工程设计进度的措施,并修订工程设计进度计划,由此增加的设计费用由发包人承担。设计人认为提前交付工程设计文件的指示无法执行的,应向发包人提出书面异议,发包人应在收到异议后 7 天内予以答复。任何情况下,发包人不得压缩合理设计周期。

6.5.2 发包人要求设计人提前交付工程设计文件,或设计人提出提前交付工程设计文件的建议能够给发包人带来效益的,合同当事人可以在专用合同条款中约定提前交付工程设计文件的奖励。

7. 工程设计文件交付

7.1 工程设计文件交付的内容

7.1.1 工程设计图纸及设计说明。

7.1.2 发包人可以要求设计人提交专用合同条款约定的具体形式的电子版设计文件。

7.2 工程设计文件的交付方式

设计人交付工程设计文件给发包人,发包人应当出具书面签收单,内容包括图纸名称、内容、形式、份数、提交和签收日期、提交人与接收人的亲笔签名。

7.3 工程设计文件交付的名称、时间和份数

工程设计文件交付的名称、时间和份数在专用合同条款附件 3 中约定。

8. 工程设计文件审查

8.1 设计人的工程设计文件应报发包人审查同意。审查的范围和内容在发包人要求中约定。审查的具体标准应符合法律规定、技术标准要求和本合同约定。

除专用合同条款对期限另有约定外,自发包人收到设计人的工程设计文件以及设计人的通知之日起,发包人对设计人的工程设计文件审查期不超过 15 天。

发包人不同意工程设计文件的,应以书面形式通知设计人,并说明不符合合同要求的具体内容。设计人应根据发包人的书面说明,对工程设计文件进行修改后重新报送发包人审查,审查期重新起算。

合同约定的审查期满,发包人没有做出审查结论也没有提出异议的,视为设计人的工程设计文件已获发包人同意。

8.2 设计人的工程设计文件不需要政府有关部门审查或批准的,设计人应当严格按照经发包人审查同意的工程设计文件进行修改,如果发包人的修改意见超出或更改了发包人要求,发包人应当根据第 11 条〔工程设计变更与索赔〕的约定,向设计人另行支付费用。

8.3 工程设计文件需政府有关部门审查或批准的,发包人应在审查同意设计人的工程设计文件后在专用合同条款约定的期限内,向政府有关部门报送工程设计文件,设计人应予以协助。

对于政府有关部门的审查意见,不需要修改发包人要求的,设计人需按该审查意

见修改设计人的工程设计文件；需要修改发包人要求的，发包人应重新提出发包人要求，设计人应根据新提出的发包人要求修改设计人的工程设计文件，发包人应当根据第11条〔工程设计变更与索赔〕的约定，向设计人另行支付费用。

8.4 发包人需要组织审查会议对工程设计文件进行审查的，审查会议的审查形式和时间安排，在专用合同条款中约定。发包人负责组织工程设计文件审查会议，并承担会议费用及发包人的上级单位、政府有关部门参加的审查会议的费用。

设计人按第7条〔工程设计文件交付〕的约定向发包人提交工程设计文件，有义务参加发包人组织的设计审查会议，向审查者介绍、解答、解释其工程设计文件，并提供有关补充资料。

发包人有义务向设计人提供设计审查会议的批准文件和纪要。设计人有义务按照相关设计审查会议批准的文件和纪要，并依据合同约定及相关技术标准，对工程设计文件进行修改、补充和完善。

8.5 因设计人原因，未能按第7条〔工程设计文件交付〕约定的时间向发包人提交工程设计文件，致使工程设计文件审查无法进行或无法按期进行，造成设计周期延长、窝工损失及发包人增加费用的，设计人按第14.2款〔设计人违约责任〕的约定承担责任。

因发包人原因，致使工程设计文件审查无法进行或无法按期进行，造成设计周期延长、窝工损失及设计人增加的费用，由发包人承担。

8.6 因设计人原因造成工程设计文件不合格致使工程设计文件审查无法通过的，发包人有权要求设计人采取补救措施，直至达到合同要求的质量标准，并按第14.2款〔设计人违约责任〕的约定承担责任。

因发包人原因造成工程设计文件不合格致使工程设计文件审查无法通过的，由此增加的设计费用和（或）延长的设计周期由发包人承担。

8.7 工程设计文件的审查，不减轻或免除设计人依据法律应当承担的责任。

9. 施工现场配合服务

9.1 除专用合同条款另有约定外，发包人应为设计人派赴现场的工作人员提供工作、生活及交通等方面的便利条件。

9.2 设计人应当提供设计技术交底、解决施工中设计技术问题和参加试车（试运行）考核和竣工验收服务。如果发包人在专用合同条款约定的施工现场服务时限外仍要求设计人负责上述工作的，发包人应按所需工作量向设计人另行支付服务费用。

10. 合同价款与支付

10.1 合同价款组成

发包人和设计人应当在专用合同条款附件6中明确约定合同价款各组成部分的具体数额，主要包括：

（1）工程设计基本服务费用；

（2）工程设计其他服务费用；

（3）在未签订合同前发包人已经同意或接受或已使用的设计人为发包人所做的各项工作的相应费用等。

10.2 合同价格形式

发包人和设计人应在合同协议书中选择下列一种合同价格形式：

（1）单价合同

单价合同是指合同当事人约定以建筑面积（包括地上建筑面积和地下建筑面积）每平方米单价或实际投资总额的一定比例等双方认可方式进行合同价格计算、调整和确认的建设工程设计合同，在约定的范围内合同单价不作调整。合同当事人应在专用合同条款中约定单价包含的风险范围和风险费用的计算方法，并约定风险范围以外的合同价格的调整方法。

（2）总价合同

总价合同是指合同当事人约定以发包人提供的上一阶段工程设计文件及有关条件进行合同价格计算、调整和确认的建设工程设计合同，在约定的范围内合同总价不作调整。合同当事人应在专用合同条款中约定总价包含的风险范围和风险费用的计算方法，并约定风险范围以外的合同价格的调整方法。

（3）其他价格形式

合同当事人可在专用合同条款中约定其他合同价格形式。

10.3 定金或预付款

10.3.1 定金或预付款的比例

定金的比例不应超过合同总价款的20%。预付款的比例由发包人与设计人协商确定，一般不低于合同总价款的20%。

10.3.2 定金或预付款的支付

定金或预付款的支付按照专用合同条款约定执行，但最迟应在开始设计通知载明的开始设计日期前专用合同条款约定的期限内支付。

发包人逾期支付定金或预付款超过专用合同条款约定的期限的，设计人有权向发包人发出要求支付定金或预付款的催告通知，发包人收到通知后7天内仍未支付的，设计人有权不开始设计工作或暂停设计工作。

10.4 进度款支付

10.4.1 发包人应当按照专用合同条款附件6约定的付款条件及时向设计人支付进度款。

10.4.2 进度付款的修正

在对已付进度款进行汇总和复核中发现错误、遗漏或重复的，发包人和设计人均有权提出修正申请。经发包人和设计人同意的修正，应在下期进度付款中支付或扣除。

10.5 合同价款的结算与支付

10.5.1 对于采取固定总价形式的合同，发包人应当按照专用合同条款附件6的约定及时支付尾款。

10.5.2 对于采取固定单价形式的合同，发包人与设计人应当按照专用合同条款附件6约定的结算方式及时结清工程设计费，并将结清未支付的款项一次性支付给设计人。

10.5.3 对于采取其他价格形式的，也应按专用合同条款的约定及时结算和支付。

10.6 支付账户

发包人应将合同价款支付至合同协议书中约定的设计人账户。

11. 工程设计变更与索赔

11.1 发包人变更工程设计的内容、规模、功能、条件等，应当向设计人提供书面要求，设计人在不违反法律规定以及技术标准强制性规定的前提下应当按照发包人要求变更工程设计。

11.2 发包人变更工程设计的内容、规模、功能、条件或因提交的设计资料存在错误或作较大修改时，发包人应按设计人所耗工作量向设计人增付设计费，设计人可按本条约定和专用合同条款附件7的约定，与发包人协商对合同价格和/或完工时间做可共同接受的修改。

11.3 如果由于发包人要求更改而造成的项目复杂性的变更或性质的变更使得设计人的设计工作减少，发包人可按本条约定和专用合同条款附件7的约定，与设计人协商对合同价格和/或完工时间做可共同接受的修改。

11.4 基准日期后，与工程设计服务有关的法律、技术标准的强制性规定的颁布及修改，由此增加的设计费用和（或）延长的设计周期由发包人承担。

11.5 如果发生设计人认为有理由提出增加合同价款或延长设计周期的要求事项，除专用合同条款对期限另有约定外，设计人应于该事项发生后5天内书面通知发包人。除专用合同条款对期限另有约定外，在该事项发生后10天内，设计人应向发包人提供证明设计人要求的书面声明，其中包括设计人关于因该事项引起的合同价款和设计周期的变化的详细计算。除专用合同条款对期限另有约定外，发包人应在接到设计人书面声明后的5天内，予以书面答复。逾期未答复的，视为发包人同意设计人关于增加合同价款或延长设计周期的要求。

12. 专业责任与保险

12.1 设计人应运用一切合理的专业技术和经验知识，按照公认的职业标准尽其全部职责和谨慎、勤勉地履行其在本合同项下的责任和义务。

12.2 除专用合同条款另有约定外，设计人应具有发包人认可的、履行本合同所需要的工程设计责任保险并使其于合同责任期内保持有效。

12.3 工程设计责任保险应承担由于设计人的疏忽或过失而引发的工程质量事故所

造成的建设工程本身的物质损失以及第三者人身伤亡、财产损失或费用的赔偿责任。

13. 知识产权

13.1 除专用合同条款另有约定外，发包人提供给设计人的图纸、发包人为实施工程自行编制或委托编制的技术规格书以及反映发包人要求的或其他类似性质的文件的著作权属于发包人，设计人可以为实现合同目的而复制、使用此类文件，但不能用于与合同无关的其他事项。未经发包人书面同意，设计人不得为了合同以外的目的而复制、使用上述文件或将之提供给任何第三方。

13.2 除专用合同条款另有约定外，设计人为实施工程所编制的文件的著作权属于设计人，发包人可因实施工程的运行、调试、维修、改造等目的而复制、使用此类文件，但不能擅自修改或用于与合同无关的其他事项。未经设计人书面同意，发包人不得为了合同以外的目的而复制、使用上述文件或将之提供给任何第三方。

13.3 合同当事人保证在履行合同过程中不侵犯对方及第三方的知识产权。设计人在工程设计时，因侵犯他人的专利权或其他知识产权所引起的责任，由设计人承担；因发包人提供的基础资料导致侵权的，由发包人承担责任。

13.4 合同当事人双方均有权在不损害对方利益和保密约定的前提下，在自己宣传用的印刷品或其他出版物上，或申报奖项时等情形下公布有关项目的文字和图片材料。

13.5 除专用合同条款另有约定外，设计人在合同签订前和签订时已确定采用的专利、专有技术的使用费应包含在签约合同价中。

14. 违约责任

14.1 发包人违约责任

14.1.1 合同生效后，发包人因非设计人原因要求终止或解除合同，设计人未开始设计工作的，不退还发包人已付的定金或发包人按照专用合同条款的约定向设计人支付违约金；已开始设计工作的，发包人应按照设计人已完成的实际工作量计算设计费，完成工作量不足一半时，按该阶段设计费的一半支付设计费；超过一半时，按该阶段设计费的全部支付设计费。

14.1.2 发包人未按专用合同条款附件6约定的金额和期限向设计人支付设计费的，应按专用合同条款约定向设计人支付违约金。逾期超过15天时，设计人有权书面通知发包人中止设计工作。自中止设计工作之日起15天内发包人支付相应费用的，设计人应及时根据发包人要求恢复设计工作；自中止设计工作之日起超过15天后发包人支付相应费用的，设计人有权确定重新恢复设计工作的时间，且设计周期相应延长。

14.1.3 发包人的上级或设计审批部门对设计文件不进行审批或本合同工程停建、缓建，发包人应在事件发生之日起15天内按本合同第16条〔合同解除〕的约定向设计人结算并支付设计费。

14.1.4 发包人擅自将设计人的设计文件用于本工程以外的工程或交第三方使用时，应承担相应法律责任，并应赔偿设计人因此遭受的损失。

14.2 设计人违约责任

14.2.1 合同生效后，设计人因自身原因要求终止或解除合同，设计人应按发包人已支付的定金金额双倍返还给发包人或设计人按照专用合同条款的约定向发包人支付违约金。

14.2.2 由于设计人原因，未按专用合同条款附件3约定的时间交付工程设计文件的，应按专用合同条款的约定向发包人支付违约金，前述违约金经双方确认后可在发包人应付设计费中扣减。

14.2.3 设计人对工程设计文件出现的遗漏或错误负责修改或补充。由于设计人原因产生的设计问题造成工程质量事故或其他事故时，设计人除负责采取补救措施外，应当通过所投建设工程设计责任保险向发包人承担赔偿责任或者根据直接经济损失程度按专用合同条款约定向发包人支付赔偿金。

14.2.4 设计人未经发包人同意擅自对工程设计进行分包的，发包人有权要求设计人解除未经发包人同意的设计分包合同，设计人应当按照专用合同条款的约定承担违约责任。

15. 不可抗力

15.1 不可抗力的确认

不可抗力是指合同当事人在签订合同时不可预见，在合同履行过程中不可避免且不能克服的自然灾害和社会性突发事件，如地震、海啸、瘟疫、骚乱、戒严、暴动、战争和专用合同条款中约定的其他情形。

不可抗力发生后，发包人和设计人应收集证明不可抗力发生及不可抗力造成损失的证据，并及时认真统计所造成的损失。合同当事人对是否属于不可抗力或其损失发生争议时，按第17条〔争议解决〕的约定处理。

15.2 不可抗力的通知

合同一方当事人遇到不可抗力事件，使其履行合同义务受到阻碍时，应立即通知合同另一方当事人，书面说明不可抗力和受阻碍的详细情况，并在合理期限内提供必要的证明。

不可抗力持续发生的，合同一方当事人应及时向合同另一方当事人提交中间报告，说明不可抗力和履行合同受阻的情况，并于不可抗力事件结束后28天内提交最终报告及有关资料。

15.3 不可抗力后果的承担

不可抗力引起的后果及造成的损失由合同当事人按照法律规定及合同约定各自承担。不可抗力发生前已完成的工程设计应当按照合同约定进行支付。

不可抗力发生后，合同当事人均应采取措施尽量避免和减少损失的扩大，任何一方当事人没有采取有效措施导致损失扩大的，应对扩大的损失承担责任。

因合同一方迟延履行合同义务，在迟延履行期间遭遇不可抗力的，不免除其违约责任。

16. 合同解除

16.1 发包人与设计人协商一致，可以解除合同。

16.2 有下列情形之一的，合同当事人一方或双方可以解除合同：

（1）设计人工程设计文件存在重大质量问题，经发包人催告后，在合理期限内修改后仍不能满足国家现行深度要求或不能达到合同约定的设计质量要求的，发包人可以解除合同；

（2）发包人未按合同约定支付设计费用，经设计人催告后，在 30 天内仍未支付的，设计人可以解除合同；

（3）暂停设计期限已连续超过 180 天，专用合同条款另有约定的除外；

（4）因不可抗力致使合同无法履行；

（5）因一方违约致使合同无法实际履行或实际履行已无必要；

（6）因本工程项目条件发生重大变化，使合同无法继续履行。

16.3 任何一方因故需解除合同时，应提前 30 天书面通知对方，对合同中的遗留问题应取得一致意见并形成书面协议。

16.4 合同解除后，发包人除应按第 14.1.1 项的约定及在专用合同条款约定期限内向设计人支付已完工作的设计费外，还应当向设计人支付由于非设计人原因合同解除导致设计人增加的设计费用，违约一方应当承担相应的违约责任。

17. 争议解决

17.1 和解

合同当事人可以就争议自行和解，自行和解达成协议的经双方签字并盖章后作为合同补充文件，双方均应遵照执行。

17.2 调解

合同当事人可以就争议请求相关行政主管部门、行业协会或其他第三方进行调解，调解达成协议的，经双方签字并盖章后作为合同补充文件，双方均应遵照执行。

17.3 争议评审

合同当事人在专用合同条款中约定采取争议评审方式解决争议以及评审规则，并按下列约定执行：

17.3.1 争议评审小组的确定

合同当事人可以共同选择一名或三名争议评审员，组成争议评审小组。除专用合同条款另有约定外，合同当事人应当自合同签订后 28 天内，或者争议发生后 14 天内，选定争议评审员。

选择一名争议评审员的，由合同当事人共同确定；选择三名争议评审员的，各自选定一名，第三名成员为首席争议评审员，由合同当事人共同确定或由合同当事人委托已选定的争议评审员共同确定，或由专用合同条款约定的评审机构指定第三名首席争议评审员。

除专用合同条款另有约定外，评审所发生的费用由发包人和设计人各承担一半。

17.3.2 争议评审小组的决定

合同当事人可在任何时间将与合同有关的任何争议共同提请争议评审小组进行评审。争议评审小组应秉持客观、公正原则，充分听取合同当事人的意见，依据相关法律、技术标准、行业惯例等，自收到争议评审申请报告后14天内作出书面决定，并说明理由。合同当事人可以在专用合同条款中对本事项另行约定。

17.3.3 争议评审小组决定的效力

争议评审小组作出的书面决定经合同当事人签字确认后，对双方具有约束力，双方应遵照执行。

任何一方当事人不接受争议评审小组决定或不履行争议评审小组决定的，双方可选择采用其他争议解决方式。

17.4 仲裁或诉讼

因合同及合同有关事项产生的争议，合同当事人可以在专用合同条款中约定以下一种方式解决争议：

（1）向约定的仲裁委员会申请仲裁；

（2）向有管辖权的人民法院起诉。

17.5 争议解决条款效力

合同有关争议解决的条款独立存在，合同的变更、解除、终止、无效或者被撤销均不影响其效力。

第三部分 专用合同条款

1. 一般约定

1.1 词语定义与解释

1.1.1 合同

1.1.1.8 其他合同文件包括：_____

_____。

1.3 法律

适用于合同的其他规范性文件：_____

_____。

1.4 技术标准

1.4.1 适用于工程的技术标准包括：_____

_____。

1.4.2 国外技术标准原文版本和中文译本的提供方：_____

_____；

提供国外技术标准的名称：_____

_____；

提供国外技术标准的份数：_____
_____；
提供国外技术标准的时间：_____
_____；
提供国外技术标准的费用承担：_____
_____。

1.4.3 发包人对工程的技术标准和功能要求的特殊要求：_____
_____。

1.5 合同文件的优先顺序
合同文件组成及优先顺序：_____
_____。

1.6 联络
1.6.1 发包人和设计人应当在_____天内将与合同有关的通知、批准、证明、证书、指示、指令、要求、请求、同意、确定和决定等书面函件送达对方当事人。
1.6.2 发包人和设计人联系信息
发包人接收文件的地点：_____；
发包人指定的接收人：_____；
发包人指定的联系电话及传真号码：_____；
发包人指定的电子邮箱：_____。
设计人接收文件的地点：_____；
设计人指定的接收人：_____；
设计人指定的联系电话及传真号码：_____；
设计人指定的电子邮箱：_____。

1.8 保密
保密期限：_____。

2. 发包人
2.1 发包人一般义务
2.1.3 发包人其他义务：_____。
2.2 发包人代表
发包人代表
姓　　名：_____；
身份证号：_____；
职　　务：_____；
联系电话：_____；
电子信箱：_____；

通信地址：_____。
发包人对发包人代表的授权范围如下：_____
_____
_____。
发包人更换发包人代表的，应当提前_____天书面通知设计人。
2.3 发包人决定
2.3.2 发包人应在_____天内对设计人书面提出的事项作出书面决定。
3. 设计人
3.1 设计人一般义务
3.1.1 设计人_____（需/不需）配合发包人办理有关许可、批准或备案手续。
3.1.3 设计人其他义务：_____
_____。

3.2 项目负责人
3.2.1 项目负责人
姓　　名：_____；
执业资格及等级：_____；
注册证书号：_____；
联系电话：_____；
电子信箱：_____；
通信地址：_____；
设计人对项目负责人的授权范围如下：_____
_____。

3.2.2 设计人更换项目负责人的，应提前_____天书面通知发包人。
设计人擅自更换项目负责人的违约责任：_____
_____
_____。

3.2.3 设计人应在收到书面更换通知后_____天内更换项目负责人。
设计人无正当理由拒绝更换项目负责人的违约责任：_____
_____。

3.3 设计人员
3.3.1 设计人提交项目管理机构及人员安排报告的期限：_____
_____。
3.3.3 设计人无正当理由拒绝撤换主要设计人员的违约责任：_____
_____
_____。

3.4 设计分包

3.4.1 设计分包的一般约定

禁止设计分包的工程包括：_____

_____。

主体结构、关键性工作的范围：_____

_____。

3.4.2 设计分包的确定

允许分包的专业工程包括：_____

_____。

其他关于分包的约定：_____

_____。

3.4.3 设计人向发包人提交有关分包人的资料包括：_____

_____。

3.4.4 分包工程设计费支付方式：_____

_____。

3.5 联合体

3.5.4 发包人向联合体支付设计费用的方式：_____

_____。

5. 工程设计要求

5.1 工程设计一般要求

5.1.2.1 工程设计的特殊标准或要求：_____

_____。

5.1.2.2 工程设计适用的技术标准：_____

5.3 工程设计文件的要求

5.3.3 工程设计文件深度规定：_____

_____。

5.3.5 工程的合理使用寿命年限：_____

_____。

6. 工程设计进度与周期

6.1 工程设计进度计划

6.1.1 工程设计进度计划的编制

合同当事人约定的工程设计进度计划提交的时间：_____

_____。

合同当事人约定的工程设计进度计划应包括的内容：_____

_____。

6.1.2 工程设计进度计划的修订

发包人在收到工程设计进度计划后确认或提出修改意见的期限：_____

_____。

6.3 工程设计进度延误

6.3.1 因发包人原因导致工程设计进度延误

（4）因发包人原因导致工程设计进度延误的其他情形：_____

_____。

设计人应在发生进度延误的情形后_____天内向发包人发出要求延期的书面通知，在发生该情形后_____天内提交要求延期的详细说明。

发包人收到设计人要求延期的详细说明后，应在_____天内进行审查并书面答复。

6.5 提前交付工程设计文件

6.5.2 提前交付工程设计文件的奖励：_____。

7. 工程设计文件交付

7.1 工程设计文件交付的内容

7.1.2 发包人要求设计人提交电子版设计文件的具体形式：_____

_____。

8. 工程设计文件审查

8.1 发包人对设计人的设计文件审查期限不超过_____天。

8.3 发包人应在审查同意设计人的工程设计文件后_____天内，向政府有关部门报送工程设计文件。

8.4 工程设计审查形式及时间安排：_____

_____

_____。

9. 施工现场配合服务

9.1 发包人为设计人派赴现场的工作人员提供便利条件的内容包括：_____

_____。

9.2 设计人应当在交付施工图设计文件并经审查合格后_____时间内提供施工现场配合服务。

10. 合同价款与支付

10.2 合同价格形式

（1）单价合同

单价包含的风险范围：_____

_____。

风险费用的计算方法：_____

_____。

风险范围以外合同价格的调整方法：_____
_____。

（2）总价合同

总价包含的风险范围：_____
_____。

风险费用的计算方法：_____
_____。

风险范围以外合同价格的调整方法：_____
_____。

（3）其他价格形式：_____
_____。

10.3 定金或预付款

10.3.1 定金或预付款的比例

定金的比例：_____或预付款的比例：_____。

10.3.2 定金或预付款的支付

定金或预付款的支付时间：_____，但最迟应在开始设计通知载明的开始设计日期_____天前支付。

11. 工程设计变更与索赔

11.5 设计人应于认为有理由提出增加合同价款或延长设计周期的要求事项发生后_____天内书面通知发包人。

设计人应在该事项发生后_____天内向发包人提供证明设计人要求的书面声明。

发包人应在接到设计人书面声明后_____天内，予以书面答复。

12. 专业责任与保险

12.2 设计人_____（需/不需）有发包人认可的工程设计责任保险。

13. 知识产权

13.1 关于发包人提供给设计人的图纸、发包人为实施工程自行编制或委托编制的技术规格以及反映发包人关于合同要求或其他类似性质的文件的著作权的归属：_____
_____。

关于发包人提供的上述文件的使用限制的要求：_____
_____。

13.2 关于设计人为实施工程所编制文件的著作权的归属：_____
_____。

关于设计人提供的上述文件的使用限制的要求：_____
_____。

13.5 设计人在设计过程中所采用的专利、专有技术的使用费的承担方式：_____
_____。

14. 违约责任

14.1 发包人违约责任

14.1.1 发包人支付设计人违约金：_____。

14.1.2 发包人逾期支付设计费的违约金：_____
_____。

14.2 设计人违约责任

14.2.1 设计人支付发包人的违约金：_____。

14.2.2 设计人逾期交付工程设计文件的违约金：_____
_____。

设计人逾期交付工程设计文件的违约金的上限：_____
_____。

14.2.3 设计人设计文件不合格的损失赔偿金的上限：_____
_____。

14.2.4 设计人未经发包人同意擅自对工程设计进行分包的违约责任：_____
_____。

15. 不可抗力

15.1 不可抗力的确认

除通用合同条款约定的不可抗力事件之外，视为不可抗力的其他情形：_____
_____。

16. 合同解除

16.2 有下列情形之一的，可以解除合同：

（3）暂停设计期限已连续超过_____天。

16.4 发包人向设计人支付已完成工作设计费的期限为_____天内。

17. 争议解决

17.3 争议评审

合同当事人是否同意将工程争议提交争议评审小组决定：_____
_____。

17.3.1 争议评审小组的确定

争议评审小组成员的确定：_____。

选定争议评审员的期限：_____。

评审所发生的费用承担方式：_____。

其他事项的约定：_____。

17.3.2 争议评审小组的决定

合同当事人关于本事项的约定：_____。

17.4 仲裁或诉讼

因合同及合同有关事项发生的争议，按下列第_____种方式解决：

（1）向_____仲裁委员会申请仲裁；

（2）向_____人民法院起诉。

18. 其他（如果没有，填"无"）

_____

_____。

附件：

附件1：工程设计范围、阶段与服务内容

附件2：发包人向设计人提交的有关资料及文件一览表

附件3：设计人向发包人交付的工程设计文件目录

附件4：设计人主要设计人员表

附件5：设计进度表

附件6：设计费明细及支付方式

附件7：设计变更计费依据和方法

附件1：

工程设计范围、阶段与服务内容

一、本工程设计范围

_____。

二、本工程设计阶段划分

初步（基础）设计、非标准设备设计（如有）、施工图设计及施工配合四个阶段。

三、各阶段服务内容

1. 初步（基础）设计阶段

_____。

2. 非标准设备设计阶段（如有）

_____。

3. 施工图设计阶段

_____。

4. 施工配合阶段〔包括设计技术交底、解决施工中设计技术问题、参加试车（试运行）考核和竣工验收〕

_____。

附件2：

发包人向设计人提交的有关资料及文件一览表

序号	资料及文件名称	份数	提交日期	有关事宜
1	项目立项报告和审批文件	各1	初步设计开始3天前	
2	发包人要求即设计任务书（含对工艺、土建、设备等专业的具体要求）	1	初步设计开始3天前	
3	厂址选择报告、土地使用协议、建筑红线图，建筑钉桩图	各1	初步设计开始3天前	
4	当地规划部门的规划意见书	1	初步设计开始3天前	
5	自然资源、气象条件、地形地貌、水文及工程详细地质勘察报告	各1	初步设计开始3天前	
6	各阶段主管部门的审批意见	各1	下一个阶段设计开始3天前提供上一个阶段审批意见	
7	初步设计确认单（含非标准设备设计图开工令）	1	施工图设计开始3天前	
8	非标准设备设计确认单（含施工图设计开工令）	1	施工图设计开始3天前	
9	工程所在地地形图（1/500）电子版及区域位置图	1	施工图设计开始3天前	
10	交通、原料、外部供水、排水、供电、电信等位置、标高、坐标、管径或能力等资料	1	初步设计开始3天前	
11	其他设计资料	1	各设计阶段设计开始3天前	
12	竣工验收报告	1	工程竣工验收通过后5天内	

（上表内容仅供参考，发包人和设计人应当根据行业特点及项目具体情况详细列举）

附件 3：

设计人向发包人交付的工程设计文件目录

序号	资料及文件名称	份数	提交日期	有关事宜
1	初步（基础）设计文件		_____天	
2	非标准设备设计文件		_____天	
3	施工图设计文件		_____天	

特别约定：

1. 在发包人所提供的设计资料（含设计确认单、规划部门批文、政府各部门批文等）能满足设计人进行各阶段设计的前提下开始计算各阶段的设计时间。

2. 上述设计时间不包括法定的节假日。

3. 图纸交付地点：设计人工作地（或发包人指定地）。发包人要求设计人提供电子版设计文件时，设计人有权对电子版设计文件采取加密、设置访问权限、限期使用等保护措施。

4. 如发包人要求提供超过合同约定份数的工程设计文件，则设计人仍应按发包人的要求提供，但发包人应向设计人支付工本费。

附件 4：

设计人主要设计人员表

名 称	姓名	职务	注册执业资格或职称	承担过的主要项目
一、总部人员				
项目主管				
其他人员				
二、项目组成员				
项目负责人				
项目副负责人				

续表

工艺专业负责人				
土建专业负责人				
设备专业负责人				
其他专业负责人				

附件 5：

设计进度表

附件 6：

设计费明细及支付方式

一、设计费总额：_____。

二、设计费总额构成：

1. 工程设计基本服务费用：固定总价：_____。

　　　　　　　　　　　　固定单价：_____（实际投资额×费率_____％）。

2. 工程设计其他服务费用：_____。

3. 合同签订前设计人已完成工作的费用：_____。

4. 特别约定：

（1）工程设计基本服务费用包含设计人员赴工地现场的旅差费_____人次日，每人每次不超 2 天；不含长期驻现场的设计工地代表和现场服务费。

（2）超过上述约定人次日赴项目现场所发生的费用（包括往返机票费、机场建设费、交通费、食宿费、保险费等）和人工费由发包人另行支付。其中人工费支付标准为_____。（建议参照本单位年人均产值确定人工费标准）

（3）其他：_____。

三、设计费明细计算表

_____

_____。

四、设计费支付方式

1. 本合同生效后 7 天内,发包人向设计人支付设计费总额的_____%作为定金或预付款,计_____元,设计合同履行完毕后,定金或预付款抵作部分设计费。

2. 设计人向发包人提交初步设计文件后_____天内,发包人向设计人支付设计费总额的 20%,计_____元。

3. 设计人向发包人提交主要非标准设备设计文件后_____天内,发包人向设计人支付设计费总额的 15%,计_____元。

4. 设计人向发包人提交施工图设计文件后 7 天内,发包人向设计人支付设计费总额的 30%,计_____元。

5. 试车(试运行)考核完成后 7 天内,发包人向设计人支付设计费总额的 10%,计_____元。

6. 工程竣工验收后 7 天内,发包人向设计人支付全部剩余设计费,共计_____元。

注:上述支付方式供发包人、设计人参考使用。

附件 7:

设计变更计费依据和方法

(五)建设工程造价咨询合同[①]

说　明

为了指导建设工程造价咨询合同当事人的签约行为,维护合同当事人的合法权益,依据《中华人民共和国合同法》《中华人民共和国建筑法》《中华人民共和国招标投标法》以及相关法律法规,住房和城乡建设部、国家工商行政管理总局对《建设工程造价咨询合同(示范文本)》(GF—2002—0212)进行了修订,制定了《建设工程造价咨询合同(示范文本)》(GF—2015—0212)(以下简称《示范文本》)。为了便于合同当事人使用《示范文本》,现就有关问题说明如下:

一、《示范文本》的组成

《示范文本》由协议书、通用条件和专用条件三部分组成。

[①] 中华人民共和国住房和城乡建设部、国家工商行政管理总局制定,GF—2015—0212。

（一）协议书

《示范文本》协议书集中约定了合同当事人基本的合同权利义务。

（二）通用条件

通用条件是合同当事人根据《中华人民共和国合同法》《中华人民共和国建筑法》等法律法规的规定，就工程造价咨询的实施及相关事项，对合同当事人的权利义务作出的原则性约定。

通用条件既考虑了现行法律法规对工程发承包计价的有关要求，也考虑了工程造价咨询管理的特殊需要。

（三）专用条件

专用条件是对通用条件原则性约定的细化、完善、补充、修改或另行约定的条件。合同当事人可以根据不同建设工程的特点及发承包计价的具体情况，通过双方的谈判、协商对相应的专用条件进行修改补充。在使用专用条件时，应注意以下事项：

1. 专用条件的编号应与相应的通用条件的编号一致；

2. 合同当事人可以通过对专用条件的修改，满足具体工程的特殊要求，避免直接修改通用条件；

3. 在专用条件中有横道线的地方，合同当事人可针对相应的通用条件进行细化、完善、补充、修改或另行约定；如无细化、完善、补充、修改或另行约定，则填写"无"或画"/"。

二、《示范文本》的性质和适用范围

《示范文本》供合同双方当事人参照使用，可适用于各类建设工程全过程造价咨询服务以及阶段性造价咨询服务的合同订立。合同当事人可结合建设工程具体情况，按照法律法规规定，根据《示范文本》的内容，约定双方具体的权利义务。

目　录

第一部分　协议书

一、工程概况

二、服务范围及工作内容

三、服务期限

四、质量标准

五、酬金或计取方式

六、合同文件的构成

七、词语含义

八、合同订立

九、合同生效

十、合同份数

第二部分　通用条件

1. 词语定义、语言、解释顺序与适用法律

1.1 词语定义

1.2 语言

1.3 合同文件的优先顺序

1.4 适用法律

2. 委托人的义务

2.1 提供资料

2.2 提供工作条件

2.3 合理工作时限

2.4 委托人代表

2.5 答复

2.6 支付

3. 咨询人的义务

3.1 项目咨询团队及人员

3.2 咨询人的工作要求

3.3 咨询人的工作依据

3.4 使用委托人房屋及设备的返还

4. 违约责任

4.1 委托人的违约责任

4.2 咨询人的违约责任

5. 支付

5.1 支付货币

5.2 支付申请

5.3 支付酬金

5.4 有异议部分的支付

6. 合同变更、解除与终止

6.1 合同变更

6.2 合同解除

6.3 合同终止

7. 争议解决

7.1 协商

7.2 调解

7.3 仲裁或诉讼

8. 其他

8.1 考察及相关费用

8.2 奖励

8.3 保密

8.4 联络

8.5 知识产权

第三部分　专用条件

1. 词语定义、语言、解释顺序与适用法律

1.2 语言

1.3 合同文件的优先顺序

1.4 适用法律

2. 委托人的义务

2.1 提供资料

2.2 提供工作条件

2.4 委托人代表

2.5 答复

3. 咨询人的义务

3.1 项目咨询团队及人员

3.2 咨询人的工作要求

3.3 咨询人的工作依据

3.4 使用委托人房屋及设备的返还

4. 违约责任

4.1 委托人的违约责任

4.2 咨询人的违约责任

5. 支付

5.1 支付货币

5.2 支付申请

5.3 支付酬金

6. 合同变更、解除与终止

6.1 合同变更

6.2 合同解除

7. 争议解决

7.2 调解

7.3 仲裁或诉讼

8. 其他

8.1 考察及相关费用

8.2 奖励

8.3 保密

8.4 联络

8.5 知识产权

9. 补充条款

附录 A　服务范围及工作内容、酬金一览表

附录 B　咨询人提交成果文件一览表

附录 C　委托人提供资料一览表

附录 D　委托人提供房屋及设备一览表

第一部分　协议书

委托人（全称）：_____

咨询人（全称）：_____

　　根据《中华人民共和国合同法》及其他有关法律、法规，遵循平等、自愿、公平和诚实信用的原则，双方就下述建设工程委托造价咨询与其他服务事项协商一致，订立本合同。

一、工程概况

1. 工程名称：_____。

2. 工程地点：_____。

3. 工程规模：_____。

4. 投资金额：_____。

5. 资金来源：_____。

6. 建设工期或周期：_____。

7. 其他：_____。

二、服务范围及工作内容

双方约定的服务范围及工作内容：_____。

服务范围及工作内容详见附录 A。

三、服务期限

本合同约定的建设工程造价咨询服务自_____年____月____日开始实施，至_____年____月____日终结。

四、质量标准

工程造价咨询成果文件应符合：_____。

五、酬金或计取方式

1. 酬金：人民币（大写）_____（￥_____元）。

2. 计取方式：_____。
酬金或计取方式详见附录 A。

六、合同文件的构成
本协议书与下列文件一起构成合同文件：
1. 中标通知书或委托书（如果有）；
2. 投标函及投标函附录或造价咨询服务建议书（如果有）；
3. 专用条件及附录；
4. 通用条件；
5. 其他合同文件。

上述各项合同文件包括合同当事人就该项合同文件所作出的补充和修改，属于同一类内容的文件，应以最新签署的为准。

在合同订立及履行过程中形成的与合同有关的文件（包括补充协议）均构成合同文件的组成部分。

七、词语含义
协议书中相关词语的含义与通用条件中的定义与解释相同。

八、合同订立
1. 订立时间：_____年___月___日。
2. 订立地点：_____。

九、合同生效
本合同自_____起生效。

十、合同份数
本合同一式_____份，具有同等法律效力，其中委托人执_____份，咨询人执_____份。

委托人：（盖章）
法定代表人或其授权的代理人：（签字）
组织机构代码：_____
纳税人识别码：_____
住所：_____
账号：_____
开户银行：_____
邮政编码：_____
电话：_____
传真：_____
电子信箱：_____

咨询人：（盖章）
法定代表人或其授权的代理人：（签字）
组织机构代码：_____
纳税人识别码：_____
住所：_____
账号：_____
开户银行：_____
邮政编码：_____
电话：_____
传真：_____
电子信箱：_____

第二部分　通用条件

1. 词语定义、语言、解释顺序与适用法律

1.1 词语定义

组成本合同的全部文件中的下列名词和用语应具有本款所赋予的含义：

1.1.1 "工程"是指按照本合同约定实施造价咨询与其他服务的建设工程。

1.1.2 "工程造价"是指工程项目建设过程中预计或实际支出的全部费用。

1.1.3 "委托人"是指本合同中委托造价咨询与其他服务的一方，及其合法的继承人或受让人。

1.1.4 "咨询人"是指本合同中提供造价咨询与其他服务的一方，及其合法的继承人。

1.1.5 "第三人"是指除委托人、咨询人以外与本咨询业务有关的当事人。

1.1.6 "正常工作"是指本合同订立时通用条件和专用条件中约定的咨询人的工作。

1.1.7 "附加工作"是指咨询人根据合同条件完成的正常工作以外的工作。

1.1.8 "项目咨询团队"是指咨询人指派负责履行本合同的团队，其团队成员为本合同的项目咨询人员。

1.1.9 "项目负责人"是指由咨询人的法定代表人书面授权，在授权范围内负责履行本合同、主持项目咨询团队工作的负责人。

1.1.10 "委托人代表"是指由委托人的法定代表人书面授权，在授权范围内行使委托人权利的人。

1.1.11 "酬金"是指咨询人履行本合同义务，委托人按照本合同约定给付咨询人的金额。

1.1.12 "正常工作酬金"是指在协议书中载明的，咨询人完成正常工作，委托人应给付咨询人的酬金。

1.1.13 "附加工作酬金"是指咨询人完成附加工作，委托人应给付咨询人的酬金。

1.1.14 "书面形式"是指合同书、信件和数据电文（包括电报、电传、传真、电子数据交换和电子邮件）等可以有形地表现所载内容的形式。

1.1.15 "不可抗力"是指委托人和咨询人在订立本合同时不可预见，在合同履行过程中不可避免并不能克服的自然灾害和社会性突发事件，如地震、海啸、瘟疫、水灾、骚乱、暴动、战争等情形。

1.2 语言

本合同使用中文书写、解释和说明。如专用条件约定使用两种及以上语言文字时，应以中文为准。

1.3 合同文件的优先顺序

组成本合同的下列文件彼此应能相互解释、互为说明。除专用条件另有约定外，本合同文件的解释顺序如下：

（1）协议书；

（2）中标通知书或委托书（如果有）；

（3）专用条件及附录；

（4）通用条件；

（5）投标函及投标函附录或造价咨询服务建议书（如果有）；

（6）其他合同文件。

上述各项合同文件包括合同当事人就该项合同文件所作出的补充和修改，属于同一类内容的文件，应以最新签署的为准。

在合同订立及履行过程中形成的与合同有关的文件均构成合同文件的组成部分。

1.4 适用法律

本合同适用中华人民共和国法律、行政法规、部门规章以及工程所在地的地方性法规、自治条例、单行条例和地方政府规章等。

合同当事人可以在专用条件中约定本合同适用的其他规范、规程、定额、技术标准等规范性文件。

2. 委托人的义务

2.1 提供资料

委托人应当在专用条件约定的时间内，按照附录 C 的约定无偿向咨询人提供与本合同咨询业务有关的资料。在本合同履行过程中，委托人应及时向咨询人提供最新的与本合同咨询业务有关的资料。委托人应对所提供资料的真实性、准确性、合法性与完整性负责。

2.2 提供工作条件

委托人应为咨询人完成造价咨询提供必要的条件。

2.2.1 委托人需要咨询人派驻项目现场咨询人员的，除专用条件另有约定外，项目咨询人员有权无偿使用附录 D 中由委托人提供的房屋及设备。

2.2.2 委托人应负责与本工程造价咨询业务有关的所有外部关系的协调，为咨询人履行本合同提供必要的外部条件。

2.3 合理工作时限

委托人应当为咨询人完成其咨询工作，设定合理的工作时限。

2.4 委托人代表

委托人应授权一名代表负责本合同的履行。委托人应在双方签订本合同后 7 日内，将委托人代表的姓名和权限范围书面告知咨询人。委托人更换委托人代表时，应提前 7 日书面通知咨询人。

2.5 答复

委托人应当在专用条件约定的时间内就咨询人以书面形式提交并要求做出答复的事宜给予书面答复。逾期未答复的，由此造成的工作延误和损失由委托人承担。

2.6 支付

委托人应当按照合同的约定，向咨询人支付酬金。

3. 咨询人的义务

3.1 项目咨询团队及人员

3.1.1 项目咨询团队的主要人员应具有专用条件约定的资格条件，团队人员的数量应符合专用条件的约定。

3.1.2 项目负责人

咨询人应以书面形式授权一名项目负责人负责履行本合同、主持项目咨询团队工作。采用招标程序签署本合同的，项目负责人应当与投标文件载明的一致。

3.1.3 在本合同履行过程中，咨询人员应保持相对稳定，以保证咨询工作正常进行。

咨询人可根据工程进展和工作需要等情形调整项目咨询团队人员。咨询人更换项目负责人时，应提前 7 日向委托人书面报告，经委托人同意后方可更换。除专用条件另有约定外，咨询人更换项目咨询团队其他咨询人员，应提前 3 日向委托人书面报告，经委托人同意后以相当资格与能力的人员替换。

3.1.4 咨询人员有下列情形之一，委托人要求咨询人更换的，咨询人应当更换：

（1）存在严重过失行为的；

（2）存在违法行为不能履行职责的；

（3）涉嫌犯罪的；

（4）不能胜任岗位职责的；

（5）严重违反职业道德的；

（6）专用条件约定的其他情形。

3.2 咨询人的工作要求

3.2.1 咨询人应当按照专用条件约定的时间等要求向委托人提供与工程造价咨询业务有关的资料，包括工程造价咨询企业的资质证书及承担本合同业务的团队人员名单及执业（从业）资格证书、咨询工作大纲等，并按合同约定的服务范围和工作内容实施咨询业务。

3.2.2 咨询人应当在专用条件约定的时间内，按照专用条件约定的份数、组成向委托人提交咨询成果文件。

咨询人提供造价咨询服务以及出具工程造价咨询成果文件应符合现行国家或行业有关规定、标准、规范的要求。委托人要求的工程造价咨询成果文件质量标准高于现行国家或行业标准的，应在专用条件中约定具体的质量标准，并相应增加服务酬金。

3.2.3 咨询人提交的工程造价咨询成果文件，除加盖咨询人单位公章、工程造价咨询企业执业印章外，还必须按要求加盖参加咨询工作人员的执业（从业）资格印章。

3.2.4 咨询人应在专用条件约定的时间内，对委托人以书面形式提出的建议或者异议给予书面答复。

3.2.5 咨询人从事工程造价咨询活动，应当遵循独立、客观、公正、诚实信用的原则，不得损害社会公共利益和他人的合法权益。

3.2.6 咨询人承诺按照法律规定及合同约定，完成合同范围内的建设工程造价咨询服务，不转包承接的造价咨询服务业务。

3.3 咨询人的工作依据

咨询人应在专用条件内与委托人协商明确履行本合同约定的咨询服务需要适用的技术标准、规范、定额等工作依据，但不得违反国家及工程所在地的强制性标准、规范。

咨询人应自行配备本条所述的技术标准、规范、定额等相关资料。必须由委托人提供的资料，应在附录C中载明。需要委托人协助才能获得的资料，委托人应予以协助。

3.4 使用委托人房屋及设备的返还

项目咨询人员使用委托人提供的房屋及设备的，咨询人应妥善使用和保管，在本合同终止时将上述房屋及设备按专用条件约定的时间和方式返还委托人。

4. 违约责任

4.1 委托人的违约责任

4.1.1 委托人不履行本合同义务或者履行义务不符合本合同约定的，应承担违约责任。双方可在专用条件中约定违约金的计算及支付方法。

4.1.2 委托人违反本合同约定造成咨询人损失的，委托人应予以赔偿。双方可在专用条件中约定赔偿金额的确定及支付方法。

4.1.3 委托人未能按期支付酬金超过14天，应按下列方法计算并支付逾期付款利息。逾期付款利息＝当期应付款总额×中国人民银行发布的同期贷款基准利率×逾期支付天数（自逾期之日起计算）。双方也可在专用条件中另行约定逾期付款利息的计算及支付方法。

4.2 咨询人的违约责任

4.2.1 咨询人不履行本合同义务或者履行义务不符合本合同约定的，应承担违约责任。双方可在专用条件中约定违约金的计算及支付方法。

4.2.2 因咨询人违反本合同约定给委托人造成损失的，咨询人应当赔偿委托人损失。双方可在专用条件中约定赔偿金额的确定及支付方法。

5. 支付

5.1 支付货币

除专用条件另有约定外，酬金均以人民币支付。涉及外币支付的，所采用的货币种类和汇率等在专用条件中约定。

5.2 支付申请

咨询人应在本合同约定的每次应付款日期前，向委托人提交支付申请书，支付申请书的提交日期由双方在专用条件中约定。支付申请书应当说明当期应付款总额，并列出当期应支付的款项及其金额。

5.3 支付酬金

支付酬金包括正常工作酬金、附加工作酬金、合理化建议奖励金额及费用。

5.4 有异议部分的支付

委托人对咨询人提交的支付申请书有异议时，应当在收到咨询人提交的支付申请书后 7 日内，以书面形式向咨询人发出异议通知。无异议部分的款项应按期支付，有异议部分的款项按第 7 条约定办理。

6. 合同变更、解除与终止

6.1 合同变更

6.1.1 任何一方以书面形式提出变更请求时，双方经协商一致后可进行变更。

6.1.2 除不可抗力外，因非咨询人原因导致咨询人履行合同期限延长、内容增加时，咨询人应当将此情况与可能产生的影响及时通知委托人。增加的工作时间或工作内容应视为附加工作。附加工作酬金的确定方法由双方根据委托的服务范围及工作内容在专用条件中约定。

6.1.3 合同履行过程中，遇有与工程相关的法律法规、强制性标准颁布或修订的，双方应遵照执行。非强制性标准、规范、定额等发生变化的，双方协商确定执行依据。由此引起造价咨询的服务范围及内容、服务期限、酬金变化的，双方应通过协商确定。

6.1.4 因工程规模、服务范围及工作内容的变化等导致咨询人的工作量增减时，服务酬金应作相应调整，调整方法由双方在专用条件中约定。

6.2 合同解除

6.2.1 委托人与咨询人协商一致，可以解除合同。

6.2.2 有下列情形之一的，合同当事人一方或双方可以解除合同：

（1）咨询人将本合同约定的工程造价咨询服务工作全部或部分转包给他人，委托人可以解除合同；

（2）咨询人提供的造价咨询服务不符合合同约定的要求，经委托人催告仍不能达到合同约定要求的，委托人可以解除合同；

（3）委托人未按合同约定支付服务酬金，经咨询人催告后，在28天内仍未支付的，咨询人可以解除合同；

（4）因不可抗力致使合同无法履行；

（5）因一方违约致使合同无法实际履行或实际履行已无必要。

除上述情形外，双方可以根据委托的服务范围及工作内容，在专用条件中约定解除合同的其他条件。

6.2.3 任何一方提出解除合同的，应提前30天书面通知对方。

6.2.4 合同解除后，委托人应按照合同约定向咨询人支付已完成部分的咨询服务酬金。

因不可抗力导致的合同解除，其损失的分担按照合理分担的原则由合同当事人在专用条件中自行约定。除不可抗力外因非咨询人原因导致的合同解除，其损失由委托人承担。因咨询人自身原因导致的合同解除，按照违约责任处理。

6.2.5 本合同解除后，本合同约定的有关结算、争议解决方式的条款仍然有效。

6.3 合同终止

除合同解除外，以下条件全部满足时，本合同终止：

（1）咨询人完成本合同约定的全部工作；

（2）委托人与咨询人结清并支付酬金；

（3）咨询人将委托人提供的资料交还。

7. 争议解决

7.1 协商

双方应本着诚实信用的原则协商解决本合同履行过程中发生的争议。

7.2 调解

如果双方不能在14日内或双方商定的其他时间内解决本合同争议，可以将其提交给专用条件约定的或事后达成协议的调解人进行调解。

7.3 仲裁或诉讼

双方均有权不经调解直接向专用条件约定的仲裁机构申请仲裁或向有管辖权的人民法院提起诉讼。

8. 其他

8.1 考察及相关费用

除专用条件另有约定外,咨询人经委托人同意进行考察发生的费用由委托人审核后另行支付。差旅费及相关费用的承担由双方在专用条件中约定。

8.2 奖励

对于咨询人在服务过程中提出合理化建议,使委托人获得效益的,双方在专用条件中约定奖励金额的确定方法。奖励金额在合理化建议被采纳后,与最近一期的正常工作酬金同期支付。

8.3 保密

在本合同履行期间或专用条件约定的期限内,双方不得泄露对方申明的保密资料,亦不得泄露与实施工程有关的第三人所提供的保密资料。保密事项在专用条件中约定。

8.4 联络

8.4.1 与合同有关的通知、指示、要求、决定等,均应采用书面形式,并应在专用条件约定的期限内送达接收人和送达地点。

8.4.2 委托人和咨询人应在专用条件中约定各自的送达接收人、送达地点、电子邮箱。任何一方指定的接收人或送达地点或电子邮箱发生变动的,应提前3天以书面形式通知对方,否则视为未发生变动。

8.4.3 委托人和咨询人应当及时签收另一方送至送达地点和指定接收人的往来函件,如确有充分证据证明一方无正当理由拒不签收的,视为认可往来函件的内容。

8.5 知识产权

除专用条件另有约定外,委托人提供给咨询人的图纸、委托人为实施工程自行编制或委托编制的技术规范以及反映委托人要求的或其他类似性质文件的著作权属于委托人,咨询人可以为实现本合同目的而复制或者以其他方式使用此类文件,但不能用于与本合同无关的其他事项。未经委托人书面同意,咨询人不得为了本合同以外的目的而复制或者以其他方式使用上述文件或将之提供给任何第三方。

除专用条件另有约定外,咨询人为履行本合同约定而编制的成果文件,其著作权属于咨询人。委托人可以为实现合同目的而复制、使用此类文件,但不能擅自修改或用于与本合同无关的其他事项。未经咨询人书面同意,委托人不得为了本合同以外的目的而复制或者以其他方式使用上述文件或将之提供给任何第三方。

双方保证在履行本合同过程中不侵犯对方及第三方的知识产权。因咨询人侵犯他人知识产权所引起的责任,由咨询人承担;因委托人提供的基础资料导致侵权的,由委托人承担责任。

除专用条件另有约定外,双方均有权在履行本合同保密义务并且不损害对方利益的情况下,将履行本合同形成的有关成果文件用于企业宣传、申报奖项以及接受上级主管部门的检查。

第三部分 专用条件

1. 词语定义、语言、解释顺序与适用法律

1.2 语言

本合同文件除使用中文外，还可用_____。

1.3 合同文件的优先顺序

本合同文件的解释顺序为：_____。

1.4 适用法律

本合同适用的其他规范性文件包括：_____。

2. 委托人的义务

2.1 提供资料

委托人按照附录 C 约定无偿向咨询人提供与本合同咨询业务有关资料的时间为：_____。

2.2 提供工作条件

2.2.1 项目咨询人员使用附录 D 中由委托人提供的房屋及设备，支付使用费的标准为：_____。

2.4 委托人代表

委托人代表为：_____，其权限范围：_____。

2.5 答复

委托人同意在_____日内，对咨询人书面提交并要求做出决定的事宜给予书面答复。逾期未答复的，视为委托人认可。

3. 咨询人的义务

3.1 项目咨询团队及人员

3.1.1 项目咨询团队的主要人员应具有_____资格条件，团队人员的数量为_____人。

3.1.2 项目负责人为：_____，项目负责人为履行本合同的权限为：_____。

3.1.3 咨询人更换项目咨询团队其他咨询人员的约定：_____。

3.1.4 委托人要求更换咨询人员的情形还包括：_____。

3.2 咨询人的工作要求

3.2.1 咨询人向委托人提供有关资料的时间：_____。咨询人向委托人提供的资料还包括：_____。

3.2.2 咨询人向委托人提供咨询成果文件的名称、组成、时间、份数及质量标准：_____。详见附录 B。

3.2.4 咨询人应在收到委托人以书面形式提出的建议或者异议后_____日内给予书面答复。

3.3 咨询人的工作依据

经双方协商，本合同约定的造价咨询服务适用的技术标准、规范、定额等工作依据为：_____。

3.4 使用委托人房屋及设备的返还

咨询人应在本合同终止后_____日内移交委托人提供的房屋及设备，移交的方式为_____。

4. 违约责任

4.1 委托人的违约责任

4.1.1 委托人违约金的计算及支付方法：_____。

4.1.2 委托人赔偿金额按下列方法确定并支付：_____。

4.1.3 委托人逾期付款利息按下列方法计算并支付：_____。

4.2 咨询人的违约责任

4.2.1 咨询人违约金的计算及支付方法：_____。

4.2.2 咨询人赔偿金额按下列方法确定并支付：_____。

5. 支付

5.1 支付货币

币种为：_____，汇率为：_____，其他约定：_____。

5.2 支付申请

咨询人应在本合同约定的每次应付款日期_____日前，向委托人提交支付申请书。

5.3 支付酬金

正常工作酬金的支付：

支付次数	支付时间	支付比例	支付金额（万元）

6. 合同变更、解除与终止

6.1 合同变更

6.1.2 除不可抗力外，因非咨询人原因导致本合同履行期限延长、内容增加时，附加工作酬金按下列方法确定：_____。

6.1.4 因工程规模、服务范围及内容的变化等导致咨询人的工作量增减时，服务酬金的调整方法：_____。

6.2 合同解除

6.2.2 双方约定解除合同的条件还包括：_____。

6.2.4 因不可抗力导致的合同解除，双方约定损失的分担如下：＿＿＿＿＿＿。

7. 争议解决

7.2 调解

如果双方不能在＿＿＿＿＿日内解决本合同争议，可以将其提交＿＿＿＿＿进行调解。

7.3 仲裁或诉讼

合同争议的最终解决方式为下列第＿＿＿＿＿种方式：

（1）提请＿＿＿＿＿仲裁委员会进行仲裁；

（2）向＿＿＿＿＿人民法院提起诉讼。

8. 其他

8.1 考察及相关费用

咨询人经委托人同意进行考察发生的费用由＿＿＿＿＿支付。

差旅费及相关费用的支付：＿＿＿＿＿＿＿＿＿＿＿＿＿＿＿＿＿。

8.2 奖励

合理化建议的奖励金额按下列方法确定：＿＿＿＿＿＿＿＿＿＿＿。

8.3 保密

委托人申明的保密事项和期限：＿＿＿＿＿＿＿＿＿＿＿＿＿＿＿。

咨询人申明的保密事项和期限：＿＿＿＿＿＿＿＿＿＿＿＿＿＿＿。

第三人申明的保密事项和期限：＿＿＿＿＿＿＿＿＿＿＿＿＿＿＿。

8.4 联络

8.4.1 任何一方与合同有关的通知、指示、要求、决定等，均应在＿＿＿＿＿日内送达对方指定的接收人和送达地点。

8.4.2 委托人指定的送达接收人：＿＿＿＿＿＿，送达地点：＿＿＿＿＿＿，电子邮箱：＿＿＿＿＿＿。

咨询人指定的送达接收人：＿＿＿＿＿＿，送达地点：＿＿＿＿＿＿，电子邮箱：＿＿＿＿＿＿。

8.5 知识产权

委托人提供给咨询人的图纸、委托人为实施工程自行编制或委托编制的技术规范以及反映委托人要求的或其他类似性质文件的著作权属于＿＿＿＿＿＿＿。

咨询人为履行本合同约定而编制的成果文件，其著作权属于＿＿＿＿＿＿＿。

双方将履行本合同形成的有关成果文件用于企业宣传、申报奖项以及接受上级主管部门的检查须遵守以下约定：＿＿＿＿＿＿＿＿＿＿。

9. 补充条款

＿＿＿＿＿＿＿＿＿＿＿＿＿＿＿＿＿＿＿＿＿＿＿＿＿＿＿＿＿＿＿＿。

附录 A 服务范围及工作内容、酬金一览表

服务阶段	服务范围及工作内容		酬金			备注
	服务范围	工作内容	收费基数	收费标准（比例）	酬金数额（单位:万元）	
决策阶段	投资估算	□编制□审核□调整				
	经济评价	□编制□审核□调整				
	其他					
设计阶段	设计概算	□编制□审核□调整				
	施工图预算	□编制□审核□调整				
	其他					
发承包阶段	工程量清单	□编制□审核□调整				
	最高投标限价	□编制□审核□调整				
	投标报价分析	□编制□审核□调整				
	清标报告	□编制□审核□调整				
	其他					
实施阶段	资金使用计划	□编制				
	工程计量与工程款审核	□编制□审核□调整				
	合同价款调整	□编制□审核□调整				
	工程变更、索赔、签证	□编制□审核□调整				
	工程实施阶段造价控制					
	其他					
竣工阶段	竣工结算	□编制□审核□调整				
	竣工决算	□编制□审核□调整				
	其他					
其他服务	工程造价鉴定					

注：1. 附录 A 中服务范围及工作内容未涉及的可在"其他"项中列明。

2. 实行全过程造价咨询的工程，服务范围及工作内容按上表，酬金及计取方式为：_____。

附录 B　咨询人提交成果文件一览表

服务阶段	成果文件名称	成果文件组成	提交时间	份数	质量标准
决策阶段					
设计阶段					
发承包阶段					
实施阶段					
竣工阶段					
其他服务					

附录 C　委托人提供资料一览表

名称	份数	提供时间	备注

附录 D　委托人提供房屋及设备一览表

名称	数量	面积、型号及规格	提供时间

（六）建设工程施工合同①

---

① 此合同内容详见本书所附电子文件。中华人民共和国住房和城乡建设部、国家工商行政管理总局制定，GF-2017-0201。

(七) 建设工程监理合同[①]

第一部分　协议书

委托人（全称）：_____

监理人（全称）：_____

根据《中华人民共和国合同法》《中华人民共和国建筑法》及其他有关法律、法规，遵循平等、自愿、公平和诚信的原则，双方就下述工程委托监理与相关服务事项协商一致，订立本合同。

一、工程概况

1. 工程名称：_____。
2. 工程地点：_____。
3. 工程规模：_____。
4. 工程概算投资额或建筑安装工程费：_____。

二、词语限定

协议书中相关词语的含义与通用条件中的定义与解释相同。

三、组成本合同的文件

1. 协议书；
2. 中标通知书（适用于招标工程）或委托书（适用于非招标工程）；
3. 投标文件（适用于招标工程）或监理与相关服务建议书（适用于非招标工程）；
4. 专用条件；
5. 通用条件；
6. 附录：

附录A　相关服务的范围和内容

附录B　委托人派遣的人员和提供的房屋、资料、设备

本合同签订后，双方依法签订的补充协议也是本合同文件的组成部分。

四、总监理工程师

总监理工程师姓名：_____，身份证号码：_____，

注册号：_____。

五、签约酬金

签约酬金（大写）：_____（¥_____）。

包括：

1. 监理酬金：_____。

[①] 中华人民共和国住房和城乡建设部、国家工商行政管理总局制定，GF—2012—0202。

2. 相关服务酬金：_____。

其中：

（1）勘察阶段服务酬金：_____。

（2）设计阶段服务酬金：_____。

（3）保修阶段服务酬金：_____。

（4）其他相关服务酬金：_____。

六、期限

1. 监理期限：

自_____年___月___日起至_____年___月___日止。

2. 相关服务期限：

（1）勘察阶段服务期限自_____年___月___日起至_____年___月___日止。

（2）设计阶段服务期限自_____年___月___日起至_____年___月___日止。

（3）保修阶段服务期限自_____年___月___日起至_____年___月___日止。

（4）其他相关服务期限自_____年___月___日起至_____年___月___日止。

七、双方承诺

1. 监理人向委托人承诺，按照本合同约定提供监理与相关服务。

2. 委托人向监理人承诺，按照本合同约定派遣相应的人员，提供房屋、资料、设备，并按本合同约定支付酬金。

八、合同订立

1. 订立时间：_____年___月___日。

2. 订立地点：_____。

3. 本合同一式_____份，具有同等法律效力，双方各执_____份。

委托人：（盖章）

住所：_____

邮政编码：_____

法定代表人或其授权的代理人：（签字）

开户银行：_____

账号：_____

电话：_____

传真：_____

电子邮箱：_____

监理人：（盖章）

住所：_____

邮政编码：_____
法定代表人或其授权的代理人：（签字）
开户银行：_____
账号：_____
电话：_____
传真：_____
电子邮箱：_____

第二部分　通用条件

1. 定义与解释

1.1 定义

除根据上下文另有其意义外，组成本合同的全部文件中的下列名词和用语应具有本款所赋予的含义：

1.1.1 "工程"是指按照本合同约定实施监理与相关服务的建设工程。

1.1.2 "委托人"是指本合同中委托监理与相关服务的一方，及其合法的继承人或受让人。

1.1.3 "监理人"是指本合同中提供监理与相关服务的一方，及其合法的继承人。

1.1.4 "承包人"是指在工程范围内与委托人签订勘察、设计、施工等有关合同的当事人，及其合法的继承人。

1.1.5 "监理"是指监理人受委托人的委托，依照法律法规、工程建设标准、勘察设计文件及合同，在施工阶段对建设工程质量、进度、造价进行控制，对合同、信息进行管理，对工程建设相关方的关系进行协调，并履行建设工程安全生产管理法定职责的服务活动。

1.1.6 "相关服务"是指监理人受委托人的委托，按照本合同约定，在勘察、设计、保修等阶段提供的服务活动。

1.1.7 "正常工作"指本合同订立时通用条件和专用条件中约定的监理人的工作。

1.1.8 "附加工作"是指本合同约定的正常工作以外监理人的工作。

1.1.9 "项目监理机构"是指监理人派驻工程负责履行本合同的组织机构。

1.1.10 "总监理工程师"是指由监理人的法定代表人书面授权，全面负责履行本合同、主持项目监理机构工作的注册监理工程师。

1.1.11 "酬金"是指监理人履行本合同义务，委托人按照本合同约定给付监理人的金额。

1.1.12 "正常工作酬金"是指监理人完成正常工作，委托人应给付监理人并在协议书中载明的签约酬金额。

1.1.13 "附加工作酬金"是指监理人完成附加工作，委托人应给付监理人的金额。

1.1.14 "一方"是指委托人或监理人；"双方"是指委托人和监理人；"第三方"是指除委托人和监理人以外的有关方。

1.1.15 "书面形式"是指合同书、信件和数据电文（包括电报、电传、传真、电子数据交换和电子邮件）等可以有形地表现所载内容的形式。

1.1.16 "天"是指第一天零时至第二天零时的时间。

1.1.17 "月"是指按公历从一个月中任何一天开始的一个公历月时间。

1.1.18 "不可抗力"是指委托人和监理人在订立本合同时不可预见，在工程施工过程中不可避免发生并不能克服的自然灾害和社会性突发事件，如地震、海啸、瘟疫、水灾、骚乱、暴动、战争和专用条件约定的其他情形。

1.2 解释

1.2.1 本合同使用中文书写、解释和说明。如专用条件约定使用两种及以上语言文字时，应以中文为准。

1.2.2 组成本合同的下列文件彼此应能相互解释、互为说明。除专用条件另有约定外，本合同文件的解释顺序如下：

（1）协议书；

（2）中标通知书（适用于招标工程）或委托书（适用于非招标工程）；

（3）专用条件及附录 A、附录 B；

（4）通用条件；

（5）投标文件（适用于招标工程）或监理与相关服务建议书（适用于非招标工程）。

双方签订的补充协议与其他文件发生矛盾或歧义时，属于同一类内容的文件，应以最新签署的为准。

2. 监理人的义务

2.1 监理的范围和工作内容

2.1.1 监理范围在专用条件中约定。

2.1.2 除专用条件另有约定外，监理工作内容包括：

（1）收到工程设计文件后编制监理规划，并在第一次工地会议 7 天前报委托人。根据有关规定和监理工作需要，编制监理实施细则；

（2）熟悉工程设计文件，并参加由委托人主持的图纸会审和设计交底会议；

（3）参加由委托人主持的第一次工地会议；主持监理例会并根据工程需要主持或参加专题会议；

（4）审查施工承包人提交的施工组织设计，重点审查其中的质量安全技术措施、专项施工方案与工程建设强制性标准的符合性；

（5）检查施工承包人工程质量、安全生产管理制度及组织机构和人员资格；

（6）检查施工承包人专职安全生产管理人员的配备情况；

（7）审查施工承包人提交的施工进度计划，核查承包人对施工进度计划的调整；

（8）检查施工承包人的试验室；

（9）审核施工分包人资质条件；

（10）查验施工承包人的施工测量放线成果；

（11）审查工程开工条件，对条件具备的签发开工令；

（12）审查施工承包人报送的工程材料、构配件、设备质量证明文件的有效性和符合性，并按规定对用于工程的材料采取平行检验或见证取样方式进行抽检；

（13）审核施工承包人提交的工程款支付申请，签发或出具工程款支付证书，并报委托人审核、批准；

（14）在巡视、旁站和检验过程中，发现工程质量、施工安全存在事故隐患的，要求施工承包人整改并报委托人；

（15）经委托人同意，签发工程暂停令和复工令；

（16）审查施工承包人提交的采用新材料、新工艺、新技术、新设备的论证材料及相关验收标准；

（17）验收隐蔽工程、分部分项工程；

（18）审查施工承包人提交的工程变更申请，协调处理施工进度调整、费用索赔、合同争议等事项；

（19）审查施工承包人提交的竣工验收申请，编写工程质量评估报告；

（20）参加工程竣工验收，签署竣工验收意见；

（21）审查施工承包人提交的竣工结算申请并报委托人；

（22）编制、整理工程监理归档文件并报委托人。

2.1.3 相关服务的范围和内容在附录 A 中约定。

2.2 监理与相关服务依据

2.2.1 监理依据包括：

（1）适用的法律、行政法规及部门规章；

（2）与工程有关的标准；

（3）工程设计及有关文件；

（4）本合同及委托人与第三方签订的与实施工程有关的其他合同。

双方根据工程的行业和地域特点，在专用条件中具体约定监理依据。

2.2.2 相关服务依据在专用条件中约定。

2.3 项目监理机构和人员

2.3.1 监理人应组建满足工作需要的项目监理机构，配备必要的检测设备。项目监理机构的主要人员应具有相应的资格条件。

2.3.2 本合同履行过程中，总监理工程师及重要岗位监理人员应保持相对稳定，以保证监理工作正常进行。

2.3.3 监理人可根据工程进展和工作需要调整项目监理机构人员。监理人更换总监理工程师时，应提前 7 天向委托人书面报告，经委托人同意后方可更换；监理人更换项目监理机构其他监理人员，应以相当资格与能力的人员替换，并通知委托人。

2.3.4 监理人应及时更换有下列情形之一的监理人员：

（1）有严重过失行为的；

（2）有违法行为不能履行职责的；

（3）涉嫌犯罪的；

（4）不能胜任岗位职责的；

（5）严重违反职业道德的；

（6）专用条件约定的其他情形。

2.3.5 委托人可要求监理人更换不能胜任本职工作的项目监理机构人员。

2.4 履行职责

监理人应遵循职业道德准则和行为规范，严格按照法律法规、工程建设有关标准及本合同履行职责。

2.4.1 在监理与相关服务范围内，委托人和承包人提出的意见和要求，监理人应及时提出处置意见。当委托人与承包人之间发生合同争议时，监理人应协助委托人、承包人协商解决。

2.4.2 当委托人与承包人之间的合同争议提交仲裁机构仲裁或人民法院审理时，监理人应提供必要的证明资料。

2.4.3 监理人应在专用条件约定的授权范围内，处理委托人与承包人所签订合同的变更事宜。如果变更超过授权范围，应以书面形式报委托人批准。

在紧急情况下，为了保护财产和人身安全，监理人所发出的指令未能事先报委托人批准时，应在发出指令后的 24 小时内以书面形式报委托人。

2.4.4 除专用条件另有约定外，监理人发现承包人的人员不能胜任本职工作的，有权要求承包人予以调换。

2.5 提交报告

监理人应按专用条件约定的种类、时间和份数向委托人提交监理与相关服务的报告。

2.6 文件资料

在本合同履行期内，监理人应在现场保留工作所用的图纸、报告及记录监理工作的相关文件。工程竣工后，应当按照档案管理规定将监理有关文件归档。

2.7 使用委托人的财产

监理人无偿使用附录 B 中由委托人派遣的人员和提供的房屋、资料、设备。除专用条件另有约定外，委托人提供的房屋、设备属于委托人的财产，监理人应妥善使用和保管，在本合同终止时将这些房屋、设备的清单提交委托人，并按专用条件约定的时间和方式移交。

3. 委托人的义务

3.1 告知

委托人应在委托人与承包人签订的合同中明确监理人、总监理工程师和授予项目监理机构的权限。如有变更，应及时通知承包人。

3.2 提供资料

委托人应按照附录 B 约定，无偿向监理人提供工程有关的资料。在本合同履行过程中，委托人应及时向监理人提供最新的与工程有关的资料。

3.3 提供工作条件

委托人应为监理人完成监理与相关服务提供必要的条件。

3.3.1 委托人应按照附录 B 约定，派遣相应的人员，提供房屋、设备，供监理人无偿使用。

3.3.2 委托人应负责协调工程建设中所有外部关系，为监理人履行本合同提供必要的外部条件。

3.4 委托人代表

委托人应授权一名熟悉工程情况的代表，负责与监理人联系。委托人应在双方签订本合同后 7 天内，将委托人代表的姓名和职责书面告知监理人。当委托人更换委托人代表时，应提前 7 天通知监理人。

3.5 委托人意见或要求

在本合同约定的监理与相关服务工作范围内，委托人对承包人的任何意见或要求应通知监理人，由监理人向承包人发出相应指令。

3.6 答复

委托人应在专用条件约定的时间内，对监理人以书面形式提交并要求作出决定的事宜，给予书面答复。逾期未答复的，视为委托人认可。

3.7 支付

委托人应按本合同约定，向监理人支付酬金。

4. 违约责任

4.1 监理人的违约责任

监理人未履行本合同义务的，应承担相应的责任。

4.1.1 因监理人违反本合同约定给委托人造成损失的，监理人应当赔偿委托人损失。赔偿金额的确定方法在专用条件中约定。监理人承担部分赔偿责任的，其承担赔偿金额由双方协商确定。

4.1.2 监理人向委托人的索赔不成立时，监理人应赔偿委托人由此发生的费用。

4.2 委托人的违约责任

委托人未履行本合同义务的，应承担相应的责任。

4.2.1 委托人违反本合同约定造成监理人损失的，委托人应予以赔偿。

4.2.2 委托人向监理人的索赔不成立时，应赔偿监理人由此产生的费用。

4.2.3 委托人未能按期支付酬金超过 28 天，应按专用条件约定支付逾期付款利息。

4.3 除外责任

因非监理人的原因，且监理人无过错，发生工程质量事故、安全事故、工期延误等造成的损失，监理人不承担赔偿责任。

因不可抗力导致本合同全部或部分不能履行时，双方各自承担其因此而造成的损失、损害。

5. 支付

5.1 支付货币

除专用条件另有约定外，酬金均以人民币支付。涉及外币支付的，所采用的货币种类、比例和汇率在专用条件中约定。

5.2 支付申请

监理人应在本合同约定的每次应付款时间的 7 天前，向委托人提交支付申请书。支付申请书应当说明当期应付款总额，并列出当期应支付的款项及其金额。

5.3 支付酬金

支付的酬金包括正常工作酬金、附加工作酬金、合理化建议奖励金额及费用。

5.4 有争议部分的付款

委托人对监理人提交的支付申请书有异议时，应当在收到监理人提交的支付申请书后 7 天内，以书面形式向监理人发出异议通知。无异议部分的款项应按期支付，有异议部分的款项按第 7 条约定办理。

6. 合同生效、变更、暂停、解除与终止

6.1 生效

除法律另有规定或者专用条件另有约定外，委托人和监理人的法定代表人或其授权代理人在协议书上签字并盖单位章后本合同生效。

6.2 变更

6.2.1 任何一方提出变更请求时，双方经协商一致后可进行变更。

6.2.2 除不可抗力外，因非监理人原因导致监理人履行合同期限延长、内容增加时，监理人应当将此情况与可能产生的影响及时通知委托人。增加的监理工作时间、工作内容应视为附加工作。附加工作酬金的确定方法在专用条件中约定。

6.2.3 合同生效后，如果实际情况发生变化使得监理人不能完成全部或部分工作时，监理人应立即通知委托人。除不可抗力外，其善后工作以及恢复服务的准备工作应为附加工作，附加工作酬金的确定方法在专用条件中约定。监理人用于恢复服务的准备时间不应超过 28 天。

6.2.4 合同签订后，遇有与工程相关的法律法规、标准颁布或修订的，双方应遵照执行。由此引起监理与相关服务的范围、时间、酬金变化的，双方应通过协商进行相应调整。

6.2.5 因非监理人原因造成工程概算投资额或建筑安装工程费增加时，正常工作酬金应作相应调整。调整方法在专用条件中约定。

6.2.6 因工程规模、监理范围的变化导致监理人的正常工作量减少时，正常工作酬金应作相应调整。调整方法在专用条件中约定。

6.3 暂停与解除

除双方协商一致可以解除本合同外，当一方无正当理由未履行本合同约定的义务时，另一方可以根据本合同约定暂停履行本合同直至解除本合同。

6.3.1 在本合同有效期内，由于双方无法预见和控制的原因导致本合同全部或部分无法继续履行或继续履行已无意义，经双方协商一致，可以解除本合同或监理人的部分义务。在解除之前，监理人应作出合理安排，使开支减至最小。

因解除本合同或解除监理人的部分义务导致监理人遭受的损失，除依法可以免除责任的情况外，应由委托人予以补偿，补偿金额由双方协商确定。

解除本合同的协议必须采取书面形式，协议未达成之前，本合同仍然有效。

6.3.2 在本合同有效期内，因非监理人的原因导致工程施工全部或部分暂停，委托人可通知监理人要求暂停全部或部分工作。监理人应立即安排停止工作，并将开支减至最小。除不可抗力外，由此导致监理人遭受的损失应由委托人予以补偿。

暂停部分监理与相关服务时间超过 182 天，监理人可发出解除本合同约定的该部分义务的通知；暂停全部工作时间超过 182 天，监理人可发出解除本合同的通知，本合同自通知到达委托人时解除。委托人应将监理与相关服务的酬金支付至本合同解除日，且应承担第 4.2 款约定的责任。

6.3.3 当监理人无正当理由未履行本合同约定的义务时，委托人应通知监理人限期改正。若委托人在监理人接到通知后的 7 天内未收到监理人书面形式的合理解释，则可在 7 天内发出解除本合同的通知，自通知到达监理人时本合同解除。委托人应将监理与相关服务的酬金支付至限期改正通知到达监理人之日，但监理人应承担第 4.1 款约定的责任。

6.3.4 监理人在专用条件 5.3 中约定的支付之日起 28 天后仍未收到委托人按本合同约定应付的款项，可向委托人发出催付通知。委托人接到通知 14 天后仍未支付或未提出监理人可以接受的延期支付安排，监理人可向委托人发出暂停工作的通知并可自行暂停全部或部分工作。暂停工作后 14 天内监理人仍未获得委托人应付酬金或委托人的合理答复，监理人可向委托人发出解除本合同的通知，自通知到达委托人时本合同解除。委托人应承担第 4.2.3 款约定的责任。

6.3.5 因不可抗力致使本合同部分或全部不能履行时，一方应立即通知另一方，可暂停或解除本合同。

6.3.6 本合同解除后,本合同约定的有关结算、清理、争议解决方式的条件仍然有效。

6.4 终止

以下条件全部满足时,本合同即告终止:

(1) 监理人完成本合同约定的全部工作;

(2) 委托人与监理人结清并支付全部酬金。

7. 争议解决

7.1 协商

双方应本着诚信原则协商解决彼此间的争议。

7.2 调解

如果双方不能在 14 天内或双方商定的其他时间内解决本合同争议,可以将其提交给专用条件约定的或事后达成协议的调解人进行调解。

7.3 仲裁或诉讼

双方均有权不经调解直接向专用条件约定的仲裁机构申请仲裁或向有管辖权的人民法院提起诉讼。

8. 其他

8.1 外出考察费用

经委托人同意,监理人员外出考察发生的费用由委托人审核后支付。

8.2 检测费用

委托人要求监理人进行的材料和设备检测所发生的费用,由委托人支付,支付时间在专用条件中约定。

8.3 咨询费用

经委托人同意,根据工程需要由监理人组织的相关咨询论证会以及聘请相关专家等发生的费用由委托人支付,支付时间在专用条件中约定。

8.4 奖励

监理人在服务过程中提出的合理化建议,使委托人获得经济效益的,双方在专用条件中约定奖励金额的确定方法。奖励金额在合理化建议被采纳后,与最近一期的正常工作酬金同期支付。

8.5 守法诚信

监理人及其工作人员不得从与实施工程有关的第三方处获得任何经济利益。

8.6 保密

双方不得泄露对方申明的保密资料,亦不得泄露与实施工程有关的第三方所提供的保密资料,保密事项在专用条件中约定。

8.7 通知

本合同涉及的通知均应当采用书面形式,并在送达对方时生效,收件人应书面签收。

8.8 著作权

监理人对其编制的文件拥有著作权。

监理人可单独或与他人联合出版有关监理与相关服务的资料。除专用条件另有约定外，如果监理人在本合同履行期间及本合同终止后两年内出版涉及本工程的有关监理与相关服务的资料，应当征得委托人的同意。

第三部分 专用条件

1. 定义与解释

1.2 解释

1.2.1 本合同文件除使用中文外，还可用：_____。

1.2.2 约定本合同文件的解释顺序为：_____。

2. 监理人的义务

2.1 监理的范围和工作内容

2.1.1 监理范围包括：_____。

2.1.2 监理工作内容还包括：_____。

2.2 监理与相关服务依据

2.2.1 监理依据包括：_____。

2.2.2 相关服务依据包括：_____。

2.3 项目监理机构和人员

2.3.1 更换监理人员的其他情形：_____。

2.4 履行职责

2.4.1 对监理人的授权范围：

在涉及工程延期_____天内和（或）金额_____万元内的变更，监理人不需请示委托人即可向承包人发布变更通知。

2.4.2 监理人有权要求承包人调换其人员的限制条件：_____。

2.5 提交报告

监理人应提交报告的种类（包括监理规划、监理月报及约定的专项报告）、时间和份数：_____。

2.6 使用委托人的财产

附录B中由委托人无偿提供的房屋、设备的所有权属于_____。

监理人应在本合同终止后_____天内移交委托人无偿提供的房屋、设备，移交的时间和方式为：_____。

3. 委托人的义务

3.1 委托人代表

委托人代表为：_____。

3.2 答复

委托人同意在_____天内,对监理人书面提交并要求做出决定的事宜给予书面答复。

4. **违约责任**

4.1 监理人的违约责任

4.1.1 监理人赔偿金额按下列方法确定:

赔偿金=直接经济损失×正常工作酬金÷工程概算投资额(或建筑安装工程费)

4.2 委托人的违约责任

4.2.1 委托人逾期付款利息按下列方法确定:

逾期付款利息=当期应付款总额×银行同期贷款利率×拖延支付天数

5. **支付**

5.1 支付货币

币种为:_____,比例为:_____,汇率为:_____。

5.2 支付酬金

正常工作酬金的支付:

支付次数	支付时间	支付比例	支付金额(万元)
首付款	本合同签订后7天内		
第二次付款			
第三次付款			
……			
最后付款	监理与相关服务期届满14天内		

6. **合同生效、变更、暂停、解除与终止**

6.1 生效

本合同生效条件:_____。

6.2 变更

6.2.1 除不可抗力外,因非监理人原因导致本合同期限延长时,附加工作酬金按下列方法确定:

附加工作酬金=本合同期限延长时间(天)×正常工作酬金÷协议书约定的监理与相关服务期限(天)

6.2.2 附加工作酬金按下列方法确定:

附加工作酬金=善后工作及恢复服务的准备工作时间(天)×正常工作酬金÷协议书约定的监理与相关服务期限(天)

6.2.3 正常工作酬金增加额按下列方法确定：

正常工作酬金增加额＝工程投资额或建筑安装工程费增加额×正常工作酬金÷工程概算投资额（或建筑安装工程费）

6.2.4 因工程规模、监理范围的变化导致监理人的正常工作量减少时，按减少工作量的比例从协议书约定的正常工作酬金中扣减相同比例的酬金。

7. 争议解决

7.2 调解

本合同争议进行调解时，可提交_____进行调解。

7.3 仲裁或诉讼

合同争议的最终解决方式为下列第_____种方式：

（1）提请_____仲裁委员会进行仲裁。

（2）向_____人民法院提起诉讼。

8. 其他

8.1 检测费用

委托人应在检测工作完成后_____天内支付检测费用。

8.2 咨询费用

委托人应在咨询工作完成后_____天内支付咨询费用。

8.3 奖励

合理化建议的奖励金额按下列方法确定为：

奖励金额＝工程投资节省额×奖励金额的比率；

奖励金额的比率为_____%。

8.4 保密

委托人申明的保密事项和期限：_____。

监理人申明的保密事项和期限：_____。

第三方申明的保密事项和期限：_____。

8.5 著作权

监理人在本合同履行期间及本合同终止后两年内出版涉及本工程的有关监理与相关服务的资料的限制条件：_____。

9. 补充条款

附录A：相关服务的范围和内容

A-1 勘察阶段：_____。

A-2 设计阶段：_____。

A-3 保修阶段：_____。

A-4 其他（专业技术咨询、外部协调工作等）：_____。

附录 B：委托人派遣的人员和提供的房屋、资料、设备

B-1　委托人派遣的人员

名称	数量	工作要求	提供时间
1. 工程技术人员			
2. 辅助工作人员			
3. 其他人员			

B-2　委托人提供的房屋

名称	数量	面积	提供时间
1. 办公用房			
2. 生活用房			
3. 试验用房			
4. 样品用房			
用餐及其他生活条件			

B-3　委托人提供的资料

名称	份数	提供时间	备注
1. 工程立项文件			
2. 工程勘察文件			
3. 工程设计及施工图纸			
4. 工程承包合同及其他相关合同			
5. 施工许可文件			
6. 其他文件			

B-4 委托人提供的设备

名称	数量	型号与规格	提供时间
1. 通信设备			
2. 办公设备			
3. 交通工具			
4. 检测和试验设备			

（八）水利水电土建工程施工合同条件[①]

（九）水利工程施工监理合同[②]

说　明

为进一步规范水利建设监理市场秩序，提高建设监理水平，保障监理合同双方的合法权益，依据《中华人民共和国合同法》等法律法规和水利工程建设监理有关规定，结合现阶段我国水利工程建设监理实际，水利部组织修订了《水利工程建设监理合同示范文本》，并与国家工商行政管理总局联合颁发。

为体现合同文本名称与其适用范围和相关内容的协调一致，本次修订将原名称《水利工程建设监理合同示范文本》改为《水利工程施工监理合同示范文本》（以下简称《合同文本》）。

本次修订着重修改了委托人和监理人的权利和义务条款，进一步规范了委托人、监理人职责和合同履行中有关问题的处理方式。修订后的《合同文本》将有利于规范当事人双方履行合同的行为，避免因合同条款不完备、不准确等原因产生合同纠纷。

《合同文本》包括"监理合同书""通用合同条款""专用合同条款""附件"四个部分。《水利工程建设监理规定》（水利部令第28号）规定必须实行施工监理的水利工程建设项目（不包括水土保持工程）应当使用本《合同文本》，其他可参照使用。在使用本《合同文本》时，"监理合同书"应由委托人与监理人平等协商一致后签署；"通用合同条款""专用合同条款"是一个有机整体，"通用合同条款"不得修改，"专用合同条款"是针对具体工程项目特定条件对"通用合同条款"的补充和具体说

[①] 此合同内容详见本书所附电子文件。中华人民共和国水利部、国家电力公司、国家工商行政管理总局制定，GF-2000-0208。

[②] 中华人民共和国水利部、国家工商行政管理总局制定，GF-2007-0211。

明，应根据工程监理实际情况进行修改和补充；"附件"所列监理服务的工作内容及相关要求，供委托人和监理人签订合同时参考。

委 托 人：_____
监 理 人：_____
合同编号：_____
合同名称：_____

依据国家有关法律、法规，<u>（委托人名称）</u>（以下简称委托人），委托<u>（监理人名称）</u>（以下简称监理人）提供<u>（工程名称）</u>工程<u>（监理项目名称）</u>监理服务，经双方协商一致，订立本合同。

一、工程概况
1. 工程名称：_____。
2. 建设地点：_____。
3. 工程等别（级）：_____。
4. 工程总投资（人民币，下同）：_____万元。
5. 工期：_____。

二、监理范围
1. 监理项目名称：_____；
2. 监理项目内容及主要特性参数：_____；
3. 监理项目投资：_____；
4. 监理阶段：_____（施工期、保修期）。

三、监理服务内容、期限
1. 监理服务内容：按专用合同条款约定。
2. 监理服务期限：
自_____年____月____日至_____年____月____日。

四、监理服务酬金
监理正常服务酬金为（大写）_____元，由委托人按专用合同条款约定的方式、时间向监理人支付。

五、监理合同的组成文件及解释顺序
1. 监理合同书（含补充协议）；
2. 中标通知书；
3. 投标报价书；
4. 专用合同条款；
5. 通用合同条款；

6. 监理大纲；

7. 双方确认需进入合同的其他文件。

六、本合同书经双方法定代表人或其授权代表人签名并加盖本单位公章后生效。

七、本合同书正本一式两份，具有同等法律效力，由双方各执一份；副本_____份，委托人执_____份，监理人执_____份。

委托人：（盖章）　　　　　　　　监理人：（盖章）
法定代表人：（签名）　　　　　　法定代表人：（签名）
或授权代表人：（签名）　　　　　或授权代表人：（签名）
单位地址：_____　　　　　单位地址：_____
邮政编码：_____　　　　　邮政编码：_____
电　　话：_____　　　　　电　　话：_____
电子信箱：_____　　　　　电子信箱：_____
传　　真：_____　　　　　传　　真：_____
开户银行：_____　　　　　开户银行：_____
账　　号：_____　　　　　账　　号：_____
签订地点：_____
签订时间：_____年___月___日

第一部分　通用合同条款

词语含义及适用语言

第一条　下列名词和用语，除上下文另有约定外，具有本条所赋予的含义：

一、"委托人"指承担工程建设项目直接建设管理责任，委托监理业务的法人或其合法继承人。

二、"监理人"指受委托人委托，提供监理服务的法人或其合法继承人。

三、"承包人"指与委托人（发包人）签订施工合同，承担工程施工的法人或其合法继承人。

四、"监理机构"指监理人派驻工程现场直接开展监理业务的组织，由总监理工程师、监理工程师和监理员以及其他人员组成。

五、"监理项目"是指委托人委托监理人实施建设监理的工程建设项目。

六、"服务"是指监理人根据监理合同约定所承担的各项工作，包括正常服务和附加服务。

七、"正常服务"指监理人按照合同约定的监理范围、内容和期限所提供的服务。

八、"附加服务"指监理人为委托人提供正常服务以外的服务。

九、"服务酬金"指本合同中监理人完成"正常服务""附加服务"应得到的正常服务酬金和附加服务酬金。

十、"天"指日历天。

十一、"现场"指监理项目实施的场所。

第二条 本合同适用的语言文字为中文。

监理依据

第三条 监理的依据是有关工程建设的法律、法规、规章和规范性文件；工程建设强制性条文、有关技术标准；经批准的工程建设项目设计文件及其相关文件；监理合同、施工合同等合同文件。具体内容在专用合同条款中约定。

通知和联系

第四条 委托人应指定一名联系人，负责与监理机构联系。更换联系人时，应提前通知监理人。

第五条 在监理合同实施过程中，双方的联系均应以书面函件为准。在不做出紧急处理即可能导致安全、质量事故的情况下，可先以口头形式通知，并在48小时内补做书面通知。

第六条 委托人对委托监理范围内工程项目实施的意见和决策，应通过监理机构下达，法律、法规另有规定的除外。

委托人的权利

第七条 委托人享有如下权利：

一、对监理工作进行监督、检查，并提出撤换不能胜任监理工作人员的建议或要求；

二、对工程建设中质量、安全、投资、进度方面的重大问题的决策权；

三、核定监理人签发的工程计量、付款凭证；

四、要求监理人提交监理月报、监理专题报告、监理工作报告和监理工作总结报告；

五、当监理人发生本合同专用条款约定的违约情形时，有权解除本合同。

监理人的权利

第八条 委托人赋予监理人如下权利：

一、审查承包人拟选择的分包项目和分包人，报委托人批准；

二、审查承包人提交的施工组织设计、安全技术措施及专项施工方案等各类文件；

三、核查并签发施工图纸；

四、签发合同项目开工令、暂停施工指示，但应事先征得委托人同意；签发进场通知、复工通知；

五、审核和签发工程计量、付款凭证；

六、核查承包人现场工作人员数量及相应岗位资格，有权要求承包人撤换不称职的现场工作人员；

七、发现承包人使用的施工设备影响工程质量或进度时，有权要求承包人增加或更换施工设备；

八、当委托人发生本合同专用条款约定的违约情形时，有权解除本合同；

九、专用合同条款约定的其他权利。

委托人的义务

第九条 工程建设外部环境的协调工作。

第十条 按专用合同条款约定的时间、数量、方式，免费向监理机构提供开展监理服务的有关本工程建设的资料。

第十一条 在专用合同条款约定的时间内，就监理机构书面提交并要求作出决定的问题作出书面决定，并及时送达监理机构。超过约定时间，监理机构未收到委托人的书面决定，且委托人未说明理由，监理机构可认为委托人对其提出的事宜已无不同意见，无须再作确认。

第十二条 与承包人签订的施工合同中明确其赋予监理人的权限，并在工程开工前将监理单位、总监理工程师通知承包人。

第十三条 提供监理人员在现场的工作和生活条件，具体内容在专用合同条款中明确。如果不能提供上述条件的，应按实际发生费用给予监理人补偿。

第十四条 按本合同约定及时、足额支付监理服务酬金。

第十五条 为监理机构指定具有检验、试验资质的机构并承担检验、试验相关费用。

第十六条 维护监理机构工作的独立性，不干涉监理机构正常开展监理业务，不擅自作出有悖于监理机构在合同授权范围内所作出的指示的决定；未经监理机构签字确认，不得支付工程款。

第十七条 为监理人员投保人身意外伤害险和第三者责任险。如要求监理人自己投保，则应同意监理人将投保的费用计入报价中。

第十八条 将投保工程险的保险合同提供给监理人作为工程合同管理的一部分。

第十九条 未经监理人同意，不得将监理人用于本工程监理服务的任何文件直接或间接用于其他工程建设之中。

监理人的义务

第二十条 本着"守法、诚信、公正、科学"的原则，按专用合同条款约定的监理服务内容为委托人提供优质服务。

第二十一条 在专用合同条款约定的时间内组建监理机构，并进驻现场。及时将监理规划、监理机构及其主要人员名单提交委托人，将监理机构及其人员名单、监理工程师和监理员的授权范围通知承包人；实施期间有变化的，应当及时通知承包人。更换总监理工程师和其他主要监理人员应征得委托人同意。

第二十二条 发现设计文件不符合有关规定或合同约定时，应向委托人报告。

第二十三条 核验建筑材料、建筑构配件和设备质量，检查、检验并确认工程的施工质量；检查施工安全生产情况。发现存在质量、安全事故隐患，或发生质量、安全事故，应按有关规定及时采取相应的监理措施。

第二十四条 监督、检查工程施工进度。

第二十五条 按照委托人签订的工程保险合同，做好施工现场工程保险合同的管理。协助委托人向保险公司及时提供一切必要的材料和证据。

第二十六条 协调施工合同各方之间的关系。

第二十七条 按照施工作业程序，采取旁站、巡视、跟踪检测和平行检测等方法实施监理。需要旁站的重要部位和关键工序在专用合同条款中约定。

第二十八条 及时做好工程施工过程中各种监理信息的收集、整理和归档，并保证现场记录、试验、检验、检查等资料的完整性和真实性。

第二十九条 编制《监理日志》，并向委托人提交监理月报、监理专题报告、监理工作报告和监理工作总结报告。

第三十条 按有关规定参加工程验收，做好相关配合工作。委托人委托监理人主持的分部工程验收由专用合同条款约定。

第三十一条 妥善做好委托人所提供的工程建设文件资料的保存、回收及保密工作。在本合同期限内或专用合同条款约定的合同终止后的一定期限内，未征得委托人同意，不得公开涉及委托人的专利、专有技术或其他需保密的资料，不得泄露与本合同业务有关的技术、商务等秘密。

监理服务酬金

第三十二条 监理正常服务酬金的支付时间和支付方式在专用合同条款中约定。

第三十三条 除不可抗力外，有下列情形之一且由此引起监理工作量增加或服务期限延长，均应视为监理机构的附加服务，监理人应得到监理附加服务酬金：

一、由于委托人、第三方责任、设计变更及不良地质条件等非监理人原因致使正常的监理服务受到阻碍或延误；

二、在本合同履行过程中，委托人要求监理机构完成监理合同约定范围和内容以外的服务；

三、由于非监理人原因暂停或终止监理业务时，其善后工作或恢复执行监理业务的工作。监理人完成附加服务应得到的酬金，按专用合同条款约定的方法或监理补充协议计取和支付。

第三十四条 国家有关法律、法规、规章和监理酬金标准发生变化时，应按有关规定调整监理服务酬金。

第三十五条 委托人对监理人申请支付的监理酬金项目及金额有异议时，应当在收到监理人支付申请书后7天内向监理人发出异议通知，由双方协商解决。7天内未发出异议通知，则按通用合同条款第三十二条、第三十三条、第三十四条的约定支付。

合同变更与终止

第三十六条 因工程建设计划调整、较大的工程设计变更、不良地质条件等非监理人原因致使本合同约定的服务范围、内容和服务形式发生较大变化时，双方对监理服务酬金计取、监理服务期限等有关合同条款应当充分协商，签订监理补充协议。

第三十七条 当发生法律或本合同约定的解除合同的情形时，有权解除合同的一方要求解除合同的，应书面通知对方；若通知送达后28天内未收到对方的答复，可发出终止监理合同的通知，本合同即行终止。因解除合同遭受损失的，除依法可以免除责任的外，应由责任方赔偿损失。

第三十八条 在监理服务期内，由于国家政策致使工程建设计划有重大调整，或不可抗力致使合同不能履行时，双方协商解决因合同终止所产生的遗留问题。

第三十九条 本合同在监理期限届满并结清监理服务酬金后即终止。

违约责任

第四十条 委托人未履行合同条款第十条、第十一条、第十三条、第十四条、第十五条、第十六条、第十七条、第十九条约定的义务和责任，除按专用合同条款约定向监理人支付违约金外，还应继续履行合同约定的义务和责任。

第四十一条 委托人未按合同条款第三十二条、第三十三条、第三十四条约定支付监理服务酬金，除按专用合同条款约定向监理人支付逾期付款违约金外，还应继续履行合同约定的支付义务。

第四十二条 监理人未履行合同条款第二十一条、第二十三条、第二十四条、第二十五条、第二十七条、第二十八条、第二十九条、第三十条、第三十一条约定的义务和责任，除按专用合同条款约定向委托人支付违约金外，还应继续履行合同约定的义务和责任。

争议的解决

第四十三条 本合同发生争议，由当事人双方协商解决；也可由工程项目主管部门或合同争议调解机构调解；协商或调解未果时，经当事人双方同意可由仲裁机构仲裁；或向人民法院起诉。争议调解机构、仲裁机构在专用合同条款中约定。

第四十四条 在争议协商、调解、仲裁或起诉过程中，双方仍应继续履行本合同约定的责任和义务。

其他

第四十五条 委托人可以对监理人提出并落实的合理化建议给予奖励。奖励办法在专用合同条款中约定。

第二部分 专用合同条款

监理依据

第三条 本合同的监理依据为：_____。

委托人的权利

第七条

五、当监理人发生下列违约情形时，委托人有权解除合同：

1. _____ ；
2. _____ ；
3. _____ 。

监理人的权利

第八条

八、当委托人发生下列违约情形时，监理人有权解除合同：

1. _____ ；
2. _____ ；
3. _____ 。

九、委托人赋予监理人的其他权利：

1. 签发工程移交证书（若不授予则删除此款；若授予应约定监理人的具体权限）；
2. 签发保修责任终止证书（若不授予则删除此款；若授予应约定监理人的具体权限）；
3. _____ 。

委托人的义务

第十条 委托人向监理机构免费提供的资料为：

序号	资料名称	份数	提供时间	收回时间	保存和保密要求

第十一条 委托人对监理机构书面提交并要求作出决定的事宜作出书面决定并送达的时限：一般文件＿＿＿＿＿天；紧急事项＿＿＿＿＿天；变更文件＿＿＿＿＿天。

第十三条 委托人无偿向监理机构提供的工作、生活条件为：

序号	名称	单位	数量	提供时间	交还时间	管理要求	备注
1	生活、办公用房……						
2	办公设施、设备……						
3	检验、测试设备……						
4	交通工具……						
5	通信设施						
6	其他（水、电等）						

监理人的义务

第二十条 监理服务内容：＿＿＿＿＿（参照附件，由双方协商确定）。

第二十一条 监理人应当在本合同生效后＿＿＿＿＿天内组建监理机构，并进驻现场。

第二十七条 需旁站监理的工程重要部位：＿＿＿＿＿。
需旁站监理的关键工序：＿＿＿＿＿。

第三十条 委托人委托监理人主持的分部工程验收：＿＿＿＿＿。

第三十一条 在本合同终止后＿＿＿＿＿天内，未征得委托人同意，不得泄露与本合同业务有关的技术、商务等秘密。

监理服务酬金

第三十二条 监理正常服务酬金支付方法：
一、支付时间为：＿＿＿＿＿。
二、支付方式为：＿＿＿＿＿。

第三十三条 监理附加服务酬金的计取与支付方法：
一、计取方法为：＿＿＿＿＿。
二、支付方式为：＿＿＿＿＿。
三、支付时间为：＿＿＿＿＿。

违约责任

第四十条 委托人违约，应支付给监理人违约金。

违约金：_____。

第四十一条 因委托人延期支付监理服务酬金而向监理人支付逾期付款违约金的计算办法：_____。

第四十二条 监理人违约，应支付给委托人违约金。

违约金：_____。

争议的解决

第四十三条 争议调解、仲裁机构：

一、争议调解机构为：_____。

二、仲裁机构为：_____。

其他

第四十五条 委托人对监理人提出并落实的合理化建议的奖励办法为：_____。

第三部分 附件

本合同监理服务内容：（具体内容由双方协商确定）

（一）设计方面

1. 核查并签发施工图，发现问题向委托人反映，重大问题向委托人做专题报告。
2. 主持或与委托人联合主持设计技术交底会议，编写会议纪要。
3. 协助委托人会同设计人对重大技术问题和优化设计进行专题讨论。
4. 审核承包人对施工图的意见和建议，协助委托人会同设计人进行研究。
5. 其他相关业务。

（二）采购方面

1. 协助委托人进行采购招标。
2. 协助委托人对进场的永久工程设备进行质量检验与到货验收。
3. 其他相关业务。

（三）施工方面

1. 协助委托人进行工程施工招标和签订工程施工合同。
2. 全面管理工程施工合同，审查承包人选择的分包单位，并报委托人批准。
3. 督促委托人按工程施工合同的约定，落实必须提供的施工条件；检查承包人的开工准备工作。
4. 审核按工程施工合同文件约定应由承包人提交的设计文件。

5. 审查承包人提交的施工组织设计、施工进度计划、施工措施计划,审核工艺试验成果等。

6. 进度控制。协助委托人编制控制性总进度计划,审批承包人编制的进度计划;检查实施情况,督促承包人采取措施,实现合同工期目标。当实施进度发生较大偏差时,要求承包人调整进度计划;向委托人提出调整控制性进度计划的建议意见。

7. 施工质量控制。审查承包人的质量保证体系和措施;审查承包人的实验室条件;依据工程施工合同文件、设计文件、技术标准,对施工全过程进行检查,对重要部位、关键工序进行旁站监理;按照有关规定,对承包人进场的工程设备、建筑材料、建筑构配件、中间产品进行跟踪检测和平行检测,复核承包人自评的工程质量等级;审核承包人提出的工程质量缺陷处理方案,参与调查质量事故。

8. 资金控制。协助委托人编制付款计划;审查承包人提交的资金流计划;核定承包人完成的工程量,审核承包人提交的支付申请,签发付款凭证;受理索赔申请,提出处理建议意见;处理工程变更。

9. 施工安全控制。审查承包人提出的安全技术措施、专项施工方案,并检查实施情况;检查防洪度汛措施落实情况;参与安全事故调查。

10. 协调施工合同各方之间的关系。

11. 按有关规定参加工程验收,负责完成监理资料的汇总、整理,协助委托人检查承包人的合同执行情况;做好验收的各项准备工作或者配合工作,提供工程监理资料,提交监理工作报告。

12. 档案管理。做好施工现场的监理记录与信息反馈,做好监理文档管理工作,合同期限届满时按照档案管理要求整理、归档并移交委托人。

13. 监督承包人执行保修期工作计划,检查和验收尾工项目,对已移交工程中出现的质量缺陷等调查原因并提出处理意见。

14. 按照委托人签订的工程保险合同,做好施工现场工程保险合同的管理。协助委托人向保险公司及时提供一切必要的材料和证据。

15. 其他相关工作。

(十) 建设工程施工专业分包合同[①]

[①] 此合同内容详见本书所附电子文件。中华人民共和国建设部、国家工商行政管理总局2003年制定并发布,GF-2003-0213。2014年6月17日,由住房和城乡建设部建筑市场监管司发布《建设工程施工专业分包合同(示范文本)》(征求意见稿)。

（十一）建设工程施工劳务分包合同[①]

（十二）建筑装饰工程施工合同（甲种本）[②]

第一部分　合同条件

一、词语含义及合同文件

第一条　词语含义。在本合同中，下列词语除协议条款另有约定外，应具有本条所赋予的含义：

1. 合同：指为实施工程，发包方和承包方之间达成的明确相互权利和义务关系的协议。包括合同条件、协议条款以及双方协商同意的与合同有关的全部文件。

2. 协议条款：指结合具体工程，除合同条件外，经发包方和承包方协商达成一致意见的条款。

3. 发包方（以下简称甲方）：协议条款约定的具有工程发包主体资格和支付工程价款能力的当事人。

甲方的具体身份、发包范围、权限、性质均需在协议条款内约定。

4. 承包方（以下简称乙方）：协议条款约定的具有工程承包主体资格并被甲方接受的当事人。

5. 甲方驻工地代表（以下简称甲方代表）：甲方在协议条款内指定的履行合同的负责人。

6. 乙方驻工地代表（以下简称乙方代表）：乙方在协议条款内指定的履行合同的负责人。

7. 社会监理：甲方委托具备法定资格的工程建设监理单位对工程进行的监理。

8. 总监理工程师：工程建设监理单位委派的监理总负责人。

9. 设计单位：甲方委托的具备工程相应资质等级的设计单位。

本合同工程的装饰或二次及以上的装饰，甲方委托乙方部分或全部设计，且乙方具备相应设计资质，甲、乙双方另行签订设计合同。

10. 工程：指为使建筑物、构筑物内、外空间达到一定的环境质量要求，使用装饰装修材料，对建筑物、构筑物外表和内部进行修饰处理的工程。包括对旧有建筑物及其设施表面的装饰处理。

11. 工程造价管理部门：各级建设行政主管部门或其授权的建设工程造价管理

[①] 此合同内容详见本书所附电子文件。中华人民共和国建设部、国家工商行政管理总局发布，GF-2003-0214。2014 年 6 月 17 日，由住房和城乡建设部建筑市场监管司发布《建设工程施工劳务分包合同（示范文本）》（征求意见稿）。

[②] 中华人民共和国建设部、国家工商行政管理总局发布，GF-96-0205。

部门。

12. 工程质量监督部门：各级建设行政主管部门或其授权的建设工程质量监督部门。

13. 合同价款：甲、乙双方在协议条款内约定的、用于支付乙方按照合同要求完成全部工程内容的价款总额。招标工程的合同价款为中标价格。

14. 追加合同价款：在施工中发生的、经甲方确认后按计算合同价款的方法增加的合同价款。

15. 费用：甲方在合同价款之外需要直接支付的开支或乙方应承担的开支。

16. 工期：协议条款约定的、按总日历天数（包括一切法定节假日在内）计算的工期天数。

17. 开工日期：协议条款约定的绝对或相对的工程开工日期。

18. 竣工日期：协议条款约定的绝对或相对的工程竣工日期。

19. 图纸：由甲方提供或乙方提供经甲方代表批准，乙方用于施工的所有图纸（包括配套说明和有关资料）。

20. 分段或分部工程：协议条款约定构成全部工程的任何分段或分部工程。

21. 施工场地：由甲方提供，并在协议条款内约定，供乙方施工、操作、运输、堆放材料的场地及乙方施工涉及的周围场地（包括一切通道）。

22. 施工设备和设施：按协议条款约定，由甲方提供给乙方施工和管理使用的设备或设施。

23. 工程量清单：发包方在招标文件中提供的、按法定的工程量计算方法（规则）计算的全部工程的分部分项工程量明细清单。

24. 书面形式：根据合同发生的手写、打印、复写、印刷的各种通知、证明、证书、签证、协议、备忘录、函件及经过确认的会议纪要、电报电传等。

25. 不可抗力：指因战争、动乱、空中飞行物坠落或其他非甲或乙方责任造成的爆炸、火灾，以及协议条款约定的自然灾害等。

第二条　合同文件及解释顺序。合同文件应能互相解释，互为说明。除合同另有约定外，其组成和解释顺序如下：

1. 协议条款；
2. 合同条件；
3. 洽商、变更等明确双方权利、义务的纪要、协议；
4. 建设工程施工合同；
5. 监理合同；
6. 招标发包工程的招标文件、投标书和中标通知书；
7. 工程量清单或确定工程造价的工程预算书和图纸；
8. 标准、规范和其他有关的技术经济资料、要求。

当合同文件出现含糊不清或不一致时，由双方协商解决，协商不成时，按协议条款第 35 条约定的办法解决。

第三条 合同文件使用的语言文字、标准和适用法律。合同文件使用汉语或协议条款约定的少数民族语言书写、解释和说明。

施工中必须使用协议条款约定的国家标准、规范。没有国家标准、规范时，有行业标准、规范的，使用行业标准、规范。甲方应按协议条款约定的时间向乙方提供一式两份约定的标准、规范。

国内没有相应的标准、规范时，乙方应按协议条款约定的时间和要求提出施工工艺，经甲方代表和设计单位批准后执行。甲方要求使用国外标准、规范的，应负责提供中文译本。本条所发生购买、翻译和制定标准、规范的费用，均由甲方承担。

适用于合同文件的法律是国家的法律、法规（含地方法规），及协议条款约定的规章。

第四条 图纸。甲方在开工日期 7 天之前按协议条款约定的日期和份数，向乙方提供完整的施工图纸。乙方需要超过条款双方约定的图纸份数，甲方应代为复制，复制费用由乙方承担。

使用国外或境外图纸，不能满足施工需要时，双方在协议条款内约定复制、重新绘制、翻译、购买标准图纸等的责任和费用承担。

二、双方一般责任

第五条 甲方代表。甲方代表按照以下要求，行使合同约定的权利，履行合同约定的义务：

1. 甲方代表可委派有关具体管理人员，行使自己部分权利和职责，并可在任何时候撤回这种委派。委派和撤回均应提前 7 天通知乙方。

2. 甲方代表的指令、通知由其本人签字后，以书面形式交给乙方代表，乙方代表在回执上签署姓名和收到时间后生效。确有必要时，甲方代表可发出口头指令，并在 48 小时内给予书面确认，乙方对甲方代表的指令应予执行。甲方代表不能及时给予书面确认，乙方应于甲方代表发出口头指令后 7 天内提出书面确认要求，甲方代表在乙方提出确认要求 24 小时后不予答复，视为乙方要求已被确认。乙方认为甲方代表指令不合理，应在收到指令后 24 小时内提出书面申告，甲方代表在收到乙方申告后 24 小时内作出修改指令或继续执行原指令的决定，并以书面形式通知乙方。紧急情况下，甲方代表要求乙方立即执行的指令或乙方虽有异议，但甲方代表决定仍继续执行的指令，乙方应予执行。因指令错误而发生的追加合同价款和对乙方造成的损失由甲方承担，延误的工期相应顺延。

3. 甲方代表应按合同约定，及时向乙方提供所需指令、批准、图纸并履行其他约定的义务。乙方在约定时间后 24 小时内将具体要求、需要的理由和迟误的后果通知甲方代表，甲方代表收到通知后 48 小时内不予答复，应承担由此造成的追加合同价款，并赔偿乙方的有关损失，延误的工期相应顺延。

甲方代表易人，甲方应于易人前7天通知乙方，后任继续履行合同文件约定的前任的权利和义务。

第六条 委托监理。本工程甲方委托监理，应与监理单位签订监理合同。并在本合同协议条款内明确监理单位、总监理工程师及其应履行的职责。

本合同中总监理工程师和甲方代表的职责不能相互交叉。

非经甲方同意，总监理工程师及其代表无权解除本合同中乙方的任何义务。

合同履行中，发生影响甲、乙双方权利和义务的事件时，总监理工程师应作出公正的处理。

为保证施工正常进行，甲乙双方应尊重总监理工程师的决定，对总监理工程师的决定有异议时，按协议条款的约定处理。

总监理工程师易人，甲方接到监理单位通知后应同时通知乙方，后任继续履行赋予前任的权利和义务。

第七条 乙方驻工地代表。乙方任命驻工地负责人，按以下要求行使合同约定的权利，履行合同约定的义务：

1. 乙方的要求、请求和通知，以书面形式由乙方代表签字后送甲方代表，甲方代表在回执上签署姓名及收到的时间后生效。

2. 乙方代表按甲方代表批准的施工组织设计（或施工方案）和依据合同发出的指令、要求组织施工。在情况紧急且无法与甲方代表联系的情况下，可采取保护人员生命和工程、财产安全的紧急措施，并在采取措施后24小时内向甲方代表送交报告。责任在甲方，由甲方承担由此发生的追加合同价款，相应顺延工期；责任在乙方，由乙方承担费用。

乙方代表易人，乙方应于易人前7天通知甲方，后任继续履行合同文件约定的前任的权利和义务。

第八条 甲方工作。甲方按协议条款约定的内容、时间，一次或分阶段完成以下工作：

1. 提供施工所需的场地，并清除施工场地内一切影响乙方施工的障碍；或承担乙方在不腾空的场地内施工采取的相应措施所发生的费用，一并计入合同价款内；

2. 向乙方提供施工所需水、电、热力、电信等管道线路，从施工场地外部接至协议条款约定的地点，并保证乙方施工期间的需要；

3. 负责本工程涉及的市政配套部门及当地各有关部门的联系和协调工作；

4. 协调施工场地内各交叉作业施工单位之间的关系，保证乙方按合同的约定顺利施工；

5. 办理施工所需的有关批件、证件和临时用地等的申请报批手续；

6. 组织有关单位进行图纸会审，向乙方进行设计交底；

7. 向乙方有偿提供协议条款约定的施工设备和设施。

甲方不按协议条款约定的内容和时间完成以上工作，造成工期延误，承担由此造成的追加合同价款，并赔偿乙方有关损失，工期相应顺延。

第九条 乙方工作。乙方按协议条款约定的时间和要求做好以下工作：

1. 在其设计资格证书允许的范围内，按协议条款的约定完成施工图设计或与工程配套的设计，经甲方代表批准后使用。

2. 向甲方代表提供年、季、月度工程进度计划及相应统计报表和工程事故报告。

3. 在腾空后单独由乙方施工的施工场地内，按工程和安全需要提供和维修非夜间施工使用的照明、看守、围栏和警卫。乙方未履行上述义务造成工程、财产和人身伤害，由乙方承担责任及所发生的费用；在新建工程或不腾空的建筑物内施工时，上述设施和人员由建筑工程承包人或建筑物使用单位负责，乙方不承担任何责任和费用。

4. 遵守地方政府和有关部门对施工场地交通和施工噪声等管理规定，经甲方代表同意，需办理有关手续的，由甲方承担由此发生的费用。因乙方责任造成的罚款除外。

5. 遵守政府和有关部门对施工现场的一切规定和要求，承担因自身原因违反有关规定造成的损失和罚款。

6. 按协议条款的约定保护好建筑物结构和相应管线、设备。

7. 已竣工工程未交付甲方验收之前，负责成品的保护，保护期间发生损坏，乙方自费予以修复。第三方原因造成损坏，通过甲方协调，由责任方负责修复；或乙方修复，由甲方承担追加合同价款。要求乙方采取特殊措施保护的分段或分部工程，其费用由甲方承担，并在协议条款内约定。甲方在竣工验收前使用，发生损坏的修理费用，由甲方承担。由于乙方不履行上述义务，造成工期延误和经济损失，责任由乙方承担。

三、施工组织设计和工期

第十条 施工组织设计及进度计划。乙方应在协议条款约定的日期，将施工组织设计（或施工方案）和进度计划提交甲方代表。甲方代表应按协议条款约定的时间予以批准或提出修改意见，逾期不批复，可视为该施工组织设计（或施工方案）和进度计划已批准。乙方必须按批准的进度计划组织施工，接受甲方代表对进度的检查、监督。工程实际进展与进度计划不符时，乙方应按甲方代表的要求提出措施，甲方代表批准后执行。

第十一条 延期开工。乙方按协议条款约定的开工日期开始施工。乙方不能按时开工，应在协议条款约定的开工日期7天前，向甲方代表提出延期开工的理由和要求。甲方代表在7天内答复乙方。甲方代表7天内不予答复，视为已同意乙方要求，工期相应顺延。甲方代表不同意延期要求或乙方未在规定时间内提出延期开工要求，竣工工期不予顺延。

甲方征得乙方同意并以书面形式通知乙方后，可要求推迟开工日期，承担乙方因此造成的追加合同价款，相应顺延工期。

第十二条 暂停施工。甲方代表在确有必要时，可要求乙方暂停施工，并在提出要求后48小时内提出处理意见。乙方应按甲方要求停止施工，并妥善保护已完工工程。乙方实施甲方代表处理意见后，可提出复工要求，甲方代表应在48小时内给予答复。甲方代表未能在规定时间内提出处理意见，或收到乙方复工要求后48小时内未予答复，乙方可自行复工。停工责任在甲方，由甲方承担追加合同价款，相应顺延工期；停工责任在乙方，由乙方承担发生的费用。因甲方代表不及时作出答复，施工无法进行，乙方可认为甲方已部分或全部取消合同，由甲方承担违约责任。

第十三条 工程延误。由于以下原因造成工期延误，经甲方代表确认，工期相应顺延。

1. 甲方不能按协议条款的约定提供开工条件；
2. 工程量变化和设计变更；
3. 一周内，非乙方原因停水、停电、停气造成停工累计超过8小时；
4. 工程款未按时支付；
5. 不可抗力；
6. 其他非乙方原因的停工。

乙方在以上情况发生后7天内，就延误的内容和因此发生的追加合同价款向甲方代表提出报告，甲方代表在收到报告后7天内予以确认、答复，逾期不予答复，乙方可视为延期及要求已被确认。

非上述原因，工程不能按合同工期竣工，乙方按协议条款约定承担违约责任。

第十四条 工期提前。施工中如需提前竣工，双方协商一致后应签订提前竣工协议。乙方按协议修订进度计划，报甲方批准。甲方应在7天内给予批准，并为赶工提供方便条件。提前竣工协议包括以下主要内容：

1. 提前的时间；
2. 乙方采取的赶工措施；
3. 甲方为赶工提供的条件；
4. 赶工措施的追加合同价款和承担；
5. 提前竣工受益（如果有）的分享。

四、质量与检验

第十五条 工程样板。按照协议条款规定，乙方制作的样板间，经甲方代表检验合格后，由甲乙双方封存。样板间作为甲方竣工验收的实物标准。制作样板间的全部费用，由甲方承担。

第十六条 检查和返工。乙方应认真按照标准、规范、设计和样板间标准的要求以及甲方代表依据合同发出的指令施工，随时接受甲方代表及其委派人员检查检验，为检查检验提供便利条件，并按甲方代表及其委派人员的要求返工、修改，承担因自身原因导致返工、修改的费用。因甲方不正确纠正或其他原因引起的追加合同价款，由甲方承担。

以上检查检验合格后，又发现由乙方原因引起的质量问题，仍由乙方承担责任和发生的费用，赔偿甲方的有关损失，工期相应顺延。

检查检验合格后再进行检查检验应不影响施工的正常进行，如影响施工的正常进行，检查检验不合格，影响施工的费用由乙方承担。除此之外影响正常施工的追加合同价款由甲方承担，相应顺延工期。

第十七条 工程质量等级。工程质量应达到国家或专业的质量检验评定标准的合格条件。甲方要求部分或全部工程质量达到优良标准，应支付由此增加的追加合同价款，对工期有影响的应给予相应的顺延。

达不到约定条件的部分，甲方代表一经发现，可要求乙方返工，乙方应按甲方代表要求返工，直到符合约定条件。因乙方原因达不到约定条件，由乙方承担返工费用，工期不予顺延。返工后仍不能达到约定条件，乙方承担违约责任。因甲方原因达不到约定条件，由甲方承担返工的追加合同价款，工期相应顺延。

双方对工程质量有争议，请协议条款约定的质量监督部门调解，调解费用及因此造成的损失，由责任一方承担。

第十八条 隐蔽工程和中间验收。工程具备隐蔽条件或达到协议条款约定的中间验收部位，乙方自检合格后，在隐蔽和中间验收 48 小时前通知甲方代表参加。通知包括乙方自检记录、隐蔽和中间验收的内容、验收时间和地点。乙方准备验收记录。验收合格，甲方代表在验收记录上签字后，方可进行隐蔽和继续施工。验收不合格，乙方在限定时间内修改后重新验收。工程符合规范要求，验 24 小时后，甲方代表不在验收记录上签字，可视为甲方代表已经批准，乙方可进行隐蔽或继续施工。

甲方代表不能按时参加验收，须在开始验收 24 小时之前向乙方提出延期要求，延期不能超过两天；甲方代表未能按以上时间提出延期要求、不参加验收，乙方可自行组织验收，甲方应承认验收记录。

第十九条 重新检验。无论甲方代表是否参加验收，当其提出对已经验收的隐蔽工程重新检验的要求时，乙方应按要求进行剥露，并在检验后重新隐蔽或修复后隐蔽。检验合格，甲方承担由此发生的追加合同价款，赔偿乙方损失并相应顺延工期。检验不合格，乙方承担发生的费用，工期也予顺延。

五、合同价款及支付方式

第二十条 合同价款与调整。合同价款及支付方式在协议条款内约定后，任何一方不得擅自改变。发生下列情况之一的可作调整：

1. 甲方代表确认的工程量增减；
2. 甲方代表确认的设计变更或工程洽商；
3. 工程造价管理部门公布的价格调整；

4. 一周内非乙方原因造成停水、停气累计超过 8 小时;

5. 协议条款约定的其他增减或调整。

双方在协议条款内约定调整合同价款的方法及范围。乙方在需要调整合同价款时,在协议条款约定的天数内,将调整的原因、金额以书面形式通知甲方代表,甲方代表批准后通知经办银行和乙方。甲方代表收到乙方通知后 7 天内不作答复,视为已经批准。

对固定价格合同,双方应在协议条款内约定甲方给予乙方的风险金额或按合同价款一定比例约定风险系数,同时双方约定乙方在固定价格内承担的风险范围。

第二十一条 工程款预付。甲方按协议条款约定的时间和数额,向乙方预付工程款,开工后按协议条款约定的时间和比例逐次扣回。甲方不按协议条款约定预付工程款,乙方在约定预付时间 7 天后向甲方发出要求预付工程款的通知,甲方在收到通知后仍不能按要求预付工程款,乙方可在发出通知 7 天后停止施工,甲方从应付之日起向乙方支付应付款的利息并承担违约责任。

第二十二条 工程量的核实确认。乙方按协议条款约定的时间,向甲方代表提交已完工程量的报告。甲方代表接到报告后 7 天内按设计图纸核实已完工程数量(以下简称计量),并提前 24 小时通知乙方。乙方为计量提供便利条件并派人参加。

乙方无正当理由不参加计量,甲方代表自行进行,计量结果视为有效,作为工程价款支付的依据。甲方代表收到乙方报告后 7 天内未进行计量,从第 8 天起,乙方报告中开列的工程量视为已被确认,作为工程款支付的依据。甲方代表不按约定时间通知乙方,使乙方不能参加计量,计量结果无效。

甲方代表对乙方超出设计图纸要求增加的工程质量和自身原因造成返工的工程量,不予计量。

第二十三条 工程款支付。甲方按协议条款约定的时间和方式,根据甲方代表确认的工程量,以构成合同价款相应项目的单价和收费标准计算出工程价款,经甲方代表签字后支付。甲方在计量结果签字后超过 7 天不予支付,乙方可向甲方发出要求付款通知,甲方在收到乙方通知后仍不能按要求支付,乙方可在发出通知 7 天后停止施工,甲方承担违约责任。

经乙方同意并签订协议,甲方可延期付款。协议需明确约定付款日期,并由甲方支付给乙方从计量结果签字后第 8 天起计算的应付工程价款利息。

六、材料供应

第二十四条 材料样品或样本。不论甲乙任何一方供应都应事先提供材料样品或样本,经双方验收后封存,作为材料供应和竣工验收的实物标准。甲方或设计单位指定的材料品种,由指定者提供指定式样、色调和规格的样品或样本。

第二十五条 甲方提供材料。甲方按照协议条款约定的材料种类、规格、数量、单价、质量等级和提供时间、地点的清单,向乙方提供材料及其产品合格证明。甲方代表在所提供材料验收 24 小时前将通知送达乙方，乙方派人与甲方一起验收。无论乙方是否派人参加验收，验收后由乙方妥善保管，甲方支付相应的保管费用。发生损坏或丢失，由乙方负责赔偿。甲方不按规定通知乙方验收，乙方不负责材料设备的保管，损坏或丢失由甲方负责。

甲方供应的材料与清单或样品不符，按下列情况分别处理：

1. 材料单价与清单不符，由甲方承担所有差价；

2. 材料的种类、规格、型号、质量等级与清单或样品不符，乙方可拒绝接收保管，由甲方运出施工现场并重新采购；

3. 到货地点与清单不符，甲方负责倒运至约定地点；

4. 供应数量少于清单约定数量时，甲方将数量补齐；多于清单数量时，甲方负责将多余部分运出施工现场；

5. 供应时间早于清单约定时间，甲方承担因此发生的保管费用。

因以上原因或迟于清单约定时间供应而导致的追加合同价款，由甲方承担。发生延误，工期相应顺延，并由甲方赔偿乙方由此造成的损失。

乙方检验通过之后仍发现有与清单和样品的规格、质量等级不符的情况，甲方还应承担重新采购及返工的追加合同价款，并相应顺延工期。

第二十六条 乙方供应材料。乙方根据协议条款约定，按照设计、规范和样品的要求采购工程需要的材料，并提供产品合格证明。在材料设备到货 24 小时前通知甲方代表验收。对与设计、规范和样品要求不符的产品，甲方代表应禁止使用，由乙方按甲方代表要求的时间运出现场，重新采购符合要求的产品，承担由此发生的费用，工期不予顺延。甲方未能按时到场验收，以后发现材料不符合规范、设计的样品要求，乙方仍应拆除、修复及重新采购，并承担发生的费用，由此延误的工期相应顺延。

第二十七条 材料试验。对于必须经过试验才能使用的材料，不论甲乙双方任何一方供应，按协议条款的约定，由乙方进行防火阻燃、毒性反应等测试。不具备测试条件的，可委托专业机构进行测试，费用由甲方承担。测试结果不合格的材料，凡未采购的应停止采购，凡已采购运至现场的，应立即由采购方运出现场，由此造成的全部材料采购费用，由采购方承担。甲方或设计单位指定的材料不合格，由甲方承担全部材料采购费用。

七、设计变更

第二十八条 甲方变更设计。甲方变更设计，应在该项工程施工前 7 天通知乙方。乙方已经施工的工程，甲方变更设计及时通知乙方，乙方在接到通知后立即停止施工。

由于设计变更造成乙方材料积压，应由甲方负责处理，并承担全部处理费用。

由于设计变更，造成乙方返工需要的全部追加合同价款和相应损失均由甲方承担，相应顺延工期。

第二十九条 乙方变更设计。乙方提出合理化建议涉及变更设计和对原定材料的换用，必须经甲方代表及有关部门批准。合理化建议节约的金额，甲乙双方协商分享。

第三十条 设计变更对工程的影响。所有设计变更，双方均应办理变更洽商签证。发生设计变更后，乙方按甲方代表的要求，进行下列对工程影响的变更：

1. 增减合同中约定的工程数量；
2. 更改有关工程的性质、质量、规格；
3. 更改有关部分的标高、基线、位置和尺寸；
4. 增加工程需要的附加工作；
5. 改变有关工程施工时间和顺序。

第三十一条 确定变更合同价款及工期。发生设计变更后，在双方协商时间内，乙方按下列方法提出变更价格，送甲方代表批准后调整合同价款。

1. 合同中已有适用于变更工程的价格，按合同已有的价格变更合同价款；
2. 合同中只有类似于变更情况的价格，可以此作为基础确定变更价格，变更合同价款；
3. 合同中没有适用和类似的价格，由乙方提出适当的变更价格，送甲方代表批准后执行。

设计变更影响到工期，由乙方提出变更工期，送甲方代表批准后调整竣工日期。甲方代表不同意乙方提出的变更价格及工期，在乙方提出后7天内通知乙方提请工程造价管理部门或有关工期管理部门裁定，对裁定若有异议，按第35条约定的方法解决。

八、竣工与结算

第三十二条 竣工验收。工程具备竣工验收条件，乙方按国家工程竣工验收有关规定，向甲方代表提供完整竣工资料和竣工验收报告。按协议条款约定的日期和份数向甲方提交竣工图。甲方代表收到竣工验收报告后，在协议条款约定的时间内组织有关部门验收，并在验收后7天内给予批准或提出修改意见。乙方按要求修改，并承担由自身原因造成修改的费用。

甲方代表在收到乙方送交的竣工验收报告7天内无正当理由不组织验收，或验收后7天内不予批准且不能提出修改意见，视为竣工验收报告已被批准，即可办理结算手续。

竣工日期为乙方送交竣工验收报告的日期，需修改后才能达到竣工要求的，应为乙方修改后提请甲方验收的日期。

甲方不能按协议条款约定日期组织验收，应从约定期限最后一天的次日起承担保管费用。

因特殊原因，部分工程或部位须甩项竣工时，双方订立甩项竣工协议，明确各方责任。

第三十三条 竣工结算。竣工报告批准后乙方应按国家有关规定或协议条款约定的时间、方式向甲方代表提出结算报告，办理竣工结算。甲方代表收到结算报告后应在7天内给予批准或提出修改意见,在协议条款约定时间内将拨款通知送经办银行支付工程款,并将副本送乙方。乙方收到工程款14天内将竣工工程交付甲方。

甲方无正当理由收到竣工报告后14天内不办理结算,从第15天起按施工企业向银行同期贷款的最高利率支付工程款的利息,并承担违约责任。

第三十四条 保修。乙方按国家有关规定和协议条款约定的保修项目、内容、范围、期限及保修金额和支付办法,进行保修并支付保修金。

保修期从甲方代表在最终验收记录上签字之日算起。分单项验收的工程,按单项工程分别计算保修期。

保修期内,乙方应在接到修理通知之后7天内派人修理,否则甲方可委托其他单位或人员修理。因乙方原因造成返修的费用,甲方在保修金内扣除,不足部分,由乙方交付。因乙方外原因造成返修的费用,由甲方承担。

采取按合同价款约定比率,在甲方应付乙方工程款内预留保修金办法的,甲方应在保修期满后14天内结算,将剩余保修金和按协议条款约定利率计算的利息一起退还乙方。

九、争议、违约和索赔

第三十五条 争议。本合同执行过程中发生争议,由当事人双方协商解决,或请有关部门调解。当事人不愿协商、调解解决或者协商、调解不成的,双方在协议条款内约定由仲裁委员会仲裁。当事人双方未约定仲裁机构,事后又没有达成书面仲裁协议的,可向人民法院起诉。

发生争议后,除出现以下情况的,双方都应继续履行合同,保持施工,保护好已完工程:

1. 合同确已无法履行;
2. 双方协议停止施工;
3. 调解部门要求停止施工,且为双方所接受;
4. 仲裁委员会要求停止施工;
5. 法院要求停止施工。

第三十六条 违约。甲方代表不能及时给出必要指令、确认、批准,不按合同约定支付款项或履行自己的义务及发生其他使合同无法履行的行为,应承担违约责任(包括支付因违约导致乙方增加的费用和从支付之日起计算的应支付款项的利息等),相应顺延工期,按协议条款约定支付违约金,赔偿因其违约给乙方造成的窝工等损失。

乙方不能按合同工期竣工,施工质量达不到设计和规范的要求,或发生其他使合同无法履行的行为,乙方应承担违约责任,按协议条款约定向甲方支付违约金,赔偿因其违约给甲方造成的损失。

除非双方协议将合同终止,因一方违约使合同无法履行,违约方承担上述违约责任后仍应继续履行合同。

因一方违约使合同不能履行，另一方欲中止或解除全部合同，应以书面形式通知违约方，违约方必须在收到通知之日起7天内作出答复，超过7天不予答复视为同意中止或解除合同，由违约方承担违约责任。

第三十七条 索赔。甲方未能按协议条款约定提供条件、支付各种费用、顺延工期、赔偿损失，乙方可按以下规定向甲方索赔：

1. 有正当索赔理由，且有索赔事件发生时的有关证据；
2. 索赔事件发生后14天内，向甲方代表发出要求索赔的意向；
3. 在发出索赔意向后14天内，向甲方代表提交全部和详细的索赔资料和金额；
4. 甲方在接到索赔资料7天内给予批准，或要求乙方进一步补充索赔理由和证据，甲方在7天内未作答复，视为该索赔已经批准；
5. 双方协议实行"一揽子"索赔，索赔意向不得迟于工程竣工日期前14天提出。

十、其他

第三十八条 安全施工。乙方要按有关规定，采取严格的安全防护和防火措施，并承担由于自身原因造成的财产损失和伤亡事故的责任以及因此发生的费用。非乙方责任造成的财产损失和伤亡事故，由责任方承担责任和有关费用。

发生重大伤亡事故，乙方应按规定立即上报有关部门并通知甲方代表。同时按政府有关部门的要求处理。甲方要为抢救提供必要条件。发生的费用由事故责任方承担。

乙方在动力设备、高电压线路、地下管道、密封防震车间、易燃易爆地段以及临时交通要道附近施工前，应向甲方代表提出安全保护措施，经甲方代表批准后实施。由甲方承担防护措施费用。

在不腾空和继续使用的建筑物内施工时，乙方应制定周密的安全保护和防火措施，确保建筑物内的财产和人员的安全，并报甲方代表批准。安全保护措施费用，由甲方承担。

在有毒有害环境中施工，甲方应按有关规定提供相应的防护措施，并承担有关费用。

第三十九条 专利技术和特殊工艺的使用。甲方要求采用专利技术和特殊工艺，须负责办理相应的申报、审批手续，承担申报、实验等费用。乙方按甲方要求使用，并负责实验等有关工作。乙方提出使用专利技术和特殊工艺，报甲方代表批准后按以上约定办理。

以上发生的费用和获得的收益，双方按协议条款约定分摊或分享。

第四十条 不可抗力。不可抗力发生后，乙方应迅速采取措施，尽量减少损失，并在24小时内向甲方代表通报灾害情况，按协议条款约定的时间向甲方报告情况和清理、修复的费用。灾害继续发生，乙方应每隔7天向甲方报告一次灾害情况，直到灾害结束。甲方应对灾害处理提供必要条件。

因不可抗力发生的费用由双方分别承担：

1. 工程本身的损害由甲方承担；
2. 人员伤亡由所属单位负责，并承担相应费用；

3. 造成乙方设备、机械的损坏及停工等损失，由乙方承担；

4. 所需清理和修复工作的责任与费用的承担，双方另签补充协议约定。

第四十一条 保险。在施工场地内，甲乙双方认为有保险的必要时，甲方按协议条款的约定，办理建筑物和施工场内甲方人员及第三方人员生命财产保险，并支付一切费用。

乙方办理施工场地内自己人员生命财产和机械设备的保险，并支付一切费用。

当乙方为分包或不在腾空的建筑物内施工时，乙方办理自己的各类保险。

投保后发生事故，乙方应在14天内向甲方提供建筑工程（建筑物）损失情况和估价的报告，如损害继续发生，乙方在14天后每7天向甲方报告一次，直到损害结束。

第四十二条 工程停建或缓建。由于不可抗力及其他甲乙双方之外原因导致工程停建或缓建，使合同不能继续履行，乙方应妥善做好已完工程和已购材料、设备的保护和移交工作，按甲方要求将自有机构设备和人员撤出施工现场。甲方应为乙方撤出提供必要条件，支付以上的费用，并按合同规定支付已完工程价款和赔偿乙方有关损失。

已经订货的材料、设备由订货方负责退货，不能退还的货款和退货发生的费用，由甲方承担。但未及时退货造成的损失由责任方承担。

第四十三条 合同的生效与终止。本合同自协议条款约定的生效之日起生效。在竣工结算、甲方支付完毕，乙方将工程交付甲方后，除有关保修条款仍然生效外，其他条款即告终止，保修期满后，有关保修条款终止。

第四十四条 合同份数。合同正本四份，具有同等法律效力，由甲乙双方签字并盖章后分别保存。副本份数按协议条款约定，由甲乙双方分送有关部门。

第二部分　协议条款

甲方：_____

乙方：_____

按照《中华人民共和国合同法》和《中华人民共和国建筑法》的原则，结合本工程具体情况，双方达成如下协议。

第一条 工程概况

1.1 工程名称：_____；

工程地点：_____；

承包范围：_____；

承包方式：_____。

1.2 开工时期：_____；

竣工时期：_____；

总日历工期天数：_____。

1.3 质量等级：_____。
1.4 合同价款：_____。
第二条 合同文件及解释顺序
第三条 合同文件使用的语言和适用标准及法律
3.1 合同语言：_____。
3.2 适用标准、规范：_____。
3.3 适用法律、法规：_____。
第四条 图纸
4.1 图纸提供日期：_____。
4.2 图纸提供套数：_____。
4.3 图纸特殊保密要求和费用：_____。
第五条 甲方代表
5.1 甲方代表姓名和职称（职务）：_____。
5.2 甲方代表的职权：_____。
5.3 甲方代表委派人员的名单及责任范围：_____。
第六条 监理单位及总监理工程师
6.1 监理单位名称：_____。
6.2 总监理工程师姓名、职称：_____。
6.3 总监理工程师职责：_____。
第七条 乙方驻工地代表
第八条 甲方工作
8.1 提供具备开工条件施工场地的时间和要求：_____
_____。
8.2 水、电、电信等施工管线进入施工场地的时间、地点和供应要求：_____
_____。
8.3 需要与有关部门联系和协调工作的内容及完成时间：_____
_____。
8.4 需要协调各施工单位之间关系的工作内容和完成时间：_____
_____。
8.5 办理证件、批件的名称和完成时间：_____
_____。
8.6 会审图纸和设计交底的时间：_____
_____。
8.7 向乙方提供的设施内容：_____
_____。

第九条　乙方工作

9.1 施工图和配套设计名称、完成时间及要求：_____
_____。

9.2 提供计划、报表的名称、时间和份数：_____
_____。

9.3 施工场地防护工作的要求：_____
_____。

9.4 施工现场交通和噪声控制的要求：_____
_____。

9.5 符合施工场地规定的要求：_____
_____。

9.6 保护建筑结构及相应管线和设备的措施：_____
_____。

9.7 建筑成品的措施：_____
_____。

第十条　进度计划

10.1 乙方提供施工组织设计（或施工方案）和进度计划的时间：____
_____。

10.2 甲方代表批准进度计划的时间：_____
_____。

第十一条　延期开工

第十二条　暂停施工

第十三条　工期延误

第十四条　工期提前

第十五条　工程样板

15.1 对工程样板间的要求：_____
_____。

第十六条　检查和返工

第十七条　工程质量等级

17.1 工程质量等级要求的追加合同价款：_____
_____。

17.2 质量评定部门名称：_____
_____。

第十八条　隐蔽工程和中间验收

18.1 中间验收部位和时间：_____

第十九条 验收和重新检验

第二十条 合同价款及调整

20.1 合同价款形式（固定价格加风险系数合同、可调价格合同等）：_____。

20.2 调整的方式：_____。

第二十一条 工程预付款

21.1 预付工程款总金额：_____。

21.2 预付时间和比例：_____。

21.3 扣回时间和比例：_____。

21.4 甲方不按时付款承担的违约责任：_____。

第二十二条 工程量的核实确认

22.1 乙方提交工程量报告的时间和要求：_____。

第二十三条 工程款支付

23.1 工程款支付方式：_____。

23.2 工程款支付金额和时间：_____。

23.3 甲方违约的责任：_____。

第二十四条 材料样品或样本

第二十五条 甲方供应材料、设备

25.1 甲方供应材料、设备的要求（附清单）：_____。

第二十六条 乙方采购材料、设备

第二十七条 材料试验

第二十八条 甲方变更设计

第二十九条 乙方变更设计

第三十条 设计变更对工程的影响

第三十一条 确定变更价款

第三十二条 竣工验收

32.1 乙方提供竣工验收资料的内容：_____。

32.2 乙方提交竣工报告的时间和份数：_____。

第三十三条 竣工结算

33.1 结算方式：_____。

33.2 乙方提交结算报告的时间：_____。

33.3 甲方批准结算报告的时间：_____。

33.4 甲方将拨款通知送达经办银行的时间：_____。

33.5 甲方违约的责任：_____。

第三十四条 保修

34.1 保修内容、范围：_____。

34.2 保修期限：_____。

34.3 保修金额和支付方法：_____。

34.4 保修金利息：_____。

第三十五条 争议

35.1 争议的解决方式：本合同在履行过程中发生争议，双方应及时协商解决。协商不成时，双方同意由_____仲裁委员会仲裁；双方不在合同中约定仲裁机构，事后又未达成书面仲裁协议的，可向人民法院起诉。

第三十六条 违约

36.1 违约的处理：_____。

36.2 违约金的数额：_____。

36.3 损失的计算方法：_____。

36.4 甲方不按时付款的利息率： _____

_____。

第三十七条　索赔

第三十八条　安全措施

第三十九条　专利技术和特殊工艺

第四十条　不可抗力

40.1 不可抗力的认定标准：_____。

第四十一条　保险

第四十二条　工程停建或援建

第四十三条　合同生效与终止

43.1 合同生效日期：_____

_____。

第四十四条　合同份数

44.1 合同副本份数：_____

_____。

44.2 合同副本的分送责任：_____

_____。

44.3 合同制定费用：_____

_____。

甲　方（盖章）：_____　　乙　方（盖章）：_____

地　址：_____　　　　　　地　址：_____

法定代表人：_____　　　　法定代表人：_____

代理人：_____　　　　　　代理人：_____

电　话：_____　　　　　　电　话：_____

传　真：_____　　　　　　传　真：_____

邮政编码：_____　　　　　邮政编码：_____

开户银行：_____　　　　　开户银行：_____

账　号：_____　　　　　　账　号：_____

合同订立时间：_____年_____月_____日

鉴（公）证意见：_____

经办人：_____

鉴（公）证机关（盖章）：_____

_____年_____月_____日

(十三) 建筑装饰工程施工合同 (乙种本)①

发包方（甲方）：_____

承包方（乙方）：_____

按照《中华人民共和国合同法》和《中华人民共和国建筑法》的规定，结合本工程具体情况，双方达成如下协议。

第一条　工程概况

1.1 工程名称：_____。

1.2 工程地点：_____。

1.3 承包范围：_____

1.4 承包方式：_____

1.5 工期：本工程自_____年_____月_____日开工，于_____年_____月_____日竣工。

1.6 工程质量：_____。

1.7 合同价款（人民币大写）：_____。

第二条　甲方工作

2.1 开工前_____天，向乙方提供经确认的施工图纸或做法说明_____份，并向乙方进行现场交底。全部腾空或部分腾空房屋，清除影响施工的障碍物。对只能部分腾空的房屋中所滞留的家具、陈设等采取保护措施。向乙方提供施工所需的水、电、气及电信等设备，并说明使用注意事项。办理施工所涉及的各种申请、批件等手续。

2.2 指派_____为甲方驻工地代表，负责合同履行。对工程质量、进度进行监督检查，办理验收、变更、登记手续和其他事宜。

2.3 委托_____监理公司进行工程监理，监理公司任命_____为总监理工程师，其职责在监理合同中应明确，并将合同副本交乙方_____份。

2.4 负责保护好周围建筑物及装修、设备管线、古树名木、绿地等不受损坏，并承担相应费用。

2.5 如确实需要拆改原建筑物结构或设备管线，负责到有关部门办理相应审批手续。

2.6 协调有关部门做好现场保卫、消防、垃圾处理等工作，并承担相应费用。

第三条　乙方工作

3.1 参加甲方组织的施工图纸或作法说明的现场交底，拟订施工方案和进度计划，交甲方审定。

3.2 指派_____为乙方驻工地代表，负责合同履行。按要求组织施工，保质、

---

① 中华人民共和国建设部、国家工商行政管理局发布，GF-96-0206。

保量、按期完成施工任务，解决由乙方负责的各项事宜。

3.3 严格执行施工规范、安全操作规程、防火安全规定、环境保护规定。严格按照图纸或作法说明进行施工，做好各项质量检查记录。参加竣工验收，编制工程结算。

3.4 遵守国家或地方政府及有关部门对施工现场管理的规定，妥善保护好施工现场周围建筑物、设备管线、古树名木不受损坏。做好施工现场保卫和垃圾处理等工作，处理好由于施工带来的扰民问题及与周围单位（住户）的关系。

3.5 施工中未经甲方同意或有关部门批准，不得随意拆改原建筑物结构及各种设备管线。

3.6 工程竣工未移交甲方之前，负责对现场的一切设施和工程成品进行保护。

第四条 关于工期的约定

4.1 甲方要求比合同约定的工期提前竣工时，应征得乙方同意，并支付乙方因赶工采取的措施费用。

4.2 因甲方未按约定完成工作，影响工期，工期顺延。

4.3 因乙方责任，不能按期开工或中途无故停工，影响工期，工期不顺延。

4.4 因设计变更或非乙方原因造成的停电、停水、停气及不可抗力因素影响，导致停工 8 小时以上（一周内累计计算），工期相应顺延。

第五条 关于工程质量及验收的约定

5.1 本工程以施工图纸、作法说明、设计变更和《建筑装饰工程施工及验收规范》（JGJ73-91）、《建筑安装工程质量检验评定统一标准》（GBJ300-88）等国家制定的施工及验收规范为质量评定验收标准。

5.2 本工程质量应达到国家质量评定合格标准。甲方要求部分或全部工程项目达到优良标准时，应向乙方支付由此增加的费用。

5.3 甲、乙双方应及时办理隐蔽工程和中间工程的检查与验收手续。甲方不按时参加隐蔽工程和中间工程验收，乙方可自行验收，甲方应予承认。若甲方要求复验时，乙方应按要求办理复验。若复验合格，甲方应承担复验费用，由此造成停工，工期顺延；若复验不合格，其复验及返工费用由乙方承担，但工期也予顺延。

5.4 由于甲方提供的材料、设备质量不合格而影响工程质量，其返工费用由甲方承担，工期顺延。

5.5 由于乙方原因造成工程质量事故，其返工费用由乙方承担，工期不顺延。

5.6 工程竣工后，乙方应通知甲方验收，甲方自接到验收通知之日起 _____ 日内组织验收，并办理验收、移交手续。如甲方在规定时间内未能组织验收，需及时通知乙方，另定验收日期。但甲方应承认竣工日期，并承担乙方的看管费用和相关费用。

第六条 关于工程价款及结算的约定

6.1 双方商定本合同价款采用第 _____ 种方式结算：

（1）固定价格。

（2）固定价格加_____%包干风险系数计算。包干风险包括：_____。

（3）可调价格：按照国家有关工程计价规定计算造价，并按有关规定进行调整和竣工结算。

6.2 本合同生效后，甲方分_____次，按下表约定支付工程款，尾款竣工结算时一次结清。

拨款分_____次进行	拨款_____%	金　　额

6.3 工程竣工验收后，乙方提出工程结算并将有关资料送交甲方。甲方自接到上述资料之日起____天内审查完毕，到期未提出异议，视为同意。并在____天内结清尾款。

第七条　关于材料供应的约定

7.1 本工程甲方负责采购供应的材料、设备（见附表一），应为符合设计要求的合格产品，并应按时供应到现场。凡约定由乙方提货的，甲方应将提货手续移交给乙方，由乙方承担运输费用。由甲方供应的材料、设备发生了质量问题或规格差异，对工程造成损失，责任由甲方承担。甲方供应的材料，经乙方验收后，由乙方负责保管，甲方应支付材料价值_____%的保管费。由于乙方保管不当造成损失，由乙方负责赔偿。

7.2 凡由乙方采购的材料、设备，如不符合质量要求或规格有差异，应禁止使用。若已使用，对工程造成的损失由乙方负责。

第八条　有关安全生产和防火的约定

8.1 甲方提供的施工图纸或作法说明，应符合《中华人民共和国消防法》和有关防火设计规范。

8.2 乙方在施工期间应严格遵守《中华人民共和国建筑法》《中华人民共和国安全生产法》《中华人民共和国消防法》《建设工程质量管理条例》《建设工程安全生产管理条例》和其他相关的法律、法规、规范。

8.3 由于甲方确认的图纸或作法说明，违反有关安全操作规程、消防条例和防火设计规范，导致发生安全或火灾事故，甲方应承担由此产生的一切经济损失。

8.4 由于乙方在施工生产过程中违反有关安全操作规程、消防条例，导致发生安全或火灾事故，乙方应承担由此引发的一切经济损失。

第九条　奖励和违约责任

9.1 由于甲方原因导致延期开工或中途停工，甲方应补偿乙方因停工、窝工所造成的损失。每停工或窝工一天，甲方支付乙方_____元。甲方不按合同的约定拨付款，每拖期一天，按付款额的_____%支付滞纳金。

9.2 由于乙方原因，逾期竣工，每逾期一天，乙方支付甲方_____元违约金。甲方要求提前竣工，除支付赶工措施费外，每提前一天，甲方支付乙方_____元，作为奖励。

9.3 乙方按照甲方要求，全部或部分工程项目达到优良标准时，除按本合同第5.2款增加优质价款外，甲方支付乙方_____元，作为奖励。

9.4 乙方应妥善保护甲方提供的设备及现场堆放的家具、陈设和工程成品，如造成损失，应照价赔偿。

9.5 甲方未办理任何手续，擅自同意拆改原有建筑物结构或设备管线，由此发生的损失或事故（包括罚款），由甲方负责并承担损失。

9.6 未经甲方同意，乙方擅自拆改原建筑物结构或设备管线，由此发生的损失或事故（包括罚款），由乙方负责并承担损失。

9.7 未办理验收手续，甲方提前使用或擅自动用，造成的损失由甲方负责。

9.8 因一方原因，合同无法继续履行时，应通知对方，办理合同终止协议，并由责任方赔偿对方由此造成的经济损失。

第十条　争议或纠纷处理

10.1 本合同在履行期间，双方发生争议时，在不影响工作进度的前提下，双方可采取协商解决或请有关部门进行调解。

10.2 当事人不愿通过协商、调解解决或者协商、调解不成时，双方同意由_____仲裁委员仲裁；当事人未在本合同中约定仲裁机构，事后又没有达成书面仲裁协议的，可向人民法院起诉。

第十一条　其他约定

第十二条　附则

12.1 本工程需要进行保修或保险时，应另订协议。

12.2 本合同正本两份，双方各执一份。副本_____份，甲方执_____份，乙方执_____份。

12.3 本合同履行完毕后自动终止。

12.4 附件

（1）施工图纸或作法说明；

（2）工程项目一览表；

（3）工程预算书；

（4）甲方提供货物清单；

（5）会议纪要；

（6）设计变更；

（7）其他。

甲　方（盖章）：_____　　乙　方（盖章）：_____
法定代表人：_____　　法定代表人：_____
代理人：_____　　代理人：_____
单位地址：_____　　单位地址：_____
电　话：_____　　电　话：_____
传　真：_____　　传　真：_____
邮　编：_____　　邮　编：_____
开户银行：_____　　开户银行：_____
户　名：_____　　户　名：_____
账　号：_____　　账　号：_____
_____年_____月_____日　　　　　　　_____年_____月_____日

（十四）家庭居室装饰装修工程施工合同①

合同编号：_____
发包人：_____
委托代理人：_____
住所：_____
承包人：_____
住所：_____
营业执照号：_____
法定代表人：_____
委托代理人：_____
本工程设计人：_____
施工队负责人：_____

依照《中华人民共和国合同法》及有关法律、法规的规定，结合家庭居室装饰装修工程施工的特点，双方在平等、自愿、协商一致的基础上，就发包人的家庭居室装饰装修工程（以下简称工程）的有关事宜，达成如下协议：

第一条　工程概况

1.1 工程地点：_____。

1.2 工程内容及做法（详见附表1-1：家庭居室装饰装修工程施工项目确认表。附表1-2：家庭居室装饰装修工程内容和做法一览表）。

1.3 工程承包方式：双方商定采取下列第_____种承包方式。

（1）承包人包工、包料（详见附表5：承包人提供装饰装修材料明细表）；

---

① 中华人民共和国建设部、国家工商行政管理局发布，GF-2000-0207。

（2）承包人包工、部分包料，发包人提供部分材料（详见附表4：发包人提供装饰装修材料明细表。附表5：承包人提供装饰装修材料明细表）；

（3）承包人包工、发包人包料（详见附表4：发包人提供装饰装修材料明细表）。

1.4 工程期限：_____天，开工日期：_____年_____月_____日，竣工日期：_____年_____月_____日。

1.5 合同价款：本合同工程造价为（大写）：_____元（详见附表3：家庭居室装饰装修工程报价单）。

第二条　工程监理

若本工程实行工程监理，发包人与监理公司另行签订《工程监理合同》，并将监理工程师的姓名、单位、联系方式及监理工程师的职责等通知承包人。

第三条　施工图纸

双方商定施工图纸采取下列第_____种方式提供：

（1）发包人自行设计并提供施工图纸，图纸一式两份，发包人、承包人各一份（详见附表6：家庭居室装饰装修工程设计图纸）；

（2）发包人委托承包人设计施工图纸，图纸一式两份，发包人、承包人各一份（详见附表6：家庭居室装饰装修工程设计图纸），设计费（大写）_____元，由发包人支付（此费用不在工程价款内）。

第四条　发包人义务

4.1 开工前_____天，为承包人入场施工创造条件。包括：搬清室内家具、陈设或将室内不易搬动的家具、陈设归堆、遮盖，以不影响施工为原则；

4.2 提供施工期间的水源、电源；

4.3 负责协调施工队与邻里之间的关系；

4.4 不拆动室内承重结构，如需拆改原建筑的非承重结构或设备管线，负责到有关部门办理相应的审批手续；

4.5 施工期间发包人仍需部分使用该居室的，负责做好施工现场的保卫及消防等项工作；

4.6 参与工程质量和施工进度的监督，负责材料进场、竣工验收。

第五条　承包人义务

5.1 施工中严格执行安全施工操作规范、防火规定、施工规范及质量标准，按期保质完成工程；

5.2 严格执行有关施工现场管理的规定，不得扰民及污染环境；

5.3 保护好原居室内的家具和陈设，保证居室内上、下水管道的畅通；

5.4 保证施工现场的整洁，工程完工后负责清扫施工现场。

第六条　工程变更

工程项目及施工方式如需变更，双方应协商一致，签订书面变更协议，同时调整相关工程费用及工期（见附表7：家庭居室装饰装修工程变更单）。

第七条　材料的提供

7.1 由发包人提供的材料、设备（详见附表4：发包人提供装饰装修材料明细表），发包人应在材料运到施工现场前通知承包人，双方共同验收并办理交接手续；

7.2 由承包人提供的材料、设备（详见附表5：承包人提供装饰装修材料明细表），承包人应在材料运到施工现场前通知发包人，并接受发包人检验。

第八条　工期延误

8.1 对以下原因造成竣工日期延误，经发包人确认，工期相应顺延：

（1）工程量变化和设计变更；

（2）不可抗力；

（3）发包人同意工期顺延的其他情况。

8.2 因发包人未按约定完成其应负责的工作而影响工期的，工期顺延；因发包人提供的材料、设备质量不合格而影响工程质量的，返工费用由发包人承担，工期顺延。

8.3 发包人未按期支付工程款，合同工期相应顺延。

8.4 因承包人责任不能按期开工或无故中途停工而影响工期的，工期不顺延；因承包人原因造成工程质量存在问题的，返工费用由承包人承担，工期不顺延。

第九条　质量标准

双方约定本工程施工质量标准：_____。

施工过程中双方对工程质量发生争议，由_____部门对工程质量予以认证，经认证工程质量不符合合同约定的标准，认证过程支出的相关费用由承包人承担；经认证工程质量符合合同约定的标准，认证过程支出的相关费用由发包人承担。

第十条　工程验收和保修

10.1 双方约定在施工过程中分下列几个阶段对工程质量进行验收：

（1）_____；

（2）_____；

（3）_____。

承包人应提前两天通知发包人进行验收，阶段验收合格后应填写工程验收单（见附表8：家庭居室装饰装修工程验收单）。

10.2 工程竣工后，承包人应通知发包人验收，发包人应自接到验收通知后两天内组织验收，填写工程验收单（见附表8：家庭居室装饰装修工程验收单）。在工程款结清后，办理移交手续（详见附表9：家庭居室装饰装修工程结算单）。

10.3 本工程自验收合格双方签字之日起保修期为_____月。验收合格签字后，填写工程保修单（见附表10：家庭居室装饰装修工程保修单）。

第十一条　工程款支付方式

11.1 双方约定按以下第_____种方式支付工程款：

（1）合同生效后，发包人按下表中的约定直接向承包人支付工程款：

支付次数	支付时间	支付金额
第一次	开工前三日	支付＿＿＿元
第二次	工程进度过半	支付＿＿＿元
第三次	双方验收合格	支付＿＿＿元

工程进度过半指：＿＿＿＿＿＿＿＿＿＿＿＿＿＿＿＿＿＿＿＿＿＿＿＿＿。
（2）其他支付方式：＿＿＿＿＿＿＿＿＿＿＿＿＿＿＿＿＿＿＿＿＿＿＿。

11.2 工程验收合格后，承包人应向发包人提出工程结算，并将有关资料送交发包人。发包人接到资料后＿＿＿＿日内如未有异议，即视为同意，双方应填写工程结算单（见附表9：家庭居室装饰装修工程结算单）并签字，发包人应在签字时向承包人结清工程尾款。

11.3 工程款全部结清后，承包人应向发包人开具正式统一发票。

第十二条　违约责任

12.1 合同双方当事人中的任何一方因未履行合同约定或违反国家法律、法规及有关政策规定，受到罚款或给对方造成损失的均由责任方承担责任，并赔偿给对方造成的经济损失。

12.2 未办理验收手续，发包人提前使用或擅自动用工程成品而造成损失的，由发包人负责。

12.3 因一方原因，造成合同无法继续履行时，该方应及时通知另一方，办理合同终止手续，并由责任方赔偿对方相应的经济损失。

12.4 发包人未按期支付第二、三次工程款的，每延误一天向对方支付违约金＿＿＿＿＿元。

12.5 由于承包人原因，工程质量达不到双方约定的质量标准，承包人负责修理，工期不予顺延。

12.6 由于承包人原因致使工期延误，每延误一天向对方支付违约金＿＿＿＿元。

第十三条　合同争议的解决方式

本合同在履行过程中发生的争议，由当事人双方协商解决；也可由有关部门调解；协商或调解不成的，按下列第＿＿＿＿种方式解决：
（一）提交＿＿＿＿＿＿＿＿＿＿＿仲裁委员会仲裁；
（二）依法向人民法院提起诉讼。

第十四条　几项具体规定

14.1 因工程施工而产生的垃圾，由承包人负责运出施工现场，并负责将垃圾运到指定的地点，发包人负责支付垃圾清运费用（大写）_____元（此费用不在工程价款内）。

14.2 施工期间，发包人将外屋钥匙_____把，交给承包人保管。工程竣工验收后，发包人负责提供新锁_____把，由承包人当场负责安装交付使用。

14.3 施工期间，承包人每天的工作时间为：上午_____点_____分至_____点_____分；下午_____点_____分至_____点_____分。

第十五条 其他约定事项：

_____。

第十六条 附则

16.1 本合同经双方签字（盖章）后生效，合同履行完毕后终止。

16.2 本合同签订后工程不得转包。

16.3 本合同一式_____份，双方各执_____份，_____部门_____份。

16.4 合同附件为本合同的组成部分，与本合同具有同等法律效力。

合同附件：

附表1-1：家庭居室装饰装修工程施工项目确认表（一）

附表1-2：家庭居室装饰装修工程施工项目确认表（二）

附表2：家庭居室装饰装修工程内容和做法一览表

附表3：家庭居室装饰装修工程报价单

附表4：发包人提供装饰装修材料明细表

附表5：承包人提供装饰装修材料明细表

附表6：家庭居室装饰装修工程设计图纸

附表7：家庭居室装饰装修工程变更单

附表8：家庭居室装饰装修工程验收单

附表9：家庭居室装饰装修工程结算单

附表10：家庭居室装饰装修工程保修单

发包人	承包人	鉴证意见：
发包人（签字）：	承包人（盖章）：	
法定代表人：	法定代表人：	鉴证机关：（章）
委托代理人：	委托代理人：	经办人：
年 月 日	年 月 日	_____年_____月_____日

监制部门： 印制单位：

（十五）园林绿化工程施工合同[①]

说　明

为指导园林绿化工程施工合同当事人的签约行为，维护合同当事人的合法权益，依据《中华人民共和国民法典》《中华人民共和国建筑法》《中华人民共和国招标投标法》以及相关法律法规，住房和城乡建设部、市场监管总局组织编制了《园林绿化工程施工合同示范文本（试行）》（GF-2020-2605）（以下简称《合同示范文本》）。为便于合同当事人使用，现就有关问题说明如下：

一、《合同示范文本》的组成

《合同示范文本》由合同协议书、通用合同条款和专用合同条款三部分组成。

（一）合同协议书

合同协议书共计16条，主要包括：工程概况、合同工期、质量标准、签约合同价与合同价格形式、承包人项目负责人、预付款、绿化种植及养护要求、其他要求、合同文件构成、承诺以及合同生效条件等重要内容，集中约定了合同当事人基本的合同权利义务。

（二）通用合同条款

通用合同条款共计20条，采用《建设工程施工合同（示范文本）》（GF-2017-0201）的"通用合同条款"。

（三）专用合同条款

专用合同条款共计20条，是对通用合同条款原则性约定的细化、完善、补充、修改或另行约定的条款。合同当事人可以根据不同建设工程的特点及具体情况，通过双方的谈判、协商对相应的专用合同条款进行修改补充。在使用专用合同条款时，应注意以下事项：

1. 专用合同条款的编号应与相应的通用合同条款的编号一致；

2. 合同当事人可以通过对专用合同条款的修改，满足具体建设工程的特殊要求，避免直接修改通用合同条款；

3. 在专用合同条款中有横道线的地方，合同当事人可针对相应的通用合同条款进行细化、完善、补充、修改或另行约定；如无细化、完善、补充、修改或另行约定，则填写"无"或画"/"。

二、《合同示范文本》的性质和适用范围

《合同示范文本》为非强制性使用文本，适用于园林绿化工程的施工承发包活动，合同当事人可结合园林绿化工程具体情况，参照本合同示范文本订立合同，并按照法律法规规定和合同约定承担相应的法律责任及合同权利义务。

《合同示范文本》中引用的规范、标准中，未备注编制年号的，均采用现行最新版本。

[①] 中华人民共和国住房和城乡建设部、国家市场监督管理总局制定，GF-2020-2605。

目　录

第一部分　合同协议书

一、工程概况

二、合同工期

三、质量标准

四、签约合同价与合同价格形式

五、承包人项目负责人

六、预付款

七、绿化种植及养护要求

八、其他要求

九、合同文件构成

十、承诺

十一、词语含义

十二、签订时间

十三、签订地点

十四、补充协议

十五、合同生效

十六、合同份数

第二部分　通用合同条款

第三部分　专用合同条款

1. 一般约定

2. 发包人

3. 承包人

4. 监理人

5. 工程质量

6. 安全文明施工与环境保护

7. 工期和进度

8. 材料与设备

9. 试验与检验

10. 变更

11. 价格调整

12. 合同价格、计量与支付

13. 验收和工程试车

14. 竣工结算

15. 缺陷责任期与保修

16. 违约

17. 不可抗力

18. 保险

20. 争议解决

附件1：承包人承揽工程项目一览表

附件2：现状树木一览表

附件3：暂估价一览表

附件4：发包人供应材料设备一览表

附件5：发包人供应苗木一览表

附件6：绿化养护责任书

附件7：工程质量保修书

附件8：廉政建设责任书

第一部分　合同协议书

发包人（全称）：_____

承包人（全称）：_____

根据《中华人民共和国民法典》《中华人民共和国建筑法》及有关法律规定，遵循平等、自愿、公平和诚实信用的原则，双方就_____工程施工及有关事项协商一致，达成如下协议：

一、工程概况

1. 工程名称：_____。

2. 工程地点：_____。

3. 工程立项批准文号：_____。

4. 资金来源：_____。

5. 工程规模：_____。

群体工程应附《承包人承揽工程项目一览表》（附件1）。

6. 工程承包范围：_____。

二、合同工期

计划开工日期：_____年_____月_____日。

计划竣工日期：_____年_____月_____日。

工期总日历天数：_____天，阶段性工期：_____。

工期总日历天数与根据前述计划开竣工日期计算的工期天数不一致的，以工期总日历天数为准。

三、质量标准

工程质量符合_____标准；

园林绿化养护质量符合□《园林绿化养护标准》（CJJ/T287）或□_____（地方标准）中_____级标准。

四、签约合同价与合同价格形式

1. 签约合同价（不含税）为：

人民币（大写）：_____（¥_____元）；税率：_____%；

含税金额：人民币（大写）：_____（¥_____元）。

其中：

（1）安全文明施工费（含税）：

人民币（大写）：_____（¥_____元）；

（2）暂估价金额（含税）：

人民币（大写）：_____（¥_____元）；

（3）暂列金额（含税）：

人民币（大写）：_____（¥_____元）；

（4）农民工工伤保险（含税）：

人民币（大写）：_____（¥_____元）。

2. 合同价格形式：_____。

五、承包人项目负责人

姓名：_____；身份证号：_____。

六、预付款

发包人在合同签订后_____个工作日内支付合同价的_____%作为工程预付款。

七、绿化种植及养护要求

1. 在施工过程及绿化养护期内植物死亡，须按原设计品种和规格更换，更换费用由承包人承担。

2. 竣工验收时苗木成活率约定（乔木、灌木、地被、草坪等）：_____。

3. 养护期满移交时苗木成活率约定（乔木、灌木、地被、草坪等）：_____。

八、其他要求

_____。

九、合同文件构成

本协议书与下列文件一起构成合同文件：

（1）中标通知书（如果有）；（2）投标函及其附录（如果有）；（3）专用合同条款及其附件；（4）通用合同条款；（5）技术标准和要求；（6）图纸；（7）已标价工程量清单或预算书；（8）其他合同文件。

在合同订立及履行过程中形成的与合同有关的文件均构成合同文件组成部分。

上述各项合同文件包括合同当事人就该项合同文件所作出的补充和修改，属于同一类内容的文件，应以最新签署的为准。专用合同条款及其附件须经合同当事人签字或盖章。

十、承诺

1. 发包人承诺按照法律规定履行项目审批手续、筹集工程建设资金并按照合同约定的期限和方式支付合同价款，及时足额支付人工费用至农民工工资专用账户，并加强对施工总承包单位按时足额支付农民工工资的监督。

2. 承包人承诺按照法律规定及合同约定组织完成工程施工，确保工程质量和安全，不进行转包及违法分包，并在缺陷责任期及保修期内承担相应的工程维修责任；按照有关规定开设农民工工资专用账户，专项用于支付本工程农民工工资。农民工工资拨付周期不超过1个月。

3. 发包人和承包人通过招投标形式签订合同的，双方理解并承诺不再就同一工程另行签订与合同实质性内容相背离的协议。

十一、词语含义

本协议书中词语含义与通用合同条款、专用合同条款中赋予的含义相同。

十二、签订时间

本合同于_____年___月___日签订。

十三、签订地点

本合同在_____签订。

十四、补充协议

合同未尽事宜，合同当事人另行签订补充协议，补充协议是合同的组成部分。

十五、合同生效

本合同自_____起生效。

十六、合同份数

本合同一式____份，均具有同等法律效力，发包人执____份，承包人执____份。

发包人：（公章）　　　　　　　　承包人：（公章）

法定代表人或其委托代理人：　　　法定代表人或其委托代理人：

（签字）　　　　　　　　　　　　（签字）

社会统一信用代码：_____　　　社会统一信用代码：_____

地　　址：_____　　　　　　　地　　址：_____

邮政编码：_____　　　　　　　邮政编码：_____

法定代表人：_____　　　　　　法定代表人：_____

委托代理人：_____　　　　　　委托代理人：_____

电　　话：_____	电　　话：_____
传　　真：_____	传　　真：_____
电子信箱：_____	电子信箱：_____
开户银行：_____	开户银行：_____
账　　号：_____	账　　号：_____

第二部分　通用合同条款

通用合同条款共计20条，采用《建设工程施工合同（示范文本）》（GF-2017-0201）的"通用合同条款"。

第三部分　专用合同条款

1. 一般约定

1.1 词语定义

本款修改1.1.2.4、1.1.2.5，补充1.1.3.11、1.1.3.12、1.1.3.13、1.1.4.8。

1.1.1 合同

1.1.1.10 其他合同文件包括：_____。

1.1.2 合同当事人及其他相关方

1.1.2.4 监理人和总监理工程师：

名　　称：_____；

资质类别和等级：_____；

总监理工程师姓名：_____；

联系电话：_____；

总监理工程师执业资格证书号：_____；

电子信箱：_____；

通信地址：_____。

1.1.2.5 设计人和设计项目负责人：

名　　称：_____；

资质类别和等级：_____；

项目负责人姓名：_____；

联系电话：_____；

电子信箱：_____；

通信地址：_____。

1.1.3 工程和设备

1.1.3.7 作为施工现场组成部分的其他场所包括：_____。

1.1.3.9 永久占地包括：_____。

1.1.3.10 临时占地包括：_____。

1.1.3.11 园林绿化工程：指新建、改建、扩建公园绿地、防护绿地、广场用地、附属绿地、区域绿地，以及对城市生态和景观影响较大建设项目的配套绿化，主要包括园林绿化植物栽植、地形整理、园林设施设备安装及园林建筑、小品、花坛、园路、水系、喷泉、假山、雕塑、绿地广场、驳岸、园林景观桥梁等。

1.1.3.12 绿化工程：指树木、花卉、草坪、地被植物等的种植工程。

1.1.3.13 绿化养护：指对绿地内植物采取的整形修剪、松土除草、灌溉与排水、施肥、有害生物防治、改植与补植、绿地防护（如防台风、防寒）等技术措施。

1.1.4 日期和期限

1.1.4.8 绿化养护期：指承包人按照合同约定进行绿化养护的期限，从工程竣工验收合格之日起计算。绿化养护期最长不得超过24个月。

1.3 法律

适用于合同的其他规范性文件：_____。

1.4 标准和规范

本款修改1.4.1、1.4.2。

1.4.1 适用于工程的标准规范包括：

园林绿化工程施工及验收规范（CJJ82）；

园林绿化养护标准（CJJ/T287）；

建设工程工程量清单计价规范（GB50500）；

园林绿化工程工程量计算规范（GB50858）；

与园林绿化行业相关的行业标准、地方标准：_____。

1.4.2 发包人提供国外标准、规范的名称：_____；

发包人提供国外标准、规范的份数：_____。

1.4.3 发包人对工程的技术标准和功能的特殊要求：_____。

1.5 合同文件的优先顺序

合同文件组成及优先顺序为：_____。

1.6 图纸和承包人文件

1.6.1 图纸的提供

发包人向承包人提供图纸的期限：_____；

发包人向承包人提供图纸的数量：_____；

发包人向承包人提供图纸的内容：_____。

1.6.4 承包人文件

需要由承包人提供的文件包括：_____；

承包人提供的文件的期限为：_____；

承包人提供的文件的数量为：_____；

承包人提供的文件的形式为：_____；
发包人审批承包人文件的期限：_____。
1.6.5 现场图纸准备
关于现场图纸准备的约定：_____。
1.7 联络
1.7.1 发包人和承包人应当在_____天内将与合同有关的通知、批准、证明、证书、指示、指令、要求、请求、同意、意见、确定和决定等书面函件送达对方当事人。
1.7.2 发包人接收文件的地点：_____；
发包人指定的接收人为：_____。
承包人接收文件的地点：_____；
承包人指定的接收人为：_____。
监理人接收文件的地点：_____；
监理人指定的接收人为：_____。
1.10 交通运输
1.10.1 出入现场的权利
关于出入现场的权利的约定：_____。
1.10.3 场内交通
关于场外交通和场内交通的边界的约定：_____。
关于发包人向承包人免费提供满足工程施工需要的场内道路和交通设施的约定：_____。
1.10.4 超大件和超重件的运输
运输超大件或超重件所需的道路和桥梁临时加固改造费用和其他有关费用由_____承担。
1.11 知识产权
1.11.1 关于发包人提供给承包人的图纸、发包人为实施工程自行编制或委托编制的技术规范以及反映发包人关于合同要求或其他类似性质的文件的著作权的归属：_____。
关于发包人提供的上述文件的使用限制的要求：_____。
1.11.2 关于承包人为实施工程所编制文件的著作权的归属：_____。
关于承包人提供的上述文件的使用限制的要求：_____。
1.11.4 承包人在施工过程中所采用的专利、专有技术、技术秘密的使用费的承担方式：_____。
1.13 工程量清单错误的修正
本款修改为：
承包人应在合同签订后对发包人提供的工程量清单、图纸和现场进行核查和踏察，如发现差异，应在_____天内以书面形式向发包人提出；有下列情形之一时，发包人应予以修正，并相应调整合同价格：

出现工程量清单错误时，是否调整合同价格：_____。

允许调整合同价格的工程量偏差范围：_____。

2. 发包人

2.1 许可或批准

本款补充2.1.1、2.4.3。

2.1.1 根据相关规定提供园林绿化施工所需的许可或批准。

2.2 发包人代表：

姓　　名：_____；身份证号：_____；

职　　务：_____；联系电话：_____；

电子信箱：_____；通信地址：_____。

发包人对发包人代表的授权范围如下：_____。

2.4 施工现场、施工条件和基础资料的提供

2.4.1 提供施工现场

关于发包人移交施工现场的期限要求：_____。

2.4.2 提供施工条件

关于发包人应负责提供施工所需要的条件，包括：_____。

2.4.3 提供基础资料

发包人还应提供项目施工区域内现状树木一览表（附件2）、现状土壤指标、_____等。

2.5 资金来源证明及支付担保

本款修改为：

发包人提供资金来源证明的期限要求：_____。

发包人提供支付担保期限及方式：发包人应在签订合同后_____天内，向承包人提供工程款支付担保，确保农民工工资按时足额支付。发包人提供支付担保的形式：_____，担保有效期至工程款拨付完成为止（不含质量保证金）。

3. 承包人

3.1 承包人的一般义务

（9）承包人提交的竣工资料的内容：_____。

承包人需要提交的竣工资料套数：_____。

承包人提交的竣工资料的费用承担：_____。

承包人提交的竣工资料移交时间：_____。

承包人提交的竣工资料形式要求：_____。

（10）承包人应履行的其他义务：_____。

3.2 项目经理本款修改为：

3.2.1 项目负责人

姓　　名：_____；身份证号：_____；

相关证书及编号：_____；

联系电话：_____；

电子信箱：_____；

通信地址：_____；

承包人对项目负责人的授权范围如下：_____。

关于项目负责人每月在施工现场的时间要求：_____。

承包人未提交劳动合同，以及没有为项目负责人缴纳社会保险证明的违约责任：_____。项目负责人未经批准，擅自离开施工现场的违约责任：_____。

3.2.3 承包人擅自更换项目负责人的违约责任：_____。

3.2.4 承包人无正当理由拒绝更换项目负责人的违约责任：_____。

3.3 承包人人员

本款补充3.3.6。

3.3.1 承包人提交项目管理机构及施工现场管理人员安排报告的期限：_____。

3.3.3 承包人无正当理由拒绝撤换主要施工管理人员的违约责任：_____。

3.3.4 承包人主要施工管理人员离开施工现场的批准要求：_____。

3.3.5 承包人擅自更换主要施工管理人员的违约责任：_____。承包人主要施工管理人员擅自离开施工现场的违约责任：_____。

3.3.6 技术负责人

姓名：_____；身份证号：_____；

专业：_____；职称等级：_____。

3.5 分包

本款修改3.5.1、3.5.2。

3.5.1 分包的一般约定

禁止分包的工程包括：绿化工程、_____。

主体结构、关键性工作的范围：_____。

3.5.2 分包的确定

允许分包的专业工程包括：_____。

涉及分包的工程内容，分包工程承包人的资格应符合国家相关规定。

其他关于分包的约定：_____。

3.5.4 分包合同价款

关于分包合同价款支付的约定：_____。

3.6 工程照管与成品、半成品保护

本款补充 3.6.2。

3.6.1 承包人负责照管工程及工程相关的材料、工程设备的起始时间：_____。

3.6.2 现状树木的保护起始时间：_____。

3.7 履约担保

承包人是否提供履约担保：_____。

本款补充：

履约担保金额及方式：签订合同后_____个工作日内，承包人需提交履约担保人民币_____元（不高于中标价的10%），以□保函或□保险形式执行。履约担保的有效期至本工程竣工验收合格为止。

4. 监理人

4.1 监理人的一般规定

关于监理人的监理内容：_____。

关于监理人的监理权限：_____。

关于监理人在施工现场的办公场所、生活场所的提供和费用承担的约定：_____。

4.2 监理人员

关于监理人员的其他约定：_____。

4.4 商定或确定

在发包人和承包人不能通过协商达成一致意见时，发包人授权监理人对以下事项进行确定：

（1）_____；

（2）_____；

（3）_____。

5. 工程质量

5.1 质量要求

5.1.1 特殊质量标准和要求：_____。

关于工程奖项的约定：_____。

5.3 隐蔽工程检查

5.3.2 承包人提前通知监理人隐蔽工程检查的期限的约定：_____。

监理人不能按时进行检查时，应提前_____小时提交书面延期要求。

关于延期最长不得超过_____小时。

6. 安全文明施工与环境保护

6.1 安全文明施工

6.1.1 项目安全生产的完成目标及相应事项的约定：_____。

6.1.4 关于治安保卫的特别约定：＿＿＿＿＿＿＿＿＿＿＿＿＿＿＿＿＿＿＿。

关于编制施工场地治安管理计划的约定：＿＿＿＿＿＿＿＿＿＿＿＿＿＿。

6.1.5 文明施工

合同当事人对文明施工的要求：＿＿＿＿＿＿＿＿＿＿＿＿＿＿＿＿＿＿。

6.1.6 关于安全文明施工费支付比例和支付期限的约定：＿＿＿＿＿＿＿＿。

6.3 环境保护本款补充

合同当事人对农药、肥料的使用要求：＿＿＿＿＿＿＿＿＿＿＿＿＿＿＿＿。

7. 工期和进度

7.1 施工组织设计

本款修改 7.1.1。

7.1.1 工程涉及以下内容的，合同当事人约定的施工组织设计还应包括此类工程内容的专项施工方案：

□现状树木保护；

□古树名木保护；

□土壤改良；

□其他内容：＿＿＿＿＿＿＿＿＿＿＿＿＿。

7.1.2 施工组织设计的提交和修改

承包人提交详细施工组织设计的期限的约定：＿＿＿＿＿＿＿＿＿＿＿＿＿。

发包人和监理人在收到详细的施工组织设计后确认或提出修改意见的期限：＿＿＿。

7.2 施工进度计划

7.2.2 施工进度计划的修订

发包人和监理人在收到修订的施工进度计划后确认或提出修改意见的期限：＿＿＿。

7.3 开工

本款修改 7.3.1。

7.3.1 开工准备

关于承包人提交工程开工报审表的期限：＿＿＿＿＿＿＿＿＿＿＿＿＿＿＿＿。

关于发包人应完成的其他开工准备工作及期限：＿＿＿＿＿＿＿＿＿＿＿＿＿。

关于承包人应完成的其他开工准备工作及期限：＿＿＿＿＿＿＿＿＿＿＿＿＿。

7.3.2 开工通知

因发包人原因或监理人未能在计划开工之日起＿＿＿＿＿＿＿＿＿天内发出开工通知的，承包人有权提出价格调整要求，或者解除合同。

7.4 测量放线

本款修改 7.4.1。

7.4.1 发包人或发包人通过监理人向承包人提供测量基准点、基准线和水准点及其书面资料的期限：＿＿＿＿＿＿＿＿＿＿＿＿＿＿＿＿＿＿＿＿＿＿＿＿＿。

7.5 工期延误

7.5.1 因发包人原因导致工期延误

（7）因发包人原因导致工期延误的其他情形：_____。

7.5.2 因承包人原因导致工期延误

因承包人原因造成工期延误，逾期竣工违约金的计算方法为：_____。因承包人原因造成工期延误，逾期竣工违约金的上限：_____。

7.6 不利物质条件

不利物质条件的其他情形和有关约定：_____。

7.7 异常恶劣的气候条件

发包人和承包人同意以下情形视为异常恶劣的气候条件：

（1）_____；

（2）_____；

（3）_____。

7.9 提前竣工的奖励

7.9.2 提前竣工的奖励：_____。

8. 材料与设备

8.4 材料与工程设备的保管与使用

本款修改 8.4.1。

8.4.1 发包人供应的苗木、材料、设备的保管费用的承担：_____。

8.6 样品

8.6.1 样品的报送与封存

需要承包人报送样品的材料或工程设备，样品的种类、名称、规格、数量要求：_____。

8.8 施工设备和临时设施

8.8.1 承包人提供的施工设备和临时设施

关于修建临时设施费用承担的约定：_____。

9. 试验与检验

9.3 材料、工程设备和工程的试验和检验

本款补充 9.3.4。

9.3.4 关于送检材料的约定：_____。

10. 变更

10.1 变更的范围

关于变更的范围的约定：_____。

10.4 变更估价

本款补充 10.4.3。

10.4.1 变更估价原则
关于变更估价的约定：_____。
10.4.3 变更估价的支付方式及时间
关于变更价款的支付方式及时间的约定：_____。
10.5 承包人的合理化建议
监理人审查承包人合理化建议的期限：_____。
发包人审批承包人合理化建议的期限：_____。
承包人提出的合理化建议降低了合同价格或者提高了工程经济效益的奖励的方法和金额为：_____。
10.7 暂估价
本款补充 10.7.1、10.7.2。
暂估价材料的明细详见附件 3：《暂估价一览表》。
10.7.1 依法必须招标的暂估价项目
对于依法必须招标的暂估价项目的确认和批准采取通用合同条款中第_____种方式确定。
10.7.2 不属于依法必须招标的暂估价项目
对于不属于依法必须招标的暂估价项目的确认和批准采取通用合同条款中第_____种方式确定。
第 3 种方式：承包人直接实施的暂估价项目。
承包人直接实施的暂估价项目的约定：_____。
10.8 暂列金额
合同当事人关于暂列金额使用的约定：_____。
11. 价格调整
11.1 市场价格波动引起的调整
市场价格波动是否调整合同价格的约定：_____。
因市场价格波动调整合同价格，采用以下第_____种方式对合同价格进行调整：
第 1 种方式：采用价格指数进行价格调整。
关于各可调因子、定值和变值权重，以及基本价格指数及其来源的约定：_____。
第 2 种方式：采用造价信息进行价格调整。
（2）关于基准价格的约定：_____。
①承包人在已标价工程量清单或预算书中载明的材料单价低于基准价格的：合同履行期间材料单价涨幅以基准价格为基础超过_____%时，或材料单价跌幅以已标价工程量清单或预算书中载明材料单价为基础超过_____%时，其超过部分据实调整。
②承包人在已标价工程量清单或预算书中载明的材料单价高于基准价格的：合同履

行期间材料单价跌幅以基准价格为基础超过_____%时，材料单价涨幅以已标价工程量清单或预算书中载明材料单价为基础超过_____%时，其超过部分据实调整。

③承包人在已标价工程量清单或预算书中载明的材料单价等于基准单价的：合同履行期间材料单价涨跌幅以基准单价为基础超过_____%时，其超过部分据实调整。

第3种方式：其他价格调整方式：_____。

12. 合同价格、计量与支付

12.1 合同价格形式

1. 单价合同。

综合单价包含的风险范围：_____。

风险费用的计算方法：_____。

风险范围以外合同价格的调整方法：_____。

2. 总价合同。

总价包含的风险范围：_____。

风险费用的计算方法：_____。

风险范围以外合同价格的调整方法：_____。

3. 其他价格方式：_____。

12.2 预付款

本款修改12.2.1、12.2.2。

12.2.1 预付款的支付

预付款扣回的方式：_____。

12.2.2 预付款担保

签订合同后_____个工作日内，承包人需提交支付担保人民币_____元（中标价的_____%），以 □保函或 □保险形式执行。预付款担保的有效期至_____为止。

12.3 计量

12.3.1 计量原则

工程量计算规则：_____。

12.3.2 计量周期

关于计量周期的约定：_____。

12.3.3 单价合同的计量

关于单价合同计量的约定：_____。

12.3.4 总价合同的计量

关于总价合同计量的约定：_____。

12.3.5 总价合同采用支付分解表计量支付的，是否适用第12.3.4项〔总价合同的计量〕约定进行计量：_____。

12.3.6 其他价格形式合同的计量

其他价格形式的计量方式和程序：_____。

12.4 工程进度款支付

本款修改 12.4.4。

12.4.2 进度付款申请单的编制

关于进度付款申请单编制的约定：_____。

12.4.3 进度付款申请单的提交

（1）单价合同进度付款申请单提交的约定：_____。

（2）总价合同进度付款申请单提交的约定：_____。

（3）其他价格形式合同进度付款申请单提交的约定：_____。

12.4.4 进度款审核和支付

（1）监理人审查并报送发包人的期限：_____。

发包人完成审批并签发进度款支付证书的期限：_____。承包人根据工程进度申请支付工程款，每期工程进度款按以下方式选择支付：

□按实际完成工程量的百分比支付：_____；

□按形象进度支付：_____；

□按月实际完成工程量的_____%支付；

□其他：_____。

发包人在收到工程款进度申请后_____个工作日内完成支付，累计支付达到合同价款的_____%时，停止支付进度款。

发包人逾期支付进度款的违约金的计算方式：_____。

12.4.6 支付分解表的编制

2. 总价合同支付分解表的编制与审批：_____。

3. 单价合同的总价项目支付分解表的编制与审批：_____。

13. 验收和工程试车

13.1 分部分项工程验收

13.1.2 监理人不能按时进行验收时，应提前_____小时提交书面延期要求。关于延期最长不得超过_____小时。

13.2 竣工验收

本款补充 13.2.1、修改 13.2.5。

13.2.1 竣工验收条件

（3）竣工资料内容和份数：_____。

13.2.2 竣工验收程序

关于竣工验收程序的约定：_____。

发包人不按照本项约定组织竣工验收、颁发工程接收证书的违约金的计算方法：_____。

13.2.5 移交、接收全部与部分工程

绿化工程移交期限：_____。

其他工程移交期限：_____。

发包人未按本合同约定接收全部或部分工程的，违约金的计算方法为：_____。

承包人未按时移交工程的，违约金的计算方法为：_____。

13.3 工程试车

13.3.1 试车程序

工程试车内容：_____。

（1）单机无负荷试车费用由_____承担；

（2）无负荷联动试车费用由_____承担。

13.3.3 投料试车

关于投料试车相关事项的约定：_____。

13.6 竣工退场

13.6.1 竣工退场

承包人完成竣工退场的期限：_____。

14. 竣工结算

14.1 竣工结算申请

承包人提交竣工结算申请单的期限：_____。

竣工结算申请单应包括的内容：_____。

14.2 竣工结算审核

本款修改为：

发包人审批竣工付款申请单的期限：_____。

结算款支付方式及时间：工程竣工验收合格后_____个工作日内支付至□合同价或□已完工程量的总价的_____%；结算完成后_____个工作日内支付至结算价的_____%；工程归档档案移交后_____个工作日内支付至结算价的_____%。

关于竣工付款证书异议部分复核的方式和程序：_____。

14.4 最终结清

14.4.1 最终结清申请单

承包人提交最终结清申请单的份数：_____。

承包人提交最终结算申请单的期限：_____。

14.4.2 最终结清证书和支付

（1）发包人完成最终结清申请单的审批并颁发最终结清证书的期限：_____。

14.5 竣工归档资料

本款补充：

(1) 施工中未发生设计变更，施工后由承包人在发包人提供的施工图纸上加盖竣工图章提交发包人。

(2) 施工过程中发生设计变更的，需经相关方书面确认后由设计单位出具设计变更材料，由承包人提供加盖竣工图章的竣工图给发包人。

(3) 工程竣工验收结算后_____天内，承包人应提供给发包人_____套完整符合要求的竣工图、竣工归档资料。

竣工归档资料的形式和格式：_____。

(4) 因承包人拖延或不办理竣工归档资料时，经发包人催告，_____个月内未按发包人要求提供相关竣工归档资料的，发包人有权委托第三方机构整理，相关费用由_____承担。

15. 缺陷责任期与保修

本条补充 15.5。

15.2 缺陷责任期

缺陷责任期的具体期限：_____。

15.3 质量保证金

本款修改为：

工程质量保证金的支付方式和时间：_____。

工程质量保证金为结算款的_____%（≤3%），采用以下方式执行：

□担保；

□保险；

□其他：_____。

工程缺陷责任期满，承包人履行缺陷责任期内质量保修义务及绿化养护义务且合格移交后，在_____天内结清工程质量保证金。在工程项目竣工验收前，承包人提供履约担保的，发包人不得同时预留工程质量保证金。

15.4 保修

15.4.1 保修责任

工程保修期为：_____。

15.4.3 修复通知

承包人收到保修通知并到达工程现场的合理时间：_____。

15.5 绿化养护期

绿化养护期的具体期限：_____。

绿化养护期内双方责任约定：_____。

绿化养护期内水电费支付：_____。

16. 违约

16.1 发包人违约

16.1.1 发包人违约的情形

发包人违约的其他情形：_____。

16.1.2 发包人违约的责任

发包人违约责任的承担方式和计算方法：

（1）因发包人原因未能在计划开工日期前 7 天内下达开工通知的违约责任：_____。

（2）因发包人原因未能按合同约定支付合同价款的违约责任：_____。

（3）发包人违反第 10.1 款〔变更的范围〕第（2）项约定，自行实施被取消的工作或转由他人实施的违约责任：_____。

（4）发包人提供的材料、工程设备的规格、数量或质量不符合合同约定，或因发包人原因导致交货日期延误或交货地点变更等情况的违约责任：_____。

（5）因发包人违反合同约定造成暂停施工的违约责任：_____。

（6）发包人无正当理由没有在约定期限内发出复工指示，导致承包人无法复工的违约责任：_____。

（7）其他：_____。

16.1.3 因发包人违约解除合同

承包人按第 16.1.1 项〔发包人违约的情形〕约定暂停施工满_____天后发包人仍不纠正其违约行为并致使合同目的不能实现的，承包人有权解除合同。

16.2 承包人违约

16.2.1 承包人违约的情形

承包人违约的其他情形：_____。

16.2.2 承包人违约的责任

承包人违约责任的承担方式和计算方法：_____。

16.2.3 因承包人违约解除合同

关于承包人违约解除合同的特别约定：_____。发包人继续使用承包人在施工现场的材料、设备、临时工程、承包人文件和由承包人或以其名义编制的其他文件的费用承担方式：_____。

17. 不可抗力

17.1 不可抗力的确认

除通用合同条款约定的不可抗力事件之外，视为不可抗力的其他情形：_____。

17.4 因不可抗力解除合同

合同解除后，发包人应在商定或确定发包人应支付款项后_____天内完成款项的支付。

18. 保险

18.1 工程保险

关于工程保险的特别约定：_____。

18.3 其他保险

关于其他保险的约定：_____。承包人是否应为其施工设备等办理财产保险：_____。

18.7 通知义务

关于变更保险合同时的通知义务的约定：_____。

20. 争议解决

20.3 争议评审

本款补充 20.3.1。

合同当事人是否同意将工程争议提交争议评审小组决定：_____。

20.3.1 争议评审小组的确定

关于评审机构的约定：_____。

争议评审小组成员的确定：_____。

选定争议评审员的期限：_____。

争议评审小组成员的报酬承担方式：_____。

其他事项的约定：_____。

20.3.2 争议评审小组的决定

合同当事人关于本项的约定：_____。

20.4 仲裁或诉讼

本款修改为：

因合同及合同有关事项发生的争议，按下列第_____种方式解决：

（1）向_____仲裁委员会申请仲裁；

（2）依法向_____人民法院起诉。

20.6 通知送达

本款补充：

双方确认本合同载明的联系方式（联系电话、电子信箱、传真号码及通信地址）准确无误，如有变更应以书面方式及时通知另一方。由于一方联系方式错误、不详或者无法识别等导致无法送达，或者联系方式变更未及时通知另一方，以及其他不可归责于送达方原因造成相关通知或者文件无法送达、拒绝签收，则相关通知或文件自寄送或发送后第_____天起视为已送达。

附件1：

承包人承揽工程项目一览表

单位工程名称	建设规模	主要内容	合同价格（元）	开工日期	竣工日期

附件2：

现状树木一览表

树木名称	规格	数量	单位	生长情况	是否古树名木	处置情况	备注

附件3：

暂估价一览表

序号	名称	单位	数量	单价（元）	合价（元）	备注

附件4：

发包人供应材料设备一览表

序号	材料、设备品种	规格型号	单位	数量	单价（元）	质量等级	供应时间	送达地点	备注

附件5：

发包人供应苗木一览表

序号	苗木材料名称	规格	单位	数量	单价（元）	供应时间	送达地点	备注

附件6：

绿化养护责任书

发包人和承包人根据《园林绿化养护标准》（CJJ/T287）或_____（地方标准）等相关规定，经协商一致就_____（工程全称）签订绿化养护责任书。

一、责任范围和内容

承包人在绿化养护期内，按照有关法律规定和合同约定，承担施工范围内的绿化养护责任。

内容包括对养护范围内植物采取的整形修剪、松土除草、灌溉与排水、施肥、有害生物防治、改植与补植、绿地防护（如防台风、防寒）等技术措施；其他内容双方约定如下：_____。

二、养护标准

绿化养护质量按照□《园林绿化养护标准》（CJJ/T287）或□_____（地方标准）中_____级标准。

三、考核标准

由发包人按_____（□国家标准□行业标准□地方标准）中_____级标准进行考核，相关费用从质量保证金中扣除。

四、绿化养护期

绿化养护期_____个月，从工程竣工验收合格之日起计算。

五、养护责任

1. 为确保养护质量，承包人应安排专业队伍和人员进行养护管理。

2. 承包人在养护过程中应采取安全措施，避免造成对第三方人身和财产的损害。因承包人操作不当、管理不善而造成人身伤害或财产损失的，由承包人承担。发生紧急事故需处置的，承包人在接到事故通知后，应当立即到达事故现场处置。

3. 苗木成活率按合同约定执行，发生苗木等植物材料死亡，须按原设计品种和规格及时更换，更换费用由承包人承担。

4. 绿化养护期满后，由发包人组织验收。

5. 其他责任约定：_____。

六、养护费用

养护费用由承包人承担。

七、其他约定

_____。

绿化养护责任书由发包人、承包人在工程竣工验收前共同签署，作为施工合同附件，其有效期限至绿化养护期满。

发包人：（公章）   承包人：（公章）
法定代表人或其委托代理人：   法定代表人或其委托代理人：
（签字）_____   （签字）_____
地　　址：_____   地　　址：_____
电　　话：_____   电　　话：_____
日　　期：____年___月___日   日　　期：____年___月___日

附件 7：

<h3 style="text-align:center">工程质量保修书</h3>

发包人和承包人根据《中华人民共和国建筑法》《建设工程质量管理条例》和《园林绿化工程施工及验收规范》（CJJ82）以及_____（地方标准），经协商一致就_____（工程名称）签订工程质量保修书。

一、工程质量保修范围和内容

承包人在质量保修期内，按照有关法律规定和合同约定，承担工程质量保修责任。

质量保修范围包括地基基础工程，主体结构工程，屋面防水工程，有防水要求的卫生间、房间和外墙面的防渗漏，供热与供冷系统，电气管线、给排水管道、设备安装、装修工程，绿化工程，园林附属工程（园路与广场铺装、假山、叠石、置石、园林理水、园林设施安装），以及双方约定的其他项目。具体保修的内容，双方约定如下：_____。

二、质量保修期

工程的质量保修期如下：

1. 地基基础工程和主体结构工程为设计文件规定的工程合理使用年限；

2. 屋面防水工程、有防水要求的卫生间、房间和外墙面的防渗漏为_____年，其他防水工程_____年；

3. 装修工程为_____年；

4. 电气管线、给排水管道、设备安装工程为_____年；

5. 供热与供冷系统为_____个采暖期、供冷期；

6. 绿化工程为_____个月；

7. 园林附属工程为_____个月；

8. 其他项目保修期限约定如下：_____。

质量保修期自工程竣工验收合格之日起计算。

三、缺陷责任期

工程缺陷责任期为_____个月，缺陷责任期自工程竣工验收合格之日起计算。单位工程先于全部工程进行验收，单位工程缺陷责任期自单位工程验收合格之日起算。

缺陷责任期终止后，发包人应退还剩余的质量保证金。

四、质量保修责任

1. 属于保修范围、内容的项目，承包人应当在接到保修通知之日起 7 天内派人保修。承包人不在约定期限内派人保修的，发包人可以委托他人修理，费用由承包人承担，从质量保证金中扣除。

2. 发生紧急事故需抢修的，承包人在接到事故通知后，应当立即到达事故现场抢修。

3. 对于涉及结构安全的质量问题，应当按照《建设工程质量管理条例》的规定，立即向当地住房和城乡建设行政主管部门及有关部门报告，采取安全防范措施，并由原设计人或者具有相应资质等级的设计人提出保修方案，承包人实施保修。

4. 在工程质量保修期内，未能在合理期限对工程质量问题进行修复，或拒绝按要求进行修复的，承包人应向发包人支付修复工程支出的实际金额。

5. 质量保修完成后，由发包人组织验收。

五、双方约定的其他工程质量保修项

_____。

工程质量保修书由发包人、承包人在工程竣工验收前共同签署，作为施工合同附件，其有效期限至保修期满。

发包人：（公章）	承包人：（公章）
法定代表人或其委托代理人：	法定代表人或其委托代理人：
（签字）＿＿＿＿＿＿＿＿＿＿	（签字）＿＿＿＿＿＿＿＿＿＿
社会统一信用代码证号：＿＿＿	社会统一信用代码证号：＿＿＿
地　　址：＿＿＿＿＿＿＿＿	地　　址：＿＿＿＿＿＿＿＿
邮政编码：＿＿＿＿＿＿＿＿	邮政编码：＿＿＿＿＿＿＿＿
电　　话：＿＿＿＿＿＿＿＿	电　　话：＿＿＿＿＿＿＿＿
传　　真：＿＿＿＿＿＿＿＿	传　　真：＿＿＿＿＿＿＿＿
开户银行：＿＿＿＿＿＿＿＿	开户银行：＿＿＿＿＿＿＿＿
账　　号：＿＿＿＿＿＿＿＿	账　　号：＿＿＿＿＿＿＿＿
日　　期：＿＿＿年＿＿月＿＿日	日　　期：＿＿＿年＿＿月＿＿日

附件8：

廉政建设责任书

为加强建设工程廉政建设，规范建设工程各项活动中发包人、承包人双方的行为，防止牟取不正当利益的违法违纪现象的发生，保护国家、集体和当事人的合法权益，根据国家有关工程建设的法律法规和廉政建设的有关规定，订立本廉政建设责任书。

一、双方的责任

1.1 应严格遵守国家关于建设工程的有关法律、法规，相关政策，以及廉政建设的各项规定。

1.2 严格执行建设工程合同文件，自觉按合同办事。

1.3 各项活动必须坚持公开、公平、公正、诚信、透明的原则（除法律法规另有规定者外），不得为获取不正当的利益，损害国家、集体和对方利益，不得违反建设工程管理的规章制度。

1.4 发现对方在业务活动中有违规、违纪、违法行为的，应及时提醒对方，情节严重的，应向其上级主管部门或纪检监察、司法等有关机关举报。

二、发包人责任

发包人从事该建设工程项目的负责人和工作人员，在工程建设的事前、事中、事后应遵守以下规定：

2.1 不得向承包人和相关单位索要或接受回扣、礼金、有价证券、贵重物品和好处费、感谢费等。

2.2 不得在承包人和相关单位报销任何应由发包人或个人支付的费用。

2.3 不得要求、暗示或接受承包人和相关单位为个人装修住房、婚丧嫁娶、配偶子女的工作安排以及出国（境）、旅游等提供方便。

2.4 不得参加有可能影响公正执行公务的承包人和相关单位的宴请、健身、娱乐等活动。

2.5 不得向承包人和相关单位介绍或为配偶、子女、亲属参与同发包人工程建设管理合同有关的业务活动；不得以任何理由要求承包人和相关单位使用某种产品、材料和设备。

三、承包人责任

应与发包人保持正常的业务交往，按照有关法律法规和程序开展业务工作，严格执行工程建设的有关方针、政策，执行工程建设强制性标准，并遵守以下规定：

3.1 不得以任何理由向发包人及其工作人员索要、接受或赠送礼金、有价证券、贵重物品及回扣、好处费、感谢费等。

3.2 不得以任何理由为发包人和相关单位报销应由对方或个人支付的费用。

3.3 不得接受或暗示为发包人、相关单位或个人装修住房、婚丧嫁娶、配偶子女的工作安排以及出国（境）、旅游等提供方便。

3.4 不得以任何理由为发包人、相关单位或个人组织有可能影响公正执行公务的宴请、健身、娱乐等活动。

四、违约责任

4.1 发包人工作人员有违反本责任书第一、二条责任行为的，依据有关法律、法规给予处理；涉嫌犯罪的，移交司法机关追究刑事责任；给承包人单位造成经济损失的，应予以赔偿。

4.2 承包人工作人员有违反本责任书第一、三条责任行为的，依据有关法律法规处理；涉嫌犯罪的，移交司法机关追究刑事责任；给发包人单位造成经济损失的，应予以赔偿。

4.3 本责任书作为本合同的组成部分，与本合同具有同等法律效力，经双方签署后立即生效。

五、责任书有效期

本责任书的有效期为双方签署之日起至该工程项目竣工验收合格时止。

六、责任书份数

本责任书一式两份，发包人和承包人各执一份，具有同等效力。

发包人：（公章）　　　　　　　　　承包人：（公章）
法定代表人或其委托代理人：　　　　法定代表人或其委托代理人：
（签字）_____　　　　　　　　 （签字）_____
地　　址：_____　　　　　　　　地　　址：_____
电　　话：_____　　　　　　　　电　　话：_____
日　　期：____年___月___日　　　　日　　期：____年___月___日

新编常用合同范本全书

7版

第十二章至第二十七章

王怀禄 ◎ 主编

中国法制出版社
CHINA LEGAL PUBLISHING HOUSE

目 录

(第十二章至第二十七章)

第十二章 运输合同 / 539

> 运输合同,是承运人将旅客或者货物从起运地运输到目的地,旅客或者托运人、收货人支付票款(运输费用)的合同。

一、《民法典》相关法条 / 539
二、典型案例 / 542
  案例1:免费搭车发生事故,能否要求司机赔偿损失? / 542
  案例2:野蛮驾驶导致乘客受伤的,应否承担赔偿责任? / 543
  案例3:格式合同规定货物丢失按运价的三倍赔付,是否有效? / 544
  案例4:旅途中遭遇抢劫的,能否要求承运人赔偿? / 545
  案例5:无票乘客旅途中受到损害的,能否要求赔偿? / 546
  案例6:乘人之危高价收取车费的,应否返还? / 547
三、运输合同陷阱防范 / 547
四、运输合同范本 / 548
  (一)水路货物运输合同 / 548
  (二)铁路货物运输合同 / 549
  (三)铁路局货物运单 / 549
  (四)水陆货物联运运输合同* / 551
  (五)水路货物运单 / 551
  (六)水水联运货物运单 / 553
  (七)道路货物运单 / 554
  (八)航空运输合同 / 557
  (九)一日游包车客运服务合同 / 558

---

* 目录中标星号的合同,内容在纸书中略,本书后勒口处扫码可获取该合同的电子文件。

（十）海洋运输合同 / 561
（十一）民用航空货运代理合同 / 563
（十二）公路运输合同 / 565

第十三章 技术合同 / 569

> 技术合同，是当事人围绕技术开发、转让、咨询或者服务订立的确立彼此之间权利和义务的合同。

一、《民法典》相关法条 / 569
二、典型案例 / 574
　案例1："祖传秘方"的所有者，能否被认定为发明人？ / 574
　案例2：离职后作出的与本职工作有关的发明创造，专利权归谁享有？ / 575
　案例3：双方合作完成发明创造，应当由谁享有专利权？ / 576
　案例4：在以营利为目的的科研活动中使用他人专利权，是否构成侵权？ / 577
三、技术合同陷阱防范 / 577
四、技术合同范本 / 578
　（一）技术开发（合作）合同 / 578
　（二）技术开发（委托）合同 / 586
　（三）技术转让（专利权）合同 / 592
　（四）技术转让（专利申请权）合同 / 597
　（五）技术转让（专利实施许可）合同 / 602
　（六）技术转让（技术秘密）合同 / 607
　（七）技术咨询合同 / 612
　（八）技术服务合同 / 616

第十四章 保管合同 / 622

> 保管合同，是寄存人将物品交给保管人保管，由保管人按照约定的时间和方式返还该物的合同。

一、《民法典》相关法条 / 622
二、典型案例 / 623
　案例1：免费停车，是否成立保管合同？ / 623
　案例2：无偿保管的财物丢失的，保管人应否赔偿？ / 624
　案例3：保管人因故外出而转托他人保管的，应否对保管物毁损承担

　　　　责任？ / 625
　　　案例4：顾客存放在自助储物柜内的物品丢失，能否要求超市赔偿？ / 625
　　　案例5：业主停在室外的摩托车丢失，物业公司应否赔偿？ / 627
　三、保管合同陷阱防范 / 627
　四、保管合同范本 / 628
　　（一）保管合同 / 628
　　（二）车辆保管协议 / 629
　　（三）人事代理保管人事档案关系合同书 / 630

第十五章　仓储合同 / 632

> 仓储合同，是存货人向保管人交付仓储物并支付仓储费，保管人保管仓储物的合同。

　一、《民法典》相关法条 / 632
　二、典型案例 / 633
　　案例1：仓储合同自何时起生效？ / 633
　　案例2：货物晚于约定时间入库的，能否减少仓储费？ / 634
　三、仓储合同陷阱防范 / 634
　四、仓储合同范本 / 635
　　（一）仓储合同 / 635
　　（二）北京市仓储合同 / 637

第十六章　委托合同 / 639

> 委托合同，是受托人为委托人办理委托事务，委托人支付约定的报酬或者不支付报酬的合同。

　一、《民法典》相关法条 / 639
　二、典型案例 / 641
　　案例1：受托人以代收款项冲抵债务的，是否构成违约？ / 641
　　案例2：委托他人代收汇款发生纠纷的，举证责任由谁承担？ / 642
　　案例3：委托人解除合同的，受托人能否要求赔偿报酬损失？ / 643
　　案例4：利用委托人盖章的空白合同书签订合同，责任由谁承担？ / 643
　三、委托合同陷阱防范 / 644
　四、委托合同范本 / 644
　　（一）委托合同 / 644

（二）物业管理委托合同 / 646
（三）北京市委托拍卖合同* / 652
（四）室内设计委托合同 / 652
（五）房地产代理合同 / 654
（六）委托生产合同 / 656
（七）期货交易委托合同 / 658
（八）黄金代理交易协议书 / 666
（九）港口作业合同 / 670
（十）港口作业委托单 / 671
（十一）设备监理合同 / 672
（十二）工程建设项目招标代理合同* / 680

第十七章 物业服务合同 / 681

> 物业服务合同，是物业服务人在物业服务区域内，为业主提供建筑物及其附属设施的维修养护、环境卫生和相关秩序的管理维护等物业服务，业主支付物业费的合同。

一、《民法典》相关法条 / 681
二、典型案例 / 683
　案例1：业主拖欠物业费，物业公司能否断水、断电？ / 683
　案例2：合同期限届满后物业公司继续提供服务，能否随时解聘？ / 683
三、物业服务合同陷阱防范 / 684
四、物业服务合同范本 / 684
　（一）北京市前期物业服务合同 / 684
　（二）北京市物业服务合同 / 696

第十八章 行纪合同 / 708

> 行纪合同，是行纪人以自己的名义为委托人从事贸易活动，由委托人支付报酬的合同。

一、《民法典》相关法条 / 708
二、典型案例 / 709
　案例1：行纪合同中，供货方是否有权向代理方直接索取价款？ / 709
　案例2：行纪人在何种情况下可以拍卖标的物？ / 710
三、行纪合同陷阱防范 / 710

四、行纪合同范本 ／ 711
　　　（一）行纪合同 ／ 711
　　　（二）买卖行纪合同 ／ 712
　　　（三）二手车行纪销售合同 ／ 714
　　　（四）商品代销合同 ／ 718

第十九章　中介合同 ／ 720

> 中介合同，是中介人向委托人报告订立合同的机会或者提供订立合同的媒介服务，委托人向中介人支付报酬的合同，原称为居间合同。

　　一、《民法典》相关法条 ／ 720
　　二、典型案例 ／ 721
　　　案例1：中介人对委托人与第三人之间的合同履行是否承担责任？ ／ 721
　　　案例2：根据求租广告与出租人订立中介合同，事后能否要求承租人
　　　　　　　支付报酬？ ／ 721
　　　案例3：买卖不成交则要求委托人支付违约金的中介合同条款是否有效？ ／ 722
　　三、中介合同陷阱防范 ／ 723
　　四、中介（居间）合同范本 ／ 723
　　　（一）居间合同 ／ 723
　　　（二）房屋出租居间合同 ／ 725
　　　（三）房屋承租居间合同 ／ 727
　　　（四）房地产居间合同 ／ 730
　　　（五）房屋出售居间合同 ／ 733
　　　（六）商务居间合同 ／ 735
　　　（七）自费出国留学中介服务合同 ／ 737

第二十章　合伙合同 ／ 744

> 合伙合同，是两个以上合伙人为了共同的事业目的，订立的共享利益、共担风险的协议。

　　一、《民法典》相关法条 ／ 744
　　二、典型案例 ／ 745
　　　案例1：债权人能否收取合伙人在合伙企业内的分红？ ／ 745
　　　案例2：合伙人在合伙企业内任职的，能否要求支付报酬？ ／ 745
　　三、合伙合同陷阱防范 ／ 746

四、合伙合同范本 / 746

第二十一章 劳动合同 / 751

> 劳动合同,是劳动者与用人单位之间建立劳动关系,明确彼此之间的权利和义务的协议。

一、《劳动合同法》相关法条 / 751
二、典型案例 / 753
　　案例1:职工在服务期内辞职的,违约金如何计算? / 753
　　案例2:职工受到治安处罚的,单位能否解除劳动合同? / 754
　　案例3:劳动者持假文凭与用人单位签订劳动合同的,如何解决? / 754
　　案例4:工资支付附条件的,是否有效? / 755
　　案例5:实行计件工资制的,应否支付加班工资? / 755
三、劳动合同陷阱防范 / 756
四、劳动合同范本 / 757
　　(一)劳动合同(通用)与劳动合同(劳务派遣) / 757
　　(二)企业员工保密合同 / 767
　　(三)国际劳务合同 / 770
　　(四)事业单位聘用合同 / 774
　　(五)建筑业简易劳动合同 / 781
　　(六)制造业简易劳动合同 / 783
　　(七)餐饮业简易劳动合同 / 786
　　(八)采掘业简易劳动合同 / 788

第二十二章 保险合同 / 792

> 保险合同,是投保人与保险人约定彼此之间的保险权利义务关系的协议。

一、《保险法》相关法条 / 792
二、典型案例 / 793
　　案例1:未经被保险人书面同意,保险合同是否有效? / 793
　　案例2:投保人未如实告知病情而保险人疏于审查,保险合同是否有效? / 794
三、保险合同陷阱防范 / 795
四、保险合同范本 / 795

（一）家庭财产保险合同 / 795
　　（二）个人贷款抵押房屋保险合同 / 798
　　（三）社会保险协议 / 802
　　（四）重大疾病终身保险合同 / 803

第二十三章　旅游合同 / 809

> 旅游合同，是旅游经营者提供旅游服务给旅游者，并对游客的人身和财产损害承担责任，旅游者按约定支付报酬的合同。

一、《旅游法》相关法条 / 809
二、典型案例 / 813
　　案例1：导游擅自改变行程，旅行社应否承担责任？ / 813
　　案例2：私自转让旅游业务，旅行社应当承担何种责任？ / 813
　　案例3：境外旅游目的地未获国家批准，旅游合同是否有效？ / 814
三、旅游合同陷阱防范 / 815
四、旅游合同范本 / 816
　　（一）国内旅游合同 / 816
　　（二）团队境内旅游合同 / 820
　　（三）团队出境旅游合同* / 834
　　（四）大陆居民赴台湾地区旅游合同* / 834
　　（五）境内旅游组团社与地接社合同* / 834
　　（六）国内旅游"一日游"合同 / 834

第二十四章　综合服务合同 / 838

> 服务合同，是以服务为标的的合同，属于无名合同的一种。

一、《消费者权益保护法》相关法条 / 838
二、典型案例 / 840
　　案例1：新婚录像缺少重要内容，应否赔偿精神损失？ / 840
　　案例2：旅客就餐时摔伤，餐厅应否承担赔偿责任？ / 841
　　案例3：旅客不满意住宿条件要求退房，宾馆是否有权收取半价房费？ / 841
三、服务合同陷阱防范 / 842
四、服务合同范本 / 842
　　（一）瘦身美容服务合同 / 842

（二）医疗美容消费服务合同* / 847
（三）信息服务协议书 / 847
（四）会计服务合同 / 848
（五）法律服务合同 / 850
（六）北京市计算机信息系统集成服务合同* / 852
（七）婚礼服务合同 / 852
（八）婚纱摄影服务预约单 / 857
（九）家政服务合同（员工管理全日制类） / 859
（十）订餐服务合同 / 863
（十一）电梯日常维护保养合同 / 864
（十二）互联网收费电子邮箱服务合同 / 870
（十三）建筑物清洗保洁合同 / 873
（十四）机动车驾驶培训先学后付、计时收费模式服务合同 / 877
（十五）中小学生校外培训服务合同 / 883
（十六）养老机构服务合同 / 890
（十七）北京市养老服务合同（养老机构版）* / 903

第二十五章 广告合同 / 904

> 广告合同，是广告客户与经营者之间、广告经营者与广告经营者之间确立、变更、终止广告承办或者代理关系的协议。

一、《广告法》相关法条 / 904
二、典型案例 / 905
　案例1：购房优惠广告的效力如何？ / 905
　案例2：二手车广告未提供车主的确切地址，应否承担赔偿责任？ / 906
三、广告合同陷阱防范 / 907
四、广告合同范本 / 907
　（一）广告设计制作合同 / 907
　（二）广告代理服务合同 / 908
　（三）广告发布业务合同 / 913
　（四）网络广告合同 / 915
　（五）电视广告发布合同 / 916
　（六）广告位租赁合同 / 919
　（七）车身车体广告合同 / 921

（八）电梯广告租赁合同 ／ 922
　　（九）杂志广告发布合同 ／ 924

第二十六章　地权合同 ／ 926

> 地权合同是以各类土地权利为标的的合同，包括土地承包经营权、流转权，宅基地、建设用地使用权等。

一、《民法典》物权编相关法条 ／ 926
二、典型案例 ／ 929
　　案例1：农民出租土地的，村集体能否将土地收回？ ／ 929
　　案例2：房屋因山体塌方被埋没，能否重新申请宅基地？ ／ 929
三、地权合同范本 ／ 930
　　（一）农村土地经营权出租合同 ／ 930
　　（二）农村土地经营权入股合同 ／ 936
　　（三）集体林地承包合同 ／ 941
　　（四）集体林权流转合同 ／ 947
　　（五）国有建设用地使用权出让合同 ／ 953
　　（六）农村土地（耕地）承包合同（家庭承包方式）* ／ 963
　　（七）集体经营性建设用地使用权出让监管协议（试点试行）* ／ 963

第二十七章　其他合同 ／ 964

一、借用合同 ／ 964
　　（一）额度借用合同 ／ 964
　　（二）场地借用合同 ／ 966
二、演出合同 ／ 966
　　（一）文艺演出合同 ／ 966
　　（二）演艺经纪合同 ／ 967
　　（三）演员演出合同 ／ 969

第十二章 运输合同

运输合同，是承运人将旅客或者货物从起运地运输到目的地，旅客或者托运人、收货人支付票款（运输费用）的合同。运输合同具有如下特征：

1. 运输合同表现形式多样，包括客运合同、货运合同、多式联运合同等。
2. 运输合同是双务、有偿的合同，并且大多是格式合同。
3. 运输合同的客体是承运人将货物或者旅客运送到目的地的运输行为。
4. 运输合同中的客运合同的特殊性表现在：旅客既是运输对象，又是合同的当事人；客运合同通常表现为票证形式；客运合同除了旅客的运送之外，一般还包括对旅客随身携带的行李的运送。

一、《民法典》相关法条

第一节 一般规定

第八百零九条 运输合同是承运人将旅客或者货物从起运地点运输到约定地点，旅客、托运人或者收货人支付票款或者运输费用的合同。

第八百一十条 从事公共运输的承运人不得拒绝旅客、托运人通常、合理的运输要求。

第八百一十一条 承运人应当在约定期限或者合理期限内将旅客、货物安全运输到约定地点。

第八百一十二条 承运人应当按照约定的或者通常的运输路线将旅客、货物运输到约定地点。

第八百一十三条 旅客、托运人或者收货人应当支付票款或者运输费用。承运人未按照约定路线或者通常路线运输增加票款或者运输费用的，旅客、托运人或者收货人可以拒绝支付增加部分的票款或者运输费用。

第二节 客运合同

第八百一十四条 客运合同自承运人向旅客出具客票时成立，但是当事人另有约定或者另有交易习惯的除外。

第八百一十五条 旅客应当按照有效客票记载的时间、班次和座位号乘坐。旅客无票乘坐、超程乘坐、越级乘坐或者持不符合减价条件的优惠客票乘坐的，应当补交票款，承运人可以按照规定加收票款；旅客不支付票款的，承运人可以拒绝运输。

实名制客运合同的旅客丢失客票的，可以请求承运人挂失补办，承运人不得再次收取票款和其他不合理费用。

第八百一十六条 旅客因自己的原因不能按照客票记载的时间乘坐的，应当在约定的期限内办理退票或者变更手续；逾期办理的，承运人可以不退票款，并不再承担运输义务。

第八百一十七条 旅客随身携带行李应当符合约定的限量和品类要求；超过限量或者违反品类要求携带行李的，应当办理托运手续。

第八百一十八条 旅客不得随身携带或者在行李中夹带易燃、易爆、有毒、有腐蚀性、有放射性以及可能危及运输工具上人身和财产安全的危险物品或者违禁物品。

旅客违反前款规定的，承运人可以将危险物品或者违禁物品卸下、销毁或者送交有关部门。旅客坚持携带或者夹带危险物品或者违禁物品的，承运人应当拒绝运输。

第八百一十九条 承运人应当严格履行安全运输义务，及时告知旅客安全运输应当注意的事项。旅客对承运人为安全运输所作的合理安排应当积极协助和配合。

第八百二十条 承运人应当按照有效客票记载的时间、班次和座位号运输旅客。承运人迟延运输或者有其他不能正常运输情形的，应当及时告知和提醒旅客，采取必要的安置措施，并根据旅客的要求安排改乘其他班次或者退票；由此造成旅客损失的，承运人应当承担赔偿责任，但是不可归责于承运人的除外。

第八百二十一条 承运人擅自降低服务标准的，应当根据旅客的请求退票或者减收票款；提高服务标准的，不得加收票款。

第八百二十二条 承运人在运输过程中，应当尽力救助患有急病、分娩、遇险的旅客。

第八百二十三条 承运人应当对运输过程中旅客的伤亡承担赔偿责任；但是，伤亡是旅客自身健康原因造成的或者承运人证明伤亡是旅客故意、重大过失造成的除外。

前款规定适用于按照规定免票、持优待票或者经承运人许可搭乘的无票旅客。

第八百二十四条 在运输过程中旅客随身携带物品毁损、灭失，承运人有过错的，应当承担赔偿责任。

旅客托运的行李毁损、灭失的，适用货物运输的有关规定。

第三节 货运合同

第八百二十五条 托运人办理货物运输，应当向承运人准确表明收货人的姓名、名称或者凭指示的收货人，货物的名称、性质、重量、数量，收货地点等有关货物运输的必要情况。

因托运人申报不实或者遗漏重要情况，造成承运人损失的，托运人应当承担赔偿责任。

第八百二十六条 货物运输需要办理审批、检验等手续的，托运人应当将办理完有关手续的文件提交承运人。

第八百二十七条 托运人应当按照约定的方式包装货物。对包装方式没有约定或者约定不明确的，适用本法第六百一十九条的规定。

托运人违反前款规定的，承运人可以拒绝运输。

第八百二十八条 托运人托运易燃、易爆、有毒、有腐蚀性、有放射性等危险物品的，应当按照国家有关危险物品运输的规定对危险物品妥善包装，做出危险物品标志和标签，并将有关危险物品的名称、性质和防范措施的书面材料提交承运人。

托运人违反前款规定的，承运人可以拒绝运输，也可以采取相应措施以避免损失的发生，因此产生的费用由托运人负担。

第八百二十九条 在承运人将货物交付收货人之前，托运人可以要求承运人中止运输、返还货物、变更到达地或者将货物交给其他收货人，但是应当赔偿承运人因此受到的损失。

第八百三十条 货物运输到达后，承运人知道收货人的，应当及时通知收货人，收货人应当及时提货。收货人逾期提货的，应当向承运人支付保管费等费用。

第八百三十一条 收货人提货时应当按照约定的期限检验货物。对检验货物的期限没有约定或者约定不明确，依据本法第五百一十条的规定仍不能确定的，应当在合理期限内检验货物。收货人在约定的期限或者合理期限内对货物的数量、毁损等未提出异议的，视为承运人已经按照运输单证的记载交付的初步证据。

第八百三十二条 承运人对运输过程中货物的毁损、灭失承担赔偿责任。但是，承运人证明货物的毁损、灭失是因不可抗力、货物本身的自然性质或者合理损耗以及托运人、收货人的过错造成的，不承担赔偿责任。

第八百三十三条 货物的毁损、灭失的赔偿额，当事人有约定的，按照其约定；没有约定或者约定不明确，依据本法第五百一十条的规定仍不能确定的，按照交付或者应当交付时货物到达地的市场价格计算。法律、行政法规对赔偿额的计算方法和赔偿限额另有规定的，依照其规定。

第八百三十四条 两个以上承运人以同一运输方式联运的，与托运人订立合同的承运人应当对全程运输承担责任；损失发生在某一运输区段的，与托运人订立合同的承运人和该区段的承运人承担连带责任。

第八百三十五条 货物在运输过程中因不可抗力灭失，未收取运费的，承运人不得请求支付运费；已经收取运费的，托运人可以请求返还。法律另有规定的，依照其规定。

第八百三十六条 托运人或者收货人不支付运费、保管费或者其他费用的，承运人对相应的运输货物享有留置权，但是当事人另有约定的除外。

第八百三十七条 收货人不明或者收货人无正当理由拒绝受领货物的，承运人依法可以提存货物。

第四节 多式联运合同

第八百三十八条 多式联运经营人负责履行或者组织履行多式联运合同，对全程运输享有承运人的权利，承担承运人的义务。

第八百三十九条 多式联运经营人可以与参加多式联运的各区段承运人就多式联运合同的各区段运输约定相互之间的责任；但是，该约定不影响多式联运经营人对全程运输承担的义务。

第八百四十条 多式联运经营人收到托运人交付的货物时，应当签发多式联运单据。按照托运人的要求，多式联运单据可以是可转让单据，也可以是不可转让单据。

第八百四十一条 因托运人托运货物时的过错造成多式联运经营人损失的，即使托运人已经转让多式联运单据，托运人仍然应当承担赔偿责任。

第八百四十二条 货物的毁损、灭失发生于多式联运的某一运输区段的，多式联运经营人的赔偿责任和责任限额，适用调整该区段运输方式的有关法律规定；货物毁损、灭失发生的运输区段不能确定的，依照本章规定承担赔偿责任。

二、典型案例

案例1：免费搭车发生事故，能否要求司机赔偿损失？

[案情回放]

龙武的家位于山区，每次回家都要搭乘从平原地区开往山里的班车，路上需要两个小时的时间。由于路途远，山路崎岖，每天往返于山区与平原之间的班车只有几趟。

一天，龙武正在家里休假，公司打来电话说有一笔重要的生意要谈，需要龙武在第二天上午准备出谈判的相关资料，为下午的谈判做好准备。龙武无奈，只好在第二天早上起个大早去公司加班。

不巧的是，第二天下起了大雨，时间太早又没有班车经过，正在龙武着急之时，路上开过来一辆运货物的大货车。龙武见车上只有司机一人，便将车拦了下来，请求司机带自己一段。司机郭旭东告诉龙武，由于路太难走，又下着大雨，怕出危险，不愿意让其搭便车。但龙武一再请求，希望郭旭东能帮自己一个忙。禁不住龙武的请求，郭旭东答应让龙武搭车，但提前说明，路面实在太难走，如果因为搭乘发生了什么事故，自己不负赔偿责任。

急于搭车下山的龙武二话没说便答应了郭旭东的要求。货车开到一处山路的拐弯附近，因为路面较窄，且路上积水很深，正巧对面驶过来一辆大货车也要拐弯，为了躲避这辆大货车，郭旭东将车驶上了人行道。因为雨太大看不清路，郭旭东将一名行人撞倒，又撞到了路上的护栏，货车受损，龙武也因此而受伤，住院治疗了几天，花了几千元医疗费。

龙武出院后，要求货车司机郭旭东赔偿自己的损失。但郭旭东表示，自己和龙武事前有约定，出了事故自己一概不负责任，龙武也一口答应了，所以自己不同意龙武的请求。龙武见协商不成，便将司机郭旭东起诉到法院。

[专家点评]

在本案中，由于当时天下着大雨，山路又不好走，郭旭东出于安全考虑开始并没有答应龙武的搭车请求，龙武确有急事在身，经过龙武的一番请求，郭旭东才答应其搭乘自己的货车。龙武和郭旭东之间虽然没有订立书面合同，但实际上形成客运合同关系。该合同由于是双方真实意思的表示也没有违反法律法规的相关规定，因此，两人之间的运送合同是有效的。

在该运送合同中，郭旭东加入了一条，即如果因为搭乘出现了意外，一律由龙武负责，龙武由于搭车心切就答应了郭旭东的要求。郭旭东与龙武之间的这一约定构成了合同的免责条款，但由于该免责条款违反了民法自愿、公平的原则并且排除了郭旭东应当承担的基本义务，违反了《民法典》第506条"合同中的下列免责条款无效：（一）造成对方人身损害的；（二）因故意或者重大过失造成对方财产损失的"规定，该免责条款应该认定无效。龙武虽然是免费搭车，但郭旭东仍应承担将其安全送达目的地的义务。由于发生交通事故造成龙武人身损害，违反了合同义务，郭旭东应当承担赔偿责任。同时，由于郭旭东是无偿让龙武搭车造成其受伤且对损害的发生没有故意或者重大过失，应当减轻郭旭东的责任。

案例2：野蛮驾驶导致乘客受伤的，应否承担赔偿责任？

[案情回放]

某市8路公共汽车自火车站开往某饲料厂。汪为民是一位外地游客。他下火车后乘坐8路车前往某寺参观。上车后，汪为民当即掏出2元钱买了票，并请乘务员在汽车到某寺站时提醒一下他。

20分钟后，汪为民问乘务员距离某寺站还有多远，乘务员不耐烦地说："早过去两站了。"汪为民便说："我刚才让你提醒一下我，为什么不提醒我？"乘务员答道："不提醒咋啦？你自己不会看站牌吗？"汪为民接着说："我要是能看站牌，要是本地人，还问你干什么？太不像话了！"乘务员破口骂道："咋啦？我不像话。就是不像'画'，像'画'就贴墙上了。你能把我咋样？"双方遂发生争执，争执过程中，女乘务员手拿票板来到汪为民跟前，趁其不备，用票板猛击汪为民头部。汪为民躲闪不及，头上被重重地击了一下，鲜血直流。

这时，车上另外三位乘客实在看不下去了，便纷纷指责女乘务员，要求驾驶员立即停车开门让汪为民下车。但驾驶员不仅不停车反而加大油门，提高车速向终点站驶去。三位乘客站起身，决定在终点站的前一站下车。三位乘客刚刚站起身，驾驶员便说："你们多管闲事，小心点。"三位乘客和汪为民便齐声说："我们一起到公交公司举报你们。"话音未落，驾驶员便来了一个急刹车。三位乘客及汪为民立足未稳，摔倒在地，四位乘客均受到不同程度的伤害。

四位受辱乘客，忍着剧痛，联名向公司举报，要求：（1）惩办乘务员和驾驶员；（2）赔偿经济损失5000元。由于双方就赔偿问题不能达成一致意见，汪为民与其他几名受伤乘客向人民法院提起诉讼。

[专家点评]

本案是一起严重的用污言秽语侮辱乘客、野蛮行车伤害乘客的案例。在本案例中，驾驶员和乘务员的服务态度、服务质量是严重违反法律、法规规定的，而且得寸进尺，一再侵犯乘客的合法权益，性质恶劣，后果严重。主要表现在：1. 汪为民在购票时，请求乘务员在到"某寺"站时提醒一下他，乘务员却未予以提醒，不论什么原因造成未予以提醒，均是乘务员的失职行为。2. 对于这一失职行为，汪为民的质询是合情合理的。乘务员应对汪为民的质询有合理的答复，并妥善解决，但乘务员有错不改，反而变本加厉，迁怒汪为民，并污言秽语侮辱、中伤汪为民，是错上加错。3. 乘务员仍嫌用语不够，又用票板击打汪为民，致汪为民头部受伤，其已侵犯了乘客的人身权利。4. 在汪为民受到侮辱和伤害后，另外三位乘客看不惯司机、乘务人员的违法行为，便联合起来予以谴责，并要求停止违法行为。这一互相帮助、挺身而出、见义勇为的行为和举动应予以提倡和保护。乘客的不满和联合本应促使乘务员和驾驶员认识到自己的错误，知错就改，向乘客赔礼道歉。但是，驾驶员却背道而驰，野蛮行车，采取急刹车的恶劣手段，致伤汪为民和其他三位乘客，其行为既违反了运输合同的有关规定，又对乘客的人身造成伤害，应承担相应的赔偿责任。

案例3：格式合同规定货物丢失按运价的三倍赔付，是否有效？

[案情回放]

2021年7月，封和成从尹德经营的网点购买了一部手机，但该手机在10月便发生故障，于是封和成便将手机交回尹德处进行修理。尹德将手机用盒子包装好交给和作翔经营的某汽车货运配载站从甲地送到乙地网点修理，尹德支付了运费10元。和作翔交给尹德货物签收单第3联，在该货物签收单上，注明了"货物按实际价值保险，如遇意外本站按保价赔偿（未投保发生意外，本站按运价的三倍赔付）"的格式条款。和作翔在运输过程中将尹德托运的手机遗失，尹德赔偿封和成一部新手机。尹德便向和作翔要求赔偿，但和作翔拒绝了尹德的要求，双方为此发生纠纷。尹德遂起诉至人民法院，请求法院判令和作翔对尹德的损失承担赔偿责任。

[专家点评]

《民法典》第833条规定："货物的毁损、灭失的赔偿额，当事人有约定的，按照其约定；没有约定或者约定不明确，依据本法第五百一十条的规定仍不能确定的，按照交付或者应当交付时货物到达地的市场价格计算。法律、行政法规对赔偿额的计算方法和赔偿限额另有规定的，依照其规定。"在货运合同中，当事人可以对货物的毁损、灭失的赔偿额进行约定，但本案承运人对于"未投保发生意外，本站按运价的三倍赔付"的条款是为了减轻自己的赔偿责任而加重托运人的负担，因为运价10元的三倍即30元与手机的价值相差甚远，所以，该条款违反了公平原则，损害了托运人的合法权利。

《民法典》第497条规定："有下列情形之一的，该格式条款无效：（一）具有本法第一编第六章第三节和本法第五百零六条规定的无效情形；（二）提供格式条款一方不合理地免除或者减轻其责任、加重对方责任、限制对方主要权利；（三）提供格式条款一方排除对方主要权利。"《消费者权益保护法》第26条规定："经营者在经营活动中使用格式条款的，应当以显著方式提请消费者注意商品或者服务的数量和质量、价款或者费用、履行期限和方式、安全注意事项和风险警示、售后服务、民事责任等与消费者有重大利害关系的内容，并按照消费者的要求予以说明。经营者不得以格式条款、通知、声明、店堂告示等方式，作出排除或者限制消费者权利、减轻或者免除经营者责任、加重消费者责任等对消费者不公平、不合理的规定，不得利用格式条款并借助技术手段强制交易。格式条款、通知、声明、店堂告示等含有前款所列内容的，其内容无效。"因此，"货物按实际价值保险，如遇意外本站按保价赔偿（未投保发生意外，本站按运价的三倍赔付）"的格式条款是无效的，和作翔应当对尹德的损失予以赔偿。

案例4：旅途中遭遇抢劫的，能否要求承运人赔偿？

[案情回放]

2022年7月，刘某乘坐某客运公司客车出行。途中，遭遇犯罪分子抢劫，刘某被抢去现金和其他财物价值6000余元。在抢劫过程中，客车途经高速公路收费站，但司机和乘务员未能采取报警和其他避险措施，致使犯罪分子成功脱逃。刘某认为因客运公司的过错，导致自己遭受重大经济损失，要求客运公司承担赔偿责任。客运公司则认为，刘某的损失是犯罪分子的抢劫行为造成的，抢劫是其无法预知的事件，客运公司对刘某的财产受损没有过错，不应承担任何责任。经多次协商，双方不能达成一致意见，刘某向当地人民法院提起诉讼。

[专家点评]

《民法典》第 824 条规定:"在运输过程中旅客随身携带物品毁损、灭失,承运人有过错的,应当承担赔偿责任。旅客托运的行李毁损、灭失的,适用货物运输的有关规定。"在本案中,在犯罪分子实施抢劫过程中,客车途经高速公路收费站,司机和乘务员完全可以及早报警或采取其他一些避险措施,但其没有这样做,因而客运公司对刘某和其他旅客的人身和财产安全未尽到保障义务。客运公司应当赔偿刘某的全部财产损失,然后向实施抢劫者追偿。

案例 5:无票乘客旅途中受到损害的,能否要求赔偿?

[案情回放]

某地居民查扬在节日期间外出旅游,由于节假日车票紧张,查扬未能买到票。最后,几经周折,查扬终于登上了一班开往目的地的豪华汽车。

上车后,司机始终未要求查扬买票,查扬也未主动拿钱买票。当汽车行驶到离目的地只有 3 公里时,汽车与高速公路的路牌相撞,致使包括查扬在内的 12 名乘客受到不同程度的伤害。

后经交通主管部门查明:此起交通事故系司机疲劳驾车所致。于是,运输公司对在该起事故中受伤的其余 11 位乘客作了相应的赔偿。但对于查扬的赔偿请求,运输公司以查扬无标明合同生效的车票为由,拒绝赔偿。查扬则认为:司机允许查扬上车这一行为即表明客运合同的生效,根据"法律保护有效合同"这一原则,运输公司应对合同存续期间发生的旅客伤亡承担无过错责任。由于双方无法协商一致,查扬向人民法院提起诉讼。

[专家点评]

《民法典》第 823 条规定:"承运人应当对运输过程中旅客的伤亡承担赔偿责任;但是,伤亡是旅客自身健康原因造成的或者承运人证明伤亡是旅客故意、重大过失造成的除外。前款规定适用于按照规定免票、持优待票或者经承运人许可搭乘的无票旅客。"本案所涉及的客运合同是属于"先上车后购票"的情况,查扬的上车行为即为要约,承运人准予其上车即构成有效承诺,本客运合同自此成立。在本案中,查扬上车后司机未要求其补票,查扬本人也未主动补票,但不能由此认定其是无票乘车。他和乘运人之间已经达成了客运合同的合意,客运合同成立并生效。本案中的车票只是客运合同的书面化形式而非法律行为构成要件,它的有无并不影响当事人之间法律行为的有效成立。而查扬没有购买车票也不影响其依据《民法典》第 823 条的规定要求获得赔偿。所以,本案中的客运合同是成立并且生效的,对于查扬的赔偿请求,应予支持。

案例6：乘人之危高价收取车费的，应否返还？

[案情回放]

2021年春节，在外地工作的宁大宝大年三十早晨才乘火车风尘仆仆地往家赶。下火车时已近黄昏，苦等了半个小时也没等到回家的长途汽车，一打听才知道，本地的长途汽车属个体经营，三十下午就已经停运了。无奈，宁大宝只能乘出租车回家。但由于人们都回家过年，路上的出租车也是少之又少。好不容易等到了一辆，司机一听说路程有四十公里，立即表示可以送，但宁大宝必须出四百块钱车费，这比平时的车费高出了十余倍。宁大宝虽然很不情愿，但由于天色已晚，自己又急着回家，就暂时答应了。到家后，宁大宝记住了出租车的车牌号。春节过后，宁大宝到当地法院起诉该出租车司机，要求返还多收的车费。

[专家点评]

在本案中，宁大宝急于赶回家过年，而长途汽车停运、路上出租车非常少，可以说宁大宝正处于急迫状况这一客观事实是存在的。当时，该出租车的司机对于宁大宝的这种急迫情况是明知的，主观上存在乘人之危的故意。出租车司机借机将乘车费提高了十余倍，目的就是牟取不正当利益。乘车人宁大宝虽然明知出租车司机在利用自己的急迫情况提高车费，不愿意负担如此高额的费用，但由于必须尽快赶回家，使其违背自己的真实意愿接受司机提出的要求。宁大宝急于回家但又无车可坐的事实同出租车司机提高车费的行为之间是存在因果关系的，因此该行为构成乘人之危。

《民法典》第151条规定："一方利用对方处于危困状态、缺乏判断能力等情形，致使民事法律行为成立时显失公平的，受损害方有权请求人民法院或者仲裁机构予以撤销。"宁大宝向法院起诉，维护自己的合法权益是正确的。法院对宁大宝要求返还多收车费的请求应当予以支持。

三、运输合同陷阱防范

1. 运输合同通常是格式合同，托运人和承运人的权利义务都是由法律或者承运人制定的规章来规定的，承运人与托运人之间信息不对称。因此，托运人需要详细了解自身的权利义务，以免落入合同陷阱当中。运输合同一些比较关键的环节，尤其要加以注意，包括：运费的收取、运到期限、限额赔偿的标准、声明价值的收费标准、发生意外事故如何处理等，在签订合同前都要做到心中有数。

2. 在货运合同的交接环节上，一定不能疏忽大意，要有书面的签字。托运人交付货物时，应当要求收货人签字确认；而承运人接受货物时，也应要求托运人签字确认；收货人接收货物时，要经过当事人的签字认可。

3. 如果是价值比较高的货物，要有运输保险意识。托运人在声明价值运输或者投保货物运输险两种方式中任选其一，一旦发生货物损失的情况，就能够得到足额的补偿。

四、运输合同范本

（一）水路货物运输合同①

_____年_____月度水路货物运输合同

> 本合同经托运人与承运人签章后即行生效，有关承运人与托运人、收货人之间的权利、义务和责任界限，适用《水路货物运输规则》及运价、规费的有关规定。

托运人	全称				承运人	全称				
	地址、电话					地址、电话				
	银行、账号					银行、账号				
核定计划号码					费用结算方式					

货名	包装	重量（吨）	体积（m³）	起运港	到达港	换装港	运价率（元／吨）	收货人	
								全称	电话

特约事项和违约责任	

托运人签章　　　　　年　月　日	承运人签章　　　　　年　月　日

说明：1. 本合同正本一式两份，承、运双方各执一份，副本若干份。
　　　2. 规格：长21厘米，宽30厘米。

---

① 中华人民共和国交通部、中华人民共和国能源部、国家工商行政管理总局发布。

（二）铁路货物运输合同①

年　月份要车计划表

月　　日提交　　批准计划号码　　单位章

顺号	到局：			收货单位				货物			车种代号	车数	特征代号	车数	特征代号	铁路		换装港	终到港	备注	发局
	到站	电报号	专用线	部门/省市		名称	代号	名称	代号	吨数						核减号	不合理				
				名称	代号																
1																					发站电报号
2																					
3																					
4																					
5																					品类代号
6																					
				合计																	

注：车种代号：棚车 P，敞车 C，平板 N，轻油罐车 Q，其他罐车 G，保温车 B，毒品车 PD，特种车 T，自备车在车种前加 Z。

规格：135×297（500）

（三）铁路局货物运单②

---

① 合同文号：GF-91-0402。
② GF-91-0403。

铁路货物运单

GF—91—0403

(表格略)

收货人领货须知	托运人须知
1. 托运人应及时将领货凭证寄交收货人，收货人接到领货凭证后，及时向到站联系领取货物。 2. 收货人领取货物已超过免费暂存期限时，应按规定支付货物暂存费。 3. 收货人到站领取货物，如遇货物未到时，应要求到站在本证背面加盖车站日期戳证明货物未到。	1. 托运人持本货物运单向铁路托运货物，证明并确认和愿意遵守铁路货物运输的有关规定。 2. 货物运单所记载的货物名称、重量与货物的实际完全相符，托运人对其真实性负责。 3. 货物的内容、品质和价值是托运人提供的，承运人在接收和承运货物时并未全部核对。 4. 托运人应及时将领货凭证寄交收货人，凭此联系到站领取货物。

（四）水陆货物联运运输合同[①]

（五）水路货物运单[②]

> 本运单经承、托双方签章后，具有合同效力，承运人与托运人、收货人之间的权利、义务和责任界限适用《水路货物运输规则》及运价、规费的有关规定。

---

① 此合同内容详见本书所附电子文件。合同文号：GF-91-0401。
② 国家工商行政管理总局、中华人民共和国铁道部、中华人民共和国交通部发布。

月度运输合同号码：　　　　　　货物交接清单号码：　　　编号：

船名：		航次		起运港		到达港		约定装船日期： 年 月 日
托运人		全称		收货人	全称			约定运到期限：
		地址、电话			地址、电话			费用结算方式：
		开户银行、账号			开户银行、账号			应收费用：
发货符号	货名	件数	包装	价值（元）	托运人确定		承运人确定		运费计算		费目	费率	金额（元）
					重量(吨)	体积（长×宽×高 m³）	重量(吨)	体积(m³)	费率（元/计费吨）	金额（元）	运费		
											总计		
											大写：		
合计										核算员			
											收款章：		
特约事项										复核员：			
装船日期： 月 日 时至 月 日 时 运送时间： 月 日 时 船舶签章：					收货人签章： 年 月 日		托运人签章： 年 月 日		承运人签章： 年 月 日				

水路货物运单说明：

1. 水路货物运单一式六份，顺序如下：

第一份（起运港承运人或其代理人存查联）起运港承运人或其代理人；

第二份（托运人收据联）起运港承运人或其代理人 ——收费后→ 托运人；

第三份（承运人解缴联）起运港承运人或其代理人——承运人；

第四份（到达港港口经营人存查联）起运港承运人或其代理人——船舶——到达港承运人或其代理人——到达港港口经营人；

第五份（收货人存查联）起运港承运人或其代理人——船舶——到达港承运人或其代理人——收货人；

第六份（提货凭证）起运港承运人或其代理人──→船舶──→到达港承运人或其代理人──→收货人──→到达港港口经营人──→到达港承运人或其代理人。

2. 水路货物运单的抬头均印刷或填写承运人名称。

3. 水路货物运单第六份用厚纸印刷，其余五份均用薄纸印刷；印刷墨色分别为：解缴联为红色，收据联为绿色，其他联为黑色。

4. 危险货物运单第六联用红色纸印刷。

5. 规格：长19厘米，宽27厘米。

（六）水水联运货物运单[①]

本运单经承、托双方签章后，具有合同效力，承运人与托运人、收货人之间的权利、义务和责任界限适用于《水路货物运输规则》及运价、规费的有关规定。

月度运输合同号码：　　　　货物交接清单号码：　　　　编号：

第一程船名或第一程承运人			航次	起运港		到达港		应收费用	
第二程船名或第二程承运人			航次	第一次换港				第一程运费	
第三程船名或第三程承运人			航次	第二次换港				第二程运费	
托运人	全称			收货人	全称			第三程运费	
	地址、电话				地址、电话			第一换装费	
	银行、账号				银行、账号			第二换装费	
发货符号	货名	件数	包装	价值（元）	托运人确定		计费重量		
					重量（吨）	体积（长×宽×高 m³）	重量（吨）	体积（m³）	
								总计	
								大写：	

[①] GF—91—0407。

续表

合计						核算员：	收款章：
约定装船日期： 　　月　日		约定运到期限： 　　　月　日		费用结算方式：			
特约 事项						复核员：	
装船日期：　月　日　时至　月 　　日　时 船舶签章：				收货人签章： 年　月　日		托运人签章： 年　月　日	承运人签章： 年　月　日
运到日期：　月　日　时 船舶签章：							

（七）道路货物运单①

承运日期：_____年_____月_____日

运到期限：_____年_____月_____日

装货地点						装货时间	
卸货地点						领取货物期限	
道路运输证号		车型		车牌号		挂车牌号	
货物名称及规格	包装方式	体积（长×宽×高）（m³）	件数	价值（元）	实际重量（千克）	计费重量（千克）	计费里程（公里）	货运周转量（吨公里）
合计								
计费单位	□重量（千克）		□体积（立方米）		□包装（件）	□周转量（吨公里）		□里程
计费单价	元/每单位				运费金额	元		

---

① 北京市工商行政管理局、北京市运输管理局发布。

续表

其他杂费		货物名称及规格	金额（元）	保价费（元）	保险费（元）	备注
费目	金额（元）					
装卸费						
过路费						
过桥费						
结算方式		□现金　□支票　□电汇　□转账　□对方付款　□月结　□				
运杂费合计：		万　千　百　拾　元　角　分￥：				
违约责任： 1. 托运人未按约定的时间和要求提供托运货物的，每逾期一日应向承运人支付违约金　　　元； 2. 承运人未按约定的时间和要求配车，每逾期一日应付托运人支付违约金　　　元； 3. 未办理保价或保险运输的，货运事故赔偿方式及费用：　　　； 4. 货物逾期到达，每逾期一日承运人应赔偿托运人　　　元违约金； 5. 收货人未按合同规定的期限领取货物，每逾期一日收货人（或托运人）应向承运人支付保管费　　　元。						
签订合同前请仔细阅读背面合同条款；本合同自签订之日起生效。						
托运人（签章）： 　地址： 　邮编： 　电话： 　传真： 　签订时间：		承运人（签章）： 　地址： 　邮编： 　电话： 　传真： 　签订时间：		收货人（签章）： 　地址： 　邮编： 　电话： 　传真： 　收货时间：		

北京市道路货物运输合同条款

一、托运

1. 托运人应在约定期限内向承运人提供托运货物及装卸条件。托运人未按约定备好货物和提供装卸条件，以及货物运达后无人收货或拒绝收货，造成承运人车辆放空、延滞及其他损失的，托运人应负赔偿责任。

2. 托运人不如实填写运单，错报、误填、遗漏货物名称、装卸地点等重要情况，造成承运人错送、装货落空以及由此引起的其他损失，托运人应负赔偿责任。

3. 承运人应根据承运货物的需要，按货物的不同特性，提供技术状况良好、经济适用的车辆，并能满足所运货物重量的要求。

4. 托运人有权决定货物是否保险或保价。货物保险由托运人向保险公司投保或委托承运人代办。选择保价运输时，申报的货物价值不得超过货物本身的实际价值；保价为全程保价，保价费按不超过货物保价金额的0.7%收取。一张运单托运的全部货物只能选择保价或不保价。

5. 货物运输需要办理审批、检验手续的，托运人应将办理完有关手续的文件提交承运人并随货同行。托运人委托承运人向收货人代递有关文件时，应在运单中注明文件名称和份数。

二、包装

1. 托运人应按约定包装货物。托运人未按约定包装货物，不能保证货物运输安全的，承运方有权拒绝承运。约定由承运人对货物再加外包装时，包装费用由托运人支付。

2. 由于托运人的包装缺陷产生破损，致使其他货物或运输工具、机械设备被污染腐蚀、损坏或造成人身伤亡的，托运人应负赔偿责任。由承运人按约定对货物再加外包装的，发生上述问题，承运人应负赔偿责任。

三、运送

1. 承运人应在约定期限内将货物运到指定的地点，并在 24 小时内以合理方式向收货人发出到货通知或按托运人的指示及时将货物交给收货人。承运人如将货物错运到货地点或收货人，应再次无偿运至约定的到货地点或收货人。

2. 承运人应对货物的安全负责，保证货物无短缺，无人为损坏，无人为因素导致的变质。

3. 起运前运输路线发生变化承运人应通知托运人，并按最后确定的路线运输。承运人未按约定路线运输而增加的运输费用自行承担。

4. 承运人有权向托运人、收货人收取约定的运杂费用。托运人或者收货人未按约定支付运杂费、保管费以及其他运输费用的，承运人对相应货物享有留置权。

5. 承运人未遵守约定的运输条件或其他约定事项，应赔偿托运人由此受到的损失。

6. 承运人未经托运人同意，擅自将货物委托其他公司运输的，应赔偿托运人因此受到的损失。

7. 在承运人将货物交付收货人之前，托运人可以要求承运人中止运输、返还货物、变更到达地或者将货物交给其他收货人，但应赔偿承运人因此受到的损失。

四、交货

1. 货物交接时，一方对货物的重量和内容有质疑，可提出查验与复磅，查验和复磅的费用由责任方负担。

2. 收货人不明或收货人拒绝受领货物的，承运人应及时与托运人联系，在规定期限内负责保管并有权收取保管费用，对于超过规定期限仍无法交付的货物，承运人有权按《中华人民共和国合同法》的规定，提存货物。

3. 货物有包装的，到达运输地点后，外包装完好而内部货物有货损、货差的，由托运人负责。

五、事故处理

1. 货运事故是指货物运输过程中发生货物毁损或灭失。货运事故发生后，承、托双方应编制货运事故记录。

2. 货物运输途中，因第三方责任造成货物毁损或灭失的，承运人应先行向托运人赔偿，再由其向第三方追偿。货物已投保的，承运人应不迟延地通知托运人，并采取一切方便协助托运人获得赔付。若承运人怠于履行通知义务和协助义务，应赔偿托运人因此受到的损失。

3. 承运人能够证明是由于《合同法》第311条①规定的原因造成货物毁损、灭失的，不承担损害赔偿责任。

4. 货运事故处理过程中，收货人不得扣留车辆，承运人不得扣留货物。由于扣留车、货而造成的损失，由扣留方负赔偿责任。

六、争议解决

本合同项下发生的争议，双方应协商或申请调解解决，协商、调解解决不成的，可向有管辖权的人民法院起诉或向双方选定的仲裁机构仲裁。

（八）航空运输合同

托运人（姓名）_____与中国民用航空_____航空公司（以下简称承运人）协商空运_____（货物名称）到_____（到达地名），特签订本合同，并共同遵守下列条款：

第一条 托运人于_____月_____日起需用_____型飞机_____架次运送_____（货物名称），其航程如下：

_____月_____日自_____至_____，停留_____日；

_____月_____日自_____至_____，停留_____日；

运输费用总计人民币_____元。

第二条 根据飞机航程及经停站，可供托运人使用的载量为_____公斤（内含客座）。如因天气或其他特殊原因需增加空勤人员或燃油时，载量照减。

第三条 如托运人未充分利用飞机吨位，承运人可以利用空隙吨位。

第四条 承运人除因气象、政府禁令等原因外，应依期飞行。

第五条 托运人签订本合同后要求取消飞机班次，应交付退机费_____元。如托运人退机前承运人为执行本合同已发生调机费用，应由托运人负责交付此项费用。

第六条 托运人负责所运货物的包装。运输中如因包装不善造成货物损毁，由托运人自行负责。

第七条 运输货物的保险费由承运人负担。货物因承运人问题所造成的损失，由承运人赔偿。

第八条 在执行合同的飞行途中，托运人如要求停留，应按规定收取留机费。

第九条 本合同如有其他未尽事宜，应由双方共同协商解决。凡涉及航空运输规则规定的问题，按运输规则办理。

---

① 现为《民法典》第八百三十二条。

托运人：_____　　承运人：_____
开户银行：_____　　开户银行：_____
银行账号：_____　　银行账号：_____
_____年_____月_____日订

（九）一日游包车客运服务合同①

客运企业（甲方）：_____

旅行社（乙方）：_____

根据《中华人民共和国合同法》《中华人民共和国道路交通安全法》《中华人民共和国道路运输条例》《旅行社条例》《道路旅客运输及客运站管理规定》《北京市道路运输管理条例》和《北京市旅游管理条例》等有关规定，甲、乙双方在自愿、平等、公平和诚实信用的基础上，就乙方包租甲方客车组织一日游活动的有关事宜达成如下协议：

一、包车客运服务内容

单位：个、辆、元/日。

车辆厂牌型号	座位数	数量	费用标准	其他要求

甲方负责将符合上述要求的客车包租给乙方用于组织一日游活动，并配备驾驶员提供客运服务。

二、包车客运服务期限

包车期限为_____年_____月_____日至_____年_____月_____日。

三、包车客运服务费用及结算方式

（一）包车客运服务费（含驾驶员服务费）总计_____元。

（二）结算期限为第_____种：

1. 当日结清；

2. 三日内结清；

3. _____。

（三）结算方式为_____。

---

① 北京市工商行政管理局、北京市运输管理局、北京市旅游局联合发布。

四、甲方的权利与义务

（一）有权按照约定收取包车客运服务费用。

（二）应当按照约定在包车客运服务期限内为乙方提供车辆，保证甲方及甲方提供的车辆均具有相应的营运资质，并为车辆投保法律规定的强制保险。

（三）应当负责对车辆进行维修和保养，并承担由此产生的费用。

（四）车辆因年检、维修、保养、故障等原因不能出车或中途不能运营时，应当负责安排车型相同或相近的车辆替换，以保证乙方的正常使用。

（五）应当为其提供的车辆配备具有从业资格的驾驶员，在发车前由该驾驶员与乙方指派的导游员对《一日游行程单》进行核对确认，并按照行程安排提供符合行业安全服务规范要求的客运服务，不得擅自改变行程。

（六）应当在车厢内明确提示乘车人不得携带国家规定的危险物品及其他禁止携带的物品乘车。

五、乙方的权利与义务

（一）应当按照约定使用车辆组织一日游活动，所得收益归乙方所有。

（二）应当按照约定支付包车客运服务费用。

（三）除另有约定外，车辆使用期间的过路费、过桥费、停车费及组织一日游活动有关的其他费用均由乙方承担并直接支付。

（四）应当至少提前一日预订所需车辆，并同时将加盖旅行社公章的《一日游行程单》（应当与告知游客的相一致）书面告知甲方；乙方不得擅自改变行程。

（五）应当按照相关法律法规和旅游行业一日游业务规范合法经营，随车配备持有旅游管理部门颁发的导游证的导游员提供全程服务。

（六）不得提出违反道路交通安全法规的要求，或强行要求驾驶员驶入危险地段。

（七）不得将甲方车辆转包或以其他形式交给第三方使用。

六、违约责任与风险负担

（一）一方违约应当按照_____标准向对方支付违约金。

（二）因一方违约造成投诉、新闻媒体批评、提起诉讼等事件并给对方造成负面影响的，应当承担相应的法律责任，同时还应当按照_____标准向对方支付违约金。

（三）车辆在运营过程中因甲方原因发生的毁损或灭失责任由甲方自行承担，因乙方原因发生的毁损或灭失责任由乙方承担。

七、不可抗力

合同履行期间，如遇不可抗力致使全部或部分不能履行本合同或迟延履行本合同的，应当根据不可抗力的影响，部分或全部免除违约责任。

八、合同的解除

（一）双方经协商一致，可以解除本合同。

（二）乙方有下列行为之一，甲方有权单方解除合同，但应当提前_____天通知乙方，并有权要求乙方赔偿损失：

1. 乙方迟延_____天以上支付包车客运服务费用的；
2. 乙方故意毁坏甲方车辆的；
3. 乙方的违法经营行为给甲方造成严重损害的。

（三）甲方有下列行为之一，乙方有权单方解除合同，但应当提前_____天通知甲方，并有权要求甲方赔偿损失：

1. 甲方未按本合同约定提供车辆和服务，造成当日旅游行程延误或取消，或经乙方催告，甲方迟延_____天以上仍未提供或未纠正的；
2. 甲方向乙方提供的车辆存在影响运营安全问题，经乙方要求，甲方当天不予调换的；
3. 甲方的违法经营行为给乙方造成严重损害的。

九、争议解决方式

本合同项下发生争议，由双方协商或申请调解解决；协商或调解解决不成的，任何一方均有权向有管辖权的人民法院提起诉讼。

十、其他

（一）《一日游行程单》作为本合同的附件，甲方的驾驶员和乙方的导游员应当认真填写，随身携带，并由乙方向其组织的游客公示说明。

（二）本合同未尽事宜，可以签署书面补充协议，与本合同具有同等法律效力。

（三）本合同一式两份，双方各执一份。

十一、补充条款

_____。

甲方（盖章）：_____　　　乙方（盖章）：_____
法定代表人：_____　　　　法定代表人：_____
委托代理人：_____　　　　委托代理人：_____
电　　话：_____　　　　　电　　话：_____
传　　真：_____　　　　　传　　真：_____
通信地址：_____　　　　　通信地址：_____
营业执照号：_____　　　　营业执照号：_____

_____年_____月_____日　　　　　_____年_____月_____日

道路运输经营许可证编号：_____
旅行社业务经营许可证编号：_____

一日游行程单

日期			合同编号		
旅行社名称			运输企业名称		
导游员姓名			驾驶员姓名		
导游证编号			道路运输从业资格证编号		
导游员电话			驾驶员电话		
行程安排					
	时间安排	活动内容及地点			备注
上午					
上午					
上午					
中午					
下午					
下午					
下午					
旅行社联系人			旅行社盖章		
旅行社联系电话			旅行社盖章		

（十）海洋运输合同

订立合同双方：

_____（以下简称甲方）委托_____交通厅海运局（以下简称乙方）计划外托运_____（货物），乙方同意承运。根据《民法典》和_____海上运输管理规定的要求，经双方协商，特订立本合同，以便双方共同遵守。

第一条 运输方法

乙方调派_____吨位船舶一艘（船舶_____吊货设备），应甲方要求由_____港运至_____港，按现行包船运输规定办理。

第二条 货物集中

甲方应按乙方指定时间，将_____（货物）于_____天内集中于_____港，货物集齐后，乙方应在五天内派船装运。

第三条 装船时间

甲方联系到达港同意安排卸货后，经乙方落实并准备接收集货（开集日期由乙方指定）。装船作业时间，自船舶抵港已靠好码头时起_____小时内装完货物。

第四条 运到期限

船舶自装货完毕办好手续时起于_____小时内将货物运到目的港。否则按货规第三条规定承担滞延费用。

第五条 启航联系

乙方在船舶装货完毕启航后，即发报通知甲方做好卸货准备，如需领航时亦通知甲方按时派引航员领航，费用由_____方负担。

第六条 卸船时间

甲方保证乙方船舶抵达_____港锚地，自下锚时起于_____小时内将货卸完。否则甲方按超过时间向乙方交付滞延金每吨时0.075元，在装卸货过程中，因天气影响装卸作业的时间，经甲方与乙方船舶签证，可按实际影响时间扣除。

第七条 运输质量

乙方装船时，甲方应派员监装，指导工人按章操作，装完船封好舱，甲方可派押运员（免费一人）随船押运。乙方保证原装原运，除因船舶安全条件所发生的损失外，对于运送_____（货物）的数量和质量均由甲方自行负责。

第八条 运输费用

按_____水运货物一级运价率以船舶载重吨位计货物运费_____元，空驶费按运费的50%计（_____），全船运费为_____元，一次计收。

港口装船费用，按_____港口收费规则有关费率计收。卸船等费用，由甲方直接与到达港办理。

第九条 费用结算

本合同经双方签章后，甲方应先付给乙方预付运输费用_____元。乙方在船舶卸完后，以运输费用凭据与甲方一次结算，多退少补。

第十条 本合同正本一式两份，甲乙双方各执一份，副本一式_____份，交_____等部门各存一份备案。本合同如有未尽事宜，由双方按照_____交通厅海上运输管理的有关规定充分协商，作出补充规定。补充规定与本合同具有同等效力。本合同提交_____公证处公证（或工商行政管理机关鉴证）。

甲方：_____（盖章）

代表人：_____（签章）

开户银行：_____

账号：_____

乙方：_____（盖章）

代表人：_____（签章）

开户银行：_____

账号：_____

_____年_____月_____日订立

（十一）民用航空货运代理合同①

签订时间：
签订地点：

甲　方：（托运人）
法定代表人：
法定地址：　　　　　　邮　编：
经办人：　　　　　联系电话：
传真：

乙方：（代理人）
法定代表人：
法定地址：　　　　　　邮编：
经办人：　　　　　联系电话：
传真：

甲、乙双方依据《中华人民共和国合同法》及其他有关法律、法规的规定，在平等、自愿、协商一致的基础上，就国内或国际航空货物运输代理事宜，达成协议如下：

第一条　甲方委托乙方，由乙方代理甲方办理部分或全部国内或国际航线的航空货物运输业务。

第二条　甲方托运货物应当真实合法，乙方在任何情况下都有权拒绝受托代理危险品或出运国、中转国、运抵国法律、法规禁止、限制运输的商品的运输业务。

第三条　甲方应当正确无误地、真实地制作航空货运单（附件），其内容包括收货人名称、发货人名称、货物的件数、重量、体积、出运地、始发港、运抵港、最终目的地、出运日期、货物品名、要求航班、出运价格、运费的支付方式及特殊要求等要素，并送交或传真给乙方。

第四条　甲方交给乙方的运输标志（唛头）必须有以下内容：收货人名称、参考号码（如：合同号、发票号等）、目的地名称、件数。

第五条　乙方应根据甲方航空货运单的委托要求，及时办理订舱、收货、发货、制单、报关、报检、装板、交接、仓储及其他相关业务的全部业务或其中的部分业务。

第六条　航空运输过程中，允许航空托运单上甲方记载的货物件数、重量、体积与实际托运的货物存在略微差异。货物准确的件数、重量、体积以乙方接收货物时乙方的检验为准。如果甲方对乙方的检验结果存在异议，可书面向乙方申请双方联合检

---

① 上海市工商行政管理局、上海市国际货运代理协会制定。

验。如果联合检验的结果与乙方的检验结果有较大差异，检验费用由乙方承担；否则检验费用由甲方承担。如果货物准确的件数、重量、体积与甲方在航空托运单上记载的有较大差异，乙方有权选择拒绝承接该票货物的运输代理，由此导致的乙方的损失，甲方应负责赔偿。

第七条 甲方保证航空货运单上所填写货物品名和货物申明价值与实际交运货物品名和货物实际价值完全一致，并对所填航空货物运单及相关运输文件的真实性和正确性负责。

第八条 甲方未办理货物申明价值的，由于承运人或乙方的原因造成货物灭损的，按货物实际损失赔偿，但赔偿额最高按灭损货物毛重每公斤人民币 20 元（国内航线）/国际 20 美元（US＄）（国际航线）计算。

第九条 甲方在货物出运中要求修改运单中有关项目或变更对货物的处置方式，应在航班到达目的港前_____小时书面通知乙方，乙方对于甲方的此类要求应尽量满足，由此产生的一切费用和责任均由甲方承担。乙方不对未能满足甲方此类要求承担任何责任和赔偿。

第十条 甲方向乙方支付运费及相关服务费用的标准及支付方式：

_____

_____

_____。

第十一条 甲方不能按时支付运费及相关服务费用的，按_____标准向乙方支付违约金。

第十二条 航班/日期除有特别约定外，是由乙方代表承运人承诺的货物承运航班与日期，未能履行而导致甲方因此受损的，乙方应承担损害赔偿责任，但是损害赔偿的最高限额不应超过货物的运输费用的 100%。

第十三条 货物交付的延误是由于不可抗力造成的，乙方不承担损害赔偿责任。货物交付的延误是由于承运人的原因造成的，由乙方协助甲方向承运人提出索赔。货物交付的延误是由于乙方的原因造成的，乙方应按_____标准向甲方支付违约金。

第十四条 货物在乙方掌管期间毁损、灭失的，但乙方能证明货物的毁损、灭失是由于不可抗力或货物本身的自然性质或合理损耗，或者是由于甲方或甲方指定的收货人的过错造成的，乙方不承担损害赔偿责任。

第十五条 因货物运输引起的任何索赔，甲方或甲方的法律关系人应依据《中华人民共和国民用航空法》的规定，在给予乙方充分时间的基础上，在法定时效内向乙方书面报告且提供相应的法律证据，由乙方代甲方或甲方的法律关系人向航空承运人提出索赔，费用由甲方承担，甲方不得因此拖欠或暂扣运费。

第十六条 因甲方或甲方的法律关系人的原因而使乙方提出上述索赔要求的时间超出法定时效的,乙方不承担法律责任。

第十七条 本合同的订立、变更、效力、解释、履行、争议的解决受中华人民共和国法律调整。

第十八条 甲、乙双方在履行本合同过程中发生争议,应协商解决,协商不成的,选择以下第_____种方式解决:

(1) 提交_____仲裁委员会仲裁;

(2) 依法向人民法院起诉。

第十九条 本合同自双方签字或盖章之日起生效,本合同一式_____份,具有同等效力。合同履行期限自_____年_____月_____日至_____年_____月_____日,本合同期满之日前,经双方协商,可自行决定该合同的延长或终止。

第二十条 经甲乙双方协商一致,可对本合同进行修改和补充,修改及补充的内容经双方签字盖章后作为合同的组成部分。

第二十一条 其他约定:_____。

附件:航空货运单

甲方(盖章):   乙方(盖章):

法定代表人/代理人: 法定代表人/代理人:

签字: 签字:

日期: 日期:

(十二) 公路运输合同

甲方(托运方):_____
地址:_____
电话:_____
传真:_____

乙方(承运方):_____
地址:_____
电话:_____
传真:_____

甲方指定乙方为甲方货物提供公路运输服务。双方经友好协商,就具体事宜达成如下协议:

第一条　承运货物及起止地点

1.1. 托运的主要货物为:

包装:＿＿＿＿＿＿＿＿＿＿。

属性:＿＿＿＿＿＿＿＿＿＿。

1.2. 货物的起运地点:＿＿＿＿＿＿＿＿＿＿。

1.3. 货物的到达地点:＿＿＿＿＿＿＿＿＿＿。

1.4. 甲方托运的其他货物及服务内容,以货物运单或补充协议说明。

第二条　操作流程

(1)甲方发出运输指令;(2)乙方回复认可书;(3)甲方装货;(4)双方验货签收;(5)发往目的地交货;(6)收货单位验签;(7)验收后取回单;(8)将回单交回甲方;(9)甲方承付运费。

第三条　甲方的义务和责任

3.1. 甲方应至少提前8小时以电话或书面传真形式向乙方发出运输指令,通知内容包含发运时间、运输方式、货物名称、数量;并准确提供发运地址和目的地址及联络方式方法等信息。如发生特殊情况,甲方在乙方派出车辆前3小时有权对合理的内容进行变更。

3.2. 甲方保证所托运的货物不属于国家违禁品。

3.3. 甲方负责对乙方有关责任人和操作人员进行必要的运作要求培训。

3.4. 因甲方交代不清而引起的无法抵达目的地或找不到收货人所造成的损失由甲方负责。

3.5. 甲方保证按合同要求在乙方向甲方提交相关单据时及时结算运费给乙方。

第四条　乙方责任

4.1. 乙方接受甲方的委托,为其提供货物运输服务,乙方应及时操作转运货物,安全、准时、准确地将货物运至甲方指定的目的地并派送到门。

4.2. 司机把货物送达目的地后,若客户对货物有任何意见,司机绝对不可以与客户发生争执,应立即与乙方负责人联系,并将事件及时回报给甲方。

4.3. 乙方必须严格按照附件中所列运输时间执行,若因特殊情况,货物没有按预定时间到达时,乙方应及时与甲方取得联系,向甲方汇报并进行处理。若甲方调查中发现有不合实际的情况,有权做出处罚。

4.4. 乙方在承运过程中发生的货物被盗、丢失、淋湿、货损、交货不清、货物破损等,概由乙方负责。

4.5. 由于自然灾害或交通事故造成货物无法准时到达,乙方必须及时通知甲方,由双方共同协商解决,若由于未及时通知甲方而造成货物过期到达,造成甲方损失应由乙方负责赔偿。

4.6. 甲方若委托乙方代办货物运输保险，乙方应配合甲方进行投保，并对投保的货物承担全部的责任。

4.7. 乙方不得向甲方员工赠送财物，若经发现，甲方有权处理乙方未结运费。

第五条　费用及结算方式

5.1. 费用的结算标准为：＿＿＿＿＿＿＿＿＿＿＿＿＿＿＿。

5.2. 结算方法为：每月 5 日前结算上月发生的运输费用，乙方需交付有效作业凭证及结算汇总表，经甲方审核无误后在 3 个工作日内支付乙方运费，如遇节假日则时间顺延。如有扣除的款项，应在运费中扣除。货到提付运费的甲乙双方都备有底根，以便于查账。

第六条　违约责任

6.1. 因甲方提供资料不齐全而导致乙方无法送达或者延误送达，损失由甲方负责。乙方在运输过程中如果发现甲方所提供的收货人联系电话、地址有误，必须及时与甲方联系寻求解决办法。否则损失由乙方负责。

6.2. 乙方错运到达地点或收货人的，乙方必须无偿将货物运到指定地点交付给收货人，由此造成的货物过期送达的，按甲方规定条例处理。如果造成货物误收而丢失，乙方应照价赔偿。

6.3. 由于乙方的过失造成货物过期到达，超过《公路运输价格表》上双方所约定的时间（且没有取得甲方的认可），每次乙方需支付给甲方人民币 100 元的违约金。由于不可抗力造成乙方交货延误，影响执行合同时，乙方应及时通知甲方并采取措施防止事件的扩大。经双方协商可适当放宽到货时间。

6.4. 合同终止后，甲乙双方不再合作，双方在一个月内结清所有运费。

第七条　文本及时效

7.1. 本合同签订时，双方必须出具法人资格文件和其他注册资料。如属法人委托人签署的，应有法人委托书原件。

7.2. 本合同一式两份，甲、乙双方各持一份，具有同等法律效力。

7.3. 本合同有效期为＿＿＿年＿＿＿月＿＿＿日至＿＿＿年＿＿＿月＿＿＿日。

7.4. 本合同自双方签字盖章之日起生效。

7.5. 自本协议生效之日起一个月内为试用期，试用期内，如乙方要求提前终止合同，必须提前 15 天通知甲方。否则甲方有权不退还乙方未结运费。

7.6. 本合同全部内容属商业秘密，双方均有责任保守秘密。

第八条　变更与终止

8.1. 合同如有变更或者补充，经甲乙双方协商一致后，以补充协议形式确定，补充协议与原合同具有同等法律效力。

8.2. 本合同终止后，合同双方仍承担合同终止前本合同规定的双方应该履行而未履行完毕的一切责任与义务。

8.3. 合同如需提前终止，须双方书面同意。

第九条 纠纷及其仲裁

若合同在履行中产生纠纷，双方应及时协商解决。协商无效的，可向合同履行地人民法院申请诉讼解决。

甲方：_____　　　　乙方：_____

（盖章）　　　　　　　　　（盖章）

代表人：_____　　　代表人：_____

签署日期：_____　　签署日期：_____

第十三章　技术合同

技术合同，是当事人围绕技术开发、转让、咨询或者服务订立的确立彼此之间权利和义务的合同。 技术转让合同的标的是特定的技术成果；技术服务与技术咨询合同的标的是特定的技术行为；技术开发合同的标的兼具技术成果与技术行为的内容。技术合同具有如下特征：

1. 技术合同的履行环节多，履行期限长，价款、报酬或使用费的计算也比较复杂，而且某些技术合同具有很强的风险性。

2. 技术合同涉及技术专利权的获得、技术权益的归属、技术风险的承担、技术产品的商业标记、技术的保密、技术的表现形式等，分别受专利法、商标法、商业秘密法、反不正当竞争法、著作权法等知识产权法律的调整。

3. 技术合同的当事人通常是具有一定的专业知识或技能的人员。

一、《民法典》相关法条

第一节　一般规定

第八百四十三条　技术合同是当事人就技术开发、转让、许可、咨询或者服务订立的确立相互之间权利和义务的合同。

第八百四十四条　订立技术合同，应当有利于知识产权的保护和科学技术的进步，促进科学技术成果的研发、转化、应用和推广。

第八百四十五条　技术合同的内容一般包括项目的名称，标的的内容、范围和要求，履行的计划、地点和方式，技术信息和资料的保密，技术成果的归属和收益的分配办法，验收标准和方法，名词和术语的解释等条款。

与履行合同有关的技术背景资料、可行性论证和技术评价报告、项目任务书和计划书、技术标准、技术规范、原始设计和工艺文件，以及其他技术文档，按照当事人的约定可以作为合同的组成部分。

技术合同涉及专利的，应当注明发明创造的名称、专利申请人和专利权人、申请日期、申请号、专利号以及专利权的有效期限。

第八百四十六条　技术合同价款、报酬或者使用费的支付方式由当事人约定，可以采取一次总算、一次总付或者一次总算、分期支付，也可以采取提成支付或者提成支付附加预付入门费的方式。

约定提成支付的，可以按照产品价格、实施专利和使用技术秘密后新增的产值、利润或者产品销售额的一定比例提成，也可以按照约定的其他方式计算。提成支付的比例可以采取固定比例、逐年递增比例或者逐年递减比例。

约定提成支付的，当事人可以约定查阅有关会计账目的办法。

第八百四十七条　职务技术成果的使用权、转让权属于法人或者非法人组织的，法人或者非法人组织可以就该项职务技术成果订立技术合同。法人或者非法人组织订立技术合同转让职务技术成果时，职务技术成果的完成人享有以同等条件优先受让的权利。

职务技术成果是执行法人或者非法人组织的工作任务，或者主要是利用法人或者非法人组织的物质技术条件所完成的技术成果。

第八百四十八条　非职务技术成果的使用权、转让权属于完成技术成果的个人，完成技术成果的个人可以就该项非职务技术成果订立技术合同。

第八百四十九条　完成技术成果的个人享有在有关技术成果文件上写明自己是技术成果完成者的权利和取得荣誉证书、奖励的权利。

第八百五十条　非法垄断技术或者侵害他人技术成果的技术合同无效。

第二节　技术开发合同

第八百五十一条　技术开发合同是当事人之间就新技术、新产品、新工艺、新品种或者新材料及其系统的研究开发所订立的合同。

技术开发合同包括委托开发合同和合作开发合同。

技术开发合同应当采用书面形式。

当事人之间就具有实用价值的科技成果实施转化订立的合同，参照适用技术开发合同的有关规定。

第八百五十二条　委托开发合同的委托人应当按照约定支付研究开发经费和报酬，提供技术资料，提出研究开发要求，完成协作事项，接受研究开发成果。

第八百五十三条　委托开发合同的研究开发人应当按照约定制定和实施研究开发计划，合理使用研究开发经费，按期完成研究开发工作，交付研究开发成果，提供有关的技术资料和必要的技术指导，帮助委托人掌握研究开发成果。

第八百五十四条　委托开发合同的当事人违反约定造成研究开发工作停滞、延误或者失败的，应当承担违约责任。

第八百五十五条　合作开发合同的当事人应当按照约定进行投资，包括以技术进行投资，分工参与研究开发工作，协作配合研究开发工作。

第八百五十六条　合作开发合同的当事人违反约定造成研究开发工作停滞、延误或者失败的，应当承担违约责任。

第八百五十七条　作为技术开发合同标的的技术已经由他人公开，致使技术开发合同的履行没有意义的，当事人可以解除合同。

第八百五十八条 技术开发合同履行过程中，因出现无法克服的技术困难，致使研究开发失败或者部分失败的，该风险由当事人约定；没有约定或者约定不明确，依据本法第五百一十条的规定仍不能确定的，风险由当事人合理分担。

当事人一方发现前款规定的可能致使研究开发失败或者部分失败的情形时，应当及时通知另一方并采取适当措施减少损失；没有及时通知并采取适当措施，致使损失扩大的，应当就扩大的损失承担责任。

第八百五十九条 委托开发完成的发明创造，除法律另有规定或者当事人另有约定外，申请专利的权利属于研究开发人。研究开发人取得专利权的，委托人可以依法实施该专利。

研究开发人转让专利申请权的，委托人享有以同等条件优先受让的权利。

第八百六十条 合作开发完成的发明创造，申请专利的权利属于合作开发的当事人共有；当事人一方转让其共有的专利申请权的，其他各方享有以同等条件优先受让的权利。但是，当事人另有约定的除外。

合作开发的当事人一方声明放弃其共有的专利申请权的，除当事人另有约定外，可以由另一方单独申请或者由其他各方共同申请。申请人取得专利权的，放弃专利申请权的一方可以免费实施该专利。

合作开发的当事人一方不同意申请专利的，另一方或者其他各方不得申请专利。

第八百六十一条 委托开发或者合作开发完成的技术秘密成果的使用权、转让权以及收益的分配办法，由当事人约定；没有约定或者约定不明确，依据本法第五百一十条的规定仍不能确定的，在没有相同技术方案被授予专利权前，当事人均有使用和转让的权利。但是，委托开发的研究开发人不得在向委托人交付研究开发成果之前，将研究开发成果转让给第三人。

第三节　技术转让合同和技术许可合同

第八百六十二条 技术转让合同是合法拥有技术的权利人，将现有特定的专利、专利申请、技术秘密的相关权利让与他人所订立的合同。

技术许可合同是合法拥有技术的权利人，将现有特定的专利、技术秘密的相关权利许可他人实施、使用所订立的合同。

技术转让合同和技术许可合同中关于提供实施技术的专用设备、原材料或者提供有关的技术咨询、技术服务的约定，属于合同的组成部分。

第八百六十三条 技术转让合同包括专利权转让、专利申请权转让、技术秘密转让等合同。

技术许可合同包括专利实施许可、技术秘密使用许可等合同。

技术转让合同和技术许可合同应当采用书面形式。

第八百六十四条 技术转让合同和技术许可合同可以约定实施专利或者使用技术秘密的范围，但是不得限制技术竞争和技术发展。

第八百六十五条 专利实施许可合同仅在该专利权的存续期限内有效。专利权有效期限届满或者专利权被宣告无效的，专利权人不得就该专利与他人订立专利实施许可合同。

第八百六十六条 专利实施许可合同的许可人应当按照约定许可被许可人实施专利，交付实施专利有关的技术资料，提供必要的技术指导。

第八百六十七条 专利实施许可合同的被许可人应当按照约定实施专利，不得许可约定以外的第三人实施该专利，并按照约定支付使用费。

第八百六十八条 技术秘密转让合同的让与人和技术秘密使用许可合同的许可人应当按照约定提供技术资料，进行技术指导，保证技术的实用性、可靠性，承担保密义务。

前款规定的保密义务，不限制许可人申请专利，但是当事人另有约定的除外。

第八百六十九条 技术秘密转让合同的受让人和技术秘密使用许可合同的被许可人应当按照约定使用技术，支付转让费、使用费，承担保密义务。

第八百七十条 技术转让合同的让与人和技术许可合同的许可人应当保证自己是所提供的技术的合法拥有者，并保证所提供的技术完整、无误、有效，能够达到约定的目标。

第八百七十一条 技术转让合同的受让人和技术许可合同的被许可人应当按照约定的范围和期限，对让与人、许可人提供的技术中尚未公开的秘密部分，承担保密义务。

第八百七十二条 许可人未按照约定许可技术的，应当返还部分或者全部使用费，并应当承担违约责任；实施专利或者使用技术秘密超越约定的范围的，违反约定擅自许可第三人实施该项专利或者使用该项技术秘密的，应当停止违约行为，承担违约责任；违反约定的保密义务的，应当承担违约责任。

让与人承担违约责任，参照适用前款规定。

第八百七十三条 被许可人未按照约定支付使用费的，应当补交使用费并按照约定支付违约金；不补交使用费或者支付违约金的，应当停止实施专利或者使用技术秘密，交还技术资料，承担违约责任；实施专利或者使用技术秘密超越约定的范围的，未经许可人同意擅自许可第三人实施该专利或者使用该技术秘密的，应当停止违约行为，承担违约责任；违反约定的保密义务的，应当承担违约责任。

受让人承担违约责任，参照适用前款规定。

第八百七十四条 受让人或者被许可人按照约定实施专利、使用技术秘密侵害他人合法权益的，由让与人或者许可人承担责任，但是当事人另有约定的除外。

第八百七十五条 当事人可以按照互利的原则，在合同中约定实施专利、使用技术秘密后续改进的技术成果的分享办法；没有约定或者约定不明确，依据本法第五百一十条的规定仍不能确定的，一方后续改进的技术成果，其他各方无权分享。

第八百七十六条 集成电路布图设计专有权、植物新品种权、计算机软件著作权等其他知识产权的转让和许可，参照适用本节的有关规定。

第八百七十七条 法律、行政法规对技术进出口合同或者专利、专利申请合同另有规定的，依照其规定。

第四节　技术咨询合同和技术服务合同

第八百七十八条 技术咨询合同是当事人一方以技术知识为对方就特定技术项目提供可行性论证、技术预测、专题技术调查、分析评价报告等所订立的合同。

技术服务合同是当事人一方以技术知识为对方解决特定技术问题所订立的合同，不包括承揽合同和建设工程合同。

第八百七十九条 技术咨询合同的委托人应当按照约定阐明咨询的问题，提供技术背景材料及有关技术资料，接受受托人的工作成果，支付报酬。

第八百八十条 技术咨询合同的受托人应当按照约定的期限完成咨询报告或者解答问题，提出的咨询报告应当达到约定的要求。

第八百八十一条 技术咨询合同的委托人未按照约定提供必要的资料，影响工作进度和质量，不接受或者逾期接受工作成果的，支付的报酬不得追回，未支付的报酬应当支付。

技术咨询合同的受托人未按期提出咨询报告或者提出的咨询报告不符合约定的，应当承担减收或者免收报酬等违约责任。

技术咨询合同的委托人按照受托人符合约定要求的咨询报告和意见作出决策所造成的损失，由委托人承担，但是当事人另有约定的除外。

第八百八十二条 技术服务合同的委托人应当按照约定提供工作条件，完成配合事项，接受工作成果并支付报酬。

第八百八十三条 技术服务合同的受托人应当按照约定完成服务项目，解决技术问题，保证工作质量，并传授解决技术问题的知识。

第八百八十四条 技术服务合同的委托人不履行合同义务或者履行合同义务不符合约定，影响工作进度和质量，不接受或者逾期接受工作成果的，支付的报酬不得追回，未支付的报酬应当支付。

技术服务合同的受托人未按照约定完成服务工作的，应当承担免收报酬等违约责任。

第八百八十五条 技术咨询合同、技术服务合同履行过程中，受托人利用委托人提供的技术资料和工作条件完成的新的技术成果，属于受托人。委托人利用受托人的工作成果完成的新的技术成果，属于委托人。当事人另有约定的，按照其约定。

第八百八十六条 技术咨询合同和技术服务合同对受托人正常开展工作所需费用

的负担没有约定或者约定不明确的,由受托人负担。

第八百八十七条 法律、行政法规对技术中介合同、技术培训合同另有规定的,依照其规定。

二、典型案例

案例1:"祖传秘方"的所有者,能否被认定为发明人?

[案情回放]

"某宫廷风味烤鸡的制作方法"是源于唐某家的祖传秘方,后经某烤鸡厂在实践中加以完善而成。2016年3月,某乡与某公司签订转让"宫廷风味烤鸡"技术的合同,唐某作为某公司聘用的技师,代表该公司到某乡传授技术。某乡由此创办了某烤鸡厂。

2017年6月,某烤鸡厂在唐某与某公司之间的聘任合同期满后,同唐某签订了一份协议。协议约定:唐某为某烤鸡厂负责技术培训工作和检查产品质量,提供自采的药材和宣传材料;某烤鸡厂对唐某按特级技术师待遇,月工资3000元,并免费供给吃、住;唐某在某烤鸡厂自愿支付专利申请费和申请维持费的条件下,同意某烤鸡厂作为专利申请人之一,负责代办技术转让工作;某烤鸡厂同意从唐某代办的技术转让费中提取25%,余75%作为某烤鸡厂办理专利事务的基金;专利权归唐某所有。

2017年6月13日,某烤鸡厂将"某宫廷风味烤鸡的制作方法"向国家专利局申请专利,申请书上的发明人为唐某、申请人为某烤鸡厂。同年9月26日,某烤鸡厂当时的法定代表人、厂长王某以烤鸡厂的名义向国家专利局出具证明,声明由于某烤鸡厂和唐某对申请专利权的有关法律规定不了解,将专利申请人错写成某烤鸡厂,要求将专利申请人变更为唐某。国家专利局根据某烤鸡厂的证明,将专利申请著录项目中申请人烤鸡厂变为唐某。

2021年3月24日,某烤鸡厂又持某县公安局的证明,声称经公安机关做工作,"王某、唐某均已供认,著录项目变更证明是伪造的",再次提请变更专利申请人。国家专利局据此证明又将专利申请人变更为某烤鸡厂。唐某不同意上述变更,遂请求某市专利管理局对其与某烤鸡厂的专利申请权纠纷进行调处。某市专利管理局经调处后,于2022年3月4日作出处理决定,确认"某宫廷风味烤鸡的制作方法"专利申请权属于唐某。

某烤鸡厂认为,唐某在受聘该厂期间,利用烤鸡厂为其提供的物质条件,发展、完善了"某宫廷风味烤鸡的制作方法",该方法应为职务发明创造,专利申请权应属烤鸡厂,但唐某利用伪造的证明到专利管理机关申请了非职务发明创造。故诉至法院,请求确认原告为"某宫廷风味烤鸡的制作方法"的专利申请人。

[专家点评]

本案中,"某宫廷风味烤鸡的制作方法"是被告唐某在祖传秘方的基础上加以完善的一项技术。正是由于被告有此技术,原告才与被告签订合同,聘请被告传授烤鸡技术。事实说明,被告在到原告厂之前,已经完成了"宫廷风味烤鸡的制作方法"这一发明创造。因此该项技术仍属于被告独立完成的非职务发明创造,申请专利的权利应归属于被告。虽然原告向被告提供物质生活待遇,但这是原告聘用被告传授技术期间按照协议约定应尽的义务。

案例2:离职后作出的与本职工作有关的发明创造,专利权归谁享有?

[案情回放]

某研究所从事A工艺技术的研制,并已获国家发明专利。牛某原为某研究所研究人员,并作为主要研究人员之一参与了该工艺技术的研究工作。2020年12月25日,牛某从某研究所调入某研究院。牛某在调离前于当年12月21日向某研究所出具保证书一份,保证对其在某研究所期间所从事的上述研究工作中的有关技术、思路、数据和信息不使用,不对外扩散。

牛某调入某研究院之后,该院针对其专业和曾从事过的工作,在院材料室为其专门成立了"资源综合利用"课题组。2021年5月,牛某研究完成了与其在某研究所从事的研究相关的B工艺技术。某研究院将该技术作为职务发明创造,于同月14日向国家专利局申请了发明专利,专利文件中记载的发明人为牛某。

某研究所认为,牛某在调离本所仅5个月的时间就违背其保证,以其为主要发明人、以某研究院为申请人申报了工艺技术的发明专利,侵犯了自己的权益,向法院提起诉讼,要求将发明专利权判归原告所有,判令牛某向原告公开赔礼道歉、消除影响,牛某和某研究院赔偿原告经济损失18万元人民币。

[专家点评]

本案的关键问题在于判定牛某在调离某研究所后的5个月的时间内完成的研究成果,究竟是属某研究所还是某研究院享有的职务发明创造。根据《专利法实施细则》第12条第1款第3项的规定,判定发明创造属当事人原单位享有的职务发明创造应符合两个条件:一是时间条件,即该发明创造是当事人在离职、退休或者调动工作后1年内作出的。被告牛某的发明创造在调动工作后5个月时就作出了,符合该条件的要求。二是实质条件,即该发明创造应是与其在原单位承担的本职工作或者原单位分配的任务有关的发明创造。被告牛某在原单位承担的本职工作是从事A工艺技术的研究工作,且其作为主要研究人员之一参与了具体项目的研究工作,可以说这些项目属某研究所分配的任务。牛某调离后,在某研究院首先承担和分配的工作任务就是与其原本职工作密切相关的 B 工艺技术的研究，所以，牛某在该项目上的发明创造，是与其在某研究所承担的本职工作及某研究所分配的任务有关的发明创造。因此，可以说牛某在某研究院从事的研究是原研究项目的继续，或者说是处在同一研究项目的成果产出阶段。这种状况在表面上和实际内容上均符合实质条件的要求，因此，某研究所作为牛某的原单位应当依法享有牛某调出后作出的职务发明创造。

案例 3：双方合作完成发明创造，应当由谁享有专利权？

[案情回放]

2020 年 4 月 20 日，某公司与某建材厂签订联营协议。协议约定，基于将某公司的产品无动力换气扇和某建材厂的产品变压排烟道配合，能够达到排除烟味和防倒风、防串烟味的最佳效果，双方签订该联合协议。协议约定"双方联营期限为十年，在联营期间双方共同研究的产品不准擅自转让，或私自伪造，如须报请有关部门核定双方共同参与"。双方还对合作销售产品问题进行了约定。

2021 年 1 月 1 日，双方签订补充协议。协议约定，为了使自然导流式防串烟、防倒灌排风道能够尽快打开市场，对原协议约定的条款进行补充和修改。该协议主要内容涉及对合作产品的销售问题。

2021 年 2 月 28 日，双方又针对合作产品签署了备忘录，主要涉及产品销售和质量等问题。在联营期间，某公司和某建材厂均聘请了有关技术人员参与研制工作。而且某公司在某建材厂业主张某就"××××排风道"向国家知识产权局申请专利之前，曾经参与了委托检测工作和委托编制图集的工作，并支付了费用。

2020 年 11 月 13 日，张某就"××××排风道"向国家知识产权局提出实用新型专利申请。2021 年 10 月 8 日，国家知识产权局授予张某"××××排风道"实用新型专利，设计人为张某。该专利权利要求书载明："××××排风道，具有从楼底到楼顶的排风道，在排风道顶端装有无动力排气扇，其特征为在排风道中……"

原告认为被告在双方合作基础上，独自享有涉案专利权，违背了双方所签协议，起诉至法院请求确认涉案实用新型专利为原、被告双方共有并判令被告承担诉讼费用。

[专家点评]

根据我国《专利法》《民法典》的有关规定，两个以上单位或者个人合作完成的发明创造，除另有协议的外，申请专利的权利属于共同完成的单位或者个人，申请被批准后，申请的单位或者个人为专利权人。本案中，根据某公司与某建材厂签订的联合协议，双方约定了合同的目的、合作产品的标的，是"基于将某公司的产品无动力换气扇和某建材厂的产品变压排烟道配合，能够达到排除烟味和防倒风、防串烟味的最佳效果，双方签订该联合协议"。协议还规定"双方联营期限为十年，在联营期间双方共同研究的产品不准擅自转让，或私自伪造，如须报请有关部门核定双方共同参与"。

双方签订的联营协议具有合作开发的性质。在联营期间，双方均聘请了有关技术人员参与研制工作。而且某公司在本案专利申请日之前参与了委托检测工作和委托编制图集的工作，并支付了费用，均是履行双方合作协议的行为。因此，涉案专利产品"××××排风道"应为某公司与某建材厂合作期间双方共同研制的产品，根据双方协议约定，双方共同研制的产品的相应权利应由双方共同享有，故涉案专利权应由双方共有。

案例4：在以营利为目的的科研活动中使用他人专利权，是否构成侵权？

[案情回放]

陆某于2021年3月28日取得某设备的实用新型专利权。某环卫厂于2021年4月8日与某公司签订协议书，约定由某公司对某环卫厂后处理车间关键设备进行设计、制造、安装、调试的成套技术服务，费用13万元。同日，某公司又与某环境机械设备厂签订协议书，约定由某环境机械设备厂按照某公司提供的设计图纸、要求，承担设备的加工、制造、运输、现场安装、调试和售后服务，费用10.78万元。某环卫厂于2021年8月开始使用由某公司提供的设备，已支付费用11万元。

陆某认为，某公司未经专利权人许可制造某设备，侵犯了自己的专利权，某环卫厂将某设备使用于垃圾处理的生产，也构成侵权，故起诉至法院，要求判令某公司、某环卫厂停止制造、使用、销售专利产品；某公司赔偿陆某经济损失5万元。

案件审理中，某市科技咨询服务中心受法院委托，组织专家对某公司研制的设备进行技术鉴定后认为，该设备与陆某的专利权利要求书中请求保护的技术方案等同。

[专家点评]

被告某公司并非专门科研机构，而是以生产经营为目的的公司。某环卫厂与某公司签订的协议书约定，某公司为完成某环卫厂后处理车间设备的设计、制造、安装、调试任务，直接利用了陆某已取得专利权的实用新型专利设备，然后销售给某环卫厂使用的行为，不属于"专为科学研究和实验而使用有关专利"的行为，而属于以营利为目的的侵权行为。因此，侵害了陆某的专利权，应当承担民事责任。某环卫厂使用某公司制造、销售的侵权产品处理垃圾，属于以生产经营为目的的使用行为，不符合"专为科学研究和实验使用有关专利"的条件，已经侵犯了原告的专利权，也应当承担责任。

三、技术合同陷阱防范

1. 技术合同应当包括以下条款：项目名称；标的的内容、范围、要求；履行的计划、进度、期限、地点、地域、方式；技术信息和资料的保密；风险责任的承担；技术成果的归属、收益的分配；验收的方法、标准；价款、报酬、使用费及其支付的方法；违约金或者损失赔偿的计算方法；解决争议的方法；名词和技术术语解释；双方约定的其他条款。

2. 技术合同中涉及专利的，应当注明专利的名称、专利申请人、专利权人、申请专利的日期、批准号、有效期等。在签订合同时，要将有关的技术背景资料、可行性论证、技术评价、项目任务书、计划书、技术标准、技术规范、原始工艺设计及其他相关文件列入合同的附件当中，作为合同的一部分。

3. 技术合同中的价款支付方法，当事人可以采取一次总算、一次总付或者一次总算、分期支付，还可以采取提成支付或者提成支付附加预付入门费的方式。其中，采用约定提成支付的，可以按照产品价格、实施专利和使用技术秘密后新增的产值、利润或者产品销售额的一定比例提成，也可以按照约定的其他方式计算；提成支付的比例可以采取固定比例、逐年递增比例或逐年递减比例。

四、技术合同范本

（一）技术开发（合作）合同[①]

甲　　方：_____

住所地：_____

法定代表人：_____

项目联系人：_____

联系方式：_____

通信地址：_____

电话：_____　传真：_____

电子信箱：_____

乙　　方：_____

住所地：_____

法定代表人：_____

项目联系人：_____

联系方式：_____

通信地址：_____

电话：_____　传真：_____

电子信箱：_____

[①] 中华人民共和国科学技术部发布。

丙　　方：_____
住所地：_____
法定代表人：_____
项目联系人：_____
联系方式：_____
通信地址：_____
电话：_____　传真：_____
电子信箱：_____

本合同合作方就共同参与研究开发_____项目事项，经过平等协商，在真实、充分地表达各自意愿的基础上，根据《中华人民共和国合同法》的规定，达成如下协议，并由合作各方共同恪守。

第一条　本合同合作研究开发项目的要求如下：

1. 技术目标：_____
_____
_____。

2. 技术内容：_____
_____
_____。

3. 技术方法和路线：_____
_____
_____。

第二条　本合同合作各方在研究开发项目中，分工承担如下工作：

甲方：

1. 研究开发内容：_____。
2. 工作进度：_____。
3. 研究开发期限：_____。
4. 研究开发地点：_____。

乙方：

1. 研究开发内容：_____。
2. 工作进度：_____。
3. 研究开发期限：_____。
4. 研究开发地点：_____。

丙方：

1. 研究开发内容：_____。
2. 工作进度：_____。

3. 研究开发期限：_____。
4. 研究开发地点：_____。

第三条 为确保本合同的全面履行，合作各方确定，采取以下方式对研究开发工作进行组织管理和协调：_____
_____。

第四条 合作各方确定，各自为本合同项目的研究开发工作提供以下技术资料和条件：

甲方：_____
_____。

乙方：_____
_____。

丙方：_____
_____。

本合同履行完毕后，上述技术资料和条件按以下方式处理：_____
_____。

第五条 合作各方确定，按如下方式提供或支付本合同项目的研究开发经费及其他投资：

甲方：
1. 提供或支付方式：_____。
2. 支付或折算为技术投资的金额：_____。
3. 使用方式：_____。

乙方：
1. 提供或支付方式：_____。
2. 支付或折算为技术投资的金额：_____。
3. 使用方式：_____。

丙方：
1. 提供或支付方式：_____。
2. 支付或折算为技术投资的金额：_____。
3. 使用方式：_____。

第六条 以提供技术为投资的合作方应保证其所提供技术不侵犯任何第三人的合法权益。如发生第三人指控合作一方或多方因实施该项技术而侵权的，提供技术方应当_____。

第七条 本合同的变更必须由合作各方协商一致，并以书面形式确定。但有下列情形之一的，合作一方或多方可以向其他合作方提出变更合同权利与义务的请求，其他合作方应当在_____日内予以答复；逾期未予答复的，视为同意：

1. _____；
2. _____；
3. _____；
4. _____。

第八条 未经其他合作方同意，合作一方或多方不得将本合同项目部分或全部研究开发工作转让给第三人承担。但有下列情况之一的，合作一方或多方可以不经其他合作方同意，将本合同项目部分或全部研究开发工作转让给第三人承担：

1. _____；
2. _____；
3. _____。

合作一方或多方可以转让的具体内容包括：_____
_____。

第九条 在本合同履行的过程中，因出现在现有技术水平和条件下难以克服的技术困难，导致研究开发失败或部分失败，并造成合作一方或多方损失的，合作各方约定按以下方式承担风险损失：

1. _____；
2. _____；
3. _____。

合作各方确定，本合同项目的技术风险按_____方式认定。认定技术风险的基本内容应当包括技术风险的存在、范围、程度及损失大小等。认定技术风险的基本条件是：

1. 本合同项目在现有技术水平条件下具有足够的难度；
2. 乙方在主观上无过错且经认定研究开发失败为合理的失败。

一方发现技术风险存在并有可能致使研究开发失败或部分失败的情形时，应当在_____日内通知其他合作方并采取适当措施减少损失。逾期未通知并未采取适当措施而致使损失扩大的，应当就扩大的损失承担赔偿责任。

第十条 在本合同履行过程中，因作为研究开发标的的技术已经由他人公开（包括以专利权方式公开），合作一方或多方应在_____日内通知其他合作方解除合同。逾期未通知并致使其他合作方产生损失的，其他合作方有权要求予以赔偿。

第十一条 合作各方确定因履行本合同应遵守的保密义务如下：
甲方：
1. 保密内容（包括技术信息和经营信息）：_____。
2. 涉密人员范围：_____。
3. 保密期限：_____。
4. 泄密责任：_____。

乙方：

1. 保密内容（包括技术信息和经营信息）：_____
_____。

2. 涉密人员范围：_____。

3. 保密期限：_____。

4. 泄密责任：_____。

丙方：

1. 保密内容（包括技术信息和经营信息）：_____
_____。

2. 涉密人员范围：_____。

3. 保密期限：_____。

4. 泄密责任：_____。

第十二条 合作各方确定按以下方式交付研究开发成果：

甲方：

1. 研究开发成果交付的形式及数量：_____。

2. 研究开发成果交付的时间及地点：_____。

乙方：

1. 研究开发成果交付的形式及数量：_____。

2. 研究开发成果交付的时间及地点：_____。

丙方：

1. 研究开发成果交付的形式及数量：_____。

2. 研究开发成果交付的时间及地点：_____。

第十三条 合作各方确定，按以下标准及方法对合作一方完成的研究开发工作成果进行验收：

甲方：_____。

乙方：_____。

丙方：_____。

第十四条 合作各方确定，按以下标准及方法对本合同最终完成的研究开发工作成果进行验收：_____
_____。

第十五条 合作各方确定，因履行本合同所产生并由合作各方分别独立完成的阶段性技术成果及其相关知识产权权利归属，按第_____种方式处理：

1. _____（完成方、合作各方）方享有申请专利的权利。

专利权取得后的使用和有关利益分配方式如下：_____。

2. 按技术秘密方式处理。有关使用和转让的权利归属及由此产生的利益按以下约定处理：

（1）技术秘密的使用权：＿＿＿＿＿＿＿＿＿＿＿＿＿＿＿＿＿＿＿＿＿＿＿＿。
（2）技术秘密的转让权：＿＿＿＿＿＿＿＿＿＿＿＿＿＿＿＿＿＿＿＿＿＿＿＿。
（3）相关利益的分配办法：＿＿＿＿＿＿＿＿＿＿＿＿＿＿＿＿＿＿＿＿＿＿。

合作各方对因履行本合同所产生并由合作各方分别独立完成的阶段性技术成果及其相关知识产权权利归属，特别约定如下：＿＿＿＿＿＿＿＿＿＿＿＿＿＿＿＿＿＿。

第十六条 合作各方确定，因履行本合同所产生的最终研究开发技术成果及其相关知识产权权利归属，按第＿＿＿＿＿＿种方式处理：

1. ＿＿＿＿＿方享有申请专利的权利。

专利权取得后的使用和有关利益分配方式如下：＿＿＿。

2. 按技术秘密方式处理。有关使用和转让的权利归属及由此产生的利益按以下约定处理：

（1）技术秘密的使用权：＿＿＿＿＿＿＿＿＿＿＿＿＿＿＿＿＿＿＿＿＿＿＿＿。
（2）技术秘密的转让权：＿＿＿＿＿＿＿＿＿＿＿＿＿＿＿＿＿＿＿＿＿＿＿＿。
（3）相关利益的分配办法：＿＿＿＿＿＿＿＿＿＿＿＿＿＿＿＿＿＿＿＿＿＿。

合作各方对因履行本合同所产生的最终研究开发技术成果及其相关知识产权权利归属，特别约定如下：＿＿。

第十七条 合作各方分别独立完成并与履行本合同有关的阶段性技术成果的研究开发人员，享有在有关此阶段性技术成果文件上写明技术成果完成者的权利和取得有关荣誉证书、奖励的权利。

合作各方应以协商方式确定最终研究成果的完成人员名单。此完成人员享有在有关最终技术成果文件上写明技术成果完成者的权利和取得有关荣誉证书、奖励的权利。

第十八条 合作一方或多方利用共同投资的研究开发经费所购置与研究开发工作有关的设备、器材、资料等财产，归＿＿＿＿＿＿＿＿＿方所有。

第十九条 合作各方确定：任何一方或多方违反本合同约定义务，造成其他合作方研究开发工作停滞、延误或失败的，应当按以下约定承担违约责任：

甲方：

1. 违反本合同第＿＿＿＿＿＿条约定，应当＿＿＿＿＿＿＿＿（支付违约金或损失赔偿额的计算方法）。

2. 违反本合同第＿＿＿＿＿＿条约定，应当＿＿＿＿＿＿＿＿（支付违约金或损失赔偿额的计算方法）。

3. 违反本合同第＿＿＿＿＿＿条约定，应当＿＿＿＿＿＿＿＿（支付违约金或损失赔偿额的计算方法）。

乙方：

1. 违反本合同第＿＿＿＿条约定，应当＿＿＿＿＿＿（支付违约金或损失赔偿额的计算方法）。

2. 违反本合同第＿＿＿＿条约定，应当＿＿＿＿＿＿（支付违约金或损失赔偿额的计算方法）。

3. 违反本合同第＿＿＿＿条约定，应当＿＿＿＿＿＿（支付违约金或损失赔偿额的计算方法）。

丙方：

1. 违反本合同第＿＿＿＿条约定，应当＿＿＿＿＿＿（支付违约金或损失赔偿额的计算方法）。

2. 违反本合同第＿＿＿＿条约定，应当＿＿＿＿＿＿（支付违约金或损失赔偿额的计算方法）。

3. 违反本合同第＿＿＿＿条约定，应当＿＿＿＿＿＿（支付违约金或损失赔偿额的计算方法）。

第二十条 合作各方确定，任何一方有权利用本合同项目研究开发所完成的技术成果进行后续改进。由此产生的具有实质性或创造性技术进步特征的新的技术成果，归＿＿＿＿＿＿（完成方、合作各方）方所有。具体相关利益的分配办法如下：＿＿＿＿＿＿＿＿＿＿＿。

第二十一条 为有效履行本合同，合作各方确定，在本合同有效期内，甲方指定＿＿＿＿＿＿为甲方项目联系人，乙方指定＿＿＿＿＿＿为乙方项目联系人，丙方指定＿＿＿＿＿＿为丙方项目联系人。项目联系人承担以下责任：

1. ＿＿＿＿＿＿＿＿＿＿＿＿＿＿＿＿＿＿＿＿＿＿＿＿＿＿＿＿＿＿＿＿＿；
2. ＿＿＿＿＿＿＿＿＿＿＿＿＿＿＿＿＿＿＿＿＿＿＿＿＿＿＿＿＿＿＿＿＿；
3. ＿＿＿＿＿＿＿＿＿＿＿＿＿＿＿＿＿＿＿＿＿＿＿＿＿＿＿＿＿＿＿＿＿。

一方变更项目联系人的，应当及时以书面形式通知其他合作各方。未及时通知并影响本合同履行或造成损失的，应承担相应的责任。

第二十二条 合作各方确定，出现下列情形，致使本合同的履行成为不必要或不可能的，可以解除本合同；

1. 因发生不可抗力和技术风险；
2. ＿＿＿＿＿＿＿＿＿＿＿＿＿＿＿＿＿＿＿＿＿＿＿＿＿＿＿＿＿＿＿＿＿；
3. ＿＿＿＿＿＿＿＿＿＿＿＿＿＿＿＿＿＿＿＿＿＿＿＿＿＿＿＿＿＿＿＿＿。

第二十三条 合作各方因履行本合同而发生的争议，应协商、调解解决。协商、调解不成的，确定按以下第＿＿＿＿＿＿种方式处理：

1. 提交＿＿＿＿＿＿＿＿仲裁委员会仲裁；
2. 依法向人民法院起诉。

第二十四条 合作各方确定：本合同及相关附件中所涉及的有关名词和技术术语，其定义和解释如下：

1. _____；
2. _____；
3. _____；
4. _____；
5. _____。

第二十五条 与履行本合同有关的下列技术文件，经合作各方确认后，_____ _____为本合同的组成部分：

1. 技术背景资料：_____；
2. 可行性论证报告：_____；
3. 技术评价报告：_____；
4. 技术标准和规范：_____；
5. 原始设计和工艺文件：_____；
6. 其他：_____
_____。

第二十六条 合作各方约定本合同其他相关事项为：_____
_____。

第二十七条 本合同一式_____份，具有同等法律效力。

第二十八条 本合同经合作各方签字、盖章后生效。

甲方：_____（盖章）

法定代表人/委托代理人：_____（签名）

_____年_____月_____日

乙方：_____（盖章）

法定代表人/委托代理人：_____（签名）

_____年_____月_____日

丙方：_____（盖章）

法定代表人/委托代理人：_____（签名）

_____年_____月_____日

印花税票粘贴处：

（以下由技术合同登记机构填写）

合同登记编号：

1. 申请登记人：_____。
2. 登记材料：（1）_____；
   （2）_____；
   （3）_____。
3. 合同类型：_____。
4. 合同交易额：_____。
5. 技术交易额：_____。

_____技术合同登记机构（印章）

经办人：_____

_____年_____月_____日

（二）技术开发（委托）合同①

委托方（甲方）：_____

住 所 地：_____

法定代表人：_____

项目联系人：_____

联系方式：_____

通信地址：_____

电话：_____ 传真：_____

电子信箱：_____

受托方（乙方）：_____

住 所 地：_____

法定代表人：_____

项目联系人：_____

联系方式：_____

通信地址：_____

电话：_____ 传真：_____

电子信箱：_____

本合同甲方委托乙方研究开发_____项目，并支付研究开发经费和报酬，乙方接受委托并进行此项研究开发工作。双方经过平等协商，在真实、充分地表达各自意愿的基础上，根据《中华人民共和国合同法》的规定，达成如下协议，并由双方共

---

① 中华人民共和国科学技术部发布。

同恪守。

第一条 本合同研究开发项目的要求如下：

1. 技术目标：_____
_____。

2. 技术内容：_____
_____。

3. 技术方法和路线：_____
_____。

第二条 乙方应在本合同生效后_____日内向甲方提交研究开发计划。研究开发计划应包括以下主要内容：

1. _____；
2. _____；
3. _____；
4. _____。

第三条 乙方应按下列进度完成研究开发工作：

1. _____；
2. _____；
3. _____；
4. _____。

第四条 甲方应向乙方提供的技术资料及协作事项如下：

1. 技术资料清单：_____
_____。

2. 提供时间和方式：_____。

3. 其他协作事项：_____
_____。

本合同履行完毕后，上述技术资料按以下方式处理：_____
_____。

第五条 甲方应按以下方式支付研究开发经费和报酬：

1. 研究开发经费和报酬总额为_____。
其中：（1）_____；
（2）_____；
（3）_____；
（4）_____。

2. 研究开发经费由甲方_____（一次、分期或提成）支付乙方。具体支付方式和时间如下：

(1) _____；
(2) _____；
(3) _____；
(4) _____。

乙方开户银行名称、地址和账号为：

开户银行：_____；

地　址：_____；

账　号：_____。

3. 双方确定，甲方以实施研究开发成果所产生的利益提成支付乙方的研究开发经费和报酬的，乙方有权以_____方式查阅甲方有关的会计账目。

第六条 本合同的研究开发经费由乙方以_____方式使用。甲方有权以_____方式检查乙方进行研究开发工作和使用研究开发经费的情况，但不得妨碍乙方的正常工作。

第七条 本合同的变更必须由双方协商一致，并以书面形式确定。但有下列情形之一的，一方可以向另一方提出变更合同权利与义务的请求，另一方应当在_____日内予以答复；逾期未予答复的，视为同意：

1. _____；
2. _____；
3. _____；
4. _____。

第八条 未经甲方同意，乙方不得将本合同项目部分或全部研究开发工作转让给第三人承担。但有下列情况之一的，乙方可以不经甲方同意，将本合同项目部分或全部研究开发工作转让给第三人承担：

1. _____；
2. _____；
3. _____；
4. _____。

乙方可以转让研究开发工作的具体内容包括：_____。

第九条 在本合同履行的过程中，因出现在现有技术水平和条件下难以克服的技术困难，导致研究开发失败或部分失败，并造成一方或双方损失的，双方按如下约定承担风险损失：_____。

双方确定，本合同项目的技术风险按_____方式认定。认定技术风险的基本内容应当包括技术风险的存在、范围、程度及损失大小等。认定技术风险的基本条件是：

1. 本合同项目在现有技术水平条件下具有足够的难度；
2. 乙方在主观上无过错且经认定研究开发失败为合理的失败。

一方发现技术风险存在并有可能致使研究开发失败或部分失败的情形时，应当在_____日内通知另一方并采取适当措施减少损失。逾期未通知并未采取适当措施而致使损失扩大的，应当就扩大的损失承担赔偿责任。

第十条 在本合同履行的过程中，因作为研究开发标的的技术已经由他人公开（包括以专利权方式公开），一方应在_____日内通知另一方解除合同。逾期未通知并致使另一方产生损失的，另一方有权要求予以赔偿。

第十一条 双方确定因履行本合同应遵守的保密义务如下：

甲方：
1. 保密内容（包括技术信息和经营信息）：_____。
2. 涉密人员范围：_____。
3. 保密期限：_____。
4. 泄密责任：_____。

乙方：
1. 保密内容（包括技术信息和经营信息）：_____。
2. 涉密人员范围：_____。
3. 保密期限：_____。
4. 泄密责任：_____。

第十二条 乙方应当按以下方式向甲方交付研究开发成果：
1. 研究开发成果交付的形式及数量：_____。
2. 研究开发成果交付的时间及地点：_____。

第十三条 双方确定，按以下标准及方法对乙方完成的研究开发成果进行验收：_____。

第十四条 乙方应当保证其交付给甲方的研究开发成果不侵犯任何第三人的合法权益。如发生第三人指控甲方实施的技术侵权，乙方应当_____。

第十五条 双方确定，因履行本合同所产生的研究开发成果及其相关知识产权权利归属，按下列第_____种方式处理：

1. _____（甲、乙、双）方享有申请专利的权利。

专利权取得后的使用和有关利益分配方式如下：_____。

2. 按技术秘密方式处理。有关使用和转让的权利归属及由此产生的利益按以下约定处理：

（1）技术秘密的使用权：_____。
（2）技术秘密的转让权：_____。
（3）相关利益的分配办法：_____。
双方对本合同有关的知识产权权利归属特别约定如下：_____
_____。

第十六条 乙方不得在向甲方交付研究开发成果之前，自行将研究开发成果转让给第三人。

第十七条 乙方完成本合同项目的研究开发人员享有在有关技术成果文件上写明技术成果完成者的权利和取得有关荣誉证书、奖励的权利。

第十八条 乙方利用研究开发经费所购置与研究开发工作有关的设备、器材、资料等财产，归_____（甲、乙、双）方所有。

第十九条 双方确定，乙方应在向甲方交付研究开发成果后，根据甲方的请求，为甲方指定的人员提供技术指导和培训，或提供与使用该研究开发成果相关的技术服务。

1. 技术服务和指导内容：_____。
2. 地点和方式：_____。
3. 费用及支付方式：_____。

第二十条 双方确定：任何一方违反本合同约定，造成研究开发工作停滞、延误或失败的，按以下约定承担违约责任：

1. _____方违反本合同第_____条约定，应当_____（支付违约金或损失赔偿额的计算方法）。

2. _____方违反本合同第_____条约定，应当_____（支付违约金或损失赔偿额的计算方法）。

3. _____方违反本合同第_____条约定，应当_____（支付违约金或损失赔偿额的计算方法）。

4. _____方违反本合同第_____条约定，应当_____（支付违约金或损失赔偿额的计算方法）。

5. _____方违反本合同第_____条约定，应当_____（支付违约金或损失赔偿额的计算方法）。

6. _____方违反本合同第_____条约定，应当_____（支付违约金或损失赔偿额的计算方法）。

第二十一条 双方确定，甲方有权利用乙方按照本合同约定提供的研究开发成果进行后续改进。由此产生的具有实质性或创造性技术进步特征的新的技术成果及其权属，由_____（甲、乙、双）方享有。具体相关利益的分配办法如下：_____
_____。

乙方有权在完成本合同约定的研究开发工作后，利用该项研究开发成果进行后续改进。由此产生的具有实质性或创造性技术进步特征的新的技术成果，归_____（甲、乙、双）方所有。具体相关利益的分配办法如下：_____。

第二十二条　双方确定，在本合同有效期内，甲方指定_____为甲方项目联系人，乙方指定_____为乙方项目联系人。项目联系人承担以下责任：

1. _____；
2. _____；
3. _____。

一方变更项目联系人的，应当及时以书面形式通知另一方。未及时通知并影响本合同履行或造成损失的，应承担相应的责任。

第二十三条　双方确定，出现下列情形，致使本合同的履行成为不必要或不可能的，一方可以通知另一方解除本合同：

1. 因发生不可抗力或技术风险；
2. _____；
3. _____。

第二十四条　双方因履行本合同而发生的争议，应协商、调解解决。协商、调解不成的，确定按以下第_____种方式处理：

1. 提交_____仲裁委员会仲裁；
2. 依法向人民法院起诉。

第二十五条　双方确定：本合同及相关附件中所涉及的有关名词和技术术语，其定义和解释如下：

1. _____；
2. _____；
3. _____；
4. _____；
5. _____。

第二十六条　与履行本合同有关的下列技术文件，经双方确认后，_____为本合同的组成部分：

1. 技术背景资料：_____；
2. 可行性论证报告：_____；
3. 技术评价报告：_____；
4. 技术标准和规范：_____；
5. 原始设计和工艺文件：_____；
6. 其他：_____。

第二十七条　双方约定本合同其他相关事项为：_____。

第二十八条 本合同一式_____份，具有同等法律效力。

第二十九条 本合同经双方签字、盖章后生效。

甲方：_____（盖章）

法定代表人/委托代理人：_____（签名）

_____年_____月_____日

乙方：_____（盖章）

法定代表人/委托代理人：_____（签名）

_____年_____月_____日

印花税票粘贴处：

（以下由技术合同登记机构填写）

合同登记编号：

1. 申请登记人：_____。
2. 登记材料：（1）_____；
   （2）_____；
   （3）_____。
3. 合同类型：_____。
4. 合同交易额：_____。
5. 技术交易额：_____。

技术合同登记机构（印章）

经办人：_____

_____年_____月_____日

（三）技术转让（专利权）合同①

受让方（甲方）：_____

住　所　地：_____

法定代表人：_____

项目联系人：_____

联系方式：_____

通信地址：_____

---

① 中华人民共和国科学技术部发布。

电话：_____ 传真：_____
电子信箱：_____
让与方（乙方）：_____
住　所　地：_____
法定代表人：_____
项目联系人：_____
联系方式：_____
通信地址：_____
电话：_____ 传真：_____
电子信箱：_____

本合同乙方将其_____的专利权转让给甲方，甲方受让并支付相应的转让价款。双方经过平等协商，在真实、充分地表达各自意愿的基础上，根据《中华人民共和国合同法》的规定，达成如下协议，并由双方共同恪守。

第一条 本合同转让的专利权：

1. 为_____（发明、实用新型、外观设计）专利。
2. 发明人/设计人：_____。
3. 专利权人：_____。
4. 专利授权日：_____。
5. 专利号：_____。
6. 专利有效期限：_____。
7. 专利年费已交至_____。

第二条 乙方在本合同签署前实施或许可本项专利权的状况如下：

1. 乙方实施本项专利权的状况（时间、地点、方式和规模）：
_____。

2. 乙方许可他人使用本项专利权的状况（时间、地点、方式和规模）：
_____。

3. 本合同生效后，乙方有义务在_____日内将本项专利权转让的状况告知被许可使用本发明创造的当事人。

第三条 甲方应在本合同生效后，保证原专利实施许可合同的履行。乙方在原专利实施许可合同中享有的权利和义务，自本合同生效之日起，由甲方承受。乙方应当在_____日内通知并协助原专利实施许可合同的让与人与甲方办理合同变更事项。

第四条 本合同生效后乙方继续实施本项专利的，按以下约定办理：_____。

第五条 为保证甲方有效拥有本项专利权，乙方应向甲方提交以下技术资料：

1. _____。

2. _____。

3. _____。

4. _____。

第六条 乙方向甲方提交技术资料的时间、地点、方式如下：

1. 提交时间：_____。

2. 提交地点：_____。

3. 提交方式：_____。

第七条 本合同签署后，由_____方负责在_____日内办理专利权转让登记事宜。

第八条 为保证甲方有效拥有本项专利，乙方向甲方转让与实施本项专利权有关的技术秘密：

1. 技术秘密的内容：_____。

2. 技术秘密的实施要求：_____。

3. 技术秘密的保密范围和期限：_____。

第九条 乙方应当保证其专利权转让不侵犯任何第三人的合法权益。如发生第三人指控甲方侵权的，乙方应当_____。

第十条 乙方对本合同生效后专利权被宣告无效，不承担法律责任。

第十一条 甲方向乙方支付该项专利权转让的价款及支付方式如下：

1. 专利权的转让价款总额为_____，

其中，技术秘密转让价款为_____。

2. 专利权的转让价款由甲方_____（一次、分期或提成）支付乙方。

具体支付方式和时间如下：

(1) _____；

(2) _____；

(3) _____。

乙方开户银行名称、地址和账号为：

开户银行：_____。

地址：_____。

账号：_____。

3. 双方确定，甲方以实施研究开发成果所产生的利益提成支付乙方的研究开发经费和报酬的，乙方有权以_____方式查阅甲方有关的会计账目。

第十二条 双方确定，在本合同履行中，任何一方不得以下列方式限制另一方的技术竞争和技术发展：

1. _____；

2. _____；

3. _____。

第十三条 双方确定：

1. 甲方有权利用乙方转让专利权涉及的发明创造进行后续改进。由此产生的具有实质性或创造性技术进步特征的新的技术成果，归_____（甲、双）方所有。具体相关利益的分配办法如下：_____
_____。

2. 乙方有权在已交付甲方该项专利权后，对该项专利权涉及的发明创造进行后续改进。由此产生的具有实质性或创造性技术进步特征的新的技术成果，归_____（乙、双）方所有。具体相关利益的分配办法如下：_____。

第十四条 双方确定，按以下约定承担各自的违约责任：

1. _____方违反本合同第_____条约定，应当_____（支付违约金或损失赔偿额的计算方法）。

2. _____方违反本合同第_____条约定，应当_____（支付违约金或损失赔偿额的计算方法）。

3. _____方违反本合同第_____条约定，应当_____（支付违约金或损失赔偿额的计算方法）。

4. _____方违反本合同第_____条约定，应当_____（支付违约金或损失赔偿额的计算方法）。

第十五条 双方确定，在本合同有效期内，甲方指定_____为甲方项目联系人，乙方指定_____为乙方项目联系人。项目联系人承担以下责任：

1. _____;
2. _____;
3. _____。

一方变更项目联系人的，应当及时以书面形式通知另一方。未及时通知并影响本合同履行或造成损失的，应承担相应的责任。

第十六条 双方确定，出现下列情形，致使本合同的履行成为不必要或不可能的，可以解除本合同：

1. 因发生不可抗力；
2. _____;
3. _____。

第十七条 双方因履行本合同而发生的争议，应协商、调解解决。协商、调解不成的，确定按以下第_____种方式处理：

1. 提交_____仲裁委员会仲裁；
2. 依法向人民法院起诉。

第十八条 双方确定：本合同及相关附件中所涉及的有关名词和技术术语，其定义和解释如下：

1. _____；
2. _____；
3. _____；
4. _____；
5. _____。

第十九条 与履行本合同有关的下列技术文件，经双方确认后，_____为本合同的组成部分：

1. 技术背景资料：_____；
2. 可行性论证报告：_____；
3. 技术评价报告：_____；
4. 技术标准和规范：_____；
5. 原始设计和工艺文件：_____；
6. 其他：_____
_____。

第二十条 双方约定本合同其他相关事项为：_____
_____。

第二十一条 本合同一式_____份，具有同等法律效力。

第二十二条 本合同自国家专利行政主管机关登记之日起生效。

甲方：_____（盖章）

法定代表人/委托代理人：_____（签名）

_____年_____月_____日

乙方：_____（盖章）

法定代表人/委托代理人：_____（签名）

_____年_____月_____日

印花税票粘贴处：

（此页由技术合同登记机构填写）

合同登记编号：

1. 申请登记人：_____。
2. 登记材料：（1）_____；
　　　　　　　（2）_____；
　　　　　　　（3）_____。

3. 合同类型：_____。
4. 合同交易额：_____。
5. 技术交易额：_____。

技术合同登记机构（印章）

经办人：_____

_____年_____月_____日

（四）技术转让（专利申请权）合同①

受让方（甲方）：_____

住　所　地：_____

法定代表人：_____

项目联系人：_____

联系方式：_____

通信地址：_____

电话：_____传真：_____

电子信箱：_____

让与方（乙方）：_____

住　所　地：_____

法定代表人：_____

项目联系人：_____

联系方式：_____

通信地址：_____

电话：_____传真：_____

电子信箱：_____

本合同乙方拥有_____的技术发明创造并已申请专利，甲方受让该项技术发明的专利申请权并支付相应的转让价款。双方就此项专利申请权转让事项，经过平等协商，在真实、充分地表达各自意愿的基础上，根据《中华人民共和国合同法》的规定，达成如下协议，并由双方共同恪守。

第一条 本项发明创造的专利申请权：

1. 属于_____（发明、实用新型、外观设计）申请。
2. 发明人/设计人：_____。
3. 专利申请人：_____。

---

① 中华人民共和国科学技术部发布。

4. 专利申请日：_____。
5. 专利申请号：_____。

第二条　乙方在本合同签署前实施或转让本项发明创造的状况如下：

1. 乙方实施本发明创造的状况（时间、地点、方式和规模）：_____
_____。

2. 乙方许可他人使用本发明创造的状况（时间、地点、方式和规模）：_____
_____。

3. 本合同生效后，乙方有义务在_____日内将本发明创造专利申请权转让的状况告知被许可使用本发明创造的当事人。

第三条　甲方应在本合同生效后，保证原技术转让合同的履行。乙方在原技术转让合同中享有的权利和义务，自本合同生效之日起，由甲方承受。乙方应当在_____日内通知并协助原技术转让合同的让与人与甲方办理合同变更事项。

第四条　为保证甲方申请专利，乙方应向甲方提交以下技术资料：

1. _____；
2. _____；
3. _____；
4. _____。

第五条　乙方向甲方提交技术资料的时间、地点、方式如下：

1. 提交时间：_____。
2. 提交地点：_____。
3. 提交方式：_____。

第六条　乙方应当保证其专利申请权不侵犯任何第三人的合法权益。如发生第三人指控甲方侵权的，乙方应当_____。

第七条　甲方向乙方支付该发明创造专利申请权的价款及支付方式如下：

1. 专利申请权的转让价款总额为：_____。
2. 专利申请权的转让价款由甲方_____（一次、分期或提成）支付乙方。

具体支付方式和时间如下：

（1）_____；
（2）_____；
（3）_____。

乙方开户银行名称、地址和账号为：

开户银行：_____。
地址：_____。
账号：_____。

3. 双方确定，甲方以实施研究开发成果所产生的利益提成支付乙方的研究开发经费和报酬的，乙方有权以_____方式查阅甲方有关的会计账目。

第八条 双方确定，本合同生效后，甲方专利申请被国家专利行政主管机关驳回的，乙方不退还已收取的转让费用；尚未收取的，按以下方式处理：_____
_____。

双方对专利申请被驳回的特别约定如下：_____。

第九条 双方确定：

1. 本合同生效后，甲方取得专利权的，乙方应按以下约定实施或使用该发明创造：_____
_____。

2. 本合同生效后，该项专利申请在专利公开前被驳回的，双方按以下约定实施或使用该发明创造：_____

第十条 双方确定，在本发明创造专利申请公开前，以及专利申请被驳回后，均对该项发明创造负有保密义务。具体保密约定如下：

甲方：

1. 保密内容（包括技术信息和经营信息）：_____
_____。

2. 涉密人员范围：_____。

3. 保密期限：_____。

4. 泄密责任：_____。

乙方：

1. 保密内容（包括技术信息和经营信息）：_____
_____。

2. 涉密人员范围：_____。

3. 保密期限：_____。

4. 泄密责任：_____。

第十一条 本合同签署后，由_____方负责在_____日内办理专利申请权转让的登记事宜。

第十二条 双方确定：

1. 甲方有权利用乙方交付专利申请权所涉及的发明创造进行后续改进，由此产生的具有实质性或创造性技术进步特征的新的技术成果，归_____（甲、双）方所有。具体相关利益的分配办法如下：_____。

2. 乙方有权在已交付甲方专利申请权后对此发明创造进行后续改进，由此产生的具有实质性或创造性技术进步特征的新的技术成果，归_____（乙、双）方所有。具体相关利益的分配办法如下：_____。

第十三条　双方确定，按以下约定承担各自的违约责任：

1. _____方违反本合同第_____条约定，应当_____（支付违约金或损失赔偿额的计算方法）。

2. _____方违反本合同第_____条约定，应当_____（支付违约金或损失赔偿额的计算方法）。

3. _____方违反本合同第_____条约定，应当_____（支付违约金或损失赔偿额的计算方法）。

4. _____方违反本合同第_____条约定，应当_____（支付违约金或损失赔偿额的计算方法）。

第十四条　双方确定，在本合同有效期内，甲方指定_____为甲方项目联系人，乙方指定_____为乙方项目联系人。项目联系人承担以下责任：

1. _____；
2. _____；
3. _____。

一方变更项目联系人的，应当及时以书面形式通知另一方。未及时通知并影响本合同履行或造成损失的，应承担相应的责任。

第十五条　双方确定，出现下列情形，致使本合同的履行成为不必要或不可能的，可以解除本合同：

1. 因发生不可抗力；
2. _____；
3. _____。

第十六条　双方因履行本合同而发生的争议，应协商、调解解决。协商、调解不成的，确定按以下第_____种方式处理：

1. 提交_____仲裁委员会仲裁；
2. 依法向人民法院起诉。

第十七条　双方确定：本合同及相关附件中所涉及的有关名词和技术术语，其定义和解释如下：

1. _____；
2. _____；
3. _____；
4. _____；
5. _____。

第十八条　与履行本合同有关的下列技术文件，经双方确认后，_____为本合同的组成部分：

1. 技术背景资料：_____；

2. 可行性论证报告：_____；
3. 技术评价报告：_____；
4. 技术标准和规范：_____；
5. 原始设计和工艺文件：_____；
6. 其他：_____；
_____。

第十九条 双方约定本合同其他相关事项为：_____
_____。

第二十条 本合同一式_____份，具有同等法律效力。
第二十一条 本合同自国家专利行政主管机关登记之日起生效。

甲方：_____（盖章）
法定代表人/委托代理人：_____（签名）
_____年_____月_____日
乙方：_____（盖章）
法定代表人/委托代理人：_____（签名）
_____年_____月_____日
印花税票粘贴处：

（此页由技术合同登记机构填写）

合同登记编号：

1. 申请登记人：_____。
2. 登记材料：（1）_____；
   （2）_____；
   （3）_____。
3. 合同类型：_____。
4. 合同交易额：_____。
5. 技术交易额：_____。
技术合同登记机构（印章）
经办人：_____
_____年_____月_____日

（五）技术转让（专利实施许可）合同[①]

受让方（甲方）：_____
住所地：_____
法定代表人：_____
项目联系人：_____
联系方式：_____
通信地址：_____
电话：_____ 传真：_____
电子信箱：_____
让与方（乙方）：_____
住所地：_____
法定代表人：_____
项目联系人：_____
联系方式：_____
通信地址：_____
电话：_____ 传真：_____
电子信箱：_____

本合同乙方以_____（独占、排他、普通）方式许可甲方实施其所拥有的_____专利权，甲方受让该项专利的实施许可并支付相应的实施许可使用费。双方经过平等协商，在真实、充分地表达各自意愿的基础上，根据《中华人民共和国合同法》的规定，达成如下协议，并由双方共同恪守。

第一条 本合同许可实施的专利权：

1. 为_____（发明、实用新型、外观设计）专利。
2. 发明人/设计人：_____。
3. 专利权人：_____。
4. 专利授权日：_____。
5. 专利号：_____。
6. 专利有效期限：_____。
7. 专利年费已交至_____。

第二条 乙方在本合同生效前实施或许可本项专利的基本状况如下：

1. 乙方实施本项专利权的状况（时间、地点、方式和规模）：_____。

[①] 中华人民共和国科学技术部发布。

2. 乙方许可他人使用本项专利权的状况（时间、地点、方式和规模）：_____
_____。

第三条 乙方许可甲方以如下范围、方式和期限实施本项专利：

1. 实施方式：_____。
2. 实施范围：_____。
3. 实施期限：_____。

第四条 为保证甲方有效实施本项专利，乙方应向甲方提交以下技术资料：

1. _____；
2. _____；
3. _____；
4. _____。

第五条 乙方提交技术资料的时间、地点、方式如下：

1. 提交时间：_____。
2. 提交地点：_____。
3. 提交方式：_____。

第六条 为保证甲方有效实施本项专利，乙方向甲方转让与实施本项专利有关的技术秘密：

1. 技术秘密的内容：_____。
2. 技术秘密的实施要求：_____。
3. 技术秘密的保密范围和期限：_____。

第七条 为保证甲方有效实施本项专利，乙方向甲方提供以下技术服务和技术指导：

1. 技术服务和技术指导的内容：_____。
2. 技术服务和技术指导的方式：_____。

第八条 双方确定，乙方许可甲方实施本项专利及转让技术秘密、提供技术服务和技术指导，按以下标准和方式验收：

1. _____；
2. _____；
3. _____。

第九条 甲方向乙方支付实施该项专利权使用费及支付方式为：

1. 许可实施使用费总额为：_____。
其中技术秘密的使用费为：_____；
技术服务和指导费为：_____。
2. 许可实施使用费由甲方_____（一次、分期或提成）支付乙方。
具体支付方式和时间如下：
（1）_____；

（2）_____；

（3）_____。

乙方开户银行名称、地址和账号为：

开户银行：_____。

地　址：_____。

账　号：_____。

3. 双方确定，甲方以实施专利技术所产生的利益提成支付乙方许可使用费的，乙方有权以_____方式查阅甲方有关的会计账目。

第十条　乙方应当保证其专利权实施许可不侵犯任何第三人的合法权益，如发生第三人指控甲方侵犯专利权的，乙方应当_____。

第十一条　乙方应当在本合同有效期内维持本项专利权的有效性。如由于乙方过错致使本项专利权终止的，乙方应当按本合同第十六条的约定，支付甲方违约金或赔偿损失。

本项专利权被国家专利行政主管机关宣布无效的，乙方应当赔偿甲方损失，但甲方已给付乙方的使用费，不再返还。

第十二条　甲方应当在本合同生效后_____日内开始实施本项专利；逾期未实施的，应当及时通知乙方并予以正当解释，征得乙方认可。甲方逾期_____日未实施本项专利且未予解释，影响乙方技术转让提成收益的，乙方有权要求甲方支付违约金或赔偿损失。

第十三条　双方确定，在本合同履行中，任何一方不得以下列方式限制另一方的技术竞争和技术发展：

1. _____；

2. _____；

3. _____。

第十四条　双方确定：

1. 甲方有权利用乙方许可实施的专利技术和技术秘密进行后续改进。由此产生的具有实质性或创造性技术进步特征的新的技术成果，归_____（甲、双）方所有。具体相关利益的分配办法如下：_____。

2. 乙方有权在许可甲方实施该项专利权后，对该项专利权涉及的发明创造及技术秘密进行后续改进。由此产生的具有实质性或创造性技术进步特征的新的技术成果，归_____（乙、双）方所有。具体相关利益的分配办法如下：_____。

第十五条　本合同的变更必须由双方协商一致，并以书面形式确定。但有下列情形之一的，一方可以向另一方提出变更合同权利与义务的请求，另一方应当在_____日内予以答复；逾期未予答复的，视为同意：

1. _____；
2. _____；
3. _____；
4. _____。

第十六条　双方确定，按以下约定承担各自的违约责任：

1. _____方违反本合同第_____条约定，应当_____（支付违约金或损失赔偿额的计算方法）。

2. _____方违反本合同第_____条约定，应当_____（支付违约金或损失赔偿额的计算方法）。

3. _____方违反本合同第_____条约定，应当_____（支付违约金或损失赔偿额的计算方法）。

4. _____方违反本合同第_____条约定，应当_____（支付违约金或损失赔偿额的计算方法）。

第十七条　双方确定，在本合同有效期内，甲方指定_____为甲方项目联系人，乙方指定_____为乙方项目联系人。项目联系人承担以下责任：

1. _____；
2. _____；
3. _____。

一方变更项目联系人的，应当及时以书面形式通知另一方。未及时通知并影响本合同履行或造成损失的，应承担相应的责任。

第十八条　双方确定，出现下列情形，致使本合同的履行成为不必要或不可能，可以解除本合同：

1. 发生不可抗力；
2. _____；
3. _____。

第十九条　双方因履行本合同而发生的争议，应协商、调解解决。协商、调解不成的，确定按以下第_____种方式处理：

1. 提交_____仲裁委员会仲裁；
2. 依法向人民法院起诉。

第二十条　双方确定：本合同及相关附件中所涉及的有关名词和技术术语，其定义和解释如下：

1. _____；
2. _____；
3. _____；
4. _____；

5. _____。

第二十一条 与履行本合同有关的下列技术文件，经双方确认后，_____为本合同的组成部分：

1. 技术背景资料：_____；
2. 可行性论证报告：_____；
3. 技术评价报告：_____；
4. 技术标准和规范：_____；
5. 原始设计和工艺文件：_____；
6. 其他：_____。

第二十二条 双方约定本合同其他相关事项为：_____
_____。

第二十三条 本合同一式_____份，具有同等法律效力。

第二十四条 本合同经双方签字、盖章后生效。

甲方：_____（盖章）

法定代表人/委托代理人：_____（签名）

_____年_____月_____日

乙方：_____（盖章）

法定代表人/委托代理人：_____（签名）

_____年_____月_____日

印花税票粘贴处：

（此页由技术合同登记机构填写）

合同登记编号：

1. 申请登记人：_____。
2. 登记材料：（1）_____；
   （2）_____；
   （3）_____。
3. 合同类型：_____。
4. 合同交易额：_____。
5. 技术交易额：_____。

技术合同登记机构（印章）

经办人：_____

_____年_____月_____日

（六）技术转让（技术秘密）合同[①]

受让方（甲方）：_____
住　所　地：_____
法定代表人：_____
项目联系人：_____
联系方式：_____
通信地址：_____
电话：_____传真：_____
电子信箱：_____
让与方（乙方）：_____
住　所　地：_____
法定代表人：_____
项目联系人：_____
联系方式：_____
通信地址：_____
电话：_____传真：_____
电子信箱：_____

本合同乙方将其拥有_____项目的技术秘密_____（使用权、转让权）转让给甲方，甲方受让并支付相应的使用费。双方经过平等协商，在真实、充分地表达各自意愿的基础上，根据《中华人民共和国合同法》的规定，达成如下协议，并由双方共同恪守。

第一条　乙方转让给甲方的技术秘密内容如下：
1. 技术秘密的内容：_____
_____。
2. 技术指标和参数：_____
_____。
3. 本技术秘密的工业化开发程度：_____。

第二条　为保证甲方有效实施本项技术秘密，乙方应向甲方提交以下技术资料：
1. _____；
2. _____；
3. _____；
4. _____。

[①]　中华人民共和国科学技术部发布。

第三条 乙方提交技术资料时间、地点、方式如下：

1. 提交时间：_____。
2. 提交地点：_____。
3. 提交方式：_____。

第四条 乙方在本合同生效前实施或转让本项技术秘密的状况如下：

1. 乙方实施本项技术秘密的状况（时间、地点、方式和规模）：_____
_____。
2. 乙方转让他人本项技术秘密的状况（时间、地点、方式和规模）：_____
_____。

第五条 甲方应以如下范围、方式和期限实施本项技术秘密：

1. 实施范围：_____。
2. 实施方式：_____。
3. 实施期限：_____。

第六条 乙方保证本项技术秘密的实用性、可靠性，并保证本项技术秘密不侵犯任何第三人的合法权利。如发生第三人指控甲方实施技术秘密侵权的，乙方应当_____
_____。

第七条 在本合同履行过程中，因本项技术秘密已经由他人公开（以专利权方式公开的除外），一方应在_____日内通知另一方解除合同。逾期未通知并致使另一方产生损失的，另一方有权要求予以赔偿。具体赔偿方式为：_____
_____。

第八条 双方确定因履行本合同应遵守的保密义务如下：

甲方：

1. 保密内容（包括技术信息和经营信息）：_____
_____。
2. 涉密人员范围：_____。
3. 保密期限：_____。
4. 泄密责任：_____。

乙方：

1. 保密内容（包括技术信息和经营信息）：_____
_____。
2. 涉密人员范围：_____。
3. 保密期限：_____。
4. 泄密责任：_____。

第九条 双方确定，乙方在本合同有效期内，将本项技术秘密申请专利或以其他方式公开的，应当征得甲方同意；乙方就本项技术秘密申请专利并取得专利权的，甲方依本合同有继续使用的权利。

第十条 为保证甲方有效实施本项技术秘密，乙方应向甲方提供以下技术服务和技术指导：

1. 技术服务和技术指导的内容：_____。
2. 技术服务和技术指导的方式：_____。

第十一条 甲方向乙方支付受让该项技术秘密的使用费及支付方式为：

1. 技术秘密使用费总额为：_____，

其中技术服务和指导费为：_____。

2. 技术秘密使用费由甲方_____（一次、分期或提成）支付乙方。

具体支付方式和时间如下：

（1）_____；
（2）_____；
（3）_____。

乙方开户银行名称、地址和账号为：

开户银行：_____；
地　　址：_____；
账　　号：_____。

3. 双方确定，甲方以实施该项技术秘密所产生的利益提成支付乙方许可使用费的，乙方有权以_____方式查阅甲方有关的会计账目。

第十二条 双方确定，乙方许可甲方实施本项技术秘密、提供技术服务和技术指导，按以下标准和方式验收：

1. _____；
2. _____；
3. _____。

第十三条 甲方应当在本合同生效后_____日内开始实施本项技术秘密；逾期未实施的，应当及时通知乙方并予以正当解释，征得乙方认可。甲方逾期_____日未实施本项技术秘密且未予解释，影响乙方技术转让提成收益的，乙方有权要求甲方支付违约金或赔偿损失。

第十四条 双方确定，在本合同履行中，任何一方不得以下列方式限制另一方的技术竞争和技术发展：

1. _____；
2. _____；
3. _____。

第十五条 双方确定：

1. 甲方有权利用乙方让与的技术秘密进行后续改进，由此产生的具有实质性或者创造性技术进步特征的新的技术成果，归_____（甲、双）方所有。具体相关利益的分配办法如下：_____。

2. 乙方有权对让与甲方的技术秘密进行后续改进。由此产生的具有实质性或创造性技术进步特征的新的技术成果，归_____（乙、双）方所有。具体相关利益的分配办法如下：_____。

第十六条　本合同的变更必须由双方协商一致，并以书面形式确定。但有下列情形之一的，一方可以向另一方提出变更合同权利与义务的请求，另一方应当在_____日内予以答复；逾期未予答复的，视为同意：

1. _____；
2. _____；
3. _____；
4. _____。

第十七条　双方确定，按以下约定承担各自的违约责任：

1. _____方违反本合同第_____条约定，应当_____（支付违约金或损失赔偿额的计算方法）。

2. _____方违反本合同第_____条约定，应当_____（支付违约金或损失赔偿额的计算方法）。

3. _____方违反本合同第_____条约定，应当_____（支付违约金或损失赔偿额的计算方法）。

4. _____方违反本合同第_____条约定，应当_____（支付违约金或损失赔偿额的计算方法）。

第十八条　双方确定，在本合同有效期内，甲方指定_____为甲方项目联系人，乙方指定_____为乙方项目联系人。项目联系人承担以下责任：

1. _____；
2. _____；
3. _____。

一方变更项目联系人的，应当及时以书面形式通知另一方。未及时通知并影响本合同履行或造成损失的，应承担相应的责任。

第十九条　双方确定，出现下列情形，致使本合同的履行成为不必要或不可能的，可以解除本合同：

（1）发生不可抗力；
（2）_____；
（3）_____。

第二十条　双方因履行本合同而发生的争议，应协商、调解解决。协商、调解不成的，确定按以下第_____种方式处理：

1. 提交_____仲裁委员会仲裁；

2. 依法向人民法院起诉。

第二十一条 双方确定：本合同及相关附件中所涉及的有关名词和技术术语，其定义和解释如下：

1. _____ ；
2. _____ ；
3. _____ ；
4. _____ ；
5. _____ 。

第二十二条 与履行本合同有关的下列技术文件，经双方确认后，_____ 为本合同的组成部分：

1. 技术背景资料：_____ ；
2. 可行性论证报告：_____ ；
3. 技术评价报告：_____ ；
4. 技术标准和规范：_____ ；
5. 原始设计和工艺文件：_____ ；
6. 其他：_____ 。

第二十三条 双方约定本合同其他相关事项为：_____。

第二十四条 本合同一式_____份，具有同等法律效力。

第二十五条 本合同经双方签字、盖章后生效。

甲方：_____（盖章）

法定代表人/委托代理人：_____（签名）

_____年_____月_____日

乙方：_____（盖章）

法定代表人/委托代理人：_____（签名）_____

印花税票粘贴处：

（此页由技术合同登记机构填写）

合同登记编号：

1. 申请登记人：_____。
2. 登记材料：（1）_____；

（2）_____；

（3）_____。

3. 合同类型：_____。

4. 合同交易额：_____。

5. 技术交易额：_____。

技术合同登记机构（印章）

经办人：_____

_____年_____月_____日

（七）技术咨询合同①

委托方（甲方）：_____

住　所　地：_____

法定代表人：_____

项目联系人：_____

联系方式：_____

通信地址：_____

电话：_____传真：_____

电子信箱：_____

受托方（乙方）：_____

住　所　地：_____

法定代表人：_____

项目联系人：_____

联系方式：_____

通信地址：_____

电话：_____传真：_____

电子信箱：_____

本合同甲方委托乙方就_____项目进行技术咨询，并支付咨询报酬。双方经过平等协商，在真实、充分地表达各自意愿的基础上，根据《中华人民共和国合同法》的规定，达成如下协议，并由双方共同恪守。

第一条　乙方进行技术咨询的内容、要求和方式：

1. 咨询内容：_____。

---

① 中华人民共和国科学技术部发布。

2. 咨询要求：_____
_____。
3. 咨询方式：_____
_____。

第二条 乙方应当按照下列进度要求进行本合同项目的技术咨询工作：_____
_____。

第三条 为保证乙方有效进行技术咨询工作，甲方应当向乙方提供下列协作事项：
1. 提供技术资料：
（1）_____；
（2）_____；
（3）_____；
（4）_____。
2. 提供工作条件：
（1）_____；
（2）_____；
（3）_____；
（4）_____。
3. 其他：_____。
甲方提供上述协作事项的时间及方式：_____。

第四条 甲方向乙方支付技术咨询报酬及支付方式为：
1. 技术咨询报酬总额为：_____。
2. 技术咨询报酬由甲方_____（一次或分期）支付乙方。
具体支付方式和时间如下：
（1）_____；
（2）_____；
（3）_____。
乙方开户银行名称、地址和账号为：
开户银行：_____。
地址：_____。
账号：_____。

第五条 双方确定因履行本合同应遵守的保密义务如下：
甲方：
1. 保密内容（包括技术信息和经营信息）：_____
_____。
2. 涉密人员范围：_____。

3. 保密期限：_____。
4. 泄密责任：_____。

乙方：
1. 保密内容（包括技术信息和经营信息）：_____
_____。
2. 涉密人员范围：_____。
3. 保密期限：_____。
4. 泄密责任：_____。

第六条 本合同的变更必须由双方协商一致，并以书面形式确定。但有下列情形之一的，一方可以向另一方提出变更合同权利与义务的请求，另一方应当在_____日内予以答复；逾期未予答复的，视为同意：

1. _____;
2. _____;
3. _____;
4. _____。

第七条 双方确定，按以下标准和方式对乙方提交的技术咨询工作成果进行验收：
1. 乙方提交技术咨询工作成果的形式：_____
_____。
2. 技术咨询工作成果的验收标准：_____。
3. 技术咨询工作成果的验收方法：_____。
4. 验收的时间和地点：_____。

第八条 双方确定，按以下约定承担各自的违约责任：
1. _____方违反本合同第_____条约定，应当_____（支付违约金或损失赔偿额的计算方法）。
2. _____方违反本合同第_____条约定，应当_____（支付违约金或损失赔偿额的计算方法）。
3. _____方违反本合同第_____条约定，应当_____（支付违约金或损失赔偿额的计算方法）。
4. _____方违反本合同第_____条约定，应当_____（支付违约金或损失赔偿额的计算方法）。

第九条 双方确定，甲方按照乙方符合本合同约定标准和方式完成的技术咨询工作成果做出决策并予以实施所造成的损失，按以下第_____种方式处理：
1. 乙方不承担责任。
2. 乙方承担部分责任。具体承担方式为_____。
3. 乙方承担全部责任。

第十条 双方确定：

1. 在本合同有效期内，甲方利用乙方提交的技术咨询工作成果所完成的新的技术成果，归_____（甲、双）方所有。

2. 在本合同有效期内，乙方利用甲方提供的技术资料和工作条件所完成的新的技术成果，归_____（乙、双）方所有。

第十一条 双方确定，在本合同有效期内，甲方指定_____为甲方项目联系人，乙方指定_____为乙方项目联系人。项目联系人承担以下责任：

1. _____；
2. _____；
3. _____。

一方变更项目联系人的，应当及时以书面形式通知另一方。未及时通知并影响本合同履行或造成损失的，应承担相应的责任。

第十二条 双方确定，出现下列情形，致使本合同的履行成为不必要或不可能的，可以解除本合同：

1. 发生不可抗力；
2. _____；
3. _____。

第十三条 双方因履行本合同而发生的争议，应协商、调解解决。协商、调解不成的，确定按以下第_____种方式处理：

1. 提交_____仲裁委员会仲裁；
2. 依法向人民法院起诉。

第十四条 双方确定：本合同及相关附件中所涉及的有关名词和技术术语，其定义和解释如下：

1. _____；
2. _____；
3. _____；
4. _____；
5. _____。

第十五条 与履行本合同有关的下列技术文件，经双方确认后，_____为本合同的组成部分：

1. 技术背景资料：_____；
2. 可行性论证报告：_____；
3. 技术评价报告：_____；
4. 技术标准和规范：_____；
5. 原始设计和工艺文件：_____；

6. 其他：_____。

第十六条 双方约定本合同其他相关事项为：_____
_____。

第十七条 本合同一式_____份，具有同等法律效力。

第十八条 本合同经双方签字、盖章后生效。

甲方：_____（盖章）

法定代表人/委托代理人：_____（签名）

_____年_____月_____日

乙方：_____（盖章）

法定代表人/委托代理人：_____（签名）

_____年_____月_____日

印花税票粘贴处：

（此页由技术合同登记机构填写）

合同登记编号：

1. 申请登记人：_____。
2. 登记材料：（1）_____；
   （2）_____；
   （3）_____。
3. 合同类型：_____。
4. 合同交易额：_____。
5. 技术交易额：_____。

技术合同登记机构（印章）

经办人：_____

_____年_____月_____日

（八）技术服务合同①

委托方（甲方）：

住　所　地：_____

---

① 中华人民共和国科学技术部发布。

法定代表人：_____

项目联系人：_____

联系方式：_____

通信地址：_____

电　话：_____传真：_____

电子信箱：_____

受托方（乙方）：

住　所　地：_____

法定代表人：_____

项目联系人：_____

联系方式：_____

通信地址：_____

电　话：_____传真：_____

电子信箱：_____

本合同甲方委托乙方就_____项目进行专项技术服务，并支付相应的技术服务报酬。双方经过平等协商，在真实、充分地表达各自意愿的基础上，根据《中华人民共和国合同法》的规定，达成如下协议，并由双方共同恪守。

第一条　甲方委托乙方进行技术服务的内容如下：

1. 技术服务的目标：_____
_____。

2. 技术服务的内容：_____
_____。

3. 技术服务的方式：_____
_____。

第二条　乙方应按下列要求完成技术服务工作：

1. 技术服务地点：_____。

2. 技术服务期限：_____。

3. 技术服务进度：_____
_____。

4. 技术服务质量要求：_____。

5. 技术服务质量期限要求：_____。

第三条　为保证乙方有效进行技术服务工作，甲方应当向乙方提供下列工作条件和协作事项：

1. 提供技术资料：

（1）_____；

(2) _____；
(3) _____；
(4) _____。

2. 提供工作条件：

(1) _____；
(2) _____；
(3) _____；
(4) _____。

3. 其他：_____
_____。

4. 甲方提供上述工作条件和协作事项的时间及方式：_____。

第四条 甲方向乙方支付技术服务报酬及支付方式为：

1. 技术服务费总额为：_____。

2. 技术服务费由甲方_____（一次或分期）支付乙方。

具体支付方式和时间如下：

(1) _____；
(2) _____；
(3) _____。

乙方开户银行名称、地址和账号为：

开户银行：_____；
地　　址：_____；
账　　号：_____。

第五条 双方确定因履行本合同应遵守的保密义务如下：

甲方：

1. 保密内容（包括技术信息和经营信息）：_____
_____。

2. 涉密人员范围：_____。
3. 保密期限：_____。
4. 泄密责任：_____。

乙方：

1. 保密内容（包括技术信息和经营信息）：_____
_____。

2. 涉密人员范围：_____。
3. 保密期限：_____。
4. 泄密责任：_____。

第六条 本合同的变更必须由双方协商一致，并以书面形式确定。但有下列情形之一的，一方可以向另一方提出变更合同权利与义务的请求，另一方应当在_____日内予以答复；逾期未予答复的，视为同意：

1. _____；
2. _____；
3. _____；
4. _____。

第七条 双方确定以下列标准和方式对乙方的技术服务工作成果进行验收：

1. 乙方完成技术服务工作的形式：_____。
2. 技术服务工作成果的验收标准：_____。
3. 技术服务工作成果的验收方法：_____。
4. 验收的时间和地点：_____

第八条 双方确定：

1. 在本合同有效期内，甲方利用乙方提交的技术服务工作成果所完成的新的技术成果，归_____（甲、双）方所有。
2. 在本合同有效期内，乙方利用甲方提供的技术资料和工作条件所完成的新的技术成果，归_____（乙、双）方所有。

第九条 双方确定，按以下约定承担各自的违约责任：

1. _____方违反本合同第_____条约定，应当_____（支付违约金或损失赔偿额的计算方法）。
2. _____方违反本合同第_____条约定，应当_____（支付违约金或损失赔偿额的计算方法）。
3. _____方违反本合同第_____条约定，应当_____（支付违约金或损失赔偿额的计算方法）。
4. _____方违反本合同第_____条约定，应当_____（支付违约金或损失赔偿额的计算方法）。

第十条 双方确定，在本合同有效期内，甲方指定_____为甲方项目联系人，乙方指定_____为乙方项目联系人。项目联系人承担以下责任：

1. _____；
2. _____；
3. _____。

一方变更项目联系人的，应当及时以书面形式通知另一方，未及时通知并影响本合同履行或造成损失的，应承担相应的责任。

第十一条 双方确定，出现下列情形，致使本合同的履行成为不必要或不可能的，可以解除本合同：

1. 发生不可抗力；
2. ＿＿＿＿＿＿＿＿＿＿＿＿＿＿＿＿＿＿＿＿＿＿＿＿＿＿＿＿＿＿；
3. ＿＿＿＿＿＿＿＿＿＿＿＿＿＿＿＿＿＿＿＿＿＿＿＿＿＿＿＿＿＿。

第十二条 双方因履行本合同而发生的争议，应协商、调解解决。协商、调解不成的，确定按以下第＿＿＿＿种方式处理：

1. 提交＿＿＿＿仲裁委员会仲裁；
2. 依法向人民法院起诉。

第十三条 双方确定：本合同及相关附件中所涉及的有关名词和技术术语，其定义和解释如下：

1. ＿＿＿＿＿＿＿＿＿＿＿＿＿＿＿＿＿＿＿＿＿＿＿＿＿＿＿＿＿＿；
2. ＿＿＿＿＿＿＿＿＿＿＿＿＿＿＿＿＿＿＿＿＿＿＿＿＿＿＿＿＿＿；
3. ＿＿＿＿＿＿＿＿＿＿＿＿＿＿＿＿＿＿＿＿＿＿＿＿＿＿＿＿＿＿；
4. ＿＿＿＿＿＿＿＿＿＿＿＿＿＿＿＿＿＿＿＿＿＿＿＿＿＿＿＿＿＿；
5. ＿＿＿＿＿＿＿＿＿＿＿＿＿＿＿＿＿＿＿＿＿＿＿＿＿＿＿＿＿＿。

第十四条 与履行本合同有关的下列技术文件，经双方确认后，＿＿＿＿为本合同的组成部分：

1. 技术背景资料：＿＿＿＿＿＿＿＿＿＿＿＿＿＿＿＿＿＿＿＿＿＿＿；
2. 可行性论证报告：＿＿＿＿＿＿＿＿＿＿＿＿＿＿＿＿＿＿＿＿＿＿；
3. 技术评价报告：＿＿＿＿＿＿＿＿＿＿＿＿＿＿＿＿＿＿＿＿＿＿＿；
4. 技术标准和规范：＿＿＿＿＿＿＿＿＿＿＿＿＿＿＿＿＿＿＿＿＿＿；
5. 原始设计和工艺文件：＿＿＿＿＿＿＿＿＿＿＿＿＿＿＿＿＿＿＿＿；
6. 其他：＿＿＿＿＿＿＿＿＿＿＿＿＿＿＿＿＿＿＿＿＿＿＿＿＿＿；

第十五条 双方约定本合同其他相关事项为：＿＿。

第十六条 本合同一式＿＿＿＿份，具有同等法律效力。

第十七条 本合同经双方签字、盖章后生效。

甲方：＿＿＿＿（盖章）

法定代表人/委托代理人：＿＿＿＿（签名）

＿＿＿＿年＿＿＿＿月＿＿＿＿日

乙方：＿＿＿＿（盖章）

法定代表人/委托代理人：＿＿＿＿（签名）

＿＿＿＿年＿＿＿＿月＿＿＿＿日

印花税票粘贴处：

（以下由技术合同登记机构填写）

合同登记编号：

1. 申请登记人：_____。
2. 登记材料：（1）_____；
   （2）_____；
   （3）_____。
3. 合同类型：_____。
4. 合同交易额：_____。
5. 技术交易额：_____。

技术合同登记机构（印章）

经办人：_____

_____年_____月_____日

第十四章 保管合同

保管合同，是寄存人将物品交给保管人保管，由保管人按照约定的时间和方式返还该物的合同。保管合同具有如下特征：
1. 保管合同的客体是保管人为寄存人提供的保管劳务；
2. 依保管合同只临时转移被保管物品的占有权；
3. 被保管物品只能是特定物或被特定化的种类物；
4. 保管合同通常是有偿合同，但也有无偿的合同。

一、《民法典》相关法条

第八百八十八条 保管合同是保管人保管寄存人交付的保管物，并返还该物的合同。

寄存人到保管人处从事购物、就餐、住宿等活动，将物品存放在指定场所的，视为保管，但是当事人另有约定或者另有交易习惯的除外。

第八百八十九条 寄存人应当按照约定向保管人支付保管费。

当事人对保管费没有约定或者约定不明确，依据本法第五百一十条的规定仍不能确定的，视为无偿保管。

第八百九十条 保管合同自保管物交付时成立，但是当事人另有约定的除外。

第八百九十一条 寄存人向保管人交付保管物的，保管人应当出具保管凭证，但是另有交易习惯的除外。

第八百九十二条 保管人应当妥善保管保管物。

当事人可以约定保管场所或者方法。除紧急情况或者为维护寄存人利益外，不得擅自改变保管场所或者方法。

第八百九十三条 寄存人交付的保管物有瑕疵或者根据保管物的性质需要采取特殊保管措施的，寄存人应当将有关情况告知保管人。寄存人未告知，致使保管物受损失的，保管人不承担赔偿责任；保管人因此受损失的，除保管人知道或者应当知道且未采取补救措施外，寄存人应当承担赔偿责任。

第八百九十四条 保管人不得将保管物转交第三人保管，但是当事人另有约定的除外。

保管人违反前款规定，将保管物转交第三人保管，造成保管物损失的，应当承担赔偿责任。

第八百九十五条 保管人不得使用或者许可第三人使用保管物，但是当事人另有约定的除外。

第八百九十六条 第三人对保管物主张权利的，除依法对保管物采取保全或者执行措施外，保管人应当履行向寄存人返还保管物的义务。

第三人对保管人提起诉讼或者对保管物申请扣押的，保管人应当及时通知寄存人。

第八百九十七条 保管期内，因保管人保管不善造成保管物毁损、灭失的，保管人应当承担赔偿责任。但是，无偿保管人证明自己没有故意或者重大过失的，不承担赔偿责任。

第八百九十八条 寄存人寄存货币、有价证券或者其他贵重物品的，应当向保管人声明，由保管人验收或者封存；寄存人未声明的，该物品毁损、灭失后，保管人可以按照一般物品予以赔偿。

第八百九十九条 寄存人可以随时领取保管物。

当事人对保管期限没有约定或者约定不明确的，保管人可以随时请求寄存人领取保管物；约定保管期限的，保管人无特别事由，不得请求寄存人提前领取保管物。

第九百条 保管期限届满或者寄存人提前领取保管物的，保管人应当将原物及其孳息归还寄存人。

第九百零一条 保管人保管货币的，可以返还相同种类、数量的货币；保管其他可替代物的，可以按照约定返还相同种类、品质、数量的物品。

第九百零二条 有偿的保管合同，寄存人应当按照约定的期限向保管人支付保管费。

当事人对支付期限没有约定或者约定不明确，依据本法第五百一十条的规定仍不能确定的，应当在领取保管物的同时支付。

第九百零三条 寄存人未按照约定支付保管费或者其他费用的，保管人对保管物享有留置权，但是当事人另有约定的除外。

二、典型案例

案例1：免费停车，是否成立保管合同？

[案情回放]

2021年国庆期间，某企业职工年向华外出旅游，入住某宾馆，并在住宿的当天将一辆摩托车托付宾馆的值班保安员保管。保安员答应为年向华保管摩托车，并将摩托车停放在该宾馆的停车场。次日早晨，年向华去停车场取车时发现摩托车失窃，年向华遂要求该宾馆进行赔偿。而宾馆认为其没有保管摩托车的义务，只是出于为旅客提供方便，才为年向华无偿保管。摩托车丢失的责任不在宾馆，况且宾馆并未就保管摩托车收取任何费用，不应由宾馆承担责任。年向华于是向法院提起诉讼，要求宾馆赔偿摩托车丢失的损失。

[专家点评]

从本案的事实看，年向华托付宾馆值班的保安员看管摩托车，并已将摩托车交付保安员停放在宾馆的停车场，保管合同有效成立。宾馆属商业经营场所，对旅客寄存的物品，即使是无偿的，也应尽善良管理者的注意，否则就应对保管物的损毁、灭失承担赔偿责任。根据《民法典》第897条的规定，"保管期内，因保管人保管不善造成保管物毁损、灭失的，保管人应当承担赔偿责任。但是，无偿保管人证明自己没有故意或者重大过失的，不承担赔偿责任"。

由于宾馆未尽职，致使摩托车丢失，宾馆存在重大过失，虽然宾馆是无偿保管摩托车，但依法应由宾馆承担赔偿责任。

案例2：无偿保管的财物丢失的，保管人应否赔偿？

[案情回放]

彭恒中是某大学学生。2022年6月某日，彭恒中携带笔记本电脑到中学同学聂伟所在的学校下载文章。其间，彭恒中因为有事而将笔记本电脑交给聂伟保管，自己外出办事。聂伟将笔记本电脑放在自己的床铺上，到别的宿舍闲聊。返回时发现笔记本电脑丢失，宿舍内无人。报案后，经公安机关侦查，未能寻回电脑。彭恒中要求聂伟给予赔偿，遭到聂伟的拒绝。无奈之下，彭恒中向人民法院提起诉讼。

[专家点评]

在本案中，聂伟与彭恒中形成了无偿保管合同关系。彭恒中将笔记本电脑交付聂伟保管，在未约定保管费用的情况下，聂伟接受了保管，双方虽未订立书面保管协议，但口头协商一致，其保管法律关系即已成立。《民法典》第889条规定："寄存人应当按照约定向保管人支付保管费。当事人对保管费没有约定或者约定不明确，依据本法第五百一十条的规定仍不能确定的，视为无偿保管。"双方应为无偿保管合同关系。

聂伟既然接受了彭恒中交给的保管物进行保管，依据《民法典》第892条第1款"保管人应当妥善保管保管物"的规定，聂伟应当在其条件许可范围内尽注意义务妥善保管电脑。同时，双方属无偿保管合同关系，聂伟应当尽普通人的注意义务。可是，聂伟明知笔记本电脑属于贵重物品，却将其放在自己的床铺上后到其他宿舍聊天，未采取妥善的保管措施，导致电脑丢失。由此可见，聂伟未尽到作为一名普通人应当尽到的注意义务，存在重大过失，应承担赔偿责任。

案例3：保管人因故外出而转托他人保管的，应否对保管物毁损承担责任？

[案情回放]

陶勇与田万系邻居，平日关系尚好。2022年3月22日，陶勇因出差需在外地待一段时间，临走前将一辆山地自行车托付给田万代为保管，答应出差回来后立即去领取，田万一口应承下来。5月1日，田万所在单位组织春游，田万遂将陶勇的山地车转托给另一邻居熊峰保管。

当田万春游归来之后，得知熊峰家中遭火灾，屋内所有贵重物品均遭毁损，包括陶勇的那辆山地车在内也未能幸免。陶勇出差回来后得知自行车已被烧毁，当即表示要田万照价赔偿，遭拒绝。陶勇遂于2022年6月10日向人民法院起诉，以田万未经同意擅自将山地车转托他人导致山地车被损为由，要求法院判令田万赔偿自行车的价款。

[专家点评]

本案中，陶勇和田万是无偿保管合同的当事人，而熊峰是第三人。陶勇和田万在原合同中并未约定保管人的转保管权利，因此田万非因特殊情况不得擅自转让合同义务，否则将对保管物的一切损失负赔偿责任。但是，由于田万的外出旅游是田万所在单位在陶勇出差后决定的，因此田万不可能在陶勇交付保管物时告知这一情况。田万的外出是突然的，无法及时地通知寄存人，而依常理田万也不可能因为替陶勇保管一辆自行车而闭门不出，只要他将自行车转交另一有保管能力的第三人，即可避免因无法继续履行保管义务而给保管人带来的不利后果。因此，田万的转保管行为是适法的，且在人选和保管事宜上已尽了转保管人的注意义务，可以认定，田万无须承担保管物的毁损赔偿责任。陶勇可以向有过错的责任人请求赔偿。陶勇的请求对象应是火灾事故的责任人而不是田万，纵然事故的责任人是田万所选任的第三人熊峰，田万亦不承担任何责任，陶勇可向熊峰索赔。

案例4：顾客存放在自助储物柜内的物品丢失，能否要求超市赔偿？

[案情回放]

康曼丽是某小区居民。该小区附近有一家大型超市。

某日，康曼丽下班后到该超市购物。该超市为方便顾客存放随身物品，设置了大量自助储物柜。自助储物柜上贴有"操作步骤"及"寄存须知"。操作步骤：1. 将柜门关上；2. 从投币口投币；3. 取出密码纸，勿向他人展示密码；4. 包放入箱内；5. 关门，保留好密码纸。取物步骤：1. 输入密码；2. 取出物品；3. 关门。在"寄存须知"中说明：1. 不会使用自助储物柜应当向管理员请教；2. 贵重物品及现金（价值

500元以上）不得寄存；3. 密码纸只能使用一次。康曼丽将手提包存入了自助储物柜。

购物结束后，康曼丽到自助储物柜处取包时发现，其所持的密码条无法打开储物柜。康曼丽要求超市给予解决，并声称柜内手提包中有价值2000余元的物品。超市工作人员按照操作步骤打开该储物柜，发现里面并没有康曼丽的手提包。康曼丽认为自己的手提包在超市内丢失，超市应当赔偿，双方协商未果后，康曼丽到当地派出所报案。派出所调解未果后，康曼丽诉至法院，要求超市赔偿手提包失窃造成的财产损失。

法庭经审理查明，所指储物柜没有被撬压痕迹，经试用，使用正常。除免费自助储物柜外，超市还有另外两种存物方式：一种是将物品交给超市人工服务台的工作人员，工作人员将物品当面用专用袋封存后，存放在服务台的固定位置，发给顾客号牌，顾客购物结束后到服务台凭号牌领取物品；另一种是将物品放入超市专用的储存袋，由工作人员进行封存后，顾客自己可以带入卖场。

[专家点评]

在本案中，首先，超市无法对顾客的物品进行控制占有，不符合保管合同保管物转移的特征。其次，顾客自行控制自助储物柜，从而实现对借用物的占有。顾客可以根据自己的意思随时开启储物柜，存放物品，也可以在不通过超市的情况下随意取走存放的物品。最后，从自助储物柜的使用规则来看，只要将储物柜进行一次正常的开关，不管是否将物品放入柜内，储物柜都会打印密码纸。自助储物柜输出的密码纸仅代表超市借用给顾客储物柜的凭证，而不是该超市向顾客出具的保管物品的凭证。因此，双方形成的是借用储物柜的关系，而不是保管物品的关系。此外，这里还存在合同的名称与实质内容不符的问题。自助储物柜就是名为寄存，实为借用。因此，当事人双方形成的是借用的合同关系。

从本案的事实看，该超市已经尽到了说明、注意、谨慎管理等义务。首先，超市在"寄存须知"中要求使用者看清"操作步骤"和"寄存须知"，不会使用者向管理员请教后再操作。这表明超市已经告知消费者自助储物柜的使用方法。其次，生产自助储物柜的厂家在柜上已经明示不得放入现金及贵重物品，超市也在醒目处通过"免费自助储物柜注意事项"对此作了说明，要求顾客寄存物品价值不得超过500元。该行为应当视为超市向消费者对可能危及财产安全的服务作出了真实的说明和明确的警示。再次，超市同时提供了人工寄存服务，并允许将物品用专用袋封存后带入超市卖场，这说明超市已经提供了防止危害发生的方法。最后，在与消费者构成的借用法律关系当中，超市尽到了出借人的谨慎管理义务，保证出借设施的完好与安全，这表现在自助储物柜外观上没有被撬压的痕迹，自身质量不存在瑕疵。因此，在本案的自助储物柜的借用关系中，超市对自助储物柜已经尽到必要的说明、注意义务与管理责任，康曼丽丢失物品并不是因为超市的故意或者重大过失所致。在这种情况下，就不能再要求超市对自助储物柜内的物品安全负完全的责任。但超市应当根据公平的原则对顾客的损失承担适当比例的责任，如在超市规定的"寄存物品价值不得超过500元"的范围内给予补偿。

案例5：业主停在室外的摩托车丢失，物业公司应否赔偿？

[案情回放]

胡海风是某小区业主，并与某公司签订了入住合同。某公司在对小区进行物业管理过程中，先后制定了《小区入住须知》《小区管理规定》《门卫岗位责任制》《关于加强车辆安全管理的通知》《关于摩托车进出小区专项管理规定》等规章制度，并在小区内公布。《小区管理规定》要求小区内住户每年向某公司交纳物业管理费200元，由某公司负责对小区内的公共设施养护、安全防范措施等方面提供服务。

某公司在发布以上规章后，便开始向小区住户收缴物业管理费，但胡海风一直未交纳。2021年6月24日，胡海风中午下班后将自己的摩托车未加防盗锁就停放在小区内，等下午上班时，胡海风发现自己的摩托车已不在停放点，便立即报案，但公安机关一直未破案。6月27日，胡海风向某公司交纳了200元的物业管理费，之后便起诉至人民法院，请求法院判令某公司赔偿自己的经济损失。

[专家点评]

胡海风在摩托车失窃前并未将摩托车钥匙或行驶证交付给某公司，而某公司也未对胡海风出具取车凭证。显然，双方当事人之间就该车辆并不存在保管合同关系。某公司制定了一系列规章制度，这表明某公司已对小区进行了管理，履行了管理职责，胡海风摩托车被盗纯属意外事件，某公司对此并无主观上的过错，其行为也未违法，更无侵害胡海风财产的事实。所以，某公司对胡海风的摩托车被盗并无责任。相反，胡海风摩托车被盗恰恰是因为胡海风未遵守某公司的规章制度，自己对车辆疏于防范，未停放在自己车库，也未加防盗锁，结果使摩托车被盗，依据过错责任原则，这个后果完全应当由胡海风自己承担。

三、保管合同陷阱防范

1. 除非当事人另有约定，保管人不得将保管物转交第三人保管。保管人擅自将保管物转交第三人保管，对保管物受到的损失，应当承担赔偿责任。

2. 如果寄存人交付的保管物有瑕疵或者需要采取特殊的保管措施，寄存人应当告知保管人。寄存人未告知的，致使保管物受到损失，保管人不承担赔偿责任；因此给保管人造成损失的，寄存人应当承担赔偿责任。

3. 在一些特定的情况下，保管人可以将保管物申请提存，如寄存人无正当理由拒绝受领或者不能受领的；寄存人下落不明的；寄存人丧失行为能力或者死亡，而未确定其监护人或继承人的。如果保管物不适于提存或者提存费用过高，保管人可以申请拍卖或者变卖标的物，将所得的价款提存。提存后，保管人应当及时通知寄存人。

四、保管合同范本

(一) 保管合同[①]

合同编号：_____

寄存人：_____
保管人：_____

签订地点：_____
签订时间：____年____月____日

第一条 保管物
保管物名称：_____
_____。

性质：_____
_____。

数量：_____
_____。

价值：_____
_____。

第二条 保管场所：_____
_____。

第三条 保管方法：_____
_____。

第四条 保管物（是/否）有瑕疵。瑕疵是：_____
_____。

第五条 保管物（是/否）需要采取特殊保管措施。特殊保管措施是：_____
_____。

第六条 保管物（是/否）有货币、有价证券或者其他贵重物。_____
_____。

第七条 保管期限自____年____月____日起至____年____月____日止。
第八条 寄存人交付保管物时，保管人应当验收，并给付保管凭证。
第九条 寄存人（是/否）允许保管人将保管物转交他人保管。
第十条 保管费（大写）：_____元。
第十一条 保管费的支付方式与时间：_____
_____。

第十二条 寄存人未向保管人支付保管费的，保管人（是/否）可以留置保管物。

---

① 国家工商行政管理局发布。

第十三条 违约责任：_____

_____。

第十四条 合同争议的解决方式：本合同在履行过程中发生的争议，由双方当事人协商解决；协商不成的，按下列第_____种方式解决：

（一）提交_____仲裁委员会仲裁；

（二）依法向人民法院起诉。

第十五条 本合同自_____时成立。

第十六条 其他约定事项：_____

_____。

保管人：　　　　　　　　寄存人：

监制部门：　　　　　　　监制单位：

（二）车辆保管协议

甲方：_____

乙方（保管方）：_____

停车场地点：_____

甲乙双方经过友好协商，签订以下车辆保管协议书。

一、甲方将其所有的汽车交由乙方保管。保管时间为_____年_____月_____日至_____年_____月_____日。

二、甲方所有的汽车的品牌是_____，型号为_____，车牌号为_____，汽车购买时间为_____年_____月_____日，汽车行走里程（订合同日计算）为_____公里。

三、甲方应将其停放在停车场的车辆上好保险锁（杆）。

四、乙方承担对乙方车辆的保管义务。

五、甲方支付的车辆保管费为每年_____元，车辆保管费每季度初3天内交一次，合同签订后交第一季度。

六、甲方如在应交保管费10天内未交清车辆保管费，合同终止，乙方不承担保管责任。

七、乙方应对甲方的车辆进行如下保管：

1. 乙方应当配置专门的管理人员，确保车辆在停放期间的安全，防止车辆被盗或被损坏。

2. _____。

3. _____。

八、乙方对甲方的车辆被偷和被损坏承担赔偿义务。

九、如遇甲方的车辆出现被偷和被损坏的情况，甲方应在 3 天之内将其购车和上牌、年审等法律文件交由乙方，用于报案、赔偿、索赔、诉讼用，纠纷解决后 3 天内将上述证件归还给甲方。

十、乙方应为甲方的停车位购买车位保险。

十一、甲方应保证其的车辆为合法途径购买，否则，乙方不承担损失赔偿责任。

十二、补充件与附件

本合同一式两份，双方各执一份。合同未尽事宜，经甲、乙双方协商决定需要补充或修改的，书写《合同修改意见书》一式两份（经甲、乙盖章并签字，各存一份），作为本合同的补充件。本合同的附件和补充件均为本合同不可分割的组成部分，与本合同具有同等的法律效力。

十三、争议的处理

1. 本合同受中华人民共和国法律管辖并按其进行解释。

2. 本合同在履行过程中发生的争议，由双方当事人协商解决，也可由有关部门调解；协商或调解不成的，按下列第_____种方式解决：

（1）提交_____仲裁委员会仲裁；

（2）依法向人民法院起诉。

甲方（盖章）：_____　　　乙方（盖章）：_____

甲方代表：_____　　　　　乙方代表：_____

联系地址：_____　　　　　联系地址：_____

电话：_____　　　　　　　电话：_____

_____年_____月_____日　　　　　_____年_____月_____日

签订地点：_____　　　　　签订地点：_____

（三）人事代理保管人事档案关系合同书

甲方_____、乙方_____、_____同志（以下简称丙方）就保管人事档案关系事宜订立合同如下：

一、甲方责任

1. 甲方从乙方与丙方终止或解除合同之日起接收丙方人事档案关系；

2. 代理丙方人事档案关系，出具相关的人事、劳资证明；

3. 根据用人单位的需求，应丙方要求和存档期间实际情况推荐就业单位；

4. 按照丙方要求，为丙方代收代缴社会基本养老、失业、医疗保险和住房公积金；

5. 按国家有关规定负责为丙方申报专业技术职务任职资格；

6. 按国家规定为丙方调整档案工资；

7. 按国家有关规定协助丙方办理因私、因公出国（境）的有关手续；

8. 接转丙方党组织关系。

二、乙方的责任

从乙方与丙方终止或解除合同之日起负责将丙方的人事档案关系和材料完整地移交甲方。

三、丙方的责任

1. 丙方从人事档案关系转到甲方当月起缴纳档案管理费，每年收取人事档案费180元；

2. 如果调离，人事档案必须由工作聘用单位出具商调函。

本合同如有未尽事宜，可按甲方的有关人事代理规定办理。本合同一式三份，甲、乙、丙三方各执一份，本合同自签订之日起生效。

甲方签章_____　　　　乙方签章_____　　　　丙方签字_____
____年___月___日　　　____年___月___日　　　____年___月___日

第十五章　仓储合同

仓储合同，是存货人向保管人交付仓储物并支付仓储费，保管人保管仓储物的合同。
1. 仓储物的所有权并不发生转移，转移的只是货物的占有权。
2. 不动产不能作为保管对象，必须是动产。
3. 仓储合同中的保管人必须具有从事仓储保管业务的经营资格。
4. 仓储合同属于诺成合同，自成立时起生效。

一、《民法典》相关法条

第九百零四条　仓储合同是保管人储存存货人交付的仓储物，存货人支付仓储费的合同。

第九百零五条　仓储合同自保管人和存货人意思表示一致时成立。

第九百零六条　储存易燃、易爆、有毒、有腐蚀性、有放射性等危险物品或者易变质物品的，存货人应当说明该物品的性质，提供有关资料。

存货人违反前款规定的，保管人可以拒收仓储物，也可以采取相应措施以避免损失的发生，因此产生的费用由存货人负担。

保管人储存易燃、易爆、有毒、有腐蚀性、有放射性等危险物品的，应当具备相应的保管条件。

第九百零七条　保管人应当按照约定对入库仓储物进行验收。保管人验收时发现入库仓储物与约定不符合的，应当及时通知存货人。保管人验收后，发生仓储物的品种、数量、质量不符合约定的，保管人应当承担赔偿责任。

第九百零八条　存货人交付仓储物的，保管人应当出具仓单、入库单等凭证。

第九百零九条　保管人应当在仓单上签名或者盖章。仓单包括下列事项：

（一）存货人的姓名或者名称和住所；
（二）仓储物的品种、数量、质量、包装及其件数和标记；
（三）仓储物的损耗标准；
（四）储存场所；
（五）储存期限；
（六）仓储费；
（七）仓储物已经办理保险的，其保险金额、期间以及保险人的名称；

（八）填发人、填发地和填发日期。

第九百一十条 仓单是提取仓储物的凭证。存货人或者仓单持有人在仓单上背书并经保管人签名或者盖章的，可以转让提取仓储物的权利。

第九百一十一条 保管人根据存货人或者仓单持有人的要求，应当同意其检查仓储物或者提取样品。

第九百一十二条 保管人发现入库仓储物有变质或者其他损坏的，应当及时通知存货人或者仓单持有人。

第九百一十三条 保管人发现入库仓储物有变质或者其他损坏，危及其他仓储物的安全和正常保管的，应当催告存货人或者仓单持有人作出必要的处置。因情况紧急，保管人可以作出必要的处置；但是，事后应当将该情况及时通知存货人或者仓单持有人。

第九百一十四条 当事人对储存期限没有约定或者约定不明确的，存货人或者仓单持有人可以随时提取仓储物，保管人也可以随时请求存货人或者仓单持有人提取仓储物，但是应当给予必要的准备时间。

第九百一十五条 储存期限届满，存货人或者仓单持有人应当凭仓单、入库单等提取仓储物。存货人或者仓单持有人逾期提取的，应当加收仓储费；提前提取的，不减收仓储费。

第九百一十六条 储存期限届满，存货人或者仓单持有人不提取仓储物的，保管人可以催告其在合理期限内提取；逾期不提取的，保管人可以提存仓储物。

第九百一十七条 储存期内，因保管不善造成仓储物毁损、灭失的，保管人应当承担赔偿责任。因仓储物本身的自然性质、包装不符合约定或者超过有效储存期造成仓储物变质、损坏的，保管人不承担赔偿责任。

第九百一十八条 本章没有规定的，适用保管合同的有关规定。

二、典型案例

案例1：仓储合同自何时起生效？

[案情回放]

2021年7月2日，某粮食有限公司（以下简称粮食公司）与某储运保管公司（以下简称保管公司）签订一份仓储合同。合同约定：保管公司为粮食公司保管大豆100万公斤，保管期限自2021年8月2日至2022年7月2日，储存费为7万元，任何一方违约均按储存费用的20%支付违约金。合同签订后，保管公司立即开始清理其仓库，并拒绝其他相关仓储保管业务。2021年7月23日，粮食公司致函保管公司，称因收购的大豆不足30万公斤，不需存放大豆，提出终止双方的仓储合同。保管公司立即回函，称同意仓储合同终止履行，但要求粮食公司支付1.4万元的违约金。粮食公司拒绝支付违约金，保管公司遂向法院提起诉讼，要求粮食公司承担违约责任。

[专家点评]

本案中,粮食公司在交付仓储物之前通知保管公司终止仓储合同,应否承担违约责任呢?根据《民法典》第905条的规定:"仓储合同自保管人和存货人意思表示一致时成立。"可见,仓储合同是诺成性合同,自签订之日起生效。粮食公司书面通知保管公司并不足以抗辩其违约责任,因为双方的仓储合同自签订之日即生效,粮食公司不履行合同义务,应当承担违约责任。

案例2:货物晚于约定时间入库的,能否减少仓储费?

[案情回放]

陈某在某仓库寄存一批高档服装,价值30万元。双方商定:仓库自2021年6月10日至8月10日保管;陈某支付保管费6000元。由于运输问题,该批服装于2021年6月25日入库。保管期满,陈某前来取货时,双方为保管费发生争议。陈某认为自己的货物实际是在6月25日才入库,应当少付保管费1500元。某仓库拒绝减少保管费,理由是仓库早已为陈某的货物准备了地方,至于陈某的货物是不是准时进库是陈某自己的事情,与仓库无关。由于双方协商未果,某仓库拒绝陈某提货。陈某向人民法院提起诉讼,要求某仓库履行给付义务并减少保管费。

[专家点评]

本案当事人签订的是仓储合同,《民法典》第905条规定:"仓储合同自保管人和存货人意思表示一致时成立。"这就意味着仓储合同是诺成性合同,而诺成性合同的成立不以交付标的物为要件,双方当事人就合同主要条款达成一致,合同即成立。若合同签订后,因存货人原因货物不能按约定入库,依然要交付仓储费。因此,陈某要求减少仓储费,是没有法律依据的。那么,在陈某拒绝按约定支付仓储费的情况下,某仓库留置其货物是否合法呢?

根据我国合同法律规定,对仓储合同没有规定时,适用法律对保管合同的规定。《民法典》第903条规定,寄存人未按照约定支付保管费或者其他费用的,保管人对保管物享有留置权,但是当事人另有约定的除外。

所以本案虽为仓储合同,但在寄存人不支付仓储费,而双方对留置无相反约定的情况下,保管人可以留置仓储物,拒绝其提取仓储物。但本案保管人某仓库明显过多留置了陈某的货物,是不妥的。因为在仓储物是可分物时,保管人在留置时仅可留置价值相当于仓储费部分的仓储物。而本案的仓储物恰恰是可分物。所以某仓库没有理由留置全部服装,而只能留置相当于6000元的货物。

三、仓储合同陷阱防范

1. 存货人在签订仓储合同时,应首先查明保管人是否具有从事仓储业务的资格。

凡是营业执照上没有列明仓储业务的，不可与之签订仓储合同。

2. 在订立仓储合同时，保管人应了解存货人所存放的是什么物品，防止存货人利用仓储公司存放违法物品。

3. 仓储合同应详细填写储存仓储物的品名、品种、规格、数量、质量、包装等。

4. 仓储物的验收内容、标准、方法、时间、资料条款要详尽。在仓储合同中，要明确以何种标准、用何种方法、在多长时间内进行验收。验收时间与仓储物的实际入库时间应当尽量缩短，对易发生变质的仓储物，更要注意验收的时间。

5. 仓储物入库、出库手续、时间、地点、运输方式要明确。合同中要注意明确仓储物的出入库手续的办理方法，确立仓储物的入库时间，双方当事人必须办理签收手续；仓储物在出库后，如果合同约定由保管人代为发运的，合同条款中必须明确约定仓储物的运输方式。

6. 对仓储物的损耗标准和损耗处理要进行约定。不填或少填损耗，保管方赔偿责任重；多填，存货人损失大，都容易引起纠纷。有国家或专业标准的，要按国家或专业标准的规定执行；没有国家或专业标准的，由双方约定。

7. 仓储物的包装要有明确的要求，如包装物的外层包装用料，内层包装要求；易碎、易腐物品或危险物品的包装要求等。

8. 仓储物的储存条件和储存要求要明确，如是在冷冻库里储存还是在高温、高压下储存。对易燃、易爆、易渗漏、易腐烂、有毒等危险物品的储存，要明确储存条件和方法。

四、仓储合同范本

（一）仓储合同[①]

合同编号：_____

保管人：_____　　　　　签订地点：_____

寄存人：_____　　　　　签订时间：_____

第一条　仓储物

品名	品种规格	性质	数量	质量	包装	件数	标记

（注：空格如不够用，可以另接）

[①] 国家工商行政管理总局发布。

第二条　储存场所、储存物占用仓库位置及面积：_____
_____。

第三条　仓储物（是/否）有瑕疵。瑕疵是：_____
_____。

第四条　仓储物（是/否）需要采取特殊保管措施。特殊保管措施是：_____
_____。

第五条　仓储物入库检验的方法、时间与地点：_____
_____。

第六条　存货人交付仓储物后，保管人应当给付仓单。

第七条　储存期限：从____年____月____日至____年____月____日。

第八条　仓储物的损耗标准及计算方法：_____
_____。

第九条　保管人发现仓储物有变质或损坏的，应及时通知存货人或仓单持有人。

第十条　仓储物（是/否）已办理保险，险种名称：_____；保险金额：_____；保险期限：_____；保险人名称：_____。

第十一条　仓储物出库检验的方法与时间：_____
_____。

第十二条　仓储费（大写）：_____元。

第十三条　仓储费结算方式与时间：_____
_____。

第十四条　存货人未向保管人支付仓储费的，保管人（是/否）可以留置仓储物。

第十五条　违约责任：_____
_____。

第十六条　合同争议的解决方式：本合同在履行过程中发生的争议，由双方当事人协商解决；也可由当地工商行政管理部门调解；协商或调解不成的，按下列第_____种方式解决：

（一）提交_____仲裁委员会仲裁；

（二）依法向人民法院起诉。

第十七条　其他约定事项：_____
_____。

存　货　人	保　管　人	鉴（公）证意见：
存货人：（章） 住所： 法定代表人： 委托代理人： 电话： 开户银行： 账号： 邮政编码：	保管人：（章） 住所： 法定代表人： 委托代理人： 电话： 开户银行： 账号： 邮政编码：	 鉴（公）证机关：（章） 经办人： ＿＿＿年＿＿＿月＿＿＿日

监制部门：　　　　　　　　　　　　印制单位：

（二）北京市仓储合同①

　　　　　　　　　　　　　　　　　　合同编号：＿＿＿＿＿＿

保管人：＿＿＿＿＿＿　　　　　　　签订地点：＿＿＿＿＿＿

存货人：＿＿＿＿＿＿　　　　　　　签订时间：＿＿＿＿＿＿

第一条　仓储物　　　　　　　　　（注：空格如不够用，可以另接）

名称	品种规格	性质	数量	质量	包装	件数	标记	仓储费
合计人民币金额（大写）：						￥：		

第二条　储存场所、储存物占用仓库位置及面积：＿＿＿＿＿＿＿＿＿＿
＿＿＿＿＿＿＿＿＿＿＿＿＿＿＿＿＿＿＿＿＿＿＿＿＿＿＿＿＿＿＿＿。

第三条　仓储物（是/否）有瑕疵。瑕疵是：＿＿＿＿＿＿＿＿＿＿＿＿。
第四条　仓储物（是/否）需要采取特殊保管措施。特殊保管措施是：＿＿。
第五条　仓储物入库检验的方法、时间与地点：＿＿＿＿＿＿＿＿＿＿＿。

---

① 北京市工商行政管理局发布。

第六条　存货人交付仓储物后，保管人应当给付仓单。

第七条　储存期限：从_____年_____月_____日至_____年_____月_____日。

第八条　仓储物的损耗标准及计算方法：_____。

第九条　保管人发现仓储物有变质或损坏的，应及时通知存货人或仓单持有人。

第十条　仓储物（是/否）已办理保险，险种名称：_____；保险金额：_____；保险期限：_____；保险人名称：_____。

第十一条　仓储物出库检验的方法与时间：_____。

第十二条　仓储费结算方式与时间：_____。

第十三条　储存期间届满，存货人或者仓单持有人应当凭仓单提取仓储物。存货人或者仓单持有人逾期提取的，应当加收仓储费，具体如下：_____；提前提取的，不减收仓储费。

第十四条　存货人未向保管人支付仓储费的，保管人（是/否）可以留置仓储物。

第十五条　存货人违约责任：_____。

保管人违约责任：_____。

第十六条　合同争议的解决方式：本合同项下发生的争议，由双方当事人协商解决或申请调解解决；协商或调解不成的，按下列第_____种方式解决：（只能选择一种）

（一）提交_____仲裁委员会仲裁；

（二）依法向_____人民法院起诉。

第十七条　其他约定事项：_____
_____。

存　货　人		保　管　人	
存货人：（章）	住所：	保管人：（章）	住所：
营业执照号码：	身份证号：	营业执照号码：	身份证号：
法定代表人：	委托代理人：	法定代表人：	委托代理人：
电话：	传真：	电话：	传真：
开户银行：	账号：	开户银行：	账号：
税号：	邮政编码：	税号：	邮政编码：

北京市工商行政管理局制定

第十六章　委托合同

委托合同，是受托人为委托人办理委托事务，委托人支付约定的报酬或者不支付报酬的合同。委托合同具有如下特征：

1. 委托合同是诺成、双务的合同。
2. 委托合同具有比较强的人身性质，以当事人之间的相互信任为订立和履行合同的前提。
3. 委托合同是典型的劳务合同，受托人以委托人的费用办理委托事务。
4. 委托合同既可以是有偿合同，也可以是无偿合同。

一、《民法典》相关法条

第九百一十九条　委托合同是委托人和受托人约定，由受托人处理委托人事务的合同。

第九百二十条　委托人可以特别委托受托人处理一项或者数项事务，也可以概括委托受托人处理一切事务。

第九百二十一条　委托人应当预付处理委托事务的费用。受托人为处理委托事务垫付的必要费用，委托人应当偿还该费用并支付利息。

第九百二十二条　受托人应当按照委托人的指示处理委托事务。需要变更委托人指示的，应当经委托人同意；因情况紧急，难以和委托人取得联系的，受托人应当妥善处理委托事务，但是事后应当将该情况及时报告委托人。

第九百二十三条　受托人应当亲自处理委托事务。经委托人同意，受托人可以转委托。转委托经同意或者追认的，委托人可以就委托事务直接指示转委托的第三人，受托人仅就第三人的选任及其对第三人的指示承担责任。转委托未经同意或者追认的，受托人应当对转委托的第三人的行为承担责任；但是，在紧急情况下受托人为了维护委托人的利益需要转委托第三人的除外。

第九百二十四条　受托人应当按照委托人的要求，报告委托事务的处理情况。委托合同终止时，受托人应当报告委托事务的结果。

第九百二十五条　受托人以自己的名义，在委托人的授权范围内与第三人订立的合同，第三人在订立合同时知道受托人与委托人之间的代理关系的，该合同直接约束委托人和第三人；但是，有确切证据证明该合同只约束受托人和第三人的除外。

第九百二十六条　受托人以自己的名义与第三人订立合同时，第三人不知道受托人与委托人之间的代理关系的,受托人因第三人的原因对委托人不履行义务,受托人应当向委托人披露第三人,委托人因此可以行使受托人对第三人的权利。但是,第三人与受托人订立合同时如果知道该委托人就不会订立合同的除外。

受托人因委托人的原因对第三人不履行义务,受托人应当向第三人披露委托人,第三人因此可以选择受托人或者委托人作为相对人主张其权利,但是第三人不得变更选定的相对人。

委托人行使受托人对第三人的权利的,第三人可以向委托人主张其对受托人的抗辩。第三人选定委托人作为其相对人的,委托人可以向第三人主张其对受托人的抗辩以及受托人对第三人的抗辩。

第九百二十七条 受托人处理委托事务取得的财产,应当转交给委托人。

第九百二十八条 受托人完成委托事务的,委托人应当按照约定向其支付报酬。

因不可归责于受托人的事由,委托合同解除或者委托事务不能完成的,委托人应当向受托人支付相应的报酬。当事人另有约定的,按照其约定。

第九百二十九条 有偿的委托合同,因受托人的过错造成委托人损失的,委托人可以请求赔偿损失。无偿的委托合同,因受托人的故意或者重大过失造成委托人损失的,委托人可以请求赔偿损失。

受托人超越权限造成委托人损失的,应当赔偿损失。

第九百三十条 受托人处理委托事务时,因不可归责于自己的事由受到损失的,可以向委托人请求赔偿损失。

第九百三十一条 委托人经受托人同意,可以在受托人之外委托第三人处理委托事务。因此造成受托人损失的,受托人可以向委托人请求赔偿损失。

第九百三十二条 两个以上的受托人共同处理委托事务的,对委托人承担连带责任。

第九百三十三条 委托人或者受托人可以随时解除委托合同。因解除合同造成对方损失的,除不可归责于该当事人的事由外,无偿委托合同的解除方应当赔偿因解除时间不当造成的直接损失,有偿委托合同的解除方应当赔偿对方的直接损失和合同履行后可以获得的利益。

第九百三十四条 委托人死亡、终止或者受托人死亡、丧失民事行为能力、终止的,委托合同终止;但是,当事人另有约定或者根据委托事务的性质不宜终止的除外。

第九百三十五条 因委托人死亡或者被宣告破产、解散,致使委托合同终止将损害委托人利益的,在委托人的继承人、遗产管理人或者清算人承受委托事务之前,受托人应当继续处理委托事务。

第九百三十六条 因受托人死亡、丧失民事行为能力或者被宣告破产、解散,致使委托合同终止的,受托人的继承人、遗产管理人、法定代理人或者清算人应当及时通知委托人。因委托合同终止将损害委托人利益的,在委托人作出善后处理之前,受托人的继承人、遗产管理人、法定代理人或者清算人应当采取必要措施。

二、典型案例

案例1：受托人以代收款项冲抵债务的，是否构成违约？

[案情回放]

某贸易公司拖欠某供销公司的货款100万元，一直未归还。供销公司多次向贸易公司催要，未果。2020年10月，供销公司得知某食品公司与贸易公司有长期的贸易往来关系，遂请某食品公司出面帮助向贸易公司催讨欠款，某食品公司提出须支付催讨欠款的费用。双方于2020年11月1日达成协议，协议规定，由某食品公司帮助供销公司催讨货款，半年内，某食品公司保证给供销公司要回75万元，剩下的货款可由某食品公司处理。合同订立后的第三天，某食品公司即派人与贸易公司商谈，提出供销公司已将债权全部转让给它，而某食品公司又拖欠贸易公司110万元的货款，双方可否抵销100万元，贸易公司表示同意，双方为此达成协议。

在2021年3月7日，某食品公司给供销公司汇去75万元货款，并通知供销公司双方关系已经了结。一个月后，供销公司了解到某食品公司与贸易公司互相充抵债务一事，认为它只是委托食品公司催讨欠款，并没有允许其抵销债务。双方为此发生纠纷，因不能达成协议，供销公司向法院提起诉讼，要求某食品公司承担违约责任，并返还不当得利。

[专家点评]

从本案来看，虽然供销公司并没有转让全部债权的意图，在供销公司与某食品公司的协议中，也没有明确转让全部债权，但双方的协议中明确规定，在半年内某食品公司保证给供销公司要回75万元，剩下的货款可由某食品公司处理。既然双方已就25万元货款债权的转让达成了协议，而贸易公司对某食品公司提出的互相冲抵债务的请求表示同意，可见贸易公司已经同意全部债权的转让，至少其对部分债权的转让显然是无异议的，因此本案中部分债权的转让已经生效。

至于供销公司提出某食品公司向其支付75万元货款，而获得25万元货款，已构成不当得利，显然是不能成立的。因为既然25万元货款的债权已经转让，那么某食品公司在转让后，享有并实现了此项债权，完全是合法的，是有法律根据的，不能构成不当得利。

那么，尚未转让的75万元货款的债权，能否由某食品公司提出抵销？从原则上说，这笔债权没有转让，因此不能抵销，供销公司提出只是委托某食品公司催讨欠款，并未允许其抵销，并认为抵销违反了其与供销公司达成的协议，应承担违约责任，也是合理的。但是既然在抵销后某食品公司已经向供销公司支付了75万元货款，而抵销的效果对供销公司并无不利。对于75万元货款，也可以认为是某食品公司代贸易公司向供销公司所支付的货款。因此，供销公司要求某食品公司承担违约责任，返还不当得利，缺乏充分的依据。

案例2：委托他人代收汇款发生纠纷的，举证责任由谁承担？

[案情回放]

丁三才和夏礼杰、岳焕三人是中学同学，读书时是形影不离的好朋友。高中毕业后，丁三才参加了工作，在一家工厂做工。夏礼杰则考上了外地的一所大学。岳焕没有考上大学，待在家里，无所事事。2022年春节时，夏礼杰回家过年，见到了百无聊赖的岳焕，遂提议让他到自己就读学校所在的城市去打工。岳焕征得了家人的同意，在寒假结束后，跟随返校的夏礼杰来到了某市。由于岳焕没有一技之长，又缺乏工作经验，因此工作找得很不顺利，生活也十分艰难。2022年6月某日，正在上班的丁三才接到了岳焕打来的电话，请求他尽快汇2000元钱到夏礼杰的名下。电报中未说明具体的理由。丁三才感到朋友一定是遇到了困难，急需用钱，便立即到银行取出了2000元钱并电汇到了夏礼杰所在的学校。可他没有想到的是，正是这2000元钱，让自己的两个好朋友岳焕和夏礼杰闹上了公堂，打起了一场谁也说不清楚的官司。

岳焕提出，自己因生活困难，向好友丁三才借钱，由于自己没有固定的通信地址，便让丁三才将钱汇到了夏礼杰名下。夏礼杰收到钱后，将2000元钱据为己有。现请求人民法院判决夏礼杰交出被其非法占有的2000元钱。

夏礼杰提出，岳焕因没有工作，生活拮据，曾向自己借2000元钱。此次丁三才汇来的钱，是岳焕用来偿还借款的。由于是好朋友，所以当初借款时没有打借条。在诉讼过程中，两个人各执己见，但都不能提供充分的证据证明自己的主张。

[专家点评]

在本案中，当事人双方都承认丁三才曾应岳焕的要求，汇款2000元到夏礼杰的名下，但岳焕主张该款应当由夏礼杰转交给自己，而夏礼杰则主张该款是岳焕用来偿还欠款的。双方都没有证据证明自己的主张和驳倒对方的主张。本案的关键在于夏礼杰占有该笔汇款是否有法律上的根据，能否得到证明。在双方都不能提供证据以证明自己主张的事实的情况下，本案的焦点就集中在谁应当承担不当得利的证明责任上，即夏礼杰取得该款有无法律根据的证明责任由谁承担，谁就将面临不利的诉讼后果。

在本案中，夏礼杰显然属于得到利益的一方，一般不会保留证据；而岳焕属于间接地给付利益的一方，通常会保留证据，所以由他承担举证责任符合人们的生活习惯。在委托他人受领汇款的情况下，人们通常会要求汇款人在汇款凭据上注明该款由受委托人转交给自己，以便日后要求其返还汇款。在岳焕不能提供上述证据的情况下，就要承担败诉的后果。

案例3：委托人解除合同的，受托人能否要求赔偿报酬损失？

[案情回放]

邓孝伦是某汽修厂老板。2021年2月，邓孝伦委托黎宝强为其购买一批汽车配件。双方签订了委托合同，约定：黎宝强于2021年6月前为邓孝伦购买汽车配件若干，垫付货款；邓孝伦于2022年春节前偿还货款与利息，并支付报酬5000元。黎宝强接受委托后，积极联系货源。2021年4月，邓孝伦电话通知黎宝强，称自己已购得汽车配件，欲解除委托合同。黎宝强认为，自己为联系货源支付了交通费以及交际费近千元，邓孝伦应当偿还并赔偿自己的报酬损失5000元。邓孝伦同意偿还上述费用，但不同意赔偿报酬损失。为此，邓孝伦起诉至人民法院。

[专家点评]

黎宝强可以根据其为办理委托事务而付出劳动的情况要求支付相应的报酬，具体数额可以由法官按照受托人从事委托事务的时间，参照误工费的计算标准确定，即受托人有固定收入的，误工费按照实际减少的收入计算。受托人无固定收入的，按照其最近三年的平均收入计算；受托人不能举证证明其最近三年的平均收入状况的，可以参照受诉法院所在地相同或者相近行业上一年度职工的平均工资计算。但不能超过约定报酬的一定比例，如50%。但受托人无权要求委托人支付委托合同约定的全部报酬或者赔偿相应的损失。根据《民法典》第921条的规定，委托人应当预付处理委托事务的费用。受托人为处理委托事务垫付的必要费用，委托人应当偿还该费用并支付利息。在本案中，黎宝强为办理委托事务而支付的交通费、交际费等费用，是其为处理委托事务而垫付的必要费用，委托人应当偿还。对此，委托人同意支付，法律应当予以认可。

案例4：利用委托人盖章的空白合同书签订合同，责任由谁承担？

[案情回放]

2021年，某建筑公司（以下简称某公司）因生产经营需要，委托个体工商户老板向华升到某建材厂联系购买建材的相关事宜。某公司总经理陈某亲自填写了授权委托书，授权范围为"以本公司名义代为购买建筑材料1000吨"，并把盖有某公司公章和合同专用章的空白合同书若干份交给了向华升。向华升分几次购买了建筑材料共计1000吨，某公司在验货后也及时支付了全部货款。

3个月后，某建材厂再次到某公司索要建筑材料货款，某公司表示已经支付了所购买的1000吨建筑材料的全部货款，自己与该厂已不存在债权债务关系。但该建材厂说某公司只支付了1000吨建筑材料的货款，还有500吨的货款没有支付。而某公司表示自己只购买了1000吨建筑材料，建材厂提到的500吨建材一事与本公司无关。

经解释，某公司才发现，原来向华升利用自己未及时收回的授权委托书和盖有公章的空白合同书以某公司的名义从建材厂购买了500吨建材。这500吨建材某公司根本就没有收到，因此拒绝支付相应价款。建材厂在多次索要货款未果的情况下，将某公司告到法院，要求某公司支付这500吨建材的货款及相应利息。

[专家点评]

在本案中，某建筑公司授权个体工商户老板向华升为该公司购买建筑材料1000吨，并把授权委托书及盖有本公司公章和合同专用章的空白合同书一并交与了向华升，可以说这一委托关系是合法有效的。在向华升以代理人的身份为某公司签订了购买建筑材料的合同，买卖双方也已履行完毕后，向华升与某公司之间的委托关系实际上已经终止了。向华升再次以某公司名义签订建材买卖合同，购买500吨建筑材料的行为属于代理权终止后的行为。但由于某公司在委托关系终止后未及时将交与向华升的授权委托书和盖有公章的空白合同书收回，以至于给交易对方——某建材厂造成了假象，使建材厂认为向华升仍然具有代理权，这实际上已经构成了表见代理。其购买500吨建材的行为仍然应该由某公司承担相应的责任。根据我国《民法典》第172条"行为人没有代理权、超越代理权或者代理权终止后，仍然实施代理行为，相对人有理由相信行为人有代理权的，代理行为有效"的规定，某公司应该支付这500吨建材的货款及相应利息。

三、委托合同陷阱防范

在签订委托合同时，对合同中的关键条款要特别注意，以免日后发生纠纷：

1. 完成委托事项的质量要求，即受托人处置委托事项应达到委托人的要求，该条款是衡量和计算报酬的依据。

2. 如果是有偿的委托合同，委托人在受托人完成委托事项后，应当支付约定的报酬，报酬支付的方法要在合同中明确约定。

3. 完成委托事项的期限。这是受托人完成委托事项的时间规定，如不能按时完成委托事项，则构成违约，不仅不能如数获得合同约定的报酬，还要承担违约的责任。

四、委托合同范本

（一）委托合同①

合同编号：_____

委托人：_____　　签订地点：_____

受托人：_____　　签订时间：____年____月____日

---

① 国家工商行政管理局发布。

第一条　委托人委托受托人处理_____事务。
第二条　受托人处理委托事务的权限与具体要求：_____
_____。

第三条　委托期限自____年__月__日起至____年__月__日止。
第四条　委托人（是／否）允许受托人把委托处理的事务转委托给第三人处理。
第五条　受托人有将委托事务处理情况向委托方报告的义务。
第六条　受托人将处理委托事务所取得的财产转交给委托人的时间、地点及方式：
_____
_____。

第七条　委托人支付受托人处理委托事务所付费用的时间、方式：_____
_____。

第八条　报酬及支付方式：_____
_____。

第九条　本合同解除的条件：_____
_____。

第十条　违约责任：_____
_____。

第十一条　合同争议的解决方式：本合同在履行过程中发生的争议，由双方当事人协商解决；协商不成的，按下列第_____种方式解决：
（一）提交_____仲裁委员会仲裁；
（二）依法向人民法院起诉。

第十二条　其他约定事项：_____
_____。

第十三条　本合同未作规定的，按《中华人民共和国合同法》的规定执行。
第十四条　本合同一式_____份，双方各执_____份，具有同等法律效力。

委托人：（章）	受托人：（章）
住所：	住所：
法定代表人：	法定代表人：
（签名）	（签名）
电话：	电话：
开户银行：	开户银行：
账号：	账号：
邮政编码：	邮政编码：

监制部门：　　　　　　　　　　印制单位：

（二）物业管理委托合同[①]

第一章 总 则

第一条 本合同当事人

委托方（以下简称甲方）：_____

受托方（以下简称乙方）：_____

根据有关法律、法规，在自愿、平等、协商一致的基础上，甲方将_____（物业名称）委托于乙方实行物业管理，订立本合同。

第二条 物业基本情况

物业类型：_____

坐落位置：_____市_____区_____路（街道）_____号

四至：东_____南_____西_____北_____

占地面积：_____平方米

建筑面积：_____平方米

委托管理的物业构成细目见附件一。

第三条 乙方提供服务的受益人为本物业的全体业主和物业使用人，本物业的全体业主和物业使用人均应对履行本合同承担相应的责任。

第二章 委托管理事项

第四条 房屋建筑共用部位的维修、养护和管理，包括：楼盖、屋顶、外墙面、承重结构、楼梯间、走廊通道、门厅、_____。

第五条 共用设施、设备的维修、养护、运行和管理，包括：共用的上下水管道、落水管、垃圾道、烟囱、共用照明、天线、中央空调、暖气干线、供暖锅炉房、高压水泵房、楼内消防设施设备、电梯、_____。

第六条 市政公用设施和附属建筑物、构筑物的维修、养护和管理，包括道路、室外上下水管道、化粪池、沟渠、池、井、自行车棚、停车场、_____。

第七条 公用绿地、花木、建筑小品等的养护与管理。

第八条 附属配套建筑和设施的维修、养护和管理，包括商业网点、文化体育娱乐场所、_____。

第九条 公用环境卫生，包括公共场所、房屋共用部位的清洁卫生、垃圾的收集、清运、_____。

第十条 交通与车辆停放秩序的管理。

[①] 中华人民共和国建设部、国家工商行政管理总局发布。

第十一条 维持公共秩序，包括安全监控、巡视、门岗执勤、_____。

第十二条 管理与物业相关的工程图纸、住用户档案与竣工验收资料。

第十三条 组织开展社区文化娱乐活动。

第十四条 负责向业主和物业使用人收取下列费用：

1. 物业管理服务费；
2. _____；
3. _____。

第十五条 业主和物业使用人房屋自用部位、自用设施及设备的维修、养护，在当事人提出委托时，乙方应接受委托并合理收费。

第十六条 对业主和物业使用人违反业主公约的行为，针对具体行为并根据情节轻重，采取批评、规劝、警告、制止、_____措施。

第十七条 其他委托事项

1. _____；
2. _____；
3. _____。

第三章　委托管理期限

第十八条 委托管理期限为_____年。自_____年_____月_____日起至_____年_____月_____日止。

第四章　双方权利义务

第十九条

A. 甲方权利义务（适用于业主委员会）

1. 代表和维护产权人、使用人的合法权益。
2. 制定业主公约并监督业主和物业使用人遵守公约。
3. 审定乙方拟定的物业管理制度。
4. 检查监督乙方管理工作的实施及制度的执行情况。
5. 审定乙方提出的物业管理服务年度计划、财务预算及决算。
6. 在合同生效之日起_____日内向乙方提供_____平方米建筑面积的经营性商业用房，由乙方按每月每平方米_____元租用，其租金收入用于_____。
7. 在合同生效之日起_____日内向乙方提供_____平方米建筑面积管理用房（产权属于甲方），由乙方按下列第_____项执行：

（1）无偿使用；

（2）按建筑面积每月每平方米_____元租用，其租金收入用于_____。

8. 负责收集、整理物业管理所需全部图纸、档案、资料，并于合同生效之日起

_____日内向乙方移交。

9. 当业主和物业使用人不按规定交纳物业管理费时，负责催交或以其他方式偿付。

10. 协调、处理本合同生效前发生的管理遗留问题：

（1）_____；

（2）_____。

11. 协助乙方做好物业管理工作和宣传教育、文化活动。

12. _____。

B. 甲方权利义务（适用于房地产开发企业）

1. 在业主委员会成立之前，负责制定业主公约并将其作为房屋租售合同的附件要求业主和物业使用人遵守。

2. 审定乙方拟定的物业管理制度。

3. 检查监督乙方管理工作的实施及制度的执行情况。

4. 审定乙方提出的物业管理服务年度计划、财务预算及决算。

5. 委托乙方管理的房屋、设施、设备应达到国家验收标准要求。

如存在质量问题，按以下方式处理：

（1）负责返修；

（2）委托乙方返修，支付全部费用；

（3）_____。

6. 在合同生效之日起_____日内向乙方提供_____平方米建筑面积的经营性商业用房，由乙方按每月每平方米_____元租用，其租金收入用于_____。

7. 在合同生效之日起_____日内向乙方提供_____平方米建筑面积管理用房（产权属于甲方），由乙方按下列第_____项执行：

（1）无偿使用；

（2）按建筑面积每月每平方米_____元租用，其租金收入用于_____。

8. 负责收集、整理物业管理所需全部图纸、档案、资料，并于合同生效之日起_____日内向乙方移交。

9. 当业主和物业使用人不按规定交纳物业管理费用时，负责催交或以其他方式偿付。

10. 协调、处理本合同生效前发生的管理遗留问题：

（1）_____；

（2）_____。

11. 协助乙方做好物业管理工作和宣传教育、文化活动。

12. _____。

第二十条 乙方权利义务

1. 根据有关法律法规及本合同的约定，制定物业管理制度；

2. 对业主和物业使用人违反法规、规章的行为，提请有关部门处理；

3. 按本合同第 16 条的约定，对业主和物业使用人违反业主公约的行为进行处理；

4. 可选聘专营公司承担本物业的专项管理业务，但不得将本物业的管理责任转让给第三方；

5. 负责编制房屋、附属建筑物、构筑物、设施、设备、绿化等的年度维修养护计划和大中修方案，经双方议定后由乙方组织实施；

6. 向业主和物业使用人告知物业使用的有关规定，当业主和物业使用人装修物业时，告知有关限制条件，订立书面约定，并负责监督；

7. 负责编制物业管理年度管理计划、资金使用计划及决算报告；

8. 每_____个月向全体业主和物业使用人公布一次管理费用收支账目；

9. 对本物业的公用设施不得擅自占用和改变使用功能，如需在本物业内改、扩建或完善配套项目，须与甲方协商经甲方同意后报有关部门批准方可实施；

10. 本合同终止时，乙方必须向甲方移交全部经营性商业用房、管理用房及物业管理的全部档案资料；

11. _____。

第五章　物业管理服务质量

第二十一条　乙方须按下列约定，实现目标管理：

1. 房屋外观：_____。
2. 设备运行：_____。
3. 房屋及设施、设备的维修、养护：_____。
4. 公共环境：_____。
5. 绿化：_____。
6. 交通秩序：_____。
7. 保安：_____。
8. 急修：_____；
   小修：_____。
9. 业主和物业使用人对乙方的满意率达到：_____。

具体的物业管理服务质量要求见附件二。

第六章　物业管理服务费用

第二十二条　物业管理服务费

1. 本物业的管理服务费，住宅房屋由乙方按建筑面积每月每平方米_____元向业主或物业使用人收取；非住宅房屋由乙方按建筑面积每月每平方米_____元向业主或物业使用人收取。

2. 管理服务费标准的调整，按_____调整。

3. 空置房屋的管理服务费，由乙方按建筑面积每月每平方米_____元向_____收取。

4. 业主和物业使用人逾期交纳物业管理费的，按以下第_____项处理：

（1）从逾期之日起按每天_____元交纳滞纳金；

（2）从逾期之日起按每天应交管理费的万分之_____交纳滞纳金；

（3）_____。

第二十三条 车位使用费由乙方按下列标准向车位使用人收取：

1. 露天车位：_____；

2. 车库：_____；

3. _____。

第二十四条 乙方对业主和物业使用人的房屋自用部位、自用设备、毗连部位的维修、养护及其他特约服务，由当事人按实际发生的费用计付，收费标准须经甲方同意。

第二十五条 其他乙方向业主和物业使用人提供的服务项目和收费标准如下：

1. 高层楼房电梯运行费按实结算，由乙方向业主或物业使用人收取；

2. _____；

3. _____。

第二十六条 房屋的共用部位、共用设施、设备、公共场地的维修、养护费用：

1. 房屋共用部位的小修、养护费用，由_____承担；大中修费用，由_____承担；更新费用，由_____承担。

2. 房屋共用设施、设备小修、养护费用，由_____承担；大中修费用，由_____承担；更新费用，由_____承担。

3. 市政公用设施和附属建筑物、构筑物的小修、养护费用，由_____承担；大中修费用，由_____承担；更新费用，由_____承担。

4. 公用绿地的养护费用，由_____承担；改造、更新费用，由_____承担。

5. 附属配套建筑和设施的小修、养护费用，由_____承担；大中修费用，由_____承担；更新费用，由_____承担。

第七章 违约责任

第二十七条 甲方违反本合同第十九条的约定，使乙方未完成规定管理目标，乙方有权要求甲方在一定期限内解决，逾期未解决的，乙方有权终止合同；造成乙方经济损失的，甲方应给予乙方经济赔偿。

第二十八条 乙方违反本合同第五章的约定，未能达到约定的管理目标，甲方有权要求乙方限期整改，逾期未整改的，甲方有权终止合同；造成甲方经济损失的，乙方应给予甲方经济赔偿。

第二十九条 乙方违反本合同第六章的约定，擅自提高收费标准的，甲方有权要求乙方清退；造成甲方经济损失的，乙方应给予经济赔偿。

第三十条　甲乙任一方无正当理由提前终止合同的，应向对方支付_____元的违约金；给对方造成的经济损失超过违约金的，还应给予赔偿。

第八章　附　则

第三十一条　自本合同生效之日起_____天内，根据甲方委托管理事项，办理完交接验收手续。

第三十二条　合同期满后，乙方全部完成合同并且管理成绩优秀，大多数业主和物业使用人反映良好，可续订合同。

第三十三条　双方可对本合同的条款进行补充，以书面形式签订补充协议，补充协议与本合同具有同等效力。

第三十四条　本合同之附件均为合同有效组成部分。本合同及其附件内，空格部分填写的文字与印刷文字具有同等效力。

本合同及其附件和补充协议中未规定的事宜，均遵照中华人民共和国有关法律、法规和规章执行。

第三十五条　本合同正本连同附件共_____页，一式三份，甲乙双方及物业管理行政主管部门（备案）各执一份，具有同等法律效力。

第三十六条　因房屋建筑质量、设备设施质量或安装技术等原因，达不到使用功能，造成重大事故的，由甲方承担责任并作善后处理。产生质量事故的直接原因，以政府主管部门的鉴定为准。

第三十七条　本合同执行期间，如遇不可抗力，致使合同无法履行时，双方应按有关法律规定及时协商处理。

第三十八条　本合同在履行过程中发生争议，由双方当事人协商解决，协商不成的，按下列第_____种方式解决：

（一）提交_____仲裁委员会仲裁；

（二）依法向人民法院起诉。

第三十九条　合同期满本合同自然终止，双方如续订合同，应在该合同期满_____天前向对方提出书面意见。

第四十条　本合同自双方签字之日起生效。

甲方签章：_____　　乙方签章：_____

代表人：_____　　　代表人：_____

　　　　　　　　　　　　　　　_____年_____月_____日

附件：一、物业构成细目（略）

　　　二、物业管理质量目标（略）

(三) 北京市委托拍卖合同[①]

(四) 室内设计委托合同[②]

使 用 说 明

一、本合同文本是根据《中华人民共和国合同法》《上海市合同格式条款监督条例》及有关法律、法规制定的示范文本，供合同双方当事人约定采用，签订合同前应仔细阅读。

二、本合同适用范围：住宅室内设计及公共空间室内设计。

三、乙方提供给甲方设计图、资料，并按目录装订成册。

四、涉及特殊要求及消防安全必须按特殊要求及消防安全要求设计，设计时必须考虑采用环保材料。

五、乙方提供给甲方的设计图内容有：

1. 图纸封面、封底、设计图纸；

2. 设计图纸目录和设计与施工说明；

3. 原始房型平面测量图（含所有墙体内部尺寸、门窗洞尺寸、房梁、上水、煤气、下水、地漏、坑管、空调洞、排风口、配电箱、弱电箱、多媒体标注）；

4. 设计要求拆建平面图（拆建承重结构由甲方向物业或有关部门申请书面批准）；

5. 设计平面布置图；

6. 设计顶面布置图；

7. 强、弱电及多媒体、智能化插座位置分布图；

8. 开关控制线路示意图；

9. 冷、热水管排放走向示意图；

10. 厨、卫墙面设施布置图（中、小型工程另外考虑）；

11. 家具、厨具设计布置参考图；

12. 楼梯设计、安装施工详图；

13. 局部透视图（作为参考用）；

14. 主要装潢材料用品概算表。

---

① 此合同内容详见本书所附电子文件。北京市工商行政管理局发布。

② 上海市工商行政管理局、上海市室内装饰行业协会发布。

合同编号：_____

委托方（甲方）：_____

承接方（乙方）：_____

根据《中华人民共和国合同法》以及其他有关法律、法规的规定，结合室内装饰的特点，经甲、乙双方友好协商，甲方委托乙方承担室内装饰设计，并达成如下协议（包括本合同附件和所有补充合同），以便共同遵守。

一、甲方委托乙方按以下第_____种方案承担室内设计：

1. 甲方委托乙方承担住宅室内设计，地址：_____，房型：_____，用途：_____，使用面积_____平方米。设计收费按使用面积计算。

2. 甲方委托乙方承担公共空间室内设计，地址：_____，用途：_____，建筑面积_____平方米。设计收费按建筑面积计算。

二、甲方委托乙方承担室内设计，设计收费标准为每平方米_____元，收取设计费共计人民币_____元。

三、甲方应在签订合同之日首期付50%设计费，并与乙方约定上门测量的时间和地点。乙方在测量后_____天内完成初步设计方案，包括平面布置图、顶面布置图及局部效果图各一张。

四、甲方与乙方经过沟通对乙方完成的初步设计方案达成一致后，填写方案进程表（见附件），并由双方签字确认。甲方应支付设计费余款，乙方应在_____年___月___日至_____年___月___日共_____天内完成全套装潢设计图及施工图纸。

五、甲方所付的设计费不包含变动建筑主体等的结构设计。甲方如需变动建筑主体、增加房屋负荷，必须由原设计单位或具有相应资质等级的设计单位出具施工图，并报请物业及相关部门书面同意后，方可进行室内装饰设计。

六、全套图纸完成后，甲方如有更改意见，再与乙方沟通。乙方根据协商方案，绘制更改图纸，再次填写方案进程表，由双方签字确认。甲方如要求乙方修改图纸，图纸完工时间顺延或由双方另行约定。

如果甲方推翻原设计方案，要求重新修改设计方案，应协商增加相应的设计费，并另行约定设计时间及进程、签订补充协议。

七、双方在对设计方案和图纸确认后，甲方必须签字认可，乙方必须将整套图纸交给甲方并办理交接签证手续。

八、施工过程中，乙方应委派设计师去现场进行一次性放样及施工方案交底，并不少于三次去现场指导施工，以达到设计效果。

九、违约责任：

1. 乙方未在约定时间内完成设计图且延期时间在20天内的，每延期一天应当支付给甲方设计费总价3%的违约金。

2. 乙方未在约定时间内完成设计图且延期时间在 21 天以上的，甲方有权解除合同，乙方应退还甲方的设计费用，并支付给甲方设计费总价 50%的违约金。

3. 乙方无故终止合同，除退还甲方所交的设计费用外，还应支付给甲方设计费总价 50%的违约金。

4. 乙方完成初步设计方案后，如甲方不愿再履行合同，乙方不退还已收的设计费，但必须交给甲方平面布置图、顶面布置图及手绘局部效果图各一张。

十、本合同中如有未尽事宜，由双方协商解决，也可向上海市室内装饰行业协会申请调解或向上海市消费者权益保护委员会投诉。当事人不愿通过协商、调解解决，或协商、调解不成时，可以采取以下第_____种方式解决：

1. 向_____仲裁委员会申请仲裁；
2. 向人民法院提起诉讼。

十一、本合同一式两份，双方各执一份。本合同包括合同附件、补充协议，经甲、乙双方签字或盖章后生效。

十二、双方约定以下补充条款：

1. _____；
2. _____；
3. _____。

甲　方（盖章）：_____　　　乙　方（盖章）：_____
地　　址：_____　　　　　　地　　址：_____
电　　话：_____　　　　　　电　　话：_____
____年____月____日　　　　　　　____年____月____日

（五）房地产代理合同①

委托人（甲方）：_____
代理人（乙方）：_____

第一条（订立合同的基础和目的）

依据国家有关法律、法规和本市有关规定，甲、乙双方在自愿、平等和协商一致的基础上，就乙方接受甲方委托，代理甲方订立房地产交易（买卖/租赁）合同，并完成其他委托服务事项达成一致，订立本合同。

---

① 上海市房屋土地资源管理局、上海市工商行政管理局发布。

第二条（委托的事项）

（一）委托交易房地产的基本情况

1. 坐落：_____；
2. 建筑面积：_____；
3. 权属：_____。

（二）委托事项

1. _____；
2. _____；
3. _____。

第三条（佣金支付）

（一）乙方完成本合同约定的甲方委托的事项，甲方按照下列第_____种方式计算支付佣金（任选一种）：

1. 按该房地产_____（总价款/月租金计）_____%，具体数额为_____币_____元支付给乙方；
2. 按提供服务所需成本计_____币_____元支付乙方。

（二）乙方未完成本合同约定的委托事项第（　）项的，应当按照合同约定的佣金总额的_____%，具体数额为_____币_____元给付甲方。

第四条（预收、预支费用处理）

乙方_____（预收/预支）甲方费用_____币_____元，用于甲方委托的_____，本合同履行完毕后，双方按照合同约定再行清结。

第五条（合同在履行中的变更及处理）

本合同在履行期间，任何一方要求变更合同条款的，应及时书面通知对方，征得对方同意后，在约定的时限内，变更约定条款或签订补充条款，并注明变更事项。本合同履行期间，甲、乙双方因履行本合同而签署的补充协议及其他书面文件，均为本合同的组成部分，与本合同具有同等效力。

第六条（违约责任）

（一）双方商定，乙方有下列情形之一的，承担违约责任：

1. 完成的事项违反合同约定的；
2. 擅自解除合同的；
3. 与他人私下串通，损害甲方利益的；
4. 其他过失损害甲方利益的。

（二）双方商定，甲方有下列情形之一的，承担违约责任：

1. 擅自解除合同的；
2. 与他人私下串通，造成乙方无法履行合同的；
3. 其他造成乙方无法完成委托事项的行为。

（三）双方商定，发生上述违约行为的，违约方按照本合同约定的佣金总额的_____%，计_____币_____元作为违约金支付给对方。违约方给对方造成的其他经济损失，应当按照法律、法规有关规定予以赔偿。

第七条（发生争议的解决方法）
甲、乙双方在履行本合同过程中发生争议，由双方协商解决，协商不成的，按本合同约定的下列第（　）项进行解决：
1. 向_____仲裁委员会申请仲裁；
2. 向人民法院提起诉讼。

第八条（订立合同数量）
本合同一式____份，甲、乙双方各执____份。

补充条款

_____

（粘贴线）　　　　　　　　　　（骑缝章加盖处）

甲方：（名字/名称）　　　　　　　乙方：（名称）
身份证/其他证件号码：　　　　　　营业执照号码：
住/地址：　　　　　　　　　　　　住/地址：
邮编号码：　　　　　　　　　　　　邮编号码：
联系电话：　　　　　　　　　　　　联系电话：
本人/法定代表人：（签章）　　　　法人/法定代表人：（签章）
代理人：（签章）　　　　　　　　　执业经纪人：（签章）
　　　　　　　　　　　　　　　　　执业经纪证书：（编号）

　年　　月　　日　　　　　　　　　年　　月　　日
签于：　　　　　　　　　　　　　　签于：

（六）委托生产合同

甲方：_____
地址：_____
邮编：_____
电话：_____
传真：_____
E-mail：_____

乙方：＿＿＿＿＿＿＿＿＿＿＿＿＿＿＿＿＿＿＿

地址：＿＿＿＿＿＿＿＿＿＿＿＿＿＿＿＿＿＿

邮编：＿＿＿＿＿＿＿＿＿＿＿＿＿＿＿＿＿＿

电话：＿＿＿＿＿＿＿＿＿＿＿＿＿＿＿＿＿＿

传真：＿＿＿＿＿＿＿＿＿＿＿＿＿＿＿＿＿＿

E-mail：＿＿＿＿＿＿＿＿＿＿＿＿＿＿＿＿＿

甲、乙双方经协商，就乙方委托甲方服务达成本合同，以期共同遵守执行：

一、服务种类及价格

1. 甲方为乙方提供＿＿＿＿＿＿＿服务，由双方确定服务的种类及单价（详见附件清单）；

2. 由乙方提供甲方服务所需的物品＿＿＿＿＿＿＿，以＿＿＿＿＿＿＿方式运输，在运输过程中出现问题或者原料质量达不到甲方要求，由乙方负责解决。

二、合同总金额：人民币＿＿＿＿＿＿元，其中，＿＿＿＿＿＿＿费用为＿＿＿＿＿＿元，＿＿＿＿＿＿＿费用为＿＿＿＿＿＿元。

三、付款方式

1. 在甲乙双方签订合同后，乙方先向甲方支付＿＿＿＿＿＿＿和＿＿＿＿＿＿＿费用，即＿＿＿＿＿＿＿元作为项目启动费。甲方收到乙方的付款证明后即开始进入生产程序。

2. 生产完成后，甲方以书面形式向乙方提供生产完成报告（包括实验步骤及相应数据说明），乙方向甲方支付合同剩余金额，即＿＿＿＿＿＿＿元，甲方在收到乙方的付款证明后即发货，并将剩余的＿＿＿＿＿＿＿材料退还给乙方。

收款单位：＿＿＿＿＿＿＿＿＿＿＿＿＿＿＿＿

开户银行：＿＿＿＿＿＿＿＿＿＿＿　银行账号：＿＿＿＿＿＿＿＿＿＿＿＿＿

汇入地点：＿＿＿＿＿＿＿＿＿＿＿　财务电话：＿＿＿＿＿＿＿＿＿＿＿＿＿

四、交货条款

1. 生产期限：自甲方收到乙方的原料及付款凭证起＿＿＿＿＿＿日内完成。

2. 供货日期：自甲方生产完毕后一日内。

3. 交货地点：＿＿＿＿＿＿＿＿＿＿＿＿＿＿＿。

4. 运输方式：甲方采取快递方式发货。

五、交货标准

甲方为乙方提供＿＿＿＿＿＿＿服务，生产结束后，甲方向乙方提供包括实验步骤和实验数据在内的书面报告。甲方保证生产出的产品能够＿＿＿＿＿＿＿＿＿＿。

六、违约责任

本合同签订后，乙方如单方面提出取消部分或全部已订货物，甲方将不退还乙方已支付的所有费用。

七、保密责任

甲方有责任对乙方委托生产的项目实行保密，保密内容包括：_____。

八、产品使用限制

甲方为乙方生产的产品，乙方只能作为实验用途自用，不得转卖或用作其他商业用途。

九、附加条款：_____。

十、本合同一式两份，双方各执一份，双方签字或盖章后生效。

十一、本合同中如有未尽事宜，由双方友好协商解决。如协商不成，交由甲方所在地仲裁机关或人民法院裁决。

甲方：_____　　　　　　乙方：_____

代表（签字）：_____　　代表（签字）：_____

____年___月___日　　　　　　____年___月___日

签订地点：_____　　　　签订地点：_____

附件：

清单：_____

原料名称：_____

原料种类：_____

服务种类：_____

特殊要求：_____

单价：_____

总价：_____

备注：_____

（七）期货交易委托合同

甲方：_____

住所：_____

邮编：_____

业务电话：_____

传真：_____

乙方：_____

住所：_____

邮编：_____

业务电话：_____

传真：_____

甲、乙双方本着平等协商、诚实信用的原则，就甲方为乙方提供期货交易服务的有关事项订立本合同。

第一章 委 托

第一条 乙方委托甲方按照乙方交易指令为乙方进行期货交易；甲方接受乙方委托，并按照乙方交易指令为乙方进行期货交易。

第二条 甲方根据期货交易所交易规则执行乙方交易指令。甲方有义务将交易结果转移给乙方，乙方有义务对交易结果承担全部责任。

由于市场原因乙方交易指令部分或者全部无法成交，除双方另有书面约定外，甲方不承担责任。

第二章 保 证 金

第三条 乙方开户的最低保证金标准为_____元。乙方资金不足_____元的，甲方不得为乙方开户。

保证金可以现金、本票、汇票和支票等方式支付，以本票、汇票、支票等方式支付保证金的，以甲方开户银行确认乙方资金到账后方可开始交易。

第四条 乙方可根据期货交易所规则以可上市流通国库券或者标准仓单等质押保证金。同时，乙方授权甲方可将其质押物转质或者以其他方式处置。

第五条 乙方应当保证其资金来源的合法性。甲方有权要求乙方提供资金来源说明，乙方对说明的真实性负保证义务。必要时，甲方可要求乙方提供相关证明。

第六条 甲方有权根据期货交易所的规定或者市场情况调整保证金比例。甲方调整保证金，以甲方发出的调整保证金公告或者通知为准。

第七条 在甲方有理由认为乙方持有的未平仓合约风险较大时，有权对乙方单独提高保证金比例。在此情形下，提高保证金通知单独对乙方发出。

第三章 强 行 平 仓

第八条 乙方在下达新的交易指令前或者在其持仓过程中，应随时关注自己的持仓、保证金和权益变化。

第九条 甲方以风险率（或者其他风险控制方式）来计算乙方期货交易的风险。

风险率（或者其他风险控制方式）的计算方法为：_____（由甲方、乙方约定）。

第十条 乙方因交易亏损或者其他原因，交易风险达到约定的风险率（或者其他风险控制条件）时，甲方将按照《期货经纪合同》约定的方式向乙方发出追加保证金的通知，乙方应当在下一交易日开市前及时追加保证金或者采取减仓措施。否则，甲方有权在事先未通知的情况下，对乙方的部分或者全部未平仓合约强行平仓，直至乙方的交易风险达到约定的风险率（或者其他风险控制条件）。乙方应承担强行平仓的手续费及由此发生的损失。

第十一条 只要甲方选择的平仓价位和平仓数量在当时的市场条件下属于合理的范围，乙方承诺不因为强行平仓的时机未能选择最佳价位和数量而向甲方主张权益。

前款所称"合理的范围"指按照期货经纪业的执业标准，已经以适当的技能、小心谨慎和勤勉尽责的态度执行强行平仓。

第十二条 除非乙方事先特别以书面形式声明并得到甲方的确认，甲方对乙方在不同期货交易所的未平仓合约统一计算风险。当乙方保证金不足使乙方交易风险达到约定的风险控制条件时，甲方有权停止乙方开新仓，并可对乙方持有的未平仓合约进行平仓。

乙方在甲方实际控制若干交易账户时，甲方有权对其合并计算风险。

第十三条 由于期货交易所编码规则的不同，乙方可能在不同的期货交易所拥有不同的交易编码。在这种情况下，乙方在不同的交易编码下同时存在盈利和亏损时，在亏损部分未得到充分填补前，乙方不得要求提取盈利部分。

第四章 通知事项

第十四条 甲方采取＿＿＿＿＿＿（甲方、乙方约定。方式）向乙方发出追加保证金通知书、强行平仓通知书。

甲方在每一交易日闭市后按照＿＿＿＿＿＿（甲方、乙方约定。方式）向乙方发出每日交易结算单。

甲方按照＿＿＿＿＿＿（甲方、乙方约定。时间和方式）向乙方提供上月交易结算月报。

第十五条 乙方对甲方提供的每日交易结算单、交易结算月报的记载事项有异议的，应当按照（＿＿＿＿甲方、乙方约定的方式和时间）向甲方提出书面异议。乙方在约定时间内未向甲方提出书面异议，视为乙方对记载事项的确认。

第十六条 甲方或者乙方要求变更本章的约定事项，应当及时通知另一方，经对方确认后方生效。否则，由此造成的通知延误或者损失均由该方负责。

第五章 指定事项

第十七条 甲方接受乙方或者乙方授权的指令下达人的交易指令。乙方授权下列人员为乙方的指令下达人：＿＿＿＿＿。

第十八条 甲方接受乙方或者乙方授权的资金调拨人的调拨资金指令。乙方授权下列人员为乙方的资金调拨人：＿＿＿＿＿。

第十九条 乙方以下列通信地址和号码作为乙方与甲方业务往来的唯一有效地址和号码：

地址：_____；邮编：_____；电话：_____；传真：_____。（双方可以约定其他通信方式）

第二十条 乙方如需变更其指令下达人、资金调拨人或者变更业务往来方式，需书面通知甲方并经甲方按规定程序确认后方生效。乙方未及时书面通知甲方的，由此造成的损失由乙方负担。

第六章 指令的下达

第二十一条 乙方交易指令可以通过书面、电话、电脑等方式下达。书面方式下达的指令必须由乙方或者其指令下达人签字。电话、电脑等方式下达指令的，甲方有权进行同步录音或者用其他方式保留原始指令记录。乙方同意，电话录音、电脑记录等业务过程中形成的记录与书面指令具有同等的法律效力（乙方可以约定采用某种指令下达方式）。

第二十二条 甲方有权审核乙方的指令，包括保证金是否充足、指令内容是否齐全和明确、是否违反有关法规和交易所规则等，以确定指令的有效和无效；当确定乙方的指令为无效指令时，甲方有权拒绝执行乙方的指令。

第二十三条 乙方在发出指令后，可以在指令未成交或者未全部成交之前向甲方要求撤回或者修改指令。但如果该指令已经在期货交易所成交，乙方则必须承担交易结果。

第二十四条 乙方若申请套期保值头寸，应当按照相关期货交易所的规定提供相应的文件或者证明，并对上述文件的真实有效承担责任，甲方应协助乙方申请套期保值头寸。

第七章 报告和确认

第二十五条 甲方对乙方的期货交易实行每日无负债结算。只要乙方在该交易日进行过交易或者有持仓，甲方均应在每个交易日闭市后按照本合同约定的时间和方式向乙方发出显示其账户权益状况或者成交结果的交易结算单。

第二十六条 乙方按照本合同约定的时间和方式向甲方提出异议后，甲方应根据原始指令记录和交易记录及时核实。当对与交易结果有直接关联的事项发生异议时，为避免损失的可能发生或者扩大，甲方在收到乙方的异议时，有权将发生异议的未平仓合约进行平仓。由此发生的损失由有过错的一方承担。

第二十七条 甲方的交易结果不符合乙方的交易指令，或者强行平仓不符合约定条件，甲方有过错并给乙方造成损失的，应当在下一交易日闭市前重新执行乙方交易指令，或者恢复被强行平仓的头寸，并赔偿由此造成的直接损失。

第八章 现货月份平仓和实物交割

第二十八条 乙方应当在甲方统一规定的时间内向甲方提出交割申请。乙方申请交割，应符合期货交易所的相关规定，否则，甲方有权拒绝接受乙方的实物交割申请。

第二十九条 乙方应当在甲方统一规定的期限前，向甲方提交足额的交割资金或者标准仓单、增值税发票等期货交易所要求的凭证及票据。

超过上述规定的期限，乙方未下达平仓指令，也未向甲方提交前款资金、凭证及票据，甲方有权在未通知乙方的情况下，对乙方的未平仓合约进行平仓，由此产生的费用和结果由乙方承担。

第三十条 交割通知、交割货款交收或实物交付及交割违约处理办法依照相关期货交易所和甲方的交割业务规则执行。

第九章 保证金账户管理

第三十一条 甲方在期货交易所指定结算银行开设期货保证金账户，代管乙方交存的保证金以及质押的可上市流通国库券。

第三十二条 甲方为乙方设置保证金明细账，并在每日交易结算单中报告保证金账户余额和保证金的划转情况。

第三十三条 在下列情况下，甲方有权从乙方保证金账户中划转保证金：

（一）依照乙方的指示支付结余保证金；

（二）为乙方向期货交易所交存保证金或者清算差额；

（三）为乙方履约所支付的实物交割货款或者乙方未履约情况下的违约罚款；

（四）乙方因违法、违规被监管部门或者期货交易所予以罚款，甲方为乙方支付罚款；

（五）为乙方支付的仓租或者其他费用；

（六）乙方应当向期货经纪公司、期货交易所支付的手续费和其他费用以及相关税项；

（七）甲方与乙方签订的书面协议中双方同意的划款事项。

第三十四条 乙方保证金属于乙方所有。甲方因破产或者其他原因无法从事期货经纪业务时，乙方的保证金不得用来抵偿甲方的债务或者挪作他用。

第十章 信息、培训与咨询

第三十五条 甲方应当在营业场所向乙方提供国内期货市场行情及与交易相关的分析报告服务。甲方提供的任何关于市场的分析和信息仅供乙方参考，不构成对乙方下达指令的指示、诱导或者暗示。

乙方应当对自己的交易行为负责，不得以根据甲方的分析或者信息入市为理由，对交易亏损要求甲方承担责任。

第三十六条 甲方应当以发放培训教材等方式向乙方提供期货交易知识和交易技术的培训服务。

第三十七条 乙方有权随时查询自己的原始交易凭证，有权随时了解自己的账户情况，甲方应当予以积极配合。

第十一章 费　　用

第三十八条 乙方应当向甲方支付代理进行期货交易的手续费。手续费收取的标准按附表执行。

第三十九条 乙方支付给期货交易所的各项费用以及涉及乙方的税项由乙方承担，前述费用不在乙方支付给甲方的手续费之内。

第十二章 免责条款

第四十条 由于地震、火灾、战争等不可抗力因素导致的交易中断、延误等风险，甲方不承担责任，但应在条件允许下采取一切必要的补救措施以减少因不可抗力造成的损失。

第四十一条 由于国家有关法律、法规、规章、政策或者相关期货交易所规则的改变、紧急措施的出台等导致乙方所承担的风险，甲方不承担责任。

第四十二条 由于通信设施中断、电脑程序故障、电力中断等原因导致指令传达、执行延迟，甲方没有过错的，甲方不承担责任。

第十三章 合同生效和修改

第四十三条 本合同经双方当事人或者其代理人签字后，于乙方开户资金汇入甲方账户之日起生效。

第四十四条 本合同如有变更、修改或补充，双方需协商一致并签订变更、修改或补充协议，作为本合同的补充，与本合同具有同等效力。

第四十五条 在合同履行过程中若发生本合同未列明的事宜，按国家有关法规、规章、政策及相关期货交易所的章程、规则和本公司有关的业务细则以及期货交易惯例执行。

第十四章 账户的清算

第四十六条 当发生下列情形之一时，甲方有权通过平仓或执行质押物对乙方账户进行清算，并解除同乙方的委托关系：

（一）乙方具备下列情形之一：

1. 无民事行为能力或者限制民事行为能力的自然人；
2. 期货监管部门、期货交易所的工作人员；
3. 本公司职工及其配偶、直系亲属；
4. 期货市场禁止进入者；
5. 金融机构、事业单位和国家机关；
6. 未能提供法定代表人签署的批准文件的国有企业或者国有资产占控股地位或者

主导地位的企业；

7. 单位委托开户未能提供委托授权文件的；

8. 中国证监会规定的其他情况。

（二）乙方死亡、丧失民事行为能力或者终止。

（三）乙方被人民法院宣告进入破产程序。

（四）乙方在甲方的账户被提起诉讼保全或者扣划。

（五）乙方出现其他法定或者约定解除合同条件的情况。

乙方应对甲方进行账户清算的费用和清算后的债务余额负全部责任。

第四十七条 甲方因故不能从事期货业务时，应当采取必要措施妥善处理乙方的持仓和保证金。经乙方同意，甲方可以将乙方持仓转移至其他期货经纪公司，同时转移乙方保证金。由此产生的有关合理费用由甲方承担。

第四十八条 乙方可以通过撤销账户的方式，终止与甲方的期货经纪合同。

甲方、乙方终止委托关系，乙方应当办理销户手续。

第十五章 纠纷处理方式

第四十九条 甲乙双方发生交易纠纷或者其他争议的，可以自行协商解决，协商不成，可以采取下列方式解决：

（一）提请仲裁；

（二）向有管辖权的人民法院起诉。

第十六章 其他事宜

第五十条 甲方的《开户申请表》《客户须知》及《客户声明》为本合同不可分割的部分，要与本合同同时签署。

第五十一条 本合同一式两份，甲乙双方各执一份。

甲方（盖章）：＿＿＿＿＿＿＿＿   乙方（盖章）：＿＿＿＿＿＿＿＿

授权代表（签字）：＿＿＿＿＿＿   授权代表（签字）：＿＿＿＿＿＿

＿＿＿＿年＿＿月＿＿日   ＿＿＿＿年＿＿月＿＿日

签订地点：＿＿＿＿＿＿＿＿＿＿   签订地点：＿＿＿＿＿＿＿＿＿＿

附件

附件一

客户声明

客户应当如实声明不具备下列情形：

1. 无民事行为能力或者限制民事行为能力的自然人；

2. 期货监管部门、期货交易所的工作人员；

3. 本公司职工及其配偶、直系亲属；

4. 期货市场禁止进入者；

5. 金融机构、事业单位和国家机关；

6. 未能提供法定代表人签署的批准文件的国有企业或者国有资产占控股地位或者主导地位的企业；

7. 单位委托开户未能提供委托授权文件的；

8. 中国证监会规定的其他情况。

如果客户未履行如实声明义务，期货经纪公司有权解除《期货经纪合同》。

附件二

《期货经纪合同》指引

第一条 期货经纪公司使用的《期货经纪合同》不得与《〈期货经纪合同〉指引》相抵触。

第二条 期货经纪公司制定或者修改《期货经纪合同》，应当将合同样本报送中国证监会派出机构审查。

第三条 期货经纪公司在与客户签订《期货经纪合同》前，应当向客户出示《期货交易风险说明书》及本指引所附《客户须知》，经客户阅读理解并签字。

第四条 期货经纪公司应当向客户说明《期货经纪合同》主要条款的含义，并向客户提示其所负的说明义务。客户在书面确认完全理解合同主要条款的含义后方可与期货经纪公司签订合同。

第五条 期货经纪公司应当在其营业场所备置期货交易法律法规、期货交易所规则、业务规则及其细则等相关文件供客户查询。客户有权向期货经纪公司询问上述规则的含义，期货经纪公司对于客户的询问有解释的义务。

第六条 期货经纪公司与客户签订《期货经纪合同》，应当由客户如实填写《开户申请表》。开户申请表应包括客户资格、资金来源、从事期货交易目的、是否有期货交易经验等与资信有关的内容。

第七条 个人客户开户时应当提供身份证复印件。单位客户开户时应当出具法定代表人或者主要负责人签署的文件，并保证开户行为和代表单位开户的人有正当的授权。

第八条 期货经纪公司应当避免与客户的任何利益冲突，保证公平对待所有客户。在合同履行过程中，应当维护客户最大的合法权益。

第九条 《期货经纪合同》应当约定客户开户的保证金最低标准和风险控制条件，但对所有客户应当采用统一的标准和条件。

第十条　《期货经纪合同》应当约定强行平仓、追加保证金的条件及有关事项，但对所有的客户应当采用统一的条件和程序。

第十一条　《期货经纪合同》应当统一规定对交易结果的通知、确认和异议的程序和方式，并与客户约定采用的具体程序和方式。

第十二条　期货经纪公司应当严格按照合同约定和公司相关业务规则开展经纪业务。有关业务规则的任何变动在合同生效前应通知客户并报告中国证监会派出机构。

第十三条　《〈期货经纪合同〉指引》发布之日起三个月内，期货经纪公司应当根据该指引制定本公司的《期货经纪公司》标准文本，并与客户签署。在重新签署《期货经纪合同》前，现《期货经纪合同》仍然有效。

附件三

客户须知

第一条　期货经纪公司不得对客户作出获利保证或者与客户约定分享利益或者共担风险。

客户应当明确期货交易中任何获利或者不会发生损失的承诺均为不可能或者没有根据的，并且声明从未在任何时间从期货经纪公司的任何代表或者工作人员处得到过此类承诺。

第二条　期货经纪公司不得接受客户的全权委托，客户不得要求期货经纪公司以全权委托的方式进行期货交易。

全权委托指期货经纪公司及其工作人员代客户决定交易指令的内容。

第三条　在期货交易所限仓情况下，期货经纪公司有权未经客户同意按照限仓规定限制客户持有的未平仓合约的数量。当客户持有的未平仓合约数量超过限仓要求时，期货经纪公司有权对超量部分强行平仓。期货经纪公司不承担由此产生的后果。

第四条　在期货交易所根据有关规定要求期货经纪公司对客户持有的未平仓合约强行平仓的情况下，期货经纪公司有权未经客户同意对其持有的未平仓合约强行平仓。期货经纪公司不承担由此产生的后果。

（八）黄金代理交易协议书

甲方：＿＿＿＿＿＿＿＿＿＿＿＿＿＿＿＿

住所：＿＿＿＿＿＿＿＿＿＿＿＿＿＿＿＿

邮编：＿＿＿＿＿＿＿＿＿＿＿＿＿＿＿＿

业务电话：＿＿＿＿＿＿＿＿＿＿＿＿＿＿

传真：＿＿＿＿＿＿＿＿＿＿＿＿＿＿＿＿

乙方：＿＿＿＿＿＿＿＿＿＿＿＿＿＿＿＿＿
住所：＿＿＿＿＿＿＿＿＿＿＿＿＿＿＿＿＿
邮编：＿＿＿＿＿＿＿＿＿＿＿＿＿＿＿＿＿
业务电话：＿＿＿＿＿＿＿＿＿＿＿＿＿＿
传真：＿＿＿＿＿＿＿＿＿＿＿＿＿＿＿＿＿

甲乙双方本着平等协商、诚实信用的原则就甲方为乙方提供黄金交易代理服务的有关事项订立本协议。

一、委托

1. 乙方委托甲方按照乙方的指令为乙方进行在 A 黄金交易所（以下简称交易所）的现货交易；甲方接受乙方委托，并按照乙方的指令，为乙方进行在交易所的现货交易。

2. 甲方根据交易所的交易规则执行乙方指令。甲方有义务将交易结果转移给乙方，乙方有义务对交易结果承担全部责任。

3. 甲方将乙方的资料在交易所登记备案，并取得乙方在交易所的客户编码，乙方通过甲方在交易所的全部交易行为，以该客户编码为唯一标识。

二、资金与实物

1. 乙方的最低开户资金为＿＿＿＿＿＿＿元。（1 万~3 万元）

2. 乙方卖出实物前，需委托甲方将实物入交易所的指定交割仓库，取得仓库的入库单；乙方买入实物前，必须将与成交金额相当的货款划入甲方指定账户。

三、指定事项

1. 乙方授权下列人员为乙方的指令下达人

姓名：＿＿＿＿＿＿＿ 身份证号：＿＿＿＿＿＿＿＿＿＿＿

2. 乙方授权下列人员为乙方的清算确认人

姓名：＿＿＿＿＿＿＿ 身份证号：＿＿＿＿＿＿＿＿＿＿＿

3. 乙方授权下列人员为乙方的资金调拨和黄金入出库执行人

姓名：＿＿＿＿＿＿＿ 身份证号：＿＿＿＿＿＿＿＿＿＿＿

4. 乙方的以下地址为乙方与甲方业务往来的唯一有效地址

邮编：＿＿＿＿＿＿＿ 地址：＿＿＿＿＿＿＿＿＿＿＿

5. 如需变更上述指定事项，须书面通知甲方并经甲方确认后生效。乙方未及时书面通知，造成的损失由乙方负担。

四、指令下达

1. 乙方通过甲方下达交易指令到交易所的交易系统，乙方交易指令可以通过书面、电话等方式下达，书面指令须有指令下达人签字，电话下达方式甲方需保留录音记录。

2. 甲方有权审核乙方的指令，包括资金或实物是否足够、内容是否齐全明确、是否违反交易所规则等，以确定指令有效和无效，当确定乙方指令无效时，甲方有权拒绝乙方的指令。

3. 乙方在指令发出后，可以在指令未成交或未全部成交前，向甲方要求撤单。

4. 甲方的交易结果不符合乙方的交易指令，应当重新执行乙方的交易指令，并赔偿由此造成的直接损失。

5. 乙方需要入库或提货必须向甲方提交书面申请，甲方有义务协助乙方办理实物入库、提货及出库等工作，具体操作办法按交易所仓储交割业务规则执行。

五、通知事项

1. 甲方在交易日闭市后，采取以下第_____种形式，向乙方发出成交确认单和清算单：

（1）乙方或其授权人到甲方营业场所领取。

（2）按约定的号码以传真的方式发送：传真号：_____。

（3）其他形式：_____。

2. 甲方按双方约定的方式向乙方发出清算单后，乙方如未及时领取或未及时收到当日成交单和清算单，应在下一交易日开市前向甲方索取，否则视为甲方已经送达。

3. 乙方对甲方提供的成交单和清算单上记载的事项有异议，应在次日开市前向甲方提出，在次日收市前不提出异议，视为乙方对记载事项的确认。

4. 甲方或者乙方要求变更通知事项，应及时通知另一方，经双方确认后生效。否则，由此造成的延误或损失由责任方负责。

六、账户管理

1. 甲方在交易所指定银行开设交易专用账户，代管乙方交存的资金；在交易所指定的交割仓库代管乙方交存的黄金。甲方为乙方设置资金分户明细账，并在每日交易清算单中报告可用资金和可交易黄金的余额及划转情况。

2. 在下列情况下，甲方有权从乙方的资金账户中划转资金和黄金：

（1）依照乙方指令成交的货款或黄金；

（2）为乙方支付的仓租和运保费；

（3）乙方的交易手续费；

（4）乙方未履约的违约罚款；

（5）甲乙双方签订的双方同意的划款事项。

3. 乙方有权随时查询自己的原始凭证，有权随时了解自己的账户情况，甲方应当予以积极配合。

4. 乙方用于交易的资金和黄金属乙方所有，甲方不得将乙方的资金和黄金用于自身经营活动或为他人的经营活动提供担保，甲方因破产或其他原因无法从事黄金代理业务时，乙方的资金和货款不得用于抵偿甲方的债务或挪作他用。

5. 甲方有责任如实向乙方提供自身的资信和业务情况，不得以任何形式向乙方作获利保证。

6. 乙方有权要求甲方提供交易行情及其他信息，并对乙方进行必要的业务培训。

七、费用

1. 乙方应当向甲方支付代理黄金交易的手续费。手续费的收取标准按附表执行。

2. 乙方支付给交易所的各项费用以及乙方的税项由乙方承担，前述费用不在乙方支付给甲方的手续费之内。

八、免责条款

1. 由于地震、火灾、战争等不可抗力导致的交易中断、延误等风险，甲方不承担责任，但应在条件允许下，采取一切必要的补救措施以减少因不可抗力造成的损失。

2. 由于国家的有关法律、法规、规章、政策或者交易所规则的改变、紧急措施的出台而导致乙方承担的风险，甲方不承担责任。

九、协议生效和修改

1. 本协议经双方当事人或者其代理人签字后，于乙方开户资金汇入甲方账户之日起生效。

2. 本协议如有补充协议，经双方签字，与本协议具有同等法律效力。

3. 在协议履行过程中，若发生本协议未列明事宜，按国家有关法规、规章、政策及交易所章程、规则执行。

十、账户的清算

1. 当发生下列情形之一时，甲方有权对乙方账户进行清算，并解除乙方的委托关系：

（1）乙方被人民法院宣告进入破产程序；

（2）乙方在甲方的账户被提起诉讼保全或扣划；

（3）乙方出现其他法定或约定解除协议条件的情况。

2. 甲方因故不能从事在交易所的代理业务时，经乙方同意，甲方可以将乙方资金和实物转移至其他乙方认可的可经营代理业务的会员，由此产生的合理费用由甲方承担。

3. 乙方可以通过注销账户的方式，终止与甲方的代理协议。双方终止委托关系，甲方必须及时向交易所办理乙方在甲方名下的注销手续。

十一、纠纷处理方式

甲乙双方发生交易纠纷或者其他争议，可以自行协商解决，协商不成的，可以采取下列方式解决：

（1）提请仲裁；

（2）向人民法院起诉；本协议诉讼管辖地为_____。

十二、其他事宜

1. 甲方的《开户登记表》为本协议不可分割的一部分。
2. 本协议一式两份，甲乙双方各执一份。

甲方（盖章）：_____　　　乙方（盖章）：_____
授权代表（签字）：_____　　　授权代表（签字）：_____
_____年___月___日　　　　　　　　　_____年___月___日
签订地点：_____　　　签订地点：_____

（九）港口作业合同①

本合同经作业委托人与港口经营人签章后，即行生效。有关作业委托人与港口经营人之间的权利、义务和责任界限，适用《水路货物运输规则》和港口收费的有关规定。

作业委托人	全称		港口经营人	全称	
	地址、电话			地址、电话	
	银行、账号			银行、账号	
承运人		核定计划号码		月度运输合同号码	
起运港		换装港		到达港	
装船或卸船		费用结算方式			
货名	包装	重量（吨）	体积（m³）	费率（元／吨）	
特约事项和违约责任					
作业委托人签章：　　年　月　日			港口经营人签章：　　年　月　日		

说明：1. 本合同正本一式两份，作业委托人与港口经营人各执一份，副本若干份。
　　　2. 规格：长27厘米，宽19厘米。

---

① 中华人民共和国交通部、国家工商行政管理总局发布。

（十）港口作业委托单[①]

本单经港口经营人与作业委托人签章后，具有合同效力，有关港口经营人与作业委托人之间的权利、义务和责任界限适用于《水路货物运输规则》和港口收费的有关规定。

月度作业合同号码：　　　　　　　　　编　　号：

		约定货物进港时间和地点			承运人			应收费用		
作业委托人	全称			船名		航次		费目	费率(元/计费吨)	金额(元)
	地址、电话			预计船舶到港时间						
	银行账号			运单号码						
起运港		换装港		到达港			费用结算方式			
发货符号	货名	件数	包装	价值(元)	作业委托人确定		计费重量		装卸费率	金额(元)
					重量(吨)	体积（长×宽×高 m³）	重量(吨)	体积(m³)		
									总计	
									大写：	
合计									核算员：	
其他委托项目			约定作业日期						复核员：	收款章： 年　月　日
			约定作业日期						仓库验收经办人： 年　月　日	
特约项目			作业委托人签章 年　月　日		港口经营人签章 年　月　日				装船或交付经办人： 年　月　日	

[①] GF-91-0409。

港口作业委托单说明：

1. 作业委托单一式六份，顺序如下：

第一份（起运港入库或到达港提货联）起运或到达港口经营人→作业委托人→起运或到达港口经营人仓库；

第二份（作业委托人存查联）起运或到达港口经营人→作业委托人；

第三份（收据联）起运或到达港口经营人（收费后）→作业委托人；

第四份（财务结算联）起运或到达港口经营人财务结算；

第五份（计费存查联）起运或到达港口经营人计费存查；

第六份（作业联）起运或到达港口经营人作业后存查。

2. 作业委托单的抬头应印刷或填写港口经营人名称。

3. 作业委托单第六份用厚纸印刷，其余五份均用薄纸印刷，印刷墨色应有区别：结算联为红色、收据联为绿色、其他联为黑色。

4. 要印控制号码或固定号码。

5. 危险货物作业，第六份用红纸印刷。

6. 规格：长 19 厘米，宽 27 厘米。

（十一）设备监理合同①

第一部分　协议书

委托人：_____

监理人：_____

依据《中华人民共和国合同法》，委托人和监理人经协商一致，签订本协议书。

一、委托人委托监理人监理的设备工程项目概况如下：

项目名称：_____。

项目地点：_____。

项目投资额：_____。

二、委托人委托监理人的监理服务的范围与内容，具体见附件 A。

三、监理费用和报酬及其支付，具体见附件 B。

四、项目监理机构及主要专业配备，具体见附件 C。

五、本协议书中的有关词语含义与本合同的《通用条件》中赋予它们的定义相同。

六、本合同文件的组成及解释顺序如下：

（一）协议书及其附件（A、B、C）；

（二）中标通知书（适用时）；

---

① 国家质量监督检验检疫总局、国家工商行政管理总局制定，GF-2010-1003。

（三）监理投标书（适用时）；

（四）专用条件；

（五）通用条件。

在履行本合同过程中双方共同签署的补充与修正文件视为协议书的组成部分。

七、监理人承诺按照本合同的约定履行监理服务义务。

八、委托人承诺按照本合同的约定履行义务。

九、本合同服务期_____年____月____日至_____年____月____日完成。

十、本合同自双方签字或者盖章之日起生效。

本合同一式_____份，具有同等法律效力，双方各执_____份。

委托人：（签章）　　　　　　　监理人：（签章）
法定代表人：　　　　　　　　　法定代表人：
委托代理人：　　　　　　　　　委托代理人：
注册地址：　　　　　　　　　　注册地址：
电　　话：　　　　　　　　　　电　　话：
传　　真：　　　　　　　　　　传　　真：
通信地址：　　　　　　　　　　通信地址：
邮　　编：　　　　　　　　　　邮　　编：
电子邮箱：　　　　　　　　　　电子邮箱：
开户银行：　　　　　　　　　　开户银行：
银行账号：　　　　　　　　　　银行账号：

签订时间：_____年____月____日

签订地点：_____

附件A：
委托人委托监理人的委托监理服务的范围与内容

附件B：
监理费用和报酬及其支付

一、双方同意委托人按以下的标准/依据、计算方法、支付方式与金额支付监理人监理费用和报酬：

（一）正常服务的监理费用和报酬：

标准/依据：_____。

计算方法：_____。

正常服务的监理费用和报酬总额：＿＿＿＿＿＿＿＿＿＿＿＿＿＿＿＿＿＿＿＿。

（二）附加服务的监理费用和报酬约定：＿＿＿＿＿＿＿＿＿＿＿＿＿＿＿。

（三）额外服务的监理费用和报酬约定：＿＿＿＿＿＿＿＿＿＿＿＿＿＿＿。

（四）监理费用和报酬支付（支付币种、金额、时间、方式）：＿＿＿＿＿＿＿。

二、其他

附件 C：

项目监理机构及主要专业配备

第二部分 通用条件

词语定义、法规解释、适用语言

第一条 下列名词和用语，除上下文另有要求外，有如下含义：

（一）"本项目"是指本合同所约定的实施监理的设备工程项目。

（二）"委托人"是指本合同所指的委托监理服务的一方。

（三）"监理人"是指本合同所指的接受委托提供监理服务的一方。

（四）"项目监理机构"是指监理人委派具体负责本项目的监理服务、履行本合同的组织。

（五）"总监理工程师"是指经委托人认可，监理人授权全面负责本项目监理机构的注册设备监理师。

（六）"第三人"是指除监理人以外，委托人就本项目有关事宜与之签订合同的当事人。

（七）"被监理人"是指本项目中，监理人受委托人委托所监理的承包人、设备承揽人等第三人。

（八）"服务"是指监理人根据本合同的约定所提供的正常服务、附加服务和额外服务。

（九）"正常服务"是指双方在《协议书》附件 A 中约定的监理工作。

（十）"附加服务"是指：①正常服务以外，双方通过书面形式协议附加于正常服务的工作内容；②非监理人原因，使监理工作受到阻碍或延误而增加的工作。

（十一）"额外服务"是指正常服务和附加服务以外的服务或非监理人原因致使本项目暂停或终止，其恢复监理服务的工作或善后工作。

（十二）"日"是指任何一天零时至第二天零时的时间段。

（十三）"月"是指根据公历从一个月中任何一天开始到下一个月相应日期的前一天的时间段。

（十四）"书面形式"是指合同书、信件和数据电文（包括电报、电传、传真、电子数据交换和电子邮件）等可以有形地表现所载内容的形式。

第二条 本合同适用的法律是指中华人民共和国的法律、行政法规，以及有关部门规章或在《专用条件》中列明的项目所在地的相关地方法规、地方规章。

第三条 本合同使用汉语语言文字书写、解释和说明。合同双方交换的与本合同有关的书面形式文件及双方通信交流应使用汉语语言。如《专用条件》约定使用两种以上（含两种）语言文字时，汉语应为解释和说明本合同的标准语言文字。

委托人的权利

第四条 有选定"第三人"并与其订立/变更合同的决定权。

第五条 有对项目实施计划、设计变更、工作变更的审定批准权。

第六条 有权依据本合同对监理人的工作进行监督和检查，对总监理工程师有权提出更换的建议。

第七条 监理人调换总监理工程师需经委托人同意。

第八条 发现监理人员未按本合同履行监理职责并给委托人造成损失的，有权要求监理人更换有关监理人员，要求监理人承担相应的赔偿责任。

第九条 有权要求监理人汇报监理工作并提交《专用条件》约定的监理报告。

委托人的义务

第十条 委托人应当预付监理人监理费用并按《协议书》附件 B 的约定支付。

第十一条 委托人应当授权一名熟悉本项目情况、能在规定时间内作出决定的委托人代表（在《专用条件》中约定），负责与监理人联系。更换代表人，应提前七天通知监理人。

第十二条 委托人应支持监理人的工作，委托人应负责协调外部条件。委托人有义务消除监理人在监理现场开展工作时遇到的障碍。

第十三条 委托人应按《专用条件》的约定免费向项目监理机构提供开展监理服务所必需的工作、生活条件。

第十四条 委托人应向监理人免费提供监理工作所需的有关本项目的合同文件、资料、图纸和数据等文件资料，提供的时间、方式、数量与回收、保密要求等在《专用条件》中约定。

第十五条 委托人应在《专用条件》中约定的期限内，对由监理人提交需委托人决定的事宜作出书面形式决定，并及时送达监理人。超过约定的时间，监理人未收到委托人的书面形式决定的，视为委托人对监理人提出的事宜已无不同意见，监理人无须再作确认。

第十六条 委托人应及时将监理人的名称、有关监理活动的范围与内容、项目监理机构成员及委托授权等情况以书面形式通知被监理人。

第十七条　监理人对于由其编制的所有文件拥有版权，委托人仅有权为本项目使用。委托人不得向第三方泄露相关的监理文件。

第十八条　委托人应当授予监理人以下权利：

（一）对委托人选择的设计、制造、安装调试等"第三人"的资质、能力等的审核权，对被监理人选择的分包人的资质、能力等的审核权。

（二）对本项目有关方案、计划、标准、主要工艺及装备的审查权。

（三）对本项目有关参与单位的协调权。重要协调事项应当事先向委托人报告。

（四）征得委托人同意，由监理人签发开工令、停工令、复工令。如在紧急情况下未能事先报告时，则应在24小时内向委托人作出书面形式报告。

（五）对在本项目上使用的外购的原材料、元器件、零部件、成品等的质量审查权。对于不符合合同约定有关标准的，有权通知停止使用。

（六）对本项目实施过程中被监理人的工作质量、产品质量的检查权、监督权。对不符合要求的，有权下达整改令。

（七）对本项目合同款支付申请的审核和签认权。

（八）对委托人与被监理人签订的合同履行中提出的变更及索赔进行审核。经委托人同意后由监理人发布变更令。

（九）在监理过程中如发现被监理人的人员不能胜任工作或不符合有关规定要求，监理人有权要求被监理人调换有关人员。

（十）对本项目完工资料的审核权。

以上授予监理人的权利如有增加/限制，在《专用条件》中约定。

监理人权利

第十九条　监理人有权获取监理费用和报酬。

第二十条　监理人在监理服务中有权行使第十八条规定的权力。

第二十一条　监理人在监理服务中有权行使有关法律、法规及有关部门规章或工程所在地的地方法规、地方规章赋予的权利。

第二十二条　监理人在实施监理过程中，因不可归责于自己的事由受到损失的，可以向委托人要求赔偿损失。

监理人义务

第二十三条　监理人应具有履行本合同所需的能力和资质，应谨慎、勤奋地服务，认真完成《协议书》附件A约定的工作。

第二十四条　监理人应按《协议书》附件C的约定派出监理工作需要的项目监理机构。为保证监理的有效实施，监理人可对项目监理机构和监理人员作出合理调整。

第二十五条　监理人应按《专用条件》的约定，向委托人提交监理文件。

第二十六条 监理人应作好监理记录，向委托人及时报告监理工作，按《专用条件》约定提交监理报告。

第二十七条 未经委托人允许，监理人不得泄露委托人申明的技术和商业秘密，也不得泄露被监理人提供并申明的技术和商业秘密。

第二十八条 监理人应合理使用并妥善保管委托人提供的设施和物品，在监理服务工作完成或本合同终止时，按《专用条件》约定移交给委托人。

监理费用和报酬及其支付

第二十九条 正常服务、附加服务、额外服务的监理费用和报酬，按照《协议书》附件B的约定支付。

第三十条 由于非监理人的原因使监理工作受到阻碍或延误，以致监理人发生了附加服务，监理人应当将此情况与可能产生的影响及时通知委托人。委托人应支付给监理人附加服务的监理费用和报酬。

因不可抗力导致监理人发生的附加服务，附加服务报酬由双方另行约定。

第三十一条 由于非监理人的原因致使暂停或终止监理服务，监理人应当立即通知委托人。其恢复服务的工作或善后工作而发生的额外服务，委托人应支付给监理人此额外服务的监理费用和报酬。

因不可抗力导致监理人发生的额外服务，额外服务报酬由双方另行约定。

本合同的变更和转让

第三十二条 本合同当事人需变更合同时，须经双方签署书面形式协议。由此引起的监理费用和报酬变更双方另行协商确定。

本合同签订后出现国家法律、法规、政策及标准、规范等变化时，合同双方经协商后可做调整。

第三十三条 本合同约定的主要监理服务不可以转委托。部分监理服务的转委托应经委托人书面形式认可。

第三十四条 监理人的责任期为本合同约定的服务期。由于非监理人原因，项目进度的推迟或延误超过本合同约定的期限，双方应另行签订相应协议，否则监理人不再承担相应责任。

合同的权利义务终止

第三十五条 当事人协商一致，可以解除本合同。

第三十六条 当事人一方要求解除本合同，应向对方发出书面形式通知，通知发出14日后本合同解除。因解除委托合同给对方造成损失的，除不可归责于该当事人的事由以外，应当赔偿损失。

第三十七条 监理人违反本合同监理人义务的有关约定，未尽职责、未履行监理义务的，委托人有权要求监理人限期整改，逾期28日不整改的或对答复不满意的，委托人有权解除本合同，造成委托人损失的，监理人应予赔偿。

第三十八条 有下列情形之一，监理人有权解除本合同，因解除委托合同造成监理人损失的，委托人应予赔偿：

（一）委托人违反本合同中委托人义务的有关约定，致使监理人无法有效实施监理服务的，监理人有权要求委托人在一定期限内解决（期限在《专用条件》中约定），逾期未解决的；

（二）委托人未按照《协议书》附件B的约定支付监理费用和报酬，经监理人催告后在28日内仍未支付的。

第三十九条 本合同的解除或终止并不影响双方在本合同解除或终止前按原合同应有的权利和应当承担的义务。

违约责任

第四十条 违约一方应按照《专用条件》的约定向对方支付违约金，也可以按照《专用条件》的约定向对方支付损失赔偿金。但监理人因违约向委托人支付的违约金和损失赔偿金之和累计不应超过监理报酬总额（扣除税金）。

第四十一条 当事人一方违约后，对方应当采取适当措施防止损失的扩大；没有采取适当措施致使损失扩大的，不得就扩大的损失要求赔偿。

第四十二条 当事人一方如果向对方提出赔偿的要求不能成立，则应当补偿由该索赔所引起的对方的各种费用支出。

第四十三条 由于非监理人原因而造成的质量事故和完工（交图、交货、交工等）时限的延期，监理人不承担责任。

第四十四条 因不可抗力不能履行本合同的，根据不可抗力的影响，部分或者全部免除责任，但法律另有规定的除外。当事人迟延履行后发生不可抗力的，不能免除责任。

本合同所称不可抗力，是指不能预见、不能避免并不能克服的客观情况。

双方可在《专用条件》中具体约定免责事由。

争议的解决

第四十五条 当事人可以通过和解或者调解解决本合同争议。当事人不愿和解、调解或者和解、调解不成的，可以根据《专用条件》的约定向成都仲裁机构申请仲裁。当《专用条件》没有约定或没有订立仲裁协议或仲裁协议无效的，可以向人民法院起诉。

其他

第四十六条 本合同未尽事宜，双方应另行协商，签订补充文件，作为本合同的一部分。

第三部分　专用条件

委托人和监理人双方经协商同意签订以下专用条件以补充合同《通用条件》，当《通用条件》与《专用条件》不一致时以《专用条件》为准。具体条件如下：

词语定义、适用法规解释、适用语言

第二条　适用的部门规章或地方法规、规章为：＿＿＿＿＿＿＿＿＿＿＿＿＿＿＿。
第三条　"书面形式""语言"的具体约定：＿＿＿＿＿＿＿＿＿＿＿＿＿＿＿。

委托人的权利

第九条　监理人汇报监理工作、提交监理报告的约定：＿＿＿＿＿＿＿＿＿＿。

委托人的义务

第十一条　所述的委托人代表是：
姓名：＿＿＿＿＿＿＿＿＿＿＿＿　　职务：＿＿＿＿＿＿＿＿＿＿＿＿
双方联系方式：＿＿＿＿＿＿＿＿　　工作地点：＿＿＿＿＿＿＿＿＿＿
电话：＿＿＿＿＿＿＿＿＿＿＿＿　　传真：＿＿＿＿＿＿＿＿＿＿＿＿
邮编：＿＿＿＿＿＿＿＿＿＿＿＿　　电子邮箱：＿＿＿＿＿＿＿＿＿＿
第十二条　委托人应负责协调的外部条件包括：＿＿＿＿＿＿＿＿＿＿＿＿。
第十三条　委托人提供的具体工作、生活服务条件为：＿＿＿＿＿＿＿＿＿。
第十四条　所述的委托人向监理人提供的资料包括：＿＿＿＿＿＿＿＿＿＿。
时间要求：＿＿＿＿＿＿＿＿＿＿＿＿＿＿＿＿＿＿＿＿＿＿＿＿＿＿＿；
数量要求：＿＿＿＿＿＿＿＿＿＿＿＿＿＿＿＿＿＿＿＿＿＿＿＿＿＿＿；
回收要求：＿＿＿＿＿＿＿＿＿＿＿＿＿＿＿＿＿＿＿＿＿＿＿＿＿＿＿；
保密要求：＿＿＿＿＿＿＿＿＿＿＿＿＿＿＿＿＿＿＿＿＿＿＿＿＿＿＿。
第十五条　委托人对由监理人提交需委托人决定的事宜作出书面形式决定，并送达监理人的时间的约定：＿＿＿＿＿＿＿＿＿＿＿＿＿＿＿＿＿＿＿＿。
一般文件：＿＿＿＿＿＿＿＿＿＿＿＿＿＿＿＿＿＿＿＿＿＿＿＿＿＿＿；
紧急事项：＿＿＿＿＿＿＿＿＿＿＿＿＿＿＿＿＿＿＿＿＿＿＿＿＿＿＿。
第十六条　委托人通知被监理人的时间要求：＿＿＿＿＿＿＿＿＿＿＿＿。
第十八条　委托人授予监理人权利增加/限制的约定：
（四）如在紧急情况下未能事先报告时，则应在＿＿＿＿＿日/小时内向委托人作出书面形式报告。

监理人的义务

第二十五条　应提交委托人的监理文件包括：＿＿＿＿＿＿＿＿＿＿＿＿。

内容要求：_____；

提交时间要求：_____；

其中应提交委托人认可的监理文件：_____。

第二十六条 监理人应向委托人报告监理工作的约定：_____。

1. 定期（如月报）

2. 专项报告

3. 其他

监理总结报告内容要求、提交时间：_____。

第二十七条 委托人技术和商业秘密的申明：_____。

第二十八条 监理人向委托人移交设施和物品的约定：_____。

合同的变更和转让

第三十三条 本合同转委托的约定：_____。

合同的权利义务终止

第三十六条 所述的 14 日改为_____日。

第三十七条 委托人要求监理人整改的期限：_____。

第三十八条

（一）所述"监理人有权要求委托人在一定期限内解决"一定期限的约定：____。

（二）所述的 28 日改为_____日。

违约责任

第四十条 违约金或损失赔偿的具体约定：_____。

第四十四条 免责事由的具体约定：_____。

争议的解决

第四十五条 争议解决方式的约定：_____。

其他

（十二）工程建设项目招标代理合同①

---

① 此合同内容详见本书所附电子文件。中华人民共和国建设部、国家工商行政管理总局制定，GF-2005-0215。

第十七章　物业服务合同

物业服务合同，是物业服务人在物业服务区域内，为业主提供建筑物及其附属设施的维修养护、环境卫生和相关秩序的管理维护等物业服务，业主支付物业费的合同。

一、《民法典》相关法条

第九百三十七条　物业服务合同是物业服务人在物业服务区域内，为业主提供建筑物及其附属设施的维修养护、环境卫生和相关秩序的管理维护等物业服务，业主支付物业费的合同。

物业服务人包括物业服务企业和其他管理人。

第九百三十八条　物业服务合同的内容一般包括服务事项、服务质量、服务费用的标准和收取办法、维修资金的使用、服务用房的管理和使用、服务期限、服务交接等条款。

物业服务人公开作出的有利于业主的服务承诺，为物业服务合同的组成部分。

物业服务合同应当采用书面形式。

第九百三十九条　建设单位依法与物业服务人订立的前期物业服务合同，以及业主委员会与业主大会依法选聘的物业服务人订立的物业服务合同，对业主具有法律约束力。

第九百四十条　建设单位依法与物业服务人订立的前期物业服务合同约定的服务期限届满前，业主委员会或者业主与新物业服务人订立的物业服务合同生效的，前期物业服务合同终止。

第九百四十一条　物业服务人将物业服务区域内的部分专项服务事项委托给专业性服务组织或者其他第三人的，应当就该部分专项服务事项向业主负责。

物业服务人不得将其应当提供的全部物业服务转委托给第三人，或者将全部物业服务支解后分别转委托给第三人。

第九百四十二条　物业服务人应当按照约定和物业的使用性质，妥善维修、养护、清洁、绿化和经营管理物业服务区域内的业主共有部分，维护物业服务区域内的基本秩序，采取合理措施保护业主的人身、财产安全。

对物业服务区域内违反有关治安、环保、消防等法律法规的行为，物业服务人应当及时采取合理措施制止、向有关行政主管部门报告并协助处理。

第九百四十三条　物业服务人应当定期将服务的事项、负责人员、质量要求、收费项目、收费标准、履行情况，以及维修资金使用情况、业主共有部分的经营与收益情况等以合理方式向业主公开并向业主大会、业主委员会报告。

第九百四十四条 业主应当按照约定向物业服务人支付物业费。物业服务人已经按照约定和有关规定提供服务的，业主不得以未接受或者无需接受相关物业服务为由拒绝支付物业费。

业主违反约定逾期不支付物业费的，物业服务人可以催告其在合理期限内支付；合理期限届满仍不支付的，物业服务人可以提起诉讼或者申请仲裁。

物业服务人不得采取停止供电、供水、供热、供燃气等方式催交物业费。

第九百四十五条 业主装饰装修房屋的，应当事先告知物业服务人，遵守物业服务人提示的合理注意事项，并配合其进行必要的现场检查。

业主转让、出租物业专有部分、设立居住权或者依法改变共有部分用途的，应当及时将相关情况告知物业服务人。

第九百四十六条 业主依照法定程序共同决定解聘物业服务人的，可以解除物业服务合同。决定解聘的，应当提前六十日书面通知物业服务人，但是合同对通知期限另有约定的除外。

依据前款规定解除合同造成物业服务人损失的，除不可归责于业主的事由外，业主应当赔偿损失。

第九百四十七条 物业服务期限届满前，业主依法共同决定续聘的，应当与原物业服务人在合同期限届满前续订物业服务合同。

物业服务期限届满前，物业服务人不同意续聘的，应当在合同期限届满前九十日书面通知业主或者业主委员会，但是合同对通知期限另有约定的除外。

第九百四十八条 物业服务期限届满后，业主没有依法作出续聘或者另聘物业服务人的决定，物业服务人继续提供物业服务的，原物业服务合同继续有效，但是服务期限为不定期。

当事人可以随时解除不定期物业服务合同，但是应当提前六十日书面通知对方。

第九百四十九条 物业服务合同终止的，原物业服务人应当在约定期限或者合理期限内退出物业服务区域，将物业服务用房、相关设施、物业服务所必需的相关资料等交还给业主委员会、决定自行管理的业主或者其指定的人，配合新物业服务人做好交接工作，并如实告知物业的使用和管理状况。

原物业服务人违反前款规定的，不得请求业主支付物业服务合同终止后的物业费；造成业主损失的，应当赔偿损失。

第九百五十条 物业服务合同终止后，在业主或者业主大会选聘的新物业服务人或者决定自行管理的业主接管之前，原物业服务人应当继续处理物业服务事项，并可以请求业主支付该期间的物业费。

二、典型案例

案例1：业主拖欠物业费，物业公司能否断水、断电？

[案情回放]

张某是某小区业主，因为对物业服务有意见，自2020年开始拒绝支付物业费。物业公司多次向张某催收，张某均置之不理。2022年5月，物业公司切断了张某房屋的水电线路，双方为此发生冲突。因为无法协商解决，张某向人民法院提起诉讼，要求物业公司恢复水电供应并赔偿自己的损失。

[专家点评]

《民法典》第944条规定："业主应当按照约定向物业服务人支付物业费。物业服务人已经按照约定和有关规定提供服务的，业主不得以未接受或者无需接受相关物业服务为由拒绝支付物业费。业主违反约定逾期不支付物业费的，物业服务人可以催告其在合理期限内支付；合理期限届满仍不支付的，物业服务人可以提起诉讼或者申请仲裁。物业服务人不得采取停止供电、供水、供热、供燃气等方式催交物业费。"也就是说，针对业主无故拖欠物业费的情况，物业公司可以通过法律途径追讨，但无权采取断水、断电、断气等方式逼迫业主缴纳物业费。在本案中，张某不满物业服务，可以提起诉讼或者仲裁，如果物业服务不符合合同约定，物业费可以减免，擅自停止缴纳物业费是欠妥的；物业公司断水、断电，影响业主房屋的正常使用和日常生活，也不符合法律规定。

案例2：合同期限届满后物业公司继续提供服务，能否随时解聘？

[案情回放]

某小区物业服务合同于2020年到期。由于业主大会未就物业公司的选聘问题达成一致意见，物业公司继续留任，直到2022年6月，小区业主委员会通知物业公司，已经与其他物业公司签订了物业服务合同，要求原物业公司于1个月内完成交接，退出该小区。原物业公司认为，物业服务合同期限届满后，业主并未作出解聘该物业公司的决定，物业服务合同继续有效，业主委员会不能无故解除合同。双方为此陷入僵持状态。

[专家点评]

《民法典》第948条规定："物业服务期限届满后，业主没有依法作出续聘或者另聘物业服务人的决定，物业服务人继续提供物业服务的，原物业服务合同继续有效，但是服务期限为不定期。当事人可以随时解除不定期物业服务合同，但是应当提前六十日书面通知对方。"在本案中，原物业服务合同到期后，某小区业主未作出解聘原物业公司的决定，按照法律规定，物业服务合同继续有效，转为不定期合同。对于不定期合同，当事人双方都有权随时解除。因此，某小区业主委员会有权解除合同，另聘新的物业服务公司。按照《民法典》的规定，业主委员会应该提前60天通知原物业公司，因此要求原物业公司在1个月内完成交接，不符合法律规定。

三、物业服务合同陷阱防范

1. 开发商在销售过程中，会通过减免物业费的方式进行促销，对此，物业服务企业应当了解清楚，并在合同中加以明确。

2. 物业服务企业在接收物业时，要严格按照合同约定进行查验，以免因为疏忽为日后合同的履行和物业管理埋下隐患。

3. 在签订物业服务合同时，物业服务企业应当根据物业管理实际情况、市场行情以及自身条件，合理确定物业服务费用，不能为了获得物业服务项目，盲目降低收费标准，导致日后物业服务水平达不到合同约定的标准，引起纠纷。

四、物业服务合同范本

（一）北京市前期物业服务合同①

合同编号：
甲方（建设单位）：＿＿＿＿＿＿＿＿＿＿＿＿＿＿＿＿
乙方（物业服务人）：＿＿＿＿＿＿＿＿＿＿＿＿＿＿＿＿

说　　明

1. 本合同文本为示范文本，由北京市住房和城乡建设委员会、北京市市场监督管理局共同制定，供建设单位与前期物业服务人签订前期物业服务合同时使用。

2. 本合同文本中所称前期物业服务，是指建设单位承担前期物业服务责任，通过选聘前期物业服务人，由物业服务人按照前期物业服务合同的约定，对房屋及配套的设施设备和相关场地进行维修、养护、管理，维护物业区域内的环境卫生和相关秩序。

3. 本合同文本 [ ] 中选择内容、空格部分填写及其他需要删除或添加的内容，双方当事人应当协商确定。[ ] 中选择内容，以画"√"的方式选定；对于实际情况未发生或双方当事人不做约定的，应当在空格部分打"×"，以示删除。

4. 双方当事人签订本合同时应当认真核对合同内容，合同一经签署，对双方具有法律约束力。

---

① BF-2021-2712。

甲方（建设单位）：_____
统一社会信用代码：_____
房地产开发企业资质证书号：_____
法定代表人：_____ 联系电话：_____
委托代理人：_____ 联系电话：_____
通信地址：_____
邮政编码：_____

乙方（物业服务人）：_____
统一社会信用代码：_____
法定代表人：_____ 联系电话：_____
委托代理人：_____ 联系电话：_____
通信地址：_____
邮政编码：_____

甲方以［公开招标方式］［邀请招标方式］［协议方式］选聘乙方提供前期物业服务，根据《中华人民共和国民法典》《物业管理条例》及《北京市物业管理条例》等有关法律、法规的规定，在自愿、平等、公平、诚实信用的基础上，订立本合同。

第一部分　物业项目基本情况

第一条　本物业项目（以下简称"本物业"）基本情况如下：
名称：［地名核准名称］［暂定名］_____。
类型：［普通住宅］［办公］［商业］［其他］_____。
坐落位置：北京市_____区_____路（街）_____。
规划建筑面积：_____平方米。

第二条　物业管理区域四至：
东至：_____；
南至：_____；
西至：_____；
北至：_____。
规划平面图和物业管理区域内的物业构成明细分别见附件一、附件二。

第三条　物业服务用房主要用于物业服务人客服接待、项目档案资料保存、工具物料存放、人员值班备勤、业主大会及业主委员会办公用房等。
物业服务用房建筑面积为_____平方米，其中地上建筑面积为_____平方米，位于_____［号楼］［幢］［座］_____层_____单元_____号；
地下建筑面积为_____平方米，位于_____［号楼］［幢］［座］_____

层_____单元_____号；其中业主大会及业主委员会办公用房建筑面积为_____平方米，位于_____［号楼］［幢］［座］_____层_____单元_____号。

（注：物业服务用房为多处时，双方可自行增加以上内容）

第二部分　物业服务事项

第四条　甲方出售房屋交付之日当月前的服务范围一般包括：

1. 对已接收的物业进行维护。
2. 做好公共区域的清洁工作（施工垃圾的清理、施工场地和料场的清洁由甲方负责）。
3. 协助甲方做好出售房屋交付入住时的交房、接待以及与物业服务相关的咨询等工作。

第五条　业主入住后，乙方应当提供的物业服务包括以下内容：

1. 制订物业服务工作计划，根据法律、法规和本小区临时管理规约的授权制定物业服务的有关制度；并按照有关制度和计划组织实施；管理相关的工程图纸、档案与竣工验收资料等。

2. 负责本物业管理区域内物业共用部位的日常维修、养护和管理。物业共用部位明细见附件三。

3. 负责本物业管理区域内物业共用设施设备的日常维修养护、运行和管理。物业共用设施设备明细见附件四。

4. 负责共有绿地、景观的养护和管理。

5. 负责清洁卫生服务，包括本物业管理区域内物业共用部位、公共区域的卫生清洁和生活垃圾、建筑垃圾、大件垃圾的收集和管理。

6. 负责协助维护公共秩序和协助做好安全防范工作。

7. 负责保管甲方移交的全部资料。负责按照《北京市物业管理条例》要求建立、保管相关档案和资料。

8. 配合物业管理区域内非业主共有公共服务设施的产权单位做好相关设施的供水、供电等工作，并与产权单位约定设施运行、维修养护、更新改造等责任和物业服务事项。

9. 其他服务事项：_____。

第六条　乙方指定物业服务项目负责人为：_____，联系电话：_____。乙方更换项目负责人的，应当提前 7 日在本物业管理区域内的显著位置公示。

第三部分　物业服务标准

第七条　乙方按以下第_____种方式提供前期物业服务：

1. 北京市现行住宅物业服务标准中的_____级物业服务标准，详见附件五。

2. 北京市现行住宅物业服务标准中不同等级的具体物业服务事项和标准，详见附件五。

甲、乙双方约定的北京市现行住宅物业服务标准范围以外的具体服务事项和标准，详见附件六。

第四部分　物业服务期限

第八条　前期物业服务期限为_____年（最长不超过两年），自本项目首套房屋交付之日起算。

第五部分　物业服务费用

第九条　本合同生效之日至出售房屋交付之日的当月发生的物业费用由甲方承担。本物业区域物业服务收费为［包干制］［酬金制］方式。

第十条　包干制

1. 物业服务费用由业主按其拥有物业的建筑面积交纳，具体标准如下：

［多层住宅］：_____元/平方米·月；

［高层住宅］：_____元/平方米·月；

［别　　墅］：_____元/平方米·月；

［办 公 楼］：_____元/平方米·月；

［商业用房］：_____元/平方米·月；

［会　　所］：_____元/平方米·月；

物　　业：_____元/平方米·月。

2. 物业服务费的盈余或者亏损均由乙方享有或者承担；乙方不得以亏损为由要求增加费用、降低服务标准或减少服务内容。

3. 乙方应当按规定向业主公布物业服务项目收支情况。

4. 经协商一致，业主应当自房屋交付之日下月起，按照［年］［季］［月］交纳物业服务费。

第十一条　酬金制

1. 物业服务费由业主按其拥有物业的建筑面积预先交纳，具体标准如下：

［多层住宅］：_____元/平方米·月；

［高层住宅］：_____元/平方米·月；

［别　　墅］：_____元/平方米·月；

［办 公 楼］：_____元/平方米·月；

［商业用房］：_____元/平方米·月；

［会　　所］：_____元/平方米·月；

物　　业：_____元/平方米·月。

2. 物业服务费为所交纳的业主所有，由乙方代管，其构成包括物业服务支出和物业服务企业的酬金。

物业服务支出包括以下部分：

（1）管理服务人员的工资、社会保险和按规定提取的福利费等。

（2）物业共用部位、共用设施设备的日常运行、维护费用。

（3）物业管理区域内清洁卫生费用。

（4）物业管理区域内绿化养护费用。

（5）物业管理区域内秩序维护费用。

（6）乙方办公费用。

（7）乙方企业固定资产折旧。

（8）物业共用部位、共用设施设备及公众责任保险费用。

（9）乙方履行本物业服务合同项下所有义务需要的其他费用：_____。

3. 乙方采取以下第_____种方式提取酬金：

（1）［每季］［每半年］［每年］，计_____元的标准从预收的物业服务费中提取。

（2）［每季］［每半年］［每年］，从预收的物业服务费中按_____%的比例提取。

4. 物业服务支出应当全部用于本合同约定的支出，年度结算后结余部分，转入下一年度继续使用，年度结算后不足部分，由全体业主承担，另行交纳。

5. 乙方应当向全体业主公布物业服务年度计划和支出年度预决算，并按［季］［半年］_____向全体业主公布物业服务费的使用情况。

6. 经协商一致，业主应当自房屋交付之日起，按照［年］［季］［月］交纳物业服务费。

第十二条 甲方委托乙方提供机动车停车服务的，甲、乙双方另行签订停车管理委托协议进行约定，乙方应当与车位使用人签订书面的停车服务协议，明确双方在车位使用及停车服务等方面的权利义务。

停车服务费按_____车位：_____元/平方米·月的标准收取。

第十三条 房屋装饰装修前，业主与乙方签订书面装饰装修服务协议，乙方应当告知业主相关的禁止行为和注意事项，并将装饰装修的时间、地点等情况在业主所在楼内公示。除约定收取［装修管理费］_____元、［装修保证金］_____元、［装修垃圾清运费］_____元、［　　　］_____元外，乙方不得另行收取其他任何费用。

业主完成装修后，应当通知乙方进行装修检查。经检查装修活动未出现损坏、擅自拆改建筑物承重结构、主体结构，擅自拆改供水、排水、再生水等管线，侵占绿地、毁坏绿化植物和绿化设施，占用、堵塞、封闭消防通道、疏散通道等共用部位，或者损坏消防设施等共用设施设备等违法、违规情形的，乙方应当在检查合格后 7 日内将装修保证金全额无息退还。

第十四条　乙方对甲方、业主物业专有部分提供维修养护或其他服务的，应当与甲方、业主签订服务协议，服务事项、标准及费用由双方在协议中约定。

第十五条　乙方接受供水、供电、供气、供热、通信、有线电视等专业运营单位委托代收使用费用的，不得向业主收取手续费等额外费用，不得限制或变相限制业主或物业使用人购买或使用。

第十六条　在前期物业服务期间，业主转让或出租其物业专有部分时，应当将本合同、临时管理规约以及有关费用交纳情况等事项告知受让人或承租人，并自买卖合同或租赁合同签订之日起 15 日内，将买卖或出租情况告知乙方。业主转让物业前，应当与乙方结清相关费用。

第六部分　权利与义务

第十七条　甲方的权利义务

1. 根据有关法律、法规的要求，与乙方完成物业管理区域的承接查验工作，签订承接查验协议，并向业主公开查验的结果；对于承接查验发现的问题，甲方应当在三十日内予以整改或委托乙方整改。
2. 审定乙方制订的物业服务方案，并监督实施。
3. 根据有关法律、法规及本合同的约定，向乙方提供物业服务用房。
4. 根据有关法律、法规及本市的规定，向乙方移交下列资料：
（1）物业管理区域划分相关文件。
（2）竣工总平面图，单体建筑、结构、设备的竣工图，配套设施、地下管网工程竣工图等竣工验收资料。
（3）设施设备的安装、使用和维护保养等技术资料。
（4）物业质量保修文件和物业使用说明文件。
（5）配套设施移交协议书复印件。
（6）物业管理必需的其他资料。
5. 配合乙方做好物业管理区域内的物业服务工作。
6. 按时足额交纳物业管理区域内已竣工但尚未出售物业的物业服务费、因甲方原因未能按时交付物业买受人的物业及自有物业的物业服务费用。
7. 有关法律规定和当事人约定的其他权利义务。

第十八条　乙方的权利义务

1. 根据有关法律、法规及本合同的约定，按照物业服务标准和内容提供物业服务，收取物业服务费、特约服务费。
2. 及时向业主、物业使用人告知安全、合理使用物业的注意事项。

3. 定期听取业主的意见和建议，接受业主监督，改进和完善服务。

4. 对违法建设、违规出租房屋、私拉电线、占用消防通道等行为进行劝阻、制止，劝阻、制止无效的，及时报告相关行政执法机关。

5. 发现有安全风险隐患的，及时设置警示标志，采取措施排除隐患或者向有关专业机构报告。

6. 妥善保管和正确使用本物业的档案资料，及时记载有关变更信息，不得泄露在物业服务活动中获取的业主信息。

7. 对业主和物业使用人违反本合同和本小区临时管理规约的行为进行劝阻、制止，并及时报告业主委员会或者物业管理委员会。

8. 履行生活垃圾分类管理责任人职责，指导、监督业主和物业使用人进行生活垃圾分类。

9. 不得擅自占用本物业管理区域内的共用部位或擅自改变其使用用途。不得擅自将共用部分用于经营活动。不得擅自占用、挖掘本物业管理区域内的道路、场地，确需临时占用、挖掘本物业管理区域内道路、场地的，应当按规定办理相关手续，制订施工方案，开工前要在物业管理区域内公示，施工过程中尽可能减少对业主的影响，并及时恢复原状。

10. 乙方实施锅炉、电梯、电气、制冷以及有限空间、高空等涉及人身安全的作业，应当具备相应资质或委托具备相应资质的单位实施，委托其他单位实施的，应当明确各自的安全管理责任。

11. 乙方可将本物业管理区域内的专项服务委托给专业性服务企业，但不得将全部物业服务一并或分解后分别委托给其他单位或个人。乙方应当将委托事项及受托企业的信息在物业管理区域内公示。乙方与受托企业签订的合同中约定的服务标准，不得低于本合同约定。乙方应当对受托企业的服务行为进行监督，并对受托企业的服务行为承担责任。

12. 乙方应当在物业管理区域内显著位置设置公示栏，按照相关法律、法规的规定，公示乙方的服务内容及收费标准、服务方式、联系方式以及物业管理区域内设备设施的维修保养、业主装修、车位租售、费用使用、公共收益等相关情况。

13. 乙方可以对拒不交纳物业服务费的业主依法提起诉讼或者申请仲裁；但乙方不得采取停止供电、供水、供热、供燃气等方式催交物业费。

14. 乙方应当采取必要的安全保障措施防止从建筑物中抛掷物品情形的发生；未采取必要的安全保障措施的，应当依法承担未履行安全保障义务的侵权责任。乙方在不侵犯他人隐私的情况下，可通过安装监控摄像头等方式就抛掷物品危害他人人身财产安全、破坏环境卫生等行为收集相应证据。乙方需妥善保管录音录像等证据，不得擅自毁损破坏，并且未经法定程序不得擅自向第三方公开。

15. 配合街道办事处、乡镇人民政府、行政执法机关和居民委员会、村民委员会做好物业管理相关工作。

16. 有关法律规定和当事人约定的其他权利义务。

第十九条 业主的权利义务

1. 有权要求甲、乙双方按合同约定提供物业服务。

2. 甲、乙双方履行本合同，对乙方提供的物业服务有建议、督促的权利。

3. 对本物业管理区域内专项维修资金的使用及物业共用部位、共用设施设备的经营收益及使用情况，享有知情权和监督权。

4. 遵守本小区临时管理规约以及物业管理区域内物业共用部分的使用、公共秩序和环境卫生的维护等方面的规章制度。

5. 按照国家和本市有关规定缴纳专项维修资金。

6. 对乙方根据合同和有关规章制度提供的管理服务给予必要配合。

7. 根据本合同的约定交纳物业服务费与其他服务费。

8. 有关法律、法规和当事人约定的其他权利义务。

第七部分 合同终止

第二十条 本合同期限届满前3个月，由业主共同决定是否继续聘用乙方作为物业服务人。本合同期限未满，但业主已选聘新的物业服务人的，业主与新物业服务人签订的物业服务合同生效时，本合同自动终止；乙方应当在接到业主委员会或物业管理委员会合同终止书面通知之日起30日内，移交物业服务用房、物业服务的相关资料及属于本物业管理区域内的物业共用设施设备、公共区域，结清预收、代收的相关费用，并按时撤出本物业管理区域。

因前款原因解除合同造成乙方损失的，除不可归责于业主的事由外，乙方有权要求业主赔偿损失。在办理交接至撤出物业管理区域期间，乙方应当负责维持正常的物业管理秩序。

第二十一条 本合同期限届满，业主未选聘新的物业服务人，或与新物业服务人签订的物业服务合同尚未生效的，乙方应当继续按合同约定提供物业服务，在此期间的物业服务费用仍由业主按本合同约定标准交纳。

第二十二条 本合同终止后，甲乙双方应当共同做好债权债务处理、物业服务费用的清算、对外签订的各种协议的执行等善后工作；乙方应当协助业主委员会或物业管理委员会做好物业服务的交接和善后工作。

第八部分 违约责任

第二十三条 由于甲方开发建设遗留问题导致乙方未能完成服务内容的，乙方有权要求甲方限期解决，甲方应当承担相应的违约责任；给乙方造成损失的，甲方应当承担相应的赔偿责任。

乙方在服务期限内擅自撤出的，应当按照服务剩余期限物业服务总费用_____的标准向业主支付违约金；乙方在本合同终止后拒不撤出本物业区域的，应当按照物业服务总费用_____的标准向业主支付延迟撤出期间违约金。前述行为给业主造成损失的，乙方应当承担相应的赔偿责任。

除不可预见的情况外，乙方擅自停水、停电的，甲方或业主有权要求乙方限期解决，乙方应当承担相应的违约责任；给甲方或业主造成损失的，乙方应当承担相应的赔偿责任。

第二十四条 乙方违反本合同的约定，擅自提高物业服务费标准，业主就超额部分有权拒绝交纳，同时乙方应当按_____的标准向业主支付违约金。业主逾期未交纳物业服务费的，应当按照_____的标准承担相应的违约金。

第二十五条 除本合同第七部分规定的合同终止情形外，甲、乙双方均不得提前解除本合同，否则解约方应当承担相应的违约责任；给对方或业主造成损失的，解约方应当承担赔偿责任。

第二十六条 因不可抗力致使合同部分或全部无法履行的，根据不可抗力的影响，部分或全部免除责任。

第二十七条 为维护公共利益，在不可预见的情况下，如发生燃气泄漏、漏电、火灾、暖气管或水管破裂、救助人命等突发事件，或者依法配合公安机关工作等，乙方因采取紧急避险措施造成损失的，当事人应当按有关规定处理。

第二十八条 乙方有确切证据证明属于以下情况的，可不承担违约责任：

1. 由于甲方、业主或物业使用人的自身责任且乙方无过错导致乙方的服务无法达到合同约定的。

2. 因维修养护本物业区域内的共用部位、共用设施设备需要且事先已告知业主或物业使用人，暂时停水、停电、停止共用设施设备使用等造成损失的。

3. 非乙方责任出现供水、供电、供气、供热、通信、有线电视及其他共用设施设备运行障碍造成损失的。

第九部分 争议解决

第二十九条 合同履行过程中发生争议的，双方可以通过友好协商或者向物业所在地人民调解委员会申请调解的方式解决；不愿协商、调解或者协商、调解不成的，可以按照以下第_____种方式解决：

1. 向_____人民法院提起诉讼。
2. 向_____仲裁委员会申请仲裁。

第十部分 附则

第三十条 对本合同的任何修改、补充须经双方书面确认，与本合同具有同等的法律效力。对本合同的修改、补充不得损害业主的利益,修改、补充的内容不得与本小区临时管理规约的内容相抵触。

第三十一条 本合同正本连同附件一式＿＿＿＿份,甲方、乙方各执＿＿＿＿份,具有同等法律效力。本合同签订或者变更之日起 15 日内,乙方应当将本合同报物业所在地街道办事处或乡镇人民政府、所在区住房城乡建设或房屋主管部门予以备案。

第三十二条 本合同经双方法定代表人或授权代表人签字并加盖公章后生效,并作为《商品房预售合同》或《商品房现房买卖合同》的附件。

第三十三条 其他约定:＿＿＿＿＿＿＿＿＿＿＿＿＿＿＿＿＿＿＿。

甲方: 乙方:
授权代表: 授权代表:

签订日期: 年   月   日   年   月   日

附件:一、规划平面图
二、物业构成明细
三、物业共用部位明细
四、物业共用设施设备明细
五、物业服务标准
六、其他物业服务事项

附件一:
规划平面图

附件二:
物业构成明细

类型	幢数	套（单元）数	建筑面积（平方米）
高层住宅			
多层住宅			
别墅			
商业用房			
工业用房			

续表

类型	幢数	套（单元）数	建筑面积（平方米）
办公楼			
自行车库			
机动车车库			
会所			
学校			
幼儿园			
文化活动场所			
_____用房			
合计			
备注			

附件三：
物业共用部位明细

1. 房屋承重结构。
2. 房屋主体结构。
3. 公共门厅。
4. 公共走廊。
5. 公共楼梯间。
6. 内天井。
7. 户外墙面。
8. 屋面。
9. 传达室。
10. _____。

附件四：
物业共用设施设备明细

1. 电梯：

垂直梯_____部。

扶梯_____部。

_____。

2. 绿化率：_____%。

楼间、集中绿地_____平方米。

砖石铺装_____平方米。

_____。

3. 区域内市政：

市政供暖采暖及生活热水系统_____。

［道路］［楼间甬路］_____平方米。

［室外上下水管道］_____米。

［沟渠］_____。

［蓄水池］_____个。

［化粪池］_____个。

［污水井］_____个。

［雨水井］_____个。

变配电系统包括_____。

高压双路供电电源_____。

公共照明设施［路灯］_____个；［草坪灯］_____个；[   ]_____个。

［物业区域的外围护拦及围墙］_____。

［高压水泵］［高压水箱］_____个。

［污水泵］_____个。

［中水及设备系统］_____。

[   ] _____。

4. ［燃气调节站］_____。

5. 消防设施包括_____。

6. 监控设施包括_____。

7. 避雷设施包括_____。

8. 空调设备：［中央空调系统］使用范围_____。

9. 电视共用天线_____。

10. 电脑网络线_____。

11. 电信电话：_____。
12. 地下机动车库_____平方米。
13. 地上机动车停车场_____平方米。
14. 非机动车库_____平方米。
15. 垃圾中转站_____个。
16. 信报箱_____个。
17. 共用设施设备用房_____平方米。
18. 物业服务用房_____平方米。
19. _____。

附件五：
物业服务标准

附件六：
其他物业服务事项

（二）北京市物业服务合同①

说　　明

1. 本合同文本为示范文本，由北京市住房和城乡建设委员会与北京市市场监督管理局共同制定，供业主（含业主大会、业主委员会、物业管理委员会）与物业服务人签约时使用。

2. 本合同文本中所称物业服务，是指业主通过选聘物业服务人，由物业服务人按合同的约定，对物业管理区域内的房屋及其配套的设施设备和相关场地进行维修、养护、管理，维护环境卫生和相关秩序，并由业主支付费用的活动。

3. 本合同文本 [ ] 中选择内容、空格部位填写及其他需要删除或添加的内容，双方当事人应当协商确定。[ ] 中选择内容，以画"√"的方式选定；对于实际情况未发生或双方当事人不做约定的，应当在空格部位打"×"，以示删除。

4. 双方当事人签订本合同时应当认真核对合同内容，合同一经签署，对双方具有法律约束力。

甲方（业主）：　　　　［业主］［业主大会］［业主委员会］［物业管理委员会］
负责人：

---

① BF—2021—2713。

（此项由业主大会/业主委员会/物业管理委员会填写）
联系电话：
身份证号：
通信地址：
邮政编码：

乙方（物业服务人）：　　　　　［物业服务企业］［专业单位］［其他物业管理人］
（物业服务人是服务企业、专业单位请填1，其他物业管理人填2）
1. 统一社会信用代码：
法定代表人：　　　　　　　　　联系电话：
委托代理人：　　　　　　　　　联系电话：
通信地址：
邮政编码：
2. 身份证号：
联系方式：

甲方以［公开招标方式］［邀请招标方式］［协议方式］选聘乙方提供物业服务，根据《中华人民共和国民法典》《物业管理条例》及《北京市物业管理条例》等有关法律、法规的规定，在自愿、平等、公平、诚实信用的基础上，订立本合同。

第一部分　物业项目基本情况

第一条　本物业项目（以下简称"本物业"）基本情况如下：
名称：［地名核准名称］［暂定名］_____。
类型：［普通住宅］［办公］［商业］［其他］_____。
坐落位置：北京市_____区_____路（街）_____。
规划建筑面积：_____平方米。

第二条　物业管理区域四至：
东至：_____；
南至：_____；
西至：_____；
北至：_____。
规划平面图和物业管理区域内的物业构成明细分别见附件一、附件二。

第三条　物业服务用房主要用于物业服务企业客服接待、项目档案资料保存、工具物料存放、人员值班备勤、业主大会及业主委员会办公用房等。

物业服务用房建筑面积为_____平方米，其中地上建筑面积为_____平方米，位于_____［号楼］［幢］［座］_____层_____单元_____号；地下建筑面积为_____平方米，位于_____［号楼］［幢］［座］_____层_____单元_____号；其中业主大会及业主委员会办公用房建筑面积为_____平方米，位于_____［号楼］［幢］［座］_____层_____单元_____号。

（注：物业服务用房为多处时，双方可自行增加以上内容）

第二部分　物业服务事项及期限

第四条　乙方指定物业服务项目负责人为：_____，联系电话：_____。乙方更换项目负责人的，应当于7日内在本物业管理区域内的显著位置公示。

第五条　乙方应当提供的物业服务包括以下内容：

1. 制订物业服务工作计划，根据法律、法规和本小区管理规约的授权制定物业服务的有关制度；并按照有关制度和计划组织实施；管理相关的工程图纸、档案与竣工验收资料等。

2. 负责本物业管理区域内物业共用部位的日常维修、养护和管理。物业共用部位明细见附件三。

3. 负责本物业管理区域内物业共用设施设备的日常维修养护、运行和管理。物业共用设施设备明细见附件四。

4. 负责共有绿地、景观的养护和管理。

5. 负责清洁卫生服务，包括本物业管理区域内物业共用部位、公共区域的清洁卫生和生活垃圾、建筑垃圾、大件垃圾的收集和管理等。

6. 负责协助维护公共秩序和协助做好安全防范工作。

7. 负责保管甲方移交的全部资料。负责按照《北京市物业管理条例》的要求建立、保管相关档案和资料。

8. 配合物业管理区域内非业主共有公共服务设施的产权单位做好相关设施的供水、供电等工作，并与产权单位约定设施运行、维修养护、更新改造等责任和物业服务事项。

9. 其他服务事项：_____
_____。

第六条　物业服务期限为_____年，自_____年____月____日至_____年____月____日。

第三部分　物业服务标准

第七条　乙方按以下第_____种方式提供住宅的物业服务：

1. 北京市现行住宅物业服务标准中的_____级物业服务标准，详见附件五。

2. 北京市现行住宅物业服务标准中不同等级的具体物业服务事项和标准，详见附件五。

甲、乙双方约定的北京市现行住宅物业服务标准范围以外的具体服务事项和标准，详见附件六。

第四部分　物业服务费用

第八条　本物业区域物业服务收费为［包干制］［酬金制］方式。

第九条　包干制

1. 物业服务费用由甲方按其拥有物业的建筑面积交纳，具体标准如下：

［多层住宅］：_____元/平方米·月；

［高层住宅］：_____元/平方米·月；

［别　　墅］：_____元/平方米·月；

［办 公 楼］：_____元/平方米·月；

［商业用房］：_____元/平方米·月；

［会　　所］：_____元/平方米·月；

物　　业：_____元/平方米·月。

2. 盈余或者亏损均由乙方享有或者承担；乙方不得以亏损为由要求增加费用、降低服务标准或减少服务内容。

3. 乙方应当按规定向甲方公布物业服务收支情况。

4. 甲方应当在合同生效后，按照［年］［季］交纳物业服务费，具体于_____ _____前交纳。

第十条　酬金制

1. 物业服务费由甲方按其拥有物业的建筑面积预先交纳，具体标准如下：

［多层住宅］：_____元/平方米·月；

［高层住宅］：_____元/平方米·月；

［别　　墅］：_____元/平方米·月；

［办 公 楼］：_____元/平方米·月；

［商业用房］：_____元/平方米·月；

［会　　所］：_____元/平方米·月；

物　　业：_____元/平方米·月。

2. 物业服务费为所交纳的甲方所有，其构成包括物业服务支出和物业服务企业的酬金。

物业服务支出包括以下部分：

（1）管理服务人员的工资、社会保险和按规定提取的福利费等。

（2）物业共用部位、共用设施设备的日常运行、维护费用。

（3）物业管理区域内清洁卫生费用。

（4）物业管理区域内绿化养护费用。

（5）物业管理区域内秩序维护费用。

（6）乙方办公费用。

（7）乙方企业固定资产折旧。

（8）物业共用部位、共用设施设备及公众责任保险费用。

（9）乙方履行本物业服务合同项下所有义务需要的其他费用：＿＿＿＿＿＿＿＿。

3. 乙方采取以下第＿＿＿＿种方式提取酬金：

（1）［每季］［每半年］［每年］＿＿＿＿，计＿＿＿＿元的标准从预收的物业服务费中提取。

（2）［每季］［每半年］［每年］＿＿＿＿，从预收的物业服务费中按＿＿＿＿％的比例提取。

4. 物业服务支出应当全部用于本合同约定的支出，年度结算后结余部分，转入下一年度继续使用，年度结算后不足部分，由全体业主承担，另行交纳。

5. 乙方应当向甲方公布物业服务年度计划和支出年度预决算，并按［季］［半年］＿＿＿＿向甲方公布物业服务费的使用情况。

6. 甲方应当在合同生效后，按照［年］［季］交纳物业服务费，具体于＿＿＿＿前交纳。

第十一条 乙方对甲方物业专有部分提供维修养护或其他服务的，应当与甲方另行签订服务协议，服务事项、标准及费用由双方在协议中约定。

第十二条 物业装饰装修前，甲方与乙方签订书面装饰装修服务协议，乙方应当告知甲方相关的禁止行为、注意事项、垃圾堆放和清运要求以及费用、施工时间等事项，并将装饰装修的时间、地点等情况在甲方所在楼内公示。除收取［装修管理费］＿＿＿＿元、［装修保证金］＿＿＿＿元、［装修垃圾清运费］＿＿＿＿元、［　　］费用＿＿＿＿元外，乙方不得另行收取其他任何费用。

甲方完成装修后，应当通知乙方进行装修检查。经检查装修活动未出现损坏、擅自拆改建筑物承重结构、主体结构、擅自拆改供水、排水、再生水等管线、侵占绿地、毁坏绿化植物和绿化设施、占用、堵塞、封闭消防通道、疏散通道等共用部位，或者损坏消防设施等共用设施设备等违法、违规情形的，乙方应当在检查合格后7日内将装修保证金全额无息退还。

第十三条 甲方委托乙方提供机动车停车服务的，甲乙双方另行签订停车管理委托协议进行约定，乙方应当与车位使用人签订书面的停车服务协议，明确双方在车位使用及停车服务等方面的权利义务。

停车服务费按＿＿＿＿元/车位·月的标准收取。

第十四条 乙方接受供水、供电、供气、供热、通信、有线电视等专业运营单位委托代收使用费用的，不得向甲方收取手续费等额外费用，不得限制或变相限制甲方购买或使用。

第十五条 在物业服务期间，甲方转让或出租其物业专有部分时，应当将本合同、本小区管理规约以及有关费用交纳情况等事项告知受让人或承租人，并自买卖合同或租赁合同签订之日起 15 日内，将买卖或出租情况告知乙方。甲方转让物业前，应当与乙方结清相关费用。

第五部分　权利与义务

第十六条 甲方的权利义务

1. 要求乙方按照本合同约定提供服务。
2. 监督乙方履行本合同，对乙方提供的物业服务有建议、督促的权利。
3. 审定乙方制订的物业服务方案，并监督实施。
4. 监督专项维修资金的使用。
5. 对物业共用部位、共用设施设备和相关场地使用，享有知情权、监督权和收益权。
6. 遵守本小区管理规约，业主大会议事规则。
7. 遵守物业管理区域内共用部位和共用设施设备的使用、公共秩序和环境卫生的维护等以及应对突发事件等方面的制度要求。
8. 按照国家和本市有关规定缴纳专项维修资金。
9. 应当配合乙方实施物业管理。
10. 应当根据本合同的约定按时足额交纳物业费。
11. 应当履行房屋安全使用责任。
12. 有关法律、法规和当事人约定的其他权利义务。

第十七条 乙方的权利义务

1. 根据国家和本市规定的标准、规范及本合同的约定提供物业服务，并收取物业费。
2. 及时向甲方告知安全、合理使用物业的注意事项。
3. 定期听取甲方的意见和建议，接受甲方监督，改进和完善服务。
4. 对违法建设、违规出租房屋、私拉电线、占用消防通道等行为进行劝阻、制止，劝阻、制止无效的，及时报告相关行政执法机关。
5. 发现有安全风险隐患的，及时设置警示标志，采取措施排除隐患或者向有关专业机构报告。
6. 妥善保管和正确使用本物业的档案资料，及时记载有关变更信息，不得泄露在物业服务活动中获取的甲方信息。
7. 对甲方和物业使用人违反本合同、本小区管理规约的行为进行劝阻、制止；并及时报告业主委员会或者物业管理委员会。

8. 履行生活垃圾分类管理责任人职责，指导、监督甲方进行生活垃圾分类。

9. 不得擅自占用本物业管理区域内的共用部位或擅自改变其使用用途。不得擅自将甲方所有的共用部分用于经营活动。不得擅自占用、挖掘本物业管理区域内的道路、场地，确需临时占用、挖掘本物业管理区域内道路、场地的，应当按规定办理相关手续，制订施工方案，开工前要在物业管理区域内公示，施工过程中尽可能减少对甲方的影响，并及时恢复原状。

10. 乙方实施锅炉、电梯、电气、制冷以及有限空间、高空等涉及人身安全的作业，应当具备相应资质或委托具备相应资质的单位实施，委托其他单位实施的，应当明确各自的安全管理责任。

11. 乙方可将本物业管理区域内的专项服务委托给专业性服务企业，但不得将全部物业服务一并或分解后分别委托给其他单位或个人。乙方应当将委托事项及受托企业的信息在物业管理区域内公示。乙方与受托企业签订的合同中约定的服务标准，不得低于本合同约定。乙方应当对受托企业的服务行为进行监督，并对受托企业的服务行为承担责任。

12. 乙方应当在物业管理区域内显著位置设置公示栏，按照相关法律、法规的规定，公示乙方的服务及收费标准、服务方式、联系方式以及物业管理区域内设备设施的维修保养、业主装修、车位租售、费用使用等相关情况。

13. 甲方在合理期限届满后拒不交纳物业费的，乙方可以对其依法提起诉讼或者申请仲裁；但乙方不得采取停止供电、供水、供热、供燃气等方式催交物业费。

14. 乙方应当采取必要的安全保障措施防止从建筑物中抛掷物品情形的发生；未采取必要的安全保障措施的，应当依法承担未履行安全保障义务的侵权责任。乙方在不侵犯他人隐私的情况下，可通过安装监控摄像头等方式就抛掷物品危害他人人身财产安全、破坏环境卫生等行为收集相应证据。乙方需妥善保管录音录像等证据，不得擅自毁损破坏，并且未经法定程序不得擅自向第三方公开。

15. 配合街道办事处、乡镇人民政府、行政执法机关和居民委员会、村民委员会做好物业管理相关工作。

16. 有关法律规定和当事人约定的其他权利义务。

第六部分　合同终止

第十八条　本合同期限届满前6个月，甲方应当与其他业主共同决定续聘或者另聘物业服务人，并将决定书面告知乙方。

第十九条　本合同期限届满前，甲方决定继续聘用乙方的，应当在本合同届满前重新签订物业服务合同。乙方不接受续聘的，应当在本合同届满前90日书面告知甲方。

第二十条　本合同期限届满、甲方与其他业主没有共同作出续聘或者另聘物业服务人决定，乙方继续按本合同约定提供物业服务的，本合同权利义务延续。在合同权利义务延续期间，任何一方提出终止合同的，应当提前60日书面告知对方。

第二十一条　乙方自收到甲方不再续约的通知之日起30日内履行下列交接义务，并在合同届满后退出物业管理区域：

1. 移交物业共用部分，包括共用设施设备、公共区域等。
2. 物业共用部分查验交接以及移交相关档案资料等，见附件七。
3. 甲乙双方结清预收、代收的相关费用，包括物业费的清算、对外签订的各种协议的执行等。
4. 移交物业服务用房、物业服务的相关资料。

在办理交接至撤出物业管理区域期间，乙方应当负责维持正常的物业管理秩序。

第七部分　违约责任

第二十二条　甲、乙双方对物业服务质量发生争议的，双方可共同委托专业评估机构就乙方的物业服务质量是否符合本合同约定的服务标准进行评估；乙方管理服务达不到本合同约定的服务内容和标准的，应当承担采取补救措施或赔偿损失等违约责任。

第二十三条　乙方违反本合同的约定，擅自提高物业服务费标准的，甲方就超额部分有权拒绝交纳，同时乙方应当按_____的标准向甲方支付违约金。

乙方在服务期限内擅自撤出的，应当按照服务剩余期限物业服务总费用_____的标准向甲方支付违约金；乙方在本合同终止后拒不撤出本物业区域的，应当按照延迟撤出期间物业服务总费用_____的标准向甲方支付违约金。前述行为给甲方造成损失的，乙方应当承担相应的赔偿责任。

除不可预见的情况外，乙方擅自停水、停电的，甲方有权要求乙方限期解决，乙方应当承担相应的违约责任；给甲方造成损失的，乙方应当承担相应的赔偿责任。

第二十四条　除本合同约定及法律规定的合同应当终止的情形外，甲、乙双方均不得提前解除本合同，否则解约方应当承担相应的违约责任；给守约方造成损失的，解约方应当承担赔偿责任。

第二十五条　甲方违反本合同约定，未能按时足额交纳物业服务费，应当按_____的标准向乙方支付违约金。

甲方违反本合同的约定，实施妨害物业服务行为的，应当承担恢复原状、停止侵害、排除妨碍等相应的民事责任。

第二十六条　因不可抗力致使合同部分或全部无法履行的，根据不可抗力的影响，部分或全部免除责任。

第二十七条　为维护公共利益，在不可预见情况下，如发生燃气泄漏、漏电、火灾、暖气管或水管破裂、救助人命等突发事件或者依法配合公安机关工作等情形，乙方因采取紧急避险措施造成损失的，当事人应当按有关规定处理。

第二十八条 乙方有确切证据证明属于以下情况的，可不承担违约责任：

1. 由于甲方自身责任导致乙方的服务无法达到合同约定的。

2. 因维修养护本物业区域内的共用部位、共用设施设备需要且事先已告知甲方，暂时停水、停电、停止共用设施设备使用等造成损失的。

3. 非乙方责任出现供水、供电、供气、供热、通信、有线电视及其他共用设施设备运行障碍造成损失的。

第八部分 争议解决

第二十九条 合同履行过程中发生争议的，双方可以通过友好协商或者向物业所在地人民调解委员会申请调解的方式解决；不愿协商、调解或者协商、调解不成的，可以按照以下第_____种方式解决：

1. 向_____人民法院提起诉讼。

2. 向_____仲裁委员会申请仲裁。

第九部分 附 则

第三十条 对本合同的任何修改、补充须经双方书面确认，与本合同具有同等的法律效力。修改、补充的内容不得违背本小区管理规约的内容。

第三十一条 本合同正本连同附件一式_____份，甲方、乙方各执_____份，具有同等法律效力。本合同签订或者变更之日起 15 日内，乙方应当将本合同报物业所在地街道办事处或乡镇人民政府、所在区住房城乡建设或房屋主管部门予以备案。

第三十二条 本合同经双方签字并盖章后生效。

第三十三条 其他约定：_____。

甲方：

授权代表：

签订日期：　　年　　月　　日

乙方：

授权代表：

签订日期：　　年　　月　　日

附件：

一、规划平面图

二、物业构成明细

三、物业共用部位明细

四、物业共用设施设备明细

五、物业服务标准

六、其他物业服务事项

七、移交资料清单

附件一：规划平面图

附件二：物业构成明细

类型	幢数	套（单元）数	建筑面积（平方米）
高层住宅			
多层住宅			
别墅			
商业用房			
工业用房			
办公楼			
自行车库			
机动车车库			
会所			
学校			
幼儿园			
文化活动场所			
_____用房			
合计			
备注			

附件三：物业共用部位明细

1. 房屋承重结构。
2. 房屋主体结构。
3. 公共门厅。
4. 公共走廊。
5. 公共楼梯间。
6. 内天井。
7. 户外墙面。
8. 屋面。
9. 传达室。
10. _____。

附件四：物业共用设施设备明细

1. 电梯：

垂直梯_____部。

扶梯_____部。

_____。

2. 绿化率：_____%。

楼间、集中绿地_____平方米。

砖石铺装_____平方米。

_____。

3. 区域内市政：

市政供暖采暖及生活热水系统_____。

［道路］［楼间甬路］_____平方米。

［室外上下水管道］_____米。

［沟渠］_____。

［蓄水池］_____个。

［化粪池］_____个。

［污水井］_____个。

［雨水井］_____个。

变配电系统包括_____。

高压双路供电电源_____。

公共照明设施［路灯］_____个；［草坪灯］_____个；［_____］_____个。

［物业区域的外围护拦及围墙］_____。

［高压水泵］［高压水箱］_____个。
　　［污水泵］_____个。
　　［中水及设备系统］_____。
　　［　　　］_____。
4. ［燃气调节站］_____。
5. 消防设施包括_____。
6. 监控设施包括_____。
7. 避雷设施包括_____。
8. 空调设备：［中央空调系统］使用范围_____。
9. 电视共用天线_____。
10. 电脑网络线_____。
11. 电讯电话_____。
12. 地下机动车库_____平方米。
13. 地上机动车停车场_____平方米。
14. 非机动车库_____平方米。
15. 垃圾中转站_____个。
16. 信报箱_____个。
17. 共用设施设备用房_____平方米。
18. 物业服务用房_____平方米。
19. _____。

附件五：物业服务标准

附件六：其他物业服务事项

附件七：移交资料清单

第十八章　行纪合同

　　行纪合同，是行纪人以自己的名义为委托人从事贸易活动，由委托人支付报酬的合同。以自己名义为他人从事贸易活动的一方为行纪人；委托行纪人为自己从事贸易活动并支付报酬的一方为委托人。行纪合同具有如下特征：

　　1. 行纪合同的标的是行纪人为委托人进行贸易活动，通常表现为为委托人买入或者卖出特定物品或者财产权利。

　　2. 行纪人以自己的名义为委托人办理委托事务。行纪人与第三人订立的合同不能对委托人直接发生法律效力，委托人不直接就行纪人对第三人的行为承担责任。

　　3. 行纪合同是诺成合同。行纪合同只需行纪人与委托人达成合意即可成立，而无须以物的交付为其成立要件。

　　4. 行纪合同不是要式合同。行纪合同可以通过书面、口头以及其他约定的方式订立，无须以特定的方式订立。

一、《民法典》相关法条

　　第九百五十一条　行纪合同是行纪人以自己的名义为委托人从事贸易活动，委托人支付报酬的合同。

　　第九百五十二条　行纪人处理委托事务支出的费用，由行纪人负担，但是当事人另有约定的除外。

　　第九百五十三条　行纪人占有委托物的，应当妥善保管委托物。

　　第九百五十四条　委托物交付给行纪人时有瑕疵或者容易腐烂、变质的，经委托人同意，行纪人可以处分该物；不能与委托人及时取得联系的，行纪人可以合理处分。

　　第九百五十五条　行纪人低于委托人指定的价格卖出或者高于委托人指定的价格买入的，应当经委托人同意；未经委托人同意，行纪人补偿其差额的，该买卖对委托人发生效力。

　　行纪人高于委托人指定的价格卖出或者低于委托人指定的价格买入的，可以按照约定增加报酬；没有约定或者约定不明确，依据本法第五百一十条的规定仍不能确定的，该利益属于委托人。

　　委托人对价格有特别指示的，行纪人不得违背该指示卖出或者买入。

　　第九百五十六条　行纪人卖出或者买入具有市场定价的商品，除委托人有相反的意思表示外，行纪人自己可以作为买受人或者出卖人。

行纪人有前款规定情形的，仍然可以请求委托人支付报酬。

第九百五十七条 行纪人按照约定买入委托物，委托人应当及时受领。经行纪人催告，委托人无正当理由拒绝受领的，行纪人依法可以提存委托物。

委托物不能卖出或者委托人撤回出卖，经行纪人催告，委托人不取回或者不处分该物的，行纪人依法可以提存委托物。

第九百五十八条 行纪人与第三人订立合同的，行纪人对该合同直接享有权利、承担义务。

第三人不履行义务致使委托人受到损害的，行纪人应当承担赔偿责任，但是行纪人与委托人另有约定的除外。

第九百五十九条 行纪人完成或者部分完成委托事务的，委托人应当向其支付相应的报酬。委托人逾期不支付报酬的，行纪人对委托物享有留置权，但是当事人另有约定的除外。

第九百六十条 本章没有规定的，参照适用委托合同的有关规定。

二、典型案例

案例1：行纪合同中，供货方是否有权向代理方直接索取价款？

[案情回放]

甲商场委托乙公司代购热水器3000台。甲乙双方在合同中约定，乙方与供货厂家成交后，由乙方通知甲方直接向供货厂家支付货款，甲方在乙方收货后向乙方支付报酬8000元。乙方随后找到厂家丙方，与其签订了热水器买卖合同，规定由丙方提供热水器3000台，并于乙方收到货物后立即支付价款20万元。

不久，丙方在合同规定的期间内向乙方交付了热水器，乙方在收到货物之后，立即通知甲方向丙方付款，并向自己支付报酬。甲方收到通知后，向乙方支付了报酬8000元，并取走货物，却未向丙方支付价款。丙方由于一直未收到货款，遂要求乙方支付货款并承担迟延履行的违约责任。乙方则称：依照与甲方签订的行纪合同，其无向丙方付款的义务，自己并未违约，丙方应向甲方主张权利。丙方遂提起诉讼。

[专家点评]

由于本案乙方与丙方订立合同的同时，丙方并不知道乙方的行为系代理行为，从而乙方与丙方之买卖合同不能约束甲方。因此，丙方为维护自己的合法权益应向乙方主张权利。而乙方则可依据行纪合同之规定，以甲方未履行向第三人付款之义务为由向甲方行使追索权。此外追索权之行使，《民法典》有关行纪合同的规定虽未明确规定，但依照一般原理可以推断之。本案中，丙方有权向乙方索取货款，乙方则应向甲方要求履行合同。

案例2：行纪人在何种情况下可以拍卖标的物？

[案情回放]

某瓷器厂与某商场签订合同，由商场代售该厂生产的瓷器500件，价格由瓷器厂决定，同时该厂支付总价款的10%作为报酬。由于瓷器厂的瓷器价格过高、质量一般，六个月过去了，仍未售出。商场便通知瓷器厂取回货物并支付报酬，瓷器厂不予理睬。六个月后，商场再次要求瓷器厂取回货物并支付报酬，否则两个月后将拍卖瓷器。瓷器厂仍不予理睬。两个月后，商场将瓷器拍卖，扣除报酬后，将剩余款项汇给瓷器厂。该厂以商场擅自拍卖其货物，对其造成重大损失为由，向法院提起诉讼。

[专家点评]

《民法典》第957条规定："行纪人按照约定买入委托物，委托人应当及时受领。经行纪人催告，委托人无正当理由拒绝受领的，行纪人依法可以提存委托物。委托物不能卖出或者委托人撤回出卖，经行纪人催告，委托人不取回或者不处分该物的，行纪人依法可以提存委托物。"一般来讲，委托物拍卖的构成要件有以下几点：（1）依照诚实信用原则委托物不能卖出，委托人已收到行纪人的通知或委托人已知悉委托物不能卖出，并且行纪人无继续保管之义务。（2）委托人知悉委托物不能卖出或撤回出卖委托之后，不在合理期限内取回或处分其物。（3）标的物不适于提存或提存费用过高的。由于瓷器体积较大且易碎，所花提存费用较高，故商场的依法拍卖瓷器行为是合适的。

三、行纪合同陷阱防范

1. 有时，行纪人以自己的名义、将自己作为合同相对人，从而完成行纪事务，被称为自我交易。行纪人为了牟取不正当利益，低价卖出、高价买入，损害了委托人的利益。在订立行纪合同时，需要对此加以防范。

2. 行纪人可能在未取得委托人同意的情况下，将委托物交第三人保管，给委托人的利益造成损失。例如，行纪人将委托物移交委托人的竞争对手保管，使委托人的商业秘密被泄露。

3. 现实中常出现委托人外出时，行纪人以无法与委托人取得联系为借口，与第三人恶意串通，以低价出售商品，从而损害委托人利益的情况。所以，在签订行纪合同中，要针对这种风险作出约定。

四、行纪合同范本

（一）行纪合同[①]

合同编号：_____

行纪人：_____　　　签订地点：_____

委托人：_____　　　签订时间：____年____月____日

第一条　委托人委托行纪人买入（卖出）的货物、数量、价格：

货物名称	商标或品牌	规格型号	生产厂家	计量单位	数量	单价	金额	质量标准	包装要求
合计人民币金额（大写）：									

（注：空格如不够用，可以另接）

第二条　委托人将委托卖出的货物交付行纪人的时间、地点、方式及费用负担：_____。

第三条　行纪人将买入的货物交付给委托人的时间、地点、方式及费用负担：_____。

第四条　委托人与行纪人结算货款的方式、地点及期限：_____。

第五条　报酬的计算方式及支付期限：_____。

第六条　行纪人以高于委托人指定的价格卖出货物时，报酬的计算方法：_____。

行纪人以低于委托人指定的价格买入货物时，报酬的计算方法：_____。

第七条　委托人委托行纪人处理委托事务的期限为：_____。

第八条　本合同解除的条件：_____。

---

① 国家工商行政管理局发布。

第九条 委托人未向行纪人支付报酬或货物的,行纪人(是/否)可以留置货物。

第十条 违约责任:＿＿＿＿＿＿＿＿＿＿＿＿＿＿＿＿＿＿＿＿＿＿＿＿＿

＿＿＿＿＿＿＿＿＿＿＿＿＿＿＿＿＿＿＿＿＿＿＿＿＿＿＿＿＿＿＿＿＿＿。

第十一条 合同争议的解决方式:本合同在履行过程中发生的争议,由双方当事人协商解决;也可由当地工商行政管理部门调解;协商或调解不成的,按下列第＿＿＿种方式解决:

(一)提交＿＿＿＿＿＿＿＿＿＿＿＿仲裁委员会仲裁;

(二)依法向人民法院起诉。

第十二条 其他约定事项:＿＿＿＿＿＿＿＿＿＿＿＿＿＿＿＿＿＿＿＿

＿＿＿＿＿＿＿＿＿＿＿＿＿＿＿＿＿＿＿＿＿＿＿＿＿＿＿＿＿＿＿＿＿＿。

第十三条 本合同未作规定的,按《中华人民共和国合同法》的规定执行。

委　托　人	行　纪　人	鉴(公)证意见:
委托人:(章)	行纪人:(章)	
住所:	住所:	
法定代表人:	法定代表人:	
居民身份证号码:	居民身份证号码:	
委托代理人:	委托代理人:	
电话:	电话:	
开户银行:	开户银行:	鉴(公)证机关:(章)
账号:	账号:	经办人:
邮政编码:	邮政编码:	年　　月　　日

监制部门:　　　　　　　　　　印制单位:

(二)买卖行纪合同①

　　　　　　　　　　　　　　　　合同编号:＿＿＿＿＿＿

委托人:＿＿＿＿＿＿　　　　　签订地点:＿＿＿＿＿＿

行纪人:＿＿＿＿＿＿　　　　　签订时间:＿＿＿＿＿＿

第一条 委托人委托行纪人以自己的名义为其(买入/卖出)以下委托物:(注:空格如不够用,可以另接)

---

① 北京市工商行政管理局发布。

委托物名称	商标	规格型号	生产厂家	计量单位	数量	质量标准	包装要求	价款	
								单价	总价

合计人民币金额（大写）：　　　　　　　　　　　￥：

第二条　行纪期限：自＿＿＿＿年＿＿＿月＿＿＿日至＿＿＿＿年＿＿＿月＿＿＿日。

第三条　委托人（是/否）允许受托人把委托事务转委托给第三人处理。

第四条　行纪人（买入/卖出）具有市场定价的委托物，行纪人（是/否）可以作为（买受人/出卖人）。

第五条　委托人将委托卖出的委托物交付行纪人的时间、地点、方式：＿＿＿＿＿＿＿＿＿＿＿＿＿＿＿＿＿＿＿＿＿＿。

第六条　行纪人将买入的委托物交付委托人的时间、地点、方式：＿＿＿＿＿＿＿＿＿＿＿＿＿＿＿＿＿＿＿＿＿＿。

第七条　行纪人处理委托事务支出的＿＿＿＿＿＿等费用，由＿＿＿＿＿＿承担。

第八条　结算价款的方式及期限：＿＿＿＿＿＿＿＿＿＿＿＿＿＿＿＿＿＿＿＿。

第九条　报酬的计算方法及支付方式、期限：＿＿＿＿＿＿＿＿＿＿＿＿＿＿＿＿＿。

行纪人以（高于委托人指定的价格卖出委托物/低于委托人指定的价格买入委托物）时，报酬的计算方法：＿＿＿＿＿＿＿＿＿＿＿＿＿＿＿＿＿＿＿＿＿＿。

第十条　委托人未向行纪人支付报酬的，行纪人（是/否）可以留置委托物。

第十一条　本合同解除的条件：委托人或者行纪人可以随时解除合同。因解除合同给对方造成损失的，除不可归责于该当事人的事由以外，应当赔偿损失。

第十二条　委托人违约责任：＿＿＿＿＿＿＿＿＿＿＿＿＿＿＿＿＿＿＿＿＿。

行纪人违约责任：＿＿＿＿＿＿＿＿＿＿＿＿＿＿＿＿＿＿＿＿＿＿＿＿。

第十三条　合同争议的解决方式：本合同项下发生的争议，由双方当事人协商解决或申请调解解决；协商或调解不成的，按下列第＿＿＿＿＿＿种方式解决：（只能选择一种）

（一）提交_____仲裁委员会仲裁；
（二）依法向_____人民法院起诉。

第十四条 其他约定事项：_____
_____
_____。

委 托 人	行 纪 人
委托人：（章）　　　住所： 营业执照号码：　　　身份证号： 法定代理人：　　　委托代理人： 电话：　　　传真： 开户银行：　　　账号： 税号：　　　邮政编码：	行纪人：（章）　　　住所： 营业执照号码：　　　身份证号： 法定代理人：　　　委托代理人： 电话：　　　传真： 开户银行：　　　账号： 税号：　　　邮政编码：

北京市工商行政管理局制定

（三）二手车行纪销售合同①

合同编号：

委托人（甲方）：_____
经纪机构（乙方）：_____

根据《中华人民共和国合同法》《二手车流通管理办法》等有关法律法规的规定，甲、乙双方在平等、自愿、公平、诚实信用的基础上，就二手车行纪销售的有关事宜，达成如下协议：

第一条　委托事务

甲方委托乙方以乙方自己的名义，销售甲方拥有 □所有权　□处置权 的二手车。

第二条　委托车辆的基本状况

车主名称：_____　厂牌型号：_____
车牌号码：_____　已行驶里程：_____
初次登记日期：_____　车架号：_____
车辆使用性质：□客运　□货运　□出租　□租赁　□非营运　□其他：_____
车况：_____。车辆的修理、事故、抵押、税费交纳等其他需要说明

---

① 北京市工商行政管理局发布。

的情况：＿＿＿＿＿＿＿＿＿＿＿＿＿＿＿＿＿＿＿＿＿＿＿＿＿＿＿。
具体瑕疵描述：
（一）底盘：＿＿＿＿＿＿＿＿＿＿＿＿＿＿＿＿＿＿＿＿＿＿＿。
（二）车身外观：＿＿＿＿＿＿＿＿＿＿＿＿＿＿＿＿＿＿＿。
（三）发动机：＿＿＿＿＿＿＿＿＿＿＿＿＿＿＿＿＿＿＿＿。
（四）电器设备：＿＿＿＿＿＿＿＿＿＿＿＿＿＿＿＿＿＿＿。
（五）其他：＿＿＿＿＿＿＿＿＿＿＿＿＿＿＿＿＿＿＿＿＿
＿＿＿＿＿＿＿＿＿＿＿＿＿＿＿＿＿＿＿＿＿＿＿＿＿＿＿＿。

第三条 委托销售和佣金支付方式

（一）甲方允许乙方按下列第＿＿＿＿＿种方式销售委托车辆：

1. 约定固定佣金数额的委托销售方式，佣金数额为＿＿＿＿＿＿元。
2. 由乙方先行向甲方全额支付委托销售价的保底销售方式，成交价与委托销售价之间的差额作为乙方佣金。
3. 约定最低委托销售价，成交价的＿＿＿＿＿％作为乙方佣金。
4. 其他方式：＿＿＿＿＿＿＿＿＿＿＿＿＿＿＿＿＿＿＿＿＿。

（二）佣金支付时间：＿＿＿＿＿＿＿＿，佣金支付方式：□现金 □支票。

第四条 委托销售价及付款方式

（一）（最低）委托销售价＿＿＿＿＿＿元人民币（大写）：＿＿＿＿＿＿＿＿＿＿。

（二）付款时间：＿＿＿＿＿＿，付款方式：□现金 □支票。

第五条 委托期限与交接车

（一）委托期限为＿＿＿年＿＿月＿＿日至＿＿＿年＿＿月＿＿日。

（二）甲方应在委托期限开始前将委托车辆交乙方保管。乙方未在委托期限内完成委托事务的，应提前＿＿＿＿日通知甲方。需延长委托期限的，双方应签订变更协议；不延长委托期限的，乙方应即时向甲方交还委托车辆及各种证件、文件和有关材料。交接委托车辆双方应签订书面交接手续。

第六条 授权事项

（一）甲方（□允许 □不允许）乙方委托第三方处理委托事务。

（二）在委托期限内，甲方（□允许 □不允许）乙方使用委托车辆；甲方（□允许 □不允许）乙方维修委托车辆。

（三）甲方（□允许 □不允许）乙方代为全权办理车辆过户、转籍手续。（见附件二《授权委托书》）

第七条 甲方的权利和义务

（一）有权监督乙方认真履行合同各项义务。

（二）保证所提交的证件、文件和有关材料真实、合法、有效。（见附件一《甲方提交的证件、文件和材料清单》）

（三）保证向乙方提供委托车辆的使用、修理、事故、检验以及是否办理抵押登记、交纳税费、报废期等真实情况和信息，并协助办理委托车辆的过户或转籍手续。

（四）在委托期限内不得自行或另行委托他人销售委托车辆，否则仍应向乙方支付约定佣金或乙方因处理委托事务而实际发生的费用。

第八条　乙方的权利和义务

（一）向甲方出示《营业执照》及其他有效证件。

（二）按合同约定认真处理委托事务，并按要求及时向甲方报告委托事务的处理情况。

（三）承担处理委托事务而实际发生的费用。

（四）收取甲方款项时应按规定出具收款凭证。

（五）在处理委托事务过程中不得采取胁迫、欺诈、贿赂、恶意串通以及伪造、涂改、买卖交易文件或凭证等手段。

（六）妥善保管委托车辆及甲方提交的各种证件、文件和有关材料。

第九条　违约责任

（一）任何一方违反合同约定的，均应赔偿由此给对方造成的损失。

（二）因甲方原因造成委托车辆不能过户或转籍的，甲方除赔偿损失外，还应接受乙方退回的车辆，并全部返还已收取的车款。

第十条　合同的变更和解除

（一）一方需变更合同时，应提前_____日以书面形式通知对方，征得对方同意后另行签订变更协议。

（二）一方需解除合同时，应提前_____日以书面形式通知对方并征得对方同意，但发生《合同法》第94条规定情形的，一方有权单方解除合同。合同解除后，双方应按《合同法》第97条的规定办理后续事宜。

第十一条　合同争议解决方式

本合同项下发生的争议，由双方协商或申请调解解决；协商或调解解决不成的，按下列第_____种方式解决：

（一）向_____人民法院起诉。

（二）向_____仲裁委员会申请仲裁。

第十二条　其他约定

（一）合同附件是本合同的组成部分，具有同等法律效力。

（二）本合同一式两份，双方各持一份。

（三）本合同自双方签字或盖章后生效。

（四）_____

甲方（签章）：	乙方（签章）：
法定代表人或负责人：	法定代表人：
住所：	住所：
证照号码：	证照号码：
委托代理人：	经纪执业人员签名：
联系电话：	经纪资格证书号：
	联系电话：

北京市工商行政管理局制定

附件一

甲方提交的证件、文件和材料清单

身份证明（法人代码证书）	□	机动车产权登记证明	□
机动车行驶证	□	车辆处置权证明	□
车辆年检证明	□	养路费缴付证明	□
购车发票或过户票	□	车辆购置附加费凭证	□
车船使用税缴付证明	□	车辆保险单	□

说明：甲方、乙方可以对以上材料加以说明，在已交接材料名称后面□中画"√"，在未交接材料名称后面□中画"×"。

委托人（签章）：　　　　　　　　　　　经纪机构（签章）：

　　年　　月　　日　　　　　　　　　　　　年　　月　　日

附件二

授权委托书

本人（本单位）现有二手车一辆，并为此车的所有权（处置权）人。厂牌型号：_____，车牌号码：_____。现委托_____公司以自己的名义全权办理此车的出售、过户、转籍等有关事宜，并代为办理相关手续。授权期限为____年___月___日至____年___月___日。

委托人签名（盖章）：_____ 联系电话：_____
有效证件名称：_____ 号码：_____
签字日期：_____

受托人证明：

第一，受托人保证授权人的签名为亲笔签名，如有纠纷，受托人自愿承担相应法律责任；

第二，受托人在授权有效期内代为办理委托事务，严格遵循授权人的真实意愿，所实施的行为如超出授权人范围，受托人自愿承担相应法律责任。

受托人盖章：_____ 联系电话：_____

营业区号：_____ 签字日期：_____

（四）商品代销合同[①]

委托人：_____ 合同编号：_____
代销人：_____ 签订地点：_____
　　　　　　　　　　　　签订时间：____年____月____日

第一条 代销商品、数量、价格

商品名称	商标品牌	规格型号	生产厂家	计量单位	数量	单价
合计人民币金额（大写）：						

（注：空格如不够用，可以另接）

第二条 代销商品的质量标准：_____。
第三条 代销商品的交付时间、地点、方式及费用负担：_____。
第四条 代销期限：从____年____月____日至____年____月____日。

[①] 国家工商行政管理局发布。

第五条 代销期限终止后，未售出的代销商品的处理：_____
_____。

第六条 代销商品报酬的计算方法是：_____
_____。

第七条 报酬、货款的结算（可按下列方式选择，未选择的划掉）

1. 已售商品的价款每月_____日结算一次，代销人的相应报酬从价款中扣除。最后一批代销商品价款与报酬在代销期限终止时结清。

2. 已售商品达百分之_____时，代销人与委托人结算一次价款，相应报酬从价款中扣除。最后一批代销商品价款与报酬在代销期限终止时结清。

3. _____。

第八条 本合同解除的条件：_____
_____。

第九条 违约责任：_____
_____。

第十条 合同争议的解决方式：本合同在履行过程中发生的争议，由双方当事人协商解决；协商不成的，按下列第_____种方式解决：

（一）提交_____仲裁委员会仲裁；

（二）依法向人民法院起诉。

第十一条 其他约定事项：_____
_____。

委 托 人	代 销 人
委托人名称：（章）	代销人名称：（章）
住所：	住所：
法定代表人：	法定代表人：
委托代理人：	委托代理人：
居民身份证号码：	居民身份证号码：
电话：	电话：
开户银行：	开户银行：
账号：	账号：
邮政编码：	邮政编码：

监制部门： 印制单位：

第十九章　中介合同

中介合同，是中介人向委托人报告订立合同的机会或者提供订立合同的媒介服务，委托人向中介人支付报酬的合同，原称为居间合同。它具有如下特征：

1. 中介人的义务是向委托人报告订立合同的机会或者提供订立合同的媒介服务，至于委托人与第三人是否订立合同，与中介人无关。中介人不是委托人与第三人之间的合同的一方当事人。

2. 中介人所起的是牵线搭桥的作用，即负责向委托人报告订立合同的机会或者为委托人与第三人签订合同进行斡旋，对合同本身没有实质性的介入权。

3. 中介合同的性质是双务、有偿、诺成的合同。

一、《民法典》相关法条

第九百六十一条　中介合同是中介人向委托人报告订立合同的机会或者提供订立合同的媒介服务，委托人支付报酬的合同。

第九百六十二条　中介人应当就有关订立合同的事项向委托人如实报告。

中介人故意隐瞒与订立合同有关的重要事实或者提供虚假情况，损害委托人利益的，不得请求支付报酬并应当承担赔偿责任。

第九百六十三条　中介人促成合同成立的，委托人应当按照约定支付报酬。对中介人的报酬没有约定或者约定不明确，依据本法第五百一十条的规定仍不能确定的，根据中介人的劳务合理确定。因中介人提供订立合同的媒介服务而促成合同成立的，由该合同的当事人平均负担中介人的报酬。

中介人促成合同成立的，中介活动的费用，由中介人负担。

第九百六十四条　中介人未促成合同成立的，不得请求支付报酬；但是，可以按照约定请求委托人支付从事中介活动支出的必要费用。

第九百六十五条　委托人在接受中介人的服务后，利用中介人提供的交易机会或者媒介服务，绕开中介人直接订立合同的，应当向中介人支付报酬。

第九百六十六条　本章没有规定的，参照适用委托合同的有关规定。

二、典型案例

案例1：中介人对委托人与第三人之间的合同履行是否承担责任？

[案情回放]

刘某受王某的委托，为其介绍了运输司机赵某，并于2021年2月18日达成书面运输协议，约定由赵某为某石材厂运输石材30吨，发货地点为某石材厂，卸货地点为某陶瓷城，收货人为林某。2021年4月18日，某石材厂发货，2021年4月20日卸货，运费5100元。在该货物运输协议书上注明经办单位为某运输服务中心，经办人为刘某；赵某给付刘某信息费300元。协议达成后，赵某于2021年4月18日从某石材厂装货后于当日出发，至2021年4月20日，某陶瓷城林某一直未收到赵某所运输货物。2022年4月17日，王某诉至法院，以赵某是刘某介绍的，由于刘某不具有配货资格，充当中介机构，致使其货物被司机赵某骗取，至今下落不明，要求刘某赔偿原告货物损失21160元。

[专家点评]

从全案及三方签订的运输协议来看，刘某受王某的委托，为其联系运输司机赵某，由赵某将王某的货物从某石材厂运至某陶瓷城，赵某与王某之间存在一个运输合同关系；刘某既不作为代理人参与运输合同，更不以自己的名义参与该运输合同，只是作为中介人的身份为他们提供一定的媒介服务促成合同的签订成功，因此，本案是典型的中介合同纠纷。

刘某作为中介受原告王某的委托介绍原告王某与司机赵某订立了货物运输合同，刘某的中介合同已经全面履行完毕。原告王某与司机赵某订约成功后，其运输合同能否得到适当正确的履行，与刘某无关。《民法典》第962条规定："中介人应当就有关订立合同的事项向委托人如实报告。中介人故意隐瞒与订立合同有关的重要事实或者提供虚假情况，损害委托人利益的，不得请求支付报酬并应当承担赔偿责任。"只要中介人在中介服务时并无故意提供虚假信息的恶意，中介人刘某就不负担合同责任。

案例2：根据求租广告与出租人订立中介合同，事后能否要求承租人支付报酬？

[案情回放]

2020年12月10日，王某在报纸上发布广告，求租适合五金生产的独立厂房。孙某看到该广告后，即寻找适合承租的房屋。2021年2月21日，孙某与案外人陈某订立中介协议，约定孙某为某仓储部（陈某为其负责人）介绍客户承租仓库用地。如介绍成功，以出租仓库用地的1个月租金为佣金，两个月内分两期付清给孙某。同年5月中旬,经孙某介绍,王某与陈某接洽,商谈有关租赁事宜。2021年8月8日,王某与某仓储部正式签订《厂房租赁合同》,约定某仓储部向王某出租厂房11000平方米,合同有效期从2021年8月15日至2022年12月31日,每月租金42000元。合同签订后,王某进场经营。孙某依据《民法典》关于中介报酬由合同当事人平均负担的规定,多次向王某要求支付中介报酬未果,遂起诉至法院。另外,孙某向仓储部收取了佣金。

[专家点评]

在本案中,孙某与王某就王某与案外人陈某签订厂房租赁合同有过接触,但孙某与王某之间的交往并没有订立合同的行为,仅仅是孙某为履行其与陈某签订的中介合同而在王某与陈某之间进行的中介行为。因此,孙某与王某没有订立中介合同的行为,更没有成立中介合同。

孙某坚持王某支付中介报酬的一个重要理由便是《民法典》第963条的规定,"中介人促成合同成立的,委托人应当按照约定支付报酬。对中介人的报酬没有约定或者约定不明确,依据本法第五百一十条的规定仍不能确定的,根据中介人的劳务合理确定。因中介人提供订立合同的媒介服务而促成合同成立的,由该合同的当事人平均负担中介人的报酬"。上述规定是关于中介报酬最终由谁负担的规定,即中介报酬在委托人与相对人之间最终平均负担的规定,并不意味着中介人可以依此条规定请求合同相对人支付中介报酬。

案例3:买卖不成交则要求委托人支付违约金的中介合同条款是否有效?

[案情回放]

2021年6月12日,某投资顾问有限公司(以下简称顾问公司)与林某(买受方)和案外人陈某(出卖方)签订《房地产买卖中介协议》一份(公司条款由顾问公司统一制定),约定顾问公司作为中介人将案外人的房屋介绍给林某购买,该房总房款为人民币245万元,并约定了付款方式、意向金的数额及处理办法。协议第10条还约定,由于林某的原因导致房地产买卖合同未签订的,应向顾问公司支付总房款3%的违约金。协议签订后,林某按照合同支付给顾问公司意向金5000元。

后林某与案外人因故未签订房地产买卖合同,顾问公司遂诉至法院,以林某在签订《房地产买卖合同》时提出不合理的贷款要求被拒后,即拒绝签订该买卖合同为由,要求判令林某依约支付违约金4.9万元。林某则表示,在《房地产买卖中介协议》中约定买受方和出卖方向中介人支付违约金的条款属"霸王条款",故要求撤销该条款。

[专家点评]

本案中,顾问公司提供的《房地产买卖中介协议》是顾问公司在与林某及案外人订约以前就已经预先制定出来,而非在双方当事人反复协商的基础上制定;该协议适用于与顾问公司订约的不特定的委托人。故系争条款具备格式条款的属性。该格式条款加重了对方的责任、排除了对方的主要权利,意味着中介合同一经签订则房屋买卖必须成交,否则委托人即应向中介人承担违约责任。《民法典》第 497 条规定:"有下列情形之一的,该格式条款无效:(一)具有本法第一编第六章第三节和本法第五百零六条规定的无效情形;(二)提供格式条款一方不合理地免除或者减轻其责任、加重对方责任、限制对方主要权利;(三)提供格式条款一方排除对方主要权利。"因此,系争条款属无效的格式条款,顾问公司在买卖双方未成功签订《房地产买卖合同》时无权要求按约收取违约金。

三、中介合同陷阱防范

1. 委托人要对第三方的真实身份严格审查,包括审查营业执照的正、副本,到当地工商行政机关和税务机关了解该单位是否存在、是否经过年检、是否超出其经营范围等。

2. 对中介人提供的信息要辨明真伪。合同欺诈人惯用的伎俩是预付保证金,试制样品,样品验收合格后正式履约等,而实际上,根据对方提供的样品或图纸根本无法生产出合格的产品。因此,接受中介服务的一方必须对定作物的具体要求认真考察后,再决定是否签订合同和支付中介费。

3. 中介人经常采用广告的形式发布信息,接受中介服务的一方要认真审查广告内容是否明确写入合同当中。如果中介人推托,不愿将广告内容纳入合同条款,就不要轻易签约。

4. 在合同中设立中介费用支付的限制条款。例如,中介费用在交易双方签订交易合同时再支付;如果委托人遭遇合同欺诈,有权要求中介人退还已收取的中介费用等。

四、中介(居间)合同范本

(一)居间合同[①]

合同编号:_____

委托人:_____　签订地点:_____

居间人:_____　签订时间:____年____月____日

第一条　委托事项及具体要求:_____

_____。

第二条　居间期限:从____年____月____日至____年____月____日。

第三条　报酬及支付期限:居间人促成合同成立的,报酬为促成合同成立金额的

---

① 国家工商行政管理局发布。《民法典》合同编将"居间合同"改为"中介合同",相关范本为保持原样未作修改。使用时可根据实际调整。

_____%或者（大写）_____元。委托人应在合同成立后的_____日内支付报酬。未促成合同成立的，居间人不得要求支付报酬。

第四条 居间费用的负担：居间人促成合同成立的，居间活动的费用由居间人负担；未促成合同成立的，委托人应向居间人支付必要费用（大写）_____元。

第五条 本合同解除的条件

1. 当事人就解除合同协商一致；

2. 因不可抗力致使不能实现合同目的；

3. 在委托期限届满之前，当事人一方明确表示或者以自己的行为表明不履行主要义务；

4. 当事人一方迟延履行主要义务，经催告后在合理期限内仍未履行；

5. 当事人一方迟延履行义务或者有其他违约行为致使不能实现合同目的。

第六条 委托人的违约责任：_____
_____。

第七条 居间人的违约责任：_____
_____。

第八条 合同争议的解决方式：本合同在履行过程中发生的争议，由双方当事人协商解决；也可由当地工商行政管理部门调解；协商或调解不成的，按下列第_____种方式解决：

（一）提交_____仲裁委员会仲裁；

（二）依法向人民法院起诉。

第九条 其他约定事项：_____
_____。

第十条 本合同未作规定的，按《中华人民共和国合同法》的规定执行。

委托人	居间人	鉴（公）证意见：
委托人：（章）	居间人：（章）	
住所	住所	
法定代表人：	法定代表人：	
居民身份证号码：	居民身份证号码：	
委托代理人：	委托代理人：	
电话：	电话：	
开户银行：	开户银行：	鉴（公）证机关：（章）
账号：	账号：	经办人：
邮政编码：	邮政编码：	_____年_____月_____日

监制部门： 印制单位：

（二）房屋出租居间合同[①]

合同编号：_____

委托人（甲方）：_____

居间人（乙方）：_____

依据《中华人民共和国合同法》及相关法规、规章的规定，出租人与房地产经纪机构在平等、自愿的基础上，就房屋出租居间的有关事宜达成协议如下：

第一条　委托事项

甲方委托乙方为其居间出租具备以下条件的房屋（见附件），并协助其与承租人签订房屋租赁合同。

房屋用途：_____。

对承租人条件的特别要求：_____。

乙方还应提供以下服务：_____。

第二条　委托期限

自_____年_____月_____日至_____年_____月_____日。

第三条　现场看房

本合同签订后_____日内乙方应到房屋现场对甲方提供的房屋资料进行核实，经核实房屋状况与甲方提供的资料不一致的，乙方应要求甲方对合同进行修改。

乙方陪同承租人现场看房的，甲方应予以配合。因甲方提供的资料与房屋状况不一致造成承租人拒付看房成本费的，甲方应支付全部费用。

第四条　甲方义务

（一）应出示身份证、营业执照等真实的身份资格证明；

（二）应出示房屋所有权证书或证明自己对出租房屋依法享有出租权利的其他证明；

（三）应保证自己提供的房屋资料真实、合法；

（四）应对乙方的居间活动提供必要的协助与配合；

（五）应对乙方提供的承租人资料保密；

（六）不得在委托期限内及期限届满后_____日内与乙方介绍的承租人进行私下交易；

（七）在委托期限内不得将出租房屋同时委托其他房地产经纪机构出租；

（八）_____。

第五条　乙方义务

（一）应出示营业执照、房地产经纪机构资质证书等合法的经营资格证明；

[①] 北京市国土资源和房屋管理局发布，北京市工商行政管理局监制。

（二）应认真完成甲方的委托事项，按照房屋用途和甲方对承租人条件的特别要求寻找承租人，将处理情况及时向甲方如实汇报，并为承租人现场看房及甲方与承租人签订房屋租赁合同提供联络、协助、撮合等服务；

（三）不得提供虚假信息、隐瞒重要事实或与他人恶意串通，损害甲方利益；

（四）收取必要费用、佣金的，应向甲方开具合法、规范的收费票据；

（五）本合同签订后，乙方不得以任何形式向甲方收取任何名目的预收费用；

（六）＿＿＿＿＿＿＿＿＿＿＿＿＿＿＿＿＿＿＿＿＿＿＿＿＿＿＿＿＿＿＿＿。

第六条　佣金委托事项

完成后，甲方应按照实际月租金的＿＿＿＿＿％（此比例不得超过100%）向乙方支付佣金。

佣金应在甲方与承租人签订房屋租赁合同后（即时／＿＿＿＿＿日内）支付。

佣金的支付方式：现金□；支票□；＿＿＿＿＿＿＿＿＿＿＿＿＿＿＿＿＿＿。

委托事项未完成的，乙方不得要求支付佣金。

第七条　费用

委托事项完成的，居间活动的费用由乙方承担。

非因乙方过失导致委托事项未完成的，甲方应向乙方支付必要费用如下：＿＿＿＿＿

＿＿＿＿＿＿＿＿＿＿＿＿＿＿＿＿＿＿＿＿＿＿＿＿＿＿＿＿＿＿＿＿＿＿＿＿＿＿。

第八条　转委托

甲方（是／否）允许乙方将委托事项转委托给第三人处理。

第九条　本合同解除的条件

（一）经核实房屋状况与甲方提供的资料不一致，乙方要求甲方对合同进行修改而甲方拒绝修改的，乙方有权解除合同；

（二）甲方没有房屋所有权证书或证明自己对出租房屋依法享有出租权利的其他证明或身份证、营业执照等身份资格证明的，或提供虚假的房屋资料的，乙方有权解除合同，由此造成的乙方一切损失，均由甲方承担；

（三）＿＿＿＿＿＿＿＿＿＿＿＿＿＿＿＿＿＿＿＿＿＿＿＿＿＿＿＿＿＿＿＿。

第十条　违约责任

（一）甲方未如约支付佣金、必要费用的，应按照＿＿＿＿＿＿＿＿＿＿的标准支付违约金；

（二）甲方与乙方介绍的承租人进行私下交易的，乙方有权要求甲方按照＿＿＿＿＿＿＿＿＿＿的标准支付违约金，甲方与承租人私下成交的，乙方有权取得约定的佣金；

（三）甲方违反保密义务的，应按照＿＿＿＿＿的标准支付违约金；

（四）甲方在委托期限内将出租房屋同时委托其他房地产经纪机构出租的，应按照＿＿＿＿＿＿＿＿＿的标准支付违约金；

（五）乙方提供虚假信息、隐瞒重要事实或有恶意串通行为的，除退还已收取的佣金外，还应赔偿甲方因此受到的损失；

（六）_____。

第十一条　合同争议的解决办法

本合同项下发生的争议，由双方当事人协商或申请调解解决；协商或调解解决不成的，按下列第_____种方式解决：

（一）提交_____仲裁委员会仲裁；

（二）依法向有管辖权的人民法院起诉。

第十二条　其他约定事项：_____
_____。

本合同在双方签字或盖章后生效。合同生效后，双方对合同内容的变更或补充应采取书面形式，作为本合同的附件。附件与本合同具有同等的法律效力。

委托人：（章）	居间人：（章）
住所：	住所：
居民身份证号码：	居民身份证号码：
营业执照号码：	营业执照号码：
法定代表人：	法定代表人：
委托代理人：	委托代理人：
电话：	房地产经纪资格证书号码：
传真：	电话：
开户银行：	传真：
账号：	开户银行：
邮政编码：	账号：
合同签订时间：	邮政编码：
合同签订地点：	房地产经纪机构资质证书号码：
	合同签订时间：
	合同签订地点：

附件：房屋基本情况一览表

（三）房屋承租居间合同[①]

委托人（甲方）：_____

居间人（乙方）：_____

---

① 北京市工商行政管理局、北京市建设委员会发布。

依据《中华人民共和国合同法》及相关法规、规章的规定，承租人与房地产经纪机构在平等、自愿的基础上，就房屋承租居间的有关事宜达成协议如下：

第一条　委托事项

甲方委托乙方为其居间寻找符合以下条件的房屋（必备条件请在方格内画钩，参考条件请画圈，未选条件请画斜线），并协助其与出租人签订房屋租赁合同：

坐落：_____□；楼房为_____室_____厅_____卫□；平房为_____间□；无装修□；一般装修□；精装修□；防盗门□；有线电视接口□；空调□；天然气□；煤气□；集中供暖□；土暖气□；热水器□；电话□；电视机□；电冰箱□；洗衣机□；上下水□；家具：_____□；楼层：_____□；朝向：_____□；建筑面积：_____平方米□；月租金标准：_____元□；大致租期：_____□；房屋用途：_____□；其他条件：_____。

乙方还应提供以下服务：_____。

第二条　委托期限

自_____年_____月_____日至_____年_____月_____日。

第三条　现场看房

本合同签订后乙方应陪同甲方到房屋现场看房。

陪同看房后，乙方（是／否）可向甲方收取合理的看房成本费，每次不得超过_____元。乙方为甲方寻找的房屋不满足甲方提出的必备条件的，甲方有权拒绝支付看房成本费。

第四条　甲方义务

（一）应出示身份证、营业执照等真实的身份资格证明；

（二）应对乙方的居间活动提供必要的协助与配合；

（三）应对乙方提供的房屋资料保密；

（四）不得在委托期限内及期限届满后_____日内与乙方介绍的出租人进行私下交易；

（五）_____。

第五条　乙方义务

（一）应出示营业执照、房地产经纪机构备案证明等合法的经营资格证明；

（二）应认真完成甲方的委托事项，按照本合同第一条甲方提出的条件为甲方寻找房屋，将处理情况及时向甲方如实汇报，并为甲方看房和与出租人签订房屋租赁合同提供联络、协助、撮合等服务；

（三）应保证为甲方提供的房屋资料已经事先核实，并且甲方满足出租人提出的特别条件要求；

（四）不得提供虚假信息、隐瞒重要事实或与他人恶意串通，损害甲方利益；

（五）应保证为甲方介绍的出租人具有房屋所有权证书或对出租房屋依法享有出

租权利的其他证明及身份证、营业执照等身份资格证明；

（六）收取看房成本费、必要费用、佣金的，应向甲方开具合法、规范的收费票据；

（七）本合同签订后，乙方不得以任何形式向甲方收取任何名目的预收费用；

（八）_____。

第六条　佣金

委托事项完成后，甲方应按照实际月租金的_____%（此比例不得超过100%）向乙方支付佣金。

佣金应在甲方与出租人签订房屋租赁合同后（即时／_____日内）支付。

佣金的支付方式：现金□；支票□；_____。

委托事项未完成的，乙方不得要求支付佣金。

第七条　费用

委托事项完成的，居间活动的费用由乙方承担，甲方支付的看房成本费抵作佣金。

非因乙方过失导致委托事项未完成的，甲方应向乙方支付必要费用如下（必要费用包含已收取的看房成本费）：_____。

第八条　转委托

甲方（是／否）允许乙方将委托事项转委托给第三人处理。

第九条　本合同解除的条件：_____。

第十条　违约责任

（一）甲方未如约支付佣金、看房成本费、必要费用的，应按照_____的标准支付违约金；

（二）甲方与乙方介绍的出租人进行私下交易的，应按照_____的标准支付违约金，甲方与出租人私下成交的，乙方有权取得约定的佣金；

（三）甲方违反保密义务的，应按照_____的标准支付违约金；

（四）乙方提供虚假信息、隐瞒重要事实或有恶意串通行为的，除退还已收取的佣金外，还应赔偿甲方因此受到的损失；

（五）乙方为甲方介绍的出租人不具有房屋所有权证书或对出租房屋依法享有出租权利的其他证明或身份资格证明的，由此造成的甲方一切损失，均由乙方承担；

（六）_____。

第十一条　合同争议的解决办法

本合同项下发生的争议，由双方当事人协商或申请调解解决；协商或调解解决不成的，按下列第_____种方式解决（以下两种方式只能选择一种）：

（一）提交_____仲裁委员会仲裁；

（二）依法向有管辖权的人民法院起诉。

第十二条　其他约定事项

_____。

本合同在双方签字或盖章后生效。合同生效后，双方对合同内容的变更或补充应采取书面形式，作为本合同的附件。附件与本合同具有同等的法律效力。

委托人：（章） 住所： 居民身份证号码： 营业执照号码： 法定代表人： 委托代理人： 电话： 传真： 邮政编码：	居间人：（章） 住所： 居民身份证号码： 营业执照号码： 法定代表人： 委托代理人： 房地产经纪资格证书号码： 电话： 传真： 邮政编码：

（四）房地产居间合同①

委托人甲（出售、出租方）：＿＿＿＿＿＿＿＿

居 间 方：＿＿＿＿＿＿＿＿＿＿＿＿＿＿

委托人乙（买入、承租方）：＿＿＿＿＿＿＿＿

第一条 订立合同的前提和目的

依据国家有关法律、法规和本市有关规定，三方在自愿、平等和协商一致的基础上，就居间方接受委托人甲、乙的委托，促成委托人甲、乙订立房地产交易＿＿＿＿＿（买卖／租赁）合同，并完成其他委托的服务事项达成一致，订立本合同。

第二条 提供居间房地产的坐落与情况

委托人甲的房地产坐落于＿＿＿＿市＿＿＿＿区（县）＿＿＿＿路＿＿＿＿弄＿＿＿＿号＿＿＿＿室共＿＿＿＿套，建筑面积为＿＿＿＿平方米，权属为＿＿＿＿，权证或租赁凭证编号＿＿＿＿＿＿，其他情况＿＿＿＿＿＿。

委托人乙对该房地产情况已充分了解。

第三条 委托事项

（一）委托人甲委托事项（共＿＿＿＿项）

主要委托事项：

1. ＿＿＿＿＿＿＿＿＿＿＿＿＿＿＿＿＿＿＿＿＿＿＿＿＿＿＿＿＿＿＿＿＿＿。
2. ＿＿＿＿＿＿＿＿＿＿＿＿＿＿＿＿＿＿＿＿＿＿＿＿＿＿＿＿＿＿＿＿＿＿。

---

① 上海市房屋土地资源管理局、上海市工商行政管理局监制。

其他委托事项：

1. _____。
2. _____。
3. _____。

（二）委托人乙委托事项（共_____项）

主要委托事项：

1. _____。
2. _____。

其他委托事项：

1. _____。
2. _____。
3. _____。

第四条　佣金标准、数额、收取方式、退赔

（一）居间方已完成本合同约定的委托人甲委托的事项，委托人甲按照下列第_____种方式计算支付佣金：（任选一种）

1. 按该房地产_____（总价款/月租金计）的_____%，具体数额为_____币_____元支付给居间方；

2. 按提供服务所需成本计_____币_____元支付给居间方。

（二）居间方已完成本合同约定的委托人乙委托的事项，委托人乙按照下列第_____种方式计算支付佣金：（任选一种）

1. 按该房地产_____（总价款/月租金计）的_____%，具体数额为_____币_____元支付给居间方；

2. 按提供服务所需成本计_____币_____元支付给居间方。

（三）居间方未完成本合同委托事项的，按照下列约定退还佣金：

1. 未完成委托人甲委托的主要事项第（　）项、其他事项第（　）项的，将合同约定收取佣金的_____%，具体数额为_____币_____元，退还委托人甲。

2. 未完成委托人乙委托的主要事项第（　）项、其他事项第（　）项的，将合同约定收取佣金的_____%，具体数额为_____币_____元，退还委托人乙。

第五条　合同在履行中的变更及处理

本合同在履行期间，任何一方要求变更合同条款的，应及时书面通知相对方，并征得相对方的同意后，在约定的时限_____天内，签订补充条款，注明变更事项。未书面告知变更要求，并征得相对方同意；擅自变更造成的经济损失，由责任方承担。

本合同履行期间，三方因履行本合同而签署的补充协议及其他书面文件，均为本合同不可分割的一部分，具有同等效力。

第六条　违约责任

（一）三方商定，居间方有下列情形之一的，应承担违约责任：

1. 无正当理由解除合同的；
2. 与他人私下串通，损害委托人甲、乙利益的；
3. 其他过失影响委托人甲、乙交易的。

（二）三方商定，委托人甲、乙有下列情形之一的，应承担违约责任：

1. 无正当理由解除合同的；
2. 未能按照合同约定提供必要的文件和配合，造成居间方无法履行合同的；
3. 相互或与他人私下串通，损害居间方利益的；
4. 其他造成居间方无法完成委托事项的行为。

（三）三方商定，发生上述违约行为的，按照合同约定佣金总额的_____％，计_____币_____元作为违约金支付给各守约方。违约方给各守约方造成的其他经济损失，由守约方按照法律、法规的有关规定追偿。

第七条　发生争议的解决方法

三方在履行本合同过程中发生争议，由三方协商解决，协商不成的，按本合同约定的下列第_____项进行解决：

1. 向_____仲裁委员会申请仲裁；
2. 向法院提起诉讼。

第八条　订立合同数量

本合同一式_____份，甲、乙、丙三方各执_____份。

补充条款：

_____

（粘贴线）　　　　　　　　（骑缝章加盖处）

委托人甲：（名字／名称）	居间方：（名称）	委托人乙：（名字／名称）
身份证号：	营业执照号码：	身份证号：
其他证件号码：	其他证件号码：	其他证件号码：
住／地址：	住／地址：	住／地址：
邮政编码：	邮政编码：	邮政编码：
联系电话：	联系电话：	联系电话：
本人／法定代表人：（签章）	本人／法定代表人：（签章）	本人／法定代表人：（签章）
代理人：（签章）	执业经纪人：（签章）	代理人：（签章）
	执业经纪证书：（编号）	
年　月　日	年　月　日	年　月　日
签于：	签于：	签于：

（五）房屋出售居间合同

甲方（委托人）：_____
委托代理人：_____
乙方（受托人）：_____

依据国家法律、法规和本市政府部门有关规定，甲、乙双方在平等、自愿和协商一致的基础上，就甲方委托乙方从事房屋出售代理事项达成一致，订立本合同。

第一条　委托事项

1. 甲方委托乙方代理出售位于_____市_____区_____房产，建筑面积_____平方米（以房屋产权证登记面积为准），权属性质_____，产权证号_____，产权人_____，随房屋一并出售室内装饰、附属设施以及_____。

2. 乙方为甲方售房广告策划、寻找客户、洽谈、促成交易、办理房屋权属变更事宜。

3. 乙方在委托范围内，就上述房产与购房人签订的合同，甲方均确认。

第二条　委托代理期限

乙方自本合同订立之日起_____个工作日内为甲方找到购房客户。办理房屋权属变更，按照房屋所在区县有关部门的规定期限执行。如因甲方原因耽误，工作日相应顺延。

第三条　房产价格及付款方式

1. 该房产委托出售价格为人民币（大写）_____元（¥_____）此价格为税前款。

2. 如乙方低于委托出售价格卖出，差额部分由乙方负责补齐交付甲方；如乙方高出委托出售价格卖出，高出部分归乙方所有。

3. 付款方式：现金支付/银行转账。

第四条　购房定金、购房款及付款方式

1. 签订本合同当日，乙方向甲方交付购房定金人民币（大写）_____元（¥_____），该购房定金在办理房屋权属变更时抵作购房款。

2. 乙方应于房屋权属变更当日交付甲方剩余房款人民币（大写）_____元（¥_____）；如房屋买受人申请购房商业贷款，剩余房款交付时间以银行放款时间为准。上述两种付款方式甲方均确认。

第五条　佣金支付办法

甲方向乙方支付售房代理佣金人民币（大写）_____元（¥_____），于该房屋权属变更之前一次性付清。

第六条　甲方义务

1. 甲方保证委托出售的房屋符合国家法律、法规和政策规定的可以上市交易转让的条件。

2. 签订合同时提供包括但不限于：夫妻双方身份证、户口本、房屋产权证及购房相关凭证、共有人同意出售的书面证明、婚姻证明、夫妻双方个人印章等原件和复印件。

3. 委托代理期限内不得自行出售、拒绝出售或转托他人代理出售此房产，提供的有关证件及材料应真实合法，须保证所出售的房产不存在任何争议，且有关权益人均已同意此房屋出售。

4. 积极配合乙方工作，按乙方指定的时间和地点到达其房产归属的房地产交易中心办理过户及配合购房人办理贷款的相关手续。

5. 保证屋内设备设施完好无损，房屋权属变更前结清物业、水、电、收视、供暖等所有费用并出具相关票据，对于权属变更前无法结清的费用，甲方负全部责任；房屋权属变更前_____日内腾空此房交付乙方该房所有钥匙；房屋权属变更前_____日内迁出该房所有注册户口。

第七条　乙方义务

1. 签订本合同之前向甲方出示营业执照副本，确保代理事项遵循法律程序。

2. 确保代理过程中不损坏房屋的现有装修、设备和设施。

3. 不得违反国家法律法规和诚实信用原则，或与他人恶意串通，损害甲方利益。

4. 对合同履行中所知悉与甲方及买受人有关的商业秘密、经济情况等个人信息有保密义务。

5. 如需变更为甲方代理服务事项、要求和标准，应书面通知甲方，征得甲方的书面同意。

第八条　其他约定事项

1. 如甲方是委托代理人的，必须有甲方（产权人）的授权委托书，如授权委托书是公证件的，甲方还应书面同意可以转委托。

2. 本合同签订后，如必须履行公证手续的，甲方应按照本市有关规定申请办理公证手续。

3. 甲方签订本合同提供的通信地址必须翔实（未填写通信地址的视同房屋地址），乙方按该地址发出的函件视为送达。

4. 甲方从应收购房款中给乙方预留（大写）_____万元（¥_____元）作为结清物业、水、电、收视、供暖及迁出该房注册户口的保证金，待甲方与购房人办完《房屋买卖交接清单》，双方签字确认后的_____日内，乙方一次性返还甲方。

5. 该房屋办完过户手续，房屋交接完毕，甲方收到全部房款后，本合同自行终止。

第九条　定金的处置办法及违约责任

1. 由于甲方原因导致本合同无法履行，视为甲方违约，甲方应双倍返还乙方定金。

2. 如因乙方原因导致房屋未出售，甲方所收定金不予返还乙方。

3. 该房产如因不可抗力或国家法律、法规、政策规定不可转让，导致该房产不能办理权属变更，双方均不承担违约责任，甲方收取乙方的定金、购房款原数返还乙方。

4. 本合同履行期间，未按本合同第六条、第七条之各项约定履行的，违约方应支付对方该房约定出售价格_____%的违约金作为赔偿。

5. 甲、乙双方商定，在委托期限终止后的____天之内，如果甲方直接或间接地与乙方介绍的客户成交，应向乙方支付该房约定出售价格_____%的违约金作为赔偿。

第十条　合同争议解决方式

本合同履行过程中如发生争议，由双方协商解决；如协商不成，依法向所出售房屋所在地人民法院起诉。

第十一条　本合同经双方签字或盖章后生效，合同书一式三份，甲方执一份，乙方执两份。

第十二条　补充条款

_____。

（特别提示：补充条款对定金再行约定的，须在补充条款处另加盖乙方合同章后生效，否则无效。）

本合同于_____年____月____日_____签订。

（六）商务居间合同

甲方：_____

乙方：_____

兹为乙方推荐下列甲方产品和介绍客户给甲方，双方同意签订本居间合约书，并共同遵照下列各条款。

第一条　相关甲方产品：_____（以下简称产品）。

第二条　服务区域和排他性

1. 乙方推荐产品的区域为_____地区。乙方若需增加区域，须提前书面通知甲方并得到甲方书面同意。如有违反，甲方有权随时取消本合约。

2. 乙方所介绍之客户经甲方书面确认后，甲方亦不得以直接方式绕过乙方向其销售产品，除非乙方同意或乙方已放弃该客户。

3. 未经甲方书面同意，乙方合约期限内不得推荐、介绍、代表、制造或销售除_____以外的任何产品。

第三条　服务内容

1. 乙方推荐产品和介绍客户给甲方，甲方视乙方要求协助接触洽谈。

2. 甲方对乙方介绍之客户提供：（1）售前产品解说、客户用电测量计算及产品导入方案规划。（2）产品安装、施工及保固（保固年限：产品节能主机____年，其他零件____年）。

3. 甲方向乙方提供的任何资料属于甲方的财产，乙方不得为非履行本合约目的而使用。本合约终止时，乙方应主动归还剩余资料给甲方。

第四条 产品瑕疵

甲方交付之产品若有瑕疵，由甲方自行对销售之客户负责，与乙方无涉。

第五条 付款

1. 甲方于买卖成立并交货安装验收完毕且收到全部货款后，三日内通知乙方清款，甲方在收到乙方正式发票后七日内按该笔货款总价（未含税）百分之____给乙方作为佣金。

2. 乙方居间活动所需要的一切费用，由乙方自行承担。

第六条 管辖法院和违约责任

1. 乙方中的两公司向甲方承担连带责任，其中任何一公司的违约均视为乙方两公司的共同违约，甲方有权向其中的任何一家公司或两公司追偿。

2. 乙方履行本合约过程中（包括签订本合约前）所获得的甲方任何经营或技术信息均属甲方商业秘密。一旦乙方泄密，应向甲方赔偿违约金人民币_____万元，另甲方保留进一步索赔的权利。

3. 本合约的部分无效不影响其余条款的效力。甲乙双方如因本合约有关事项发生诉讼时，均同意以_____人民法院为一审管辖法院。

第七条 合约期限

1. 本合约有效期限自_____年____月____日起至_____年____月____日止，为期一年。

2. 合约期满前一个月内双方均无终止合约书表示时，本合约自动生效一年，其后亦同。

3. 正常情况下，若任一方有特殊原因，欲提前终止本合约时，应于一个月前，以书面形式通知对方，并在得到对方书面同意后，终止本合约。

第八条 合约生效

1. 本合约经甲、乙双方签字或盖章后生效。

2. 本合约一式_____份，甲乙双方各持一份。

甲方：_____　　　乙方：_____

地址：_____　　　地址：_____

电话：_____　　　电话：_____

代表人：_____　　代表人：_____

盖章：_____　　　盖章：_____

日期：_____　　　日期：_____

（七）自费出国留学中介服务合同①

合同编号：

说　明

一、本示范文本根据《中华人民共和国合同法》《自费出国留学中介服务管理规定》《自费出国留学中介服务管理规定实施细则（试行）》等规定起草制定。

二、本示范合同文本是教育及工商主管部门监督及规范本行业的重要依据，也是消费者维权的指导性文本，鼓励留学中介服务机构与消费者依照本示范文本签署服务合同。

三、本示范文本相关条款，供相关合同主体进行参考，可进行选择、修改、增补或删减。选择、修改、增补或删减的内容不得减轻和免除应当由受托人承担的责任。作为签约使用文本的，签约之前合同当事人应当仔细阅读全部条款内容。

四、本示范文本中涉及的选择、填写内容以手写项为优先。

五、对本示范文本中选择内容、空格部位填写及其他删除或添加的内容，双方应当协商确定。

六、在签订合同前，自费出国留学中介服务机构应当向自费出国留学申请人出示营业执照。

七、签约的合同文本，建议自费出国留学中介服务机构至少保存五年。

委托人（自费出国留学申请人）：　　或　　委托代理人：

身份证号码：　　　　　　　　　　　　　身份证号码：
联系电话：　　　　　　　　　　　　　　联系电话：
电子邮箱：　　　　　　　　　　　　　　电子邮箱：
联系地址：　　　　　　　　　　　　　　联系地址：

受托人（自费出国留学中介服务机构）：
资格认定书编号：
营业执照注册号（组织机构代码）：
社会统一信用代码：
办公地址：
联系电话：
传真电话：
电子邮箱：

---

① 教育部、国家工商行政管理总局制定，自2017年1月1日起施行，GF-2016-1002。

为了维护合同当事人的合法权益，根据《中华人民共和国合同法》及相关法律法规规定，双方本着自愿、平等、诚信的原则，就受托人接受委托人的委托提供自费出国留学中介服务事宜，达成如下协议：

第一条　中介服务范围

经双方协商，委托人可在以下范围内选择服务项目，委托受托人提供自费留学中介服务：

□向委托人提供中国国家留学政策咨询、留学前往国家的教育概况、留学政策、院校、院系、专业及收费等信息，并为委托人确定留学方案提供相应的咨询及建议；

□向委托人介绍申请留学院校的入学要求及入学申请程序，指导委托人准备入学申请的相关材料并提供申请文书的准备、修改等服务；

□指导或代理委托人向确定的留学院校提出留学申请并提交、补充相关资料；

□根据委托人的委托，代为与申请留学院校联系、协调，代为办理入学、签证申请等手续；

□为委托人提供申请留学院校组织的面试指导以及申请国家使（领）馆面签指导；

除委托人选择的以上服务项目外，双方还确定了以下的其他服务项目：

_____

_____

_____。

第二条　委托人的权利与义务

1. 参考受托人提供的信息和咨询、建议，决定申请留学的国家、院校中英文名称、留学层次、就读专业或专业方向，确定留学方案并签署本合同附件《院校及专业确认表》；

2. 有权选择自行缴纳院校申请注册费、材料寄送费、签证等第三方收取的费用；

3. 填写受托人制定的《自费出国留学申请人信息表》，并向受托人提供留学申请所需的全部文件、材料，材料应于合同签署后_____日内提供，并保证所提供的信息、文件、材料真实、有效；

4. 配合受托人及时完成申请准备及向所申请留学院校提交申请、寄送资料等工作，如遇前往国家留学政策、签证政策、入学标准发生变化，应根据新的要求及时提供补充材料；

5. 按照留学院校要求，如期缴纳学费等有关费用；

6. 按期办理护照及签证；

7. 按照本合同约定向受托人支付中介服务费；

8. 双方约定的其他权利和义务：

_____

_____

_____。

第三条 受托人的权利与义务

1. 要求委托人及时提供办理委托服务所需信息、文件、资料及履行本合同约定的其他义务；

2. 按本合同约定收取中介服务费；

3. 按照法律法规规定及留学服务行业规范要求提供本合同约定的中介服务；

4. 向委托人提供的留学信息，应真实、准确，如遇前往国家留学政策、签证政策、入学标准发生变化，应及时通知委托人补充相应材料；

5. 及时完成本合同约定的留学服务事项并向委托人通报工作进展情况；

6. 对委托人委托的留学申请，应当在_____年____月____日前取得委托人申请留学院校的录取通知书；

7. 对委托人提供的个人信息及资料，负有妥善保管及保密义务；

8. 双方约定的其他权利和义务：

_____

_____

_____。

第四条 中介服务费用

1. 双方协商确定，委托人申请的留学院校在本合同附件《院校及专业确认表》范围以内，中介服务费为人民币（大写）_____元整（￥_____）；委托人申请的留学院校超出《院校及专业确认表》范围，每增加一所学校，委托人须另缴纳中介服务费人民币（大写）_____元整（￥_____）。

2. 中介服务费支付期限

□一次性付款方式：

委托人在签署本合同_____日内，需缴纳受托人中介服务费人民币（大写）_____元整（￥_____），受托人在收到此款项后开始为委托人提供服务。

□分期付款方式：

委托人在签署本合同_____日内，向受托人交纳第一笔中介服务费人民币（大写）_____元整（￥_____），受托人在收到此款项后开始为委托人提供服务。

委托人在收到符合约定的任何一所院校的录取通知书（包括有条件录取通知书及无条件录取通知书）_____日内，向受托人交纳第二笔中介服务费人民币（大写）_____元整（¥_____）。

3. 中介服务费支付方式：

☐现金　　　　☐信用卡/借记卡　　　　☐汇款

☐其他_____

采用现金和信用卡/借记卡付费的形式，在受托人公司缴纳；采用汇款方式缴纳可将服务费汇至受托人指定的银行账号：_____；账户名称：_____开户银行：_____。

第五条　退费条款

1. 委托人收到符合约定的任何一所院校的录取通知书（包括有条件录取通知书及无条件录取通知书）即视为留学申请成功。在双方都没有出现违约的情况下，如受托人未能协助委托人在_____年____月____日前获得任一所约定的留学院校之录取通知书或留学院校签发的录取通知书与附件《院校及专业确认表》中所载明的申请类型、院校、专业等不一致的，委托人向受托人提出退款要求，受托人可以扣除已支付服务费总额的_____%，用来抵扣其已提供服务的必要费用支出，余款应当在_____年____月前以_____方式退还给委托人。

2. 在双方未出现违约的情况下，委托人留学申请成功，但因委托人原因造成签证申请被拒签的，受托人不退还任何费用。因非委托人原因造成签证申请被拒签的，根据拒签原因，双方协商一致受托人须将中介服务费中所含办理申请签证服务的费用全部或部分共计人民币（大写）_____元整（¥_____）退还给委托人。

3. 在出现本条第2项约定情形时，如委托人已向留学院校缴纳费用，受托人协助委托人按留学院校退款政策索还委托人支付给校方的费用。

4. 本合同签署后，在双方未出现违约的情况下，委托人单方面要求解除本合同，则根据本合同实际履行的阶段，委托人已支付的全部中介服务费按以下办法处理：

（1）在本合同签订后_____日内，委托人尚未提供任何入学申请材料的，受托人扣除已支付服务费总额的_____%后，余额退还委托人，本合同终止；

（2）在本合同签订后，委托人已经提供入学申请材料，但受托人尚未向拟申请留学院校或有关外方提交入学申请或送交委托人材料的，受托人扣除已支付服务费总额的_____%后，余额退还委托人，本合同终止；

（3）受托人已经向拟申请留学院校或有关外方提交入学申请或送交委托人材料，但留学申请尚未成功的，受托人扣除已支付服务费总额的_____%后，余额退还委托人，本合同终止；

（4）留学申请成功，但受托人尚未提供办理签证申请服务的，受托人扣除已支付服务费总额的_____%后，余额退还委托人，本合同终止。

5. 出现本条所约定退费情形，委托人可书面通知受托人进行退费，受托人于收到委托人书面通知后十五个工作日内按本合同约定予以退还。本合同约定受托人退费范围仅限于受托人已收取的中介服务费，不包含受托人受委托人委托向第三方代缴的费用。

第六条　违约责任

1. 双方均应严格履行合同中全部条款。因双方中任一方违约导致本合同无法继续履行的，另一方有权解除本合同。本合同解除后，受托人按照本合同第五条退费条款中的第4项约定退费，同时违约方须承担相应的违约责任。

2. 委托人违反本合同约定，按照下列不同违约情形，承担相应违约责任。

（1）迟延向受托人支付中介服务费或未及时向受托人支付由受托人代为向第三方支付的费用，每迟延一日应向受托人支付逾期付款总额万分之_____的违约金。迟延支付中介服务费超过_____日的，受托人有权解除本合同；

（2）迟延提供材料或向受托人提供虚假材料，从而导致留学院校申请失败或被拒签，委托人应自行承担由此产生的后果。受托人没有过错的，不承担违约责任。

3. 受托人违反本合同约定，按照下列不同违约情形，承担相应违约责任。

（1）为达到本合同目的而向委托人提供虚假文件材料，除全额退还中介服务费外，还应按中介服务费的_____%的人民币，作为违约金支付给委托人，并在_____年____月前，协助委托人按留学院校退款政策索还委托人支付给校方的费用；

（2）未能在约定的时间内为委托人申请到拟留学院校的录取通知书，委托人有权解除合同，但应及时通知受托人。受托人除全额退还中介服务费外，还应按中介服务费的_____%的人民币，作为违约金支付给委托人，并在_____年____月前，协助委托人按留学院校退款政策索还委托人支付给校方的费用。如委托人要求继续履行，受托人应负责在_____年____月前为委托人申请到拟留学院校的录取通知书，并向受托人支付迟延履行违约金人民币（大写）_____元整（￥_____）；

（3）导致委托人留学院校申请失败或被拒签，受托人全额退还中介服务费，并按中介服务费的_____%的人民币，作为违约金支付给委托人。

第七条　不可抗力

由于政治原因或地震、台风、水灾、火灾、战争以及其他不能预见并且对其发生和后果不能防止或避免的不可抗力，致使直接影响本合同的履行或者不能按约定的条件履行时，遇有上述不可抗力的一方，应及时通知对方，并应在十五日内，提供不可抗力详情及本合同不能履行，或者部分不能履行，或者需要延期履行的理由的有效证明文件，此项证明文件应由不可抗力发生地区的公证机构出具，按其对本合同的影响程度由双方协商决定是否解除合同、免除或者部分免除履行合同的责任，或者延期履行合同。

第八条 争议解决方式

1. 本合同的履行、解释及争议解决均适用中华人民共和国有关法律。

2. 凡因履行本合同所发生的一切争议,双方应通过友好协商方式解决。协商不成时,双方一致同意选择以下一种解决方式:

☐ 提交_____仲裁委员会仲裁

☐ 向_____人民法院提起诉讼

☐ 其他_____

第九条 生效及期限

本合同自委托人(如委托人未满18周岁建议由委托代理人签署)及受托人签字、盖章之日起生效,至本合同约定的委托事项完成之日止。

第十条 通知

除特别书面声明外,委托人所填写的《自费出国留学申请人信息表》中载明的住址即为受托人寄送书面文书的通信地址。受托人在提供中介服务过程中,如按照委托人提供的其他联络方式无法取得联系时,受托人向该通信地址发送的书面文书,即视为受托人履行了通知义务。委托人如更改通信地址,应及时以书面形式通知受托人。

第十一条 其他

1. 本合同的组成:本合同由合同本身及附件《院校及专业确认表》组成,本合同和其附件具有同等法律效力。

2. 本合同一式三份,委托人执一份,受托人执两份,具有同等法律效力。

第十二条 双方约定的其他事项:_____

_____。

附件:《院校及专业确认表》

委托人签字:	受托人:(盖章)
委托代理人签字:	受托人代表签字:
日期:	日期:
合同签约地:	

附件

院校及专业确认表

姓名：		
在读/毕业学校：		
专业：		
毕业时间：		
确定申请学校名单		
序号	申请类型	学校名称（标准）	申请专业
1		中文名	外文名
		外文名	
2		中文名	外文名
		外文名	
3		中文名	外文名
		外文名	
4		中文名	外文名
		外文名	
5		中文名	外文名
		外文名	

（根据申请院校数量可增加表格）

第二十章　合伙合同

合伙合同，是两个以上合伙人为了共同的事业目的，订立的共享利益、共担风险的协议。

一、《民法典》相关法条

第九百六十七条　合伙合同是两个以上合伙人为了共同的事业目的，订立的共享利益、共担风险的协议。

第九百六十八条　合伙人应当按照约定的出资方式、数额和缴付期限，履行出资义务。

第九百六十九条　合伙人的出资、因合伙事务依法取得的收益和其他财产，属于合伙财产。

合伙合同终止前，合伙人不得请求分割合伙财产。

第九百七十条　合伙人就合伙事务作出决定的，除合伙合同另有约定外，应当经全体合伙人一致同意。

合伙事务由全体合伙人共同执行。按照合伙合同的约定或者全体合伙人的决定，可以委托一个或者数个合伙人执行合伙事务；其他合伙人不再执行合伙事务，但是有权监督执行情况。

合伙人分别执行合伙事务的，执行事务合伙人可以对其他合伙人执行的事务提出异议；提出异议后，其他合伙人应当暂停该项事务的执行。

第九百七十一条　合伙人不得因执行合伙事务而请求支付报酬，但是合伙合同另有约定的除外。

第九百七十二条　合伙的利润分配和亏损分担，按照合伙合同的约定办理；合伙合同没有约定或者约定不明确的，由合伙人协商决定；协商不成的，由合伙人按照实缴出资比例分配、分担；无法确定出资比例的，由合伙人平均分配、分担。

第九百七十三条　合伙人对合伙债务承担连带责任。清偿合伙债务超过自己应当承担份额的合伙人，有权向其他合伙人追偿。

第九百七十四条　除合伙合同另有约定外，合伙人向合伙人以外的人转让其全部或者部分财产份额的，须经其他合伙人一致同意。

第九百七十五条　合伙人的债权人不得代位行使合伙人依照本章规定和合伙合同享有的权利，但是合伙人享有的利益分配请求权除外。

第九百七十六条 合伙人对合伙期限没有约定或者约定不明确，依据本法第五百一十条的规定仍不能确定的，视为不定期合伙。

合伙期限届满，合伙人继续执行合伙事务，其他合伙人没有提出异议的，原合伙合同继续有效，但是合伙期限为不定期。

合伙人可以随时解除不定期合伙合同，但是应当在合理期限之前通知其他合伙人。

第九百七十七条 合伙人死亡、丧失民事行为能力或者终止的，合伙合同终止；但是，合伙合同另有约定或者根据合伙事务的性质不宜终止的除外。

第九百七十八条 合伙合同终止后，合伙财产在支付因终止而产生的费用以及清偿合伙债务后有剩余的，依据本法第九百七十二条的规定进行分配。

二、典型案例

案例1：债权人能否收取合伙人在合伙企业内的分红？

[案情回放]

齐某与人合伙开办了一家养殖场，由于资金不足，为凑齐投资，齐某向李某借款20万元。双方约定的偿还期限届满时，齐某迟迟不归还借款本息。李某了解到，齐某参与创办的养殖场已经盈利，即将给合伙人分红，因此提出齐某的分红应当转交给自己，用于偿还借款本息，遭到其他合伙人的拒绝，理由是李某并非合伙人，分红只能交给具有合伙人身份的齐某。李某遂向人民法院提起诉讼，要求代位行使齐某的分红权利。

[专家点评]

《民法典》第975条规定："合伙人的债权人不得代位行使合伙人依照本章规定和合伙合同享有的权利，但是合伙人享有的利益分配请求权除外。"根据上述法律规定，对于合伙人在合伙企业内的法定和约定权利，债权人是不能代位行使的，但有一项例外，也就是合伙人的利益分配请求权，即本案中的分红权。由于齐某拒不偿还到期债务，李某依法有权代位行使齐某的分红权，获得其按照合伙协议应当取得的收益。

案例2：合伙人在合伙企业内任职的，能否要求支付报酬？

[案情回放]

周某与他人成立了一家合伙企业，根据合伙合同的约定，周某担任合伙企业的总经理，具体负责合伙企业的经营。经过一段时间的运转，合伙企业开始盈利，周某认为自己负责企业的经营管理，付出大量时间精力，应当获得一定的报酬。但其他合伙人认为，合伙协议中并未约定周某任职期间的报酬，而且其他合伙人均在企业内担任职务，也没有领取报酬，因此不同意支付周某工资和津贴等。

[专家点评]

《民法典》第971条规定："合伙人不得因执行合伙事务而请求支付报酬，但是合伙合同另有约定的除外。"因此，合伙人在合伙企业内任职能否领取报酬的关键在于合伙协议的约定。在本案中，由于周某等人订立的合伙协议没有约定合伙人的报酬问题，因此，周某无权要求支付工资、津贴等报酬。

三、合伙合同陷阱防范

1. 合伙人之间由于彼此熟悉，相互信任，往往仅凭口头承诺建立合伙关系，不订立书面协议。即便订立书面协议，内容也比较粗略，对于出资数额、利润分配、债务承担、入伙、退伙、合伙终止等关键问题，缺乏明确的约定，为日后产生纠纷埋下隐患。一份内容全面、详尽的合伙合同，对于合伙各方的权利都是有效的保证。

2. 天下没有不散的宴席，合伙企业也有终止的一天，企业终止时必然要进行清算，对于企业的财产、债务进行合理分配。在合伙合同中，应当明确约定清算的程序，否则日后清算过程中，很容易发生纠纷。

四、合伙合同范本

合伙人：

1. 姓名：　　　　　　　　身份证号码：

2. 姓名：　　　　　　　　身份证号码：

……

合伙各方本着自愿、公平、平等、互利的原则订立合伙协议如下：

第一条　合伙名称：

第二条　合伙经营项目：

第三条　主要经营地：

第四条　合伙期限

合伙期限为＿＿＿＿年，自＿＿＿＿年＿＿＿＿月＿＿＿＿日起至＿＿＿＿年＿＿＿＿月＿＿＿＿日止。合伙期满可续订合伙合同。

第五条　出资金额、方式、期限

（一）合伙人出资。

合伙人＿＿＿＿＿＿以现金方式出资，合计人民币＿＿＿＿＿＿＿元，享有＿＿＿＿＿＿％的股份。

合伙人＿＿＿＿＿＿以现金方式出资，合计人民币＿＿＿＿＿＿＿元，享有＿＿＿＿＿＿％的股份。

合伙人＿＿＿＿＿＿以现金方式出资，合计人民币＿＿＿＿＿＿＿元，享有＿＿＿＿＿＿％

的股份。

（二）各合伙人的出资于＿＿＿＿年＿＿＿＿月＿＿＿＿日以前交齐。逾期不交或未交齐的，取消其合伙资格并且赔偿由此造成的损失。

（三）本合伙出资共计人民币＿＿＿＿＿＿＿＿元。合伙期间各合伙人的出资为共有财产，不得随意请求分割。合伙终止后，合伙各方的出资仍为个人所有，届时予以返还。

第六条 盈余分配与债务承担

合伙双方共同投资，共同经营，共担风险，共负盈亏。

（一）盈余分配：以投资额为依据，按比例分配。

（二）债务承担：合伙债务先以合伙财产偿还，合伙财产不足清偿时，以投资额为依据，按比例承担。任何一方对外偿还后，另一方应当按比例在10日内向对方清偿自己应负担的部分。

（三）对于公司在职（全职）的股东以工资的形式支付其劳动报酬，其具体工资额度根据企业经营状况而定。

第七条 入伙、退伙、出资的转让

（一）入伙。

1. 需承认本合同，执行合同规定的权利义务。

2. 新合伙人入伙，必须经全体合伙人同意，承认并签署本合伙协议。

3. 除入伙协议另有约定外，入伙的新合伙人与原合伙人享有同等权利，承担同等责任。入伙的新合伙人对入伙前合伙公司的债务承担连带责任。

（二）退伙。

1. 自愿退伙。合伙的经营期限内，有下列情形之一时，合伙人可以退伙：

①合伙协议约定的退伙事由出现；

②经全体合伙人同意退伙；

③发生合伙人难以继续参加合伙商行的事由。

退伙前应当提前30日通知其他合伙人。合伙人擅自退伙给合伙公司造成损失的，应当赔偿损失。

2. 当然退伙。合伙人有下列情形之一的，当然退伙：

①死亡或者被依法宣告死亡；

②被依法宣告为无民事行为能力人；

③个人丧失偿债能力；

④被人民法院强制执行在合伙公司中的全部财产份额。

以上情形的退伙以实际发生之日为退伙生效日。

3. 除名退伙。合伙人有下列情形之一的，经其他合伙人一致同意，可以决议将其除名：

①未履行出资义务；

②因故意或重大过失给合伙商行造成损失；

③执行合伙商行事务时有不正当行为；

④合伙协议约定的其他事由。

对合伙人的除名决议应当书面通知被除名人。被除名人自接到除名通知之日起，除名生效，被除名人退伙。除名人对除名决议有异议的，可以在接到除名通知之日起 30 日内，向人民法院起诉。

合伙人退伙后，其他合伙人与该退伙人按退伙时的合伙企业的财产状况进行结算。

（三）出资的转让。允许合伙人转让其在合伙中的全部或部分财产份额。在同等条件下，合伙人有优先受让权。如向合伙人以外的第三人转让，第三人应按入伙对待，否则以退伙对待转让人。合伙人以外的第三人受让合伙公司财产份额的，经修改合伙协议即成为合伙公司的合伙人。

第八条　财务、管理、重大活动

合伙公司在经营期间应严格执行财务制度，由财务负责保管和收银，负责记账。当月盈余于次月 1 日至 10 日前结算，并制作结算单。

合伙公司的收支款项应统一在公司设立的账户中流转，开户银行和银行账号由各方确定后，列入备忘录或补充合同中。

合伙公司的所有工作人员的录用及工资标准由合伙各方协商确定。

合伙公司的人事、财务、经营、管理等制度由合伙各方协商确定。

重大的合同、决策、开支、经营等活动须经合伙各方协商同意并在备忘录上签字。

1. 对外开展业务，订立合同；

2. 对合伙事业进行日常管理；

3. 出售合伙的产品、购进常用物料；

4. 支付合伙债务；

5. 出差使用经费（如果金额达到_____元以上，须由其他合伙人同意之后，才能报销出差使用经费）。

第九条　合伙人的权利和义务

（一）合伙人的权利：

1. 合伙事务的经营权、决定权和监督权，合伙的经营活动由合伙人共同决定，无论出资多少，每个人都有表决权；

2. 合伙人享有合伙利益的分配权；

3. 合伙人分配合伙利益应以出资额比例或者按合同的约定进行，合伙经营积累的财产归合伙人共有；

4. 合伙人有退伙的权利。

（二）合伙人的义务：

1. 按照合伙协议的约定维护合伙财产的统一；

2. 分担合伙经营损失的债务；

3. 为合伙债务承担连带责任。

第十条　禁止行为

（一）未经全体合伙人同意，禁止任何合伙人私自以合伙公司名义进行业务活动。如其业务获得利益，归合伙人共同所有，造成的损失按实际损失进行赔偿。

（二）除合伙协议另有约定或者经全体合伙人同意外，合伙人不得同合伙公司进行损害公司利益的任何交易。

（三）禁止私自挪用、转借、转让公司的货物及流动资金。

第十一条　合伙经营的继续

（一）合伙如有以下事由之一，应延续合伙经营：

1. 合伙事业有盈余；

2. 合伙事业有转机；

3. 合伙人要求延续；

4. 合伙事业有很大的前景。

（二）在退伙的情况下，其余合伙人有权继续以原公司名称继续经营原公司业务，也可以选择、吸收新的合伙人入伙经营。

（三）在合伙人死亡或被宣告死亡的情况下，依死亡合伙人继承人的选择，既可以退继承人应继承的财产份额，其余合伙人继续经营；也可依照合伙协议的约定或者经全体合伙人同意，接纳继承人为新的合伙人继续经营。

第十二条　合伙的终止和终止后的事项

（一）合伙因下列情形解散：

1. 合伙期限届满；

2. 全体合伙人同意终止合伙关系；

3. 已不具备法定合伙人数；

4. 合伙事业违反法律被撤销；

5. 出现法律、行政法规规定的合伙公司解散的其他原因。

（二）合伙终止后的事项：

1. 推举清算人，并邀请中间人（或公证员）参与清算。

2. 清算如有盈余，则按清偿债务、返还出资、按比例分配剩余财产顺序进行。固定资产和不可分物，可作价买卖给合伙人或第三人。在价格相等的情况下，合伙人有优先购买权，其价款参与分配。

3. 清算后如果亏损，不论合伙人出资多少，先以合伙共同财产偿还，合伙财产不足清偿的部分，由合伙人按出资比例承担。

第十三条　争议的解决方式

合伙人之间如发生争议，应共同协商，本着有利于合伙事业发展的原则予以解决。

协商不成的，一方可经退伙程序退伙，或可依法向原告所在地人民法院起诉。

第十四条 本合同如有未尽事宜，应由全体合伙人讨论补充或修改。补充和修改的内容与本合同具有同等效力。

第十五条 本合同正本一式四份，合伙人各执一份。本协议自合伙人签字（或手印）之日起生效。

合伙人签名：
合伙人签名：
……
签名时间：　　年　　　月　　　日

第二十一章 劳动合同

劳动合同，是劳动者与用人单位之间建立劳动关系，明确彼此之间的权利和义务的协议。它具有以下特征：

1. 劳动合同是诺成、有偿、双务的合同。
2. 劳动合同的主体是特定的，即劳动者和用人单位。
3. 劳动合同的客体是劳动行为。

一、《劳动合同法》相关法条

第七条 用人单位自用工之日起即与劳动者建立劳动关系。用人单位应当建立职工名册备查。

第九条 用人单位招用劳动者，不得扣押劳动者的居民身份证和其他证件，不得要求劳动者提供担保或者以其他名义向劳动者收取财物。

第十条 建立劳动关系，应当订立书面劳动合同。

已建立劳动关系，未同时订立书面劳动合同的，应当自用工之日起一个月内订立书面劳动合同。

用人单位与劳动者在用工前订立劳动合同的，劳动关系自用工之日起建立。

第十七条 劳动合同应当具备以下条款：

（一）用人单位的名称、住所和法定代表人或者主要负责人；
（二）劳动者的姓名、住址和居民身份证或者其他有效身份证件号码；
（三）劳动合同期限；
（四）工作内容和工作地点；
（五）工作时间和休息休假；
（六）劳动报酬；
（七）社会保险；
（八）劳动保护、劳动条件和职业危害防护；
（九）法律、法规规定应当纳入劳动合同的其他事项。

劳动合同除前款规定的必备条款外，用人单位与劳动者可以约定试用期、培训、保守秘密、补充保险和福利待遇等其他事项。

《劳动法》

第十九条 劳动合同应当以书面形式订立，并具备以下条款：

（一）劳动合同期限；

（二）工作内容；

（三）劳动保护和劳动条件；

（四）劳动报酬；

（五）劳动纪律；

（六）劳动合同终止的条件；

（七）违反劳动合同的责任。

劳动合同除前款规定的必备条款外，当事人可以协商约定其他内容。

《职业病防治法》

第三十三条　用人单位与劳动者订立劳动合同（含聘用合同，下同）时，应当将工作过程中可能产生的职业病危害及其后果、职业病防护措施和待遇等如实告知劳动者，并在劳动合同中写明，不得隐瞒或者欺骗。

劳动者在已订立劳动合同期间因工作岗位或者工作内容变更，从事与所订立劳动合同中未告知的存在职业病危害的作业时，用人单位应当依照前款规定，向劳动者履行如实告知的义务，并协商变更原劳动合同相关条款。

用人单位违反前两款规定的，劳动者有权拒绝从事存在职业病危害的作业，用人单位不得因此解除与劳动者所订立的劳动合同。

第十九条　劳动合同期限三个月以上不满一年的，试用期不得超过一个月；劳动合同期限一年以上不满三年的，试用期不得超过二个月；三年以上固定期限和无固定期限的劳动合同，试用期不得超过六个月。

同一用人单位与同一劳动者只能约定一次试用期。

以完成一定工作任务为期限的劳动合同或者劳动合同期限不满三个月的，不得约定试用期。

试用期包含在劳动合同期限内。劳动合同仅约定试用期的，试用期不成立，该期限为劳动合同期限。

第二十条　劳动者在试用期的工资不得低于本单位相同岗位最低档工资或者劳动合同约定工资的百分之八十，并不得低于用人单位所在地的最低工资标准。

《劳动法》

第四十八条　国家实行最低工资保障制度。最低工资的具体标准由省、自治区、直辖市人民政府规定，报国务院备案。

用人单位支付劳动者的工资不得低于当地最低工资标准。

第四十九条　确定和调整最低工资标准应当综合参考下列因素：

（一）劳动者本人及平均赡养人口的最低生活费用；

（二）社会平均工资水平；

（三）劳动生产率；

（四）就业状况；

（五）地区之间经济发展水平的差异。

第三十条 用人单位应当按照劳动合同约定和国家规定，向劳动者及时足额支付劳动报酬。

用人单位拖欠或者未足额支付劳动报酬的，劳动者可以依法向当地人民法院申请支付令，人民法院应当依法发出支付令。

第三十九条 劳动者有下列情形之一的，用人单位可以解除劳动合同：

（一）在试用期间被证明不符合录用条件的；

（二）严重违反用人单位的规章制度的；

（三）严重失职，营私舞弊，给用人单位造成重大损害的；

（四）劳动者同时与其他用人单位建立劳动关系，对完成本单位的工作任务造成严重影响，或者经用人单位提出，拒不改正的；

（五）因本法第二十六条第一款第一项规定的情形致使劳动合同无效的；

（六）被依法追究刑事责任的。

二、典型案例

案例 1：职工在服务期内辞职的，违约金如何计算？

[案情回放]

2017 年，付春生应聘到某企业。试用期满后，某企业根据付春生的表现安排其到外地参加技术培训。双方在培训协议中约定：付春生接受培训后，必须在企业服务满 3 年，不满 3 年辞职的，将承担违约责任，赔偿企业支付的培训费用。某企业为付春生参加技术培训支付了 1.5 万元的费用。2017 年 10 月，付春生完成培训，回某企业工作。2018 年 10 月，付春生向某企业提出辞职。双方发生争议，付春生向劳动争议仲裁委员会申请仲裁。仲裁委员会裁决：付春生应当赔偿某企业的培训费用。付春生对裁决不服，向人民法院提起诉讼。

[专家点评]

《劳动合同法》第 22 条规定："用人单位为劳动者提供专项培训费用，对其进行专业技术培训的，可以与该劳动者订立协议，约定服务期。劳动者违反服务期约定的，应当按照约定向用人单位支付违约金。违约金的数额不得超过用人单位提供的培训费用。用人单位要求劳动者支付的违约金不得超过服务期尚未履行部分所应分摊的培训费用。用人单位与劳动者约定服务期的，不影响按照正常的工资调整机制提高劳动者在服务期期间的劳动报酬。"

在本案中，原告接受被告提供的专业培训，被告为此支付了专项培训费用 1.5 万元，双方在培训协议中约定服务期和违约责任，符合《劳动合同法》的规定，合法有效。由于原告提出辞职时，约定的3年服务期已经实际履行1年，原告所应当承担的违约金数额不应超过服务期尚未履行部分所应分摊的培训费用，即1万元。

案例2：职工受到治安处罚的，单位能否解除劳动合同？

［案情回放］

邓华是某企业职工。2019年8月，邓华因无照驾车被处以拘留10日、罚款2000元的治安处罚。某企业遂以邓华受到治安处罚为由，宣布解除与其的劳动合同。邓华对某企业的处理决定不服，向劳动争议仲裁委员会申请仲裁。劳动争议仲裁委员会裁决：某企业解除劳动合同的决定缺乏法律依据，予以撤销。某企业对仲裁裁决不服，向人民法院提起诉讼。

［专家点评］

在本案中，被告受到的是公安机关给予的治安处罚，没有被司法机关追究刑事责任。同时，被告也不具有劳动法律、法规规定的其他可以由用人单位解除劳动合同的情形，因此，原告解除与被告的劳动合同，缺乏法律依据，仲裁裁决予以撤销是正确的。原告认为解除劳动合同可以教育其他员工养成遵纪守法的良好习惯，但这并不能作为违反劳动法律、法规，侵犯劳动者权益的理由。相反，由于原告本身的决定就是违法的，在教育员工上所起的作用只能是适得其反。

案例3：劳动者持假文凭与用人单位签订劳动合同的，如何解决？

［案情回放］

2018年5月，洪翰明到某公司应聘，声称自己是本科学历，具有多年销售经验，并向该公司出示了某大学的毕业证书。某公司将其招聘为销售经理，双方签订了2年的劳动合同，约定工资为3000元/月。洪翰明担任销售经理后，某公司根据其工作表现，对其学历和工作经历产生怀疑，经向某大学核实后，发现洪翰明所持的是假文凭。2018年11月，某公司通知洪翰明解除劳动合同。双方为此发生争议，洪翰明向劳动争议仲裁委员会申请仲裁。

仲裁裁决：洪翰明在签订劳动合同过程中存在欺诈行为，某公司有权解除劳动合同，无须给予经济赔偿。某公司应当按照劳动合同约定发放洪翰明2018年11月的工资。洪翰明不服仲裁裁决，向人民法院提起诉讼。

［专家点评］

《劳动合同法》第39条规定："劳动者有下列情形之一的，用人单位可以解除劳动合同：……（五）因本法第二十六条第一款第一项规定的情形致使劳动合同无效的……"因此，在本案中，原告通过欺诈手段与被告订立劳动合同，属于无效合同，被告有权予以解除，并且无须支付任何赔偿金。并且，按照《劳动合同法》的规定，用人单位在解除劳动合同时应当给予劳动者经济补偿的情况也不包括《劳动合同法》第39条规定情形。原告不但不能要求赔偿金，也不能要求被告给予经济补偿。

《劳动合同法》第28条规定："劳动合同被确认无效，劳动者已付出劳动的，用人单位应当向劳动者支付劳动报酬。劳动报酬的数额，参照本单位相同或者相近岗位劳动者的劳动报酬确定。"原告作为公司中层管理人员已经付出了劳动，应当享有相应的劳动报酬，即月工资3000元。

案例4：工资支付附条件的，是否有效？

[案情回放]

黄亮经营一家木材加工厂。章汉是该厂工人。2018年8月，章汉因故需要返乡，临行前尚有2个月的工资计2400元未结算。黄亮与章汉达成书面协议，约定：如果章汉在2018年10月1日前返回并继续为黄亮工作，支付未结算的工资2400元；否则，无权要求支付该工资。2018年10月底，章汉才得以返回。黄亮以已经招用其他工人为由，让章汉另找工作，并拒绝支付拖欠的工资。双方为此发生争议，章汉向人民法院提起诉讼。

[专家点评]

《劳动法》第50条规定："工资应当以货币形式按月支付给劳动者本人。不得克扣或者无故拖欠劳动者的工资。"原告为被告提供劳动后，应当按月领取工资。被告拖欠原告2个月工资，已经违反了劳动法的规定，此后达成的附支付条件的协议也因违反法律的强制性规定而属于无效合同。

《违反和解除劳动合同的经济补偿办法》第3条规定："用人单位克扣或者无故拖欠劳动者工资的，以及拒不支付劳动者延长工作时间工资报酬的，除在规定的时间内全额支付劳动者工资报酬外，还需加发相当于工资报酬百分之二十五的经济补偿金。"也就是说，被告不仅应当支付拖欠原告的工资，而且应当按照工资总额的25%给予经济补偿。在本案中，拖欠工资总额为2400元，经济补偿600元，被告总共应支付原告3000元。

案例5：实行计件工资制的，应否支付加班工资？

[案情回放]

田振辉是某企业职工。该企业实行计件工资制，规定：职工每完成一件产品加工任务,发给 15 元工资,每月生产定额为 80 件,多劳多得。2018 年 6 月,由于生产任务增加,该企业要求职工加班完成生产任务。2018 年 6~10 月,田振辉多次加班,超额完成生产任务。某企业按照正常标准向其发放了计件工资。田振辉要求某企业支付加班工资,遭到拒绝,遂向劳动争议仲裁委员会申请仲裁。仲裁裁决:某企业应当按照法律规定,即正常标准的 150% 支付田振辉的加班工资。某企业对仲裁裁决不服,向人民法院提起诉讼。

[专家点评]

《劳动法》第 36 条规定:"国家实行劳动者每日工作时间不超过八小时、平均每周工作时间不超过四十四小时的工时制度。"所谓加班,是指在法定工作时间之外参加劳动。在计件工作状态下是否存在加班呢?《劳动法》第 37 条规定:"对实行计件工作的劳动者,用人单位应当根据本法第三十六条规定的工时制度合理确定其劳动定额和计件报酬标准。"也就是说,在计件工作状态下同样应当遵守 8 小时工作制。8 小时之外延长工作时间的,就属于加班,应当支付加班工资。

在本案中,原告规定:职工每月的生产定额为 80 件,多劳多得。被告加班超额完成生产任务。其超额完成的部分,如果是在法定工作时间内完成的,应当按照多劳多得的规定,即每件 15 元支付劳动报酬。如果是在法定工作时间之外完成的,就属于加班,应当支付加班工资,即按照正常标准的 150% 支付劳动报酬。

三、劳动合同陷阱防范

1. 合同条款显失公平。一些企业在签订劳动合同时,利用自己的优势地位,将显失公平的格式条款强加给劳动者,在合同中只规定劳动者的义务和用人单位的权利,不规定用人单位的义务和劳动者的权利,甚至根本不告知劳动者合同的内容。还有一些用人单位向劳动者收取押金、保证金等,以种种名目骗取劳动者的钱财。

2. 一些用人单位与劳动者签订两份合同。一份是规范的劳动合同,用于应付劳动监察部门的检查;另一份是用来约束劳动者的,完全从企业自身的利益出发,权利义务极不平等。

3. 一些用人单位在劳动合同中规定,劳动者要完全服从企业的管理和安排。劳动合同签订后,劳动者完全失去人身自由,加班加点、强迫劳动,甚至连吃饭、穿衣、上厕所都规定了严格的时间限制,劳动者的休息权、休假权被剥夺,甚至任意侮辱、体罚、殴打和拘禁劳动者。

4. 一些用人单位通过"工伤概不负责"的霸王条款来逃避自身义务,这种情况主要发生在建筑业等从事高度危险作业的单位,劳动条件差、安全隐患多,生产中经常发生安全事故。这类劳动合同条款违反了我国现行劳动法律法规的规定,属于无效合同。

四、劳动合同范本

（一）劳动合同（通用）与劳动合同（劳务派遣）①

劳动合同

（通用）

甲方（用人单位）：_____

乙方（劳动者）：_____

签订日期：_____年_____月_____日

注 意 事 项

一、本合同文本供用人单位与建立劳动关系的劳动者签订劳动合同时使用。

二、用人单位应当与招用的劳动者自用工之日起一个月内依法订立书面劳动合同，并就劳动合同的内容协商一致。

三、用人单位应当如实告知劳动者工作内容、工作条件、工作地点、职业危害、安全生产状况、劳动报酬以及劳动者要求了解的其他情况；用人单位有权了解劳动者与劳动合同直接相关的基本情况，劳动者应当如实说明。

四、依法签订的劳动合同具有法律效力，双方应按照劳动合同的约定全面履行各自的义务。

五、劳动合同应使用蓝、黑钢笔或签字笔填写，字迹清楚，文字简练、准确，不得涂改。确需涂改的，双方应在涂改处签字或盖章确认。

六、签订劳动合同，用人单位应加盖公章，法定代表人（主要负责人）或委托代理人应签字或盖章；劳动者应本人签字，不得由他人代签。劳动合同由双方各执一份，交劳动者的不得由用人单位代为保管。

甲方（用人单位）：_____

统一社会信用代码：_____

法定代表人（主要负责人）或委托代理人：_____

注　册　地：_____

经　营　地：_____

联　系　电　话：_____

---

① 人力资源和社会保障部2019年11月25日。

乙方（劳动者）：_____
居民身份证号码：_____
（或其他有效证件名称：_____证件号：_____）
户籍地址：_____
经常居住地（通信地址）：_____
联系电话：_____

根据《中华人民共和国劳动法》《中华人民共和国劳动合同法》等法律法规和政策规定，甲乙双方遵循合法、公平、平等自愿、协商一致、诚实信用的原则订立本合同。

一、劳动合同期限

第一条 甲乙双方自用工之日起建立劳动关系，双方约定按下列第_____种方式确定劳动合同期限：

1. 固定期限：自_____年____月____日起至_____年____月____日止，其中，试用期从用工之日起至_____年____月____日止。

2. 无固定期限：自_____年____月____日起至依法解除、终止劳动合同时止，其中，试用期从用工之日起至_____年____月____日止。

3. 以完成一定工作任务为期限：自_____年____月____日起至_____工作任务完成时止。甲方应当以书面形式通知乙方工作任务完成。

二、工作内容和工作地点

第二条 乙方工作岗位是_____，岗位职责为_____。乙方的工作地点为_____。

乙方应爱岗敬业、诚实守信，保守甲方商业秘密，遵守甲方依法制定的劳动规章制度，认真履行岗位职责，按时保质完成工作任务。乙方违反劳动纪律，甲方可依据依法制定的劳动规章制度给予相应处理。

三、工作时间和休息休假

第三条 根据乙方工作岗位的特点，甲方安排乙方执行以下第_____种工时制度：

1. 标准工时工作制。每日工作时间不超过8小时，每周工作时间不超过40小时。由于生产经营需要，经依法协商后可以延长工作时间，一般每日不得超过1小时，特殊原因每日不得超过3小时，每月不得超过36小时。甲方不得强迫或者变相强迫乙方加班加点。

2. 依法实行以_____为周期的综合计算工时工作制。综合计算周期内的总实际工作时间不应超过总法定标准工作时间。甲方应采取适当方式保障乙方的休息休假权利。

3. 依法实行不定时工作制。甲方应采取适当方式保障乙方的休息休假权利。

第四条 甲方安排乙方加班的，应依法安排补休或支付加班工资。

第五条 乙方依法享有法定节假日、带薪年休假、婚丧假、产假等假期。

四、劳动报酬

第六条 甲方采用以下第_____种方式向乙方以货币形式支付工资，于每月_____日前足额支付：

1. 月工资_____元。

2. 计件工资。计件单价为_____，甲方应合理制定劳动定额，保证乙方在提供正常劳动情况下，获得合理的劳动报酬。

3. 基本工资和绩效工资相结合的工资分配办法，乙方月基本工资_____元，绩效工资计发办法为_____。

4. 双方约定的其他方式：_____。

第七条 乙方在试用期期间的工资计发标准为_____或_____元。

第八条 甲方应合理调整乙方的工资待遇。乙方从甲方获得的工资依法承担的个人所得税由甲方从其工资中代扣代缴。

五、社会保险和福利待遇

第九条 甲乙双方依法参加社会保险，甲方为乙方办理有关社会保险手续，并承担相应社会保险义务，乙方应当缴纳的社会保险费由甲方从乙方的工资中代扣代缴。

第十条 甲方依法执行国家有关福利待遇的规定。

第十一条 乙方因工负伤或患职业病的待遇按国家有关规定执行。乙方患病或非因工负伤的，有关待遇按国家有关规定和甲方依法制定的有关规章制度执行。

六、职业培训和劳动保护

第十二条 甲方应对乙方进行工作岗位所必需的培训。乙方应主动学习，积极参加甲方组织的培训，提高职业技能。

第十三条 甲方应当严格执行劳动安全卫生相关法律法规规定，落实国家关于女职工、未成年工的特殊保护规定，建立健全劳动安全卫生制度，对乙方进行劳动安全卫生教育和操作规程培训，为乙方提供必要的安全防护设施和劳动保护用品，努力改善劳动条件，减少职业危害。乙方从事接触职业病危害作业的，甲方应依法告知乙方工作过程中可能产生的职业病危害及其后果，提供职业病防护措施，在乙方上岗前、在岗期间和离岗时对乙方进行职业健康检查。

第十四条 乙方应当严格遵守安全操作规程，不违章作业。乙方对甲方管理人员违章指挥、强令冒险作业，有权拒绝执行。

七、劳动合同的变更、解除、终止

第十五条 甲乙双方应当依法变更劳动合同，并采取书面形式。

第十六条 甲乙双方解除或终止本合同，应当按照法律法规规定执行。

第十七条　甲乙双方解除终止本合同的，乙方应当配合甲方办理工作交接手续。甲方依法应向乙方支付经济补偿的，在办结工作交接时支付。

第十八条　甲方应当在解除或终止本合同时，为乙方出具解除或者终止劳动合同的证明，并在十五日内为乙方办理档案和社会保险关系转移手续。

八、双方约定事项

第十九条　乙方工作涉及甲方商业秘密和与知识产权相关的保密事项的，甲方可以与乙方依法协商约定保守商业秘密或竞业限制的事项，并签订保守商业秘密协议或竞业限制协议。

第二十条　甲方出资对乙方进行专业技术培训，要求与乙方约定服务期的，应当征得乙方同意，并签订协议，明确双方权利义务。

第二十一条　双方约定的其他事项：_____
_____
_____。

九、劳动争议处理

第二十二条　甲乙双方因本合同发生劳动争议时，可以按照法律法规的规定，进行协商、申请调解或仲裁。对仲裁裁决不服的，可以依法向有管辖权的人民法院提起诉讼。

十、其他

第二十三条　本合同中记载的乙方联系电话、通信地址为劳动合同期内通知相关事项和送达书面文书的联系方式、送达地址。如发生变化，乙方应当及时告知甲方。

第二十四条　双方确认：均已详细阅读并理解本合同内容，清楚各自的权利、义务。本合同未尽事宜，按照有关法律法规和政策规定执行。

第二十五条　本合同双方各执一份，自双方签字（盖章）之日起生效，双方应严格遵照执行。

甲方：（盖章）　　　　　　　　　　　乙方：（签字）
法定代表人：（主要负责人）
或委托代理人：（签字或盖章）
　　年　月　日　　　　　　　　　　　　年　月　日

附件1

续 订 劳 动 合 同

经甲乙双方协商同意，续订本合同。

一、甲乙双方按以下第_____种方式确定续订合同期限：

1. 固定期限：自_____年____月____日起至_____年____月____日止。
2. 无固定期限：自_____年____月____日起至依法解除或终止劳动合同时止。

二、双方就有关事项约定如下：

1. _____；
2. _____；
3. _____。

三、除以上约定事项外，其他事项仍按照双方于_____年____月____日签订的劳动合同中的约定继续履行。

甲方：（盖章）　　　　　　　　　　　乙方：（签字）

法定代表人：（主要负责人）

或委托代理人：（签字或盖章）

　　　年　　月　　日　　　　　　　　　　年　　月　　日

附件2

变 更 劳 动 合 同

一、经甲乙双方协商同意，自_____年____月____日起，对本合同作如下变更：

1. _____；
2. _____；
3. _____。

二、除以上约定事项外，其他事项仍按照双方于_____年____月____日签订的劳动合同中的约定继续履行。

甲方：（盖章）　　　　　　　　　　　乙方：（签字）

法定代表人：（主要负责人）

或委托代理人：（签字或盖章）

　　　年　　月　　日　　　　　　　　　　年　　月　　日

劳动合同
（劳务派遣）

甲方（劳务派遣单位）：_____
乙方（劳动者）：_____
签订日期：_____年___月___日

注意事项

一、本合同文本供劳务派遣单位与被派遣劳动者签订劳动合同时使用。

二、劳务派遣单位应当向劳动者出具依法取得的《劳务派遣经营许可证》。

三、劳务派遣单位不得与被派遣劳动者签订以完成一定任务为期限的劳动合同，不得以非全日制用工形式招用被派遣劳动者。

四、劳务派遣单位应当将其与用工单位签订的劳务派遣协议内容告知劳动者。劳务派遣单位不得向被派遣劳动者收取费用。

五、劳动合同应使用蓝、黑钢笔或签字笔填写，字迹清楚，文字简练、准确，不得涂改。确需涂改的，双方应在涂改处签字或盖章确认。

六、签订劳动合同，劳务派遣单位应加盖公章，法定代表人（主要负责人）或委托代理人应签字或盖章；被派遣劳动者应本人签字，不得由他人代签。劳动合同交由劳动者的，劳务派遣单位、用工单位不得代为保管。

甲方（劳务派遣单位）：_____
统一社会信用代码：_____
劳务派遣许可证编号：_____
法定代表人（主要负责人）或委托代理人：_____
注　册　地：_____
经　营　地：_____
联系电话：_____

乙方（劳动者）：_____
居民身份证号码：_____
（或其他有效证件名称：_____　证件号：_____）
户籍地址：_____
经常居住地（通信地址）：_____
联系电话：_____

根据《中华人民共和国劳动法》《中华人民共和国劳动合同法》等法律法规政策规定，甲乙双方遵循合法、公平、平等自愿、协商一致、诚实信用的原则订立本合同。

一、劳动合同期限

第一条 甲乙双方约定按下列第____种方式确定劳动合同期限：

1. 两年以上固定期限合同：自_____年____月____日起至_____年____月____日止。其中，试用期从用工之日起至_____年____月____日止。

2. 无固定期限的劳动合同：自_____年____月____日起至依法解除或终止劳动合同止。其中，试用期从用工之日起至_____年____月____日止。

试用期至多约定一次。

二、工作内容和工作地点

第二条 乙方同意由甲方派遣到_____（用工单位名称）工作，用工单位注册地_____，用工单位法定代表人或主要负责人_____。派遣期限为_____，从____年____月____日起至____年____月____日止。乙方的工作地点为_____。

第三条 乙方同意在用工单位_____岗位工作，属于临时性/辅助性/替代性工作岗位，岗位职责为_____。

第四条 乙方同意服从甲方和用工单位的管理，遵守甲方和用工单位依法制定的劳动规章制度，按照用工单位安排的工作内容及要求履行劳动义务，按时完成规定的工作数量，达到相应的质量要求。

三、工作时间和休息休假

第五条 乙方同意根据用工单位工作岗位执行下列第_____种工时制度：

1. 标准工时工作制，每日工作时间不超过 8 小时，平均每周工作时间不超过 40 小时，每周至少休息 1 天。

2. 依法实行以_____为周期的综合计算工时工作制。

3. 依法实行不定时工作制。

第六条 甲方应当要求用工单位严格遵守关于工作时间的法律规定，保证乙方的休息权利与身心健康，确因工作需要安排乙方加班加点的，经依法协商后可以延长工作时间，并依法安排乙方补休或支付加班工资。

第七条 乙方依法享有法定节假日、带薪年休假、婚丧假、产假等假期。

四、劳动报酬和福利待遇

第八条 经甲方与用工单位商定，甲方采用以下第_____种方式向乙方以货币形式支付工资，于每月_____日前足额支付：

1. 月工资_____元。

2. 计件工资。计件单价为_____。
3. 基本工资和绩效工资相结合的工资分配办法，乙方月基本工资_____元，绩效工资计发办法为_____。
4. 约定的其他方式：_____。

第九条　乙方在试用期期间的工资计发标准为_____或_____元。

第十条　甲方不得克扣用工单位按照劳务派遣协议支付给被派遣劳动者的劳动报酬。乙方从甲方获得的工资依法承担的个人所得税由甲方从其工资中代扣代缴。

第十一条　甲方未能安排乙方工作或者被用工单位退回期间，甲方应按照不低于甲方所在地最低工资标准按月向乙方支付报酬。

第十二条　甲方应当要求用工单位对乙方实行与用工单位同类岗位的劳动者相同的劳动报酬分配办法，向乙方提供与工作岗位相关的福利待遇。用工单位无同类岗位劳动者的，参照用工单位所在地相同或者相近岗位劳动者的劳动报酬确定。

第十三条　甲方应当要求用工单位合理确定乙方的劳动定额。用工单位连续用工的，甲方应当要求用工单位对乙方实行正常的工资调整机制。

五、社会保险

第十四条　甲乙双方依法在用工单位所在地参加社会保险。甲方应当按月将缴纳社会保险费的情况告知乙方，并为乙方依法享受社会保险待遇提供帮助。

第十五条　如乙方发生工伤事故，甲方应当会同用工单位及时救治，并在规定时间内，向人力资源社会保障行政部门提出工伤认定申请，为乙方依法办理劳动能力鉴定，并为其享受工伤待遇履行必要的义务。甲方未按规定提出工伤认定申请的，乙方或者其近亲属、工会组织在事故伤害发生之日或者乙方被诊断、鉴定为职业病之日起1年内，可以直接向甲方所在地人力资源社会保障行政部门提请工伤认定申请。

六、职业培训和劳动保护

第十六条　甲方应当为乙方提供必需的职业能力培训，在乙方劳务派遣期间，督促用工单位对乙方进行工作岗位所必需的培训。乙方应主动学习，积极参加甲方和用工单位组织的培训，提高职业技能。

第十七条　甲方应当为乙方提供符合国家规定的劳动安全卫生条件和必要的劳动保护用品，落实国家有关女职工、未成年工的特殊保护规定，并在乙方劳务派遣期间督促用工单位执行国家劳动标准，提供相应的劳动条件和劳动保护。

第十八条　甲方如派遣乙方到可能产生职业危害的岗位，应当事先告知乙方。甲方应督促用工单位依法告知乙方工作过程中可能产生的职业病危害及其后果，对乙方进行劳动安全卫生教育和培训，提供必要的职业危害防护措施和待遇，预防劳动过程中的事故，减少职业危害，为劳动者建立职业健康监护档案，在乙方上岗前、派遣期间、离岗时对乙方进行职业健康检查。

第十九条 乙方应当严格遵守安全操作规程，不违章作业。乙方对用工单位管理人员违章指挥、强令冒险作业，有权拒绝执行。

七、劳动合同的变更、解除和终止

第二十条 甲乙双方应当依法变更劳动合同，并采取书面形式。

第二十一条 因乙方派遣期满或出现其他法定情形被用工单位退回甲方的，甲方可以对其重新派遣，对符合法律法规规定情形的，甲方可以依法与乙方解除劳动合同。乙方同意重新派遣的，双方应当协商派遣单位、派遣期限、工作地点、工作岗位、工作时间和劳动报酬等内容，并以书面形式变更合同相关内容；乙方不同意重新派遣的，依照法律法规有关规定执行。

第二十二条 甲乙双方解除或终止本合同，应当按照法律法规规定执行。甲方应在解除或者终止本合同时，为乙方出具解除或者终止劳动合同的证明，并在十五日内为乙方办理档案和社会保险关系转移手续。

第二十三条 甲乙双方解除终止本合同的，乙方应当配合甲方办理工作交接手续。甲方依法应向乙方支付经济补偿的，在办结工作交接时支付。

八、劳动争议处理

第二十四条 甲乙双方因本合同发生劳动争议时，可以按照法律法规的规定，进行协商、申请调解或仲裁。对仲裁裁决不服的，可以依法向有管辖权的人民法院提起诉讼。

第二十五条 用工单位给乙方造成损害的，甲方和用工单位承担连带赔偿责任。

九、其他

第二十六条 本合同中记载的乙方联系电话、通信地址为劳动合同期内通知相关事项和送达书面文书的联系方式、送达地址。如发生变化，乙方应当及时告知甲方。

第二十七条 双方确认：均已详细阅读并理解本合同内容，清楚各自的权利、义务。本合同未尽事宜，按照有关法律法规和政策规定执行。

第二十八条 本劳动合同一式_____份，双方至少各执一份，自签字（盖章）之日起生效，双方应严格遵照执行。

甲方：（盖章）　　　　　　　　　　　　　乙方：（签字）

法定代表人：（主要负责人）

或委托代理人：（签字或盖章）

　　　年　　月　　日　　　　　　　　　　　年　　月　　日

附件 1

续 订 劳 动 合 同

经甲乙双方协商同意，续订本合同。

一、甲乙双方按以下第_____种方式确定续订合同期限：

1. 固定期限：自_____年____月____日起至_____年____月____日止。

2. 无固定期限：自_____年____月____日起至依法解除或终止劳动合同时止。

二、双方就有关事项约定如下：

1. _____；
2. _____；
3. _____。

三、除以上约定事项外，其他事项仍按照双方于_____年____月____日签订的劳动合同中的约定继续履行。

  甲方：（盖章）   乙方：（签字）

  法定代表人：（主要负责人）

  或委托代理人：（签字或盖章）

    年 月 日   年 月 日

附件 2

变 更 劳 动 合 同

一、经甲乙双方协商同意，自_____年____月____日起，对本合同作如下变更：

1. _____；
2. _____；
3. _____。

二、除以上约定事项外，其他事项仍按照双方于_____年____月____日签订的劳动合同中的约定继续履行。

  甲方：（盖章）   乙方：（签字）

  法定代表人：（主要负责人）

  或委托代理人：（签字或盖章）

    年 月 日   年 月 日

(二) 企业员工保密合同

甲方（员工）：_____

乙方（企业）：_____公司

鉴于甲方在乙方任职，并将获得乙方支付的相应报酬，双方当事人就甲方在任职期间及离职以后保守乙方技术秘密和其他商业秘密的有关事项，制定下列条款共同遵守：

第一条　双方确认，甲方在乙方任职期间，因履行职务或者主要是利用乙方的物质技术条件、业务信息等产生的发明创造、作品、计算机软件、技术秘密或其他商业秘密信息，有关的知识产权均属于乙方享有。乙方可以在其业务范围内充分自由地利用这些发明创造、作品、计算机软件、技术秘密或其他商业秘密信息，进行生产、经营或者向第三方转让。甲方应当依乙方的要求，提供一切必要的信息和采取一切必要的行动，包括申请、注册、登记等，协助乙方取得和行使有关的知识产权。

上述发明创造、作品、计算机软件、技术秘密及其他商业秘密，有关的发明权、署名权（依照法律规定应由乙方署名的除外）等精神权利由作为发明人、创作人或开发者的甲方享有，乙方尊重甲方的精神权利并协助甲方行使这些权利。

第二条　甲方在乙方任职期间所完成的、与乙方业务相关的发明创造、作品、计算机软件、技术秘密或其他商业秘密信息，甲方主张由其本人享有知识产权的，应当及时向乙方申明。经乙方核实，认为确属于非职务成果的，由甲方享有知识产权，乙方不得在未经甲方明确授权的前提下利用这些成果进行生产、经营，亦不得自行向第三方转让。

甲方没有申明的，推定其属于职务成果，乙方可以使用这些成果进行生产、经营或者向第三方转让。即使日后证明实际上是非职务成果的，甲方亦不得要求乙方承担任何经济责任。甲方申明后，乙方对成果的权属有异议的，可以通过协商解决；协商不成的，通过诉讼途径解决。

第三条　甲方在乙方任职期间，必须遵守乙方规定的任何成文或不成文的保密规章、制度，履行与其工作岗位相应的保密职责。

乙方的保密规章、制度没有规定或者规定不明确之处，甲方亦应本着谨慎、诚实的态度，采取任何必要、合理的措施，维护其于任职期间知悉或者持有的任何属于乙方或者虽属于第三方但乙方承诺有保密义务的技术秘密或其他商业秘密信息，以保持其机密性。

第四条　除了履行职务的需要之外，甲方承诺，未经乙方同意，不得以泄露、告知、公布、发布、出版、传授、转让或者其他任何方式使任何第三方（包括按照保密制度的规定不得知悉该项秘密的乙方其他职员）知悉属于乙方或者虽属于他人但乙方承诺有保密义务的技术秘密或其他商业秘密信息，也不得在履行职务之外使用这些秘密信息。

甲方的上级主管人员同意甲方披露、使用有关的技术秘密或其他商业秘密的，视为甲方已同意这样做，除非乙方已事先公开明确该主管人员无此权限。

第五条 双方同意，甲方离职之后仍对其在乙方任职期间接触、知悉的属于乙方或者虽属于第三方但乙方承诺有保密义务的技术秘密和其他商业秘密信息，承担如同任职期间一样的保密义务和不擅自使用有关秘密信息的义务，而无论甲方因何种原因离职。

甲方离职后承担保密义务的期限为下列第_____种（没有做出选择的，视为无限期）：

（A）无限期保密，直至乙方宣布解密或者秘密信息实际上已经公开；

（B）有限期保密，保密期限自离职之日起，计算到_____。

乙方同意就甲方离职后承担的保密义务，向其支付保密费。保密费的支付方式为下列第_____种：

（A）甲方离职时，一次性支付_____元。

（B）甲方认可，乙方在支付甲方的工资报酬时，已考虑了甲方离职后需要承担的保密义务，故而无须在甲方离职时另外支付保密费。

第六条 甲方承诺，在为乙方履行职务时，不得擅自使用任何属于他人的技术秘密或其他商业秘密信息，亦不得擅自实施可能侵犯他人知识产权的行为。

若甲方违反上述承诺而导致乙方遭受第三方的侵权指控时，甲方应当承担乙方为应诉而支付的一切费用；乙方因此而承担侵权赔偿责任的，有权向甲方追偿。上述应诉费用和侵权赔偿可以从甲方的工资报酬中扣除。

第七条 甲方在履行职务时，按照乙方的明确要求或者为了完成乙方明确交付的具体工作任务必然导致侵犯他人知识产权的，若乙方遭受第三方的侵权指控，应诉费用和侵权赔偿不得由甲方承担或部分承担。

甲方的上级主管人员提出的要求或交付的工作任务，视为乙方提出的要求或交付的工作任务，除非乙方已事先公开明确该主管人员无此权限。

第八条 甲方承诺，其在乙方任职期间，非经乙方事先同意，不在与乙方生产、经营同类产品或提供同类服务的其他企业、事业单位、社会团体内担任任何职务，包括股东、合伙人、董事、监事、经理、职员、代理人、顾问等。

甲方离职之后是否仍负有前款的义务，由双方以单独的协议另行规定。如果双方没有签署这样的单独协议，则乙方不得限制甲方从乙方离职之后的就业、任职范围。

第九条 甲方因职务上的需要所持有或保管的一切记录着乙方秘密信息的文件、资料、图表、笔记、报告、信件、传真、磁带、磁盘、仪器以及其他任何形式的载体，均归乙方所有，而无论这些秘密信息有无商业上的价值。

若记录着秘密信息的载体是由甲方自备的，则视为甲方已同意将这些载体物的所有权转让给乙方。乙方应当在甲方返还这些载体时，给予甲方相当于载体本身价值的经济补偿。

第十条 甲方应当于离职时，或者于乙方提出请求时，返还全部属于乙方的财物，包括记载着乙方秘密信息的一切载体。

但当记录着秘密信息的载体是由甲方自备的，且秘密信息可以从载体上消除或复制出来时，可以由乙方将秘密信息复制到乙方享有所有权的其他载体上，并把原载体上的秘密信息消除。此种情况甲方无须将载体返还，乙方也无须给予甲方经济补偿。

第十一条　本合同提及的技术秘密，包括但不限于：技术方案、工程设计、电路设计、制造方法、配方、工艺流程、技术指标、计算机软件、数据库、研究开发记录、技术报告、检测报告、实验数据、试验结果、图纸、样品、样机、模型、模具、操作手册、技术文档、相关的函电，等等。

本合同提及的其他商业秘密，包括但不限于：客户名单、行销计划、采购资料、定价政策、财务资料、进货渠道，等等。

第十二条　本合同中所称的任职期间，以甲方从乙方领取工资为标志，并以该项工资所代表的工作期间为任职期间。任职期间包括甲方在正常工作时间以外加班的时间，而无论加班场所是否在乙方工作场所内。

本合同中所称的离职，以任何一方明确表示解除或辞去聘用关系的时间为准。甲方拒绝领取工资且停止履行职务的行为，视为提出辞职。

乙方无正当理由拒绝发给甲方全部或部分工资的行为，视为将甲方解聘。

第十三条　因本合同而引起的纠纷，如果协商解决不成，任何一方均有权提起诉讼。双方同意，选择乙方住所地的、符合级别管辖规定的人民法院作为双方合同纠纷的第一审管辖法院。

上述约定不影响乙方请求知识产权管理部门对侵权行为进行行政处理。

第十四条　甲方如违反本合同任一条款，应当一次性向乙方支付违约金_____元；无论违约金给付与否，乙方均有权不经预告立即解除与甲方的聘用关系。

甲方的违约行为给乙方造成损失的，甲方应当赔偿乙方的损失。违约金不能代替赔偿损失，但可以从损失额中抵扣。

第十五条　本合同自双方签字或盖章完成之日起生效。

第十六条　本合同如与双方以前的口头或书面协议有抵触，以本合同为准。

本合同的修改必须采用双方同意的书面形式。

第十七条　双方确认，在签署本合同前已仔细审阅过合同的内容，并完全了解合同各条款的法律含义。

立合约人签字盖章：

甲方：_____

身份证号码：_____

乙方：_____公司

法定代表人：_____

(三) 国际劳务合同

甲方：_____
地址：_____ 电话：_____ 电传：_____
法定代表人：_____ 职务：_____ 国籍：_____
乙方：_____
地址：_____ 电话：_____ 电传：_____
法定代表人：_____ 职务：_____ 国籍：_____

第一条 合同目的

本合同的目的：乙方根据本合同条款向甲方提供技术工人、工程技术人员和其他人员（以下称为派遣人员），甲方向乙方支付报酬。

为保证甲方工程的顺利完成，双方应互相协作，认真执行合同。

第二条 人员派遣

1. 乙方应按双方商定的计划派遣人员。甲方所需派遣的人员应提前 2 个月用书面正式通知乙方。乙方同意在派出前一个月向甲方提交派遣人员一览表，包括姓名、出生年月日、工种、护照号码及_____国申请入境所需要的资料。

2. 乙方负责办理乙方人员（从其居住国）的出境手续，并承担与此有关的各项费用。在_____国的入境和居住手续由甲方办理，并负担与此有关的各项费用。

3. 根据工程计划的需要，派遣人员可随时增加或减少。

4. 如需要增加派遣人员时，甲方同意提前 2 个月向乙方总部提出派遣人员计划。增加人员的工资，按本协议附件①所列工资标准支付。增加如系新工种，其工资标准应由双方驻工地的代表商定。

5. 根据工程进度，如现场需要减少人员，则应由双方现场代表商定后实施。

第三条 准备金

甲方同意付乙方派遣人员的准备费每人_____美元。准备费应在向乙方提交派遣计划的同时电汇乙方_____银行_____账号。

第四条 工资

1. 派遣人员的工资应按附件中所商定的工资表支付。工资的计算应从派遣人员离开乙方所在国_____机场之日起到离开_____国_____机场之日止。乙方同意尽可能安排最短路线，以缩短路途时间。

2. 派遣人员的基本工资详见附件。

3. 基本工资以月计算，凡不满一个月的按日计算，日工资为月工资的 1/25。

4. 根据_____国目前的经济情况，派遣人员基本工资每年增长_____%。

---

① 附件略。

第五条 工作时间及加班

1. 乙方人员的工作时间为每月_____天，每周_____天，每天 8 小时。
2. 每周休假_____天，具体休假日期可由双方在现场安排。
3. 由于材料短缺、气候条件等影响不能正常施工时，经双方协商可以临时调整工作内容。如因上述及其他因甲方原因造成停工时，甲方同意支付乙方人员的工资。
4. 如工作需要并经双方同意，乙方人员可以加班。甲方按下列标准支付加班工资：
（1）平时加班工资为基本工资的 125%；
（2）平时夜间加班（22 点至次日晨 5 点）以及休假日加班，工资为基本工资的 150%；
（3）节日加班工资为基本工资的 200%；
（4）加班工资计算方法如下：（月基本工资/200 小时）×加班小时数×加班工资的百分率；
（5）上述加班工资和基本工资同时支付。

第六条 伙食

1. 甲方同意向乙方提供厨房全套炊餐具及冷藏设备，由乙方自选办理伙食。
2. 甲方同意付给乙方每人每天_____美元的伙食费，包干使用。
3. 食堂用水、用电和燃料以及生活物资采购用车由甲方提供并支付费用。

第七条 节日和休假

1. 所有乙方人员有权享有_____国政府的法定节日。
2. 所有乙方人员在工作满 11 个月零_____天后，应享受_____天的回国探亲假，由_____国_____机场至_____机场的往返机票由甲方支付，应尽可能安排最短的航线。
3. 如果现场施工需要乙方人员推迟回国休假时，乙方同意说服其人员延期休假，甲方同意为了补偿乙方人员的损失，应给予适当的报酬。
4. 关于补偿上述损失的报酬，可根据当时的情况由双方现场代表商定。但这项补偿不应少于_____国_____机场至_____机场之间的单程机票价金额。
5. 乙方人员由于家属不幸等原因，工作满半年以上时，经双方现场代表协商同意，可以提前享用探亲假。如有关人员已享受回国休假，其往返旅费应由乙方负担，对这一类事假甲方不支付工资。

第八条 旅费及交通

1. 甲方负担乙方人员从_____机场至工程现场之间的往返旅费和航空公司招待之外的必需的食宿费。但乙方应努力减少这项额外费用的开支，甲方同意支付乙方人员进入_____国的入境费用（例如机场税等）。
2. 甲方负责提供乙方人员上下班的交通工具，同时也提供现场代表、工程师及其他管理人员的工作用车。

3. 乙方应凭机票或收据（按购票当日银行公布的外汇牌价）向甲方结算。

第九条 税金

乙方人员应在_____（其原居住国）交纳的一切税金由乙方负担；乙方人员在_____国交纳的一切税金由甲方负担。

第十条 社会保险

1. 乙方人员在合同有效期内的人身保险，由乙方自选办理，甲方同意支付乙方派遣人员每人每月_____美元的人身保险费。

2. 乙方人员在工地发生工伤，甲方只承担其医疗费用，如发生死亡事故，乙方应负担所有的费用，包括善后安葬和抚恤。

3. 如乙方人员因工作事故或疾病死亡时，遗体运回其原居住国或就地埋葬，遗物运回其原居住国，一切有关费用由甲方负担。

4. 派遣人员经医生证明因疾病或工伤而缺勤30天以内者，发给基本工资；在30天和90天之间者发给基本工资的60%；超过90天者则不发工资。

第十一条 医疗

1. 乙方所有人员在_____国发生工伤或疾病时，其医疗及住院费由甲方支付。

2. 现场医务室需用的常用药品和器具，由乙方向甲方提出购置计划，经甲方同意后，由乙方在其本国或其他地方采购，费用由甲方支付。

3. 乙方人员在200人之内，配备医生一名，男护士一名；超过200人时，是否增加医务人员，由双方现场代表研究确定。

第十二条 劳保用品

甲方同意支付乙方派遣人员所有的劳动保护用品，包括每人每年两套工作服、工作鞋、手套、眼镜、安全帽、安全带等。

第十三条 支付办法

1. 除机票费和准备费全部支付美元外，甲方应支付乙方的其他各项费用，均按80%美元与20%的_____国货币的比例支付，如需要改变这一比例，须经双方代表同意。

2. 休假工资和应付乙方的机票费应于休假当月之初支付。

3. 乙方现场会计每月末编制派遣人员工资及其他各项费用表，包括基本工资、加班费、伙食费等项，经甲方审查和批准后于次月10日前支付。其中80%美元部分，由甲方电汇_____银行_____账号，银行汇费由甲方承担。20%的_____国货币在现场支付。

4. 美元与_____国货币的兑换率，按支付日当天_____国政府银行公布的买卖中间价折算。

5. 乙方派遣人员到达现场后，甲方同意预支每人1个月的伙食费，如需预支其他费用，由双方现场代表协商解决。

第十四条　住房和办公用房

1. 甲方将按下列标准免费提供乙方人员的住房：
（1）代表、工程师、总监工每人一间；
（2）助理工程师、技术员、医生、会计师、翻译及其他管理人员2人一间；
（3）其他工人每人约4平方米，但每间不超过12人。

2. 住房内包括空调、卫生设备、家具和卧具等备品。

3. 甲方同意提供乙方行政人员所使用的办公设备（如打字机、计算器、复印机等）、洗涤设备和用品。

第十五条　人员转换

1. 乙方负责派遣身体健康、技术熟练的合格人员到_____国现场工作，如甲方认为派遣的人员不能胜任工作，经双方现场代表同意后，由乙方负责替换，由此而发生的费用应由乙方负责。

2. 乙方人员必须遵守_____国政府的法令和尊重当地的风俗习惯。如违反当地法令和风俗习惯而必须送回国的，经双方协商后，由乙方负责送回，机票由乙方负担。如需另派人员替代时，则乙方应负责_____机场至现场的旅费。

3. 乙方人员因疾病和工伤，经甲方指定的医生证明确实不能继续工作者，应送回其原居住国的，其旅费由甲方负担，如身体状况不合格者，经双方医生检查证实，是因乙方体检疏忽，必须送回其本国的，其旅费由乙方负担。

第十六条　不可抗力

1. 由于天灾、战争、政治事件等人力不可抗拒的事故而工作不能继续进行，甲方应负责将乙方人员送回其原居住国。

2. 如遇上述情况时，甲方人员不撤退，乙方人员亦不撤退，但甲方应支付乙方派遣人员的工资。

第十七条　争议及仲裁

1. 在执行合同中，如双方发生争议时，双方同意通过友好协商解决。如协商无效，可按下列第____项仲裁：
（1）中国国际经济贸易仲裁委员会按照该会仲裁程序规则进行仲裁。
（2）在被诉方所在国的仲裁机构按照其仲裁程序规则进行仲裁。

2. 争议一经裁决，双方必须忠实履行，所发生的费用由败诉方负担。

第十八条　合同有效期及其他

1. 本合同于____年__月__日在_____签订。
本合同自双方签字之日起生效至本工程结束，所派遣人员返回其原居住国，以及双方账目清后终止。

2. 本合同与附件及工程内容，不经另一方允许，任何一方不得向第三方泄露。

3. 本合同用_____文、_____文书就；两种文本具有同等法律效力，双方各持2份。

甲方代表：＿＿＿＿＿＿＿＿＿＿　　乙方代表：＿＿＿＿＿＿＿＿＿＿

见证人：＿＿＿＿＿＿律师事务所　　见证人：＿＿＿＿＿＿律师事务所

＿＿＿＿＿＿＿＿律师　　　　　　　＿＿＿＿＿＿＿＿律师

＿＿＿＿年＿＿月＿＿日　　　　　　＿＿＿＿年＿＿月＿＿日

（四）事业单位聘用合同

聘用单位（甲方）：＿＿＿＿＿＿＿＿＿＿＿＿＿＿＿＿＿

名称：＿＿＿＿＿＿＿＿＿＿＿＿＿＿＿＿

法定代表人或委托代理人：＿＿＿＿＿＿＿

地址：＿＿＿＿＿＿＿＿＿＿＿＿＿＿＿邮政编码：＿＿＿＿＿＿

联系电话：＿＿＿＿＿＿＿＿＿＿＿＿＿

乙方（受聘人员）

姓名：＿＿＿＿＿＿＿＿＿＿

性别：＿＿＿＿＿＿＿　　出生年月：＿＿＿＿＿＿＿＿＿＿＿

身份证号码：＿＿＿＿＿＿＿＿＿＿＿＿＿＿＿＿

住址：＿＿＿＿＿＿＿＿＿＿＿＿＿＿＿＿＿＿

联系电话：＿＿＿＿＿＿＿＿＿＿＿＿＿＿

根据《国务院办公厅转发人事部关于在事业单位试行人员聘用制度意见的通知》（国办发〔2002〕35号）和＿＿＿＿＿＿＿＿＿＿＿＿＿＿＿＿＿＿＿规定，甲乙双方在平等自愿、协商一致的基础上，签订如下聘用合同条款，共同遵照履行。本合同自双方签订之日起生效。

一、聘用合同期限

本合同期限按下列第＿＿＿＿＿项执行：

（一）本合同期限为＿＿＿＿年，自＿＿＿＿年＿＿月＿＿日起至＿＿＿＿年＿＿月＿＿日止。试用期为＿＿＿＿个月，自＿＿＿＿年＿＿月＿＿日起至＿＿＿＿年＿＿月＿＿日止。

（二）本合同期限自签订之日起算，至乙方达到国家规定的退休年龄之日终止。

（三）本合同期限自签订之日起算，至＿＿＿＿＿＿＿＿＿＿＿＿＿＿工作任务完成时止。试用期为＿＿＿＿个月，自＿＿＿＿年＿＿月＿＿日起至＿＿＿＿年＿＿月＿＿日止。

二、聘用岗位及职责要求

（一）甲方聘用乙方在＿＿＿＿＿＿＿＿部门从事＿＿＿＿＿＿＿＿＿＿岗位的工作。

（二）由甲方确定乙方的岗位职责要求，具体内容如下：

1. ＿＿＿＿＿＿＿＿＿＿＿＿＿＿＿＿＿＿＿＿＿＿＿＿＿＿＿＿＿＿＿＿＿＿＿＿＿。

2. ＿＿＿＿＿＿＿＿＿＿＿＿＿＿＿＿＿＿＿＿＿＿＿＿＿＿＿＿＿＿＿＿＿＿＿＿＿。

3. _____。

（三）乙方服从甲方的工作安排，按照岗位职责要求按时完成甲方规定的工作任务，达到规定的工作质量标准。

（四）在聘期内，甲方可以根据工作需要，与乙方协商后，调整乙方的工作岗位。

三、岗位纪律

（一）甲方有权按照岗位职责，建立健全各项考核制度，做到职权清晰、责任明确、考核严格、奖惩分明。

（二）乙方应严格遵守国家和本地方的各项法律、法规，遵守甲方的各项规章制度和岗位纪律，服从甲方的领导和管理。

（三）乙方如违反规章制度和岗位纪律，甲方有权进行批评教育，按照有关规定给予相应的处理。

四、岗位工作条件

（一）甲方保障乙方履行职责所需的物质技术条件，提供必需的工作条件和有效的劳动安全卫生防护措施。甲方提供乙方的岗位工作条件须以书面形式告知乙方。

（二）甲方严格执行国家有关职工工作时间和工休假日等规定，对乙方实行符合职业特点的工作日制。

（三）甲方应当根据工作需要为乙方提供职业道德、专业技术、业务知识、安全生产和规章制度等方面的培训。

五、工资福利与社会保险待遇

（一）甲方根据国家政策和单位的有关规定、乙方从事的岗位以及乙方的工作表现、工作成果和贡献大小，以货币形式按时足额支付乙方的工资待遇。乙方工资的构成和标准如下：

_____

_____。

（二）乙方工资调整，奖金、津贴、补贴以及特殊情况下的工资支付等，均按照国家政策和单位的有关规定执行。

（三）乙方享受国家和单位规定的各项福利待遇。本合同中未尽的权益，乙方在合同期内因工或非因工负伤、致残、疾病及死亡等事宜按照国家政策和单位的有关规定执行。

（四）参加社会保险的单位，甲方按照国家和地方的有关规定按期为乙方缴付失业保险金、医疗保险金、养老保险金以及其他社会保险金。乙方个人应缴纳的部分可以由甲方从乙方的工资中代为扣缴，统一办理有关手续，并及时以书面形式告知乙方。

六、聘用合同的变更

（一）甲乙双方协商一致，可以变更本合同的相关内容。

（二）本合同订立时所依据的法律、法规、规章和政策已经发生变化的，应当依法变更本合同的相关内容。

（三）本合同确需变更的，由甲乙双方按照规定程序签订《聘用合同变更书》（附件一），以书面形式确定合同变更的内容。

（四）乙方年度考核或者聘期考核不合格，甲方可以调整乙方的岗位或安排其离岗接受必要的培训后调整岗位，并向乙方出具《岗位调整通知书》（附件二），对本合同作出相应的变更。

七、聘用合同的解除

（一）甲方、乙方双方经协商一致，可以解除本合同。

（二）乙方有下列情形之一的，甲方可以随时单方面解除本合同：

1. 连续旷工超过 10 个工作日或者 1 年内累计旷工超过 20 个工作日的；

2. 未经甲方同意，擅自出国或者出国逾期不归的；

3. 违反工作规定或者操作规程，发生责任事故，或者失职、渎职，造成严重后果的；

4. 严重扰乱工作秩序，致使甲方、其他单位工作不能正常进行的；

5. 被判处拘役、有期徒刑缓刑以及有期徒刑以上刑罚收监执行，或者被劳动教养的。对在试用期内被证明不符合本岗位要求又不同意单位调整其工作岗位的，甲方也可以随时单方面解除本合同。

（三）乙方有下列情形之一，甲方可以单方面解除本合同，但是应当提前 30 日以书面形式通知乙方：

1. 乙方患病或者非因工负伤，医疗期满后，不能从事原工作也不能从事由甲方安排的其他工作的；

2. 乙方年度考核或者聘期考核不合格，又不同意甲方调整其工作岗位的，或者虽同意调整工作岗位，但到新岗位后考核仍不合格的。

（四）乙方有下列情形之一的，甲方不得解除本合同：

1. 乙方患病或者负伤，在规定的医疗期内的；

2. 女职工在孕期、产期和哺乳期内的；

3. 因工负伤，治疗终结后经劳动能力鉴定机构鉴定为 1 级至 4 级丧失劳动能力的；

4. 患职业病以及现有医疗条件下难以治愈的严重疾病或者精神病的；

5. 乙方正在接受纪律审查尚未作出结论的；

6. 属于国家规定的不得解除本合同的其他情形的。

（五）有下列情形之一的，乙方可以随时单方面解除本合同：

1. 在试用期内的；

2. 考入普通高等院校的；

3. 被录用或者选调为公务员的；

4. 依法服兵役的。

除上述情形外，乙方提出解除本合同未能与甲方协商一致的，乙方应当坚持正常工作，继续履行本合同；6个月后再次提出解除本合同仍未能与甲方协商一致的，即可单方面解除本合同。

（六）本合同订立时所依据的客观情况发生重大变化，致使合同无法履行，经甲乙双方协商不能就变更合同达成协议的，双方均可以单方面解除本合同。

（七）有下列情形之一的，甲方应当根据乙方在本单位的实际工作年限向其支付经济补偿：

1. 甲方提出解除本合同，乙方同意解除的；
2. 乙方患病或者非因工负伤，医疗期满后，不能从事原工作也不能从事由甲方安排的其他工作，甲方单方面解除本合同的；
3. 乙方年度考核或者聘期考核不合格，又不同意甲方调整其工作岗位的，或者虽同意调整工作岗位，但到新岗位后考核仍不合格，甲方单方面解除本合同的。

经济补偿以乙方在甲方每工作1年，支付其本人1个月的上年月平均工资为标准；月平均工资高于当地月平均工资3倍以上的，按当地月平均工资的3倍计算。

（八）合同解除后，甲方应当为乙方开具《解除聘用合同证明书》（附件三），并办理相关手续。甲、乙双方应当在3个月内办理人事档案转移手续。甲方不得以任何理由扣留乙方的人事档案，乙方不得无故不办理档案转移手续。符合规定的经济补偿条件的，甲方应当按照国家和本地方的有关规定给予乙方经济补偿。

（九）乙方在涉密岗位工作的，解除本合同应当遵守国家有关涉密人员管理的规定。

八、聘用合同的终止

（一）有下列情形之一的，本合同终止：

1. 本合同期限届满的；
2. 甲、乙双方约定的合同终止条件出现的；
3. 乙方按照国家有关规定退休或退职的；
4. 乙方死亡或者被人民法院宣告死亡的；
5. 甲方被依法注销、撤销或者解散的。

（二）聘用合同终止后，甲方应当为乙方开具《终止聘用合同证明书》（附件四），并办理相关手续。

九、聘用合同的续签

本合同期满前，甲乙双方协商一致，可以按照规定的程序续签聘用合同，续签聘用合同应当在聘用合同期满前30日内办理。续签的聘用合同期限和工作内容等由双方协商确定，并签订《聘用合同续签书》（附件五）。聘用合同期满，没有办理终止聘用合同手续而存在事实聘用工作关系的，视为延续聘用合同，延续聘用合同的期限与原合同期限相同，但最长不超过乙方达到退休年龄的年限。

十、违反聘用合同的责任

（一）甲方违约责任

1. 甲方有下列情形之一的，应当向乙方支付赔偿金：

（1）克扣或者无故拖欠乙方工资的；

（2）解除本合同后，未依照有关规定给予乙方经济补偿的。支付赔偿金的标准为：_____。

2. 因甲方违反本合同约定而造成乙方损失的，甲方应当按照乙方的实际损失承担赔偿责任。甲方违反本合同约定，造成乙方中断履行合同的，应继续履行合同，同时负责赔偿在合同中断期间乙方的经济损失。

（二）乙方违约责任

1. 乙方经甲方出资培训，原约定的服务期未满而提出解除本合同的，应当向甲方赔偿培训费，标准为：_____
_____。

2. 乙方违反本合同的约定，使用或者允许他人使用甲方的知识产权、技术秘密的，应当依法承担法律责任。

3. 因乙方违反本合同约定而造成甲方损失的，乙方应当按照甲方的实际损失承担赔偿责任。乙方违反本合同约定，造成甲方中断履行合同的，应继续履行合同，同时负责赔偿在合同中断期间甲方的经济损失。

（三）双方共同约定的其他违约责任条款

1. _____
_____。

2. _____
_____。

十一、双方约定的其他事项

（一）_____。

（二）_____。

十二、争议处理

甲乙双方因履行聘用合同发生争议的，由当事人双方协商解决。当事人也可以自争议发生之日起 60 日内向有管辖权的人事争议仲裁委员会申请仲裁；对仲裁裁决不服的，可以自收到仲裁裁决之日起 15 日内向甲方所在地或者聘用合同履行地的基层人民法院提起诉讼。一方当事人在法定期间内不起诉又不履行仲裁裁决的，另一方当事人可以向人民法院申请执行。

十三、附则

1. 甲方有权根据国家和本地方的法律、法规及有关政策的规定，制定本单位的规章制度，并以适当方式公告，或告知乙方，作为履行本合同的依据。乙方应当熟知本单位的规章制度，并严格遵守。

2. 本合同一式三份，聘用单位和受聘人员当事人双方各执一份，一份存入受聘人员个人档案。

甲方（盖章）：_____ 乙方（签字或盖章）：_____

法定代表人或委托代理人（签字盖章）：_____

_____年___月___日　　　　　　　　_____年___月___日

附件一

聘用合同变更书

经甲、乙双方协商一致，同意于_____年___月___日变更_____年___月___日双方签订的聘用合同（编号：　　　　）。聘用合同的内容作如下变更：

1. _____。
2. _____。
3. _____。

聘用合同书未变更部分的内容，双方仍继续遵照执行。

甲方（盖章）：_____ 乙方（签字或盖章）：_____

法定代表人或委托代理人（签字或盖章）：_____

_____年___月___日　　　　　　　　_____年___月___日

附件二

岗位调整通知书

　　字第　　号

_____（乙方）：

因你在_____年度/_____聘期的考核中被确定为不合格等次，根据《国务院办公厅转发人事部关于在事业单位试行人员聘用制度意见的通知》（国办发〔2002〕35号）的有关规定，我方对你的工作岗位做以下调整：_____
_____。

特此通知。

甲方（盖章）：_____

法定代表人或委托代理人（签字或盖章）：_____

_____年___月___日

附件三

解除聘用合同证明书

字第　　　号

根据《国务院办公厅转发人事部关于在事业单位试行人员聘用制度意见的通知》（国办发〔2002〕35号）和_____的有关规定，我单位与_____于____年____月____日解除____年____月____日双方签订的聘用合同（编号：　　　　）。

特此证明。

甲方（盖章）：_____

法定代表人或委托代理人（签字或盖章）：_____

____年____月____日

附件四

终止聘用合同证明书

字第　　　号

根据《国务院办公厅转发人事部关于在事业单位试行人员聘用制度意见的通知》（国办发〔2002〕35号）和_____的有关规定，我单位与_____于____年____月____日终止____年____月____日双方签订的聘用合同（编号：　　　　）。

特此证明。

甲方（盖章）：_____

法定代表人或委托代理人（签字或盖章）：_____

____年____月____日

附件五

聘用合同续签书

经甲、乙双方协商一致，同意于____年____月____日续签____年____月____日双方签订的聘用合同（编号：　　　　）。原聘用合同书内容不变，续签合同期限从____年____月____日至____年____月____日止。

甲、乙双方补充约定如下事项：

1._____。

2._____。

甲方（盖章）：_____　　乙方（签字或盖章）：_____
法定代表人或委托代理人（签字或盖章）：_____
　　___年___月___日　　　　　　　　___年___月___日

（五）建筑业简易劳动合同

合同编号：_____

甲方（用人单位）名称：_____
法定代表人（主要负责人）或者委托代理人：_____
注册地址：_____
联系电话：_____
乙方（劳动者）姓名：_____
居民身份证号：_____
户口所在地：_____省（市）_____区（县）_____乡镇_____村
邮政编码：_____
现住址：_____联系电话：_____

根据《劳动法》《劳动合同法》及有关规定，甲乙双方遵循平等自愿、协商一致的原则签订本合同。

一、合同期限

第一条　甲、乙双方选择以下第_____种形式确定本合同期限：

（一）有固定期限：自_____年___月___日起至_____年___月___日止。其中试用期自_____年___月___日起至_____年___月___日止。

（二）无固定期限：自_____年___月___日起至依法解除、终止劳动合同时止。其中试用期自_____年___月___日起至_____年___月___日止。

（三）以完成一定工作（任务）为期限：自_____年___月___日起至_____工作（任务）完成时终止。

二、工作内容和工作地点

第二条　甲方招用乙方在_____（项目名称）工程中，从事_____岗位（工种）工作。

乙方的工作地点为_____。
经双方协商一致，可以变更工作岗位（工种）和工作地点。
乙方应认真履行岗位职责，遵守各项规章制度，服从管理，按时完成工作任务。
乙方违反劳动纪律，甲方可依据本单位依法制定的规章制度，给予相应处理。

三、工作时间和休息休假

第三条 甲方安排乙方执行以下第_____种工时制度：

（一）执行标准工时制度。乙方每天工作时间不超过8小时，每周工作不超过40小时。每周休息日为_____。

（二）经当地劳动行政部门批准，执行以_____为周期的综合计算工时工作制度。

（三）经当地劳动行政部门批准，执行不定时工作制度。

甲方保证乙方每周至少休息一天。乙方依法享有法定节日假、产假、带薪年休假等假期。

甲方因施工建设需要，商得乙方同意后，可安排乙方加班。日延长工时、休息日加班无法安排补休、法定节假日加班的，甲方按《劳动法》第四十四条规定支付加班工资。

四、劳动报酬

第四条 甲方采用以下第_____种形式向乙方支付工资：

（一）月工资_____元，试用期间工资_____元。甲方每月_____日前向乙方支付工资。

（二）日工资_____元，试用期间工资_____元。甲方向乙方支付工资的时间为每月_____日。

（三）计件工资。计件单价约定为_____。

甲方生产经营任务不足，乙方同意待岗的，甲方向乙方支付的生活费为_____元。待岗期间乙方仍需履行除岗位工作外的其他义务。

五、社会保险

第五条 甲乙双方按国家规定参加社会保险。甲方为乙方办理有关社会保险手续，并承担相应的社会保险义务。乙方应缴的社会保险费由甲方代扣代缴。

乙方患病或非因工负伤的医疗待遇按国家有关规定执行。

乙方因工负伤或患职业病的待遇按国家有关规定执行。

乙方在孕期、产期、哺乳期等各项待遇，按国家有关生育保险政策规定执行。

六、劳动保护和劳动条件

第六条 甲方应当在乙方上岗前进行安全生产培训，乙方从事国家规定的特殊工种，应当经过培训并取得相应的职业资格证书方可上岗。

甲方根据生产岗位的需要，按照国家劳动安全卫生的有关规定为乙方配备必要的安全防护设施，发放必要的劳动保护用品。其中建筑施工现场要符合《建设工程施工现场环境与卫生标准》的相关规定。对乙方从事接触职业病危害作业的，甲方应按国家有关规定组织上岗前和离岗时的职业健康检查，在合同期内应定期对乙方进行职业健康检查。

甲方依法建立安全生产制度。乙方严格遵守甲方依法制定的各项规章制度，不违章作业，防止劳动过程中的事故，减少职业危害。

乙方有权拒绝甲方的违章指挥，对甲方及其管理人员漠视乙方安全健康的行为，有权提出批评并向有关部门检举控告。

七、解除和终止

第七条 本劳动合同的解除或终止，依《劳动合同法》规定执行。

八、劳动争议处理

第八条 甲乙双方发生劳动争议，可以协商解决，也可以依照《劳动争议调解仲裁法》的规定通过申请调解、仲裁和提起诉讼解决。

九、其他

第九条 甲乙双方约定的其他事项：
_____
_____。

第十条 本劳动合同一式两份，甲乙双方各执一份。

本劳动合同自甲乙双方签字、盖章之日起生效。

甲方（公章）：　　　　　　　　　　乙方（签字或盖章）：
法定代表人或委托代理人（签字或盖章）：
签订日期：　年　月　日　　　　　　签订日期：　年　月　日

（六）制造业简易劳动合同

合同编号：_____

甲方（用人单位）名称：_____

法定代表人（主要负责人）或者委托代理人：_____

注册地址：_____

乙方（劳动者）姓名：_____

居民身份证号：_____

户口所在地：_____省（市）_____区（县）_____乡镇_____村

邮政编码：_____

现住址：_____联系电话：_____

根据《劳动法》《劳动合同法》及有关规定，甲乙双方遵循平等自愿、协商一致的原则签订本合同。

一、合同期限

第一条 甲、乙双方选择以下第＿＿＿种形式确定本合同期限：

（一）有固定期限：自＿＿＿＿年＿＿＿月＿＿＿日起至＿＿＿＿年＿＿＿月＿＿＿日止。其中试用期自＿＿＿＿年＿＿＿月＿＿＿日起至＿＿＿＿年＿＿＿月＿＿＿日止。

（二）无固定期限：自＿＿＿＿年＿＿＿月＿＿＿日起至依法解除、终止劳动合同时止。其中试用期自＿＿＿＿年＿＿＿月＿＿＿日起至＿＿＿＿年＿＿＿月＿＿＿日止。

（三）以完成一定工作（任务）为期限：自＿＿＿＿年＿＿＿月＿＿＿日起至＿＿＿＿年＿＿＿月＿＿＿日工作（任务）完成时终止。

二、工作内容和工作地点

第二条 乙方从事＿＿＿＿＿＿＿＿＿＿＿＿＿＿＿＿岗位（工种）工作。

乙方的工作地点为＿＿＿＿＿＿＿＿＿＿＿＿＿＿。

经双方协商一致，可以变更工作岗位（工种）和工作地点。

乙方应认真履行岗位职责，遵守各项规章制度，服从管理，按时完成工作任务。

乙方违反劳动纪律，甲方可依据本单位依法制定的规章制度，给予相应处理。

三、工作时间和休息休假

第三条 甲方安排乙方执行以下第＿＿＿＿＿＿＿种工时制度：

（一）执行标准工时制度。乙方每天工作时间不超过 8 小时，每周工作不超过 40 小时。每周休息日为＿＿＿＿＿＿＿＿＿＿＿＿。

（二）经当地劳动行政部门批准，执行以＿＿＿＿＿＿＿＿＿为周期的综合计算工时工作制度。

（三）经当地劳动行政部门批准，执行不定时工作制度。

甲方保证乙方每周至少休息一天。乙方依法享有法定节日假、产假、带薪年休假等假期。

甲方因生产需要，商得乙方同意后，可安排乙方加班。日延长工时、休息日加班无法安排补休、法定节假日加班的，甲方按《劳动法》第四十四条规定支付加班工资。

四、劳动报酬

第四条 甲方采用以下第＿＿＿种形式向乙方支付工资：

（一）月工资＿＿＿＿＿＿元，试用期间工资＿＿＿＿＿＿元。甲方每月＿＿＿＿＿＿日前向乙方支付工资。

（二）日工资_____元，试用期间工资_____元。甲方向乙方支付工资的时间为每月_____日。

（三）计件工资。计件单价约定为_____。

甲方生产经营任务不足，乙方同意待岗的，甲方向乙方支付的生活费为_____元。待岗期间乙方仍需履行除岗位工作外的其他义务。

五、社会保险

第五条 甲乙双方按国家规定参加社会保险。甲方为乙方办理有关社会保险手续，并承担相应的社会保险义务。乙方应缴的社会保险费由甲方代扣代缴。

乙方患病或非因工负伤的医疗待遇按国家有关规定执行。

乙方因工负伤或患职业病的待遇按国家有关规定执行。

乙方在孕期、产期、哺乳期等各项待遇，按国家有关生育保险政策规定执行。

六、劳动保护和劳动条件

第六条 甲方负责对乙方进行职业道德、业务技术、劳动安全卫生及有关规章制度的培训。

甲方按照国家劳动安全卫生的有关规定为乙方提供必要的安全防护设施，发放必要的劳动保护用品。对乙方从事接触职业病危害作业的，甲方应按国家有关规定组织上岗前和离岗时的职业健康检查，在合同期内应定期对乙方进行职业健康检查。

甲方依法建立安全生产制度。乙方严格遵守甲方依法制定的各项规章制度，不违章作业，防止劳动过程中的事故，减少职业危害。

乙方有权拒绝甲方的违章指挥，对甲方及其管理人员漠视乙方安全健康的行为，有权提出批评并向有关部门检举控告。

七、解除和终止

第七条 本劳动合同的解除或终止，依《劳动合同法》的相关规定执行。

八、劳动争议处理

第八条 甲乙双方发生劳动争议，可以协商解决，也可以依照《劳动争议调解仲裁法》的规定通过申请调解、仲裁和提起诉讼解决。

九、其他

第九条 甲乙双方约定的其他事项：

_____

_____。

第十条 本劳动合同一式两份，甲乙双方各执一份。
本劳动合同自甲乙双方签字、盖章之日起生效。

甲方（公章）：　　　　　　　　　　　乙方（签字或盖章）：
法定代表人或委托代理人（签字或盖章）：
签订日期：　　年　　月　　日　　　　签订日期：　　年　　月　　日

（七）餐饮业简易劳动合同

合同编号：_____

甲方（用人单位）名称：_____
法定代表人（主要负责人）或者委托代理人：_____
注册地址：_____
联系电话：_____
乙方（劳动者）姓名：_____
居民身份证号：_____
户口所在地：_____省（市）_____区（县）_____乡镇_____村
邮政编码：_____
现住址：_____联系电话：_____

根据《劳动法》《劳动合同法》及有关规定，甲乙双方遵循平等自愿、协商一致的原则签订本合同。

一、合同期限

第一条 甲、乙双方选择以下第____种形式确定本合同期限：
（一）有固定期限：自____年__月__日起至____年__月__日止。其中试用期自____年__月__日起至____年__月__日止。
（二）无固定期限：自____年__月__日起至依法解除、终止劳动合同时止。其中试用期自____年__月__日起至____年__月__日止。
（三）以完成一定工作（任务）为期限：____年__月__日起至_____工作（任务）完成时终止。

二、工作内容和工作地点

第二条 乙方从事_____岗位（工种）工作。
乙方患有岗位工种及行业禁忌的疾病，应及时向甲方报告，并即时脱离工作岗位。
乙方的工作地点为_____。

经双方协商一致，可以变更工作岗位（工种）和工作地点。

乙方应认真履行岗位职责，遵守各项规章制度，服从管理，按时完成工作任务。

乙方违反服务规范和劳动纪律，甲方可依据本单位依法制定的规章制度，给予相应处理。

三、工作时间和休息休假

第三条 甲方安排乙方执行以下第____种工时制度：

（一）执行标准工时制度。乙方每天工作时间不超过8小时，每周工作不超过40小时。每周休息日为_____。

（二）经当地劳动行政部门批准，执行以_____为周期的综合计算工时工作制度。

（三）经当地劳动行政部门批准，执行不定时工作制度。

甲方保证乙方每周至少休息一天。乙方依法享有法定节日假、产假、带薪年休假等假期。

甲方因顾客服务需要，商得乙方同意后，可安排乙方加班。日延长工时、休息日加班无法安排补休、法定节假日加班的，甲方按《劳动法》第四十四条规定支付加班工资。

四、劳动报酬

第四条 甲方采用以下第____种形式向乙方支付工资：

（一）月工资_____元，试用期间工资_____元。甲方每月____日前向乙方支付工资。

（二）日工资_____元，试用期间工资_____元。甲方向乙方支付工资的时间为每月____日。

甲方生产经营任务不足，乙方同意待岗的，甲方向乙方支付的生活费为____元。待岗期间乙方仍需履行除岗位工作外的其他义务。

甲乙双方对工资支付的其他约定：_____。

五、社会保险

第五条 甲乙双方按国家规定参加社会保险。甲方为乙方办理有关社会保险手续，并承担相应社会保险义务。乙方应缴的社会保险费由甲方代扣代缴。

乙方患病或非因工负伤的医疗待遇按国家有关规定执行。

乙方患职业病或因工负伤的待遇按国家有关规定执行。

乙方在孕期、产期、哺乳期等各项待遇，按国家有关生育保险政策规定执行。

六、劳动保护和劳动条件

第六条 甲方应在乙方上岗前对乙方进行职业安全卫生、食品安全卫生、服务规范、职业道德、职业技能、甲方规章制度方面的培训。

甲方每年必须按国家规定组织对乙方进行健康检查。

甲方按照国家劳动安全卫生的有关规定为乙方提供必要的安全防护设施，发放必要的劳动保护用品。

甲方加强安全生产管理，建立、健全安全生产责任制度，完善安全生产经营条件；健全内部服务和食品质量管理制度，严格实施岗位质量规范、质量责任以及相应的考核办法。

七、解除和终止

第七条 本劳动合同的解除或终止，依《劳动合同法》的相关规定执行。

乙方患岗位工种及行业禁忌的疾病，在医疗期满后不符合国家和本市从事有关行业、工种岗位规定，甲方无法另行安排工作的，可以提前30日以书面形式通知乙方解除本合同，并依法向乙方支付经济补偿金。

八、劳动争议处理

第八条 甲乙双方发生劳动争议，可以协商解决，也可以依照《劳动争议调解仲裁法》的规定通过申请调解、仲裁和提起诉讼解决。

九、其他

第九条 甲乙双方约定的其他事项：

_____

_____。

第十条 本劳动合同一式两份，甲乙双方各执一份。

本劳动合同自甲乙双方签字、盖章之日起生效。

甲方（公章）：_____　　　乙方（签字或盖章）：_____

法定代表人或委托代理人（签字或盖章）：_____

签订日期：　　年　月　日　　　　签订日期：　　年　月　日

（八）采掘业简易劳动合同

合同编号：_____

甲方（用人单位）名称：_____

法定代表人（主要负责人）或者委托代理人：_____

注册地址：_____

联系电话：_____

乙方（劳动者）姓名：_____
居民身份证号：_____
户口所在地：_____省（市）_____区（县）_____乡镇_____村
邮政编码：_____
现住址：_____联系电话：_____

根据《劳动法》《劳动合同法》及有关规定，甲乙双方遵循平等自愿、协商一致的原则签订本合同。

一、合同期限

第一条 甲乙双方选择以下第____种形式确定本合同期限：

（一）有固定期限：自____年___月___日起至____年___月___日止。其中试用期自____年___月___日起至____年___月___日止。

（二）无固定期限：自____年___月___日起至依法解除、终止劳动合同时止。其中试用期自____年___月___日起至____年___月___日止。

（三）以完成一定工作（任务）为期限：自____年___月___日起至_____工作（任务）完成时终止。

二、工作内容和工作地点

第二条 乙方从事_____岗位（工种）工作。
乙方的工作地点为_____。
经双方协商一致，可以变更工作岗位（工种）和工作地点。
乙方应认真履行岗位职责，遵守各项规章制度，服从管理，按时完成工作任务。
乙方违反劳动纪律，甲方可依据本单位依法制定的规章制度，给予相应处理。

三、工作时间和休息休假

第三条 甲方安排乙方执行以下第____种工时制度：

（一）执行标准工时制度。乙方每天工作时间不超过 8 小时，每周工作不超过 40 小时。每周休息日为_____。

（二）经当地劳动行政部门批准，执行以____为周期的综合计算工时工作制度。

（三）经当地劳动行政部门批准，执行不定时工作制度。

甲方保证乙方每周至少休息一天。乙方依法享有法定节日假、产假、带薪年休假等假期。

甲方因生产需要，商得乙方同意后，可安排乙方加班。日延长工时、休息日加班无法安排补休、法定节假日加班的，甲方应按《劳动法》第四十四条规定支付加班工资。

四、劳动报酬

第四条 甲方采用以下第＿＿种形式向乙方支付工资：
（一）计时或岗位工资，工资额为＿＿＿＿＿元/月，试用期工资为＿＿＿＿＿元/月。
（二）计件工资。计件单价约定为＿＿＿＿＿＿＿＿＿。
（三）其他工资形式。具体约定在本合同第＿＿条中明确。

甲方安排乙方每日 22 时到次日 6 时工作的，每个工作日夜班补贴为＿＿＿＿＿元；从事井下作业的，每个工作日井下津贴为＿＿＿＿＿元。

甲方应按月支付乙方工资，发薪日为每月＿＿＿＿日，不得克扣或拖欠。甲方支付乙方的工资，不得违反国家和地方有关最低工资的规定。

甲方生产经营任务不足，乙方同意待岗的，甲方向乙方支付的生活费为＿＿＿＿＿元。待岗期间乙方仍需履行除岗位工作外的其他义务。

五、社会保险

第五条 甲乙双方按国家规定参加社会保险。甲方为乙方办理有关社会保险手续，并承担相应的社会保险义务。乙方应缴的社会保险费由甲方代扣代缴。

乙方患病或非因工负伤的医疗待遇按国家有关规定执行。

乙方因工负伤或患职业病的待遇按国家有关规定执行。

乙方在孕期、产期、哺乳期等各项待遇，按国家有关生育保险政策规定执行。

六、劳动保护和劳动条件

第六条 甲方应依法建立健全生产工艺流程，制定操作规程、工作规范和劳动安全卫生制度及其标准。

甲方应对乙方进行安全生产培训，保证乙方具备必要的安全生产知识，熟悉有关的安全生产规章制度和安全操作规程，掌握本岗位的安全操作技能。乙方未经安全生产培训，不得上岗作业。乙方从事国家规定的特殊工种，应当经过培训并取得相应的职业资格证书方可上岗。

甲方应当督促乙方严格执行安全生产规章制度和安全操作规程；并向乙方如实告知作业场所和工作岗位存在的危险因素、防范措施以及事故应急措施。

甲方必须为乙方提供符合国家标准或者行业标准的劳动防护用品，并监督、培训乙方按照使用规则佩戴、使用。

乙方从事接触职业病危害作业的，甲方应按国家有关规定组织上岗前和离岗时的职业健康检查，在合同期内应定期对乙方进行健康检查。

乙方有权了解其作业场所和工作岗位存在的危险因素、防范措施及事故应急措施，有权对甲方安全生产工作提出建议，有权拒绝甲方的违章指挥，对甲方及管理人员漠视乙方健康的行为，有权提出批评，并向有关部门检举控告。甲方不得因此而降低乙方的工资、福利等待遇或者解除与乙方订立的劳动合同。

乙方在作业过程中，应当严格遵守甲方依法制定的安全生产规章制度和操作规程，服从管理，正确佩戴和使用劳动防护用品。

七、解除和终止

第七条 本劳动合同的解除或终止，依《劳动合同法》的相关规定执行。

八、劳动争议处理

第八条 甲乙双方发生劳动争议，可以协商解决，也可以依照《劳动争议调解仲裁法》的规定通过申请调解、仲裁和提起诉讼解决。

九、其他

第九条 甲乙双方约定的其他事项：

_____

_____。

第十条 本劳动合同一式两份，甲乙双方各执一份。

本劳动合同自甲乙双方签字、盖章之日起生效。

甲方（公章）：_____　　　　乙方（签字或盖章）：_____

法定代表人或委托代理人（签字或盖章）：_____

签订日期：　年　月　日　　　　签订日期：　年　月　日

第二十二章　保险合同

保险合同，是投保人与保险人约定彼此之间的保险权利义务关系的协议。投保人是指与保险人订立保险合同，并按照保险合同的约定负有支付保险费义务的人；保险人则是指与投保人订立保险合同，并承担赔偿或者给付保险金责任的保险公司。它具有如下特征：

1. 保险合同是格式合同。
2. 保险合同属于射幸合同。所谓"射幸"，就是"碰运气"的意思。在保险合同的有效期内，如果发生保险标的的损失，被保险人从保险人处将得到远远超过其所支付的保险费价值的赔偿金额；如果没有损失发生，被保险人只付出保费，但不会有任何收益。
3. 投保人对保险标的必须具有一定的保险利益。在保险合同中，投保人、被保险人之间如果没有保险利益关系，保险合同将是无效的。例如，在人身保险合同中，投保人与被保险人只有存在婚姻、血缘、抚养、赡养和扶养等关系时，才具有保险利益，可以为之投保。

一、《保险法》相关法条

第十六条　订立保险合同，保险人就保险标的或者被保险人的有关情况提出询问的，投保人应当如实告知。

投保人故意或者因重大过失未履行前款规定的如实告知义务，足以影响保险人决定是否同意承保或者提高保险费率的，保险人有权解除合同。

前款规定的合同解除权，自保险人知道有解除事由之日起，超过三十日不行使而消灭。自合同成立之日起超过二年的，保险人不得解除合同；发生保险事故的，保险人应当承担赔偿或者给付保险金的责任。

投保人故意不履行如实告知义务的，保险人对于合同解除前发生的保险事故，不承担赔偿或者给付保险金的责任，并不退还保险费。

投保人因重大过失未履行如实告知义务，对保险事故的发生有严重影响的，保险人对于合同解除前发生的保险事故，不承担赔偿或者给付保险金的责任，但应当退还保险费。

保险人在合同订立时已经知道投保人未如实告知的情况的，保险人不得解除合同；发生保险事故的，保险人应当承担赔偿或者给付保险金的责任。

保险事故是指保险合同约定的保险责任范围内的事故。

《民法典》

第四百九十六条 格式条款是当事人为了重复使用而预先拟定，并在订立合同时未与对方协商的条款。

采用格式条款订立合同的，提供格式条款的一方应当遵循公平原则确定当事人之间的权利和义务，并采取合理的方式提示对方注意免除或者减轻其责任等与对方有重大利害关系的条款，按照对方的要求，对该条款予以说明。提供格式条款的一方未履行提示或者说明义务，致使对方没有注意或者理解与其有重大利害关系的条款的，对方可以主张该条款不成为合同的内容。

第四百九十八条 对格式条款的理解发生争议的，应当按照通常理解予以解释。对格式条款有两种以上解释的，应当作出不利于提供格式条款一方的解释。格式条款和非格式条款不一致的，应当采用非格式条款。

第十九条 采用保险人提供的格式条款订立的保险合同中的下列条款无效：

（一）免除保险人依法应承担的义务或者加重投保人、被保险人责任的；

（二）排除投保人、被保险人或者受益人依法享有的权利的。

第三十四条 以死亡为给付保险金条件的合同，未经被保险人同意并认可保险金额的，合同无效。

按照以死亡为给付保险金条件的合同所签发的保险单，未经被保险人书面同意，不得转让或者质押。

父母为其未成年子女投保的人身保险，不受本条第一款规定限制。

第五十二条 在合同有效期内，保险标的的危险程度显著增加的，被保险人应当按照合同约定及时通知保险人，保险人可以按照合同约定增加保险费或者解除合同。保险人解除合同的，应当将已收取的保险费，按照合同约定扣除自保险责任开始之日起至合同解除之日止应收的部分后，退还投保人。

被保险人未履行前款规定的通知义务的，因保险标的的危险程度显著增加而发生的保险事故，保险人不承担赔偿保险金的责任。

二、典型案例

案例1：未经被保险人书面同意，保险合同是否有效？

[案情回放]

2018年4月，景某向保险公司投保了3份人身意外伤害保险，保险合同约定景某的表姐叶某为被保险人，景某为受益人，保险期限为2018年4月21日0时起至2020年4月20日24时止。景某持叶某的身份证填写了投保单，并支付了全额保险费。之后，保险公司向景某出具了保险单。

2019年7月，叶某在乘车游玩过程中，所乘客车发生交通事故，结果造成叶某重伤，经医院抢救无效后死亡。经过交警部门认定，此次事故属正常交通事故，叶某在此次事故中不负事故责任。景某要求保险公司按照保险合同给付保险金，但保险公司认为叶某是具有完全民事行为能力的成年人，景某签订的保险合同没有经过叶某的书面同意并认可该保险金额，所以景某对叶某的生命和身体不具有保险利益，景某无权要求保险公司承担赔偿责任。双方为此发生纠纷。景某遂起诉至人民法院，请求法院判令保险公司按照保险合同承担赔偿责任。

[专家点评]

《保险法》第31条规定："投保人对下列人员具有保险利益：（一）本人；（二）配偶、子女、父母；（三）前项以外与投保人有抚养、赡养或者扶养关系的家庭其他成员、近亲属；（四）与投保人有劳动关系的劳动者。除前款规定外，被保险人同意投保人为其订立合同的，视为投保人对被保险人具有保险利益。订立合同时，投保人对被保险人不具有保险利益的，合同无效。"第34条第1款规定："以死亡为给付保险金条件的合同，未经被保险人同意并认可保险金额的，合同无效。"

在本案中，叶某是具有独立生活能力和完全民事行为能力的成年人，而景某在签订保险合同时未经被保险人叶某的书面同意，因此景某对叶某的生命和身体不具有法律上认可的保险利益，而且景某也未能举证证明叶某同意投此保险，因而景某与保险公司签订的以叶某生命和身体为标的的保险合同，违反了《保险法》的禁止性规定，应当认定该保险合同无效。

案例2：投保人未如实告知病情而保险人疏于审查，保险合同是否有效？

[案情回放]

2019年3月，祖某因患有乳腺癌住院治疗，手术后一直在家休养，但亲属没有将其真实病情告诉其本人。4月，祖某的老邻居武某到祖某家看望祖某，在聊天中告诉其第二天要到保险公司办理人身保险，祖某于是委托武某代其向保险公司投保简易人身保险（甲种）。第二天，武某到保险公司代祖某填写投保单时，在"健康状况"一栏未填任何内容，而保险公司工作人员也没有按照规定进行核实便准予投保。祖某在拿到保险单后，即支付了保险费。

9月，祖某的乳腺癌恶化，终因抢救无效而死亡。之后，祖某的女儿段某即以指定受益人的身份到保险公司索赔保险金。保险公司经过调查发现，祖某死亡病史上记载其在投保时已经患有乳腺癌并且休养在家，于是保险公司以祖某投保时已患乳腺癌，不符合人身保险的规定为由拒绝承担保险责任。双方为此发生纠纷。段某遂起诉至人民法院，请求法院判令保险公司赔付保险金。

[专家点评]

就本案而言，投保人祖某不知道自己患有乳腺癌，其投保单是由邻居武某代填，武某并不清楚祖某的具体情况,因此其投保单上"健康状况"一栏未填写属于过失行为,已经违背了如实告知义务。

但是,保险公司在投保人违背如实告知义务的情形下并未解除合同,而是未予审查投保单即与祖某签订了人身保险合同,并向祖某出具了保险单。祖某在拿到保险单后,即支付了保险费。可视为保险人对投保人如实告知义务的放弃。祖某在保险合同中指定的受益人段某在保险事故发生后,有权依据该人身保险合同向保险公司提出索赔,保险公司应当对此承担保险责任。

三、保险合同陷阱防范

1. 认真研究保险条款。在投保时,很多投保人都没有认真研究保险条款,往往只是听保险推销员的"一面之词",为将来的纠纷埋下了隐患。
2. 概念含糊不清,逃避保险责任。有的保险公司在人身保险合同中笼统地使用"全残"概念,如果被保险人不符合"全残",保险公司就拒绝理赔。
3. 混淆概念,例如将意外伤害保险与医疗保险相混淆,使投保人误以为可以获得全部的保险保证。
4. 在保险合同中,对保险理赔手续点到为止。出险后,保险公司根据自己制定的理赔手续来提出种种理由拒赔。
5. 保险人故意接受超额保险。根据我国保险法的规定,财产保险中超过保险能力的部分是无效的。但在财产险中,多收少赔是比较普遍的现象,尤其是机动车保险。但投保人在投保时往往对车辆的价值不能作出准确的评估,保险公司则故意接受高估的保险价值,导致投保人投保的价值与出险价值不一致。

四、保险合同范本

(一) 家庭财产保险合同

一、保险财产范围

第一条 本保险承保下列家庭财产:
(一) 房屋及其附属物;
(二) 服装、家具、家用电器、文化娱乐用品。

第二条 下列财产不在保险财产范围以内:
(一) 金银、首饰、珠宝、货币、有价证券、票证、邮票、古玩、文件、账册、技术资料、图表、家畜、花草、树木、宠物、照相机、音像制品以及其他无法鉴定价值的财产;
(二) 处于紧急危险状态下的财产;
(三) 用于生产经营的财产;
(四) 其他不属于第(一)项所列范围的财产。

二、保险责任

第三条 保险财产在保险单列明的地址由于下列原因造成的损失，本公司负责赔偿：

（一）火灾、爆炸；

（二）雷击、冰雹、雪灾、洪水、崖崩、龙卷风、冰凌、泥石流和自然灾害引起地陷或下沉；

（三）空中运行物体坠落、外界物体倒塌；

（四）暴风或暴雨使房屋主要结构（外墙、屋顶、屋架）倒塌；

（五）存放于室内的保险财产，因遭受外来的、有明显痕迹的盗窃、抢劫。

第四条 保险事故发生后，被保险人为防止或减少保险财产的损失所支付的必要的、合理的费用，本公司负责赔偿，但此项费用的赔偿金额最高不超过保险金额。

三、除外责任

第五条 保险财产由于下列原因造成的损失，本公司不负赔偿责任：

（一）地震、海啸；

（二）战争、军事行动、暴动、罢工、没收、征用；

（三）核反应、核辐射或放射性污染；

（四）被保险人或其家庭成员的故意行为或重大过失；

（五）保险财产本身缺陷、保管不善、变质、霉烂、受潮、虫咬、自然磨损。

第六条 本公司对下列各项亦不负责赔偿：

（一）家用电器因使用过度或超电压、碰线、漏电、自身发热等原因所造成的自身损毁；

（二）堆放于阳台或露天的财产，或用芦席、稻草、油毛毡、麦秆、芦苇、竹竿、帆布等材料为外墙、棚顶的简陋罩棚下的财产及罩棚，由于暴风、暴雨、盗窃或抢劫所造成的损失；

（三）未按要求施工导致建筑物地基下陷下沉，建筑物出现裂缝、倒塌的损失；

（四）被保险人的家属或雇佣人员或同住人或寄宿人盗窃或纵容他人盗窃保险财产而造成的损失；

（五）保险财产在存放处所无人居住或无人看管超过七天的情况下遭受的盗窃损失；

（六）因门窗未关致使保险财产遭受的盗窃损失；

（七）在发生本保险合同第三条第（一）项、第（二）项、第（三）项、第（四）项列明的保险事故时保险财产遭受的盗窃、抢劫损失。

四、保险金额及保险费

第七条 保险金额根据保险财产的实际价值确定，并在保险单上分项列明。

第八条 保险费按保险金额的3‰，在签订保险合同时一次性缴清。

五、赔偿处理

第九条 被保险人索赔时,应当向本公司提供保险单、损失清单和其他必要的单证。

第十条 保险财产遭受保险责任范围内的损失时,本公司按照出险当时保险财产的实际价值计算赔偿,但最高不超过保险单分项列明的保险金额。

第十一条 保险财产遭受部分损失经本公司赔偿后,保险合同继续有效,但其保险金额相应减少。减少金额由本公司出具批单批注。

第十二条 发生保险责任范围内的损失后,应由第三者赔偿的,被保险人可以向本公司或第三者索赔。被保险人如向本公司索赔,应自收到赔款之日起,向本公司转移向第三者代位索赔的权利。在本公司行使代位索赔权利时,被保险人应积极协助,并向本公司提供必要的文件及有关情况。

第十三条 保险事故发生时,如另有其他保险对同一保险财产承保同一责任,不论该保险是否由被保险人或他人投保,本公司仅按比例负责赔偿。

第十四条 被保险人的索赔期限,自其知道保险事故发生之日起,不得超过两年。

六、投保人及被保险人义务

第十五条 投保时,投保人应向本公司如实告知保险财产的存放地点、状况和被保险人的有关情况。

第十六条 被保险人应遵守国家及有关部门关于消防、安全等方面的规定,采取合理的预防措施,防止保险事故的发生,对本公司及有关部门提出的消除不安全因素和隐患的合理建议,应认真付诸实施。

第十七条 保险事故发出时,被保险人应尽力采取必要的措施,防止或减少损失,并立即通知本公司。

第十八条 投保人和被保险人如果不履行第十五条至第十七条规定的各项义务,本公司有权拒绝赔偿,或者自书面通知之日起终止保险合同。

七、其他事项

第十九条 保险合同成立后,投保人可随时书面申请解除合同,本公司亦可提前15天发出通知解除保险合同。对保险合同生效期间的保险费,前者本公司按短期费率计收,后者按日计收。

第二十条 被保险人和本公司发生争议不能达成协议时,可向仲裁机关申请仲裁或向法院提起诉讼。

(二) 个人贷款抵押房屋保险合同

一、总　则

第一条　以房屋作抵押向商业银行申请贷款的具有完全民事行为能力的自然人可参加本保险。

第二条　本保险合同的被保险人为借款个人，保险财产指被保险人向商业银行申请贷款时用于抵押的房屋；抵押房屋价值中包含的附属设施和其他室内财产，也在保险财产范围以内。

被保险人购房后，装修、改造或其他原因购置的、附属于房屋的有关财产或其他室内财产，不在本保险财产范围内。

二、保险责任

第三条　在保险期限内由于下列原因造成本保险单列明的保险财产的直接损失，保险人依照本条款约定负责赔偿：

1. 火灾、爆炸；
2. 暴风、暴雨、台风、洪水、雷击、泥石流、雪灾、雹灾、冰凌、龙卷风、崖崩、突发性滑坡、地面突然塌陷；
3. 空中运行物体坠落以及外来不属于被保险人所有或使用的建筑物和其他固定物体的倒塌。

第四条　在发生保险事故时，为抢救保险标的或防止灾害蔓延，采取合理的、必要的措施而造成保险财产的损失，保险人也负责赔偿。

第五条　在发生保险事故时，被保险人为防止或者减少保险财产损失所支付合理的、必要的施救费用，由保险人承担。该项费用以对应保险财产的保险金额为限。

三、责任免除

第六条　由于下列原因造成保险财产的损失，保险人不承担赔偿责任：

1. 战争、类似战争行为、恐怖行为、军事行动、武装冲突、罢工、暴动、民众骚乱；
2. 核辐射或各种放射性污染；
3. 行政或执法行为；
4. 地震或地震次生原因；
5. 被保险人或其家庭成员或其代表的故意行为、重大过失。

第七条　对保险财产的下列损失和费用，保险人不承担赔偿责任：

1. 保险财产因设计错误、原材料缺陷、工艺不善、建筑物沉降等原因以及自然磨损、正常维修造成的损失或费用；

2. 被保险人擅自改变房屋结构引起的任何损失和费用；

3. 房屋贬值或丧失使用价值；

4. 任何形式的罚款、罚金；

5. 任何间接损失和精神损失；

6. 计算机问题引起的任何损失。

第八条　其他不属于本保险责任范围内的损失和费用，保险人亦不负赔偿责任。

四、保险期限

第九条　保险期限自约定起保日零时起至个人住房抵押借款合同约定的借款期限终止日 24 时止。

五、保险金额与保险费

第十条　保险财产的保险金额可按照以下方式，由被保险人自行确定，但保险金额不得小于相应的抵押借款本金：

1. 成本价；

2. 购置价；

3. 市价；

4. 评估价；

5. 借款额；

6. 其他方式。

第十一条　保险费以基准费率为基础，根据相应的趸交保费系数计算。

六、投保人、被保险人义务

第十二条　投保人应当履行如实告知义务，并如实回答保险人就保险标的或者被保险人的有关情况提出的询问。

第十三条　投保人应在签订保险合同时一次性交清全部保险费。

第十四条　在本保险合同期限内，如果被保险人名称变更、保险标的占用性质改变、保险标的地址变动、保险标的危险程度增加或其他保险重要事项变更，被保险人应及时书面通知保险人，并支付附加的保险费。被保险人未履行通知义务并支付附加保险费的，因保险标的危险程度增加而发生的保险事故，保险人不承担赔偿责任。

第十五条　被保险人应当遵照国家有关消防、安全方面的规定，维护保险财产的安全。

第十六条　保险财产遭受损失时，被保险人应当积极抢救，采取必要、合理措施使损失减至最低程度，同时保护事故现场、保留有关实物证据，并立即通知保险人，协助查勘。

第十七条 被保险人向保险人申请赔偿时，应提交保险单正本、损失清单以及其他保险人合理要求的有效的、作为索赔依据的证明材料。

第十八条 投保人或被保险人如不履行第十二条、第十三条、第十五条至第十七条约定的任何一项义务，保险人有权拒绝赔偿，或自解约通知书送达被保险人之日起解除本保险合同。

七、赔偿处理

第十九条 保险财产遭受保险责任范围内的损失时，保险人按下列规定进行赔偿：

1. 实际损失等于或高于保险金额，按保险金额赔偿；
2. 实际损失小于保险金额，保险人赔偿使受损保险财产恢复到原来状态的费用，该项费用以保险金额为限。

第二十条 在本保险期限内，保险财产若遭受部分损失，保险人一次性支付的赔款未达到保险金额的，财产损失部分的保险金额自动恢复，被保险人无须补缴保险费。但在任何情况下，财产损失保险的累计赔偿金额以保险金额的两倍为限。

第二十一条 保险标的遭受损失后的残余部分，仍然归被保险人所有，并在计算实际损失时扣除其折价金额。

第二十二条 抵押房屋价值中含附属设施和其他室内财产的，其损失计算以损失发生时的实际价值为限，如果所含附属设施和其他室内财产发生变更，保险人在赔偿时以抵押时所列明的数量、品牌、规格的实际价值为限。

第二十三条 保险人受理索赔后，应根据保险责任范围迅速调查审核，按本保险条款有关规定予以赔偿。若保险财产发生损失，根据被保险人和贷款银行达成的有关约定，由保险人一次性支付给贷款银行或被保险人。

第二十四条 保险财产发生保险责任范围内的损失，如果根据法律规定或者有关约定，应当由第三方负责赔偿的，被保险人应以书面形式向第三方提出赔偿要求。未经保险人书面同意，被保险人或其代表不得自行对第三方作出任何承诺、拒绝、约定或接受。根据被保险人书面申请，保险人可以按照本保险条款有关规定先予赔偿，并依法进行代位追偿。被保险人应协助保险人向第三方追偿。

第二十五条 若本保险单所保财产存在重复保险时，保险人仅承担按比例分摊的责任。对其他保险人应当承担的赔偿责任，本保险人不负责垫付。

第二十六条 被保险人或者其房屋继承人请求赔偿的权利，自其知道或应当知道保险事故发生之日起两年内不行使而消灭。

八、保险合同的终止

第二十七条 保险事故发生后，投保人、被保险人或者其他关系人以伪造、编造的有关证明、资料或者其他证据，编造虚假的事故原因或者夸大损失程度的，保险人对其虚报的部分不承担赔偿责任，并有权解除本合同。

第二十八条 保险财产遭受全部损失或保险人一次性支付财产损失赔款达到保险金额时，或者一次性赔款虽然没达到保险金额，但累计赔款达到两倍保险金额时，本保险合同自行终止。

第二十九条 被保险人提前清偿个人房屋抵押借款合同项下贷款余额的，投保人可凭保险单正本、贷款银行的还贷证明等有关单证，向保险人提出终止本保险合同。

第三十条 当投保人根据本保险条款第二十九条终止本保险合同时，保险人按现值计算退还未到期部分的保险费，并扣除5%的手续费。

实际承保期限不足一个月的，按一个月计算。

九、其他事项

第三十一条 被保险人与保险人之间因本保险合同事宜发生争议，由双方协商解决，协商不成的，由双方从下列两种方式中选择一种：

1. 提交双方约定的仲裁委员会仲裁。
2. 依法向人民法院起诉。

第三十二条 本保险合同争议处理适用中华人民共和国法律。

第三十三条 与本保险合同有关的约定、告知或通知等内容均采用书面形式。

十、扩展责任条款

一、临时房租补偿条款保险财产发生保险责任范围内的保险事故致使保险房屋无法居住时，被保险人可获得保险房屋损失赔款金额5%比例的临时住宿费用补偿。

其他有关事宜悉依《个人贷款抵押房屋保险条款》的有关规定。

二、搬迁费用补偿条款因保险房屋发生保险责任范围内的保险事故致使被保险人需搬迁到其他住宿处居住，被保险人可获得搬迁费用补偿。每次事故的搬迁费用补偿为300元。

其他有关事宜悉依《个人贷款抵押房屋保险条款》的有关规定。

三、延展保险期限条款在借款合同约定的还款期限届满时，贷款银行要求给予借款人一定还贷宽限期限的，本保险合同的保险期限将随之延展，最长展期180天，且只能延展一次。

其他有关事宜悉依《个人贷款抵押房屋保险条款》的有关规定。

四、清理费用补偿条款保险财产发生保险责任范围内的损失，而且财产损失保险部分的赔款金额达到保险金额50%以上时，被保险人所发生的清除、拆除或支撑受损财产的费用，保险人将一次性给予800元清理费用补偿。

其他有关事宜悉依《个人贷款抵押房屋保险条款》的有关规定。

（三）社会保险协议

甲方：_____（企业名称）

乙方：_____（下岗职工）

经双方协商一致，就保留社会保险关系期间和终结时双方权利义务达成如下协议：

一、期限：自_____年____月____日起至_____年____月____日止。

二、养老、失业、大病医疗保险的缴纳：

企业按国家和本市有关规定，为"协保"人员办理缴纳养老、失业、大病医疗三项社会保险手续。

1. 养老保险的缴费基数为_____，乙方承担_____，甲方承担_____；

2. 大病医疗保险缴费基数为_____，乙方承担_____，甲方承担_____；

3. 失业保险费缴纳基数为_____，乙方承担_____，甲方承担_____。

三、医疗费用的承担：乙方在协议期间患大病所发生的费用，除按本市大病医疗保险规定应由保险基金承担的部分外，其余费用甲方承担_____%，乙方承担_____%。

四、协议期间，甲、乙双方的权利与义务：

1. 甲方承担乙方的档案保存；

2. 当乙方与其他用人单位签订劳动合同时，甲方应帮助协保人员办理人事档案调转手续；

3. 乙方应按协议向甲方缴纳社会保险应承担的费用；

4. 甲方除本协议确定的给予乙方待遇外，不再向乙方承担其他义务。

五、本协议履行期间，乙方由于被判刑、劳改、劳教的，甲方可以解除本协议。

六、本协议履行期间，甲方发生兼并、合并、分立、被收购的，本协议由接收单位继续履行。

七、双方约定的其他事项：_____。

八、甲方不按本协议约定履行义务的，乙方可向企业所在区县劳动争议仲裁委员会申诉。乙方不按本协议缴纳社会保险费的，不得享受社会保险待遇。

九、本协议一经签订，甲、乙双方签订的再就业服务中心管理协议即行解除，甲、乙双方签订的劳动合同停止执行。

十、本协议一式两份，甲、乙双方各持一份。

甲方（签章）：_____　　　乙方（签章）：_____

_____年____月____日　　　　　　　_____年____月____日

(四) 重大疾病终身保险合同

第一条 保险合同构成

本保险合同（以下简称本合同）由保险单及其所载条款、声明、批注，以及和本合同有关的投保单、效力恢复申请书、体检报告书及其他约定书共同构成。

第二条 投保条件

凡一周岁以上六十周岁以下，身体健康的人，可作为被保险人参加本保险。被保险人或对被保险人具有保险利益的人，可作为投保人向本公司投保本保险。十六周岁以下的被保险人，投保人限为被保险人的父亲或母亲。

第三条 保险责任开始

本公司对本合同所负责任，自投保人交付第一期保险费且本公司签发保险单的次日零时开始。保险责任开始日期为生效日。生效日每年的对应日为生效对应日。

第四条 合同撤销权

自投保人收到保险单的次日起十日内，并未发生保险金给付，投保人可向本公司退回保险单并书面要求撤销本合同。自投保人本人书面要求撤销本合同起，本合同效力终止。投保人向本公司退回保险单，本公司无息退还投保人所交保险费。

第五条 第二期及以后各期保险费的交付、交付保险费宽限期间和合同效力中止

保险费交费方式分为一次交、年交、半年交、月交。本合同保险费交费方式选择分期交付时，第二期及以后各期保险费应按保险单所列明保险费交费期间、保险费交费方式和保险费交费日期交付。本公司派员收取保险费时，收取人员应向投保人交付收取保险费的凭证。

自保险单载明保险费交费日期的次日起六十日为交付保险费宽限期间。交付保险费宽限期间内发生保险事故，本公司仍负保险责任，但应从给付的保险金中扣除欠交的保险费和利息。交付保险费宽限期间结束时，投保人仍未交付保险费，自交付保险费宽限期间结束的次日起本合同效力中止。

第六条 保险费的自动垫交

在交付保险费宽限期间结束时，投保人仍未交付保险费，若投保人在投保单上同意保险费自动垫交，本公司将以交付保险费宽限期间结束时本合同的现金价值自动垫交其应付保险费和利息，使本合同继续有效。如发生保险事故，本公司应从给付的保险金中扣除本公司自动垫交的保险费和利息。本合同的现金价值不足以垫交其应付保险费和利息时，本合同效力中止。

第七条 合同效力恢复

自本合同效力中止之日起两年内，经本公司与投保人协商并达成协议，在投保人补交保险费后，本合同效力恢复。

第八条 合同终止

投保人不愿继续保险，可申请终止本合同；自本合同效力中止之日起两年内，本公司与投保人未达成协议的，本公司有权终止本合同。投保人凭保险单、身份证件和最近一次保险费交费收据办理终止本合同手续。投保人未交足两年保险费的，本公司在扣除手续费后，向投保人退还保险费；投保人已交足两年以上保险费的，本公司向投保人退还本合同约定现金价值。合同终止给付时，本公司扣除自动垫交的保险费和利息。

第九条　告知义务

订立本合同时，本公司应当向投保人说明本合同的条款内容，并就被保险人的有关情况提出询问，投保人应当据实告知。

投保人故意隐瞒事实，不履行如实告知义务的，或因过失未履行如实告知义务，足以影响本公司决定是否同意承保或者提高保险费率的，本公司有权解除本合同。

投保人故意不履行如实告知义务的，本公司对于本合同解除前发生的保险事故，不承担给付保险金的责任，并不退还保险费。

投保人因过失未履行如实告知义务，对保险事故的发生有严重影响的，本公司对于本合同解除前发生的保险事故，不承担给付保险金的责任，但可以退还保险费。

第十条　保险责任

在本合同有效期内，本公司负下列保险责任：

一、本合同生效或复效一百八十日后被保险人被确诊初次罹患重大疾病，本公司按保险单所列明保险金额给付重大疾病保险金，本合同终止。

二、被保险人因疾病或意外伤害而身故，本公司按保险单所列明保险金额给付身故保险金，本合同终止。

第十一条　保险事故通知

在本合同有效期内被保险人发生保险责任范围内的保险事故，投保人、被保险人或受益人应在保险事故发生之日起十日内通知本公司，否则被保险人或受益人应负担由于通知迟缓致使本公司增加的查勘、调查费用，但因不可抗力延误的除外。

第十二条　失踪处理

在本合同有效期内被保险人失踪，经人民法院宣告死亡，本公司依据判决所确定的死亡日期按身故给付保险金。

若被保险人生还，受益人应将领取的保险金在三十日内退还本公司。

第十三条　保险金的申请

一、受益人申请领取重大疾病保险金时，应出具保险单、身份证件、最近一次保险费交费收据和附有本公司指定或认可的医疗机构出具的病理显微镜检查、血液检查及其他科学方法检验报告的疾病诊断证明书。本公司如认为必要，可以对被保险人的身体进行检验，其费用由本公司负担。

二、受益人申请领取身故保险金时，应出具保险单、身份证件、公安部门或卫生部门县级以上（含县级）医院出具的被保险人身故证明书、被保险人户籍注销证明和最近一次保险费交费收据。

第十四条　责任免除

对下列情事之一造成被保险人身故或罹患重大疾病的，本公司不负给付保险金责任：

一、投保人或受益人对被保险人的故意行为；

二、被保险人犯罪、殴斗或酒醉行为；

三、被保险人服用、吸食或注射毒品；

四、被保险人自本合同生效或效力恢复之日起两年内的自杀、故意自伤身体；

五、被保险人酒后驾驶、无照驾驶及驾驶无有效行驶证的机动交通工具；

六、被保险人患获得性免疫缺陷综合征（艾滋病）或感染获得性免疫缺陷综合征病毒（HIV 呈阳性）期间；

七、战争、军事行动、暴乱或武装叛乱；

八、核爆炸、核辐射或核污染。

第十五条　受益人的指定与变更

被保险人或投保人可以指定或变更受益人。但投保人指定或变更身故保险金受益人必须征得被保险人同意。重大疾病保险金的受益人为被保险人本人，本公司不受理其他指定或变更。

变更受益人须书面申请并经本公司在保险单上批注后方能生效。

被保险人身故后，遇有下列情形之一的，保险金作为被保险人的遗产，由本公司向被保险人的继承人履行给付保险金的义务：

一、没有指定受益人的；

二、受益人先于被保险人身故，没有其他受益人的；

三、受益人依法丧失受益权或者放弃受益权，没有其他受益人的。

第十六条　年龄计算和错误处理

被保险人的年龄以周岁计算。

投保人申报的被保险人年龄不真实，并且其真实年龄不符合本合同约定的年龄限制的，本公司自本合同生效之日起两年内可以解除本合同。解除本合同时，本公司在扣除手续费后，向投保人退还保险费。

投保人申报的被保险人年龄不真实，致使投保人支付的保险费少于应付保险费的，本公司在给付保险金时按照实付保险费与应付保险费的比例支付。

投保人申报的被保险人年龄不真实，致使投保人实付的保险费多于应付保险费的，本公司将多收的保险费退还投保人。

第十七条　通信地址变更

投保人、被保险人通信地址变更时，应及时以书面形式通知本公司。投保人未以书面形式通知本公司时，本公司按最后通信地址发送的通知，视为已送达投保人。

第十八条　索赔时效

本合同的被保险人或者受益人对本公司请求给付保险金的权利，自其知道保险事故之日起五年内不行使而消灭。

第十九条　批注

本合同内容的变更或记载事项的增删，非经投保人书面申请及本公司在保险单上批注，不生效力。

第二十条　争议处理

本合同发生争议且协商无效时，可通过仲裁机构仲裁或向人民法院提起诉讼。本合同涉及诉讼时，约定以本合同签发地法院为管辖法院。

第二十一条　名词释义

本条款所述"本公司"指泰康人寿保险股份有限公司。

本条款所述"利息"是按中国人民银行规定的个人储蓄存款两年定期年利率＋2.0%计算。

本条款所述"意外伤害"是指外来的、突然的、非本意的、非疾病的使被保险人身体受到剧烈伤害的客观事件。

本条款所述"重大疾病"是指符合下列定义的疾病：

一、心脏病（心肌梗死）：

指因冠状动脉阻塞而导致部分心肌坏死，其诊断必须同时具备下列三个条件：

1. 新近显示心肌梗死变异的心电图；
2. 血液内心脏酶素含量异常增加；
3. 典型的胸痛病状。

但心绞痛不在本合同的保障范围之内。

二、冠状动脉绕道手术：

指为治疗冠状动脉疾病的血管绕道手术，须经心脏内科心导管检查，罹患者有持续性心肌缺氧造成心绞痛并证实冠状动脉有狭窄或阻塞情形，必须接受冠状动脉绕道手术。其他手术不包括在内。

三、脑中风：

指因脑血管的突发病变导致脑血管出血、栓塞、梗死致永久性神经机能障碍者。所谓永久性神经机能障碍，是指事故发生六个月后，经脑神经专科医生认定仍遗留下列残障之一者：

1. 植物人状态。
2. 一肢以上机能完全丧失。
3. 两肢以上运动或感觉障碍而无法自理日常生活。

所谓无法自理日常生活，是指食物摄取、大小便始末、穿脱衣服、起居、步行、入浴等，皆不能自己为之，经常需要他人加以扶助之状态。

4. 丧失言语或咀嚼机能。

言语机能的丧失是指因脑部言语中枢神经的损伤而罹患失语症。

咀嚼机能的丧失是指由于牙齿以外的原因所引起的机能障碍，以致不能做咀嚼运动，除流质食物以外不能摄取食物之状态。

四、慢性肾功能衰竭（尿毒症）：

指两个肾脏慢性且不可复原的衰竭而必须接受定期透析治疗。

五、癌症：

指组织细胞异常增生且有转移特性的恶性肿瘤或恶性白细胞过多症，经病理检验确定符合国家卫生部（国际疾病伤害及死因分类标准）归属于恶性肿瘤的疾病，但下述除外：

1. 第一期何杰金氏病；
2. 慢性淋巴性白血病；
3. 原位癌；
4. 恶性黑色素瘤以外的皮肤癌。

六、瘫痪：

指肢体机能永久完全丧失，包括两上肢，或两下肢，或一上肢及一下肢，各有三大关节中的两关节以上机能永久完全丧失。

所谓机能永久完全丧失，指经六个月以后其机能仍完全丧失。关节机能的机能丧失指永久完全僵硬或关节不能随意识活动超过六个月以上。

上肢三大关节包括肩、肘、腕关节，下肢三大关节包括股、膝、踝关节。

七、重大器官移植手术：

指接受心脏、肺脏、肝脏、胰脏、肾脏及骨髓移植。

八、主动脉手术：

指接受胸、腹主动脉手术，以矫正狭窄，分割或切除主动脉瘤。但胸、腹主动脉的分支除外。

九、爆发性肝炎：

指肝炎病毒感染而导致大部分的肝脏坏死并失去功能，其诊断必须同时具备下列条件：

1. 肝脏急剧缩小；
2. 肝细胞严重损坏；
3. 肝功能急剧退化；
4. 肝性脑病。

十、慢性肝病：

指末期肝衰竭，其症状必须包括下列各点：

1. 持续性黄疸病；

2. 食道静脉曲张；
3. 腹水（肿）；
4. 肝性脑病。

任何由嗜酒或滥用药物引起的肝病除外。

第二十三章 旅游合同

旅游合同，是旅游经营者提供旅游服务给旅游者，并对游客的人身和财产损害承担责任，旅游者按约定支付报酬的合同。它具有如下特征：
1. 在旅游合同关系中，经营者或者旅游者的义务包括实施积极的特定行为，如经营者提供服务，旅游者支付费用；也包括不实施特定的行为，如经营者擅自修改服务承诺，旅游者任意要求增加服务内容等。
2. 旅游者在接受旅游服务时，经营者负有保护旅游者人身财产安全的义务。

一、《旅游法》相关法条

第五十八条 包价旅游合同应当采用书面形式，包括下列内容：
（一）旅行社、旅游者的基本信息；
（二）旅游行程安排；
（三）旅游团成团的最低人数；
（四）交通、住宿、餐饮等旅游服务安排和标准；
（五）游览、娱乐等项目的具体内容和时间；
（六）自由活动时间安排；
（七）旅游费用及其交纳的期限和方式；
（八）违约责任和解决纠纷的方式；
（九）法律、法规规定和双方约定的其他事项。
订立包价旅游合同时，旅行社应当向旅游者详细说明前款第二项至第八项所载内容。

第五十九条 旅行社应当在旅游行程开始前向旅游者提供旅游行程单。旅游行程单是包价旅游合同的组成部分。

第六十条 旅行社委托其他旅行社代理销售包价旅游产品并与旅游者订立包价旅游合同的，应当在包价旅游合同中载明委托社和代理社的基本信息。

旅行社依照本法规定将包价旅游合同中的接待业务委托给地接社履行的，应当在包价旅游合同中载明地接社的基本信息。

安排导游为旅游者提供服务的，应当在包价旅游合同中载明导游服务费用。

第六十一条 旅行社应当提示参加团队旅游的旅游者按照规定投保人身意外伤害保险。

第六十二条 订立包价旅游合同时，旅行社应当向旅游者告知下列事项：

（一）旅游者不适合参加旅游活动的情形；

（二）旅游活动中的安全注意事项；

（三）旅行社依法可以减免责任的信息；

（四）旅游者应当注意的旅游目的地相关法律、法规和风俗习惯、宗教禁忌，依照中国法律不宜参加的活动等；

（五）法律、法规规定的其他应当告知的事项。

在包价旅游合同履行中，遇有前款规定事项的，旅行社也应当告知旅游者。

第六十三条 旅行社招徕旅游者组团旅游，因未达到约定人数不能出团的，组团社可以解除合同。但是，境内旅游应当至少提前七日通知旅游者，出境旅游应当至少提前三十日通知旅游者。

因未达到约定人数不能出团的，组团社经征得旅游者书面同意，可以委托其他旅行社履行合同。组团社对旅游者承担责任，受委托的旅行社对组团社承担责任。旅游者不同意的，可以解除合同。

因未达到约定的成团人数解除合同的，组团社应当向旅游者退还已收取的全部费用。

第六十四条 旅游行程开始前，旅游者可以将包价旅游合同中自身的权利义务转让给第三人，旅行社没有正当理由的不得拒绝，因此增加的费用由旅游者和第三人承担。

第六十五条 旅游行程结束前，旅游者解除合同的，组团社应当在扣除必要的费用后，将余款退还旅游者。

第六十六条 旅游者有下列情形之一的，旅行社可以解除合同：

（一）患有传染病等疾病，可能危害其他旅游者健康和安全的；

（二）携带危害公共安全的物品且不同意交有关部门处理的；

（三）从事违法或者违反社会公德的活动的；

（四）从事严重影响其他旅游者权益的活动，且不听劝阻、不能制止的；

（五）法律规定的其他情形。

因前款规定情形解除合同的，组团社应当在扣除必要的费用后，将余款退还旅游者；给旅行社造成损失的，旅游者应当依法承担赔偿责任。

第六十七条 因不可抗力或者旅行社、履行辅助人已尽合理注意义务仍不能避免的事件，影响旅游行程的，按照下列情形处理：

（一）合同不能继续履行的，旅行社和旅游者均可以解除合同。合同不能完全履行的，旅行社经向旅游者作出说明，可以在合理范围内变更合同；旅游者不同意变更的，可以解除合同。

（二）合同解除的，组团社应当在扣除已向地接社或者履行辅助人支付且不可退还的费用后，将余款退还旅游者；合同变更的，因此增加的费用由旅游者承担，减少的费用退还旅游者。

（三）危及旅游者人身、财产安全的，旅行社应当采取相应的安全措施，因此支出的费用，由旅行社与旅游者分担。

（四）造成旅游者滞留的，旅行社应当采取相应的安置措施。因此增加的食宿费用，由旅游者承担；增加的返程费用，由旅行社与旅游者分担。

第六十八条 旅游行程中解除合同的，旅行社应当协助旅游者返回出发地或者旅游者指定的合理地点。由于旅行社或者履行辅助人的原因导致合同解除的，返程费用由旅行社承担。

第六十九条 旅行社应当按照包价旅游合同的约定履行义务，不得擅自变更旅游行程安排。

经旅游者同意，旅行社将包价旅游合同中的接待业务委托给其他具有相应资质的地接社履行的，应当与地接社订立书面委托合同，约定双方的权利和义务，向地接社提供与旅游者订立的包价旅游合同的副本，并向地接社支付不低于接待和服务成本的费用。地接社应当按照包价旅游合同和委托合同提供服务。

第七十条 旅行社不履行包价旅游合同义务或者履行合同义务不符合约定的，应当依法承担继续履行、采取补救措施或者赔偿损失等违约责任；造成旅游者人身损害、财产损失的，应当依法承担赔偿责任。旅行社具备履行条件，经旅游者要求仍拒绝履行合同，造成旅游者人身损害、滞留等严重后果的，旅游者还可以要求旅行社支付旅游费用一倍以上三倍以下的赔偿金。

由于旅游者自身原因导致包价旅游合同不能履行或者不能按照约定履行，或者造成旅游者人身损害、财产损失的，旅行社不承担责任。

在旅游者自行安排活动期间，旅行社未尽到安全提示、救助义务的，应当对旅游者的人身损害、财产损失承担相应责任。

第七十一条 由于地接社、履行辅助人的原因导致违约的，由组团社承担责任；组团社承担责任后可以向地接社、履行辅助人追偿。

由于地接社、履行辅助人的原因造成旅游者人身损害、财产损失的，旅游者可以要求地接社、履行辅助人承担赔偿责任，也可以要求组团社承担赔偿责任；组团社承担责任后可以向地接社、履行辅助人追偿。但是，由于公共交通经营者的原因造成旅游者人身损害、财产损失的，由公共交通经营者依法承担赔偿责任，旅行社应当协助旅游者向公共交通经营者索赔。

第七十二条 旅游者在旅游活动中或者在解决纠纷时，损害旅行社、履行辅助人、旅游从业人员或者其他旅游者的合法权益的，依法承担赔偿责任。

第七十三条 旅行社根据旅游者的具体要求安排旅游行程，与旅游者订立包价旅游合同的，旅游者请求变更旅游行程安排，因此增加的费用由旅游者承担，减少的费用退还旅游者。

第七十四条 旅行社接受旅游者的委托，为其代订交通、住宿、餐饮、游览、娱乐等旅游服务，收取代办费用的，应当亲自处理委托事务。因旅行社的过错给旅游者造成损失的，旅行社应当承担赔偿责任。

旅行社接受旅游者的委托，为其提供旅游行程设计、旅游信息咨询等服务的，应当保证设计合理、可行，信息及时、准确。

第七十五条 住宿经营者应当按照旅游服务合同的约定为团队旅游者提供住宿服务。住宿经营者未能按照旅游服务合同提供服务的，应当为旅游者提供不低于原定标准的住宿服务，因此增加的费用由住宿经营者承担；但由于不可抗力、政府因公共利益需要采取措施造成不能提供服务的，住宿经营者应当协助安排旅游者住宿。

《旅行社条例》

第二十五条 经营出境旅游业务的旅行社不得组织旅游者到国务院旅游行政主管部门公布的中国公民出境旅游目的地之外的国家和地区旅游。

第二十七条 旅行社不得以低于旅游成本的报价招徕旅游者。未经旅游者同意，旅行社不得在旅游合同约定之外提供其他有偿服务。

第二十八条 旅行社为旅游者提供服务，应当与旅游者签订旅游合同并载明下列事项：

（一）旅行社的名称及其经营范围、地址、联系电话和旅行社业务经营许可证编号；

（二）旅行社经办人的姓名、联系电话；

（三）签约地点和日期；

（四）旅游行程的出发地、途经地和目的地；

（五）旅游行程中交通、住宿、餐饮服务安排及其标准；

（六）旅行社统一安排的游览项目的具体内容及时间；

（七）旅游者自由活动的时间和次数；

（八）旅游者应当交纳的旅游费用及交纳方式；

（九）旅行社安排的购物次数、停留时间及购物场所的名称；

（十）需要旅游者另行付费的游览项目及价格；

（十一）解除或者变更合同的条件和提前通知的期限；

（十二）违反合同的纠纷解决机制及应当承担的责任；

（十三）旅游服务监督、投诉电话；

（十四）双方协商一致的其他内容。

第三十三条 旅行社及其委派的导游人员和领队人员不得有下列行为：

（一）拒绝履行旅游合同约定的义务；

（二）非因不可抗力改变旅游合同安排的行程；

（三）欺骗、胁迫旅游者购物或者参加需要另行付费的游览项目。

第三十六条 旅行社需要对旅游业务作出委托的，应当委托给具有相应资质的旅行社，征得旅游者的同意，并与接受委托的旅行社就接待旅游者的事宜签订委托合同，确定接待旅游者的各项服务安排及其标准，约定双方的权利、义务。

《旅游投诉处理办法》

第八条 投诉人可以就下列事项向旅游投诉处理机构投诉：

（一）认为旅游经营者违反合同约定的；

（二）因旅游经营者的责任致使投诉人人身、财产受到损害的；

（三）因不可抗力、意外事故致使旅游合同不能履行或者不能完全履行，投诉人与被投诉人发生争议的；

（四）其他损害旅游者合法权益的。

二、典型案例

案例1：导游擅自改变行程，旅行社应否承担责任？

[案情回放]

某旅行社组织20多人去北京旅游。按照行程计划，到达北京的第二天游长城，但导游未与旅游者协商，擅自将游长城的行程改为第三天。就在第二天晚上，一场突如其来的大雪使旅游车无法前往长城，游长城计划被迫取消。游客返回后，要求旅行社按照规定双倍赔偿长城门票。旅行社则称，双方的合同中已有声明："旅行社在保证不减少行程的前提下，经协商有调整行程的权利。"只愿意原价退还长城门票，拒绝赔偿。于是双方发生争执，引起诉讼。

[专家点评]

从表面上看，游长城计划被取消的直接原因的确是不期而至的大雪，属于不可抗力。但实际情况是，只要导游按照原预定计划履行合同，不擅自改变行程，完全可以在大雪到来前完成游长城的计划，避免这起纠纷。游长城计划的被迫取消是导游违反规定人为造成的，导游擅自更改行程构成了违约，旅行社对此应承担赔偿责任。在双方签订的旅游合同中，有"旅行社在保证不减少行程的前提下，保留调整行程的权利"的声明。这样的声明损害了游客的合法权益，没有法律效力。

案例2：私自转让旅游业务，旅行社应当承担何种责任？

[案情回放]

某公司职员李某请甲旅行社的汤某安排其一家4人春节期间去海南旅游。汤某告知李某该旅行社春节期间没有去海南的团队。根据李某的意见，汤某又联系了乙旅行社，说明行程及报价情况，经李某本人同意后，汤某帮李某一家订了往返机票，按李某的要求，制订了接待计划，写明了由乙旅行社接待，参加春节期间的海南环岛旅游，甲旅行社收取4人旅游费共计6000元。但乙旅行社接待业务后，瞒着甲旅行社和李某一家,将此业务转让给丙旅行社。丙旅行社导游服务质量低,不按计划线路游览,伙食差。在餐馆用餐时,因粉条中混有碎骨头,致使李某妻子的假牙被咬断两颗。

李某认为这次旅游价高质次,上当受骗,要求甲旅行社赔偿:(1)依旅行社"海南环岛旅行"平均报价为标准双倍返还超额部分;(2)因安排不当,许多主要景点未游,退还相应费用;(3)适当赔偿因此所造成的时间和精神损失。甲旅行社同意赔偿,因双方未能就赔偿数额达成一致,李某向当地人民法院提起诉讼。

[专家点评]

《旅行社条例》第36条规定:"旅行社需要对旅游业务作出委托的,应当委托给具有相应资质的旅行社,征得旅游者的同意,并与接受委托的旅行社就接待旅游者的事宜签订委托合同,确定接待旅游者的各项服务安排及其标准,约定双方的权利、义务。"在本案中,甲旅行社的汤某应李某之请求为其联系了乙旅行社,经商议后双方制订了接待计划,可见甲旅行社与李某签订了旅游合同。甲旅行社应按合同约定组织李某一家进行海南环岛旅游,具体接待工作由乙旅行社安排,即乙旅行社作为甲旅行社一方的第三人,代理甲旅行社履行合同义务。然而,乙旅行社违反与甲旅行社的约定,在后者事先根本不知道的情况下,将此旅游业务转让给丙旅行社。结果导游服务质量低、不按计划线路游览、伙食差、游客财物受损,损害了旅游者利益。李某有权向甲旅行社要求赔偿损失,至于具体的赔偿数额,则应按李某的实际损失确定,主要是退还未参观景点的门票以及因导游服务质量差、伙食差退还的费用,另外,还应赔偿李某之妻假牙受损所造成的损失。甲旅行社在承担赔偿责任后,可以向违反约定,擅自转让旅游业务的乙旅行社追偿。

本案中李某提出赔偿精神损失,这是目前旅游业消费纠纷中经常遇到的问题。本案中李某认为本来高高兴兴去旅游,结果旅游中服务质量与约定不符,使自己不顺心,故要求精神损害赔偿,表面上似乎有道理。但从理论上讲,合同纠纷中若无人身权受到侵害的情形同时发生,一般不适用精神损害赔偿。

案例3:境外旅游目的地未获国家批准,旅游合同是否有效?

[案情回放]

暑假期间,李某想到美洲某国旅游,于是找到一家组团去美洲的旅行社,并预交了旅游费用。因该国并非与我国有旅游协议的地区,因此旅行社要求李某通过该国大使馆的面试,否则无法取得签证。一星期后,旅行社通知李某去该国大使馆面试并告诉他不用担心,旅行社已经与该国大使馆协调过了,只是让他走个形式而已。然而,李某面试后不合格,被拒绝签证。李某找到旅行社,要求旅行社退回其预交费用,旅行社认为,大使馆没有签证是因为李某有不良记录,而且旅行社办理李某的出国手续也花了不少钱,所以要扣除办理护照和签证所需的费用。李某不服,于是向人民法院提起诉讼,要求旅行社返还旅游费用并赔偿与之相关的一切损失。

[专家点评]

《旅行社条例》第25条规定:"经营出境旅游业务的旅行社不得组织旅游者到国务院旅游行政主管部门公布的中国公民出境旅游目的地之外的国家和地区旅游。"旅行社未经旅游局的批准而组织去美洲某国旅游,实属非法。根据我国《民法典》第157条的规定,合同无效或被撤销后,因该合同取得的财产,应当予以返还,有过错的一方应当赔偿对方因此所受到的损失。因此,该旅行社应当返还旅游费用并赔偿李某的损失。

三、旅游合同陷阱防范

1. 在现实生活中,一些旅行社为了给地接社、导游留下操作空间并逃避自身的责任,会在合同中设置陷阱,例如虚化旅行社应当承担的责任,扩大自身的免责条款,甚至故意不与游客签订合同,而以"行程安排表"来代替合同。还有一些旅行社只给游客一张收据,或者用传真上的简单描述代替合同。所以,旅游者要了解自身的合法权益,并与旅行社签订合法的旅游合同。

2. 在签订旅游合同时,要详细审查合同条款,对合同中含糊不清的地方加以澄清。旅游合同必须详细列出旅游行程与标准、双方违约责任、争议解决办法等。在格式合同条款中未明确的内容,应通过补充条款加以明确。

3. 在旅游合同中,以下事项是需要给予特别关注的:

(1)日程。在行程表中应当注明出团、返回的时间以及各旅游环节的时间,其中包括:景点、购物、就餐和入住时间,等等。

(2)观光娱乐。明确观光娱乐景点及其停留时间,事先要弄清楚旅游目的地有哪些可以安排的自费项目以及相应的收费标准、旅行社提供的导游服务等。

(3)食宿标准。在合同中要注明提供食宿的酒店名称以及餐饮标准——几人几菜几汤,几荤几素,住几星级饭店或者招待所。

(4)交通工具。飞机要注明机型、航空公司;火车要注明快慢车、硬座或硬卧、软卧;汽车则要注明是国产还是进口、有无空调、几座等。

(5)自费景点的数量和购物的次数通常是最容易引发旅游纠纷的地方,在合同中应予以明确。

(6)游客应缴纳费用的总额以及预付金额、游客或者旅行社取消行程计划的补偿标准要明确。

4. 重视旅游意外保险合同。旅游意外保险合同属于国家强制性保险范畴,由旅行社代消费者向保险公司投保。在旅行前,游客一定要查看旅行社与保险公司是否签订了《意外保险合同》,以防范旅游过程中的意外风险。

四、旅游合同范本

（一）国内旅游合同

甲方：_____（旅游者或单位）

住所或单位地址：_____

电话：_____

乙方：_____（组团旅行社）

地址：_____

电话：_____

甲方参加由乙方组织的本次旅游的有关事项经平等协商，自愿签订合同如下：

第一条 （旅游内容）本旅游团团号为：_____，旅游线路为：_____，旅游团出发时间为_____年___月___日，结束时间为_____年___月___日，共计____天____夜。

前款所列旅游线路、行程安排详见《旅游行程表》。《旅游行程表》经甲、乙双方签字作为本合同的组成部分。

第二条 （服务标准）本旅游团服务质量执行国家旅游局颁布实施的《旅行社国内旅游服务质量》标准（或由甲、乙双方约定）。

第三条 （旅游费用）本旅游团旅游费用总额共计人民币_____元。签订本合同之日，甲方应预付人民币_____元，余款应于出发前_____日付讫。

第四条 （项目费用）甲方依照本合同第三条约定支付的旅游费用，包含以下项目：

1. 代办证件的手续费：乙方代甲方办理所需旅行证件的手续费。

2. 交通客票费：乙方代甲方向民航、铁路、长途客运公司、水运等公共交通部门购买交通客票的费用。

3. 餐饮住宿费：《旅游行程表》内所列应由乙方安排的餐饮、住宿费用。

4. 游览费：《旅游行程表》内所列应由乙方安排的游览费用，包括住宿地至游览地交通费、非旅游者另行付费的旅游项目第一道门票费。

5. 接送费：旅游期间从机场、港口、车站等至住宿旅馆的接送费用。

6. 旅游服务费：乙方提供各项旅游服务收取的费用（含导游服务费）。

7. 甲、乙双方约定的其他费用：_____、本条第2项的交通客票费，如遇政府调整票价，该费用的退、补依照《民法典》第五百一十三条办理。本条第3项的餐饮住宿费，如甲方要求提高标准，经乙方同意安排的，甲方应补交所需差额。

第五条 （非项目费用）甲方依照本合同第三条约定支付的旅游费用，不包含以下项目：

1. 各地机场建设费。
2. 旅途中发生的甲方个人费用：如交通工具上的个人餐饮费；个人伤病医疗费；行李超重费；旅途住宿期间的洗衣、电话、电报、饮料及酒类费；私人交通费；自由活动费用；寻回个人遗失物品的费用与报酬及在旅程中因个人行为造成的赔偿费用等。
3. 甲方自行投保的保险费：航空人身意外保险费及甲方自行投保的其他保险的费用。
4. 双方约定的由甲方自行选择的其另行付费的游览项目费用。
5. 其他非第四条所列项目的费用。

第六条 （**出发时间地点**）甲方应于＿＿＿＿年＿＿月＿＿日＿＿时＿＿分于＿＿＿＿＿＿（地点）准时集合出发。甲方未准时到约定地点集合出发，也未能中途加入旅游团的，视为甲方解除合同，乙方可以按照本合同第八条的约定要求赔偿。

第七条 （**人数约定**）本旅游团须有＿＿＿人以上签约方能成团。如人数未达到，乙方可以于约定出发日前＿＿＿日（不低于5日）通知到甲方，解除合同。

乙方解除合同后，按下列方式之一处理：
1. 退还甲方已缴纳的全部费用，乙方对甲方不负违约责任；
2. 订立另一旅游合同，费用如有增减，由乙方退回或由甲方补足；
3. 乙方未在约定的时间通知到甲方的，应按照本合同第九条约定赔偿甲方。

甲方提供的电话或传真须是经常使用或能够及时联系到的，否则乙方在本条及其他条款中需要通知但通知不到甲方的，不承担由此产生的赔偿责任。

第八条 （**甲方退团**）甲方可以在旅游活动开始前通知乙方解除本合同，但须承担乙方已经为办理本次旅游支出的必要费用，并按如下标准支付违约金：
1. 在旅游开始前第5日以前通知到的，支付全部旅游费用扣除乙方已支出的必要费用后余额的10%；
2. 在旅游开始前第5日至第3日通知到的，支付全部旅游费用扣除乙方已支出的必要费用后余额的20%；
3. 在旅游开始前第3日至第1日通知到的，支付全部旅游费用扣除乙方已支出的必要费用后余额的30%；
4. 在旅游开始前1日通知到的，支付全部旅游费用扣除乙方已支出的必要费用后余额的50%；
5. 在旅游开始日或开始后通知到或未通知不参团的，支付全部旅游费用扣除乙方已支出的必要费用后余额的100%。

第九条 （**乙方取消**）除本合同第七条约定的情形外，如因乙方原因，致使甲方的旅游活动不能成行而取消的，乙方应当立即通知甲方，并按如下标准支付违约金：

1. 在旅游开始前第 5 日以前通知到的，支付全部旅游费用的 10%；
2. 在旅游开始前第 5 日至第 3 日通知到的，支付全部旅游费用的 20%；
3. 在旅游开始前第 3 日至第 1 日通知到的，支付全部旅游费用的 30%；
4. 在旅游开始前 1 日通知到的，支付全部旅游费用的 50%；
5. 在旅游开始日或开始后通知到的，支付全部旅游费用的 100%。

第十条　（合同转让） 经乙方同意，甲方可以将其在本旅游合同上的权利义务转让给具有参加本次旅游条件的第三人，但应当在约定的出发日前_____日通知乙方。如有费用增加，由甲方负担。

第十一条　（甲方义务） 甲方应当履行下列义务：
1. 甲方所提供的证件及相关资料必须真实有效。
2. 甲方应确保自身身体条件适合参加旅游团旅游，并有义务在签订本合同时将自身健康状况告知乙方。
3. 甲方应妥善保管随身携带的行李物品，未委托乙方代管而损坏或丢失的，责任自负。
4. 甲方在旅游活动中应遵守团队纪律，配合导游完成本次旅游行程。
5. 甲方应尊重目的地的宗教信仰、民族习惯和风土人情。

第十二条　（乙方义务） 乙方应当履行下列义务：
1. 乙方应当提醒甲方注意免除或限制其责任的条款，按照甲方的要求，对有关条款予以说明。
2. 乙方应当按照有关规定购买保险，并在接受甲方报名时提示甲方自愿购买旅游期间的个人保险。
3. 乙方代理甲方办理旅游所需的手续，应妥善保管甲方的各项证件，如有遗失或毁损，应立即主动补办，并承担补办手续费，因此导致甲方的直接损失，乙方应承担赔偿责任。
4. 乙方应为甲方提供导游服务；无全陪的旅游团体，乙方应告知甲方旅游目的地的具体接洽办法和应急措施。
5. 甲方在旅游中发生人身伤害或财产损失事故时，乙方应做出必要的协助和处理。如因乙方原因导致甲方人身伤害或财产损失，乙方应承担赔偿责任。
6. 乙方应当按照《旅游行程表》安排甲方购物，不得强制甲方购物，不得擅自增加购物次数。当甲方发现所购物品系假冒伪劣商品，如购物为甲方要求的，乙方不承担任何责任；如购物为行程内安排的，乙方应当协助甲方退还或索赔；如购物为乙方在行程外擅自增加的，乙方应赔偿甲方全部损失。
7. 非因乙方原因，导致甲方在旅游期间搭乘飞机、轮船、火车、长途汽车、地铁、索道、缆车等公共交通运输工具时受到人身伤害或财产损失的，乙方应协助甲方向提供上列服务的经营者索赔。

第十三条 （合同变更）经甲、乙双方协商一致，可以以书面形式变更本合同旅游内容。由此增加的旅游费用应由提出变更的一方承担，由此减少的旅游费用，乙方应退还甲方。如给对方造成损失的，由提出变更的一方承担损失。

第十四条 （擅自变更合同）乙方擅自变更合同违反约定的，应当退还甲方直接损失或承担增加的旅游费用，并支付直接损失额或增加的旅游费用额一倍的违约金。

甲方擅自变更合同违反约定的，不得要求退还旅游费用。因此增加的旅游费用，由甲方承担。给乙方造成损失的，应当承担赔偿责任。

第十五条 （旅游行程延误）因乙方原因，导致旅游开始后行程延误的，乙方应当征得甲方书面同意，继续履行本合同并支付旅游费用5%的违约金；甲方要求解除合同终止旅游的，乙方应当安排甲方返回并退还未完成的旅程费用，支付旅游费用5%的违约金。

甲方因延误旅游行程支出的食宿费和其他必要费用，由乙方承担。

第十六条 （弃团）乙方在旅程中弃置甲方的，应当承担弃置期间甲方支出的食宿费和其他必要费用，退还未完成的行程费用并支付旅游费用一倍的违约金。

第十七条 （中途离团）甲方在旅程中未经乙方同意自行离团不归的，视为单方解除合同，不得要求乙方退还旅游费用。如给乙方造成损失，甲方应承担赔偿责任。

第十八条 （不可抗力）甲、乙双方因不可抗力不能履行合同的，部分或者全部免除责任，但法律另有规定的除外。

乙方延迟履行本合同后发生不可抗力的，不能免除责任。

第十九条 （扩大损失）甲、乙一方违约后，对方应当采取适当措施防止损失的扩大；没有采取适当措施致使损失扩大的，不得就扩大的损失要求赔偿。

甲、乙一方因防止损失扩大而支出的合理费用，由违约方承担。

第二十条 （委托招徕）乙方委托其他旅行社代为招徕时，不得以未直接收取甲方费用为由免责。

第二十一条 （其他）本合同其他事项：

1. _____。
2. _____。
3. _____。
……

第二十二条 （争议解决）本合同在履行中如发生争议，双方应协商解决，协商不成，甲方可以向有管辖权的旅游质量监督管理所投诉，甲乙双方均可向法院起诉。

第二十三条 （合同效力）本合同一式两份，双方各执一份，具有同等效力。

第二十四条 （合同生效）本合同从签订之日起生效，至本次旅行结束甲方离开乙方安排的交通工具时为止。

附：旅游行程表

甲方（签字）：_____　　乙方（盖章）：_____
身份证号码：_____　　　　负责人：_____
电话或传真：_____　　　　电话或传真：_____
通信地址：_____　　　　通信地址：_____
_____年___月___日　　　　　　　_____年___月___日

（二）团队境内旅游合同①

使 用 说 明

1. 本合同为示范文本，供中华人民共和国境内（不含港、澳、台地区）旅行社与旅游者之间签订团队境内包价旅游合同时使用（不含赴港、澳、台地区旅游及边境游）。

2. 双方当事人应当结合具体情况选择本合同协议条款中所提供的选择项，空格处应当以文字形式填写完整。

3. 双方当事人可以书面形式对本示范文本内容予以变更或者补充，但变更或者补充的内容，不得减轻或者免除应当由旅行社承担的责任。

4. 本示范文本由国家旅游局和国家工商行政管理总局共同制定、解释，在全国范围内推行使用。

合同编号：_____

旅游者：_____等___人（名单可附页，需旅行社和旅游者代表签字或盖章确认）；

旅行社：_____；

旅行社业务经营许可证编号：_____。

第一章　术语和定义

第一条　本合同术语和定义

1. 团队境内旅游服务，指旅行社依据《中华人民共和国旅游法》《旅行社条例》等法律、法规，组织旅游者在中华人民共和国境内（不含香港、澳门、台湾地区）旅游，代订公共交通客票，提供餐饮、住宿、游览等两项以上服务活动。

2. 旅游费用，指旅游者支付给旅行社，用于购买本合同约定的旅游服务的费用。

---

① 国家旅游局、国家工商行政管理总局制定，GF-2014-2401。

旅游费用包括：

（1）交通费；

（2）住宿费；

（3）餐费（不含酒水费）；

（4）旅行社统一安排的景区景点门票费；

（5）行程中安排的其他项目费用；

（6）导游服务费；

（7）旅行社（含地接社）的其他服务费用。

旅游费用不包括：

（1）旅游者投保的人身意外伤害保险费用；

（2）合同未约定由旅行社支付的费用，包括但不限于行程以外非合同约定活动项目所需的费用、自行安排活动期间发生的费用；

（3）行程中发生的旅游者个人费用，包括但不限于交通工具上的非免费餐饮费、行李超重费，住宿期间的洗衣、电话、饮料及酒类费，个人娱乐费用，个人伤病医疗费，寻找个人遗失物品的费用及报酬，个人原因造成的赔偿费用。

3. 履行辅助人，指与旅行社存在合同关系，协助其履行本合同义务，实际提供相关服务的法人、自然人或者其他组织。

4. 自由活动，特指《旅游行程单》中安排的自由活动。

5. 自行安排活动期间，指《旅游行程单》中安排的自由活动期间、旅游者不参加旅游行程活动期间、每日行程开始前和结束后旅游者离开住宿设施的个人活动期间、旅游者经导游同意暂时离团的个人活动期间。

6. 不合理的低价，指旅行社提供服务的价格低于接待和服务费用或者低于行业公认的合理价格，且无正当理由和充分证据证明该价格的合理性。其中，接待和服务费用主要包括旅行社提供或者采购餐饮、住宿、交通、游览、导游等服务所支出的费用。

7. 具体购物场所，指购物场所有独立的商号以及相对清晰、封闭、独立的经营边界和明确的经营主体，包括免税店，大型购物商场，前店后厂的购物场所，景区内购物场所，景区周边或者通往景区途中的购物场所，服务旅游团队的专门商店，商品批发市场和与餐饮、娱乐、停车休息等相关联的购物场所等。

8. 旅游者投保的人身意外伤害保险，指旅游者自己购买或者通过旅行社、航空机票代理点、景区等保险代理机构购买的以旅行期间自身的生命、身体或者有关利益为保险标的的短期保险，包括但不限于航空意外险、旅游意外险、紧急救援保险、特殊项目意外险。

9. 离团，指团队旅游者经导游同意不随团队完成约定行程的行为。

10. 脱团，指团队旅游者未经导游同意脱离旅游团队，不随团队完成约定行程的行为。

11. 转团，指由于未达到约定成团人数不能出团，旅行社征得旅游者书面同意，在行程开始前将旅游者转至其他旅行社所组的境内旅游团队履行合同的行为。

12. 拼团，指旅行社在保证所承诺的服务内容和标准不变的前提下，在签订合同时经旅游者同意，与其他旅行社招徕的旅游者拼成一个团，统一安排旅游服务的行为。

13. 不可抗力，指不能预见、不能避免并不能克服的客观情况，包括但不限于因自然原因和社会原因引起的，如自然灾害、战争、恐怖活动、动乱、骚乱、罢工、突发公共卫生事件、政府行为。

14. 已尽合理注意义务仍不能避免的事件，指因当事人故意或者过失以外的客观因素引发的事件，包括但不限于重大礼宾活动导致的交通堵塞，飞机、火车、班轮、城际客运班车等公共客运交通工具延误或者取消，景点临时不开放。

15. 必要的费用，指旅行社履行合同已经发生的费用以及向地接社或者履行辅助人支付且不可退还的费用，包括乘坐飞机（车、船）等交通工具的费用（含预订金）、饭店住宿费用（含预订金）、旅游观光汽车的人均车租等。

16. 公共交通经营者，指航空、铁路、航运客轮、城市公交、地铁等公共交通工具经营者。

第二章 合同的订立

第二条 旅游行程单

旅行社应当提供带团号的《旅游行程单》（以下简称《行程单》），经双方签字或者盖章确认后作为本合同的组成部分。《行程单》应当对如下内容作出明确的说明：

（1）旅游行程的出发地、途经地、目的地、结束地，线路行程时间和具体安排（按自然日计算，含乘飞机、车、船等在途时间，不足24小时以一日计）；

（2）地接社的名称、地址、联系人和联系电话；

（3）交通服务安排及其标准（明确交通工具及档次等级、出发时间以及是否需中转等信息）；

（4）住宿服务安排及其标准（明确住宿饭店的名称、地点、星级，非星级饭店应当注明是否有空调、热水、独立卫生间等相关服务设施）；

（5）用餐（早餐和正餐）服务安排及其标准（明确用餐次数、地点、标准）；

（6）旅行社统一安排的游览项目的具体内容及时间（明确旅游线路内容包括景区点及游览项目名称等，景区点停留的最少时间）；

（7）自由活动的时间；

（8）行程安排的娱乐活动（明确娱乐活动的时间、地点和项目内容）。

《行程单》用语须准确清晰，在表明服务标准用语中不应当出现"准×星级""豪华""仅供参考""以××为准""与××同级"等不确定用语。

第三条 订立合同

旅游者应当认真阅读本合同条款、《行程单》，在旅游者理解本合同条款及有关附件后，旅行社和旅游者应当签订书面合同。

由旅游者的代理人订立合同的，代理人需要出具被代理的旅游者的授权委托书。

第四条 旅游广告及宣传品

旅行社的旅游广告及宣传品应当遵循诚实信用的原则，其内容符合《中华人民共和国合同法》要约规定的，视为本合同的组成部分，对旅行社和旅游者双方具有约束力。

第三章 合同双方的权利义务

第五条 旅行社的权利

1. 根据旅游者的身体健康状况及相关条件决定是否接纳旅游者报名参团；
2. 核实旅游者提供的相关信息资料；
3. 按照合同约定向旅游者收取全额旅游费用；
4. 旅游团队遇紧急情况时，可以采取安全防范措施和紧急避险措施并要求旅游者配合；
5. 拒绝旅游者提出的超出合同约定的不合理要求；
6. 要求旅游者对在旅游活动中或者在解决纠纷时损害旅行社合法权益的行为承担赔偿责任；
7. 要求旅游者健康、文明旅游，劝阻旅游者违法和违反社会公德的行为。

第六条 旅行社的义务

1. 按照合同和《行程单》约定的内容和标准为旅游者提供服务，不擅自变更旅游行程安排；
2. 向合格的供应商订购产品和服务；
3. 不以不合理的低价组织旅游活动，诱骗旅游者，并通过安排购物或者另行付费旅游项目获取回扣等不正当利益；组织、接待旅游者，不指定具体购物场所，不安排另行付费旅游项目，但是，经双方协商一致或者旅游者要求，且不影响其他旅游者行程安排的除外；
4. 在出团前如实告知具体行程安排和有关具体事项，具体事项包括但不限于所到旅游目的地的重要规定、风俗习惯；旅游活动中的安全注意事项和安全避险措施、旅游者不适合参加旅游活动的情形；旅行社依法可以减免责任的信息；应急联络方式以及法律、法规规定的其他应当告知的事项；
5. 按照合同约定，为旅游团队安排符合《中华人民共和国旅游法》《导游人员管理条例》规定的持证导游人员；
6. 妥善保管旅游者交其代管的证件、行李等物品；
7. 为旅游者发放用固定格式书写、由旅游者填写的安全信息卡（包括旅游者的姓名、血型、应急联络方式等）；

8. 旅游者人身、财产权益受到损害时，应当采取合理必要的保护和救助措施，避免旅游者人身、财产权益损失扩大；

9. 积极协调处理旅游行程中的纠纷，采取适当措施防止损失扩大；

10. 提示旅游者投保人身意外伤害保险；

11. 向旅游者提供发票；

12. 依法对旅游者个人信息保密；

13. 旅游行程中解除合同的，旅行社应当协助旅游者返回出发地或者旅游者指定的合理地点。

第七条 旅游者的权利

1. 要求旅行社按照合同及《行程单》约定履行相关义务；

2. 拒绝未经事先协商一致的转团、拼团行为；

3. 有权自主选择旅游产品和服务，有权拒绝旅行社未与旅游者协商一致或者未经旅游者要求而指定购物场所、安排旅游者参加另行付费旅游项目的行为，有权拒绝旅行社的导游强迫或者变相强迫旅游者购物、参加另行付费旅游项目的行为；

4. 在支付旅游费用时要求旅行社出具发票；

5. 人格尊严、民族风俗习惯和宗教信仰得到尊重；

6. 在人身、财产安全遇有危险时，有权请求救助和保护；人身、财产受到损害的，有权依法获得赔偿；

7. 在合法权益受到损害时向有关部门投诉或者要求旅行社协助索赔；

8. 《中华人民共和国旅游法》《中华人民共和国消费者权益保护法》和有关法律、法规赋予旅游者的其他各项权利。

第八条 旅游者的义务

1. 如实填写《旅游报名表》、游客安全信息卡等各项内容，告知与旅游活动相关的个人健康信息，并对其真实性负责，保证所提供的联系方式准确无误且能及时联系；

2. 按照合同约定支付旅游费用；

3. 遵守法律、法规和有关规定，不在旅游行程中从事违法活动，不参与色情、赌博和涉毒活动；

4. 遵守公共秩序和社会公德，尊重旅游目的地的风俗习惯、文化传统和宗教信仰，爱护旅游资源，保护生态环境，遵守《中国公民国内旅游文明行为公约》等文明行为规范；

5. 对国家应对重大突发事件暂时限制旅游活动的措施以及有关部门、机构或者旅游经营者采取的安全防范和应急处置措施予以配合；

6. 妥善保管自己的行李物品，随身携带现金、有价证券、贵重物品，不在行李中夹带；

7. 在旅游活动中或者在解决纠纷时，应采取措施防止损失扩大，不损害当地居民的合法权益；不干扰他人的旅游活动；不损害旅游经营者和旅游从业人员的合法权益，不采取拒绝上、下机（车、船）、拖延行程或者脱团等不当行为；

8. 自行安排活动期间，应当在自己能够控制风险的范围内选择活动项目，遵守旅游活动中的安全警示规定，并对自己的安全负责。

第四章　合同的变更与转让

第九条　合同的变更

1. 旅行社与旅游者双方协商一致，可以变更本合同约定的内容，但应当以书面形式由双方签字确认。由此增加的旅游费用及给对方造成的损失，由变更提出方承担；由此减少的旅游费用，旅行社应当退还旅游者。

2. 行程开始前遇到不可抗力或者旅行社、履行辅助人已尽合理注意义务仍不能避免的事件的，双方经协商可以取消行程或者延期出行。取消行程的，按照本合同第十四条处理；延期出行的，增加的费用由旅游者承担，减少的费用退还旅游者。

3. 行程中遇到不可抗力或者旅行社、履行辅助人已尽合理注意义务仍不能避免的事件，影响旅游行程的，按以下方式处理：

（1）合同不能完全履行的，旅行社经向旅游者作出说明，旅游者同意变更的，可以在合理范围内变更合同，因此增加的费用由旅游者承担，减少的费用退还旅游者。

（2）危及旅游者人身、财产安全的，旅行社应当采取相应的安全措施，因此支出的费用，由旅行社与旅游者分担。

（3）造成旅游者滞留的，旅行社应采取相应的安置措施。因此增加的食宿费用由旅游者承担，增加的返程费用双方分担。

第十条　合同的转让

旅游行程开始前，旅游者可以将本合同中自身的权利义务转让给第三人，旅行社没有正当理由的不得拒绝，并办理相关转让手续，因此增加的费用由旅游者和第三人承担。

正当理由包括但不限于：对应原报名者办理的相关服务不可转让给第三人的；无法为第三人安排交通等情形的；旅游活动对于旅游者的身份、资格等有特殊要求的。

第十一条　不成团的安排

当旅行社组团未达到约定的成团人数不能成团时，旅游者可以与旅行社就如下安排在本合同第二十三条中作出约定。

1. 转团：旅行社可以在保证所承诺的服务内容和标准不降低的前提下，经事先征得旅游者书面同意，委托其他旅行社履行合同，并就受委托出团的旅行社违反本合同约定的行为先行承担责任，再行追偿。旅游者和受委托出团的旅行社另行签订合同的，本合同的权利义务终止。

2. 延期出团和改变线路出团：旅行社经征得旅游者书面同意，可以延期出团或者改变其他线路出团，因此增加的费用由旅游者承担，减少的费用旅行社予以退还。需要时可以重新签订旅游合同。

第五章　合同的解除

第十二条　旅行社解除合同

1. 未达到约定的成团人数不能成团时，旅行社解除合同的，应当采取书面等有效形式。旅行社在行程开始前7日（按照出发日减去解除合同通知到达日的自然日之差计算，下同）以上（含第7日，下同）提出解除合同的，不承担违约责任，旅行社向旅游者退还已收取的全部旅游费用；旅行社在行程开始前7日以内（不含第7日，下同）提出解除合同的，除向旅游者退还已收取的全部旅游费用外，还应当按本合同第十七条第1款的约定，承担相应的违约责任。

2. 旅游者有下列情形之一的，旅行社可以解除合同：
（1）患有传染病等疾病，可能危害其他旅游者健康和安全的；
（2）携带危害公共安全的物品且不同意交有关部门处理的；
（3）从事违法或者违反社会公德的活动的；
（4）从事严重影响其他旅游者权益的活动，且不听劝阻、不能制止的；
（5）法律、法规规定的其他情形。

旅行社因上述情形解除合同的，应当以书面等形式通知旅游者，按照本合同第十五条相关约定扣除必要的费用后，将余款退还旅游者。

第十三条　旅游者解除合同

1. 未达到约定的成团人数不能成团时，旅游者既不同意转团，也不同意延期出行或者改签其他线路出团的，旅行社应及时发出不能成团的书面通知，旅游者可以解除合同。旅游者在行程开始前7日以上收到旅行社不能成团通知的，旅行社不承担违约责任，向旅游者退还已收取的全部旅游费用；旅游者在行程开始前7日以内收到旅行社不能成团通知的，按照本合同第十七条第1款相关约定处理。

2. 除本条第1款约定外，在旅游行程结束前，旅游者亦可以书面等形式解除合同。旅游者在行程开始前7日以上提出解除合同的，旅行社应当向旅游者退还全部旅游费用；旅游者在行程开始前7日以内和行程中提出解除合同的，旅行社按照本合同第十五条相关约定扣除必要的费用后，将余款退还旅游者。

3. 旅游者未按约定时间到达约定集合出发地点，也未能在出发中途加入旅游团队的，视为旅游者解除合同，按照本合同第十五条相关约定处理。

第十四条　因不可抗力或者已尽合理注意义务仍不能避免的事件解除合同

因不可抗力或者旅行社、履行辅助人已尽合理注意义务仍不能避免的事件，影响旅游行程，合同不能继续履行的，旅行社和旅游者均可以解除合同；合同不能完全履行，旅游者不同意变更的，可以解除合同。合同解除的，旅行社应当在扣除已向地接社或者履行辅助人支付且不可退还的费用后，将余款退还旅游者。

第十五条　必要的费用扣除

1. 旅游者在行程开始前 7 日以内提出解除合同或者按照本合同第十二条第 2 款约定由旅行社在行程开始前解除合同的，按下列标准扣除必要的费用：

（1）行程开始前 6 日至 4 日，按旅游费用总额的 20%；

（2）行程开始前 3 日至 1 日，按旅游费用总额的 40%；

（3）行程开始当日，按旅游费用总额的 60%。

2. 在行程中解除合同的，必要的费用扣除标准为：

旅游费用×行程开始当日扣除比例+（旅游费用−旅游费用×行程开始当日扣除比例）÷旅游天数×已经出游的天数。

如按上述第 1 项或者第 2 项约定比例扣除必要费用低于实际发生的费用，旅游者按照实际发生的费用支付，但最高额不应当超过旅游费用总额。

解除合同的，旅行社扣除必要的费用后，应当在解除合同通知到达日起 5 个工作日内为旅游者办结退款手续。

第十六条　旅行社协助旅游者返程及费用承担

旅游行程中解除合同的，旅行社应协助旅游者返回出发地或者旅游者指定的合理地点。因旅行社或者履行辅助人的原因导致合同解除的，返程费用由旅行社承担；行程中按照本合同第十二条第 2 款、第十三条第 2 款约定解除合同的，返程费用由旅游者承担；按照本合同第十四条约定解除合同的，返程费用由双方分担。

第六章　违约责任

第十七条　旅行社的违约责任

1. 旅行社在行程开始前 7 日以内提出解除合同的，或者旅游者在行程开始前 7 日以内收到旅行社不能成团通知，不同意转团、延期出行和改签线路解除合同的，旅行社向旅游者退还已收取的全部旅游费用，并按下列标准向旅游者支付违约金：

（1）行程开始前 6 日至 4 日，支付旅游费用总额 10% 的违约金；

（2）行程开始前 3 日至 1 日，支付旅游费用总额 15% 的违约金；

（3）行程开始当日，支付旅游费用总额 20% 的违约金。

如按上述比例支付的违约金不足以赔偿旅游者的实际损失，旅行社应当按实际损失对旅游者予以赔偿。

旅行社应当在取消出团通知或者旅游者不同意不成团安排的解除合同通知到达日起 5 个工作日内，为旅游者办结退还全部旅游费用的手续并支付上述违约金。

2. 旅行社未按合同约定提供服务，或者未经旅游者同意调整旅游行程（本合同第九条第 3 款规定的情形除外），造成项目减少、旅游时间缩短或者标准降低的，应当依法承担继续履行、采取补救措施或者赔偿损失等违约责任。

3. 旅行社具备履行条件，经旅游者要求仍拒绝履行本合同义务的，旅行社向旅游者支付旅游费用总额30%的违约金，旅游者采取订同等级别的住宿、用餐、交通等补救措施的，费用由旅行社承担；造成旅游者人身损害、滞留等严重后果的，旅游者还可以要求旅行社支付旅游费用一倍以上三倍以下的赔偿金。

4. 未经旅游者同意，旅行社转团、拼团的，旅行社应向旅游者支付旅游费用总额25%的违约金；旅游者解除合同的，旅行社还应向未随团出行的旅游者退还全部旅游费用，向已随团出行的旅游者退还尚未发生的旅游费用。如违约金不足以赔偿旅游者的实际损失，旅行社应当按实际损失对旅游者予以赔偿。

5. 旅行社有以下情形之一的，旅游者有权在旅游行程结束后30日内，要求旅行社为其办理退货并先行垫付退货货款，或者退还另行付费旅游项目的费用：

（1）旅行社以不合理的低价组织旅游活动，诱骗旅游者，并通过安排购物或者另行付费旅游项目获取回扣等不正当利益的；

（2）未经双方协商一致或者未经旅游者要求，旅行社指定具体购物场所或者安排另行付费旅游项目的。

6. 与旅游者出现纠纷时，旅行社应当采取积极措施防止损失扩大，否则应当就扩大的损失承担责任。

第十八条 旅游者的违约责任

1. 旅游者因不听从旅行社及其导游的劝告、提示而影响团队行程，给旅行社造成损失的，应当承担相应的赔偿责任。

2. 旅游者超出本合同约定的内容进行个人活动所造成的损失，由其自行承担。

3. 由于旅游者的过错，使旅行社、履行辅助人、旅游从业人员或者其他旅游者遭受损害的，旅游者应当赔偿损失。

4. 旅游者在旅游活动中或者在解决纠纷时，应采取措施防止损失扩大，否则应当就扩大的损失承担相应的责任。

5. 旅游者违反安全警示规定，或者对国家应对重大突发事件暂时限制旅游活动的措施、安全防范和应急处置措施不予配合，造成旅行社损失的，应当依法承担相应责任。

第十九条 其他责任

1. 由于旅游者自身原因导致本合同不能履行或者不能按照约定履行，或者造成旅游者人身损害、财产损失的，旅行社不承担责任。

2. 旅游者在自行安排活动期间人身、财产权益受到损害的，旅行社在事前已尽到必要警示说明义务且事后已尽到必要救助义务的，旅行社不承担赔偿责任。

3. 由于第三方侵害等不可归责于旅行社的原因导致旅游者人身、财产权益受到损害的，旅行社不承担赔偿责任。但因旅行社不履行协助义务致使旅游者人身、财产权益损失扩大的，旅行社应当就扩大的损失承担赔偿责任。

4. 由于公共交通经营者的原因造成旅游者人身损害、财产损失依法应承担责任的，旅行社应当协助旅游者向公共交通经营者索赔。

第七章　协议条款

第二十条　线路行程时间

出发时间：_____年___月___日___时，结束时间：_____年___月___日___时；共___天，饭店住宿___夜。

第二十一条　旅游费用及支付（以人民币为计算单位）

成人：___元／人，儿童（不满 14 岁）：___元／人；其中，导游服务费：___元／人；

旅游费用合计：_____元。

旅游费用支付方式：_____。

旅游费用支付时间：_____。

第二十二条　人身意外伤害保险

1. 旅行社提示旅游者购买人身意外伤害保险；

2. 旅游者可以做以下选择：

□委托旅行社购买（旅行社不具有保险兼业代理资格的，不得勾选此项）：保险产品名称_____（投保的相关信息以实际保单为准）；

□自行购买；

□放弃购买。

第二十三条　成团人数与不成团的约定

成团的最低人数：_____人。

如不能成团，旅游者是否同意按下列方式解决：

1. _____（同意或者不同意，打钩无效）旅行社委托_____旅行社履行合同；

2. _____（同意或者不同意，打钩无效）延期出团；

3. _____（同意或者不同意，打钩无效）改变其他线路出团；

4. _____（同意或者不同意，打钩无效）解除合同。

第二十四条　拼团约定

旅游者_____（同意或者不同意，打钩无效）采用拼团方式拼至_____旅行社成团。

第二十五条　自愿购物和参加另行付费旅游项目约定

1. 旅游者可以自主决定是否参加旅行社安排的购物活动、另行付费旅游项目；

2. 旅行社可以在不以不合理的低价组织旅游活动、不诱骗旅游者、不获取回扣等不正当利益，且不影响其他旅游者行程安排的前提下，按照平等自愿、诚实信用的原则，与旅游者协商一致达成购物活动、另行付费旅游项目协议；

3. 购物活动、另行付费旅游项目安排应不与《行程单》冲突；

4. 地接社及其从业人员在行程中安排购物活动、另行付费旅游项目的，责任由订立本合同的旅行社承担；

5. 购物活动、另行付费旅游项目具体约定见《自愿购物活动补充协议》（附件3）、《自愿参加另行付费旅游项目补充协议》（附件4）。

第二十六条　争议的解决方式

本合同履行过程中发生争议，由双方协商解决；亦可向合同签订地的旅游质监执法机构、消费者协会、有关的调解组织等有关部门或者机构申请调解。协商或者调解不成的，按下列第_____种方式解决：

1. 提交_____仲裁委员会仲裁；

2. 依法向人民法院起诉。

第二十七条　其他约定事项

未尽事宜，经旅游者和旅行社双方协商一致，可以列入补充条款（如合同空间不够，可以另附纸张，由双方签字或者盖章确认）。

_____

_____。

第二十八条　合同效力

本合同一式____份，双方各持____份，具有同等法律效力，自双方当事人签字或者盖章之日起生效。

旅游者代表签字（盖章）：_____　　旅行社盖章：_____

证件号码：_____　　签约代表签字（盖章）：_____

住　　址：_____　　营业地址：_____

联系电话：_____　　联系电话：_____

传　　真：_____　　传　　真：_____

邮　　编：_____　　邮　　编：_____

电子信箱：_____　　电子信箱：_____

签约日期：____年____月____日　　签约日期：____年____月____日

　　　　　　　　　　　　　　　　　签约地点：_____

旅行社监督、投诉电话：_____

____省____市旅游质监执法机构：

投诉电话：_____

电子邮箱：_____

地　　址：_____

邮　　编：_____

附件1：

旅游报名表

旅游线路及编号：_____旅游者出团时间意向：_____

姓　名		性别		民族		出生日期	
身份证件号码			联系电话				
身体状况		（需注明是否有身体残疾、精神疾病、高血压、心脏病等健康受损病症、病史，是否为妊娠期妇女。）					
旅游者全部同行人名单及分房要求（所列同行人均视为旅游者要求必须同时安排出团）： _____与_____同住，_____与_____同住，_____与_____同住，_____与_____同住，_____与_____同住，_____与_____同住，_____为单男/单女需要安排与他人同住，_____不占床位，_____全程要求入住单间（应当补交房费差额）。								
其他补充约定： 旅游者确认签名（盖章）：　　　　　　年　　月　　日								
备注	（年龄低于18周岁，需要提交家长书面同意出行书）								
以下各栏由旅行社工作人员填写								
服务网点名称				旅行社经办人				

附件 2：

带团号的《旅游行程单》

旅游者：（代表人签字）　　　　　旅行社：（盖章）
　　　　　　　　　　　　　　　　经办人：（签字）
　　　　　　　　　　　　　　　　　年　　月　　日

附件 3：

自愿购物活动补充协议

具体时间	地点	购物场所名称	主要商品信息	最长停留时间（分钟）	其他说明	旅游者签名同意
年　月　日　时						签名：
年　月　日　时						签名：
年　月　日　时						签名：

旅行社经办人签名：_____

附件 4：

自愿参加另行付费旅游项目补充协议

具体时间	地点	项目名称和内容	费用（元）	项目时长（分钟）	其他说明	旅游者签名同意
年　月　日　时						签名：
年　月　日　时						签名：
年　月　日　时						签名：

旅行社经办人签名：_____

附件5：

《游客安全信息卡》参考式样

（正面 90mm×110mm）

外出旅游，随身携带

游客安全信息卡
Tourist Information Card

（请游客自行填写并根据身体实际选择打钩；本卡篇幅有限，游客可另纸说明，并随身携带）

国家旅游局制
CNTA

姓和名 Family name and Given name：

护照号码 Passport number：☐☐☐☐☐☐☐☐☐☐

身份证号码 ID card number：☐☐☐☐☐☐☐☐☐☐☐☐☐☐☐☐☐☐

国籍 Nationality：

急救情况下联系人姓名、手机号码、备用电话号码
Emergency contact：

（背面 90mm×110mm）

血型 Blood type：A☐ B☐ O☐ AB☐ 其他

过敏史 Allergy history：
抗生素类药物 antibiotic☐ 磺胺类药物 Sulfur☐
破伤风抗毒素 tetanus antitoxin☐
麻醉用药 stupefacient☐ 镇静安眠药 phenobarbital☐
其他

既往疾病 Formerly medical history：
恶性肿瘤 tumor☐ 糖尿病 diabetes☐
心血管病 cardiovascular disease☐
高血压 high blood pressure☐
癫痫 epilepsy☐ 精神疾病 psychopathy☐
其他

可以使用的商业保险 Commercial insurance company name：

特别说明：

持卡人签字：

←折叠线→

（三）团队出境旅游合同①

（四）大陆居民赴台湾地区旅游合同②

（五）境内旅游组团社与地接社合同③

（六）国内旅游"一日游"合同④

合同编号：_____

旅游者 （　）人	姓名		身份证件号码		旅行社	名称		许可证编号		导游员	姓名		导游证号		手机	
行程安排	成行团号		出发时间			出发地点				返回地点						
	线路及景点								景点是否含购物			含购物景点名称				
	交通安排	使用形式			车牌号码		驾驶员姓名		标准							
		合车游（　）包车游（　）							空调（　）；无空调（　）；面包车（　）；中巴（　）；大巴（　）							
	餐饮安排		早餐			午餐				晚餐						
		地点														
		标准			＿＿荤＿＿素＿＿汤 （＿＿人/桌）					＿＿荤＿＿素＿＿汤 （＿＿人/桌）						
旅游费用	成人＿＿人×＿＿元/人+儿童＿＿人×＿＿元/人＝＿＿元。 含：景点第一道门票、＿＿午（晚）餐费、往返车费、导游服务费＿＿；不含：＿＿。															
	支付时间															
	支付方式	现金（　）转账（　）银行账号_____														

---

① 此合同内容详见本书所附电子文件。国家旅游局、国家工商行政管理总局制定，GF-2014-2402。

② 此合同内容详见本书所附电子文件。国家旅游局、国家工商行政管理总局制定，GF-2014-2403。

③ 此合同内容详见本书所附电子文件。国家旅游局、国家工商行政管理总局制定，GF-2014-2411。

④ 国家旅游局、国家工商行政管理总局制定，GF-2013-2405。

续表

特别提示	1. 行程线路须注明道路名称、途经地等信息；2. 行程景点须注明游览项目的具体内容及最短停留时间；3. 旅行社不得指定购物场所或另行付费项目，如果景点本身包含购物，需向旅游者明示；4. 旅行社及导游员、驾驶员不得强迫或者变相强迫购物；5. 旅游者可自愿购买人身意外保险；6. 本合同一式两份，双方各执一份，自双方签字盖章之日起生效。	
争议解决方式	1. 协商。旅行社客服电话_____；2. 投诉。_____省_____市旅游质监执法机构投诉电话_____，消费者协会投诉电话_____。协商或投诉调解不成的，按下列第____种方式解决：1. 将争议提交_____仲裁委员会仲裁；2. 依法向人民法院提起民事诉讼。	
其他约定		
合同附件（作为合同的有效组成部分需双方签字或盖章确认）	1. 旅游者名单表；2. 旅游行程单。	
是否已阅读并同意下述（合同责任）条款：	是否已阅读并同意下述（合同责任）条款：	
旅游者（签约代表）签字： 身份证号码：	旅行社签章：	
住所： 电话： 传真：	经办人： 身份证号码：	
电子邮箱：	营业地址： 传真：	电话： 电子邮箱：
签约日期：　　年　月　日 签约地点：	签约日期：　　年　月　日 签约地点：	

合　同　责　任

第一条　旅行社

1. 除法律另有规定外，旅行社对可能危及旅游者人身、财产安全的旅游项目未履行告知、警示义务，并采取防止危害发生的必要措施，造成旅游者人身损害、财产损失的，应承担相应的赔偿责任。发生危及旅游者人身安全的情形，旅行社未采取必要处置措施的，应承担相应的赔偿责任。

2. 旅行社距约定出发时间12小时（含12小时）以上解除合同的，应向旅游者全额退还预付旅游费用；旅行社距约定出发时间12小时之内解除合同的，还应向旅游者支付旅游费用总额20%的违约金。

3. 旅行社未按合同约定安排具有合法有效资质的旅游车辆、驾驶员或导游员的，应向旅游者全额退还已付旅游费用。如果因此给旅游者造成其他人身、财产损害的，旅行社还应承担相应的赔偿责任。

4. 旅行社在行程中弃置旅游者的，应向旅游者全额退还已付旅游费用，并承担弃置期间给旅游者造成的必要的住宿费、餐饮费、返回交通费等实际损失。如果因此给旅游者造成其他人身、财产损害的，旅行社还应承担相应的赔偿责任。

5. 旅行社违反合同包车游约定安排合车游的，应向旅游者支付旅游费用总额20%的违约金。出发前旅游者要求解除合同的，旅行社还应向旅游者全额退还已付旅游费用。

6. 旅行社及导游员、驾驶员安排旅游者在其指定的购物场所购物或以参观等形式变相安排购物（合同中明示景点含购物场所的除外）的、强迫或者变相强迫旅游者购物的，每安排或强迫一次，旅行社应向旅游者支付旅游费用总额20%的违约金。旅游者要求退货的，旅行社应自旅游者向其交付货物之日起三日内承担退货责任。

7. 旅行社及导游员、驾驶员安排另行付费项目的，旅行社应向旅游者全额退还另行付费项目价款。

8. 旅行社及导游员、驾驶员擅自缩短游览时间、遗漏旅游景点、减少旅游服务项目的，应退还旅游者相应旅游费用（约定旅游服务项目未完成时间÷总游览时间×旅游费用总额），并支付旅游费用总额20%的违约金。

9. 旅行社出现其他《旅行社服务质量赔偿标准》规定的需承担赔偿责任的情形，依照《旅行社服务质量赔偿标准》承担赔偿责任。

第二条 旅游者

1. 旅游者不按约定支付旅游费用的，旅行社有权解除合同，旅游者应向旅行社支付业务损失费（最高不超过旅游费用总额）。

2. 旅游者在距约定出发时间12小时（含12小时）以上解除合同的，旅游者应向旅行社支付实际发生的费用；旅游者在距约定出发时间12小时以内解除合同的，还应向旅行社支付旅游费用总额20%的违约金（实际发生的费用与违约金总计最高不超过旅游费用总额）。旅游者未按约定时间到达约定集合出发地点，也未能在出发中途加入旅游团队的，视为旅游者在距约定出发时间12小时以内解除合同。

3. 旅游者在行程中解除合同或者擅自脱离旅游团队的，旅游者应向旅行社支付实际发生的费用。因此造成旅行社其他经济损失的，旅游者还应承担相应的赔偿责任。

4. 旅游者违反合同约定妨碍旅游行程，给旅行社造成经济损失的，应承担相应的赔偿责任。

5. 旅游者采取拖延行程等不正当方式解决争议，妨碍旅游行程、造成损失扩大的，应就扩大的损失承担相应的赔偿责任。

6. 旅游者其他过错行为给旅行社造成经济损失的，应承担相应的赔偿责任。

第三条　不可抗力

发生不可抗力等不可归责于合同任何一方的事由，按下述情况处理：

1. 导致合同无法履行或继续履行的，旅行社和旅游者均有权解除合同。未实际发生费用的，旅行社应向旅游者全额退还已付旅游费用；已实际发生费用的，由旅行社与旅游者协商合理分担，剩余费用退还旅游者。

2. 危及旅游者人身、财产安全的，旅行社应当采取相应的安全措施。因此支出的费用，由旅行社和旅游者协商合理分担。

3. 造成旅游者滞留的，旅行社应当采取相应安置措施。因此增加的食宿费用，由旅游者承担；增加的返回出发地的费用，由旅行社和旅游者协商合理分担。

使 用 说 明

1. 本合同为示范文本，供在中华人民共和国境内的旅行社与旅游者签订国内旅游"一日游"合同时使用。

2. 合同双方可根据具体情况，在协商一致的基础上以书面形式对解除合同的方式、退还旅游费用及支付违约金的期限等本合同示范文本有关条款的内容进行补充、细化，补充、细化的内容不得减轻或者免除应当由旅行社承担的责任。

3. 本合同示范文本由国家旅游局和国家工商行政管理总局共同制定、解释。

第二十四章　综合服务合同

服务合同，是以服务为标的的合同，属于无名合同的一种。它具有如下特征：

1. 服务合同是有偿、双务的合同，当事人一方提供一定的服务，接受服务的一方支付约定的报酬。

2. 服务合同与劳动合同、雇佣合同的区别是，当事人之间没有稳定的劳动关系或者雇佣关系，服务关系具有随机性和任意性。

一、《消费者权益保护法》相关法条

第九条　消费者享有自主选择商品或者服务的权利。

消费者有权自主选择提供商品或者服务的经营者，自主选择商品品种或者服务方式，自主决定购买或者不购买任何一种商品、接受或者不接受任何一项服务。

消费者在自主选择商品或者服务时，有权进行比较、鉴别和挑选。

第十八条　经营者应当保证其提供的商品或者服务符合保障人身、财产安全的要求。对可能危及人身、财产安全的商品和服务，应当向消费者作出真实的说明和明确的警示，并说明和标明正确使用商品或者接受服务的方法以及防止危害发生的方法。

宾馆、商场、餐馆、银行、机场、车站、港口、影剧院等经营场所的经营者，应当对消费者尽到安全保障义务。

第十九条　经营者发现其提供的商品或者服务存在缺陷，有危及人身、财产安全危险的，应当立即向有关行政部门报告和告知消费者，并采取停止销售、警示、召回、无害化处理、销毁、停止生产或者服务等措施。采取召回措施的，经营者应当承担消费者因商品被召回支出的必要费用。

第二十条　经营者向消费者提供有关商品或者服务的质量、性能、用途、有效期限等信息，应当真实、全面，不得作虚假或者引人误解的宣传。

经营者对消费者就其提供的商品或者服务的质量和使用方法等问题提出的询问，应当作出真实、明确的答复。

经营者提供商品或者服务应当明码标价。

第二十二条　经营者提供商品或者服务，应当按照国家有关规定或者商业惯例向消费者出具发票等购货凭证或者服务单据；消费者索要发票等购货凭证或者服务单据的，经营者必须出具。

第二十三条　经营者应当保证在正常使用商品或者接受服务的情况下其提供的商

品或者服务应当具有的质量、性能、用途和有效期限；但消费者在购买该商品或者接受该服务前已经知道其存在瑕疵，且存在该瑕疵不违反法律强制性规定的除外。

经营者以广告、产品说明、实物样品或者其他方式表明商品或者服务的质量状况的，应当保证其提供的商品或者服务的实际质量与表明的质量状况相符。

经营者提供的机动车、计算机、电视机、电冰箱、空调器、洗衣机等耐用商品或者装饰装修等服务，消费者自接受商品或者服务之日起六个月内发现瑕疵，发生争议的，由经营者承担有关瑕疵的举证责任。

第二十四条 经营者提供的商品或者服务不符合质量要求的，消费者可以依照国家规定、当事人约定退货，或者要求经营者履行更换、修理等义务。没有国家规定和当事人约定的，消费者可以自收到商品之日起七日内退货；七日后符合法定解除合同条件的，消费者可以及时退货，不符合法定解除合同条件的，可以要求经营者履行更换、修理等义务。

依照前款规定进行退货、更换、修理的，经营者应当承担运输等必要费用。

第二十五条 经营者采用网络、电视、电话、邮购等方式销售商品，消费者有权自收到商品之日起七日内退货，且无需说明理由，但下列商品除外：

（一）消费者定作的；

（二）鲜活易腐的；

（三）在线下载或者消费者拆封的音像制品、计算机软件等数字化商品；

（四）交付的报纸、期刊。

除前款所列商品外，其他根据商品性质并经消费者在购买时确认不宜退货的商品，不适用无理由退货。

消费者退货的商品应当完好。经营者应当自收到退回商品之日起七日内返还消费者支付的商品价款。退回商品的运费由消费者承担；经营者和消费者另有约定的，按照约定。

第二十六条 经营者在经营活动中使用格式条款的，应当以显著方式提请消费者注意商品或者服务的数量和质量、价款或者费用、履行期限和方式、安全注意事项和风险警示、售后服务、民事责任等与消费者有重大利害关系的内容，并按照消费者的要求予以说明。

经营者不得以格式条款、通知、声明、店堂告示等方式，作出排除或者限制消费者权利、减轻或者免除经营者责任、加重消费者责任等对消费者不公平、不合理的规定，不得利用格式条款并借助技术手段强制交易。

格式条款、通知、声明、店堂告示等含有前款所列内容的，其内容无效。

第二十七条 经营者不得对消费者进行侮辱、诽谤，不得搜查消费者的身体及其携带的物品，不得侵犯消费者的人身自由。

第二十八条 采用网络、电视、电话、邮购等方式提供商品或者服务的经营者，以及提供证券、保险、银行等金融服务的经营者，应当向消费者提供经营地址、联系方式、商品或者服务的数量和质量、价款或者费用、履行期限和方式、安全注意事项和风险警示、售后服务、民事责任等信息。

第二十九条　经营者收集、使用消费者个人信息，应当遵循合法、正当、必要的原则，明示收集、使用信息的目的、方式和范围，并经消费者同意。经营者收集、使用消费者个人信息，应当公开其收集、使用规则，不得违反法律、法规的规定和双方的约定收集、使用信息。

经营者及其工作人员对收集的消费者个人信息必须严格保密，不得泄露、出售或者非法向他人提供。经营者应当采取技术措施和其他必要措施，确保信息安全，防止消费者个人信息泄露、丢失。在发生或者可能发生信息泄露、丢失的情况时，应当立即采取补救措施。

经营者未经消费者同意或者请求，或者消费者明确表示拒绝的，不得向其发送商业性信息。

第四十条　消费者在购买、使用商品时，其合法权益受到损害的，可以向销售者要求赔偿。销售者赔偿后，属于生产者的责任或者属于向销售者提供商品的其他销售者的责任的，销售者有权向生产者或者其他销售者追偿。

消费者或者其他受害人因商品缺陷造成人身、财产损害的，可以向销售者要求赔偿，也可以向生产者要求赔偿。属于生产者责任的，销售者赔偿后，有权向生产者追偿。属于销售者责任的，生产者赔偿后，有权向销售者追偿。

消费者在接受服务时，其合法权益受到损害的，可以向服务者要求赔偿。

二、典型案例

案例1：新婚录像缺少重要内容，应否赔偿精神损失？

[案情回放]

2019年4月，胡某、祁某到某摄影城商定结婚录像事项。双方商定由摄影城于5月1日为胡某和祁某的结婚仪式录像，费用1000元，胡某当时交纳押金200元。随后，胡某派人到摄影城交纳了全部费用。5月3日，胡某将从摄影城取回的光碟播放时，发现缺少"拜高堂、夫妻对拜、喝交杯酒"等结婚仪式的重要内容，这给新婚夫妇造成了终生遗憾及精神上的痛苦。胡某要求某摄影城退回录像费，并赔偿精神损失费，但某摄影城只同意退回录像费，不同意赔偿其精神损失费。双方为此发生纠纷。胡某遂起诉至人民法院，请求法院判令某摄影城向其赔礼道歉，退回录像费，并赔偿精神损失费。

[专家点评]

胡某与某摄影城之间口头约定的录像协议，属于期待精神利益合同的一种。期待精神利益合同,是指合同一方基于获取精神方面享受的目的而与他方订立的合同,如看演出合同、照相合同、录像合同等。在本案中,某摄影城有偿为胡某、祁某提供的婚礼录像服务存在瑕疵。根据我国民间结婚的风俗习惯,"拜高堂、夫妻对拜、喝交杯酒"是婚礼中非常重要的内容,而某摄影城的录像行为使胡某准备永久保存的婚礼录像资料不能完整,胡某期待的精神利益不能完全实现,给胡某造成了终生遗憾。依据《消费者权益保护法》的规定,服务的内容和费用违反约定的,应当依照《产品质量法》和其他有关法律、法规的规定,承担民事责任。这种损失理应得到某摄影城的赔偿。

案例 2：旅客就餐时摔伤，餐厅应否承担赔偿责任？

[案情回放]

王某到某饭店就餐。该饭店餐厅地面铺有抛光砖。王某在就餐过程中前倾夹菜时,因抛光砖较光滑,且地面有油渍,所坐椅子的前脚突然向后滑动,王某两脚随之翘起,人椅向后滑动两尺多远,王某摔倒在地。医院诊断为:第五骶椎骨折,软组织挫伤,建议全休,且休息期间需人护理。后经法医鉴定为轻伤。于是王某起诉要求某饭店赔偿。

[专家点评]

《消费者权益保护法》第 11 条规定:"消费者因购买、使用商品或者接受服务受到人身、财产损害,享有依法获得赔偿的权利。"顾客进入餐厅就餐,在其取得有偿服务时,有权要求餐厅提供的设施、用品符合安全要求,只要顾客无损伤自身故意、无他人侵害以及无本人突发疾病等情况发生,应确定为是餐厅提供的服务设施用品未完全达到安全要求,因此,顾客身体受到损害,餐厅就应该承担赔偿责任。同时,王某在他人均未出现摔跌的情况下摔倒,应认为自身也有不当原因存在。因此,王某也应承担一定的责任。

案例 3：旅客不满意住宿条件要求退房，宾馆是否有权收取半价房费？

[案情回放]

2019 年 8 月 28 日,李某等一行 4 人下榻于某宾馆,住进了带中央空调的 506 号、507 号房间,计标准房价 360 元。住进去后 15 分钟左右,李某等 4 人没有感觉到空调效果,反而越来越热。于是,李某等 4 人以没有空调为由要求退房。该宾馆以开门收半价为由,收取了李某等 4 人的住宿费 180 元。对此李某于当日下午 5 时向消费者协会投诉。

消费者协会受理投诉后,立即派人去该宾馆调查,并与双方人员一同到 506 号、507 号房间进行查看,发现有空调。另一房间一外地顾客也证实从下午 1 点到 5 点多钟一直有冷气。李某则称:"现在开空调是事实,但空调至少有质量问题,当时 15 分钟内确实没有空调也是事实。"于是李某等一行 4 人诉至法院。

[专家点评]

李某等人退房的理由是没有空调，或空调有质量问题。但经消费者协会与双方共同现场查看，证实是有空调，且空调没有质量问题，李某等人提出的当时15分钟内没有空调的其他可能性也无法拿出证据。因此经营者对消费者不构成欺诈行为。同时，消费者协会针对李某等人提出的宾馆开门就收半价有没有依据这一问题进行调查，经过询问物价部门，证实宾馆开门就收半价，既没有依据，也没有惯例。根据《消费者权益保护法》第9条的规定，消费者享有自主选择商品或者服务的权利。李某等人有权向本案宾馆请求退还收取的半价房费。

三、服务合同陷阱防范

（见具体合同所附"特别提醒"）

四、服务合同范本

（一）瘦身美容服务合同

甲方：_____（消费者姓名）

出生日期：_____年____月____日

会员编号：_____

住址：_____

职业：_____

未成年人法定代理人：_____

法定代理人住址：_____

法定代理人联系电话：_____

入会费：人民币_____（大写）（非会员免填）

乙方：_____（提供美容服务机构名称）

地址：_____

电话：_____

负责人：_____

职员：_____

甲乙双方同意就瘦身美容合同事项依下列约定办理：

第一条　瘦身美容的定义

本合同所谓瘦身美容，是指借手艺、机器、用具、用材、化妆品、食品等方式，为保持、改善身体、感观健美，所实施的综合指导措施的非医疗行为。

瘦身美容项目包括：

（一）体型、重量的控制、调整；

（二）肌肤保养；

（三）身体油压；

（四）脸部美容、化妆；

（五）脱毛；

（六）美容咨询及其相关商品的出卖。

第二条　权利义务的依据

甲乙双方关于本瘦身美容的权利义务，依本合同的约定；本合同未约定的，依有关法律、法规规定。

本合同的附件、乙方的广告及本合同当事人间的口头约定，均为本合同内容的一部分。

甲乙双方的其他特别协议事项，其效力优于本合同条款。

第三条　未成年人的订约

甲方应具备完全行为能力。

甲方为限制行为能力人的，须得其法定代理人的允许或承认，本合同始为有效。

甲方为无行为能力人的，应由其法定代理人代为及代受意思表示。

第四条　会员权利义务的说明

甲方如有需要，可申请成为乙方的会员，其权利义务依会员规约的规定（见附件）。

乙方应就会员种类及会员资格的权利义务，在订约时向甲方作明确说明。如会员卡不慎遗失、毁损或被窃时，乙方于甲方填写申请书后，应无偿制作补发新卡。

第五条　课程及附属商品的说明

乙方应将甲方接受瘦身美容实施的条件以及甲方所选择的瘦身美容的项目、对价、次数、期间、课程数、效果分析、副作用及危险性等，以及为实施瘦身美容所必须购买的相关商品的内容、性质、效用及其价格，于订约时向甲方作充分明确说明，并提供相关的画面。

乙方应将为甲方所提供的服务内容留作记录，并予甲方签名确认，且于记录后至少保留两年，以供查对。甲方可随时请求乙方提供前述的记录影本。

第六条　业者的询问及处置义务

乙方于实施瘦身美容项目前，应询问、确认甲方有无因患疾现正治疗中，是否属过敏性体质、现有无服用何种药物、肌肤有无敏感性及其他不利于接受瘦身美容的事项。甲方对于乙方的询问应诚实告知。

甲方于接受瘦身美容期间，任何一方发现甲方身体状况有异样或实施的部位有异常现象时，应立即告知他方。乙方应立即中止实施，并有义务采取甲方接受医师诊疗等适当的处理措施。但甲方发生异常或异样情形的原因，如非乙方的实施行为所致，甲方应负担乙方所采取处理措施的相关费用。

关于诊治医师的选定，应尊重甲方的意见。在甲方受诊疗期间中，就该瘦身美容合同的期间应予延长。

第七条 收费标准

本合同的瘦身美容课程费用共计人民币_____元；因参加课程所需的用品的费用共计人民币_____元，其细目见附件。

第八条 付款方式

甲方可全额或依课程进度分期给付对价。

第九条 卡券的使用

乙方如以卡、券或其他类似方式作为提供服务的凭证，应向甲方说明卡、券的使用方式、服务内容、使用时段、使用地点、使用次数及有效期间等项目，并应将该等项目载明于卡、券上。

上述所谓有效期间是指瘦身美容服务预定开始日起_____年（月）内。但以后甲乙双方另有约定期限的，不在此限。

终止合同或解除合同时，乙方应收回卡、券。关于退费及赔偿的标准，该卡、券除依订约时的原价折算外，还应依本合同第十条至第十三条、第十七条及第十八条等规定办理。

第十条 实施前，消费者任意解除合同的退费标准

甲方于瘦身美容课程实施前解除本合同的，乙方应依下列计算标准，于一个月内将已收取的费用退还于甲方。该退还金额等于价金总额扣除解约手续费。

前款解约手续费是指本合同价金总额的百分之_____（但其最高金额不得超过本合同价金总额的10%）。

第十一条 实施后，消费者任意终止合同的退费标准

甲方于瘦身美容课程实施后终止本合同的，乙方应依下列计算标准，于一个月内将已收取的费用退还于甲方。该退还金额等于价金总额扣除已接受服务的费用，并扣除已拆封附属商品金额，及再扣除终止合同手续费。

前款终止合同手续费，是指价金总额扣除已接受服务的费用，及已拆封附属商品的剩余金额的百分之_____（但其最高金额不得超过上述剩余金额的20%）。

已接受服务及已拆封附属商品的价格，皆以订约时的原价为准。

第十二条 实施前，业者任意解除合同的赔偿标准

乙方于瘦身美容课程实施前解除本合同的，应于一个月内退还甲方已缴费用，并赔偿甲方的损失。

前款甲方的损失，是指本合同金总额的百分之_____（其百分比应与第十条规定的百分比一致）。但甲方能证明其所受损害超过上述金额的，不在此限。

第十三条 业者可解除或终止合同事由

乙方有下列事由之一时，可于瘦身美容课程实施前解除或实施后终止本合同的全部或部分：

（一）因天灾、战乱、罢工、政府法令等不可抗力或不可归责于乙方的事由，致不能履行的。

（二）甲方的性别、年龄不符合乙方实施瘦身美容的条件，且为乙方于订约时非因过失所不知的。

（三）甲方因疾病或健康情形不佳，致难以完成本合同的课程的。

上述情形，乙方应依本合同第十条或第十一条规定退还费用于甲方。但前款第一项情形，乙方不得扣除手续费。

第十四条　终止合同后业者的附随保护义务

甲方于实施瘦身美容课程后终止本合同书，乙方就甲方的生命、身体或健康等事项，于相当期间内仍有义务为必要的告知或协助。

第十五条　解除合同或终止合同的方式

甲乙双方可以书面或口头方式向他方为解除合同或终止合同的意思表示。

以书面形式解除合同或终止合同时，其样式参照附件。

第十六条　担保条款

乙方向甲方为效果担保，而未达到其约定效果的，乙方应赔偿甲方人民币_____元。

第十七条　消费者的变更

甲方经乙方同意后，可将其依本合同所应承受负担的权利义务移转于第三人。

前款规定的第三人，自乙方同意时起，承受负担甲方依本合同的一切权利义务。

第十八条　业者的变更

乙方经甲方同意后，可将依本合同所生的权利义务让与其他瘦身美容业者。

前款情形，甲方于不同意时可解除或终止合同，乙方于退费时不得扣除手续费。甲方如另有损害，可请求赔偿。

第十九条　合同代为履行

乙方未经甲方同意，将本合同的全部或部分委托其他瘦身美容业者代为履行时，甲方可解除或终止合同。

乙方经甲方同意后，就本合同的履行，该受托瘦身美容业者视为乙方的代理人或使用人。

第一款规定的情形，甲方于不同意时可解除或终止合同，乙方于退费时不得扣除手续费。甲方如另有损害，可请求赔偿。

第二十条　业者的保密义务

乙方因甲方参加本合同的瘦身美容课程，而知悉或持有甲方所参加的课程事项、课程记录及其他相关个人资料，应予保密，并不得为不当使用。

乙方违反前款规定致甲方受有损害的，应负赔偿责任。

第二十一条　从业人员的资格

依本合同提供服务的美容师、营养师或其他从业人员，须具备合法的专业资格。

第二十二条　服务处所的选择

甲方可于乙方的分支机构接受瘦身美容之服务。

第二十三条　订约后双方合意变更合同

甲乙双方于合同订立后，可依合意变更合同内容。

第二十四条　合同争议的解决方式

本合同在履行过程中发生的争议，由双方当事人协商解决；也可由有关部门调解；协商或调解不成的，按下列第＿＿＿＿＿种方式解决：

（一）提交＿＿＿＿＿＿＿＿仲裁委员会仲裁；

（二）向＿＿＿＿＿＿＿＿＿人民法院起诉。

第二十五条　合同书的分执保管

本合同一式＿＿＿份，甲乙双方各执＿＿＿份，乙方不得借故收回。

第二十六条　其他协议事项

＿＿。

甲方（签字）：＿＿＿＿＿＿＿＿	乙方（盖章）：＿＿＿＿＿＿＿＿
住址：＿＿＿＿＿＿＿＿＿＿＿	负责人（签字）：＿＿＿＿＿＿
身份证号码：＿＿＿＿＿＿＿＿	住址：＿＿＿＿＿＿＿＿＿＿＿
电话或电传：＿＿＿＿＿＿＿＿	电话或电传：＿＿＿＿＿＿＿＿
＿＿＿＿年＿＿＿月＿＿＿日	＿＿＿＿年＿＿＿月＿＿＿日
签订地点：＿＿＿＿＿＿＿＿＿	签订地点：＿＿＿＿＿＿＿＿＿

附件：

瘦身美容合同解除合同/终止合同书

本人＿＿＿＿＿＿于＿＿＿＿年＿＿＿月＿＿＿日与贵公司（商号）＿＿＿＿＿＿＿＿所签订的合同，兹依瘦身美容合同规定解除/终止。

就贵公司应退本人之金额人民币＿＿＿＿＿＿＿＿＿＿元，请于一个月内支付现金、票据或汇入下列银行账号。

银行分行：＿＿＿＿＿＿＿＿＿＿＿＿＿＿

存款账号：＿＿＿＿＿＿＿＿＿＿＿＿＿＿

户名：＿＿＿＿＿＿＿＿＿＿＿＿＿＿＿＿

本人所购买寄存于贵公司的未退还的商品，请许可领回。

原立合同人（解除合同/终止合同人）：＿＿＿＿＿＿（签字）

住址：_____
此致_____公司（商号）
负责人：_____（签字）
日期：____年___月___日

（二）医疗美容消费服务合同①

（三）信息服务协议书

甲方：_____
乙方：_____

一、甲方权利和义务：

1. 甲方在收到乙方支付的入网费人民币：_____/年）后，为乙方提供浏览网站_____类信息，限_____处浏览端口。服务期限从____年___月___日起至____年___月___日止。

2. 甲方免费为乙方提供以下服务项目：

（1）免费赠送网站首页文字链接广告；

（2）免费发布供求信息；

（3）热线电话咨询。

3. 甲方如发现乙方将本网站所提供的用户名和密码泄露或将本网内容转载第三方使用时，有权暂停或终止其服务，并保留追究因此产生的经济责任和法律责任。

4. 甲方如认为乙方在中国××信息网所发布或发送的信息，可能会对本网及其他用户或有关第三方造成不良影响或损失，有权进行修改或删除。

5. 甲方网站提供的各种信息以及会员资料等，仅供乙方参考和查阅，甲方对乙方利用网上信息进行投资、生产、经营等经济活动不承担任何责任。

6. 甲方网站若因自身技术原因造成乙方不能浏览信息时，甲方应以其他形式及时提供相应服务。

二、乙方权利和义务：

1. 乙方应向甲方缴纳入网费（人民币：_____/年），乙方为_____类信息网员，期限从____年___月___日至____年___月___日。

2. 乙方应认真保管登录甲方网站时需输入的用户名、密码和其他相关的身份识别参数，并对其保密工作负责。

3. 乙方不得将自己专用的用户名、密码和各种机密资料泄露给第三方使用，如若发现，甲方有权终止对乙方的服务。

---

① 此合同内容详见本书所附电子文件。国家市场监督管理总局制定，GF—2023—2610。

4. 甲方服务项目仅供乙方内部使用，不得将甲方网站内容转载给他人和单位从事以盈利为目的的经营活动，如若发现，甲方有权终止对乙方的服务。

5. 乙方在查询甲方网站时，因个人技术原因所造成的损失，甲方不承担任何责任。

6. 乙方可在使用期限内浏览甲方网站内容，因乙方自身原因未及时浏览或非人为因素及不可抗拒的自然灾害等原因造成乙方不能浏览，甲方不负责任。

三、本协议一式两份，甲乙双方各执一份。自双方签字或盖章之日起生效。

四、附则：

1. 合同未尽事宜，在附件补充，经双方签字备案后与本合同具有同等法律效力。因本合同引起的或与本合同有关的任何争议，由双方协商解决，协商不成，可以通过经济仲裁机构裁定。

2. 如本合同中的任何条款无论因何种原因完全或部分无效或不具有执行力，本协议的其余条款仍应有效并且有约束力。

甲方（盖章）：_____　　乙方（盖章）：_____

授权代表（签字）：_____　　授权代表（签字）：_____

地址：_____　　地址：_____

邮编：_____　　邮编：_____

电话：_____　　电话：_____

_____年___月___日　　　　　　　_____年___月___日

（四）会计服务合同

甲方：_____（委托方）

乙方：_____会计代理记账有限公司（受托方）

为了促进社会主义市场经济发展，拓展代理记账业务，根据我国《民法典》《会计法》及其他法律、法规的规定，经甲乙双方友好协商，就委托办理会计业务订立以下条款，由双方共同遵守。

一、时间范围

乙方接受甲方委托，对甲方_____年___月至_____年___月的经济业务进行代理记账。

二、业务范围

乙方为甲方具体代理以下内容：

1. 建账；

2. 代理记账（含整理审核原始凭证，填制记账凭证，登记会计账簿，编制会计报告，装订和保管会计档案）；

3. 会计咨询，税务咨询；

4. 到国税、地税报税，银行交税；

5. 代表甲方参加各种税务会议；

6. 协助甲方接受税务检查。

三、甲方的责任和义务

1. 积极配合乙方工作，为乙方提供真实、完整、合法、有效的原始凭证及其他相关的会计资料，包括各种发票的使用情况、银行存款收支的详细情况等。

对乙方退回的要求进行更正、补充的原始凭证，按国家统一的会计制度规定更正、补充，如果由于甲方提供的会计资料不全或不实而导致税务、工商、财政行政处罚的，由甲方负责。

2. 安排专人负责现金和银行存款的收付，保管好所有往来单据，便于双方签收确认。

3. 做好会计资料传递过程中的登记和保管工作。

4. 及时准确地将收到税务部门的信函、电话等内容转交给乙方，以便由乙方派员参加。

5. 按本合同规定及时足额地支付代理记账服务费。

四、乙方的责任和义务

1. 根据《中华人民共和国会计法》及其他法律、法规开展代理记账业务。

2. 根据甲方的经营特点和管理需要，设计相应的会计核算制度。

3. 派出专人定期负责原始凭证签收交接工作，设计会计资料传递程序，指导甲方妥善保管会计档案，并在合同终止时办理会计工作交接手续。

4. 按有关财务会计规定审核甲方提供的原始凭证，用手工或财务软件填制记账凭证，登记会计账簿，及时编制财务会计报告。

5. 解释说明甲方提出的有关会计法律法规、会计核算处理和财政税收政策等的原则问题。

6. 妥善保管甲方的所有会计相关资料，由于乙方原因造成甲方资料损失，乙方承担全部责任。

7. 对工作涉及的甲方商业机密和会计资料严格保密，不得向甲方以外的第三者透露、出示和传播。

8. 税务部门到甲方检查工作，由乙方参加汇报。

五、代理记账收费

经协商：乙方代理记账服务费为每月（大写）_____元人民币，预收_____年____月至_____年____（季度），共计（大写）_____元人民币。

六、有效期限

本合同由甲乙双方签字盖章生效，并在合同约定的全部事项完成之前有效。

本合同一式两份，甲乙双方各执一份，具有同等法律效力。

七、违约责任

任何一方如有违反本合同的规定，给对方造成损失的，按《中华人民共和国合同法》的规定，承担违约责任。

乙方未按合同规定提供会计服务，甲方可以提前终止本合同，不承担合同违约责任。

八、其他有关事项

1. 甲方应留给乙方详细、安全的联系方式，在报税期或税务、工商、财政等部门指定的时限内，需甲方协助提供资料、公章等而又反复通知不到甲方，其后果由甲方负责。

2. 由于乙方原因，未能按时完成会计核算或会计核算不实，造成一定后果的，乙方必须及时纠正并承担相应的责任。

3. 对外提供的财务会计报告及其他会计、税务资料由甲乙双方共同签名盖章，按有关法律法规和国家统一会计制度对外提供。

4. 本合同未尽事宜，由甲乙双方协商解决，并订立补充合同。

甲方：_____

法定代表人签字：_____

（或授权人）

_____年____月____日

乙方：_____会计代理记账有限公司

法定代表人签字：_____

（或授权人）

_____年____月____日

（五）法律服务合同

甲方：_____

乙方：_____律师事务所

甲乙双方经过协商，就乙方为甲方提供法律服务事宜达成本合同书。

第一条　服务内容

第一部分：担任甲方的法律顾问：

为该公司的_____项目（以下称项目）的开发提供全过程法律服务。

第二部分：对甲方项目的方案设计、文本制作等：

1. 制作与本项目开发有关的所有文本，包括但不限于：借款（投资）合同、委托贷款合同、资金信托的系列合同等；房屋租赁的系列合同等；

2. 参与有关司法程序的全过程，直至执行程序结束；

3. 征得甲方同意，参与本项目与政府部门的工作联络及配合；

4. 视甲方工作需要，指派律师到项目现场办公；

5. 负责对项目参与人员的法律知识的培训。

第三部分：代理项目实施过程中出现的纠纷事宜的司法程序的全过程：

包括一审和二审诉讼、执行等。

第二条 服务人员

1. 乙方指派服务人员的原则：指派熟悉本项目特点的律师_____名参与上述所有服务内容的落实，并根据高效、及时的原则在工作需要之时充实服务人员，必要时可以组成律师服务团队。

2. 乙方接受甲方的委托，指派_____律师、_____律师、_____律师作为本次法律服务的承办律师（以下简称"律师"）。

本合同履行过程中，上述律师若出现正常工作调动、离职、身体状况等方面原因的，乙方应及时告知甲方，并由双方协商另行指派其他合适的律师接替，但上述律师仍应共同参与本次服务。

3. 甲方同意乙方及其所指派的律师在其认为必要时，可将本次服务的部分工作交由乙方的助理人员或其他律师协助完成。

第三条 服务费用

1. 律师费：双方商定按照下列方法由甲方支付律师费。

方案一：包干收费：人民币_____万元，在签订本合同后的_____日内支付人民币_____万元，作为法律顾问费和前期费用；在签订本合同满_____日之时再行支付_____万元。上述费用的支付不受甲方开发进程的变化而增减。

方案二：基本收费+浮动收费

①本合同签订之日支付基本律师费_____万元；

②浮动收费为与甲方销售、出现单项诉讼相挂钩的律师费：

与销售挂钩部分：按照甲方统计口径，每成交一户，支付律师费_____万元；

与诉讼挂钩部分：每出现一个一审诉讼，在诉讼到达法院之日起的_____天内，支付人民币_____万元；出现二审的，在诉讼到达法院之日起的_____天内连同一审合计支付_____万元；出现执行程序的，在诉讼到达法院之日起的_____天内连同一审合计支付_____万元或者连同一、二审合计支付_____万元。

③双方约定，按照上述方法计算的律师费，每一日历年度（_____天）不高于人民币_____万元、不低于人民币_____万元。

2. 其他费用：双方商定下列与本事务有关的费用开支由甲方承担，且未包括在上述律师费中。

（1）代理直接费用（包括但不限于异地交通、住宿等费用）；

（2）代支间接费用（包括但不限于转委托审计费、鉴定费、公证费、查档费、其他用于收集证据的费用）

第四条 其他特别约定

1. 乙方的责任：

乙方和律师对甲方的商业秘密应当予以保守，在未征得甲方同意的情况下，不得向第三方披露有关本次法律服务项目的内容。

律师应当勤勉尽责，依法在本合同约定的范围内维护甲方的最大利益。

律师应当及时向甲方报告本次服务的进展情况。

乙方和律师应将已经或正在或可能存在的为与甲方有利益冲突的当事人提供法律服务的情况告知甲方，在发生利益冲突的情况下，上述律师应对上述其他法律服务做出回避。

2. 甲方的责任：

与乙方和律师诚实合作，如实提供有关的资料、证据，如实陈述有关情况。

如与本次法律服务有关的情况和事实发生变化的，应及时告知乙方和律师。

未征得乙方和律师同意的，不得将有关本次法律服务的合同方案、费用等情况告知其他任何第三方。

指派专人负责与乙方和律师的工作联络，提供律师服务所需的车辆等便利条件。

第五条　生效和文本

本合同经双方签章后生效，本合同一式两份，双方各执一份。

甲方：_____

乙方：_____律师事务所

_____年___月___日

（六）北京市计算机信息系统集成服务合同①

（七）婚礼服务合同②

委托人（甲方）：_____

受托人（乙方）：_____

根据《中华人民共和国合同法》等有关法律、法规的规定，双方在自愿、平等、公平、诚实信用的基础上就婚礼服务有关事项达成如下协议：

一、服务内容：甲方委托乙方为_____（新郎）和_____（新娘）的婚礼仪式提供相关服务。

本合同中"□"后内容为可选内容，双方可根据实际需求以画"√"的方式选定适用，可多选。

二、婚礼仪式开始时间：_____年___月___日___时___分。

三、婚礼仪式举行地点：_____市_____区（县）_____路（街）_____号_____。

---

① 此合同内容详见本书所附电子文件。北京市工商行政管理局、北京市信息化工作办公室发布。

② 北京市工商行政管理局发布。

四、婚礼服务项目
　　□ 策划服务　　　□ 主持服务
　　□ 摄像服务　　　□ 摄影服务
　　□ 化妆服务　　　□ 鲜花服务
　　□ 乐队服务　　　□ 场地服务
　　□ 推荐婚车服务　□ 代租婚车服务
　　……

各个服务项目的具体内容、要求和费用标准由双方以附件形式确定。

五、服务费用及支付

1. 各项服务费用合计为_____元，大写：_____元。

2. 本合同签订后当日，甲方应：
□ 按服务费用总额的 20% 即_____元向乙方支付定金；
□ 按服务费用总额的_____% 即_____元向乙方支付预付款。
定金和预付款可充抵服务费用。

3. 策划方案经签字确认后，甲方应向乙方支付费用总额的_____%即_____元。

4. 本合同签订后双方约定新增加或取消服务项目的，相应费用应计入服务费用总额或从服务费用总额中扣除。

5. 余款_____元，应在_____付清。

6. 乙方收到钱款，应即时向甲方开具收款凭证。

六、双方主要权利义务

甲方应积极配合乙方完成合同约定的各项服务。

乙方提供的各项服务以及服务中所使用的各种产品，均应符合国家相关规定或行业相关规范确定的要求。

□ 策划服务

（1）策划方案为乙方智力成果，仅供甲方在本合同约定范围内使用。甲方不得擅自将策划方案用于合同约定以外的其他用途或提交给第三方使用。

（2）乙方应于_____年___月___日前向甲方提交策划方案；策划方案经验收合格，甲方应予以签字确认。

□ 主持服务

（1）乙方应根据甲方需求提供主持人供甲方选择。

（2）婚礼仪式举行当日，甲方指定的主持人由于生病等不可抗拒的原因无法亲自主持的，乙方应及时提供同级别以上的主持人代为提供服务。

□ 推荐婚车服务

（1）乙方应根据甲方需求，为其推荐符合汽车运营管理规定的汽车租赁企业提供婚车租赁服务。

（2）甲方应自行与乙方推荐的汽车租赁企业洽谈签约。

□ 代租婚车服务

（1）乙方应保证婚车符合《北京市汽车租赁经营服务规范》（DB11/T475—2007）的要求。

（2）乙方应保证每辆婚车配备合格驾驶员1名。

（3）代租服务费是乙方提供婚车代租服务所应收取的报酬；婚车租赁费是甲方所应支付的婚车租用费用，其中包含车辆使用费、燃油费、驾驶员服务费，停车费、过桥费等其他费用由甲方另行支付。

（4）甲方不得要求婚车驾驶员违反交通法规。

□ 化妆服务

（1）乙方应根据甲方需求提供试妆服务，以确定化妆师的具体人选和测试被化妆人员有无过敏反应。因化妆产生过敏反应的，应允许调换化妆品，如皮肤仍无法适应的，甲方可取消本项服务；对乙方提供的化妆师均不满意的，甲方也可取消本项服务。

（2）化妆师人选及使用的化妆品一经确定，双方均不得随意更换。

□ 摄像服务　　□ 摄影服务

（1）甲方变更拍摄时间应提前1日书面通知乙方。

（2）甲方应于拍摄前提供活动流程并注明必拍场景。

（3）乙方应为婚礼仪式配备符合约定的摄像师、摄影师以及设备。

（4）除署名权外，乙方对于摄影、摄像作品著作权中的其他权利，只有在取得甲方书面同意后方可行使。

（5）乙方留有原始图像文件或复制件的，应妥善保管，并不得提供给第三方。

（6）乙方应保守因签订和履行本合同而获悉的甲方隐私。

七、双方主要违约责任

1. 因自身原因，一方于婚礼仪式14日之前（不含14日）要求取消具体服务项目的，应以该项目服务费的_____%作为违约金；于婚礼仪式7日之前（不含7日）要求取消具体服务项目的，应以该项目服务费的_____%作为违约金；于婚礼仪式7日之内要求取消具体服务项目的，应以该项目服务费的_____%作为违约金。

2. 除本合同另有约定外，由于甲方原因导致合同不能按照约定履行的，由甲方自行承担相应责任，并应支付乙方实际支出的费用；由于乙方原因导致提供的服务不符合约定要求的，乙方应退还该项服务费，并按该项服务费的_____%支付违约金。

3. 由于一方原因给另一方或第三方造成人身伤害或财产损失的，应承担赔偿责任。

□ 代租婚车服务违约责任

（1）婚车无法按约定提供服务的，乙方除应及时通知甲方并提供约定的备用车辆外，还应退还差额婚车租赁费。

（2）实际婚车低于约定级别的，乙方应支付相应租赁费用的_____%作为违约金。

（3）实际婚车数量少于约定的，乙方应退还代租服务费和相应的租赁费用，并支付相应租赁费用的_____%作为违约金。

（4）婚车未在约定时间内到达起始地点超过_____分钟的，乙方应支付相应租赁费用的_____%作为违约金。由于乙方原因导致婚车未在约定时间内到达婚礼仪式举行地点超过_____分钟的，乙方应支付相应租赁费用的_____%作为违约金。

（5）由于甲方原因导致婚车毁损或违反交通法规的，车辆维修费、罚款及其他相关费用由甲方承担。

□ 摄像服务违约责任　　□ 摄影服务违约责任

（1）摄影师、摄像师无法按约定时间提供摄影、摄像服务的，经甲方同意，乙方应及时安排职业等级或技术水平相当的其他摄影、摄像师；乙方未做出替换安排或甲方不同意替换安排的，乙方应按该项服务费用的_____倍支付违约金。

（2）由于乙方原因导致照片、影像全部或部分灭失的，乙方应退还相应服务费用，并按相应服务费用的_____倍支付违约金。

（3）乙方交付的拍摄成品中缺少约定必拍场景的，应按每个场景_____元的标准支付违约金。

（4）乙方交付的拍摄成品质量不符合约定要求的，应按_____的标准支付违约金。

八、合同的解除

1. 甲、乙双方可协商一致解除本合同。

2. 一方有下列情形之一的，另一方有权单方解除合同并要求其赔偿损失：

（1）一方明确表示或以自己的行为表明不履行全部义务或主要义务的；

（2）甲方迟延支付全部或部分服务费用，经乙方催告后_____日内仍未支付的；

（3）乙方未经甲方同意，擅自改变服务内容、降低服务标准或增加服务费用，经甲方催告后仍未改正的；

（4）_____
_____。

3. 在婚礼仪式举行前，一方因上述以外的原因提出单方解除合同的，另一方应采取适当措施防止损失扩大，并有权要求解约方在_____日内按服务费用总额的_____%支付违约金。已支付定金的，也可选择适用定金规则：甲方违反约定解除合同的，无权要求返还定金；乙方违反约定解除合同的，应双倍返还定金。

九、不可抗力

任何一方当事人因不可抗力不能履行合同的，根据不可抗力的影响，可以部分或全部免除责任，但应及时通知另一方并在合理期限内提供有关证明。

十、合同争议的解决办法

本合同项下发生的争议，由双方协商解决或申请调解解决，协商、调解解决不成的，可选择以下第_____种方式解决：

（一）向_____人民法院提起诉讼；

（二）向_____仲裁委员会申请仲裁。

十一、其他约定事项：_____。

本合同经双方签字、盖章后生效。双方对合同内容的变更或补充应采用书面形式，作为本合同的附件。附件与本合同具有同等的法律效力。

甲方（签章）：_____　　乙方（签章）：_____

委托代理人：_____　　委托代理人：_____

甲方的委托代理人应提交甲方（新郎或新娘）亲笔签名的授权委托书，明确代理权限。

身份证号码：_____　　营业执照号码：_____

住所：（新郎）_____　　住所：_____

　　　（新娘）_____

电话：_____　　电话：_____

签订日期：____年____月____日　　签订地点：_____

💡 特别提醒

1. 在婚庆合同中，新人的化妆条款是需要特别加以注意的。一些化妆人员提供的化妆品价高质低，会让新人产生不良反应；还有一些婚庆公司随意增加化妆项目，索要额外的报酬。所以，在婚庆合同中要明确约定：化妆品必须符合国家有关质量标准，化妆人员需要提前了解新人的过敏史，如果产生过敏反应，要及时调换化妆品；化妆师提供多少套化妆造型、是否给新人以外的其他人化妆、服务费中包括哪些配套化妆品和饰品，在合同中都要详细注明。

2. 婚礼现场的布置偷工减料也是会不时出现的情况。在婚庆合同中要明确约定：婚庆公司负责提供婚礼现场的实景照片以及所用道具的数量、种类——哪些地方要用鲜花、杯塔，是否提供香槟，其规格、款式等都要在合同中注明。

3. 婚庆典礼中的车辆、摄影器材等内容也需要详细约定。在婚庆合同中，要注明车辆的品牌、型号、颜色、数量等内容，以免婚庆公司在车辆方面做手脚；摄影器材的型号、摄影师级别、光盘或电子相册的规格要详细注明。

4. 合同中约定的主持人临时换人的情况也时有发生。所以，要在合同中写明主持人的姓名、技能级别等内容。同时约定：主持人要与新人提前进行沟通，如果约定的主持人因故不能出席，婚庆公司负责提供级别更高的主持人。

（八）婚纱摄影服务预约单[①]

套系名称		套系价格	元	拍摄日期	
套系内容	入册照片_____张； _____区域服装_____ 套任选； 相册的规格、材质、页数：	指定服务及收费标准		拍摄____日后选样； 选样____日后取件。	
		摄影师			
		造型师		婚礼日期	
		化妆师		室内拍摄地点	
		甲方的特别要求			
				室外拍摄地点	
				套系外主要收费项目及收费标准	
		套系外赠送的产品、服务		入册外照片每张____元刻入光盘； 定妆液每瓶____元； 约定区域外服装价格为____元； 其他：	
	（或以乙方提供的套系详单为准。）			（或以经甲方签字确认的收费价目表为准，并按照实际发生项目收费。）	
费用合计		元，大写：		元	
付款方式	□甲方于本合同签订时一次性支付全部费用。			付款人	
	□甲方于本合同签订时按照费用总额的_____%（不得超过20%）_____元向乙方支付定金。甲方因自身原因放弃拍摄的，无权要求返还定金；乙方因自身原因不能提供拍摄服务的，应当双倍返还定金。			剩余费用支付时间	
				合同约定有效期	
	□甲方于本合同签订时按照费用总额的_____%_____元向乙方支付预付款。				
本合同项下摄影作品的著作权属于_____。		其他约定			
签订合同前请甲方仔细阅读背书合同条款，并向乙方详细了解套系内容外需另收费的产品、服务的收费标准。					

[①] 合同文号：BF-2009-0310。

续表

甲方（签章）： 先生 小姐	乙方（盖章）：
住所：	住所：
证件号码：	营业执照号码：
联系电话：	委托代理人：
邮政编码：	联系电话：
签订日期	签订地点

婚纱摄影服务合同条款

一、双方权利义务

（一）一方如需变更拍摄时间、地点的，需提前3日告知对方，并征得对方同意。

（二）甲方在拍摄期间应当服从乙方安排，配合乙方完成各项服务，随身携带的贵重物品应当自行保管或交由乙方保管。

（三）甲方应当按照约定时间选样、取件，未按照约定时间选样、取件超过6个月的，乙方在通知甲方后可不负保管责任。

（四）乙方应当在签订合同前向甲方如实、全面告知除套系内容外其他可能收费的产品、服务的内容及收费标准。服务中发生套系外收费项目的，双方应当按照签订合同时甲方认可的收费标准即时清结相应费用。

（五）乙方收到钱款后应当即时向甲方开具收款凭据，注明收费项目及金额，并在甲方支付全部费用后开具正式发票。

（六）乙方应当按照约定为甲方提供拍摄、选样、取件及其他服务，对照片修整及艺术处理应当征得甲方书面确认。

（七）对于套系约定数量以外的样片及底片等图像文件资料，如甲方需要，乙方应当按照约定价格转让给甲方，如甲方不需要，乙方应当在甲方取件时当面销毁。

（八）乙方应当保证拍摄质量及成品质量满足甲方提出的特别要求或达到乙方承诺的标准，且不得低于相关国家规定或行业规范确定的最低标准。

（九）乙方提供的其他服务及服务中使用的各种产品，如服装、化妆品、相框、相册等，均应当符合相关国家规定或行业规范确定的卫生、安全及质量等要求。其中相框、相册等开胶、变形的，包修期不得少于一年。

（十）乙方按照约定享有摄影作品著作权的，行使著作权时不得侵害甲方的合法权益。

（十一）乙方应当为在签订和履行合同过程中获悉的甲方隐私保密。

二、双方违约责任

（一）甲方有权随时解除合同，但应当承担由此给乙方造成的损失。

（二）由于甲方原因导致合同未能按照约定履行的，由甲方自行承担相应责任；由于乙方原因导致合同未能按照约定履行的，乙方应当采取必要的补救措施或退还相应费用。

（三）由于一方原因给对方或第三方造成人身财产、损失的，应当承担相应的赔偿责任。

（四）乙方提供的服务或使用的产品不符合相关国家规定或行业规范确定的要求或不符合合同约定要求的，甲方有权要求乙方免费修理、更换或重新制作；无法修理、更换、重新制作，或修理、更换、重新制作后仍不符合相关要求的，甲方有权要求乙方减免相应费用。

（五）由于乙方原因导致原始图像文件全部或部分损毁、灭失的，乙方应当免费补拍；无法补拍或甲方不愿补拍的，乙方应当退还相应费用，并按照相应费用的两倍支付违约金。

（六）乙方擅自发表、使用为甲方拍摄的摄影作品或泄露甲方隐私的，应当承担赔偿责任。

（七）乙方应当按照相关法律及行业规范的规定承担其他责任。

三、争议解决办法

本合同项下发生的争议，由双方协商解决或向消费者协会、摄影行业协会等部门申请调解解决；协商或调解解决不成的，可以向有管辖权的人民法院提起诉讼，或按照另行达成的仲裁协议申请仲裁。

四、其他约定

本合同在双方签字或盖章后生效。对合同内容的变更、补充应当采用书面形式。乙方应当保证甲方持有一份合同。

（九）家政服务合同（员工管理全日制类）[①]

甲方（消费者）：_____

乙方（经营者）：_____

根据《中华人民共和国合同法》《中华人民共和国消费者权益保护法》及其他有关法律、法规的规定，甲乙双方在平等、自愿、公平、诚实信用的基础上就家政服务的相关事宜协商订立本合同。

第一条　家政服务内容

乙方应选派家政服务员_____人，为甲方提供下列第_____项服务。

1. 一般家务；2. 孕、产妇护理；3. 婴、幼儿护理；4. 老人护理；5. 家庭护理病人；6. 医院护理病人；7. _____。

---

① 北京市工商行政管理局、北京市商务局联合发布。

第二条　乙方家政服务员应满足的条件

性别：_____学历：_____籍贯：_____年龄：_____级别：_____

乙方家政服务员应具备的技能或达到的要求：

_____。

第三条　服务场所：_____。

第四条　服务期限：_____年____月____日至_____年____月____日。

第五条　试用期及服务费用

1. 乙方家政服务员上岗试用期为_____个工作日，试用期服务费（大写）_____元人民币/日。在试用期内，乙方家政服务员达不到约定技能等要求或符合其他调换条件的，乙方应在甲方提出调换要求后3日内予以调换，调换后试用期重新计算；甲方应按乙方家政服务员的实际试用时间支付试用期服务费。

2. 试用期满后，甲方应按以下标准支付服务费：乙方家政服务员工资_____元人民币/月和家政公司管理费_____元人民币/月，共计_____元人民币/月。

支付期限：按 □月/ □季/ □半年/ □年向乙方支付，具体时间为_____。

支付方式：□现金　　□转账　　□支票　　□_____。

3. 签约时一方向另一方支付保证金的，合同终止后，保证金在扣除其因违约所应承担的责任金额后，余额应如数退还。

第六条　甲方权利义务

1. 甲方权利：

（1）甲方有权合理选定、要求调换乙方家政服务员。

（2）甲方对乙方家政服务员健康情况有异议的，有权要求重新体检。如体检合格，体检费用由甲方承担；如体检不合格，体检费用由乙方承担。

（3）甲方有权拒绝乙方家政服务员在服务场所内从事与家政服务无关的活动，具体要求事项由甲方与乙方家政服务员另行约定。

（4）甲方有权向乙方追究因乙方家政服务员故意或重大过失而给甲方造成的损失。

（5）有下列情形之一的，甲方有权要求调换家政服务员（第⑧、⑨项除外）或解除合同：

①乙方家政服务员有违法行为的；②乙方家政服务员患有恶性传染病的；③乙方家政服务员未经甲方同意，以第三人代为提供服务的；④乙方家政服务员存在刁难、虐待甲方成员等严重影响甲方正常生活行为的；⑤乙方家政服务员给甲方造成较大财产损失的；⑥乙方家政服务员工作消极懈怠或故意提供不合格服务的；⑦乙方家政服务员主动要求离职的；⑧试用期内调换_____名同级别的家政服务员后仍不能达到合同要求的；⑨空岗_____日乙方未派替换人员到岗工作的；⑩_____。

2. 甲方义务：

（1）甲方应在签订合同时出示有效身份证件，如实告知家庭住址、居住条件（应注明是否与异性成年人同居一室）、联系电话、对乙方家政服务员的具体要求，以及与乙方家政服务员健康安全有关的家庭情况（如家中是否有恶性传染病人、精神病人等）。以上内容变更应及时通知乙方。

（2）甲方应按合同约定向乙方支付服务费。

（3）甲方应尊重乙方家政服务员的人格尊严和劳动，提供安全的劳动条件、服务环境和居住场所，不得歧视、虐待或性骚扰乙方家政服务员。如遇乙方家政服务员突发急病或受到其他伤害时，甲方应及时采取必要的救治措施。

（4）甲方应保证乙方家政服务员每月4天的休息时间和每天基本的睡眠时间，并保证其食宿。在双休日以外的国家法定节假日确需乙方家政服务员正常工作的，要给予适当的加班补助，或在征得乙方家政服务员同意的前提下安排补休。

（5）甲方未经乙方同意，不得要求乙方家政服务员为第三方服务，也不得将家政服务员带往非约定场所工作，或要求其从事非约定工作。

（6）甲方有义务配合乙方对乙方家政服务员进行管理、教育和工作指导，并妥善保管家中财物。

（7）服务期满甲方续用乙方家政服务员的，应提前7日与乙方续签合同。

第七条　乙方权利义务

1. 乙方权利：

（1）乙方有权向甲方收取服务费及有关费用。

（2）乙方有权向甲方询问、了解投诉或家政服务员反映情况的真实性。

（3）有下列情形之一的，乙方有权临时召回家政服务员或解除合同：

①甲方教唆家政服务员脱离乙方管理的；②甲方家庭成员中有恶性传染病人而未如实告知的；③甲方未按时支付有关费用的；④约定的服务场所或服务内容发生变更而未取得乙方同意的；⑤甲方对家政服务员的工作要求违反国家法律、法规或有刁难、虐待等损害家政服务员身心行为的；⑥甲方无正当理由频繁要求调换家政服务员的；⑦_____。

2. 乙方义务：

（1）乙方应为甲方委派身份、体检合格并符合合同要求的家政服务员；乙方家政服务员应持有北京市或原所在地县级以上医院在一年以内出具的体检合格证明。

（2）乙方应本着客户至上，诚信为本的宗旨，指导家政服务员兑现各项约定服务。

（3）乙方负责家政服务员的岗前教育和管理工作，实行跟踪管理，监督指导，接受投诉、调换请求并妥善处理。

（4）乙方应为家政服务员投保家政服务员团体意外伤害保险。

第八条　违约责任

1. 任何一方违反合同约定，另一方均有权要求其赔偿因违约造成的损失；双方另有约定的除外。

2. 有关违约的其他约定：_____
_____。

第九条　合同争议的解决方法

本合同项下发生的争议，由双方当事人协商解决或向消费者协会、家政服务协会等机构申请调解解决；协商或调解解决不成的，按下列第_____种方式解决。

1. 依法向_____人民法院起诉；
2. 由_____仲裁委员会仲裁。

第十条　其他约定事项

_____
_____。

第十一条　合同未尽事宜及生效

双方可协商解除本合同。未尽事宜双方应另行以书面形式补充。

本合同一式两份，甲乙双方各执一份，具有同等法律效力，自双方签字或盖章之日起生效。

甲方（签字）：_____　　乙方（盖章）：_____
家庭地址：_____　　　　单位地址：_____
联系电话：_____　　　　联系电话：_____
_____年_____月_____日　　　　　　_____年_____月_____日

💡 特别提醒

1. 一些家政公司在合同中约定：雇主将服务人员第一个月工资交给家政公司，作为服务人员的保证金。这样的约定是违法的，根据我国《劳动法》的规定，用人单位不得以任何形式向劳动者收取定金、保证金（物）或抵押金（物）。

2. 家政服务合同中关于"雇主中途解约，交纳的费用概不退还"的约定，也是不合理的。如果家政公司提供的服务人员无法履行合同义务，甚至侵犯雇主的合法权益，例如泄露雇主隐私、盗窃雇主财产等，雇主有权解除合同。

3. 一些家政公司在合同中规定：如果雇主要求换人，要收取调换费。家政公司的义务就是为雇主提供合适的服务人员，如果其提供的人员无法完成任务，应当继续寻找和提供合适人员，否则就属于违约。家政公司收取人员调换费，违背了自己应当承担的合同义务。

4. 家政服务合同中关于"雇主可以解聘家政服务员，但不得解除与家政公司的合同"的约定，没有法律依据。这样的约定剥夺了雇主依法应当享有的合同解除权，是无效的。

（十）订餐服务合同[①]

订餐人（甲方）：　　　　　　　　　　　餐饮经营者（乙方）：

主要订餐事项	用餐时间	年　月　日　时　分		用餐类型	□婚宴　□商务餐　□年夜饭　□其他
	用餐位置 （桌号、包间名）		用餐方式	□桌餐：桌数____备桌数____每桌人数____ □自助餐：人数_____机动比例_____	
	菜品（见附件）	热菜____道　主食____道　点心____道　汤羹____道　凉菜____道　其他：			
	酒水	□甲方自带		违约金标准	
		□乙方提供			
	其他收费服务及收费标准			赠送的商品或服务	
餐费支付	概算价款	每□桌/□人：　　　元　　总计：　　　　　元（不含酒水）			
	餐费预付	定金	元（不超过概算总价款的20%）	预付款	元
		定金或预付款凭收据作为结算依据			
	结算方式	□现金　□支票　□信用卡　□银行转账　□其他：			
事项变更与合同解除	主要订餐事项变更	1. 一方需变更主要订餐事项的，应当提前_____日（不含本日）通知对方，并以双方认可的方式达成变更协议。 2. 用餐桌数或人数少于合同约定，且甲方未按照约定提前通知乙方的，解决办法为：			
	合同解除	1. 甲方于用餐前解除合同，应当提前_____日（不含本日）通知乙方，否则：□无权收回定金/□支付概算总价款_____%的违约金。 2. 乙方于用餐前解除合同，应当提前_____日（不含本日）通知甲方，否则：□双倍返还定金/□支付概算总价款_____%的违约金。			
其他约定					

请在签字前充分了解本合同有关事宜，认真填写表格内容，仔细阅读并认可背书合同条款。

订餐人（甲方）签章：	餐饮经营者（乙方）盖章：
联系地址：	联系地址：
联系电话：　　　联系人：	
合同签订日期：　　　年　　月　　日	

订餐服务合同条款

一、甲方主要权利和义务

1. 按照合同约定的时间、位置文明用餐，遵守公共秩序，尊重社会公德。携带的

[①] 合同文号：BF-2007-2711。

物品应当自行妥善保管或交由乙方代为保管。

2. 据实结算各项费用,并在餐后即时将未结余款一次性支付给乙方。如造成乙方设施、设备、餐具等损坏的,甲方应当在结算时一并赔偿。

3. 如需在乙方经营场所内开展布展等活动的,应当事先征得乙方同意。

二、乙方主要权利和义务

1. 按照合同约定向甲方提供菜品、酒水及服务,严格执行国家及北京市的有关规定,并保证食品及用餐环境的卫生和安全。

2. 对其同意的甲方布展等活动,应当提供便利条件。

3. 除双方约定的费用外,乙方不得收取任何其他费用。

三、双方责任

1. 甲方未按照合同约定来用餐,应当赔偿由此给乙方造成的损失。

2. 甲方未经允许在乙方经营场所内擅自开展布展等活动的,应当及时清除,给乙方造成损失的,甲方应当承担赔偿责任。

3. 乙方提供的菜品、酒水、服务不符合合同约定的,应当赔偿由此给甲方造成的损失。

4. 变更主要订餐事项而未按照合同约定提前通知对方,或未征得对方同意的,应当赔偿由此给对方造成的损失。

四、不可抗力和意外事件

因发生重大疫情、自然灾害等不可抗力或临时停电等不可预知的突发事件的,经核实可全部或部分免除责任,但应当及时通知对方,并在合理期限内提供证明。

五、争议解决方式

本合同项下发生的争议,双方应当协商解决或向消费者协会等有关部门申请调解解决;协商、调解解决不成的,可向有管辖权的人民法院起诉,或按照双方另行达成的仲裁协议申请仲裁。

六、未尽事宜,双方应当协商解决。本合同一式两份,双方各执一份。本合同在双方签字或盖章后生效。

(十一)电梯日常维护保养合同[①]

使 用 说 明

1. 适用范围:本合同适用于乘客电梯、载货电梯、自动扶梯与自动人行道的日常维护保养。

2. 维保单位:具备特种设备安全监督管理部门核发的许可证,从事电梯制造、安装、改造、维修的单位。

---

① 北京市工商行政管理局、北京市质量技术监督局发布。

3. 日常维护保养：对电梯进行的清洁、润滑、调整和检查等日常维护或保养性工作。其中清洁、润滑不包括部件的解体，调整只限于不会改变任何安全性能参数的调整。

4. 清包：只提供劳务，不提供任何电梯零部件。

5. 半包：既提供劳务，又免费提供部分电梯零部件。

6. 大包：既提供劳务，又免费提供大多数电梯零部件（电梯：曳引机、控制柜主板、曳引钢丝绳、轿厢装饰除外；自动扶梯和自动人行道：扶手带、电机、控制柜主板除外）。

使用单位（甲方）：＿＿＿＿＿＿＿＿＿＿＿＿＿＿＿＿
维保单位（乙方）：＿＿＿＿＿＿＿＿＿＿＿＿＿＿＿＿

依照《中华人民共和国合同法》《特种设备安全监察条例》《北京市电梯安全监督管理办法》《北京市电梯日常维护保养规则》及其他有关规定，甲乙双方遵循平等、自愿、公平和诚实信用的原则，就电梯日常维护保养的有关事宜协商订立本合同。

第一条　日常维护保养的电梯

甲乙双方约定，由乙方为《电梯维护保养及金额明细表》（见附件一）中列明的甲方使用、管理的电梯提供日常的维护、保养和抢修服务。

第二条　日常维护保养内容

乙方应当按照《北京市电梯日常维护保养规则》（DB11/418）完成半月、月、季度、半年、年保养项目，并做好维护保养记录（见附件二）。

第三条　日常维护保养标准

实施日常维护保养后的电梯应当符合《电梯维修规范》（GB/T18775）、《电梯制造与安装安全规范》（GB 7588）和《自动扶梯和自动人行道的制造与安装安全规范》（GB 16899）的相关规定。

除上述标准外，还应当满足甲方提出的如下要求：＿＿＿＿＿＿＿＿＿＿＿＿
＿＿＿＿＿＿＿＿＿＿＿＿＿＿＿＿＿＿＿＿＿＿＿＿＿＿＿＿＿＿＿＿＿＿＿＿。

第四条　日常维护保养期限

本合同期限＿＿年＿＿个月，自＿＿＿＿年＿＿月＿＿日起至＿＿＿＿年＿＿月＿＿日止。甲乙双方同意期限届满后续约的，应当于期限届满15日前重新签订合同。

第五条　日常维护保养费

维护保养费（＿＿＿＿＿＿元×＿＿＿＿＿＿）总计＿＿＿＿＿＿元（人民币），大写：＿＿＿＿＿＿＿＿。

第六条　结算方式

（一）甲方按（□月 □季 □半年 □年）支付维护保养费，具体支付时间和金额为：＿＿＿＿＿＿＿＿＿＿＿＿＿＿＿＿＿＿＿＿＿＿＿＿＿＿＿＿＿＿＿＿＿＿。

（二）支付方式：□支票 □汇到乙方指定账号。

第七条 日常维护保养方式：□清包 □半包 □大包。

半包维保中更换零部件单件在_____元以内的，由乙方免费提供。

第八条 乙方抢修服务热线电话：_____。

抢修服务时间（困人除外）：_____。

第九条 驻场：乙方（□是 □否）提供驻场作业服务（驻场费用应当已经包含在日常维护保养费中）。

驻场作业人员职责：_____
_____。

第十条 甲方权利、义务

（一）权利

1. 有权监督乙方按照合同约定履行维护保养义务，发出故障通知或提出建议。

2. 有权要求乙方保障电梯的正常运行。乙方的维护保养达不到合同约定的维护保养标准或要求的，甲方有权拒绝在维护保养记录上签字。

（二）义务

1. 应当对每台电梯建立完整的安全技术档案，并供乙方查询。签订合同前应当向乙方提供如下资料或复印件：

（1）产品合格证；

（2）使用维护说明书；

（3）电气原理图；

（4）电气敷设图；

（5）安装说明书；

（6）电梯整机、安全部件和主要部件型式试验报告结论副本或结论；

（7）电梯运行全部记录；

（8）故障及事故记录；

（9）改造、重大维修原始记录；

（10）北京市特种设备登记卡；

（11）电梯施工自检记录；

（12）上年度的检验报告；

（13）_____。

2. 建立电梯安全运行管理制度，保证电梯的用电、消防、防雷、通风、通道、电话通信、监控摄像和报警装置等系统安全可靠；并保证机房、井道、底坑无漏水、渗水现象，通往机房、底坑、滑轮间、井道安全门的通道畅通、照明充分。

3. 配备电梯安全管理人员负责电梯的日常安全管理：

（1）负责电梯钥匙的使用管理；

（2）负责对乙方的维护保养记录、修理记录签字确认；

（3）负责对乙方提交的电梯安全隐患提示单签字确认。

如果更换电梯安全管理人员，应当及时通知乙方。

4. 应当制定电梯事故应急防范措施和救援预案并定期演练。

5. 在电梯使用过程中发现故障或异常情况应当立即停止使用，并及时通知乙方。

6. 除乙方无法解决的情况外，未经乙方书面许可不得允许非乙方人员从事与电梯维护保养有关的工作。

7. 应当为乙方提供维护保养所需的工作环境。

8. 应当在电梯安全检验合格有效期届满前 1 个月，向电梯检验检测机构提出定期检验申请。

第十一条　乙方权利、义务

（一）权利

1. 有权要求甲方提供维护保养所需的工作环境及相关资料。

2. 有权拒绝甲方提出的影响电梯安全运行的要求。

（二）义务

1. 应当具备特种设备安全监督管理部门核发的相应许可。

2. 接到故障通知后，应当立即赶赴现场进行处理；电梯困人时，应当在_____分钟内（此时间最长不得超过 30 分钟）抵达现场。

3. 现场作业人员不得少于两人，且应当取得相应的《特种设备作业人员证》。

4. 作业中应当负责落实现场安全防护措施，保证作业安全。

5. 向甲方提出合理化建议并每月向甲方书面报告所维护保养电梯的运行情况、零部件使用情况、易损件的更换情况及电梯更换修理需求。

6. 对所维护保养电梯的安全运行负责，保障设备整机及零部件完整无损。

7. 建立回访制度（包括工作人员服务态度、维修质量、是否按照规定实施维护保养等）。

8. 应当配合电梯检验检测机构对电梯的定期检验，并参与电梯安全管理活动。

9. 应当妥善保管电梯图纸及相关资料，并在合同终止后交给甲方。

10. 不得以任何形式分包、转包。

第十二条　违约责任

（一）一方当事人未按约定履行义务给对方造成直接损失的，应当承担赔偿责任。

（二）一方当事人无法继续履行合同的，应当及时通知另一方，并由责任方承担因合同解除而造成的损失。

（三）甲方无正当理由未按照约定期限支付费用的，每延误一日应当向乙方支付延误部分费用_____%的违约金。

（四）甲方违反约定允许非乙方人员从事电梯维护保养工作的，应当按照_____

标准支付违约金。

（五）因电梯使用、管理原因导致人身伤亡或设备损坏、丢失的，由甲方自行承担全部责任。

（六）乙方的维护保养工作不符合合同约定的维护保养标准或要求的，乙方应当返工，并按照_____标准支付违约金。

（七）因维护保养原因导致人身伤亡或设备损坏、丢失的，由乙方承担全部责任。

（八）因维护保养原因导致电梯检验检测不合格的，乙方还应当承担电梯复验费用。

（九）_____
_____
_____。

第十三条　合同的解除

（一）甲乙双方协商一致，可以解除合同。

（二）任何一方严重违约导致合同无法继续履行的，另一方可以解除合同。此外任何一方不得单方解除合同。

第十四条　争议解决方式

本合同在履行过程中发生的争议，由双方当事人协商解决或向有关部门申请调解，协商、调解不成的，按照下列第_____种方式解决（任选一种）：

（一）依法向_____人民法院起诉；

（二）提交_____仲裁委员会仲裁。

第十五条　其他约定

（一）普通维修、重大维修、改造或甲方要求乙方提供本合同约定以外的增值服务的，双方均应当以书面形式另行约定。

（二）维护保养记录是记载电梯运行、维护、保养的依据。每台电梯均应当建立独立的维护保养记录。维护保养记录应当一式两份，甲乙双方各保存一份，保存时间为4年。普通维修、重大维修、改造协议与抢修记录均应当与维护保养记录一并保存。

（三）_____
_____
_____。

第十六条　附则

本合同自_____起生效。本合同生效后，双方对合同内容的变更或补充应当采取书面形式，并经双方签字确认，作为本合同的附件。附件与本合同具有同等的法律效力。

本合同一式____份，甲方执____份，乙方执____份，_____执____份。

甲方：（签章）　　　　　　　　　　　　　乙方：（签章）

营业执照号码：　　　　　　　　　　营业执照号码：
住所：　　　　　　　　　　　　　　许可证号码：
单位负责人：　　　　　　　　　　　住所：
联系电话：　　　　　　　　　　　　法定代表人：
电梯安全管理员：　　　　　　　　　联系电话：
联系电话：　　　　　　　　　　　　委托代理人：
传真电话：　　　　　　　　　　　　联系电话：
开户银行：　　　　　　　　　　　　传真电话：
账号：　　　　　　　　　　　　　　开户银行：
邮政编码：　　　　　　　　　　　　账号：
　　　　　　　　　　　　　　　　　邮政编码：
　　　　年　　月　　日　　　　　　　　年　　月　　日

附件一：

电梯维护保养及金额明细表

梯号	电梯品牌及规格型号	电梯：层/站/门	运行地点	保养时间	保养金额（元/年）

附件二：
电梯维护保养记录表

梯号	自动扶梯、自动人行道品牌及规格型号	提升高度/角度	运行地点	保养时间	保养金额（元/年）

（十二）互联网收费电子邮箱服务合同①

用户（甲方）：＿＿＿＿＿＿＿＿　　公民身份号码：＿＿＿＿＿＿＿＿

住　　　所：＿＿＿＿＿＿＿＿　　联系电话：＿＿＿＿＿＿＿＿

备用电子邮箱：＿＿＿＿＿＿＿＿

服务商（乙方）：＿＿＿＿＿＿＿＿　　许可证号：＿＿＿＿＿＿＿＿

住　　　所：＿＿＿＿＿＿＿＿　　邮政编码：＿＿＿＿＿＿＿＿

网站名称及网址：＿＿＿＿＿＿＿＿

电子邮件地址：＿＿＿＿＿＿＿＿　　业务咨询电话：＿＿＿＿＿＿＿＿

客户服务电话：＿＿＿＿＿＿＿＿　　传真：＿＿＿＿＿＿＿＿

根据《中华人民共和国合同法》及有关法律、法规，双方本着公平诚信的原则，订立本合同。

第一条　电子邮箱类型、支付方式及使用状态

（一）乙方提供的收费电子邮箱类型＿＿＿＿＿＿

邮箱空间＿＿＿＿＿＿可发附件＿＿＿＿＿＿

＿＿＿＿＿＿元/＿＿＿＿＿＿（月/季度/年）

---

① 上海市工商行政管理局、上海市信息服务行业协会发布。

（二）乙方提供的电子邮箱基础服务，包括电子邮件的接收、发送、保存、删除以及电子邮箱账号的管理，但不限定乙方提供约定以外的附加服务。

（三）甲方可以通过邮局汇款、网上支付、电话购卡、手机扣费、上门支付、_____方式支付电子邮箱费用。

（四）电子邮箱的状态

1. 正常

在合同期限内，甲方可使用服务商提供的电子邮箱服务，电子邮箱处于"正常"状态。

2. 待续费

在电子邮箱服务期限届满后的_____天内，甲方未续缴电子邮箱服务费用的，则该电子邮箱处于"待续费"状态。在此期间，甲方不能使用电子邮箱收发电子邮件，但可登录电子邮箱进行续费。其中，服务期限届满后_____天内，乙方为其保留_____天的服务器端收信功能。

3. 放弃

在电子邮箱服务期限届满之日起_____天后或注册之日起_____天后，甲方仍未缴费的，则该电子邮箱处于"放弃"状态，即甲方自动放弃已注册的电子邮箱账号，同时该电子邮箱账号可供其他用户注册使用。

第二条 权利与义务

（一）甲方的权利与义务

1. 甲方有权按照自己的意愿，根据账号命名规则注册电子邮箱账号，并设定密码。
2. 甲方有权按照本合同约定要求乙方提供相应的服务。
3. 甲方应在合同订立之日起_____天内缴纳服务费用。
4. 甲方在电子邮箱使用过程中出现异常情况，可及时与乙方的客户服务部门联系。
5. 甲方应妥善保管自己的电子邮箱账号和密码。
6. 甲方应及时清理电子邮箱，未及时清理，造成电子邮件体积超出邮箱可用空间的，甲方自行承担电子邮件传输内容丢失等不利后果。
7. 甲方不得利用电子邮箱制作、复制、发布、传播违反国家法律、法规以及侵害国家、社会、他人利益的信息。

（二）乙方的权利与义务

1. 乙方依法对甲方的注册信息、电子邮箱账号、通信内容采取保密措施。
2. 乙方为履行本合同所提供的服务及相关信息至少应当以中文语言表达。
3. 乙方在收到甲方的服务费用后，应当向甲方注册的电子邮箱发送本合同文本和服务起止期限等相关信息。
4. 乙方在甲方电子邮箱已用存储空间超过了可用存储空间的_____%时，应以_____方式提醒甲方清理邮箱。
5. 乙方在本合同期限届满的_____天前，应当向甲方发出电子邮箱服务期即将届满以及告知如何办理续展电子邮箱服务期的提醒邮件。

6. 乙方通过技术调整等方式提升电子邮箱服务质量可能影响甲方正常使用的，应提前_____天以_____形式告知甲方，并尽量缩短甲方受影响的时间。

7. 乙方在甲方发送出的电子邮件无法成功投递给收信方时，应及时以_____形式通知甲方，并告知甲方无法成功投递邮件的原因。

8. 如因甲方原因导致电子邮箱账号和密码泄露，乙方应及时协助甲方采取补救措施。

9. 乙方应给予甲方有关电子邮箱设置与使用方面的指导。

第三条 合同的成立、终止

（一）本合同在网上订立，进入注册流程，甲方点击"_____"时本合同成立。

（二）甲方注册电子邮箱账号后，即拥有电子邮箱账号和密码。乙方在收到甲方服务费之日起按照本合同约定为甲方提供电子邮箱服务。

（三）甲方在注册电子邮箱账号后未按约定缴纳服务费用的，本合同终止。

（四）甲方如提出提前终止本合同的，经乙方确认后，本合同解除，乙方不再保留该电子邮箱账号及相关信息。

第四条 违约责任

（一）甲方利用乙方电子邮箱制作、复制、发布、传播违反国家法律、法规，侵害国家、社会、他人利益信息的，乙方有权中止服务；经查证属实的，乙方有权解除合同，相关服务费用不予退还。

（二）除本合同第二条第（二）款第 6 项的约定外，因乙方原因导致甲方无法正常使用电子邮箱服务的，甲方有权解除合同。甲方选择解除合同的，有权要求退还剩余服务期间的服务费用并要求乙方按总服务费用的_____%向其支付违约金。如甲方不解除合同的，乙方应按照甲方受影响时间的_____倍顺延甲方购买的服务时间。

（三）乙方对甲方的注册信息、邮箱账号、通信内容未尽到保密义务的，乙方应当就甲方因此而产生的损失承担赔偿责任。

第五条 争议的解决

发生争议，双方可协商解决；协商不成的，可依双方达成的仲裁协议申请仲裁或依法向人民法院起诉。

第六条 合同期限及续展

合同有效期限以甲方所支付费用对应的服务时间为准，但最长不超过_____个月。合同期限届满后，如双方对本合同内容无异议的，按照甲方付费金额相应续展合同期限。

(十三) 建筑物清洗保洁合同[①]

发包方（甲方）：_____

承包方（乙方）：_____

合同编号：_____

签订时间：_____

签订地点：_____

受甲方委托，乙方承包_____清洗保洁项目。根据《中华人民共和国合同法》，为明确双方权利义务关系，经双方协商一致，签订本合同。

第一条 项目概况

1. 项目名称：_____。
2. 项目地点：_____。
3. 承包范围：_____。
4. 承包方式：_____。

第二条 项目履行期限

1. 根据本项目清洗保洁任务量，双方商定项目总工期为_____天，自_____年____月____日起至_____年____月____日止。

2. 如遇不可抗力而无法在规定期限内履行合同，经双方确认后，工期可以相应缩短或延长。

第三条 项目质量

本清洗保洁项目的技术标准和质量要求按照上海市市容环境卫生管理局颁发的《上海市建筑物清洁保养质量标准》和本合同（清洗保洁范围、内容、频率和标准详见附件一）执行。

第四条 付款方式

1. 本项目清洗保洁服务费总价金额为人民币（大写）_____元。

2. 本合同经双方签字生效后，开工_____天前，甲方预先支付的价款应不少于合同总价款的_____%，计人民币_____元；服务项目验收合格后_____天内付清全部余额，计人民币_____元。

3. _____

_____

_____。

第五条 甲方工作

1. 甲方委托专门人员对乙方作业实施监督管理，并有权督促乙方人员严格执行合同规定的各项条款。

[①] 上海市工商行政管理局、上海市市容环境卫生管理局发布。

2. 甲方应无偿提供乙方管理和存放设备、物品及作业人员更衣的场所,以及免费提供乙方作业所需之水、电和其他支援需用器材。

3. 甲方按照合同规定的服务范围及服务标准对乙方负责的服务区域进行定期或不定期的检查或抽查。对一次性服务的项目,作业服务结束后_____天内进行验收,并在验收凭证上签字确认。

4. 甲方应在合同签订后_____天内负责为乙方作业人员办理各类有关证件,做好协调工作,确保乙方在合同期内正常工作。

5. 甲方应按本合同规定的价款和付款方式、日期准时付款。

6. _____。
7. _____。
8. _____。

第六条 乙方工作

1. 乙方应在本合同签订进场后_____天内提供有关保险手续证明文件、员工身份证及操作证明的复印件,所需费用由乙方承担。

2. 乙方必须按照《上海市登高作业安全操作规程》的要求进行安全生产教育培训,并遵守甲方有关规章制度。

3. 乙方应严格按照本合同相关条款和清洗保洁范围、内容、频率和标准(详见附件一)的规定进行清洗保洁服务,并接受甲方的监督、检查。

4. 乙方应按照本合同规定的服务范围配备作业人员,如因乙方安排等原因而导致人员缺额的,乙方必须自行调整补足(项目作业人员配置计划详见附件二)。

5. 未经甲方书面同意,乙方不得将合同的全部或部分项目转包、分包给其他公司或个人。

6. 乙方必须按合同规定,提供作业所需之清洁设备、工具、器材及药剂。

7. 乙方工作人员必须穿着统一整齐的工作服装,并于指定或明显位置佩戴工作证。

8. 乙方工作人员若向本项目范围内其他客户提供有偿服务,应与甲方取得联系。

9. _____。
10. _____。
11. _____。

第七条 违约责任

1. 任何一方违约,应承担违约责任;并向对方支付违约金(大写)_____元。

2. 甲方应在乙方保洁作业完成时进行验收,若由于甲方原因未能及时验收造成作业范围内重新污染、清洁效果被破坏的,责任由甲方承担。

3. 由于甲方原因造成无法作业,由此造成乙方作业延期完工的,责任由甲方承担。

4. 乙方在作业期间应设立明显警示标志,如有必要,须在该处范围设置安全围栏,如因乙方原因造成任何人员伤亡或财物损失的,责任由乙方承担。

第八条 合同争议解决途径

甲乙双方在履行合同的过程中如发生争议,应协商解决,协商不成的,可按下列第_____种方式解决(也可选中的打"√",不选的画去):

1. 提交_____仲裁委员会仲裁(   );
2. 依法向人民法院提起诉讼(   )。

第九条 附则

1. 本合同如因不可抗力的原因无法继续履行时,当事人可以依法主张解除合同,并及时书面通知对方,本合同自书面通知到达对方时解除。
2. 本合同如有未尽事宜,双方可通过协商签订补充合同,补充合同与本合同具有同等效力。
3. 本合同附件:①清洗保洁范围、内容频率和标准;②项目作业人员配置计划;③_____④_____。作为本合同的组成部分,具有同等法律效力。
4. 本合同一式两份,甲乙双方各执一份。

甲方(盖章或签字):　　　　　　　　乙方(盖章或签字):
住所/地址:　　　　　　　　　　　　住所/地址:
法定代表人/负责人:　　　　　　　　法定代表人/负责人:
委托代理人:　　　　　　　　　　　　委托代理人:
身份证/护照:(甲方为自然人时填写)　联系电话:
联系电话:　　　　　　　　　　　　　邮编:
邮编:
　　　　　年　月　日　　　　　　　　　　　年　月　日

附件一:

清洗保洁范围、内容、频率和标准

保洁部位	保洁内容	保洁标准	保洁频率			备注
			每天	每周	每月	

附件二：

项目作业人员配置计划

序号	岗　位		班　别			合计人数	备注
（按班别配置）							
			日班	中班	夜班		
1	管理人员						
2	保洁工						
3	小计						
4	其中	领班					
5		轮休					
6	合　计						

序号	部　位	保洁面积（立面平方米）	班　别			备注
（按保洁部位配置）						
			日班	中班	夜班	
1						
2						
3						
4						
5						
6						
7						
合计						
备注						

（十四）机动车驾驶培训先学后付、计时收费模式服务合同[①]

使 用 说 明

1. 本合同为示范文本，供学驾人与机动车驾驶培训机构（以下简称培训机构）之间签订机动车驾驶培训先学后付、计时收费模式服务合同时使用。

2. 双方当事人应当结合具体情况选择本合同协议条款中所提供的选择项，空格处应当以文字形式填写完整。

3. 双方当事人可以书面形式对本示范文本内容进行变更或者补充，但变更或者补充的内容，不得减轻或者免除应当由培训机构承担的责任。

4. 本示范文本由交通运输部和工商总局共同制定，在全国范围内推行使用。

学驾人：
性　别：　　　　　　　　　联系电话：
身份证号码：
地址（住所）：

培训机构：
法定代表人：
委托代理人：　　　　　　　联系电话：
经营注册地址：
道路运输经营许可证编号：

根据《中华人民共和国合同法》《中华人民共和国道路交通安全法》《中华人民共和国道路运输条例》等相关法律法规和政府管理部门规范行业经营服务行为的管理规定，学驾人、培训机构双方在自愿、平等的基础上，经协商，就机动车驾驶培训相关服务事宜达成如下协议：

第一条　培训机构证照

培训机构须公示经政府管理部门许可其经营机动车驾驶员培训业务的《道路运输经营许可证》等有关证照，为学驾人提供机动车驾驶"先学后付、计时收费"培训服务。

第二条　学驾车型

学驾人选择培训的准驾车型：_____（代号：_____）。

[①] 中华人民共和国交通运输部、国家工商行政管理总局制定，自2016年10月1日起施行，GF-2016-2002。

第三条 合同有效期

本合同有效期自签订之日起到_____年___月___日止。

第四条 培训内容与学时

依据《机动车驾驶培训教学与考试大纲》（以下简称《大纲》），培训机构提供的培训服务内容与学时：

"道路交通安全法律、法规和相关知识"培训_____学时（其中，课堂教学_____学时，远程网络教学_____学时）；"驾驶模拟"培训_____学时；"基础和场地驾驶"培训_____学时；"道路驾驶"培训_____学时；"安全文明驾驶常识"培训_____学时（其中，课堂教学_____学时，远程网络教学_____学时）。

第五条 培训机构提供的培训服务地址（地点）

课堂教学地点：_____；

远程网络教学网址：_____：

"驾驶模拟"培训地点：_____；

"基础和场地驾驶"培训教练场地：_____；

"道路驾驶"训练路线、时间（区域）：_____。

第六条 费用与支付方式

1. 学驾人一次性支付"道路交通安全法律、法规和相关知识""安全文明驾驶常识"理论知识培训费与教材费、建立档案材料费等共计（大写）_____元。

2. 学驾人每次完成驾驶操作技能培训后，按预约时段学时价格支付培训费用。不同时段的学时单价详见本合同附件（机动车驾驶培训费用构成明细表）。

3. 学驾人 □购买／□不购买 学车意外保险，费用_____元。

4. 培训机构提供以下费用支付方式：

□现金；□银行卡；□其他支付方式_____。

第七条 培训流程与预约考试学时要求

1. 培训机构应在学驾人支付本合同第六条第 1 项所述费用起_____个工作日内，为学驾人办理入学手续、建立培训档案、发放培训教材，安排学驾人参加《大纲》第一部分"道路交通安全法律、法规和相关知识"培训。学驾人完成第一部分培训达到_____学时后，自主预约科目一考试。

2. 学驾人取得学习驾驶证明后，培训机构应按学驾人预约日期提供驾驶操作技能培训服务。学驾人完成《大纲》第二部分"基础和场地驾驶"培训达到_____学时后，自主预约科目二场地驾驶技能考试。

3. 学驾人完成《大纲》第三部分"道路驾驶"培训达到_____学时后，自主预约科目三道路驾驶技能考试。

4. 学驾人完成《大纲》第四部分"安全文明驾驶常识"培训达到_____学时

后,自主预约科目四安全文明驾驶常识考试。

第八条 学驾人的权利

1. 学驾人有权要求培训机构按照《大纲》要求及本合同约定,完成培训服务内容和学时;在驾驶操作技能培训过程中,学驾人可自主预约培训时段、自主选择教练员。

2. 在培训过程中,学驾人若发现培训机构提供的教练车未经检测合格、教练员和管理人员减少培训项目和学时、伪造或篡改培训数据、向学驾人索取、收受财物或牟取其他利益等问题的,有权要求培训机构予以纠正,并可拒付相应时段的培训费用。

3. 学驾人发现培训机构未在交通运输管理部门许可核定的训练场地或未在公安机关交通管理部门指定的路线、时间提供培训服务的,有权要求培训机构予以纠正,并可拒付相应时段的培训费用。

4. 学驾人参加"驾驶模拟、基础和场地驾驶、道路驾驶"培训,可提前_____天进行预约。预约方式为:□ 互联网(网址:_____)、□ 培训机构经营场所预约窗口、□ 电话_____、□ 其他方式_____。

第九条 学驾人的义务

1. 学驾人提供的证件、体检证明及相关信息资料应真实、准确、完整,个人信息如有变化应及时告知培训机构。

2. 学驾人每次参加培训,应办理签到、签退手续。培训结束后,应对本次培训情况进行确认和评价;学驾人每次驾驶操作技能培训结束后,应当场向培训机构支付本次培训费用。当次支付费用经培训机构确认后,学驾人方可预约下一次培训。

3. 学驾人在培训过程中,应严格遵守培训机构的培训规定,在无教练员指导的情况下不得擅自操作教练车。由此造成后果的,学驾人承担相应责任。

4. 学驾人取消预约的,应在预约日期_____天_____时之前通过 □ 互联网(网址:_____)、□ 培训机构经营场所预约窗口、□ 电话_____、□ 其他方式_____按培训机构规定的流程取消预约。

5. 学驾人在怀孕期间或患有妨碍安全驾驶疾病的,不得参加培训。若隐瞒上述情形继续参加培训造成不利后果的,学驾人承担责任。

第十条 培训机构的权利

1. 培训机构可采集学驾人个人相关信息,培训机构采集的学驾人信息仅用于培训服务。

2. 学驾人在培训过程中,未按约定办理签到、签退手续的,培训机构有权要求学驾人补办手续。

3. 学驾人每次完成驾驶操作技能培训,未能支付当次培训费用的(含培训费用未支付成功),培训机构可暂停提供后续培训服务,直至学驾人付费成功。

4. 学驾人未按照培训机构流程预约培训时间和教练员,培训机构有权不予安排培训。

第十一条 培训机构的义务

1. 培训机构应提前将培训服务相关信息告知学驾人；培训机构应公示教练员的基本信息和培训服务质量排行情况供学驾人选择；培训机构提供的教学设施设备应符合国家相关技术标准；培训机构应按本合同第二条约定提供教练车，安排学驾人预约的教练员提供培训服务。

2. 培训机构应采取有效措施加强对学驾人个人信息保护，确保信息安全，防止信息泄露和滥用；如确因培训机构过错导致学驾人个人信息泄露的，应承担相应的法律责任。

3. 培训机构应规范使用机动车驾驶计时培训系统，如实记录学驾人培训过程，并为学驾人建立培训档案；培训机构应对学驾人的培训数据真实性负责；培训机构应为学驾人提供便捷的培训数据查询方式。

4. 学驾人在学习驾驶中有道路交通安全违法行为或造成交通事故的，培训机构承担责任。

5. 学驾人支付培训费用，培训机构应向学驾人开具培训发票；学驾人选择购买学车意外保险的，培训机构应及时投保。

6. 学驾人完成《大纲》规定的培训内容与学时的，培训机构应安排具备结业考核资质的人员对学驾人进行考核。考核合格的，培训机构向学驾人颁发《结业证书》。

第十二条 合同的终止与解除

（一）有以下情形之一的，本合同终止：

1. 学驾人完成本合同约定的培训服务内容和学时，并取得《结业证书》的；

2. 学驾人学习驾驶证明有效期届满的；

3. 学驾人在学习驾驶证明有效期内，科目二（场地驾驶技能考试）、科目三（道路驾驶技能）第五次考试不合格的；

4. 法律法规规定的其他情形。

（二）有以下情形之一的，学驾人可解除合同：

1. 培训机构工作人员对学驾人的培训学时、数据弄虚作假，经学驾人提出后拒不纠正的；

2. 培训机构未按公示的收费项目、收费标准收取费用，经学驾人提出后拒不纠正的；

3. 培训机构工作人员存在索取、收受学驾人财物或牟取其他利益等不良行为，经学驾人提出后培训机构拒不纠正的；

4. 法律法规规定的其他情形。

（三）有以下情形之一的，培训机构可解除合同：

1. 学驾人存在不得申请《机动车驾驶证》情形的；

2. 学驾人在培训过程中，严重影响教学安全和教学秩序，拒不纠正的；

3. 法律法规规定的其他情形。

（四）解除合同的，培训机构应退回学驾人提交的个人信息资料；未完成理论知识培训的，培训机构应按照学驾人未参加的培训学时，退还相应费用。

第十三条　违约责任

（一）学驾人违约责任

1. 因学驾人提供的证件或信息不真实、不准确、不完整造成后果的，学驾人承担相应责任。

2. 因学驾人迟到、早退等原因造成培训学时不足的，学驾人应按预约学时支付费用，并在后续培训中补足相应学时和费用。

3. 因学驾人原因造成预约成功后不能参加培训的（包括没有成功取消预约的），学驾人应按本次预约培训费用的_____%支付违约金。

（二）培训机构违约责任

1. 因培训机构信息录入错误、设备故障等原因造成后果的，培训机构承担相应责任。

2. 因培训机构人员、设备等原因造成学驾人预约培训学时不足的，培训机构应为学驾人提供培训服务补足学时，并免收相应费用。

3. 因培训机构原因造成学驾人不能按预约时段参加培训的，培训机构应免收该预约时段的培训费用，并向学驾人按本次预约培训费用的_____%（该比率应不小于学驾人违约责任第三项中的比率）支付违约金。

第十四条　争议的解决

本合同在履行过程中发生争议，双方可协商解决。协商未达成一致的，可通过培训机构所在地机动车驾驶员培训行业协会或消费者协会（消费者权益保护委员会）调解，也可选择以下一种方式：

☐1. 向_____仲裁委员会申请仲裁。

☐2. 向培训机构所在地有管辖权的人民法院提起诉讼。

第十五条　其他约定

1. _____。
2. _____。
3. _____。
4. _____。

第十六条　补充协议

本合同有未尽事宜的，双方可另行协商并签订补充协议。本合同补充协议、附件与本合同具有同等法律效力。

第十七条　合同生效、份数

本合同一式_____份，学驾人执_____份，培训机构执_____份，自签订之日起生效。

学驾人（签名）： 　　　　　　　　　培训机构法定代表人
　　　　　　　　　　　　　　　　　或委托代理人（盖章）：

签订日期：　　年　　月　　日　　签订日期：　　　　年　　月　　日

附件

机动车驾驶培训费用构成明细表

序号	项目		收费金额		备注
1	相关服务费用	教材费			
		档案材料费			
		人身意外伤害保险费			由学驾人自愿选择
2	理论知识培训	课堂教学			1. 理论知识教学内容包括："道路交通安全法律、法规和相关知识"和"安全文明驾驶常识"。 2. 课堂教学为_____学时（学时单价为_____元/学时）；远程网络教学为_____学时（学时单价为_____元/学时）。
		远程网络教学			
	小计				
序号	项目		学时单价	基本学时	备注
3	"驾驶模拟"培训	普通时段	元/学时		1. 普通时段： 2. 高峰时段： 3. 节假日时段：
		高峰时段	元/学时		
		节假日时段	元/学时		
4	"基础和场地驾驶"培训	普通时段	元/学时		
		高峰时段	元/学时		
		节假日时段	元/学时		
5	"道路驾驶"训练	普通时段	元/学时		
		高峰时段	元/学时		
		节假日时段	元/学时		

（十五）中小学生校外培训服务合同①

使 用 说 明

一、本合同文本为示范文本，供受培训者（学员）监护人与校外培训机构之间签订培训合同时参照使用，双方当事人也可使用本合同电子版在电子商务平台上签约。

二、合同双方当事人在签约之前应当仔细阅读本合同内容，特别是具有选择性、补充性、填充性、修改性的内容。

三、双方当事人应结合具体情况选定本合同文本的选择性条款（在方框内打"√"，以示双方确认），空白行供双方当事人自行约定或者补充约定。双方当事人可以对文本条款的内容进行修改、增补或删除，但不得随意减轻或者免除依法应当由校外培训机构承担的责任。合同签订生效后，未被修改的文本印刷文字视为双方同意内容。

四、本合同文本中涉及的选择、填写内容以手写项为优先。

五、本合同文本所称校外培训机构，是指由国家机构以外的法人或自然人，利用非国家财政性经费举办的，面向中小学生开展线上线下非学历教育培训的培训机构（含面向3岁至6岁学龄前儿童开展线下非学科类培训的培训机构）。合同签订前，学科类培训机构应当出示办学许可证和民办非企业单位登记证书等证明文件；非学科类培训机构应当出示办学许可证、营业执照（或事业单位法人证书、民办非企业单位登记证书）等证明文件。

六、本合同适用受培训者（学员）一般为在校的中小学生（含3岁至6岁学龄前儿童）。

特 别 提 示

一、仅持线上培训许可的培训机构不得开展线下培训，仅持线下培训许可的培训机构不得开展线上培训，学科类培训机构未经许可不得开展非学科类培训。

二、培训机构不得使用培训贷方式收取费用，预收费须全部进入培训机构收费专用账户，并根据属地监管部门要求，通过银行托管或风险保证金方式全额纳入监管范围。

三、面向义务教育阶段的学科类校外培训收费依法实行政府指导价管理，培训机构在政府制定的基准收费标准和浮动幅度内，确定具体收费标准。

四、培训机构培训时间不得和接受培训方当地中小学校教学时间相冲突，培训结束时间线下不得晚于20：30，线上不得晚于21：00，且不得留作业。线上培训机构每

---

① 中华人民共和国教育部、国家市场监督管理总局制定，GF-2021-2604。

课时不超过 30 分钟，课程间隔不少于 10 分钟。

五、学科类培训机构不得超标超前开展培训，严禁占用国家法定节假日、休息日及寒暑假期组织培训。

六、培训机构培训内容应符合党的教育方针，坚持社会主义办学方向，落实立德树人根本任务，遵循学生身心发展特点以及教育教学规律，价值导向正确。

七、培训机构严禁提供境外教育课程；培训材料管理工作，遵照《校外培训机构培训材料管理办法（试行）》执行。

八、线上培训机构不得提供和传播"拍照搜题"等惰化学生思维能力、影响学生独立思考、违背教育教学规律的不良学习方法。

九、从事学科类培训的教学、教研人员必须具备相应教师资格，并将教师资格信息在培训机构场所及网站显著位置公布；培训机构聘请在境内的外籍人员要符合国家有关规定，严禁聘请在境外的外籍人员开展培训活动。

十、培训机构开展宣传活动须依法依规，不得随意夸大培训效果、误导公众教育观念、制造家长焦虑，不得以任何形式在主流媒体、新媒体、公共场所、居民区各类广告牌和网络平台等刊登、播发校外培训广告，不得在中小学校、幼儿园内开展商业广告活动，不得利用中小学和幼儿园的教材、教辅材料、练习册、文具、教具、校服、校车等发布或变相发布广告。

合同编号：

甲方（提供培训方）：
机构名称（与民非登记证/营业执照或办学许可证一致）：
办学地址：
审批机关：　　　　　　　　　　登记注册机关：
办学许可证编号：
办学许可证有效期：　　　年　　　月　　　日
线上机构 ICP 备案号：
统一社会信用代码：
民非登记证/营业执照有效期：　　　年　　　月　　　日
联系人：　　　　　　　　　　联系电话：
乙方（接受培训方监护人）：
学员姓名：_____　性别：_____　出生日期：_____
身份证件类型及号码：
就读学校：　　　　　　　　　　就读年级：
联系电话：

监护人姓名：　　　　　　　　与学员关系：
联系电话：　　　　　　　　　联系地址：
身份证件类型及号码：

根据《中华人民共和国民法典》《中华人民共和国教育法》《中华人民共和国义务教育法》《中华人民共和国民办教育促进法》《中华人民共和国民办教育促进法实施条例》《中华人民共和国未成年人保护法》《中华人民共和国行政许可法》等有关法律、法规的规定，甲乙双方遵循平等、自愿、公平、诚实、守信的原则，遵循教育规律和青少年健康成长规律，经协商一致，签订本合同。

第一条　培训服务

本培训项目属于（单选）□线下学科类培训　□线上学科类培训　□线下非学科类培训　□线上非学科类培训

（一）培训项目

课程名称：　　　　　　　　　班级编号：
课程顾问（经办人）：　　　　总课时数（节）：
每次培训课时（节）：　　　　上课时间：
开课日期：　　　　　　　　　预计结课日期：

（二）培训要求

1. 培训方式：

□一对一（或一对＿＿＿＿＿＿）面授

□大班额面授课（标准：＿＿＿＿＿＿人—＿＿＿＿＿＿人）

□小班额面授课（班级限额≤＿＿＿＿＿＿人）□其他方式：

□最低开班人数＿＿＿＿＿＿，低于此人数可不开班；□本班开班不受最低人数限制

2. 是否指定授课教学人员：□否　□是（指定教学人员姓名：＿＿＿＿＿＿，指定教学人员未经乙方书面同意不得更换）；是否具备相应的教师资格或资质：□有　□没有

3. 实际授课地点（线上培训机构无须填写）：＿＿＿＿＿＿＿＿＿＿＿＿＿＿。

4. 学员接送方式（线上培训机构无须填写）：＿＿＿＿＿＿＿＿＿＿＿＿＿＿。

第二条　培训收费

（一）收费标准（人民币）

培训费用合计：＿＿＿＿＿＿（大写）＿＿＿＿＿＿（小写）元，其中：

□课时费：共计＿＿＿＿＿＿元（＿＿＿＿＿＿元/节）

□培训资料费：＿＿＿＿＿＿元

培训资料包括：

□其他费用：

名称：＿＿＿＿＿＿＿＿金额：＿＿＿＿＿＿元，收费依据：＿＿＿＿＿＿＿＿。

名称：＿＿＿＿＿＿＿＿金额：＿＿＿＿＿＿元，收费依据：＿＿＿＿＿＿＿＿。

名称：_____ 金额：_____元，收费依据：_____。

（二）付费方式（人民币）

经甲乙双方协商，乙方采取以下方式付款（单选）：

☐ ____年____月____日之前一次性付清培训费用。

☐ 培训周期超过____个☐月/☐课时的，☐培训费用金额超过_____元的：

____年____月____日之前支付培训费用的_____%，计_____元；

____年____月____日之前支付培训费用的_____%，计_____元；

____年____月____日之前支付剩余_____%，计_____元。

☐ 其他（说明）。

（三）付费渠道

乙方采取 ☐银行卡 ☐其他_____方式支付培训费用。甲方的培训费用收款专用账户信息如下：

开户银行：_____。

银行账号：_____。

（四）预收费监管方式

☐ 银行托管

☐ 风险保证金

第三条 甲方的权利和义务

（一）甲方有权按照国家有关政策规定和合同约定收取培训费用。甲方收取培训费用后应当及时向乙方提供以培训机构名义开具的正规发票等消费凭证（按照国家有关政策要求，甲方不得一次性向乙方收取或变相收取时间跨度超过3个月的费用；按课时收费的，每科不得一次性收取超过60课时的费用且不超过3个月）。

（二）甲方应当向乙方明示培训机构有效证明文件、收费项目、收费标准、收退费办法、培训范围、培训时间、教学人员资格和服务承诺等内容，公开透明培训，接受社会监督，甲方不得在公示的项目和标准外向乙方收取其他费用。

（三）甲方可以依照相关法律法规制定适合其机构自身的培训管理制度并在甲方培训场所醒目位置进行公示，甲方有权要求乙方遵照执行，以确保培训活动顺利进行。

（四）甲方开设培训项目须符合国家及培训场所所在地有关规定。甲方须选用与其培训项目及培训计划相匹配的培训材料，培训材料应当符合《校外培训机构培训材料管理办法（试行）》和当地有关实施细则规定。

（五）甲方保证，按照国家有关政策要求，配备与培训内容及规模相适应的培训场所和设施设备，配备充足的教学人员、教研人员、培训管理人员、安全管理人员、助教、带班人员等辅助人员。同时，根据《校外培训机构从业人员管理办法（试行）》规定，加强对所聘用人员的管理，确保不出现打骂、体罚、猥亵、虐待等损害学员身心健康或合法权益的行为。

（六）甲方应做好消防、抗震、食品、公共卫生等安全管理，配备安全技术防范系统，建立健全安全管理制度和应急预警处理机制，防范各类安全责任事故发生。每次培训课程结束后，甲方应确保学员被乙方安全接走，双方另有约定的除外。甲方如使用校车接送培训学员，须按《校车安全管理条例》管理，审批时须提供校车使用许可。

（七）甲方若改变培训方式，须双方协商一致。

（八）甲方应当保护乙方个人信息，确保在收集、存储、使用、加工、公开等个人信息处理活动中严格遵守《中华人民共和国个人信息保护法》《中华人民共和国未成年人保护法》的规定。

（九）未经乙方书面同意，甲方不得将本合同约定的培训服务转让给第三方，不得擅自将学员转交给第三方机构进行培训。

（十）甲方应当设置处理合同和服务争议的内设部门或者专员，甲方的客服电话为：＿＿＿＿＿＿＿＿＿＿。

第四条　乙方的权利和义务

（一）乙方有按照本合同的约定接受甲方培训服务的权利。

（二）乙方对培训过程以及培训人员的从业背景和执教信息享有知情权。乙方可以通过公开课、学习报告等适当方式了解学员的学习状况，甲方应当为乙方提供方便，接受乙方监督。

（三）乙方应当按时足额向甲方支付培训费用。如甲方采用银行托管方式进行预收费监管，乙方应在托管协议规定的时间内对甲方授课完成和资金拨付予以确认；超过规定时限未确认的，视为确认同意。

（四）乙方及学员应当自觉遵守甲方的各项培训管理制度和课堂纪律，不得妨碍其他学员的正常学习活动。乙方应当自觉遵守培训场所的各种安全规定，不从事危害自身或者他人人身、财产安全的不当行为。培训期间如因乙方或学员的原因造成甲方及甲方工作人员或他人人身、财产损害的，乙方应根据其过错依法承担相应的损害赔偿责任。

（五）乙方及学员应当尊重甲方的知识产权，不得擅自对培训过程进行录音、录像。对于甲方拥有知识产权的培训材料、课件或者课程视频，乙方及学员除在正常学习过程中合理使用外，不得私自复制、散发、销售，不得通过互联网进行分享、扩散和传播。

（六）未经甲方书面同意，乙方不得擅自将本合同课程转让给第三方，或者将听课凭证转让、出借给他人使用，否则甲方有权拒绝提供培训服务。

（七）如学员身体健康状况有特殊情形不再适合参与培训的，乙方应及时书面通知甲方，甲乙双方一致同意按如下方式处理（单选）：

□按照实际消耗课时结算培训费用

□调整培训时间或内容
□其他

第五条 培训退费

(一) 乙方在培训班正式开班前〔____〕天或开班后〔____〕□天/□课时前提出退学的,有权要求全额退费。

(二) 由于乙方的原因申请提前退学的,双方一致同意按如下方式办理退费(单选):
□退还乙方未消耗课时所对应的培训费余额。
□参加课程培训未达〔_____〕%者,退还乙方未消耗课时所对应的培训费余额;参加课程培训超过〔_____〕%者,退还乙方未消耗课时所对应培训费余额的〔_____〕%。
□其他。

(三) 在办理退费时,对于已发放给乙方的培训资料的费用、已转付给第三方并无法索回的代收代支费用以及已向银行(第三方)支付的合理手续费用等,由甲方出示相关证明材料后,经协商,由乙方承担。

(四) 乙方所报班次低于最低开班人数不能开班的,甲方应退还乙方已缴付的全部费用。

(五) 甲方应在收到乙方书面退费申请后_____(≤20)个工作日内,将相应退费款项支付给乙方。

(六) 退费方式:按乙方缴费原路径或双方协商一致路径退回。

第六条 违约责任

(一) 甲方未达到合同约定的场所、教师等培训条件的,或甲方未经乙方书面同意,擅自变更培训方式或培训教师的,乙方有权要求解除合同,要求甲方退还剩余培训费并支付剩余培训费〔_____〕%金额的违约金。

(二) 由于甲方的原因,包括但不限于甲方办学许可证过期,被吊销办学许可证、营业执照(或事业单位法人证书、民办非企业单位登记证书),被责令停业整顿、撤销登记等原因,无法继续向乙方提供培训服务的,乙方有权要求解除合同,要求甲方退还剩余培训费并支付剩余培训费〔_____〕%金额的违约金。

(三) 甲方招生简章或者宣传材料中对培训师资和效果等所作的说明和允诺具体确定,并对培训合同的订立以及课程价格的确定有重大影响的,应当视为要约。相关说明和允诺即使未载入本合同,亦应当视为合同内容,甲方所提供服务与上述相关说明和允诺不相符的,乙方有权要求解除合同,要求甲方退还剩余培训费并支付剩余培训费〔_____〕%金额的违约金。

(四) 未经乙方书面同意,甲方擅自将本合同约定的服务转给第三方或将学员转交给第三方机构进行培训的,乙方有权要求解除合同,要求甲方退还剩余培训费并支付剩余培训费〔_____〕%金额的违约金。

（五）因甲方违约，双方就退费事宜书面达成一致后，甲方应于_____（≤20）个工作日内将各项相关费用支付给乙方，每逾期一日应按逾期金额［_____］%的标准（不超过万分之六点五）向乙方支付违约金。

（六）乙方逾期未支付培训费用的，甲方有权中止培训服务，经书面催告后仍不支付的，甲方有权终止培训服务，乙方须支付实际已培训天数的课时费，每逾期一日应按逾期金额［_____］%的标准（不超过万分之六点五）向甲方支付违约金。

（七）由于乙方的原因，无法继续接受培训服务的，甲方不承担违约责任。

（八）因战争、自然灾害、传染性疾病等不可抗力致使本合同无法继续履行的，双方互不承担违约责任，受不可抗力影响的一方应及时书面通知对方，双方一致同意按如下方式处理（单选）：

☐按照实际消耗课时结算培训费用
☐调整培训时间或内容
☐其他

第七条　争议处理

本合同在履行过程中发生争议，双方可协商解决，协商不成的，一方可以向行业协会申请调解，仍无法解决的，双方一致同意按如下方式处理（单选）：

☐依法向_____仲裁委员会申请仲裁
☐依法向_____人民法院提起诉讼

第八条　其他约定

本合同未尽事宜，由下列条款进行约定。

1. _____。
2. _____。
3. _____。

第九条　生效方式

本合同自甲方盖章乙方签字或双方采用合法有效的电子签名方式签署之日起生效。合同正本连同补充条款共_____页，一式_____份，甲乙双方各执_____份，各份具有同等法律效力。

第十条　合同附件

1. 甲方服务项目说明与教学安排；
2. ……
3. ……

甲方（盖章）：_____　　乙方（接受培训方监护人签字）：_____
甲方代表（经办人签字）：_____
_____年___月___日　　_____年___月___日

（十六）养老机构服务合同①

说　明

1. 本合同文本为示范文本，由中华人民共和国民政部、中华人民共和国国家工商行政管理总局共同制定。各地可在有关法律、法规规定的范围内，结合实际情况调整合同相应内容。

2. 养老机构应当就合同重大事项对老年人及其家属或其他付款人、保证人、联系人等尽到提示义务。老年人及其家属或其他付款人、保证人、联系人等应当审慎签订合同，在签订本合同前，要仔细阅读合同条款，特别是审阅其中具有选择性、补充性、修改性的内容，注意防范潜在的风险。

3. 本合同文本"□"中选择内容、空格部位填写内容及其他需要删除或添加的内容，双方当事人应当协商确定。"□"中选择内容，以画"√"方式选定；对于实际情况未发生或双方当事人不作约定时，应当在空格部位打"×"，以示删除。

4. 在签订本合同时，当事人应根据老年人的民事行为能力、付款义务人、保证人、联系人的不同情况，将"专用条款"增加或替用至"通用条款"中。

5. 养老机构、老年人及其家属或其他付款人、保证人、联系人等可以针对本合同文本中没有约定或者约定不明确的内容，根据养老服务的具体情况在相关条款后的空白行中进行补充约定，也可以另行签订补充协议。

6. 当事人可以根据实际情况决定本合同原件的份数，并在签订合同时认真核对，以确保各份合同内容一致；在任何情况下，当事人都应当至少持有一份合同原件。

目　录

第一条　服务地点及服务设施
第二条　服务内容
第三条　收费标准及费用的支付
第四条　合同期限及合同期满的处理
第五条　甲方的权利、义务
第六条　乙方及乙方监护人的权利、义务
第七条　丙方的权利、义务
第八条　陈述与保证
第九条　合同的变更和解除
第十条　特别约定
第十一条　违约责任

---

① 中华人民共和国民政部、国家工商行政管理总局制定，GF-2016-2001。

第十二条　纠纷的解决方式及管辖
第十三条　通知与送达
第十四条　当事人协商一致的其他内容
第十五条　合同生效及附件

甲方（养老机构）：
法定代表人：　　　　　　　　职务：
住所：　　　　　　　　　　　邮政编码：
联系电话：　　　　　　　　　电子邮箱：
乙方（入住老年人）：
姓名：　　　　性别：　　　　年龄：
居民身份证号：
家庭住址：
联系电话：　　　　　　　　　电子邮箱：
乙方监护人：
（属于限制行为能力或者无民事行为能力的入住老年人，须由监护人签字确认）
姓名：　　　　　　　　　　　与乙方关系：
居民身份证号：
家庭住址：
联系电话：　　　　　　　　　电子邮箱：
丙方：
丙方作为入住老人的：
□付款义务人　□连带责任保证人　□联系人　□代理人　□其他
丙方为个人的：
姓名：　　　　　　　　　　　与乙方关系：
居民身份证号：　　　　　　　联系电话：
经常居住地地址：
通信地址：　　　　　　　　　邮政编码：
工作单位：　　　　　　　　　电子邮箱：
丙方为单位的：
单位名称：
法定代表人（或负责人）：
通信地址：　　　　　　　　　邮政编码：
联系人：　　　　　　　　　　联系电话：
传真号码：　　　　　　　　　电子邮箱：

通 用 条 款

鉴于：

1. 甲方是依法成立的养老机构，能够提供个人生活照料、康复护理、精神慰藉、文化娱乐等养老服务；

2. 乙方或乙方监护人经实地考察甲方，自愿入住甲方（养老机构名称）_____，接受甲方提供的专业养老服务，并向甲方支付相应费用；

3. 乙方或乙方监护人授权丙方作为乙方在紧急情况下的代理人、联系人，代为处理乙方或乙方监护人在本合同项下的相关事务，丙方同意接受乙方或乙方监护人授权。

为了营造温馨、舒适、安全的生活环境，满足老年人"老有所养、老有所乐"的需要，切实保障老年人的合法权益，同时明确各自的权利义务，甲、乙、丙三方依据《中华人民共和国合同法》《中华人民共和国老年人权益保障法》《养老机构管理办法》等法律规范，本着诚实信用的原则，经过友好协商，就甲方向乙方提供养老服务事宜，自愿达成以下合同条款，供各方遵照履行。

第一条 服务地点及服务设施

1.1 甲方提供养老服务的地点为：_____（写明养老机构的具体门牌号）。

1.2 乙方或乙方监护人选择入住的房间类型为（在以下几种情况中选择一种）：①单间。②双人间。③三人间。④多人间（四人以上，含四人）。⑤其他。

1.3 乙方或乙方监护人选择的具体房间为：_____。

乙方或乙方监护人基于正当理由要求调整房间的，甲方在条件许可的范围内应尽量满足。涉及房间变化，需要相应调整费用的，还应由各方协商一致书面确认后同时调整，如各方不能达成一致书面确认，则仍依本合同约定房间履行。

1.4 甲方提供的服务设施除了住宿的房屋，还包括房间内设施及公共设施，具体明细见本合同附件《设施设备清单》。

第二条 服务内容

2.1 根据乙方提供的《体检报告》（见本合同附件）及甲方对乙方进行护理等级的评价，经甲方与乙方或乙方监护人、丙方商定，甲方向乙方提供的护理等级和服务项目详见本合同附件《护理等级与服务项目》。

2.2 在本合同履行过程中，乙方或乙方监护人如果选择《护理等级与服务项目》以外的其他服务项目，经甲、乙（乙方监护人）、丙三方协商一致后另行签署书面补充协议确定。

2.3 甲方向乙方提供的服务应当符合国家强制性标准，并积极适用行业或地方标准。

第三条 收费标准及费用的支付

3.1 养老服务费用

3.1.1 甲方提供的各种服务项目的收费标准和收费依据应以_____方式进行公示，并作为本合同附件。

3.1.2 根据本合同第一条、第二条乙方所选择的房间及服务项目，乙方入住甲方的养老服务费为每月_____元，其中包括_____。

3.1.3 乙方接受甲方除本合同约定外的其他项目服务的，应根据甲方公示的收费标准或者补充合同的约定交纳费用。甲方每月向乙方或乙方监护人、丙方提供《个人费用明细表》，乙方或乙方监护人、丙方应签字确认。乙方或乙方监护人、丙方如有异议，可在收到《个人费用明细表》后7日内书面提出，甲方应做出书面说明。对于双方无争议费用金额应按照本合同约定时间支付，乙方或乙方监护人、丙方不得以异议费用拒绝支付其他费用，否则按本合同第9.2.2款项约定处理。

3.1.4 乙方或乙方监护人支付养老服务费的时间为_____，支付方式为_____。

3.1.5 甲方在收到款项后应向付款人开具等额收费凭证。

3.2 押金（合同中有押金约定的适用本条，无押金约定的不适用本条）

3.2.1 本合同签署生效后_____日内，乙方或乙方监护人应向甲方支付押金，押金金额为：_____。该押金可用于抵扣欠付的养老服务费用、违约金、赔偿金以及出现突发情况救治时需支付给医院的押金及相关费用等。

3.2.2 合同期限内因3.2.1情形出现押金不足时，乙方或乙方监护人应在接到甲方通知之日起_____日内补足。

3.2.3 押金不计利息□ 押金计利息□ 计息标准为：_____。

3.2.4 甲方不得将押金挪作他用，在合同到期或合同提前终止、解除时，扣除应结清的相关费用后应返还乙方或乙方监护人。

第四条 合同期限及合同期满的处理

4.1 经协商，确定本合同期限为_____年（月），自_____年____月____日起至_____年____月____日（该日为合同到期日）止。

4.2 合同期满前30日，乙方或乙方监护人可申请续签合同，也可由丙方代为申请续签。

4.3 续签的养老服务合同内容应当由甲方、乙方或乙方监护人、丙方协商确定。

4.4 如果乙方或乙方监护人未在合同期限届满前30日提出续签合同，或者乙方或乙方监护人虽在合同期限届满前30日提出续签合同申请，但各方未就合同续签达成一致，乙方应于合同到期日搬离甲方，办理离院手续并结清所有费用。

第五条 甲方的权利、义务

5.1 甲方的权利

5.1.1 按照本合同约定收取相关费用。

5.1.2 制订、修改养老机构的管理制度并按照公示的管理制度对乙方进行管理。

5.1.3 为了乙方的健康和安全,在乙方出现紧急情况时,有权在通知乙方监护人或丙方的同时,采取必要的处置措施,包括但不限于转送医疗机构,由此产生的费用由乙方或乙方监护人或丙方承担。

5.1.4 有权依照本合同约定及法律规定解除合同。

5.2 甲方的义务

5.2.1 按合同约定向乙方提供符合服务质量标准的养老服务。

5.2.2 按合同约定提供各项服务设施,确保服务场所、设施符合国家强制性标准,并积极适用行业或地方标准。

5.2.3 保证从事医疗、康复、社会工作等服务的专业技术人员持有关部门颁发的专业技术等级证书上岗,保证养老护理人员接受专业技能培训,能够满足岗位职责要求。

5.2.4 在提供服务过程中,尊重乙方,尽力合理地保障乙方的人格尊严和人身、财产安全。

5.2.5 当乙方发生紧急情况时及时通知乙方监护人、丙方或者其他紧急情况联系人;在乙方突发危重疾病时,及时通知乙方监护人、丙方或者其他紧急情况联系人并转送医疗机构救治;发现老年人为疑似传染病病人或者精神障碍患者时,依照传染病防治、精神卫生等相关法律法规的规定处理。

5.2.6 为乙方组织定期体检,建立个人档案。保存乙方的入住登记表、体检报告等健康资料以及日常经费开支情况等个人信息,建立各类信息资料档案的保管和使用制度,除向乙方、乙方监护人、丙方和其他有权部门(公安局、检察院、法院、养老服务行业主管机关因办案、监督、检查需要)提供查阅、允许复制外,不得对外透露。

5.2.7 允许乙方监护人、丙方及经乙方许可的亲属和其他人员探视乙方并提供方便,但不得影响甲方对于乙方正常服务或管理,否则甲方有权拒绝。

5.2.8 在解散清算前,依法妥善安置乙方。

5.2.9 接受乙方、乙方监护人、丙方的合理建议和监督。

第六条 乙方及乙方监护人的权利、义务

6.1 乙方的权利

6.1.1 按照约定的服务项目获得甲方提供的符合服务标准的养老服务。

6.1.2 对甲方的服务有批评建议的权利。

6.1.3 对自身的健康状况、费用支出、入院记录等有知情权,有权查阅、复印甲方为其建立的个人档案。

6.1.4 有权了解提供服务的人员是否经过专业培训、是否具备相应资质,有权要求甲方更换未经专业培训或不具备相应资质或提供服务不合格的人员。

6.1.5 享有隐私权,人格尊严和人身、财产安全不受非法侵害。

6.1.6 在突发急病的情况下有权获得及时、必要的医疗帮助。

6.2 乙方监护人的权利

6.2.1 对甲方的服务有批评建议的权利。

6.2.2 对乙方的健康状况、费用支出、入院记录等有知情权,有权查阅、复印甲方为乙方建立的个人档案。

6.2.3 有权了解提供服务的人员是否经过专业培训、是否具备相应资质,有权要求甲方更换未经专业培训或不具备相应资质或提供服务不合格的人员。

6.2.4 对乙方有探视权,但不得影响甲方对于乙方正常服务或管理。

6.2.5 遇紧急情况,包括但不限于乙方走失、身体健康状况出现紧急情况时,有权及时从甲方得到相关信息。

6.3 乙方的义务

6.3.1 如实告知甲方本人的健康状况、药品使用情况等信息,并如实填写《健康状况自我陈述书》。

6.3.2 配合甲方做好持续评估,确认照护等级;配合甲方定期参加体检。

6.3.3 配合甲方管理,并遵守甲方的管理制度,爱护甲方提供的各项服务设施。

6.3.4 与其他入住老年人和谐相处。

6.3.5 在接受甲方提供的养老服务期间,因疾病出现诊疗情形,应在治疗期间遵守医嘱,配合治疗。

6.3.6 按照约定自行或与丙方共同支付养老服务费及相关费用。

6.3.7 入住期间损坏甲方设施设备的,应当按照《设施设备清单》上标明的价格赔偿甲方损失。

6.3.8 配合甲方提供的符合合同约定、法律规定的养老服务。

6.4 乙方监护人的义务

6.4.1 入住前要如实向甲方反映乙方的情况,如脾气秉性、家庭成员、既往病史、健康状况和药品使用情况等,协助甲方如实填写《健康状况自我陈述书》。

6.4.2 劝导乙方入住后要自觉遵守养老机构的规章制度,接受管理,爱护甲方提供的各项服务设施。

6.4.3 劝导乙方与其他入住老年人和谐相处。

6.4.4 劝导乙方在接受甲方提供的养老服务期间,因疾病出现诊疗情形,应在治疗期间遵守医嘱,配合治疗。

6.4.5 按照约定自行或与丙方共同支付养老服务费及相关费用。

6.4.6 经常与乙方沟通,保持联络,满足乙方的精神需求。

6.4.7 及时协助甲方处理乙方出现的紧急情况。

6.4.8 家庭及单位地址、联系方式变更时,应及时通知甲方。

6.4.9 对乙方造成甲方或第三方人身和财产损失承担赔偿责任。

6.4.10 乙方在养老机构去世的,应及时进行善后处理并支付相关费用。

第七条 丙方的权利、义务

7.1 丙方的权利

7.1.1 对乙方的身体健康状况、享受服务情况等有知情权。

7.1.2 有权查阅、复制乙方在甲方的档案资料。

7.1.3 遇本合同约定的紧急情况，有权及时从甲方得到相关信息。

7.1.4 对乙方有探视权，但不得影响甲方对于乙方正常服务或管理。

7.1.5 在本合同约定的紧急情况下有权代理乙方处理相关事宜。

7.2 丙方的义务

7.2.1 经常与乙方沟通，保持联络，满足乙方的精神需求。

7.2.2 家庭或者单位地址、联系方式变更时，应及时通知甲方。

7.2.3 及时协助甲方处理乙方出现的紧急情况。

第八条 陈述与保证

8.1 甲方保证为依照法律、行政法规设立并依法登记的养老机构，具有提供本合同约定的养老服务的资格和能力。

8.2 乙方或乙方监护人保证乙方不属于患有精神病、甲类或乙类传染性疾病等不符合入住养老机构疾病的老年人。

8.3 乙方或乙方监护人、丙方保证向甲方提供乙方在本协议签署前一个月内在甲方所在地二级甲等以上医院进行体检的《体检报告》（体检项目包括：精神健康状况、传染性疾病及养老机构要求的其他体检项目等）（作为本合同附件）。

8.4 乙方或乙方监护人、丙方保证向甲方提供的乙、丙方共同签字的《健康状况自我陈述书》（作为本协议附件）是真实的，没有任何虚假或隐瞒。

第九条 合同的变更和解除

9.1 合同的变更

9.1.1 根据乙方健康状况的变化，甲方可以提出变更服务方案，并以书面形式通知乙方或乙方监护人及丙方，经甲、乙或乙方监护人、丙三方协商一致，签署补充协议。

乙方或乙方监护人、丙方收到甲方变更服务方案的书面通知后_____日内既不确认又不提出异议，但乙方实际接受甲方提供的相应服务的，视为甲、乙或乙方监护人、丙三方就合同约定的服务项目的变更达成了一致，乙方或乙方监护人有义务按照新的服务项目支付相应的服务费用。

如果根据乙方健康状况的变化，不调整服务项目将导致乙方的健康安全无法保障的，甲方提出变更的服务方案后，乙方或乙方监护人既不同意，也不接受实际服务，甲方和乙方或乙方监护人均有权解除本合同。

9.1.2 当与甲方日常管理、服务直接相关的物价指数变动幅度超过10%时，甲方有权适当调整收费标准，并将价格调整的通知在调价前30日内以书面形式通知乙方或乙方监护人及丙方。

乙方或乙方监护人对价格调整有异议的，可在收到通知后 15 日内以书面形式提出解除合同；乙方或乙方监护人虽有异议但要求继续按照原收费标准履行合同的，甲方有权提出解除合同。

乙方或乙方监护人收到通知后 15 日内不以书面形式提出异议，但拒绝根据调整后的价格支付相关费用的，甲方有权解除合同并按照原收费标准收取已提供服务的费用。

9.2 合同的解除

9.2.1 除本合同另有约定外，下列情况下，乙方或乙方监护人可以单方解除本合同，并无须承担违约责任：

（1）甲方提供的服务不符合合同约定，经乙方或乙方监护人提出，_____日内不改正的；

（2）因甲方或甲方工作人员的严重过错造成乙方人身或重大财产损害的；

（3）乙方因疾病或其他个人原因离院的，但乙方或乙方监护人不提出解除本合同而要求保留床位或房间的除外；

（4）乙方首次入住_____日内不适应居住环境或管理方式的；

（5）本合同履行过程中，乙方或乙方监护人提前 30 日书面通知甲方并结清服务费用的。

9.2.2 除本合同另有约定外，下列情况下，甲方可以单方解除本合同，并无须承担违约责任：

（1）付款人无故拖欠各项费用超过_____日，经甲方催告后_____日内仍不交纳的，甲方有权解除合同，书面通知乙方搬出养老机构。乙方或乙方监护人在甲方发出书面解除合同通知后_____日内仍不搬出的，甲方有权提起诉讼，请求法院确认合同解除。付款人除应支付拖欠的服务费用、诉讼期间的养老服务费用以外，还应每逾期一天按逾期支付费用金额万分之_____向甲方支付违约金。

（2）乙方严重违反甲方的规章制度，造成甲方难以履行对乙方的养老服务，或造成其他入住老人伤害或现实性伤害危险的。

（3）乙方或乙方监护人隐瞒重要乙方健康状况、患有须隔离治疗的传染性疾病或者患有精神疾病等其他不适宜在机构内集中生活的。

（4）发生不可抗力致甲方不能履行合同的。

（5）甲方因丧失养老机构执业资格等原因暂停、终止服务的。甲方应当于暂停或者终止服务 60 日前向实施许可的民政部门提交老年人安置方案，经批准后方可解除养老机构服务合同。

（6）乙方连续请假外出超过_____天（不得少于 30 天）。

第十条　特别约定

10.1 突发疾病或出现事故等紧急情况的处理

10.1.1 乙方在入住期间突发疾病或身体伤害事故，甲方应及时通知乙方监护人、丙方，及时联系120等医疗急救机构；如需到医疗机构急救，甲方应派人陪送至医疗机构。甲方不能及时联系上乙方监护人、丙方的，应尽早与本合同附件确定的其他联系人取得联系，通报情况。

甲方具有医疗资质的，在乙方生命垂危等紧急情况下应尽到合理诊疗义务，费用由乙方或乙方监护人、丙方承担。

10.1.2 因乙方发生紧急情况产生的急救费用、治疗费用、住院押金等均由乙方或乙方监护人负担。甲方因此垫付费用的，乙方或乙方监护人应及时清偿。

10.2 乙方去世的善后服务及相关费用

乙方在甲方服务期间去世的，甲方应及时与乙方监护人或丙方取得联系，乙方监护人或丙方负责善后处理并承担相关费用。无法与乙方监护人或丙方取得联系的，应及时联系殡仪馆，妥善保存遗体，发生的费用由乙方监护人或丙方承担。

10.3 甲方与乙方监护人或丙方联系中断

因乙方监护人或丙方提供的联系地址、方式不准确或不详细或变更后未及时通知甲方，或其他客观原因致使甲方无法与乙方监护人或丙方及时联系，连续达一个月则视为联系中断。甲方与乙方或乙方监护人协商后，可以重新确定联系人。

10.4 非因甲方原因造成乙方人身、财产损害的，甲方不承担责任。

10.5 乙方具有完全民事行为能力，但拒绝接受甲方提供服务，造成其自身人身、财产损害的，由乙方自行承担后果。

10.6 本合同关于乙方、乙方监护人或丙方权利义务的约定，并不免除对乙方有法定赡养义务的其他人的法定责任。

10.7 因不可抗力导致本合同无法继续履行的，受到不可抗力影响的一方应在不可抗力情形发生后及时通知合同其他相关方，本合同可依法解除，合同各方不承担解除合同的责任。乙方监护人或丙方应及时接回并妥善安置乙方。

甲方应提示乙方、乙方监护人或丙方重点注意上述特别约定内容，按照乙方、乙方监护人或丙方的要求，对上述特别约定内容进行说明，并请乙方、乙方监护人或丙方签字确认。

以上特别约定内容，在甲方提示下，乙方、乙方监护人或丙方均已认真阅读，充分知晓与了解。特此签名确认：_____。

第十一条　违约责任

11.1 因甲方及其工作人员的过错，损害乙方人身或财产权利的，由甲方承担赔偿责任。

11.2 甲方服务人员资质不合格、没有按约定提供服务或者提供的服务不合格，甲方应承担的违约责任为：_____。由此造成乙方人身或财产损失的，甲方还应承担赔偿责任。

11.3 甲方或其工作人员侵犯乙方、乙方监护人及丙方对甲方提供的养老服务的知情权的，乙方、乙方监护人和丙方有权要求甲方改正，造成损失的甲方应承担赔偿责任。

11.4 本合同因_____项解除的，甲方应向乙方或乙方监护人支付违约金_____元。

11.5 本合同因_____项解除的，乙方或乙方监护人应向甲方支付违约金_____元。

11.6 因乙方原因造成甲方或第三人人身或财产损失的，乙方、乙方监护人应承担赔偿责任。

11.7 因乙方原因造成其自身损害的，由乙方、乙方监护人自行承担全部后果和责任。

第十二条　纠纷的解决方式及管辖

与本合同有关的或者因本合同引发的纠纷应尽量协商解决，协商解决不成的，应向甲方住所地人民法院提起诉讼解决。

第十三条　通知与送达

13.1 在本合同首页中所标明的甲方、乙方、乙方监护人和丙方的地址和联系方式为各方各自有效的通信地址和联系方式。一方变更通信地址和联络方式应及时通知其他各方。

13.2 以下情形，视为送达，但受送达人有证据证明其因客观原因未实际接收到通知的除外：

13.2.1 以特快专递形式发送的，已经签收的，以签收日为送达日；未签收的，同城自发送之日起2日视为文件已经送达，异地5日视为送达，境外15日视为送达。

13.2.2 手机短信发送的，发出之时即视为送达。

13.2.3 电子邮件自发出进入收件方邮箱服务器视为送达。

13.2.4 传真发送自发出对方传真机接收视为送达。

13.3 因受送达人通信地址或其他相关信息错误、不详或发生变更未及时通知其他各方造成无法送达的，由受送达人自行承担相关后果。

13.4 乙方入住甲方期间，有关本合同的履行事宜甲方应以书面或数据电文形式通知乙方或乙方监护人、丙方，由乙方或乙方监护人、丙方确认签收；乙方或乙方监护人、丙方拒签的，书面通知在第三方见证下送至收件人地址的视为已通知或已送达，数据电文进入收件人接收系统的视为已通知或已送达。

第十四条　当事人协商一致的其他内容

（约定内容可以另行附页）

第十五条　合同生效及附件

15.1 本合同一式_____份，甲、乙或乙方监护人及丙方各执一份，自各方签字或盖章之日生效。

15.2 下列文件为本合同附件：
（1）加盖甲方公章的甲方合法注册登记文件复印件；
（2）乙方、乙方监护人、丙方（个人）身份证及户口本复印件，丙方（单位）加盖公章的丙方合法注册登记文件复印件及联系人信息；
（3）二级甲等以上医院出具的《体检报告》（体检时间在一个月以内）；
（4）乙方、乙方监护人及丙方签章的乙方《健康状况自我陈述书》及《入住登记表》；
（5）甲方出具的，经乙方、乙方监护人、丙方签章认可的《老年人能力评估报告》；
（6）房间、设备物品表；
（7）公共设施、设备表；
（8）甲方服务范围表；
（9）乙方、乙方监护人、丙方选择的《护理等级与服务项目》；
（10）甲方提供的各种养老服务项目的收费标准表；
（11）经签署的《＿＿＿＿＿＿养老机构入住须知》；
（12）甲方制定并公示的规章制度；
（13）其他联系人表；
（14）其他附件。
15.3 本合同附件系本合同组成部分，与本合同具有同等法律效力。

甲方（公章）：
法定代表人或授权代表（签字）：
日期：

乙方（签字、盖章、按手印）：
日期：
乙方监护人（签字、盖章、按手印）：
日期：

丙方（签字、盖章）：

签署日期：
签署地点：

专 用 条 款

丙方为付款义务人的，应增加或替用以下专用条款：

3.1.4 乙方（乙方监护人）和丙方支付养老服务费的时间为_____，支付方式为_____。

3.2.1 本合同签署生效后_____日内，乙方（乙方监护人）和丙方应向甲方支付押金，押金金额为：_____。该押金可用于抵扣欠付的养老服务费用、违约金、赔偿金以及出现突发情况救治时需支付给医院的押金及相关费用等。

3.2.2 合同期限内因 3.2.1 情形出现押金不足时，乙方（乙方监护人）和丙方应在接到甲方通知之日起_____日内补足。

3.2.4 甲方不得将押金挪作他用，在合同到期或合同提前终止时，扣除应结清的相关费用后应返还乙方（乙方监护人）和丙方。

7.2.4 及时向甲方支付本合同项下的款项。

7.2.5 本合同有效期内乙方去世的，及时进行善后处理并支付全部费用。

8.5 丙方保证对本合同项下款项承担支付责任。

9.1 合同的变更

9.1.1 根据乙方健康状况的变化，甲方可以提出变更服务方案，并以书面形式通知乙方（乙方监护人）和丙方，经甲、乙方（乙方监护人）和丙方三方协商一致，签署补充协议。

乙方（乙方监护人）和丙方收到甲方变更服务方案的书面通知后_____日内既不确认又不提出异议，但乙方实际接受甲方提供的相应服务的，视为甲、乙方（乙方监护人）和丙方三方就合同约定的服务项目的变更达成了一致，乙方（乙方监护人）和丙方有义务按照新的服务项目支付相应的服务费用。

如果根据乙方健康状况的变化，不调整服务项目将导致乙方的健康安全无法保障的，甲方提出变更的服务方案后，乙方（乙方监护人）和丙方既不同意，也不接受实际服务，甲方与乙方（乙方监护人）和丙方均有权解除本合同。

9.1.2 当与甲方日常管理、服务直接相关的物价指数变动幅度超过 10%时，甲方有权适当调整收费标准，并将价格调整的通知在调价前 30 日内以书面形式通知乙方（乙方监护人）和丙方。

乙方（乙方监护人）和丙方对价格调整有异议的，可在收到通知后 15 日内以书面形式提出解除合同；乙方（乙方监护人）和丙方虽有异议但要求继续按照原收费标准履行合同的，甲方有权提出解除合同。

乙方（乙方监护人）和丙方收到通知后 15 日内不以书面形式提出异议，但拒绝根据调整后的价格支付相关费用的，甲方有权解除合同并按照原收费标准收取已提供服务的费用。

9.2.1 除本合同另有约定外，下列情况下，乙方（乙方监护人）和丙方可以单方解除本合同，并无须承担违约责任：

（1）甲方提供的服务不符合合同约定，经乙方（乙方监护人）和丙方提出，_____日内不改正的；

（2）因甲方或甲方工作人员的严重过错造成乙方人身或重大财产损害的；

（3）乙方因疾病或其他个人原因离院的，但乙方（乙方监护人）和丙方不提出解除本合同而要求保留床位或房间的除外；

（4）乙方首次入住_____日内不适应居住环境或管理方式的；

（5）本合同履行过程中，乙方（乙方监护人）和丙方提前30日书面通知甲方并结清服务费用的。

10.1.2 因乙方发生紧急情况产生的急救费用、治疗费用、住院押金等均由乙方（乙方监护人）和丙方负担。甲方因此垫付费用的，乙方（乙方监护人）和丙方应及时清偿。

11.5 本合同因_____项解除的，乙方（乙方监护人）和丙方应向甲方支付违约金_____元。

11.6 因乙方原因造成甲方或第三人人身或财产损失的，乙方（乙方监护人）和丙方应承担赔偿责任。

11.7 因乙方原因造成其自身损害的，由乙方（乙方监护人）和丙方自行承担全部后果和责任。

丙方为连带责任保证人的，应增加或替用以下专用条款：

7.2.4 乙方或乙方监护人未按照本合同及时支付款项的，自应付而未付之日起_____日内代乙方或乙方监护人向甲方支付。

7.2.5 本合同有效期内乙方去世的，及时进行善后处理并支付相关费用。

8.5 丙方保证系具有提供保证担保的民事行为能力之人，自愿就乙方或乙方监护人履行本合同发生的全部债务承担连带保证责任。

8.6 丙方为乙方或乙方监护人提供保证的期限为_____。

9.2.3 甲方、乙方或乙方监护人单独解除合同或者甲方、乙方或乙方监护人双方协商解除合同的，甲乙双方均应当及时通知丙方。

10.1.2 因乙方发生紧急情况产生的费用急救费用、治疗费用、住院押金等均由乙方（乙方监护人）和丙方负担。甲方因此垫付费用的，乙方（乙方监护人）和丙方应及时清偿。

10.3 甲方与乙方监护人或丙方联系中断

因乙方监护人或丙方提供的联系地址、方式不准确或不详细或变更后未及时通知甲方，或其他客观原因致使甲方无法与乙方监护人或丙方及时联系，此种情况连续达一个月则视为联系中断。甲方与乙方或乙方监护人协商后，可以重新确定联系人。联系中断不免除丙方的保证责任。

11.8 甲方有权选择起诉乙方（乙方监护人）和丙方各方或任意一方。

丙方为合同履行联系人的，应增加或替用以下专用条款：

8.5 丙方保证担任本合同履行过程的联系人，接收甲方的通知。

9.2.3 甲方、乙方或乙方监护人单独解除合同或者甲乙或乙方监护人双方协商解除合同的，甲方均应当及时通知丙方。

10.3 甲方与乙方监护人或丙方联系中断

因乙方监护人或丙方提供的联系地址、方式不准确或不详细或变更后未及时通知甲方，或其他客观原因致使甲方无法与乙方监护人或丙方及时联系，此种情况连续达一个月则视为联系中断。甲方与乙方或乙方监护人协商后，可以重新确定新的联系人担任丙方。

（十七）北京市养老服务合同（养老机构版）[①]

[①] 此合同内容详见本书所附电子文件。北京市民政局、北京市市场监督管理局发布，BF-2022-2731。

第二十五章 广告合同

广告合同，是广告客户与经营者之间、广告经营者与广告经营者之间确立、变更、终止广告承办或者代理关系的协议。广告合同具有如下特征：

1. 广告合同的标的可以分为两类：一类是广告经营者按照广告客户提出的要求所完成的工作成果；另一类是广告经营者接受广告客户或者其他广告经营者的委托，为其完成特定广告代理任务的行为。

2. 在广告合同中，有一方当事人是特定的，即必须是经过工商行政管理机关核准登记注册的广告经营者。否则，当事人双方签订的合同是无效的，而且委托非法广告经营者承办或者代理广告业务的一方所支出的费用，也不准列入成本和营业外开支。

一、《广告法》相关法条

第九条 广告不得有下列情形：
（一）使用或者变相使用中华人民共和国的国旗、国歌、国徽，军旗、军歌、军徽；
（二）使用或者变相使用国家机关、国家机关工作人员的名义或者形象；
（三）使用"国家级"、"最高级"、"最佳"等用语；
（四）损害国家的尊严或者利益，泄露国家秘密；
（五）妨碍社会安定，损害社会公共利益；
（六）危害人身、财产安全，泄露个人隐私；
（七）妨碍社会公共秩序或者违背社会良好风尚；
（八）含有淫秽、色情、赌博、迷信、恐怖、暴力的内容；
（九）含有民族、种族、宗教、性别歧视的内容；
（十）妨碍环境、自然资源或者文化遗产保护；
（十一）法律、行政法规规定禁止的其他情形。

第十七条 除医疗、药品、医疗器械广告外，禁止其他任何广告涉及疾病治疗功能，并不得使用医疗用语或者易使推销的商品与药品、医疗器械相混淆的用语。

《医疗器械广告审查办法》

第二十三条 对违法发布的医疗器械广告情节严重的，省、自治区、直辖市药品监督管理部门应当定期予以公告，并及时上报国家食品药品监督管理局，由国家食品药品监督管理局汇总发布。

对发布虚假医疗器械广告情节严重的，必要时，由国家工商行政管理总局会同国家食品药品监督管理局联合予以公告。

《药品广告审查办法》

第二十一条　对任意扩大产品适应症（功能主治）范围、绝对化夸大药品疗效、严重欺骗和误导消费者的违法广告，省以上药品监督管理部门一经发现，应当采取行政强制措施，暂停该药品在辖区内的销售，同时责令违法发布药品广告的企业在当地相应的媒体发布更正启事。违法发布药品广告的企业按要求发布更正启事后，省以上药品监督管理部门应当在15个工作日内做出解除行政强制措施的决定；需要进行药品检验的，药品监督管理部门应当自检验报告书发出之日起15日内，做出是否解除行政强制措施的决定。

第二十六条　房地产广告，房源信息应当真实，面积应当表明为建筑面积或者套内建筑面积，并不得含有下列内容：

（一）升值或者投资回报的承诺；

（二）以项目到达某一具体参照物的所需时间表示项目位置；

（三）违反国家有关价格管理的规定；

（四）对规划或者建设中的交通、商业、文化教育设施以及其他市政条件作误导宣传。

第六十五条　违反本法规定，伪造、变造或者转让广告审查批准文件的，由市场监督管理部门没收违法所得，并处一万元以上十万元以下的罚款。

二、典型案例

案例1：购房优惠广告的效力如何？

[案情回放]

2019年3月，甲公司为出售由本公司建造的住宅商品房，发放购房优惠广告，该广告表明对前20名买家给予8折优惠。都某看到该广告后，立即来到甲公司售楼处。经与甲公司协商，都某最终决定购买一套商品房。甲公司在商品房预售预购登记的全部80套购房合同中，都某的房屋编号为032018，排名第18位。4月，都某和甲公司签订了房屋预售合同，但双方在签订房屋预售合同时，甲公司明确告知都某不属于前20名买家，而都某未表示异议，仍然签订了房屋预售合同。5月，都某搬入该房屋，并按照甲公司的购房优惠广告支付了房款的80%，甲公司要求都某支付未付的房款，都某以甲公司的购房优惠广告为由表示拒绝。双方为此发生争执。甲公司遂起诉至人民法院，请求法院判令都某支付未付的房屋价款，并承担违约责任。

[专家点评]

在本案中，优惠广告应当是附条件的单方承诺行为，即以相对方订立合同为条件而给予相对方一定的优惠，该承诺直接约束发布广告的商家。既然购房优惠广告为附条件单方承诺，对甲公司产生约束力，在双方履行合同时生效，自然直接针对相应的价金条款产生作用，在甲公司不履行其单方承诺的义务时，应当承担相应的法律责任。由此，该购房优惠广告虽非双方的合同条款，但直接决定了甲公司和都某的权利义务，或者说，甲公司与都某之间的法律关系实际上是房屋预售合同和购房优惠广告的结合。而甲公司仍然要求都某支付房屋的全价，明显违背了自己的承诺，属于违约行为。因此，都某有权按照8折的优惠价格支付房屋价款。

案例2：二手车广告未提供车主的确切地址，应否承担赔偿责任？

[案情回放]

某报社在其发行的报纸上开办了二手车交易专栏。容某到该报社广告部办理二手车交易广告刊登手续。该报社广告部在审查了容某的有关证件后，收取了600元广告费，并在次日出版的报纸上为容某的二手车刊登了出卖广告。

杜某看到该广告后，按报纸上提供的联系方式与容某取得了联系。经双方面谈后，杜某购买了容某的二手车，并实际支付了购车款。双方约定：杜某试用该车1个月，无质量问题后双方办理过户手续。如果发生质量问题，返车退款。1个月后，杜某打算办理车辆过户手续时，却无法与容某取得联系。杜某按照报社提供的地址前去寻找容某，但发现容某并不在该处居住。某报社也无法提供容某的其他联系方式。

杜某以某报社不能提供广告主的真实住址为由，要求某报社承担全部民事责任，赔偿购车款。某报社认为，自己具备广告经营资质，是合法的广告经营主体。在发布二手车交易广告前对广告主的情况进行了严格审查，广告内容真实。杜某与容某的二手车交易行为是当事人自主实施的，与报社无关，不能要求报社承担责任。双方经协商不能达成一致，杜某向当地人民法院提起诉讼。

[专家点评]

《广告法》第56条第1款规定："违反本法规定，发布虚假广告，欺骗、误导消费者，使购买商品或者接受服务的消费者的合法权益受到损害的，由广告主依法承担民事责任。广告经营者、广告发布者不能提供广告主的真实名称、地址和有效联系方式的，消费者可以要求广告经营者、广告发布者先行赔偿。"第2款规定："关系消费者生命健康的商品或者服务的虚假广告，造成消费者损害的，其广告经营者、广告发布者、广告代言人应当与广告主承担连带责任。"从法律条文的衔接和逻辑关系上考虑，广告的发布者和经营者因不能提供广告主的真实名称和住址而承担民事责任的前提是其存在发布虚假广告的行为。如果广告的经营者与发布者发布的广告内容真实，即使其因故不能提供广告主真实的名称和地址，也不应当判定其承担民事责任。

在本案中，某报社在为容某刊登二手车交易广告时，按规定进行了审查，履行了有关手续，广告内容真实，不存在发布虚假广告，欺骗和误导消费者的情况。杜某按照某报社二手车交易广告提供的信息与车主容某取得了联系，并且付款购车，足以证明某报社发布的广告内容真实，不属于虚假广告。因此，杜某以某报社不能提供广告主的真实地址为由要求其承担全部民事责任，缺乏法律依据，不应当支持。

三、广告合同陷阱防范

1. 在签订广告合同时，要注意审查广告经营者是否为经工商行政管理机关核准登记的合法经营者，经营范围是否有利用合同约定媒体发布广告的内容。另外，广告经营者的信誉也非常重要，广告经营者的信誉影响着消费者对广告内容的信赖程度。

2. 广告经营者在签订广告合同时，必须要求广告主提交相关的证明文件。如果发布的广告内容涉及商品质量、获奖、注册商标等，需要广告主提交有关证明资料；发布特殊内容的广告，应当要求广告主提交有关部门的审批文件。

3. 对广告内容要进行认真的审查，包括内容是否属实，使用的文字、图画是否符合有关规定等。

四、广告合同范本

（一）广告设计制作合同

甲方：_____（以下简称甲方）

乙方：_____广告传播有限公司（以下简称乙方）

经双方充分协商，根据《中华人民共和国民法典》相关规定，特签署本合同。

一、合同内容：

1. _____ 质量要求：_____。
2. _____ 质量要求：_____。
3. _____ 质量要求：_____。

二、合同金额：

共计人民币（大写）_____（小写：_____）。

三、付款方式：

1. 本合同签订后，甲方支付合同总额的_____%，即人民币￥_____元（大写：_____元整）。

2. 项目结束后甲方向乙方支付合同余款，即人民币￥_____元（大写：_____元整）。

四、责任与义务：

1. 乙方应按甲方要求按质按量完成相关设计和制作工作。

2. 乙方需在规定时间（____年__月__日前）完成，并送交甲方签字认可。

3. 甲方根据乙方需要提供相关资料，并承担因版权、文责所引发的法律责任和经济纠纷。

五、产权约定：

甲方将委托设计的所有费用结算完毕后才享有著作权，否则，乙方设计的作品著作权归乙方，甲方对该作品不享有任何权利；甲方在余款未付清之前擅自使用或者修改使用乙方设计的作品而导致的侵权，乙方有权依据《中华人民共和国著作权法》追究其法律责任。

六、违约责任：

因设计和制作工作具有很大的特殊性，在经过大量调研工作的同时更需设计师的精心创作，乙方在开始着手设计时就已经在全面地履行合同，因此，甲方如提前终止合同，预付款乙方不予退还。

七、其他事项：

_____
_____。

八、甲乙双方如因履行本合同发生纠纷，应友好协商解决，如无果则提请法律途径解决。

本合同一式两份，甲乙双方各持对方签字盖章合同一份，均具有同等的法律效力。

甲方（盖章）：_____　　乙方（盖章）：_____
代表签名：_____　　　　代表签名：_____
地址：_____　　　　　　地址：_____
电话：_____　　　　　　电话：_____
传真：_____　　　　　　传真：_____
日期：_____　　　　　　日期：_____

（二）广告代理服务合同

第一章　合同双方当事人

1.1 名称：_____（以下简称甲方）
地址：_____　法定代表人：_____
1.2 名称：_____（以下简称乙方）
地址：_____　法定代表人：_____

1.3 乙方承诺其在法律上为合格之主体，在该服务项目上具有相关资历，并依照广告法的相关规定和合同完成甲方的委托事务。

1.4 乙方承诺按照《中华人民共和国广告法》及有关规定为甲方提供各类广告服

务，如因乙方原因造成与《中华人民共和国广告法》及有关条款相违背，乙方承担相关法律责任。

第二章 合同范围

2.1 甲方同意聘请乙方为_____产品的广告服务代理商，提供广告策划、广告创意和媒介服务。

2.2 本合同有效期：_____年___月___日至_____年___月___日。

2.3 作为甲方指定广告代理商，乙方承诺提供以下广告服务内容（见附件_____）：_____。

第三章 合同收费标准

3.1 收费标准

3.1.1. 有关服务费用：_____。

3.1.2. 由乙方为甲方提供专业服务，甲方应支付整个项目相应的服务费用人民币_____元整（￥_____）（不含税）。甲方同意全额支付该服务费，若因甲方的原因导致乙方在合同规定的期间无法完成合同规定的服务项目，乙方有权依上述规定的费用全额收取。若以后服务项目内容增加，服务费用随之增长，具体数额由双方协商确定。

3.2 项目收费标准

3.2.1. 有关媒介发布服务

如甲方需要乙方提供媒介发布服务，乙方除向甲方收取实际发生的费用外，另再收取媒体发布费用的_____%作为佣金。

3.2.2. 有关广告制作

3.2.3. 电视/广播广告的相关制作

乙方向甲方收取实际发生的费用。

3.2.4. 平面摄影及后期制作输出（插图、租片、出片、打样等）

乙方向甲方收取实际发生的费用。

3.2.5. 印刷及品牌项目宣传品的制作

如甲方需要乙方提供印刷及品牌项目宣传品制作服务，乙方向甲方收取实际发生的费用。

3.2.6. 有关市场调研

乙方向甲方收取实际发生的费用。

3.2.7. 有关活动执行

如甲方需要乙方进行活动的实施与执行，乙方向甲方收取实际发生的费用。

3.2.8. 其他服务费收取

底片、打样、出片等第三方费用另行收取（收费标准见附件_____）。

竞争品牌_____：_____元/条。

其他费用：如快递、运输等按实结算。

3.3 有关差旅费

如因业务需要出差，在征得甲方同意的前提下，乙方可向甲方实报实销机票（经济舱）、车票和住宿（不高于三星级）费用。在甲方指定的旅行开始之前，乙方应估计出有关预期旅行和住宿费用，阐明目的、地点、期限、旅行者人数和成本并报告给甲方，并留出充裕的时间以便同甲方交涉并得到其批准。只有这样，甲方才有责任支付这些费用（具体收费标准见附件_____）。

3.4 以上条款未尽事宜，凡涉及第三方费用支出，经甲方同意后，乙方将按照实际发生的费用向甲方收取。

第四章 支付条件和支付方式

4.1 支付时间：在每月_____日之前支付上月基本服务费（甲方应在当月_____日前完成对乙方上月工作的业绩考核）。

4.2 项目服务费：

甲方对发票有疑问或有反对意见，需在收到发票之日起____个工作日天内向乙方提出书面咨询，乙方必须对此做出书面答复，否则视乙方完全同意甲方所示之异议，在合理期限内乙方未给予回复的，甲方有权拒绝支付该发票所示之金额。若乙方完全同意甲方所提出之异议，在乙方未做出明确回复之前甲方也有权拒绝支付该异议发票所示金额，由此产生的损失甲方不承担责任。

4.3 未经甲方认可，乙方不得以任何形式将业务转与第三方完成。

第五章 技术资料和软件的交付

5.1 "技术资料和软件"是指保密协议中约定的甲方所提供的所有必须保密的资料和文件，乙方按协议提供给甲方的设计和创意的设计稿的素材及合成版的电子版、打印版和各项活动效果评估或活动总结等文件。

5.2 乙方对甲方提供的所有保密资料不拥有所有权，对甲方提供给乙方的保密资料予以保密。如果上述资料一部分或全部被甲方或第三方公布，则乙方不再承担保密义务。

第六章 知识产权保护和商业秘密保护

6.1 对于甲方提供给乙方有关该项目的任何关于甲方的资料、图片、数据、信息的所有权为甲方所有，未经甲方同意，乙方不得以任何方式将甲方提供给乙方的任何信息予任何第三方知悉。

6.2 甲方承诺对于未采用的乙方创意及策略等，甲方不得在以后的广告中使用投放。

6.3 合同期内乙方不得代理除甲方产品以外的相关产品，合同执行完后一年内不得代理与甲方同类型产品之广告。

6.4 甲乙双方同意保护合同项目下的相关知识产权。

6.4.1. 甲方在支付了所有费用后，合同项目下乙方所有的全部版权，包括广告后续的修正及完善，将自动转移至甲方所有。如果没有甲方的书面同意，乙方不得将甲方拥有版权的、相同的创意及素材用于其他客户。

6.4.2. 对于第三方所有的版权，乙方将应甲方的要求，提供必要的帮助，以书面的形式告知甲方该版权的归属及转移该版权所必需的费用和程序。

6.4.3. 乙方同意在版权归属甲方所有后，无须支付额外费用，甲方即可将该版权在其集团所有的公司中使用。

6.4.4. 合同执行完毕后，经甲方书面同意后，乙方可将与本合同相关的部分资料和信息做自我宣传等合理使用。

6.5 乙方保证并同意，在合同期间和合同终止后，不会将其所获知的非公开信息，这包括但不局限于商业秘密和机密信息、广告物质、观念、计划、技术、账目、产品、商业、顾客、客户或其成员的运作方式，散布或透露给任何人或用于自身的目的，除非是依照甲方的要求以完成其职责，或是应任何法律、法庭、法定程序、强制性规定或检查机构（政府性的）的要求。乙方在与其他单位签订与提供给甲方的服务和物品有关的合同时，都应加入与之相一致的保密条款。任何与本条款不符之处都应受甲方指导并作书面记录。

本条款的规定在本合同终止后的一年内有效。本合同终止后，乙方所拥有的有关这方面信息的文件都应归还甲方或加以销毁。乙方可能遵照地方法律出于税务目的而保留这些文件，在此条件下，本条款将继续适用于这些保留下来的文件。

第七章　侵权责任

7.1 乙方作为广告代理商按甲方提供的合法有效的材料，真实、全面地推广甲方产品，因甲方产品内在瑕疵而致消费者受损的，乙方不承担连带法律责任。

7.2 本项目推广中因甲方原因导致的与第三方权利义务纠纷或侵害第三方利益的，造成的损失乙方不承担责任。由此造成乙方的损失由甲方承担。同时乙方保证对其制作的广告内容的合法性负责，若因乙方的原因包括但不限于推广手段和内容违法而导致的与第三方权利义务纠纷或侵害第三方利益的或被有关行政管理部门处理的，由此造成甲方的损失由乙方承担。

第八章　税费

8.1 依照目前政府规定，开具广告专用发票各项税收按总额的_____%收取；如遇政府或相关税务机关调整交税比例，乙方可随之相应调整。

8.2 双方同意的免息期后，如甲方仍未全额付清费用，乙方将向甲方收取按当时银行利率计算的逾期付款利息。

第九章 不可抗力

9.1 如任何一方延迟或未能履行本合同项下的义务是由于该方在订立合同时不能预见、对其发生和后果不能避免、不能克服并且非属该方之过错或疏忽之事件或事情引起的，包括但不限于任何政府机构行为（无论有效或无效）、火灾、水灾、风暴、爆炸、自然灾害等，在此范围内，应免除该方责任，但受影响的一方应在该迟延发生起合理时间内就该延迟以书面形式通知另一方。双方应尽快对此做出相应的协商解决方案，一方在合理期限内未予回复的，另一方有权要求解除合同。

9.2 责任方应尽快将发生不可抗力事故的情况以电话或电报通知对方，并于十四天内以航空挂号信的形式将有关当局出具的证明文件提交给另一方确认。如不可抗力事故延续到一百二十天以上时，双方应通过友好协商尽快解决继续执行合同的问题，若一方在合理期限内未予回复的，另一方有权要求解除合同。若不可抗力结束后，可以履行合同，且另一方也要求继续履行的，应当继续履行。

第十章 合同的变更、解除和生效

10.1 本合同自双方签字确认并加盖公章后生效。

10.2 因其他特殊原因需要解除合同的，一方必须提前_____个月书面通知另一方当事人，通知送达之日起合同自动解除。

10.3 因具体情况需要变更合同内容的，以协议变更后的内容为准。

10.4 甲乙双方如无异议，本合同结束后，自动延续____年，合同意向____年。

第十一章 违约责任

11.1 因不可抗力致合同目的无法实现的，当事人可以解除合同。但因一方违约而遭遇不可抗力的，违约方不能免责。

11.2 合同当事人任何一方违反合同义务，未按约定履行合同的，守约方有权单方决定是否解除合同，若由于一方违约而给对方造成损失的，违约方应承担相应的赔偿责任。

11.3 一方当事人不履行合同义务或不按约定履行合同，由此造成对方损失的，要承担赔偿直接损失的责任，且赔偿金额不超过合同总金额的_____%。

11.4 乙方违约的，应向甲方支付相当于该合同中单项金额_____%的违约金。若违约金不足以抵偿因违约而给对方造成的损失的，当事人可以协商或通过法院请求予以增加。若该违约金超出了对方损失的，应按该实际损失予以赔偿。

第十二章 争议的解决

本合同若发生争议，双方应友好协商解决，若协商不成发生纠纷，提交原告所在地人民法院进行诉讼，若双方同时向各自所在地人民法院就双方合作事项提出诉讼的，则提交甲方所在地人民法院审理。

第十三章 其他

13.1 各项有关制作工作的具体实施协议，具体合同附件是本合同的组成部分与本合同具有同等效力。如合同附件之内容与本合同有冲突，以后达成的协议为准；若附件之间有矛盾，可由双方另行商议解决。

13.2 甲、乙双方应指定承办人，负责双方联络或协调事宜，并承担相关附随义务以利合同的执行。

13.3 本合同未尽事宜，双方另行协商，协商达成书面协议与本合同具有同等法律效力。

13.4 本合同一式____份，甲方____份，乙方____份，具有同等效力。

甲乙双方就以上内容达成一致。

甲方：_____   乙方：_____
法定代表人：_____   法定代表人：_____
委托代理人：_____   委托代理人：_____
地址：_____   地址：_____
____年____月____日   ____年____月____日

（三）广告发布业务合同①

广告客户或代理单位名称（以下简称甲方）：_____
广告发布单位名称（以下简称乙方）：_____
甲乙双方根据国务院《广告管理条例》及有关规定，签订本合同，并共同遵守。
一、甲方委托乙方于____年____月____日至____年____月____日期间发布_____广告。
二、广告发布媒介为_____。
三、单位广告规格为_____。
四、广告采用_____样稿（样带），未经甲方同意，乙方不得改动广告样稿（样带）。

---

① 国家工商行政管理局发布。

五、乙方有权审查广告内容和表现形式，对不符合法律、法规的广告内容和表现形式，乙方应要求甲方作出修改，甲方作出修改前，乙方有权拒绝发布。

六、广告样稿（样带）为合同附件，与本合同一并保存。

七、广告单价_____元，加急费_____元，其他费用_____元，扣除优惠_____元，扣除代理费_____元，播出次数_____，总计_____元。

八、甲方应在____年__月__日前将广告发布费付给乙方，付款方式：_____。

九、违约责任：_____。

十、解决合同纠纷的方式：执行本合同发生争议，由当事人双方协商解决。协商不成，双方同意由_____仲裁委员会仲裁（当事人双方不在本合同中约定仲裁机构，事后又没有达成书面仲裁协议的，可向人民法院起诉）。

十一、其他：_____
_____。

十二、广告的编排方式和发布时间表：

广告编排方式（广告发布总条、次、时段、版面等） 月＼日	1	2	3	4	5	6	7	8	9	10	11	12	13	14	15	16	17	18	19	20	21	22	23	24	25	26	27	28	29	30	31
一																															
二																															
三																															
四																															
五																															
六																															
七																															
八																															
九																															
十																															
十一																															
十二																															

广告客户或代理单位（甲方）	广告发布单位（乙方）	根据需要，双方可以向有关部门申请对本合同进行鉴（公）证。
单位名称：（章）	单位名称：（章）	
单位地址：	单位地址：	
法定代表人：	法定代表人：	鉴（公）证意见：
委托代理人：	委托代理人：	
电话：	电话：	
电挂：	电挂：	
邮政编码：	邮政编码：	鉴（公）证机关（章）
图文传真：	图文传真：	
开户银行：	开户银行：	经办人：
账号：	账号：	年　月　日
		签订日期：　年　月　日

（四）网络广告合同

甲方：_____

乙方：_____

经_____（以下简称甲方）与_____（以下简称乙方）友好、平等协商，甲方委托乙方设计、制作、发布网络广告，达成如下合同条款，双方共同遵守：

一、网络广告发布处：_____。

二、网络广告发布位置：_____。

三、网络广告发布尺寸：_____。

四、网络广告发布形式：_____。

五、网络广告发布时间：_____。

六、甲、乙双方的权利和义务：

1. 甲方指派专人代表甲方全权负责此项网络广告发布工作；
2. 甲方为乙方提供网络广告的相关背景资料和数据；
3. 乙方向甲方提交网络广告初稿 1 份及电子浏览文件 1 份；
4. 甲方对"初稿"提出审定意见；
5. 乙方根据甲方的审定意见进行修改，并向甲方提供发布稿及电子浏览文件；
6. 乙方取得甲方在发布稿上签字同意后在网上发布；
7. 甲方对本网络广告内容负责，其内容必须符合《中华人民共和国广告法》及国家相关法律法规，否则，造成的后果由甲方负责。

七、责任免除：

1. 因战争、自然灾害等导致乙方服务器不能正常运行；

2. 因政府行政行为导致乙方不能开放服务器；

3. 因互联网灾难，中国、美国等互联网通讯提供商原因导致乙方服务器不能正常接入；

4. 因乙方操作平台及应用软件原因导致乙方服务器临时性不能正常运行；

5. 因乙方网站遭遇不法攻击导致服务器临时性不能正常运行。

基于以上原因，导致乙方网站不能正常运行，乙方不承担任何法律上和其他方式的责任。

八、费用结算：

1. 本次网络广告费_____元，人民币（大写）_____元整；

2. 本合同生效之日起甲方付清款项。

九、本合同一式两份，自甲、乙双方签字或盖章之日起生效，合同附件及合同文本具有同等的法律效力。

甲　　方：_____　　　　乙　　方：_____
法定代表人：_____　　　　法定代表人：_____
时　　间：_____　　　　时　　间：_____

附件：

甲方、乙方加盖公司公章的"企业法人营业执照"复印件一份。

签约地址：_____市_____路_____号

（五）电视广告发布合同

广告客户名称（以下简称甲方）：_____

广告发布单位名称（以下简称乙方）：_____

根据《中华人民共和国民法典》《中华人民共和国广告法》等有关法律法规规章的规定，甲乙双方在自愿、平等、协商一致的基础上，签订本合同。

第一条　广告发布概况

（一）广告发布内容：_____。

（二）广告发布频道/频率：_____。

（三）广告发布时间：_____。

（四）广告发布次数：_____。

（五）广告发布时长：_____。

（六）其他约定：_____。

第二条　合同价款及支付方式

（一）本合同价款为：人民币_____元，大写_____元。

备注：_____。

合同签订后，甲方于____年___月___日支付人民币_____元，作为定金，待支付剩余款项时抵作价款。

（二）第一次付款：_____年___月___日前付款人民币_____元。

第二次付款：_____年___月___日前付款人民币_____元。

第三次付款：_____年___月___日前付款人民币_____元。

补充约定：_____。

（三）支付方式：□支票　□转账　□现金

其他：_____。

第三条　双方权利义务

（一）甲方权利义务

1. 甲方应在签订本合同前对乙方进行相关的资格审查。

2. 如甲方为广告主的，应按照法律、行政法规有关规定向乙方提供证明文件。甲方承诺其提供的上述文件真实、合法、有效，不违反法律规定，不侵犯他人的民事权利。

3. 甲乙双方在履行本合同过程中，对于实际投播的日期、广告时长、段位等相关具体事项，可以广告投播订单的形式另行确定。甲方的订单应由乙方签字或盖章确认。

4. 甲方应在广告发布日的_____天前，向乙方提供广告样带及与其版本一致的广告投播订单，承诺内容真实、合法，并办理书面确认手续。

5. 甲方要求发布的广告属于依法必须在发布前由有关行政主管部门对广告内容进行审批的，应当向乙方提供书面的相关审批文件，并保证批准文件的真实、有效。

6. 甲方应向乙方提交广告带所涉及的他人民事权利的合法使用许可证明。在广告中使用他人名义、形象的，应当事先取得他人的书面同意，使用无民事行为能力人、限制民事行为能力人的名义、形象的，应当事先取得其监护人的书面同意。

7. 甲方应按照合同约定的金额、时间、方式支付合同价款。

8. 甲方不得擅自更改或撤销广告订单。如因特别原因需要撤销广告发布订单的，应在广告发布日的_____天前，以书面签章形式通知乙方，并按该次被撤销广告价款的_____%向乙方支付相关费用。

9. 因乙方原因造成广告无法按期发布的，甲方有权要求乙方顺延履行。因发布延迟给甲方带来损失的，甲方有权要求乙方赔偿。如延迟发布将无法实现合同目的的，甲方有权解除合同。

（二）乙方权利义务

1. 乙方合法拥有本合同约定媒体的广告发布资格。

2. 乙方应按照双方约定发布广告。

3. 乙方有权要求甲方提交法律、行政法规规定的广告发布所需要提供的有关证明文件。

4. 乙方应建立广告审查制度，配备相应的广告审查人员，审查广告样带。广告样带必须经广告审查人员签字同意后方可发布，并记录在案存档。

5. 甲方提供的广告样带内容及其表现形式不符合法律规定的，或者规格不符合技术标准的，乙方有权要求甲方修改。甲方应在广告发布日的_____天前，将修改后的样带交给乙方。如甲方不同意修改或逾期仍未提交修改稿的，乙方有权解除本合同，并有权要求甲方赔偿。

6. 应甲方要求，乙方应如实提供监播记录。出具监播记录的机构为：_____。

7. 乙方应建立广告档案管理制度，自本合同履行完毕之日起保存本合同文本两年。

第四条　违约责任

（一）甲方未按照约定付款的，每逾期一天按照未支付金额的_____‰支付违约金。逾期付款时间超过_____日，乙方有权解除合同。

（二）因甲方未按期向乙方提供广告样带造成本合同无法按期履行，由甲方承担违约责任，并向乙方支付违约金人民币_____元，大写_____元。

（三）乙方已尽法定审查义务，而因甲方提供虚假证明材料，造成广告作品侵犯第三方合法权益的，甲方承担全部责任。

（四）因乙方原因造成甲方广告未按约定时间播出的，甲方可要求乙方另行约定继续播出，并承担违约责任。如另行安排继续播出甲方将无法实现合同目的的，甲方有权解除合同，并有权要求乙方赔偿。

（五）乙方不得擅自改变约定发布广告的栏目、时长、时段和内容。因特别原因乙方需将甲方广告调整至其他栏目或时段发布的，需在发布日的_____天前，书面通知乙方，双方协商按以下方式处理：_____。因乙方原因造成发布的广告时长、内容错误的，双方协商按以下方式处理：_____。

（六）乙方未尽法定的广告审查义务导致发布的广告违法，甲方可向乙方追究相应的责任。

（七）_____。

第五条　其他约定

（一）因重大突发新闻事件致使广告无法按约定发布的，可由甲乙双方协商解决。

（二）_____。

第六条　补充条款

（一）_____。

（二）_____。

第七条　争议解决方式

本合同履行过程中发生争议，可由双方协商解决；也可选择下列第（　）项方式解决：

1. 向_____仲裁委员会申请仲裁；

2. 依法向_____人民法院提起诉讼。

第八条　本合同一式两份，双方各执一份。

甲方　　　　　　　　　　　乙方
单位名称：（章）　　　　　单位名称：（章）
单位地址：　　　　　　　　单位地址：
法定代表人/负责人：　　　　法定代表人/负责人：
委托代理人：　　　　　　　委托代理人：
电话：　　　　　　　　　　电话：
邮政编码：　　　　　　　　邮政编码：
传真：　　　　　　　　　　传真：
开户银行：　　　　　　　　开户银行：
账号：　　　　　　　　　　账号：

签订日期：_____年___月___日

（六）广告位租赁合同

甲方（承租方）：_____

地址：_____

邮政编码：_____

乙方（出租方）：_____

地址：_____

邮政编码：_____

电话：_____

账号：_____

开户行：_____

根据《中华人民共和国民法典》《中华人民共和国广告法》及其他法律、法规之规定，在平等、自愿、协商一致的基础上，甲乙双方就本租赁达成如下协议：

第一条　广告位基本情况

1. 广告位位置：_____。

2. 广告牌规格：_____ m×_____ m（三面）（T形广告牌）。

3. 广告牌制作材料：_____。
4. 广告画面：_____。

第二条　租赁期限

该广告位租赁期限为_____，即从_____年___月____日起至_____年___月____日止。

第三条　合同总额和付款方式

1. 立柱广告发布费总金额共计人民币：_____。
2. 上述费用包括乙方对该广告的策划、制作、建造、报建、年审、维护、维修、租金和电费等（不含税收）。
3. 立柱广告发布费支付时间和支付方式：_____。

第四条　双方责权

（一）甲方责任

1. 甲方须及时提供乙方报批报建所需的文件资料，否则因此引发的一切责任乙方概不负责。
2. 甲方有权决定广告发布内容，但必须保证其真实性、合法性。
3. 甲方须及时向乙方缴交广告发布租金。

（二）乙方责任

1. 乙方应遵守广告发布、制作的有关规定，一切制作、报批手续及费用都由乙方自行承担。
2. 广告的制作材料、施工费、用电增容、电费等一切费用由乙方自行解决和支付，施工安装均需达到安全生产要求及广告牌美观、完整。乙方负责广告维修和保养工作。如光源出现故障，乙方应于_____天内修复；广告画面出现损坏，乙方应于_____天内修复；电缆被盗，乙方应于三天内修复。
3. 乙方在发布广告时必须按照国家、省、市有关广告规定办理好有关手续及缴交有关费用。
4. 乙方必须于合同生效后_____日内发布广告，否则每逾期一天甲方收取乙方_____元整（¥_____元）作为滞纳金；逾期一个月未完工，则甲方有权取消合同。
5. 广告制作完成后乙方必须保证每晚亮灯_____小时，即夏天亮灯时间为晚上_____至_____时，冬天亮灯时间为晚上_____至_____时（可根据季节气候的变化适当调整）。

（三）租用期内，甲、乙双方不能无故终止合同，但如因市政或城市规划要求等原因导致甲方广告位不能使用时，则双方不负何赔偿责任，其租金乙方按甲方所租用实际时间计算。

（四）如因台风、地震等不可抗力造成双方不能履行合约的，双方免责。

第五条　租赁期满

租赁期满后，本合同即终止，甲方对此广告位在同等条件下享有优先租赁权。如甲方续租，须提前_____个月书面向乙方提出申请。

第六条　违约责任

双方签订合同必须守信，任何一方违反本合同的规定，违约方需按当年度租金的_____%作为违约金支付给守约方。

第七条　其他

1. 本合同未尽事宜由双方共同协商解决，并签订补充合同，补充合同与本合同不一致的，以补充合同为准，补充合同与本合同具有同等法律效力。

2. 本合同一式两份，甲、乙双方各持一份，均具有同等法律效力。甲乙双方签名、盖章后生效。

甲方：_____　　　　乙方：_____

代表人：_____　　　　代表人：_____

日期：_____　　　　日期：_____

（七）车身车体广告合同

甲方（代理商）：_____

乙方（车主）：_____

经甲乙双方友好协商，就甲方租用乙方车体发布广告事宜达成如下协议：

一、乙方同意甲方在_____（车牌号）车的车厢两侧发布广告，期限为_____年，具体时间为_____年___月___日到_____年___月___日。

二、乙方保证，在_____年的发布期限内，不撕毁、损坏、破坏甲方发布的广告，如果因其他原因导致广告破损或脏污，及时向甲方联系并更新。

三、车体广告的内容和制作发布，以及广告破损后的更新均由甲方负责。

四、甲方提供以下优惠中的一项作为对乙方的回报：

1. 甲方付给乙方现金_____元。

2. 甲方赠送乙方_____次免费保养。

3. _____年内，乙方向甲方购买零部件和维修时，获得_____折优惠。

乙方认可的一项优惠方式为：_____。

五、甲方回报的兑现办法为：

1. 乙方如果选择现金回报，发布车身广告的当天，甲方支付现金_____元，半年后甲方再付_____元，_____个月后甲方付清所有款项。

2. 乙方如果选择_____次免费保养或_____折优惠购买零部件和维修，甲方在_____年___月___日到_____年___月___日随时为乙方提供优惠。

六、任意一方违约，另一方都有资格中断所承担的责任或义务。

七、其他未尽事宜，双方本着友好原则，协商解决。

八、本协议一式两份，签字（盖章）后生效。

甲方（签章）：_____　　　乙方（签章）：_____

_____年____月____日　　　　　_____年____月____日

（八）电梯广告租赁合同

甲方（出租方）：_____

乙方（承租方）：_____

甲乙双方就乙方租赁甲方电梯轿厢设置看板媒体（以下简称"看板"）、刊发广告一事进行友好协商，达成以下条款，双方共同执行：

第一条　租赁地点

甲方同意将_____市_____区_____花园（大厦/小区）共_____部电梯租赁给乙方设置看板，刊发广告。

第二条　设置方式和范围

1. 看板设置于电梯轿厢壁上（超薄型，厚度不超过2cm、长度：_____、宽度：_____），用粘贴或敷膜方式贴在轿厢壁上，共三面（左、中、右）；

2. 采用进口美国3M技术贴敷在电梯厅门上；

3. 电梯轿厢（面向电梯门及出梯门时目光所能触及的轿厢壁）。

第三条　设置内容

1. 公益广告（包括社区文化建设、公民道德规范、防火、防盗知识、保健小常识、生活小窍门等）；

2. 商业广告（广告内容必须符合国家广告法的规定，不得发布不宜单位、社区和家庭的广告，更不得发布影响少年儿童身心健康的广告）；

3. 每期左、右两块展板商业广告与公益广告所占版面的比例为4∶3。

第四条　租赁时间

合同期为_____年，即从_____年____月____日至_____年____月____日。

第五条　租赁费用

每部电梯每年度（12个月）_____元，电梯共____部，每年度电梯租赁费共计_____元。

第六条　付款方式

1. 本合同签订后，乙方为甲方免费刊发精神文明建设及防火、防盗等方面公益性广告，由乙方负责投资；

2. 自本合同签订之日，乙方向甲方支付租赁费。租赁费按年支付，一次性付清。

第七条 双方权责

1. 甲方责任：

（1）保证本合同签订的电梯由乙方独家经营，在合同期内不允许第三方在电梯轿厢安装同类型的广告宣传媒体进行广告宣传活动；因经营权而产生的纠纷或给乙方造成经济损失由甲方承担或负责赔偿；

（2）在合同期内，甲方与第三者产生纠纷不影响该合同的执行；

（3）有义务向乙方提供相关的资料，以便乙方办理广告审批手续时使用；

（4）有义务配合乙方的看板正常刊出，如发现看板有人为破坏或损坏，应及时通知乙方；

（5）甲方无权自行撤换乙方所刊发的广告画面及展板，否则按违约赔偿。

2. 乙方责任：

（1）负责看板刊发的广告内容报有关主管部门批准，并对所刊发广告内容的合法性负责；

（2）负责看板广告的设计、制作、安装、发布，按时向甲方支付租赁费；

（3）乙方根据市场发展情况，将推出适应市场需求的高新科技产品替代更新（具体事宜届时由双方协商解决）。

第八条 其他事项

1. 甲方电梯在正常运行使用的情况下，计收乙方的租赁费；如甲方电梯在不能正常使用期间（指连续30天以上不能使用），甲方不得计收乙方的租赁费。如乙方已付给甲方租赁费，未正常运行的月份，甲方应退回租赁费给乙方（或在下期乙方交付的租赁费中减扣），由于甲方因其他原因解除对该楼盘物业管理协议，该电梯租赁合同自行终止。如已发生预付费，则甲方应退还乙方已付而未执行的款项。

2. 本合同到期时，乙方如需续约，应在本合同到期前三个月提出；在同等条件下，乙方有优先续租权。

3. 在合同未到期时，任何一方如须解除合同，须向另一方说明原因，征得对方的完全同意（文函答复、加盖公章）。一方未完全同意，另一方随意解除合同属违约行为。

4. 甲方如有新建、新增电梯时，在同等条件下，乙方有优先承租权。

第九条 不可抗力

如遇不可抗力（如战争、火灾、政府行为或政府明文禁止）而无法履行合同时，此合同自然终止。

第十条 违约责任

1. 如因乙方原因，未能按照本合同条款向甲方支付租赁费时，乙方应按所欠款项的5倍处罚，并补足所欠款项。

2. 租赁合同签订当期，甲方违约造成乙方与第三方签订的广告刊发合同不能履行而造成的损失，包括：乙方为发布第三方广告投入的设计费、制作费及乙方向第三方承担的违约金，甲方应全部予以赔偿。

3. 如有一方违约，违约方应承担守约方为解决双方争议所支付的诉讼费、律师代理费。

第十一条　生效时间

此合同一式两份，甲、乙双方各执一份，自签字、盖章之日起生效。

第十二条　未尽事宜

此合同如有未尽事宜，甲、乙双方可通过友好协商、签订补充附件解决，补充附件与本合同具有同等法律效力。无法取得共识和谅解的，提交合同签注地司法机关解决。

第十三条　补充条款（本条款填写不超过一行，未填写时无此条款，请画斜线）

甲方（盖章）：_____　　乙方（盖章）：_____
甲方委托代表人（签字）：_____　　乙方委托代表人（签字）：_____
签约时间：_____　　签约时间：_____
电话：_____　　电话：_____
传真：_____　　传真：_____
地址：_____　　地址：_____
邮编：_____　　邮编：_____

（九）杂志广告发布合同

甲方（广告刊户）：_____

地址：_____

邮编：_____　电话：_____

代表人：_____　职务：_____

开户行：_____　账户名称：_____

账号：_____

乙方：_____

地址：_____

邮编：_____　电话：_____

代表人：_____　职务：_____

开户行：_____　账户名称：_____

账号：_____

甲乙双方根据《中华人民共和国广告法》及有关规定，签订本合同，并共同遵守。

1. 甲方委托乙方于____年____月____日至____年____月____日期间在_____杂志发布标题为_____广告。广告规格为_____。广告单价_____元，加急费_____元，其他费用_____元，扣除优惠

_____元，刊登次数_____。总计_____元，大写_____。

2. 甲方须向乙方出具的证明材料：

（1）盖有本单位公章的营业执照复印件、产品生产许可证及产品经营许可证；

（2）专利或技术成果转让须提供专利证书或成果鉴定证书。

3. 广告采用样稿，样稿由_____提供，并经_____同意，发布后如需改动应经_____同意。

4. 乙方有权审查广告内容和表现形式，对不符合法律、法规的广告内容和表现形式，乙方可要求甲方作出修改，甲方作出修改前，乙方有权拒绝发布。

5. 广告样稿为合同附件，为本合同不可分割的部分，与本合同一并保存。

6. 甲方应在_____年____月____日前将广告发布费付给乙方，付款方式为甲方将款项汇至乙方账户。

7. 违约责任：

（1）任何一方未履行本协议项下的任何一项条款均视为违约。违约方应承担因自己的违约行为而给守约方造成的经济损失。

（2）甲方应按期支付费用，如延期付款，甲方应向乙方支付相当于迟延金额百分之一的费用作为违约金；甲方按时支付费用后，乙方应按时刊登甲方的广告。

（3）如乙方发布的广告内容与甲方提供或确认的广告样稿不符，或在广告发布后出现遗漏，乙方应在甲方提出书面更正通知后的下一期作出更正，如乙方不能按照甲方的要求进行更正，乙方应向甲方退还相应的广告发布费。

（4）广告内容必须真实，不准弄虚作假，凡因甲方提供给乙方发布的广告内容为用户和消费者带来损失的，由甲方承担全部责任；因乙方原因造成发布错误的，由乙方承担全部责任。

8. 合同纠纷解决方式：

（1）由双方协商解决；

（2）由乙方所在地_____法院裁定。

9. 其他：

（1）_____；

（2）_____；

（3）_____。

10. 广告的编排方式和发布时间表_____。

11. 本合同一式两份，经双方签字并盖章后生效。

甲方：（签字）_____　　　　乙方：（签字）_____
（盖章）　　　　　　　　　　　　　　　（盖章）
_____年____月____日　　　　　　　　　_____年____月____日

第二十六章　地权合同

地权合同是以各类土地权利为标的的合同，包括土地承包经营权、流转权，宅基地、建设用地使用权等。

一、《民法典》物权编相关法条

第十一章　土地承包经营权

第三百三十条　农村集体经济组织实行家庭承包经营为基础、统分结合的双层经营体制。

农民集体所有和国家所有由农民集体使用的耕地、林地、草地以及其他用于农业的土地，依法实行土地承包经营制度。

第三百三十一条　土地承包经营权人依法对其承包经营的耕地、林地、草地等享有占有、使用和收益的权利，有权从事种植业、林业、畜牧业等农业生产。

第三百三十二条　耕地的承包期为三十年。草地的承包期为三十年至五十年。林地的承包期为三十年至七十年。

前款规定的承包期限届满，由土地承包经营权人依照农村土地承包的法律规定继续承包。

第三百三十三条　土地承包经营权自土地承包经营权合同生效时设立。

登记机构应当向土地承包经营权人发放土地承包经营权证、林权证等证书，并登记造册，确认土地承包经营权。

第三百三十四条　土地承包经营权人依照法律规定，有权将土地承包经营权互换、转让。未经依法批准，不得将承包地用于非农建设。

第三百三十五条　土地承包经营权互换、转让的，当事人可以向登记机构申请登记；未经登记，不得对抗善意第三人。

第三百三十六条　承包期内发包人不得调整承包地。

因自然灾害严重毁损承包地等特殊情形，需要适当调整承包的耕地和草地的，应当依照农村土地承包的法律规定办理。

第三百三十七条　承包期内发包人不得收回承包地。法律另有规定的，依照其规定。

第三百三十八条　承包地被征收的，土地承包经营权人有权依据本法第二百四十三条的规定获得相应补偿。

第三百三十九条 土地承包经营权人可以自主决定依法采取出租、入股或者其他方式向他人流转土地经营权。

第三百四十条 土地经营权人有权在合同约定的期限内占有农村土地，自主开展农业生产经营并取得收益。

第三百四十一条 流转期限为五年以上的土地经营权，自流转合同生效时设立。当事人可以向登记机构申请土地经营权登记；未经登记，不得对抗善意第三人。

第三百四十二条 通过招标、拍卖、公开协商等方式承包农村土地，经依法登记取得权属证书的，可以依法采取出租、入股、抵押或者其他方式流转土地经营权。

第三百四十三条 国家所有的农用地实行承包经营的，参照适用本编的有关规定。

第十二章 建设用地使用权

第三百四十四条 建设用地使用权人依法对国家所有的土地享有占有、使用和收益的权利，有权利用该土地建造建筑物、构筑物及其附属设施。

第三百四十五条 建设用地使用权可以在土地的地表、地上或者地下分别设立。

第三百四十六条 设立建设用地使用权，应当符合节约资源、保护生态环境的要求，遵守法律、行政法规关于土地用途的规定，不得损害已经设立的用益物权。

第三百四十七条 设立建设用地使用权，可以采取出让或者划拨等方式。

工业、商业、旅游、娱乐和商品住宅等经营性用地以及同一土地有两个以上意向用地者的，应当采取招标、拍卖等公开竞价的方式出让。

严格限制以划拨方式设立建设用地使用权。

第三百四十八条 通过招标、拍卖、协议等出让方式设立建设用地使用权的，当事人应当采用书面形式订立建设用地使用权出让合同。

建设用地使用权出让合同一般包括下列条款：

（一）当事人的名称和住所；
（二）土地界址、面积等；
（三）建筑物、构筑物及其附属设施占用的空间；
（四）土地用途、规划条件；
（五）建设用地使用权期限；
（六）出让金等费用及其支付方式；
（七）解决争议的方法。

第三百四十九条 设立建设用地使用权的，应当向登记机构申请建设用地使用权登记。建设用地使用权自登记时设立。登记机构应当向建设用地使用权人发放权属证书。

第三百五十条 建设用地使用权人应当合理利用土地，不得改变土地用途；需要改变土地用途的，应当依法经有关行政主管部门批准。

第三百五十一条 建设用地使用权人应当依照法律规定以及合同约定支付出让金等费用。

第三百五十二条 建设用地使用权人建造的建筑物、构筑物及其附属设施的所有权属于建设用地使用权人，但是有相反证据证明的除外。

第三百五十三条 建设用地使用权人有权将建设用地使用权转让、互换、出资、赠与或者抵押，但是法律另有规定的除外。

第三百五十四条 建设用地使用权转让、互换、出资、赠与或者抵押的，当事人应当采用书面形式订立相应的合同。使用期限由当事人约定，但是不得超过建设用地使用权的剩余期限。

第三百五十五条 建设用地使用权转让、互换、出资或者赠与的，应当向登记机构申请变更登记。

第三百五十六条 建设用地使用权转让、互换、出资或者赠与的，附着于该土地上的建筑物、构筑物及其附属设施一并处分。

第三百五十七条 建筑物、构筑物及其附属设施转让、互换、出资或者赠与的，该建筑物、构筑物及其附属设施占用范围内的建设用地使用权一并处分。

第三百五十八条 建设用地使用权期限届满前，因公共利益需要提前收回该土地的，应当依据本法第二百四十三条的规定对该土地上的房屋以及其他不动产给予补偿，并退还相应的出让金。

第三百五十九条 住宅建设用地使用权期限届满的，自动续期。续期费用的缴纳或者减免，依照法律、行政法规的规定办理。

非住宅建设用地使用权期限届满后的续期，依照法律规定办理。该土地上的房屋以及其他不动产的归属，有约定的，按照约定；没有约定或者约定不明确的，依照法律、行政法规的规定办理。

第三百六十条 建设用地使用权消灭的，出让人应当及时办理注销登记。登记机构应当收回权属证书。

第三百六十一条 集体所有的土地作为建设用地的，应当依照土地管理的法律规定办理。

第十三章 宅基地使用权

第三百六十二条 宅基地使用权人依法对集体所有的土地享有占有和使用的权利，有权依法利用该土地建造住宅及其附属设施。

第三百六十三条 宅基地使用权的取得、行使和转让，适用土地管理的法律和国家有关规定。

第三百六十四条 宅基地因自然灾害等原因灭失的，宅基地使用权消灭。对失去宅基地的村民，应当依法重新分配宅基地。

第三百六十五条 已经登记的宅基地使用权转让或者消灭的，应当及时办理变更登记或者注销登记。

二、典型案例

案例1：农民出租土地的，村集体能否将土地收回？

[案情回放]

何某长期在外务工，家中土地一直处于撂荒状态。2020年，何某将土地出租给吴某耕种，村委会获悉后，通知何某土地不能出租给本村以外的人，因为该村人多地少，如果何某执意出租土地给吴某，村集体将收回承包地。何某认为村委会的做法违反了法律规定，向当地人民政府提出申诉。

[专家点评]

《民法典》第339条规定："土地承包经营权人可以自主决定依法采取出租、入股或者其他方式向他人流转土地经营权。"根据上述法律规定，承包人流转土地的对象，并不限于本集体经济组织成员，何某将土地出租给本村以外的吴某，并不违反法律规定。因此，村委会阻挠何某出租土地的做法是违法的，应当予以纠正。

案例2：房屋因山体塌方被埋没，能否重新申请宅基地？

[案情回放]

村民赵某在县城开餐馆，并在城区购买了住房，村中老宅空置多年。2021年，由于村里发生山体滑坡，导致赵某家的房屋被埋没。赵某向村集体申请分配新的宅基地建房，村委会认为，赵某的老宅长期空置，已经属于危房，赵某在县城有住房，多年不回村居住，没有理由为其重新分配宅基地，遂拒绝了赵某的要求。赵某多次与村委会协商无果，向人民法院提起诉讼，请求维护自己作为村集体成员的合法权利。

[专家点评]

《民法典》第364条规定："宅基地因自然灾害等原因灭失的，宅基地使用权消灭。对失去宅基地的村民，应当依法重新分配宅基地。"在本案中，赵某的老宅因为山体滑坡被埋没，原有的宅基地灭失，按照上述法律规定，作为村集体的一员，赵某有权要求为自己分配新的宅基地。村委会以赵某在县城拥有住房，长期不回村居住为由，拒绝给赵某重新分配宅基地，是没有法律根据的。

三、地权合同范本

(一) 农村土地经营权出租合同①

合同编号：

使 用 说 明

一、本合同为示范文本，由农业农村部与国家市场监督管理总局联合制定，供农村土地（耕地）经营权出租（含转包）的当事人签订合同时参照使用。

二、合同签订前，双方当事人应当仔细阅读本合同内容，特别是其中具有选择性、补充性、填充性、修改性的内容；对合同中的专业用词理解不一致的，可向当地农业农村部门或农村经营管理部门咨询。

三、合同签订前，工商企业等社会资本通过出租取得土地经营权的，应当依法履行资格审查、项目审核和风险防范等相关程序。

四、本合同文本中相关条款后留有空白行，供双方自行约定或者补充约定。双方当事人依法可以对文本条款的内容进行修改、增补或者删减。合同签订生效后，未被修改的文本印刷文字视为双方同意内容。

五、双方当事人应当结合具体情况选择本合同协议条款中所提供的选择项，同意的在选择项前的□中打"√"，不同意的打"×"。

六、本合同文本中涉及的选择、填写内容以手写项为优先。

七、当事人订立合同的，应当在合同书上签字、盖章或者按指印。

八、本合同文本"当事人"部分，自然人填写身份证号码，农村集体经济组织填写农业农村部门赋予的统一社会信用代码，其他市场主体填写市场监督管理部门赋予的统一社会信用代码。

九、本合同编号由县级以上农业农村部门或农村经营管理部门指导乡（镇）人民政府农村土地承包管理部门按统一规则填写。

根据《中华人民共和国民法典》《中华人民共和国农村土地承包法》和《农村土地经营权流转管理办法》等相关法律法规，本着平等、自愿、公平、诚信、有偿的原则，经甲乙双方协商一致，就土地经营权出租事宜，签订本合同。

一、当事人

甲方（出租方）：_____

□社会信用代码：_____

---

① 农业农村部、国家市场监督管理总局制定，GF-2021-2606。

□身份证号码：_____
法定代表人（负责人/农户代表人）：_____
身份证号码：_____
联系地址：_____ 联系电话：_____
经营主体类型：□自然人 □农村承包经营户 □农民专业合作社 □家庭农场 □农村集体经济组织 □公司 □其他：_____

乙方（承租方）：_____
□社会信用代码：_____
□身份证号码：_____
法定代表人（负责人/农户代表人）：_____
身份证号码：_____
联系地址：_____ 联系电话：_____
经营主体类型：□自然人 □农村承包经营户 □农民专业合作社 □家庭农场 □公司 □其他：_____

二、租赁物

（一）经自愿协商，甲方将_____亩土地经营权（具体见下表及附图）出租给乙方。

序号	村（组）	地块名称	地块代码	坐落（四至）				面积（亩）	质量等级	土地类型	承包合同代码	备注
				东	南	西	北					
1												
2												
3												

（二）出租土地上的附属建筑和资产情况现状描述：
_____。
出租土地上的附属建筑和资产的处置方式描述（可另附件）：
_____。

三、出租土地用途

出租土地用途为_____。

四、租赁期限

租赁期限自_____年____月____日起至_____年____月____日止。

五、出租土地交付时间

甲方应于_____年____月____日前完成土地交付。

六、租金及支付方式

（一）租金标准

双方当事人选择第_____种租金标准。

1. 现金。即每亩每年人民币_____元（大写：_____）。

2. 实物或实物折资计价。即每亩每年_____公斤（大写：_____）□小麦□玉米□稻谷□其他：_____或者同等实物按照□市场价□国家最低收购价为标准折合成货币。

3. 其他：_____。

租金变动：根据当地土地流转价格水平，每_____年调整一次租金。具体调整方式：_____。

（二）租金支付

双方当事人选择第_____种方式支付租金。

1. 一次性支付。乙方须于_____年____月____日前支付租金_____元（大写：_____）。

2. 分期支付。乙方须于每年____月____日前支付（□当　□后一）年租金_____元（大写：_____）。

3. 其他：_____。

（三）付款方式

双方当事人选择第_____种付款方式。

1. 现金。

2. 银行汇款：

甲方账户名称：_____；

银行账号：_____；

开户行：_____。

3. 其他：_____。

七、甲方的权利和义务

（一）甲方的权利

1. 要求乙方按合同约定支付租金；

2. 监督乙方按合同约定的用途依法合理利用和保护出租土地；

3. 制止乙方损害出租土地和农业资源的行为；

4. 租赁期限届满后收回土地经营权；

5. 其他：_____。

（二）甲方的义务

1. 按照合同约定交付出租土地；

2. 合同生效后_____日内依据《中华人民共和国农村土地承包法》第三十六条的规定向发包方备案；

3. 不得干涉和妨碍乙方依法进行的农业生产经营活动；

4. 其他：_____。

八、乙方的权利和义务

（一）乙方的权利

1. 要求甲方按照合同约定交付出租土地；

2. 在合同约定的期限内占有农村土地，自主开展农业生产经营并取得收益；

3. 经甲方同意，乙方依法投资改良土壤，建设农业生产附属、配套设施，并有权按照合同约定对其投资部分获得合理补偿；

4. 租赁期限届满，有权在同等条件下优先承租；

5. 其他：_____。

（二）乙方的义务

1. 按照合同约定及时接受出租土地并按照约定向甲方支付租金；

2. 在法律法规政策规定和合同约定允许范围内合理利用出租土地，确保农地农用，符合当地粮食生产等产业规划，不得弃耕抛荒，不得破坏农业综合生产能力和农业生态环境；

3. 依据有关法律法规保护出租土地，禁止改变出租土地的农业用途，禁止占用出租土地建窑、建坟或者擅自在出租土地上建房、挖砂、采石、采矿、取土等，禁止占用出租的永久基本农田发展林果业和挖塘养鱼；

4. 其他：_____。

九、其他约定

（一）甲方同意乙方依法

□投资改良土壤　　　　　　　□建设农业生产附属、配套设施

□以土地经营权融资担保　　　□再流转土地经营权

□其他：_____。

（二）该出租土地的财政补贴等归属：_____。

（三）乙方向_____ □缴纳　□不缴纳　风险保障金_____元（大写：_____），合同到期后的处理：_____。

（四）本合同期限内，出租土地被依法征收、征用、占用时，有关地上附着物及青苗补偿费的归属：_____。

（五）其他事项：_____。

十、合同变更、解除和终止

（一）合同有效期间，因不可抗力因素致使合同全部不能履行时，本合同自动终止，甲方将合同终止日至租赁到期日的期限内已收取的租金退还给乙方；致使合同部

分不能履行的，其他部分继续履行，租金可以作相应调整。

（二）如乙方在合同期满后需要继续经营该出租土地，必须在合同期满前_____日内书面向甲方提出申请。如乙方不再继续经营的，必须在合同期满前_____日内书面通知甲方，并在合同期满后_____日内将原出租的土地交还给甲方。

（三）合同到期或者未到期由甲方依法提前收回出租土地时，乙方依法投资建设的农业生产附属、配套设施处置方式：

□由甲方无偿处置。

□经有资质的第三方评估后，由甲方支付价款购买。

□经双方协商后，由甲方支付价款购买。

□由乙方恢复原状。

□其他：_____。

十一、违约责任

（一）任何一方违约给对方造成损失的，违约方应承担赔偿责任。

（二）甲方应按合同规定按时向乙方交付土地，逾期一日应向乙方支付年租金的万分之_____（大写：_____）作为违约金。逾期超过_____日，乙方有权解除合同，甲方应当赔偿损失。

（三）甲方出租的土地存在权属纠纷或经济纠纷，致使合同全部或部分不能履行的，甲方应当赔偿损失。

（四）甲方违反合同约定擅自干涉和破坏乙方的生产经营，致使乙方无法进行正常的生产经营活动的，乙方有权解除合同，甲方应当赔偿损失。

（五）乙方应按照合同规定按时足额向甲方支付租金，逾期一日乙方应向甲方支付年租金的万分之_____（大写：_____）作为违约金。逾期超过_____日，甲方有权解除合同，乙方应当赔偿损失。

（六）乙方擅自改变出租土地的农业用途、弃耕抛荒连续两年以上、给出租土地造成严重损害或者严重破坏土地生态环境的，甲方有权解除合同、收回该土地经营权，并要求乙方赔偿损失。

（七）合同期限届满的，乙方应当按照合同约定将原出租土地交还给甲方，逾期一日应向甲方支付年租金的万分之_____（大写：_____）作为违约金。

十二、合同争议解决方式

本合同发生争议的，甲乙双方可以协商解决，也可以请求村民委员会、乡（镇）人民政府等调解解决。当事人不愿协商、调解或者协商、调解不成的，可以依据《中华人民共和国农村土地承包法》第五十五条的规定向农村土地承包仲裁委员会申请仲裁，也可以直接向人民法院起诉。

十三、附则

（一）本合同未尽事宜，经甲方、乙方协商一致后可签订补充协议。补充协议与本合同具有同等法律效力。

　　补充条款（可另附件）：_____。

　　（二）本合同自甲乙双方签字、盖章或者按指印之日起生效。本合同一式_____份，由甲方、乙方、农村集体经济组织、乡（镇）人民政府农村土地承包管理部门、_____，各执一份。

甲方：

法定代表人（负责人/农户代表人）签字：

乙方：

法定代表人（负责人/农户代表人）签字：

签订时间：_____年___月___日　　　签订时间：_____年___月___日
签订地点：　　　　　　　　　　　　签订地点：

附件清单：

序号	附件名称	是否具备	页数	备注
1	甲方、乙方的证件复印件			
2	出租土地的权属证明			
3	出租土地四至范围附图			
4	其他（如附属建筑及设施清单、村民会议决议书及公示材料、代办授权委托书和证件复印件等）			
共计　　份，　　页。				

（二）农村土地经营权入股合同①

合同编号：

使 用 说 明

一、本合同为示范文本，由农业农村部与国家市场监督管理总局联合制定，供农村土地（耕地）经营权入股的当事人签订合同时参照使用。

二、合同签订前，双方当事人应当仔细阅读本合同内容，特别是其中具有选择性、补充性、填充性、修改性的内容；对合同中的专业用词理解不一致的，可向当地农业农村部门或农村经营管理部门咨询。

三、合同签订前，工商企业等社会资本通过入股取得土地经营权的，应当依法履行资格审查、项目审核和风险防范等相关程序。

四、本合同文本中相关条款后留有空白行，供双方自行约定或者补充约定。双方当事人依法可以对文本条款的内容进行修改、增补或者删减。合同签订生效后，未被修改的文本印刷文字视为双方同意内容。

五、双方当事人应当结合具体情况选择本合同协议条款中所提供的选择项，同意的在选择项前的□中打"√"，不同意的打"×"。

六、本合同文本中涉及的选择、填写内容以手写项为优先。

七、当事人订立合同的，应当在合同书上签字、盖章或者按指印。

八、本合同文本"当事人"部分，自然人填写身份证号码，农村集体经济组织填写农业农村部门赋予的统一社会信用代码，其他市场主体填写市场监督管理部门赋予的统一社会信用代码。

九、本合同编号由县级以上农业农村部门或农村经营管理部门指导乡（镇）人民政府农村土地承包管理部门按统一规则填写。

根据《中华人民共和国民法典》《中华人民共和国农村土地承包法》和《农村土地经营权流转管理办法》等相关法律法规，本着平等、自愿、公平、诚信、有偿的原则，经甲乙双方协商一致，就土地经营权入股事宜，签订本合同。

一、当事人

甲方（入股方）：
□社会信用代码：＿＿＿＿＿＿＿＿＿＿＿＿＿＿＿＿＿＿
□身份证号码：＿＿＿＿＿＿＿＿＿＿＿＿＿＿＿＿＿＿＿
法定代表人（负责人/农户代表人）：＿＿＿＿＿＿＿＿＿＿＿＿＿
身份证号码：＿＿＿＿＿＿＿＿＿＿＿＿＿＿＿＿＿＿＿

---

① 农业农村部、国家市场监督管理总局制定，GF-2021-2607。

联系地址：_____　联系电话：_____
经营主体类型：□自然人　□农村承包经营户　□农民专业合作社　□家庭农场　□农村集体经济组织　□公司　□其他：_____

乙方（受让方）：_____
社会信用代码：_____
法定代表人（负责人）：_____
身份证号码：_____
联系地址：_____　联系电话：_____
经营主体类型：□农民专业合作社　□公司　□其他：_____

二、入股标的物

（一）经自愿协商，甲方将_____亩土地经营权（具体见下表及附图）入股乙方。

序号	村（组）	地块名称	地块代码	坐落（四至）				面积（亩）	质量等级	土地类型	承包合同代码	备注
				东	南	西	北					
1												
2												
3												

（二）入股土地上的附属建筑和资产情况现状描述：_____
入股土地上的附属建筑和资产的处置方式描述（可另附件）：_____

三、入股土地用途

入股土地用途为_____。

四、入股期限

入股期限自_____年___月___日起至_____年___月___日止。

五、入股土地交付时间

甲方应于_____年___月___日前完成土地交付。

六、股份分红及支付方式

（一）股份分红标准

双方当事人约定入股土地所占的□出资额_____（大写：_____）□股份数_____（大写：_____）□其他：_____。

双方当事人选择第_____种股份分红标准。

1. 按股分红。即根据□出资额□股份数□其他：_____分配盈余或者利润。

2. 保底收益+按股分红。保底收益每亩每年_____元（大写：_____），每_____年调整一次保底收益。具体调整方式：_____。

按股分红根据□出资额□股份数□其他：_____分配盈余或者利润。

3. 其他：_____。

（二）股份分红支付

双方当事人选择第_____种方式支付股份分红。

1. 按股分红。乙方须于每年____月____日前分配（□前一　□当）年盈余或者利润。

2. 保底收益+按股分红。乙方须于每年____月____日前支付（□当　□后一）年保底收益_____元（大写：_____）。乙方须于每年____月____日前分配（□前一　□当）年盈余或者利润。

3. 其他：_____。

（三）付款方式

双方当事人选择第_____种付款方式。

1. 现金。

2. 银行汇款：

甲方账户名称：_____；

银行账号：_____；

开户行：_____；

3. 其他：_____。

七、甲方的权利和义务

（一）甲方的权利

1. 要求乙方按合同约定支付股份分红；

2. 按照合同约定和乙方章程规定行使成员或者股东权利；

3. 监督乙方按合同约定的用途依法合理利用和保护入股土地；

4. 制止乙方损害入股土地和农业资源的行为；

5. 入股期限届满后收回土地经营权；

6. 其他：_____。

（二）甲方的义务

1. 按照合同约定交付入股土地；

2. 合同生效后_____日内依据《中华人民共和国农村土地承包法》第三十六条的规定向发包方备案；

3. 不得干涉和妨碍乙方依法进行的农业生产经营活动；

4. 其他：_____。

八、乙方的权利和义务

（一）乙方的权利

1. 要求甲方按照合同约定交付入股土地；

2. 在合同约定的期限内占有农村土地，自主开展农业生产经营并取得收益；

3. 经甲方同意，乙方依法投资改良土壤，建设农业生产附属、配套设施，并有权按照合同约定对其投资部分获得合理补偿；

4. 入股期限届满，有权在同等条件下优先续约；

5. 其他：_____。

（二）乙方的义务

1. 按照合同约定及时接受入股土地并按照约定向甲方支付股份分红；

2. 保障甲方按照合同约定和章程规定行使成员或者股东权利；

3. 在法律法规政策规定和合同约定允许范围内合理利用入股土地，确保农地农用，符合当地粮食生产等产业规划，不得弃耕抛荒，不得破坏农业综合生产能力和农业生态环境；

4. 依据有关法律法规保护入股土地，禁止改变入股土地的农业用途，禁止占用入股土地建窑、建坟或者擅自在入股土地上建房、挖砂、采石、采矿、取土等，禁止占用入股的永久基本农田发展林果业和挖塘养鱼；

5. 其他：_____。

九、其他约定

（一）甲方同意乙方依法

□投资改良土壤　　　　　　□建设农业生产附属、配套设施

□以土地经营权融资担保　　□再流转土地经营权

□其他：_____。

（二）该入股土地的财政补贴等归属：_____。

（三）乙方向　□缴纳　□不缴纳风险保障金_____元（大写：_____），合同到期后的处理：_____。

（四）本合同期限内，入股土地被依法征收、征用、占用时，有关地上附着物及青苗补偿费的归属：_____。

（五）其他事项：_____。

十、合同变更、解除和终止

（一）合同有效期间，因不可抗力因素致使合同全部不能履行时，本合同自动终止，甲方将合同终止日至入股到期日的期限内已收取的股份分红退还给乙方；致使合同部分不能履行的，其他部分继续履行，股份分红可以作相应调整。

（二）如乙方在合同期满后需要继续经营该入股土地，必须在合同期满前_____日内书面向甲方提出申请。如乙方不再继续经营的，必须在合同期满前_____日内书面通知甲方，并在合同期满后_____日内将原入股的土地交还给甲方。

（三）合同到期或者未到期由甲方依法提前收回入股土地时，乙方依法投资建设的农业生产附属、配套设施处置方式：

□由甲方无偿处置。
□经有资质的第三方评估后,由甲方支付价款购买。
□经双方协商后,由甲方支付价款购买。
□由乙方恢复原状。
□其他:_____。

十一、违约责任

(一)任何一方违约给对方造成损失的,违约方应承担赔偿责任。

(二)甲方应按合同规定按时向乙方交付土地,逾期一日应向乙方支付_____元(大写:_____)违约金。逾期超过_____日,乙方有权解除合同,甲方应当赔偿损失。

(三)甲方入股的土地存在权属纠纷或经济纠纷,致使合同全部或部分不能履行的,甲方应当赔偿损失。

(四)甲方违反合同约定擅自干涉和破坏乙方的生产经营,致使乙方无法进行正常的生产经营活动的,乙方有权解除合同,甲方应当赔偿损失。

(五)乙方应按照合同规定按时足额向甲方支付股份分红,逾期一日应向甲方支付_____元(大写:_____)违约金。逾期超过_____日,甲方有权解除合同,乙方应当赔偿损失。

(六)乙方擅自改变入股土地的农业用途、弃耕抛荒连续两年以上、给入股土地造成严重损害或者严重破坏土地生态环境的,甲方有权解除合同、收回该土地经营权,并要求乙方赔偿损失。

(七)合同期限届满的,乙方应当按照合同约定将原入股土地交还给甲方,逾期一日应向甲方支付_____元(大写:_____)违约金。

十二、合同争议解决方式

本合同发生争议的,甲乙双方可以协商解决,也可以请求村民委员会、乡(镇)人民政府等调解解决。当事人不愿协商、调解或者协商、调解不成的,可以依据《中华人民共和国农村土地承包法》第五十五条的规定向农村土地承包仲裁委员会申请仲裁,也可以直接向人民法院起诉。

十三、附则

(一)本合同未尽事宜,经甲方、乙方协商一致后可签订补充协议。补充协议与本合同具有同等法律效力。

补充条款(可另附件):_____。

(二)本合同自甲乙双方签字、盖章或者按指印之日起生效。本合同一式_____份,由甲方、乙方、农村集体经济组织、乡(镇)人民政府农村土地承包管理部门、_____,各执一份。

甲方： 乙方：

法定代表人（负责人/ 法定代表人（负责人）签字：
农户代表人）签字：

签订时间：_____年___月___日 签订时间：_____年___月___日
签订地点： 签订地点：

附件清单：

序号	附件名称	是否具备	页数	备注
1	甲方、乙方的证件复印件			
2	入股土地的权属证明			
3	入股土地四至范围附图			
4	其他（如附属建筑及设施清单、村民会议决议书及公示材料、代办授权委托书和证件复印件等）			

共计____份，____页。

（三）集体林地承包合同①

合同编号：

使 用 说 明

一、本合同文本为示范文本，由国家林业和草原局与国家市场监督管理总局联合制定，供集体林地承包当事人签订合同时参照使用。

二、合同签订前，发包方和承包方当事人应当仔细阅读本合同内容，特别是其中具有选择性、补充性、填充性、修改性的内容；对合同中的专业用词理解不一致的，可向当地林业主管部门咨询。

---

① 国家林业和草原局、国家市场监督管理总局制定，GF-2020-2602。

三、本合同文本中相关条款后都有空白行，供双方自行约定或者补充约定。双方（发包方、承包方）当事人可以对文本条款的内容进行修改、增补或者删减。合同签订生效后，未被修改的文本印刷文字视为双方同意内容。

四、双方当事人应当结合具体情况选择本合同协议条款中所提供的选择项，在选择项前的□中打"√"。

五、本合同文本中涉及的选择、填写内容以手写项为优先。

六、合同签订前，发包方应当出示本合同涉及的有关证书、证明文件等。

七、统一社会信用代码，自然人填写身份证号码，市场主体填写市场监管部门赋予的统一社会信用代码，村集体经济组织填写农业农村部门赋予的统一社会信用代码。

八、本合同编号由县级林业主管部门按统一规则填写。

_____省_____市_____县（市、区）

发包方：_____乡（镇、街道）_____村（社区）_____组

统一社会信用代码：_____

法定代表人（负责人）：_____

身份证号码：_____

联系电话：_____

联系地址：_____

承包方：_____

统一社会信用代码：_____

户主（农民）/法定代表人（负责人）：_____

身份证号码：_____

联系电话：_____

联系地址：_____

具有林地承包经营权的全部成员（家庭承包方式）：

序号	姓名	身份证号码	联系方式	与户主关系
1				
2				
3				
4				
5				
……				

为维护林地承包双方当事人的合法权益，促进林业发展，根据《中华人民共和国

农村土地承包法》《中华人民共和国森林法》等有关法律法规，按照本集体经济组织成员村民会议三分之二以上成员或者三分之二以上村民代表同意的林地承包方案，在公开、平等、自愿的原则下，经双方（发包方、承包方）协商同意，订立本合同。

第一条 承包林地情况

发包方将_____宗、面积共_____亩的林地（具体见下表及附图）发包给承包方，承包期共_____年。

承包林地基本情况信息表

宗地序号				
不动产单元号				
林地集体所有/国家所有				
承包经营权/经营权*				
林木所有权/林木使用权				
地块名称（小地名）				
林班号				
小班号				
面积（亩）				
四至界线	东			
	南			
	西			
	北			
公益林/商品林				
人工林/天然林				
树种				
起始日期				
终止日期				

备注：*以家庭承包方式承包林地的填写承包经营权，以招标、拍卖、公开协商等其他方式承包林地的填写经营权。

第二条 承包林地的用途

本承包林地必须用于林业生产，未经依法批准不得用于非林业建设或者其他建设。

第三条 承包价款及支付方式、期限

（一）承包价款

本合同约定林地承包价款总计为_____元人民币（大写：_____）。

1. 林地承包价格为_____元/亩·年，承包期为_____年，合计_____元人民币。
2. 林地上附属建筑及设施承包价款总额为_____元人民币。
3. 林地上林木承包款总额为_____元人民币。

（二）价款支付方式及支付时间

承包方采取下列第_____种方式支付：

1. 现金方式一次性支付：_____。
2. 分期付款支付：_____。
3. 其他方式支付：_____。

第四条　双方的权利和义务

（一）发包方的权利和义务

1. 权利

（1）发包方有权监督承包方依照本合同约定的用途合理利用和保护林地。

（2）发包方有权制止承包方损害承包林地和其他森林资源的行为。

（3）承包方对承包林地造成永久性损害的，发包方有权向承包方要求损害赔偿。

（4）发包方有权要求承包方按当地林业发展规划完成造林任务。

2. 义务

（1）确认前述承包的林地、林木产权清晰，没有权属纠纷和经济纠纷、没有设立担保物权。

（2）维护承包方的林地承包经营权或林地经营权，不得非法变更、解除承包合同。

（3）尊重承包方的生产经营自主权，不得干涉承包方依法进行正常的生产经营活动。

（4）协助承包方申请不动产权证并提供有关办证手续。

（5）协助承包方做好护林防火、林业有害生物防治等工作。

（6）依照本合同约定为承包方提供生产、技术、信息等服务。

（二）承包方的权利和义务

1. 权利

（1）依法享有承包林地使用、收益权；有权自主组织生产经营和依法处置林木及产品；有权依法自主决定承包林地是否流转和流转的方式。

（2）在承包期限内，经发包方同意，承包方可以将林地承包经营权转让给本集体经济组织的其他农户。在承包期限内，可以对属于同一集体经济组织的林地承包经营权进行互换，也可以依法采取出租（转包）、入股或者以其他方式向他人流转林地经营权，并向发包方备案。

（3）在承包期限内，有权依法使用承包地的林地经营权向金融机构融资担保，并向发包方备案。

（4）以家庭联户形式承包林地的，在承包期内，各联户需要对承包林地进行分割分户经营的，在发包方的组织下，经协商一致，以原承包合同为依据，订立分割分户承包合同，明确四至界线和林地林木权利，并依法申办不动产登记相关手续。

（5）林地承包人在承包期限内死亡的，其继承人可以依法继承承包。

（6）承包期内承包林地被依法征用、占用的，有权依法获得相应的补偿。

2. 义务

（1）维持承包林地的林业用途，不得用于非林建设或者使之闲置荒芜。属于生态公益林和天然林的，不得擅自改变其性质。

（2）落实造林和管护措施。荒山应自承包合同生效之日起＿＿＿＿＿＿年内参照国家有关造林标准造林。林木采伐后应在当年或次年更新。

（3）依法保护和合理利用林地，不得自行或准许他人在承包林地内实施毁林开垦、采石、挖砂、取土等给林地造成永久性损害的行为。在承包林地内发生毁林和乱占滥用林地行为时，应积极采取措施予以制止，并及时向有关部门报告。

（4）保护好野生动物、植物资源，依法做好森林防火和林业有害生物防治工作。

（5）依照合同规定，及时、足额支付承包费。

（6）如遇国家征用、占用林地，配合林业等有关部门办理相关手续。

（7）配合发包方执行县（市、区）、乡（镇、办事处）林业总体规划、重点工程实施方案，参与本集体经济组织内部的林业基础设施建设。

第五条　特别约定

（一）发包方通过招标、拍卖、公开协商等其他方式发包（含"四荒地"）的，应提供：

1. 发包土地的《不动产权证书》复印件；

2. 依法经本集体经济组织成员的村民会议三分之二以上成员或者村民代表会议三分之二以上村民代表同意承包的决议记录复印件；

3. 乡（镇）人民政府批准意见书或同意发包的证明材料（注：发包给本集体经济以外的单位和个人提供）。

（二）其他：＿＿＿＿＿＿＿＿＿＿＿＿＿＿＿＿＿＿＿＿＿＿＿＿＿＿＿＿＿。

第六条　合同的变更、解除和终止

（一）本合同法律效力不受双方（发包方、承包方）负责人变动影响，也不因集体经济组织的分立或合并而变更或解除，任何一方不得擅自终止合同。

（二）合同有效期间，如因政府依法征（占）用该承包林地，或者因不可抗力因素致使合同全部不能履行时，本合同自动终止。

（三）承包期内，承包方可以自愿将承包地交回发包方。承包方自愿交回承包地的，可以获得合理补偿，但是应当提前半年以书面形式通知发包方。承包方在承包期内交回承包地的,在承包期内不得再要求承包林地。

(四)承包合同期满后,承包方未继续承包林地的,承包方应当在合同期满后30日内将原承包的林地交还给发包方;未如期交还的,发包方有权收回林地。如林木未采伐,双方(发包方、承包方)约定的处理方式为:□将林木折价给发包方;□延长承包方林地承包期限,至林木采伐完毕;□其他_____。涉及产权变动的,应办理不动产登记相关手续。

(五)合同终止或解除后,原由承包方修建的道路、灌溉渠等设施,处置方式为_____。修建的房屋及其他可拆卸设施,处置方式为_____。

(六)合同期满后,发包方可依法再行发包或延包。再行发包的,原承包方在同等条件下有优先权。

第七条 违约责任

(一)本合同签订后,如因发包方发包地手续不合法或因发包地权属不清产生纠纷,致使合同全部或部分不能履行的,视为发包方违约,由发包方负责协调处理,由此给承包方造成经济损失的,由发包方负责全额赔偿。

(二)承包期内,发包方擅自收回承包林地,或者干预承包方正常的生产经营活动,使承包方遭受损失的,应承担赔偿责任。

(三)承包期内,承包方未按规定用途使用承包地、改变林地用途,未按合同约定落实造林营林等经营及管护责任,或者造成林地永久性损害的,经劝阻无效发包方可依法解除合同,并由承包方承担林地恢复费用。

(四)承包方不按约定缴纳林地承包费用,按日承担应缴资金_____‰的违约金;逾期超过30日不缴纳的,发包方可解除合同收回承包林地。

(五)承包方在承包的林地上非法建筑、开矿等改变林地用途的,发包方有权终止合同,并视情节交由相关部门依法处理。

第八条 合同争议的解决方式

本合同在履行过程中发生的合同争议,由双方协商解决;协商不成的,由村民委员会、乡(镇)政府等进行调解;协商、调解不成的,约定采用如下方式解决:

□提请当地农村土地仲裁机构仲裁;

□向有权管辖的人民法院提起诉讼。

第九条 其他约定

_____。

第十条 其他事项

(一)本合同履行期间,如有未尽事宜,应由双方共同协商,作出补充规定,补充规定与本合同具有同等效力。

(二)本合同一式_____份,由发包方、承包方、乡镇人民政府、县级林业主管部门、_____、_____各执一份。

（三）本合同自签订之日起生效。

发包方（盖章）：_____ 承包方（盖章）：_____

负责人（签字）：_____ 负责人（签字）：_____

签约日期：_____年___月___日　　签约日期：_____年___月___日

附件清单：

序号	附件名称	是否具备	页数	备注
1	发包方林权的权属证明			
2	村民集体决议书和承包方案			
3	乡镇人民政府批准文件			
4	承包林地四至范围附图			
5	图幅比例：大地 2000 坐标系的地籍图			
6	附属建筑及设施清单			
7	发包方、承包方的证件复印件			
8	代办授权委托书和证件复印件			
共计　　　份，　　　页。				

（四）集体林权流转合同[①]

合同编号：

使　用　说　明

一、本合同为示范文本，由国家林业和草原局与国家市场监督管理总局联合制定，供集体林权流转当事人签订合同时参照使用。

二、合同签订前，双方当事人应当仔细阅读本合同内容，特别是其中具有选择性、补充性、填充性、修改性的内容；对合同中的专业用词理解不一致的，可向当地林业主管部门咨询。

三、本合同文本中相关条款后都有空白行，供双方自行约定或者补充约定。双方当事人可以对文本条款的内容进行修改、增补或者删减。合同签订生效后，未被修改的文本印刷文字视为双方同意内容。

---

① 国家林业和草原局、国家市场监督管理总局制定，GF-2020-2603。

四、双方当事人应当结合具体情况选择本合同协议条款中所提供的选择项，在选择项前的□中打"√"。

五、本合同文本中涉及的选择、填写内容以手写项为优先。

六、当事人订立合同的，应当在合同书上签字并盖章或者摁手印。

七、统一社会信用代码，自然人填写身份证号码，市场主体填写市场监管部门赋予的统一社会信用代码，村集体经济组织填写农业农村部门赋予的统一社会信用代码。

八、本合同编号由县级林业主管部门按统一规则填写。

甲方（出让方）：_____　　统一社会信用代码：_____
法定代表人（负责人）：_____　　身份证号码：_____
联系地址：_____　　联系电话：_____
经营主体类型：□自然人　□农民合作社　□集体经济组织　□企业法人　□事业法人　□其他：_____

乙方（受让方）：_____　　统一社会信用代码：_____
法定代表人（负责人）：_____　　身份证号码：_____
联系地址：_____　　联系电话：_____
经营主体类型：□自然人　□农民合作社　□集体经济组织　□企业法人　□事业法人　□其他：_____

为规范集体林权流转行为，维护流转当事人的合法权益，根据《中华人民共和国农村土地承包法》《中华人民共和国森林法》等相关规定，经甲乙双方共同协商，在平等自愿的基础上，订立本合同。

第一条　特定术语和规范

（一）本合同所称的集体林权流转是指在不改变集体林地所有权、林地用途和公益林、天然林性质的前提下，林权权利人将其依法取得的林木所有权、使用权和林地经营权，依法全部或部分转移给其他公民、法人及其他组织的行为。

（二）集体林权流转应当遵循依法自愿、公平公正和诚实守信原则，任何组织和个人不得强迫或者阻碍进行林权流转；林权流转不得改变林地所有权的性质和林业用途，不得破坏林业综合生产能力和林业生态环境；流转的期限不得超过合同规定的剩余期限，集体统一经营管理林地流转的期限不得超过70年。

（三）受让方须有林业经营能力或者资质。工商企业等社会资本通过流转取得土地经营权，应当进行资格审查和项目审核。

（四）林权流转以登记的宗地为最小单元，除流转合同另有约定的，林地上的林木所有权或者使用权应当与林地经营权一并流转。

（五）家庭承包林地的林地经营权流转，承包方可以自主决定依法采取出租（转包）、入股或者其他方式向他人流转林地经营权，并向发包方备案。再次流转林地经营权，应经承包方书面同意（原流转合同有明确同意再流转条款的视为书面同意），并向林地所在的集体经济组织备案。

（六）通过招标、拍卖、公开协商等其他方式承包获得的，需经依法登记取得林权类证书，方可流转林地经营权，并向发包方备案。再次流转林地经营权，应告知林地所在的集体经济组织。

（七）未实行承包经营的集体林地以及林地上的林木，由农村集体经济组织统一经营。经本集体经济组织成员的村民会议三分之二以上成员或者三分之二以上村民代表同意并公示，可以通过招标、拍卖、公开协商等方式依法流转林地经营权、林木所有权和使用权。再次流转林地经营权，应告知林地所在的集体经济组织。

（八）林地经营权流转期限为五年以上的，当事人可以向登记机构申请林地经营权登记。未经登记，不得对抗善意第三人。

第二条 流转标的物及流转方式

（一）经自愿协商，甲方将不动产单元号/林地宗地号：_____，共计_____亩林地（具体见下表及附图）出让给乙方，出让期限共_____年。

林地宗地流转信息表

不动产单元号/林地宗地号			
林木所有权/林木使用权			
地块名称（小地名）			
林班号			
小班号			
面积（亩）			
公益林/商品林			
人工林/天然林			
树种			
流转方式：出租、转包、入股、其他			
起始日期			
终止日期			

（二）流转林地上的附属建筑和资产情况现状描述：_____。

流转处置方式描述（可另附件）：_____。

（三）甲方应于_____年___月___日之前将林地林木交付乙方。

第三条 流转价款及支付方式

（一）双方协商后确定以下列_____种方式进行计价：

1. 一次性付款方式。林地经营权流转价款按每年每亩_____元，面积_____亩，共计为_____元，如林地上的林木一并转让的，按每年每亩_____元，共计_____元，支付时间为_____年___月___日。

2. 分期付款方式。共分为_____期，每期_____年，每期林地流转价款递增_____%。合同生效后_____日内由乙方向甲方一次性支付第一期的流转价款_____元，以及林地上的林木转让款_____元，共_____元。以后每_____年于当年___月___日前由乙方向甲方支付下一期的林地流转价款。

3. 以实物或者实物折资方式：_____。

4. 其他方式：_____。

（二）公益林或天然林流转的，森林生态效益补偿资金由□甲方　□乙方受偿，或者_____。

（三）双方本着自愿公平原则约定定金事宜。如需支付定金，应在本合同生效后_____日内，乙方向甲方支付_____元作为合同定金。采取一次性付款的，定金在流转合同期满后_____日内一次性返还。分期付款的，定金在最后一期的流转价款中抵扣。

第四条 甲方的权利和义务

（一）有权依法获得流转收益，有权要求乙方按合同规定缴交林权流转价款。有权要求乙方依照合同约定的用途合理利用和保护林地。

（二）有权在本合同约定的流转林地期限届满后收回流转林地经营权。

（三）所提供的林地林木权属应清晰、合法，无权属纠纷和经济纠纷。如在流转后发现原转出的林地林木存在权属纠纷或经济纠纷的，甲方应当负责处理并承担相应责任。

（四）提供所流转林地范围的全国统一式样的林权证或不动产权证书，并配合乙方（受让方）依法办理不动产登记相关手续。

（五）不干涉和破坏乙方的正常生产经营活动。协助乙方做好护林防火和林区治安管理工作。

第五条 乙方的权利和义务

（一）依法享有受让林地使用、收益的权利，有权自主组织生产经营和处置产品。

（二）按合同约定及时支付流转价款。如该流转林地被依法征（占）用的，有权依法按规定或约定获得相应的补偿。

（三）有权要求甲方协助办理不动产登记相关手续。

（四）应当做好造林培育，其采伐迹地应在当年或者次年内完成造林更新，不得闲置丢荒，并保护好生态环境和水资源。

（五）依法承担护林防火、林业有害生物防治责任，保护野生动植物资源工作。

（六）应当严格按照国家和本地林业管理规定开发利用，不得擅自改变林地用途和公益林、天然林性质，不得破坏林业综合生产能力。

第六条　其他约定

（一）出让方　□同意　□不同意受让方依法投资改良土壤，建设林业生产附属、配套设施。

（二）出让方　□同意　□不同意受让方再次流转林权。

（三）出让方　□同意　□不同意受让方将受让的林权向金融机构进行融资担保。

（四）本合同期限内，因被依法征收、征用、占用时，流转的林地、林木及地上附着物有关补偿费的归属约定：_____。

（五）其他约定事项（可另附件）：_____。

第七条　合同的变更、解除和终止

（一）合同有效期间，因不可抗力因素致使合同全部不能履行时，本合同自动终止，甲方将合同终止日至流转到期日的期限内已收取的林权流转款退还给乙方；致使合同部分不能履行的，其他部分继续履行，流转价款作相应调整。

（二）合同期满后，如乙方继续经营该流转林地，必须在合同期满前90日内书面向甲方提出申请。如乙方不再继续流转经营，在合同期满后_____日内将原流转的林地交还给甲方。

（三）合同期满后，该流转林地范围内留置林木的处置方式：

□与有权收回该流转林权的权利人协商展期_____年，支付价款或实物_____。

□经有森林资源资产评估资质的第三方评估后，由有权收回流转林权的主体收买。

□由有权收回流转林权的主体无偿收回。

□其他：_____。

（四）合同期满后，流转期间受让方投资建设的附属设施处置方式：

□由有权收回流转林权的主体无偿处置。

□经有资质的第三方评估，由有权收回流转林权支付价款购买。

□其他：_____。

因合同的变更、解除或终止情形发生涉及产权变动的，当事人应当及时办理不动产登记相关手续。

第八条　违约责任

（一）任何一方违约给对方造成损失的，违约方应承担赔偿责任。

（二）甲方应按合同规定按时向乙方交付林地，逾期一日应向乙方支付应缴纳的流转价款的_____‰作为违约金。逾期超过_____日，乙方有权解除合同，甲方承担违约责任。

（三）甲方流转的林地手续不合法，或林地林木权属不清产生纠纷，致使合同全部或部分不能履行，甲方应承担违约责任。甲方违反合同约定擅自干涉和破坏乙方的生产经营，致使乙方无法进行正常的生产经营活动的，乙方有权解除合同，甲方应承担违约责任。

（四）乙方应按照合同规定按时足额向甲方支付林地林木流转价款，逾期一日乙方应向甲方支付本期（年）应付流转价款的_____‰作为违约金。逾期超过_____日，甲方有权解除合同，乙方应承担违约责任。

（五）自宜林地造林绿化约定期满_____日后，乙方不履行造林绿化约定的，甲方有权无偿收回未造林绿化的林地。

（六）乙方给流转林地造成永久性损害，或者擅自改变林地用途或者造成森林资源严重破坏，经县级以上林业主管部门确认后，甲方有权要求乙方赔偿违约损失、解除合同，收回该林地经营使用权。

第九条　合同争议的解决方式

本合同的订立、效力、履行、变更及终止等发生争议时，双方当事人可以通过协商解决，也可以请求村民委员会、乡（镇）人民政府等调解解决。当事人不愿协商、调解或者协商、调解不成的，约定采用如下方式解决：

□提请当地农村土地仲裁机构仲裁；

□向有权管辖的人民法院提起诉讼。

第十条　附则

（一）本合同未尽事宜，经出让方、受让方协商一致后可签订补充协议。补充协议与本合同具有同等法律效力。补充条款（可另附文件）：_____。

（二）本合同自当事人签字或盖章之日起生效。本合同一式_____份，由出让方、受让方、林地所有权的集体经济组织、县级林业主管部门、_____、_____各执一份。

甲方盖章（签字）：

法定代表（委托代理人）签字：

签约日期：_____年____月____日

乙方盖章（签字）：

法定代表（委托代理人）签字：

签约日期：_____年____月____日

附件清单：

序号	附件名称	是否具备	页数	备注
1	出让方、受让方的证件复印件			
2	代办授权委托书和证件复印件			
3	流转林地四至范围附图			
4	流转林权的权属证明			
5	村民会议决议书及公示材料			
6	附属建筑及设施清单			
7	同意再流转的书面材料			
共计　　份，　　页。				

（五）国有建设用地使用权出让合同[①]

合同编号：

本合同双方当事人：

出让人：中华人民共和国_____省（自治区、直辖市）_____市（县）_____局；

通信地址：_____

邮政编码：_____

电话：_____

传真：_____

开户银行：_____

账号：_____

受让人：_____

通信地址：_____

邮政编码：_____

电话：_____

---

① 国土资源部、国家工商行政管理总局制定，GF-2008-2601。

传真：_____

开户银行：_____

账号：_____

第一章 总 则

第一条 根据《中华人民共和国物权法》《中华人民共和国合同法》《中华人民共和国土地管理法》《中华人民共和国城市房地产管理法》等法律、有关行政法规及土地供应政策规定，双方本着平等、自愿、有偿、诚实信用的原则，订立本合同。

第二条 出让土地的所有权属中华人民共和国，出让人根据法律的授权出让国有建设用地使用权，地下资源、埋藏物不属于国有建设用地使用权出让范围。

第三条 受让人对依法取得的国有建设用地，在出让期限内享有占有、使用、收益和依法处置的权利，有权利用该土地依法建造建筑物、构筑物及其附属设施。

第二章 出让土地的交付与出让价款的缴纳

第四条 本合同项下出让宗地编号为_____，宗地总面积（大写）_____平方米（小写：_____平方米），其中出让宗地面积为（大写）_____平方米（小写：_____平方米）。

本合同项下的出让宗地坐落于_____。本合同项下出让宗地的平面界址为_____；出让宗地的平面界址图见附件一。

本合同项下出让宗地的竖向界限以_____为上界限，以_____为下界限，高差为_____米。出让宗地竖向界限见附件二。出让宗地空间范围是以上述界址点所构成的垂直面和上、下界限高程平面封闭形成的空间范围。

第五条 本合同项下出让宗地的用途为_____。

第六条 出让人同意在_____年___月___日前将出让宗地交付给受让人，出让人同意在交付土地时该宗地应达到本条第_____项规定的土地条件：

（一）场地平整达到_____；周围基础设施达到_____；

（二）现状土地条件：_____。

第七条 本合同项下的国有建设用地使用权出让年期为_____年，按本合同第六条约定的交付土地之日起算；原划拨（承租）国有建设用地使用权补办出让手续的，出让年期自合同签订之日起算。

第八条 本合同项下宗地的国有建设用地使用权出让价款为人民币（大写）_____元（小写：_____元），每平方米人民币（大写）_____元（小写：_____元）。

第九条 本合同项下宗地的定金为人民币（大写）_____元（小写：_____元），定金抵作土地出让价款。

第十条 受让人同意按照本条第一款第_____项的规定向出让人支付国有建设用地使用权出让价款：

（一）本合同签订之日起_____日内，一次性付清国有建设用地使用权出让价款；

（二）按以下时间和金额分_____期向出让人支付国有建设用地使用权出让价款。

第一期人民币（大写）_____元（小写：_____元），付款时间：_____年___月___日之前。第二期人民币（大写）_____元（小写：_____元），付款时间：_____年___月___日之前。

第_____期人民币（大写）_____元（小写：_____元），付款时间：_____年___月___日之前。

第_____期人民币（大写）_____元（小写：_____元），付款时间：_____年___月___日之前。

分期支付国有建设用地使用权出让价款的，受让人在支付第二期及以后各期国有建设用地使用权出让价款时，同意按照支付第一期土地出让价款之日中国人民银行公布的贷款利率，向出让人支付利息。

第十一条 受让人应在按本合同约定付清本宗地全部出让价款后，持本合同和出让价款缴纳凭证等相关证明材料，申请出让国有建设用地使用权登记。

第三章　土地开发建设与利用

第十二条 受让人同意本合同项下宗地开发投资强度按本条第_____项规定执行：

（一）本合同项下宗地用于工业项目建设，受让人同意本合同项下宗地的项目固定资产总投资不低于经批准或登记备案的金额人民币（大写）_____万元（小写：_____万元），投资强度不低于每平方米人民币（大写）_____万元（小写：_____万元）。本合同项下宗地建设项目的固定资产总投资包括建筑物、构筑物及其附属设施、设备投资和出让价款等。

（二）本合同项下宗地用于非工业项目建设，受让人承诺本合同项下宗地的开发投资总额不低于人民币（大写）_____万元（小写：_____万元）。

第十三条 受让人在本合同项下宗地范围内新建建筑物、构筑物及其附属设施的，应符合市（县）政府规划管理部门确定的出让宗地规划条件（见附件三）。其中：

主体建筑物性质：_____；

附属建筑物性质：_____；

建筑总面积_____平方米；

建筑容积率不高于_____不低于_____；

建筑限高_____；

建筑密度不高于_____不低于_____；

绿地率不高于_____不低于_____；

其他土地利用要求：_____。

第十四条 受让人同意本合同项下宗地建设配套按本条第_____项规定执行：

（一）本合同项下宗地用于工业项目建设，根据规划部门确定的规划设计条件，受让宗地范围内用于企业内部行政办公及生活服务设施的占地面积不超过受让宗地面积的_____%，即不超过_____平方米，建筑面积不超过_____平方米。受让人同意不在受让宗地范围内建造成套住宅、专家楼、宾馆、招待所和培训中心等非生产性设施；

（二）本合同项下宗地用于住宅项目建设，根据规划建设管理部门确定的规划建设条件，受让宗地范围内住宅建设总套数不少于_____套。其中，套型建筑面积90平方米以下住房套数不少于_____套，住宅建设套型要求为_____。本合同项下宗地范围内套型建筑面积90平方米以下住房面积占宗地开发建设总面积的比例不低于_____%。本合同项下宗地范围内配套建设的经济适用住房、廉租住房等政府保障性住房，受让人同意建成后按本项下第_____种方式履行：

1. 移交给政府；

2. 由政府回购；

3. 按政府经济适用住房建设和销售管理的有关规定执行；

4. _____；

5. _____。

第十五条 受让人同意在本合同项下宗地范围内同步修建下列工程配套项目，并在建成后无偿移交给政府：

（一）_____；

（二）_____；

（三）_____。

第十六条 受让人同意本合同项下宗地建设项目在_____年____月____日之前开工，在_____年____月____日之前竣工。

受让人不能按期开工，应提前30日向出让人提出延建申请，经出让人同意延建的，其项目竣工时间相应顺延，但延建期限不得超过一年。

第十七条 受让人在本合同项下宗地内进行建设时，有关用水、用气、污水及其他设施与宗地外主管线、用电变电站接口和引入工程，应按有关规定办理。

受让人同意政府为公用事业需要而敷设的各种管道与管线进出、通过、穿越受让宗地，但由此影响受让宗地使用功能的，政府或公用事业营建主体应当给予合理补偿。

第十八条　受让人应当按照本合同约定的土地用途、容积率利用土地，不得擅自改变。在出让期限内，需要改变本合同约定的土地用途的，双方同意按照本条第_____项规定办理：

（一）由出让人有偿收回建设用地使用权；

（二）依法办理改变土地用途批准手续，签订国有建设用地使用权出让合同变更协议或者重新签订国有建设用地使用权出让合同，由受让人按照批准改变时新土地用途下建设用地使用权评估市场价格与原土地用途下建设用地使用权评估市场价格的差额补缴国有建设用地使用权出让价款，办理土地变更登记。

第十九条　本合同项下宗地在使用期限内，政府保留对其的规划调整权，原规划如有修改，该宗地已有的建筑物不受影响，但在使用期限内该宗地建筑物、构筑物及其附属设施改建、翻建、重建，或者期限届满申请续期时，必须按届时有效的规划执行。

第二十条　对受让人依法使用的国有建设用地使用权，在本合同约定的使用年限届满前，出让人不得收回；在特殊情况下，根据社会公共利益需要提前收回国有建设用地使用权的，出让人应当依照法定程序报批，并根据收回时地上建筑物、构筑物及其附属设施的价值和剩余年期国有建设用地使用权的评估市场价格及经评估认定的直接损失给予土地使用者补偿。

第四章　国有建设用地使用权转让、出租、抵押

第二十一条　受让人按照本合同约定支付全部国有建设用地使用权出让价款，领取国有土地使用证后，有权将本合同项下的全部或部分国有建设用地使用权转让、出租、抵押。首次转让的，应当符合本条第_____项规定的条件：

（一）按照本合同约定进行投资开发，完成开发投资总额的百分之二十五以上；

（二）按照本合同约定进行投资开发，已形成工业用地或其他建设用地条件。

第二十二条　国有建设用地使用权的转让、出租及抵押合同，不得违背国家法律、法规规定和本合同约定。

第二十三条　国有建设用地使用权全部或部分转让后，本合同和土地登记文件中载明的权利、义务随之转移，国有建设用地使用权的使用年限为本合同约定的使用年限减去已经使用年限后的剩余年限。

本合同项下的全部或部分国有建设用地使用权出租后，本合同和土地登记文件中载明的权利、义务仍由受让人承担。

第二十四条　国有建设用地使用权转让、抵押的，转让、抵押双方应持本合同和相应的转让、抵押合同及国有土地使用证，到国土资源管理部门申请办理土地变更登记。

第五章 期限届满

第二十五条 本合同约定的使用年限届满，土地使用者需要继续使用本合同项下宗地的，应当至迟于届满前一年向出让人提交续期申请书，除根据社会公共利益需要收回本合同项下宗地的，出让人应当予以批准。

住宅建设用地使用权期限届满的，自动续期。

出让人同意续期的，土地使用者应当依法办理出让、租赁等有偿用地手续，重新签订出让、租赁等土地有偿使用合同，支付土地出让价款、租金等土地有偿使用费。

第二十六条 土地出让期限届满，土地使用者申请续期，因社会公共利益需要未获批准的，土地使用者应当交回国有土地使用证，并依照规定办理国有建设用地使用权注销登记，国有建设用地使用权由出让人无偿收回。出让人和土地使用者同意本合同项下宗地上的建筑物、构筑物及其附属设施，按本条第_____项约定履行：

（一）由出让人收回地上建筑物、构筑物及其附属设施，并根据收回时地上建筑物、构筑物及其附属设施的残余价值，给予土地使用者相应补偿；

（二）由出让人无偿收回地上建筑物、构筑物及其附属设施。

第二十七条 土地出让期限届满，土地使用者没有申请续期的，土地使用者应当交回国有土地使用证，并依照规定办理国有建设用地使用权注销登记，国有建设用地使用权由出让人无偿收回。本合同项下宗地上的建筑物、构筑物及其附属设施，由出让人无偿收回，土地使用者应当保持地上建筑物、构筑物及其附属设施的正常使用功能，不得人为破坏。地上建筑物、构筑物及其附属设施失去正常使用功能的，出让人可要求土地使用者移动或拆除地上建筑物、构筑物及其附属设施，恢复场地平整。

第六章 不可抗力

第二十八条 合同双方当事人任何一方由于不可抗力原因造成的本合同部分或全部不能履行，可以免除责任，但应在条件允许下采取一切必要的补救措施以减少因不可抗力造成的损失。当事人迟延履行期间发生的不可抗力，不具有免责效力。

第二十九条 遇有不可抗力的一方，应在 7 日内将不可抗力情况以信函、电报、传真等书面形式通知另一方，并在不可抗力发生后 15 日内，向另一方提交本合同部分或全部不能履行或需要延期履行的报告及证明。

第七章 违约责任

第三十条 受让人应当按照本合同约定，按时支付国有建设用地使用权出让价款。受让人不能按时支付国有建设用地使用权出让价款的，自滞纳之日起，每日按迟延支付款项的_____‰向出让人缴纳违约金，延期付款超过 60 日，经出让人催交后仍不能支付国有建设用地使用权出让价款的，出让人有权解除合同，受让人无权要求返还定金，出让人并可请求受让人赔偿损失。

第三十一条　受让人因自身原因终止该项目投资建设，向出让人提出终止履行本合同并请求退还土地的，出让人报经原批准土地出让方案的人民政府批准后，分别按以下约定，退还除本合同约定的定金以外的全部或部分国有建设用地使用权出让价款（不计利息），收回国有建设用地使用权，该宗地范围内已建的建筑物、构筑物及其附属设施可不予补偿，出让人还可要求受让人清除已建建筑物、构筑物及其附属设施，恢复场地平整；但出让人愿意继续利用该宗地范围内已建的建筑物、构筑物及其附属设施的，应给予受让人一定补偿：

（一）受让人在本合同约定的开工建设日期届满一年前不少于60日向出让人提出申请的，出让人在扣除定金后退还受让人已支付的国有建设用地使用权出让价款；

（二）受让人在本合同约定的开工建设日期超过一年但未满两年，并在届满两年前不少于60日向出让人提出申请的，出让人应在扣除本合同约定的定金，并按照规定征收土地闲置费后，将剩余的已付国有建设用地使用权出让价款退还受让人。

第三十二条　受让人造成土地闲置，闲置满一年不满两年的，应依法缴纳土地闲置费；土地闲置满两年且未开工建设的，出让人有权无偿收回国有建设用地使用权。

第三十三条　受让人未能按照本合同约定日期或同意延建所另行约定日期开工建设的，每延期一日，应向出让人支付相当于国有建设用地使用权出让价款总额＿＿＿＿＿‰的违约金，出让人有权要求受让人继续履约。

受让人未能按照本合同约定日期或同意延建所另行约定日期竣工的，每延期一日，应向出让人支付相当于国有建设用地使用权出让价款总额＿＿＿＿＿‰的违约金。

第三十四条　项目固定资产总投资、投资强度和开发投资总额未达到本合同约定标准的，出让人可以按照实际差额部分占约定投资总额和投资强度指标的比例，要求受让人支付相当于同比例国有建设用地使用权出让价款的违约金，并可要求受让人继续履约。

第三十五条　本合同项下宗地建筑容积率、建筑密度等任何一项指标低于本合同约定的最低标准的，出让人可以按照实际差额部分占约定最低标准的比例，要求受让人支付相当于同比例国有建设用地使用权出让价款的违约金，并有权要求受让人继续履行本合同；建筑容积率、建筑密度等任何一项指标高于本合同约定最高标准的，出让人有权收回高于约定的最高标准的面积部分，有权按照实际差额部分占约定标准的比例，要求受让人支付相当于同比例国有建设用地使用权出让价款的违约金。

第三十六条　工业建设项目的绿地率、企业内部行政办公及生活服务设施用地所占比例、企业内部行政办公及生活服务设施建筑面积等任何一项指标超过本合同约定标准的，受让人应当向出让人支付相当于宗地出让价款＿＿＿＿＿‰的违约金，并自行拆除相应的绿化和建筑设施。

第三十七条　受让人按本合同约定支付国有建设用地使用权出让价款的，出让人必须按照本合同约定按时交付出让土地。由于出让人未按时提供出让土地而致使受让人本合同项下宗地占有延期的，每延期一日，出让人应当按受让人已经支付的国有建设用地使用权出让价款的_____‰向受让人给付违约金，土地使用年期自实际交付土地之日起算。出让人延期交付土地超过 60 日，经受让人催交后仍不能交付土地的，受让人有权解除合同，出让人应当双倍返还定金，并退还已经支付国有建设用地使用权出让价款的其余部分，受让人并可请求出让人赔偿损失。

第三十八条　出让人未能按期交付土地或交付的土地未能达到本合同约定的土地条件或单方改变土地使用条件的，受让人有权要求出让人按照规定的条件履行义务，并且赔偿延误履行而给受让人造成的直接损失。土地使用年期自达到约定的土地条件之日起算。

第八章　适用法律及争议解决

第三十九条　本合同订立、效力、解释、履行及争议的解决，适用中华人民共和国法律。

第四十条　因履行本合同发生争议，由争议双方协商解决，协商不成的，按本条第_____项约定的方式解决：

（一）提交_____仲裁委员会仲裁；

（二）依法向人民法院起诉。

第九章　附则

第四十一条　本合同项下宗地出让方案业经_____人民政府批准，本合同自双方签订之日起生效。

第四十二条　本合同双方当事人均保证本合同中所填写的姓名、通信地址、电话、传真、开户银行、代理人等内容的真实有效，一方的信息如有变更，应于变更之日起 15 日内以书面形式告知对方，否则由此引起的无法及时告知的责任由信息变更方承担。

第四十三条　本合同和附件共_____页，以中文书写为准。

第四十四条　本合同的价款、金额、面积等项应当同时以大小写表示，大小写数额应当一致，不一致的，以大写为准。

第四十五条　本合同未尽事宜，可由双方约定后作为合同附件，与本合同具有同等法律效力。

第四十六条　本合同一式_____份，出让人、受让人各执_____份，具有同等法律效力。

出让人（章）：　　　　　　　　受让人（章）：
法定代表人（委托代理人）　　　法定代表人（委托代理人）
（签字）：　　　　　　　　　　（签字）：
_____年___月___日　　　　　_____年___月___日

附件一：
附件二：
附件三：

市（县）政府规划管理部门确定的出让宗地规划条件

国有建设用地使用权出让合同

使用说明

　　一、《国有建设用地使用权出让合同》包括合同正文、附件一（出让宗地平面界址图）、附件二（出让宗地竖向界限）和附件三［市（县）政府规划管理部门确定的出让宗地规划条件国有建设用地使用权出让合同使用说明］。

　　二、本合同中的出让人为有权出让国有建设用地使用权的市、县人民政府国土资源行政主管部门。

　　三、出让人出让的土地必须是国有建设用地。本合同以宗地为单位进行填写。宗地是指土地权属界线封闭的地块或者空间。

　　四、本合同第四条中，出让宗地空间范围是以平面界址点所构成的垂直面和上、下界限高程平面封闭形成的空间范围。出让宗地的平面界限按宗地的界址点坐标填写；出让宗地的竖向界限，可以按照1985年国家高程系统为起算基点填写，也可以按照各地高程系统为起算基点填写。高差是垂直方向从起算面到终止面的距离。例如，出让宗地的竖向界限以标高+60米（1985年国家高程系统）为上界限，以标高-10米（1985年国家高程系统）为下界限，高差为70米。

　　五、本合同第五条中，宗地用途按《土地利用现状分类》（中华人民共和国国家标准GB/T 21010—2007）规定的土地二级类填写。依据规划用途可以划分为不同宗地的，应先行分割成不同的宗地，再按宗地出让。属于同一宗地中包含两种或两种以上不同用途的，应当写明各类具体土地用途的出让年期及各类具体用途土地占宗地的面积比例和空间范围。

　　六、本合同第六条中，土地条件按照双方实际约定选择和填写。属于待开发建设的用地，选择第一项；属于原划拨（承租）建设用地使用权补办出让手续的，选择第二项。

　　七、本合同第十条中，建设用地使用权出让价款支付方式按双方实际约定选择和填写。双方约定建设用地使用权出让价款一次性付清的，选择第一款第一项；分期支付的，选择第一款第二项。

八、本合同第十二条中，宗地开发投资强度根据建设项目的性质选择和填写。属于工业项目建设的，选择第一项；不属于工业项目建设的，选择第二项。

九、本合同第十三条中，受让宗地用于工业项目建设的，应当按照《国土资源部关于发布和实施〈工业项目建设用地控制指标〉的通知》（国土资发〔2008〕24号）要求，建筑容积率、建筑密度只填写最低限指标，即"不低于_____"。新出台的法律政策对工业项目建筑容积率、建筑密度等有规定的，签订出让合同时，应当按照最新政策规定填写。

十、本合同第十四条中，宗地建设配套情况根据建设项目的性质选择和填写。宗地用于工业项目建设的，选择第一项；宗地用于住宅项目建设的，选择第二项。选择第一项的，宗地范围内用于企业行政办公及生活服务设施的占地面积占受让宗地面积的比例，按照《国土资源部关于发布和实施〈工业项目建设用地控制指标〉的通知》（国土资发〔2008〕24号）的有关规定填写，原则上不得超过7%；选择第二项的，按照《国务院关于促进节约集约用地的通知》（国发〔2008〕3号）、《国土资源部关于认真贯彻〈国务院关于解决城市低收入家庭住房困难的若干意见〉进一步加强土地供应调控的通知》（国土资发〔2007〕236号）的有关规定填写。新出台的法律政策对工业项目用地中企业行政办公及生活服务设施的用地面积比例、套型建筑面积90平方米以下住房套数及面积比例、商品住宅项目中配建经济适用住房和廉租住房等有规定的，签订出让合同时，应当按照最新政策规定填写。

十一、本合同第十六条中，受让宗地用于商品住宅项目建设的，出让宗地的开工时间和竣工时间，按照《国土资源部关于认真贯彻〈国务院关于解决城市低收入家庭住房困难的若干意见〉进一步加强土地供应调控的通知》（国土资发〔2007〕236号）的有关规定填写，原则上开发时间最长不得超过三年。国家新出台的法律政策对出让宗地开工时间和竣工时间有规定的，签订出让合同时，应当按照最新规定填写。

十二、本合同第十八条中，在土地出让期限内，非经营性用地改变为经营性用地的，应当按照《国务院关于促进节约集约用地的通知》（国发〔2008〕3号）的规定执行。国家新出台的法律政策对改变土地用途有规定的，签订出让合同时，应当按照最新规定填写。

十三、本合同第二十一条中，属于房屋开发的，选择第一项；属于土地综合开发的，选择第二项。

十四、本合同第三十条和第三十七条中，受让人不能按合同约定及时支付国有建设用地使用权出让价款，出让人不能按合同约定及时提供出让土地的，应当根据《国务院办公厅关于规范国有土地使用权出让收支管理的通知》（国办发〔2006〕100号）的有关规定和双方当事人权利义务对等原则，违约金比例按1‰填写。国家新出台的法律政策对受让人不能按时支付国有建设用地使用权出让价款的违约金比例有规定的，签订出让合同时，应当按照最新规定填写。

十五、本合同由省、自治区、直辖市国土资源管理部门统一编号。

十六、本合同由国土资源部和国家工商行政管理总局负责解释。

（六）农村土地（耕地）承包合同（家庭承包方式）[①]

（七）集体经营性建设用地使用权出让监管协议（试点试行）[②]

[①] 此合同内容详见本书所附电子文件。中华人民共和国农业农村部制定，2022年2月。
[②] 此合同内容详见本书所附电子文件。中华人民共和国自然资源部、国家市场监督管理总局制定，GF—2023—2609。

第二十七章 其他合同

一、借用合同

（一）额度借用合同

贷额度方：_____（以下简称甲方）
借额度方：_____（以下简称乙方）
会员编号：_____

乙方为了_____需采购网上_____产品，向甲方申请易货额度，双方协商签订本合同并共同遵守下列条款：

一、额度借用数额及担保

本合同借用易货额度数额为_____元，以本公司_____产品质押（抵押）担保。

二、额度借用期限

本合同借用易货额度期限为自_____年____月____日起至_____年____月____日止。

三、额度借用用途

本合同借用易货额度用于专项采购网上_____产品，限于_____。

四、额度借用手续费及支付方式

本合同额度借用手续费以借用额度的_____%计算，总计_____元人民币。其额度借用手续费按半年计算，每半年为一结算期。

额度借用手续费在批准给予额度十天内将乙方手续费转入甲方结算中心账户，甲方收到乙方手续费后将额度转入乙方账户，供乙方使用。

五、额度支用

1. 本合同项下给予的额度，乙方应按本合同第三条专项使用，如有改变必须事先征得甲方同意。

2. 乙方在将办完额度借用手续及将额度借用手续费转入甲方结算中心账户后，甲方在五个工作日内将额度转入乙方账户，乙方可开始使用。

六、额度偿还

1. 本合同项下借用额度应按本合同第二条额度借用期限内偿还。由于客观原因乙方不能按期归还，乙方应向甲方提出延期申请，经甲方审核同意并在乙方支付下一额度使用期借用手续费后，才能延期偿还。

2. 乙方偿还借用甲方额度，到期以等值人民币偿还（或相等额度偿还）。

3. 未经甲方同意，乙方额度借用期不能延长，必须按本合同第二条截止日期归还。

七、借用额度保证

本合同项下乙方借用甲方额度由乙方以_____质押（抵押）进行无条件不可撤销作为偿还额度的保证。

八、违约及违约处理

（一）违约

乙方发生下列情况中一项或数项即构成违约：

1. 乙方不能按本合同截止日期偿还额度；
2. 乙方提出额度展期申请，未被甲方同意，不能按时偿还额度；
3. 乙方未能按合同的要求使用额度；
4. 乙方在借用额度使用期内，由于任何原因的被兼并或倒闭；
5. 乙方其他违反合同的行为。

（二）违约处理

乙方构成违约行为，甲方有权按下列一项或数项规定处理：

1. 书面通知乙方，告知其违约问题，并责成限期采取有效措施，纠正违约情况；
2. 对乙方未按规定用途使用额度的，甲方有权冻结借与乙方的额度；
3. 拍卖或变卖乙方质押（抵押）产品，用于偿还额度和拍卖所需费用。

九、合同的生效、变更及解除

1. 本合同经甲、乙双方签章后生效，在额度全部清偿后自动失效；
2. 除由于借用额度违约原因外，乙方或甲方任何一方要求变更或解除合同应经得另一方同意，双方未协商之前，本合同仍然有效；
3. 本合同所依据的国家有关规定发生了变化，合同双方应对本合同作相应的修改、变更或协议解除。

十、其他

1. 本合同项下借用额度的"借用易货额度申请书"及"委托拍卖合同""抵押（质押）合同"是本合同不可分割的附件，其所列条款与本合同项下的有关条款享有同等法律效力；
2. 乙方保证向甲方提供有关使用额度报表及其他有关资料。

甲方：_____　　乙方：_____
负责人：_____　　负责人：_____
_____年___月___日　　　_____年___月___日

（二）场地借用合同

甲方：_____

乙方：_____

为了支持影视事业的发展，繁荣影视文化事业，同时进一步拓展企业的社会知名度，甲乙双方经友好协商，达成如下协议：

一、甲方无偿提供_____场地，供乙方拍摄景点使用，时间为_____年____月____日至_____年____月____日，共拍摄_____天。乙方确认拍摄时间后提前两天通知甲方。

二、乙方为感激甲方支持，将在本剧/集的片尾给甲方打上鸣谢单位及公司名称。

三、乙方保证不在甲方场地内拍摄暴力、色情以及有损甲方企业形象等情节内容，以维护甲方的声誉。

四、乙方在拍摄过程中如造成甲方场地的物品污损，将酌情承担维修赔偿的责任。

五、甲方安排电工和保安协助拍摄。

六、未尽事宜，双方将友好协商解决。

七、本协议书一式两份，双方各执一份，经签字或盖章后生效。

甲方（盖章）：_____ 乙方（盖章）：_____

负责人（签字）：_____ 负责人（签字）：_____

_____年____月____日　　　　_____年____月____日

二、演出合同

（一）文艺演出合同

演出方：_____（甲方）

受演方：_____（乙方）

为了促进艺术交流，繁荣社会主义文艺，满足人民文化生活的需要，同时努力增加收入，减轻国家的财政负担，甲乙双方根据以上精神，经协商一致，签订本合同，共同信守。

第一条　演出剧目和主要演员：_____。

第二条　演出时间和场次自_____年____月____日起至_____年____月____日止，由_____至_____演出，计_____天，演出_____场。

第三条　乙方应为甲方提供剧场现有设备及联系好宿舍（住宿费由甲方承担），并给予一定装台时间，负责组织观众，做好宣传工作。

第四条　票价：_____。

第五条　分账方法：每天所售票款，扣除公提费用外，甲方得_____%、乙方得_____%。

第六条 公提费用、旅运费（指演职员的旅费和演出用品的运费）和宣传费（包括报纸广告、海报及其他双方协商同意的宣传品）等。

第七条 甲方应事先将上演计划及有关宣传资料于演出前_____日寄给乙方。

第八条 甲方在演出过程中应接受当地文化主管部门的安排和领导，办理有关演出手续。

第九条 在演出期间，双方均应注意防止发生意外事故。要注意节约水电、爱护公物，如果甲乙双方损坏对方的设备或演出物品时应照价赔偿。

第十条 违约责任

1. 一方由于无故违约使对方遭受损失，应赔偿对方的实际损失，并偿付违约金_____元。

2. 一方因不可抗力的原因，不能履行合同时，应尽快用电话、电报、电传通知对方，双方均应设法补救。如仍无法履行合同，可协商延缓或撤销合同。

3. 一方接受出国、接待外国贵宾或中央指定特殊的政治任务时，应由接受方的任何一方协同主办单位在一个月前通知对方，双方应积极设法安排补救，如实在无法补救者，应由主办单位根据对方实际损失进行补偿。

第十一条 双方因合同的解释或履行发生争议，由双方协商解决。协商不成，由双方指定的仲裁机构裁决。该裁决为终局裁决，任何一方不得向法院起诉。

第十二条 本合同自签字之日起生效。本合同正本一式两份，双方各执一份。

甲方（盖章）：_____   乙方（盖章）：_____
谈判代表（签字）：_____   谈判代表（签字）：_____
联系人：_____   联系人：_____
_____年___月___日   _____年___月___日

（二）演艺经纪合同

甲方：_____

乙方：_____

身份证号码：_____

甲乙双方经友好协商，本着平等互利的原则，签订以下合约：

1. 甲方是一家因网络而涉及演员演艺事宜的公司，专门为艺人演艺事业发展提供一切便利。

2. 乙方是一位艺人，授权甲方成为其影视剧、广告及其他演出之合法代理人。

3. 授权委托事项

3.1 乙方委托甲方在互联网络上制作乙方的个人网页，并发布在甲方下属的网站上。

3.2 甲方是乙方在国际互联网上发布信息的合法代理人，发布有关乙方的演艺信息。

3.3 乙方同时授权甲方对国际互联网上任何非法盗用、刊登、转载、复制上述内容的公司、团体、个人或组织拥有全球范围的法律诉讼权、损失赔偿请求权和获偿权。

3.4 乙方授权甲方有法定权利代理签署有关其个人之演出合约，并且授权甲方有法定权利代其追讨任何有关合约上之收入。甲方自签字之日起正式接受乙方之授权。

3.5 乙方同意甲方在乙方经由甲方代理之影视、广告及其他演出可得收入中抽取百分之_____（_____％）作为甲方服务收入，在双方约定之情况下，甲方也可收取乙方认可酬金以外的金额作为代理费。

4. 甲方义务

4.1 甲方收到乙方提供的全套资料，经甲方审核通过后，通知乙方成为甲方会员，甲方将免费为乙方设计制作个人网页。

4.2 甲方有权根据网站的整体风格和要求对乙方提供的文字、图片、声音、动画、影像等进行技术性编辑、修改，但未经乙方同意不得修改内容的原意。

4.3 为更好地发展和推进乙方的事业，甲方对乙方应尽最大努力进行推广。乙方提供给甲方的资料、照片、个人视频短片的使用权属于甲方，甲方应以保障乙方的个人权益为基础安排乙方之工作。

4.4 在合同有效期内，甲方应尽力维护乙方的个人网页，并进行相应的更新。

5. 乙方义务

5.1 乙方在本合同书生效后 10 日内向甲方提供全套个人资料。

5.2 乙方保证所提供的全部资料均真实、有效、合法。在网页发布后，如因资料内容而引起的与其他任何第三方的争议，该争议的解决以及由此产生的后果均由乙方承担。如因乙方故意提供虚假、无效或违法的资料而使甲方受到损害，乙方应赔偿甲方的损失。

5.3 乙方应积极配合甲方网站的发展，及时提供相关资料，参加甲方组织的活动，接受甲方的采访、拍照、录像等，确认甲方所获得的有关乙方信息的真实性和完整性并授权甲方网站发布该信息。

5.4 乙方应遵守由甲方做出的所有合理安排，并全力把所有合理安排工作做好，同时以绝对之诚意作出时间上的配合。

5.5 甲方为乙方代理之事宜全部由甲方负责处理，乙方不得私下与客户协商和签署任何酬金等有关之协议，甲方绝不承认任何私下承诺。如因该等私下承诺造成任何纠纷，乙方应完全承担所有法律责任。

5.6 乙方保证不以个人身份或委托他人以直接或间接方式，不通过甲方收取其在甲方代理之影视、广告及其他演出中可获之演出酬劳，若发生此类情况，甲方保留以任何方式追回其应得之代理费的权利，并由乙方承担违约责任。

5.7 入会类型：

□乙方在合同期内每年向乙方交纳_____元，制作个人网页（高级会员）。

□乙方免费入会，订制手机包月招聘信息每月_____元（VIP 会员）。

□乙方向甲方交纳_____元，5~7 分钟 VCR（钻石会员）。

□乙方向甲方交纳_____元，5~7 分钟 VCR+网络媒体宣传超强型（钻石会员）。

□乙方向甲方交纳_____元，5~7 分钟 VCR+相册+电视/报刊/网络媒体宣传豪华型（钻石会员）。

注：钻石会员享受 VIP 会员的所有权益，同时还可免费录制 VCR 视频资料。

6. 本合同一式两份，甲乙双方各持一份，具有同等法律效力。

7. 本合同有效期限为_____年，自双方签字之日起生效。

（三）演员演出合同

甲方：_____

乙方：_____

一、甲方邀请乙方进行_____戏演出。演出时间为_____年___月___日至_____年___月___日，演出_____天，每天演出约_____小时。

二、乙方组团共_____人，其中领队_____名，演员_____名。甲方负责车站接送，并负责乙方演出期间的食宿。

三、甲方支付乙方组织演出费及往返交通费合计____万____仟____佰____拾____元整。

付款方式：合同签订后预付 50%，演出结束后付清余款。

四、本合同一式两份，未尽事宜，协商或依照法规解决。

甲方：_____

负责人：_____

开户行：_____

账号：_____

乙方：_____

负责人：_____

开户行：_____

账号：_____

签订日期：_____年___月___日

图书在版编目（CIP）数据

新编常用合同范本全书：合同释义、标准文本、典型案例、陷阱防范、应用提示、法律政策/王怀禄主编.—7版.—北京：中国法制出版社，2023.10
（商务全书系列/徐宪江等主编）
ISBN 978-7-5216-3194-4

Ⅰ.①新… Ⅱ.①王… Ⅲ.①合同-范文-中国 Ⅳ.①D923.6

中国版本图书馆CIP数据核字（2022）第226682号

责任编辑：胡 艺　　　　　　　　　　　　　　　封面设计：李 宁

新编常用合同范本全书：合同释义、标准文本、典型案例、陷阱防范、应用提示、法律政策
XINBIAN CHANGYONG HETONG FANBEN QUANSHU：HETONG SHIYI、BIAOZHUN WENBEN、DIANXING ANLI、XIANJING FANGFAN、YINGYONG TISHI、FALÜ ZHENGCE

主编/王怀禄
经销/新华书店
印刷/三河市紫恒印装有限公司
开本/730毫米×1030毫米　16开　　　　印张/62.5　字数/841千
版次/2023年10月第7版　　　　　　　　2023年10月第1次印刷

中国法制出版社出版
书号 ISBN 978-7-5216-3194-4　　　　　　　　　　　定价：188.00元

北京市西城区西便门西里甲16号西便门办公区
邮政编码：100053　　　　　　　　　　　　　　　传真：010-63141600
网址：http://www.zgfzs.com　　　　　　　　　编辑部电话：010-63141816
市场营销部电话：010-63141612　　　　　　　　印务部电话：010-63141606

（如有印装质量问题，请与本社印务部联系。）